INDEX TO
THE 1800 CENSUS
OF MASSACHUSETTS

Compiled by

ELIZABETH PETTY BENTLEY

CLEARFIELD

Library of Congress Catalogue Card Number 78-58855

Reprinted for Clearfield Company by
Genealogical Publishing Company
Baltimore, Maryland
1999, 2013

ISBN 978-0-8063-0817-3

Made in the United States of America

FOREWORD

This index consists of an alphabetical list of the heads of households in the 1800 Federal Census of Massachusetts. First the family name of the head of household is given, followed by the Christian name, then the county of residence, and finally the page number of the census schedule. Table I, in the front matter, contains a list of the counties, the abbreviations used in this index, and the roll number of the National Archives' microfilm copy. Table II lists the counties in the order they appear on the census film, the page numbers covered, and any other information which might be helpful to the reader.

Along with the name of the head of household, in the original census, the following twelve columns were filled in with an appropriate entry by the enumerator, left to right: white males under 10 years of age, white males from 10-16 years of age, white males from 16-26 years of age, white males from 26-44 years of age, white males from 45 and upwards (then the same five categories for white females), all other free persons (except Indians, who were not taxed), and slaves. These headings do not generally appear at the head of every page.

The researcher will undoubtedly want to consult the original source material. Microfilm copies of the census may be purchased from the Publication Sales Branch (NATS), National Archives (GSA), Washington, D.C. 20408. Their catalogue lists the Massachusetts 1800 returns as Micropublication number M32, rolls 13-19, presently priced at $12.00 per roll. The microfilm can also be obtained on interlibrary loan from the Regional Branches of the National Archives. For the address of the branch serving your region, request the National Archives' free pamphlet, GS DC 75-8250. The branch libraries of the Church of Jesus Christ of Latter-day Saints can also order microfilm copies of the census to be viewed at the branch for a fee of 75¢ for a two-week period. For the address of the branch nearest you, write to The Genealogical Society, 50 E. North Temple, Salt Lake City, Utah 84150. Photocopies of single pages of the census may be obtained from either of these agencies.

The Massachusetts 1800 films are exceptionally clear and legible. Parts of pages 183, 184, 283, and 284 of Hampshire County are missing from the filmed copy, however, but they can be found in the bound negative photostatic copies on deposit at the Central Search Room of the National Archives as noted in Table II. These copies are available for viewing by the public and are invaluable in the few cases where the film copy is out of focus, faint, or difficult to read because of a tear in the page from which the film was made. Some tears in the originals, however, occurred after the photostats were made, and some entries on the photostats are written over in ink, obliterating the image.

Every effort has been made, using both the film and the photostatic copies, to interpret questionable names. No visible entry, including names which were crossed out or marked "removed" or "deceased," has been intentionally omitted from this index. When one or more illegible letters has been omitted, the gap is filled with ellipses (. . .), for example C . . ., which appears before names

beginning with *Ca*. Totally illegible surnames appear before names beginning with *A*. They are preceded by entries for which no surname was given. These are designated by three hyphens (---).

An attempt has been made in the case of questionable interpretations of handwriting to refer the reader to alternative index entries. For example, "see Clack" appears at the conclusion of the *Clark* entries. Similar notations refer the reader to alternative phonetic spellings such as *Dubbleday* for *Doubleday*, or to entries where the surname was used as a given name or the order of the names had been inverted and it is unclear which is the surname. The reader should also be aware that some enumerators employed the British order of inversion: last name, middle name, first name, instead of the usual American convention: last name, first name, middle name.

In addition, the enumerator may have made no attempt whatever to discover the correct spelling of a name, simply spelling it as he heard it pronounced. The reader ought to try to imagine possible misinterpretations by substituting double letters for single ones, and vice versa, and replacing letters with similar sounds such as *d* for *t*, *y* for *i*, and *a* for *er*, or with similar shapes such as *e* for *i*, *L* for *S*, and *R* for *B*. Since *I* and *J* are practically indistinguishable when written as initials, they have been consistently indexed as *J*. No attempt has been made in this index to correct spellings. Abbreviations, too, have been transcribed as they appear. Superscripts such as *Jon^n* appear as *Jonn.* in the index.

Please note that the returns for Boston and Chelsea in Suffolk County are missing from the extant returns. Since the 1800 Federal Census listed only heads of families by name, other family members do not appear in the returns. Also, your subject may be listed among a family of a different surname as a boarder, laborer, or student. He may have avoided enumeration because of fear or superstition, or he may simply have been left out because of his remote residence or temporary absence from home.

In compiling this index I have intentionally refrained from consulting other published indexes of these same returns in order to preserve the integrity of the work, but I recommend these indexes to the reader as alternative interpretations.

Thanks are due my family, who spent hours putting the names in alphabetical order, and to Dr. Michael Tepper for his technical advice and encouragement. It is hoped that this index will save the user many hours of tedious work.

Elizabeth Petty Bentley

TABLE I

County	Abbreviation	Roll no.
Barnstable	Bar	13
Berkshire	Ber	13
Bristol	Brs	19
Dukes	Duk	19
Essex	Ess	14
Hampshire	Ham	15
Middlesex	Mid	17
Nantucket	Nan	18
Norfolk	Nor	18
Plymouth	Ply	16
Suffolk	Suf	16
Worcester	Wor	16

TABLE II

ROLL 13

Barnstable Co., pp. 3-101, machine stamped numbers on every other page. The numbered page and the page immediately following are indexed with the same number. Harwick, pp. 3-15 (part). Chatham, pp. 15(part)-21(part). Orleans, pp. 21(part)-25. Dennis, pp. 26-32. Sandwich, pp. 34-42. Falmouth, pp. 43-51(part). Mashpee, pp. 51(part)-52. Provincetown, pp. 56-61. Truro, pp. 62-69(part). Wellfleet, pp. 69(part)-76(part). Eastham, pp. 76(part)-80. Barnstable, pp. 83-94. Yarmouth, pp. 95-101.

Berkshire Co., pp. 104-271, machine stamped numbers on every other page. The numbered page and the page immediately following are indexed with the same number. Great Barrington, pp. 104-110 (part). Tyringham, pp. 110 (part)-116(part). Alford, pp. 116(part)-117. Egremont, pp. 118-121. Williamstown, pp. 124-132. Trees Grant, p. 133(part). Adams, pp. 133 (part)-139(part). Savoy, pp. 139(part)-141(part). Clarksburg, pp. 141 (part)-142. Un-incorporated lands east of and adjoining to Adams, commonly called Zoar, pp. 143-144. Lanesborough, pp. 145-153(part). Cheshire, pp. 153(part)-158(part). Hancock, pp. 158(part)-162(part). New Ashford, pp. 162(part)-163. Windsor, pp. 164-169. Sandisfield, pp. 170-177(part). Louden, pp. 177(part)-179. Bethlehem, pp. 180-182(part). Southfield, pp. 182(part)-183. Partridgefield, pp. 185-190. Dalton, pp. 191-194(part). Pittsfield, pp. 194(part)-203. Richmond, pp. 205-209(part). Lenox, pp. 209 (part)-213(part). Washington, pp. 213(part)-216. Sheffield, pp. 221-231 (part). Mount Washington, pp. 231(part)-232(part). New Marlborough, pp. 232(part)-243. West Stockbridge, pp. 246-251. Stockbridge, pp. 252-258. Lee, pp. 259-264. Becket, pp. 265-271.

ROLL 14

Essex Co., pp. 3-522, 570-600, and 522-567, handwritten numbers. Danvers, pp. 3-29. Middleton, pp. 30-35. Topsfield, pp. 36-44. Salisbury, pp. 46A,B,C, and 47-65. Amsbury, pp. 66-90. Manchester, pp. 92-103. Town of Gloucester, West Parish, pp. 104-109. Town of Gloucester, Harbour Parish, West Ward, pp. 110-119. Town of Gloucester, Harbour Parish, East Ward, pp. 120-132. Gloucester Town Parish, pp. 133-140(part). Town of Gloucester, Squam Parish, pp. 140(part)-149. Town of Gloucester, Sandy Bay Parish, pp. 150-167. Andover, pp. 171-201. Newbury, pp. 204-234. Bradford, pp. 236-246. Rowley, pp. 247-257. Boxford, pp. 259-265. Haverhill, pp. 267-287. Methuin, pp. 288-296. Newburyport, pp. 299-353. Salem, pp. 357-424, including Portsmouth, part of p. 374. Lynn, pp. 425-447(part). Lynn, West Parish, pp. 447(part)-449. Lynnfield, pp. 450-453. Marblehead, pp. 454-521. Ipswich, pp. 570-592. Hamilton, pp. 593-600. Beverly, pp. 522-560. Wenham, pp. 561-567.

ROLL 15

Hampshire Co., pp. 2-261, machine stamped numbers on every other page. The numbered page and the page immediately following are indexed with the same number. Northampton, pp. 2-11(part). Hatfield, pp. 11(part)-15 (part). Westhampton, pp. 15(part)-18. Chesterfield, pp. 19-25. Northfield, pp. 27-31. Warwick, pp. 36-40. Orange, pp. 41-43. Montague, pp. 44-49. Deerfield, pp. 50-55. Conway, pp. 56-61. Williamsburg, pp. 62-65(part). Whately, pp. 65(part)-68. Greenfield, pp. 71-76(part). Barnardston, pp. 76(part)-80(part). Leyden, pp. 80(part)-84. Gill, pp. 85-89. Longmeadow, pp. 91-95. New Salem, pp. 96-104. Wendell, pp. 105-108(part). Shutesbury, pp. 108(part)-113(part). Leverett, pp. 113(part)-117. Westfield, pp. 118-128(part). Southampton, pp. 128(part)-133. Easthampton, pp. 134-137 (part). Russell, pp. 137(part)-141. Chester, pp. 143-150. Norwich, pp. 151-154. Middlefield, pp. 155-159(part). Montgomery, pp. 159(part)-162. Granville Middle Society, pp. 165-167. Granville West Society, pp. 168-170. Granville East Society, pp. 171-174. Blanford, pp. 175-182. Colrain, pp. 183-190(part); the second part of page 183 and the first part of page 184 are missing on the National Archives' microfilm copy but have been indexed from the photostatic copies (numbered 71 and 73, respectively, in blue machine stamped numbers on that copy). Charlemont, pp. 190(part)-194. Heath, pp. 195-198(part). Rowe, pp. 198(part)-201. Belcher, pp. 203-212. Pelham, pp. 213-217. Greenwich, pp. 218-224. Ware, pp. 225-229. Wilbraham, pp. 232-238. Springfield, pp. 239-248(part). South Hadley, pp. 248 (part)-251. Granby, pp. 252-255(part). Ludlow, pp. 255(part)-258(part). Palmer, pp. 258(part)-262(part). Monson, pp. 262(part)-268. Brimfield, pp. 269-274. South Brimfield, pp. 275-278(part). Holland, pp. 278(part)-280. Sunderland, pp. 282-284; the second part of page 283 and the first part of page 284 are missing on the National Archives' microfilm copy but have been indexed from the photostatic copies (numbered 245 and 248, respectively, in blue machine stamped numbers on that copy). Hadley, pp. 285-289(part). Amherst, pp. 289(part)-296. Worthington, pp. 297-302(part). Cummington, pp. 302(part)-305. Plainfield, pp. 306-309(part). Goshen, pp. 309(part)-313. Shelburne, pp. 319-325(part). Buchland, pp. 325(part)-331(part). Hawley, pp. 331(part)-336. Ashfield, pp. 337-347. West Springfield, 1st Parish, pp. 349-352(part). West Springfield, 2nd Parish, pp. 352 (part)-355(part). West Springfield, . . . [3rd?] Parish, pp. 355(part)-357. Southwick, pp. 358-361.

ROLL 16

Plymouth Co., pp. 0-136, machine stamped numbers. The three unnumbered pages preceding page one are indexed as page 0. Each microfilm frame contains two facing pages with a single number visible. This number is used to index both pages. The odd page numbers appear in the upper right-hand corner of the double page, and the even page numbers appear upside-down

in the lower right-hand corner of the double page. Plymouth, Carver, Kingston, Plimton, and Halifax, pp. 1-30. Pembroke and Abington, pp. 0 and 31-44. Bridgewater, pp. 45-68 (pp. 47 and 48 are reversed). Middleborough, pp. 69-90. Marshfield and Duxbury, pp. 91-104. Rochester and Wareham, pp. 105-117. Scituate and Hanover, pp. 119-136.

Suffolk Co., pp. 137-148, machine stamped numbers. Each microfilm frame contains two facing pages with a single number visible. This number is used to index both pages. The odd page numbers appear in the upper right-hand corner of the double page, and the even page numbers appear upside-down in the lower right-hand corner of the double page. Hingham, pp. 137-146. Hull, p. 147. Cohassett, p. 148. Both Hull and Cohassett appear to be incomplete, and the returns for Boston and Chelsea are missing altogether.

Worcester Co., pp. 149-518, machine stamped numbers. Each microfilm frame contains two facing pages with a single number visible. This number is used to index both pages. The odd page numbers appear in the upper right-hand corner of the double page, and the even page numbers appear upside-down in the lower right-hand corner of the double page. Sutton and Oxford, pp. 149-168. Worcester and Ward, pp. 169-188. Westborough, Southborough, and Grafton, pp. 189-206. Bolton, Harvard, and Berlin, pp. 207-222. Winchendon, Templeton, and Royalston, pp. 223-243. Brookfield and Western, pp. 245-270. Petersham, Athol, and Garry, pp. 271-291. Hardwick, pp. 293-307. New Braintree, pp. 308-313. Oakham, pp. 315-323. Charlton, Dudley, and Sturbridge, pp. 325-344. Lancaster and Sterling, pp. 345-358. Shrewsbury, Boylston, and Northborough, pp. 359-378. Milford, Upton, and Mendon, pp. 379-397. Barre, pp. 398-412. Hubbardston, pp. 413-420. Lunenburg, Leominster, and Fitchburg, pp. 421-438. Westminster, Ashburnham, and Gardner, pp. 439-460. Uxbridge, Douglas, and North Bridge, pp. 461-482. Leicester, Paxton, and Spencer, pp. 483-504. Rutland, Princeton, and Holden, pp. 505-518.

ROLL 17

Middlesex Co., pp. 2-539, small handwritten numbers. Concord, pp. 2-19. Lincoln, pp. 20-26. Acton, pp. 27-35. Carlisle, pp. 36-42. Townsend, pp. 44-54. Pepperel, pp. 55-64(part). Ashbye, pp. 64(part)-71. Tyngsborough, pp. 75-82. Dracut, pp. 83-93. Tewksbury, pp. 94-103. Sudbury, pp. 110, 109, and 111-125. East Sudbury, pp. 126-135. Framingham, pp. 136-152. Charlestown, pp. 153-180. Malden, pp. 181-192. Medford, pp. 193-204. Weston, pp. 246-258. Waltham, pp. 259-268. Newton, pp. 269-286. Reading, pp. 289-310. Stonham, pp. 311-314. Wilmington, pp. 315-324. Woburn, pp. 329-341. Burlington, pp. 342-346. Lexington, pp. 347-356. Bedford, pp. 357-363. Chelmsford, pp. 364-380. Billerica, pp. 381-392. Westford, pp. 393-405. Marlborough, pp. 407-424. Stow, pp. 425-432. Boxborough, pp. 433-436. Littleton, pp. 437-445. Groton, pp. 446-461. Shirley, pp. 462-467. Dunstable, pp. 468-471. Cambridge, pp. 473-496. Watertown, pp. 497-506.

Hollistown, pp. 507-514. Hopkinton, pp. 515-525. Natick, pp. 526-531. Sherburne, pp. 532-539.

ROLL 18

Nantucket Co., pp. 45, 44, and 46-78, handwritten numbers.

Norfolk Co., pp. 80-384, handwritten numbers. Foxborough, pp. 80-88(part). Walpole, pp. 88(part)-98(part). Sharon, pp. 98(part)-108. Quincy, pp. 109-121. Milton, pp. 122-135. Dorchester, pp. 136-162. Braintree, pp. 163-176. Weymouth, North Parish, pp. 177-185(part). Weymouth, South Parish, pp. 185(part)-195. Medfield, pp. 196-208. Medway, East Parish, pp. 209-216. Medway, West Parish, pp. 217-223. Roxbury, 1st Parish, pp. 224-242. Roxbury, 2nd Parish, pp. 243-248. Roxbury, 3rd Parish, pp. 249-252. Brookline, pp. 253-257. Stoughton, pp. 260-270. Randolph, pp. 271-282. Canton, pp. 283-294. Dedham, 1st Parish, pp. 296-305. Dedham, 2nd Parish, pp. 306-310(part). Dedham, 3rd Parish, pp. 310(part)-314. Needham, pp. 315-321; page number 321½ is indexed as page 321. Dover, pp. 322-325. Cohasset, pp. 327-333. Bellingham, pp. 334-344. Franklin, pp. 345-359 and part of p. 383. Wrentham, pp. 360-383(part) and 384.

ROLL 19

Bristol Co., pp. 273-437, machine stamped numbers on every other page. The numbered page and the page immediately following are indexed with the same number. Berkley, pp. 273-281(part). Freetown, pp. 281(part)-295. Rehoboth, pp. 296-315. Attleboro, pp. 316-323. Westport, pp. 324-339. Dartmouth, pp. 340-354. Taunton, pp. 355-371. Raynham, pp. 372-377. Norton, pp. 378-384(part). Mansfield, pp. 384(part)-388(part). Easton, pp. 388(part)-395. Swansea, pp. 396-404(part). Somerset, pp. 404(part)-408. Dighton, pp. 409-417. New Bedford, pp. 418-437.

Dukes Co., pp. 438-454, machine stamped numbers on every other page. The numbered page and the page immediately following are indexed with the same number. Edgartown, pp. 438-445 and 447. Chilmark, pp. 448-450. Tisbury, pp. 446 and 451-454.

INDEX TO THE 1800 CENSUS
OF MASSACHUSETTS

INDEX TO THE 1800 CENSUS
OF MASSACHUSETTS

---, ---, Alms & Work
  Houses — Suf 142
---, Alms house,
  Risedts. in the — Nor 305
---, Prison — Mid 5
---, Work House — Duk 449
Adam, a negro — Ham 113
Alexander, a Black
  Man — Ess 448
Archd. — Wor 401
Benjamin — Bar 73
Bett. — Ber 258
Booss — Ess 200
Brister — Ply 44
Brister, Negro — Ham 128
Briton — Suf 139
Caley — Ply 44
Cato (Negro) — Ber 161
Cato (Negro) — Ply 26
Cesar, Negro — Ham 255
Charles — Ply 31
Cuff — Bar 52
Cuff (Negro) — Ply 30
Dick — Ber 183
Dick, Negro — Ess 160
Dinah — Bar 49
Dolphin (Negro) — Ply 26
Esther — Bar 41
Flora, Negro — Ham 123
Freeman, Negro — Ham 249
George — Bar 52
Gloucester — Ess 132
Greese, Negro — Ess 108
Hagar — Ber 202
Hannah, blakwan. — Brs 402
Hartford — Ber 202
Isaac — Ham 171
Isaac, Negro — Ber 223
Jacob, Negro — Ber 239
James — Ber 183
Juro., french Consul — Nor 226
Kilpah — Mid 18
Lemon — Ber 258
Milford — Bar 51
Mundy, Negro — Ham 279
Oeoro, Negro — Ham 128
Pero — Brs 398
Peter, Negro — Ber 223
Philes a Negros — Ess 532
Plato (Negro) — Ply 26
Pompe, a Negro — Ess 525
Pompemagus — Ess 535
Prince (Negro) — Ply 26
Quash (Negro) — Ply 30
Rose — Ber 258
Shorum, Negro — Ham 299
Simon — Ess 501

Simon, Negro — Ber 229
Sylva, Widow — Ber 223
Thomas — Ber 202
Tom — Brs 398
Tummons — Ber 258
Vulcan — Bar 51
Zilpha, Widow — Ber 223
  see Freeman, Negro, Staples
..., ... (2) — Brs 321
... — Suf 137
Abraham — Ber 231
Ephaim — Brs 320
Isaac — Ham 126
J...s... — Ham 172
James — Ham 118
John — Ply 110
Jonathan — Wor 207
Joseph — Ber 231
Joseph — Mid 9
Joseph — Ply 110
Ra... — Ham 294
...arket, Deborah — Ber 205
...eed, William — Brs 413
...ln, John — Ham 264
...nklin, John — Mid 70
...terman, Richard — Brs 314

--- A ---

A..., ... — Mid 289
... — Wor 505
Jo... — Ply 117
Aaron, Joseph — Ber 252
Joseph — Wor 196
Abba, Thomas — Ber 172
Abbe, Abner — Ham 254
David — Ham 253
Joseph — Ham 232
Sarah, Wd. — Ham 252
Abbee, Amos — Nor 217
Joseph — Nor 209
Abbett, Lydia, Wo. — Ess 165
Abbey, Obadiah — Ber 185
Roger — Ber 185
Abbit, Daniel — Wor 339
Abbitt, Dudly — Ess 538
Abbot, Abiel — Ess 268
Abiel — Ham 148
Abiel — Mid 23
Abijah — Wor 499
Abner — Wor 196
Abraham — Ham 36
Benjamin — Ess 173
Benjamin — Ess 300
Benjamin, jr. — Ess 172

Bixby — Ess 173
Caleb — Ess 173
Daniel — Ess 422
Daniel C. — Mid 83
David — Ess 173
David — Mid 93
David — Mid 381
Ebenezer — Ham 147
Ebenezer — Mid 389
Elias — Ess 357
Ephraim — Ess 173
Ezra — Ess 172
Gideon — Ham 261
Henry — Ess 172
Isaac — Ess 172
Jacob — Mid 393
James — Ess 150
James — Ess 300
James — Mid 381
Jason — Wor 375
Jeduthun — Ess 173
Jeremiah — Mid 425
Jesse — Wor 265
Joel — Mid 393
Joel — Wor 265
John — Ess 172
John — Mid 393
John — Wor 245
John L. — Ess 172
Jonathan — Ess 173
Jonathan, jur. — Ess 172
Jonathan, 3rd. — Ess 173
Joseph — Ham 148
Joseph — Mid 22
Joshua — Ham 56
Joshua — Mid 381
Lewis — Wor 271
Lois, Wd. — Ham 147
Moses — Ess 172
Moses — Wor 245
Moses, jr. — Ess 172
Nathan — Ber 113
Nathan — Ess 172
Nathan — Mid 381
Nathan, jur. — Ess 173
Nathll. — Mid 78
Nathu. — Ess 103
Nehemiah — Ess 173
Nehemiah — Mid 22
Nehemiah, jr. — Ess 172
Phebe, Wido. — Ess 173
Phillip — Ess 402
Priscilla — Ess 365
Samuel, Esqr. — Ess 172
Seth — Ber 209
Solomon — Ess 173
Solomon — Mid 84

Stephen	Ess 397	Andrew	Wor 196	Ezra	Nor 217
Thomas	Ess 173	Andrew	Wor 478	Francis	Wor 478
Timothy	Ess 172	Andrew, 2d.	Ham 261	Francis, Jr.	Ply 29
William, jur.	Ess 173	Ansel	Bar 88	George	Ess 205
Zebadiah	Ess 173	Archelas	Mid 46	George	Ess 596
Zebadiah	Ham 272	Asa	Ess 540	George	Mid 347
Zebina	Wor 325	Asa	Ham 108	George	Wor 262
Zephaniah	Wor 265	Asa	Wor 505	George W.	Nor 198
Abbott, Amos	Ham 288	Asa, Jr.	Mid 515	Gershom	Nor 198
Amos	Mid 129	Asahel	Ber 180	Hanah	Mid 474
Anna	Ess 455	Barna.	Ber 265	Hannah	Wor 315
Benjamin	Ess 455	Benj.	Ess 452	Hem...n	Bar 37
Daniel	Ham 288	Benja.	Ess 247	Henry	Ess 216
Ephraim	Mid 126	Benja. (2)	Ess 248	Hezekiah	Nor 217
Henry	Mid 357	Benja.	Ess 253	Isaac	Ess 300
James	Ham 208	Benja.	Mid 367	Isaac	Mid 367
Jerh.	Mid 64	Benjamin	Bar 88	Isaac	Wor 191
John	Mid 64	Benjamin	Ess 300	Isachar	Wor 399
John Moody	Ess 19	Benjamin	Wor 223	Isachar	Wor 415
Jonathan	Wor 245	Benjamin	Wor 245	Isaiah	Ham 108
Joseph	Mid 367	Benjamin	Wor 253	Israel	Ess 249
Josiah	Mid 136	Benjamin	Wor 461	Israel	Ess 250
Moses	Mid 357	Benjm.	Mid 126	Israel	Ess 261
Moses, 2d.	Mid 357	Benjn.	Mid 515	Israel	Wor 149
Nathl.	Ess 537	Brickley	Mid 23	Jacob	Ber 159
William	Mid 342	Caleb	Nor 338	Jacob	Mid 269
William, 2d.	Mid 342	Charles	Ess 543	Jacob	Wor 315
Abby, Mason	Ham 294	Clark	Wor 478	James	Ber 171
Abel, Benjn.	Ham 309	Daniel	Ess 268	James	Ber 182
Caleb	Brs 296	Daniel	Ess 541	James	Duk 448
Joshua	Ham 309	Daniel	Mid 46	James	Ess 104
Joshua, Jun.	Ham 309	Daniel	Mid 474	James	Mid 20
Mary	Nan 77	Daniel	Wor 505	James	Mid 55
Medbury	Brs 308	Daniel, Jr.	Wor 399	James	Mid 474
Nathu.	Ham 309	Daniel, 2d.	Wor 399	James	Mid 532
Robert	Brs 296	Daniel, 2d.	Wor 400	James	Nor 349
Abelthough, William	Bar 19	Darius	Nor 198	James	Wor 149
Abercrumbie, Isaac,		Davenport	Ber 234	James	Wor 265
Esqr.	Ham 213	David	Ham 51	James	Wor 308
James	Ham 213	David	Wor 502	James	Wor 399
Robt.	Ham 215	Ebenezer	Ber 178	Jasper	Nor 209
Robt.	Ham 217	Ebenezer	Ber 180	Jedediah	Nor 110
Samuel	Ham 213	Ebenezer	Ply 29	Jesse	Wor 265
Aborn, Benj.	Ess 453	Ebenezer	Wor 485	Jesse	Wor 399
Cathrne.	Ess 453	Ebenr.	Ber 265	Jno.	Nor 122
Ebenr.	Ess 453	Ebenr.	Nor 110	Jno.	Wor 308
James	Ess 440	Ebezr. Thoms.	Wor 458	Joel	Ham 56
Joseph	Ess 453	Ebner	Wor 415	Joel	Ham 96
Saml.	Ess 452	Edward	Bar 88	John	Ber 177
Sarah	Ess 377	Edward	Ham 183	John (2)	Ber 185
Aborns, Benjamin	Ess 455	Edward	Wor 421	John	Ess 172
James	Ess 456	Edward, Jur.	Ham 183	John	Ess 205
Abott, Eliza.	Ess 555	Elepht.	Mid 46	John	Ess 358
John	Wor 515	Eliakim	Nor 217	John	Ess 455
Lemuel	Wor 515	Elias	Wor 502	John	Ess 544
Abraham, Eliza.	Mid 154	Eliashil	Ham 297	John	Ham 96
Jos.	Mid 154	Eliazer	Wor 265	John	Ham 198
Woodward	Ess 455	Elijah	Ber 265	John	Ham 233
Woodward, junr.	Ess 455	Elijah	Ham 80	John	Ham 261
Ackley, Samuel	Ham 209	Elijah	Nor 198	John	Mid 25
Acton, ---, Widow	Ber 224	Elijah	Wor 397	John	Mid 28
Acworth, Moses	Ess 218	Elijah	Wor 399	John	Mid 367
Adams, Aaron	Nor 217	Elijah	Wor 415	John	Mid 447
Aaron	Wor 478	Elijah, Jun.	Nor 198	John	Mid 474
Abel	Mid 367	Eliphalet	Ham 291	John	Nor 217
Abigail	Wor 502	Eliphelit	Ess 234	John	Nor 271
Abijah	Brs 358	Elisha	Mid 515	John	Nor 352
Abner	Mid 46	Elisha	Ply 41	John	Ply 29
Abner	Wor 149	Eliz., Wid.	Nor 110	John	Wor 265
Abraham	Ess 300	Elizabeth	Brs 419	John	Wor 308
Ammi F.	Mid 28	Elizabeth	Ess 594	John	Wor 399
Amos	Ber 181	Enoch, Deac.	Wor 393	John	Wor 441
Amos	Ham 96	Ephraim	Bar 75	John	Wor 458
Amos	Nor 338	Ephraim	Wor 245	John	Wor 478
Amos	Wor 265	Erastus	Ham 113	John	Wor 485
Andrew	Ham 261	Ezekiel	Ess 595	John, & son	Brs 297
Andrew	Mid 20	Ezekiel	Mid 507	John, Esqr., President of the	

United States	Nor 110	Nathll.	Mid 447	Wm.	Duk 448
John, Jr.	Ham 233	Nathll.	Wor 196	Wm.	Ham 204
John, Jr.	Mid 27	Nathn.	Mid 154	Wm.	Mid 154
John, Jr.	Ply 29	Nathn., 2d.	Mid 154	Wm.	Mid 367
John, Jr.	Wor 458	Nehemiah	Ess 401	Wm.	Mid 532
John, Jun.	Mid 447	Nehemiah	Nor 346	Zabdiel	Nor 238
John, Jur.	Ess 172	Nehemiah	Wor 478	Zabdiel	Wor 421
John, 2d.	Wor 397	Obadiah	Ber 233	Zebediah	Ber 241
John, 3rd.	Ess 172	Obadiah	Nor 217	see A..., Daniels, Ellis,	
Jona.	Mid 507	Obadiah	Nor 338	Fairbanks, Hawks, Stone	
Jonas	Mid 25	Obed	Bar 92	Addams, Asa	Ess 227
Jonas	Mid 462	Olive	Mid 367	Charles	Ess 222
Jonathan	Nor 209	Oliver	Nor 260	Daniel	Ess 227
Jonathan	Wor 361	Oliver	Wor 207	Daniel	Ess 233
Jonathan	Wor 421	Oliver	Wor 393	Ebenzr.	Ess 227
Jonathan, Jun.	Nor 209	Oliver	Wor 478	Emerson	Wor 325
Jonathan, 3d.	Nor 209	Peter	Brs 362	Henry	Ess 221
Jonn., Jur.	Wor 421	Peter	Mid 46	Israel	Ess 225
Jos.	Mid 154	Peter	Nor 260	Israel	Ess 234
Joseph	Ber 231	Peter	Nor 349	Jacub	Ess 218
Joseph	Ess 23	Peter B., Esq.	Nor 110	Nathel.	Ess 233
Joseph	Ess 120	Phineas	Ess 268	Nathel.	Ess 226
Joseph	Mid 20	Polly, wd.	Wor 379	Paul	Ess 227
Joseph	Mid 46	Rebecca	Ess 455	Robart	Ess 224
Joseph	Mid 55	Reuben	Wor 505	Silas	Ess 223
Joseph	Mid 269	Richard	Ber 171	Addington, Cloe	Ply 101
Joseph	Mid 367	Richard	Ess 300	Addis, Samuel	Ber 252
Joseph	Mid 439	Roger	Mid 269	Addleton, Beulah, Wd.	Ham 239
Joseph	Mid 462	Rufus	Ham 358	John	Nan 48
Joseph	Nor 378	Rufus	Ply 29	Ader see Armsby	
Joseph	Ply 29	Ruth	Mid 393	Adison, Corndition	Bar 57
Joseph	Suf 142	Samuel	Ess 244	Adjatent, Darisus	Ham 190
Joseph	Wor 461	Samuel	Ess 594	Joseph	Ham 190
Joseph, Dr.	Wor 379	Samuel	Nor 338	Adkims, Silas	Ham 183
Joseph, Jun.	Wor 461	Samuel	Wor 196	Adkins, David	Ham 181
Josiah	Nor 110	Samuel	Wor 461	Elihu	Ham 167
Josiah, Deac.	Wor 379	Samuel, & Son	Ber 181	Elijah	Ham 65
Jude	Wor 265	Samuel, Jur.	Ess 595	Jabez	Ham 166
Jude, Jur.	Wor 265	Saml.	Mid 367	Sarah	Ess 216
Katharine	Mid 347	Saml., 2d.	Mid 367	Solomon	Ham 65
Knowles	Brs 419	Sarah	Mid 367	Agar, Benjn.	Nor 185
Leml.	Nor 122	Seth	Brs 356	Jonan.	Nor 185
Lemuel	Wor 265	Seth	Ham 352	Ager see Treadwell	
Levi	Ham 352	Seth	Mid 126	Agur see Hide	
Levi	Mid 507	Seth	Nor 136	Aiken, Solomon, R.	Mid 86
Levi	Nor 338	Shubel	Ber 161	Aikin, David	Wor 293
Levi	Wor 458	Silas	Nor 209	Aikins, John	Ham 274
Levi, Lieut.	Ham 159	Silvanus	Nor 209	Ainger, John	Mid 347
Luther	Wor 399	Simeon	Ess 204	Joseph	Mid 136
Lydia	Duk 451	Smith	Ess 218	Ainsworth, Amasa	Ham 237
Mary	Ber 265	Smith	Mid 269	Daniel	Wor 265
Mary	Ess 455	Solomon, Revd.	Ess 31	Eunice	Wor 265
Mary	Nor 217	Stephen	Duk 448	Hannah	Wor 265
Melzer	Ply 29	Stephen	Ess 205	Jacob	Wor 271
Micah	Nor 209	Stephen	Ess 594	Moes.	Wor 399
Micajah	Nor 110	Stephen	Mid 143	Moses	Wor 400
Moses	Duk 453	Thaddeus	Nor 346	Nathan	Ham 233
Moses	Ess 204	Thadeus	Ham 154	Samuel	Wor 271
Moses	Ham 154	Tho.	Mid 393	Willm.	Ham 113
Moses	Mid 32	Thomas	Ber 185	Aires, Joseph	Bar 60
Moses	Mid 515	Thomas	Ess 594	Akerman, John	Ess 300
Moses	Nor 122	Thomas	Ham 96	John, Jr.	Ess 300
Moses	Nor 217	Thomas	Nor 110	Noah	Ess 300
Moses	Nor 349	Thomas	Nor 198	Akers, Mathew	Ess 161
Moses	Wor 198	Thomas	Nor 217	Peter	Ham 96
Moses	Wor 265	Timothy	Mid 38	William	Nor 255
Nathan	Mid 193	Timothy	Mid 507	Akin, Bartholomew	Brs 419
Nathan	Mid 462	Timothy	Nor 358	Deborah	Brs 419
Nathan	Wor 399	Titus	Wor 415	John	Ess 353
Nathaniel	Ess 455	Walley	Brs 420	Akins, Abiel	Bar 98
Nathaniel	Ess 594	William	Ess 543	Jacob	Brs 340
Nathaniel	Nor 346	William	Mid 259	James	Brs 340
Nathaniel	Wor 458	William	Nor 346	John	Brs 340
Nathel.	Wor 478	William	Wor 265	Joseph	Ham 213
Nathl.	Bar 38	William, & Son	Ber 181	Mary	Brs 340
Nathl.	Bar 51	William, Jr.	Ess 543	Ruth	Brs 340
Nathll.	Ham 274	Willm.	Nor 110	Seth	Ber 207

Thomas	Brs 341	Lydia	Ply 94
Timothy	Brs 340	Nathan	Ply 68
William	Brs 341	Nathan, junr.	Ply 68
William	Ham 169	Noah	Ber 235
Alason, John	Brs 319	Noah	Nor 341
Albee, Abel	Wor 393	Noah	Ply 49
Alpheus	Nor 341	Oliver	Ham 218
Asa	Ham 41	Oliver	Ply 58
Benjn.	Wor 325	Otis	Brs 419
Benjn.	Wor 339	Paul	Mid 269
Benjn., Jur.	Wor 325	Rufus	Ply 69
Caleb	Wor 393	Samuel, junr.	Ply 62
Elijah	Wor 393	Saml.	Ply 41
James	Wor 461	Sarah	Ply 62
John	Nor 217	Seth	Ply 58
John	Wor 339	Silas	Nor 271
Levi	Wor 382	Silas, Colo.	Nor 315
Mary, wd.	Wor 393	Silas, Junr.	Nor 315
Samuel	Wor 382	Simeon	Nor 271
Seth	Wor 393	Solomon	Ply 49
Silas	Wor 325	Solomon, junr.	Ply 58
Simeon	Wor 379	Timothy	Ber 182
Thomas	Wor 393	Timo., Revd.	Bar 96
Albertson, Jacob	Wor 217	William	Nor 315
Rufus	Ply 18	Wm.	Mid 526
Albree, Saml.	Mid 193	Wrestling	Ply 94
Alby, Asa	Nor 198	Alderman, Daniel	Ham 157
Mary	Nan 55	John	Ber 177
Reuben	Ham 325	Aldin, Benjamin, Jr.	Ber 114
Alden, Abigal	Ply 94	Solomon	Nor 254
Alexander	Ply 49	Aldis, Ebenezer	Nor 357
Amasa	Ply 49	Aldon see Alden	
Amharst	Ply 93	Aldrich, Aaron	Wor 475
Andrew	Ply 69	Abel	Wor 461
Asahel	Ply 49	Ahaz	Wor 478
Barnabas	Ham 337	Alexander	Wor 478
Benjamin	Ber 114	Alpheus	Wor 390
Caleb	Ply 58	Amariah	Wor 475
David	Ply 69	Amos	Wor 475
David, Junr.	Ham 337	Ananias	Wor 475
David, Jur.	Ply 69	Asa	Ham 41
Earl	Ply 69	Asa	Nor 362
Ebenezer	Nor 271	Barlow	Wor 325
Ebenr.	Ham 337	Barnebus	Wor 478
Eleazer	Ply 58	Benjamin	Wor 461
Eleazer, junr.	Ply 58	Benjn.	Ham 337
Elijah	Ham 277	Benoni	Wor 379
Elijah	Nor 337	Caleb	Wor 393
Elijah	Ply 69	Calvin	Wor 387
Ezra	Ham 218	Calvin	Wor 475
Ezra	Ply 68	Charles	Wor 379
Ezra, Junr.	Ham 218	Dan	Wor 387
Henry	Ham 337	Daniel	Wor 464
Henry	Nor 315	Daniel	Wor 475
Isaac	Ply 68	David	Ber 134
Isaac, junr.	Ply 68	David	Wor 478
Isaiah	Ply 94	Ebenezer	Wor 382
Israel	Ber 113	Ebenezer	Wor 475
Israel	Ber 181	Enoch	Wor 461
Job	Ply 69	Enoch, 2d.	Wor 464
John	Brs 419	Ephraim	Wor 461
John	Ham 337	George	Wor 379
John	Ply 69	George	Wor 461
John, Jur.	Brs 419	Israel	Wor 461
John, 2d.	Ply 69	Israel	Wor 475
John A.	Ham 219	Jacob	Wor 379
Jona.	Mid 497	Jacob	Wor 475
Jonathan	Ham 218	Jasan	Wor 379
Jonathan	Ply 68	Jesse	Ham 96
Joseph	Ply 58	Jesse	Wor 464
Joseph, 2d.	Ply 62	Jesse	Wor 475
Joshua	Ply 58	Jesse	Wor 478
Josiah	Ham 257	John	Wor 478
Josiah	Ham 276	Joseph	Ply 69
Judah, Esquire	Ply 95	Laban	Nor 342
Judith, Wd.	Ply 69	Luke	Wor 379
Lois	Brs 372	Luke, 2d.	Wor 382

Luther	Wor 387		
Lyman	Wor 478		
Nathan	Ply 69		
Nathaniel	Nor 363		
Nathel.	Wor 461		
Nehemiah	Wor 461		
Noah, 2d.	Wor 475		
Obadiah	Wor 461		
Pardon	Wor 379		
Paul	Wor 478		
Peleg	Ham 96		
Phinehas, Capt.	Wor 387		
Rufus, Majr.	Wor 387		
Samuel, Jur.	Wor 478		
Seth	Wor 461		
Seth	Wor 475		
Seth, Junr.	Wor 461		
Silas	Wor 379		
Simeon	Wor 271		
Solomon	Ham 337		
Timothy	Wor 390		
William	Wor 461		
Willm.	Wor 387		
Aldridge, ---, Wido.	Brs 400		
Benajah	Ham 36		
Daniel	Ply 49		
Ichabod	Nan 66		
Ichabod, Junr.	Nan 66		
James	Ply 49		
Jesse	Ham 218		
Joseph	Ham 76		
Obed	Nan 66		
Samuel	Ber 156		
Alexander, Amos	Ham 51		
Bost.	Nor 122		
Caleb, Revd.	Wor 379		
Daniel	Wor 325		
Daniel	Wor 339		
Ebenezer	Ham 44		
Eliphas	Ham 85		
Elisha	Ham 27		
George	Ham 76		
Giles	Mid 246		
Giles	Mid 342		
Israel	Wor 339		
James	Ham 183		
James	Wor 361		
Jesse	Wor 271		
John	Ham 72		
John	Mid 315		
Joseph	Ham 44		
Joseph	Wor 251		
Medad	Ham 27		
Miles	Ham 283		
Nathaniel, Capt.	Ham 145		
Simeon, Jr.	Ham 27		
Thomas	Ham 27		
Timothy	Wor 387		
William	Ber 236		
William	Ess 300		
Willm.	Wor 390		
Wm.	Mid 462		
Alford, Benjamin	Ham 349		
Elijah	Ber 265		
Alger, Abiel	Wor 223		
Abiezer	Ply 47		
Benjamin	Brs 388		
Daniel	Ply 62		
David	Wor 223		
Ebenezer	Ply 47		
Edmund	Ply 47		
Elijah	Ber 160		
Huldah	Ply 47		
Isaac	Brs 319		
Isaac	Brs 388		
James	Ber 136		
James	Ply 47		

James, 2d.	Ply 58	Daniel	Nan 47	Hooper	Ess 92
James, 3d.	Ply 58	Daniel	Nor 88	Horace	Ber 194
Joseph	Ply 47	Daniel	Wor 345	Humphrey	Brs 327
Nathan	Ply 47	David	Bar 43	Humphrey	Brs 419
Simeon	Ham 76	David	Bar 91	Ichabod	Wor 499
Alison see Carver		David	Brs 327	Isaac	Ess 93
Alkins, William	Ess 408	David	Brs 420	Isaac	Ess 589
Alkinson, Hannah	Ess 360	David	Ham 162	Isaac	Ply 68
John	Ham 218	David	Nan 58	Isaiah	Brs 302
Joseph	Ess 390	David	Nor 88	Israel	Wor 357
Allad, Daniel	Wor 339	David	Ply 68	Israel	Wor 502
Allan, Asa	Ess 172	David	Wor 271	J...	Wor 171
Deborah, Wido.	Ess 172	David	Wor 293	Jacob	Ess 92
Allard, Daniel	Ham 267	David	Wor 400	Jacob	Ham 306
Isaac	Wor 279	Deborah	Brs 297	Jacob	Nor 164
see Allad, Allord		Deborah	Brs 300	Jacob, Jur.	Wor 339
Allem, Seth	Bar 9	Deborah	Duk 449	Jacub	Ess 218
Allen, Aaron	Ess 94	Deborah	Mid 133	James	Brs 297
Aaron	Wor 339	Ebenezar	Brs 341	James	Brs 419
Abel	Nor 88	Ebenezar	Ham 198	James	Duk 449
Abel	Wor 339	Ebenezar, 2nd.	Brs 341	James	Ham 41
Abel, Lt.	Ham 279	Ebenezer	Brs 297	James	Mid 46
Abia	Wor 315	Ebenezer	Ham 71	James	Mid 259
Abigail	Duk 453	Ebenezer, Jur.	Ham 71	James	Nor 98
Abigail	Nan 57	Ebenezr.	Ber 135	James	Nor 198
Abigail	Nan 66	Ebenr.	Duk 454	James, Jr.	Duk 449
Abigail, Widw.	Nor 164	Edmond, Capt.	Ham 208	James, 2nd.	Brs 419
Abijah	Mid 474	Edward, jr.	Ess 414	Janathan	Ber 112
Abijah	Nor 345	Edwd.	Ess 421	Jannes [James?]	Brs 408
Abner	Brs 297	Edwd.	Nan 58	Jedediah	Brs 341
Abner	Ess 92	Eleanor	Duk 453	Jerem.	Mid 381
Abner	Ham 105	Eleazer	Brs 418	Jesse	Ber 225
Abner	Ham 261	Eleazer	Brs 420	Jesse	Wor 315
Abner	Wor 325	Eleazer	Nor 322	Jethro	Brs 418
Abner	Wor 339	Eleazer	Wor 339	Jethrow	Brs 340
Abner, 2d.	Wor 339	Eliakim	Nor 198	Job	Brs 419
Abraham	Brs 327	Elihu	Ber 113	Job	Ham 71
Abraham	Brs 420	Elihu	Ham 72	Joel	Ham 71
Adam	Brs 327	Elijah	Ber 118	John	Bar 12
Ahaz	Wor 379	Elijah	Ber 172	John	Ber 146
Alfred	Ham 273	Elijah	Brs 384	John	Brs 292
Alvan	Wor 379	Elijah	Ham 10	John	Brs 297
Amaziah	Brs 297	Elijah	Ham 71	John	Brs 327
Ambrose	Ess 456	Elijah	Ham 273	John	Duk 444
Amos	Ham 56	Elijah	Wor 271	John	Ham 56
Amos	Ham 71	Elijah	Wor 339	John	Ham 85
Amos	Ham 355	Elisabath	Brs 300	John	Mid 126
Amos	Nor 98	Elisha	Bar 13	John	Mid 181
Andrew	Bar 91	Elisha	Brs 297	John	Nan 53
Andrew	Ess 138	Elizabeth	Brs 419	John	Nor 356
Anna	Ham 76	Elizh., Wo.	Ess 92	John	Ply 6
Anna	Ham 260	Elizh., Wo.	Ess 137	John	Ply 26
Anthony	Brs 418	Elnathan	Wor 361	John	Ply 69
Asahel	Ply 68	Enos	Ham 355	John	Wor 265
Ashbel	Wor 171	Ephraim	Brs 316	John	Wor 339
Ashel	Wor 361	Ephraim	Duk 449	John	Wor 399
Barney	Brs 360	Ephraim	Ham 261	John, Junr.	Nan 53
Barza	Ply 68	Ephraim	Wor 415	John, jur.	Bar 14
Benja.	Duk 453	Ephraim	Wor 515	John, Senr.	Ess 92
Benja.	Mid 70	Eunice	Brs 418	John, 3d.	Ess 98
Benja.	Nor 271	Experience	Brs 388	John H.	Ber 172
Benjamin	Brs 316	Ezra	Duk 448	John H.	Ber 183
Benjamin	Brs 340	Ezra	Ess 429	Jonas	Wor 242
Benjamin	Ham 234	Ezra	Ham 96	Jonas	Wor 293
Benjamin	Ply 58	Ezra	Wor 379	Jonathan	Brs 305
Benjamin	Wor 421	Ezra, Junr.	Wor 379	Jonathan	Brs 420
Bethuel	Nor 283	Fisher	Nor 322	Jonathan	Ess 18
Betty, Wo.	Ess 92	Francis	Brs 420	Jonathan	Ham 76
Bezalel	Ply 69	George	Bar 36	Jonathan	Ham 352
Bicknell	Brs 320	George	Brs 297	Jonathan	Nor 198
Bishop	Ham 355	George	Brs 327	Jonathan	Wor 399
Caleb	Ham 51	George	Mid 4	Jonathan, Rev'd.	Ess 238
Caleb	Ham 56	George	Ply 117	Jonathan, 2nd.	Brs 420
Caleb	Ham 273	Gideon	Bar 34	Joseph	Bar 37
Comfort	Brs 302	Gideon	Ham 352	Joseph	Ber 240
Daniel	Brs 327	Hannah	Nor 238	Joseph	Brs 341
Daniel	Brs 340	Homes	Bar 85	Joseph	Brs 384

Name	Loc	Name	Loc	Name	Loc
Joseph	Duk 451	Philliman	Wor 345	Timothy	Ham 21
Joseph	Ess 587	Phillip, Negro	Ham 310	Timothy	Ham 155
Joseph	Ham 76	Phineas	Ham 3	Timothy	Nor 322
Joseph	Ham 245	Phinehas	Nor 198	Timothy	Ply 14
Joseph	Ham 325	Phinehas	Wor 433	Timothy	Wor 149
Joseph	Nan 57	Pompy	Nor 321	Timothy	Wor 339
Joseph	Nor 164	Potter	Ber 111	Tomza	Bar 13
Joseph	Ply 68	Pratt	Ply 68	Tristram	Duk 449
Joseph	Wor 252	Priscilla	Mid 246	Tristram	Nan 67
Joseph	Wor 293	Quintus	Ham 71	Tural	Nor 260
Joseph	Wor 379	Ransford	Ham 125	Wesson	Brs 327
Joseph, Mastr.	Ess 166	Reba., Wo.	Ess 103	Western	Ply 117
Joshua	Nor 88	Reuben	Ham 278	Willard	Wor 339
Joshua	Ply 117	Reuben	Nan 53	William	Bar 12
Josiah	Brs 316	Richard	Ess 103	William	Bar 36
Josiah	Duk 448	Robert	Brs 420	William	Brs 419
Josiph, Copr.	Wor 399	Robert	Duk 448	William	Ess 92
Judah	Brs 340	Robert	Ham 108	William	Ess 133
Justes	Ply 117	Ruben	Brs 341	William	Ham 352
Justus	Ber 216	Rufus	Ber 194	William	Nor 164
Kesiah	Wor 293	Rufus	Ber 240	William	Nor 198
Lemuel	Ess 446	Rufus	Brs 418	William	Ply 6
Lemuel	Nor 164	Russel	Brs 341	William, Jun.	Ess 110
Levi	Ber 240	Ruth	Ply 117	William, Jun.	Ess 161
Lewis	Brs 369	Ruth, Wo.	Ess 103	William, jur.	Bar 12
Luke	Ber 120	Sabin	Wor 339	William, 2d.	Ess 92
Mala.	Mid 381	Saml.	Mid 154	Williams	Brs 327
Margaret	Brs 341	Saml.	Wor 399	Zadock	Mid 442
Mary	Nor 217	Samuel	Bar 35	Zeb.	Wor 399
Mary	Ply 67	Samuel	Brs 297	Zebulon	Ber 166
Mary	Wor 171	Samuel	Duk 449	Zebulon	Duk 449
Mary, Wido.	Nor 322	Samuel	Ess 92	see Allem, Alleyne, Allin,	
Mary, Wo.	Ess 103	Samuel	Ham 161	Allyn	
Matthew	Duk 448	Samuel	Ham 217	Alexander, John	Wor 421
Matthew	Ply 68	Samuel	Nor 271	Alley, Abigail	Ess 425
Merab	Ham 5	Samuel	Wor 345	Benj.	Ess 427
Micah	Brs 384	Samuel	Wor 370	Benj., Jr.	Ess 430
Michael	Mid 269	Samuel, Capt.	Wor 379	Benj., 3d.	Ess 426
Milichi	Ess 92	Samuel, 2d.	Brs 297	Ephm.	Ess 428
Molley	Wor 245	Samuel C.	Ham 27	Hulday	Ess 426
Moses	Ess 455	Sarah	Ber 194	Jacob	Nan 50
Moses	Ham 121	Sarah	Nor 198	James	Ess 427
Moses	Wor 293	Sarah, Jur.	Nor 198	James, Junr.	Ess 427
Moses	Wor 399	Sarah, Widow	Ess 110	John	Ess 268
Nabby, Wo.	Ess 92	Sarah, Wo.	Ess 92	John	Ess 426
Nathan	Ess 92	Seth	Duk 452	John, Jr.	Ess 429
Nathan	Ham 169	Seth	Nor 98	Joseph	Ess 425
Nathan	Ham 212	Seth	Wor 393	Micajah	Ess 426
Nathan	Nor 88	Silas	Ham 195	Moses B.	Ess 428
Nathan	Nor 198	Silas	Wor 361	Nathan	Ess 425
Nathan	Wor 245	Silas	Wor 431	Reuben	Ess 393
Nathan	Wor 399	Silas	Wor 502	Reuben	Nan 49
Nathaniel	Bar 12	Silvanus	Brs 418	Richard	Nan 63
Nathaniel	Bar 43	Simeon	Ham 80	Rufus	Ess 357
Nathaniel	Mid 246	Simeon	Ply 68	Rufus	Ess 398
Nathaniel	Nor 217	Simeon	Wor 339	Saml.	Ess 431
Nathl.	Bar 91	Simeon	Wor 415	Samuel, Junr.	Ess 427
Nathl.	Ess 94	Solomon	Ess 133	Solomon	Ess 426
Nathl. M.	Ess 92	Solomon	Ham 2	Timothy	Ess 426
Nehemiah	Wor 339	Solomon, Jun.	Ess 110	William	Nan 66
Neher.	Wor 399	Solomon, 3d.	Ess 110	Willm.	Ess 431
Noah	Ber 113	Stephen	Brs 296	Alleyne, Abel	Nor 122
Noah	Nor 198	Stephen	Ham 105	Josiah	Nor 110
Noah, Jur.	Ber 113	Stephen, Junr.	Ess 92	Allgreen, Thomas	Ess 304
Obediah	Brs 340	Sylvanus	Duk 449	Allin, Daniel	Ess 535
Oliver	Brs 297	Sylvenus	Brs 341	David	Ess 551
Oliver	Ply 58	Sylvenus	Ham 319	John B.	Ess 534
Oliver	Ply 117	Tho., Jur.	Ber 145	Joseph	Mid 447
Pain	Bar 13	Thomas	Ber 185	Allis, Abel	Ham 56
Pardon	Brs 327	Thomas (2)	Ber 194	Abel	Ham 337
Patience	Duk 451	Thomas	Brs 327	Barzilla	Ham 337
Paul	Brs 419	Thomas	Brs 340	Daniel	Ham 65
Peleg	Ber 146	Thomas (2)	Brs 341	Ebenr.	Ham 319
Peleg	Brs 420	Thomas	Ess 133	Eber	Ham 51
Peletiah	Wor 515	Thomas	Nor 283	Elijah	Ham 325
Perez	Nor 322	Thomas, Jun.	Ber 169	Isaac	Ham 195
Philip	Brs 341	Thomas, Junr.	Ber 194	Joel	Ham 56

John	Ham 13	Anna	Nan 65	Henry	Ber 226
Lemuel	Ham 337	Benjamin	Ess 173	Isaac	Ham 56
Lucius	Ham 331	Benjamin	Nan 66	Jacob	Wor 271
Moses	Ham 190	Benjamin, jur.	Ess 172	John	Ham 51
Samuel	Ham 56	Bezer	Ply 58	John	Wor 202
Silas	Ham 11	Bulkley	Mid 447	Mary	Ham 337
Solomon	Ham 56	Daniel	Ply 62	Sarah	Ham 56
Stephen	Ham 325	David	Ham 243	Thomas	Wor 271
Thomas	Ham 76	Ebenezer	Ham 277	Anabel, Ebenezer	Ber 181
William	Ham 13	Ebenezer, Jr.	Ham 277	Anderson, Alanson	Ham 24
Allison see Alason		Eleazer	Ber 143	Allen	Wor 375
Allord, John	Ham 264	Elijah	Mid 55	Amasa	Ham 274
see Allard		Enos	Bar 91	Andrew	Ess 402
Allwell, Samuel	Ess 251	Ezekiel	Mid 94	David	Ham 23
Allwood, Simeon	Ess 242	Fisher, Esqr.	Nor 297	David	Ham 279
Allworth, Daniel	Ess 253	Jack	Wor 200	David	Ham 319
Ally, John	Mid 181	James	Ply 47	David, 2d.	Ham 280
Allyn, Benjamin	Bar 86	Job	Ply 62	Debh. F.	Ess 389
James	Bar 86	John	Ham 325	Elizabeth	Ham 44
John, Rvd.	Ply 95	John	Ply 47	Ezra	Ham 44
Lydia	Bar 86	John	Wor 399	Jacob	Ess 554
Samuel	Bar 86	John, junr.	Ply 47	James	Ess 205
Thomas	Bar 86	Jonathan	Ply 47	James	Ham 175
Almy, Christopher	Brs 341	Jonathan	Wor 415	James	Ham 319
Ebenezar	Brs 327	Joseph	Ply 58	James	Nor 136
George	Brs 340	Joshua	Ber 179	James	Wor 231
Jiles	Brs 340	Joshua	Ply 47	Job	Ess 548
Job	Brs 327	Jotham	Brs 388	John	Bar 96
Job	Ham 178	Moses	Mid 411	John	Ham 51
Joseph	Brs 341	Nathan	Mid 367	John	Ham 319
Mary	Brs 327	Nathaniel	Ply 47	John	Wor 308
Peleg	Brs 340	Nathaniel, Esqr.	Nor 297	Jonathan	Ham 23
Richard	Brs 341	Noah	Ply 62	Joseph	Ham 302
Thomas	Brs 341	Permenas	Brs 388	Margaret, Wd.	Ham 274
William	Brs 327	Peter	Mid 447	Mathew	Ham 44
William	Brs 353	Prince	Ess 200	Solomon	Ham 51
William, Esqr.	Brs 325	Rebecca	Ham 276	Thomas, Docto.	Ham 268
Wm., Esq.	Brs 324	Robert	Ham 212	Timothy	Ham 280
Alton, Moses	Wor 325	Robt.	Mid 154	William	Bar 76
Alvard, Azariah, Capt.	Ham 249	Rufus	Brs 388	William	Ham 51
Bezaleel	Ham 250	Seth	Ply 58	William	Ham 225
Gad	Ham 254	Seth	Ply 117	William, Jur.	Bar 79
Gideon	Ham 249	Seth, Jr.	Ply 117	Anderton, Elizabeth	Ess 456
Justin	Ham 250	Simeon	Ply 58	Thomas	Ess 455
Samuel	Ham 249	Solomon	Ply 58	Ando, Tho.	Mid 154
Alverson, David	Nor 369	Solomon, junr.	Ply 58	Andress	Ham 85
George	Wor 164	Spafford	Ess 173	Andrew, Asahel	Ham 349
Alvord, Ahiel	Ham 17	Stephen	Mid 423	Dorathy	Ess 42
Caleb	Ham 44	Thomas	Bar 94	Elisabeth	Ess 41
Daniel	Ham 300	Thomas	Ply 47	Ephriem	Ess 42
Eliab	Ham 18	Timothy	Ply 62	George, Jun.	Wor 198
Elijah	Ham 71	see Eeames		Israel	Ess 15
Elisha	Ham 9	Amesden, Joel	Wor 293	John	Brs 340
Elisha	Ham 135	Amesdown see Amedown		Joseph	Ess 42
Elizabeth	Ham 7	Amherst see Mann		Mary	Brs 340
John	Ham 9	Amidown, Cyrus	Wor 339	Mary	Ess 417
Jonathan	Ham 17	see Amedown		Nathll.	Wor 197
Phineas	Ham 136	Ammidon, John	Wor 475	Stephen	Brs 340
Samuel	Ham 349	Philip, Esq.	Wor 379	Thomas	Wor 196
Timothy	Ham 11	Ammidown, Calvin	Wor 325	Andrews, ... [Jesse?]	Brs 378
Zebediah	Ham 136	Ebenzr.	Wor 339	Aaron	Ham 225
Zerah	Ham 319	John	Wor 339	Abial	Brs 420
see Allord, Edwards		Joseph	Wor 339	Abigail, Wido.	Brs 368
Alworth, Stephen	Ham 241	Luther	Wor 325	Andrew	Ber 223
Ambler, Christopher	Wor 149	Titus	Ham 237	Andrew	Ess 118
John	Nor 374	Ammie see Piex Ammie		Anna	Ess 590
Amedown, Ebenezer	Ham 309	Amory, Jno.	Nor 122	Asa	Ess 573
Jeremiah	Wor 164	see Amery		Benajah	Ber 246
John	Wor 293	Amsbury, Jesse	Wor 271	Benjamin	Ess 455
Rhoda	Wor 293	Amsdel, Joseph	Mid 150	Benjamin	Ess 590
see Ammidown		Amsden, Abner	Ham 51	Benjamin	Suf 142
Amery, Nath.	Mid 381	Bosaleel	Wor 271	Benjamin	Wor 171
Ames, Abiah	Ply 47	David	Wor 205	Betty	Ess 455
Abiel	Ply 47	Elisha	Ham 56	Cathe.	Ess 406
Alexander	Ply 58	Elisha	Ham 331	Daniel	Ham 96
Ambrose	Ham 71	Ephraim	Wor 202	Daniel	Wor 375
Amos	Mid 447	Ephm.	Wor 271	Daniel	Wor 433

Name	Ref	Name	Ref	Name	Ref
Darius	Nor 98	Solomon	Ess 588	John	Brs 420
David	Brs 413	Solomon	Mid 41	Jona.	Mid 193
David	Ess 582	Stephen	Brs 412	Joseph	Brs 340
David	Nor 306	Stephen	Ham 217	Peleg	Brs 407
David	Wor 171	Theod.	Ber 246	Quash	Brs 340
Ebenezer	Ber 246	Thomas	Brs 413	Reuben	Brs 314
Ebenr.	Wor 241	Thomas	Ess 556	Saml.	Brs 407
Edmund	Mid 41	Thomas	Ham 96	Sarah	Brs 327
Eleanor	Ess 456	Thomas	Suf 139	Simon	Brs 341
Eleazer	Ess 109	William	Brs 409	Stephen	Brs 407
Elias	Ess 588	William	Ess 150	William	Brs 341
Elisha	Ber 109	William F.	Ess 582	William	Brs 407
Elisha	Wor 231	Wm.	Mid 393	William	Brs 419
Elkanah	Brs 413	Wm.	Mid 515	Antone, St.	Nan 77
Ephraim	Suf 139	Zephaniah	Brs 373	Antrum, Darius	Brs 309
Ezekiel	Suf 147	Andries, Eliza.	Mid 193	Apling, John	Ply 12
George	Brs 373	George	Ham 285	Appleby, Michael	Ham 62
Gideon	Ply 58	Andros, Thomas	Brs 275	Applesou, Julius	Ham 352
Henry	Brs 363	Andrus, Appleton	Ber 118	Appleton, Aaron	Ess 577
Jacob	Ess 263	Elijah	Ber 246	Benjamin	Ess 595
Jacob	Ess 586	Jacob	Ham 162	Daniel	Ess 268
Jacob	Ess 588	Jacob, Junr.	Ham 162	Isaac	Ess 553
Jacob	Nan 57	Richard	Ham 138	John	Ess 110
James	Ess 359	Sama., Jr.	Ber 252	John	Ess 395
James	Ess 590	Samuel	Ber 252	Joseph	Ess 300
James	Ham 56	William	Wor 393	Joseph	Ess 579
James	Ham 337	Andruss, Robert	Ham 276	Mary	Ess 268
James, Junr.	Ham 56	Samuel	Ham 358	Nathaniel	Ess 300
Jedediah	Brs 365	Angeir, Charles	Wor 202	Oliver	Ess 585
Jno.	Nor 136	Angel, James	Ber 154	Sarah	Ess 577
Joanna	Ess 588	Stephen	Ham 151	Thomas	Ess 529
John	Brs 375	Anger, Sarah	Ess 18	Thomas	Ess 581
John	Brs 414	Timothy	Wor 458	Thomas R.	Ess 268
John	Ess 456	Angier, Calvin	Wor 203	William	Ess 110
John	Ess 516	John	Ply 47	William	Ess 409
John	Ess 586	Mary	Wor 203	William	Ess 577
John	Ham 225	Samuel	Ply 68	see Sweesy	
John	Wor 375	Ango, John	Mid 154	Apthorp, G. H.	Nor 110
John, Rev'd.	Ess 300	Anible, Isaac	Brs 419	James	Ber 185
Jona.	Ess 104	Annabal, Benja.	Ess 377	Aramatage, Samuel	Ess 300
Jonah	Ham 170	Annable, Daniel	Ess 596	Arbuckle, John	Ess 549
Joseph	Brs 378	Jacob	Ess 595	Arbuncle, William	Ess 455
Joseph	Brs 413	John	Ess 596	Archaball, Willm.	Mid 46
Joseph	Ess 360	John, Jur.	Ess 596	Archelus, James	Nor 198
Joseph	Ess 588	Joseph	Bar 86	Archer, Amos	Nor 380
Joseph	Suf 139	Robert	Ess 595	Bena.	Ess 424
Joshua	Mid 515	Robert, Jur.	Ess 595	Bethiah	Ess 407
Jotham	Wor 375	Samuel	Bar 86	Edwd.	Ess 416
Lemuel	Ham 225	Whipple	Ess 596	Hannah	Ess 414
Leonard	Ber 206	Annas, Thos.	Mid 497	James	Ess 406
Levi	Ess 588	Anness, Abe.	Ess 164	James	Ess 407
Mark	Ess 588	Annible, Barnabus	Ham 325	Jona.	Ess 414
Mary	Ess 456	Edward	Ham 337	Joseph	Ess 393
Mary, Wo.	Ess 119	Saml., Jr.	Ham 337	Nath.	Ess 362
Moses	Ess 587	Annis, Stephen	Nan 62	Nathl.	Ess 363
Moses	Ham 44	Annum, Hager	Wor 171	Rebecca	Ess 413
Nathan	Brs 374	Ansact, Lewis	Mid 85	Samuel	Ess 367
Nathan (2)	Ess 263	Ansell see Ellis		Samuel	Ess 400
Nathaniel	Brs 362	Anthony, Abner	Brs 297	Samuel, 3d.	Ess 413
Nathaniel, Junr.	Brs 374	Abraham	Brs 340	Sarah	Ess 362
Nehemiah	Mid 41	Caleb	Brs 341	Arey, Elijah	Duk 444
Oliver	Ber 208	Caleb	Brs 404	Henry	Duk 445
Otis	Ham 337	Caleb	Brs 407	Joh	Bar 40
Ozias	Ber 206	Daniel	Brs 341	Joshua	Bar 41
Philo	Ber 237	Daniel	Brs 420	Reuben	Bar 69
Prince	Ham 225	David	Ber 135	Reuben, Jur.	Bar 75
Reuben	Brs 372	David	Brs 408	Thankful	Bar 41
Robert	Wor 375	Edmund	Brs 364	Thos.	Bar 41
Robert, Jur.	Wor 375	Gardner	Brs 407	Arington, James	Ess 385
Rufus	Brs 375	Gidion	Brs 341	Armington, Asa	Brs 297
Salmon	Ber 212	Hezekiah	Brs 408	Benjamin	Brs 309
Samuel	Brs 368	Humphry	Ber 136	John	Brs 296
Samuel	Wor 171	Israel	Brs 407	Joseph, 3	Brs 309
Samuel	Wor 375	Jacob	Brs 340	Walker, & Son	Brs 297
Sarah	Ess 587	Job	Brs 399	Arms, Aaron	Ham 51
Selah	Ber 206	John	Brs 327	David	Ham 44
Silas	Ply 58	John	Brs 407	Ebinezer	Ham 71

Eliakem	Ham 51	Wm.	Ply 103	Saml.	Ess 433

Eliakem — Ham 51
Elijah — Ham 51
Eliphas — Ham 51
Elizabeth — Ham 51
Henry — Ham 56
Jonathan — Ham 51
Lemuel — Ham 51
Mercy — Ham 56
Moses — Ham 71
Polly, Wd. — Ham 272
Seth — Ham 51
Solomon — Ham 71
Thomas — Ham 51
Thomas, Jur. — Ham 51
Armsby, Ader — Nor 198
Enos — Wor 149
Joshua — Wor 149
Silas — Wor 149
Unity — Nor 365
Armstead, James — Mid 154
Armstrong, Samuel — Ham 233
Susanna — Brs 420
Timothy — Ham 44
Arnas, Sarah — Ess 206
Arnold, ...ha — Wor 485
Ahab — Wor 485
Alexander — Nor 177
Asa — Brs 379
Comfort — Ber 133
Cyrus — Nan 78
Daniel — Ber 135
Daniel — Nor 110
Daniel — Nor 339
David — Ber 234
David — Brs 378
Eber — Wor 223
Edward — Ply 103
Elisha — Ber 136
Eseck — Wor 262
Isaac — Ber 136
Jacob — Ber 106
Jesse — Ber 135
John — Ber 106
John — Brs 378
John — Mid 423
John — Ply 117
John V. — Nor 164
Jonathan — Ber 174
Jos. N. — Nor 110
Joseph — Ber 155
Joseph — Mid 422
Joseph — Wor 262
Joseph — Wor 339
Josiah — Ber 246
Moses — Nor 164
Nathaniel — Ber 135
Nathaniel — Wor 345
Oaks — Ply 103
Oliver — Wor 485
Persis — Mid 423
Prince — Ham 62
Robert, Negro — Ess 528
Ruth, Widw. — Nor 164
Saml., junior — Nor 177
Samuel — Nor 177
Samuel — Ply 117
Smith — Ber 156
Stukely — Ber 133
Thomas — Ess 46A
Thos. H. — Ply 41
Timothy — Ber 106
Timothy — Ber 213
William — Ham 51
William — Mid 136
William — Mid 410
William — Wor 345
Winslow — Mid 421

Wm. — Ply 103
Arnsworth, Edward — Ham 144
Arter, John — Ess 399
Mary — Ess 404
Arther, Bradford — Ham 125
Hannah, Wd. — Ham 125
Richard — Ham 159
Wilson — Ess 300
Arthur, Stephen — Nan 67
Ary, Archelaus — Bar 12
Jabez — Nan 72
Olover — Bar 24
Thomas — Bar 24
Ash, Henry — Ply 47
Nathaniel — Ess 300
Ashbey, William — Brs 419
Ashby, Benja. — Ess 411
David — Ess 411
Jona. — Ess 384
Martha — Ess 364
Thos. — Ess 414
Ashley, Abraham — Brs 292
Abraham, 2d. — Brs 292
Barnabas — Brs 293
Benjamin — Ham 349
Daniel — Ham 244
David — Ham 349
David, Junr. — Ham 349
David, Jur. — Ber 194
Ebenezer — Ham 349
Eli — Ham 123
Elihu — Ham 51
Elisha — Ham 355
Enoch — Brs 292
Gideon — Ham 283
Israel — Ham 120
James — Ham 108
John — Ber 230
John — Ham 245
John — Ham 349
John — Ply 117
John, Esq. — Ber 231
Joseph — Ham 349
Joseph, Junr. — Ham 349
Juslin — Ham 91
Micah — Brs 292
Moses — Ham 242
Moses — Ham 349
Noah — Ham 91
Noah — Ham 119
Noah — Ply 69
Percival — Brs 292
Percival, Jur. — Brs 293
Phebe, Wd. — Ham 245
Solomon — Ham 51
Solomon — Ham 349
Stephen — Ham 91
Stephen — Ham 113
Stephen — Ham 119
Taber — Brs 292
Thankful — Ber 252
Vashti, Wd. — Ham 244
Warden — Ham 113
William — Ber 222
William — Ber 231
Wm. — Ham 118
see Ackley, Rust
Ashmun, Eli P. — Ham 181
Ashport, Cuff — Ply 65
Ashton, Benjamin — Ess 455
Hannah — Ess 455
Jacob. — Ess 396
John — Ess 547
Mary — Ess 365
Mary — Ess 455
Philip — Ess 455
Philip — Ess 514

Saml. — Ess 433
Samuel — Ess 455
Sarah — Ess 496
William — Ess 455
Askey, William — Ham 27
Aspendelow, Amannuel — Bar 26
Aspenwall, John — Nor 257
Lucy — Nor 257
Palnopha — Mid 497
Saml. — Mid 474
William, Docr. — Nor 257
Aspinwall, Ellis — Ess 357
John — Ess 358
Prince — Ham 269
Atchinson, Benoni — Ham 234
Athearn, Benja. — Duk 453
Ezra — Duk 453
James — Duk 451
Jethro — Duk 452
Jona. — Duk 451
Jona., Jr. — Duk 454
Joseph — Duk 451
Moses — Duk 453
Solomon — Duk 451
Timo. — Duk 452
William — Duk 451
Atherton, Abner — Nor 297
Adonijah — Ham 319
Benjamin — Wor 207
Caleb — Nor 80
Consider — Nor 260
Daniel — Brs 321
David — Wor 219
Israel — Wor 345
Jedidiah — Nor 260
Jemima — Nor 136
Jesse — Nor 315
John — Nor 260
John, Jur. — Nor 260
Jona. — Mid 462
Jonathan — Ham 71
Jonathan, Jur. — Ham 72
Joseph — Ham 72
Oliver — Ham 71
Oliver — Wor 219
Phillip — Brs 384
Peter — Wor 345
Rufus — Brs 318
Sarah — Wor 220
Thomas — Ham 105
see Belcher, Wales
Atkens, William — Bar 15
Atkins, Asa — Bar 92
Benja. — Ess 118
Benjamin E. — Bar 57
Chaney — Ham 126
Daniel — Bar 69
David — Bar 75
Ebenezar — Bar 68
Elisabeth, Wd. — Bar 62
Elizabeth — Ess 455
James — Bar 35
James — Bar 74
John — Ess 123
John — Ess 142
John — Mid 526
John — Wor 293
Jonah — Bar 64
Joseph — Bar 22
Joseph — Bar 58
Joseph — Ess 455
Joshua — Bar 20
Josiah — Ham 349
Luther — Ham 126
Lydia, Wd. — Bar 66
Mary — Ess 300
Paul — Bar 64

Name	Ref.
Paul	Bar 66
Robert	Ess 455
Ruth	Bar 64
Samuel	Bar 66
Samuel, Jur.	Bar 68
Sarah	Bar 65
Sarah, Jur.	Bar 65
Silas	Bar 56
Silas	Bar 66
Stephen	Bar 61
William	Bar 35
see Alkins	
Atkinson, Amos	Ess 213
Geo.	Ess 419
Ichobed	Ess 214
John	Ess 214
Matthias	Ess 212
Michajer	Ess 220
Moses	Ess 213
Theodore	Ess 213
Theodore	Ess 216
see Alkinson	
Atsett, John	Ply 117
Philip	Ply 117
Attwood, Caleb	Ply 12
Francis	Ply 9
John	Ply 5
John	Ply 8
John	Ply 13
Jesse	Ess 242
Joseph	Ply 8
Joshua	Ply 8
Nathaniel	Ply 8
Samuel	Ply 8
Thomas	Ply 12
William	Ess 241
William	Ply 5
see Allwood	
Atwater, Benjamin	Ham 139
James	Ber 119
John	Ham 121
Noah, Revd.	Ham 120
Russel	Ham 181
see Phippen	
Atwell, Ebenr.	Ess 414
Jno.	Ham 244
Joseph	Ber 265
Joseph	Mid 289
Josiah	Ess 423
William L.	Brs 318
Atwill, Joanne	Ess 438
John D.	Ess 434
Nathan	Ess 441
Zach.	Ess 429
Atwood, Abial	Wor 164
Abijah	Ess 268
Abner	Ham 183
Azeiba	Bar 69
Barnabus	Bar 76
Barnabus, Jur.	Bar 79
Barnbas	Bar 7
Benjamin	Bar 69
Daniel	Wor 502
David	Bar 5
David	Bar 69
Ebenezar	Bar 69
Ebenezer	Ham 41
Eldad	Wor 393
Eleazar	Bar 73
Eli	Ply 69
Elisha	Bar 73
Elkanah	Wor 149
Ephraim	Bar 69
Experience	Bar 69
Ezekiel	Bar 73
Freeman	Bar 73
George	Brs 410
Gideon	Bar 7
Gideon	Bar 69
Hannah	Bar 69
Harding	Bar 75
Henry	Bar 56
Henry	Bar 60
Hezekiah	Bar 76
Hezekiah	Ber 108
Ichubod	Ply 69
Ichubod, Jur.	Ply 69
Isaac	Bar 63
Isaac	Ham 36
Isaiah	Bar 73
James	Bar 76
James	Brs 413
James	Wor 240
Jemima	Bar 74
John	Bar 69
John	Brs 410
John	Ess 300
John	Ham 208
John	Ply 69
Jonathan	Bar 57
Joseph	Brs 274
Joseph	Brs 410
Joseph	Ess 268
Joshua	Bar 56
Joshua	Bar 69
Joshua	Ham 36
Margaret, Wido.	Ess 300
Martha	Wor 279
Moses	Ess 268
Nathaniel	Bar 69
Nehemiah	Bar 5
Phillip	Ham 36
Phineas	Ber 108
Richard	Bar 74
Richard	Bar 76
Samuel	Bar 60
Sears	Bar 15
Simeon	Bar 69
Steaphen	Bar 57
Stephen	Bar 74
Sylvesr.	Brs 410
Sylvr., Jr.	Brs 410
Thomas	Bar 74
Timothy	Bar 74
Wait	Wor 399
Zacs.	Wor 399
Zechh.	Wor 293
Zenas	Ham 190
Zoeth	Bar 68
see Attwood, Awood	
Aubin, Nathaniel	Ess 300
Philip	Ess 300
Augar, Joshua	Brs 406
Augustus, Casar	Ply 65
Samson	Ess 398
Auker, Joseph	Brs 341
Austin, Abiather	Brs 370
Abijah	Brs 414
Amasa	Ber 120
Amos	Ber 221
Augustin	Ber 221
Bailey	Ber 223
Bailey, jun.	Ber 225
Benjamin, Junr.	Nan 57
Dan	Ber 240
David	Brs 379
David	Mid 88
David, jr.	Mid 88
Ebenr.	Mid 154
Elizabeth	Ber 160
Gad	Ber 221
Isaac	Ess 288
James	Ber 259
James	Ham 44
Joab	Ber 230
John	Ber 223
John	Ber 265
John	Ess 172
John	Ham 297
John	Mid 154
John	Wor 421
John, Jr.	Ber 265
Jonathan	Brs 411
Jonathan, Jr.	Brs 411
Joseph	Brs 419
Josiah	Ess 373
Josiah	Ham 105
Judah	Ber 120
Lemll.	Ber 224
Levi	Ber 205
Manuel	Ess 432
Nath	Mid 154
Philip	Ber 228
Richard	Ess 379
Richard	Ply 3
Samuel	Ess 172
Samuel	Wor 171
Seth	Brs 410
Solomon	Brs 370
Solomon	Mid 88
Stephen	Brs 379
Thomas	Ber 112
Timothy	Wor 421
William	Brs 388
William	Mid 92
Zachariah	Brs 414
Auther see Arther	
Averell, Azariah	Ess 40
Daniel	Ess 39
Daniel, Jur.	Ess 39
Elijah	Ess 41
Isaac	Ess 39
Jacob	Ess 39
Joseph	Ess 32
Mark	Ess 32
Nathaniel	Ess 40
Nathaniel P.	Ess 39
Sarah	Ess 39
Solomon	Ess 39
Averett, Nathaniel	Ham 151
Averil, Paul	Ess 173
Sarah	Ess 542
Averill, Benjamin	Ess 579
Thomas	Ber 112
Avero, Benajah	Ber 202
Avery, Abel	Ham 126
Abel	Ham 247
Amos	Ham 190
Asa	Ham 264
David	Ber 252
Ephraim	Ham 159
Gardner	Ham 265
Job	Bar 66
John	Bar 66
John	Ham 56
John, Jur.	Bar 68
Jonathan	Ham 190
Jonathan	Nor 297
Joseph	Ber 114
Joseph	Wor 515
Miles	Ber 109
Nathan	Ham 80
Nathaniel	Ham 80
Ransford	Ham 161
Samuel	Ham 161
Uriah	Ham 288
William	Ham 160
see Tobey	
Awood, Joshua, Jur.	Bar 74
Axtel, Mary	Wor 196
Axtell, Thomas	Wor 149

Thomas	Wor 196	Susanna	Ess 406	Samuel, Cap.	Ess 120
William	Wor 149	Babbige, John	Ess 406	Willa.	Ess 140
William, Junr.	Wor 149	Babbit, Abijah	Brs 276	Bachelder, Israel	Ess 46B
Ayer, James	Ess 268	Betsy	Brs 379	Bacheldor, Benjn.	Mid 515
James, Jur.	Ess 268	David	Ber 147	Jocob	Mid 47
James, 3d.	Ess 268	Dean	Brs 280	Thos.	Mid 515
John (2)	Ess 268	Ebenezer	Brs 281	William	Ess 270
Jonathan	Ess 268	Ebenezer	Brs 359	Bacheler, John (2)	Mid 292
Mary	Ess 268	Ebenezer, 2d.	Brs 282	Jonathan	Mid 292
Moses	Ess 268	Edward	Brs 379	Joseph	Mid 292
Nathan	Ess 268	Elijah	Ham 218	Nathaniel	Mid 292
Obediah	Ess 268	Elkanah	Brs 275	Nathaniel	Mid 316
Oliver	Ber 246	Elkanah	Wor 256	Simeon	Mid 292
Peter	Ess 268	Gideon	Brs 409	Bacheller, Henry	Ess 444
Samuel	Ess 268	Henry	Ham 183	Henry, Jr.	Ess 444
Simon	Ess 268	Ira	Ham 41	James	Ess 429
Timothy	Ess 268	Isaac, 1st.	Brs 276	Rufus	Ess 431
Ayers, Abigal, Widw.	Ess 105	Isaac, 2d.	Brs 275	Saml.	Ess 429
Amos	Ham 291	John	Ber 147	Theops.	Ess 430
Buenos	Ham 213	John	Brs 276	Bachellor, Enoch	Wor 390
David	Ham 183	Jonathan	Ham 218	Jont.	Wor 390
Ebenezer	Nor 253	Mary	Ber 163	Bachelor, Elijah	Wor 328
Edward	Brs 419	Samuel	Ber 146	Joel	Ham 41
Eleazer	Nor 322	Seth	Wor 245	John	Ham 56
Eliza.	Ess 413	Warren	Brs 275	Nathan	Ham 326
Jesse	Nor 322	Ziba	Brs 358	Nehemiah	Mid 433
John	Ess 92	Babcock, Amos	Wor 513	Perin	Wor 325
Jonathan	Nor 253	Benjamin	Brs 342	Saml.	Ham 338
Joseph	Brs 419	Daniel	Ham 156	Backer, Artimas	Wor 451
Lydia, Wo.	Ess 103	Derius	Ham 80	Benjn.	Mid 477
Richard	Ess 300	Ebenr.	Mid 532	George	Wor 454
see Tainter		Elias	Ber 214	Joel	Wor 444
Aylsworth, Anthony	Ber 134	Elisha	Ham 10	John	Wor 454
Warner	Ber 134	Enoch	Wor 274	Nathan	Wor 441
Ayrault, James, Esqr.	Ber 176	Ezra	Ham 80	Richard	Wor 444
Nicholas	Ber 176	Horace	Ham 233	Thomas	Wor 454
Ayres, Aaron	Ham 253	Irena	Ham 124	Backus, Clark	Bar 89
Asa	Ham 145	James	Ber 194	Ichabod	Ber 259
Cyrus	Wor 253	James	Ham 176	Isaac, Revd.	Ply 76
Eleazer	Ham 253	James	Wor 271	Lydia	Ber 259
Eli	Wor 253	Jason	Nor 297	Marey	Ber 259
Increase	Wor 253	Jeremiah	Ham 275	Nathana.	Ber 259
Jabez	Wor 253	Jno.	Ess 93	Samuel	Ham 258
Jabez	Wor 308	John	Ber 186	Seth	Ber 259
Jason	Wor 279	John	Ham 170	Simeon	Bar 89
Jesse	Ham 113	John	Ham 182	Simon	Ply 76
John	Ham 219	Joseph	Brs 420	Thomas	Bar 89
Joseph	Wor 308	Joseph	Ham 81	Wally	Ber 259
Jude	Wor 253	Josh.	Ess 93	Backworth, Edward	Ham 191
Moses	Wor 253	Malaca	Mid 532	Edward, Jur.	Ham 191
Moses	Wor 308	Moses	Mid 532	Silas	Ham 191
Onesephorus	Wor 253	Nicholas	Ess 100	Bacol, Isaac	Wor 401
Thomas	Ham 271	Oliver	Ham 80	Bacon, ...a...	Nor 323
William	Wor 253	Paul	Ham 81	Aaron	Nor 322
William, 2d.	Wor 253	Peleg	Brs 342	Amasa	Ham 270
		Peleg	Ham 81	Andrew	Ber 119
		Perry	Ham 166	Asa	Ber 195
--- B ---		Phebe	Brs 420	Asa	Mid 526
		Saml.	Mid 498	Asa	Wor 325
		Seth	Mid 20	Benja., 2d.	Mid 357
B..., ..., Jr.	Wor 505	Stephen	Wor 396	Benjamin	Ham 260
George	Wor 505	Thomas, Junr.	Ess 99	Benjan.	Mid 357
see ---		Thos.	Ess 93	Charlotte	Nor 346
B...ln see ...ln		William	Ber 208	Cyrel	Wor 339
B...n, Jeremiah	Ess 46A	William	Ess 92	Daniel	Nor 89
Babb, Benjamin	Ber 178	Babit, Erasmus	Wor 328	Daniel	Nor 380
John	Ber 178	Thoms.	Wor 339	Daniel	Wor 325
Jos.	Mid 158	Babson, Charles	Ess 129	Daniel, Junr.	Wor 325
Babbet, Abner	Wor 271	David	Ess 148	David	Mid 526
Crasmus	Wor 401	Dolly, Wo.	Ess 110	David	Ply 6
Selas	Wor 274	Eleanor	Ess 559	David	Wor 328
Babbett, Asa	Ber 239	Hanh., Wo.	Ess 132	Deborah	Bar 93
Samuel	Ham 213	Hannah, Wo.	Ess 137	Ebenezar	Brs 321
Samuel	Ham 228	Joseph	Ess 132	Ebezezer	Wor 328
Snellam	Ber 139	Joseph	Ess 307	Ebenezr.	Bar 82
Babbidge, Ben	Ess 416	Mary, Wo.	Ess 136	Ebenr.	Bar 101
Chrisr.	Ess 423	Ruth	Ess 532	Ebenr., Esqr.	Bar 85

Name	Ref
Edward	Bar 85
Edward	Wor 441
Elias	Nor 363
Elijah	Mid 111
Elijah	Mid 526
Enoch	Wor 340
Ephm.	Wor 401
Ephraim	Wor 340
Ephriam	Nor 315
Ezekiel	Ber 129
Ezra	Mid 526
Flagg	Mid 357
Freeman	Bar 69
George	Ber 252
George	Ply 5
George	Wor 464
Henry.	Mid 526
Henry	Nor 251
Isaac	Bar 85
Isaac, Jr.	Bar 84
Jabez	Bar 93
Jacob	Ber 125
Jacob	Ess 375
James	Ham 270
Jno.	Mid 193
Joel	Ber 125
Joel	Ham 56
John	Ber 207
John	Ber 252
John	Mid 382
John	Mid 526
John	Mid 527
John	Ply 57
John	Wor 328
John	Wor 401
John, Jur.	Ber 207
John, 2d.	Wor 401
Jona.	Mid 526
Jonas	Mid 382
Jonathan	Ham 66
Jonathan	Wor 182
Jonathan, 2d.	Wor 339
Jonathn., 1st.	Wor 339
Joseph	Ber 186
Joseph	Ess 369
Joseph	Nor 239
Joseph	Nor 352
Joseph	Wor 400
Joseph	Wor 451
Josiah	Ess 242
Josiah	Nor 322
Josiah	Wor 401
Josiah, Junr.	Nor 322
Margaret	Ess 393
Mehitable	Mid 526
Moses	Nor 315
Nathan	Ham 56
Noah	Wor 499
Norman	Mid 477
Oliver	Mid 527
Onan	Bar 93
Orris	Bar 84
Orris, Jr.	Bar 84
Penuel	Ham 225
Philo	Ham 66
Phinehas	Mid 270
Reuben	Ber 252
Richd.	Mid 526
Richd., Jr.	Mid 526
Rufus	Wor 328
Ruth	Nor 352
Ruth.	Ess 387
Samuel	Ber 119
Samuel	Ber 146
Samuel	Ess 397
Sarah	Bar 86
Sarah	Mid 357
Seth	Nor 352
Silas	Nor 322
Simeon	Ham 260
Solomon	Mid 357
Stephen	Ber 126
Stephen	Ber 252
Thomas	Ham 225
Thompson	Mid 357
Timothy	Ham 145
William	Ber 221
William	Mid 526
William	Ess 469
William	Nor 89
William	Nor 322
William, Jr.	Nor 89
Wm.	Mid 181
see Bacol	
Badcock, Ephraim	Wor 214
Ithamar	Nor 122
Jonas	Wor 367
Josiah	Wor 211
Leml.	Nor 123
Malicai	Wor 431
Nathan	Wor 434
Nathan, Jun.	Wor 434
Reuben	Wor 367
William	Wor 214
William	Wor 367
Wm.	Nor 122
Badcok, Wm., Ju.	Nor 122
Badger, Abigail	Ess 270
Benjamen	Mid 293
Elizabeth	Bar 38
Elizabeth	Bar 51
Elizabeth	Bar 52
Henry	Ber 185
John	Ess 66
John	Mid 526
John	Mid 532
Joseph, Revrd.	Ham 180
Nathan	Ham 277
Obadiah	Ess 68
Stephen	Mid 526
William	Ply 59
Badlam, Ezra	Nor 139
Saml.	Nor 177
Steph.	Nor 136
Stephen	Nor 109
Stephen	Nor 162
Stephn	Mid 64
Unity	Nor 177
Badshell, Caty	Bar 15
Mulford	Bar 20
William, jur.	Bar 15
Bagbee see Bugbee	
Bagg, Aaron	Ber 146
Aaron	Ham 349
Abner	Ber 146
Elijah	Ber 195
Ezekiel	Ham 350
Frederick	Ham 349
John	Ham 349
Joseph	Ber 146
Judah	Ham 349
Martin	Ber 195
Oliver	Ham 349
Orpha	Ham 349
Silas	Ber 146
Solomon	Wor 274
Thomas	Ham 349
Walter	Ham 349
Warham	Ham 349
Baggs, Noble	Ham 208
Seth	Nor 123
Bagley, Amy, Wd.	Ham 247
David	Ess 66
Enoch	Ess 66
Isaac	Ess 66
Jacob, Capt.	Ess 66
Jeremiah	Ess 66
John, Capt.	Ess 46B
Orlando	Ess 68
Philip	Ess 307
Sargent	Ess 68
Seth	Ess 46A
Stephen	Ess 46A
Thomas	Ess 46A
True	Ess 46A
Vallentine, Capt.	Ess 68
see Baley	
Bagnall, Richard	Ply 10
Spinks	Ply 19
Bagnett, Bethiah	Bar 49
Bai..., Josiah	Wor 421
Bailey, Abner	Brs 384
Abner	Ply 131
Abner, Junr.	Ply 134
Abraham	Nor 186
Abrm.	Mid 56
Adams	Ply 128
Asa	Ess 248
Benja.	Ply 132
Benja.	Wor 421
Benjamin	Ply 8
Benjn.	Ess 269
Caleb	Ply 31
Caleb	Ply 131
Calvin	Ply 128
Charles	Ply 128
Clerk	Ber 111
Constant	Ham 234
Daniel	Ess 176
Danl.	Mid 158
David	Mid 7
David	Nor 283
Dudley	Nor 283
Ebenr.	Ply 135
Edward	Nor 186
Edward	Mid 526
Eliphalet	Mid 526
Eliphalet	Ply 9
Ephraim	Wor 245
Eunice	Nor 283
George	Ply 130
Hannah	Ess 570
Henry	Nor 283
Isaac	Wor 182
Israel	Nor 283
Israel	Ply 131
Jack	Ply 31
Jacob	Ess 416
James	Ess 176
Jedidiah	Wor 421
Jesse	Mid 292
John	Ess 467
John	Ham 204
John	Ham 219
John	Ham 300
John	Mid 94
John	Mid 449
John	Ply 128
John, Junr.	Ply 130
Jona.	Mid 46
Jonas	Wor 358
Jonathan	Ess 270
Jonathan	Wor 358
Jonathan, Ju.	Wor 358
Jonathan, 3d.	Wor 357
Joseph	Ber 194
Joseph	Ham 303
Joseph	Wor 357
Joseph S.	Ham 20
Joshua	Ess 176
Josiah, Jun.	Wor 424
Kendal	Mid 157
Lemuel	Nor 283
Lewis	Ess 270

Lorina	Suf	142
Luther	Ess	176
Moses	Ess	175
Moses	Mid	88
Nathan	Ess	269
Nathan, Jur.	Ess	270
Nathan, jur.	Mid	94
Nathaniel	Wor	355
Nathel.	Ess	269
Nathl.	Mid	46
Nathl.	Nor	185
Noah	Ham	250
Oliver	Ber	109
Paul	Ply	134
Paul	Wor	358
Peirce	Ess	570
Prince	Nor	351
Robert	Ham	234
Saml.	Mid	47
Saml.	Nor	185
Samuel	Brs	384
Samuel	Ess	176
Scoville	Ber	109
Seth	Brs	388
Shuball	Wor	357
Silas	Wor	367
Stephen	Ber	112
Stephen	Ply	130
Thomas	Ber	259
Thos.	Ess	422
Timothy	Mid	94
William	Ess	175
William	Wor	357
see Bai..., Brailey		
Baily, John	Bar	8
Baine see O. Baine		
Baird, Daniel	Wor	171
Daniel, Jur.	Wor	174
Isaac	Ham	355
Mary	Wor	182
Thomas	Wor	182
Thomas, Jur.	Wor	182
Baits, Asa	Wor	279
Noah	Wor	279
Baker, Abel	Ber	232
Abel	Ply	34
Abigail	Nor	138
Abijah	Brs	366
Abijah	Nor	346
Abner	Ham	184
Abner	Ham	309
Abraham	Bar	98
Adonijah	Ber	225
Allen	Bar	31
Allen	Ess	584
Allen	Ham	338
Amos	Bar	99
Amos	Mid	21
Amos	Wor	234
Amos, Jr.	Mid	26
Anthony	Bar	11
Archelus	Bar	30
Asa	Ess	581
Asa	Ham	243
Barnabas	Bar	31
Barnabas	Bar	43
Belle	Ess	556
Benajah	Ber	147
Benjamin	Bar	86
Benjamin	Brs	342
Banjamin	Ham	81
Benjamin	Wor	212
Benjn.	Ply	31
Benoni	Bar	98
Benony	Bar	23
Bethuel	Bar	99
Bethuel	Ber	147
Bradbery	Ply	98
Calvin	Ber	117
Catharine	Nan	53
Celia	Ply	91
Charles	Brs	328
Charles	Ply	93
Charles, Esqr.	Wor	279
Charles, Jur.	Ply	93
Charles, Jur.	Wor	279
Collum	Nor	122
Cornelius	Bar	98
Cornelus	Bar	30
Cornelus	Ess	564
Crowell	Bar	31
Cyprian	Wor	274
Daniel	Bar	98
Daniel	Ber	170
Daniel	Brs	397
Daniel	Ham	302
Daniel	Mid	3
Daniel	Nor	297
Daniel	Wor	361
Daniel, Jr.	Bar	98
David	Bar	29
David	Bar	73
David	Ber	137
David	Ber	259
David	Nor	247
David, Jur.	Bar	73
Davis	Bar	31
Dotty	Ply	97
Ebenezar	Brs	328
Ebenezer	Bar	85
Ebenezer	Nor	89
Ebenezer	Nor	99
Ebenezer	Bar	31
Edmund	Nor	138
Edward	Bar	30
Edward	Bar	99
Edward	Mid	437
Edwd.	Wor	274
Eleazer	Nor	227
Elijah	Ham	81
Elijah	Ham	292
Elijah	Nor	98
Elijah	Ply	103
Elijah, Jr.	Nor	99
Eliphalet	Bar	31
Eliphalet	Ber	172
Eliphalet	Nor	310
Eliphalet, Jun.	Nor	310
Eliphalet, 3d.	Nor	297
Elisha (2)	Bar	99
Elisha	Ber	195
Elisha	Ess	426
Elisha	Ham	19
Elisha	Ham	283
Elisha, Jr.	Bar	98
Elkanah	Ham	332
Enos	Ham	292
Ephraim	Ber	230
Eunice	Ess	524
Eunice	Ess	581
Experance, wd.	Bar	31
Ezekiel	Ham	213
Ezra	Bar	10
Ezra	Ber	132
Ezra	Ess	426
Ezra	Mid	440
Francis	Bar	31
Francis	Ber	147
Freemon	Bar	31
George	Nor	138
Gideon	Bar	15
Goram	Bar	28
Hannah	Bar	70
Hemon	Bar	31
Henery	Ply	98
Henry	Bar	30
Henry	Bar	44
Henry Gray	Ess	174
Hollister	Ham	332
Isaac	Bar	31
Isaac	Ham	56
Isaac	Ham	213
Isaac	Ham	289
Isaiah	Bar	31
Isaiah	Bar	73
Isaiah	Bar	88
Israel	Ber	115
Jabez	Nor	322
Jabez, Junr.	Nor	322
Jacob	Bar	99
Jacob	Mid	24
James	Ber	117
James	Brs	298
James	Brs	303
James	Brs	328
James	Ess	46A
James	Ess	594
James	Ham	219
James	Nan	50
James	Mid	13
James	Nan	76
James	Nor	136
James	Nor	137
James	Nor	350
James, Ju.	Nor	138
Jemima, Wo.	Ess	92
Jemima, Wo.	Ess	93
Jere.	Brs	398
Jeremiah	Bar	30
Jeremiah	Brs	304
Jeremiah	Nor	310
Jno.	Nor	136
Job	Bar	44
Job	Brs	328
Joel	Ham	56
Joel, Reverend	Ham	167
John	Bar	30
John	Ber	195
John	Brs	342
John	Ess	37
John	Ess	93
John	Ess	414
John	Ess	557
John	Ess	564
John	Ess	584
John	Ham	8
John	Ham	17
John	Ham	181
John	Mid	421
John	Nor	247
John	Nor	310
John	Nor	350
John	Ply	31
John	Ply	95
John	Ply	104
John	Wor	361
John	Wor	478
John, Junr.	Nor	248
John, jur.	Bar	30
John, Jur.	Ess	576
John, 3d.	Bar	31
Jonas	Mid	462
Jonathan	Bar	99
Jonathan	Brs	406
Jonathan	Ess	269
Jonathan	Wor	214
Joseph	Brs	303
Joseph	Brs	399
Joseph	Ess	103
Joseph	Ess	144
Joseph	Ess	538

Joseph	Ham 168	Samuel	Nor 81	Wesley	Ess 270
Joseph	Ham 267	Samuel	Ply 91	William	Ess 245
Joseph	Ham 273	Samuel	Wor 211	Balckom, Benjamin	Brs 319
Joseph	Nor 310	Samuel	Wor 357	Daniel	Brs 320
Joseph	Wor 279	Samuel, junr.	Ess 46A	Elijah	Brs 319
Joseph	Wor 513	Sarah	Ess 573	Jacob	Brs 319
Joseph, jr.	Brs 303	Scolly	Ply 95	Mary	Brs 319
Joseph C.	Wor 325	Seth	Bar 28	Nathan	Brs 319
Joshua	Nor 164	Seth	Bar 100	Saml.	Brs 320
Joshua	Ply 93	Seth	Brs 414	William	Brs 319
Joshua	Ply 117	Seth	Ham 20	Balcom, Asahel	Mid 122
Josiah	Ham 302	Seth, jur.	Bar 31	Daniel	Wor 226
Judah	Bar 28	Seth, 3d.	Bar 31	Gideon	Wor 226
Judah, jur.	Bar 31	Sherebiah	Ham 41	James	Mid 120
Judah, 3d.	Bar 31	Shubal	Bar 14	Joel	Mid 122
Justus	Ber 212	Shubal, jur.	Bar 14	John	Mid 120
Kenelem	Ply 34	Silas	Bar 99	Jonas	Mid 122
Lemuel	Bar 99	Silas, Jr.	Bar 99	Joseph	Wor 239
Lemuel	Ham 20	Siles	Wor 280	see Balkom, Bolkcom	
Lemuel, Jr.	Bar 99	Silvanus	Bar 31	Balding, Ephraim	Ber 159
Levi	Bar 98	Simeon	Bar 29	Ephraim	Ber 165
Levi	Wor 279	Simeon	Brs 366	Samuel	Ber 165
Lewis	Ham 41	Simeon	Ham 17	Samuel, Jur.	Ber 166
Lowrin	Brs 304	Snow	Ply 31	Baldon, David	Ham 195
Lucy	Ess 538	Stephen	Ess 572	Baldwin, Abel	Wor 434
Luke	Bar 4	Stephen	Ham 20	Abigail	Ess 409
Luke	Wor 516	Stephen	Wor 212	Amos	Ham 166
Lydia	Bar 85	Susan	Nor 138	Ann, Wido.	Ess 309
Marchent	Bar 99	Symonds	Ess 175	Asa	Mid 46
Marshall	Wor 290	Thaddeus	Ham 20	Asa	Wor 502
Martha, Wo.	Ess 133	Thatcher	Bar 61	Azubah	Wor 361
Martin	Ham 292	Theofelus	Bar 31	Benja.	Mid 382
Mary	Bar 83	Thomas	Ber 104	Benja.	Wor 488
Mary	Ess 581	Thomas	Ess 308	Benja., jun.	Wor 488
Mary	Nor 238	Thomas	Ham 20	Benjamin	Ber 182
Mary, Wido.	Ess 308	Thomas	Nor 123	Charles	Ber 252
Mary, Wido.	Nor 310	Thomas	Ply 103	Curtiss	Ham 166
Menasseh	Wor 464	Thomas H.	Ess 308	Cyrus	Mid 370
Moody	Bar 98	Thos. M., Capt.	Wor 390	David	Ber 238
Moses	Ess 595	Timothy	Bar 31	David	Ham 338
Nathan	Ber 107	Timothy	Bar 101	David	Mid 56
Nathaniel	Bar 28	Timothy	Ham 331	David	Mid 126
Nathaniel	Brs 298	Timothy	Nor 310	David	Mid 370
Nathaniel	Brs 303	Walker	Brs 366	David	Wor 434
Nathaniel	Ham 56	Ward	Wor 390	David	Wor 488
Nathaniel	Mid 21	William	Bar 15	David, Jr.	Ham 338
Nathl.	Ham 208	William	Ply 71	Davies	Mid 94
Nathl.	Ply 135	William	Ply 96	Ebenezer	Ham 167
Noah	Ham 283	William, Jr.	Ham 207	Ebenr.	Wor 485
Obadiah	Bar 99	William, Jur.	Ply 96	Edm.	Wor 240
Obediah	Bar 44	Wm.	Wor 169	Elijah	Ber 130
Obediah	Wor 213	Zacheriah	Ess 308	Elnathan	Ham 352
Oney	Ber 154	Zenus	Bar 31	Ezra	Ham 167
Paul	Bar 30	Ziba	Nor 88	Isaac	Mid 259
Philip	Bar 99	see Backer, Hatch, Slead,		Isaac	Mid 342
Preserved	Nor 255	Turner		Jabez	Ham 126
Prince	Bar 99	Balch, Benja.	Ess 240	James	Ber 120
Priscilla	Ply 34	Benjamin	Ess 305	James	Wor 485
Reuben	Wor 361	Daniel	Ess 36	Joel	Ber 128
Rhobe	Brs 303	Daniel	Ess 305	Joel	Mid 382
Richard	Bar 30	Daniel, Wido. of	Ess 305	John	Ber 114
Richard	Bar 64	David	Ess 37	John	Ham 166
Richard	Mid 93	Esther	Ess 37	John	Ham 338
Robert	Ess 559	Jno.	Nor 112	John	Mid 94
Robert	Ess 570	John	Ess 36	John	Mid 181
Robert, Jur.	Ess 559	John	Ess 305	John	Mid 382
Rufus	Ham 332	John	Ham 183	Jona.	Wor 231
Ruth	Bar 70	Jonathan	Ess 243	Jonas	Mid 46
Saml.	Nor 137	Joseph	Ber 131	Jonathan	Ham 338
Saml., 3d.	Nor 136	Joshua	Ess 42	Jonathan	Mid 293
Samuel	Bar 30	Joshua	Ess 556	Jonathan, jur.	Mid 292
Samuel	Ber 147	Roger	Ess 36	Joseph	Ber 120
Samuel	Ber 247	Samuel	Ess 46B	Joshua	Mid 94
Samuel	Brs 304	Tho.	Mid 382	Levi	Wor 500
Samuel	Brs 397	Thomas	Ess 42	Loammi	Ess 376
Samuel	Ess 46A	Thomas H.	Ess 305	Loammi	Mid 331
Samuel	Ess 573	Timothy	Ber 125	Luke	Wor 248

Luther	Wor 485	James	Ham 97	William	Mid 144
Lyman	Ham 167	Jerh.	Mid 46	see Bullard, Clark	
Moses, Revd.	Ham 262	Jno. Clark	Ham 36	Ballentine, William G.	Ber 216
Murray L.	Ber 143	John	Ber 259	Ballou, Darius	Nor 362
Nahum	Mid 382	John	Ess 496	Elizabeth	Nor 361
Nathan	Brs 302	John	Ham 36	Flavius	Nor 361
Oliver	Wor 348	John	Ham 51	Mary	Nor 361
Reuben	Mid 382	John	Wor 191	Pelatiah	Nor 360
Samel	Wor 226	John	Wor 370	Thomas	Nor 209
Saml1.	Ber 247	John	Wor 378	Ballow, Aaron	Ber 138
Samuel	Ber 114	Jonah	Wor 515	Jona.	Ber 138
Samuel	Ber 179	Jonas	Ber 194	Peter	Ham 271
Samuel	Wor 502	Jonas	Ham 36	Seth	Ham 262
Stephen	Ber 114	Jonas	Wor 202	Bamford, Joseph	Ess 307
Stephen	Ham 166	Jonas	Wor 367	Bancraft, Daniel	Ham 36
Stephen	Wor 488	Jonas, Jun.	Wor 201	Ebenezer	Ham 36
Stepn., Jun.	Wor 488	Jonathan	Wor 214	Jacob	Ham 36
Thadeus	Wor 279	Joseph	Ber 113	Kendall	Ham 45
Timothy	Mid 315	Joseph	Ham 108	William	Ham 36
William	Ham 262	Josiah	Wor 393	Bancroft, ---	Ber 195
Wm.	Ham 133	Jotham	Wor 515	Aaron	Wor 171
Wm.	Ham 213	Lazarus	Wor 393	Abigail	Ess 33
Wm.	Mid 383	Lucy	Wor 191	Amos	Mid 246
Wm.	Wor 226	Lydia	Mid 16	Asariah	Ham 172
Zerubl.	Wor 502	Moses	Ber 167	Benja.	Wor 152
Baleau, Elias	Ber 185	Moses	Wor 290	Comfort	Ham 173
Balentine, Robert	Ess 309	Nancy	Ess 495	Daniel	Ess 369
Bales, John	Nor 81	Nathan	Ber 259	Ebenr.	Ess 445
Baley, Abner (2)	Ess 232	Nathan	Ham 195	Ebenr.	Mid 78
Amhurst	Wor 213	Nathan	Wor 214	Edmon, Doctr.	Ham 153
Daniel	Ess 208	Nathan	Wor 290	Edmund	Wor 424
Ebenezar	Wor 212	Nathan	Wor 370	End.	Mid 55
Elizabeth	Wor 209	Noah	Mid 46	Enoch	Ham 172
James	Ess 66	Perry	Ber 252	Enoch	Ess 452
Jedediah	Wor 211	Phinehas	Wor 515	James	Mid 154
Joseph	Ess 149	Reuben	Mid 16	James	Mid 289
Joseph	Mid 144	Samuel (2)	Ham 36	James	Mid 323
Joseph	Mid 438	Silas	Ham 113	James	Mid 324
Lucy, Wo.	Ess 135	Stephen	Ham 36	Job	Ess 370
Nathu.	Ess 119	Stephen	Wor 367	Joel	Ham 166
Quacko	Brs 342	Thomas	Wor 256	John	Ham 124
Samuel	Mid 412	William	Ess 406	John	Ham 166
Sibella	Wor 209	William	Wor 377	Jona.	Mid 55
Stephen	Wor 211	Wm.	Ham 240	Jona.	Mid 78
Submit	Ham 134	Ballad, Ebenezer	Mid 246	Jonas	Wor 182
Thomas	Ess 228	Ballantine, John	Ham 120	Jonas, 2d.	Wor 182
Balhcome, Micah	Wor 415	Ballard, Anna	Bar 75	Jonathan	Ham 151
Balkcom, Alexander	Brs 379	Benjn.	Ham 325	Jonathan	Mid 290
David	Brs 379	Daniel	Ess 164	Jonathan	Wor 454
Jacob	Brs 379	David	Ham 85	Jonathan, Jr.	Wor 454
James	Brs 379	Ebenezr.	Ess 269	Joseph	Mid 289
Samuel	Brs 379	Hezekiah	Ess 174	Joseph	Wor 152
Balkom, Enoch	Brs 318	James	Ham 22	Joseph	Wor 424
Balkum see Bolkcom		Jeremiah	Ham 85	Joseph, jur.	Mid 292
Ball, Aaron	Wor 513	Jeremiah	Ham 96	Lemuel	Ham 173
Abijah	Brs 361	Jeremiah	Wor 345	Nathan	Wor 182
Abner	Mid 16	John	Ess 445	Nathaniel	Ham 172
Abrm.	Mid 515	John	Ham 13	Nathl.	Ess 452
Adonijah	Wor 290	John	Wor 164	Nathl.	Wor 279
Adonijah	Wor 400	John, Junr.	Wor 164	Nehemiah	Mid 292
Amaziah	Wor 378	Jonathan	Ham 279	Saml.	Mid 449
Benja. G.	Ham 239	Jonathan	Ham 283	Samuel	Ham 172
Benjamin	Ham 80	Joseph	Ham 325	Sarah, Wido.	Mid 447
Benjamin	Mid 16	Joseph	Wor 173	Thos.	Ess 401
Charles	Ham 355	Joshua	Wor 290	Thos.	Ess 453
Daniel	Wor 499	Josiah	Ham 105	Thos.	Mid 55
Ebenr.	Mid 47	Luther	Ham 45	Timothy	Mid 289
Eleazer	Wor 505	Mary	Ess 432	Timothy	Wor 182
Eli	Ham 352	Moses	Ham 85	William	Ess 381
Elijah	Ham 41	Phillip	Ham 85	Willm.	Wor 273
Elijah	Wor 378	Samuel	Mid 144	Wm.	Mid 447
Elijah, Jun.	Wor 378	Sherebiah	Ham 278	see Barroft	
Isaac	Ess 161	Simeon	Ham 283	Bane, Wm.	Mid 526
Isaac	Wor 203	Sylvanus	Ham 105	Bang, Edmond, Jr.	Wor 401
Jacob	Brs 370	Thomas	Wor 345	Bangs, Abner	Ber 209
James	Ess 221	Timothy	Ess 176	Allen	Bar 29
James	Ham 36	William	Ham 191	Benjh.	Bar 8

Deon — Bar 8
Ebenezor — Bar 6
Ebenezor, jur. — Bar 6
Edmond — Wor 401
Edward — Wor 171
Elijah — Wor 295
Elisha — Ber 209
Elkonah — Bar 4
James — Ham 62
Jerusha, wd. — Bar 8
John — Ham 45
John D. — Bar 5
John D. — Bar 15
John D. — Bar 21
John D. — Bar 25
John D. — Bar 32
Jonathan — Bar 29
Joseph — Ham 331
Joshua — Bar 6
Josiah — Ham 36
Mark — Ham 45
Nathaniel — Ham 96
Perez — Bar 64
Sarah, wd. — Bar 8
Seth — Bar 28
Silvanus — Bar 6
Ruth — Suf 142
Watn. — Wor 400
Zenas — Ham 331
see Burges, Young
Banister, Aaron — Wor 268
Abner C. — Ham 211
Andrew — Ham 97
Andrew, Lt. — Ham 215
Berzillia — Mid 136
Daniel — Wor 451
Jesse — Wor 245
John — Ham 56
Lemuel — Ham 57
Liberty — Wor 500
Nancy — Bar 37
Nathan — Wor 378
Seth — Wor 268
Solomon — Wor 268
William — Ham 23
Banks, Isaac — Ply 1
Thomas — Ham 14
Wm. — Mid 181
Banning, James — Duk 445
Bannister, Jno. — Mid 193
Joseph — Ham 243
Truman — Ham 243
Vassal — Ber 166
Banroft, Benja. — Wor 274
Bapson, Theodore — Mid 21
Baral, Louis — Ham 3
Barbe, Wyatt S. — Ess 309
Barber, Abel — Ber 179
Abner — Ham 247
Alexanr. — Ber 114
Benjamin — Ber 179
Daniel — Ess 306
David — Ham 27
Ebenezer — Ham 256
Ebenezer — Wor 174
Ebenezer, Jr. — Ham 256
Elisha — Ham 338
Elisha — Mid 532
Elisha, Jr. — Mid 532
Ephraim — Mid 414
George — Nor 210
George — Nor 364
Hamlet — Wor 393
James — Ber 159
James — Wor 174
Joel — Ham 352
John — Ham 190

John — Ham 213
John — Ham 352
Joseph — Ber 139
Joseph — Ham 36
Joseph — Nor 218
Joseph — Wor 174
Joseph, Jun. — Nor 218
Koswell — Ber 179
Lewis — Ham 256
Martha — Ess 515
Matthew — Ber 194
Matthew — Ham 183
Nathan — Wor 211
Nathan — Wor 401
Oliver — Mid 532
Robert — Mid 27
Samuel — Ber 114
Samuel — Ess 270
Samuel, Jur. — Ber 114
Sarah — Ham 352
Seneca — Nor 210
Silas — Ber 162
Thomas — Ber 168
Zachariah — Ham 36
Zaecheus — Ber 239
Barce, Jacob — Ply 34
Bard, Andrew — Wor 454
Andrew, Jr. — Wor 454
Joseph — Wor 441
Mary — Brs 342
Molly — Brs 341
Bardeen, Samuel — Wor 475
Barden, Bethiah — Ply 71
Elijah — Nor 89
Fredrick — Ply 117
Ichabod — Ply 71
Isaac — Ber 158
Isaac, Jun. — Ber 158
Jacob — Ber 125
James (2) — Ber 191
John — Ply 71
Phillip — Nor 89
Solomon — Ply 71
Stephen — Ply 117
Zuba — Wor 295
Bardine, John — Brs 405
Bardwel, Elias — Ham 183
Bardwell, Asa — Ham 66
Charles — Ham 66
Chester — Ham 66
Eldad — Ham 56
Elijah — Ham 11
Elijah, Capt. — Ham 208
Enoch — Ham 44
Hannah — Ham 11
John — Ham 51
Jona. — Ham 204
Joseph — Ham 210
Martin, Jr. — Ham 204
Moses — Ham 44
Noah — Ham 66
Orange — Ham 66
Reuben — Ham 56
Saml. — Ham 338
Samuel — Ham 45
Simeon — Ham 208
Thomas — Ham 44
see Bardwoll
Bardwoll, Martin — Ham 208
Bargis, Mercy — Duk 448
Barjona, Cato — Ess 467
Barker, Aaron — Ham 145
Abijah — Brs 421
Abraham — Ess 288
Amos — Mid 85
Andrew — Mid 370
Asa — Mid 370

Benjamin — Ply 136
Charity — Ess 502
David — Mid 157
Deborah — Suf 139
Ebenezer — Ess 288
Ebenezer — Mid 27
Eleazer — Ber 172
Eliza — Mid 157
Ephraim — Ham 355
Ephraim — Mid 110
Ezra — Ber 154
Ezra — Ham 234
Ezra — Mid 76
Ezra, Junr. — Ham 234
Francis — Ess 496
Francis — Mid 32
Francis — Nan 50
Hannah — Ess 516
George — Ess 307
George — Ess 501
Grove — Ham 349
Isaac — Ess 174
Isaac — Mid 87
Isaac — Ply 31
Isaac B. — Ply 34
Jabez — Brs 342
Jairus — Ber 171
James — Ber 154
James — Nan 72
John — Ess 174
John — Ess 288
John — Ess 419
Joseph — Ber 212
Joseph — Ess 502
Joseph — Ham 195
Joseph — Mid 31
Joseph, Jr. — Mid 27
Joseph, Revd. — Ply 69
Joshua — Brs 421
Joshua — Ply 34
Josi. — Mid 157
Josiah — Nan 45
Josiah, Junr. — Nan 73
Latham — Nan 65
Lemuel — Brs 342
Mary — Ham 349
Mary — Mid 370
Mary — Nor 328
Mehetabel — Ess 174
Mehetabel, Wido. — Ess 174
Moses — Mid 76
Nathan — Ber 171
Nathan — Ess 174
Nathan. — Ess 251
Nathu. — Ess 110
Newell — Ber 154
Phinehas — Ess 174
Pitts — Ber 163
Richard — Ess 176
Robart — Ply 31
Robert — Brs 329
Ruth — Ess 496
Saml. — Nan 49
Saml. — Ply 34
Saml., Junr. — Nan 74
Samuel — Ess 175
Samuel — Ess 68
Samuel — Ham 349
Samuel — Mid 32
Samuel — Ess 174
Sarah — Ess 468
Sarah — Nan 184
Silas — Ber 146
Stephen — Brs 342
Stephen — Ess 174
Stephen — Ess 288
Stephen — Ham 195

Thomas	Brs 421	Julius	Ham 6	Caleb	Brs 304
Thomas	Ess 502	Laban	Nan 72	Christopher	Brs 304
Timothy	Mid 91	Lemll.	Ber 222	Cyrenius	Brs 298
Timothy, ju.	Mid 91	Libni	Nan 49	Daniel	Brs 403
William	Wor 173	Lydia	Nan 72	Daniel	Nan 56
see Backer, Beaker		Martha	Wor 211	George	Ber 140
Barlow, Cato	Nan 78	Mary	Nan 70	Griffin	Nan 72
Ebenr.	Ham 332	Mary	Wor 212	Jacob	Brs 371
Edmund	Ham 174	Mary, Wd.	Ess 66	James	Brs 311
George	Ply 115	Matthew	Nan 49	John	Brs 370
George, Jr.	Ply 115	Mehetabel	Ess 176	Jonathan	Ber 110
Isaac	Wor 245	Molly, Wd.	Ess 66	Jonathan	Brs 309
Jonathan	Ham 174	Nathl.	Nan 56	Jonathan	Brs 365
Lemuel	Ber 259	Obed	Nan 71	Jonathan	Brs 403
Moses	Bar 41	Phineas	Wor 221	Jonathan	Nan 65
Peleg	Ber 259	Richard	Ber 195	Jonathan	Nan 69
Reuben	Ber 259	Ruth	Nan 49	Jonathan, Junr.	Nan 69
Seth	Ber 259	Samuel	Ess 400	Joseph	Brs 359
Seth	Ply 115	Samuel	Wor 217	Joseph	Brs 403
Wyat	Wor 293	Sarah	Ess 269	Josiah	Brs 403
Barnabe, Chandler	Ber 186	Shubael	Nan 47	Matthew	Nan 58
Barnabee, Nathan	Ham 208	Stephen	Mid 417	Nathaniel	Brs 309
Barnaby, Ambros	Brs 284	Stephen	Nan 67	Oliver	Brs 365
Joseph	Wor 401	Sylvester	Ber 225	Paul	Brs 315
Barnam, Selah	Ber 225	Theodore	Ham 320	Peleg	Brs 403
Barnard, Abigail	Wor 215	Thomas	Nan 61	Peter	Nan 73
Andrew	Nan 49	Thomas, 2nd.	Nan 45	Robert	Nan 65
Benjamin	Ham 62	Thos.	Ess 373	Ruben	Brs 403
Benjamin	Wor 218	Tristram	Nan 64	Sarah	Nan 73
Charles	Nan 66	William	Mid 417	Solomon	Mid 270
Christopher	Nan 56	Willm.	Ess 67	William	Ber 140
Daniel	Ess 68	Wm.	Nan 71	William	Brs 304
Daniel	Mid 497	see Orpin		William	Brs 363
David	Ham 320	Barnes, Abraham	Ham 36	William	Nan 69
David	Mid 32	Abraham, Junr.	Ham 36	Barnham see Burnham	
David	Wor 218	Benjamin	Ham 165	Barns, Aaron	Wor 245
David	Wor 318	Benjamin	Ply 13	Adonijah	Wor 295
Ebenezer	Ham 51	Bradford	Ply 13	Asa	Wor 245
Ebenezer, 2d.	Ham 51	Comfort	Ber 265	Benajah	Mid 91
Edmund	Wor 444	Corben	Ply 13	Benjamin	Ham 131
Edwd.	Ess 412	Corben, Jr.	Ply 13	Benjamin	Mid 16
Elisha	Ham 320	Daniel	Wor 415	Benjamin	Mid 422
Elisha	Nan 74	David	Wor 499	Benjamin	Suf 143
Elizabeth	Ham 51	David, Revd.	Ply 124	Benjamin, jur.	Suf 143
Ephraim	Wor 367	Ebenezer	Ham 170	Canterbury	Suf 143
Erastus	Ham 51	Edwd.	Mid 408	David	Wor 213
Francis	Ham 97	Elias	Mid 36	Dorothy	Wor 253
Francis	Mid 423	Elihu	Ham 167	Edward	Mid 409
Hannah	Ess 512	Hannah	Ply 16	Edward	Mid 445
Hannah	Mid 260	Isaac	Mid 381	Eli	Wor 293
Henry	Ham 184	Isaac	Ply 16	Ensign	Suf 140
Henry	Nan 60	Jeremiah	Ham 166	Ezekiel	Ber 213
Isaac	Ess 68	Joseph	Ber 130	Ezekiel	Suf 140
Israel	Ham 3	Joseph	Ply 6	Fortenatus	Wor 213
Jacob	Ess 68	Joseph	Wor 308	Francis	Wor 202
Jacob	Wor 424	Josiah	Mid 10	Francis	Wor 441
James	Ess 175	Lemuel	Ply 13	George	Suf 143
James	Mid 498	Moses	Ber 265	Jacob	Mid 423
James	Nan 66	Nancy	Ess 484	Jeremiah	Ber 207
Jesse	Wor 215	Oziel	Ham 160	Jesse	Wor 293
John	Ess 68	Peter W.	Ess 512	John	Brs 304
John	Ess 174	Phehas	Ham 170	John	Ham 184
John	Nan 51	Robt.	Mid 182	John	Suf 140
John	Wor 174	Samuel	Ham 36	John	Wor 377
John	Wor 358	Silas	Ber 247	Jonas	Wor 293
John, jur.	Ess 176	Thos.	Ess 402	Joseph	Ber 146
Jona.	Ess 67	Timothy	Ber 247	Joseph	Mid 515
Jona., Capt.	Ess 67	Willard	Ham 36	Joseph, J.	Ber 146
Jonathan	Nan 47	William	Ham 170	Josiah	Wor 339
Jonathan	Wor 348	William	Nan 62	Lovewell	Mid 416
Joseph	Ess 68	William	Ply 10	Lucy	Ess 420
Joseph	Ham 51	William	Ply 16	Mary	Mid 418
Joseph	Ham 332	Woodin	Ess 512	Mary	Wor 255
Joseph	Wor 295	Barney, Adolphus	Brs 370	Mary, widow	Mid 422
Josiah	Wor 213	Benajer	Brs 298	Moses	Ber 163
Jotham	Wor 218	Benjamin	Ber 140	Moses	Ham 218
Judith	Nan 69	Benjamin	Nan 75	Moses	Wor 255

INDEX TO THE 1800 CENSUS OF MASSACHUSETTS

Moses, Jur.	Wor 245	Benja.	Mid 64	James	Ply 11
Nathan	Ham 131	Benja., Jr.	Mid 64	Joel	Ham 273
Nathan	Ham 184	Benjamin	Mid 37	John	Brs 409
Nathan	Wor 255	Benjamin	Wor 245	John	Ham 191
Oliver	Wor 378	Hannah	Mid 246	Joseph	Brs 320
Oliver, Jun.	Wor 378	Hannah	Ply 6	Joseph	Ply 57
Peter	Nor 327	Humphrey	Mid 7	Joshua	Ply 10
Peter	Wor 375	James	Mid 2	Lazarus	Ham 191
Richard	Wor 195	James	Mid 42	Milton	Brs 322
Samuel	Ham 244	John	Mid 17	Nathl.	Ply 71
Samuel	Mid 259	John	Nor 165	Peleg	Ply 12
Samuel	Wor 245	Jona.	Mid 64	Phillbrook	Brs 322
Sarah	Mid 416	Jona.	Mid 181	Priscilla	Brs 322
Solomon	Mid 418	Jonas	Mid 64	Thoms.	Wor 401
Solomon	Wor 253	Jonathan	Ber 194	Thos.	Ply 109
Stephen	Mid 409	Jos.	Mid 181	Zadock	Ply 19
Tho. B.	Wor 378	Joseph	Mid 37	see Barrovs	
Thomas	Wor 248	Joseph	Wor 401	Barruss, Rufus L.	Ess 434
Thomas, 2d.	Wor 253	Joshua	Ham 279	Barry, Joseph	Ess 219
William	Ber 206	Mary	Mid 2	Samuel	Nor 227
William	Ham 249	Moses	Ham 261	Willm.	Mid 497
William	Mid 418	Nathan	Ber 185	Barstow, ---, Wido.	Brs 360
William	Nor 240	Nathan	Mid 17	Alpheus	Ham 81
William	Wor 214	Nathaniel	Nan 68	Benjn.	Ply 115
William	Wor 255	Oliver	Ber 128	Daniel	Ply 130
Wm.	Ham 131	Oliver	Wor 210	Elijah	Ply 122
Wm., Junr.	Ham 131	Peter	Ber 128	Gideon	Ply 115
Barnum, George	Wor 340	Peter	Mid 2	Gidn., Jr.	Ply 115
Moses	Ber 252	Rufus	Wor 248	James	Ply 104
Stephen	Ber 117	Saml.	Nan 46	Jeremiah	Wor 256
Barr, Abijah	Ham 198	Samuel	Mid 2	John B.	Ply 132
Arch.	Ess 386	Solomon	Ber 194	Joseph	Ply 99
Caskin	Mid 64	Steph.	Mid 383	Samuel	Ber 246
Cornelius	Ham 198	Stephen	Mid 9	Thomas	Ply 119
Daniel	Ber 126	Stephen, Jr.	Mid 7	Wilson	Ply 115
Davidson	Wor 308	Stephen, Jr.	Mid 10	Barter see Baxter	
George	Wor 308	Thomas	Mid 10	Bartholemew, Andrew,	
James (2)	Ess 389	William	Ess 119	Capt.	Ham 161
James	Wor 308	William	Ess 309	Benja.	Ess 391
John	Ber 252	Zebn.	Mid 64	Bartis, John	Ber 115
John	Ess 360	Barritt, Eleazer	Ber 117	Bartle see Bartlett	
John	Wor 308	Mahetable	Ber 117	Bartlett, Aaron	Ham 213
Joseph	Ham 225	Barron, Isaac	Mid 383	Abel	Ess 304
Joseph	Wor 308	Jona.	Mid 55	Adam	Wor 211
Robt.	Ess 401	Jona.	Mid 370	Adonijah	Wor 505
Robt. W.	Mid 64	Oliver	Mid 16	Adoniram	Ham 56
Simeon	Ham 198	Oliver	Mid 370	Amos	Ham 56
William	Ess 358	Samll.	Mid 84	Artimas	Wor 515
Barras, Nathan	Ham 36	Samll.	Mid 89	Calvin	Ham 56
Peter	Ess 403	Stephen	Ham 97	Cornelius	Ess 404
Barrel, James	Ply 68	Barrons, William	Nor 364	Daniel	Ess 176
James	Wor 174	Barrot, Nathan	Ber 209	Daniel	Ham 285
Joshua	Ply 68	Barrott, Jonathan	Wor 345	Daniel	Wor 505
William	Ply 61	Thoma	Ess 553	Daniel, Junr.	Wor 505
Barrell, Bartlett	Ply 125	Barrovs, Abeshai	Ply 109	Ebenezer	Ham 62
Elisha	Ply 123	Barrow, Isaac	Ply 109	Edmund	Ess 304
James	Ply 123	Thomas	Brs 420	Edward	Ham 302
Jos.	Mid 158	see Barron		Eli	Wor 255
Luther	Ply 123	Barrows, Aaron	Brs 322	Elijah	Wor 245
Martha	Ply 125	Abiel	Ham 302	Ezra	Wor 268
Noah	Ply 123	Abner	Ply 72	Henry	Ham 113
William	Ply 125	Abner, Jur.	Ply 72	Ira	Wor 241
Barret, Amos	Mid 515	Andrew	Ply 9	Isaac	Ham 158
Benja.	Wor 241	Asa	Ply 19	Jeduthan	Ham 57
Daniel, Ensn.	Ham 162	Benjn.	Brs 322	Joel	Ham 332
Jacob	Wor 164	Carver	Ply 8	John	Ess 46B
Joel	Mid 370	David	Nor 89	John	Wor 182
John	Ham 27	Ebenezer	Ply 22	John	Wor 516
John	Wor 290	Eleazer	Ham 97	Jonas	Mid 412
Joseph	Wor 339	Elijah	Brs 320	Jonas	Wor 238
Joseph, Jur.	Wor 339	Ezra	Brs 322	Jonathan	Ham 136
Lemuel	Ham 198	George	Brs 362	Joseph	Ham 133
Mary	Mid 182	Gershom, Captn.	Ham 269	Josiah	Wor 241
Smith	Ham 208	Isaac	Brs 290	Levi	Wor 505
Zaccheus	Wor 236	Isaac	Ply 78	Moses	Ham 133
Barrett, Abigail	Nan 64	Jacob	Ply 71	Nathan	Wor 232
Amos	Ber 185	James	Ply 7	Perley	Ham 105

Richard	Ess 304	Hosea	Ply 22	Runa	Ply 21
Richard	Wor 182	Humphry	Ess 212	Ruth, Wd.	Ess 66
Richard, Jr.	Ess 304	Isaac	Brs 388	Saml.	Mid 477
Robt.	Ess 412	Isaac	Ess 229	Saml.	Wor 413
Roger	Wor 328	Isaac	Ham 208	Samuel	Ess 66
Samuel	Ess 304	Isaac	Ply 26	Samuel	Ply 17
Samuel	Ham 56	Israel	Ess 269	Samuel	Ply 47
Samuel	Ham 113	Jabez	Ham 21	Silvanus	Brs 420
Sarah	Ham 337	Jacob	Ess 67	Silvanus	Ply 14
Simeon, Junr.	Ham 62	Jacob	Ess 212	Silvanus	Ply 24
Sipio	Ess 550	James	Ply 10	Solomon	Ham 208
Stephen	Ess 304	James	Ply 19	Solomon	Ham 213
Stephen	Wor 151	James	Ply 22	Stephen	Ber 191
Susannah	Brs 389	Jesse	Ply 14	Stephen	Ply 11
Thaddeus	Ham 62	Joel	Ham 16	Sylvanus	Ham 219
William	Ber 207	John	Ess 67	Sylvanus	Ham 358
William	Ess 304	John	Ess 229	Thomas	Ess 502
William, Jr.	Ess 304	John	Ess 270	Thomas	Ply 5
Wyman	Wor 256	John	Ess 468	Thomas	Ply 16
Zepheniah	Wor 342	John	Ess 488	Thomas	Ply 17
see Pease		John	Ham 288	Titus, Lt.	Ham 254
Bartlett, Aaron	Ham 250	John	Ply 8	Trueman	Ply 13
Aaron	Ham 253	John	Ply 18	Walter P.	Ess 405
Abner	Ply 22	John	Ply 21	William	Ess 509
Abraham	Ber 247	John	Ply 29	William	Ess 512
Abraham, Jr.	Ber 247	John	Wor 152	William	Ham 16
Alpheus	Ham 254	John, Docr.	Nor 234	William	Ply 22
Amasa	Ply 22	Jonas	Ess 209	Wm.	Mid 462
Amaza	Ply 13	Jonas	Wor 367	Wm., Capt.	Ess 66
Andrew	Ply 14	Jonathan	Ess 486	Zacheus	Ply 7
Andrew	Ply 22	Jonathan	Wor 370	see Bartlott, Holmes, Sears
Anselm	Ply 17	Joseph	Ess 67	Bartlott, Ephraim	Ply 1
Antipas	Wor 367	Joseph	Ess 212	Bartoll, Sally	Ess 462
Asahel	Ham 254	Joseph (2)	Ess 225	Samuel	Ess 457
Asher	Ham 244	Joseph	Mid 477	William	Ess 459
Bailey	Ess 269	Joseph	Ply 17	Barton, Abia	Wor 502
Benja.	Ham 2	Joseph	Ply 22	Caleb	Wor 488
Benja.	Ham 213	Joseph	Ply 29	Daniel	Ham 254
Benjamin	Ham 17	Joseph, Jr.	Ply 18	David, Capt.	Ham 254
Benjamin	Ply 5	Joshua	Mid 269	Edward	Ham 97
Bethuel	Wor 295	Joshua	Ply 8	Ezekiel	Ham 254
Cornelius	Ham 16	Josiah	Ess 225	Hail	Brs 303
Daniel	Ess 288	Josiah	Mid 157	Isaac	Wor 182
Daniel	Ham 45	Jotham	Wor 370	Jedediah	Ham 224
Daniel	Wor 441	Lemuel	Ply 22	Jediah	Ham 220
Darius	Ham 45	Luke	Mid 269	Jedidiah	Wor 152
David	Ess 229	Lydia, Wd.	Ham 234	John	Ply 96
David	Ham 204	Mary	Ess 463	Joseph	Ber 252
David	Mid 270	Moses	Ess 212	Joshua	Wor 488
David	Ply 11	Moses	Ham 9	Josiah	Ber 125
David	Ply 47	Moses, Jr.	Ham 10	Margaret	Ess 398
Dorothy	Ply 9	Moses K.	Ham 234	Nathl.	Wor 502
Ebenezer	Ham 45	Nathan	Ess 66	Phinehas	Wor 488
Ebenezer	Ham 176	Nathaniel	Ply 17	R. Titus (t)	Mid 94
Elihu	Ham 16	Nathaniel	Ply 18	Reuben	Ham 208
Elijah	Ess 502	Nathaniel	Ply 22	Reuben	Wor 152
Elijah	Ham 10	Nathaniel, Jr.	Ply 22	Reuben, Jr.	Ham 203
Elisha	Ham 45	Nathel.	Ess 271	Reuben, Junr.	Wor 152
Elisha	Mid 270	Nehemiah	Ess 212	Robert	Ber 194
Elkanah	Ply 5	Nicholas	Ber 191	Samuel	Ham 254
Enoch	Ess 67	Nicholas	Ess 502	Sibley	Wor 328
Enos	Ess 209	Nicholus	Ess 66	Simeon	Ham 254
Enos	Ham 10	Noah	Ham 16	Susannah	Ess 472
Ephraim	Ply 15	Oliver	Ham 254	Titus (t), R.	Mid 94
Ezekiel	Mid 47	Oliver C.	Nan 64	Wm.	Mid 193
Francis	Ply 22	Peabody	Ply 10	Bascom, Aaron, Revd.	Ham 144
Frederick	Ham 243	Peleg	Ply 29	Caleb	Wor 260
Freeman	Ply 14	Peter	Brs 388	Ezekiel	Ham 72
Geo.	Mid 157	Phillip	Ham 204	James	Ham 149
George	Ply 9	Phineas	Ham 16	Jonathan, jur.	Bar 24
George	Ply 22	Phinehas	Wor 378	Jonathan, Rev.	Bar 24
Gill	Wor 367	Pliny	Ham 244	Moses	Ham 85
Hannah	Ess 229	Preserved	Ham 2	Moses	Wor 259
Hannah	Ess 480	Rachel, Wd.	Ess 67	Moses, Junr.	Ham 85
Hannah	Ply 12	Rana	Ply 29	Nathan	Ham 225
Hannah, Wd.	Ess 68	Rebecca	Ply 22	Samuel	Wor 252
Henry	Ply 16	Rufus	Ply 22	Timothy	Bar 24

Bascum, Elisha	Ham 130	Joseph	Ply 116	Daniel	Wor 152
King	Ham 130	Joseph, 2d.	Ply 57	Ezra	Wor 149
Basheller see Bacheller		Joseph, 3d.	Ply 57	Jonas	Wor 151
Basley, Eliakem	Ham 62	Joshua	Bar 97	Mark	Wor 149
John	Ham 62	Joshua	Brs 319	Nathll.	Wor 204
Bass, Aaron	Ham 191	Justus	Ber 118	Pearly	Wor 204
Abraham	Ham 191	Lemuel	Bar 35	William	Wor 149
Benj.	Nor 112	Lemuel	Ber 143	William, Jr.	Wor 149
Benjamin	Nor 337	Lot	Ham 338	Batchellor, David	Wor 475
Benjamin	Ply 125	Luther	Bar 89	Joel	Wor 475
Benjamin, Junr.	Ply 129	Mary	Mid 158	Simeon	Wor 475
David	Nor 112	Micah	Bar 13	Batchelor, John	Wor 235
Edward, Jr.	Ess 304	Michael	Ess 502	John, Jr.	Wor 241
Edward, R.R.,		Nathan	Ber 191	Jos.	Mid 381
Bishop	Ess 304	Nathan	Ber 259	Jos., 2d.	Mid 383
Henry	Ber 185	Nathan, Jr.	Bar 99	Stephen	Wor 241
Hezekiah	Ham 302	Nathan, jur.	Bar 15	Thomas	Wor 235
Hezekiah	Nor 112	Nathana.	Ber 259	see Swain	
Jona., Dn.	Nor 112	Nathaniel	Bar 12	Bateman, Jno.	Mid 368
Jonathan	Ber 185	Nathaniel, jur.	Bar 12	Jonas	Mid 4
Jonathan	Ber 212	Nathl.	Duk 448	Jonas	Wor 222
Josiah	Nor 112	Nehmh.	Ess 433	Luther	Ber 209
Obadiah	Ham 36	Norton	Duk 449	Mich	Ess 419
Saml.	Nor 111	Perez	Ply 116	Bates, Aaron	Ham 128
Samuel	Nor 271	Richard	Bar 10	Abigail	Ham 165
Seth	Nor 111	Samuel	Bar 15	Abner	Ham 19
Basset, Alvan	Wor 152	Samuel	Bar 87	Abner	Ham 302
Benja.	Wor 151	Sarah	Bar 92	Abner, Jun.	Ham 308
Charles	Ham 198	Sarah, Wd.	Bar 15	Abner, Junr.	Ham 19
Daniel	Brs 380	Sarah, Wo.	Ess 145	Abraham	Ham 302
Isaac	Brs 380	Seth	Bar 93	Adna	Nor 331
Jacob	Wor 152	Silas	Ham 62	Alanson	Wor 342
James	Ply 33	Stephen	Bar 39	Alpheus	Nor 177
Joseph	Ham 309	Thomas	Bar 36	Amasa	Ham 301
Joseph	Suf 140	Thos., Capt.	Ply 116	Ambrose	Nor 329
Joseph	Wor 464	William	Bar 36	Anselm	Bar 51
Joshua	Wor 152	William	Bar 88	Asa	Ham 258
Mathew	Ess 493	William, Jr.	Bar 89	Asa	Ham 302
William	Ber 164	Wm.	Duk 449	Asa	Suf 139
Wm.	Wor 295	see Barrett		Bars.	Ply 109
Wm., Jr.	Wor 295	Bassit, James	Duk 447	Bars., 2d.	Ply 109
Zeleach	Ply 29	Bassitt, Benjamin	Wor 475	Bela	Nor 331
Bassett, Abel	Ber 137	Simeon	Wor 475	Benjamin	Brs 384
Ansel	Ber 259	Bastow, Job	Wor 464	Benjamin	Brs 388
Barachiah	Bar 43	Batchelder, Amos	Ess 565	Benjamin	Ham 20
Benja.	Duk 439	Anna	Ess 557	Benjamin	Ply 129
Benja.	Duk 440	Asa	Ess 19	Benjamin, Jr.	Ham 20
Denja.	Duk 449	Asa	Ess 537	Benjn.	Ply 31
Benjamin	Ber 111	Cornelius	Ess 557	Caleb	Ham 20
Benjamin	Ham 355	Edmond	Ess 565	Caleb	Ply 33
Betty	Bar 95	Eliza.	Ess 525	Caleb	Ply 134
Caleb	Ply 57	Ezra	Ess 10	Caleb	Suf 139
Christopher	Ess 308	Ezra, Junr.	Ess 10	Calvin	Ham 305
Christopher, Jr.	Ess 308	Hannah	Ess 554	Christopher	Ply 68
Cornelius	Ber 259	James	Ess 557	Clement	Ply 129
Cornelius, Jr.	Ber 259	John	Ess 39	Comfort	Ber 139
Daniel	Bar 13	John	Ess 557	Comfort	Ply 34
Daniel	Bar 93	John, Jr.	Ess 559	Cornelius	Ply 129
Daniel	Brs 369	John, Jur.	Ess 39	Daniel	Nor 330
David	Bar 10	John P.	Mid 94	David	Bar 34
Eleanor	Ply 116	Joseph	Ess 39	David	Ham 165
Elisha	Bar 39	Joseph	Ess 524	David	Ply 14
Elisha	Ham 338	Josiah, Esqire	Ess 523	David	Wor 325
Isaac	Ber 259	Josiah, Jr.	Ess 523	David, 2d.	Wor 328
Isaac	Ess 433	Mehitable	Ess 533	Doughty	Ply 129
Jeremiah	Brs 370	Nathanl.	Ess 530	Eleazer	Ham 352
John	Bar 11	Nathl.	Ess 372	Eleazer	Ply 41
John	Bar 97	Nathl.	Mid 47	Eleazer, 2d.	Ply 42
John	Ess 456	Samuel	Ess 307	Eli	Ham 239
John	Ply 116	Samuel	Ess 564	Eli	Nor 342
Jona.	Duk 448	William	Ess 533	Elibeus	Ham 23
Jonathan	Bar 29	Zachariah	Ess 533	Elijah	Ham 120
Jonathan	Bar 39	Batcheldor, Timothy	Wor 434	Elisha	Ham 272
Joseph	Bar 39	Batcheller, Abner	Wor 149	Elisha	Nor 178
Joseph	Bar 93	Abram	Wor 149	Elnathan	Nor 177
Joseph	Bar 95	Amos	Wor 149	Enos	Ply 125
Joseph	Ply 57	Benja.	Wor 149	Ephm.	Ham 306

Eunice	Nor 178	Samuel	Ply 21
Ezekiel	Ber 195	Samuel	Ply 76
Ezekiel	Nor 339	Samuel, Junr.	Ham 273
Ezekiel, Junr.	Nor 339	Samuel, Lt.	Ham 273
Ford	Ham 265	Sarah	Bar 38
Gamaliel	Ply 129	Sarah	Bar 88
George	Ham 242	Seth	Ply 95
Hannah	Bar 88	Seth	Ply 125
Hannah	Ply 21	Silvanus	Nor 177
Henry	Ess 120	Simeon	Bar 51
Increase	Nor 165	Simeon	Bar 57
Isaiah	Ham 302	Simeon	Ham 274
Jacob	Ham 97	Solomon	Brs 319
Jacob	Ham 165	Spencer	Brs 384
Jacob	Ham 169	Stephen	Bar 52
Jacob	Ham 180	Stephen	Ham 128
James	Ham 6	Stephen	Ham 191
James	Ham 113	Stephen, Junr.	Ham 128
James	Ply 41	Thaddeus	Nor 186
Jarum	Ber 167	Thomas	Ham 242
Jesse	Nor 177	Thomas	Ply 75
Joel	Ham 302	Thomas	Ply 109
John	Brs 384	Thomas	Ply 129
John	Ham 19	Thomas	Suf 148
John	Ham 165	Thomas, 2	Ply 110
John	Nor 337	Urban	Nor 178
John, Jun.	Ham 165	William	Ham 23
John Ward	Nor 186	William	Ham 302
Jonathan	Nor 331	William	Nor 178
Jonn.	Ply 116	Worth	Brs 420
Joseph	Brs 420	Zabbeus	Ham 302
Joseph	Mid 474	Zealous	Nor 328
Joseph	Nor 327	see Berter	
Joseph	Ply 24	Batherik, Levi	Wor 195
Joseph	Ply 41	Bathrick, Benjm.	Mid 447
Joseph	Ply 129	Jasan	Wor 390
Joseph N.	Ply 125	Jonathan	Wor 196
Joshua	Nor 177	Reuben	Wor 421
Joshua	Nor 329	Samuel	Wor 421
Joshua	Ply 125	Solomon	Wor 195
Josiah	Ply 41	Tilley	Ham 56
Laban	Nor 342	Bathwick, Peter	Ham 338
Leavit	Brs 380	Batice, Robert	Ess 256
Leavit	Brs 384	Batt, William	Mid 290
Lemuel	Ham 177	Battees, John	Ess 444
Lemuel	Ham 271	Batten, Ebenr.	Ess 163
Levi	Ham 302	Rolen	Ess 162
Levi	Nor 177	Sarah	Ess 417
Lewis	Ham 243	Battery see Powars	
Linus	Ham 166	Battey, Nicholas	Wor 464
Lydia	Ply 115	Battin, John	Ham 232
Martha, wd.	Wor 382	Battis, Joseph	Ham 72
Martin	Ber 106	Battist, John	Ess 491
Moses	Ham 273	Battle, David	Wor 431
Moses	Ham 302	Ebenezer	Nor 322
Moses	Ply 115	Ebenezer, Junr.	Nor 322
Nabby	Ply 33	Hezekiah	Nor 322
Nahum	Wor 382	Ithiel	Ber 111
Nathan	Brs 420	James	Wor 393
Nathaniel	Ham 174	John	Ham 41
Nehemiah	Ham 24	John	Nor 322
Nehemiah	Ham 302	John	Wor 434
Obediah	Ham 113	Jonathan	Nor 322
Obediah	Wor 325	Joseph	Wor 434
Paul	Ply 125	Joseph, Jun.	Wor 434
Reuben	Ham 148	Josiah	Nor 322
Reuben	Ply 136	Justus	Ber 111
Robert	Nor 186	Nathan	Wor 434
Robert	Nor 331	Nathaniel	Nor 322
Robert	Wor 488	Phinehas	Ham 41
Rufus	Ham 273	Sherman	Ham 41
Saml.	Brs 318	Battles, Curtis	Nor 260
Saml.	Nor 186	Edward	Nor 260
Saml., 2d.	Nor 186	Jared	Nor 329
Samuel	Ham 305	Jonathan	Nor 260
Samuel	Nor 297	Noah	Wor 226
Samuel	Nor 327	see Buttolph	

Batton, John	Ess 423
Batts, John	Ess 446
John, Junr.	Ess 446
Baughton see Boughton	
Baulding, Barnard	Wor 458
Bawdwell, Consider	Ham 80
Bawen, Joseph	Ber 223
Bawes, Jacob	Ber 228
Baxter, Alexr.	Bar 101
Barna.	Bar 100
Benjn.	Bar 29
Christopher	Nan 52
Daniel	Bar 101
David	Bar 29
David	Bar 100
David	Ber 163
David, Jr.	Bar 99
Ebenezar	Bar 30
Ed. W.	Nor 111
Edw. W.	Nor 138
Edward	Ham 331
Ezekiel	Wor 499
Isaac	Bar 100
John	Bar 31
John	Ber 163
John	Ber 173
John	Ber 221
John	Ham 273
John	Nor 199
Jona.	Nor 111
Jona., Jun.	Nor 111
Joseph	Nor 111
Joseph	Wor 513
Lydia	Nan 63
Moses	Ber 182
Moses	Wor 505
Nathaniel	Bar 10
Obed	Bar 32
Obed	Bar 101
Prince	Bar 101
Reuben	Bar 31
Rhoda	Duk 454
Richard	Wor 513
Saml.	Nor 111
Sarah	Bar 100
Shubael	Bar 101
Simeon	Bar 13
Stephen, Revd.	Wor 251
Thadeus	Ber 163
Thompson	Nor 112
Wm.	Ber 191
Wm.	Nor 112
Wm., Junr.	Ber 191
Bayard, Joseph	Ess 389
Bayley, Abner	Ess 255
Anna	Ess 208
Asa	Ess 206
Edmond	Ess 209
Edw. G.	Brs 408
Elizabeth	Mid 429
Elizabeth, Wido.	Ess 305
Ephriam	Ess 206
Esther	Ess 208
Ezekiel	Ess 206
James	Ham 109
John	Ess 207
John	Ess 251
Jonathan	Ess 245
Joshua	Ess 208
Moses	Ess 208
Moses	Ess 242
Nathaniel	Ess 305
Paul	Ess 208
Samuel (2)	Ess 206
Samuel	Ess 305
Stephen	Ess 208
Stephen	Ess 305

Thomas	Ess 305	Samuel	Ham 306	John	Ply 29
William	Ess 245	Samuel	Wor 242	see Barce	
William	Ess 305	Seth	Nor 332	Beard, Aaron	Ber 231
William, Wido. of	Ess 305	Stower	Wor 226	Abel	Mid 316
Baylies, Frederic	Brs 420	Thomas	Mid 269	Aron	Ber 180
Gustavus A.	Brs 365	Thomas	Nor 330	Asa	Ber 180
Hodijah	Brs 409	Thomas	Wor 242	Benja.	Mid 382
Thomas	Brs 409	Welcom	Suf 143	Benja., jur.	Mid 382
Thomas S.	Brs 411	Beale, Benj., Esq.	Nor 111	Cleveland	Mid 292
William	Brs 409	Hannah	Nor 111	Daniel	Wor 248
see Phillips		Jona.	Nor 111	Ebenr.	Mid 94
Baylis, Alpheus	Wor 464	Lillie	Nor 112	Edward	Mid 315
Nicholas	Wor 464	Richard	Nor 111	Elizabeth	Nan 64
Bayman, John	Bar 91	Zebulon	Nor 138	Isaac	Mid 381
Bazwick, Esquire	Ham 151	Beales, Jacob	Nor 137	Isaac, 2d.	Mid 381
Bea, Isaac	Bar 15	Lazarus A.	Nor 177	Ithamer	Mid 443
Thomas	Bar 15	Nathl.	Nor 178	Jacob	Mid 316
Beach, Archibald	Ber 163	Sarah	Nor 186	James	Ham 175
Hezekiah	Ber 163	Uriah	Nor 186	John	Ham 179
Hezekiah, J.	Ber 163	Bealey, Nathaniel	Ber 139	John	Nan 64
James	Ess 46A	Beall, Asa	Wor 396	John	Ply 115
James, Jr.	Ber 182	Daniel	Wor 396	Jonathan	Mid 315
James, Sen.	Ber 182	Beals, Benjamin	Ham 279	Joseph	Ham 178
Josiah	Ber 108	Benjn.	Ply 41	Kindol	Ber 180
Matthew	Ber 233	Caleb	Ham 57	Mary	Mid 382
Moses	Ham 160	David	Ply 34	Moses	Ber 180
Orra	Ber 173	Eleazar	Nor 272	Nathan	Mid 315
Stiles	Ber 233	Elizth.	Mid 507	Reuben	Mid 94
Tyler	Ber 163	Enos	Wor 325	William	Mid 292
Beacham see Becham		Hannah	Nor 177	Beare, Sarah, Wo.	Ess 92
Beacher, Thomas	Ber 207	Howland	Ply 31	Bears, ---, Wido	Brs 403
Beadle, Susanna	Ess 420	Isaac	Ply 31	William	Mid 292
Beadley, Thos.	Ess 236	Isaac	Ply 62	Bearse, Benjn.	Ply 34
Beaker, Susannah	Suf 142	Israel	Nor 272	David	Bar 93
Beal, Abel	Nor 332	Japhet	Ply 62	Edward	Bar 93
Adam	Ham 309	Jeremiah	Ply 62	Edward, Jr.	Bar 93
Andrew	Nor 332	John	Ham 332	Enoch	Bar 94
Azariah	Ham 306	John	Nor 271	Foard	Ham 108
Azariah	Nor 178	John	Ply 31	Gershom	Bar 93
Benjamin	Suf 137	Jonathan	Ham 191	Ichabod	Ply 34
Caleb	Ham 306	Jonathan	Ply 68	Isaac	Bar 90
Comfort	Ham 302	Joshua	Ber 165	James	Bar 90
Daniel	Ham 302	Joshua	Ber 168	Josiah	Bar 93
Daniel	Nor 332	Josiah	Ber 168	Judah	Bar 94
David	Nor 330	Levi	Ham 279	Levi	Bar 93
David	Ply 30	Lydia	Ham 57	Obed	Bar 94
Elisha	Suf 142	Metzer	Ply 42	Prince	Bar 94
Enoch	Ham 309	Noah	Ply 42	Prince, Jr.	Bar 94
Hannah	Suf 144	Solomon	Ply 69	Samuel	Bar 93
Hezekiah	Nor 330	Thos.	Mid 474	Stephen	Bar 101
Israel	Suf 138	William	Ham 5	Beary, Samuel	Wor 434
Jacob	Nor 327	Zelotus	Ply 41	Beaton, John	Wor 189
Jacob	Suf 137	Beaman, David	Wor 226	Martha	Wor 189
Jacob, jur.	Suf 137	Elisha	Wor 358	Beattie, Andrew, Revd.	Ess 46A
James	Suf 137	Ephraim	Wor 375	Bebee, Ezra	Ber 131
Jeddediah	Suf 139	Ezra, Esqr.	Wor 375	Gamaliel	Ber 247
John	Ham 304	Gideon	Wor 357	Levi	Ber 206
John	Nor 327	John	Wor 431	Nathan	Nan 50
John	Suf 144	Jonas	Wor 513	Becham, John	Mid 182
John	Wor 240	Joseph	Wor 345	Beck, Jonathan	Ess 305
John, jur.	Suf 140	Josiah	Wor 357	Jonathan, Jr.	Ess 305
Joseph	Ham 306	Lemuel	Ham 105	see Backer, Buker	
Joseph	Nor 331	Phinehas	Wor 358	Becket, Benja.	Ess 418
Joseph	Suf 137	Phinehas	Wor 513	James	Ess 423
Joshua	Nor 332	Beamiss, Nathaniel	Ham 145	John	Ess 423
Joshua	Suf 143	Sylvester	Ham 145	Mary	Ess 415
Laban	Suf 137	Beamon, Joseph	Wor 444	Retier	Ess 423
Lewis, alias Lucita-		Bean, Cyrus	Nor 381	Beckett, William	Ess 412
nus	Nor 331	James	Ess 463	Beckford, Benja.	Ess 367
Lucitanus	Nor 331	Sarah	Ess 421	Benjamin	Ess 523
Mary	Ess 475	William	Ess 497	David	Ess 371
Mary	Ess 575	Bearce, Andrew	Ply 17	Ebenezer	Ess 389
Nehemiah	Wor 390	Daniel	Bar 38	Elizabeth	Ess 524
Peter	Ham 306	Daniel	Bar 51	Joshua	Ess 371
Rachel	Ham 57	Ichabod	Ply 11	Lydia	Ess 371
Rebecca	Suf 137	Isaiah	Ply 34	Mary	Ess 361
Samel.	Wor 293	Job	Ply 68	Mehit	Ess 372

22

Pynsent	Ess 371	Joseph	Nor 283	Wm.	Mid 158
Sarah	Ess 370	Moses	Nor 122	Bellou, Hepzibah, wd.	Wor 382
William	Ess 552	Nathaniel	Nor 271	Bellows, Asaph	Wor 415
Beckwith, Eliot	Wor 274	Oliver	Nor 260	Ebenr.	Wor 201
James	Ber 128	Richard	Nor 271	Elihu	Ham 249
Jonah	Ber 191	Saml.	Nor 136	Ezekiel	Wor 499
Reynolds	Ber 195	Saml., Jun.	Nor 112	Isaac	Wor 415
Richard	Ber 116	Samuel	Nor 81	James	Wor 205
Bedlam, Lemuel	Nor 297	Samuel	Nor 271	John	Wor 361
William	Nor 297	Silence	Ham 109	John	Wor 499
Bedon, Benjamin	Brs 342	Thomas	Nor 271	Jonas	Wor 355
Henry	Brs 341	William	Ham 27	Joseph	Wor 260
Richard	Brs 341	see Blcher		Jotham	Wor 206
Richard, 1st.	Brs 342	Belden, Jabez	Ham 13	Jotham	Wor 252
Ruth	Brs 342	Jonathan	Ham 20	Reuben	Wor 195
Sampson	Brs 341	Beldin, Daniel	Ber 158	Samuel	Wor 198
Bedortha, Eli	Ham 352	Oliver	Ber 209	Simeon	Wor 198
Jonathan	Ham 352	Oliver, Jur.	Ber 209	Stephen	Wor 206
Joseph	Ham 352	Belding, Amos	Ham 146	Timothy	Wor 206
Luther	Ham 352	Daniel	Ber 173	see Belue	
Samuel	Ham 352	Daniel	Ham 338	Belnap, Jason	Mid 474
Stephen	Ham 352	David	Ber 173	Joseph	Mid 474
Beduna, Benjamin	Nor 236	Ebenr.	Ham 338	see Belknap	
Bedwell, Isaac	Ber 247	Elisha	Ham 66	Below, Amariah	Ham 289
Beebe, Amos	Ham 234	Hezekiah	Ham 291	Belue, Hosea	Wor 295
Artimas	Ham 123	James	Ber 173	Beman, Abraham	Wor 198
Jemima, Wd.	Ham 232	John	Ham 338	John	Wor 195
John	Ham 45	Jonathan	Ham 27	Levi	Wor 198
Roswell	Ham 44	Joseph	Ham 14	Reuben	Ber 238
Sherwood	Ham 256	Joseph	Ham 27	Saml.	Ber 222
Steward, Capt.	Ham 236	Joshua	Ham 66	Bemas, Elisha, Jur.	Wor 204
Beebee, Joseph	Ber 107	Joshua, Jur.	Ham 66	see Bemos	
see Bebee		Noah	Ham 56	Bement, Asa	Ber 252
Beech, Samuel	Ham 352	Othniel	Ham 146	Edmund	Ham 352
Beel, Saml.	Ess 404	Saml.	Ham 325	Jesse	Ham 272
Beeman, Reuben	Ber 130	Saml.	Ham 337	John	Ber 252
Beemis, Moses	Wor 268	Samuel	Ham 14	John	Ham 272
Samuel	Wor 255	Selah	Ham 56	Lois, Wd.	Ham 245
see Hamilton		Stephen	Ham 285	Sarah, Wd.	Ham 247
Beer see Bur		Belknap, Abraham	Mid 136	Bemis, Abel	Wor 225
Beers, Joseph W.	Mid 331	Charles	Nor 241	Abijah	Wor 499
Mary	Brs 298	Chester	Wor 340	Abraham	Mid 259
Nathan	Wor 488	Cyrus	Wor 357	Abraham, Jr.	Mid 259
Richard, jun.	Wor 500	Daniel	Mid 136	Amos	Mid 24
see Bierce		Enoch	Mid 136	Daniel	Ess 304
Beetle, Henry	Brs 421	Isaac	Nor 260	Daniel	Mid 246
James	Duk 447	Jeremiah	Mid 136	Edmund	Wor 431
Reuben	Duk 447	Jesse	Mid 136	Edmund	Wor 444
Thomas	Duk 442	Joseph	Wor 195	Isaac	Mid 260
William	Duk 447	Luther	Mid 136	Jason	Mid 241
Beirce, Levi	Ply 78	Peter	Wor 339	Joel	Mid 26
Belamy, Simeon, & Son	Ber 178	Stephen	Wor 194	John	Wor 226
Belcher, Andrew	Ber 186	Stephen	Wor 328	Jonas	Mid 23
Atherton	Brs 388	Thomas	Ber 164	Jonas	Wor 241
Atherton	Nor 260	William	Ham 279	Joseph	Nor 283
Benjamin	Brs 359	Bell, Aaron	Ham 148	Josiah	Mid 259
Billy	Nor 271	Aaron, Junr.	Ham 143	Lot	Mid 246
Calvin	Ber 186	Abraham	Ham 143	Luke	Mid 497
Ebenezer	Nor 271	Daniel	Ess 24	Nathl.	Mid 246
Edward	Nor 260	Daniel	Mid 474	Nathl.	Mid 497
Eleazer	Nor 80	Eliza.	Mid 181	Phinehas	Mid 23
Eleazer, Jr.	Nor 80	James	Ham 147	Seth	Mid 497
Elijah	Nor 165	James	Ham 184	Stephen	Wor 444
Elisha	Nor 283	James	Wor 315	Thomas	Wor 444
Elizabeth	Wor 431	John	Ham 72	William	Wor 441
Ephraim	Nor 271	John	Mid 95	William, 2d.	Wor 441
Ezra	Mid 136	John	Mid 315	Zacheus	Wor 441
Gregory	Brs 388	John	Wor 259	see Beemis, Bemas	
Jacob	Mid 136	John	Wor 502	Bemiss, Amasa	Wor 499
John	Mid 142	Justus	Ham 148	David	Wor 499
John	Nor 271	Margaret	Ham 183	Jessee	Wor 502
John	Nor 380	Samuel	Ham 148	John	Wor 499
Jonathan	Nor 99	Simpson	Wor 256	Jonas	Wor 500
Jonathan	Nor 271	Thomas	Ham 183	Joseph	Wor 500
Joseph	Mid 136	Walter	Ham 183	Joshua	Wor 500
Joseph	Nor 260	William	Ham 148	Nathan	Wor 499
Joseph	Nor 271	William	Mid 269	Nathl.	Wor 500

Samuel	Ham 302	Nehemh., Esqr.	Ply 71	Eleanor	Ess 515	
Silas	Wor 500	Nehemiah	Ply 69	Elisha	Ply 71	
Silas	Wor 502	Nehemiah	Ply 70	Eliza.	Ess 368	
William	Wor 499	Nathl. E.	Ply 42	Francis	Ess 547	
Bemon, Lydia	Mid 413	Peter	Brs 286	Henry	Wor 387	
Bemont, John	Ham 337	Philip	Ply 78	Isaac	Ply 76	
John, Junr.	Ham 337	Phinehas	Mid 64	Jabez	Ply 109	
Phinehas	Ham 337	Robert	Wor 475	John	Brs 379	
Reuben	Ham 337	Sarah	Ess 221	John	Ply 72	
Saml.	Ham 338	Sarah	Mid 116	John, Lt.	Wor 387	
see Bmont		Shepherd	Ply 71	John, 2d.	Ply 72	
Bemos, Elisha	Wor 205	Stephen	Ply 71	Jonah	Ply 57	
Josiah	Wor 205	Thomas	Ply 75	Jonathan	Ply 57	
Phinehas	Wor 205	Thomas	Wor 454	Joseph	Ply 125	
Benden, Benja.	Ham 211	Thomas	Wor 458	Joseph	Wor 340	
Bender, Peter	Mid 409	William	Ply 72	Joshua	Ply 72	
Benedict, Abel	Ber 110	Bennett, Asahel P.	Ber 231	Levi	Ply 109	
Abel, Junr.	Ber 110	Benjamin	Brs 421	Noah	Ber 185	
Francis	Ber 239	Daniel	Brs 421	Samuel	Ham 96	
Isaac	Ber 110	David	Ess 309	William	Brs 405	
John	Ber 246	Edward	Brs 420	see Darling		
Peter	Ber 118	Elisha	Brs 420	Bent, Anna	Mid 118	
Thomas	Ber 246	Ezra	Wor 500	Darius	Wor 505	
William	Ber 237	Gilbert	Brs 420	Experience	Ply 75	
Benjamin, Abel	Ham 45	Hosea	Wor 387	Jabez	Mid 411	
Andrew	Wor 226	Isaac	Nor 380	Jno.	Nor 122	
Asa	Ham 156	Israel	Ham 266	Joel	Ham 105	
Caleb	Ham 45	James	Ham 243	Joel, Copr.	Wor 401	
James	Ham 301	James	Mid 449	John	Mid 136	
Joel	Ham 45	James	Wor 421	John	Ply 5	
Joseph	Ber 120	Jeremiah	Brs 421	John	Ply 75	
Levi	Ham 45	John	Ham 248	John, Jur.	Mid 136	
Nathan	Ber 222	Jona.	Mid 449	Jonathan	Mid 121	
Roger	Ham 298	Jonathan	Ham 273	Joseph	Nor 123	
Rozwell	Ham 152	Joseph	Brs 420	Josiah	Nor 123	
Salah	Ham 300	Joseph	Ham 76	Lemuel	Nor 111	
Sally	Ess 363	Joseph	Wor 499	Martha	Wor 505	
Saml.	Mid 498	Joseph, 2nd.	Brs 420	Matthias	Mid 136	
William	Mid 347	Meribah	Brs 420	Nedebiah	Nor 111	
Benjmins, Daniel	Wor 458	Moses	Ess 133	Peter	Mid 411	
Benne, Zepheniah	Ham 184	Noah	Ess 120	Phinehas	Wor 505	
Bennet, Abner	Wor 513	Peter	Ber 140	Rufus	Mid 130	
Abraham	Wor 434	Reuben	Nan 74	Shepherd	Nor 122	
Arthur	Ply 75	Robert	Brs 420	Thaddius	Wor 401	
Asa	Wor 375	Ruth	Nan 47	William	Mid 126	
Benjamin, Jur.	Brs 288	Saml.	Ess 93	William	Nor 283	
Benjan.	Ply 76	Stephen	Bar 41	William	Ply 78	
David	Wor 415	Stephen, Jur.	Bar 41	Zenas	Ply 75	
David	Wor 424	Thomas	Brs 421	Benteroth, Wm.	Mid 449	
Elias	Ply 71	Thomas	Mid 449	Benton, Abraham	Ber 172	
Elias	Wor 377	William	Brs 420	Amos	Ber 209	
Elkanah	Ply 75	William	Nan 58	Bezer	Ham 337	
Ephraim	Wor 375	Wm.	Mid 447	Bristoo	Ham 359	
Fra.	Mid 158	see Burnett		Elijah	Ber 182	
George	Ply 42	Benney see Binney, Rinner		Elijah	Ber 246	
Hannah	Ply 41	Bennitt, Caleb	Ber 252	Ichabod	Ber 252	
Hope, Wo.	Ply 75	Elisha	Wor 348	Jacob	Ber 186	
Isaac	Brs 288	Elisha, Jun.	Wor 345	John	Ber 246	
Jacob	Ply 75	Enoch	Ham 56	Jonathan	Ber 247	
Jacob	Wor 431	George	Ber 259	Jonathan	Ham 243	
James	Ply 49	Isaac	Ber 252	Stephen	Ber 205	
Jedediah	Ply 71	Nathan	Wor 348	Stephen	Ber 224	
John	Ber 155	Thomas, Jun.	Wor 348	Zebulon	Ham 198	
John	Ber 212	Benson, Aaron	Wor 478	Bentrodt see Benteroth		
John	Brs 342	Abel	Mid 144	Berly, Syrel	Ham 273	
John	Ply 42	Abner	Wor 415	Bernard, Theodore	Ess 288	
John	Ply 75	Amasa	Wor 387	Berry, Abigail	Ess 417	
John	Ply 115	Andrew	Ply 72	Abigail, Wido.	Ess 308	
John	Wor 201	Asa	Ply 72	Alexanr.	Ham 213	
John	Wor 431	Benjamin	Wor 475	Andrew	Ess 34	
John, 2d.	Ply 115	Benoni	Wor 387	Bartholomew	Ess 34	
Jonn.	Ply 115	Consider	Ham 96	Benjamin	Bar 8	
Joseph	Mid 136	Consider	Ply 72	David	Bar 8	
Judah	Ham 181	David	Ply 57	Ebenezer	Ess 461	
Levy	Ply 115	David	Wor 340	Enoch	Bar 93	
Mary	Wor 377	Ebenezer	Ply 57	Ephraim	Bar 86	
Moses	Ess 46A	Ebenr.	Ply 72	Howes	Bar 99	

Isaac	Bar 99	Nathaniel	Ber 182	John	Ham 56
Jacob	Ess 422	Thomas	Ber 182	John	Ham 302
James	Bar 99	Bettleship, Levis	Mid 474	John	Wor 151
James	Ess 449	Betts, Aaron	Ber 207	John	Wor 441
James	Ham 96	Comstock	Ber 208	Jonas	Wor 253
James	Mid 342	Uriah	Ber 207	Joseph	Wor 505
James	Nor 297	Zebulon	Ber 207	Jotham	Wor 279
Jeremiah	Bar 99	Betty, John	Ess 307	Luke	Wor 441
John	Ess 175	John	Mid 370	Nathal.	Wor 434
John	Ess 400	Beverley, John	Ess 175	Phillip	Wor 328
John	Ess 417	Bevins, James	Ber 107	Roger	Wor 222
John	Ham 51	see Barns		Samuel	Wor 268
John	Mid 126	Bewel, Samel.	Ham 125	Silas	Wor 174
John, Sr.	Ess 419	Bickam, Willm. B.	Ess 66	Stephen	Wor 515
Jonathan	Bar 7	Bickford, Henry	Bar 60	Thaddeus	Wor 505
Jonathan	Ess 31	Jona.	Ess 416	Thomas	Wor 475
Joseph	Bar 86	Jonathan	Ess 176	Timothey, Esqr.	Mid 447
Joseph	Ess 442	Silas	Ess 42	Timothy	Wor 499
Judah	Bar 5	Bicknal, Peter	Brs 310	Titus	Ham 358
Lemuel	Bar 5	Tomo.	Ham 203	Walter	Wor 174
Mercy, wd.	Bar 8	Bicknall, Humphrey	Nor 234	William	Wor 209
Nathanael	Ess 174	Wm.	Ham 208	Willm.	Wor 290
Nathaniel	Ess 31	Bicknell, Bathsheba	Nor 178	Wm.	Mid 527
Nehemiah	Ess 34	Benjn.	Nor 177	Bigford, William	Wor 454
Oliver	Ess 388	Daniel	Wor 421	William, Jr.	Wor 454
Onan	Ess 308	Jacob	Ply 41	Biggelow, Abijah	Wor 294
Ruth, Wido.	Ess 175	James	Wor 421	see Bigalow, Biglow
Samuel	Ess 33	Joseph	Wor 421	Biggs, Eunise	Ess 26
Scotte	Bar 5	Luke (2)	Ply 32	William	Brs 342
Theofelus	Bar 8	Luke	Ply 41	Bigham, Delucena L.	Ess 93
Thomas	Suf 146	Nathl., 2d.	Ply 41	Lot	Wor 268
William	Ber 159	Otis	Ber 191	Biglow, ...hall	Wor 223
William	Ham 96	Peter	Nor 112	Abel	Wor 378
Willis	Bar 15	Thoms.	Brs 322	Alpheus	Mid 246
see Beary		Zachah., junr.	Nor 177	Asaph	Mid 144
Berse, Betsy	Bar 15	Zachariah	Nor 177	Daniel	Mid 144
David, jur.	Bar 19	Bidlake, Jonathan	Ham 149	David	Wor 401
Ebenezer	Bar 15	Bidwell, Adonijah	Ber 114	Ebenr.	Wor 223
Ezra	Bar 20	Barnas.	Ber 252	Ephraim	Mid 423
Simeon	Bar 15	George	Ham 169	Gershom	Mid 423
Zadock	Bar 14	Bierce, Austin	Ber 224	Gershom	Wor 232
see Eldrege		Austin, Jun.	Ber 224	Gershom, Jur.	Mid 415
Berstow, Charles	Ply 34	Winslow	Ber 224	Humphry	Wor 366
James, Jur.	Ply 34	Bigalow, Amos	Ham 288	Ivory	Mid 415
Willm.	Ply 34	Daniel	Ham 147	Jacob	Mid 117
Berter, Thomas	Nor 333	James	Ham 146	Joseph	Wor 378
Bertman, Thos.	Ess 408	John	Ham 143	Josiah	Mid 246
Besom, John	Ess 468	Biganier, John Frederic	Ply 47	Lucy	Mid 246
Sarah	Ess 518	Bigelow, Aaron	Ham 171	Roger	Wor 223
Besome, Nicholas	Ess 502	Aaron	Mid 447	Saml., Capt.	Wor 401
Philip	Ess 467	Abel	Mid 477	Samuel	Ham 209
Phillip	Ess 472	Abh.	Wor 323	Thomas	Mid 260
Rebecca	Ess 469	Abijah	Wor 308	William	Ess 413
Richard	Ess 496	Abraham	Wor 357	William	Mid 413
Richard, jur.	Ess 494	Agustus	Wor 216	Bignal, Leml.	Mid 393
Besse, Abram	Ham 224	Amisa	Wor 192	Bigsbe, William	Ber 133
Andrew	Ply 23	Andrew	Wor 375	Bigsby, Abijah	Mid 516
Barzilla	Ply 23	Anna	Wor 171	Joel	Mid 515
Benjamin	Ply 24	Asa	Ham 298	Peletiah	Mid 516
David	Ply 110	Asa	Wor 268	Biles, Charles	Ess 571
Jabez	Ply 110	Banister	Wor 211	Bill, Erastus	Ham 358
Jonas	Ham 218	Benjamin	Wor 444	Jonathan	Ham 358
Joseph	Ply 75	Convers	Mid 532	Rhoda	Ber 191
Joseph, Jur.	Ply 75	Daniel, Esqr.	Wor 274	William	Ber 215
Joshua	Ply 115	David	Wor 174	Billing, Anna, Wd.	Nor 99
Nathaniel	Ply 23	David	Wor 290	Beulah, Wido.	Nor 284
Nathl.	Ply 115	David, Jur.	Wor 174	Elijah	Nor 98
Robert	Ply 23	Elias	Wor 355	Erastus	Wor 478
Silas	Ply 110	Elisha	Wor 441	Ezekiel	Ham 183
Bessee, Abijah	Brs 329	Elisha, Jr.	Wor 441	Isaac	Nor 283
Bestow, Job	Ber 191	Ephraim	Wor 441	Jacob	Nor 283
Beswick, Charles	Ham 19	Ephm.	Mid 507	James	Nor 99
Charles, Jr.	Ham 19	Ezekiel	Wor 444	James, Jr.	Nor 99
Betile, Betsey	Nor 297	Isaac	Mid 526	John	Nor 283
Bettis, Elizabeth	Ess 480	Ithamar	Wor 499	Jonathan	Nor 283
Leonard	Ber 182	Jabez	Wor 441	Joseph	Nor 99
Mary	Ess 480	Jason	Wor 256	Leonard	Nor 98

Name	Ref	Name	Ref	Name	Ref
Lewis	Nor 99	Bills, Hosea	Ber 227	Gamaliel	Ply 34
Mary, Wido.	Nor 283	Jabez	Ber 160	George	Ply 19
Nathanael	Nor 98	Bingham, Anna	Ber 253	Gideon	Ham 22
Nathl.	Nor 283	Eliphalet	Ber 147	Hopestill	Ply 114
Peter	Nor 283	Septimus	Ber 195	Hopstill	Ply 76
Rebecca, Wido.	Nor 283	Thomas	Ber 130	Isaac	Ply 34
Roger	Nor 283	Binney, Elizabeth	Mid 14	Ischecar	Ply 21
Samuel	Nor 283	Elkanah	Nor 178	John	Ply 21
Stephen	Nor 283	Joshua	Nor 178	John	Ply 67
Billings, ---	Wor 414	Rebecca	Suf 142	Jona.	Nor 137
Aaron	Ham 291	Thomas	Ber 114	Jonah	Ply 10
Abraham	Ham 13	Birch, Benja.	Ess 377	Luther	Ham 302
Asael	Wor 293	Gideon	Ber 162	Noah	Ply 21
Asael, Jr.	Wor 293	Birchard, Abigail, Wd.	Ham 252	Rheuben	Ply 31
Barnabas	Ham 27	Amos	Ber 129	Samuel	Brs 389
Benja.	Ham 204	David	Ber 232	Bisco, Jacob	Wor 499
Benjamin	Brs 384	Israel	Ham 254	John	Wor 499
Benjamin	Nor 246	Jabez	Ham 254	Biselon, Jonathan	Ham 56
Daniel	Ber 146	James	Ber 265	Bisemore, John	Brs 291
Daniel	Wor 295	James, Jr.	Ber 265	Bishop, Abigl.	Mid 194
David	Ham 12	Joseph	Ber 129	Amos	Ham 138
Ebenezer	Ham 72	Nathan	Ber 265	Benja.	Ess 110
Edmd.	Nor 112	Samuel	Ber 126	Benja.	Ess 251
Edward	Ham 72	Bird, Aaron	Nor 137	Benja.	Ess 254
Elijah	Wor 293	Aaron, Ju.	Nor 137	Charles	Ber 195
Elisha	Ham 56	Abner	Nor 260	Comfort	Brs 309
Elisha	Wor 293	Asa	Nor 260	Daniel	Ham 352
Elkanah	Nor 306	Benjamin	Nor 136	Ebenezer	Brs 309
Ephraim	Mid 32	Benjamin	Nor 315	Edward	Ess 254
Ethan	Ham 57	Benjm.	Mid 259	Eleazer	Ham 236
Henry	Ber 253	Calvin	Nor 138	Eliphelet	Ply 33
Jacob	Nor 81	Comfort	Mid 158	Elkanah	Ber 252
James	Mid 32	Daniel	Ess 485	Hooper	Ham 255
Jesse	Ham 12	Ebenezer	Ber 166	James	Ess 18
Jesse	Ham 51	Ebenezer	Ham 62	James	Ham 139
Jno.	Nor 112	Ebenezer	Nor 315	Jesse	Ham 182
Joel	Ham 289	Edward	Nor 137	Jno.	Mid 194
John	Ham 296	Elijah	Brs 384	John	Brs 309
John	Wor 421	Elizabeth	Nor 137	John	Ess 380
Jonas	Mid 246	Elizabeth	Nor 260	John	Ply 14
Jonathan B.	Mid 21	Enoch	Ham 66	John	Ply 72
Jonathn.	Nor 98	George	Nor 139	Joseph	Ham 180
Joseph	Mid 22	Henry	Nor 139	Joseph	Ham 338
Joseph	Nor 123	Isaac	Nor 260	Leonard	Ber 205
Joseph, Jr.	Mid 24	James	Nor 239	Levi	Ham 138
Joseph, Jur.	Ham 204	Jona.	Mid 498	Levi	Ham 184
Joshua	Wor 458	Jona.	Nor 139	Nathaniel	Ber 207
Lemuel	Ham 57	Jona., Ju.	Nor 137	Nathaniel	Ham 27
Lemuel	Nor 246	Jona., Ju.	Nor 139	Nathll.	Ply 31
Levett	Ham 19	Jos.	Mid 158	Newman	Ham 139
Marah	Mid 194	Lemuel	Nor 260	Phanuel	Brs 309
Matthew	Ber 253	Mary	Nor 137	Phanuel, jr.	Brs 309
Matthew, Jr.	Ber 253	Nathll.	Ber 234	Richard	Ber 208
Moses	Nor 136	Oliver	Nor 136	Richard	Ham 269
Nathan	Mid 22	Saml.	Nor 139	Salmeno	Ham 184
Oliver	Nor 136	Samuel	Nor 137	Samuel	Ess 420
Oliver, Ju.	Nor 136	Samuel	Nor 234	Seth	Nor 372
Richard	Nor 89	Samuel	Nor 260	Silvester	Ham 183
Robert	Wor 152	Sarah	Nor 137	Thomas	Ber 129
Samuel	Ber 109	Wm.	Mid 55	Willa.	Ess 102
Samuel	Nor 80	Wm.	Nor 137	William	Ply 22
Samuel	Wor 421	Birge, Asahel	Ham 129	Zephaniah	Brs 320
Silas	Ham 12	Asahel, Junr.	Ham 129	see Allen, Bushop	
Silvanus	Wor 366	Hannah	Ham 8	Bispham, Wm.	Mid 158
Stephen	Ham 56	John	Ham 51	Bissel, Asahel	Ham 291
Stephen	Ham 209	Simeon	Ham 10	Dan	Ham 171
Thaddeus	Ham 91	Bisbe see Chandler		Israel	Ham 155
Thomas	Ham 72	Bisbee, ...ran	Ply 94	Jonathan Marsh	Ham 44
Timothy	Ham 51	Abner (2)	Ply 24	William	Ham 44
Timothy	Mid 21	Asaph	Ply 7	Bissell, Abigail	Nan 76
Timothy	Wor 293	Benjamin	Ham 240	Ebenr.	Ham 204
William	Ber 111	Benjamin	Ham 247	Elihu, Dr.	Ham 250
William	Ham 56	Benjamin	Nor 260	Justus	Ham 158
William	Nor 98	Ebenezer	Ham 306	Moses	Ham 14
William	Wor 325	Elijah	Ply 21	Noah	Ham 21
see Fairbanks, Tisdale		Elisha	Ham 306	Robert	Ham 158
Billington, Nathu.	Ham 309	Ezra	Ply 115	Bisson, Israel	Ess 549

Name	Ref	Name	Ref	Name	Ref
Lucy	Ess 540	Dan	Ber 195	John	Ham 175
Bixbee, Joel	Wor 171	Ebenezar	Brs 342	John	Ham 178
Rufus	Ham 289	Eleazer	Ber 186	John	Ham 225
Solomon	Wor 171	Elijah, Majr.	Ham 147	Joseph	Ham 204
Bixby, Asa	Mid 393	George	Ham 8	Joseph	Ham 292
Asa, 2d.	Mid 393	Isbon	Ber 194	Joseph	Wor 171
Benjamin	Ess 41	James	Ber 208	Joseph	Wor 245
Daniel	Ess 36	James	Ham 298	Luther	Ber 265
Dudley	Ess 288	James	Nor 138	Mary	Wor 248
Gideon	Ess 263	John	Nor 284	Oliver	Ham 269
Jonathan	Mid 270	Jona.	Nor 137	Reuben	Ham 181
Jonathan	Wor 164	Jonathan	Ber 259	Reuben	Wor 260
Levi	Wor 223	Leml.	Nor 136	Robert	Wor 174
Mary, wid.	Wor 401	Nathan	Wor 171	Robert, Jun.	Ham 181
Saml.	Wor 400	Nathll.	Ber 185	Rufus	Ham 176
Saml.	Wor 415	Ruth, Wido.	Nor 284	Samuel	Ham 225
Samuel	Wor 152	Sam, Ju.	Nor 138	Samuel	Wor 259
Samuel, Junr.	Wor 152	Saml.	Nor 139	Thompson	Ber 265
Sarah	Mid 144	Saml.	Nor 284	Timothy	Ham 175
Blach see Black		Samuel	Ber 195	William	Wor 259
Blachfield, Nathn.	Ess 166	Sarah	Nor 249	Blaisdel, Samuel	Ess 36
see Blanchfield		Thomas	Ply 72	Blaizdel, Aaron	Mid 370
Blachford, David	Bar 50	Thomas, Jur.	Ply 78	Henry	Mid 370
Edward	Bar 50	Unite	Nor 138	Blake, Abijah	Nor 367
Uriah	Bar 84	Blackmans, Paul	Ber 229	Abraham, Jur.	Nor 351
William	Bar 84	Blackmar, David	Ham 212	Alphius	Nor 376
Blacington, Samuel	Brs 306	Joseph	Wor 339	Andrew	Nor 369
Black, Alexander	Ham 355	Blackmare, Adonijah	Wor 339	Asa	Nor 364
Alexr.	Bar 98	Blackmaur, Paul	Ber 233	Asa	Wor 387
Anna	Ess 550	Blackmer, Amos	Ham 218	Benjamin	Wor 387
Cleophas	Nan 62	Barnabas	Ham 224	Braman	Wor 191
Daniel	Nan 61	John H.	Ham 325	Caleb	Mid 393
Daniel	Wor 515	Moses	Ham 219	Calvin	Nor 353
Elizebeth, wid.	Wor 401	Peter, Jr.	Ham 219	Daniel (2)	Nor 378
Henry	Ess 221	Rolland	Ham 218	Darius	Nor 365
Isaac	Ber 182	Rowland	Ham 325	Ebenezer	Nor 88
James	Wor 400	Blackmore, Branch	Ply 21	Ebenezer	Nor 364
James, Lt.	Wor 400	James	Wor 262	Ebenezer	Nor 374
John	Ess 411	John	Brs 420	Ebenezer, Jr.	Nor 89
John	Wor 401	John	Ply 21	Edward	Brs 359
John, Jr.	Ess 411	John	Wor 259	Eliab	Nor 378
Mary	Ham 355	Margaret, Widow	Ham 260	Elisha	Wor 194
Mary	Nan 47	Salesbury	Ply 116	Elizabeth, Wd.	Nor 89
Mosses	Nor 111	Solo.	Wor 273	Enoch	Nor 367
Nathan	Bar 15	Wellard	Wor 252	Enos	Nor 138
Nathl.	Ess 546	Willard	Ham 269	Ezra	Nor 375
Patty	Nan 61	see Blackmar		Francis	Wor 505
Primus	Ess 369	Blackmour, Titus	Ber 232	George	Ham 244
Rachel	Nor 111	Blackney, Eldad	Ber 109	George	Wor 315
Rowland	Nan 76	Blacksbe, Caleb	Ham 198	Grinfill	Brs 365
Samuel	Ess 227	Blackwell, Caleb	Ply 116	Jacob	Nor 374
Samuel	Ham 349	John	Bar 42	Jacob	Nor 378
Thomas	Bar 91	John, Jur.	Bar 42	James	Ham 36
see ---		Lucy	Bar 42	James	Nor 122
Balckington, David	Brs 322	Saml.	Bar 40	James	Nor 137
George	Nor 370	Samuel, Jur.	Bar 42	Jason	Nor 378
Israel	Mid 474	Seth	Ply 116	Jason	Wor 171
Joel	Brs 321	Blagge, Saml.	Nor 138	Jeremiah	Nor 367
Jona.	Brs 322	Blair, Absalom	Ber 126	Jeremiah	Wor 515
Mary	Brs 321	Adam	Ham 176	John	Nor 365
Oliver	Brs 321	Alexr.	Ham 176	John, Junr.	Nor 378
Oliver, Junr.	Brs 321	Asa	Ham 176	John E.	Ham 127
Othnial	Brs 321	Daniel	Wor 262	Jonathan	Ham 36
Otis	Brs 321	David	Ber 265	Joseph	Ham 309
Peter	Brs 321	David	Ham 176	Joseph	Mid 269
Peter, Junr.	Brs 321	David, Jr.	Ber 265	Joseph	Suf 139
Saml.	Brs 321	Enoch	Ham 178	Joseph	Wor 464
Wm.	Brs 321	George	Ham 175	Luther	Nor 374
Wm.	Mid 474	George, Jur.	Ham 175	Nathan	Nor 378
Blackinton, Othniel	Nor 315	Isaac	Ham 176	Nathl.	Nor 136
Blackler, John	Ham 51	Jacob	Ham 181	Oliver	Mid 474
William	Ess 456	Jacob	Ham 182	Phillip	Nor 345
William, junr.	Ess 463	James	Wor 259	Rachel	Nor 137
Blackman, Abraham	Ber 185	James	Wor 315	Reuben	Wor 387
Abraham, Jr.	Ber 185	James, Junr.	Wor 505	Robert	Nor 375
Adam	Nor 284	Jno.	Mid 157	Robert, Junr.	Nor 353
Andrew	Mid 498	John	Ess 475	Samuel	Nor 367

Name	Ref	Name	Ref	Name	Ref	Name	Ref
Samuel	Nor 369	Nichos., junior	Nor 186	Jno., Jn.	Ham 270
Sarah	Wor 315	Oliver	Ham 94	John	Ham 271
Seth	Nor 138	Phebee	Wor 182	Luke	Ham 271
Silas	Ham 338	Rebecca	Mid 194	Ozem, Captn.	Ham 273
Solomon	Nor 352	Rebecca, 2d.	Mid 194	Blatchford, Henry	Ess 150
Solomon	Nor 367	Saml.	Mid 382	Natha.	Ess 150
Stephen	Nor 284	Saml.	Nor 186	Samu.	Ess 150
Thomas	Ham 127	Saml.	Wor 164	see Blanchfield	
Timothy	Wor 290	Saml., jur.	Mid 382	Blaver, Wm.	Mid 498
Zacheus	Wor 387	Saml., 2d.	Nor 186	Blay, Thos. H.	Mid 498
Ziba	Nor 123	Samll.	Mid 93	Blazedel, Willm.	Ham 319
see Sparrowhawk		Samuel	Ess 270	Blcher, John	Nor 260
Blakeley, Stephen	Ber 233	Samuel	Ess 566	Bliffens, Anson	Brs 282
William	Ply 50	Samuel	Nor 165	Bliffims, Vallintine	Brs 286
Blakeney, James	Ess 403	Seth	Wor 271	Blin, Ebenezer	Ber 132
Blakesley, Elizabeth	Ber 137	Simeon	Ham 307	William	Ber 109
Jared	Ber 118	Simon	Mid 154	Blinn, George	Nor 365
Blakley, Baley	Ham 139	Simon	Wor 222	Blish, Achsah	Bar 89
Blanchard, A...h	Nor 185	Sylvanus	Mid 181	Ebenezer	Bar 88
Abel	Wor 222	Sylvas.	Mid 194	Elisha	Bar 93
Abigail	Mid 444	Tabatha	Mid 194	Joseph	Bar 88
Abner	Nor 186	Thomas	Nor 186	Joseph, Jr.	Bar 88
Adam	Ply 41	Thos., Jur.	Ply 41	Oliver	Ham 155
Adam, Jur.	Ply 42	William	Mid 315	Owen	Bar 100
Amasa	Wor 268	William	Nor 260	Silas	Bar 87
Amos	Ess 176	William	Wor 268	Bliss, Aaron	Ham 94
Andr.	Mid 193	Zilphar	Wor 441	Aaron	Ham 235
Ann	Nor 177	Blanchfield, John	Ess 148	Aaron	Ham 264
Bela	Nor 185	see Blachfield		Aaron	Ham 269
Benj.	Wor 339	Blanden, Elisha	Wor 149	Aaron	Wor 234
Benja.	Ess 366	Blandin, Benja.	Brs 380	Aaron	Wor 262
Benjamin	Mid 342	Francis	Wor 164	Abedial	Brs 306
Caleb	Mid 93	Blanding, Christopher	Brs 300	Abel	Brs 302
Caleb	Mid 193	Daniel	Brs 320	Abel	Brs 308
Chester	Ham 268	Ebenr.	Wor 236	Abel	Ham 208
Daniel	Ess 381	Ebenr., Jr.	Wor 236	Abel	Ham 234
Daniel	Nor 186	Noah	Brs 320	Abel, 2nd.	Brs 299
Danl., Wid. of	Nor 185	Shubael	Wor 234	Abiah	Brs 302
David	Mid 342	Simeon	Ham 183	Abiah, junr.	Brs 302
David	Nor 177	William	Brs 299	Abijah	Ham 11
Dean	Ply 41	Blandon, Abijail	Mid 269	Alexander	Ham 241
Eli	Ply 41	Jonas	Mid 269	Allen	Ham 183
Ephraim	Nor 164	Phinehas	Mid 269	Arnold	Brs 342
Ezra	Nor 185	Blaney, Asa	Ess 484	Asa	Brs 301
Fra.	Mid 382	Benjamin	Ess 515	Asahel	Brs 299
Franc.	Nor 138	Eliza.	Ess 442	Benedict	Ham 168
Hezk.	Mid 157	Joseph	Ess 442	Benjamin	Ber 155
Hezk.	Mid 193	Ruth	Ess 502	Caleb	Ham 349
Isaac	Mid 382	Samuel	Nor 230	Calvin	Ham 183
Isaac	Wor 268	Sarah	Ess 510	Calvin	Ham 241
James, Jur.	Wor 328	William	Nor 236	Charles	Brs 299
Jerem.	Mid 382	Blankfill see Blanchfield		Charles	Ham 241
Jeremiah	Ess 218	Blankinship, Charles	Ply 117	Cromel, 2nd.	Brs 314
Jesse	Ess 502	George	Ply 117	Daniel	Ham 239
Jesse	Ply 41	James	Ply 117	Daniel	Ham 319
John	Nor 186	James, ...	Ply 117	David	Ber 140
John	Wor 340	Paul	Ply 116	David	Ham 233
Jona.	Ham 268	Peleg	Ply 117	David	Wor 267
Jonathan	Nor 260	Perez	Ply 117	Ebenezar	Ham 183
Jonathan, Jr.	Ham 268	Seth	Ply 116	Ebenezer	Ber 147
Joseph	Ham 184	Wm.	Ply 116	Ebenezer	Ham 93
Joseph	Mid 382	Blany, Andros	Mid 182	Ebenezer	Ham 241
Joshua	Mid 157	Benja.	Mid 182	Ebenr.	Ham 204
Joshua	Mid 368	Benja., 2d.	Mid 182	Edwd., Jur.	Wor 262
Josiah	Ber 140	Blasdel, Rachel, Wd.	Ess 46B	Eli	Mid 477
Josiah	Ber 167	William	Mid 37	Elisabath	Brs 315
Josiah	Ess 175	Blasdell, Ephraim	Ess 67	Elizabeth, Wd.	Ham 241
Josiah	Mid 342	Ephraim, junr.	Ess 67	Elkanah	Ber 158
Josiah	Nor 186	John	Ess 67	Ephraim	Ber 139
Josiah	Wor 328	Joseph	Ess 67	Ephraim	Brs 299
Judith	Brs 384	Lewis	Ess 66	Festus	Ham 242
Lemuel	Ham 108	Oliver	Ess 67	Gad	Ham 242
Lycias	Wor 222	Richd.	Ess 67	Gaius	Ham 94
Moses	Wor 328	Ruth, Wd.	Ess 67	Gaius	Ham 242
Nathl.	Nor 185	Stephen	Ess 67	George, Esqr.	Ham 242
Nathll.	Mid 449	Blashfield, Alfred	Ham 272	Gideon	Ham 235
Nicholas	Nor 186	Betty	Ham 272	Hosea	Ham 349

Ichabod	Ham 271	Asahel	Ham 291	Peter	Mid 468		
Isaac	Nor 363	Daniel	Ham 270	Phinehas	Mid 41		
Isaac	Wor 259	David	Ham 291	Rheuben	Wor 358		
Israel	Wor 233	Edward	Wor 340	Richard	Wor 325		
Ithamer	Ham 236	Ezra	Mid 79	Robert	Mid 55		
Jacob	Brs 302	Isaac	Wor 441	Royal	Mid 449		
Jacob	Ham 199	Jacob	Mid 46	Samuel	Wor 211		
Jacob	Ham 244	Jonas	Mid 393	Sarah	Mid 41		
Jacob	Ham 264	Josiah	Mid 468	Shattuck	Mid 449		
Jacob, jr.	Brs 307	Nathan	Wor 259	Shattuck, Jun.	Mid 449		
James	Brs 298	Paul	Ham 265	Silas	Mid 468		
James, 2nd.	Brs 299	Phins.	Mid 181	Simeon	Ham 277		
Jedidiah	Ham 352	Samll.	Mid 532	Stephen	Mid 41		
Jesse	Ham 235	Samuel	Ham 51	Thadeus	Mid 9		
John	Brs 306	Simeon	Mid 370	Thomas	Mid 447		
John, Esqr.	Ham 238	Simeon, jur.	Mid 370	Thomas	Wor 211		
Jonathan	Ham 233	Thaddeus	Ham 51	Timo.	Mid 55		
Joseph	Brs 305	Thaddeus	Mid 79	Timothy	Mid 16		
Josiah	Ham 264	Thomas	Wor 434	Willard	Mid 16		
Justin	Ham 242	Timothy	Ham 51	William	Wor 328		
Levi	Ber 147	William	Mid 79	Wm.	Mid 55		
Levi	Ham 234	Zebulen	Mid 468	Wm.	Mid 449		
Luke	Ham 242	Blodgett, Aaron	Mid 357	Zebulon	Mid 41		
Lydia	Brs 299	Isaac	Mid 347	Blose, Samuel	Nor 369		
Moses	Wor 273	Isaac, 2d.	Mid 347	Bloss, James	Ber 117		
Moses, Esqr.	Ham 242	James	Mid 347	Joseph	Ber 247		
Moses, 2d.	Ham 246	Jonas, Lt.	Ham 270	Blossom, Barnabas	Ply 57		
Nathan	Brs 299	Joseph, Revd.	Ham 219	Benjamin	Brs 420		
Nathan	Ham 241	Nathan	Mid 347	Charity	Brs 289		
Nathan	Wor 233	Simon	Nor 315	Churchil	Bar 92		
Nathan, Jr.	Ham 243	William	Ess 308	Elijah	Brs 289		
Nathaniel	Ber 154	Bloghet, Nehem	Mid 76	Enos	Ber 209		
Nathaniel	Brs 299	Blompy, Aaron	Ess 309	Ezra	Ber 212		
Nathaniel	Ham 93	Blood, Aaron	Mid 393	Joseph	Bar 37		
Newman	Brs 318	Abigail	Mid 55	Joseph	Brs 420		
Noah	Brs 302	Abraham	Mid 85	Nathaniel	Bar 92		
Noah	Ham 93	Amaziah	Mid 393	Rufus	Brs 289		
Noah	Wor 262	Asa	Ham 332	Samuel	Brs 420		
Obed	Ham 235	Caleb	Mid 447	Thomas	Ham 155		
Obediah	Brs 299	Caleb	Mid 468	Blotchet, Aaron	Ham 338		
Oliver	Brs 300	Caleb, Jun.	Mid 468	Blumhard, Benja.	Wor 290		
Oliver	Ham 235	David	Mid 40	Blunt, David	Ess 175		
Oliver	Wor 262	David	Mid 55	Edmund M.	Ess 307		
Paul	Ham 245	David, 3d.	Mid 56	Elizabeth, Wido.	Ess 307		
Pelatiah	Ham 240	Eber	Mid 449	Isaac	Ess 174		
Pelatiah	Ham 349	Edmd.	Mid 55	Mary, Wido.	Ess 174		
Pelatiah	Ham 361	Eleazer	Mid 393	Blush, Amasa	Ham 158		
Peter	Ham 80	Ezra	Mid 47	Benjamin	Ham 156		
Phebe	Brs 283	Fradrick	Mid 41	Blyden, Peter	Ess 398		
Pitt	Ham 242	Henry	Mid 449	Blye, John	Ply 75		
Reuben	Ham 241	Henry	Mid 468	Joseph	Ham 44		
Reuben	Ham 264	Isaac	Mid 55	Blythe, Sally	Ess 365		
Samuel	Ber 153	Isaiah	Ham 277	Bmont, Saml.	Ham 326		
Samuel	Brs 299	James	Mid 16	Boardman, Aaron	Mid 474		
Samuel	Brs 300	James	Mid 449	Abel	Ess 304		
Samuel	Wor 245	John	Mid 55	Abijah	Ess 449		
Silas	Ham 235	Jona.	Mid 52	Ann, Wido.	Ess 304		
Solomon	Wor 262	Jona.	Mid 56	Charles	Ber 228		
Stephen	Ham 235	Jona.	Mid 449	Daniel	Ess 39		
Stephen	Ham 352	Jonas	Mid 39	Daniel	Ess 580		
Sylvanus	Wor 231	Jonas	Mid 447	Ebenezer	Wor 413		
Theodore	Mid 477	Jonathan	Mid 41	Edward	Ber 181		
Thomas	Ham 233	Joseph	Mid 46	Francis	Ess 471		
Thomas	Ham 269	Joseph	Mid 76	Ivory	Ess 449		
Timothy	Ber 153	Joseph	Wor 325	John	Ess 304		
Timothy	Wor 233	Joshua	Mid 55	John H.	Ess 585		
Timothy, Junr.	Wor 233	Josiah	Mid 462	Jonathan	Ess 304		
William	Brs 420	Jotham	Mid 17	Joseph	Ess 46B		
William	Ham 2	Leml.	Mid 56	Martha	Ess 304		
Wm., Junr.	Ber 252	Levi	Mid 449	Mary, Wido.	Ess 304		
Wm., Sen.	Ber 252	Moses	Mid 55	Nathl.	Ess 46B		
Zadok	Ham 93	Nathl.	Wor 325	Offin	Ess 304		
Zenas	Ham 241	Oliver	Mid 449	Richard	Mid 477		
see Blin, Blish, Chaffee		Oliver	Mid 449	Saml.	Ess 445		
Blithens, Royal	Brs 404	Oliver, Jun.	Mid 447	Saml.	Ess 447		
Blodget, Admatha	Ham 261	Oliver, 3d.	Mid 447	Stephen	Ess 587		
Asa	Ess 288	Patty, Wido.	Ham 277	Theodore	Ber 132		

Thomas — Ess 46B
William — Ess 304
William — Mid 474
see Bordman
Boardwell, Job — Ber 143
Bobbins see Robbins
Boden, Charles — Ess 411
Elisabeth — Ess 471
John — Ess 515
Lidia — Ess 502
Samuel — Ess 513
William — Ess 370
William — Ess 402
William — Ess 502
Wm. — Mid 526
see Bowden
Bodfish, Ebenr. — Bar 92
John — Bar 92
Jona. — Bar 92
Patience — Bar 92
Robert — Bar 93
Wm. — Bar 38
Bodge, David — Nor 138
Henry — Mid 158
John — Nor 232
Joseph — Nor 122
Nath — Mid 154
Samuel — Ess 11
Bodily, John, Rev'd. — Ess 304
John, Revd. — Ess 309
Bodman, Joseph — Ham 62
Joseph, Junr. — Ham 62
Noah — Ham 62
Samuel — Ham 62
William — Ham 62
Bodoin, Thomas — Ess 550
Bodridge, Galem — Nor 315
Bodwell, Alpheus — Ess 288
Daniel — Ess 288
Daniel, Jur. — Ess 288
Henry — Ess 288
Henry, Jur. — Ess 288
Isaac — Ess 288
John L. — Ess 288
Joseph — Ess 288
Parker — Ess 288
Stephen — Ess 288
William — Ess 288
William, Jur. — Ess 288
Bodwine, William — Ham 225
Body, Mary — Ess 369
Boes, Bethiah — Ply 78
Bogg, Israel — Ham 76
Bogle, John — Ham 27
Rowand — Mid 110
William — Mid 246
Bogue, Amos — Ham 125
Boice, John — Wor 505
John, Junr. — Wor 505
Thomas — Wor 505
Boid, James — Wor 315
John — Wor 315
Boies, David — Ham 176
Elias — Ham 176
Gardner — Ham 175
J.S. — Nor 123
Joel — Ham 175
John — Ham 178
John — Mid 260
Levi — Ham 182
Margeret — Ham 178
Reuben — Ham 176
Rufus — Ham 175
Saml. — Ham 176
Samuel (2) — Ham 176
William — Ham 176
Bointon, Gersham — Bar 75

Bois, George — Brs 307
Boison, William — Ess 537
Bolkcom, Aaron — Wor 478
Bezaleel — Wor 478
David — Brs 360
David — Wor 478
Ellis — Wor 475
John — Wor 478
Luke — Wor 477
Mark — Wor 475
Bolkum, Samuel — Ham 195
Bolles, Amzh. — Ply 115
Benjamin — Ham 352
Benjn. — Ply 116
Ebenr. — Ply 115
Hezekiah — Ber 109
Hosea — Ply 117
Isaac — Ply 116
Prudence — Brs 420
Reubin — Ply 114
Saml. — Ply 115
Bolls, Reuben — Ess 288
Reuben, Jur. — Ess 288
Bolster, Richard — Wor 478
Bolter, William — Ham 8
Bolton, Aaron — Wor 441
Betty — Ply 67
David — Ply 57
Ebezr. — Wor 454
Gamaliel — Brs 376
John — Brs 291
John — Ess 401
John — Ply 57
Jonathan — Brs 292
Joseph — Ply 67
Philip — Ply 50
Seth — Brs 366
Seth — Brs 374
Timothey — Mid 462
William — Wor 434
Wm. — Mid 462
see Borton
Boltwood see Bottwood
Boman, William — Ham 289
Bonason, Betty — Ess 103
Bond, Aaron — Mid 507
Aaron, Jr. — Mid 507
Abraham — Wor 195
Adonijah — Ham 57
Amos — Mid 497
Amos — Wor 256
Bailey — Ham 273
Benja. — Wor 485
Benjamin — Ham 57
Benjamin — Ham 349
Charles — Mid 497
Consider — Ham 57
Daniel — Mid 497
Ephraim — Ham 279
Ezra — Ham 57
Forbush — Ham 240
Hannah, Wo. — Ess 119
Henry — Mid 246
Jacob — Ham 228
John — Ess 306
John — Ess 472
John — Ham 271
John — Mid 411
John — Wor 205
John — Wor 378
John, Junr. — Ham 57
Jona. — Mid 382
Jona. — Wor 485
Jonas — Ham 57
Jonas — Wor 151
Jonas, Junr. — Wor 151
Jonathan — Wor 378

Joseph — Mid 331
Josiah — Wor 151
Leonard — Mid 498
Mark — Ham 271
Martha — Mid 6
Nathan — Ham 274
Nathan — Mid 126
Nicholas, Jr. — Ber 182
Nicholas, Senr. — Ber 182
Oliver — Wor 151
Phinehas — Mid 126
Richard — Wor 485
Richard, Jun. — Wor 485
Rowlandson — Ham 271
Samuel — Ess 110
Seth — Wor 262
Solomon — Ham 290
Susannah — Mid 498
Thadeus — Wor 441
Thomas — Ham 195
Thomas — Wor 256
Thomas — Wor 485
William — Wor 151
William — Wor 193
Willm. — Wor 274
Wm. — Mid 158
Wm. — Mid 497
Bondman, Cato — Wor 377
Boney, Sarah — Wor 204
Bonna, --- — Brs 308
Bonner, David, Jr. — Ham 245
George — Mid 477
Bonney, Asa — Ham 166
Benjamin — Ham 23
Charles — Ham 225
Daniel — Ply 31
David — Ham 23
David — Ham 244
Ebenezer — Ply 19
Ebenr. — Ply 34
Ezekiel — Ply 31
Isaac — Ply 19
James — Ply 34
Jonathan — Ply 31
Joseph — Ply 26
Joseph — Ply 31
Josiah — Ply 34
Lemuel — Ply 31
Lemuel, Jur. — Ply 31
Luke — Ham 20
Nathaniel (2) — Ply 26
Nathl. — Ply 31
Noah — Ply 34
Saml. — Ply 116
Samll. — Ply 31
Samuel — Brs 421
Seth — Ply 26
Walter — Ham 22
William — Brs 388
William — Ply 67
Bonny, Job — Wor 295
Bonzey, Peter A. — Wor 164
Boodry, John — Brs 373
Joseph — Brs 373
Booge, Aaron J. — Ham 165
Boomer, Daniel — Brs 289
Daniel — Brs 328
Ephraim — Brs 289
James — Brs 288
Marton — Brs 288
Nathaniel — Brs 289
see Elsbree
Boon, Susanna — Brs 360
Booth, Aaron — Ham 190
Abiel — Ply 76
Abner — Ply 76
Anthony — Brs 342

Benjamin	Brs 421	Zenas	Ham 320	Thomas	Ply 94
Benjan.	Ply 75	see Boardwell		Bourne, Abner, Dn.	Ply 72
David	Ham 94	Borland, Francis	Brs 404	Allen	Bar 39
Elan	Ham 156	Borman, John	Wor 505	Alvan	Bar 40
Ephraim	Ham 358	Borors, Benjamin	Ham 177	Asa	Bar 40
Guilford	Ply 72	Borton, Robert	Brs 364	Benja.	Bar 40
Henry	Ber 130	Bory see Bangs		Benjn.	Ply 110
Isaiah	Ber 186	Boss, John	Ber 161	Bethuel	Bar 40
Isaiah	Brs 421	Bosson, Patty	Ess 384	Caleb	Ply 72
Isaiah	Ham 56	William	Nor 237	Charles	Bar 42
Jacob	Ber 186	Bossworth, Peleg	Brs 298	Ebenezer	Ply 18
Jesse	Ber 186	Bostick, Hemon	Nor 300	Ebr.	Ply 110
Jessee	Brs 289	Boston, Essex	Nan 77	Elijah	Bar 43
John	Ham 95	John	Nan 77	Elisha	Bar 42
John	Ply 76	Joshua	Ham 285	Francis	Brs 406
Joseph	Ply 76	Peter	Nan 77	Hannah	Bar 42
Joseph, Jur.	Ply 71	Phillip	Wor 424	Hannah	Bar 44
Lemuel	Ber 209	Phillis	Nan 77	James	Bar 39
Peter	Ber 135	Richard	Brs 308	James, Jur.	Bar 36
Peter	Ham 94	Seneca	Nan 78	Job	Bar 40
Samuel	Ber 206	Bostwick, Adolphus	Ber 107	John	Bar 43
Samuel	Brs 276	Bosworth, Amos	Brs 304	John	Ber 139
Samuel	Ply 76	Asaph	Ply 15	John	Ply 104
Simeon	Ham 156	Benja.	Wor 273	Jonathan	Bar 42
Stephen	Ham 191	Benjan.	Ply 97	Joseph	Bar 43
Stoten	Brs 342	Caleb	Ham 121	Lemuel	Ply 72
William	Nor 165	David	Ply 15	Lydia	Bar 40
Zebedee	Ply 76	Elisha	Brs 396	Melatiah	Bar 35
Zebedee, 2d.	Ply 76	George	Wor 273	Melatiah	Ply 123
Bootman, Edward	Mid 94	Hannah	Ply 15	Nathan	Bar 38
Elias	Ess 68	Ichabod	Brs 303	Nathaniel	Bar 44
Jno.	Mid 154	Ichabod	Nor 342	Newcomb	Ply 15
Jona.	Mid 94	Ichabod	Ply '7	Samuel	Bar 42
Joseph	Ess 221	Ichabod	Wor 231	Samuel	Bar 43
Thos.	Mid 76	Ichabod, jr.	Brs 303	Samuel	Brs 406
Borden, Aaron	Brs 287	Isaac	Ply 22	Sarah	Brs 405
Abel	Brs 287	James	Ply 16	Sherjeshab	Ply 123
Abner	Brs 288	John	Ham 183	Stephen	Brs 405
Alexander	Brs 342	John (2)	Ply 15	Stephen	Ply 109
Arnold	Brs 288	Jona.	Wor 237	Thomas	Bar 44
Daniel	Brs 288	Joseph	Brs 420	Thomas	Nor 331
Edward	Brs 328	Joseph	Wor 382	Thos.	Bar 40
George	Brs 290	Nehemiah	Ply 116	Thos., Jur.	Bar 40
George, 2d.	Brs 288	Oliver	Ham 11	Timothy	Bar 43
Gidion	Brs 328	Richard	Ply 16	Wm.	Bar 40
John	Brs 292	Salah	Ply 16	Wm., Capt.	Ply 72
Joseph	Brs 284	Samel.	Ham 121	Zuriel	Bar 51
Lovisa, Wid.	Brs 287	Walsm.	Wor 226	Boutell, Asaph	Wor 433
Mary, Wid.	Brs 285	Waterman	Ply 13	David	Wor 434
Nathan	Brs 285	Botherill, John	Wor 315	James	Wor 431
Perry	Brs 285	Botson, Peter	Mid 157	John	Wor 431
Richard	Brs 285	Bott, James	Ess 375	John	Wor 515
Seth	Brs 287	John	Ess 409	Kendall	Wor 433
Simeon	Brs 285	Bottom, John	Ham 7	Kendall, Jun.	Wor 434
Stephen	Brs 287	Bottwood, Samuel	Ham 56	Nathaniel	Wor 434
Stephen	Brs 293	Solomon	Ham 289	Timothy	Wor 431
Thomas	Brs 285	William	Ham 296	Bouttell, James	Mid 290
Thomas, 2d.	Brs 288	Boughton, Azor	Ber 247	James, jur.	Mid 290
William	Brs 287	David	Ber 247	Jonathan	Mid 315
see Barden, Borton, Burden		Enos	Ber 247	Jonathan, jur.	Mid 316
Bordin, Ezekiel	Ham 259	Matthew	Ber 247	Boutwell, Ebenr.	Ham 113
Selden	Ham 236	Nathan	Ber 246	Elias	Mid 54
Bordman, Aaron	Mid 293	Nathan, Jr.	Ber 246	Ezekiel	Mid 47
Amos	Mid 289	Bouker, Ithamar	Ham 56	John	Mid 46
Danll.	Ber 191	Boulton, Nathl.	Wor 318	Bovers see Borors	
Danll., Jr.	Ber 191	Bounds, John	Wor 164	Bow, Isaac	Ham 352
Ivery	Mid 293	Bourn, Abel	Ply 34	Jacob	Ber 191
Micajah	Nor 327	Andrew	Brs 318	Simon	Ber 202
Offin	Ess 222	Deborah	Ess 502	Thaddeus	Ham 352
Wm.	Nor 136	Francis	Ber 158	Bowars, Benja.	Mid 381
Bordwell, Abigail	Ham 319	James	Ply 34	Jona.	Mid 381
Enoch	Ham 319	James, Jur.	Ply 34	Jona., 2d.	Mid 381
Gideon	Ham 320	Richard	Bar 28	Luke	Mid 368
Obadiah	Ber 125	Richard	Bar 86	Phillip	Mid 370
Philena	Ham 320	Rouge	Ply 93	Saml.	Mid 381
Polly	Ham 320	Seth	Brs 319	Wm.	Mid 370
Reuben	Ham 320	Stephen	Brs 307	Wm.	Mid 381

Bowcot, Sarah — Nan 53
Bowdelle, M. — Nor 360
Bowden, ...uel — Ess 493
  Benjamin — Ess 479
  Benjamin — Ess 487
  Francis — Ess 494
  John — Ess 494
  Joseph — Ess 493
  Joshua Orne — Ess 497
  Mary — Ess 488
  Nicholson — Ess 511
  Richard — Ess 512
  Samuel — Ess 479
  Samuel — Ess 492
  Samuel, 3rd. — Ess 502
  Thomas — Ess 512
  William — Ess 493
  see Boden
Bowdich, Samuel — Nor 372
Bowdish, James — Brs 421
Bowditch, Ebenr. — Ess 395
  Eliza. — Ess 405
  John — Nor 164
  Jona. — Nor 164
  Mary — Ess 374
  Nath. — Ess 409
  Susanna, Widw. — Nor 164
  Thos. — Ess 384
  Thos. — Ess 369
  William — Nor 164
Bowdoin, James — Duk 439
  James — Nor 136
Bowdsh, William — Brs 342
Bowen, Aaron — Ber 155
  Abraham — Brs 285
  Amos — Ber 167
  Amy — Brs 305
  Asa — Wor 502
  Ashley — Ess 469
  Barzillia — Brs 309
  Benjamin — Brs 302
  Benjamin — Brs 311
  Betty — Brs 320
  Charles — Brs 421
  Christopher — Ber 186
  Cyrrel — Brs 309
  David — Ber 136
  Eleazer — Brs 307
  Eleazer — Brs 310
  Elizabath — Brs 309
  Emer — Wor 477
  Ephraim — Brs 303
  Ephraim, 2nd — Brs 302
  Hezekiah — Ber 155
  Ichabod — Brs 310
  Jack — Ess 385
  James — Ham 36
  Jeremiah — Brs 304
  Jeremiah — Brs 414
  Joel — Brs 310
  John — Brs 302
  John — Ham 36
  John — Nor 235
  Joseph — Ber 157
  Joshua — Ber 265
  Marten — Brs 305
  Mary — Brs 309
  Moses — Wor 268
  Nathan — Ber 155
  Nathan — Brs 285
  Nathan — Brs 300
  Nathan — Ess 461
  Noah — Brs 307
  Numan — Brs 307
  Peleg — Ber 167
  Peter — Ber 186
  Peter — Wor 268

  Ruth — Brs 309
  Sam — Brs 408
  Samel. — Wor 295
  Samuel — Ber 136
  Samuel — Brs 310
  Samuel — Nor 235
  Simeon — Brs 309
  Simeon, jr. — Brs 310
  Stephen — Brs 306
  Thomas — Wor 475
  Uriah — Brs 302
  Uriah — Brs 318
  Uriah, jr. — Brs 308
  William — Ess 466
  Willm. — Wor 387
  Zenas — Brs 414
  see Swetland
Bower see Bowen
Bowerman, Abraham — Bar 43
  Clifton — Bar 44
  Curtis — Bar 43
  Daniel — Bar 43
  Ichabod — Bar 43
  Jeremiah — Bar 38
  Joseph — Bar 43
  Paul — Bar 43
  Samuel — Bar 34
  Seth — Bar 43
  Stephen — Bar 43
  Stephen, Jur. — Bar 43
Bowers, Abigail, Wido. — Ess 309
  Asa — Brs 307
  Azubah — Mid 56
  Benamiel — Brs 413
  Bradly — Mid 359
  Cash — Brs 405
  David, Widow of — Brs 405
  Edward — Brs 307
  Flora — Brs 405
  Isaac — Mid 449
  Isaac — Nor 373
  Ishmael — Ess 531
  John — Brs 405
  John — Mid 56
  John — Mid 90
  John — Wor 342
  Jonathan — Brs 405
  Joseph — Brs 398
  Josiah — Wor 345
  Lucy — Mid 438
  Mary — Wor 431
  Mary, Widow — Brs 405
  Philip — Brs 405
  Rose — Brs 405
  Samuel — Wor 431
  Sarah — Mid 46
  Sylvester — Brs 312
  Sylvester, jr. — Brs 307
  William — Mid 8
  see Borors
Bowker, Abiether — Mid 515
  Asa — Mid 515
  Benjamin — Ply 123
  Catherine — Ham 353
  Daniel — Mid 120
  Demech — Ply 125
  Edmond — Ply 130
  Edmond — Wor 396
  Elijah — Ply 130
  Ezekel — Wor 274
  Gershom — Ply 133
  Jamima — Ply 31
  Jerusha — Wor 308
  Joel — Ess 394
  John — Mid 515
  John — Ply 130
  Jona. — Wor 279

  Josiah — Wor 370
  Jotham — Wor 274
  Lazarus — Ply 126
  Liberty — Ply 41
  Nelson — Ply 61
  Oliver — Wor 505
  Ruth — Ply 125
  Samel. W. — Wor 237
  Silas — Wor 242
  Stephen — Wor 242
  Susannah — Wor 280
  Uriah — Mid 515
  Warren — Ply 130
Bowland, Remember — Ply 114
Bowler, James — Ess 485
  Sarah — Ess 512
  Thos. — Ess 432
  William — Ess 456
Bowles, Abigail — Ess 594
  Eunice — Ess 385
  Ezra — Brs 342
  Rebecca — Ess 534
Bowley, Gamaliel — Bar 60
  Oliver — Bar 60
  William, Wido. of — Ess 309
Bowlin, Hannah — Ess 420
Bowlman, John — Ess 175
Bowly, Asa — Bar 57
  Hannah, Wd. — Bar 66
Bowman, Abel — Mid 382
  Benjn. — Wor 194
  Edmond — Mid 11
  Francis — Mid 347
  James — Ess 386
  James — Nor 122
  James — Wor 191
  John — Ess 175
  Joseph — Wor 308
  Joseph, Jr. — Wor 308
  Levi — Wor 192
  Lucy — Nor 240
  Mary — Ess 404
  Nathanil — Wor 197
  Samuel — Ham 36
  Simeon — Ply 116
  Simeon — Wor 211
Bown, James — Ess 103
Boyaden, James — Nor 366
  James, Junr. — Nor 366
  Richard — Nor 366
Boyce, David — Ess 369
  Jacob — Ham 96
  John — Brs 280
  Jonathan — Ess 7
  Jonathan — Ess 427
  Stephen — Ess 27
  William — Brs 281
Boyd, Abra. — Ess 150
  Adam — Ess 587
  Bethuel — Nor 373
  Elisabeth — Ham 355
  John — Nor 354
  John — Ham 319
  John, Junr. — Ham 319
  Saml. — Ham 319
  Samuel — Ber 135
  Willard — Nor 354
  William — Ess 419
  William — Ham 355
  William — Mid 413
Boyden, Alven — Wor 174
  Amos — Ham 97
  Amos — Nor 81
  Amos — Nor 199
  Amos — Wor 387
  Asa — Nor 89
  Asa — Nor 199

Benjamin	Nor	89
Benjamin	Nor	310
Benjamin, Junr.	Nor	310
Daniel	Ham	57
Daniel	Nor	98
Daniel	Wor	515
Elijah	Ham	326
Elijah	Nor	81
Elisha	Ham	17
Elizabeth	Wor	182
Ezekiel	Nor	88
Frederick	Ham	51
Isaac	Wor	339
Jacob	Nor	89
Jairus	Nor	210
James	Ham	57
Joel	Nor	88
John	Ham	57
John	Nor	89
John, Jr.	Nor	89
John, Junr.	Ham	57
John, 3d.	Nor	88
Jonathan	Nor	89
Joseph	Ham	57
Joseph	Wor	339
Joshua	Nor	89
Josiah	Ham	57
Josiah, Junr.	Ham	57
Justice	Wor	339
Paul	Wor	340
Phinas	Nor	89
Samuel	Nor	88
Samuel	Wor	182
Sarah, W.	Nor	89
Seth	Nor	81
Silas	Nor	199
Simeon	Ham	27
see Barden		
Boydon, John	Wor	339
Moses	Wor	400
Boyenton, Edward	Wor	413
Elear.	Ess	150
Elijh.	Ess	109
John	Ess	109
Boyles, Daniel	Mid	246
Boylston, Hannah	Ess	410
Joshua	Nor	253
Richd.	Mid	158
Boylstone, Edward	Ham	239
Boynes, Philip	Wor	505
Boynton, Abel	Mid	393
Abial	Wor	355
Abijah	Mid	55
Abijah, Jr.	Mid	55
Caleb	Ber	247
Calvin	Mid	449
Danel.	Wor	223
Daniel	Ber	128
David	Ess	288
David	Ham	105
David	Wor	421
Ebenezer	Wor	515
Ebenezr.	Ess	255
Ebenr.	Ham	213
Edmund	Ess	228
Enoch	Ess	204
Ephraim	Wor	358
Isaac	Mid	56
John	Ham	72
Jona.	Wor	421
Jonathan	Wor	433
Joseph	Wor	223
Joshua	Ber	194
Josiah	Mid	393
Josiah, 2d.	Mid	393
Luther	Mid	393
Moses	Ess	248
Nathaniel	Ess	510
Nathl.	Ess	446
Paul	Wor	223
Samuel	Ess	244
Thomas	Ess	176
Wm.	Wor	421
Boyter, Daniel	Wor	171
Bozworth, Constant	Ber	173
Constant	Ber	182
David	Ber	209
Hannah	Ber	176
Ichabod	Ber	181
Jabez	Ber	173
John	Ber	175
Joseph	Brs	403
Joshua	Ham	161
Osborn	Ber	181
Raymon	Ham	160
Sarah	Brs	412
Zadock	Ham	159
Zadock, Capt.	Ham	161
Braats, Henry	Wor	173
Thomas	Wor	174
Brabrook, Benjamin	Mid	32
Joseph	Mid	33
Brace, James	Ess	398
Joel	Ber	247
Joseph	Ber	247
Sybil	Ber	186
Bracee, Christopher	Ber	162
Bracekolt, John	Ham	180
Brachet, Benjn.	Ham	338
James	Ham	326
Bracket, Aron	Wor	340
Ebnzr.	Wor	339
James	Nor	112
James J.	Nor	111
John	Wor	342
Joseph	Nor	112
Lemuel	Nor	315
Moses	Wor	339
Peter	Nor	111
Ruth	Ham	355
Saml.	Ham	325
Samuel	Mid	438
Samuel	Nor	260
William	Mid	126
Brackett, David	Mid	246
Ebenezer	Mid	246
John	Ham	182
John	Mid	133
Solomon	Mid	143
see Bracekolt		
Bracy, Thomas	Ess	270
Brad, Thos.	Ess	392
Bradbery see Baker		
Bradborn, James	Ess	559
Bradbury, Cha.	Mid	181
Daniel	Ess	269
David	Ess	270
George	Ess	308
James, Capt.	Ess	46B
Jonathan	Ess	308
Roland	Ess	46A
Samuel	Ess	269
Theophilus	Ess	308
Theophilus, Jr.	Ess	308
Theophilus, 3d.	Ess	308
Wm.	Mid	193
Wymond	Mid	181
see Richardson		
Braddock see Jacobs		
Bradeen, ...hn	Ess	485
Joseph	Ess	492
Bradford, Andrew	Ply	33
Calvin	Ply	22
Charles	Ply	10
Cornelaus	Bar	8
Daniel	Ply	22
Daniel	Ply	95
David	Ply	29
Ebenezr., Rev'd.	Ess	255
Edward	Ham	57
Elisha	Ber	156
Elisha	Ply	29
Elizabeth	Ply	23
Ellis	Ply	29
Gamaliel, Esqr.	Ply	95
Gideon	Ply	22
Israel	Ply	30
James	Ply	29
John	Ply	23
John	Ply	29
John, Revd.	Nor	248
Josiah	Ply	7
Lemuel	Ply	11
Levi	Ply	22
Levi	Ply	29
Lewis	Ply	102
Mariam	Ess	529
Nathaniel	Ply	11
Oliver	Ply	115
Peleg	Ply	23
Pelham	Ply	14
Perez	Ham	280
Ruth	Ply	12
Sally	Ply	9
Samll.	Mid	539
Samuel	Ham	62
Samuel	Mid	445
Samuel	Ply	16
Samuel	Ply	22
Samuel	Ply	99
Samuel, Esq.	Ess	567
Samuel, Esqr.	Bar	82
Samuel, Esqr.	Brs	324
Samuel, Esquire	Ply	69
Seth	Ply	99
Seth, Jur.	Ply	99
Shubal	Ham	56
Silvanus	Ply	29
Stetson	Ply	29
Susannah	Bar	44
Thomas	Ply	8
Walter	Nor	199
William	Ply	11
William	Ply	23
Zadock	Ply	97
see Brdford, Mitchell, Samson		
Bradish, Amos	Wor	390
Catha.	Mid	157
Ebenr.	Mid	477
Elisha	Wor	390
James	Ham	302
James	Wor	390
John	Wor	248
Jonas	Wor	225
Robert	Wor	225
Sarah	Ess	376
William	Mid	477
Bradlee, Mary	Duk	442
Bradley, Abiud	Bar	101
Abraham	Ham	138
Amos	Mid	83
Amos, ju.	Mid	83
Asahel	Ber	147
Asahel I.	Ber	252
Benjn.	Ess	269
Daniel	Ess	270
Daniel, Jur.	Ess	270
David	Ber	247
David	Ess	270
Dimon	Ber	106
Dudley	Ess	270

Ebenezer — Ham 198
Eli — Ber 259
Elisha — Ber 252
Enoch — Ess 270
Ephraim — Ber 146
Francis — Ess 269
George — Ham 302
Isaac — Mid 83
Isaac, Junr. — Mid 83
Isaiah — Ess 270
Jared — Ber 259
Jesse — Ber 259
Jesse, Jr. — Ber 259
Joel — Ber 146
Joel, 2d. — Ber 147
John — Ham 172
Jonathan — Ess 174
Joseph — Ber 259
Joseph — Ess 174
Joseph — Ess 270
Joseph — Ham 51
Joseph — Mid 83
Joshua — Mid 83
Josiah — Ber 109
Lemuel — Nor 227
Mehetable — Ess 269
Nathaniel — Ess 269
Nathaniel — Ham 355
Peter — Ess 269
Samuel — Ess 269
Stephen — Ber 259
Stephen — Nor 123
Thomas — Bar 37
Uri — Ber 146
Bradshaw, Eleazer — Wor 256
John — Ess 551
Lois — Mid 157
Nathl. — Nor 99
Nathl., Jr. — Nor 99
Tho. — Mid 158
Tho. — Mid 193
Wm. — Ess 394
Bradshell, William — Bar 15
Bradstreet, Abigail — Ess 31
Dudley — Ess 40
Elijah — Mid 382
Elizabeth — Ess 309
Ezekl. — Ess 150
Henry — Ess 42
John — Ess 40
John, Junr. — Ess 42
Moses — Ess 39
Nathaniel — Ess 570
Saml. — Mid 154
Samuel — Ess 40
see Johnson
Bradway, Abel — Ham 267
Daniel — Ham 266
Daniel, Jr. — Ham 266
William — Ham 267
Brady, James — Ess 365
Bragdon, Joseph — Ess 307
Bragg, Henry — Brs 404
Henry — Ess 46A
Ingals — Ess 175
Jane — Bar 101
John — Brs 413
John — Wor 361
Josiah — Ess 453
Nathl. — Wor 242
Robert — Ess 309
Samuel — Brs 276
William — Wor 328
Braid, John — Nor 241
Brailey, Israel — Ham 198
Braimin, Danel. — Ham 133
see Bramin

Brainard, Amos — Ham 172
Brainerd, Asa — Ham 261
Timothy — Ham 261
Brakenridge, James — Ber 181
Obadiah — Ham 261
Braley, Amos — Brs 292
Asa — Brs 293
Benjamin — Brs 291
Caleb — Ber 137
Elijah — Ply 115
Ephraim — Brs 291
Ezekel — Brs 292
Nathaniel — Brs 291
Nathll. — Ber 194
Russel — Ply 115
Seth — Brs 420
William — Brs 291
Zacheus — Bar 43
Braly, Silence — Nor 357
Braman, Amasa — Wor 151
Benja. — Brs 380
Daniel — Wor 515
Nicholas — Ber 115
Samuel — Ber 115
Thomas — Brs 379
Bramhall, Benjamin — Ply 9
George — Ply 19
Joseph — Ply 11
Selvanus — Ply 12
Bramin, Uziel — Ham 133
see Braimin
Bramon, Silvanus — Brs 379
Bran, Lucy — Nor 199
Branard, Timothy — Ham 299
Branch, Aholiab — Brs 311
Cyprian — Ber 207
Levi — Ber 207
Nathan — Ham 299
Vine — Ber 209
Brand, Zeparim — Ber 247
Brant, John — Ham 160
Braotts see Braats
Brass, Garret — Ham 148
Henery — Ham 122
Brastow, Beriah — Nor 360
Brather, Azariah — Ham 169
Braton, Benjamin — Brs 288
Frances — Brs 288
Bratten, Mary — Mid 382
Brattle, James — Ber 184
Thos. — Mid 477
William — Ber 194
Brattles, Asa — Ply 59
Benjamin — Ply 24
Caleb — Ply 19
Samuel — Ply 15
Samuel — Ply 62
Samuel, Jr. — Ply 15
Braukolt see Bracekolt
Brawn, Horatio — Ber 234
Lewis — Ber 230
Rhoda — Ber 232
Brawnell, James — Ply 115
Bray, Aaron — Ess 104
Aaron — Ess 307
Abigal, Wo. — Ess 109
Benj. Row — Ess 147
Benja. — Ess 419
Benjamin — Ess 475
Daniel — Ess 104
David — Bar 96
Ebenr. — Ess 104
Edea, Wo. — Ess 104
Edmund — Bar 95
Edmund — Ess 468
Edmund, Jr. — Bar 99
Enoch — Ess 109

Enoch, Jun. — Ess 109
Isaac — Ess 104
Isaiah — Bar 95
John — Bar 96
Mark — Ess 104
Mary — Ess 405
Rebecca — Ess 482
Robt. — Ess 406
Samuel — Ess 104
Samuel, Jun. — Ess 104
Silas — Ess 104
Silvia — Ess 398
Thos., Doctr. — Ess 105
Willa. — Ess 104
William — Bar 95
William, Jr. — Bar 95
Brayley, Solomon — Wor 387
Brayman, Isaac, Rev'd. — Ess 248
Braynard see Brainard
Brayton, Alderman — Brs 314
Arnold — Ber 156
Daniel — Brs 406
David — Ber 142
David — Brs 305
Isaac — Ber 156
Isaac — Nan 45
John — Brs 407
Preserved — Brs 397
Red — Brs 413
Robert — Nan 68
Sip — Brs 315
Stephen — Ber 156
Stephen, Jur. — Ber 156
Brazee, Case — Ber 232
Hendick — Ber 232
Brazer, James, Esqr. — Mid 449
Samuel — Wor 171
Brazier, Abigl. — Mid 158
Simeon — Ess 307
Tho. — Mid 154
Brdford, Samuel — Wor 363
Bread, Ephraim — Mid 420
Bream, Phillis — Suf 144
Breck, Edward — Nor 199
Eunice — Ham 5
George — Ham 349
Jonathan — Nor 199
Joseph — Nor 199
Joseph H. — Ham 5
Moses — Ply 11
Rachel — Ham 5
Breckenridge, Francis, Capt. — Ham 225
George — Ham 225
James — Ham 225
Wm., Capt. — Ham 225
Wm., Jr. — Ham 225
see Brakenridge
Breed, Aaron — Ess 428
Abraham — Ess 425
Amos — Ess 433
Anne — Ess 431
B. Newhall — Ess 428
Benj. — Ess 431
Charles — Ess 431
Ebenr. — Mid 154
Ephm. — Ess 430
Ezra — Ess 431
Fredk. — Ess 438
Isaiah — Ess 432
Jabez — Ess 435
James — Ess 425
James, Jur. — Ess 425
James, 3d. — Ess 433
John C. — Mid 2
Joseph, Jr. — Ess 431
Josh., 3d. — Ess 430

Mattw.	Ess 429	Cyrus	Ply 98	Mary	Mid 154
Micajah	Ess 491	Elisha	Ham 301	Mary	Mid 259
Nathan	Ess 425	Elisha	Ply 27	Mathew	Mid 158
Nathan	Ess 431	Ellis	Ply 5	Nancy	Wor 271
Nathan	Mid 181	Fear	Ply 29	Nathan	Mid 507
Nehemiah, & Son	Ess 443	Henry	Ber 165	Saml.	Mid 383
Priscill	Ess 28	Isaac	Ply 27	Saml., for the Canal	Mid 383
Samuel	Ess 431	Jesse	Ham 249	Thomas	Ham 96
Simeon	Ess 427	Job	Ply 5	William	Mid 259
Theops., Jr.	Ess 428	John	Ess 208	William	Wor 345
Theops., Senr.	Ess 430	Jonah	Ham 18	William	Wor 505
Thos.	Ess 366	Jonah	Ham 300	Wm.	Mid 370
Willm.	Ess 431	Jonn.	Ham 301	Bridgeman, Joseph	Ham 204
Willm., 3d.	Ess 431	Joseph	Ply 94	Oliver	Ham 204
Breedeen, John	Ess 429	Joshua	Ply 94	Wright	Ham 204
Saml.	Ess 446	Joshua	Ply 102	Bridger, Silas	Wor 268
Breeden, John	Mid 181	Moses	Ham 297	Bridges, Benja.	Ess 544
Breelat, Jno.	Mid 157	Nathan	Ham 18	Caleb	Wor 502
Brent, Francis	Ply 110	Nathan	Ply 102	Edmund	Ber 191
Brerrel see Burrel		Oliver	Ber 265	Elijah	Nor 210
Brett, Abigail	Ply 59	Pelham	Ply 27	Hacklisah	Wor 205
Amasa	Ply 62	Rebecca	Ply 27	Isaac	Wor 295
Calvin	Ply 62	Thomas	Ply 29	Isaac, Jr.	Wor 295
Daniel	Ply 47	William	Ply 13	James	Ess 174
Isaac	Ply 62	Wrestling	Ply 30	James	Wor 205
John	Ess 307	Wrestling, Jr.	Ply 29	James, Jur.	Ess 174
Joseph	Ply 62	see Bruster		John	Ess 248
Samuel	Ply 62	Briant, Ann	Ess 270	John	Ham 249
Samuel, junr.	Ply 62	Asa	Wor 475	Jonathan	Ber 127
Susanna	Ply 59	Benja.	Ess 553	Jonathan, Shaker	Wor 221
Uriah	Ply 67	David	Brs 374	Josiah	Wor 205
William	Ply 62	Isaac	Wor 505	Mary	Ess 512
Brewer, ---, Wid.	Nor 123	Jacob	Ply 34	Moody	Ess 174
Benaijah	Ham 134	John	Ess 453	Nathan	Wor 201
Bildad	Ham 134	John	Mid 181	Nathan, Jur.	Wor 205
Charles	Ham 234	Jona.	Mid 507	Nathaniel	Ham 18
Chauncy	Ham 256	Jonathan	Brs 280	Stephen	Wor 253
Chauncey, Esqr.	Ham 239	Nathan	Wor 240	Thomas	Ess 544
Daniel	Brs 359	Nathaniel	Ham 151	Timothy P.	Wor 259
David	Ber 111	Rodolphus	Ham 153	Bridget, Josh.	Ess 392
David	Mid 144	Timo.	Mid 157	Bridgis, George	Ess 480
Ebenezer	Nor 238	Z...	Ham 184	Bridgman, Elisha	Ham 18
Edward	Nor 360	Zebulon	Ham 338	Elizabeth	Ham 6
Eliab	Wor 499	Briars, Annis	Ess 503	Erastus	Ham 8
Elial	Ber 209	Elias	Ess 502	Israel	Ham 18
Elisha	Ber 238	Brice, Abijah	Ham 222	Noah	Ham 8
Gaius	Ham 234	Hannah	Ess 487	Bridgum, Petre	Nor 252
George	Ham 243	Brick, Daniel	Mid 532	Briesler, Jno.	Nor 111
Isaac	Ber 235	John	Mid 532	Brigden, John	Ber 177
James	Ham 218	John	Wor 401	Micah	Mid 154
James	Wor 377	Jona.	Mid 507	Thomas	Ham 181
Jason	Mid 143	Jona.	Mid 532	Zachs.	Nor 139
Joel	Wor 203	Jonas	Wor 454	Briggs, Abeather	Ply 76
John	Bar 68	Thos.	Mid 532	Abial	Brs 279
John	Ber 115	Brickett, Amos	Ess 230	Abiezer	Brs 410
John	Ess 595	Barnard	Ess 270	Abigail	Ply 18
John	Wor 499	Daniel	Ess 269	Abner	Brs 281
Jonas	Ber 115	James	Ess 225	Abner	Brs 409
Jonas	Wor 234	James	Ess 269	Abner	Nan 49
Jonas	Wor 256	John	Ess 209	Abraham	Brs 278
Jonas, Jur.	Wor 256	John	Ess 270	Abraham	Wor 164
Joseph	Ber 114	Moses	Ess 230	Abraham	Wor 478
Joseph	Nor 249	Nathaniel	Ess 307	Adam	Ham 41
Joseph, jun.	Ber 235	Nathel.	Ess 230	Alden	Ply 31
Joshua	Ber 235	Brickford, James	Mid 533	Allen	Ber 135
Josiah	Ber 114	Bridgam, Phillip	Ess 495	Amata, Wid.	Brs 279
Josiah, Jur.	Ber 115	Bridge, Benjn.	Mid 507	Amos	Wor 274
Nathan	Ham 105	Ebenezar	Wor 218	Amos, 2d.	Brs 279
Nathaniel	Nor 232	Ebenr.	Mid 368	Amos, 3d.	Brs 281
Nathl.	Ber 111	Jeremiah	Mid 497	Arnold	Ply 116
Parker	Ber 111	Joanna	Mid 370	Barnabas	Bar 57
Samuel	Wor 499	John	Mid 347	Benja., Junr.	Ply 129
Thos.	Ess 387	Jonas	Mid 347	Benjamin	Ber 137
William	Ham 234	Jonathan	Mid 347	Benjamin	Ply 134
William	Nor 227	Joseph	Ham 108	Benjn., 2.	Ply 110
Brewster, America	Ply 5	Josiah	Ham 96	Betty	Nor 284
Charles	Ham 154	Josiah	Mid 129	Caleb	Brs 342

Carey	Ber 160	Job, Jur.	Wor 271	Timothy, Jr.	Brs 379
Cornelius	Ply 116	Joel, Revd.	Nor 260	Wesson	Brs 341
Daniel	Brs 341	John	Brs 278	William	Brs 328
Daniel	Brs 368	John	Brs 341	William	Ply 119
Daniel	Brs 379	John	Brs 360	Willm.	Ply 31
Daniel	Nor 122	John	Brs 379	Wiram	Ham 108
Daniel, Junior	Brs 368	John	Ess 410	Zadock	Ham 76
Daniel, 3d.	Brs 366	John	Ham 108	Zebedee	Brs 410
Darius	Brs 319	John	Ham 247	Zephanh.	Ply 76
Dean	Brs 360	John	Ply 17	see ..., Biggs, Thomas	
Dean	Ply 71	John	Ply 116	Brigham, Aaron	Mid 414
Ebenezer	Ham 96	John	Ply 127	Abijah	Mid 122
Ebenezer	Ham 108	John, 1st.	Brs 282	Abner	Mid 411
Ebenr., Dr.	Ply 71	John, 2d.	Brs 283	Amariah	Wor 151
Ebenr., 2d.	Ply 75	Jonathan	Brs 379	Antipas	Wor 370
Ebenr., 3d., Capt.	Ply 76	Jonathan	Nan 50	Artemas	Wor 370
Ebr.	Brs 409	Joseph	Brs 283	Asa	Mid 414
Ebr.	Ply 109	Joseph	Brs 342	Ashbel. S.	Mid 413
Edward	Brs 411	Joseph	Nor 331	Barnabas	Wor 256
Eliakim	Brs 411	Joseph	Ply 126	Benajah	Wor 196
Eliakim, 2d.	Brs 409	Joshua	Ply 109	Caleb	Mid 415
Elijah	Brs 282	Josiah L.	Ham 108	Charles	Wor 197
Elijah	Ess 378	Judith	Ply 132	Daniel	Mid 420
Elijah	Ply 115	Judith	Ply 134	Daniel	Wor 213
Elijah	Wor 152	Keturah, Wid.	Brs 276	David	Wor 195
Elisha	Ber 137	Lemuel	Ess 359	David	Wor 361
Elisha	Brs 366	Lemuel	Ply 76	Ebenr.	Wor 197
Elisha	Ply 31	Lemuel	Ply 110	Edmond	Wor 378
Elisha	Ply 116	Leonard	Ply 71	Edmund	Wor 198
Elisha	Ply 127	Life	Ham 108	Edmund	Wor 236
Elisha, Dr.	Ply 69	Lovet	Brs 329	Edwd.	Wor 274
Elisha, 2d.	Ply 116	Levi, Lt.	Ply 69	Elijah	Wor 189
Enock	Ham 81	Margarett	Brs 320	Elijah	Wor 200
Enos	Ess 384	Mary, Wid.	Brs 279	Elisha	Wor 200
Ephm.	Ham 218	Matthew	Brs 411	Elisha	Wor 268
Ephraim	Brs 282	Micah	Ham 41	Elizabeth	Mid 414
Ephraim	Brs 329	Molbon	Ply 75	Ephraim	Mid 418
Ephraim, Rev.	Bar 15	Nathan	Brs 279	Ezekiel	Wor 197
Ezra	Brs 275	Nathan	Brs 401	Fortunatus	Mid 414
Ezra	Brs 366	Nathan	Brs 409	Francis	Ber 237
Ezra	Ply 126	Nathan	Ply 116	Gardner	Wor 370
Ezra	Ply 127	Nathaniel	Ham 108	Garshum	Wor 193
Fobes	Brs 277	Nathl.	Brs 320	George	Wor 206
Gardner	Brs 329	Nathl.	Ply 115	Henry	Wor 367
George	Brs 279	Nehemiah	Brs 380	Henry	Wor 401
George	Brs 294	Philip	Mid 515	Hosea	Wor 415
George	Brs 409	Rebecca	Ply 18	Isaac, Dr.	Wor 396
George	Ply 67	Reuben	Ply 24	Ithamer	Mid 414
George	Ply 72	Richard	Ham 96	Ivory	Mid 416
Gershom	Brs 276	Richard	Ply 41	Jedediah	Ber 237
Greenlief	Wor 477	Ruth	Ess 415	Jedidiah	Mid 420
Hallet	Ply 109	Sally, Wido	Brs 409	Jesse	Mid 113
Hannah	Brs 341	Saml.	Brs 409	Joel	Ber 235
Harmon	Ber 155	Saml.	Ply 34	Joel	Wor 431
Hathaway	Brs 278	Saml.	Ply 109	John	Ber 117
Hezekiah	Brs 379	Saml., 2d.	Brs 410	John	Ber 237
Ichabod	Nor 330	Saml., 3d.	Brs 409	John	Mid 118
Isaac	Ply 24	Sampson	Ply 31	John	Wor 197
Isaac	Wor 290	Samuel	Ham 41	John	Wor 279
Israel	Brs 277	Sarah	Brs 279	John	Wor 499
Jabez	Ham 319	Sarah	Ham 320	John	Wor 505
Jacob	Brs 384	Sarah	Nor 306	John G.	Mid 422
Jacob	Ham 97	Seth	Brs 276	Jonah	Wor 370
Jacob	Wor 234	Seth	Nor 331	Jonathan	Wor 268
James	Brs 410	Seth	Ply 17	Joseph	Mid 122
James	Ham 304	Seth	Ply 116	Joseph	Mid 411
James	Ply 126	Silas	Ply 117	Joseph	Wor 192
James, Junr.	Ply 126	Simeon	Brs 380	Joseph, Jur.	Mid 409
James, 2d.	Brs 413	Soloman	Brs 384	Jotham	Mid 410
Jasper	Ham 338	Solomon	Nor 297	Lewis	Mid 414
Jedediah	Brs 276	Stephen	Brs 320	Lycomb	Ham 215
Jeremh.	Ess 367	Stephen	Nan 62	Mary	Ber 236
Jesse	Ply 109	Stephen	Nor 260	Mary	Mid 411
Job	Brs 279	Thomas	Brs 276	Mattathias R.	Mid 412
Job	Brs 368	Thomas	Brs 328	Michael	Wor 268
Job	Ham 108	Thos.	Ess 404	Millitent	Wor 197
Job	Wor 271	Timothy	Brs 362	Moses	Wor 370

Nathan	Wor 201	Brinick, James	Ess 110	Bromley, Barber	Ber 129
Nathl.	Wor 361	Brinkley, Jno.	Mid 157	Bronsdon, Benj.	Nor 122
Noah	Mid 412	Brinley, John	Ess 374	Jno. B.	Nor 123
Paul	Mid 411	Brinsmade, Daniel	Ber 116	Bronson, Roger	Ham 338
Phinehas	Wor 206	Hubbel	Ber 116	Brook, Daniel	Mid 22
Phins.	Wor 193	Samuel	Ber 116	Samuel	Mid 16
Saml.	Mid 259	Brintall, Peter	Wor 400	Brooke..., Isaac	Ber 215
Samuel	Mid 122	Phinas, 2d.	Wor 400	Brookelbank, Nathan	Ess 255
Samuel	Wor 361	Brintnal, Rebecca	Mid 181	Brooker see Brooke...	
Samuel	Wor 378	Brintnall, Phins.	Wor 400	Brookers, Artemas	Ber 116
Sarah	Mid 422	Brintnell, Ebenezer	Brs 384	Chester	Ber 116
Seth	Wor 454	Ebenezer, Jr.	Brs 384	Brookhouse, Mary	Ess 388
Silas	Wor 200	Job	Brs 384	Brooklebank, Job	Ess 257
Silvester (2)	Wor 200	Nathaniel	Brs 384	John	Ess 247
Solomon	Mid 416	Brister, Abigail	Wor 464	see Brookelbank	
Solomon	Wor 197	David	Ess 385	Brooks, Aaron	Mid 22
Stephen	Wor 378	Bristol, Chloe	Ber 238	Aaron	Wor 274
Stephen	Wor 513	Daniel	Ber 237	Aaron	Wor 424
Thomas	Wor 212	Brit, Michl.	Ess 398	Abel	Mid 16
Tilley	Wor 268	Briteman, Davenport	Ply 115	Abigail	Ess 416
Timothy	Mid 426	Britt, Calvin	Brs 388	Abigl.	Mid 194
Trowbidge	Wor 197	Ebenr.	Ham 19	Abner	Ham 56
Warren	Mid 411	Brittain, William	Ber 117	Alpheus	Ham 326
Willard	Wor 211	Britton, Edward	Ess 383	Ami	Wor 355
William	Wor 197	John	Brs 388	Amos	Mid 430
William	Wor 199	Joshua	Brs 389	Asa	Mid 16
William	Wor 206	Pendleton	Brs 389	Asa	Wor 259
Winslow	Wor 370	Squire	Ber 165	Benjamin	Ber 126
see Bigham		William	Brs 380	Benjamin	Ham 44
Bright, Francis	Mid 497	William	Brs 388	Benjamin	Ham 190
John	Mid 259	Zachariah	Brs 388	Benjamin	Wor 259
Joseph	Mid 497	Brittun, Henry	Brs 376	Caleb	Ham 219
Michel	Nor 315	Nathaniel	Brs 376	Caleb	Mid 193
Moses	Mid 497	Robert	Brs 377	Caleb	Mid 473
Nathan	Mid 497	Broad, Aaron	Ham 161	Caleb	Mid 539
Rachel	Mid 497	Aaron	Ham 247	Caleb, 2d.	Mid 193
Brightman, Benjamin	Brs 287	Amos	Ber 159	Caleb, 3d.	Mid 193
Elis	Brs 329	Elisah	Wor 400	Calvin	Mid 434
Gardner	Brs 329	Enos	Ham 113	Cotton B.	Ess 269
George	Brs 287	Ephraim	Nor 210	Curtis	Ply 127
George	Brs 328	Hezekh.	Mid 526	Daniel	Ham 85
George, Jur.	Brs 289	John	Nor 245	Daniel	Mid 28
Henry	Brs 287	John	Wor 400	David	Ber 240
Henry, 2nd.	Brs 328	Joseph	Wor 400	David	Ess 150
Israel	Brs 328	Josiah	Wor 515	David	Ham 72
John	Brs 328	Moses	Mid 526	David	Wor 513
John	Brs 421	Thos.	Mid 526	Ebenezer	Mid 4
Jonathan	Brs 287	Broadbrooks, Ebenezer,		Ebenezer	Wor 357
Joseph	Brs 287	Eqr.	Bar 10	Ebenr.	Ess 394
Joseph	Brs 328	Lydia, wd.	Bar 12	Edward	Ess 487
Joseph, 3d.	Brs 288	Nathan	Bar 14	Eleazer	Mid 26
Pardon	Brs 287	Broadstreet, Moses (2)	Ess 252	Elijah	Wor 195
Peleg	Brs 288	Sarah	Ess 463	Elisabeth	Ber 238
Thom.	Brs 328	see Bradstreet, Tyler		Elith.	Mid 46
Wanton	Brs 341	Broadway, Jeremiah	Ber 153	Elizabeth	Ess 500
William	Brs 328	Brock, Andrew	Nan 66	Enoch	Wor 513
see Brigthman, Briteman		Andrew, Junr.	Nan 71	Eph., Dr.	Wor 400
Brigs, Daniel	Bar 12	Jethro	Nan 73	Ephr.	Wor 200
Brigthman, Joseph, Jur.	Brs 284	John	Nan 67	Ezra	Wor 444
Brimblecom, Saml.	Ess 438	John	Nan 70	Hannah	Mid 22
Brimblecome, Charity	Ess 462	Lydia	Ess 370	Hannah	Ply 124
Cornelius	Ess 512	Peter	Nan 68	Helan	Wor 357
David	Ess 480	Robin	Nan 77	Isaac	Wor 434
Joseph	Ess 497	Thomas	Nan 67	Isaac	Wor 444
Merrett	Ess 489	Walter	Nan 75	Jacob	Wor 370
Nathaniel	Ess 462	William	Nan 45	Jabez	Ber 195
Samuel	Ess 474	Zach	Ess 373	Jabez	Ber 207
Samuel	Ess 513	Brocking, Elizba.	Ess 221	Jabez	Ber 240
Seaward	Ess 513	Samuel	Ess 219	Jabez	Ham 326
Thomas	Ess 480	Brocklebanck see Brooklebank		James	Ber 232
Brimhall, Robert	Bar 70	Brockway, Josiah	Ham 129	Joel	Wor 195
Samll.	Wor 315	Pardon	Ess 306	Joel	Wor 274
Sylvenus	Wor 400	Brodbrooks, Menebah	Bar 11	Joel	Wor 454
Brimmer, Martin	Nor 252	Broderick, John	Ham 56	John	Ber 118
see Brimter		Broga, Andrew	Ber 265	John	Ess 476
Brimter, Daniel	Ess 542	Bromfield, Hennery	Wor 221	John	Ham 77
Brindley, Nathll.	Mid 78	John	Mid 382	John	Ham 286

Name	Ref	Name	Ref	Name	Ref
John	Mid 22	Brooman, Olive	Brs 291	Asa	Wor 415
John	Mid 193	Broughton, Danu.	Ess 150	Asahel	Ber 213
John	Wor 226	Nicholson	Ess 471	Asaph	Wor 223
John	Wor 249	Wait	Wor 458	Azariah	Ber 116
John	Wor 358	Broun, John	Ess 405	Bartholomew	Ham 269
John, Esqr.	Wor 169	see Brown		Benja.	Ess 546
John, 2d.	Wor 357	Broune, Bart	Ess 359	Benja.	Mid 347
Jona.	Mid 194	Barth	Ess 372	Benja.	Wor 223
Jonas	Mid 28	David	Ess 393	Benja., 2nd.	Ess 546
Jonas	Mid 56	Edward	Ess 359	Benja., 3d.	Ess 552
Jonas	Wor 513	Eunice	Ess 397	Benjamen	Mid 289
Jonathan	Ham 184	James	Ess 416	Benjamin	Bar 75
Jonathan	Wor 458	James, Jr.	Ess 416	Benjamin	Ber 155
Joseph	Mid 29	John	Ess 416	Benjamin	Brs 342
Joseph	Mid 331	John	Ess 418	Benjamin	Ess 585
Joseph	Ply 127	Jona.	Ess 423	Benjamin	Ess 597
Joseph	Wor 390	Joseph	Ess 369	Benjamin	Ham 135
Joshua	Mid 22	Joseph	Ess 417	Benjamin	Mid 429
Joshua	Wor 357	Margaret	Ess 403	Benjamin	Nan 69
Levi	Ham 349	Margt.	Ess 415	Benjamin	Wor 357
Levi	Mid 22	Mary	Ess 384	Benjamin	Wor 444
Levi	Wor 226	Nancy	Ess 420	Benjamin, Jur.	Brs 342
Lois	Mid 393	Pelatia	Ess 404	Benjamin, Jur.	Ess 585
Luke	Ess 410	Rebecca	Ess 415	Benjamin, Jur.	Mid 431
Luke	Mid 428	Samuel	Ess 362	Benjamin W.	Brs 283
Luther	Ber 240	William	Ess 416	Bridgham	Ham 358
Luther	Wor 458	Brow, Frances	Brs 289	Caleb	Ber 157
Lydia	Mid 393	Brow..., Jabez	Mid 315	Caleb	Ess 249
Maray	Mid 194	Browd, Thodore	Nor 315	Caleb	Mid 114
Mary	Wor 513	Timothy	Nor 315	Calvin Fille	Brs 366
Matthew	Mid 440	Brown, Aaron	Brs 310	Chad	Ber 135
Mercy	Ply 119	Aaron	Wor 382	Chad	Wor 339
Moses	Ham 45	Abel	Brs 300	Charles	Mid 17
Nathan	Ham 355	Abel	Mid 3	Charles	Ply 67
Nathan	Mid 33	Abel	Mid 120	Charles, 1st.	Wor 339
Nathan	Mid 428	Abel	Mid 441	Charles, heirs	Ham 204
Nathaniel	Mid 331	Abel	Wor 499	Charles, 2d.	Wor 339
Nathaniel	Wor 174	Abel, Jr.	Mid 2	Clark	Wor 199
Nathl.	Ply 125	Abijah	Ham 57	Clark, Revd.	Ham 272
Nathl., Junr.	Ply 125	Abijah	Mid 20	Collins	Ham 246
Noah	Mid 22	Abijah	Ply 130	Collins, Jr.	Ham 246
Noah	Wor 195	Abijah	Wor 328	Consider	Ham 198
Paul	Mid 32	Abner	Ess 584	Cyrenius	Bar 57
Peter	Wor 390	Abner	Ham 62	Cyrus	Wor 233
Peter C.	Mid 194	Abner	Ham 302	Dan	Brs 402
Pomp	Mid 158	Abner, Colo.	Ham 265	Daniel	Ber 134
Ruben	Ess 150	Abraham	Ber 134	Daniel	Ber 154
Rufus	Ham 239	Abraham	Ess 46A	Daniel	Ber 186
Saml.	Mid 46	Abraham	Ess 585	Daniel	Ess 596
Samuel	Ess 381	Abraham C.	Ber 195	Daniel	Ham 309
Samuel	Ess 412	Abram	Wor 149	Daniel	Mid 22
Samuel	Nor 257	Abram.	Ess 440	Daniel	Mid 28
Samuel	Ply 127	Adam	Mid 497	Daniel	Mid 64
Samuel	Wor 174	Adrew	Mid 144	Daniel	Mid 477
Samuel	Wor 221	Alexander	Wor 325	Daniel	Ply 41
Samuel	Wor 444	Allen	Ber 155	Daniel G.	Mid 462
Seth	Mid 33	Alpheus	Ber 165	David	Bar 57
Sewell	Mid 462	Alpheus	Wor 499	David	Bar 70
Silas	Ham 72	Amasa	Wor 223	David	Bar 76
Silus	Wor 400	Ami	Ess 593	David	Ber 186
Simeon	Wor 458	Amos	Ber 247	David	Ber 265
Simon	Ham 349	Amos	Ham 81	David	Brs 300
Stephen	Wor 236	Amos	Mid 260	David	Brs 322
Susanna	Mid 4	Amos	Ply 97	David	Ess 584
Sylvanus	Ham 270	Amos, jr.	Mid 259	David	Ham 85
Thadeus	Wor 458	An...	Ess 150	David	Ham 184
Tho.	Mid 158	Andrew	Ess 103	David	Mid 3
Thomas	Wor 348	Andrew	Ham 170	David	Wor 173
Thomas	Wor 485	Andrew, Jur.	Ham 170	David	Wor 325
Thos.	Ess 422	Anna	Brs 309	David, Junr.	Wor 325
Timothy	Ess 412	Anna	Ess 211	David, Jur.	Bar 61
Timothy	Mid 26	Anna	Ess 492	David, Jur.	Ham 184
Timothy	Nor 297	Archelaus	Ham 272	David, Lt.	Ham 225
Timothy, Jr.	Mid 26	Asa	Ber 111	David, 2d.	Ber 186
William	Ess 487	Asa	Ber 215	David, the 2d.	Brs 322
William	Nan 67	Asa	Ess 533	Dedford	Brs 420
Willm.	Ply 122	Asa	Nor 369	Deliverance	Mid 415

Name	Ref
Desire	Mid 430
Dexter	Ber 155
Doane	Bar 69
Ebenezer	Ess 14
Ebenezer	Ess 305
Ebenezer	Ess 456
Ebenezer	Mid 144
Ebenezer	Mid 269
Ebenr.	Ess 68
Ebenr.	Mid 477
Ebenr.	Wor 415
Ebenzr.	Wor 339
Edmund	Ess 269
Edward	Ess 306
Edward	Ham 65
Edward	Mid 331
Edward	Mid 357
Edward	Mid 433
Eleazer	Ber 136
Eleazer	Ess 43
Elenor	Mid 113
Elihue	Wor 464
Elijah	Ber 138
Elijah	Ber 161
Elijah	Ber 252
Elijah	Mid 532
Elijah	Wor 478
Eliphalet	Ess 306
Elisabeth	Ess 209
Elisha	Bar 69
Elisha	Ber 154
Elisha	Ber 253
Elisha	Brs 399
Elisha	Ess 120
Elisha	Ess 585
Elisha	Ham 36
Elisha	Ham 81
Elisha	Mid 76
Elisha, Junr.	Ham 81
Eliza.	Ess 533
Eliza.	Ess 553
Elizabeth	Ess 575
Elizabeth	Ess 586
Elizabeth	Nan 58
Elkanah	Ber 265
Enos	Ess 46B
Ephm.	Ess 434
Ephraim	Ber 142
Ephraim	Ess 46B
Ephraim	Ess 585
Ephraim	Ess 595
Ephraim	Ham 190
Ephraim	Mid 7
Ephraim	Mid 23
Ephraim	Mid 311
Ephriam	Ess 135
Esther	Wor 226
Ezeck	Ber 155
Ezekiel	Wor 339
Ezra	Brs 319
Ezra	Ess 446
Ezra	Mid 507
Farwel	Mid 157
Francis	Nan 50
Frederic	Nan 75
Frederick F.	Wor 274
G., Wido.	Brs 404
George	Bar 70
George	Brs 366
George	Ham 36
George	Nan 54
George (2)	Wor 361
Gideon	Brs 309
Greenwood	Ham 309
Hannah	Ess 408
Hannah	Ess 456
Hannah	Mid 23
Hannah, Wid.	Brs 287
Hannah, Wd.	Ess 46B
Hannah, Wido.	Ess 306
Henry	Ber 253
Henry	Ess 306
Hezekiah	Wor 223
Higgins	Bar 76
Hope	Mid 121
Hopestill	Mid 111
Isaac	Bar 70
Isaac	Mid 417
Isaac	Mid 426
Isaac	Ply 67
Isachar, Deacn.	Ham 271
Isachar, Jr.	Ham 271
Isaiah	Ham 66
Jabez	Mid 425
Jacob	Ber 134
Jacob	Ess 594
Jacob	Ess 306
Jacob	Mid 9
Jacob	Nor 315
Jacob, Esqr.	Ess 46B
James	Ber 112
James	Ber 194
James	Brs 300
James	Ess 150
James	Ess 306
James	Ess 450
James	Ess 585
James	Ess 596
James	Ham 178
James	Ham 198
James	Mid 2
James	Mid 347
James	Nan 54
James	Wor 164
James	Wor 315
James	Wor 513
James, Jur.	Wor 259
James, 2d.	Mid 347
Jane	Ess 457
Jane	Ham 179
Jarad	Ham 81
Jarvis	Brs 399
Jepththah	Mid 290
Jere	Ham 91
Jeremiah	Mid 289
Jeremiah	Nor 253
Jesse	Ham 92
Jesse	Mid 8
Jesse	Wor 513
John	Bar 70
John	Ber 156
John	Ber 165
John (2)	Ber 247
John	Brs 297
John	Brs 399
John	Brs 404
John	Brs 406
John	Ess 12
John	Ess 130
John	Ess 247
John	Ess 269
John	Ess 306
John	Ess 432
John	Ess 496
John	Ess 497
John	Ess 585
John	Ess 597
John	Ham 135
John	Ham 195
John	Ham 198
John	Ham 66
John	Mid 38
John	Mid 114
John	Mid 289
John	Mid 381
John	Mid 477
John	Nan 57
John	Nor 322
John	Ply 67
John	Wor 216
John	Wor 249
John	Wor 390
John	Wor 413
John	Wor 475
John, 4th.	Ess 468
John, Jr.	Ess 306
John, junr.	Ess 471
John, Jur.	Brs 406
John, Jur.	Ess 269
John, jur.	Ess 495
John, Jur.	Ham 191
John, 2d	Wor 355
John, 2d.	Wor 478
John, 2nd.	Brs 307
John, 3rd.	Brs 299
Jona., Cap.	Ess 110
Jona., 4th.	Ess 163
Jona., Jun.	Ess 110
Jona., 3d.	Ess 110
Jonas	Mid 113
Jonas	Mid 260
Jonas	Wor 199
Jonathan	Brs 310
Jonathan	Ham 269
Jonathan	Mid 94
Jonathan	Ply 133
Jonathan	Wor 444
Jonathan	Wor 454
Jos.	Mid 157
Joseph	Ber 155
Joseph	Ess 14
Joseph	Ess 210
Joseph	Ess 250
Joseph	Ess 306
Joseph	Ess 453
Joseph	Ess 457
Joseph	Ess 585
Joseph	Ess 594
Joseph	Ham 92
Joseph	Mid 31
Joseph	Mid 94
Joseph	Mid 259
Joseph	Mid 331
Joseph	Nor 240
Joseph	Nor 356
Joseph	Ply 132
Joseph	Wor 152
Joseph	Wor 164
Joseph	Wor 223
Joseph	Wor 271
Joseph, Dea.	Mid 462
Joseph, Junr.	Nan 75
Joshua	Ess 209
Joshua	Mid 426
Joshua	Nor 315
Josiah	Brs 294
Josiah	Ess 305
Josiah	Ham 195
Josiah	Ham 332
Josiah	Mid 331
Josiah	Mid 428
Josiah	Wor 152
Josiah	Wor 164
Josiah	Wor 206
Josiah	Wor 444
Josiah	Wor 458
Josiah	Wor 505
Judith	Ess 584
Leml.	Ham 338
Lemuel	Ess 597
Lemuel	Ham 285

Name	Loc	Name	Loc	Name	Loc
Lemuel	Nor 380	Reuben	Mid 8	Thomas	Ess 288
Lemuel	Ply 9	Richard	Ber 115	Thomas	Ess 305
Lemuel, Junr.	Nor 380	Richd.	Ess 67	Thomas	Ess 480
Levi	Ber 157	Robert	Ply 9	Thomas	Ham 81
Levi	Ber 215	Robt.	Ham 204	Thomas	Ham 208
Levi	Ham 151	Roger	Mid 13	Thomas	Ham 309
Levi	Wor 223	Roswel	Ham 126	Thomas	Mid 246
Lewis	Ber 222	Rufus	Ham 135	Thomas	Wor 274
Luke	Ber 134	Rufus	Wor 328	Thomas, junr.	Ess 490
Luke	Wor 295	Samel.	Wor 223	Thomas, 2d.	Ham 203
Luther	Ber 253	Samel.	Wor 238	Timoth.	Mid 85
Lydia	Ply 95	Saml.	Mid 193	Timothy	Ham 95
Lydia, Wo.	Ess 93	Saml.	Mid 368	Timothy	Mid 33
Margt.	Ess 411	Saml.	Mid 381	Tristram	Ber 208
Mary	Ess 12	Saml.	Nor 112	Tristram	Ess 306
Mary	Mid 381	Saml.	Ply 41	Tristram	Ess 582
Mary	Ply 133	Samll.	Mid 94	Uriah	Ham 126
Matthew	Ham 213	Samuel	Brs 307	Vincent	Ess 128
Mehitable	Ess 499	Samuel	Ess 230	Vincent	Ess 165
Molly	Bar 70	Samuel	Ess 306	Wallis	Ess 534
Molly	Mid 269	Samuel	Ess 492	Wanton	Ham 72
Moses	Ber 113	Samuel	Ess 510	Will.	Ess 93
Moses	Ham 218	Samuel	Ham 92	William	Bar 66
Moses	Ham 225	Samuel	Ham 225	William	Ber 135
Moses, Capt.	Ess 305	Samuel	Ham 308	William	Ber 155
Moses, Esq.	Ess 553	Samuel	Mid 9	William	Brs 399
Moses, mercht.	Ess 305	Samuel	Mid 40	William	Brs 412
Nath.	Mid 381	Samuel	Mid 114	William	Ess 12
Nath., 2d.	Mid 381	Samuel	Mid 412	William	Ess 46B
Nathan	Ber 161	Samuel	Nor 315	William	Ess 306
Nathan	Ess 562	Samuel	Nor 328	William	Ess 353
Nathan	Ess 585	Samuel	Wor 358	William	Ess 468
Nathan	Mid 357	Samuel	Wor 478	William	Ess 563
Nathan	Wor 280	Samuel	Wor 499	William	Ess 595
Nathan	Wor 325	Samuel, jr.	Brs 308	William	Ham 178
Nathan	Wor 340	Samuel, Jr.	Ess 306	William	Mid 114
Nathan, Capt.	Ham 204	Samuel, Junr.	Ham 225	William	Mid 129
Nathan, Jr.	Ess 562	Samuel, 2d.	Wor 358	William	Nan 45
Nathaniel	Brs 310	Sanford	Ber 174	William	Nan 54
Nathaniel	Ess 306	Sarah	Brs 309	William	Nor 315
Nathaniel	Ess 585	Sarah	Ess 516	William	Wor 152
Nathaniel	Ess 594	Sarah	Ess 597	William	Wor 174
Nathaniel	Ham 80	Sarah	Mid 23	William	Wor 259
Nathaniel	Mid 259	Sarah	Mid 46	William	Wor 355
Nathaniel	Mid 293	Sarah	Brs 421	William	Wor 434
Nathaniel	Mid 357	Scipio	Brs 399	William, Jur.	Brs 399
Nathaniel	Ply 61	Seth	Brs 399	William, Jur.	Ess 595
Nathel.	Wor 478	Seth	Ham 260	William, Jur.	Mid 113
Nathel., Ju.	Wor 478	Shobel	Bar 61	William, 2d.	Wor 239
Nathl., 3d.	Mid 383	Silas	Ham 135	William, 2nd.	Ham 178
Nehemiah	Ess 584	Silas, Junr.	Ham 135	Willm.	Ess 442
Newport	Brs 366	Silvanus	Bar 65	Willm., junr.	Ess 46B
Nicho.	Mid 157	Simeon	Ess 531	Woodbridge	Ply 41
Nicholas	Ber 156	Simon	Ess 593	Wm.	Mid 94
Nicolas	Ess 306	Smith	Ply 33	Wm.	Mid 527
Noah	Ham 198	Solomon	Ber 185	Wm.	Wor 342
Obadiah	Ess 306	Solomon	Ham 260	Wm., jur.	Mid 94
Oliver	Brs 309	Solomon	Wor 505	Wm., 2d.	Wor 342
Oliver	Ham 22	Stephen	Ber 212	Zach.	Mid 64
Oliver	Wor 415	Stephen	Ber 247	Zachariah	Mid 3
Oliver	Wor 433	Stephen	Ess 110	Zebedee	Brs 314
Osgood	Mid 85	Stephen	Ess 230	Zebulon R.	Ess 306
Palatiah	Ess 565	Stephen	Ess 234	Zenas	Ham 136
Parker	Ess 264	Stephen	Ess 585	Zepheniah	Wor 342
Parson	Ess 217	Stephen	Ess 593	see B...n, Bown, Brawn,	
Paul	Mid 12	Stephen	Ess 597	Broune, Brow..., Burt,	
Pearson	Wor 433	Stephen	Ham 198	Coffin, Simmons	
Perez	Ber 238	Stephen	Mid 444	Brownall, Jonathan	Brs 284
Peter	Ham 44	Tameson	Ess 466	Browne, Benja.	Ess 404
Peter	Wor 396	Thaddeus	Bar 100	Ichabod	Ber 135
Peter	Wor 421	Thadeus	Wor 279	John	Ess 372
Peter, Junr.	Wor 396	Tho.	Mid 157	John	Ess 399
Philemon	Wor 421	Tho.	Mid 381	Jonathan	Ess 383
Philip	Wor 164	Tho., 2d.	Mid 381	Nath	Ess 421
Phinehas	Wor 434	Thomas	Ber 194	Thos.	Ess 403
Prince	Bar 49	Thomas	Ber 209	Brownel, George, 2nd.	Brs 328
Rebeckah	Mid 133	Thomas	Ess 230	Nathaniel	Brs 328
		Thomas	Ess 234		

Brownell, Abner	Brs 328	Mary	Wor 197	Lemuel	Ply 72
Benjm.	Brs 328	Moses	Mid 417	Levi	Ply 26
Benjm., Junr.	Brs 329	Nathaniel	Mid 416	Luther	Ply 26
Benjm., Senr.	Brs 328	Reuben	Wor 274	Nathan	Mid 290
Cornelius	Brs 328	Roger	Wor 256	Nathaniel	Ham 21
Elizabeth	Brs 329	Samuel	Wor 441	Nathaniel	Mid 114
Ezekiel	Brs 328	Sarah	Wor 201	Nathaniel	Ply 62
George	Brs 328	Silas	Wor 370	Patrick	Ham 21
James	Brs 329	Stephen	Mid 46	Peleg	Ply 29
Jeremiah	Brs 328	Stephen	Nor 242	Peter	Ham 304
John	Brs 420	Timothy	Wor 216	Philip	Ply 62
Josiah	Brs 328	William	Ham 108	Reuben	Mid 2
Luther	Brs 328	William	Mid 416	Samuel	Ply 136
Mary	Brs 328	Brue, Simeon	Wor 279	Seth	Ham 213
Paul	Brs 328	Bruff, Jane	Nan 51	Seth	Ply 75
Peleg	Brs 328	Brumley, Asa	Ham 237	Thomas	Mid 292
Prince	Brs 328	Nathan	Ham 265	Thomas	Suf 141
Robert	Brs 420	Stephen	Ham 95	Timy.	Ess 394
Ruth	Brs 328	Brumsdell, Willm.	Wor 279	Tmothy	Mid 290
Sarah	Brs 328	Brundige, Nathan	Ber 147	Tmothy	Ply 69
Shadrach	Brs 328	Nathan, 2d.	Ber 147	Wm.	Wor 295
Sylvester	Brs 328	Brunson, Abraham	Ham 9	Zenas	Ply 26
Thomas	Brs 328	Asa	Ham 198	Bryer, John	Ess 119
Uriah	Brs 421	John	Ber 120	Bubier, Deborah	Ess 511
William	Brs 328	Nathan	Ber 116	Hannah	Ess 473
see Ormsby		William	Ber 117	Hannah	Ess 502
Browning, Davis	Ham 274	Brussels, Phillip	Bar 19	Buchanan, James	Mid 260
Ephraim	Wor 505	Bruster, Jasper	Ber 215	Buck, Asa	Ess 176
James	Ham 274	Joseph B.	Ham 176	Asahel	Ber 157
James	Wor 505	Vial	Ham 175	Barnabas	Brs 388
James, 2d.	Wor 505	Willm.	Ply 34	Benja.	Bar 42
John	Wor 199	Bryan, Elisabeth	Ber 238	Benjamin	Brs 388
John, Lt.	Wor 415	Ezekiel	Ber 224	Benjn.	Bar 15
Joseph	Ber 185	Reuben	Ber 240	Cyrus	Ham 299
Joseph, Esqr.	Ham 274	Timothy	Ber 225	Daniel	Ham 21
Trustram	Ber 186	Bryant, ---, Wido	Brs 403	David	Bar 15
William	Wor 505	Amos	Wor 421	David	Bar 20
see B...		Asahel	Ham 23	Ebenezer	Ber 146
Brownson, Asa	Ber 129	Barker	Suf 144	Ebenezer	Ber 235
Ira	Ber 246	Benjamin	Ply 26	Ebenezer	Wor 390
Jesse	Ber 141	Caleb	Ham 309	Eliphalet	Ess 270
Bruce, Abijah	Wor 396	Caleb	Ply 16	Elizabeth, Wd.	Bar 15
Abner	Ber 216	Calvin	Ply 59	Ephraim	Mid 315
Benjamin	Wor 214	Calvin	Wor 295	Ephraim, ju.	Mid 316
Calvin	Wor 212	David	Wor 485	Eunice	Ply 31
Comfort	Ber 215	Dependence F.	Brs 388	Ezekiel	Ber 128
Daniel	Mid 416	Dorothy	Ply 26	Isaac	Ham 22
David	Ess 472	Ebenezar	Ham 184	John	Bar 100
David	Nor 89	Ebenezer	Mid 311	John	Ess 307
Eli	Wor 197	Eli	Ham 23	John	Ham 195
Eli	Wor 240	Elias	Mid 311	Joshua	Bar 15
Ellis	Wor 201	Eunice	Ply 131	Mary, Wd.	Bar 15
Elisha	Mid 515	Gamaliel	Brs 420	Mathew	Ham 21
Ephraim	Ham 108	Gamaliel, Jr.	Brs 420	Nathan	Brs 389
Eunice	Wor 201	Hannah	Ply 78	Nathan	Mid 315
George	Ess 363	Hannah, 3d.	Ply 75	Rachel	Wor 182
Hugh	Wor 214	Isaac	Ply 71	Reuben	Mid 315
Isaiah	Mid 422	Jeremiah	Mid 289	Samuel	Mid 315
James	Mid 331	Jeremiah, jur.	Mid 290	Samuel	Wor 152
James	Mid 411	Jesse	Ply 72	Tertius	Brs 389
Jeduthun	Mid 416	Jesse, Jur.	Ply 76	Thomas	Bar 101
Jesse	Ham 175	Jno., Capt.	Ham 242	Thomas	Brs 388
Joel	Wor 348	Job	Ply 62	Thomas	Ham 298
John	Mid 331	Job S.	Ply 59	Thomas, Jun.	Ham 298
John	Wor 212	Joel	Mid 126	William	Ham 195
John	Wor 295	Joel	Wor 274	William, Jur.	Ham 195
John, 2d.	Mid 331	John	Ber 195	Zebediah	Mid 316
Jonas	Mid 449	John	Ess 371	Buckingham, Jeddh.	Ham 309
Jonas	Wor 226	John	Ply 75	Buckland, Oliver	Wor 225
Jonathan	Mid 417	Jona.	Mid 526	Buckler, Thos.	Mid 515
Jonathan	Wor 366	Jona.	Wor 485	Buckley, Billy	Ber 247
Jonathan	Wor 370	Joseph	Mid 311	Bucklin, Barrak	Brs 307
Joseph	Ess 456	Joseph	Ply 75	Darius	Ber 156
Joseph	Ham 278	Joseph, ju.	Mid 311	David	Brs 309
Joseph	Wor 293	Joshua	Ply 130	Ebenezer	Brs 309
Josiah	Wor 239	Josiah	Ply 71	George	Brs 309
Lewis	Ess 446	Lemuel	Brs 373	James	Brs 309

41

James, 2nd.	Brs 307	Edward	Nor 229	Martha	Wor 516
Jeremiah	Ber 136	James	Ham 208	Moses	Ham 198
John	Ber 154	Moses	Ham 267	Moses	Ham 325
Joseph	Brs 307	Parker	Ham 267	Moses	Mid 532
Joseph, 2nd.	Brs 307	Samuel	Nor 374	Moses	Wor 318
Lonnon	Wor 478	Stephen	Ham 267	Moss	Ber 224
Buckman, Aaron	Mid 181	Buker, Nelson	Ber 234	Nathan	Mid 507
Andrew	Ham 3	Bulfinch, Bedgood	Ham 80	Nathaniel	Nor 315
Benja.	Mid 181	Jerh.	Ess 430	Peter	Mid 532
David	Mid 193	Jno.	Mid 181	Peter, Jr.	Mid 532
Elihu	Mid 182	Bulkely, Charles	Mid 437	Phinehas	Wor 315
Elizabeth	Ess 549	Joseph	Mid 437	Rachel	Wor 256
John	Ess 537	Bulkley, Charles	Ber 131	Ralph	Nor 209
Leonard	Mid 193	Charles, Jr.	Ber 132	Saml.	Wor 400
Russell	Wor 151	Gershom	Ber 132	Samll.	Mid 508
Spencer	Mid 193	Robbins J.	Ber 128	Samll.	Mid 532
Buckmaster, Edward	Nor 310	see Ames		Samuel	Wor 345
Buckminster, Joseph	Mid 150	Bull, Milissant	Mid 270	Seth, Esqr.	Nor 88
Lawson	Mid 137	Nehemiah	Ber 147	Silas	Ham 105
Thos.	Mid 144	Seth	Ber 185	Silas	Nor 98
see Rice		William	Ber 222	Silas	Nor 199
Bucknam, Ebenezer	Mid 311	Willm. (2)	Ham 319	Silas	Wor 315
Edward	Mid 311	Willm.	Ham 346	Timothy	Nor 209
Jacob	Mid 474	Willm.	Ham 347	Vonentine	Wor 318
John	Mid 311	Bullard, Aaron	Mid 144	Walter	Mid 507
Nathan	Mid 311	Aaron	Wor 393	William	Nor 89
Saml.	Mid 158	Abigail	Nor 209	William	Nor 297
Wm.	Mid 193	Abigail	Nor 306	see Ballard	
see Buckman		Adam	Ham 62	Bullarde, Elijah	Ber 235
Bucknum, Reuben	Ber 176	Adam	Nor 210	Bullen, Ameziah	Nor 315
Buckston, Anthony	Ess 534	Artemus	Wor 475	Daniel	Nor 209
Budd, John	Ber 108	Asa	Mid 507	Elizabeth	Nor 218
Budge, Elizabeth	Mid 246	Baruch	Wor 464	Ichabod	Nor 199
Budington, Jonathan	Ham 80	Benjamin	Ber 235	Jeduthun	Nor 209
Buel, Ichabod	Ber 265	Benjamin	Ham 97	Jonathan	Nor 209
Saml.	Mid 194	Benjamin	Ham 246	Moses	Nor 199
William	Ber 221	Benjn.	Mid 507	Samuel	Wor 325
Buell, Abel	Ham 240	Benjn.	Mid 516	Stephen	Wor 328
Joseph	Ber 113	Benjn.	Mid 533	Stephen, Jur.	Wor 325
William	Ham 234	Benjn.	Nor 99	Bullock, Aaron	Brs 299
Buerall, Isaac	Ber 141	Daniel	Mid 507	Abel	Brs 304
Buffam, Benjamin	Wor 478	Daniel	Nor 340	Asa	Brs 297
Buffington, Nehemh.	Ess 363	David	Ham 273	Asa	Brs 298
Samuel	Ham 298	Ebenr.	Mid 507	Asa	Brs 315
Stephen	Brs 342	Eleazer	Ber 235	Barrak	Brs 298
Buffinton, Benja.	Brs 399	Eli	Mid 144	Benja.	Ess 422
Benja.	Brs 404	Elijah	Wor 340	Benjamin	Brs 302
Benja., l.	Brs 405	Elisha	Nor 340	Betsey	Ess 544
Benja., Jr.	Brs 399	Epheriam	Nor 315	Calvin	Brs 298
Daniel	Brs 396	Galam	Mid 532	Christopher	Wor 236
Deborah	Ess 397	Henry	Mid 146	Christopher, Jr.	Wor 236
Elisha	Brs 398	Henry	Mid 507	Cromwell	Ham 41
Gardner	Brs 399	Hezekh.	Mid 507	Ebenezer	Brs 299
James	Brs 407	Isaac	Ham 17	Ebenr.	Wor 233
James	Ess 378	Isaac	Mid 508	Eleazer	Brs 298
Jas., Jr.	Ess 367	Isaac	Nor 218	Hugh	Wor 234
Job	Brs 396	Isaac	Nor 297	Isaac	Ess 367
John	Brs 397	Isaac, Jr.	Mid 507	Israel	Ham 80
John	Ess 360	Isekiah	Wor 413	Jabez	Brs 305
John, 2d.	Brs 399	James	Mid 532	Jabez, 2nd.	Brs 309
Jona.	Brs 405	Jehu, Revd.	Mid 63	James	Brs 306
Joseph	Brs 407	Jno.	Wor 315	James	Brs 366
Moses	Brs 404	Joel	Mid 508	Jessee	Brs 282
Samuel	Brs 398	Joel	Nor 88	Jona.	Ess 367
Buffum, Caleb	Ess 368	John	Ham 17	Kent	Brs 298
Isaac	Ess 357	John	Ham 326	Molten	Wor 234
Jona.	Ess 368	John	Mid 533	Molton	Wor 239
Joshua	Ess 411	John	Nor 199	Nathan	Wor 233
Sam, Senr.	Ess 411	John	Nor 297	Richard	Brs 304
Saml., Jr.	Ess 411	John	Wor 345	Richd.	Brs 317
Sarah	Ess 361	John, Jr.	Ham 326	Samuel	Brs 298
Buffy, Mary	Mid 194	Joseph	Wor 199	Stephen	Brs 298
Bugbee, Calvin	Ham 270	Judith, W.	Nor 99	Stephen	Brs 401
David	Ham 272	Lemuel	Ber 185	Stephen, Jr.	Brs 298
Ebenezer	Ham 269	Liberty	Nor 210	Thomas	Brs 311
Ebenezer	Nor 230	Lynde	Wor 342	Welcome	Ham 41
Ebenr.	Wor 252	Malachi	Nor 218	William	Ber 252

William	Brs 298	David	Ess 308	Burditt, Jesse	Wor 415	
Bullough, Abijail	Mid 270	Ebenezer	Ham 247	Nathan	Nor 240	
Bulls, Rufus	Ber 185	Ebenezer	Mid 113	Burdock, Henry	Ham 183	
Bumpus, Asa	Ply 109	Elijah	Wor 171	Burdon, Sarah	Ess 386	
Benjamin	Ply 11	Elipht.	Ess 243	Burgan, John	Ess 109	
Benjn.	Ply 109	Elisha	Mid 158	Burge, Josiah, Jr.	Mid 46	
Daniel	Ply 11	Ezra	Ply 12	Moses	Mid 47	
Edward	Ply 11	John	Ess 244	Burgean, William	Ess 459	
Eliphalet	Ply 109	John	Ham 203	Burges, Abial	Ess 93	
James	Ply 110	John	Ply 4	Abm.	Ply 116	
Jere.	Ply 109	John	Wor 237	Benjn.	Ham 309	
John	Ply 11	John	Wor 315	Covil	Bar 41	
Jonn.	Ply 110	Joseph	Brs 371	David	Bar 12	
Joseph	Ply 23	Joseph	Ply 6	David	Ess 103	
Joseph	Ply 76	Mary	Ess 205	Ebenezar	Wor 458	
Joseph	Ply 110	Nathaniel	Wor 345	Ebenr.	Wor 217	
Joseph, 2d.	Ply 76	Prescilla	Ply 12	Elisha	Bar 39	
Lot	Ply 109	Samuel	Ply 4	Elisha	Ply 109	
Mary	Ply 109	Samuel	Wor 433	Ichabod	Bar 41	
Noah	Ply 109	Stephen	Ess 241	Isaiah	Brs 420	
Satathiel	Ham 170	Thomas	Ham 172	Jacob	Bar 12	
Silvester	Brs 420	Thomes	Ply 71	Jacob	Ber 126	
Thankful	Ply 11	Timothy	Ham 352	Jacob	Ply 96	
Zenas	Ply 75	William	Ess 241	James	Bar 38	
Bumstead, Joseph	Ham 237	Willm.	Ess 545	James	Ply 110	
Joseph	Ham 265	Burbanks, Isaac	Brs 282	John	Mid 447	
Bun, Nathl.	Brs 414	Isaac, Jur.	Brs 282	John	Ply 23	
Bunce, Rory	Ber 240	John	Nor 327	Jonathan	Bar 12	
Bunday, Elijah	Ham 129	Thos.	Mid 132	Jonathan	Bar 41	
Ephraim	Ham 129	Timothy	Nor 327	Joseph	Wor 458	
Moses	Ham 129	Burch, Sarah	Ess 16	Joshua	Bar 12	
Bunker, Abishai	Nan 64	Burchard, Matthew	Ber 191	Josiah	Ber 126	
Barnabas	Nan 46	see Birchard		Levi	Mid 434	
Benja.	Bar 99	Burchmore, Zachh.	Ess 397	Loammi	Wor 217	
Benjn.	Nan 49	Burchstead, Henry	Ess 441	Luther	Wor 295	
Caleb	Nan 66	Burchsted, Henry	Ess 530	Marrett	Wor 217	
Charles	Nan 59	John H.	Ess 539	Moses	Bar 12	
Christopher	Nan 67	Burdeen, Thomas	Wor 222	Nathan	Ply 26	
Christopher, Junr.	Nan 59	Burdell, John	Ber 265	Nathl.	Bar 41	
Daniel	Ess 550	Burden, Bethuel	Ber 140	Prince	Ply 110	
Dezire	Nan 63	Gashum	Ply 7	Reuben	Bar 50	
Elizabeth	Nan 72	Isaiah	Brs 328	Ruth	Ply 94	
George	Nan 60	John	Wor 152	Samuel	Bar 12	
Hezekiah	Nan 46	Jonathan	Wor 149	Sarah	Ess 571	
James	Nan 46	Lemuel	Ber 141	Seth	Bar 12	
John	Nan 72	Lot	Ber 259	Solomon	Mid 34	
Joshua	Nan 64	Mahittable, Wdw.	Wor 328	Stephen	Ply 72	
Latham	Nan 64	Nathl.	Wor 328	Thomas	Bar 12	
Love	Nan 74	Noah	Ber 259	Thomas	Mid 431	
Mary	Nan 61	Peter, Black	Brs 328	Thomas	Ply 26	
Matthew	Nan 47	Seth	Ber 259	Thomas, jur.	Bar 12	
Moses	Nan 60	Simon (2)	Nan 77	William	Bar 26	
Nathaniel	Nan 54	see Barden, Borden		William	Ply 23	
Obed	Nan 52	Burdet, Aaron	Mid 293	Burgess, Ebenezer	Nan 55	
Owen	Nan 66	Abigail	Ess 422	Joseph	Ber 195	
Peleg	Nan 59	Edward	Mid 292	Joseph	Ham 243	
Phebe	Nan 67	James	Mid 293	Joseph, Capt.	Ham 241	
Richard	Bar 44	Joseph	Mid 289	Levi	Ham 265	
Sheubael	Brs 421	Burdett, Parnell	Nan 51	Reuben, Lt.	Ham 243	
Seth	Nan 46	Burdick, Adam	Ham 238	Robert	Ham 247	
Thos.	Nan 72	Asa	Ber 159	Seth	Ply 72	
Tristram	Nan 52	Ezekiel	Ham 184	William	Ess 386	
Uriah	Nan 52	Francis	Ber 195	Burghardt, Andrew	Ber 106	
Uriah, Junr.	Nan 59	Hasard	Ber 159	Hendrick	Ber 107	
Uriah, 2nd.	Nan 71	Henry	Ham 81	Isaac	Ber 247	
Bunn see Bun		Pardon	Ham 265	Jack	Ber 108	
Bunnel, Jonathan	Ham 177	Shephard	Ham 264	John	Ber 106	
Buntin, Thomas	Ess 308	Thomas	Ber 130	John, 2d.	Ber 105	
Bunts, Ephraim	Ber 120	Wait	Ber 159	John, 3d.	Ber 104	
Bur, Peter	Bar 7	Burdit, Hannah	Mid 181	Lambert	Ber 107	
Burage, Jno.	Mid 193	Jno.	Mid 157	Lambert	Ber 246	
Burbank, Abner	Brs 364	John	Wor 431	Burgis, Benjamin	Ber 147	
Abraham	Ham 352	Nathan	Mid 181	Jediah	Bar 30	
Benja.	Ess 242	Saml.	Mid 157	Jonathan, jur.	Bar 10	
Caleb	Ess 244	Saml.	Mid 181	Timo.	Bar 100	
Caleb	Wor 152	Tho.	Mid 182	Burgiss, Bathsheba	Ham 56	
Daniel	Ber 127	Tho., 2d.	Mid 182	Benjamin	Ham 57	

Name	Location	Name	Location	Name	Location
Burhance, Henry	Ber 146	Enoch	Ess 591	John	Ply 50
Henry	Ber 147	Eunice	Ess 588	Jona., Jr.	Ham 257
Burington, Daniel	Ham 184	Ezra	Ess 589	Jonathan	Ham 257
George	Ham 183	Francis	Ess 589	Jonathan	Suf 142
John	Ham 183	Hannah	Wor 211	Jonathan, Revd.	Bar 35
Robert	Ham 183	Isaac	Ess 581	Levi	Suf 142
Sarah	Ham 184	Isaac	Ess 589	Levi, jur.	Suf 144
Stephen	Ham 184	Jacob	Ess 589	Mary	Nor 327
Burk, Hezekiah, Esqr.	Ham 205	James	Ess 589	Nathaniel	Brs 305
James	Wor 308	James	Ham 292	Rufus	Ham 218
Joseph	Wor 464	James, Esq.	Ess 558	Sarah	Wor 223
Lovina	Ham 77	Jesse	Ess 588	Seth	Brs 379
Ruben	Brs 402	John	Ess 451	Seymour	Nor 284
Thomas	Ess 548	John	Ess 590	Theophilus	Suf 142
Burket, Wm.	Mid 157	Jona.	Ess 144	Thomas	Suf 146
Burley, Abigail	Ess 575	Jonathan	Ess 591	Timothy	Ham 235
Burlingame, Charles	Ber 155	Joseph	Ess 589	Timothy	Ham 256
Elisha	Ber 155	Joshua	Ess 451	Timothy	Nor 327
Jeremiah	Ber 155	Joshua	Ess 588	Burrage, Ephraim	Mid 462
Burlingham, Benjn.	Mid 515	Josiah	Ess 582	Hannah, Wido.	Ess 307
Burlinson, Amos	Ber 247	Josiah	Ham 44	Rebecca	Nan 49
Burly, William	Ess 523	Judith	Ess 576	Robert	Ess 500
Burnal, Epraim	Ham 302	Lemuel	Wor 207	Susanna	Ess 429
Burnam, Job	Mid 144	Martha	Ess 590	Thomas	Wor 231
Joshua	Mid 144	Mehitable	Ess 589	Burrall, David	Ber 228
Josiah	Mid 516	Moses	Ess 588	Jabez	Ber 230
Mary	Ess 503	Moses	Ess 590	Jonathan	Ber 230
Rufus	Ess 264	Moses	Ham 45	Burredge, Jonathan	Wor 424
Zadock	Mid 515	Nathan	Ess 588	Burrel, Benony	Ply 41
Burnap, Abigail	Mid 290	Nathan	Ess 589	David	Nor 272
Abijah	Wor 151	Nathaniel	Ess 589	David	Nor 294
Ebenr.	Wor 182	Parker	Ess 589	Ebenr.	Ess 359
Edward	Wor 434	Reuben	Ham 211	Isaac	Ply 41
Jacob	Wor 434	Sarah	Ess 589	James	Nor 226
James	Mid 292	Silas	Ham 45	John	Ply 42
John	Mid 293	Thomas	Ess 577	Mansfield, Jr.	Ess 407
Joseph	Mid 292	Thomas	Ham 108	Mansfield, Senr.	Ess 407
Timothy	Wor 152	Thomas M.	Ess 587	Samuel	Nor 294
Burnell, Jemima	Nan 55	Timothy	Ess 28	William	Ess 407
John, Jr.	Ham 24	Westley	Ess 589	Burrell, Asa	Nor 177
Joseph, Jr.	Ham 24	Westley	Ess 591	Benjamin	Suf 143
Polly	Nan 63	William (2)	Ess 588	Daniel	Nor 186
Samuel	Nan 74	William, 3d.	Ess 587	Ephraim	Nor 165
Burnet, Andrew	Ham 36	see Burnam		Leavitt	Suf 140
Archibald	Ham 338	Burns, D.	Brs 401	Jerusha	Nor 235
Charles R.	Wor 205	Edward	Ess 396	Joseph	Ess 269
Daniel	Ham 191	Fra.	Mid 194	Joseph	Nor 177
Burnett, Daniel	Ber 185	John	Ess 150	Reuben, Wd. of	Nor 186
Daniel	Ham 267	John	Ess 368	Robert	Nor 186
Ebenzr.	Mid 449	Tarrant	Ess 390	Saml.	Nor 186
Henry	Ham 36	Burnum, Thaddeus	Ess 175	Saml., junr.	Nor 186
John	Ham 85	Burnup, Isaac	Mid 515	Seth	Nor 111
Jonathan	Ham 252	Burpee, Nathll.	Ess 254	Silvanus	Nor 231
Joshua	Ham 36	Samel.	Wor 231	Burridge, Abigail, Wido.	Nor 322
Nathaniel	Ham 85	Burphee, Ebenezer	Wor 358	John	Nor 322
Thomas W.	Ply 136	Elijah	Wor 358	Josiah	Wor 431
William	Ham 36	Jeremiah	Wor 358	Wm.	Wor 431
William, Junr.	Ham 36	Moses	Wor 358	Wm., Jun.	Wor 431
Burnham, Aaron	Ess 110	Nathan	Wor 355	Burril, Alden	Ess 395
Aaron	Ess 588	Samuel	Wor 358	John	Ess 307
Abigail, Widow	Ham 265	Thomas	Wor 358	Samuel	Ess 307
Amos	Ess 587	Burr, Ansel	Ham 247	Samuel, Jr.	Ess 307
Anna	Ess 586	Asa	Nor 340	Thomas	Ess 307
Benjamin	Ess 589	Benjamin	Ham 249	Burrill, Benj.	Ess 436
Benjamin	Wor 211	Calvin	Ply 50	Benj.	Nor 137
Charles	Ess 587	Cromwel	Brs 306	Ebenezer	Ham 260
Daniel	Ess 307	Daniel	Wor 164	Ebenr.	Ess 443
Daniel	Ham 44	David	Suf 142	Isaac	Ess 445
David	Ess 587	Elijah	Ply 50	Jacub	Ess 230
David	Ess 589	Elisabath, Wid.	Brs 293	John, 5th.	Ess 445
David, Jur.	Ess 589	Elisha	Brs 305	John, 4th.	Ess 434
Ebenezer	Ess 590	Elisha	Nor 338	John, Jr.	Ess 428
Ebenr.	Ess 104	Emme	Suf 142	John, Senr.	Ess 445
Elisha	Ham 77	Freeman	Ham 257	John, 3d.	Ess 441
Eliz., Widw.	Ess 161	Huldah	Ham 217	Joshua	Brs 421
Elizabeth	Ess 584	Isaac	Brs 306	Micajah	Ess 433
Elizur	Ber 186	Israel	Ham 297	Micajah, Jr.	Ess 446

Peter	Nor 164	Henry	Brs 367	Joseph	Wor 256
Peter, Widw. of	Nor 177	Isaac	Ham 219	Joseph W.	Wor 256
Saml.	Ess 448	Isaac, Junior	Brs 360	Josiah	Wor 256
Theops.	Ess 434	Jacob	Mid 315	Jotham, Col.	Wor 375
Thomson	Ess 441	James	Brs 361	Levi	Mid 477
Willm.	Ess 445	Jepthah	Ham 257	Obadiah (2)	Ber 222
Burritt, Israel	Ham 170	Jno., Lt.	Ham 245	Oliver	Ham 145
Burrough, David	Wor 262	Joel	Ham 16	Rachel	Ber 221
George, Capt.	Ess 66	John	Brs 278	Silas	Ham 126
Josiah	Ess 66	Joseph	Brs 278	Silas	Ham 158
Tyler	Wor 262	Joseph	Brs 360	Solomon	Ham 225
Burroughs, Alice	Ess 474	Joseph	Brs 379	Stephen	Ham 266
David	Ham 332	Joseph	Ess 175	Stephen	Wor 340
Ebenezer	Ham 62	Joseph, Jr.	Brs 379	Uriah	Ham 80
Giles	Ess 400	Joseph, jur.	Ess 176	Walter	Ham 122
Joseph	Mid 76	Luther	Ham 95	William	Bar 61
Simon	Ham 306	Martin	Ham 129	Zacheriah	Ham 120
Stephen	Ham 65	Martin	Ham 244	Zadok	Ham 120
Wellsworth	Wor 271	Martin, Junr.	Ham 129	Ziba	Ber 229
William	Ess 470	Moses	Ham 233	see Buck	
Burrows, Amos	Ham 81	Moses	Ham 244	Bushal, Josh.	Ess 421
Elizebeth	Ess 550	Moses, Junr.	Ham 244	Bushby, Asa	Ess 28
John	Ber 164	Nathaniel	Ham 93	John	Ess 20
John, Jun.	Ber 164	Noah	Ham 154	John, Jur.	Ess 20
Joseph	Ber 224	Oliver	Ber 195	Bushe, Benjamin	Brs 405
see Norton		Rachel	Brs 361	Bushnall, Samll.	Ber 226
Burrs, Luther	Wor 488	Reuben	Ham 256	Samll., jun.	Ber 226
Burse, Gorge	Bar 15	Rex	Ham 241	Bushop, Henry	Ply 116
Bursley, Barnibus	Wor 400	Rufus	Brs 306	Bushwell, Asa	Ess 46A
John	Bar 35	Samel.	Ham 128	Buss, John	Wor 431
John	Bar 92	Samuel	Ham 237	see Burss	
John, Jr.	Bar 92	Samuel	Ham 246	Bussey, Basheba, Wido.	Nor 284
Lemuel	Bar 92	Simeon	Brs 277	Benjamin	Nor 284
Burss, Benjan.	Wor 358	Stephen	Brs 277	Jno.	Nor 137
Ebenezer	Wor 357	Stephen	Ham 51	Busswall, John	Ess 219
Ebenezer, Jun.	Wor 358	Thomas	Ber 195	Bussy, Isaiah	Mid 125
John	Wor 358	Thomas	Brs 290	Jesse	Ber 168
Silas	Wor 357	Thos.	Mid 94	Bust see Burt	
Burt, Aaron	Ham 332	Walter	Ham 237	Buswell, Daniel	Ess 238
Abel	Brs 367	William	Brs 379	Jacob	Ess 46A
Abner	Brs 277	William	Wor 222	Jacob, junr.	Ess 46A
Abner, Jur.	Brs 277	Zilpha, Wido.	Brs 367	James	Ess 236
Alven	Wor 274	Burten, Esther, Wo.	Ess 164	John	Ess 308
Brown	Mid 315	Burton, Amos	Ber 153	Joshua	Ess 288
Caleb	Ham 168	Anthony	Ber 156	Mary	Ess 270
Calvin, Captn.	Ham 94	Asa	Ham 198	Moses	Ess 46A
Clothier	Brs 413	Asa	Ham 300	Walker	Ess 46A
Daniel	Brs 367	Barnard	Ham 153	Buterick, Jonathan	Wor 358
Daniel	Ham 273	Benjamin	Ham 27	Butlar, Aaron	Mid 516
Daniel	Wor 431	David	Ham 306	Isaac	Wor 213
David	Brs 368	Hannah, Widw.	Ham 151	Joseph	Wor 213
David	Brs 380	Nathan	Ham 306	Kate	Brs 409
David	Ham 237	Rebekah	Mid 342	Butler, Amos	Ess 453
David, Capt.	Ham 94	Saml.	Ham 338	Ann	Duk 444
David, Jr.	Brs 380	Samuel	Ham 151	Anna, Wd.	Ham 265
Dinah	Brs 379	Sexton	Ham 299	Athearn	Ham 62
Ebenezer	Ber 195	William	Ber 154	Azariah	Ham 265
Ebenezer	Ess 176	Buscom, Joseph	Ham 72	Benjamin	Bar 44
Ebenezer	Ham 51	Bush, Aaron	Ber 252	Benjamin	Brs 421
Ebenr.	Ham 218	Aaron	Ham 118	Benjamin	Ham 264
Ebenr.	Wor 295	Amos	Ham 119	Benjamin, Jr.	Brs 421
Edmond	Brs 277	Calvin	Wor 207	Calvin	Ham 105
Edward	Brs 361	Daniel	Ber 224	Daniel	Brs 421
Edward	Ham 6	David	Ber 195	Daniel	Duk 443
Elijah	Ber 155	David, Junr.	Ber 194	Daniel	Ham 6
Elijah	Ham 95	Edward	Ham 157	Daniel	Ham 264
Elisha	Ham 5	Elijah	Ham 126	Darius	Duk 443
Elizabeth, Wido.	Ess 307	Enoch, Lieut.	Ham 145	David	Bar 43
Enoch	Ham 237	Ephraim	Wor 235	David	Duk 451
Esther	Ham 9	Erastus	Ham 266	David	Ham 181
Frederick	Ham 244	Gideon	Ber 216	Davis	Ham 338
Gaius	Ham 9	Horace	Ber 221	Easton	Bar 43
George	Brs 359	Jabez	Wor 340	Ebenezer	Wor 345
Gideon, Colo.	Ham 94	Jared	Ham 127	Ebenezer	Wor 390
Gideon, Dn.	Ham 233	Jessee	Wor 237	Ebenr.	Duk 447
Hannah, Wd.	Ham 128	John	Ham 72	George	Ber 194
Henry	Ber 208	Jonathan	Wor 207	Isaac	Ber 177

Isaac	Wor 295	Butnan, Joseph	Ess 160	David	Brs 289	
Isaiah	Ber 143	Butrick, Joseph	Ham 331	Gideon	Brs 287	
Isaiah Zada	Ber 143	William	Ess 260	Jabez	Ham 241	
Israel	Wor 348	Butt see Varnum		Josiah	Ber 191	
James	Ham 325	Butter, Abijah	Wor 431	Mason	Ham 241	
James	Ply 114	James	Mid 315	Nathaniel	Ham 241	
James	Wor 164	James, jur.	Mid 316	Peleg	Brs 328	
Jethro	Ber 209	Phins.	Wor 431	Peleg	Brs 341	
Joel	Mid 47	Rebecca	Suf 137	Richard	Ham 21	
John	Duk 444	Reuben	Mid 315	Sheribiah	Ham 249	
John	Ess 144	Ruth	Mid 316	Sarah	Brs 328	
John	Ess 588	William	Mid 315	Stephen	Brs 341	
John	Wor 315	William, ju.	Mid 315	Stephen, 2nd.	Brs 341	
Jona.	Ess 104	see Butler		Buxton, ---, Widow	Mid 293	
Joseph	Ber 195	Butterfield, Aaron	Wor 295	Amos	Ess 28	
Joseph	Duk 443	Abel	Ham 113	Amos, Junr.	Ess 5	
Joseph	Ham 195	Abner R.	Mid 76	Ebenezer	Mid 292	
Josiah	Ber 195	Abraham	Ham 109	Enos	Wor 149	
Martin	Ber 107	Asa	Mid 76	Enos, Junr.	Wor 149	
Mary	Bar 49	Benja.	Mid 371	Henry	Ess 28	
Mary	Nan 56	Benja., 2d.	Mid 368	Henry	Ess 136	
Matthew	Ber 209	Daniel	Mid 56	John	Ess 28	
Nathan	Ber 238	Deborah	Mid 474	John	Mid 316	
Nathaniel	Bar 15	Easther	Brs 421	Jonathan	Ess 21	
Nathaniel	Ham 27	Fra.	Mid 193	Jonathan, Junr.	Ess 21	
Nathaniel	Ham 264	Francis	Mid 47	Joseph	Ess 28	
Nicholus	Duk 448	Henry	Ham 218	Samuel	Wor 464	
Obadiah	Brs 421	James	Mid 76	Sarah	Ess 28	
Obedh.	Bar 43	Jeremiah	Ham 252	Stephen	Mid 292	
Peter	Brs 420	John	Mid 368	Thos.	Ess 404	
Peter	Duk 446	John	Mid 474	Wm.	Ham 204	
Peter	Ham 326	John, 2d.	Mid 371	Buzwell, James	Wor 431	
Peter	Wor 390	Joseph	Mid 76	Byam, Benja.	Mid 370	
Phebe	Ham 235	Leonard, Capt.	Mid 468	Jacob	Ber 126	
Philip	Ess 308	Peter	Mid 46	John	Mid 370	
Purnel	Bar 43	Phillip, Capt.	Mid 468	Lucy	Mid 370	
Ralph	Ess 591	Reuben	Mid 76	Phinehas	Wor 238	
Richard	Ess 11	Samll.	Mid 474	Samll., Junr.	Wor 233	
Samuel	Ham 265	Solomon	Ham 16	Samuel	Wor 233	
Selah	Ham 170	Butterick, Charles	Mid 368	Sarah	Mid 370	
Silas	Ber 147	Butters, Benjamin	Ess 175	Solo.	Mid 370	
Silas	Duk 444	Jed.	Mid 393	Wm.	Mid 370	
Simeon	Ham 4	John	Mid 393	Byant, David	Ber 154	
Simeon (2)	Ham 195	Joshua	Mid 331	Byers, James	Ham 242	
Simon	Wor 345	Butterworth, ---, Wido	Brs 406	James, Jr.	Ham 242	
Smith	Wor 174	Benja.	Brs 402	Byington, Isaiah	Ber 252	
Solomon	Ham 309	Benj., 2d.	Brs 397	Joel	Ham 358	
Stephen	Ham 203	Caleb	Brs 406	Samuel	Ham 358	
Thomas	Duk 452	Noah	Nor 358	Byles, Alexander	Ess 540	
Thos.	Ess 386	Oliver	Brs 309	Betsy	Ess 540	
Timothy	Duk 443	Otis	Nor 337	Mary	Ess 540	
Walter	Duk 445	William	Ham 272	Byram, David	Ply 67	
William	Duk 447	Buttolph, Abijah	Ham 171	Josiah	Ply 67	
William	Ess 308	Roger	Ber 108	Matilda	Ply 67	
William	Ham 4	Star	Ham 179	William	Brs 372	
William	Ham 243	Button, Asa	Ham 352	Byrne, Clifford	Ess 416	
William, Junr.	Ess 308	Elias	Ham 208	Clifford, Jr.	Ess 416	
Zephaniah	Duk 445	Elijah	Ham 237	Byxbe, Aaron	Ber 186	
see Butter, Shearman		Elizabeth, Wd.	Ham 237	Moses	Ber 216	
Butman, Benjamin	Ess 517	Joseph	Ham 92	Salmon	Ber 185	
Benjamin	Ess 529	Joseph	Ham 353			
Benjamin	Wor 173	Perry	Ham 180	--- C ---		
Daniel	Ess 15	Buttrick, Abiel	Wor 226			
Daniel	Ess 563	Daniel	Wor 226	C..., Jo...	Nor 81	
David	Ess 262	David	Mid 17	Cabar, Hanh.	Ess 359	
Eliza.	Ess 400	Eli	Mid 10	Cables, Hndrick	Ber 117	
John	Ess 498	Francis	Mid 56	Cabot, Huldah	Ess 544	
Jonathan	Ess 308	John	Mid 10	Lydia	Ess 554	
Joseph	Ess 489	Jonas	Mid 10	Rebecca	Ess 359	
Joseph	Ess 498	Joseph	Mid 17	Samuel	Nor 123	
Lucy	Ess 550	Nathan	Mid 10	Cabott, George, Esqr.	Nor 253	
Mary A.	Ess 550	Samuel	Mid 17	John	Ess 554	
Ruth	Ess 400	Samuel, Jr.	Mid 17	Cad, Phineas	Ber 186	
Samuel	Ess 550	Tilly	Mid 447	Cade, Thomas	Ber 232	
Butnam, Jereh., Jun.	Ess 150	Willard	Mid 86	Cadman, Hannah	Brs 329	
Jeremiah	Ess 150	Butts, Abraham	Brs 341			
Jon.	Ess 145	Chase	Brs 329			

Cadwall, Robert	Ess 221	John	Mid 410	Sarah	Ess 419
see Callwall		John	Wor 402	Callwall, David	Ess 232
Cadwallordy see Ford		John, Esq.	Wor 402	John	Ess 220
Cadwell, Abigail	Ber 195	Joseph	Ham 184	see Cadwall, Collwall
Daniel	Ham 235	Joseph	Mid 342	Calsan, Samuel	Ess 423
David	Ham 235	Joseph	Wor 402	Calson, Christopher	Ham 332
Ebenezer	Ham 235	Martha	Ess 572	Caltin, Timothy	Ham 282
Elias	Ber 196	Mary	Ess 413	Calwell, David	Ess 214
Isaac	Ham 114	Moses	Ess 578	Cambel, Rode	Brs 302
Jeremiah	Ber 266	Moses	Wor 404	Cambell, Arthur	Ess 383
John	Ham 235	Saml.	Mid 159	James	Wor 176
Matthew	Ber 253	Saml.	Mid 194	Campbell, Robert	Ber 232
Moses	Ham 238	Saml.	Wor 402	Cambridge, Edwd.	Wor 233
Pliny	Ham 233	Saml., 2d.	Wor 404	Camell, James	Ess 500
Stephen	Ham 234	Samuel	Ess 576	Cameron, Hugh	Mid 433
Timothy	Ber 195	Sarah	Mid 342	Cammel, Alexander	Ess 213
Timothy	Ham 121	Seth, Maj.	Wor 402	Cammett, Eliza.	Bar 91
Cady, Asa, Lieut.	Ham 147	Stephen	Ess 596	Peter	Bar 91
Chester	Ber 191	Thomas	Ess 574	Cammil, Jack	Ess 221
Eleazer	Ber 186	Thomas	Ess 580	Camp, Dan	Ber 150
Elias	Ber 168	Thomas J.	Mid 348	Hannah	Ber 241
Ephraim	Ham 320	William	Ess 313	John	Ber 239
Henry G.	Ham 266	William	Ham 184	Jonah	Ber 142
Jeremiah	Ham 109	William	Wor 173	Martha	Ham 114
Justin	Ham 41	Wm.	Wor 318	William	Ess 99
Reuben	Ber 107	Wm.	Wor 402	Campbel, William	Ber 163
Rufus	Ber 191	Wm., 3d.	Wor 402	Campbell, Abigail	Ber 247
Samuel	Ham 109	see Callwall, Calwell		Abigail	Ham 358
Wm. Waterman	Ber 191	Cale, Abeal	Bar 24	Archibald	Wor 161
Caffree, John	Nor 315	Jese	Bar 22	Caleb	Suf 146
Cahill, William	Ess 518	Joseph	Bar 24	Daniel	Mid 150
Cahoo, Aaron	Ess 405	Joshua	Bar 25	David	Ber 196
Samuel	Ess 423	Martha	Bar 21	Duncan	Ess 542
Cahoon, Gamaliel	Bar 14	Mary, wd.	Bar 21	George	Ber 247
James	Bar 12	Nathan	Bar 21	J., Wo.	Mid 47
Peter	Bar 14	Stepen	Bar 23	James	Ess 237
Sampson	Ham 98	Calef, Ebenezer	Nan 70	James	Ess 314
Stephen	Bar 22	Elizabeth, Wido.	Ess 313	James	Ham 144
Stephen, jur.	Bar 22	Jeddediah	Ess 582	Jeremiah	Wor 296
Cain, Benjamin	Brs 373	Robert	Mid 248	John	Ham 332
Daniel	Suf 138	Stephen	Wor 443	John	Mid 47
David	Suf 138	Calf, John	Ess 543	Jonas	Mid 56
John	Brs 362	Calhoon, James	Wor 276	Joseph	Ber 138
Moses	Brs 362	John	Wor 276	Joseph	Ham 332
Paul	Nor 297	Samuel	Ham 222	Joshua	Brs 372
Samuel	Brs 362	Calisle, James	Ber 167	Matthew	Ham 144
Thomas	Brs 362	Calkins, Asa	Ham 235	Nathan	Ber 214
Thos.	Ess 399	David	Ham 236	Oliver	Brs 372
William O.	Ber 159	Elisha	Ber 119	Robert	Ber 215
Cairsley, Elijah	Brs 422	Ezekiel	Ham 236	Saml.	Wor 164
Thomas	Brs 422	James	Ham 236	Sylvenus	Brs 304
Calburn see Colburn		Rufus	Ham 255	Thomas	Ham 358
Calder, Eliz.	Mid 159	Call, Henry P.	Ess 459	see Cambbell, Lee
Geo.	Mid 159	James	Mid 160	Canada, David	Ham 179
Josiah	Nan 59	John	Ham 184	Isaac	Ham 45
Robert	Nan 67	John	Mid 182	John	Ham 180
Robt.	Mid 159	John, Jr.	Ham 184	John	Mid 436
Thomas	Ber 225	Jona.	Mid 159	John, Jr.	Ham 180
Samuel	Ess 110	Jonathan	Ess 312	Micah	Ham 332
Wm.	Mid 159	Calla, John	Ess 546	William	Ham 181
Caldwell, Alexander	Ess 313	Callender, Aaron	Ber 227	Canady, ---	Nor 272
Benj.	Wor 402	Abner	Ber 227	Benj.	Nor 124
Benjamin	Ess 573	Archibald	Ber 228	John	Ham 184
Daniel	Ess 404	Benjamin	Ham 228	Peleg, Capt.	Ham 219
David, Dr.	Wor 402	Comfort	Ber 227	Candage, John	Brs 404
Ebenezer	Ess 577	Joseph	Ber 228	Cande, Theophilus	Ber 224
Elijah	Wor 402	Silas	Ber 227	Zaccheus	Ber 224
Eliza., Wd.	Wor 156	Calley, Hannah	Ess 516	Candler, John	Ess 490
Francis	Ess 584	Israel	Ess 313	Canedy, William, Jur.	Ply 80
Jacob	Wor 424	Rebecca	Ess 516	Wm., Capt.	Ply 80
James	Ber 138	Samuel	Ess 478	Canfield, Aaron	Ber 111
James, Maj.	Wor 402	Thomas	Ess 513	Daniel	Ber 240
John	Ess 573	William	Ess 482	Elisabeth	Ham 167
John	Ess 577	Callins, David	Bar 28	Gideon	Ber 237
John	Ham 28	Callum, Caleb	Wor 390	Gideon, jur.	Ber 236
John	Mid 348	Ebenezer	Wor 390	John, Esqr.	Ber 175
John	Mid 357	John	Ess 390	John, Jr.	Ber 175

Name	Ref		Name	Ref		Name	Ref
Oliver	Ber 111		Carby, Carrolina	Nor 310		Isaac	Ess 177
Oran	Ber 237		Card, Benja.	Ess 165		Isaac	Mid 160
Samuel	Ber 240		Daniel	Ham 177		Israel	Ess 178
Samuel, jun.	Ber 239		John	Ber 112		Jno.	Mid 160
Thomas	Ber 111		Jonathan	Brs 422		Jno.	Mid 194
Cannedy, Noble	Brs 364		Mary, Wo.	Ess 130		John	Ess 313
Cannon, Cornelius	Ham 219		Nathaniel	Ess 518		John	Mid 383
Ebenr.	Ply 113		William	Ber 149		John, jur.	Mid 383
Ebenr., Jr.	Ply 114		William	Ess 151		Jos.	Ess 339
Elisha	Ham 175		Cardell, John	Ham 358		Michael	Ess 178
Ezekiel	Ham 170		Carder, Joseph	Ess 483		Peter	Ess 177
Isaac	Ham 178		Carell, Mary	Ess 479		Phineas	Ess 240
James	Wor 197		see Covell			Reuben	Ess 239
John	Brs 422		Carew, Asahel	Ham 123		Reuben, Jr.	Ess 239
John	Ham 97		Joseph	Ham 240		Samuel	Ess 414
Martin	Ham 177		Joseph	Ham 350		Solomon	Mid 450
Nathan	Ham 181		Carey, Alpheus	Nor 113		Solomon	Wor 431
Nathan	Ply 113		Charity	Ham 52		Stephen	Ess 236
Phillip	Brs 422		Hezekiah	Ber 129		William	Ess 406
Samuel	Ham 179		Josiah	Wor 255		Carmen, John	Ess 93
Simeon	Ham 97		William	Wor 161		Carnes, Hannah	Ess 411
William T. [I?]	Ham 176		see Casey			John, Esr.	Ess 438
Ziba	Ham 358		Cargill, John	Ham 310		Jonathan	Ess 365
Canterbury, John	Nor 178		Rebeca	Mid 9		Samuel	Ess 362
Samuel	Nor 284		Cariel, Daniel	Wor 179		Carpen, Aseph	Brs 309
Capel, John	Mid 450		Carkin, Jonas	Mid 76		Carpender, Abner	Ber 253
Capen, Abraham	Nor 262		Sybil	Mid 76		Carpent, Ashel	Brs 310
Andrew	Nor 284		Carleton, Aaron	Ess 272		Thomas, 2nd.	Brs 300
Benja.	Nor 262		Amos	Ess 206		Carpenter, Abel	Ber 140
Benjn.	Mid 479		Benja.	Wor 153		Abel	Brs 299
Christopher	Nor 284		Calvin	Wor 424		Amos	Ber 113
Ebene.	Nor 141		Daniel	Ess 289		Amos	Brs 312
Edward	Nor 262		Ebenezr.	Ess 289		Amy	Brs 299
Edward, Jur.	Nor 262		Ebenezr., Jur.	Ess 289		Benja.	Ess 394
Elisha	Nor 262		Elijah	Ess 289		Benjamin	Ber 139
James	Nor 262		Enos	Ess 271		Benjamin	Brs 307
James	Wor 434		Israel	Ess 272		Benjamin	Ham 149
James, jun.	Wor 497		Jonathan	Ess 272		Benjamin, 2nd.	Brs 310
Jno.	Nor 141		Joseph	Ess 261		Caleb	Brs 301
Jno., Ju.	Nor 141		Joshua	Wor 154		Caleb	Brs 308
Jno., 3d.	Nor 141		Kimball	Ess 272		Caleb	Brs 312
John	Nor 262		Michael	Ess 272		Caleb, 2nd.	Brs 307
John	Nor 284		Moses	Ess 260		Caleb, 3d.	Brs 312
Jona.	Mid 479		Phineas	Ess 272		Calvin	Ber 138
Jonathan	Nor 262		Samuel	Ess 260		Christopher	Brs 299
Jonathan, Jr.	Nor 262		Samuel	Ess 289		Cyrel	Ber 139
Lemuel	Wor 505		Carley, Job	Mid 415		Cyrel	Brs 319
Nathaniel	Nor 297		Joseph	Mid 415		Daniel	Brs 310
Nathl.	Nor 165		Sarah	Mid 415		Daniel	Brs 320
Purchase	Ham 208		Silas	Mid 415		Daniel	Ham 268
Saml.	Nor 139		Carlile, Betty	Brs 320		Daniel	Wor 463
Saml.	Nor 165		Jonathan	Ham 121		Daniel, jr.	Brs 309
Saml., Ju.	Nor 140		see Calisle			Daniel, Junr.	Brs 320
Samuel	Nor 262		Carlis, Joseph	Ess 366		Ebenezer	Brs 299
Samuel	Nor 284		Carlisle, John	Ham 147		Ebenezer	Ham 144
Timothy, jun.	Wor 500		Levi	Mid 450		Edmund	Wor 477
Uriah	Nor 262		Samuel	Ham 14		Elihu	Brs 307
William	Nor 262		Silas	Wor 431		Elihu, 2nd.	Brs 307
Capin, Elijah	Nor 100		William	Ham 150		Elijah	Wor 296
Ezekiel	Nor 100		see Carlile			Elijah	Wor 337
Jerusha, Wd.	Nor 100		Carlow, Bille	Ply 126		Elisabath	Brs 301
Lemuel	Nor 100		Daniel	Ply 132		Elisha	Ber 140
Oliver	Nor 100		William	Ply 124		Elisha	Brs 318
Samuel	Nor 100		Carlton, Amos	Ess 178		Ezeikel	Brs 307
Capman, Isaac	Bar 26		Amos	Mid 383		Ezekiel	Brs 322
Capron, Charles	Wor 463		Asa	Wor 424		Ezra	Ber 139
Danfield	Ber 160		Bazealiel	Ess 236		Ezra	Nor 81
David	Ham 161		Benjamin	Ess 177		Ezra, Jur.	Ber 139
Elijah	Brs 318		Benjamin	Ham 184		Fredk.	Wor 257
Elisha	Brs 380		Christopher	Ess 177		Gideon	Wor 296
Ephm.	Wor 289		Daniel	Ess 177		Harvey	Wor 341
John	Brs 329		Daniel	Ess 237		Israel	Ham 152
John	Wor 463		Daniel, jur.	Ess 178		James	Brs 299
Nathl.	Wor 390		David	Ess 236		John	Brs 306
Otis	Brs 318		Dean	Ess 178		John	Brs 322
Thomas	Nor 166		Dudley	Ess 238		John	Brs 323
Carben, Robert	Brs 310		Ezekiel	Ess 177		John	Ham 236

John	Nor 81	Carrel, Edward	Ess 404
John	Wor 154	James	Ess 421
Jonathan	Brs 310	Jonathan	Nor 89
Joseph	Wor 463	Samuel	Nor 284
Joshua	Ber 209	Carrell, Benjamin	Wor 505
Josiah	Brs 320	see Caryll	
Josiah	Ham 199	Carreth, James	Wor 280
Lewis	Ber 140	Carriage, Willm.	Ess 436
Mary	Brs 307	Carrico, Alexander	Ess 532
Nathan	Brs 322	Benjamin	Ess 539
Nathaniel	Ber 136	John	Ess 546
Nathaniel	Ber 140	Thomas	Ess 532
Nathaniel	Ham 81	Carriel, Aaron	Wor 151
Nathel.	Wor 477	Henry	Wor 151
Noah	Brs 314	Jeduthun	Wor 154
Noah	Brs 320	John	Wor 151
Obediah	Brs 300	Joseph	Wor 154
Oliver	Brs 313	Nathaniel	Wor 151
Oliver	Wor 267	Sarah	Mid 428
Oliver	Wor 382	Timothy	Wor 151
Otis	Brs 309	Carrier, Benjamin	Ham 85
Peter	Brs 298	David	Ham 57
Peter	Brs 380	Elisha	Ber 191
Peter	Nor 81	Isaiah	Ham 286
Peter, 2nd.	Brs 300	Jeremiah	Ham 356
Reuben	Wor 387	Jeremiah, Jr.	Ham 356
Richard	Ham 290	Joseph	Ham 356
Rufus	Ber 154	Levi	Ber 213
S., Widow	Wor 153	Phillip	Ham 27
Samuel	Brs 301	Thomas	Ber 113
Samuel	Brs 318	Carril, Joseph	Ply 33
Sarah, Wd.	Nor 81	Carriwill, Phillip	Brs 422
Simeon	Ber 208	Carrol, Anna	Wor 238
Simeon	Wor 154	James	Ber 209
Stephen	Ber 156	Peggy	Mid 160
Stephen	Brs 299	Philip	Ess 314
Thomas	Brs 299	Tho.	Mid 161
Thomas	Brs 306	Carroll, Amey	Ess 16
Thomas, 2nd.	Brs 306	Elijah	Mid 508
Thomas, 3rd.	Brs 299	William	Ess 16
Timothy	Ham 199	Carruth, Ephraim	Wor 499
Uriah	Ber 137	Jonas	Wor 273
William	Brs 283	Saml.	Wor 402
William	Brs 380	Carryel, Benjamin,	
William	Wor 463	Revd.	Nor 323
see Carpent		George, Docr.	Nor 323
Carpus see Cox		Carryl, Nathanael	Ham 185
Carr, Amos	Ham 339	Carryll, Jane	Ess 484
Anna	Mid 119	Carsley, Hannah	Bar 85
Benja.	Ess 47	Isaac	Bar 89
Caleb	Ber 160	Lemuel	Bar 86
Caleb	Brs 389	Seth	Bar 88
Charles	Ess 47	Carter, ---	Suf 143
Daniel	Ess 208	Abijah	Mid 426
Daniel	Ply 60	Adino	Mid 95
Daniel, junr.	Ply 60	Amos	Ber 228
Ephraim	Mid 417	Anna, Wo.	Ess 139
Eseck	Brs 329	Asa	Ham 358
Francis	Ess 271	Asa	Wor 434
James	Ess 47	Benja.	Ess 99
Jesse	Ess 46C	Benjamen	Mid 316
John	Ess 207	Benjamin	Ham 85
John	Ess 209	Benjamin	Ess 310
John	Mid 119	Benjamin	Ham 109
Josiah	Ess 209	Benjamin	Mid 24
Levi	Ess 47	Benjamin	Wor 179
Osgood	Ess 46C	Benjn.	Ham 326
Richard	Ess 215	Chandler	Ham 139
Robert	Ber 160	Charles	Ham 161
Robert	Ess 46C	Daniel	Mid 516
Samuel	Ess 46C	Daniel	Wor 214
Samuel (2)	Ess 209	Daniel	Wor 395
Thomas	Mid 119	Danl.	Mid 159
Thomas	Ply 60	David	Mid 95
Walter	Mid 383	Ebenezer	Mid 317
Wanton	Ham 22	Ebenezer, jur.	Mid 316
William	Nor 262	Eleazer	Mid 316

Elias	Ham 160		
Elias	Ham 178		
Elias	Ham 326		
Elias, Jr.	Ham 326		
Elijah	Ham 326		
Elijah	Mid 294		
Elijah	Wor 431		
Elisha	Ham 326		
Ephm.	Wor 434		
Ephm., Jun.	Wor 433		
Ephraim	Mid 110		
Ephraim	Wor 348		
Esborn	Wor 341		
Ezra	Mid 316		
Gedion	Ess 149		
Isaac	Ber 142		
Jacob	Wor 433		
James	Mid 117		
James	Mid 342		
James	Wor 348		
Joel	Mid 316		
Joel, jur.	Mid 317		
John	Ess 139		
John	Ham 109		
John	Ham 150		
John	Ham 178		
John	Mid 158		
John	Mid 316		
John	Wor 273		
John	Wor 348		
John	Wor 431		
John	Wor 434		
John, 2d.	Mid 159		
Jonas	Mid 342		
Jonathan	Ham 358		
Jonathan	Mid 130		
Jonathan	Mid 316		
Jonathan	Wor 434		
Jonathan, jur.'	Mid 316		
Joseph	Wor 348		
Joshua	Ess 310		
Joshua	Mid 342		
Joshua	Mid 527		
Joshua	Wor 153		
Josiah	Mid 331		
Josiah	Nor 139		
Josiah	Wor 434		
Josiah, jun.	Wor 434		
Loami	Ess 448		
Luke	Ham 326		
Lyman	Ber 233		
Marcus	Ber 266		
Michal	Mid 468		
Moses	Mid 317		
Nathan	Ess 93		
Nathan	Mid 317		
Nathan, jur.	Mid 317		
Nathaniel	Ess 310		
Nathl.	Wor 433		
Nathl., Jun.	Wor 433		
Nehemeah	Ham 139		
Obedh., Junr.	Ess 94		
Oben	Ess 99		
Oliver	Wor 348		
Phinehas	Wor 424		
Phinehas	Wor 434		
Priscilla	Mid 117		
Richd.	Mid 160		
Robert	Ber 229		
Saml.	Ham 326		
Saml.	Mid 159		
Sanderson	Wor 211		
Silas	Wor 434		
Silas, Jun.	Wor 434		
Solomon	Ham 358		
Stanley	Brs 375		
Stanton	Wor 212		

Thomas	Mid 293	Richard	Ham 66	Abigail	Brs 363
Thomas	Wor 348	Richard	Nan 65	Abner	Brs 278
Thomas	Wor 424	Robert	Ham 52	Abraham	Brs 278
Timothy	Mid 317	Saml.	Mid 158	Barnabas	Brs 362
Warren	Wor 433	Saml.	Mid 160	David	Ply 77
William	Ham 161	Samuel	Nan 62	Ebenezer	Brs 359
William	Mid 342	Simeon	Ply 59	Ebenezer, Junior	Brs 361
William	Wor 337	Stephen	Ham 199	Elijah	Brs 411
William	Wor 341	Thomas	Ham 219	Elijah	Ham 109
Wm.	Ham 127	Thomas, Revd.	Ess 309	Elijah	Ply 114
see Center, Knight,	McCarter	Willm. H.	Ham 98	Elisha	Ply 114
Carterett, Richd.	Mid 160	Caryll, Jane	Ess 474	Elkanah	Ply 77
Saml.	Mid 159	Susanna	Ess 511	Ephraim	Brs 278
Carthell, Theophs.	Ply 123	Cas..., Bowdoin	Brs 323	Ezra	Ber 253
Cartwell, Thomas	Ham 66	Case, ---	Mid 18	George	Ham 219
Cartwright, Benjamin	Nan 68	Adam	Brs 330	George, Junr.	Ham 219
Benjamin, 2nd.	Nan 46	Amy	Brs 329	Job	Brs 363
Daniel	Brs 414	Ebenezer	Bar 84	John	Brs 363
Daniel, Jr.	Brs 413	Ephraim	Ber 223	John	Ess 500
Deborah	Nan 53	Esther	Brs 330	Jonathan	Ply 79
James	Nan 60	Ezekeil	Ber 215	Joseph	Brs 361
John	Nan 73	Farran	Ber 179	Joshua	Brs 364
Jona.	Brs 413	Gardner	Brs 298	Levi	Nan 56
Joseph	Nan 73	Hannah, Wid.	Ber 265	Moses	Brs 362
Thos.	Nan 46	Huldy	Mid 18	Nathaniel	Brs 357
Caruth, Thomas	Ess 485	Humphra	Mid 293	Prince	Brs 356
Carvee, Peter	Ber 134	James	Ber 178	Richard	Brs 357
Carver, Aaron	Ham 235	James	Ham 339	Samuel	Brs 362
Alison	Ply 101	Job	Brs 422	Samuel	Ess 120
Benja.	Mid 394	Joel	Ham 166	Samuel	Ham 247
David	Brs 358	John	Wor 153	Samuel	Wor 431
David	Ham 256	Jonathan	Brs 414	Seth	Ply 79
Eleazer	Ply 57	Joseph	Brs 303	Simon	Ham 105
Jabez	Brs 376	Lemuel	Ber 239	Solomon	Ham 243
John	Brs 372	Manning	Ber 113	Thomas	Ply 114
John	Ham 109	Moses	Brs 329	William	Brs 363
John	Ply 60	Ozias	Ber 179	William	Ess 484
John, Capt.	Ply 77	Ozias, Jr.	Ber 179	William	Ess 492
Jona.	Ham 256	Rachel	Brs 342	see Cas...	
Jona.	Mid 394	Seth	Ber 238	Cathaway, Lot	Brs 422
Jona., 2d.	Mid 394	Stephen	Ham 276	Cathcart, Gershom	Nan 52
Joshua	Ply 93	Timothy	Ber 179	Hugh	Duk 452
Josiah	Ply 15	Truman	Ber 179	John	Bar 94
Lemuel	Bar 88	Wanton	Brs 329	Jona.	Duk 453
Nathan	Brs 358	William	Duk 453	Jonathan	Nan 54
Nathaniel	Ply 16	William	Ess 272	Joseph	Nan 55
Nathaniel	Ply 20	Casell see Cas...		Robert	Nan 66
Reuben	Mid 159	Caser, Daniel	Ply 36	Thomas	Ham 62
Thos.	Mid 64	Casey, Edward	Ber 152	Tristram	Ham 57
Warren	Ham 256	Cash, Elijah	Nan 51	Catheast, Gershom	Ham 310
William	Brs 356	Elisha	Bar 96	Catin, Peter	Nor 113
Zadock	Ply 101	George	Ess 498	Catlin, Elijah	Ber 234
Carwick, Henry	Ess 398	Hannah	Ess 489	Jacob	Ber 234
Cary, ---, Widow	Ham 98	John	Bar 27	James	Ber 227
Aaron	Ham 184	Mary	Ess 494	John	Ham 51
Abner	Ham 62	Moses	Ess 499	Richard	Ham 51
Anny	Ess 221	Phebe	Nan 53	Caton, Timy.	Ess 451
Daniel	Ply 59	Reuben	Bar 16	Cattin, Jonathan	Ber 196
Edward	Nan 62	Reuben	Nan 52	Causell, Sherebral	Ply 15
Edward, Junr.	Nan 47	Samuel	Bar 10	Cavandish, John	Ess 537
Eleazer	Ply 57	Wheelden	Nan 54	Cave, Amos	Ess 34
Eliphalet	Ply 57	William	Nan 53	Silvester	Ess 34
Ephraim	Ply 67	Cass, John	Wor 390	Cavil, Abigail, wd.	Bar 12
Han.	Mid 160	Jonathan	Wor 502	Benjn.	Bar 10
Howard	Ply 59	Castel, Jacob	Wor 255	James	Bar 9
James	Ply 59	Castelo, Ramon	Brs 329	John	Bar 28
John	Ham 97	Castilo, Peter	Ham 72	Jonathan	Bar 28
Jonathan	Ply 59	Castle, Allen	Brs 401	Nathaniel	Bar 28
Jonathan, junr.	Ply 59	Ebenezer	Ber 206	Samuel	Bar 28
Joseph	Ess 382	Nicholas	Brs 398	Cavill, Mary, wd.	Bar 10
Joseph	Ham 62	Richd.	Brs 398	Cavington, Mary	Ply 15
Joseph, Junr.	Ham 62	Samuel	Ber 206	Cavis, John	Ess 587
Mary	Ply 67	Samuel	Ess 553	Cawle, Elisha	Ber 222
Moses	Ply 59	Susanna	Ply 121	Joseph	Ber 223
Nathan	Ham 52	Thomas	Ply 23	Nathanael	Ber 223
Peter	Wor 366	Caswell, Abiel	Ham 252	William	Ber 222
Recompence	Wor 179			Cazneau, Isaac	Ess 178

Ceaveland, John	Nor 90	Dolly	Wor 176	Sarah	Mid 31
Celey, Betty, Wd.	Ess 46C	Ebenr.	Ber 112	Simon	Mid 32
Center, Bill	Mid 342	Elijah	Bar 50	Stephen	Mid 27
Cotton	Mid 160	Elizabeth	Bar 44	Tilly	Wor 515
Ebenezer	Ber 253	George	Ham 45	Chalace, ---, Wd.	Ess 69
Roland	Mid 160	Gilbert	Ess 410	Elisabeth, Wd.	Ess 71
Saml.	Mid 158	Isaac	Ess 260	John	Ess 71
William	Ess 133	Isaac	Wor 176	Samuel	Ess 70
Cesar, Thomas	Bar 52	Isaiah	Bar 44	Thomas	Ess 70
Cesor, Isaac	Bar 15	James	Ess 238	Timothy	Ess 69
Jese	Bar 15	John	Brs 422	Challis, Gideon	Ess 120
Chace, Abijah	Ess 397	John	Mid 160	Chamberland, Isaac	Nor 306
Abner	Ess 381	Jonathan	Ess 239	Chamberlain, ---	Wor 258
Abram	Duk 446	Joseph	Ess 239	Aaron	Ham 332
Amos	Ess 71	Joseph	Wor 267	Abel	Wor 205
Anthony	Wor 390	Joseph	Wor 318	Calvin	Wor 342
Ariel	Brs 422	Lucy	Wor 249	Daniel	Wor 197
Augustus	Brs 283	Lydia	Bar 44	Ebenezer	Ber 230
Beloney	Brs 284	Lydia	Nan 45	Ebenr.	Mid 516
Benjamin	Brs 286	Lydia	Wor 176	Ebenr.	Wor 195
Benjamin	Brs 422	Micajah	Bar 44	Edmund, Ju.	Wor 205
Benjamin, 2d.	Brs 294	Moses	Ess 260	Edward	Wor 205
Benjan.	Ply 80	Nathan	Wor 260	Edward	Wor 342
Charles	Ess 46C	Nathan, Jur.	Wor 260	Edward, Jun.	Wor 202
Chloe, Wid.	Brs 290	Nathaniel	Nan 50	Eliakim	Wor 328
Coggsall	Wor 390	Reuben	Bar 44	Elisha	Wor 431
Darius	Brs 283	Richard	Nan 46	Eliza.	Ess 372
Dudlee	Brs 286	Sama.	Ber 260	Enoch	Mid 508
Ebenezer	Brs 285	Samuel	Ess 238	Ephraim	Ham 358
Edward	Brs 293	Samuel	Ess 260	Ezra	Wor 337
Elias	Wor 402	Solomon	Wor 257	James	Brs 374
Ezra	Brs 278	Thomas	Bar 44	Joel	Ber 108
Gilbert	Brs 283	Thomas	Ber 260	John	Mid 516
Greenfield	Brs 291	Thos.	Ess 260	John	Wor 173
Hannah	Brs 280	Wickliff	Nan 54	John	Wor 235
Isaac	Brs 294	William	Nan 52	John	Wor 342
Isaac	Wor 342	Chaffe, Bradock	Brs 309	Joseph	Mid 33
Jared	Brs 422	Daniel	Brs 310	Joshua	Wor 342
Jessee	Brs 282	Ephraim	Brs 314	Josiah	Wor 237
Job	Brs 285	Jonathan	Brs 310	Lemuel	Wor 205
John	Brs 320	Jonathan, jr.	Brs 314	Luther	Wor 342
Joseph	Brs 422	Joseph	Brs 309	Mary	Ess 444
Joseph	Duk 451	Nathan	Ber 265	Moses	Mid 516
Lewis	Ply 79	Nathaniel	Brs 310	Moses	Wor 296
Mary, Wd.	Ess 69	Samuel	Brs 301	Nath	Ess 369
Mary, Wd.	Ess 71	Samuel	Brs 312	Nathl.	Mid 516
Mary, Wid.	Brs 294	Shubel	Brs 308	Nehemiah	Nor 244
Michael	Brs 422	Chaffee, Asa	Ham 237	Phinehas	Mid 357
Michal	Brs 294	Asa, Jr.	Ham 237	Pliny	Ham 268
Noah	Brs 283	Asa, Jr.	Ham 238	Samuel	Ber 172
Otis	Brs 291	Benj.	Ber 265	Samuel	Brs 369
Paul	Brs 365	Calvin	Ham 237	Samuel	Ess 386
Phebe, Wid.	Brs 294	Chadwick	Ham 267	Samuel	Ham 52
Phillip	Brs 294	Chas., Docto.	Ham 267	Sarah	Nor 244
Rebc.	Ess 397	Comford	Ham 238	Solomon	Ber 230
Seth	Brs 294	Comfort, Jr.	Ham 237	Stephen	Ham 253
Simeon	Brs 279	Darius	Ber 165	Stephen	Nor 244
Timo.	Duk 454	Ephraim	Ham 237	Stephen, Junr.	Nor 251
Timothy	Wor 390	Joel	Ham 237	Thads.	Wor 173
Wait	Wor 327	Joel, Jr.	Ham 236	Thomas	Ham 184
see Chase, French		John	Brs 422	Timothy	Wor 328
Chaddock, Calvin	Ply 113	Jonathan, 1st.	Ber 265	Willm.	Wor 173
Chadwell, Harris	Ess 430	Jonathan, 2d.	Ber 265	Wilson	Ess 272
Mathew	Ham 288	Nathan	Wor 267	see Eustis	
Moses	Ess 430	Nathll. Bliss	Ham 238	Chamberlen, Freedm.,	
Chadwick, Abiathen	Ber 260	Simeon	Ham 237	Jur.	Ply 36
Abijah	Ess 545	Thomas	Ber 265	Freedom	Ply 33
Anselm	Bar 42	Thomas, Jr.	Ber 266	John	Ply 42
Anthony	Duk 443	Chaffey, ---, Wido	Brs 401	Chamberlin, Aaron	Mid 371
Archelaus	Ber 260	Chaffin, David	Mid 31	Aaron, jr.	Mid 371
Avery	Bar 50	Elias	Wor 222	Asa	Ber 186
Barnabas	Bar 44	Gladwin	Wor 219	Benja.	Ber 191
Benja.	Mid 160	Joseph	Mid 34	Benja.	Mid 371
Bowman	Wor 318	Nathan	Wor 515	Benjamin	Ply 67
Caleb	Ber 109	Robert	Mid 34	Caleb	Wor 276
Daniel	Wor 173	Samuel	Wor 515	Eli	Ber 214
David	Nan 50			Elipht.	Ber 191

Elisha	Ber 191	Bisbe	Ply 99	Chapell, Mary	Ess 518
Ephm.	Mid 65	Clark	Ham 184	Chapen, Caleb, Junr.	Ham 77
Isaac	Mid 371	Daniel	Ply 101	Consider	Ham 81
Isaac	Ply 67	Elijah	Ham 263	Daniel	Ham 81
Jacob	Ber 191	Elipht.	Nor 114	Hezekiah	Ham 77
Jacob	Mid 371	Elisabeth, Wd.	Ess 48	Israel	Ham 77
Jacob	Wor 153	Ezekel	Ply 99	Joel	Ham 77
James	Mid 394	Hannah, Wd.	Ess 69	Joel, Junr.	Ham 77
Jason	Mid 508	Hannah, Wido.	Ess 177	Julias	Ham 81
John	Ber 196	Henery	Ply 93	Selah	Ham 81
John	Ham 97	Henry	Mid 462	Zalmuna	Ham 77
John, Jr.	Ber 191	Howard	Ply 102	Chapin, Aaron	Ber 234
John, 2d.	Ham 97	Ira	Ply 101	Abel, Colo.	Ham 245
Jos.	Mid 371	Isaac	Ess 177	Abner	Ham 159
Joseph	Ber 191	Isaac	Ess 558	Abner	Ham 199
Joseph	Ply 67	Jacob	Brs 310	Abner	Ham 232
Joshua	Wor 273	James	Ess 178	Abner, Jur.	Ham 199
Josiah	Ply 125	John	Ess 177	Adam	Wor 396
Lewis	Ply 67	John	Ess 371	Alpheus	Ham 199
Martin	Ber 191	John	Ess 375	Amariah	Wor 463
Moses	Mid 533	John	Mid 347	Amos	Ber 236
Nathaniel	Ber 128	John	Wor 516	Asahel	Ham 355
Nathaniel	Ply 67	John, Esqr.	Wor 276	Ascenath, Wd.	Ham 247
Nathl.	Ham 97	John, 2d.	Mid 347	Ashbel	Ham 245
Paoli	Ber 129	Joseph	Ber 68	Bethsheba	Ham 356
Peter	Ham 109	Joseph	Ess 179	Benjamin	Ham 246
Philip	Ply 114	Joseph	Mid 9	Bezaleel	Ham 256
Phins.	Mid 371	Joseph	Mid 347	Coffin	Wor 215
Roger	Mid 371	Joseph	Nor 284	Daniel	Ham 246
Saml.	Mid 371	Joshua	Brs 422	David	Ber 207
Saml.	Wor 273	Joshua	Ess 178	David	Wor 387
Saml., Jur.	Wor 273	Josiah	Ply 23	Ebenezer	Wor 382
Thomas	Ply 67	Josiah	Wor 297	Ebenezer, jr.	Wor 382
Thos.	Mid 65	Lewis	Ham 199	Eli	Wor 173
Zachs.	Ham 97	Mary	Ply 29	Elijah	Ham 253
Chambers, David	Wor 347	Moses	Ham 52	Ephm., Captn.	Ham 245
Ephraim	Ess 491	Moses	Ham 320	Ephm., Lt.	Wor 396
John	Ess 489	Nathan	Mid 347	Ephraim	Ham 236
John	Ham 191	Peleg	Ply 102	Ephraim, Jr.	Ham 246
Jos.	Mid 371	Phebe, Wido.	Ess 177	Eunice	Ham 356
Chammins, John	Ess 394	Phillip	Ply 101	Eunice, Wd.	Ham 246
Cahmpeon, Lynd	Ber 116	Roger	Mid 371	Ezekiel	Ham 245
Champion, Medes	Ham 350	Samuel	Ply 99	Ezra	Ham 154
Reuben	Ham 350	Samuel	Wor 173	Frederic	Ham 13
Champlin, Joseph	Ham 81	Sarah	Wor 176	Frederick	Ham 245
London	Ess 361	Seva	Ply 102	George	Ham 245
Thos.	Ham 28	Silas	Mid 394	Gershom	Wor 463
William	Ham 185	Simeon	Ply 17	Gideon	Ham 199
Champney, Benjn.	Wor 206	Stephen	Ham 93	Gideon, Jur.	Ham 199
Caleb	Nor 141	Stephen	Ply 102	Henry	Ham 246
Eliza.	Ess 553	Stephen, Jur.	Ham 92	Henry	Wor 475
Elizabeth	Nor 242	Thomas	Ply 102	Henry M.	Ham 256
Francis	Mid 450	Thomas	Ply 104	Isaac	Ham 195
Humphrey A.	Ham 37	Thomas, Jun.	Ply 94	Isaac	Ham 236
Isaac	Mid 480	Thos.	Mid 95	Israel, Capt.	Ham 240
Jno.	Nor 141	Wadworth	Ply 102	Ithamar	Ham 246
Jonathan	Wor 206	Walter	Brs 288	Jabez	Ham 92
Jonathan, & as Overseer of		William	Ess 370	Jacob	Ham 195
the Poor	Nor 232	Willm.	Wor 273	Japhet	Ham 246
Nathl.	Mid 479	Wm.	Mid 95	Japhet (2)	Ham 326
Sams.	Nor 141	Wm.	Mid 394	Jason	Ham 233
Thomas	Ess 535	Wm.	Nor 113	Jehiel	Ham 245
William	Ham 105	Zebadiah	Ess 178	Job	Ham 256
Chandeler, Jeremiah	Brs 343	Zebeda	Ply 24	Joel	Wor 395
Chandlar, Lois	Mid 479	see Weston		John	Ham 245
Chandler, Abel	Ply 93	Chandlor, Samuel	Ham 161	John, Deac.	Wor 395
Abiel	Ess 178	Chaney, Jacob	Mid 293	Jonathan	Ham 265
Abner	Ham 93	John	Mid 468	Joseph	Ber 113
Anna	Ply 104	see Cheeney		Joseph	Ham 246
Arahel	Bar 41	Chanter, George	Ber 260	Joseph	Wor 463
Aron	Ply 94	William	Ber 260	Joshua	Ber 236
Aron	Ply 96	Chapel, Amos	Ber 235	Judah	Ham 240
Arthur	Ply 23	Giles	Ber 233	Justin	Ham 263
Asa	Ply 101	Giles	Ber 241	Levi	Ham 246
Asa, Jur.	Ply 101	Joseph	Ber 233	Levi	Wor 396
Bekah, Wido.	Ess 177	Joseph	Ber 241	Lucy, Wd.	Ham 245
Benja.	Wor 273	Richard	Ber 183	Luther	Ham 213

Martin	Ham 355	David	Ham 136	Aaron	Brs 413
Marvel	Wor 395	Ezra	Ber 109	Aaron	Ham 41
Mary, Wd.	Ham 245	George D.	Ess 542	Abel	Wor 153
Mary, wd.	Wor 395	Isaac (2)	Ham 161	Abel, Junr.	Wor 153
Mary, Wido.	Ham 256	Isaac N.	Ess 406	Abel, 3rd.	Wor 153
Miriam	Ham 356	Jabez	Ham 246	Abial	Ham 217
Moses	Ham 245	James	Ber 253	Able	Ess 225
Moses	Wor 395	James	Ham 45	Able	Ess 230
Moses	Wor 463	Jane	Ess 499	Abner	Bar 30
Moses A.	Ham 350·	Jane	Ess 519	Abner	Brs 342
Nathan	Ham 326	Jedediah	Ess 582	Abner	Brs 399
Nathan, Lt.	Wor 395	Jesse	Ber 209	Abner	Brs 406
Oliver	Ham 41	Joanna	Ess 575	Allen	Brs 343
Oliver	Ham 257	John	Bar 26	Allen	Brs 407
Paul	Ham 241	John	Ber 238	Allen	Nor 341
Phebe, Wd.	Ham 247	John	Brs 385	Allen, Junr.	Brs 407
Philander	Ham 254	John	Ess 38	Amasa	Wor 477
Phinehas	Ber 233	John	Ess 408	Ambrose	Wor 153
Phinehas	Wor 463	John	Ess 503	Amos	Ess 211
Phins., Captn.	Ham 246	John	Ess 558	Amos	Ess 272
Pliny	Ham 253	John	Ham 320	Antepas	Brs 406
Reuben	Ham 350	John	Mid 95	Anthony	Bar 101
Reuben, Jr.	Ham 350	John, jur.	Bar 26	Anthony	Ess 271
Roswell	Ham 246	Jonath.	Ess 227	Aquilla	Ess 211
Rufus	Ham 274	Jonathan	Ham 52	Archebald	Wor 241
Samuel	Ham 232	Joseph	Ess 253	Archelus	Bar 12
Seth	Ham 246	Joseph	Ess 583	Asa	Brs 406
Seth, Deac.	Wor 382	Josiah F.	Ess 541	Asa	Wor 477
Seth, Junr.	Ham 246	Levi	Ham 139	Baley, Capt.	Ess 47
Shadrach	Ham 199	Moses	Ham 134	Bassett	Bar 16
Silas, Colo.	Ham 246	Nathll., Captn.	Ham 92	Benj.	Ess 427
Solomon	Ham 246	Olcutt	Ber 195	Benjamin	Ber 134
Stephen	Wor 395	Paul	Ham 132	Benjamin	Brs 343
Thads.	Wor 173	Priscilla	Ess 537	Benjamin	Brs 397
Thomas	Ham 246	Rebeca	Ess 541	Benjamin	Ess 3
Timothy	Ham 245	Samel.	Ham 139	Benjamin	Ess 272
William	Ham 246	Samuel	Bar 68	Benjamin	Ess 311
William, 2d.	Ham 246	Samuel	Ber 167	Benjn.	Bar 31
Zebinah	Ham 195	Samuel	Ess 503	Berry	Ham 93
Zebulon	Ham 236	Sarah	Ess 381	Berry, Junr.	Ham 93
Zenas	Ham 246	Stephen	Ber 117	Caleb	Brs 403
Zerah	Ham 246	Stephen	Ess 503	Caleb	Ess 208
Chapins, Jonathan	Ber 232	Thomas	Ham 72	Caleb	Wor 154
Nathan	Ber 233	William	Ber 132	Caleb, Ju.	Brs 413
Peter	Ber 236	William	Ess 217	Charles	Ess 435
Rachel	Ber 237	William	Ham 52	Charles	Nan 63
Chaplin, Aaron	Ess 243	Wm., Lt.	Ham 204	Charles	Wor 225
Asa	Ess 248	Zebediah	Ber 109	Charles	Wor 348
Daniel, Revd.	Mid 450	see Rider		Charles, Junr.	Nan 56
Ebenr., Revd.	Wor 153	Chappel, Ebenezer	Ber 216	Christopher	Ham 147
Jeremiah	Mid 450	Edgcomb	Ber 173	Collins	Brs 404
Jeremiah	Mid 462	Gordon	Ham 236	Consider	Ply 8
Jonathn.	Ess 247	James	Ber 207	Daniel	Bar 14
Joseph	Ess 254	Jonathan	Ber 213	Daniel	Brs 407
Joseph	Wor 347	Joseph	Ber 214	Daniel	Ess 224
Joseph	Wor 424	Joseph	Ber 216	Daniel	Ess 271
Moses	Ess 254	Samuel	Ber 173	Daniel	Ess 435
Solo.	Ess 374	William	Ber 224	Daniel, Jur.	Ess 271
Chapman, Abel	Wor 176	William	Ham 167	David	Bar 6
Abner	Ess 537	Chappell, Dan	Ber 105	David	Bar 38
Abner	Ham 159	William	Ber 112	David (2)	Brs 343
Ahiel	Ham 92	William	Wor 451	David (2)	Ess 208
Amasa	Ber 159	Chapple, Ebenezer	Ber 213	David	Ham 97
Annis	Ess 519	Ebenezer, 2d.	Ber 214	David	Wor 238
Asahel	Ham 130	Chard, Marry	Ess 401	David	Wor 477
Barnabas	Ber 108	Charles, Aaron, Capt.	Ham 271	David P.	Wor 153
Benja.	Ham 139	Aaron, Jn.	Ham 274	Ebenezer	Brs 343
Caleb	Ber 253	Abraham	Ham 273	Ebenezor, jur.	Bar 10
Caleb, Jr.	Ber 253	Arunah	Ham 271	Ebenr.	Wor 289
Calib	Ham 126	Levi	Ham 271	Edward	Brs 397
Charles	Ham 7	Nathanl.	Ham 273	Elezor	Bar 13
Daniel	Ber 168	Nehemiah	Ham 272	Eliza., Wido	Brs 407
Daniel	Ber 195	Simeon	Ham 271	Enoch	Bar 11
Daniel	Ess 262	Solomon	Ham 234	Enoch	Brs 401
Daniel	Ess 503	Thomas	Ham 269	Enoch	Ess 178
David	Bar 26	Charter, George	Ham 247	Ephraim	Ess 271
David	Ham 15	Chase, ---, Wido.	Brs 399	Ezekiel	Brs 343

Name	Ref	Name	Ref
Ezra	Brs 405	Josiah	Ess 271
Ezra	Ess 311	Judah	Nan 76
Ezra, Junr.	Brs 405	Leonard	Bar 37
Frances	Mid 437	Leonard	Ess 271
Francis	Brs 406	Levi	Bar 260
Francis	Nan 63	Levi	Ply 8
Freemon	Bar 30	Lot	Bar 30
Gemaliel	Bar 11	Lot, jur.	Bar 30
George	Nan 56	March	Wor 153
Gideon	Brs 406	Mary	Bar 22
Gideon, 2d.	Brs 406	Mary, wd.	Bar 11
Gowel	Bar 30	Matilda	Wor 176
Guilford	Brs 407	Matthew	Brs 406
Henery	Brs 404	Metaphor	Wor 433
Hezekiah	Brs 398	Moody	Mid 462
Hezekiah	Brs 401	Moses	Brs 406
Ichobad	Brs 406	Moses (2)	Ess 207
Isaac	Bar 14	Moses	Mid 450
Isaac	Brs 405	Moses	Wor 154
Isaac	Brs 408	Moses	Wor 290
Isaac	Nan 53	Nathan	Bar 29
Isaiah	Bar 13	Nathan	Brs 407
Jabez	Brs 400	Nathan (2)	Ess 210
Jabez, Junr.	Brs 400	Nathan	Nan 67
Jacob	Brs 403	Nathan	Wor 153
Jacob	Ess 428	Nathaniel	Bar 13
Jacob	Mid 56	Nathaniel	Brs 342
James	Brs 397	Nathl.	Ess 224
James	Brs 404	Nehemiah	Ber 157
James	Ess 272	Nehemiah	Wor 154
James	Ess 311	Obed	Bar 31
James	Nan 68	Oliver	Brs 406
James	Nan 71	Owen	Bar 30
James, Junr.	Ess 311	Parker	Ess 207
James, 2d.	Brs 401	Patience, Wido.	Brs 406
James, 3d.	Brs 404	Paul	Brs 406
Jerathmeel	Brs 401	Peter	Nan 70
Jeremiah	Brs 343	Peter	Wor 273
Jeremiah	Ess 225	Philip	Brs 397
Jerusha	Nan 68	Philip	Brs 408
Jesse	Brs 405	Philow	Bar 11
Job	Bar 12	Pierce	Ham 85
Job	Brs 402	Preserved	Brs 343
Job	Nan 74	Reuben	Nan 66
Job, jur.	Bar 12	Richard	Bar 8
Johanna	Ess 229	Richard	Ber 266
John	Bar 11	Richard	Brs 398
John	Bar 14	Roger	Wor 241
John	Ber 157	Royal	Brs 399
John (2)	Brs 343	Ruben	Brs 401
John	Brs 397	Ruben, l.	Brs 402
John	Ess 207	Ruth	Brs 408
John	Ess 210	Saml.	Brs 404
John	Ess 229	Saml.	Ess 425
John	Ess 271	Samuel	Bar 31
John	Ess 443	Samuel	Brs 398
John	Ham 36	Samuel	Ess 211
John	Ham 105	Samuel	Ess 311
John	Wor 434	Samuel	Mid 462
John, 3d.	Brs 398	Samuel	Wor 153
Jonathan	Brs 397	Semion	Ess 225
Jonathan	Ess 208	Seth	Bar 13
Jonathan	Nan 53	Shadrach	Brs 404
Jonathan	Wor 499	Silas	Brs 406
Joseph	Bar 30	Silas	Wor 242
Joseph	Brs 406	Silvanus	Bar 11
Joseph	Ess 207	Silvester	Brs 398
Joseph	Ess 208	Simeon	Brs 343
Joseph	Ess 230	Simeon	Brs 403
Joseph	Ess 271	Simeon, Junr.	Brs 343
Joseph	Nan 59	Simon	Ham 97
Joseph	Wor 477	Somerby	Ess 311
Joseph, Junr.	Nan 59	Somesby	Ess 207
Joseph, jur.	Bar 30	Stephen	Brs 398
Joshua	Ess 234	Stephen	Brs 405
Joshua	Wor 153	Stephen	Nan 64
Josiah	Ess 234	Stephen	Wor 433

Name	Ref	Name	Ref
Stephen, 2d.	Brs 406		
Susanna, wd.	Bar 13		
Tabitha, wd.	Bar 12		
Thaddeus	Wor 153		
Theops.	Ess 271		
Thomas	Bar 29		
Thomas	Ess 230		
Thomas	Ham 37		
Thomas	Nan 45		
Thomas, jur.	Bar 30		
Thomas F.	Wor 151		
Timothy	Ham 204		
Tristram	Ess 225		
Trustham	Ess 207		
Uriah	Brs 401		
Warren	Wor 431		
William	Bar 12		
William	Brs 396		
William	Brs 407		
William	Ess 271		
William	Ess 311		
William	Nan 61		
William	Wor 238		
William	Wor 480		
William, Jr.	Ess 312		
Woodman	Ess 271		
Zenus	Bar 13		
see Butts, Pilsbury, Round, Rounds			
Chatburn, Sarah	Mid 479		
Chatfield, Joel	Ber 225		
Chatman, John	Ply 128		
Chattock, Ezekiel	Wor 404		
Chauncy, Russel	Ham 161		
see Hitchcock			
Chaunter see Chanter			
Cheagens, Joshua	Nan 77		
Cheaney, Sollomon	Mid 498		
Cheany, Ebenr.	Mid 499		
Moses	Mid 499		
Wm.	Mid 499		
Wm.	Mid 516		
Cheard, David	Ess 141		
Stephen	Ess 141		
Cheaves, John	Ess 565		
Cheeney, Aquilla	Wor 179		
S. Clark	Wor 516		
Ephm.	Wor 179		
Joseph	Wor 179		
Josephus	Wor 515		
Josiah	Wor 515		
Cheesbrough, Elisha	Ber 134		
Nathw.	Ber 134		
Oliver	Ber 134		
Silvester	Ber 134		
Cheeseman, Noah	Ply 59		
Samuel	Ply 59		
Silas	Nor 272		
Cheesman, Hosea	Nor 187		
M., Wid.	Nor 165		
Mary, Wid.	Nor 166		
Saml.	Nor 165		
Stephen	Nor 165		
Cheever, Aaron	Ess 17		
Benja.	Ess 403		
Benjamin H.	Ess 312		
Daniel	Brs 321		
Daniel	Wor 516		
Ebenr.	Ess 369		
Ezekl.	Mid 93		
Ezel.	Ess 93		
George	Brs 321		
Israel	Ess 4		
Israel, Jur.	Ess 4		
James	Ess 407		
John	Ess 94		
John	Ess 312		

John	Ess 482	Daniel	Nor 368	Abijah	Mid 347
John	Mid 92	Ebenezer	Nor 369	Abraham, Capt.	Mid 450
Jos.	Mid 182	Elias	Nor 375	Amzi	Ham 52
Mary	Ess 407	Eliza	Ess 446	Asa, Lt.	Wor 390
Moses	Ess 311	Ezekiel	Ess 446	Daniel	Ber 265
Moses	Mid 87	James	Ess 446	Daniel	Wor 156
Nathan	Ess 5	James	Nor 369	Daniel	Wor 451
Peter	Ess 177	James, 2nd.	Nor 369	David	Bar 85
Peter O.	Ess 478	John	Nor 372	David	Ham 57
Samuel	Ess 4	John, Junr.	Nor 372	David	Ham 97
Samuel	Ess 379	Royal	Nor 368	David	Wor 444
Samuel	Ess 398	Thos.	Ess 429	Ebenezer	Ham 300
Samuel	Ess 403	Thos., Jr.	Ess 430	Edward	Bar 85
Samuel	Wor 255	Timothy	Nor 374	Elijah	Bar 86
Sarah, Wo.	Ess 94	see Woodard		Isaac	Ber 265
Solomon	Mid 93	Chevers, Dorcas	Bar 76	James	Bar 88
William	Ess 312	Chickering, David	Nor 323	James	Brs 403
Chenery, Benjamin	Nor 210	Dean	Ess 177	Job	Bar 90
Elihu	Nor 200	Jabez, Revd.	Nor 306	Job	Ber 260
Ephraim	Nor 200	John	Ess 272	John	Wor 390
Ephraim	Nor 244	John	Nor 322	Jonan.	Wor 402
Isaac	Wor 516	John	Nor 323	Jonas	Ber 265
Oliver	Nor 200	John, Junr.	Nor 323	Joseph	Bar 44
Simeon	Nor 200	Joseph	Mid 479	Joseph	Ham 97
Cheney, Aaron	Mid 271	Nathaniel	Nor 322	Joseph	Wor 444
Caleb	Wor 396	Nathl.	Wor 257	Josiah	Bar 85
Calvin	Wor 395	Oliver	Wor 366	Josiah	Mid 137
Charles	Wor 396	Oliver	Wor 505	Josiah	Mid 527
Daniel	Ess 244	Samuel	Ess 177	Libbeus	Ham 57
Daniel	Mid 270	Samuel	Ess 289	Nathal.	Bar 50
David	Ham 41	Samuel	Wor 516	Nathaniel	Bar 44
Ebenezer	Ham 41	Child, Aaron	Nor 241	Noah Wright	Ham 52
Ebenezer	Mid 271	Abiathar	Wor 505	Penuel	Ber 128
Elisha	Wor 235	Abijah	Mid 260	Phinias	Mid 478
Hezekiah	Ham 195	Abijah	Wor 337	Saml.	Mid 479
James	Wor 280	Abner	Nor 248	Samuel	Ham 52
Jerediah	Ham 52	Amherst	Wor 505	Samuel, 2d.	Ham 52
Jesse	Mid 248	Amos	Wor 377	Timothy	Ber 195
John	Ess 206	Amr.	Mid 159	William	Ber 253
John	Ess 210	Anna	Mid 26	William	Ber 260
John	Ham 199	Asa	Ham 320	Wm.	Nor 124
John	Nor 323	Benjamin	Wor 176	see Luther	
Jonathan	Ess 249	Daniel	Mid 271	Chilion, Benjamin	Ber 164
Joseph	Nor 323	David	Wor 377	Chillenden, Isaac	Wor 516
Levi	Ham 41	Ebenr.	Ham 320	Chillson, Levi	Wor 267
Levi	Nor 200	Ebenr.	Wor 296	Chilson, Israel	Wor 463
Mark	Ess 249	Edward	Mid 248	Jeremiah	Wor 463
Moses	Ess 221	Elijah	Mid 25	John	Nor 343
Moses	Ess 313	Elijah	Nor 253	Joseph	Ham 17
Moses	Ham 41	Elisha	Mid 26	Joseph	Ham 326
Nathan	Ham 41	Elizabeth	Wor 206	Joseph	Nor 341
Nathaniel	Ham 41	Ephraim	Wor 337	Joseph, Junr.	Ham 17
Nathaniel	Wor 153	Erastus	Ham 267	Joshua	Nor 341
Simon	Nor 322	Franceis	Nor 297	Squire	Ber 149
Thomas	Ham 199	Isaac	Mid 260	Samuel	Ess 495
Thomas	Nor 237	Isaac	Wor 337	Samuel, junr.	Ess 493
Thomas	Wor 342	John	Wor 327	Chinnery, Thaddeus	Wor 377
Timothy	Nor 200	Jonathan	Bar 34	Chipman, Benjamin	Bar 36
Wales	Wor 396	Jonathan	Mid 248	Betty	Bar 70
William	Ber 109	Jonathan	Wor 193	Dorcas	Bar 70
William	Mid 271	Joseph	Wor 337	Hatsuld	Bar 34
see Look, Tenney		Joshua	Mid 25	Jacob	Brs 389
Cheny, Joseph	Wor 340	Josiah	Mid 261	John	Bar 70
Luther	Mid 76	Lemuel	Ess 28	John	Bar 87
Mary, wd.	Wor 396	Moses	Wor 176	John	Ess 411
Nathan	Wor 340	Nathan	Mid 248	Joseph	Bar 88
Cherd see Cheard		Phinehas	Nor 249	Joseph	Ess 533
Cherrytree, John	Ber 107	Reuben	Ham 320	Perez	Wor 402
Reuben	Ber 107	Rufus	Wor 337	Samuel	Bar 70
Chesman, Benjamin	Ham 157	Saml.	Mid 113	Stephen	Bar 36
Chess, Luther	Wor 297	Solomon	Nor 253	Stephen	Wor 402
Chester, Prince	Mid 435	Stephen	Nor 252	Stephen S.	Bar 34
Chever, Abijah	Ess 438	Thomas	Wor 505	Thos.	Ess 390
Abner	Ess 446	William	Wor 239	Timothy	Bar 87
Amos	Nor 369	Zechariah	Wor 377	see Fish	
Amos, Junr.	Nor 369	Childs, Aaron	Brs 330	Chisholm, Willm.	Ess 368
Cyrus	Nor 369	Abel	Mid 137	Chismore, Daniel	Ess 210

Name	Loc	Name	Loc	Name	Loc
Chissee, Emanuel	Ess 362	Jonathan	Ham 242	Joshua	Ply 23
Chittenden, Calvin	Ber 208	Jonn.	Ply 114	Josiah	Ply 26
Ruth	Ply 119	Joseph	Ber 105	Josiah	Ply 23
Thomas	Ess 496	Joseph	Brs 287	Levi	Ply 23
William	Ber 206	Joseph	Brs 421	Lewis	Ply 1
Chittendon, Calvin	Mid 182	Joseph	Ham 292	Mary	Mid 143
Isaac	Mid 182	Joseph, Junr.	Ham 292	Nathaniel	Ply 17
Choat, John	Mid 159	Josiah	Ham 249	Nathaniel	Ply 23
Choate, Adonjo.	Ess 105	Lemuel	Ply 122	Nelson	Ply 78
Benjamin	Ess 313	Levi	Ber 260	Perez	Ply 78
Daniel	Ess 572	Moses	Ber 118	Prince	Ply 24
David	Ess 587	Moses	Ham 239	Rufus	Ply 13
Ebenezer	Ess 313	Nathan	Wor 234	Sally	Ply 24
George	Ess 586	Noah	Ber 234	Saml.	Ber 111
John	Ess 577	Paul	Wor 289	Samuel	Ber 254
John	Ess 586	Peter, (blk.)	Brs 403	Samuel	Ply 15
Josiah	Ess 104	Pliny	Ham 250	Sarah	Ply 7
Judith, Wo.	Ess 105	Richard	Ber 214	Silvanus	Ply 9
Nathan	Ess 590	Richard	Ham 146	Soloman	Ply 18
Robert	Wor 424	Samuel	Ber 108	Stephen	Ply 13
Saml.	Mid 160	Samuel	Ham 283	Thaddeus	Ply 18
Solo.	Ess 151	Samuel W.	Ber 147	Thomas	Brs 422
Solomon	Ess 590	Seth	Ham 339	Thomas	Ply 24
Solomon, Jur.	Ess 591	Silas	Wor 234	William	Ply 23
Stephen	Ess 581	Stephen	Brs 422	Zacheus	Ess 380
Stephen, Jur.	Ess 582	Thomas	Ply 119	Zadoch	Ply 24
Thomas	Ess 587	Timothy	Ply 126	see Thomas	
Chon, John	Mid 527	Uriah	Ham 156	Chushmon, Ichabod	Brs 330
Christian, Peter	Nan 56	William	Ham 158	Chute, Daniel	Mid 293
Christie, James	Bar 36	William	Ply 124	David	Ess 250
William	Ham 195	Wm.	Ply 101	George W.	Wor 423
Christy, Tho.	Mid 159	Zenas	Ham 249	James	Ess 250
Chubb, Silas	Wor 237	see Holmes		Paul C.	Wor 423
Tho.	Mid 160	Churchel, David	Ply 42	Clack, Bacchus Sargent	Ess 131
Chubbock, Benjamin	Ply 24	Levi	Ply 42	Clafflin, Calvin	Brs 320
Ephraim	Ply 24	Peleg	Ply 97	Charles	Brs 320
John	Ply 24	Stephen	Ply 97	Comfort	Brs 318
Timothy	Ply 24	Churchell, Samuel	Wor 355	Daniel	Brs 320
Chubbuck, David	Ply 135	Churchill, Alferd	Ply 24	Nathaniel	Brs 380
Chubuck, James	Ply 42	Amaziah	Ply 18	Nehemiah	Brs 318
Jeramiah	Ply 42	Andrew	Ply 24	Noah	Brs 318
Church, Abijah	Ham 173	Barnabas	Ply 7	Noah	Nor 374
Alexander	Wor 516	Benjamin	Ply 11	Phineas	Brs 318
Ambross	Ham 158	Branch	Ply 14	Phineas, Junr.	Brs 318
Anna	Ber 260	Charles	Ply 13	Rufus	Brs 318
Anna	Ess 503	Cornelius	Ply 61	Clafford, John	Ber 111
Anthony	Ber 266	Daniel	Ber 254	Claflan, Aaron	Mid 516
Asa	Bar 12	Daniel	Ply 13	Isaac	Mid 517
Asa, Capt.	Wor 416	Daniel	Ply 26	Clafland, Wm.	Mid 508
Benjamin	Brs 419	David	Brs 422	Claflen, Robert	Ber 172
Benjamin	Brs 421	Ebenezer	Ply 24	Claflin, Abner	Ber 235
Benjamin, Junr.	Brs 437	Eleazer	Ply 50	Allen	Ber 155
Benjamin, Jur.	Brs 421	Elias	Ply 23	Asa	Mid 145
Betsey, Wid.	Brs 287	Elijah	Ham 157	Cornelius	Mid 145
Caleb	Ham 339	Elizabeth	Ply 10	Daniel	Mid 145
Caleb, Jr.	Ham 339	Elizabeth	Ply 15	George	Ber 154
Charles	Brs 421	Elizabeth	Ply 18	John	Wor 395
Charles, 2nd.	Brs 422	Ephraim	Ply 60	Levi	Ham 18
Constant	Brs 329	Ephraim, junr.	Ply 60	Oliver	Wor 477
Constant	Ply 36	Ezra	Ply 67	Clafton, Ameziah	Mid 516
David	Ply 101	Hannah	Ply 16	Caleb	Mid 516
David	Ham 255	Heman	Ply 13	Eli	Mid 516
Earl	Ply 114	Isaac	Ply 23	John	Mid 508
Elihu	Ber 253	Isaac	Ply 77	Claghorn, Bartlet	Duk 447
Elizabeth	Brs 422	Jabez	Ply 8	George	Brs 422
Ephraim	Ham 191	Jabez	Ply 17	Jabez	Bar 91
Francis	Brs 410	Jabez	Ply 80	James	Ham 62
Gamaliel	Brs 410	Jacob	Ber 253	Jane	Duk 447
Gamaliel	Brs 421	Jacob	Ply 23	Joseph	Duk 454
George	Ess 461	James	Ply 20	Thos.	Duk 447
Gilbert	Brs 422	James	Ply 60	Clail, Joseph	Nor 297
Giles	Ham 292	Jedidah	Brs 422	Clannin, Benjamin	Ess 313
Green	Ham 158	John	Ber 177	Clap, Aaron	Ham 134
Isaac	Ham 173	John	Ber 195	Aaron, Junr.	Ham 134
John	Ham 204	John	Ply 9	Abigail, Widw.	Ham 159
John	Ham 211	John, 2d.	Ber 195	Abner	Ham 157
John	Ham 250	Joseph	Ply 23	Aner, Junr.	Ham 157
				Adolphus	Ham 134

Amasa	Ham 20	Nehemiah	Wor 241	Wm.	Mid 533
Ann	Nor 140	Oeran	Ham 136	Clarenbone, Tho.	Mid 182
Asahel	Ham 3	Oliver	Ham 17	Clark, A...son	Ham 11
Asahel	Wor 505	Oliver	Ham 136	Aaron	Ess 251
Azariah	Ham 3	Oliver	Nor 89	Aaron	Nor 200
Barnard	Nor 165	Oliver, Jr.	Nor 90	Aaron R.	Wor 416
Benjamin	Ham 134	Orriss	Ham 157	Abigail	Nor 200
Bohan	Ham 7	Paul	Ham 20	Abijah	Ess 178
Caleb	Ham 71	Peres	Ham 130	Abijah	Mid 508
Caleb	Ham 72	Phineas	Ham 159	Abijah	Nor 350
Caleb	Ham 89	Phineas, Junr.	Ham 159	Abm.	Ham 306
Caleb	Nor 234	Pliny	Ham 125	Abner	Ham 16
Casar	Ply 61	Robertson	Ham 159	Abner	Ply 80
Charles	Nor 140	Roger	Ham 133	Adam, Esqr., heirs	Ham 213
Chester	Ham 131	Roger	Nor 140	Alden	Ham 98
Cyrus	Ham 159	Rufus	Nor 91	Alexander	Ham 81
Daniel	Nor 90	Samel.	Ham 131	Alexander	Ham 320
David	Brs 380	Samel., Junr.	Ham 131	Alpheus	Ham 81
David	Nor 140	Saml.	Nor 139	Alvin	Ham 339
Diademi	Ham 17	Saml., Ju.	Nor 140	Amasa	Ham 132
Eben, Ju.	Nor 140	Saml., 3d.	Nor 139	Amasa	Ham 169
Eben, 3d.	Nor 140	Samuel	Wor 276	Amasa	Nor 272
Ebene., Esq.	Nor 139	Sarah	Ham 7	Amos	Ber 213
Ebenezer	Ham 3	Seth	Ham 3	Amos	Ham 173
Ebenezer	Nor 90	Seth	Nor 140	Amos	Wor 416
Ebenezer, Jr.	Nor 90	Seth	Wor 516	Ancil	Ply 80
Eleazer	Nor 90	Seth, Junr.	Ham 3	Andrew	Bar 13
Eleazer	Wor 463	Silas	Ham 131	Anna	Bar 6
Eli	Ham 131	Simeon	Ham 4	Appollus	Nor 100
Eliakim, Ensn.	Ham 146	Simeon, Jun.	Ham 4	Asa	Brs 285
Elijah	Ham 131	Stephen	Wor 451	Asa	Brs 380
Elijah	Nor 90	Sylvanus	Ham 17	Asa	Ham 251
Elijah	Wor 248	Thadeus	Ham 133	Asa	Mid 533
Elijah, Junr.	Ham 131	Thadeus	Ham 134	Asa	Nor 100
Elipha	Nor 90	Thadeus	Nor 90	Asa	Nor 218
Eliphalet	Nor 90	Thewel	Nor 90	Asa	Nor 353
Eliphalet, Jr.	Nor 89	Thomas	Nor 83	Asahel	Ham 135
Elisha	Ham 131	Thomas	Nor 91	Asahel	Ham 242
Elisha B.	Ham 17	Thomas	Nor 141	Atkins	Nor 272
Elizabeth, W.	Nor 90	Timothy	Ham 131	Augustus	Ber 213
Elizabeth, Wd.	Ham 131	Timothy	Nor 101	Ballard	Mid 477
Elkanah	Brs 385	Warham	Ham 4	Barnabas	Nor 272
Ezekiel	Nor 140	William	Nor 83	Barnabas	Ply 80
Ezra	Wor 423	Clapp, Alexander	Ply 134	Barnham	Ham 45
Ezra, Capt.	Ham 120	Augustus	Ply 134	Belcher	Ply 132
George	Ham 2	Cephas	Ham 57	Benja.	Wor 289
Hophni	Ham 134	Charles	Ham 297	Benjamin	Ber 154
Ichabod	Nor 90	Constant	Ply 123	Benjamin	Ber 171
Isaac	Ham 136	Daniel	Ham 45	Benjamin	Ham 8
Jacob	Nor 90	Deborah	Ply 134	Benjamin	Mid 2
James	Nor 141	Dwella	Ply 33	Benjamin	Mid 421
Jeremiah	Wor 204	Elihu	Ham 45	Benjamin	Wor 516
Jesse	Nor 297	Elijah	Ply 129	Benjamin, Jr.	Mid 17
Joel	Ham 132	Elisha	Ham 52	Benjamin, Junr.	Nan 67
Joel, Junr.	Ham 132	Elisha	Mid 332	Bethiah, wd.	Bar 4
John	Ham 3	Erastus	Ham 52	Caleb	Ber 160
John	Ham 136	James	Ply 136	Caleb	Ess 3
John	Nor 237	Jeremiah	Mid 331	Caleb	Ham 204
John	Nor 262	John	Ham 52	Caleb, Junr.	Ess 3
Jona.	Ham 136	John	Ply 123	Calvin	Ham 10
Jona.	Nor 140	John, Junr.	Ham 52	Charles	Mid 479
Jonas	Wor 238	Joseph	Ham 45	Christopher	Ess 312
Joseph	Ham 134	Leonard	Ply 133	Comfort	Ber 178
Joseph	Nor 140	Lewis	Ply 134	Daniel	Ber 238
Joseph, Ju.	Nor 141	Michael	Ply 123	Daniel	Ess 382
Joshua, Esqr.	Nor 89	Oates	Mid 159	Daniel	Ham 8
Joshua, Jr.	Nor 90	Oliver	Ham 292	Daniel	Ham 160
Kenolm	Ply 113	Parsons	Ham 242	Daniel	Ham 171
Lemuel	Nor 139	Peggy	Ply 134	Daniel	Ham 184
Levi	Ham 134	Salma	Mid 6	Daniel	Mid 271
Levi	Nor 90	Samuel	Ply 125	Daniel	Mid 533
Luther	Ham 131	Silvanus	Ply 126	David	Bar 12
Luther	Ham 136	Solomon	Ham 45	David	Ber 227
Mathew S.	Wor 327	Thomas	Ply 133	David	Brs 421
Moses	Ham 131	William	Ply 123	David	Ham 3
Nathl.	Nor 140	Zilphe	Ply 134	David	Ham 81
Nathl.	Ply 113	Clarck, Nathan	Mid 508	David	Ham 184

David	Nor 200	Hobart	Nor 165	Jonathan	Ess 528
David	Wor 273	Hosea	Nor 99	Jonathan	Ham 17
David, Jur.	Ham 3	Hubbard	Ber 215	Jonathan	Ham 169
Davis	Ham 81	Ichabod	Ber 195	Jonathan	Ply 42
Dillingham	Ber 216	Ichabod	Ham 173	Jonathan	Wor 221
Dolleway	Ham 184	Ichabod	Ham 184	Jonathan, Jr.	Ham 17
Dyer	Nor 354	Irena	Ham 294	Joseph	Bar 8
Dyer, Junr.	Nor 354	Isaac	Bar 5	Joseph	Ber 178
Ebenezer	Nor 200	Isaac	Ham 8	Joseph	Ber 186
Ebenezer	Nor 316	Isaac	Mid 517	Joseph	Ess 289
Ebenr.	Nor 165	Isaac	Ply 114	Joseph	Ham 57
Ebenzr.	Wor 340	Isaac	Wor 296	Joseph	Ham 306
Edmd.	Ess 443	Isaac	Wor 340	Joseph	Mid 95
Edward	Bar 5	Isaac	Wor 416	Joseph	Nan 48
Edward	Nor 199	Isaac, Jr.	Wor 297	Joseph	Nor 200
Edward	Wor 296	Israel	Ess 38	Joseph	Wor 179
Edwd.	Wor 273	Israel	Ham 7	Joseph	Wor 416
Elam	Ham 135	Israel	Ham 253	Joseph, Dr.	Ply 80
Eleazr., Capt.	Ham 204	Jacob	Ber 238	Joseph, Jun.	Nor 200
Elezer	Ham 135	Jacob	Ham 15	Joseph, 2d., Capt.	Ply 80
Eli	Ham 8	Jacob	Ham 306	Joshua	Ber 168
Eli	Ham 235	Jacob	Nor 200	Joshua	Ham 252
Eli, Lt.	Wor 416	Jacob	Nor 272	Joshua	Nor 272
Eliakim	Ham 135	Jacob	Nor 297	Josiah	Ham 3
Elias	Nor 200	Jahleel	Ber 151	Josiah	Ply 80
Elias	Ply 102	James	Ber 171	Josiah	Wor 276
Elijah	Bar 13	James	Ber 178	Jotham	Ham 253
Elijah	Ess 273	James	Ber 253	Jotham	Ham 332
Elijah	Ham 105	James	Ham 158	Judah	Ham 57
Elijah	Nor 210	James	Ham 326	Judah	Ham 289
Elijah	Ply 113	James	Nan 51	Justis	Ham 130
Eliphalet	Ham 272	James	Ply 114	Justus	Ham 284
Elisha	Ham 57	James	Wor 255	Kenaz	Ham 17
Elisha	Ham 81	Jared	Ham 8	Kimbal	Bar 5
Elisha	Ham 98	Jededih	Ham 52	Kimbal, jur.	Bar 4
Elisha	Ham 132	Jenney, wid.	Wor 416	Leml.	Ply 114
Elisha	Ham 290	Jepther	Wor 340	Lemuel	Ess 177
Elisha	Nor 200	Job	Ham 7	Lemuel	Ham 3
Elisha, Capt.	Ply 77	Job	Ham 135	Lemuel	Ham 45
Elisha, Junr.	Ham 57	Joel	Ber 227	Lemuel	Ham 283
Eliza., Wido.	Nor 272	Joel	Ham 3	Levi	Ber 147
Elizabeth	Ham 57	Joel	Ham 173	Lot	Ham 174
Elizabeth, Widw.	Ham 160	John	Ber 232	Lot	Nan 69
Elkanah	Nor 83	John	Brs 421	Love	Nan 70
Elkridge	Nor 81	John	Duk 443	Lovell	Wor 395
Enoch	Bar 8	John	Ess 360	Luther	Ham 8
Enock	Ham 72	John	Ess 528	Luther	Ham 114
Enos	Ham 208	John	Ham 72	Luther	Wor 416
Enos	Ham 238	John	Ham 97	Lydia, Wo.	Ess 166
Ephraim	Ber 191	John	Ham 326	Lyman	Ham 7
Ephraim	Ham 139	John	Mid 56	Martha	Ess 389
Erasmus	Wor 154	John	Mid 95	Martha	Ham 7
Erastus	Ham 8	John	Mid 117	Martha	Nor 218
Ezra	Ham 62	John	Mid 260	Martin	Ham 15
Ezra	Wor 415	John	Mid 533	Mary	Ply 130
Francis	Wor 267	John	Nor 166	Mary, Wid.	Nor 113
Francis O.	Wor 267	John	Nor 218	Mathew	Ham 18
Frederick	Ber 214	John	Nor 350	Mathew	Ham 81
Frederick	Nor 362	John	Ply 114	Matthew	Ham 184
George	Ber 232	John	Wor 179	Matthew	Ham 217
George	Ess 486	John	Wor 327	Matthew	Wor 217
George	Nan 69	John	Wor 404	Medad	Ham 8
George, Jun.	Ess 104	John, Capt.	Wor 416	Melatiah	Ply 114
Gideon	Ham 17	John, Jr.	Duk 444	Meriam	Ham 52
Gideon, Junr.	Ham 17	John, Jr.	Wor 415	Micah	Ess 177
Gidion	Bar 8	John, Jun.	Nor 210	Mical	Mid 533
Giles	Ham 16	John, Jur.	Ham 184	Moses	Ess 251
Greenleaf	Ess 312	John, 2d.	Ham 97	Moses	Ess 312
Hannah	Ber 153	John, 3d.	Nor 210	Moses	Ham 280
Hannah	Ess 248	John Cook	Ber 191	Moses	Ham 332
Hannah	Ply 132	John P.	Ess 312	Moses	Wor 340
Hannah, Wid.	Nor 166	John Scott	Ham 147	Moses	Wor 415
Hardin	Wor 276	Jonas	Ham 7	Nathan	Ber 196
Henry	Brs 404	Jonas	Ham 36	Nathan	Ham 18
Henry	Wor 340	Jonas	Mid 143	Nathan	Ham 97
Hezekiah	Ber 147	Jonas, Revd.	Mid 347	Nathan	Ham 290
Hezekiah	Ham 45	Jonathan	Bar 13	Nathan	Nor 81

Name	Loc	Name	Loc	Name	Loc
Nathan	Ply 114	Samuel	Ess 312	William	Ber 168
Nathanael	Nor 81	Samuel	Ham 97	William	Brs 380
Nathanael, Jr.	Nor 81	Samuel	Ham 156	William	Ess 542
Nathaniel	Ess 272	Samuel (2)	Ham 172	William	Ham 9
Nathaniel	Ham 4	Samuel	Nor 218	William	Ham 52
Nathaniel	Ham 109	Samuel	Nor 253	William	Ham 81
Nathaniel	Ham 173	Samuel	Nor 356	William	Ham 184
Nathaniel	Ply 126	Samuel	Wor 179	William	Mid 126
Nathanl.	Ess 542	Samuel, Capt.	Ham 253	William	Nor 81
Nathl.	Ply 114	Samuel, Dr.	Ply 80	William	Nor 200
Nathl.	Wor 273	Sarah	Ess 476	William	Nor 316
Nathll.	Mid 95	Sarah	Mid 260	William, Jr.	Ham 9
Noah	Ham 128	Sarah	Mid 517	William, Junr.	Nan 48
Noah	Ham 184	Sarah	Nan 68	William, 3rd.	Nan 55
Noah	Ham 252	Selah	Ham 132	Willm.	Ply 114
Noah	Ply 77	Selah, Junr.	Ham 132	Winthrop	Ber 232
Noham	Mid 508	Seth	Brs 291	Wm.	Ham 208
Norman	Mid 271	Seth	Ess 47	Wm.	Nan 48
Norman	Wor 516	Seth	Ham 17	Wm.	Wor 402
Obed	Nan 69	Seth	Ham 235	Wm.	Wor 415
Obediah	Ham 135	Seth	Ham 285	Wm.	Wor 424
Obinnah	Ham 171	Seth	Nor 90	Wm., Rev.	Nor 112
Oliver	Ham 132	Seth	Nor 200	Zephani	Mid 95
Oliver	Ham 136	Seth, Jur.	Ham 235	see Ball, Brown, Cheeney,	
Oliver	Ham 320	Silas	Ber 214	Clack, Cleland, Cutler,	
Oliver	Nor 90	Silas	Ham 8	Earle, Gleazon, Goulding,	
Oliver	Nor 210	Silas	Ham 156	Green, Hobson, Johnson,	
Oliver, Junr.	Ham 132	Silas	Ham 338	McMaster, Powers, Pur-	
Onisimus	Nor 362	Silvanus	Bar 8	rinton, Ricketson, Stone,	
Orrin	Ham 145	Silvanus	Nor 100	Whittemore, Willard	
Paul	Ham 16	Simeon	Ham 289	Clarke, Alice	Ply 17
Paul	Nor 350	Simeon	Wor 297	Amos	Brs 364
Perez	Ham 97	Simeon, Junr.	Ham 294	Amos	Wor 499
Perez, Junr.	Ham 98	Simon	Ham 150	Benja.	Ess 151
Peter	Ess 524	Simon	Nan 66	Benjamin	Ply 5
Peter	Ham 66	Solomon	Bar 5	Benjamin	Ply 57
Peter	Mid 95	Solomon	Ber 191	Benjn.	Wor 194
Peter	Mid 498	Solomon	Ham 8	Danice	Ess 372
Peter	Mid 516	Solomon	Wor 340	Ebenr.	Ess 151
Peter	Wor 216	Solomon, jur.	Bar 4	Eliza.	Ess 370
Peter	Wor 416	Stephen	Ess 312	Eliza.	Ess 395
Pharez	Ham 6	Stephen	Ham 3	Ezra	Brs 364
Pheebe	Ber 236	Stephen	Nor 210	George	Ess 108
Philip	Ham 135	Stephen	Nor 362	George	Nor 124
Phineas	Ham 135	Sylvanus	Ham 284	Henry	Ess 365
Phinehas	Ham 332	Thacher	Nor 83	Henry, Jun.	Ess 151
Phinehas B.	Ham 208	Thaddeus	Nan 58	Jabez	Ber 260
Pitt	Brs 380	Thadeus	Ham 135	James	Ply 19
Rachel	Nan 48	Theodore	Nor 210	James	Ply 22
Ralond	Bar 4	Theophelus	Brs 286	James	Wor 348
Rebecca	Ess 503	Theophelus, Jur.	Brs 286	Jesse	Ber 260
Reuben	Ham 16	Theops.	Ess 443	John	Ber 136
Reuben	Ham 199	Theops.	Wor 416	John	Ess 318
Reuben	Ham 358	Thomas	Bar 16	John	Ham 14
Reuben	Nan 64	Thomas	Ber 196	John	Ply 10
Rewben	Bar 7	Thomas	Ber 232	John	Ply 17
Richard	Brs 283	Thomas	Ess 178	John	Ply 22
Richard	Ess 541	Thomas	Ham 97	John	Wor 500
Richard	Mid 498	Thomas	Ham 139	Jonathan	Ber 260
Robert	Ess 312	Thomas	Ham 282	Joseph	Ber 265
Robert	Ham 326	Thomas	Mid 95	Joseph	Ham 6
Robert	Ply 77	Thomas	Nan 75	Joseph	Ham 232
Robert, Jr.	Ham 326	Thomas	Nor 99	Joshua	Ess 151
Rodman	Ber 109	Thomas	Wor 161	Josiah	Ply 21
Roger	Ply 77	Thomas M.	Ess 312	Keziah	Ber 266
Rolland, Decn.	Ham 219	Thos.	Mid 498	Lothrop	Ply 12
Roswel	Ham 125	Thos., jur.	Mid 95	Martha, Wo.	Ess 146
Rufus	Wor 337	Timothy	Ham 130	Moses	Ber 139
Ruth	Ess 38	Timothy	Mid 88	Moses P.	Ess 151
Ruth	Ham 165	Timothy	Nor 210	Nathaniel	Ply 12
Saml.	Wor 416	Timothy, Junr.	Ham 130	Nathaniel	Ply 17
Samll.	Mid 95	Titus	Ham 18	Nathaniel	Ply 20
Samll.	Mid 533	Uriah	Nan 63	Nicolas	Ber 141
Samuel	Ber 171	Uriel	Ham 135	Noble	Ber 130
Samuel	Ber 212	Uzziel	Ber 230	Ruth	Ply 21
Samuel	Ess 179	Willam	Ham 72	Saml.	Nor 113
Samuel	Ess 289	Willard	Ply 113	Samuel	Ess 145

Name	Ref	Name	Ref	Name	Ref
Samuel	Ham 5	Elijah	Mid 160	William	Ess 362
Samuel	Wor 355	Jacob	Ess 71	William	Ess 368
Samuel, Jr.	Ham 4	John	Ess 272	Zebediah	Duk 453
Seth	Ply 21	Moses	Ess 271	Zimri	Nor 201
Seth	Ply 22	Samuel	Ess 271	Cleverland, David	Nor 323
Simeon	Wor 499	Thomas	Mid 293	Cleverly, Benj., 2d.	Nor 113
Stephen	Ber 141	Clements, ---, Widow	Wor 238	Jno.	Nor 113
Supply	Ber 143	John	Wor 276	John	Wor 347
Supply, 2d.	Ber 143	John, Jur.	Wor 276	Jonan.	Nor 178
Sylvanus	Ber 143	Joseph	Ess 314	Joseph	Nor 113
Thomas	Ber 266	Mary	Wor 276	Thom.	Nor 113
William	Ply 17	Moses	Mid 90	Thom., Ju.	Nor 113
Zoeth	Ply 19	Saml.	Wor 276	Cleves, Marchant	Ess 70
see Finney, Loomis		Samuel	Ess 314	Clevland, Abigail	Ess 366
Clarkson, James	Ess 312	Thomas	Wor 276	Cliff, Peter	Ess 358
Clary, Abel	Ham 57	Wm.	Wor 242	Clifford, John	Wor 416
David	Ham 114	Clemmons, Alice	Ess 503	Jonath.	Wor 416
Elijah	Ham 52	John	Mid 517	Nathan	Duk 453
Elijah	Ham 57	John, Jr.	Mid 516	Samuel	Ham 211
Elihu	Ham 52	Lydia	Brs 278	Varnell	Duk 453
Elisha	Ham 114	Clemons, Aaron	Wor 337	Clift, Adna Winslow	Ply 67
Joseph	Ham 57	Asa	Wor 328	Bethia	Ply 99
Phinehas	Ham 114	Benjn.	Wor 327	Joseph	Ply 100
Stephen	Ham 283	Benjn., Jur.	Wor 327	Joseph, Jur.	Ply 100
Clasby, Abraham	Nan 68	Ebenzr.	Wor 327	Nathaniel	Ply 67
Charles	Nan 72	Jacob	Wor 327	Nathl.	Ply 100
John	Nan 47	Johathan, Junr.	Wor 328	Wills	Ply 100
John, Junr.	Nan 47	John	Ham 302	Wm.	Ply 100
Joseph	Nan 48	Johnathan	Wor 328	Clifton, John	Ess 364
Lot	Brs 421	Phillip	Wor 328	Savory	Ply 114
Robert	Nan 68	Reuben	Wor 327	Timo.	Ply 113
Claslen, Joshua	Ber 174	Richard	Wor 337	Cline, Frederick	Ber 231
Clatter, Jacob	Mid 394	Clerk, Benjamin	Bar 76	Clinton, Isaac	Ham 358
Claxton, Matthias	Ess 551	Benjamin	Wor 451	James	Ess 576
Philip	Ess 550	Daniel	Wor 457	Prudence	Ess 8
Clay, Daniel	Ham 72	David	Wor 457	Samuel	Ess 596
Clayes, Elijah	Mid 138	David, Jr.	Wor 457	Clisby, Jos.	Mid 195
James	Mid 137	Eli	Ber 115	William	Nan 57
Josiah	Mid 145	Francis	Ber 115	Clone, John	Ess 504
Peter	Mid 145	John	Ber 115	Sarah	Ess 503
Cleaveland, Amasa	Ham 62	Joseph	Wor 451	Thomas	Ess 458
Aaron	Nan 53	Reuben	Ber 115	Close, John	Ess 165
Elisha	Ham 235	Sarah, Wido.	Brs 369	Clother, Asa	Ber 161
Freeman	Ham 208	Silas	Ber 112	Jesse	Ber 163
Hopestil	Ham 258	Walter	Ber 110	Clothey, Betty	Ess 503
Jesse	Ham 208	see Paul		Joseph	Ess 480
Lemuel	Ber 105	Clesson, Joseph	Ham 51	Cloud, Daniel	Ess 273
Nehemiah	Ess 37	Cleveland, Aaron	Ber 191	Clough, Aaron	Ess 46C
Nehemiah	Ham 62	Ambros	Brs 284	Abigal	Mid 92
Roswell	Ham 62	Asahel	Ber 191	Amasa	Ham 204
Samuel	Ham 21	Benjamin	Brs 286	Baley	Ess 71
Samuel	Ham 259	Charles	Ess 367	Benja.	Ham 204
Seth	Nan 52	David	Brs 286	Calvin	Ham 339
Susanna	Nan 53	David	Ham 41	Dan	Ham 258
see Ceaveland		Ebenr.	Wor 296	David	Ess 71
Cleaves, Ambrous	Ess 539	Edward	Nor 201	Ebenezer	Ess 478
Andrew	Ess 528	Elijah	Wor 296	Elias	Ess 110
Benja., Jr.	Ess 534	Elphas	Brs 287	Elijah	Ess 71
Benjamin	Ess 523	Ephraim	Wor 296	John	Ess 71
Ezra	Ess 551	Ezra	Duk 443	John	Nor 316
Nathaniel	Ess 595	Henry	Ber 191	Jonathan	Ham 258
Nehemiah	Ess 39	Ichabod	Duk 444	Jonathn.	Ess 46C
Titus	Ess 528	Jedidiah	Ber 191	Joseph	Ess 357
Cleavland, Ebenr., Junr.	Ess 150	John	Duk 453	Joseph	Ham 243
Ebenr., Revd.	Ess 151	John	Ham 332	Martha, Wo.	Ess 110
Edward	Wor 327	Jonathan	Brs 288	Obediah	Wor 327
John	Nor 364	Joseph	Duk 443	Peter	Ess 360
Newcom	Ham 298	Joseph	Wor 297	Susanna	Ess 418
Samuel	Nor 353	Lydia	Nan 58	Timothy	Ham 258
Cleland, Clark	Ess 390	Parker	Ess 250	Uriah	Ham 356
Clemens, Henry	Ess 399	Samuel	Nor 218	William	Ess 386
John	Ess 387	Sarah	Ber 191	William	Mid 89
Saml.	Ess 386	Seth	Duk 443	Clouston, Hannah	Brs 410
Clement, Amos	Ess 271	Stephen	Ess 363	Cloutman, Abigail	Ess 393
Benjamin	Ess 272	Sylvanus	Duk 451	Ebenezer B.	Ess 514
Ebenezr.	Ess 271	Thomas	Wor 176	Eliza.	Ess 424
		Tristram	Duk 445	Hannah	Ess 407

Hannah	Ess 495	John	Ply 42	Cobhigh, Ephraim	Wor 457		
Hannah	Ess 513	John	Ply 78	Cobleigh, John	Mid 444		
John	Ess 473	John, Junr.	Nor 372	Mary	Mid 444		
Joseph	Ess 512	Jonathan	Brs 359	Nathaniel	Mid 444		
Mary	Ess 407	Jonathan	Brs 385	Rachel	Mid 444		
Robert	Ess 513	Jonathan	Ham 52	Cobley, David	Wor 236		
Robert	Ess 517	Jonathan	Ham 332	John	Wor 233		
Stephen	Ess 423	Jonathan	Nor 100	Cobun, Saul, Negro	Ply 125		
Sukey	Ess 478	Joseph	Bar 63	Coburn, Abiel	Mid 76		
Thomas	Ess 517	Joseph	Bar 85	Caleb	Mid 76		
Thomas, junr.	Ess 514	Joseph	Ham 52	David	Ess 259		
Cloyes, Eunice	Wor 366	Joseph	Nor 379	David	Ham 267		
Cluney see Cheney		Joseph	Ply 7	Edward	Wor 337		
Coambs, William	Ess 402	Joseph, Jr.	Bar 84	Edward	Wor 341		
Coas, Jereh.	Ess 120	Joseph, Junr.	Nor 360	Eleanor	Ber 136		
Susa., Wo.	Ess 162	Josiah	Ham 41	Elijah	Mid 84		
William	Ess 120	Josiah	Ham 326	Ephm.	Mid 83		
Coates, John	Ess 371	Josiah	Ham 339	Ezra	Mid 83		
John	Ham 156	Lemel.	Wor 296	Henry	Mid 371		
Stephen	Ham 6	Lemuel	Ply 3	Hezch.	Mid 89		
Theodore	Ham 159	Lemuel	Ply 22	Isaac	Mid 92		
Coats, Ezra	Nor 123	Lewis	Ply 77	Jabech	Mid 89		
Joseph	Ess 446	Lewis	Wor 395	Jacob	Ess 314		
Reuben	Ham 17	Lois, Wd.	Bar 64	Jacob	Mid 90		
Cob, Wm.	Nan 69	Luther	Nor 356	Jacob	Wor 328		
Coban see Cabar		Lyman	Brs 380	Jedediah	Ham 199		
Cobb, Amos	Ham 302	Mallatia	Mid 293	Jeptha	Mid 86		
Andrew	Ply 79	Martha	Bar 83	Job	Mid 87		
Anselm	Ply 50	Mary	Bar 84	John	Mid 76		
Barnabas	Bar 5	Mason	Brs 385	John	Wor 327		
Barnabas	Ply 10	Mulford	Bar 64	John	Wor 340		
Benjamin	Bar 84	Nathan	Brs 365	John, Junr.	Wor 327		
Benjamin	Brs 385	Nathanael	Ham 191	John, jur.	Mid 76		
Benjamin	Ply 10	Nathaniel	Bar 84	Jona.	Mid 90		
Benjamin, Jr.	Bar 84	Nathl.	Mid 527	Jona., jr.	Mid 90		
Benjamin, Jur.	Brs 385	Nehemiah	Ply 7	Joseph	Wor 327		
Binney	Ply 77	Nehemiah	Ply 9	Josi W.	Mid 83		
Cornelius	Ply 4	Olliver	Ply 113	Kezia	Mid 84		
Daniel	Bar 84	Orres	Bar 84	Lois	Mid 248		
Daniel	Brs 385	Otis	Nor 372	Mary	Mid 85		
Daniel	Ham 57	Perez	Wor 308	Mary, jr.	Mid 85		
Daniel	Nor 306	Pliny	Brs 380	Micah	Mid 86		
David	Bar 84	Priscilla	Ham 339	Moses	Mid 76		
David	Brs 385	Richard	Bar 64	Moses B.	Mid 85		
Desire	Bar 85	Richard	Ham 37	Nathll.	Mid 76		
Ebenezer	Nor 374	Richard, Jur.	Bar 68	Oliver	Mid 76		
Ebenezer	Ply 9	Rowland	Ply 22	Peter	Mid 89		
Ebenezer	Ply 27	Rufus	Brs 368	Peter, jr.	Mid 89		
Ebenezer	Ply 77	Salmon	Brs 385	Richard	Wor 161		
Ebenr.	Wor 296	Saml., Ensn.	Ply 77	Samuel	Wor 161		
Edward	Ply 42	Samuel	Bar 84	Saul	Mid 90		
Edward	Wor 189	Samuel	Mid 248	Simeon	Mid 84		
Eleazer	Bar 84	Samuel	Nor 338	Simon	Mid 84		
Eleazor	Bar 5	Sarah	Brs 368	Thaddeus	Mid 90		
Elezar	Bar 16	Sherabiah	Wor 295	Thomas	Mid 85		
Elijah	Bar 8	Seth	Bar 5	Timo.	Mid 85		
Elijah W.	Ber 253	Seth	Bar 41	Titus	Mid 85		
Elisha	Bar 76	Seth	Ply 27	Uriah	Mid 87		
Elisha	Brs 380	Silas	Brs 380	Willard	Mid 85		
Elisha	Ham 191	Stephen	Ply 29	Willard, jur.	Mid 85		
Elisha	Suf 139	Susanna, Wo.	Ply 78	Zacheus	Wor 337		
Elkanah	Bar 76	Sylvanus	Ham 57	Cochran, Cornelus	Ham 179		
George	Ham 57	Sylvanus	Wor 297	Glass	Ham 179		
Gershom	Wor 296	Thankful	Bar 42	John	Ham 176		
Henry	Bar 84	Thomas	Bar 79	John	Ham 182		
Hermon	Nor 379	Thomas	Bar 93	Cock see Cook			
Isaac	Ply 10	Timothy	Ply 7	Cockran, James	Ess 178		
Isaiah	Ply 114	William	Brs 380	Mary	Mid 160		
Jacob	Wor 280	William	Ham 37	Cocks, James	Ess 475		
James	Ply 80	William	Ham 233	Codding, Abiather	Brs 362		
Jeremiah	Nor 371	William	Ply 7	Elisha	Brs 362		
Job	Ply 4	William, Junr.	Ham 37	James	Brs 367		
John	Bar 63	Zebedee	Ply 77	James, Junr.	Brs 367		
John	Brs 385	see Coob		Robert	Ber 131		
John	Ham 143	Cobbett, Nathan	Mid 508	Samuel	Brs 367		
John	Nor 373	Philip	Nor 306	Samuel	Brs 385		
John	Ply 27	Coben, Jack, Negro	Ess 550	William	Brs 414		

Coddington, Elijah,		Eunice	Nan 46	Susannah, Wido.	Ess 309
Revd.	Ham 275	Eunice	Nan 68	Thaddeus	Nan 64
Coding, Cobb	Ber 213	Francis	Nan 55	Thankful	Nan 46
Codman, John	Mid 21	Francis	Nan 57	Thomas	Nan 57
Codner, Abram	Ber 253	Gardner	Nan 47	Thomas, Junr.	Nan 61
Cody, John	Wor 341	George	Wor 225	Timothy	Duk 444
Philip	Ber 186	Gideon	Nan 46	Timothy	Nan 47
Coe, Aron	Ham 167	Gilbert	Nan 46	Tristam	Ess 47
Amos	Ber 232	Hannah	Nan 60	Tristram	Ess 137
Benjamin	Ham 167	Hannah, 2nd.	Nan 63	Tristram	Ess 309
David	Ham 167	Henry	Nan 63	Trustam	Ess 214
Ephraim	Ham 167	Isaac	Nan 61	Uriah	Duk 442
Gad	Ham 181	Isaiah	Nan 59	Willa., Doctr.	Ess 111
Israel	Ham 166	Jacob	Ess 215	William	Duk 447
James	Ham 173	James	Duk 444	William	Nan 50
Jesse	Ber 119	James (2)	Nan 69	William, 2nd.	Nan 50
John	Ham 167	Jas. Josiah	Nan 74	Zachariah	Nan 67
Joseph	Ham 167	Jedidah	Duk 452	Zebdial	Nan 51
Mary	Ham 167	John	Duk 445	Zenas	Nan 59
Rachel	Ham 173	John	Ess 46C	see Chapin, Mirick, Whippy
Seth	Ber 232	John	Ess 214	Cofland, Robert	Ham 253
Seth	Ham 167	John	Nan 49	Coggen, Mary	Mid 527
Coes, John	Wor 176	John	Nan 59	Coggershall, Gideon	Brs 422
Coff, John	Ham 225	Jonathan	Nan 59	John	Brs 422
Coffee, Ishmael	Nor 210	Jonathan, 2nd.	Nan 57	John, Jr.	Brs 422
Coffen, Eliphalet	Ess 229	Joseph	Ess 223	Coggeshall, Paul	Nan 70
Obediah	Bar 22	Joseph	Ess 310	Peleg	Nan 62
Robert	Nor 176	Joseph	Nan 64	Peleg, Junr.	Nan 65
Coffin, Abel	Ess 215	Joseph, Jr.	Ess 310	Sarah, Wido.	Brs 358
Abigail	Nan 46	Joseph, 2nd.	Nan 59	Coggin, Jacob	Mid 331
Abigail	Nan 56	Joshua	Nan 70	Coggsall see Chace
Abigal	Ess 216	Josiah	Nan 67	Coggswel, Stephen	Wor 505
Abner	Ess 533	Judith	Nan 74	Coggswell, Emerson	Mid 7
Abner	Nan 44	Laban	Ber 134	Cogswell, Aaron	Wor 502
Abner	Nan 46	Latham	Nan 65	Anstice	Ess 581
Abner	Nan 78	Lemuel	Ess 214	Benja.	Ber 195
Absalam	Nan 66	Lemuel	Ess 309	Benjamin	Ess 587
Albert	Nan 68	Lydia	Nan 46	Caeser	Ess 353
Alihu	Nan 49	Lydia, 2nd.	Nan 47	Daniel	Ber 158
Alpheus	Nan 70	Margaret	Nan 72	Daniel	Ber 266
Amos	Ess 214	Mary	Nan 72	Daniel	Ess 584
Andrew	Nan 56	Matilda	Nan 64	Ebenezer	Ess 584
Asa	Nan 55	Matthew	Ham 62	Ebenr.	Wor 499
Bartlet	Nan 56	Micajah	Nan 59	Ezra	Ham 19
Barzillia	Nan 75	Miriam	Nan 58	Hezekiah	Ham 19
Benjamin	Ess 309	Moses	Ess 310	Jacob, Jur.	Ess 589
Benjamin	Nan 57	Nathaniel	Nan 70	James	Mid 7
Benjamin, Jr.	Ess 310	Obed	Duk 445	Jeremiah	Mid 438
Benjamin, 3rd.	Nan 59	Obed	Nan 73	John	Ess 272
Beulah	Duk 444	Owen	Nan 69	John	Ess 588
Brown	Nan 68	Paul	Nan 58	Jona.	Mid 394
Catharine	Nan 75	Paul, Junr.	Nan 60	Jonathan	Ess 587
Charles	Ess 216	Peter	Duk 445	Jonathan, Jur.	Ess 590
Charles	Ess 310	Peter, Esq.	Ess 104	Mary	Ess 586
Charles	Nan 60	Philip	Nan 48	Nathan	Ber 253
Daniel	Duk 444	Rechard	Ess 231	Nathaniel	Ess 587
Daniel	Nan 56	Reuben	Nan 59	Nathel.	Ess 252
David	Duk 447	Robert	Nan 62	Rufus	Ber 196
David	Ess 309	Ruth	Nan 48	Samuel	Ber 208
David	Nan 46	Sally	Duk 444	Samuel	Ess 177
David	Nan 57	Saml.	Nan 75	Solomon	Ber 161
David, Jr.	Ess 309	Samuel	Ess 233	Thomas	Ess 272
Dolly, Widw.	Ess 111	Samuel	Ess 309	William	Ess 586
Ebenezer	Nan 68	Sarah	Duk 444	William	Mid 410
Eber	Nan 71	Seth	Nan 57	Wm.	Wor 424
Eccobod	Ess 231	Seth, 2nd.	Nan 64	Cohan, Benjamin	Bar 66
Edea	Duk 442	Shubael, 2nd.	Nan 63	Samuel	Bar 66
Edmund	Ess 223	Shuball	Nan 45	Shobel	Bar 66
Edward	Nan 67	Silvanus	Nan 63	Cohee, James	Wor 443
Eliel	Nan 64	Simeon	Nan 72	Cohoon, James, jur.	Bar 10
Elihu	Nan 49	Simeon, Junr.	Nan 45	Jesse	Bar 9
Elizabeth	Duk 442	Solomon	Nan 59	John	Bar 9
Elizabeth	Nan 45	Stephel	Ess 231	Joseph	Bar 70
Elizabeth	Nan 61	Stephen	Ess 46C	Reuben	Bar 9
Enoch	Nan 70	Stephen	Ess 214	Seth	Bar 9
Ephraim	Nan 56	Stephen	Nan 71	Smalley	Bar 44
Eunice	Duk 444	Stephen, junr.	Ess 46C	William	Bar 9

Name	Loc.	Name	Loc.	Name	Loc.
Cohrin, Abner	Ham 137	Theophs.	Ess 272	Noah	Nor 361
Coit, Isaac	Ham 153	Coldgrove, Jeremiah	Ber 138	Onesimus	Mid 145
Coker, Thomas	Ess 210	Cole, Aaron	Brs 306	Otis	Brs 302
Colbby, Charles	Ess 231	Aaron	Brs 402	Phineas	Ess 260
John	Ess 229	Abel	Wor 154	Rachel	Ply 133
Colbey, Aaron	Ess 70	Abigail	Ess 528	Richard	Brs 320
Aaron	Ess 71	Abraham	Mid 25	Samuel	Ess 528
Adonijah	Ess 69	Allen	Brs 309	Samuel	Ham 62
Allice	Ess 69	Amaziah	Ham 21	Samuel	Ply 8
Barzilla	Ess 71	Ammi, Wo.	Ess 105	Sarah	Ply 7
Barzilla, junr.	Ess 72	Amos	Brs 306	Sarah	Ply 132
Benja.	Ess 70	Andrew	Ess 545	Simeon	Brs 302
Eliza.	Ess 220	Andrew	Ply 77	Simeon	Brs 306
Gee, Capt.	Ess 47	Anna	Ess 595	Simeon	Ess 260
Gideon	Ess 71	Archippus	Ply 113	Stephen	Wor 154
John	Ess 69	Archippus	Brs 422	Thadius	Mid 498
John W.	Ess 69	Asa	Ber 232	Thomas	Ham 10
Jonathan	Ess 70	Asa	Ess 541	Thomas	Ply 113
Joseph	Ess 219	Asa	Nor 201	Thos.	Ess 260
Joshua	Ess 72	Barnabas	Ham 21	Timothy	Bar 79
Judith, Wd.	Ess 69	Barnet	Ber 136	Timothy	Ber 207
Molly, Wd.	Ess 47	Benjamin	Ber 207	Timothy	Brs 321
Obadiah, Dr.	Ess 69	Betsey	Ply 10	Weden	Ess 105
Obadiah, junr.	Ess 69	Caleb	Mid 478	Weden, Junr.	Ess 105
Philip	Ess 48	Cha.	Mid 159	William	Bar 70
Samuel	Ess 48	Charles	Ply 130	William	Brs 309
Thomas	Ess 70	Consider	Ham 21	William	Ess 475
Vallentine	Ess 70	Constant	Brs 303	William, Jur.	Bar 70
Vallentine, junr.	Ess 70	Constant	Brs 402	Wm.	Nor 140
Woodman	Ess 72	Daniel	Bar 70	Coleby, Benjamin	Ess 519
Wm., Capt.	Ess 70	Daniel	Bar 79	Jeremiah	Brs 277
Colborn, Paul	Wor 355	David	Brs 310	Coleman, Ann	Ess 516
Colbourn, Levi	Nor 251	David	Ply 135	Barnabas	Nan 73
Thomas	Nor 242	David	Wor 154	Barzillai	Nan 52
Colburn, Alpheus	Wor 516	Ebenezar	Bar 75	Benjamin	Brs 422
Benjamin	Nor 311	Ebenezer	Ber 163	Daniel	Nan 67
Comfort	Nor 311	Ebenezer	Ham 10	David	Nan 65
Danforth	Nor 323	Ebenezr.	Brs 403	David, 2nd.	Nan 55
Ebenr.	Wor 434	Edward	Ply 79	Davis	Nan 73
Elijah	Wor 347	Elijah	Ham 298	Dorothy	Mid 182
Eliphalet	Nor 310	Elizabeth	Ham 13	Ebenezer	Bar 90
Elisha	Wor 434	Elize.	Ess 530	Edward	Bar 38
Ichabod	Nor 311	Elkanah	Wor 280	Edward	Bar 51
Isaac	Nor 310	Ephraim	Ply 59	Elijah	Ham 72
Isaac, Junr.	Nor 310	Ezra	Ber 186	Elizabeth	Nan 73
Jabez	Ham 219	Israel	Ber 156	Francis	Nan 57
James	Mid 12	Israel, 2d.	Ber 156	Hezekiah	Bar 38
John	Ham 93	Jacob	Ber 163	James	Bar 38
John	Wor 434	James	Bar 76	Jeremiah	Nan 55
Jona.	Wor 434	James	Ber 135	Job	Nan 67
Jonathan	Nor 311	James	Ber 163	Job	Nor 376
Joseph (2)	Mid 23	James, Junr.	Ply 129	John	Bar 38
Joseph	Mid 24	Jesse	Bar 77	John	Nan 48
Joseph	Nor 316	Joanna	Bar 70	John	Nan 73
Lemuel	Nor 306	Job	Ply 7	Jonathan	Nan 55
Lewis	Nor 311	John	Ber 168	Lydia	Nan 72
Nathan	Ham 332	John	Mid 27	Matthew	Nan 51
Nathan	Nor 311	John	Ply 113	Nathaniel	Bar 93
Nathan	Wor 434	John	Wor 154	Nathaniel	Ham 22
Nathan, Junr.	Nor 297	John	Wor 451	Nathaniel	Ham 66
Nathaniel	Ham 350	Joseph	Brs 309	Nathl.	Nan 71
Nathaniel	Wor 433	Joseph	Brs 364	Niles	Ham 14
Phinehas	Nor 310	Joseph	Mid 27	Peleg	Nan 47
Phins.	Mid 383	Joseph, Junr.	Brs 374	Prince	Nan 56
Pliny	Wor 434	Joshua	Ply 12	Priscilla	Nan 49
Richard	Nor 311	Justin	Ber 191	Reuben	Nan 58
Seth	Nor 311	Lemuel (2)	Ply 10	Richd. Lake	Nan 50
Thaddeus	Wor 516	Marcus	Ham 57	Samuel	Ess 578
Thomas	Nor 311	Margret	Ply 36	Samuel	Ham 14
Timothy	Nor 310	Mercy	Bar 90	Samuel	Nan 49
see Gay		Moses	Ess 259	Seth	Ham 289
Colby, Davd., Majr.	Ess 94	Nathl., Lt.	Ply 77	Seth, Junr.	Ham 293
Ephraim	Ess 271	Nathl., 2d.	Ply 80	Shubael	Nan 51
John	Ess 243	Nathll.	Ply 33	Silas	Nan 61
John	Ess 313	Nehemiah	Brs 298	Silvanus	Nan 73
Joseph	Ess 219	Nicholas	Ess 501	Silvanus, 2nd.	Nan 63
Nicolus	Ess 272	Noah	Ham 305	Silvanus, 3rd.	Nan 63

Name	Loc.	Pg.
Simeon	Nan	66
Simeon, Junr.	Nan	67
Solomon	Nan	67
Stephen	Nan	51
Thomas	Bar	44
William	Nan	47
William	Nor	176
William, Doctr.	Ham	155
Wm.	Nan	70
see Cook		
Colemon, John	Bar	16
Colesworthy, Jonathan	Nan	74
Jonathan Waldo	Nan	74
Waldo	Nan	74
Colkins, William	Ham	13
Collamore, Benja.	Ply	121
Enoch	Ply	128
Thos.	Ply	33
Willm.	Ply	33
Collar, Artemas	Ham	41
Asa	Ber	240
Hezekiah	Ham	28
Jason	Wor	164
John	Ber	240
Jonas	Wor	477
Moses	Ber	240
Samuel	Ham	41
Silas	Ber	240
Uriah	Ham	28
Collener, Thankful, Wd.	Bar	61
Collens, Matthias	Mid	271
Thomas	Brs	289
Coller, Ezra	Wor	327
John	Wor	327
Collier, Isaac	Ess	398
Isaac	Ply	134
Isaac, Junr.	Ply	135
John	Ess	516
Jonathan	Ply	134
Leml.	Nor	140
Colling, Abijail	Mid	260
Collings, James	Ply	5
Jno.	Mid	194
Jonah	Wor	296
Rachel	Wor	296
Collins, Aaron	Wor	205
Abram.	Ber	112
Abram.	Ber	115
Andrew	Bar	62
Ariel	Ham	242
Benajah	Ess	19
Benja.	Ess	46C
Benjamin	Bar	62
Benjamin	Brs	343
Benjamin	Wor	154
Calvin	Ham	145
Claudius L.	Ham	171
Dan	Ber	208
Daniel	Ber	147
Daniel	Ess	424
Daniel	Ham	271
Daniel	Ham	298
Daniel, Colo.	Ess	120
Ebenezer	Ham	157
Enoch	Ess	46C
Hannah	Nor	238
Jacob	Ber	110
Jacob	Ess	434
Jacob, Jr.	Ess	436
James	Ess	120
Jesse	Bar	66
John	Bar	66
John	Ber	253
John	Ess	415
John	Ess	420
John	Ess	421
John	Ham	242
John	Wor	205
John, Jur.	Bar	63
Jonathan	Bar	67
Joseph	Bar	63
Joseph	Bar	76
Joseph	Ess	314
Joseph	Ham	339
Lemuel	Ber	209
Lewis	Ham	269
Mark	Wor	205
Mark	Wor	206
Mary	Ess	402
Mary, Wo.	Ess	94
Menasah	Ber	208
Micajah	Ess	425
Michael	Bar	77
Moses	Ess	46C
Moses	Ess	516
Mosses	Bar	64
Nathaniel	Ber	209
Nathaniel	Ham	149
Nathaniel	Ham	301
Nathl.	Ess	443
Nathu.	Ess	104
Oliver	Ber	254
Oliver	Ham	242
Oliver, Jr.	Ber	253
Pickering	Ess	383
Pomp	Brs	374
Ralph	Ber	208
Rebeccah	Bar	60
Richard	Bar	60
Richard (2)	Brs	343
Richard	Ham	57
Richard, Jur.	Ham	57
Richd.	Ess	418
Ruth	Bar	64
Saml.	Ess	436
Saml., Junr.	Ess	434
Samuel	Bar	15
Samuel	Ess	46C
Stephen	Ham	94
Treat	Ham	219
William	Ber	152
William	Brs	343
William	Ham	145
William	Wor	206
William, Jun.	Wor	206
Zach.	Ess	433
Zach.	Ess	436
see Brown, Hill, Mills,		
Moore, Smith		
Collio, Lydia	Bar	84
Collis, John	Wor	260
Collister, John	Ham	175
Samuel	Wor	257
Thomas	Bar	74
William	Wor	260
Collock see Colloft, Kollock		
Colloft, John H.	Nor	100
Collson, William	Ham	6
Collwall, Joshua	Ess	232
Josiah	Ess	232
Nathel.	Ess	232
see Callwall		
Collwell, William	Mid	22
Collyer, Isaac	Ess	458
Isaac, junr.	Ess	457
John	Ess	474
Liddia	Ess	482
Colman, Benja.	Mid	64
Benjamin	Ess	204
David	Ply	133
Gershom	Ham	326
Joseph	Ply	135
Joseph, Jur.	Ply	135
Lemuel	Ham	133
Moses	Ess	204
Nathl.	Ham	326
Samel.	Ham	130
Thomas	Ply	119
Thomas, Junr.	Ply	136
Tob	Ham	195
William	Ess	204
William	Ess	312
Colson, Bolter	Nor	165
Ebenezer	Ham	306
Ebenr., Jr.	Ham	306
John	Ham	306
John	Ply	42
Josiah	Nor	186
Mary	Ham	306
Thomas, Jun.	Nor	179
Thomas, 3d.	Nor	186
Colstone, John	Mid	479
Colt, Eliphalet	Ber	178
Elisha	Ham	287
Jabez	Ber	195
Jabez	Ber	207
James D.	Ber	195
James D., Junr.	Ber	196
John	Ber	196
Richard	Ber	186
William	Ber	178
Coltins, James	Ham	249
Colton, Aaron	Ham	255
Alpheus	Ham	93
Andrew	Ber	254
Andrew	Ham	242
Asa	Ham	93
Asahel	Ham	94
Chandler	Ham	93
Charles, Capt.	Ham	242
Chauncy	Ham	143
Demas	Ham	92
Dimond	Ham	239
Elihu	Ham	93
Erastus	Ham	94
Gad, Capt.	Ham	264
George	Ham	92
George	Ham	264
Gideon, Junr.	Ham	94
Henry, Lt.	Ham	94
Israel	Ham	94
Jabez	Ham	94
Jacob	Ham	94
John	Ply	10
Levi	Ham	94
Lois	Ham	199
Luther, Majr.	Ham	93
Martin	Ham	95
Mary, Wd.	Ham	94
Samuel	Ham	94
Silas	Ham	199
Simeon, Ensn.	Ham	94
Simon	Ham	264
Solomon	Ham	93
Solomon, 2d.	Ham	92
Stephen	Ham	247
Thomas	Ham	94
Thomas, Jr.	Ham	94
William	Ham	242
Wm., Deacn.	Ham	94
Zadock	Ham	92
see Cotton		
Columbia, Leuia	Nor	297
Colver, Simeon	Ber	112
Colvill, John	Ess	385
Colwell, Bedford	Ham	62
Ebenezer	Ply	50
Combs, Elnathan	Brs	290
Ezra	Ham	332
Jacob	Wor	248
Jesse	Nor	337

John	Nor 336	Joanna	Ply 60	John	Ham 332
John, Jur.	Wor 260	John	Bar 57	John	Nor 228
Joshua	Ham 85	John	Ess 37	Joseph	Nor 100
Joshua, Junr.	Ham 85	John	Ess 533	Nathanael	Nor 101
Nathaniel	Ham 149	John	Mid 47	Thomas	Nor 100
Phillip	Ess 216	John	Mid 428	William	Ham 225
Reuben	Wor 475	John	Ply 57	William	Ham 258
Solomon	Ber 248	John, junr.	Ply 60	William	Nor 306
Tamzin, Wd.	Ham 119	Jonathan	Wor 337	Congdon, Caleb	Brs 422
Comee, Benjamin	Nor 83	Josiah	Ham 37	Jairus	Ham 285
David	Wor 451	Josiah	Mid 63	John	Brs 422
David, Jr.	Wor 451	Josiah	Mid 429	Joseph	Brs 422
John	Nor 81	Josiah	Wor 341	Joshua	Wor 475
John, Jr.	Nor 81	Josiah	Wor 451	William	Ber 214
Oliver	Nor 81	Levi	Mid 462	Conkey, Alexr.	Ham 213
see C..., Cowee		Levi	Wor 219	Alexr., 2d.	Ham 213
Comestock, Jacob, Jr.	Ham 208	Lot	Ess 534	Andrew	Ham 215
Comey, John	Mid 516	Lot	Ess 583	David	Ham 213
Comings, Allen	Wor 153	Lot	Mid 13	Elisha	Ham 213
Asa	Wor 153	Luther	Wor 318	Isaac	Ham 213
David	Brs 319	Lydia	Ess 534	Israel	Ham 213
Jacob	Wor 153	Martin	Ply 49	John, Majr.	Ham 213
Jacob, Junr.	Wor 154	Melley	Mid 47	Thomas	Ham 213
Jesse	Wor 153	Nathaniel	Ply 60	Wm.	Ham 213
Jonathan	Wor 154	Nathanl.	Ess 557	Conkley, John	Ham 109
P., Widow	Wor 154	Nathn.	Mid 47	Conley, John	Brs 291
Comins, Barnabas	Wor 327	Oliver	Mid 248	Conn, John	Wor 457
Daniel	Wor 179	Oliver	Wor 318	John, Jr.	Wor 457
Free	Wor 327	Peter	Mid 431	Robert	Ber 240
James	Wor 327	Peter	Ply 57	see Cond	
Rachel	Wor 179	Phineas	Ply 57	Connabell, John	Ham 77
Reuben	Wor 327	Rachel	Mid 63	John, Junr.	Ham 81
Reuben, Jur.	Wor 327	Rufus	Wor 341	Jonathan	Ham 77
Wm.	Wor 327	Saml.	Mid 158	Samuel	Ham 81
see Litchfield		Samuel	Bar 57	Connell, George	Ess 314
Commings, Benja.	Ham 109	Samuel	Ess 557	Conner, Daniel	Ber 108
David	Ham 109	Samuel	Wor 355	Edward	Wor 176
Commins, Cooledge	Wor 327	Samuel, Jr.	Ess 533	Gideon	Ess 213
Compton, Sarah	Ess 363	Samuel P.	Mid 31	John	Ber 105
see Kompton		Sarah	Mid 47	Joseph	Wor 276
Comstock, Charlot	Ham 320	Sarah	Mid 431	Connery, Jno.	Mid 182
Ebenr.	Ber 109	Shebuel	Mid 56	Peter	Mid 195
Ezekiel	Ber 208	Silas	Mid 121	Connor, Edwd.	Ess 368
Ishmael	Ber 133	Silvanus	Ply 60	Joseph	Ess 314
Jeremiah	Ber 173	Simeon	Wor 423	William	Ess 314
Lancaster	Ber 109	Thatcher	Ber 266	Constantine, Jacob	Wor 457
Medad	Ber 127	Thomas	Wor 444	Convass, Benjamin	Ham 159
Nathan	Nor 361	Thomas, Jr.	Wor 443	Convers, Amasa	Ber 168
Perrygrine	Ber 109	Thos.	Wor 318	Amasa, J.	Ber 168
Seth	Ber 135	Timothy	Brs 306	Benja.	Mid 331
Solon	Ber 126	William	Ess 583	Daniel	Wor 497
Thomas	Ber 107	William	Wor 219	Edward	Ber 191
Thomas	Ber 133	Wm.	Mid 462	Elisabeth	Ess 21
see Cumstock		Wm.	Ply 110	James	Ber 153
Con, Polly	Wor 367	Zenas	Ply 60	James	Ber 167
Conant, Aaron	Ess 37	Conantt, Abel	Mid 10	James	Mid 194
Abel	Mid 15	Cond, George	Wor 220	James	Mid 332
Amos	Mid 121	Condon, Jane	Ess 488	Jeremiah	Mid 331
Andrew	Mid 14	Condre, Nathaniel	Mid 425	Jesse	Mid 331
Andrew	Ply 60	Condry, Dennis	Ess 312	John	Mid 331
Asa	Bar 92	Timothy	Ess 312	Joseph	Mid 357
Asa	Ham 36	Condy, Mary	Mid 5	Joshua	Wor 488
Asa	Wor 161	Cone, Ashbel	Ber 247	Josiah	Mid 331
Benjamin	Ham 36	Cornelius, & Son	Ber 175	Josiah, 2d.	Mid 331
Benjamin, Dr.	Ham 37	Cyrus	Ham 158	Mary	Mid 331
Charles	Bar 92	Daniel	Ber 186	Reuben	Wor 487
Daniel	Mid 429	David S.	Ber 131	see Cornvers, Francis	
Darkus	Ess 39	Frederick	Ber 232	Converse, Alpheus	Ham 261
Eli	Mid 12	Ichabod	Ham 236	Jacob	Ham 261
Elias	Ply 57	Joseph	Ber 175	James	Ham 204
Ezra	Mid 13	Mathew, Jr.	Ham 237	James	Wor 255
Ezra	Ply 60	Newell	Ham 236	Josiah	Ham 275
George	Ber 265	Robert	Ham 72	Luke	Wor 327
Harvey	Wor 328	Zenas	Ham 237	Nabby	Ess 392
Israel	Ber 247	Conelin, Benja.	Wor 235	Phinehas	Ham 225
Israel	Ess 537	Coney, Daniel	Wor 248	Samuel	Wor 255
James	Wor 318	Ichabod	Nor 100	Conway, John	Ess 510

Name	Code	Name	Code	Name	Code
Martha	Ess 473	George	Ham 51	Peter	Mid 450
Peter	Ess 471	George	Wor 173	Philip	Ber 205
Sarah	Ess 387	Henry	Ess 26	Rebeccah	Bar 79
Conwell, Daniel	Mid 498	Henry	Ham 97	Robert	Brs 421
Cony, William	Wor 248	Ichabod	Wor 390	Robert	Ess 365
Coob, Nicholas	Bar 41	Isaac	Bar 61	Robert	Ply 30
Coock, Jacob	Nor 83	Isaac	Ber 208	Robert	Ply 136
Cook, Aaron	Ham 8	Isaac	Mid 160	Robr.	Ess 378
Aaron	Nor 361	Israel	Mid 499	Robt.	Ess 382
Aaron	Wor 348	Jaire	Nor 357	Royal	Wor 387
Aaron, Junr.	Ham 8	James	Bar 57	Ruben	Nor 361
Abel	Ham 326	James	Ber 247	Rufus	Ham 320
Abiel	Ber 127	James	Ham 286	Russell	Ber 240
Abner	Nor 339	Jesse	Ber 107	Russell	Nor 140
Abner	Nor 361	Jesse	Ham 57	Samel.	Wor 238
Abner, Junr.	Nor 361	Jesse	Wor 480	Samuel	Bar 57
Abraham	Ber 141	Job	Ham 287	Samuel	Bar 76
Abraham	Ham 215	John	Bar 57	Samuel	Ess 375
Adanis	Wor 390	John	Bar 76	Samuel	Ess 549
Amasa	Ham 77	John	Ber 130	Samuel	Ess 556
Amos	Ham 152	John	Ber 179	Samuel	Ham 97
Amos	Ply 30	John	Brs 285	Samuel	Ham 301
Ananias	Mid 410	John	Ess 310	Samuel	Mid 450
Andrew	Ham 287	John	Ham 288	Samuel, 2d.	Ham 97
Andrew	Ham 306	John	Ham 306	Sarah, Wd.	Bar 58
Arthur	Wor 390	John	Nor 339	Sears	Mid 383
Audra	Brs 343	John	Ply 29	Serac	Ber 108
Benjamin	Brs 343	John	Ply 50	Seth	Ham 286
Benjamin	Ess 273	John	Wor 225	Silas	Ber 138
Benjamin	Mid 271	John	Wor 390	Silvanus	Ply 30
Benjamin	Nor 343	Jona.	Ess 390	Solomon	Bar 57
Betsy	Mid 477	Jona.	Mid 271	Solomon	Bar 58
Caleb	Bar 76	Jonathan	Bar 57	Solomon	Ber 240
Caleb	Ess 405	Jonathan	Ham 287	Solomon	Ham 285
Caleb	Ham 18	Jonathan	Wor 195	Solomon, Jur.	Bar 57
Charles	Ess 310	Joseph	Ess 391	Stephen	Ess 358
Charles, Junr.	Ess 310	Joseph	Ess 403	Stephen	Ham 288
Cloe	Ber 215	Joseph	Ess 557	Stephen	Mid 499
Coleman	Ham 286	Joseph	Ham 6	Stephen	Wor 390
Cyrus	Wor 242	Joseph	Ham 286	Temperance, Wd.	Bar 7
Dan	Ham 288	Joseph	Wor 390	Thaddeus	Wor 390
Daniel	Ham 36	Joshua	Bar 57	Thomas	Ber 179
Daniel	Nor 339	Joshua	Ber 138	Thomas	Nor 113
Daniel	Nor 367	Josiah	Ber 178	Thomas	Ply 113
Daniel	Wor 390	Josiah	Ham 326	Thos.	Mid 479
David	Bar 60	Josiah	Ply 30	Waitstill	Ham 286
David	Ham 256	Josiah, Junr.	Ham 326	Walter	Ber 206
David	Nor 339	Justin	Ham 6	Whipple	Nor 357
Ebenezer	Ber 253	Levi	Ber 240	William	Ess 310
Ebenezer	Wor 480	Levi	Ham 339	William	Ess 550
Edward	Bar 57	Levi	Ply 42	William	Ham 287
Eleazer	Mid 516	Love	Ess 392	William	Mid 479
Elekiam, Junr.	Nor 315	Lydia	Ess 358	William, 2d.	Ess 535
Eli	Ber 230	Margaret	Wor 390	William W.	Ham 287
Elias	Ess 311	Martin	Ber 142	Willm.	Ess 417
Elias	Nor 339	Martin	Ham 289	Wm.	Ess 391
Elihu	Ham 285	Mary	Ber 240	Wm.	Mid 159
Elihue	Brs 288	Mary	Ess 362	Zebedee	Ess 311
Elijah	Ham 8	Mary	Mid 477	Ziba	Nor 341
Elikem	Nor 315	Mary	Ply 29	Zimri	Nor 343
Elisha	Bar 57	Mary, Wo.	Ess 153	see Clark, Ricketson, Russel,	
Elisha	Ber 179	Moses	Ber 178	Wright	
Elisha	Ham 287	Moses H.	Ber 179	Cooke, Jonathan	Nor 239
Elisha	Nor 342	Naomi	Nan 72	Lewis	Duk 447
Elisha	Wor 280	Nathan	Bar 79	Thomas	Duk 445
Elizur	Ham 350	Nathan	Ham 37	Thos., Jr.	Duk 445
Elkanah	Ply 29	Nathan (2)	Ham 326	Cooklin, John	Ess 458
Enoch	Wor 424	Nathaniel	Bar 7	Cooks see Cocks	
Ephm.	Mid 478	Noah	Ham 18	Cookson, Mary	Bar 75
Erastus	Ber 206	Noah	Ham 191	Samuel	Nor 244
Eunice	Ber 173	Noah	Nor 341	Cooledge, Daniel	Ham 81
Eunice	Ess 399	Pardon	Brs 422	Isaiah	Wor 215
Ezekiel	Nor 341	Paron	Bar 57	James	Wor 451
Ezekiel	Wor 390	Pasco	Wor 390	Phillip	Wor 213
Francis	Wor 347	Paul	Brs 422	Silas	Wor 216
Gad	Ham 287	Perez	Ham 253	Stephen	Wor 213
George	Ess 26	Perley	Ham 148	Cooley, Abner	Ham 52

Abner	Ham 263	Eunis	Mid 499	Zaccheas	Duk 448
Alexander	Ham 350	Isaac	Mid 527	see Frost, Kooper	
Anna	Ham 284	John	Mid 498	Coose see Coas	
Ariel	Ham 246	Joseph	Mid 533	Copeland, Amasa	Brs 385
Azareah	Ham 219	Joshua	Mid 498	Asa	Brs 380
Azariah	Ham 52	Moses	Mid 499	Asa	Nor 165
Benjamin	Ham 66	Nathl.	Mid 498	Asa	Ply 50
Calvin	Ham 92	Saml.	Mid 499	Asahel	Ham 233
Clark	Ham 173	Wm.	Mid 533	Caleb	Ply 50
Clark	Ham 244	Cooly, John, 2d.	Ham 91	Daniel	Ply 60
Daniel	Ham 171	Coombs, Abigail	Bar 37	Daniel	Wor 337
Daniel	Ham 292	Elizabeth	Ess 504	Ebenezar	Ply 119
David	Ham 350	Elizabeth, Wd.	Bar 58	Ebenezer	Ply 50
Earl	Ham 245	Ithamar	Brs 422	Ebenezer, junr.	Ply 50
Eli	Ham 52	John	Ess 310	Elijah	Brs 389
Eli	Ham 91	Joshua	Ess 504	Elijah, Jr.	Brs 389
Enos	Ber 111	Meriam	Ess 504	Eliphalet	Wor 516
Ephraim	Wor 267	Michael	Ess 504	Elisha	Brs 421
Gaius	Ham 170	Nicholas	Ess 479	Ephraim	Wor 488
George	Ham 171	Nicholas	Ess 486	Gershom	Nor 178
George	Ham 244	William	Ess 310	Gershom, Junr.	Nor 178
Gideon	Ham 57	Coomer, Daniel	Ber 153	John	Nor 179
Gideon	Ham 92	John	Brs 309	John	Nor 187
Gideon	Ham 282	Wm.	Ply 98	Jonathan	Ply 50
Hanan	Ham 93	Coomes, Caleb	Ply 113	Jonathan, junr.	Ply 50
Isaac	Ham 353	John	Ham 94	Joseph	Ply 50
Jacob	Ham 245	Perez	Ply 113	Josiah	Brs 389
John	Ham 92	Prisscilly	Ply 113	Moses	Brs 385
John	Ham 350	Samuel	Ham 94	Salmon	Ply 50
Jonathan	Ham 262	Walter	Ham 93	Saml.	Nor 112
Jonathan	Ham 350	see House		Samuel	Brs 380
Josiah	Ham 92	Coon, David	Ber 232	Sarah	Nor 113
Lewis	Ham 94	Thomas	Ber 126	Seth	Nor 165
Lydia, Widw.	Ham 160	Timothy	Ber 127	Smith	Ham 4
Moses	Wor 267	William	Ham 45	William	Brs 385
Noah	Ham 332	Cooper, Abram	Duk 450	William	Ply 119
Obadiah	Wor 267	Benjamin	Brs 357	see Cofland, Copland	
Obadiah, Jur.	Wor 267	Benjamin	Ply 11	Copland, Cyrus	Ply 79
Oliver	Ham 77	David	Brs 307	Ephrm.	Nor 124
Rebeccah	Ham 52	David	Ess 314	Isaac	Nor 124
Reuben	Ham 332	Ebenezer	Ber 168	Copley, Benjamin	Ham 123
Reuben, Lt.	Ham 219	Elizabeth, Wido.	Brs 358	Matthew	Ham 353
Roger, Jr.	Ham 350	Enoch	Ham 353	Noah	Ham 124
Samuel	Ham 244	Enoch, Jr.	Ham 353	Copp, Samuel	Nor 90
Samuel	Ham 288	Eunice	Ess 372	Copps, Simeon	Ess 271
Seneca	Ham 150	Francis	Ber 168	Cora, Thomas	Ess 17
Simon	Ham 282	Isaac	Nor 229	Corban, Ezekiel	Ham 309
Squire	Ham 283	Isaac	Ham 199	Corbet, Elisha	Wor 192
Stephen	Ham 92	Jacob	Ham 356	Nathanael	Ham 199
Thomas	Ham 272	James	Brs 357	Corbett, Ichabod	Wor 396
Timothy	Ham 150	Jedidiah	Wor 443	John	Wor 395
Timothy M., Revrnd.	Ham 174	Jemima	Ber 254	Corbin, Amasa	Ber 131
Walter	Ham 350	Jeremiah	Ber 133	Asa	Ber 131
Whiting	Ham 91	John	Ess 224	Ephraim	Wor 341
William	Ham 172	John	Wor 476	Hannah	Wor 342
William	Ham 245	Joseph	Ply 12	Jedediah	Wor 342
William, Junr.	Ham 172	Josiah	Duk 450	Joshua	Wor 341
Zadock	Ham 173	Lamberton	Ham 57	Leml., Junr.	Wor 342
Zadok	Ham 259	Matthew	Ber 111	Lemuel	Wor 342
see Clark		Moses	Ess 210	Rufus	Wor 341
Cooledge, Asa	Mid 527	Nathaniel	Brs 310	Timothy	Wor 341
Caleb	Mid 479	Nathaniel	Ply 27	Corbit, Edward	Wor 480
Caleb, Jr.	Mid 479	Nathel.	Wor 475	Cordaner, Amos	Ess 200
Daniel	Mid 499	Noah	Brs 319	Corder, Samuel	Ply 55
Eliz.	Nor 139	Reuben	Ber 111	Cordis, Joseph	Mid 293
Joel	Mid 145	Richard	Ply 12	Cordwell, Abraham	Ess 558
John	Mid 527	Richard	Ply 21	Eliza.	Ess 399
Jonathan	Ess 313	Saml.	Mid 462	Enoch	Ess 272
Josiah	Ham 184	Samuel	Ham 350	Jacob	Ess 399
Nathaniel	Wor 173	Seth	Brs 358	Martha	Wor 516
Thoms.	Wor 404	Simeon	Ber 104	Corey, ---, Wido.	Brs 411
Cooledg, Augustus	Mid 427	Simeon	Ess 210	Abel	Ber 161
Henry	Mid 434	Simon	Mid 450	Anna	Nor 245
James D.	Mid 434	Thomas	Ply 27	Benjamin	Ber 160
Cooledge, Isaac	Mid 270	Thos.	Duk 450	Benjamin	Nor 245
Jona.	Mid 260	Thos., Jr.	Duk 450	Caleb	Ber 161
Coollidge, Daniel	Mid 533	William	Brs 357	Daniel	Brs 411

Name	Loc	Pg
David	Mid	270
Elijah	Nor	256
Enock	Mid	409
Ephraim	Ess	179
Hannah	Nor	245
Hezekiah	Wor	457
Hezekiah, Jr.	Wor	457
Isaac	Ham	252
John	Ber	161
John	Ess	249
John	Nor	254
John	Wor	457
Mary	Ess	179
Micheal	Ess	216
Peleg	Ess	403
Reuben	Ber	160
Stephen	Wor	454
Timothy	Nor	256
Corfin, Solomon	Ber	180
Corkins, Caleb	Ham	113
Corless, Thomas	Wor	280
Corlis, Ephraim	Ess	272
John	Ess	273
John S.	Ess	273
Stephen	Ess	273
Cornal, Levi	Brs	422
Corneal, James	Mid	317
Peter	Mid	316
Cornell, Abraham	Brs	329
Amos	Brs	343
Asa	Brs	400
Charles	Brs	329
Christopher	Brs	329
Daniel	Brs	329
Elisha	Brs	401
Eunice	Brs	342
Gidion	Brs	329
Gidion	Brs	342
Govet	Brs	329
Isaac	Brs	343
John (2)	Brs	329
John	Brs	343
Lusannah	Brs	329
Pardon	Brs	329
Peleg	Brs	329
Philip	Brs	329
Philip	Wor	395
Rebeccah	Brs	329
Richard	Brs	343
Sarah	Brs	342
Seabry	Brs	398
Stephen	Brs	329
Stephen	Brs	342
Stephen	Brs	401
Stephen, Jr.	Brs	410
Thomas	Brs	329
Timothy	Brs	342
William	Brs	329
William	Brs	343
William	Nan	64
Corney, Jack	Ess	151
Cornhill, James	Brs	303
Corning, Anna	Ess	547
Jonathan	Ess	548
Joseph	Ess	530
Peter	Ess	530
Cornish, Alice, Wido.	Brs	356
Amasiah	Ber	214
Benjamin	Ply	21
Benjamin	Ply	24
David	Ply	21
Elijah	Ber	214
George	Ply	24
Hananiah	Brs	421
John	Ply	21
John, & Son	Ber	175
Josiah	Ply	21
Nathaniel	Ply	24
Patience	Brs	421
Samuel	Ply	21
Thomas	Ply	21
William	Ply	78
Cornvers, Elisha	Ham	298
Samu. D.	Ham	298
Cornwall, Joseph	Ber	156
Thomas	Mid	20
Cornwell, Amos	Ham	72
Foster	Mid	371
Jesse	Ham	167
John	Ham	167
Ozias	Ham	165
Corrary, Banja.	Wor	477
Corruth, John	Wor	367
Joseph	Wor	367
Nathan	Wor	255
Corse, Asher	Ham	72
Gad	Ham	27
John	Ham	81
Corthel, Levi	Suf	144
Robert	Suf	142
Corvett, Jesse	Ply	19
Corwall, William	Ber	157
Cory, Abel	Mid	394
Benjamin	Brs	329
David	Wor	337
Elisha	Mid	450
Ezra	Mid	371
Glasco	Brs	329
Isaac	Brs	329
Isaac	Mid	127
Jacob	Wor	340
Jona.	Mid	516
Joseph	Brs	329
Jubiter	Brs	329
Nathan	Mid	450
Saml.	Mid	450
Thomas	Brs	329
William	Brs	342
Cosey, Francis	Ham	85
Coshal, Thomas	Ber	151
Cosland see Cofland		
Coster see DeCoster		
Costhel see Corthel		
Coswell, Nathan	Wor	480
Cotelle, Peter	Bar	87
Cotille, Philippe	Ess	491
Cotril, Benjn.	Wor	342
Thomas	Wor	342
Cottell, David	Nan	69
Obed	Nan	65
Cotterill, Asa	Ham	300
Nicholas	Ham	298
Cotting, Amos	Mid	409
John	Mid	248
Cottle, Edmund	Duk	451
Heppy	Duk	451
John	Brs	330
John	Duk	449
John, Jr.	Duk	449
Lot	Nan	76
Robert	Duk	452
Samuel	Brs	292
Sarah	Duk	444
Shubael	Duk	451
Silas	Duk	449
Thomas	Brs	292
Thomas	Ess	271
William	Duk	454
William	Ess	271
Cotton, Benjamin	Ess	311
Edward	Wor	221
Joel	Ess	311
John	Wor	221
Joseph	Nor	124
Josiah	Nan	53
Josiah	Ply	8
Josiah	Wor	221
Reuben, Lt.	Ham	219
Roseter	Ply	7
Walter	Ber	178
Ward	Ber	167
Ward, Revd.	Wor	377
William	Ber	177
William	Brs	281
see Center, Colton, Dickinson, Ely, Graves, Sprague, Tufts		
Couch, John	Ber	191
John	Ess	312
John, Jr.	Ber	260
Joseph	Ess	312
Samuel	Ber	175
Samuel	Ber	260
Stephen	Ber	260
Timothy	Ham	168
William	Ber	181
Coulton, William	Wor	355
County, Mary	Ess	511
Courtney, Bartus	Duk	447
Samuel	Ess	105
Coval, William	Brs	422
Covay, Luther	Ber	231
Covel, Philip	Wor	297
Thomas	Ham	219
Covell, David	Bar	75
James	Ess	517
Reuben	Bar	70
Ruben	Bar	70
Ruth	Bar	70
William	Ber	151
see Carell		
Coverley, Nath	Ess	375
Coverly, Saml.	Mid	194
Thomas	Ess	314
Covil, Deborah	Bar	42
see Burges		
Covington, Thomas	Ply	23
see Cavington		
Cowan, Isaac	Ber	162
Robt.	Ess	362
Cowden, James	Wor	505
John	Nor	374
Cowdin, Hannah	Wor	431
James	Wor	431
Thomas	Wor	431
Cowdry, Aaron	Mid	293
Ezra	Wor	423
Nathaniel	Mid	293
Nathaniel, jur.	Mid	293
Thos.	Mid	64
Cowee, David	Wor	451
James	Wor	451
William	Wor	260
see Comee		
Cowel, Lemuel	Ham	144
see Cowee		
Cowell, Hannah	Ess	468
Samuel	Nor	381
William	Suf	140
Cowen, George	Ham	213
Howland	Nor	178
James	Ham	213
John	Ber	127
Jonathan	Ber	126
Puella	Brs	422
Cowin, Job	Ply	129
Joseph	Ply	60
Cowing, Anna	Mid	441
Asahel	Ply	114
David	Ham	22
Ebenezar	Brs	343
Gathelus	Ham	21

Name	Loc	Name	Loc	Name	Loc
Israel	Ply 114	Uriah	Ham 264	Abiather	Brs 276
John	Ham 21	William	Ply 6	Abner	Ham 247
Joshua	Brs 343	Wyllis	Ham 293	Abner	Nor 284
Luther	Ham 22	Cozens, Isaac	Mid 508	Amariah	Nor 285
Mary	Brs 343	Pero	Duk 447	Amos	Ber 215
Reuben	Ham 21	Crabtree, John, Jur.	Wor 257	Anna, Wid.	Brs 276
Seth	Ply 113	Crackbone, Joseph	Mid 533	Benjamin	Brs 276
Tela	Ham 153	Crafford, Alexander	Wor 318	Benjamin, 2d.	Brs 280
Zadock	Ply 114	Calvin	Wor 318	Bernice	Brs 275
Zebah	Brs 343	John	Ess 252	Calvin	Nor 285
see Cowng		John	Wor 318	Cesar	Brs 422
Cowl, Amasa (2)	Ham 208	Wm.	Wor 318	David	Ber 175
John, Capt.	Ham 208	Craft, Aaron	Ess 590	Ebene.	Nor 113
Joshua	Ham 208	Abigail	Nor 228	Ebenezer	Ber 167
Josiah	Ham 208	Benja.	Ess 94	Ebenezer	Brs 279
Timothy	Ber 180	Benjo., Jun.	Ess 99	Ebenezer	Nor 262
Cowle, Barden	Ham 114	Caleb	Nor 254	Elijah	Ber 216
Isaac	Ham 113	David	Ess 94	Elijah	Nor 285
Josiah	Ham 113	Eleazer	Ess 94	Elijah, & son	Ber 174
Seth	Ham 114	Eliza., wo.	Ess 94	Elisha	Brs 280
Cowles, Agustus	Ham 195	Estr., Wo.	Ess 93	Elisha T.	Nor 113
David	Ham 290	Henry	Mid 271	Friend	Nor 284
Enos	Ham 293	Joseph	Mid 271	George	Brs 368
Hannah	Ham 290	Mary	Nor 242	Gilbert	Wor 161
Levi	Ham 290	Saml.	Mid 394	Hannah	Ess 382
Oliver	Ham 290	Samuel	Nor 255	Henry	Brs 279
Reuben	Ham 294	Willa.	Ess 94	Henry	Brs 375
Rufus	Ham 97	see Davis		Henry	Nor 285
Simeon	Ham 290	Crafts, Abner	Mid 498	Isaac	Nor 140
William	Ham 169	Graves	Ham 66	Jerathmeel	Nor 284
Cowls, Chester, Dn.	Ham 254	John	Ham 66	Jeremh.	Nor 124
John, Lt.	Ham 208	John	Ply 59	John	Mid 182
Seth	Ham 195	Joseph	Ham 66	John	Ply 50
Cowng, Lot	Ply 113	Joseph	Mid 479	John	Wor 475
Cox, Anna	Ess 394	Moses	Ham 66	Jonathan	Ply 49
Ben.	Ess 393	Reuben	Ham 66	Joseph	Ham 235
Ebener.	Ply 78	Saml.	Mid 478	Leml.	Nor 141
Elias	Ply 36	Seth	Ham 66	Lemuel	Wor 161
Elisabeth	Wor 296	Thomas	Ply 59	Luther	Brs 276
Elisha	Mid 417	Cragg, Tho.	Mid 384	Nathan	Nor 285
Elisha	Ply 80	Craggin, Benjamin	Wor 477	Nathaniel	Brs 280
Eliza.	Ess 392	John	Wor 382	Nathaniel	Nor 235
Ephraim	Ply 33	Timothy	Wor 477	Peter	Nor 285
Henry, Capt.	Nor 141	Cragin, Silas	Mid 384	Samuel	Ply 60
James	Ham 146	Crague, William	Wor 431	Seth	Nor 124
James	Ply 36	Craige, Abijah	Wor 179	Silas	Ber 247
John	Ber 129	Amos	Wor 487	Silas	Nor 284
Joseph	Mid 248	Andrew	Mid 479	Stephen	Ber 196
Judith	Ess 549	David	Wor 327	Stephen	Mid 271
Leml.	Mid 159	David	Wor 505	Terry	Brs 380
Mary	Ess 393	Elijah	Nor 379	Thom, Esq.	Nor 123
Mary	Ess 553	Jesse	Wor 173	Thomas	Nor 113
Osman	Ess 543	John	Nor 379	Vose	Nor 124
Polly Carpus	Ham 146	Moses	Nor 364	William	Nor 285
Saml.	Mid 479	Nathan	Wor 497	Cranfield, Thomas	Ham 217
Saml.	Nor 113	Robert	Wor 487	Cranford, John	Wor 367
Samuel	Ess 547	Crain, Amariah	Ham 225	Crank, George	Brs 343
Samuel	Nor 140	Ralp	Ess 5	Cranska, Jason	Brs 321
Seth	Ply 33	William	Ber 106	Cranson, Bathshaba	Brs 277
Seth, Jur.	Ply 33	Cram, Elijah	Ess 46C	Cranston, Abner	Ham 338
Tho.	Mid 160	Crampesee, Isaac	Ess 541	Asa	Ham 338
Thos.	Duk 448	Crampton, Benjn.	Ber 247	David	Ham 339
Unite	Mid 182	Cranch, Richa., Esq.	Nor 113	Elisha	Ham 338
Walter	Mid 479	Crandal, Caleb	Wor 248	Elisha, Jr.	Ham 338
William	Ess 553	Ezekiel	Ber 195	Joel	Mid 416
William	Mid 332	Paul	Ham 184	Jonathan	Ham 339
see Case		Crandall, Levi	Ham 94	Lydia	Mid 419
Coxil, Jno.	Nor 139	Crandell, Jarad	Ham 81	Cranstone, John	Ber 159
Coy, Asa	Ham 6	Crandle, John	Brs 412	Crapo, Abm.	Ply 113
Cottrel	Ber 126	Crandon, Benjamin	Ply 7	Benjamin	Brs 291
Eddy	Ber 105	Consider	Brs 421	Consider	Ber 141
Vine	Ber 142	John	Brs 421	Consider, Jur.	Ber 141
Coye, Aaron	Ham 252	Joseph	Brs 421	John	Ply 113
Abraham	Ham 232	Phillip	Brs 422	Joshua	Brs 292
Abraham	Ham 252	Thomas	Brs 421	Lot	Ply 113
Fitch	Ham 240	Crane, Abel	Ber 266	Micah	Ply 110
Nehemiah	Ham 259	Abel	Brs 276	Noah	Ber 136

Nichs.	Ply	113	Barna.	Bar 92	Croft, Richard	Ess 544
Peter	Brs	292	Bathsheba	Bar 87	Crombee, Aaron	Ess 257
Peter, Junr.	Brs	343	Benjamin	Bar 88	Crombie, Calvin	Ply 14
Richard	Brs	343	Benjamin, Jr.	Bar 89	William (2)	Ply 14
Ruben	Brs	342	Bursley	Bar 92	Cromby, Benja.	Ess 96
Spooner	Ply	78	Calvin	Bar 89	Benja.	Ess 405
Wm.	Ply	114	Daniel	Bar 85	Croney, John	Wor 475
Crary, Christopher	Ber	186	Deliverance	Bar 37	Susannah	Ess 476
Craw, Benjamin	Ess	459	Ebenezr., Jr.	Bar 87	Cronk, John	Ess 47
David	Brs	342	Ebenr., Esq.	Bar 88	Crook, John	Ham 243
Mary	Ess	457	Edmund	Bar 87	Crooker, Benjamin	Ply 23
Nathan	Brs	343	Eleazer	Bar 89	Daniel	Ply 33
Crawford, Andrew	Ham	62	Elisha	Ber 260	David	Ply 36
John	Mid	56	Elizabeth	Bar 89	David, Jur.	Ply 36
Joseph	Ham	81	Enoch	Ham 236	Elijah	Ply 36
Levi	Ham	213	Ezekiel	Bar 86	Ensign	Ply 33
Crawley, Abraham	Brs	385	Francis	Bar 92	James	Ply 15
Abraham	Nor	247	Heman	Ply 10	John	Ply 36
Elis	Ber	221	Isaac	Bar 88	Paul	Wor 424
Cread, Olive	Suf	148	Isaac, Jr.	Bar 88	Pero	Ply 61
see Creced			Isaiah	Bar 99	Zenas	Ply 57
Creasy, Edward	Nan	53	James	Mid 311	see Crocker	
Creced, Olive	Nor	333	Jedediah	Ber 259	Crooks, Abrm.	Mid 517
Cree, Cornelius	Ess	37	John	Bar 94	Henry	Wor 225
Joseph	Ess	37	John	Ber 208	James	Ham 179
Martha	Ess	37	John	Ess 576	John	Ham 179
Creech, Richard	Bar	38	John, Jr.	Bar 92	William	Ham 180
Creehore, Elishua	Nor	297	John, 3d.	Bar 87	Crookshanks, Mary	Ess 423
Creely, James	Ess	420	Joseph	Bar 7	Crosbee, Jonathan	Ham 105
Nicholas	Ess	547	Joseph	Bar 44	Levi	Ham 109
Creesy, Benja.	Ess	556	Joseph	Bar 87	Crosby, Abial	Bar 4
Henry	Ess	559	Joseph	Ber 260	Abijah	Ber 260
John	Ess	556	Joseph, Jr.	Bar 89	Abner	Ber 253
John, 2nd.	Ess	534	Joseph, 3d.	Bar 87	Amos	Wor 267
Jonathan	Ess	556	Joshua	Brs 422	Anthony	Bar 6
Nathl.	Ess	556	Josiah	Ber 260	Barnabas	Bar 5
Noah	Ess	530	Josiah	Brs 360	Barnabas	Bar 26
Usine	Ess	511	Kendin	Ply 110	Benjamin	Mid 37
Crehore, Benj.	Nor	124	Mercy	Ply 10	Daniel	Bar 91
Jno.	Nor	123	Moody	Bar 87	David	Bar 7
Jno. S.	Nor	124	Morton	Bar 91	David	Bar 98
Joseph	Nor	227	Nathan	Ham 248	David	Ham 299
Saml.	Nor	140	Nathl.	Bar 87	Ebenezor	Bar 7
Thomas	Nor	124	Nathl.	Wor 499	Ebenr.	Ham 332
Timothy	Wor	457	Oliver	Ham 109	Elisha	Bar 7
Wm.	Nor	124	Peter	Ber 159	Elisha, jun.	Bar 5
Wm. B.	Nor	124	Reuben	Bar 88	Elizabeth	Mid 6
see Creehore			Richard	Ess 47	Elkanah	Bar 9
Crepo, Jeremiah	Duk	454	Robert	Brs 329	Eph.	Mid 383
Cresey, Francis	Ess	313	Rowland	Brs 422	Eph., 2d.	Mid 383
John	Ess	255	Rowland	Ham 236	Fitch	Wor 457
Mark	Ess	251	Samuel	Bar 86	Flavel	Wor 225
Richard	Ess	253	Samuel	Brs 359	Fredrick	Wor 457
Richard	Ess	255	Samuel	Wor 433	Harlow	Duk 445
William	Ess	313	Thankful	Bar 84	Hemon	Bar 6
Jonathan	Ham	191	Theoph., Jr.	Ham 109	Hez.	Mid 383
Joseph	Ham	191	Thomas	Bar 85	Isaiah	Bar 8
Crippen, Joel	Ber	119	Thomas, Jr.	Bar 87	Jabez	Wor 267
Crippin, David	Ber	120	Tilden	Ply 132	James	Bar 7
Nathaniel	Ber	120	Timo.	Ply 110	James	Bar 90
Reuben	Ber	119	Timothy	Bar 44	James, jur.	Bar 6
Crips, Tabitha	Ess	457	Timothy, Jur.	Bar 44	Jerem.	Mid 383
Crispin, William	Ess	407	Uriel	Ess 478	Jeremiah	Wor 337
Cristee, John	Ess	129	Wadsworth	Ply 110	Jesse	Bar 90
Crittenden, Amos	Ham	332	Walley	Bar 87	Jesse, Jr.	Bar 91
Ebenr.	Ham	57	William	Bar 87	John	Bar 6
John	Ham	57	William, Jr.	Bar 87	John	Ber 260
Levi	Ber	208	Winslow	Bar 87	John	Duk 451
Medad	Ham	57	Zacheus	Ham 284	John	Ess 178
Samuel	Ham	57	Zenas	Bar 89	John	Mid 371
Simeon	Ham	332	see Crooker, Nye		John	Mid 383
Crittenton, Amos	Ham	353	Croel, James	Ess 397	John	Wor 289
Crocker, Abiah	Bar	86	John	Brs 329	John, Jr.	Ber 260
Abner	Bar	92	Croff, Ezra	Ham 225	Jona.	Mid 90
Abram	Bar	92	Nathan	Ham 225	Jona.	Wor 289
Alvin	Bar	89	Crofoot, Joseph	Ber 126	Jona., jur.	Mid 90
Ansel	Bar	89	Rhoda, Mrs.	Ber 126	Joseph	Bar 22

Joseph Wor 290
Joshua Bar 24
Joshua, Revd. Ham 218
Josiah Bar 7
Josiah Mid 383
Josiah, 2d. Mid 383
Lemuel Bar 5
Levi Bar 34
Lewis Bar 90
Michael Mid 443
Mosis Bar 8
Nathan Bar 7
Nathan Bar 91
Nathan Mid 371
Nathaniel Bar 7
Nicholas Ess 360
Oliver Mid 383
Oliver Wor 267
Philip Wor 366
Rebecah, wd. Bar 7
Saml. Nan 53
Samll. Wor 230
Samuel Bar 4
Samuel Bar 91
Samuel Wor 224
Samuel Wor 225
Samuel Wor 229
Samuel Wor 230
Samuel, jur. Bar 7
Seth Bar 7
Seth Mid 384
Seth, 2d. Mid 384
Silvanus Bar 6
Silvanus Nan 69
Silvanus, jur. Bar 6
Simeon Mid 478
Simon Ess 178
Sparrow Wor 515
Thomas Bar 7
Timo. Mid 383
Timothy Ess 179
William Bar 7
Willm. Wor 290
see Luce
Crosfield, John Mid 394
Crosier see Crozier
Crosman, Abisha Wor 377
Asa Ham 109
Barnabas Ham 320
Benjamin Brs 367
Danl. Wor 289
Ebenezer Brs 361
Elhanah Ham 320
Elhanan Brs 373
Elisha Brs 380
Elizabeth Wor 212
Gabriel Brs 373
Job Brs 366
Josiah Ham 320
Leonard Brs 367
Mary, Wido. Brs 367
Otis Brs 359
Peleg Duk 443
Phineas Ham 168
Robert Brs 367
Robert, Junr. Brs 360
Simeon Brs 367
Simeon, 2d. Brs 361
Theophilus Brs 385
Tulley Ham 169
Zelotes Brs 342
Zephh. Ham 320
Cross, Abijah Ess 289
Benjamin Ess 310
Benjamin Ess 582
Cephas Ham 339
Daniel Ess 289

Danl. Mid 160
David Ham 144
George Ess 99
George, Junr. Ess 99
Jeduthan Ham 326
John Ess 496
John Ham 339
Joseph Ess 413
Joshua Ess 368
Jude Ham 199
Latham Brs 422
Lucy, Wo. Ess 97
Mary Ess 514
Moses Ess 396
Nathaniel Ess 582
Peter Ess 3
Ralph Ess 310
Silas Wor 273
Stephen Ess 310
Stephen Ham 264
Stephen Ham 338
Stephen, Junr. Ess 310
Thomas Ess 310
Thomas Ess 514
Violet Ess 368
William Ess 310
Crosset, Susannah Wor 276
Crossett, Edward Ham 109
Richd. G. Ham 98
Samuel Ham 97
Crossman, Arunah Ply 113
Elisha Brs 380
Ezra Wor 154
George Nor 285
Noah Wor 154
Samuel Wor 153
Seth Brs 356
Crosswell, Sarah Bar 44
Croswell, Benjamin Ply 59
James Brs 305
Joseph Ply 7
Crouch, Amos Mid 435
Ephraim Ham 271
John Mid 435
John, Jur. Mid 435
Jonathan Mid 435
Timothy Mid 435
William Ham 81
Crow, David Ham 160
David, Junr. Ham 160
John Ham 152
Solomon, Jur. Bar 58
Thomas Ham 160
see Craw
Crowd, William Wor 480
Crowel, Aaron Mid 194
Allen Brs 421
Barnabas Bar 44
Benjamin Bar 44
David, Senr. Bar 44
Ebenr. Ham 332
John Brs 421
Joseph Bar 44
Joshua Bar 44
Joshua, Jr. Wor 297
Lot Bar 44
Stephen Bar 44
Crowell, Aaron Bar 27
Abigail Bar 98
Abner Bar 30
Abner, Jr. Bar 100
Anthony Bar 32
Barnabas Bar 100
Barzillai Duk 453
Benjo. Ess 99
Christopher Bar 26
Daniel Bar 101

David Bar 16
David Bar 32
David, jur. Bar 19
David, jur. Bar 20
Ebenezar Bar 32
Edmund Bar 100
Edmund, Jr. Bar 97
Edward Bar 31
Edward, jur. Bar 30
Eleazer Bar 99
Eli Ham 158
Elisha Bar 31
Elkanah Bar 100
Enock Ham 158
Ephraim Bar 30
Ezra Bar 16
Ezra Bar 86
Freemon Bar 32
Gorham Bar 100
Hallet Bar 16
Hannah Duk 452
Hersa Bar 31
Isaac Bar 32
Isaac Bar 100
Isaac, Jr. Bar 100
Isaiah Bar 99
Jabez Bar 11
James Bar 85
Jeremiah Bar 100
John Bar 15
John Bar 19
John Bar 20
John Bar 26
John Bar 100
John, Jr. Bar 99
Jonah Bar 16
Jonathan Bar 32
Jonathan Ply 10
Joseph Bar 98
Joshua Wor 296
Josiah Bar 27
Judah Bar 32
Linus Bar 16
Lot Bar 99
Mary Wor 248
Mary, wd. Bar 15
Matthews Bar 99
Metson Bar 16
Michael Bar 99
Nathan Bar 14
Nathan Bar 27
Nehemiah Bar 100
Paul Bar 16
Paul Bar 26
Paul Wor 248
Prince Bar 97
Reuben Bar 31
Robert Bar 100
Saml. Duk 453
Samuel Bar 99
Samuel Ess 409
Sarah Bar 100
Sarah, wd. Bar 32
Shubael Bar 99
Silvanus Bar 99
Silvs., Jr. Bar 100
Simeon Bar 4
Solomon Bar 14
Solomon Bar 30
Solomon Bar 100
Stetson Bar 20
Thankful Bar 95
Thomas Bar 31
Thomas Bar 99
Thomas Bar 100
Venna Bar 32
William Bar 26

William, jur.	Bar 26	Nathll., Jun.	Mid 468	Wm.	Mid 479
Zenas	Ply 23	Oliver, Capt.	Mid 468	Cunningham, Hugh	Wor 255
Zira	Bar 100	Simeon	Mid 468	John	Ber 160
see Baker		Stephen	Wor 280	John	Ess 151
Crowfoot, Daniel	Ham 250	William	Brs 414	John	Ham 109
Simson	Ber 196	Cummings, Abel	Wor 477	Jona.	Wor 500
Crowl, Alpheus	Wor 276	Abraham, Lt.	Ham 225	Mary	Wor 505
Artimus	Wor 276	Benjamin	Brs 343	Nathl.	Wor 500
Cryrus	Wor 276	Benoni	Nor 371	Robt.	Wor 500
John	Wor 276	David	Brs 409	Stephen	Brs 421
Crowling, Peter	Ess 249	David	Ess 36	Wm.	Wor 424
Crown, Joseph, Capt.	Ess 47	Deborah, Wido.	Ess 178	Currel, Nicholas	Ess 551
Crowney, Daniel	Wor 463	Ebener.	Mid 332	Currier, Abigail, Wd.	Ess 71
Crowningshield, Clef-		Elijah	Ess 38	Adonjo.	Ess 105
ford	Nor 362	Gershom	Wor 500	Allice, Wd.	Ess 71
Edward	Ess 497	Henry	Mid 383	Asa	Ess 289
Crowninshield, Benja.	Ess 406	Isaac	Ham 261	Benja.	Ess 48
Geo	Ess 416	Isaac	Mid 394	Daniel	Ess 69
Hannah	Ess 273	Isaac	Wor 296	Daniel	Ess 289
Jacob	Ess 415	James	Mid 468	David	Ess 48
Croxford, Willm.	Wor 390	John	Brs 413	David	Ess 69
Crozett, Robt.	Ham 213	John	Mid 76	David	Ess 177
Crozier, Alexr.	Ham 213	John	Mid 394	David, junr.	Ess 70
Asubah	Ham 213	Jona.	Brs 413	Dorothy, Wd.	Ess 70
Florance, Heirs	Ham 213	Jonathan	Ess 38	Isaac	Ess 212
John	Ber 186	Jonathan	Ess 177	Israel	Ess 47
Mary	Ham 213	Jonathan	Wor 431	Israel, junr.	Ess 47
Crudenton, Isaac	Ham 339	Jonsas	Ess 38	Jacob	Ess 47
Cruff, Lewis	Ess 513	Jos.	Ham 225	Jacob	Ess 69
Crumb, Phinius	Ham 81	Jos.	Mid 394	John	Ess 211
Cruttenden, Ichabod,		Jos., 2d.	Mid 394	John	Ess 214
Sen.	Ber 170	Joseph	Ess 38	John, Capt.	Ess 70
Stephen	Ber 212	Noble	Brs 405	Jonathan	Ess 272
Cruttendon, Wm. S.	Ber 182	Samll.	Mid 90	Jonathan	Wor 451
Cubben, Charles Maride	Nor 380	Samuel	Ess 177	Joseph	Ess 71
Cudwith, Lemuel	Wor 341	Samuel	Wor 477	Joseph	Ess 311
Cudworth, Abigail	Wor 179	Simeon	Ham 225	Josiah	Ess 104
David	Brs 279	Simeon	Ham 264	Levi	Ess 70
David	Brs 281	Solomon	Wor 260	Mark	Ess 311
David, 2d.	Brs 294	Stephn.	Mid 332	Mary	Ess 231
Dolly, Wid.	Brs 283	Thaddeus	Wor 424	Mathew	Ess 311
Drinkwater	Brs 283	Tho.	Mid 394	Molly	Ess 47
Israel	Ply 134	Thomas	Ess 38	Nathan	Ess 71
James	Wor 164	Thomas, Junr.	Ess 39	Nathaniel	Ess 311
Jessee	Brs 281	Timo.	Mid 394	Nathll.	Wor 451
Jessee, 2d.	Brs 294	Wilson	Mid 394	Nicolas	Ess 311
John	Ply 134	see Comings, Cumings		Rachel, Wd.	Ess 71
John, Junr.	Ply 134	Cummins, Cezar	Nor 236	Reuben	Ess 271
Phebe, Wid.	Brs 281	Elijah	Ham 45	Richard	Ess 289
Rachel	Ply 133	Jabez	Ham 320	Richd.	Ess 70
Warren	Wor 161	Jacob	Nor 240	Samuel	Ham 204
William	Brs 281	John	Ess 393	Seth	Ess 72
Zephh.	Ply 133	Joseph	Nor 100	Stephen	Ess 289
Cuff, Sampson	Ber 179	Nath	Ess 366	Susanna, Wd.	Ess 47
Venus	Mid 248	Nathan	Ber 158	Susannah, Wido.	Ess 311
Cuffby, William	Ess 424	Reuben	Ham 45	Thomas	Ess 47
Cuffe, John	Brs 329	William	Ess 312	Thomas	Ess 70
Paul	Brs 329	William	Nor 240	Timy.	Ess 70
see Freborn		Cummons, Alanson	Brs 285	William	Ess 311
Culberton, John	Ess 397	Jail	Brs 291	William, 3d.	Ess 311
Culler see Cutler		Phillip	Brs 285	Willm.	Ess 70
Culver, Asa	Ham 150	Cumstock, Benjn.	Ham 191	Currin, Jacob	Ess 357
Asa	Ham 179	Fitch	Ham 191	Mary	Ess 385
Charles	Ham 148	George	Wor 488	Currington, Godfrey	Nan 77
Ephraim	Ham 22	John	Nan 74	Curtice, Edward	Ham 308
Henry	Ber 196	Laben	Wor 463	John	Ess 240
Lemuel	Ham 11	Rufus	Ber 253	John	Ess 263
Simon	Ber 260	Cundal, Enoch	Ply 113	William	Ess 240
Cuming, Nathan	Wor 276	Cuningham, ---, Capt.	Wor 416	William	Ess 534
Reuben	Wor 276	James	Ham 306	Curtin, James	Ess 443
Samuel	Wor 274	John	Ham 306	John	Ess 433
Cumings, Abraham	Wor 457	Joseph	Mid 516	Martha	Ess 434
Benjamin	Ham 261	Lois	Nor 239	Curtis, Abigail	Ess 418
Jeremiah	Mid 468	Nath. F.	Wor 423	Abrm.	Ess 358
Joseph	Wor 280	Robert	Wor 402	Allen	Ess 6
Josiah, Capt.	Mid 468	Simeon	Mid 412	Amasa	Ber 114
Nathll.	Mid 468	William	Nor 228	Amasa, Junr.	Ber 114

Name	Loc	Name	Loc	Name	Loc
Amos	Ess 26	Melzar, Esqr.	Ply 126	Levi	Ham 167
Amos	Ply 127	Molly	Ess 6	Linus	Ham 166
Anna	Ply 128	Molly	Ham 10	Luther	Ham 24
Anna, Wd.	Ess 69	Moses	Ham 97	Lysander	Ham 356
Asa	Ham 97	Moses	Nor 262	Moses	Wor 225
Asa	Wor 342	Noah	Nor 113	Nathanael	Ber 239
Barker	Ply 126	Obadiah	Mid 270	Samuel	Ber 253
Barnabas	Ply 59	Oliver	Nor 100	Samuel, 2d.	Ber 253
Benjamin	Ess 503	Oliver	Wor 156	Cushen, David	Brs 300
Beriah	Ham 24	Peleg	Ply 123	Cushin, Charles	Brs 310
Bethiah	Wor 341	Peter	Ber 147	Jacob	Brs 307
Bildad	Ham 332	Peter B.	Ber 147	Josiah	Brs 307
Caleb	Wor 327	Phebe	Ply 127	Cushing, Abel	Ham 19
Calvin	Nor 100	Phillip	Nor 99	Adam	Nor 187
Calvin	Ply 126	Prince	Ply 126	Asaph L.	Ham 184
Charles	Ply 135	Rachel	Nor 211	Beale	Nor 187
Charles	Wor 341	Rachel	Ply 36	Bela	Ham 305
Daniel	Ess 69	Reuben	Ply 132	Bela	Nor 178
Daniel	Ham 97	Reuben, Junr.	Ply 132	Benja.	Ess 46C
Daniel, Jr.	Ham 97	Richard	Ess 492	Benjamin	Nor 332
David	Wor 176	Rufus	Ply 42	Benjamin	Ply 15
David	Wor 273	Saml.	Nor 165	Benjamin	Suf 142
Ebenezer	Ber 191	Samuel	Ess 313	Benjamin, Esqr.	Suf 142
Ebenezer'	Wor 477	Samuel	Nor 272	Brackley	Ply 42
Ebenr.	Ham 114	Samuel	Ply 133	Caleb	Suf 144
Ebenr.	Ply 126	Samuel	Wor 173	Charles	Ply 33
Ebenr.	Wor 276	Samuel, Junr.	Ply 119	Charles	Wor 423
Edward	Wor 296	Samuel, Jur.	Wor 173	Charles Whiting	Suf 144
Edward	Wor 341	Samuel, 3d.	Ply 135	David	Wor 457
Edwd.	Nor 113	Sarah	Ber 182	Ebed	Suf 144
Eli	Ply 136	Seth	Ply 123	Ebenezer	Suf 144
Eli, Junr.	Ply 135	Silvanus	Wor 337	Edmund	Wor 423
Elijah	Ber 191	Simeon	Ply 67	Edward	Mid 271
Elijah	Ham 301	Snow	Ply 126	Edward	Ply 33
Elijah	Ply 127	Solomon	Mid 271	Elijah	Ply 30
Elijah, Jr.	Ber 191	Steph.	Mid 160	Elijah	Ply 33
Elisha	Ply 132	Theoder	Ber 131	Elisha	Suf 141
Elisha, Junr.	Ply 132	Theophilus	Ply 59	Elizabeth	Suf 142
Experience	Ply 123	Thomas	Nor 262	Ellis	Ply 126
Francies	Nor 100	Thomas	Wor 273	Er	Nor 178
Gamaliel	Ply 133	Timothy	Ess 313	Ezekiel	Ham 299
Hannah	Ess 33	Timothy	Wor 347	Ezekiel	Suf 145
Hannah	Nor 240	Tyler	Wor 176	Ezra	Ply 42
Henry	Ess 313	Vincent	Ham 332	Ezra, Jur.	Ply 42
Hosea	Ham 332	William	Ess 471	George	Ply 126
Isaac	Nor 230	William	Ess 476	George Russell	Suf 144
James	Ham 97	William	Mid 126	Grace	Nor 179
James	Ham 114	William, Jur.	Nor 262	Hosea	Suf 144
James	Ply 126	Willm.	Ply 36	Isaac	Ply 23
Jeremiah	Nor 211	Wm.	Ply 103	Isaac	Suf 141
Jesse	Ply 127	see Brooks, Custis		Isaiah, Esqr.	Suf 142
Job	Nor 166	Curtise, Israel	Ess 178	Jacob	Mid 260
Job	Ply 127	Curtiss, Aaron	Ham 167	Jacob	Suf 141
John	Ber 191	Abel	Ber 253	James	Ply 13
John	Ess 490	Abijah	Ber 226	James	Ply 26
John	Mid 3	Abner	Wor 225	James	Wor 219
John	Ply 128	Abner, Junr.	Wor 225	James, Jur.	Ply 125
John	Ply 133	Alford	Ber 191	Job	Nor 328
John	Wor 342	Amasa	Ber 186	Job, Col.	Wor 366
John, Junr.	Ply 133	Charles	Ham 166	John	Ess 46C
Johnathan	Wor 327	Comfort	Ber 186	John	Nor 178
Jonathan	Brs 362	David	Ber 230	John	Suf 144
Jonathan	Mid 5	David	Ham 166	John	Suf 145
Jonathan	Nor 272	Ebenezer	Ham 264	John, Revd.	Wor 457
Joseph	Ber 120	Elnathan	Ber 253	Jonathan	Suf 145
Joseph	Ess 481	Epaphras	Ber 191	Joseph	Ham 161
Joseph	Nor 226	Francis	Ber 186	Joseph	Ply 133
Joseph	Wor 424	Giles	Ber 230	Joseph	Suf 144
Joshua	Ply 42	Isaac	Ber 253	Joshua	Ply 98
Josiah	Ber 159	Isaac	Ham 62	Joshua, Jur.	Ply 98
Justus	Ber 212	Jeptha	Ber 225	Josiah	Ply 33
Lemuel	Ply 126	Jeremiah	Ham 177	Level	Brs 310
Luke	Ply 79	John	Ber 230	Mary	Suf 145
Mary	Ess 497	John	Ham 10	Mathew	Ply 10
Mary	Ess 503	John Day	Ham 62	Mathew	Suf 141
Mary, Wdw.	Wor 327	Jonathan	Ber 226	Moses	Ess 272
Mason	Ess 515	Joseph	Ber 226	Nathan, Honbld.	Ply 126

Name	Ref	Name	Ref	Name	Ref
Nathl.	Ply 113	Robert	Ply 91	Ammi	Mid 159
Nathl.	Ply 119	Rowland	Brs 321	Amos	Mid 478
Nathl.	Ply 33	Samuel	Brs 317	Benja.	Mid 160
Nehemiah	Suf 146	Thomas	Ply 60	Charles	Mid 478
Perez	Suf 139	William	Ply 22	Danl.	Mid 194
Pickels	Ply 133	William	Ply 60	David	Mid 516
Pickels, Junr.	Ply 126	Zacheriah	Ply 19	Ebenezer	Ess 313
Polly	Ess 117	Zebedee	Brs 358	Ebenr.	Mid 160
Regemelech, junr.	Nor 179	Zebulon	Ply 77	Ebenr.	Mid 508
Robert	Suf 145	Zenas	Ply 78	Elihu	Mid 508
Ruth	Ply 132	see Chushmon, Perry		Elijah	Ham 225
Saml.	Nor 178	Custis, John	Bar 97	Elizth.	Mid 508
Seth	Ply 26	Nehemiah	Ply 136	Ephraim	Mid 478
Seth	Ply 29	see Curtis		Frances	Mid 478
Seth	Suf 145	Cutbeth, Benoni	Ham 184	Gersham	Mid 478
Silence	Suf 144	Cuthbert see Cutbeth		Gershom	Mid 159
Stephen	Suf 144	Cutlar, Abel	Mid 133	Hannah	Mid 478
Theophilus, Esq.	Suf 145	Asher	Mid 113	Isaac	Mid 160
Thomas	Mid 270	Dudley	Ham 219	Isaac	Wor 497
Thomas	Nor 178	Ebenr.	Ham 219	Jacob	Ess 313
Thomas	Ply 121	Roland	Mid 113	Jairus	Ham 114
Thomas	Suf 144	Cutler, Abijah	Wor 255	James	Mid 477
Thomas, junr.	Nor 178	Adam	Ess 177	Jedediah	Wor 497
Thos.	Ess 370	Amos	Wor 179	Jno.	Mid 194
Timothy	Nor 327	Asa	Wor 248	John	Mid 478
Warham	Mid 260	Benjamin Clark	Nor 250	Jona.	Mid 478
William	Suf 142	Calvin	Nor 218	Jos.	Mid 159
Williams	Wor 402	Convers	Wor 296	Joseph	Mid 113
Willm.	Ply 33	Ebenezer	Wor 260	Lucy	Mid 478
Willm., Honble.	Ply 126	Ebenr.	Wor 195	Mary	Mid 479
Zattue	Ply 42	Ebenr.	Wor 232	Nehemiah	Mid 478
Zenas	Nor 178	Ebenr., Jun.	Wor 195	Robert	Ham 289
Zenias	Ess 111	Elisha	Nor 218	Saml.	Mid 160
see Cushin, Mitchell		Ephraim	Wor 233	Solomon	Ess 9
Cushings, Asa	Mid 533	Jacob	Ham 105	Solomon	Ham 225
Isaac	Mid 533	Jacob	Mid 311	Stephen	Mid 478
Cushington, David	Ber 155	Jarvis	Ham 259	Thomas	Mid 2
Cushman, Artemas	Ham 77	Jemima, Wido.	Mid 450	Washington	Mid 477
Azel	Ham 45	Jesse	Wor 255	William	Ham 225
Benjamin	Ply 21	John	Wor 267	William	Mid 478
Caleb	Ham 309	Jonathan	Wor 240	William, Jur.	Mid 478
Cephas	Ply 112	Jonathan	Wor 366	see Cutler	
Consider	Ham 72	Joseph	Ess 46C	Cuttin, John	Ham 41
Consider	Ham 259	Joseph	Ess 313	Cutting, Aaron	Brs 319
David	Ply 77	Joseph	Wor 248	Abel	Mid 119
Deborah	Ply 22	Joseph	Wor 260	Abraham	Wor 416
Ebenezer	Ply 30	Joseph, Jur.	Wor 260	Asa	Wor 242
Elias	Ply 80	Manasseth	Ess 597	Daniel	Mid 145
Eliphalett	Ply 77	Moses	Wor 195	Darius	Wor 488
Elisha	Brs 422	Moses	Wor 396	David	Brs 321
Epraim	Ham 290	Moses, Jun.	Wor 195	David	Wor 377
Ezekiel	Ply 113	Nathaniel	Mid 270	Earl	Wor 280
Ezra	Brs 422	Nathaniel	Mid 342	Ebenzr.	Wor 337
Ezra	Ply 100	Nathaniel	Mid 347	Eliphalet	Ham 199
George	Ply 94	Nathaniel	Nor 218	Elisha	Mid 126
Ichabod	Ply 78	Nathaniel, 2d.	Mid 342	Ephraim	Nor 242
Isaac	Ply 77	Oliver	Nor 201	Eunis	Wor 457
Isaac, Jur.	Ply 77	Richard	Mid 270	James	Brs 319
Jacob	Ply 21	Robert	Wor 255	John	Mid 126
Jacob	Ply 80	Samuel	Ess 313	Jona., Jr.	Wor 234
James	Ply 29	Samuel	Ess 352	Jonathan	Wor 234
Jesse	Ham 356	Samuel	Ess 353	Jonathan	Wor 416
John	Ply 77	Samuel	Mid 342	Joseph	Wor 215
Jonah	Ber 265	Samuel	Wor 273	Josiah	Wor 377
Joseph	Brs 317	Silas	Wor 234	Josiah	Wor 516
Joseph	Ply 80	Simeon	Nor 201	Keziah	Wor 505
Joseph, 2d.	Ply 80	Simon	Nor 218	Merrick	Wor 199
Joshua	Ply 100	Simon, Jun.	Nor 218	Nathan	Wor 242
Jotham	Ham 303	Thomas	Mid 347	Nathan, Jr.	Wor 242
Mary	Brs 422	Thomas B.	Wor 247	Oliver	Brs 319
Matha	Nor 344	Thos.	Mid 70	Robert	Mid 126
Mial	Brs 422	William	Ess 18	Saml.	Wor 280
Noah	Ply 80	William	Ess 313	Samuel	Mid 137
Obed	Brs 343	William	Wor 233	Silas	Wor 377
Oliver	Ply 19	Wm.	Wor 296	Thannel	Wor 377
Rachael	Ham 77	Cutter, Aaron	Mid 478	William	Mid 130
Robert	Ply 78	Abraham	Ham 114	Cuttler, Samuel	Ess 299

Cyprus, George	Bar 35	Dala see Dale		David	Mid 65
		Dalan, Benjamin	Ess 20	David	Nor 298
		Daland, Benja.	Ess 364	Ebenezer	Mid 294
--- D ---		Benjamin	Ess 542	Ebenezer, jur.	Mid 294
		Eliza.	Ess 417	Edmund	Mid 294
		John	Ess 364	Edward	Ham 339
D..., ...	Wor 225	John	Ess 379	Ezra	Mid 294
Daniel	Wor 225	Thornh.	Ess 397	Ichabod	Ham 23
Saml.	Mid 65	see Deland		Ichabod, Jr.	Ham 23
Dabney, John	Ess 412	Dale, Archalus	Ess 546	Isaac	Ham 24
Daby, Asa	Wor 217	David	Wor 516	Isaac	Mid 127
Dadley, George	Brs 423	Eben	Ess 5	Isaiah	Ham 24
Dadman, Elijah	Mid 423	John	Ham 243	Jacob	Mid 65
Dadmun, Samuel	Wor 516	John	Nor 228	Jacob, Jr.	Mid 65
Dady, Asahel	Ham 129	Joseph	Mid 384	James	Ham 22
Noah	Ham 129	Joseph	Wor 443	John	Mid 294
Wm.	Ham 129	Margaret	Ess 5	John	Wor 257
Dage, Henry	Ess 410	Moses	Ess 48	John	Wor 443
Dager, Jno.	Mid 182	Phillip	Ess 382	Jonatham	Nor 298
Jos.	Mid 182	Samuel	Wor 355	Jonathan	Ham 303
Dagget, Benjamin	Brs 286	Silence	Ply 49	Jonathan	Nor 179
Ebenzr.	Wor 338	Thomas	Ham 244	Joseph	Brs 423
Elisha	Ess 400	Thomas	Ham 247	Joseph	Mid 65
Jacob	Brs 307	Daley, Absalom	Ber 118	Joseph	Mid 294
James	Brs 302	Annon	Ber 120	Joseph, Jr.	Mid 65
James	Brs 313	Mary	Ber 119	Joseph, Jur.	Brs 423
Jethro	Brs 403	Samuel, Junr.	Ber 119	Joshua	Mid 294
Levi	Brs 310	William	Ber 120	Jude	Wor 257
Robert	Brs 310	Dalrimple, John	Wor 344	Nathan	Ham 18
Samuel	Ham 208	Robert	Wor 344	Nathl.	Ply 10
Timothy	Brs 302	Dalrymple, David	Ham 185	Obediah	Ply 10
William, 2nd.	Brs 313	David, Jur.	Ham 185	Peter	Ham 253
Willm.	Brs 310	Edward	Ham 185	Samuel	Wor 347
Daggett, ...iel	Brs 321	Hark	Ham 185	Samuel	Wor 513
Anna	Duk 447	James	Ess 370	Stephen	Ham 332
Asa	Nor 316	James	Mid 145	Stephen	Wor 513
Ebenezer	Nor 377	Samuel	Wor 368	Thomas	Mid 127
Ebenr.	Ham 224	Thos.	Ham 195	Thomas	Wor 423
Elihu	Brs 321	Thos.	Mid 114	Timothy	Wor 443
Elijah	Brs 321	Winslow	Ham 185	Timothy, Jr.	Wor 443
Freeman	Duk 454	Dalten, Edward	Ess 405	William	Ham 303
George	Duk 443	Dalton, Hannah, Wd.	Ess 48	William	Mid 127
Isaac	Duk 454	Jonathan	Ess 316	see D...	
Jesse	Brs 318	Sarah	Ess 360	Damond, Elijah	Ply 36
Jessee	Nor 239	Daman, Calvin	Ply 126	Elijah, Jur.	Ply 36
Joab	Brs 319	Edward, Junr.	Ply 125	Dampney, John	Ess 445
John	Brs 319	Eells	Ply 127	Dana, Aaron	Mid 499
John	Duk 443	Elisabeth	Ply 135	Amariah	Ham 294
Jos.	Duk 451	Ezra	Ply 127	Caleb	Mid 480
Joseph	Brs 318	Galen	Ply 130	Daniel	Ber 168
Josiah	Brs 380	Hannah	Ply 133	Daniel	Nor 256
Lydia, Wd.	Wor 156	Isaac	Ply 130	Daniel, Revd.	Ess 314
Michael	Duk 454	John	Ply 130	David	Mid 527
Michael L.	Duk 451	Joshua	Ply 127	David	Nor 298
Petty	Duk 452	Josiah	Ply 135	Ezra	Wor 431
Reuben	Brs 320	Juda	Ply 127	Francis	Mid 480
Saml.	Duk 445	Leah	Ply 129	Henry	Mid 480
Seth	Duk 454	Luther	Ply 121	Isaac	Mid 499
Silas	Duk 446	Reuben	Ply 134	James	Mid 480
Simeon	Brs 358	Simeon	Ply 127	Jesse	Wor 355
Timo.	Duk 445	Silvanus	Ply 134	John	Wor 162
William	Duk 454	Stephen	Ply 130	John	Wor 516
William, Jr.	Duk 454	Zadoch	Ply 133	Jonathan	Nor 256
Daggot, Ebenzr.	Wor 344	Dammon, Ebenezar	Wor 209	Joseph	Ess 581
Gideon	Ham 72	Wm.	Mid 161	Joseph	Mid 480
Dailey, Elizabeth	Ess 504	Dammond, Joseph	Ply 39	Josiah, Revd.	Wor 404
Lewis	Ply 60	Damon, Aaron	Mid 294	Luther	Nor 316
Daily, Jeremiah	Ber 179	Abner	Ham 310	Saml., Esqr.	Mid 450
Dake, Joshua	Ham 209	Amos	Mid 294	Samll.	Mid 95
Daken, David	Wor 377	Aruanah	Ply 100	Stephen	Mid 480
Levi	Mid 79	Benja.	Mid 65	Tabatha	Mid 527
Oliver	Wor 377	Caleb	Ham 24	see Dane	
Dakin, Joseph	Mid 121	Caleb, 2d.	Ham 23	Dandley, John	Mid 79
Samuel	Mid 10	Caleb, 3d.	Ham 24	Dane, Abigal, Wo.	Ess 120
Samuel	Mid 121	Daniel	Mid 294	Benjamin	Ham 109
Samuel, Jur.	Mid 121	Daniel, jur.	Mid 294	James	Ess 179
Samuel, Jr.	Mid 10	David	Ham 22	John	Ess 179

Name	Ref
John	Ess 551
Joseph	Ess 179
Joseph	Mid 84
Joseph	Wor 247
Joshua	Ess 121
Moses	Ess 179
Nathan, Esq.	Ess 523
Susannah	Mid 133
William	Ess 111
William	Wor 258
William, Jur.	Wor 258
Wm.	Mid 372
Wm., Capt.	Ham 225
Danford, John	Ess 231
Joseph	Ess 231
Lucy, Wo.	Ess 97
Stepn.	Ess 97
Danforth, Asa	Brs 357
Benja.	Mid 384
Benjamin	Ess 12
Coe	Ber 128
Elijah	Brs 380
Elijah	Wor 155
Eliz.	Mid 384
Elizabeth	Mid 480
Enoch	Ess 315
Jesse	Wor 240
Jno.	Wor 297
Joan	Mid 384
John	Brs 363
John	Mid 384
John	Wor 289
Jonathan	Ber 129
Jos.	Mid 384
Joshua	Ber 196
Joshua	Ess 448
Joshua, Junr.	Ess 446
Josiah	Mid 79
Oliver	Brs 365
Samll.	Mid 95
Thomas	Brs 380
William	Brs 371
Daniells, Timothy	Nor 316
Daniels, Abigail	Nor 211
Abigail	Wor 203
Abiram	Ham 333
Adams	Nor 355
Adams	Wor 381
Amariah	Ber 266
Amariah	Nor 353
Ammasa	Mid 508
Amos	Ham 283
Amos	Nor 211
Asa	Ham 256
Asa	Nor 211
Asa, Jun.	Nor 211
Benja.	Ess 387
Dan	Ham 297
Daniel	Mid 508
Darius	Wor 381
David	Ess 25
David	Ham 256
David	Nor 356
David	Wor 390
Eleazer	Nor 356
Elias	Wor 433
Eliza.	Ess 404
Francis	Nor 83
Henry	Nor 211
Henry	Nor 356
Henry, Jun.	Nor 211
Israel	Mid 147
James	Ham 236
James	Nor 83
Japhet	Mid 508
Jeremiah	Nor 211
Jeremiah	Nor 316
Jeremiah, Jun.	Nor 211
Jesse	Mid 509
Jesse	Nor 211
Joel	Nor 351
John	Ess 256
John	Ham 306
John	Mid 161
John	Mid 509
Joseph	Nor 211
Joseph	Nor 316
Joseph	Nor 351
Joseph	Wor 381
Joseph	Wor 516
Labin	Nor 211
Lemuel	Nor 211
Mary	Ess 387
Moses	Ber 155
Moses	Nor 211
Moses	Wor 390
Nathan	Nor 355
Nathan	Wor 381
Noah	Nor 201
Obediah	Mid 517
Oliver	Wor 395
Osemus	Mid 272
Perry	Mid 209
Peter	Ham 256
Reuben	Ber 159
Richard	Nor 244
Simeon	Mid 517
Stephen	Ess 386
Stephen	Ess 387
Sterling	Ber 131
Timothy	Mid 533
Unity	Nor 351
Walter	Ber 186
Zebulon	Wor 200
see Danniels, Danuls	
Danielson, Benja.	Ham 271
Luther	Ham 274
Natha., Majr.	Ham 271
Danilson, Lothario	Wor 329
Danks, Caleb	Ham 356
Eliakim	Ham 356
Elijah	Ham 131
Ephraim	Ham 136
Moses	Ham 130
Robert	Ham 131
Samel.	Ham 131
Samel, Junr.	Ham 131
Sylvester	Ham 153
Zadok	Ham 134
Danley, Esther	Ber 162
Danniels, Elisha	Mid 508
John	Suf 138
Saml.	Mid 508
Danuls, Levi	Wor 270
Darbey, Abel	Wor 443
Andrew	Wor 443
Ezra	Wor 443
John	Wor 443
John, Jr.	Wor 443
Joseph	Wor 443
Nathan	Wor 443
Darby, Aaron	Wor 431
Abner	Ber 117
Abner	Brs 306
Abner	Brs 311
Alpheus	Ham 277
Benjamin	Wor 436
Calvin	Mid 463
Charles	Ess 23
Deliverance	Wor 433
Edward	Ham 333
Eleazer	Ham 85
George	Ber 117
George, Junr.	Ber 117
James	Ess 408
John	Brs 306
John	Wor 217
Jonathan	Wor 432
Joseph	Ber 138
Joseph	Wor 433
Joseph, Jun.	Wor 436
Joshua	Wor 433
Nathan	Wor 433
Saml.	Ham 339
Simon	Wor 433
Darling, Abel	Nor 218
Abigail	Wor 389
Asa	Ham 270
Benjamin	Nor 357
Benjamin	Ply 60
Benjan.	Ply 79
Benson	Wor 389
Cornelius	Nor 343
Daniel	Mid 422
Daniel	Ply 79
David	Ber 134
David, Jr.	Ber 134
Ehud	Ham 77
Elias	Nor 369
Hannah	Ess 516
Jacob	Nor 342
Jedediah	Ham 85
Jerusha	Nor 343
Jesse	Wor 389
Jewett	Wor 225
Job	Mid 145
Job	Wor 389
John	Bar 74
John	Ham 85
John	Ham 217
John	Wor 225
John	Wor 389
John, Jr.	Wor 381
Jonas	Mid 421
Joshua	Nor 343
Joshua	Wor 463
Matthew	Wor 389
Nathan	Ply 79
Nathan	Wor 201
Peletiah	Wor 463
Phinehas	Wor 389
Polly	Ply 12
Rachael	Nor 342
Samuel	Nor 343
Samuel	Ply 99
Samuel, 2d.	Nor 340
Sarah	Ham 259
Seth	Nor 343
Simeon	Ham 24
Simon	Nor 338
Stephen	Ham 45
Willard	Ham 225
William	Wor 156
Zeleck	Wor 156
Zenas	Wor 498
Darrow, Amaziah	Ham 151
Amaziah, Junr.	Ham 151
Zacheus	Ham 151
Dart, Levi	Ham 247
Darting, Alpheus	Ham 288
Darvin, Ebenezer	Ham 254
Darwin see Durwin	
Dascom, Daniel	Nor 253
John	Nor 247
Dausance, Martin	Nor 83
Davenport, Aaron	Wor 156
Adam	Nor 125
Anthony	Ess 314
Benjamin	Nor 227
Dan.	Nor 142
David	Wor 382

Eben., Ju.	Nor 141	Alexander P.	Wor 237	Elijah	Ess 72
Ebene.	Nor 141	Alpheus	Wor 505	Elijah	Mid 33
Edward	Ham 185	Amasa	Nor 246	Elijah	Wor 162
Elisha	Nor 141	Amasa	Wor 329	Elipt., Colo.	Ess 111
Ephm.	Nor 142	Ambros	Ess 315	Elisha	Wor 433
George	Ham 62	Ammi	Ber 228	Elisha T.	Bar 83
Isaac	Nor 124	Amos	Ess 273	Elizabeth, Wido.	Ess 315
Isaac	Nor 142	Amos	Mid 150	Elnathan	Wor 516
Jesse	Nor 285	Amos	Mid 450	Enoch	Ess 72
Jno.	Nor 142	Amos	Nor 124	Enos	Ham 226
Joseph	Ber 186	Amos	Wor 206	Epes	Ess 141
Joseph	Nor 227	Andrew	Ess 136	Ephm.	Ess 72
Lemuel	Nor 285	Andrew	Ess 315	Ephm., Doctr.	Ess 102
Moses	Ess 314	Ann	Mid 394	Ephraim	Mid 34
Nath.	Nor 124	Arthur	Brs 404	Ethan	Wor 516
Paul	Ham 185	Asa	Ess 315	Ezekiel	Wor 161
Richard	Wor 161	Asa	Wor 329	Ezra	Nor 251
Saml.	Nor 142	Asa	Wor 506	Flint	Wor 219
Seth	Wor 382	Asahel	Wor 234	Francis	Bar 44
Seth, Jr.	Wor 382	Barney	Brs 301	Francis	Ber 127
William	Wor 156	Benja.	Brs 404	Francis	Wor 347
Wm.	Nor 125	Benja.	Ess 151	Gardner	Ber 112
Davey, Daniel	Ber 132	Benja.	Mid 384	George	Ess 141
see Dewey		Benja.	Wor 480	Gideon	Wor 257
Davice, Daniel	Ess 239	Benja., Jur.	Brs 405	Gidion	Brs 330
Ebenezer	Ess 211	Benjamin	Ber 112	Humphrey	Brs 423
Davids, Daniel	Ham 123	Benjamin	Brs 289	Ichabod	Bar 44
Davidson, Douglas	Wor 480	Benjamin	Brs 330	Increase	Nor 254
Geo.	Mid 161	Benjamin	Duk 447	Isaac	Bar 84
George	Mid 427	Benjamin	Ess 315	Isaac	Ess 140
John	Ham 62	Benjamin	Nor 255	Isaac	Ham 252
John	Mid 427	Benjamin	Wor 161	Isaac	Nor 228
John	Suf 137	Benjamin	Wor 258	Isaac	Wor 368
John, Jur.	Mid 427	Benjamin, Jr.	Ess 315	Isaiah	Wor 221
Peter	Ber 128	Benjm.	Wor 416	Israel	Wor 416
Phinehas	Ess 179	Benjn.	Bar 16	Israel	Wor 516
Samuel	Wor 480	Cato	Wor 506	Jabez	Bar 44
Davie, Betsey	Ply 16	Charles	Ess 582	Jabez	Ber 116
Ebenezer	Ply 5	Charles	Nor 240	Jacob	Nor 230
Ichabod	Ply 12	Clarissa	Ham 152	James	Bar 84
Robert	Ply 18	Cornelus	Brs 290	James	Ber 196
Solomon	Ply 5	Cornelus, Jur.	Brs 287	James	Brs 290
William	Ply 15	Craft	Wor 162	James	Brs 343
William, Jr.	Ply 16	Crocker	Bar 45	James	Brs 405
Davies, Calvin	Ber 260	Cyrus	Ber 196	James	Brs 423
Ebenr.	Mid 89	Daniel	Brs 298	James	Ess 273
Hope	Ber 260	Daniel	Mid 34	James	Ess 289
Isaac	Ber 260	Daniel, Jr.	Brs 298	James	Ess 315
Moses	Mid 88	David	Bar 50	James	Ham 58
Nathan	Ber 260	David	Brs 424	James	Mid 33
Samuel	Ber 260	David	Mid 33	James	Wor 162
Stephen	Ess 207	David	Mid 450	James	Wor 516
Thaddeus	Mid 79	David	Wor 502	James, 2d.	Wor 516
Timo.	Mid 89	David, jun.	Wor 502	James, 2nd.	Brs 423
Davis, Aaron	Brs 289	Dinah, Wid.	Brs 286	James, 2nd.	Brs 424
Aaron	Brs 321	Dorothy	Mid 9	James W.	Bar 64
Aaron	Brs 330	Ebenezer	Ham 14	Jeremiah	Wor 161
Aaron	Brs 423	Ebenezer	Nor 256	Jesse	Ham 265
Aaron	Ess 315	Ebenezar Lombard	Bar 62	Jesse	Wor 506
Aaron	Ham 209	Ebenzr.	Wor 329	Jethro	Brs 423
Aaron	Mid 499	Eber	Brs 330	Joanna	Bar 45
Aaron	Nor 246	Ebezr. Bent.	Wor 460	Joanna	Wor 234
Aaron, Junr.	Nor 238	Edmond	Brs 289	Job	Bar 45
Aaron, Junr.	Wor 220	Edmund	Ess 315	Job	Ess 140
Aaron, Jur.	Ham 244	Edmund	Wor 516	Job	Ess 515
Abel	Mid 9	Edward	Bar 83	Job C.	Bar 84
Abel	Mid 451	Edward	Wor 341	John	Bar 44
Abial	Brs 330	Eleazer	Brs 290	John	Bar 90
Abial, Junr.	Brs 331	Eleazer	Mid 47	John	Brs 330
Abijah	Ham 275	Eleazer	Mid 357	John	Brs 411
Abijah	Mid 372	Eleazer	Wor 235	John	Duk 453
Abijah	Wor 161	Eleazer, 2d.	Mid 357	John	Ess 72
Abner	Bar 44	Eliakim	Wor 506	John	Ess 229
Abner	Brs 330	Elias, Capt.	Ess 121	John	Ess 289
Abraham	Ber 230	Elias J.	Ess 315	John	Ham 185
Abraham	Brs 423	Elihu	Ham 225	John	Mid 463
Abraham	Ham 114	Elijah	Brs 330	John	Mid 480

John	Nan 51	Moses	Ess 315	Stephen	Nor 235
John	Nor 244	Moses	Ham 209	Susannah	Nor 239
John	Wor 162	Moses	Mid 371	Sylvester	Ham 339
John	Wor 257	Moses	Nor 239	Thaddeus	Mid 357
John	Wor 516	Moses	Wor 329	Thaddeus	Wor 505
John, Esqr.	Bar 83	Moses	Wor 395	Thomas	Bar 44
John, 1st.	Brs 331	Moses, Junr.	Ess 315	Thomas	Brs 284
John, Jr.	Mid 480	Nancy, Wo.	Ess 100	Thomas	Brs 330
John, Junr.	Nor 244	Nathan	Brs 423	Thomas	Ess 555
John, 3d.	Bar 83	Nathan	Ham 260	Thomas	Wor 161
John, 3d.	Nor 230	Nathan	Ham 261	Thomas	Wor 516
John P.	Wor 516	Nathan	Wor 211	Thomas, Jr.	Ess 555
Johnson	Mid 372	Nathan, 2d.	Ham 259	Timo.	Mid 48
Jonathan	Bar 84	Nathaniel	Ess 8	Timo.	Ply 112
Jonathan	Brs 291	Nathaniel	Mid 5	Timothy	Bar 11
Jonathan	Brs 331	Nathaniel	Nor 248	Timothy	Ess 105
Jonathan	Ham 37	Nehemiah	Wor 161	Timothy	Ply 30
Jonathan	Mid 33	Nichademos	Brs 290	Timothy	Wor 156
Jonathan	Mid 248	Nicholas	Brs 330	Timothy	Wor 247
Jonathan	Mid 439	Nicholas	Brs 423	Tims.	Mid 384
Jonathan	Wor 162	Nicholas	Ply 111	Tobias	Ess 372
Jonathan, Docr.	Nor 232	Nicholas, 2nd.	Brs 423	Walter	Bar 45
Jonathn.	Ham 10	Noah	Nor 244	William	Ber 108
Joseph	Bar 44	Oliver	Ess 151	William	Brs 305
Joseph	Bar 83	Oliver	Wor 436	William	Brs 343
Joseph	Brs 289	Oliver	Wor 516	William	Brs 367
Joseph	Brs 306	Oliver T.	Mid 433	William	Ess 48
Joseph	Ess 72	Patience	Ham 3	William	Ess 140
Joseph	Ess 145	Patty, Widow	Ess 109	William	Ess 273
Joseph	Ess 315	Paul	Brs 282	William	Ess 289
Joseph	Ham 82	Paul	Ham 62	William	Ess 315
Joseph	Ham 98	Paul	Wor 516	William	Ess 370
Joseph	Mid 65	Peter	Mid 348	William	Ess 510
Joseph	Nan 50	Peter	Wor 241	William	Ham 22
Joseph	Nan 64	Philip	Brs 330	William	Nor 239
Joseph	Ply 112	Philip, Stephens Son	Brs 330	William	Ply 9
Joseph	Wor 162	Phinehas	Wor 225	William	Wor 480
Joseph	Wor 231	Phinehas	Wor 368	William	Wor 506
Joseph	Wor 341	Phinehas	Wor 395	Wm.	Ham 120
Joseph	Wor 368	Prince	Bar 50	Zaccheus	Ber 225
Joseph, Jur.	Wor 341	Prince	Ess 273	Zebulon	Ess 134
Joseph, Jr.	Ess 315	Rebeckah	Wor 506	see Clark, Coleman	
Joshua	Ess 289	Richard	Brs 343	Davison, Andrew	Brs 320
Joshua	Mid 371	Rufus	Duk 447	Anna	Ess 404
Joshua	Mid 450	Rufus	Nor 114	Barnabas	Ham 52
Joshua	Wor 341	Russell	Brs 423	Benja.	Wor 498
Joshua G.	Nor 298	Ruth	Brs 423	Benja., jun.	Wor 498
Josiah	Bar 83	Saml.	Mid 463	Benjamin	Ber 177
Josiah	Ham 327	Saml.	Wor 341	Diminicus	Ham 275
Josiah	Mid 47	Samll.	Wor 318	Ebenezer	Ham 264
Josiah	Wor 222	Samu.	Ess 136	Elias	Ess 111
Josiah, Junr.	Wor 516	Samuel	Bar 10	John	Ber 179
Jotham	Nor 380	Samuel	Ber 110	John	Ess 315
Judith, Wo.	Ess 117	Samuel	Ess 315	John	Wor 497
Kiah	Brs 290	Samuel	Ham 22	Josiah	Ham 195
Learned	Wor 162	Samuel	Ham 58	Phenehas	Ham 213
Lemuel	Nor 125	Samuel	Ham 209	Samuel	Ber 178
Lemuel	Nor 235	Samuel	Ham 266	Thomas	Ber 178
Lemuel	Wor 516	Samuel	Nor 246	William	Brs 305
Levi	Ham 195	Samuel	Wor 161	Zephaniah	Ber 178
Levi	Wor 329	Samuel	Wor 516	Davisson, Patiance	Ess 558
Levi	Wor 431	Samuel, Jr.	Ess 315	Davol, Abner	Brs 288
Lydia, Wo.	Ess 149	Sarah	Ham 98	Pardon	Brs 287
Malachai	Bar 44	Sarah	Mid 30	Dawes, Daniel	Ham 303
Malachai, Jur.	Bar 50	Sarah	Nor 248	Ebenezer	Ply 30
Mark	Ess 109	Sarah, Wd.	Ham 232	Eliza.	Suf 141
Mark	Ess 142	Silas	Brs 404	Howland	Ham 305
Martha	Ply 30	Simon	Wor 377	John	Ber 166
Mary	Bar 85	Simon	Wor 516	Nathan	Ply 67
Mary	Ess 229	Solomon	Bar 49	Rebert	Wor 219
Mary	Wor 222	Solomon	Wor 235	Robert	Ham 303
Mary	Wor 289	Solomon	Wor 516	Samuel	Ber 166
Mary	Wor 506	Solomon, Jur.	Bar 44	Samuel	Ber 161
Mary, Wd.	Wor 161	Squire	Wor 236	Dawley, Job	Ess 408
Mehitable	Bar 86	Stephen	Brs 330	Dawson, John	Ess 575
Melatiah	Duk 447	Stephen	Ham 263	Day, Aaron	Ham 350
Moses	Ess 111	Stephen	Mid 32	Aaron	Wor 155

Abigail	Ess 584	Joseph	Ham 356	Elijah, 2d.	Brs 370
Abner	Ess 584	Joseph	Nor 91	Eliphalet	Ber 157
Abner	Ham 239	Joseph	Wor 225	Elizabeth, Wido.	Brs 361
Abraham	Ess 237	Joseph	Wor 502	Elkanah	Brs 363
Abraham	Ham 146	Joseph, Junr.	Ess 94	Eloner	Ess 595
Alven	Ham 236	Joseph, Senr.	Ess 95	Enos	Brs 365
Amasa	Ber 192	Justin	Ham 248	Ephraim	Brs 318
Amasa	Ber 254	Loammi	Brs 321	Ezra	Brs 363
Ambrose	Ham 124	Luke	Ham 10	Franceis	Nor 306
Anna, Wo.	Ess 119	Luke	Ham 124	George	Brs 363
Asa	Ham 249	Mary, Wo.	Ess 163	George, Junior	Brs 363
Bailey	Ess 236	Mercy, Wd.	Ham 240	Gilbert	Ham 98
Benjamin	Ham 350	Mordecai	Wor 395	Hannah, Wido.	Brs 370
Benjamin	Nor 364	Moses	Ess 582	Ichabod	Nor 349
Brigham	Ham 356	Moses	Ham 350	Isaac	Brs 363
Charles	Ber 192	Moses	Mid 450	Isaiah	Wor 317
Charles	Brs 322	Moses	Wor 155	Israel	Brs 357
Daniel	Ber 127	Nathan	Wor 257	James	Brs 280
Daniel	Ber 192	Nathaniel	Ham 8	James	Brs 363
Daniel	Ham 350	Nathaniel, Jun.	Ham 8	James	Wor 318
Daniel	Wor 390	Nathll.	Mid 462	James, Jur.	Brs 280
Danll.	Wor 225	Nathu.	Ess 163	Jereh.	Wor 275
David	Ess 119	Nehemiah	Ber 150	Jesse	Mid 342
David	Wor 162	Peletiah	Ham 98	Job	Brs 365
David, Jun.	Ess 121	Ralph	Nor 323	Job	Brs 376
Dorcas	Ess 381	Robert	Nor 365	Job, 2d.	Brs 373
Ebenezer	Ham 350	Roderick	Ber 254	Joel	Ham 237
Ebenezer	Nor 91	Samuel	Ess 120	John	Ess 379
Edmund	Ham 350	Samuel	Ham 98	John	Ess 595
Eleazer	Ham 356	Samuel	Nor 363	John	Nor 297
Eli	Ham 9	Simeon	Ham 8	John	Nor 306
Eliphaz	Brs 322	Solomon	Wor 377	Jona.	Ess 379
Elisha	Ess 357	Thomas	Ber 150	Jonathan	Brs 373
Eriel	Ham 237	Thomas	Ess 582	Jonathan, Junr.	Brs 373
Ezekiel	Ham 350	Thomas	Ham 350	Jonathan, 3d.	Brs 374
Ezekiel, Jr.	Ham 350	Thomas, Jr.	Ham 350	Joseph	Ber 155
Ezra	Ham 249	Uri	Mid 517	Joseph	Brs 280
George	Ess 143	Whamar	Ber 222	Joseph	Brs 360
Gideon	Ham 124	William	Ber 106	Joseph	Brs 375
Henry	Ham 350	see Curtiss, Mitchel		Joseph	Nor 298
Heman	Ham 350	Daybald, Jonathan	Ber 230	Joseph	Nor 311
Irena, Wd.	Ham 146	Dayley, John	Ham 301	Joseph, Junr.	Brs 375
Isaac	Ess 119	Dayson, Thos.	Ess 255	Joshua	Wor 231
Isaac	Mid 394	Dayten, Giles	Ham 180	Josiah	Brs 372
Israel	Ess 135	Dayton, Giles, Ju.	Ham 180	Lazell	Brs 376
Jabes	Wor 344	Deacon, Jonathan	Ess 518	Lemuel	Brs 361
Jacob	Ham 350	Deal, Susanna	Ess 419	Lemuel	Mid 332
James	Ess 143	Dean, Aaron	Brs 281	Leonard	Brs 365
James	Ess 167	Abel	Brs 363	Levi	Brs 281
James	Ham 98	Abiel	Brs 363	Linus	Brs 376
James	Ham 356	Abiel	Wor 258	Luke	Nor 323
James, Junr.	Ess 145	Abiezer	Brs 360	Luther	Brs 361
Jedidiah	Ham 356	Abishai	Brs 371	Lydia	Ess 419
Jeremiah	Brs 317	Abner	Brs 358	Mary	Mid 161
Jeremiah	Ess 570	Anna	Ess 596	Mary, Wid.	Brs 281
Jeremiah	Nor 91	Asa	Ber 135	Micah	Brs 330
Jeremiah	Nor 360	Asa	Brs 318	Nathaniel	Brs 368
Jesse	Nor 375	Benaiah	Brs 372	Nathaniel	Brs 375
Joel	Ham 12	Benja.	Ess 418	Nathu.	Ess 131
Joel	Ham 356	Benjamin	Brs 294	Obed	Brs 363
Joel	Wor 395	Benjamin	Nor 306	Oliver	Brs 370
Joel, Jr.	Ham 356	Caleb	Brs 361	Oliver	Ess 215
John	Ber 132	Charles	Brs 363	Paul	Wor 297
John	Ber 229	Christopher	Ham 185	Pearl	Ber 196
John	Ess 22	Cyrus	Brs 370	Philip	Brs 358
John	Ess 236	David	Brs 280	Phinehas E.	Nor 306
John	Ess 574	David	Brs 363	Rebecca	Brs 362
John	Ham 356	David	Ham 77	Reuel	Brs 370
John	Nor 316	David, Jur.	Brs 280	Rufus	Brs 359
John	Ply 91	David, 2d.	Brs 369	Ruth, Wido.	Brs 370
John	Wor 231	David, 3d.	Brs 370	Samel.	Ham 121
John, jr.	Ess 236	Ebenezer	Brs 361	Saml.	Brs 409
John, 2d.	Ber 131	Ebenezer	Nor 349	Samll.	Wor 318
Jonathan	Ess 22	Ebenezer	Ply 19	Samuel	Ham 82
Jonathan	Nor 298	Ebenezer, Junior	Brs 359	Samuel	Mid 317
Jonathn.	Wor 341	Ebenezer, 3d.	Brs 368	Samuel H.	Nor 306
Joseph	Ess 236	Edward	Brs 361	Sarah, Wido.	Brs 361

Savery	Wor 506	Joseph	Mid 137	Dellano, Avery	Ply 5
Seth	Brs 363	Martha	Mid 145	Delone, Rebecca	Ess 490
Seth	Brs 374	Nathan	Mid 145	Deluce, Francis	Nor 142
Seth	Nor 355	Timothy	Mid 137	Jno.	Nor 141
Seth	Wor 239	see Debman		Delve, Jonathan	Ham 37
Seth, Junior	Brs 363	Deforis, Stephen	Mid 480	Peter	Ham 37
Solomon	Brs 363	de Grass, Jos.	Duk 450	Deman, Rebecca	Ply 7
Stephen	Brs 375	Delan, Benja.	Ess 382	Demi see Ranville	
Stephen, Junr.	Brs 375	Deland, Benja.	Ess 382	Demick, Jesse	Wor 275
Sylvester	Brs 367	Charles	Wor 258	Deming, Aaron	Ber 127
Thaddeus	Mid 357	Ebenezer	Bar 16	Benjamin	Ber 170
Thomas	Brs 374	Elijah	Ber 235	Charles	Nor 316
Thomas	Mid 342	Jedidiah	Wor 258	David	Ber 174
Thos.	Ess 419	John	Ber 172	Elijah	Ber 109
Waitstill, Wido.	Brs 376	Obadiah	Ber 172	Elijah	Ber 176
Walter	Ber 167	Philip	Wor 258	Elijah	Ber 254
Walter	Ber 238	Susanna	Ess 382	Gideon	Ber 215
Walter	Brs 280	see Daland		Joel	Ber 176
Walter	Brs 364	Delane, Partrick	Wor 368	John	Ber 175
Weltha, Wido.	Brs 275	Delano, Abisha	Brs 423	John	Ber 196
Weston	Ham 238	Abisha	Wor 308	John	Ber 248
William	Ess 595	Allerton	Brs 423	Jonathan	Ber 181
William	Nor 306	Amaziah	Brs 423	Josiah	Ber 254
Williams	Wor 506	Amos	Ber 209	Justus	Ber 109
Zebediah	Ber 233	Asa	Ply 96	Ozias	Ber 171
Zebediah	Ber 241	Benja.	Ply 119	Rebeca, Wido.	Nor 316
Zebulon	Wor 318	Calvin	Brs 423	Solomon	Ber 174
Zohith	Brs 375	Charles	Ply 104	Solomon	Ber 182
Deane, Abiel	Ply 49	Cornelius	Ply 93	Titus	Ber 127
Asahel	Brs 380	Dinah	Brs 422	Demmon, Abraham	Ham 226
Asahel, Jur.	Brs 380	Elizabeth	Nan 45	John	Ham 156
Daniel	Brs 380	Ephraim	Brs 423	Thomas	Ham 226
Dwitht	Brs 385	Gideon	Brs 423	Thomas, Junr.	Ham 226
Ebene.	Nor 141	Gideon	Wor 309	Demmond, Israel	Wor 404
Ebenezer	Wor 366	Hannah	Brs 423	Jude, Revt.	Bar 68
Edward	Brs 389	Harper	Ply 112	Demon, Elisabeth	Ess 464
Elijah	Brs 385	Ichobud	Ply 104	Demond, Daniel	Wor 506
Elisha	Brs 389	Isaac	Ply 99	Elijah	Wor 506
Elisha, Jur.	Brs 389	Jabez	Brs 423	Demoranvel, Nehemiah	Brs 344
Isaac	Brs 385	Jabez	Ply 112	Shoman	Brs 343
James	Brs 389	Jabez, Jr.	Ply 112	Demoranvil, Josiah	Brs 294
James, 2d.	Brs 389	Jeffry	Nan 66	Dempsy, Rogger	Ess 545
John	Brs 385	Jepther	Ply 93	Demsey, Isaac	Ess 3
Jonathan	Wor 366	Jethro	Brs 423	Demster, David	Wor 416
Josiah, Esq.	Wor 387	John	Brs 423	Demsy, Bartholw.	Ess 4
Nathan	Brs 280	John	Ply 36	Demton see Dunton	
Nathan, Jur.	Brs 380	John	Ply 101	Denais, Anna	Ess 476
Nathaniel	Wor 365	Joseph	Brs 423	Dench, Gilbert	Mid 517
Noah	Brs 380	Joshua	Brs 422	Denio, Enos	Ham 72
Pliny	Brs 380	Judah	Ply 96	Joseph	Ham 77
Richard	Brs 380	Luther	Ply 98	Denis, Charles	Ess 547
Saml.	Wor 387	Lydia	Ply 93	Isaac	Wor 329
Solomon	Ber 196	Malachi	Ply 96	John	Brs 330
William	Brs 385	Marcy	Brs 423	Jonathan	Wor 329
William	Brs 423	Nathan	Brs 423	Nathan	Wor 329
William	Wor 155	Nathl.	Ess 423	Robert	Brs 330
William, 2d.	Brs 385	Nathl.	Ply 98	Silas	Wor 329
see Howard		Paul	Brs 423	Denison, David	Ham 82
Dearborn, Benjamin	Brs 371	Philip	Wor 309	Edward	Ham 82
Dearing, Theodore	Ham 203	Phillip	Ply 96	Nathan	Ham 185
Thodore	Ham 209	Reuben	Brs 423	Dennen, Joseph	Ess 105
Death, Aaron	Ham 45	Rheuben	Ply 104	Joseph, Junr.	Ess 105
Benjamin	Ham 45	Richard	Brs 423	Dennie, John	Ess 72
Henry	Mid 533	Samuel	Ply 95	Denning, John	Ess 161
John	Ham 105	Samuel, Jur.	Ply 95	Dennis, Adonijah	Wor 297
John	Mid 509	Seth	Brs 423	Archable	Ess 477
Jotham	Ham 45	Stephen	Ply 112	Arther	Brs 405
Marget	Mid 533	Sylvs.	Ply 100	Benjamin	Ess 458
Rachel	Mid 509	Thomas	Brs 423	Benjamin	Ess 504
Deavenport see Shearman		Thomas	Ham 5	Charity	Ess 460
Debman, William	Ess 556	Thomas, 2nd.	Brs 423	Elizabeth	Ess 487
Decey see Ducy		William	Ham 282	Erasmus	Ess 470
Deck, Exter	Brs 331	Willm.	Ply 36	Fras. B.	Ess 382
Decker, Tunis	Ber 248	Zenus	Ply 102	Hannah	Ess 501
DeCoster, John	Mid 159	Delany, William	Ess 316	Isaac	Wor 404
Decro, Seth	Ply 101	Delap, John	Ess 179	James R.	Ess 316
Dedman, Jonathan	Mid 137	de le Goux, Cloude	Nor 287	John	Brs 405

John	Ess 111	Desmazes, John B.	Ess 316	Solomon	Ham 123
John	Ess 142	Desmore, Joseph	Ess 493	Stephen	Ber 222
John	Ess 477	Joseph P.	Ess 494	Stephen	Ham 145
John	Ham 353	Desper see Dispau		Thomas	Ham 77
John D.	Ess 498	Dessution see Deputson		Timothy	Ham 118
John D., junr.	Ess 498	Deukinfield, Thos.	Ess 361	Dewing, Andrew	Ham 219
Jonas	Ess 497	Devanport, Oliver	Ham 82	Elijah	Nor 337
Lucy	Ess 593	Devenport, Benjamin	Nor 316	Henry	Nor 316
Mary	Ess 578	Enoch	Nor 316	Jabez	Mid 480
Nathaniel	Ess 579	Mathew	Wor 377	John	Mid 517
Rebecca	Ess 575	Devens, Charles	Brs 313	Joseph	Ess 396
Sally	Ess 489	John	Brs 317	Martha	Nor 316
Samu.	Ess 143	Richd.	Mid 161	Nathan	Nor 316
Samuel	Ess 316	Devereux, Benjamin P.	Ess 488	Timothy	Nor 316
Samuel	Ess 395	James	Ess 416	DeWolf see DiWolf, Wolf	
Sarah	Ess 460	Lidia	Ess 483	Dewolfe, Elisha	Ham 264
Thomas	Ess 470	Nathaniel	Ess 512	Dexler see Dexter	
Thomas	Ess 498	Peggy	Ess 460	Dexte see Dexter	
Thomas	Ess 513	Robert	Ess 467	Dexter, Andrew	Wor 381
Thoms.	Wor 404	Samuel	Ess 469	Benja.	Wor 289
William	Ess 575	Sarah	Ess 478	Benjamin	Ham 41
Willm.	Ess 382	Susanna	Ess 465	Benjn.	Ply 112
Dennison, David	Wor 249	Ths.	Ess 402	Caleb	Ply 111
George	Ham 274	Devol, Abner	Brs 331	Charles	Mid 418
Isaac	Ess 144	Barney	Brs 331	David	Mid 332
Isaac, Jun.	Ess 144	Benjamin	Brs 330	David	Ply 112
James	Brs 287	Benjamin, 2nd.	Brs 330	Ebenr.	Ply 111
James	Ess 144	Berjona	Brs 330	Ebenr.	Wor 297
Roswell	Ber 266	Daniel, 1st.	Brs 330	Edward	Ply 112
Denny, Daniel	Wor 175	Daniel, 2nd.	Brs 330	Elias	Ply 112
Isaac	Wor 308	David	Brs 330	Elijah	Ply 112
Joseph	Wor 487	David	Brs 343	Elisha	Ply 112
Samuel	Wor 175	Jeremiah	Brs 331	Ephm.	Ply 111
Samuel	Wor 487	Job	Brs 343	Geo. B.	Mid 161
Thomas	Wor 487	John	Brs 330	Jabez	Ply 112
Thomas, 2d.	Wor 487	Joshua	Brs 331	James	Wor 231
William	Wor 497	Pardon	Brs 330	Job	Wor 297
Denslow, Bartemas	Ber 174	Reuben	Brs 330	John	Bar 87
Joseph, Jr.	Ber 174	Samuel	Brs 330	John	Ess 587
Joseph, Sen.	Ber 174	Dewey, Aaron	Ham 125	John	Ham 262
Densmore, John	Wor 377	Abel	Ber 266	John	Mid 32
Silvanus	Wor 377	Abner	Ber 254	John	Mid 384
Denton, Ebenezer	Nor 166	Amos	Ham 118	John	Ply 112
Jacob	Nor 166	Asaph	Ber 207	John	Wor 216
William	Ber 109	Benjamin	Ham 126	John, Jr.	Ply 112
William, Jr.	Ber 109	David	Ber 158	Joseph	Bar 16
Deputson, William	Wor 347	David	Ham 118	Joseph	Duk 447
William, Jun.	Wor 347	Eliab	Ham 119	Leonard	Ham 262
Derby, Abner	Nor 187	Eliab, Junr.	Ham 119	Mary	Mid 410
Edith	Ess 558	Elijah	Ham 358	Mary, W.	Nor 91
Elias H.	Ess 395	Gad	Ham 358	Mehitable	Ess 38
Eunice	Mid 9	Henry	Ber 163	Nathan	Mid 161
Ezekiel H.	Ess 395	Hugo	Ber 105	Noah	Ply 112
John	Ess 392	Israel	Ham 123	Paul	Mid 195
John	Ess 395	Israel	Ham 138	Philip	Ply 112
John	Ess 396	James	Ham 126	Reubin	Ply 112
Jonan.	Nor 187	John	Ham 123	Richd.	Mid 182
Jonathan	Nor 166	John	Ham 145	Saml.	Mid 161
Joseph	Mid 13	Joseph	Ham 126	Saml., Capt.	Wor 414
Martha	Ess 395	Josiah	Ber 107	Samll.	Wor 297
Robert	Mid 13	Josiah	Ham 123	Samuel	Ply 112
Roger	Ham 98	Josiah, Junr.	Ham 124	Sarah	Ply 112
Saml.	Ess 367	Justin	Ber 105	Stephen	Ber 260
Saml.	Ess 398	Levi, Lieut.	Ham 152	Thankfull	Ply 112
Samuel	Ess 23	Moses, Capt.	Ham 123	Timo.	Mid 195
Samuel	Mid 21	Noah	Ham 121	Timothy	Ess 316
Sarah	Ess 453	Paul	Ber 209	Wheeler	Ham 41
Zeb.	Ess 383	Paul	Ber 222	William	Brs 423
Zilpher	Ess 19	Paul, Jur.	Ber 209	William	Ess 111
Derrick, Solomon	Ham 82	Peleg	Ber 117	Willibar	Nor 227
Derrik, John	Nan 53	Roswell	Ber 106	Wm.	Mid 182
Derry, George	Ber 223	Roswell	Ham 123	see Ward	
John	Brs 320	Russel	Ham 128	Dial, Charles	Ess 214
Lucinda	Brs 343	Samuel	Ber 127	Rachal	Ess 535
Wilks	Brs 380	Samuel	Ber 207	Diamond, Benja.	Ess 384
Deruff, Lewis	Ess 468	Silas	Ber 222	Sarah	Ess 360
Derwin see Durwin		Silas	Ham 41	Diball, Oritha	Ber 186

Dibble, Benjamin	Ber 228	John	Ham 286	John	Mid 384
Cyrus	Ber 227	John	Ham 289	John	Wor 289
Daniel	Ber 231	John	Ham 290	Nicholas	Wor 443
Heman	Ber 178	Jonathan	Ham 12	Nicholas, Jr.	Wor 446
John	Ber 231	Jonathan	Ham 293	Solomon	Ess 554
Joseph	Ber 225	Joseph	Ham 11	Dill, Benjamin	Bar 80
Samll.	Ber 232	Joseph	Ham 252	Daniel	Suf 146
Sirus	Ber 227	Joseph	Ham 292	Dorothy	Suf 147
Dibol, Eli	Ber 186	Josiah	Ham 6	Esther	Suf 147
Dick, Margaret, Wido.	Ham 219	Judah	Ham 293	James	Bar 70
Richard	Ham 255	Lemuel	Ham 12	James	Ply 60
Silas	Brs 343	Levi	Ham 285	Lemuel	Suf 142
Dickason, Obed	Ess 371	Lodowick	Ber 109	Moses	Bar 74
Dickenson, Edward	Mid 480	Medad	Ham 291	Thomas	Bar 77
Gilbert	Mid 480	Moses, Junr.	Ham 28	Dillano, Joshua	Ply 27
Henry	Mid 480	Nahan	Ham 292	Dillaway, Samuel	Nor 234
Isiah	Mid 480	Nathaniel	Ham 290	Thomas	Ess 316
Justus	Ber 254	Noah	Ham 291	Dilley, Sama.	Ber 264
Dickerman, Ebenezer	Brs 389	Obadiah	Ham 27	Dillingham, Benjamin	Bar 35
Enock	Nor 285	Obadiah	Ham 28	Benjamin	Brs 423
Ezra	Nor 285	Obadiah	Ham 49	Benjamin, Jr.	Brs 424
James	Brs 389	Obadh.	Ham 48	Branch	Bar 36
John	Nor 263	Oliver	Ham 174	Cornelius	Brs 423
John, Jur.	Nor 263	Oliver	Ham 289	David	Ply 112
Lemuel	Nor 250	Olr. P.	Ber 196	Edward	Bar 35
Manasseh	Ply 60	Perez	Ham 293	George	Ber 142
Nehemiah	Brs 389	Reuben	Ham 58	Ignatius	Bar 44
Peter	Nor 263	Richard	Ham 171	John	Bar 36
Rebe.	Nor 142	Richard	Ham 358	John	Brs 280
Samuel	Ply 60	Roger	Ham 11	John, Jur.	Bar 35
Dickerson, David	Wor 275	Ruth	Ham 290	Joseph	Bar 45
Joshua	Ess 254	Salmon	Ham 293	Nathan	Ber 260
Moses	Wor 347	Samuel	Ham 13	Paul	Ham 109
Oliver	Ess 256	Samuel	Ham 66	Dillinghom, Isaac	Bar 3
Ozias	Ham 77	Samuel	Ham 254	John	Bar 3
William	Ess 254	Samuel	Wor 217	John, Jur.	Bar 3
Dickinson, Aaron	Ham 14	Seth	Ham 291	Dillington see Johnson	
Aaron, Captn.	Ham 253	Silas	Ham 292	Dilliway, William	Ess 179
Abina	Ham 13	Simeon	Ham 291	Diman, David	Ply 8
Abner	Ham 66	Simeon, Jur.	Ham 292	Josiah	Ply 8
Alpheus	Ham 13	Stephen	Ham 292	Dimick, Isaac	Ber 179
Asa	Ham 291	Thomas	Ber 233	Dimmick, Anselm	Bar 44
Azariah	Ham 287	Thos. Wells	Ham 52	Bradock	Bar 45
Azariah	Ham 290	Titus	Ham 28	David	Bar 40
Benjn.	Ham 66	Waitstill	Ham 254	Jabez	Bar 44
Benoni	Ham 28	William	Ham 288	Joseph	Bar 44
Calvin	Ham 52	William	Ham 291	Lot	Bar 44
Charles	Ham 66	Zimri	Ham 291	Robinson	Bar 44
Consider	Ham 52	Dickman, John	Mid 517	Sylvanus	Ber 260
Cotton	Ham 288	Thomas	Ham 72	Dimmuck, Gideon	Ham 277
Daniel	Ham 11	Dickson, Aaron	Mid 161	Dimock, Aaron	Ham 151
Darius	Ham 287	Elizebth	Wor 460	Charles	Bar 84
David	Ham 52	James, Lieut.	Ham 156	Joseph	Ham 151
David	Ham 339	John	Ham 155	Joseph, Junr.	Ham 151
David	Wor 219	John	Mid 161	Thomas	Bar 84
Ebenezer	Ham 292	John	Ply 1	Thomas	Ham 151
Ebenr.	Ham 333	Jona.	Mid 161	Dimond, Jane	Duk 447
Eli	Ham 290	Nabby, Widw.	Ham 155	M.	Mid 183
Eli, Dn.	Ham 254	Walter	Mid 450	T.	Mid 183
Elihu	Ham 11	Wm.	Mid 161	Dingley, ..., Jur.	Ply 93
Elihu	Ham 291	Wm., jur.	Mid 161	Abner	Ply 91
Elijah	Ham 12	Didson, Seth	Mid 85	Abner, Jur.	Ply 91
Elijah	Ham 296	see Ditson		Jacob	Ply 91
Eliphalet	Ham 52	Dier, Bershebe	Brs 330	Jacob	Ply 98
Elisha	Ham 288	Head	Brs 330	Jebez	Ply 94
Elisha	Ham 292	James	Nan 77	Jno.	Nor 125
Elizur	Ber 260	John	Brs 330	John	Ply 91
Francis	Wor 217	Joseph	Brs 330	Thomas	Ply 104
Gad	Ham 291	Preserved	Brs 330	Dinsdell, Charles	Nor 242
Gideon	Ham 52	Samson	Nan 77	Dinsmore, Abel	Ham 58
James	Ham 58	Zachcheus	Brs 330	Abel	Ham 333
James	Ham 321	Dighton, John B.	Ber 196	Asa	Ham 58
James	Mid 463	Dike, Aden	Ham 114	Samuel	Ham 226
Jehu	Ham 66	Anthony	Ply 14	see Dole	
Job	Ham 254	Anthony	Wor 156	Discal, Jeremiah	Ess 111
John	Ber 196	David	Wor 289	Diskill, John	Ber 111
John	Ham 13	John	Ess 539	Dispau, Joseph	Wor 198

Disper, Edward	Wor 395	Hezekiah	Bar 16	Henry	Duk 450
Ditson, Thos.	Mid 65	Hezekiah	Bar 70	Henry	Ess 598
Diver, Daniel	Ham 177	Hezekiah	Bar 85	Isaac	Ess 596
Mary	Ess 417	Hezeriah	Bar 24	Isaac	Wor 156
Divinel see Dwinel		Isaiah	Bar 77	Israel	Ess 409
Divol, Asahel	Wor 423	James	Ham 250	Israel	Ess 528
Ephraim	Wor 347	Jesse	Bar 77	Israel	Ess 563
Josiah	Ham 339	Jesse, Jur.	Bar 79	Israel A.	Ess 563
Menasseh	Wor 347	John	Bar 16	Jacob	Ess 534
Phinehas	Wor 423	John	Bar 77	Jacob	Ess 562
Sarah	Wor 423	John	Ply 135	James	Wor 423
Thomas	Wor 347	Joseph°	Bar 16	Jeremiah	Ess 27
Divoll, John	Wor 433	Joshua	Bar 77	John	Ber 233
John, Jun.	Wor 433	Lydia	Bar 77	John	Duk 450
Luke	Wor 433	Myrick	Bar 79	John	Ess 10
Oliver	Wor 433	Nathan	Wor 267	John	Ess 370
DiWolf, Elisha	Ham 52	Nathaniel	Bar 11	John	Ess 557
John	Ham 57	Obadiah	Bar 77	John	Ess 562
Simon	Ham 52	Prince	Bar 77	John	Ess 587
Dix, ---, & Marshall	Ham 219	Rebecca	Bar 79	John	Ess 598
Benja.	Mid 47	Samuel	Bar 16	John, 2nd.	Ess 561
Benjamin	Mid 439	Samuel	Bar 79	John, 3d.	Ess 562
David	Wor 337	Silvanus	Bar 77	John A.	Ess 598
Elizabeth	Mid 261	Solomon	Bar 77	John T.	Ess 562
James	Mid 116	Timothy	Bar 24	Jona.	Ess 111
Joel	Mid 261	Uriah	Wor 297	Jonathan	Ess 528
John	Mid 294	Zenas	Bar 77	Jonathan	Ess 595
John	Mid 437	see Deane, Rider, Smith		Jonathan, Jur.	Ess 595
Jona.	Mid 47	Dobbin, John	Ess 556	Jonathan, 2d.	Ess 557
Jona., Jr.	Mid 47	Dobill, John	Ber 109	Joseph	Ess 273
Jonathan	Mid 357	Doble, Thomas	Ess 479	Joshua	Ess 9
Joseph	Mid 79	Dodd, Benja.	Ess 417	Joshua	Ess 422
Samuel	Mid 272	Benjamin	Ess 511	Joshua	Ess 533
Dixen, Marvel	Wor 395	Cornelius	Ess 457	Joshua	Ham 199
Dixey, John	Ess 500	Mary	Ess 476	Josiah	Ess 403
John, junr.	Ess 504	Thomas	Ess 462	Josiah	Wor 155
Mary	Ess 517	William	Ess 481	Levermore	Ess 595
Peter	Ess 465	Dodds, James	Wor 516	Levi	Ess 534
Rebecca	Ess 464	John	Wor 516	Luke	Ess 595
Dixon, Edward	Nan 45	William	Wor 516	Mark	Wor 344
Hannah	Mid 195	Dodge, Abel	Ess 240	Mighill	Ess 595
Josiah	Mid 195	Abraham	Ess 314	Moses	Wor 329
Polladore	Wor 480	Abraham	Ess 562	Nathl.	Ham 320
Robert	Nor 125	Andrew	Ess 594	Nathl.	Wor 258
Timothy	Mid 509	Artimas	Wor 258	Nathl., Jur.	Wor 258
Dixson, Joseph	Ess 383	Asa	Ess 533	Nathl., 2d.	Wor 258
Dizer, Ann	Mid 161	Asa	Ham 255	Nathu.	Ess 108
Doak, Benjamin	Ess 484	Asa R.	Ess 533	Nehemiah	Ess 586
Benjamin	Ess 498	Azariah	Ham 320	Nicholas	Ess 551
Deliverance	Ess 492	Barnabas	Ess 594	Nicholas	Ess 562
Francis	Ess 457	Barnebus	Ess 557	Oliver	Ess 564
George	Ess 492	Benja.	Ess 563	Ozias	Ber 113
James	Ess 472	Bethia	Ess 574	Paul	Wor 344
William	Mid 86	Caleb	Ham 52	Peter	Ess 562
Doalph, Amasa	Ham 280	Caleb	Ham 205	Phineas (2)	Ess 254
Doan, Bethuel	Ham 350	Charles	Ess 534	Piam	Ess 396
Edwd.	Wor 275	Cornelius	Ess 528	Rebecca	Ess 533
James	Ham 350	Daniel	Ess 24	Rebecca	Ham 321
Joseph	Ham 41	Daniel	Ess 314	Richard	Nor 142
Noah	Wor 275	Daniel	Wor 180	Richard, Esquire	Ess 565
Doane, Benjamin	Wor 258	David	Wor 329	Richard H.	Wor 155
Benjn.	Bar 9	Eenzr.	Wor 338	Robert	Ess 213
Betty	Bar 77	Elijah	Wor 423	Robert	Ess 598
Betty	Bar 79	Elisha	Ber 260	Saml.	Ham 320
Daniel	Bar 11	Elisha	Mid 463	Saml.	Mid 450
David	Wor 258	Elizabeth	Ess 562	Samuel	Ess 559
Elisha	Bar 12	Elizabeth	Ess 577	Sarah, Wo.	Ess 94
Elisha	Bar 19	Ephraim	Ess 595	Silas	Ham 332
Elisha	Bar 96	Ephraim	Ess 598	Simon	Ess 562
Elisha	Wor 270	Ephriem	Ess 3	Solomon	Ess 40
Elisha, Esq.	Nor 327	Ezekiel	Ess 574	Solomon	Ess 254
Elisha, jur.	Bar 12	Francis	Ber 173	Stephen	Ess 562
Elizabeth	Brs 423	Geo	Ess 409	Stephen	Ham 170
Elkanah	Bar 77	George	Ess 595	Tammerson	Ess 26
Eunice	Wor 270	Grover	Ess 586	Thaddeus	Wor 247
Freeman	Bar 77	Hannah	Ess 562	Tho.	Mid 162
Heman	Bar 77	Hannah, Wido.	Ess 314	Thomas	Ess 314

Name	Ref	Name	Ref	Name	Ref
Thomas	Ess 533	Joseph	Ess 477	Lemuel	Ply 36
Thomas	Ess 548	Peter	Ess 468	Nathaniel	Ply 15
Thomas	Ess 573	Sarah	Ess 475	Stephen	Ply 20
Thomas	Ess 595	Thomas	Ess 477	Stephen, Jr.	Ply 20
Thos.	Ess 452	Thomas P.	Ess 471	Thomas	Ply 8
Usziah	Ess 561	William	Ess 471	William	Ply 17
William	Ess 216	William	Ess 509	Zephh.	Ply 111
William	Ess 533	William	Ess 515	Doty, Asa	Ber 132
William	Ess 563	Dolin, Thomas	Ber 117	Elihu	Brs 423
William	Ess 582	Doliver, William, Cap.	Ess 120	Jacob	Ply 82
William	Ess 598	William, Jun., Cap.	Ess 121	James	Bar 38
William	Ham 52	Dollar, Samuel	Ess 48	James	Bar 51
Zebulon	Ham 205	Dollet see Dolbt		James	Ham 114
Dodson, Jonathan	Brs 294	Dolleway see Clark		Jerahmeel	Ply 112
Jonathan, 2d.	Brs 287	Dollison, John	Wor 347	John	Brs 344
Dogett, William	Ess 164	Rebecca	Ess 374	John	Wor 297
Doggett, Isaac	Nor 298	Dolliver, Peter	Mid 161	Joseph	Ply 112
Jabez	Ply 79	William	Ess 391	Silas	Ply 112
Joseph	Ess 316	Dolten, Joseph	Mid 311	Theodore	Brs 423
Mark	Ply 60	Domineque, ---	Nor 230	Doubleday see Dubbleday	
Perez	Ply 79	Domire, Fradrick	Bar 36	Doubledee, Joseph	Ham 219
Samuel	Nor 298	Donaldson, Hugh G.	Bar 45	Doud, Marcena	Ber 115
Seth	Ply 82	Done, Jane	Ber 118	Nathaniel B., & son	Ber 172
Simeon	Ply 82	Doneis, Asa	Ess 94	Noah	Ber 115
Thomas	Ply 82	Donelson, Lydia	Ham 185	Sylvanus	Ber 115
see Daggett		Matthew	Ham 185	Douglas, John	Ply 6
Dolbear, Benja.	Wor 234	Moses	Ham 185	John	Ply 26
Benja.	Wor 236	Reuben	Ham 185	Samuel	Ber 108
James	Wor 236	Donham, Joseph	Ber 209	Thos. James	Ber 107
Jno.	Nor 142	Donnegan, Thos.	Ess 420	Douglass, Sparra	Ham 128
Dolbt, Frederick	Mid 450	Donnell, Samuel	Ply 122	Stephen	Ham 120
Dolbur, John	Ber 116	Donnelly, John	Ber 254	Douty, Benj., Junr.	Wor 329
Dole, Amos	Ess 224	Donnison, James	Nor 241	Benjn.	Wor 329
Benjamin	Ess 9	Donnit, Mary	Ess 205	James	Ess 7
Benjamin	Ess 316	Donohoe, Philip	Wor 176	Joseph	Ess 7
Casar	Ess 179	Donton, George Wasn.	Wor 404	Thomas	Ess 7
David	Ess 228	Doolittle, Joel	Wor 275	Dove, John	Ber 212
Dinsmore	Ham 321	Lucius	Ham 28	John	Nor 236
Ebenezer	Ess 316	Titus	Ham 138	Dow, Aaron	Ess 48
Enoch	Ess 228	Titus, Jur.	Ham 138	Benjamin	Ber 155
Friend	Ess 316	Dorce see Dane		Hanh., Wo.	Ess 94
Greenleaf	Ess 248	Dorchester, Daniel	Ber 239	Henry	Nan 50
Henry	Ess 227	Ishmeal	Wor 355	Isaiah	Wor 257
Henry	Ess 250	Stephen	Ber 208	Jacob	Ess 94
Isaac	Ham 321	Dorison, Alexr.	Ess 423	Jereh.	Ess 93
Jemima, Wd.	Ess 48	Dorman, Ephriem	Ess 40	Jonathan	Wor 249
John	Ess 218	Jesse	Ess 220	Joseph	Ess 48
John	Ess 256	Jesse	Ess 316	Joseph	Wor 308
John	Wor 423	John	Ess 261	Patience, Wd.	Ess 48
Jonathan, Jr.	Ess 316	Joseph	Ess 40	Samel.	Mid 79
Joseph	Ess 256	Mary	Mid 122	Samuel	Ess 48
Joseph	Mid 30	Stephen	Ham 168	Samuel	Nan 47
Joseph, Jr.	Mid 30	see Dosman		Dowas, Edward	Nor 298
Josiah	Ham 320	Dormound, James	Ham 267	Dowe, William	Ess 314
Lemuel	Mid 442	Dorothy, Martha	Mid 143	Dowell, David	Ess 315
Moses	Ess 204	Dorr, Edward	Ess 48	Dowling, James	Ess 548
Moses	Ess 250	Joseph	Wor 247	Mary	Ess 562
Moses	Ham 205	Moses	Wor 247	Down, Betsey	Ess 538
Oliver	Ess 224	Dorrance, Gordon	Ber 168	John	Ess 539
Parker	Ham 320	Dorrell, Thomas	Ham 278	Downe, Joseph	Wor 431
Parker, Junr.	Ham 320	William	Ham 82	Joseph, Jun.	Wor 431
Peabody	Ess 248	Dorrent, Henry	Ber 225	Downen, Experience	Ess 25
Ruth	Ess 248	Dorring, James	Nor 142	Downer, Anna	Ess 231
Samuel	Ess 226	Dosman, Moses	Ess 263	Daniel	Ess 231
Silas	Ess 248	Timothy	Ess 263	Eliphalet, Docr.	Nor 227
Stephen	Ess 206	Dossett, Florence	Ess 314	Stephen	Ess 230
Stephen	Ess 250	Doten, Daniel	Ply 5	Downes, Hannah	Ess 316
Thomas	Ess 250	Ebenezer	Ply 9	Prince Lombart	Ess 316
William	Ess 228	Edward	Ply 9	Sarah, Wido.	Ess 316
William	Ess 247	Isaac	Ply 7	Thomas	Ess 316
William	Ess 316	Jacob	Ply 27	William	Duk 454
see Spofford		Jabez	Ply 7	Downing, Caleb	Ess 447
Doliber, Deborah	Ess 495	James	Ply 12	Elijah	Ess 440
Elizabeth	Ess 497	John	Ply 12	John	Ess 215
Elizabeth	Ess 514	John	Ply 20	John	Ess 273
John	Ess 464	Joseph	Ply 15	John	Ess 432
John	Ess 494	Lemuel	Ply 23	John	Ham 81

Name	Loc	Name	Loc	Name	Loc
John	Mid 272	Moses	Ham 126	Thos.	Ess 262
John	Ply 82	Moses, Junr.	Ham 127	Dressor, Aaron	Wor 329
Joseph	Ess 448	Nathan	Nor 101	Ama	Wor 423
Joseph	Ply 82	Nathan	Nor 263	Anna	Wor 337
Joshua	Ply 82	Nathanael	Nor 101	Asa	Wor 329
Moses	Brs 389	Noah	Ham 21	Caleb	Wor 338
Palfrey	Ess 179	Oliver	Brs 385	Meriam	Wor 338
Roswell	Ber 229	Otis	Brs 380	Moses	Wor 329
Susanna	Mid 348	Patty	Brs 389	Richard	Wor 329
Thos.	Ess 402	Robert	Brs 389	Dreury, William	Wor 513
William	Ess 469	Spencer	Nor 101	Drew, Abijah	Ply 30
Downs, Abraham	Ber 171	Stephen	Wor 480	Benjamin	Brs 423
Barna., Jr.	Bar 84	Thomas	Brs 389	Benjamin	Ply 1
Barnabas	Bar 84	Timothy	Brs 389	Benjamin, Jr.	Ply 7
David	Bar 84	Titus	Brs 389	Charles	Ply 94
Elezer	Mid 533	William	Nor 263	Cornelius	Ply 30
Elezer, Jr.	Mid 533	William	Ply 82	David	Ply 10
Francis	Wor 197	Zachariah	Brs 389	Dorothy	Ply 30
James	Bar 84	Draper, Daniel	Nor 311	Ebenezer	Nan 73
Jesse	Nor 285	David	Wor 463	Gershom	Nan 73
John	Ess 499	David	Wor 498	Gershom, Junr.	Nan 45
Joseph	Mid 533	Desire	Nor 298	Isaac	Brs 423
Mary	Bar 84	Ebenezar, the 2nd.	Brs 322	Isaac	Ply 97
Nathaniel	Brs 293	Ebenezer	Brs 317	James	Ply 10
Oliver	Nor 285	Ellis	Wor 267	James	Ply 30
Ruth	Ply 131	Enoch	Mid 527	Job	Ply 18
Solomon	Ess 220	George	Ham 273	John	Brs 389
Dowse, Ann	Mid 161	Grace	Nor 246	Joseph	Ply 94
Benja.	Mid 384	Ichobod, Revnd.	Ham 292	Joshua	Brs 423
James	Nor 235	Ira	Nor 298	Josiah	Brs 423
Jos.	Mid 384	Isaac	Ham 273	Judah	Ply 29
Saml.	Ess 392	Jacob	Wor 338	Lemuel (2)	Ply 5
William	Ess 382	James	Brs 322	Nehemiah	Ply 30
see Dowst		James	Wor 497	Nicholas	Brs 389
Dowsett, Philemon	Ham 266	Jesse	Nor 323	Nicholas	Ply 12
Dowst, John	Ess 388	John	Brs 321	Reuben	Ply 94
Joseph	Ess 393	John	Ham 273	Samuel	Ply 18
see Dowse		John	Mid 499	Samuel	Ply 30
Doyal, Danu.	Ess 138	John	Nor 323	Sarah	Brs 423
Felex	Ess 151	John	Wor 497	Seth	Ply 3
Dr..., Isaac	Brs 322	Jonathan	Nor 344	Seth	Ply 29
Drak, Francis	Wor 204	Joseph	Nor 311	Stephen	Ply 30
Drake, Abial	Nor 101	Josiah	Nor 323	Syls.	Ply 94
Abigail, Wo.	Ply 82	Lewis	Brs 322	Thomas	Ply 15
Abraham	Ham 144	Lidia, Wido.	Nor 323	William	Ply 30
Adam	Brs 389	Lydia	Duk 452	Zenas	Ply 30
Areipus	Nor 101	Mary	Nor 247	Drewry, Asa	Mid 527
Benjamin	Brs 385	Michel	Nor 323	Caleb	Mid 145
Bethuel	Brs 389	Moses	Nor 248	Elezar	Wor 443
Bethuel, Jur.	Brs 389	Nathan	Nor 244	Elijah	Mid 527
Cyrus	Brs 389	Nolten	Nor 323	Luke	Wor 198
David	Nor 263	Phillip	Nor 141	Lydia	Mid 150
Edward	Brs 389	Samuel	Wor 216	Samll.	Mid 527
Elijah	Brs 389	Seth	Ham 204	Sarah	Wor 198
Elijah, Jr.	Brs 389	Simeon	Wor 267	Thomas	Mid 145
Elisha	Wor 498	Stephen	Wor 337	Drier, William	Brs 311
Elizabeth	Brs 389	Triphena	Mid 433	Drinkwater, Desire	Brs 280
Enoch	Ham 174	William	Nor 246	see Cudworth	
Enoch	Nor 263	William	Nor 298	Drisser, David	Ber 109
Ephraim	Ham 219	Zenas	Wor 497	Driver, Andrew	Ess 95
George	Nor 101	see Dr...		Andw.	Ess 92
Hannah	Nor 101	Drawdy, Samuel	Bar 41	Ben	Ess 396
Isaac	Brs 389	Drean, London	Ber 229	Bethia, Wo.	Ess 92
James	Ham 20	Dresser, Benj.	Ber 254	John	Ess 95
Jehiel	Ham 327	Daniel	Ess 254	Robt.	Ess 396
John	Nor 101	Daniel	Ess 570	Samu.	Ess 101
John	Nor 285	Dorcas, Wo.	Ess 151	Sarah	Ess 396
John, Jr.	Nor 101	Elijah	Wor 355	Solomon	Ess 94
Jonah	Brs 389	Isaac	Ber 186	Stephen	Ess 364
Jonah	Ham 205	James	Ber 254	Stephen	Ess 370
Joseph	Brs 389	Joseph	Ess 254	Drois, Jonathan, Jr.	Brs 286
Joseph	Nor 101	Moses	Ess 129	Drown, Frederic	Brs 305
Josiah	Ham 327	Oliver	Ham 105	Jesse	Brs 305
Josiah	Ham 339	Oliver, Jr.	Ham 105	Jonathan	Brs 305
Lemuel	Nor 263	Reuben	Ham 310	Nathaniel	Brs 300
Lot	Brs 389	Richard	Ess 151	Roial	Brs 300
Moses	Nor 101			Druce, Samuel	Nor 360

Drue, Jno.	Nor 125	David	Ply 82	Joseph	Ess 491
Wm.	Nor 125	David, Jur.	Ply 82	Simeon	Wor 175
Drummond, Rebecka	Mid 130	Elisha	Ply 82	William	Ham 19
Drurey, Jonathan	Ham 300	George	Ply 79	Wm.	Wor 341
Drury, Abijah	Wor 366	John	Ess 130	Duncett, Cato	Ber 126
Benja.	Wor 497	Joseph	Ham 293	Duncin, Abigail	Mid 317
Caleb	Wor 366	Noah	Ply 79	Dune, Jona.	Mid 527
Ebenezer	Wor 366	Prudence	Ply 82	Dunfield, Phila.	Ess 164
Ebenr.	Wor 497	Dugor, Charles	Wor 329	Dunham, Abial	Brs 319
Ebenr., jun.	Wor 497	Charles, Jur.	Wor 329	Abiel	Ham 185
Huldah	Wor 280	Gload	Wor 329	Abigail	Duk 442
Joel	Wor 289	Duick, Benjamin	Nor 229	Abigail	Duk 448
Joel	Wor 366	Duin see Dueing		Alexr.	Wor 225
John	Ess 510	Duliven, John	Ess 419	Benajah	Ber 108
John	Wor 289	Duly, Michael	Ess 145	Benajah	Duk 443
Nathan	Ber 143	Dummer, Richard (2)	Ess 204	Benajah, Jr.	Duk 445
Saml.	Wor 289	Samuel	Ess 206	Benjamin	Ham 270
Thomas	Ham 320	Shuball	Ess 204	Caleb	Ply 12
Thomas	Wor 180	William	Ess 204	Calvin	Ber 196
Thomas, Jur.	Wor 180	Dun, Willm.	Wor 275	Carnelus	Ply 39
Winsor	Wor 270	Dunahew, David	Ess 162	Clifford	Duk 446
Zechariah	Ham 105	Dunbar, Abner	Wor 487	Cornelius	Duk 453
Dryar, Allen	Ber 248	Amos	Suf 145	Cornelius	Ham 57
Daniel	Ber 248	Azel, Lt.	Ham 204	Daniel	Ber 139
William	Ber 248	Barnabas	Ply 49	David	Duk 443
Dryden, Artimas	Wor 513	Benjamin	Suf 146	David	Duk 454
Dryer, John	Ber 206	Benjamin, jr.	Suf 141	David	Ham 165
Duballet, John	Nor 252	Benson	Wor 317	Eleazer	Duk 452
Dubbleday, Elizabeth	Mid 432	Daniel	Ber 209	Ebenezer	Nan 76
Ducy, Joseph	Ham 302	Daniel	Suf 143	Ebenezer	Ply 11
Dudley, Abel	Wor 156	David	Ber 209	Eli	Ham 237
Benja.	Wor 480	David	Ham 41	Elijah	Duk 444
Benjamn.	Mid 24	David	Ply 136	Elijah	Ply 18
Benjm.	Mid 116	David	Suf 145	Elisha	Duk 443
Benjm.	Mid 127	David	Wor 329	Elizabeth	Brs 385
Daniel	Mid 127	Ebenezer	Ply 60	Ephm.	Duk 453
David	Wor 155	Eliab	Ply 49	George	Ham 300
Ebenezer	Nor 246	Elias	Ply 60	George	Ply 19
Elias	Ess 316	Elijah	Nor 261	George S.	Brs 423
Elijah	Nor 235	Elijah	Nor 285	Hezekiah	Ham 62
Ephraim	Mid 31	Elijah	Nor 294	Ichabod	Ply 19
Francis	Wor 275	Enoch	Suf 146	Israel	Ply 8
Jemima, Wd.	Wor 156	Fanny	Brs 423	Jabez	Ham 353
John	Ber 207	Hosea	Ham 299	Jabez	Ham 358
John	Mid 145	Jacob	Ply 60	Jacob	Brs 357
John	Mid 248	Jacob, junr.	Ply 60	Jethro	Nan 59
John	Mid 394	Jane	Ply 13	Job	Ber 139
John	Wor 156	Jeremiah	Ham 339	John	Brs 319
John, Jur.	Ber 207	Jesse	Ply 49	John	Ply 12
Jonathan	Wor 155	Jesse	Ply 136	John	Ply 19
Joseph	Ham 272	John	Ham 260	Jona.	Mid 195
Joseph	Mid 2	John	Mid 161	Jonathan	Duk 443
Joseph	Mid 27	John	Ply 14	Jonathan	Ham 58
Joseph	Mid 127	Joseph	Ber 168	Jonathan	Ply 79
Lemuel	Wor 480	Joshua	Suf 141	Joseph	Ber 171
Martha	Ber 254	Laban	Suf 137	Joseph	Brs 356
Nabby, Wd.	Wor 155	Lemuel	Ply 60	Joseph	Ham 270
Nathan	Mid 348	Lucretia	Wor 487	Joseph	Ply 79
Paul	Mid 32	Melza	Suf 145	Joseph, Jn.	Ham 270
Paul	Wor 480	Peter	Nor 263	Lydia	Duk 451
Peter	Wor 156	Peter	Ply 60	Matilda	Duk 444
Samuel	Mid 9	Rebecca, Wido.	Nor 263	Meshai	Duk 452
Samuel	Wor 155	Robert	Ham 204	Moses	Ply 12
Samuel	Wor 220	Robert	Suf 143	Patince	Duk 444
Sarah	Nor 228	Samuel	Ber 209	Paul	Duk 454
William	Ber 207	Samuel	Ply 49	Rebeccah	Bar 58
William	Mid 127	Samuel	Ply 79	Robert	Ply 8
William, Jur.	Mid 127	Samuel	Wor 329	Salathiel	Ham 236
Zacheus	Wor 219	Silas	Ply 49	Samuel	Bar 40
see Dadley		Simeon	Nor 366	Samuel	Ham 58
Dudly, Jno.	Nor 114	Simeon	Ply 50	Sarah	Brs 320
Leml.	Nor 114	Simeon	Ply 39	Sarah	Mid 162
Dueing, Solomon	Wor 258	Stephen	Ber 168	Shubael	Duk 452
Dugan, John	Ess 220	Walter	Ess 273	Silas	Ply 27
Thomas	Mid 18	Duncan, James	Ess 273	Thos.	Duk 454
Duglass, Daniel	Brs 282	James, Jur.	Wor 275	William	Ber 254
Danu.	Ess 131	John	Wor 404	William	Brs 385

William	Duk 443	Henry	Mid 29	Lemuel	Ply 128
William	Ply 15	Henry	Mid 439	Melzar	Ply 125
William	Ply 18	Isaac	Ess 43	Dwelly, Joseph	Wor 516
Duninger, Matthew	Ber 126	Jackson	Wor 432	Joseph, Junr.	Wor 516
Dunkin, Joseph	Ham 301	Jacob	Mid 79	Samuel	Ham 52
Dunkle, Ezekiel	Ess 23	John	Ham 261	see Dudly
John	Ess 400	John	Mid 499	Dwight, Cecil	Ham 5
Dunklen, Ezekiel	Ess 14	Jonas	Mid 36	Dorus	Ham 62
Dunkley, Isaac	Mid 161	Keturah	Mid 4	Ebenezer	Ham 14
John	Mid 161	Nathan	Mid 83	Elihu	Ham 92
Dunlap, George	Ham 23	Nathaniel	Ham 259	Henry	Ham 203
John	Ham 153	Reuben	Mid 40	Henry	Ham 205
John	Nor 285	Samll.	Mid 83	Henry	Ham 229
Samuel	Wor 347	Thomas	Ham 156	Henry W.	Ber 254
William	Ham 213	Thomas	Mid 271	James S.	Ham 242
Dunmore, Arche.	Nor 125	Willard	Mid 38	Jona., Jr.	Ham 242
see Dinsmore		Durel, Asa	Mid 384	John	Mid 462
Dunn, Andrew	Mid 463	Durell, David	Mid 272	Jonathan	Ham 211
Anna	Wor 270	John	Mid 272	Jonathan, Esqr.	Ham 242
David	Ess 431	Peter	Mid 271	Josiah	Ber 254
Edward	Mid 79	Duren, John	Mid 384	Josiah	Ham 62
Henry	Wor 476	Reuben	Mid 384	Justus	Ham 204
James	Mid 372	Reuben, 2d.	Mid 384	Oliver	Ham 92
John	Mid 145	Durfee, Benjamin	Brs 285	Samuel	Ham 209
John	Mid 372	James	Brs 423	Sereno	Ber 113
John	Wor 443	John	Ber 248	Seth	Ham 57
John, jur.	Mid 372	Durfey, John	Ber 196	Simeon	Wor 257
Lovewell	Mid 419	Richard	Ply 16	Thomas, Esqr.	Ham 242
Lucus	Wor 451	Durffee, Charles	Brs 285	Dwinel, Abigal	Ess 245
Mary	Mid 372	David	Brs 293	Amos	Ess 251
Robert	Mid 79	Ruth, Wid.	Brs 288	Israel	Ess 253
Samuel	Ham 98	Thomas	Brs 289	Dwinell, John	Ess 36
Dunnells, Sally	Ber 254	Durfy, Robert	Ber 153	Joseph	Ess 15
Dunnels, Joseph	Ess 273	Durham see Dunham		Joseph, Junr.	Ess 15
Duno, Andrew	Wor 395	Durkee, Henry	Ber 192	Dwinnel, Abram	Wor 155
Dunsmoor, Ebenezer	Wor 423	Durner, Joseph	Bar 60	Elijah	Wor 221
Phinehas	Wor 423	Durphy, David	Ber 153	Henry	Wor 155
Dunsmore, Reuben	Wor 513	Durwin, Abner	Ber 196	Henry, Junr.	Wor 155
Dunster, Hannah	Ply 36	Ephraim	Ber 150	Moses	Wor 155
Hubard	Wor 446	Ephraim, J.	Ber 152	Saml.	Wor 156
Hubard	Wor 452	Hannah	Ber 152	Solomon	Wor 155
Isaiah	Nor 244	Russel	Ber 152	Dwite, Anthony	Ply 31
Samuel	Wor 455	Thomas	Ber 150	Dwolf, Horace	Ber 266
Thomas	Wor 446	Duston, Ruth	Ess 273	Dyer, Ambros	Bar 60
see Demster		Thomas	Ess 273	Asa	Nor 179
Dunston, John	Ber 225	Dutch, Daniel	Ess 575	Asa, junior	Nor 179
Duntin, Isaac	Mid 527	Ebenezer, Rev'd.	Ess 242	Bela	Ply 39
Duntlin, Andrew	Mid 95	John	Ess 396	Benja.	Ham 339
Dunton, Ambrose	Nor 364	Martha	Ess 576	Benjamin	Nor 179
Beulah	Wor 513	Nathaniel	Ess 575	Caleb	Bar 68
David	Ber 202	Samuel	Ess 17	Christopher	Ply 39
Ebenezer	Ham 98	Dutten, Nathaniel	Mid 38	David	Bar 67
Ebenr.	Wor 280	Dutton, Abigail	Mid 114	Deliverance, Jur.	Bar 62
Ebnzr.	Wor 338	Benja.	Mid 395	Fulk	Bar 67
Gersham	Wor 404	David	Mid 395	Hannah, Wd.	Bar 58
James	Wor 204	Hannah	Mid 39	Hannah, Wd.	Bar 63
Jesse	Wor 338	James	Mid 438	Henry	Bar 67
Levi	Wor 204	Jeremiah	Ham 246	Isaac	Bar 63
Nathaniel	Ber 151	John	Mid 79	Jacob	Nor 179
Reuben	Wor 377	John	Mid 372	Jacob	Ply 39
Samuel	Mid 419	Jonathan	Ber 119	Jacob, Jur.	Ply 39
Samuel	Wor 205	Jos.	Mid 395	James	Ham 191
Silas	Wor 337	Oliver	Ham 263	James	Mid 182
see Donton		Peter	Ess 461	James	Ply 39
Duntten, Nathanael	Ess 179	Stephen	Ess 316	James	Wor 337
Dunwell, William	Ber 225	Tho.	Mid 395	James Harding	Bar 68
Dunwill, Stephen	Ber 214	Timo.	Mid 95	Jason	Ply 60
Dupar, Elias	Ess 402	Timothy	Ham 28	Jesse	Ham 339
Dupee, Charles	Nor 378	see Duntten		Jno.	Mid 182
Charles, Junr.	Nor 378	Duty, John	Ess 231	John	Nor 187
Elias	Mid 161	Duval, Michael	Ess 402	John	Ply 60
James	Nor 91	Dwella, Benjn.	Ply 36	Jos.	Mid 183
John	Wor 446	Jedadiah	Ply 36	Joseph	Nor 179
Thomas	Ess 488	Nathan	Ply 36	Josha.	Bar 68
Durant, Amos	Ess 179	Dwellee, Sally	Ply 135	Micah	Bar 70
Edward	Wor 431	Dwelley, Aaron	Ply 125	Naomi	Mid 183
Edwd.	Ess 397	Joshua	Ply 128	Nepthaly	Bar 64

Peter	Nor 166	Isaac	Ply 103	John G.	Ber 248
Peter, 2d.	Nor 166	Jacob	Mid 332	Eason, Joseph	Ber 196
Rebeccah, Wd.	Bar 67	James H.	Mid 332	see E...on	
Releaf	Nor 179	Jedediah	Ply 100	East, George	Brs 424
Ruth	Nor 179	Jessa	Mid 517	Job	Brs 424
Samuel	Nor 179	Joel	Ber 266	Eastabrook, Benja., 2d.	Mid 348
Silvanus	Bar 65	John	Mid 146	Benjamin	Mid 348
Silvanus	Bar 68	John	Mid 332	Nehemiah	Mid 348
Solomon	Bar 70	John	Mid 429	Eastcob, Philip	Ess 95
Solomon	Nor 179	John	Wor 381	Easter, Elijah	Mid 527
Solomon, Jur.	Bar 75	John T	Ply 100	Elijah, Jr.	Mid 527
Susanna	Nor 179	Josiah	Ply 60	Easterbrook, Benn.	Wor 297
Thomas	Bar 67	Lema.	Ber 266	Gorham	Bar 83
Thomas	Wor 344	Mark	Ber 215	John	Bar 84
Thos.	Wor 338	Moses	Mid 146	John	Wor 446
William	Bar 58	Moses	Wor 387	John, Jr.	Bar 84
William	Nor 179	Nathan	Ham 52	John, Jr.	Wor 446
see Clark, Gross, Luther		Nathaniel	Mid 146	Joseph	Bar 83
Dyke, Aaron	Ham 28	Peter	Wor 275	Saml.	Bar 84
Elias	Ber 196	Phinehas	Mid 142	Thomas	Wor 446
Samuel	Ply 60	Phinehas	Wor 395	Easterbrooks, Eliakim	Mid 480
Samuel, junr.	Ply 60	Rebeckah	Ply 93	Hannah	Ess 273
William	Ess 209	Reuben	Mid 509	John	Mid 481
William	Ham 37	Samuel	Ess 274	Nehemiah	Mid 480
Dyre, John	Wor 344	Timothy	Mid 137	Easters, Joseph	Brs 344
Shebna	Wor 289	Wm.	Mid 509	Eastman, ---, Wd.	Ess 50
Shebna, Jur.	Wor 289	Zephaniah	Ber 266	Benjamin	Ham 146
Dyson, John	Ess 554	see Eeames		Daniel	Ess 49
		Eams, Caleb	Mid 317	Ebenezar	Ham 290
		Caleb, ju.	Mid 317	Ephm.	Ess 50
--- E ---		Gershom	Wor 377	Eunice, Wd.	Ham 255
		John	Mid 317	Hannah, Wd.	Ess 49
		John, jur.	Mid 317	Jeremiah	Ess 49
E..., ...	Brs 321	Jonathan	Mid 317	John	Ham 292
J...	Ham 356	Jonathan, jur.	Mid 317	Joseph	Ham 254
E...on, Thomas	Ply 49	Samuel	Mid 317	Joseph	Ham 290
Eads, Anna	Mid 295	William	Mid 317	Moses	Ess 49
Eagens, James	Nor 299	William	Wor 377	Thomas, Capt.	Ess 49
Eager, Ephron	Wor 368	Earl, Benja.	Brs 407	Timothy	Ham 288
Fortunatus	Wor 355	Benjamin	Brs 331	William	Ham 254
Francis	Wor 368	Caleb	Brs 397	Easton, Ashbel	Ham 358
Haron	Wor 347	Elizabeth	Brs 331	Eleanor	Ply 84
James	Ham 37	Elizabeth, wd.	Wor 395	James	Ham 358
Jonathan	Wor 452	George	Brs 331	Joseph	Ham 333
Joseph	Wor 377	Jacob	Wor 297	Justus	Ham 333
Lewis	Wor 365	Job	Wor 416	Peleg	Nan 69
Moses	Mid 420	John	Brs 331	Peter	Nan 45
Nahum	Ham 297	John	Wor 298	Primus	Ham 13
Noah	Ham 109	Joseph	Nan 68	Walter	Brs 344
Oliver	Wor 368	Oliver	Brs 404	Wm.	Nan 69
Paul	Wor 297	Robert	Brs 331	Easty, Abijah	Wor 389
Paul	Wor 309	Robert	Ham 28	Ebenezer	Mid 20
Solomon	Wor 239	Stephen	Wor 277	Ebenr.	Mid 385
Stephen	Ham 340	Thomas	Brs 397	Eaton, Aaron	Wor 432
Stephen	Wor 158	Wanton	Brs 331	Abel	Ess 49
Uriah	Mid 420	Weston	Brs 401	Abigail, Wd.	Ess 49
William	Ham 298	Em.	Mid 195	Alpheus	Wor 175
William	Wor 368	Earle, Antipas	Wor 487	Amherst	Wor 175
Winslow	Wor 275	Asahel	Wor 490	Amos	Ess 274
Eames, Aaron	Mid 509	Clark	Wor 502	Anna, Wd.	Ess 49
Abner	Ber 266	Henry	Wor 490	Benja.	Mid 65
Alexander	Mid 149	James	Wor 487	Benja.	Mid 162
Amos	Ber 266	John	Wor 487	Benjamin	Ess 317
Amos	Ply 102	Jonah	Wor 487	Benjamin	Ply 28
Asa	Mid 517	Marmaduke	Wor 502	Benjn.	Wor 204
Benjamin	Ply 91	Oliver	Wor 502	Caleb	Ess 49
Charles	Ham 114	Pliny	Wor 487	Calvin	Ham 219
Daniel	Mid 509	Robert	Wor 490	Calvin	Mid 451
David	Ber 266	Silas	Wor 490	Charles	Ess 391
David	Mid 517	Thomas	Wor 490	Darius	Ham 226
Ebenezer	Ham 52	William	Wor 490	Desire	Nor 298
Ebenezer	Mid 421	Winthrop	Wor 377	Ebenezer	Mid 137
Elisha	Ply 60	Earls, Jacob		Edm.	Mid 295
Ezra	Mid 509	Earns see Eams		Elijah	Ply 81
Hannah	Ply 104	Easland, Francis	Ber 248	Elizabeth	Mid 295
Henry	Mid 146	James	Ber 248	Enos	Ply 81
Hopsil	Mid 509	John	Ber 248		

Hannah	Ess	466	Thomas	Nor	298	Preserved	Brs	398			
Hannah	Mid	294	Thomas	Wor	270	Rachal	Brs	380			
Henry	Ess	49	Thomas	Wor	432	Reuben	Wor	162			
Isaac	Nor	298	Thomas, 3d.	Wor	432	Rufus	Ham	98			
Israel	Ess	511	Timothy	Ess	274	Samuel	Ber	143			
Israel	Ply	82	Timothy	Ess	289	Samuel	Ber	167			
Jabez	Ply	81	Timothy	Mid	295	Samuel	Brs	380			
Jacob	Mid	296	Timothy, Jur.	Ess	274	Samuel	Ham	185			
James	Ess	49	Uriah	Wor	513	Samuel	Wor	180			
James	Ham	245	Walter	Ham	205	Samuel, Jun.	Ber	167			
Joanna	Wor	452	Ward	Ess	274	Seth	Ply	81			
Job	Ply	30	Wheeler	Ess	50	Seth	Wor	247			
Joel, Capt.	Ply	81	William	Ess	49	Silas	Wor	162			
John	Brs	364	William	Nor	316	Smith	Ber	167			
John	Mid	137	William	Wor	175	Susanna	Ply	81			
John	Nor	298	William, Capt.	Ham	271	William	Ber	143			
John	Wor	452	Eddy, Abel	Ham	37	William	Brs	399			
John E.	Wor	344	Abiel	Brs	380	William	Wor	162			
Jonas	Mid	146	Abishai	Brs	370	Zepheniah	Brs	344			
Jonas	Mid	451	Abner	Ham	219	Eden, Mary	Ess	22			
Jonas	Wor	180	Apollos	Brs	370	Samuel	Bar	8			
Jonas	Wor	277	Apollos, Junior	Brs	370	Edes, Amos	Nor	316			
Jonas, Deac.	Wor	404	Asahel	Brs	370	Isaac	Ess	317			
Jonas, Jr.	Wor	404	Augustus	Wor	344	Isaiah	Mid	451			
Jonas, Jun.	Mid	451	Azariah	Wor	490	John	Nor	316			
Jonath., 2d.	Mid	332	Azor	Ply	59	Peter	Mid	162			
Jonathan	Wor	452	Benja.	Wor	235	Saml.	Mid	162			
Jonathn.	Mid	332	Benjamin	Ham	82	Tho.	Mid	162			
Joseph	Ess	274	Benjamin	Wor	365	Edgel, Aaron	Mid	137			
Joseph	Mid	65	Briant	Ber	108	Simon	Mid	137			
Joseph	Mid	332	Caleb	Ber	167	Edgell, Benjamin	Wor	452			
Joseph	Ply	82	Caleb	Ber	196	Benjan.	Mid	332			
Joseph	Wor	355	Charles	Ham	258	Joseph	Wor	452			
Joseph, 2nd.	Ess	553	David	Ham	195	Samuel	Wor	452			
Lille	Mid	295	Ebenezar	Ham	185	William	Wor	446			
Lille	Mid	332	Ebenezer	Ham	37	William, Jr.	Wor	446			
Lille, jur.	Mid	295	Edmund	Wor	330	Edgerton, Dan	Ham	265			
Lot	Mid	332	Eliakim	Ber	134	Ebenezer	Ber	196			
Lot	Ply	30	Elijah	Brs	380	John	Ham	265			
Luther	Mid	137	Elisha	Ber	134	Joseph	Ham	333			
Luther	Nor	298	Ephraim	Ham	185	Oliver	Ham	333			
Maltiah	Wor	277	Ezra	Brs	380	Edmands, David	Mid	162			
Marson	Ham	205	Hezekiah	Ham	211	David, 2d.	Mid	162			
Mary	Wor	446	Ichabod	Ham	185	James	Mid	162			
Nathan	Mid	137	Israel	Ber	167	John	Mid	162			
Nathan	Mid	295	Jacob	Ham	52	John	Mid	183			
Nathan	Ply	81	James	Ber	133	John, 2d.	Mid	162			
Nathan	Wor	446	James	Ham	235	Tho.	Mid	162			
Nathaniel	Ham	353	Jesse	Wor	476	Edminster, Henrey	Ply	81			
Nathaniel	Mid	294	Job	Brs	398	James	Brs	406			
Nathaniel	Wor	347	Job	Brs	424	Edmister, Noah	Brs	286			
Nathl.	Ham	219	John	Brs	380	Edmonds, Edward	Ber	155			
Noah	Mid	137	John	Brs	406	Edmunds, Amos	Wor	225			
Osgood	Mid	295	John	Brs	424	Barnabas	Ess	317			
Pearson	Nor	142	John	Ham	98	Ebnzr.	Wor	338			
Pearson	Wor	423	John	Wor	247	John	Wor	258			
Peter, Rev'd.	Ess	260	John	Wor	344	John	Wor	344			
Phineas	Ess	274	John	Wor	490	Jonathan	Mid	137			
Rebeckah	Ess	274	Jonas	Wor	162	Samel.	Wor	258			
Rebekah	Mid	348	Joshua	Brs	413	Edney, James	Ess	473			
Reuben	Mid	111	Joshua	Wor	356	Edson, Abiel	Ply	81			
Reuben	Mid	296	Joshua, Capt.	Ply	81	Abiezer	Ber	140			
Reuben	Wor	158	Josiah	Wor	338	Benjamin	Ham	246			
Robert	Ham	37	Kezia	Ply	110	Benjamin	Ply	60			
Salley	Wor	452	Keziah, Wo.	Ply	81	Caleb	Ham	276			
Saml., Capt.	Ess	49	Lebbeus	Ber	131	Calvin	Wor	317			
Samuel	Mid	294	Leonard	Ham	185	Cyrus	Ply	60			
Samuel	Ply	81	Levi	Wor	180	David	Ply	57			
Samuel	Wor	158	Loved	Ber	140	Ebenezer	Brs	311			
Sarah	Mid	183	Lydia, Wido	Brs	405	Ebenezer	Ply	57			
Seth	Ply	82	Margr.	Ess	416	Elijah	Ham	109			
Silas	Mid	144	Mercy	Brs	370	Elijah	Wor	309			
Silvanus	Ham	244	Mercy, Wo.	Ply	81	Ichabod	Ply	60			
Solomon	Ply	82	Moses	Ham	52	Jacob	Ham	246			
Stephen	Ess	317	Parley	Wor	162	James	Ply	60			
Thomas	Mid	294	Paul	Brs	370	Jesse	Ham	327			
Thomas	Mid	332	Pelatiah	Ham	327	Joel	Ply	67			

Josiah	Ply 60	Timothy	Ber 254
Libeus	Ply 49	Timothy	Ham 18
Lucy	Ply 49	Vester	Ham 7
Martha	Ply 57	Warham	Ham 358
Mary	Ply 49	Willa.	Ess 95
Nathan	Brs 304	William	Ess 274
Noah	Ply 49	William	Ess 317
Oliver	Ber 132	William	Ham 9
Oliver	Wor 297	Eeames, Anthony	Ber 214
Rebecca	Ply 49	Eells, Nathaniel	Ply 126
Rhodolphus	Wor 162	Nathl., Junr.	Ply 130
Samuel	Ply 49	Ruth	Ply 132
Samuel, junr.	Ply 49	William	Ply 132
Seth	Ham 214	see Daman	
Seth	Ply 60	Egelston, Benjamin	Ham 158
William	Ply 60	Jerusha, Wd.	Ham 144
Edward, Robert	Ess 529	Oliver	Ham 149
Edwards, Abel	Ham 82	Egerton, Benjamin	Wor 347
Abraham	Ess 317	John, Capt.	Mid 463
Abraham	Ess 562	Leonard	Mid 463
Abrm.	Mid 65	Egery, Daniel	Wor 297
Asa	Bar 45	Thos.	Wor 298
Asa	Nan 76	Egleston, Aaron	Ber 179
Asa B.	Ess 533	Azariah	Ber 209
Benja. Alvord	Ham 5	Darias	Ber 215
Benjamin	Ber 138	Eber	Ham 125
Benjamin	Ess 317	Jehiel	Ham 121
Benjamin	Ess 562	John	Ham 353
Benjamin	Ham 3	Simeon	Ham 125
Benjamin	Ham 151	Eglestone, Moses	Ber 225
Benjm.	Mid 146	Ela, Jacob	Ess 273
Daniel	Ber 207	Jonathan	Ess 273
Daniel	Ham 8	Eldar, John, Dean.	Ham 144
Daniel	Ham 18	Thomas	Ham 144
Ebenezer	Ham 82	Thomas, Junr.	Ham 144
Edward	Ess 317	William	Ham 143
Elisha	Ham 129	Elder, James	Wor 347
Gamall.	Ber 248	John	Wor 175
Gideon	Ham 3	John, Jur.	Wor 175
Jacob	Ess 533	Thomas	Wor 175
John	Ess 317	William	Wor 175
John	Ess 399	Eldred, Abiel	Bar 45
John	Ess 403	Ann	Bar 45
John	Ess 413	Ezekiel	Bar 45
John	Ess 533	Experience	Bar 45
John	Mid 33	John	Bar 45
John	Ply 110	Lemuel	Bar 45
John	Wor 329	Saml.	Ham 333
John, Jr.	Ess 413	Samuel	Bar 45
John, Junr.	Ess 95	Simeon	Bar 45
John, Sen.	Ess 95	Thos.	Bar 45
John, 3d.	Ess 95	William	Bar 45
John S.	Ham 240	Eldredge, Amos	Brs 424
Joseph	Ply 111	Barna.	Bar 95
Joseph	Wor 330	David	Bar 98
Justin	Ham 18	Elnathan	Brs 424
Luther	Ham 129	Enoch, Revd.	Bar 94
Medad	Ham 3	Ezra	Bar 93
Medad, Jr.	Ham 3	Gideon	Bar 85
Moses R.	Ess 317	Hannah	Bar 98
Nathaniel	Ham 10	Isaiah	Brs 424
Nathaniel	Ham 292	John	Bar 97
Nathaniel, 2d.	Ham 3	John	Brs 424
Noah	Ham 6	Josiah	Bar 40
Oliver	Ham 19	Killey	Brs 424
Phillip	Ham 292	Patience	Bar 98
Reuben	Ess 49	Rebecca	Brs 424
Rise	Ess 49	Reuben	Bar 98
Robert	Wor 329	Salathiel	Brs 424
Robert, Jr.	Ess 558	Eldrege, Abijah	Bar 13
Saml.	Ess 95	Anthony	Bar 16
Samuel	Ham 15	Berse	Bar 20
Simeon	Ham 9	Boni	Bar 11
Susannah	Wor 216	Boruck	Bar 9
Thomas	Ess 317	Caleb	Bar 16
Thomas	Ham 77	Caleb	Bar 19
Thomas	Wor 329	Daniel	Bar 9

Daniel	Bar 16
Daniel	Bar 28
Daniel, jur.	Bar 19
David	Bar 22
Ebenezor	Bar 14
Ebenezor, jur.	Bar 13
Ebnathan	Bar 14
Edward	Bar 16
Eli	Bar 13
Elisha	Bar 16
Elnathan	Bar 19
Elnathan, jur.	Bar 9
Elra	Bar 13
Enos	Bar 20
Ensign	Bar 12
Hannah, wd.	Bar 16
Hezekiah	Bar 6
Isaac	Bar 11
Isaac	Bar 16
Isaac, jur.	Bar 11
Isaac, jur.	Bar 19
Isaiah	Bar 13
Isaiah	Bar 16
James	Bar 16
Jeremiah	Bar 19
John	Bar 16
Jonathan	Bar 16
Judah	Bar 10
Martha, wd.	Bar 20
Mary, wd.	Bar 9
Nathaniel	Bar 16
Nathaniel, jur.	Bar 16
Nehemiah	Bar 14
Nehemiah	Bar 22
Obed	Bar 11
Prince	Bar 31
Reuben	Bar 9
Reuben	Bar 22
Samuel	Bar 9
Seth	Bar 13
Seth	Bar 16
Stephen	Bar 16
Thankful, wd.	Bar 19
Thankfull, wd.	Bar 16
Thomas	Bar 11
Thomas	Bar 16
Thomas, jur.	Bar 13
Washington	Bar 13
William	Bar 9
William	Bar 16
Zephaniah	Bar 16
Eldrice, William	Bar 60
Eldridge, Amos	Ber 143
Daniel	Ham 168
Daniel	Ham 170
Eli	Ham 339
Elisabeth	Bar 67
Ezekiel	Ham 306
Gideon	Brs 287
Hezekiah	Wor 516
Joshua	Ess 373
Levi	Ham 339
Micah, Doctr.	Mid 468
Mulford	Ham 350
Nathan	Ber 131
Rebecca	Ber 161
Saml.	Ham 340
Samuel	Ham 307
Thomas	Ber 161
Eldrige, Griffin	Ber 161
Moses	Ham 307
Elenwood, Daniel	Wor 289
Elgar, Thomas	Ham 28
Elinwood, Nathan	Wor 215
Eliot, Benjamin	Brs 362
Ephraim	Ess 273
Francis	Ham 132

George	Brs 362	Barnabas	Bar 10	Joseph	Ply 8		
Jeremiah	Ess 317	Barnabas	Ply 24	Josiah	Bar 39		
John	Brs 362	Barzilla	Ham 58	Lemuel	Nor 307		
John	Ham 137	Benja.	Bar 40	Levi	Bar 29		
Joseph	Brs 362	Benjamin	Ham 267	Lucia, Wo.	Ply 81		
Nehemiah	Brs 385	Benjn.	Ham 327	Luke	Brs 424		
Thomas	Ess 273	Bethuel	Mid 534	Luther	Nor 212		
Eliott, David	Mid 56	Charles	Bar 11	Malachi	Bar 38		
Jerh.	Mid 56	Clark	Ply 130	Malachi	Ply 111		
Lemuel	Ham 82	Cornelius	Ply 81	Manoah	Ber 266		
Mary	Ess 370	Cornelus	Bar 29	Mary	Bar 39		
Sarah	Mid 56	Daniel	Nor 353	Mordecai	Ply 130		
Stephen	Ess 33	Danl.	Ply 110	Mordecai, Junr.	Ply 130		
Elisha, John	Ess 200	David	Ham 339	Moses	Ham 41		
Elit, Wm.	Wor 404	David	Nor 311	Moses	Nan 75		
Elitharp, Salmon	Ber 225	Deborah	Nan 57	Moses	Nor 91		
Elkins, Henry	Ess 402	Ebenezer	Bar 40	Nathan	Bar 12		
John	Nan 74	Ebenezer	Nor 212	Nathan	Bar 42		
Joseph	Nan 61	Ebenezer	Ply 49	Nathan	Bar 45		
Mary	Ess 407	Eleazer	Bar 40	Nathan	Ham 41		
Thomas	Ess 465	Elijah	Bar 42	Nathan	Nor 201		
Thomas	Ess 484	Elijah	Brs 424	Nathan	Nor 311		
Elky, Dimond	Ber 230	Eliphalet	Nor 91	Nathan B.	Wor 247		
Ellery, Abigal, Wo.	Ess 111	Elisha	Nan 52	Nathaniel	Bar 11		
Allice, Wo.	Ess 117	Elisha, Junr.	Nan 55	Nathaniel	Nan 49		
Benja.	Ess 137	Elnathan	Bar 42	Nathaniel	Ply 12		
Esther, Wo.	Ess 121	Ezekiel	Wor 240	Nathl.	Bar 40		
Nathu.	Ess 111	Francis	Ess 491	Obed	Nor 201		
Ellice, George	Ess 579	Francis	Nan 55	Oliver	Nor 91		
Ellingwood, Robert	Mid 89	Francis	Ply 24	Oliver	Nor 201		
Ellinwood, Joanna	Ess 546	Freeman	Nan 52	Oliver	Nor 219		
John	Ess 538	George	Nor 201	Oliver	Nor 311		
Sarah	Ess 547	George	Nor 311	Paul	Ham 98		
Tertius	Ham 266	George	Ply 24	Phebe	Nan 58		
Thomas	Ham 271	Gideon	Bar 42	Phillip	Bar 11		
Wm.	Ess 546	Gideon	Ber 162	Phillip	Bar 40		
Elliot, Aaron	Wor 155	Gregory	Ham 98	Rachael, Wido.	Ess 317		
Aaron, Junr.	Wor 155	Gurshom	Bar 42	Raymond	Nan 55		
Andrew	Wor 155	Hemon	Bar 11	Rebeca	Nor 323		
Ebenr.	Ham 114	Henry	Nor 212	Reuben	Bar 14		
Jonathan	Wor 155	Henry, Jun.	Nor 212	Reuben	Ply 24		
Joseph	Wor 490	Ichabod	Nor 311	Richd.	Brs 322		
Mehetable	Wor 466	Isaac	Bar 13	Rowland	Ber 215		
Samuel	Ham 98	Isaac	Ber 212	Royal	Nor 352		
Tho.	Mid 162	Jabez	Brs 322	Saml.	Wor 338		
Elliott, Andrew	Ess 33	James	Bar 99	Samuel	Bar 11		
Andrew	Ess 525	James	Brs 313	Samuel	Nor 212		
Andrew, Jr.	Ess 530	James	Wor 515	Samuel	Ply 21		
Asa	Ess 33	Jedediah	Wor 338	Sarah	Nor 201		
James	Ess 541	Jemima	Nor 201	Sarah, Wido.	Brs 372		
John	Ess 33	Jeremiah	Bar 12	Seth	Bar 42		
Rachel	Ess 31	Jerusha	Ply 24	Seth	Brs 424		
Roger	Ess 33	Jesse	Wor 460	Seth	Ham 41		
Ruth	Ess 33	Joel	Brs 322	Seth	Ham 226		
William	Ess 539	Joel	Ply 22	Seth	Nor 212		
William, 2d.	Ess 534	Joel	Ply 111	Silvanus	Nan 50		
Ellis, Aaron	Nor 91	Joel, Junr.	Ply 111	Simeon	Nor 212		
Aaron	Nor 311	John	Bar 10	Southworth	Ply 81		
Abel	Nor 143	John	Ber 196	Stephen	Bar 29		
Abel	Wor 155	John	Ber 260	Stephen	Bar 39		
Abiel	Bar 42	John	Brs 424	Stephen	Ham 327		
Abigail	Nor 201	John	Ham 4	Stephen	Ply 22		
Abijah	Nor 219	John	Ham 41	Thomas	Ply 111		
Abner	Nor 201	John	Ham 98	Timothy	Nor 355		
Abner	Nor 212	John	Ham 327	Willard	Ply 22		
Abner	Nor 298	John	Ham 339	William	Bar 29		
Abner	Nor 311	John	Nor 91	William	Ham 28		
Abraham	Bar 11	John	Nor 212	William	Ham 172		
Adams	Wor 240	John	Nor 307	William	Nan 47		
Amasa	Nor 253	John, Jr.	Nor 91	William	Nor 311		
Amos	Nor 339	John, Jun.	Nor 212	William	Ply 24		
Amos	Wor 203	John, Junr.	Nor 307	Ellison, Eliab	Wor 476		
Andrew	Mid 481	Jonathan	Ham 340	John	Ess 420		
Ansell	Bar 69	Jonathan	Nor 323	Joseph	Wor 466		
Asa	Wor 247	Joseph	Nor 91	Thomas	Wor 476		
Asa, Junior	Wor 247	Joseph	Nor 298	Elliss, John	Ham 152		
Ashur	Brs 313	Joseph	Nor 355	Noah	Ham 146		

Name	Ref	Name	Ref	Name	Ref
Samuel	Ham 146	Nathaniel	Ham 93	Stephen	Ess 210
Ellithorp, Ichabod	Ber 196	Nathaniel	Ham 350	Thomas	Ess 213
Ellott, Andrew	Ess 315	Reuben	Ber 161	Emes, Ephraim	Mid 25
Richd. R.	Mid 499	Robert	Ham 356	Emmerson, Peter	Wor 218
Ells, John	Ber 196	Russell	Ham 356	Thomas	Ess 26
Ellsy, Hipsabh.	Ess 393	Silence	Ham 350	Timothy	Ess 26
Ellwell, David	Wor 297	Solomon	Ham 350	Emmerton, Jeremiah	Ess 431
Elmer, Elijah	Ham 290	Thomas	Ham 166	Emmil, Elizabeth	Nan 65
Jacob	Ber 174	William	Ham 350	Emmit, John	Nan 65
Joel	Ber 174	Emanuel see Manuel		Emmons, Daniel	Ess 574
Simeon	Ham 294	Emerson, Aaron	Mid 317	Ebenezer, Ensn.	Ham 155
Solomon	Ber 174	Abel	Ess 210	Nathanael	Nor 345
Solomon	Ber 180	Abraham	Ess 274	Robt.	Ham 219
Elmes, Benjamin	Nor 286	Amos	Ess 274	Sylvester	Ham 144
Ebenezar W.	Ply 133	Asa	Mid 372	Emms, Joshua	Ber 176
Eliphalet	Ply 84	Augustus	Mid 34	Emons, Daniel	Ess 119
Elkanah	Brs 411	Benjamen	Mid 295	Emory, Francis	Wor 225
Elkanah	Ply 84	Bulkeley	Ess 317	John	Bar 16
John	Ply 81	Bulkeley, Jr.	Ess 317	Stephen	Wor 225
Joseph	Ply 129	Charles	Mid 296	see Lefaugh	
Lydia, Wo.	Ply 81	Daniel	Ess 274	Endicot, Samuel	Ess 361
Robert	Ply 136	Daniel	Mid 295	Endicott, Abigail, Wido.	Nor 286
Samuel	Ply 129	David	Mid 295	Elias	Ess 15
Walter	Ply 111	Day	Ess 289	Israel	Ess 16
Elmore, Gad	Ham 340	Ebenezer	Mid 295	John	Ess 18
Saml.	Ham 339	Ebenezer, jur.	Mid 295	John, Junr.	Ess 18
Saml., Junr.	Ham 340	Elias	Mid 480	Joseph	Ess 18
Zenas	Ham 340	Ithamer	Ess 274	Moses	Ess 17
Elms, Abner	Brs 363	James	Mid 295	Robert	Ess 552
Ansel	Ply 35	Jesse	Ham 105	Samuel	Ess 403
Elmwood see Elinwood		John	Ess 232	Endicut, John	Nor 299
Elsbree, Boomer	Brs 288	John	Ess 274	Engals, Edmun	Brs 306
Ephraim	Brs 289	John	Ess 589	England, Francis	Ess 318
Elsworth, Edward	Mid 439	John	Ham 58	Samuel G.	Ess 318
Gustavus	Ham 353	John	Mid 295	English, John	Mid 481
Jeremiah	Ess 317	John, jur.	Mid 295	Thos.	Mid 481
Jonathan	Ham 149	Jonathan	Mid 296	Wm.	Mid 162
William	Ess 404	Jonathan	Wor 466	see Inglish	
Elwall, Samuel	Ess 219	Joseph	Ess 317	Engly, Timothy	Wor 389
Elwell, Andrew	Ess 164	Joseph	Mid 295	Ennis, William	Brs 282
David	Ess 151	Joseph	Mid 481	Eno, James	Ham 152
David	Ess 317	Joseph	Wor 239	Ensign, Datis	Ham 358
Elias	Ess 121	Joseph	Wor 480	Datis, Junr.	Ham 161
Isaac	Ess 111	Joseph S.	Mid 56	Elijah	Ber 196
Job	Ess 164	Josiah	Ess 274	Elisha	Ber 231
Jona., 3d.	Ess 121	Mary, Wido.	Mid 468	Freeman	Ber 222
Mary, Widow	Ess 161	Micah	Ess 274	Isaac	Ham 123
Robert, 3d.	Ess 121	Moses	Ess 274	Jacob	Ber 196
Roberts, Jun.	Ess 121	Nathan	Ess 274	Polly	Ber 196
Samu.	Ess 162	Nathel.	Wor 466	Reuben	Ham 161
Solomon	Ess 121	Nathel., Jur.	Wor 466	Seamour	Ham 148
Thomas	Ham 15	Nehemiah	Ess 274	Solomon	Ber 222
Zebulon	Ess 166	Nehemiah, Jur.	Ess 274	William	Ber 192
Ely, Abigail	Ham 350	Oliver	Ess 289	Zerah	Ham 305
Benjamin	Ham 356	Owen	Mid 372	Epes, Benja.	Mid 79
Caleb	Ham 250	Saml.	Mid 372	Samuel	Ess 371
Cotton	Ham 350	Samuel	Ess 317	William	Ess 20
Daniel	Ham 350	Susanna	Ess 274	William	Ess 359
Darius	Ham 350	Thomas	Ess 41	see Procter	
Edm...	Ham 356	Thomas	Mid 295	Erskine, Christian	Ber 202
Elihu	Ham 356	Thomas, jur.	Mid 295	Jeremiah	Ber 166
Elihu, 2d.	Ham 350	Timothy	Ess 289	Erskins, Robart	Ply 39
Enoch	Ham 356	William	Mid 332	Erving, Geo.	Ess 386
Ethan	Ham 93	Wm.	Mid 183	James	Ham 234
George	Ham 350	Emerton, Ephraim	Ess 368	John	Ess 391
Horace	Ham 243	Jeremiah	Ess 404	Esen, John	Ham 82
John	Ber 161	Jeremiah	Ess 424	Richard	Ham 82
John	Ham 350	John	Ess 422	Richard, Junr.	Ham 82
Jonathan	Ham 159	Oliver	Ess 588	Esley, John	Mid 25
Jonathan	Ham 234	Emery, Ephraim	Ess 273	Eson see E...on	
Jonathan, Junr.	Ham 234	John	Ess 274	Estabroks, John	Mid 17
Joseph	Ham 356	John	Mid 47	Estabrook, Daniel	Wor 506
Judah	Ham 234	Moody	Ess 210	Daniel, Jr.	Wor 506
Justin	Ham 350	Moses	Ess 274	Benja.	Mid 395
Levi	Ham 350	Nathaniel	Ess 210	Ebenezer	Wor 513
Martin	Ham 350	Nathaniel	Ess 211	Ebenr.	Wor 502
Moses	Ham 356	Samuel	Ess 210	James	Wor 513

Jedediah	Wor 506	Sarah	Mid 332	Joseph	Ply 30

Name	Ref
Jedediah	Wor 506
Joel	Mid 395
Jonah	Wor 502
Jonathan	Wor 513
Moses	Mid 372
Robert	Mid 9
Samuel	Wor 513
Thads.	Wor 502
Estabrooks, Joseph, Revd.	Wor 289
Estee, John	Wor 198
Nathaniel	Wor 199
Solomon	Wor 206
Esterbrook, Joel	Wor 317
Estes, Benjamin	Ply 125
David	Ber 138
Elijah	Ber 142
Israel	Ber 137
John	Ber 142
John, Jur.	Ber 142
Joseph	Ply 129
Mark	Ess 433
Mercy	Ply 130
Nath	Ess 383
Peter	Ber 135
Robert	Ply 128
Samuel	Ber 137
Samuel	Ber 142
William	Ess 417
Willm.	Ess 433
Zaccheus	Ply 129
Zilpah	Ply 128
Estey, Daniel	Ess 36
Enos	Ess 36
John	Ess 31
John	Nor 102
John	Nor 286
Lemuel	Nor 101
Lucy	Nor 252
Samuel	Ess 30
Samuel	Nor 102
Esty, Jacob	Ham 37
Oliver	Ham 41
Ethridge, Saml.	Mid 162
Eton, Joseph	Ess 547
Euda, John	Ham 82
Euers, Elihu	Ham 105
Henry	Ham 45
Henry	Ham 85
James	Ham 85
John	Ham 85
Eures, Patty	Wor 355
Eustice, Thomas	Wor 329
William	Ess 317
Eustis, Chamberlain	Wor 506
Joseph	Wor 506
Joshua	Ess 368
Lydia	Ess 408
Thomas	Mid 272
Thomas, jr.	Mid 272
Evans, Asaph	Mid 332
Benja., Esqr.	Ess 50
Caleb	Brs 404
David	Ess 49
Ebenezer	Ham 58
Ebenezer G.	Ess 484
Elizabeth	Ess 515
Ezekiel	Ess 49
Henry	Ham 105
Jacob	Brs 404
Jeremh.	Nor 142
John	Ess 49
John	Ham 82
Jona.	Wor 225
Jona., Colo.	Ess 49
Jona., junr.	Ess 49
Samuel	Wor 436

Name	Ref
Sarah	Mid 332
Evarts, Augustus	Ber 248
Eli	Ber 208
Isaac	Ber 248
Eveleth, Aaron	Ess 589
Abishai	Wor 516
Daniel	Mid 427
Isaac, Majr.	Ess 105
John	Ham 288
Joseph	Ess 105
Joseph	Ess 411
Joshua	Wor 516
Lucy	Ess 589
Samuel	Ess 578
Evelith, Anna	Ess 524
Francis	Mid 432
John	Mid 395
Zimri	Mid 395
Evens, Gilford	Brs 291
John	Brs 283
Leonard	Ply 81
Mary, Wid.	Brs 294
Robert	Wor 309
Samuel	Mid 296
Sherebiah	Mid 143
Thomas	Ess 222
Thomas	Mid 296
Thomas	Mid 318
William	Brs 279
Everenden, Benja.	Nor 286
Mary, Wido.	Nor 286
Everet, Abijah	Brs 319
Aron	Mid 499
Epm.	Mid 183
Nathaniel	Nor 230
Noble	Ply 110
Saml.	Brs 321
Everett, Aaron	Nor 82
Aaron	Nor 83
Aaron	Nor 108
Abel	Nor 307
Andrew	Ber 186
Asa	Nor 306
Daniel	Nor 373
Ebenezer	Nor 306
Ebenezer, Junr.	Nor 306
Edward	Nor 101
Isaac	Nor 311
Isachar	Nor 125
Isreal	Nor 299
Isreal, Junr.	Nor 298
Jesse	Mid 146
Jessee	Nor 83
John	Nor 377
Joseph	Nor 83
Joshua	Wor 516
Joshua, Junr.	Wor 515
Josiah	Nor 307
Marcus	Nor 378
Mary	Ham 16
Millee	Nor 83
Moses	Nor 142
Oliver	Nor 101
Oliver	Nor 142
Pelitiah	Wor 446
Phinehas	Wor 506
Richard	Nor 83
Sam. H.	Nor 142
Timothy	Nor 373
William	Nor 307
William	Wor 515
Wm. ["son" of Isreal]	Nor 299
Everot, Isaac	Ham 154
Everson, Ebenezer	Ply 30
Ephraim	Ply 12
Eunice	Ply 35
Joseph	Ply 26

Name	Ref
Joseph	Ply 30
Samuel	Ply 30
Seth	Ply 30
Silvanus	Ply 30
Wm. P.	Nor 114
Everton, Joseph	Ess 121
Evertson, Austin	Ber 224
Evett, Amos	Ber 131
Evle, Asahel	Mid 30
Ewel, Christopher	Ply 97
Christopher	Ply 104
Gershom	Ply 101
James	Ply 99
Jedediah	Ply 97
Job	Ply 99
Joseph	Ply 97
Seth	Ply 97
Ewell, Gershom	Ply 119
James	Ham 151
John	Ham 20
John	Ply 121
Malachi	Ham 20
Ewer, Abigail	Bar 84
Barnabas	Bar 37
Ebenezer	Bar 87
John	Bar 37
Lazarus	Bar 36
Paul	Ber 260
Peleg	Bar 37
Seth	Bar 91
Ewers, David	Nan 73
Isaac	Duk 444
Silvanus	Nan 70
Ewing, Hugh	Ess 414
see Erving	
Ewings, Joshua	Ham 93
Ewins, John	Ess 318
Eyerton see Egerton	

--- F ---

Name	Ref
F..., ...	Ess 152
J...	Ham 356
Fabens, Sarah	Ess 381
William	Ess 387
see Falens	
Fagg, Daniel	Nor 167
Fagon, Mentus	Mid 438
Fainsworth, Elias	Wor 436
Fair, Thomas	Ham 37
Fairbank, Abijah	Wor 356
Alpheus	Wor 356
Amos	Wor 217
Amos, Junr.	Wor 221
Benja.	Wor 289
Caleb	Wor 216
Cyrus	Wor 350
Cyrus	Wor 460
Cyrus, Jun.	Wor 350
Elijah	Wor 426
Elijah	Wor 436
Elizabeth	Wor 436
Ephraim	Wor 217
Isaiah	Wor 196
Ithamer	Wor 460
Jabez	Wor 217
Jabez	Wor 356
Jacob	Wor 220
John	Wor 289
John, Capt.	Wor 289
Jonas	Wor 350
Jonathan	Wor 194
Jonathan	Wor 213
Jonathan	Wor 217
Joseph	Wor 217

Joseph	Wor 356	Thomas	Ham 247	Nehemiah	Ber 109		
Jotham	Wor 209	William	Ess 402	Samuel	Ber 172		
Lemuel	Wor 356	Fairman, Ichabod	Ber 254	Thomas	Ber 115		
Levi	Wor 452	Ithamar	Ham 93	Farington, Benja.	Ess 181		
Manassah	Wor 216	Jared	Ham 353	Phillip	Ess 181		
Moses	Wor 225	Samuel, Lieut.	Ham 154	Faris, William	Ess 318		
Noah	Wor 217	see Firmin		Farley, Benjamin	Ham 185		
Oliver	Wor 356	Fairweather, Anna	Nan 62	Daniel	Ess 318		
Phineas	Wor 213	Thos.	Mid 482	Jabez	Ess 576		
Phineas	Wor 217	see Fayerweather		John	Ess 581		
Seth	Wor 356	Fairwell, Edmund	Wor 221	John	Mid 163		
Thomas	Wor 218	see Jones		John D.	Ess 318		
Thos.	Wor 289	Falass see Fallass		Jonathan	Ess 577		
William	Nor 307	Falen, Esther	Ess 360	Mary	Ess 576		
William	Wor 356	Falens, Ths.	Ess 361	Michiel	Ess 575		
Fairbanks, Abner	Nor 307	Fales, Aaron	Nor 92	Nathaniel	Ess 581		
Adam	Mid 517	Aaron C.	Nor 92	Robert	Ess 576		
Adams	Mid 509	Abiather	Nor 92	Samuel	Wor 252		
Amos	Wor 479	Daniel	Nor 317	Farlis, Thos.	Ess 398		
Asa	Nor 349	David	Nor 376	Farmer, Edw.	Mid 385		
Asa, Junr.	Nor 349	David, Junr.	Nor 376	Edw., 2d.	Mid 385		
Benjamin	Nor 311	Ebenezer	Nor 92	Edw., 3d.	Mid 385		
Benjamin, Junr.	Nor 311	Eliphalet	Nor 307	Jereniah	Mid 80		
Benjn.	Nor 102	Jabez	Nor 92	Jessa	Mid 452		
Benjn., Jr.	Nor 102	James	Ham 191	John	Mid 372		
Billings	Nor 350	James	Nor 219	John	Mid 385		
Daniel	Ham 185	James	Wor 498	John	Wor 426		
David	Nor 307	Jeremiah	Ham 191	Jonas	Mid 48		
David	Nor 317	Jeremiah	Wor 350	Jonas	Mid 372		
Ebenezer, & son	Nor 299	John	Brs 321	Jotham	Mid 385		
Ebenr., Deacn.	Ham 273	John	Nor 378	Life	Mid 97		
George	Nor 366	Jonathan	Nor 91	Mary	Mid 385		
Henry	Ham 273	Joseph	Nor 92	Nathaniel	Mid 437		
Isreal	Nor 299	Joshua	Nor 299	Oliver	Mid 385		
Isreal, Junr.	Nor 299	Lemuel	Wor 513	Oliver, 2d.	Mid 385		
James	Nor 372	Margrett	Nor 299	Silas	Mid 97		
Jerh.	Nor 102	Moses	Nor 91	Simeon	Mid 372		
John	Mid 509	Moses, Jr.	Nor 91	Peter	Mid 97		
Jonathn.	Mid 115	Nathan	Nor 366	Thomas	Ply 13		
Joseph	Ham 273	Nehemiah	Nor 299	see Tanner			
Joseph	Nor 336	Peter	Brs 321	Farmsworth, Edmond	Mid 440		
Joshua	Mid 138	Samuel	Brs 360	Farnam, Benjamin	Ber 149		
Joshua	Nor 383	Samuel	Nor 92	Isaiah	Ber 192		
Joshua	Wor 479	Samuel	Nor 376	Farnham, Asa	Ham 58		
Molly	Nor 363	Samuel	Nor 92	David	Ess 319		
Moses	Ham 185	Sarah, Wd.	Nor 92	Elisha	Ham 181		
Nancy, wd.	Wor 381	Sewel	Nor 92	John	Ber 150		
Nathan	Ham 82	Stephen	Nor 92	John	Ess 201		
Oliver	Nor 299	Stephen	Nor 143	Peter	Ess 319		
Reuben	Mid 509	Falis, John H.	Wor 417	Rewben	Ham 177		
Samuel	Nor 247	Falkner, Joseph	Ham 185	Thomas	Ber 134		
Samuel	Nor 299	Joseph, Jur.	Ham 185	William	Ess 319		
Silas	Nor 212	William	Ham 185	Zebedee	Ess 319		
Willard	Nor 354	William, Jur.	Ham 185	Farns, Wm.	Mid 528		
Fairbrother, William	Brs 300	Fallass, William	Wor 207	Farnsworth, Aaron	Mid 451		
Fairbush see Hardy		Falley, Daniel	Ham 179	Abel	Wor 220		
Fairchild, Anson	Ham 167	Richard	Ham 148	Amos, Dea.	Mid 452		
Daniel	Ber 254	Richard, Lieut.	Ham 161	Asa	Wor 445		
Moses	Ber 116	Russel	Ham 161	Benjamin	Wor 350		
Zachariah	Ber 107	Samuel	Ber 210	Benjn.	Ham 196		
Fairfeild, Joseph	Ess 564	Falls, James	Ess 353	Betty, Wido.	Mid 451		
Fairfield, Elijah	Ess 597	Fan, John	Ham 28	Ebenzr.	Mid 451		
Eliza.	Ess 420	Faning, Elisha	Ham 145	Elias	Mid 163		
Enoch	Ber 196	Fannie, James	Bar 39	Ephm.	Wor 275		
Ira Northerly	Ham 62	Fanning, John	Ber 222	Flint	Mid 463		
John	Ber 196	Kezia	Nan 65	Isaac, Dea.	Mid 451		
John	Ess 419	Orimel	Ber 196	Jesse	Mid 463		
John	Wor 222	Fansworth, Levi	Ham 321	John	Ber 155		
Joseph	Ber 196	Willm.	Ham 333	John	Mid 451		
Joseph, Jr.	Ber 196	Willm., Jr.	Ham 333	John	Mid 463		
Levi	Ham 245	Farebrother, Thoms.	Brs 322	Jona.	Mid 463		
Nathll.	Ber 196	Farewell, Abraham	Nor 255	Jonas	Mid 452		
Rebecca	Ess 407	Farer, Benjn.	Ply 39	Joseph	Ham 185		
Samuel	Ess 18	Fargo, Ezekiel	Ber 172	Joseph	Wor 158		
Samuel	Ham 62	Jabez	Ber 172	Joseph	Wor 429		
Thaddeus	Ham 209	Moses, jr.	Ber 172	Levi	Mid 463		
Thaddeus	Ham 252	Moses, Sen.	Ber 172	Lydia, Wido.	Mid 451		

Marcy	Mid 163	Timothy	Ham 259	Francis	Mid 500
Matthias	Wor 221	William	Ham 259	Hannah, Wido.	Ess 182
Nathl.	Wor 222	Farrer, Benjm., Majr.	Wor 387	Nathaniel	Mid 29
Oliver	Mid 451	Ezra	Wor 387	Obedience	Mid 28
Oliver	Wor 235	John	Wor 175	Paul	Wor 350
Phinehas	Wor 277	Samll.	Mid 482	Paul	Wor 378
Saml.	Mid 452	Stephen	Wor 222	Peter	Wor 338
Samson, Capt.	Mid 451	see Farer, Farrar		William	Wor 212
Farnum, Benja., jur.	Ess 181	Farrington, Abel	Nor 286	Faunce, Barnabas	Ply 16
Benjamin	Ess 181	Abial	Brs 279	Benjamin	Ply 30
Caleb	Wor 466	Amos	Ess 437	Daniel	Ply 7
Calvin	Wor 344	Amos	Ham 259	Eleazer	Ply 28
Clement	Ham 10	Dan.	Mid 195	Elijah	Ply 30
Daniel	Ess 181	Daniel	Nor 368	Hannah	Ply 18
David	Wor 466	Danl., Jr.	Ess 430	Hannah, Wo.	Ply 84
David, Jur.	Wor 466	Ebenr.	Ess 73	James	Ply 10
George	Wor 466	Ebenr., junr.	Ess 73	John	Ply 30
Isaac	Ess 180	Elijah	Nor 379	Lydia	Ply 30
Isaac, jr.	Ess 180	Elipht.	Nor 84	Susanna	Ply 100
Jacob	Ess 181	Eliza.	Ess 446	Telden	Ply 28
James	Ess 181	George L.	Nor 263	Thaddeus	Ply 3
Jedediah	Ess 181	Jno. (2)	Nor 143	Thomas	Brs 344
Jedediah, jr.	Ess 181	John	Ess 432	Fauzel, John	Ess 390
Joel	Ham 121	John	Nor 92	Favour, Daniel	Ess 319
John	Ber 106	Jona.	Nor 125	Faxon, Asaph	Nor 167
John	Ess 171	Jonathan	Nor 286	Azariah	Nor 167
John	Ess 181	Josiah	Nor 365	Benj.	Nor 114
John	Ham 121	Lewis	Nor 379	Caleb	Nor 167
John	Wor 479	Matthw.	Mid 342	Calvin	Ham 52
Jonathan	Ber 156	Oliver	Nor 367	Daniel	Nor 273
Joseph	Ber 148	Saml.	Ess 73	Edward	Nor 273
Joseph, Jun.	Ber 148	Stephen	Nor 247	Eleb	Nor 229
Joshua	Wor 330	Theops.	Ess 429	Elisha	Ply 18
Moses	Ess 181	Willm.	Ess 437	Elisha	Ply 39
Moses	Wor 466	see Farington		James	Nor 167
Peter	Ess 181	Farrinton, Daniel	Ess 372	Nathaniel	Nor 227
Peter	Wor 466	William	Ess 367	Samuel	Ply 67
Royal	Wor 466	Farris, Jeremiah	Bar 99	Thomas	Ham 58
Sarah, Wido.	Ess 181	Mary, Wo.	Ess 95	Fay, Adam	Wor 368
Thomas	Wor 330	Samuel	Bar 98	Adam	Wor 403
Timothy	Ess 181	Thomas	Bar 98	Artimas	Ham 214
William	Ess 290	Farrow, Abiel	Ply 128	Asa	Wor 368
see Farnam, Farnham		Benjamin	Wor 476	Benjn.	Wor 196
Farnun, Heman	Ham 282	Desire	Suf 143	Brigham	Wor 200
Farr, Ansel	Ham 303	Farwell, Abraham	Wor 432	Catharine	Wor 192
Francis	Wor 215	Amsa	Wor 350	Charles	Wor 365
Jacob	Ham 303	Asa	Wor 432	Cyrus	Wor 338
Joseph	Ber 196	Daniel	Wor 432	Daniel	Wor 197
Simeon	Wor 513	David	Wor 220	David	Ham 279
Wm.	Mid 65	Eleazr.	Mid 469	David	Wor 196
Farra, Alexander	Nor 317	Henry	Mid 79	David	Wor 205
Farrah, Nathl.	Ham 321	Henry, Capt.	Mid 451	David	Wor 368
Farrar, Adam	Ham 28	Henry, Jun.	Mid 451	Elijah	Ham 307
Daniel	Wor 225	James	Mid 163	Elisha	Wor 199
Ephraim	Mid 10	John	Mid 79	Enoch	Ham 105
George	Mid 463	John	Wor 219	Francis	Wor 205
Isaac	Mid 48	John	Wor 432	Heman	Wor 202
Jacob	Mid 10	Joseph	Wor 350	Hezekiah	Wor 200
Jonas	Mid 372	Leonard	Wor 350	Jeduthen	Wor 193
Joseph	Ber 266	Nathan	Mid 79	Jeremiah	Wor 205
Joseph	Mid 56	Simeon	Wor 432	John	Ber 179
Joseph, Maj.	Wor 403	Wm.	Mid 452	John	Wor 193
Nath.	Mid 373	Zaccheus	Wor 432	Jonathan	Mid 8
Nehemiah	Mid 20	see Jones, Parker		Joseph	Wor 289
Reuben	Mid 10	Fasset, Jonathan	Wor 378	Josiah	Mid 414
Saml.	Mid 57	Jonathan, Jun.	Wor 378	Josiah	Wor 289
Saml.	Wor 403	Obel	Wor 378	Jude	Ham 263
Samuel	Mid 20	Fassett, Abiel	Mid 348	Levi	Ham 273
Seth	Wor 158	Faulk, Festus	Ham 243	Lucretia	Wor 178
Stephen	Mid 451	Faulkner, Aaron	Mid 29	Mary	Wor 206
Thos.	Mid 48	Abiel	Ess 180	Mary, Wd.	Ham 267
Thos., Jr.	Mid 48	Ammikh.	Wor 241	Micaijah	Mid 416
Timothy	Mid 10	Benja.	Mid 183	Moses	Ham 37
Zebediah	Mid 20	Daniel	Ess 182	Nahum, Esqr.	Wor 368
Farrel, Josiah	Ham 269	Daniel	Wor 338	Nathan	Ham 327
Farrell, Isaac	Ham 259	David	Mid 183	Nathan	Mid 517
Josiah	Ham 258	Francis	Mid 28	Nathan	Wor 202

Name	Loc
Nathll.	Wor 202
Peter	Wor 205
Reuben	Wor 204
Reuben	Wor 298
Robart, Jun.	Wor 203
Ruben	Mid 138
Samuel	Ham 37
Sarah, Wd.	Ham 145
Silas	Wor 196
Silas	Wor 515
Solomon	Wor 193
Solomon	Wor 204
Solomon	Wor 289
Stephan	Wor 309
Stephen	Wor 330
Thaddeus	Wor 368
Timothy	Wor 298
Timothy	Wor 368
see Fuy	
Faye, Jonathan	Ham 273
Thomas	Ham 270
Uriah	Ham 270
Fayerweather, David	Mid 163
see Feywether	
Fearing, Benjn.	Ply 111
David	Ply 111
Elijah	Suf 137
Hawkes	Suf 146
Israel	Ply 111
Israel, Jr.	Ply 111
John	Ply 110
Lydia	Suf 141
Margaret	Suf 146
Moses	Ply 110
Noah	Ply 59
Shubael	Suf 141
Thomas, Capt.	Suf 141
Wm.	Ply 111
Fearless see Farlis	
Fears, Patty, Wo.	Ess 164
William	Ess 149
Fearson, Margt.	Ess 414
Feas see Fears	
Feavour, Peter	Bar 61
Fedman, Lois	Ber 227
Feechum, Samuel S.	Wor 466
Feild, Benja.	Ham 219
Robt., Esqr.	Ham 219
Feland, Henry	Ham 353
Isaac	Ham 353
Joseph	Ham 353
Felch, Caleb	Wor 235
Isaac	Nor 102
Samel.	Wor 239
Samel, Junr.	Wor 239
Samuel	Ess 50
Fellot, William	Ess 364
Fellows, Daniel	Ber 222
Edmund	Ber 225
Ezra	Ber 225
Isaac	Ess 550
Isaac	Ess 585
Israel	Ess 585
Jacob	Ham 145
John	Ber 225
John	Ess 585
John	Wor 403
John, Capt.	Ham 321
John, jur.	Ber 231
John W.	Nor 229
Joseph	Ham 321
Mary	Ber 176
Mary	Ess 584
Nathan	Ber 224
Nathan	Ess 585
Parker	Ham 156
Saml., Jr.	Ham 321
Samuel	Ber 119
Samuel	Ess 50
Solomon	Ham 321
William	Ber 221
Willis	Ham 321
Felt, Benja.	Ess 390
Benja.	Ess 415
Benjamin	Nor 126
David	Ess 392
Geo. W.	Ess 389
Henry	Ess 411
James	Ess 411
Jane	Ess 394
John	Ess 392
Jonathan	Ham 114
Jonathan	Nor 378
Joseph	Ess 367
Joseph (2)	Ess 392
Kathr.	Ess 389
Lem...	Ham 356
Mary	Ess 365
Mary	Ham 350
Nath	Ess 391
Phabe	Ess 411
Rebecca	Ess 363
see Fellot	
Felton, Amos	Ess 34
Amos	Ham 109
Archelaus	Mid 420
Benjamin	Ham 109
Benjamin	Wor 270
Daniel	Ess 493
Daniel	Ham 99
Daniel	Nor 317
David	Ber 138
David	Ess 24
Ebenezer, 2d.	Ham 98
Eunice	Ess 10
Francis	Ess 509
George	Wor 278
Hannah	Ess 479
James	Ess 411
James	Ess 499
James	Ham 98
James	Mid 412
Joel	Wor 513
John	Ess 480
John H.	Ess 20
Jonathan	Ham 98
Joseph	Nor 238
Joshua	Ham 98
Martin	Ess 10
Mary	Nor 238
Nathaniel	Ess 10
Nathl.	Ham 98
Nathl.	Ess 319
Samuel	Ess 10
Sarah	Wor 403
Shelton	Mid 416
Silas	Ham 98
Stephen	Mid 413
Stephen	Ess 499
Thomas	Ess 10
Timothy	Mid 424
William	Nor 219
Feltt, Moses	Nor 219
William	Ber 254
Fenn, Daniel	Wor 270
Fenner, Sion	Ber 133
Thomas	Nor 286
Fenno, Charles	Nor 286
Elijah	Wor 452
Ephraim	Nor 114
Jesse	Ess 412
Joseph	Wor 460
Joseph	Nor 125
Mary	Wor 178
Sally	
Saml.	Nor 180
Sarah, Wido.	Nor 286
William	Wor 452
Fenton, Asaph	Ber 138
Eunice	Ham 276
Jason	Ber 125
John	Ham 270
Timothy	Ham 276
Wm.	Ham 276
Ferguson, Dorothy	Ham 181
George	Brs 390
James	Ber 186
John	Duk 448
John	Ess 374
John	Ham 178
Saml.	Ham 333
Samuel	Ham 176
Solomon	Ham 179
William	Duk 448
Wm.	Mid 163
Fern, Saml.	Ess 437
Fernace, David	Ham 219
Ferre, Charles	Ham 92
Charles	Ham 254
Charles, Jr.	Ham 254
John	Ham 239
Jona.	Ham 262
Judah	Ham 261
Luther	Ham 241
Luther	Ham 254
Mary, Wd.	Ham 243
Noah	Ham 254
Solomon	Ham 243
Thaddeus	Ham 243
Uriah	Ham 242
Ferrel, Mitchel	Mid 333
Ferrey, Hezekiah	Wor 258
Ferrington, Ephraim	Ber 156
Wm.	Mid 500
Ferry, Caleb	Ham 245
Charles	Ham 356
David	Ber 228
Isaac	Ber 228
Joseph	Ber 228
Joseph, Captn.	Ham 245
Joseph, Junr.	Ham 245
Moses	Ham 353
Solomon	Ham 135
Solomon, Junr.	Ham 135
William	Ham 353
see Furney	
Fesenden, William	Bar 8
Fesendon, Aaron	Mid 48
Aaron, Jr.	Mid 48
John	Wor 445
Jonas	Wor 445
Mary, wid.	Wor 403
Samuel	Wor 446
Timo.	Mid 48
Timothy	Wor 446
Timothy, Jr.	Wor 445
Wm.	Wor 403
Fesenton, Peter	Wor 403
Fessenden, Elisabeth	Wor 510
George	Mid 500
Icabud	Mid 481
Inman	Wor 510
John	Wor 226
Samuel	Bar 35
William	Bar 34
William, jur.	Bar 8
Wyman	Ham 327
Fessendon, Benjn.	Wor 201
Eliza.	Mid 162
John	Wor 189
Nathan	Mid 348
Thomas	Mid 348

Fethergill, Joseph	Ber 202	Sylvester	Ham 28	Benja.	Bar 45
Fetteplace, William	Ber 134	Theodore	Ham 262	Benjamin	Ess 182
Fetterman, Charles	Ber 158	Thomas	Ham 138	Brownell	Brs 424
Fetton, Benja.	Ham 217	Thomas	Ham 283	Caleb	Ber 154
see Felton		Thomas	Nor 143	Caleb	Ply 35
Fettyplace, Edward	Ess 498	Timothy	Nor 143	Charles	Ber 152
Edward, junr.	Ess 478	Walter	Ham 28	Chipman	Bar 38
Feywether, John	Wor 194	William	Ham 28	Cornelius	Bar 38
Fezendon, John	Mid 163	William	Ham 114	Daniel	Brs 310
Fick see Fisk		William	Ply 57	Daniel	Brs 409
Field, Abiezer	Brs 369	Williams	Brs 385	Daniel	Duk 443
Abner	Ham 28	Zachariah	Ham 14	Daniel	Ess 504
Alexr., Capt.	Ham 91	Zachariah	Ham 28	Daniel, jr.	Brs 310
Asa K.	Wor 257	Zachariah	Ham 340	David	Bar 40
Barzillai	Ply 57	Zebulon	Brs 359	David	Bar 89
Bethuel	Brs 369	Zebulon, Junr.	Brs 370	David	Brs 424
Daniel	Ply 57	Zenas	Ham 66	Ebenr.	Bar 45
Darius	Brs 381	Fielder, John	Ess 543	Edmund	Bar 35
David	Brs 381	John, Jr.	Ess 543	Elizabeth	Bar 50
David	Ham 58	Willm. H.	Ess 543	Elnathan	Ply 35
Ebenezar	Brs 321	Fields, James	Ber 166	Ephraim	Bar 42
Ebenezer	Ham 28	Soloman	Brs 381	Ezra	Ham 109
Ebenezer	Ham 58	Fiench see French		Ezra	Wor 289
Ebenezer	Ham 85	Fife, William	Wor 214	Freeman	Bar 45
Elijah	Ham 333	Fille see Brown		Hannah	Bar 39
Erastus	Ham 114	Fillebrown, Bethuel	Brs 390	Hannah	Brs 360
George	Ham 28	Catharine	Brs 385	Hannah	Ply 35
George	Wor 298	Edward	Mid 482	Heman	Bar 92
Gilbert	Nor 114	James	Mid 482	Henry	Duk 443
Henry	Ham 28	James	Ply 49	Henry	Wor 298
Isaac H.	Nor 143	James, Jur.	Mid 482	Henry, Jr.	Duk 443
Jabez	Ply 57	John	Mid 162	Isaac	Ber 157
Jackson	Nor 114	Tho.	Mid 163	Isaac	Ply 35
James	Brs 369	see Brown		Jacob	Ply 30
James, incld. the		Fillmore, Spiller	Suf 142	James	Bar 49
Poor	Nor 114	William	Ham 289	Jirah	Bar 39
Jesse	Ham 77	Fin, John	Ber 117	John	Bar 42
John	Brs 299	Finch, Isaac	Ber 178	John, 2d.	Bar 35
John	Ham 28	Preserved	Ham 162	Jonathan	Bar 36
John	Ham 58	Finney, Abram	Ber 266	Jonathan	Ber 157
John	Ham 82	Barnabas	Ply 24	Josiah	Bar 35
Jonathan	Ham 114	Benja.	Ber 192	Josiah	Bar 92
Jonathan, 2d.	Ham 114	Caleb	Ply 20	Lemuel	Bar 38
Jos.	Brs 318	Calvin	Ber 261	Lemuel	Bar 49
Joseph	Brs 385	Clarke	Ply 17	Lemuel	Bar 51
Joseph	Ham 191	Daniel	Ply 15	Levi	Bar 38
Joseph	Nor 114	David	Ber 197	Levi	Bar 51
Joseph	Wor 258	Ebenezer	Ply 84	Mathew	Ber 163
Keziah	Ham 28	Elizabeth	Ply 17	Nathaniel	Ply 30
Lemuel	Ham 205	Elkanah	Ply 20	Nathel.	Wor 466
Luther	Ham 114	Ezra	Ply 13	Nathl.	Bar 40
Lydia, Wid.	Nor 114	George	Ply 17	Preserved	Brs 424
Medad	Ham 12	Ichabod	Ply 24	Prince	Bar 38
Medad	Ham 28	John	Ply 17	Prince	Bar 50
Moses	Ham 114	Joseph	Ber 119	Reuben	Bar 92
Moses, Capt.	Ham 91	Josiah	Ply 7	Robert	Brs 413
Moses, Junr.	Ham 91	Lewis	Ply 83	Rufus, Jur.	Bar 45
Nathaniel	Brs 369	Lydia	Ply 17	Ruth	Nan 75
Nathaniel	Ham 58	Robert	Ply 17	Saml., Jur.	Bar 45
Nathaniel, Junr.	Brs 368	Seth	Ply 13	Samuel	Bar 45
Nehemiah	Ber 136	Silmon	Ess 28	Samuel	Brs 365
Oliver	Ham 93	Solomon	Ply 20	Samuel	Duk 443
Paras	Ham 114	Sylvenus	Ber 266	Samuel	Ess 222
Phinehas	Ham 28	Fiods, Boston	Nor 321	Samuel	Wor 289
Richard	Brs 385	Firmin, John	Ham 237	Silas	Bar 34
Richard	Ply 57	John, Jur.	Ham 237	Silvanus	Bar 38
Rodolphus	Ham 86	Salmon	Ham 265	Simeon	Bar 36
Roswell	Ham 114	Fish, ---, Widow	Brs 404	Simeon	Wor 289
Rufus	Ham 28	Abel	Ham 98	Simeon, Jur.	Bar 38
Rufus	Ham 114	Abner	Duk 443	Stephen	Bar 37
Samuel	Ham 28	Abraham	Bar 45	Stephen	Ham 294
Samuel	Ham 58	Abram	Duk 444	Stephen	Nan 75
Seth	Ham 14	Adam	Ply 103	Thomas	Bar 45
Seth	Ham 114	Amaziah	Duk 443	Thomas	Ber 140
Seth	Wor 247	Anna	Bar 38	Thomas	Ply 93
Solomon	Ham 58	Anselm	Bar 38	Thomas, Jur.	Bar 45
Spencer	Wor 317	Asa	Bar 36	Thoofus.	Bar 50

Name	Ref	Name	Ref	Name	Ref
Thos.	Ply 35	Joseph	Ham 207	Asa	Wor 506
Turner	Brs 424	Joseph	Nor 316	Asa, Capt.	Ham 276
William	Ber 157	Joseph	Nor 345	Asa, Junr.	Ham 278
Zacheus	Ply 35	Joshua	Brs 313	Benja.	Ess 376
Ziba	Ply 135	Joshua	Wor 204	Benjamin	Wor 387
see Fisk		Joshua, Doctr.	Ess 523	Benjamin, Jr.	Wor 387
Fisher, Aaron	Ham 16	Josiah	Nor 299	Daniel	Ham 52
Aaron	Ham 105	Leml.	Ham 219	Daniel	Ham 105
Aaron	Nor 102	Lemuel	Brs 385	Daniel	Ham 321
Aaron	Nor 317	Lemuel	Nor 286	Daniel	Mid 56
Aaron	Wor 158	Leonard	Nor 365	Daniel	Wor 162
Abel	Nor 286	Levi	Nor 349	Daniel	Wor 338
Abijah	Ham 37	Lewes	Nor 230	Daniel	Wor 387
Abijah	Nor 368	Lewis	Mid 509	Daniel, 2d.	Ham 105
Amos	Nor 355	Lewis	Nor 353	David	Ham 62
Ana	Brs 301	Lewis	Nor 362	David	Ham 275
Anna	Ess 534	Luther	Nor 202	David	Mid 348
Asa	Nor 311	Luther	Nor 380	David	Mid 509
Asa	Nor 345	Mary	Nor 202	David	Wor 335
Benjamin	Nor 312	Mary, Wido.	Nor 323	David, Col.	Wor 403
Caleb	Nor 355	Moses	Brs 365	David, 2d.	Mid 348
Calvin	Nor 379	Moses	Nor 323	David, 3d.	Mid 348
Cyrus	Nor 380	Moses	Nor 355	Ebenr.	Ham 321
Daniel	Nor 92	Moses, Junr.	Brs 367	Ebenr.	Wor 275
Daniel, Jr.	Nor 92	Nathan	Brs 344	Elijah	Mid 24
Daniel C.	Nor 345	Nathan	Brs 385	Elijah	Mid 261
David (2)	Brs 319	Nathan	Nor 355	Enoch	Nor 317
David	Nor 102	Nathan	Wor 194	Ephraim	Ber 156
David	Nor 380	Nathan	Wor 236	Ervin	Ber 186
David	Wor 233	Nathan	Wor 389	Francis	Mid 261
David, Junr.	Nor 368	Nathaniel	Nor 311	Henry	Wor 338
Dorcas	Nor 202	Nathaniel	Nor 316	Hezh., Capt.	Ham 275
Ebene.	Nor 143	Nathl.	Ess 368	Jason	Wor 403
Ebenezer	Nor 311	Nathl.	Nan 76	Joel	Ham 327
Ebenezer, Junr.	Nor 380	Obed	Nor 202	Joel	Nor 219
Ebenr.	Ham 219	Oliver	Nor 307	John	Ber 135
Eleazer	Nor 353	Oliver, Junr.	Nor 307	John	Ess 180
Eleazer, Junr.	Nor 353	Paul	Nor 202	John	Ess 532
Elias	Wor 387	Peter	Brs 319	John	Ham 58
Elihu	Nor 212	Peter	Nor 358	John	Mid 143
Elijah	Nor 286	Pliny	Nor 379	John	Mid 452
Eliphelet	Nor 307	Richard	Duk 444	John	Mid 509
Ephraim	Ham 62	Richard	Nor 379	John	Mid 534
Experience, Wido.	Nor 286	Richard, Junr.	Nor 379	John	Wor 189
Ezekiel	Nor 286	Ruth, W.	Nor 83	John	Wor 275
Freeborn	Nan 74	Samuel	Brs 323	John	Wor 309
Gamaliel	Duk 443	Samuel	Brs 385	Jonas	Ham 105
George	Ham 37	Samuel	Nor 286	Jonas	Wor 436
George	Nor 316	Samuel	Nor 317	Jonathan	Mid 451
Hezekiah	Nor 355	Samuel	Nor 323	Jonathan	Nor 202
Ichabod	Wor 515	Samuel	Nor 371	Jonathan	Wor 225
Isaac	Nor 371	Samuel	Wor 189	Jonathan	Wor 229
Israel	Ham 37	Samuel, Jur.	Brs 385	Jonathan, Junr.	Ham 105
Jabez	Nor 345	Sarah, Wd.	Nor 92	Jonathn	Wor 513
Jabin	Nor 286	Sarah, Wido.	Nor 299	Joseph	Mid 348
Jacob	Brs 385	Seth	Brs 344	Joseph, 2d.	Mid 348
Jacob	Ham 253	Seth	Nor 367	Josiah	Wor 387
Jacob	Nor 102	Simon	Nor 219	Lemuel	Wor 513
Jacob	Nor 380	Thomas	Brs 356	Levi	Ham 321
Jacob	Wor 350	Thomas	Duk 443	Levi	Mid 509
James	Duk 443	Thomas	Wor 236	Micah	Mid 56
James	Ess 360	Timothy	Nor 299	Micah	Mid 138
James	Ess 409	Timothy	Nor 348	Moses	Mid 150
James, Jr.	Duk 443	Timothy	Nor 377	Moses	Mid 528
Jason	Nor 352	Timothy	Wor 203	Nahum	Wor 513
Jesse	Ham 105	Timothy, Junr.	Nor 348	Nathan	Mid 509
Jesse	Nor 323	William	Brs 344	Nathan	Wor 338
Job	Brs 331	William	Nor 360	Nathaniel	Ess 37
Joel	Brs 319	Wm.	Wor 344	Nathaniel	Ham 98
John	Brs 331	Wm., Jur.	Wor 344	Nathaniel	Nor 323
John	Duk 443	Zubia, Wido.	Nor 317	Peter, Doct.	Nor 317
John	Ham 199	see Allen, Ames, Hartshorn,		Phinehas	Mid 21
John	Nor 202	Kingsbury, Richardson,		Richard	Mid 150
John	Nor 219	Stowell		Robert	Wor 387
John	Nor 312	Fisk, Abiel	Mid 517	Samel.	Wor 235
Jona.	Duk 445	Abigail	Wor 275	Saml.	Ham 321
Joseph	Duk 443	Asa	Mid 509	Saml.	Wor 403

Saml.	Wor 338	Joseph	Ess 52	Stephen, Jun.	Wor 378
Samuel	Ess 561	Mary	Ess 575	Theadins	Mid 297
Samuel	Mid 261	Peter	Wor 317	Theodore	Ess 452
Samuel	Wor 178	Robert	Wor 330	Timothy	Mid 261
Samuel, Jur.	Ess 564	Walter	Wor 180	Wm.	Mid 65
Sarah	Ess 373	Fitz, John	Ess 318	Wm.	Mid 517
Simeon	Ham 321	Mark	Ess 318	see Bacon	
Simeon	Wor 338	William	Ess 318	Flagsawyer, Samll.	Mid 482
Thaddeus	Mid 481	Fitzgerald, Elizabeth	Wor 432	Flaitt, Michael	Ess 491
William	Wor 387	William	Ham 226	Flammons, John	Ply 83
William	Wor 506	FitzGerald, John	Ply 9	Flanders, Asa	Ess 369
Zedekiah	Ham 105	FitzGerrald, Henry	Nan 51	Benaiah	Ess 52
see Fish, How, Merrick		James	Nan 52	Bennet	Ess 51
Fiske, Abijah	Mid 249	Jonathan	Nan 53	Betty, Wd.	Ess 50
Abner	Wor 247	Fitzs, Jeremiah	Ess 275	Daniel	Ess 214
Abraham	Mid 261	Nathel.	Ess 275	Deborah, Wd.	Ess 73
Ebenezer	Mid 249	Flack, Martha	Ess 500	Jacob	Ess 51
Frances	Wor 257	Flag, Benjamin	Nan 62	John	Duk 448
Jacob	Mid 249	Silas	Mid 23	John	Ess 50
Jonathan	Mid 248	Flagg, Aaron	Wor 175	John	Ess 319
Jonathan	Mid 261	Allen	Mid 65	Joseph	Ess 51
Josiah	Ham 20	Amos	Wor 178	Merrill	Ess 51
Nathan	Mid 248	Asa	Wor 178	Nathan	Ess 51
Oliver	Wor 178	Benjamin	Wor 175	Nathan, junr.	Ess 51
Samuel	Mid 248	Benjamin	Wor 378	Nehemiah	Ess 319
William	Mid 261	Benjamin	Wor 513	Timothy	Ess 51
Fitch, Adrain	Ham 301	Benjamin, Jur.	Wor 175	Fleming, David	Ham 261
Anna	Nan 74	Benjamin, 3d.	Wor 178	Jacob	Ber 248
Ari	Ber 231	Benoni	Ham 191	James	Ham 145
Asa	Mid 528	Bezazeel	Mid 261	James	Ham 293
Benjamin	Duk 445	Bezazesel, jr.	Mid 261	Joseph	Ham 261
Beriah	Nan 57	Daniel	Mid 439	William	Ber 106
Charles H.	Wor 365	David	Wor 178	Flemmings see Flammons	
David	Mid 358	Earl	Wor 403	Fletcher, Abel	Mid 433
David, 2d.	Mid 358	Earl, Jr.	Wor 403	Amos	Ham 275
Dyar	Ber 197	Ebenezer	Wor 378	Amos	Mid 395
Ebenezer	Ber 132	Eleazer	Ham 58	Andr.	Mid 373
Ebenezer	Ham 12	Eleazer	Wor 476	Andr.	Mid 395
Ebenezer	Nan 68	Eli	Wor 178	Archelaus	Ham 353
Ebenezer	Wor 356	Elijah	Mid 48	Artemas	Ber 142
Elijah	Ber 117	Elijah	Wor 178	Asa	Wor 381
Ezra	Ham 82	Elisha	Ham 219	Benja.	Mid 373
Hannah	Mid 517	Elisha	Wor 275	Benja., 2d.	Mid 373
Jedediah	Nan 70	Elishua	Nor 317	Caleb	Wor 242
Jeremiah	Mid 358	Francis	Wor 178	David	Ham 333
Jno. B.	Mid 195	Gershom	Wor 378	David	Mid 395
John	Mid 528	Hiram	Mid 333	David	Mid 451
John	Nan 69	Isaac	Mid 249	David, 2d.	Mid 395
Jonas	Mid 56	John	Mid 127	Ebenr.	Wor 158
Jonathan Gorham	Nan 63	John	Mid 249	Eleazer	Mid 433
Joseph	Ber 239	John	Mid 318	Eleazer, Jur.	Mid 433
Joseph, jun.	Ber 239	John	Mid 333	Elijah	Mid 79
Matthew	Mid 358	John	Wor 175	Eliza.	Mid 396
Moses	Mid 358	John	Wor 225	Ezekiel	Mid 452
Noah	Mid 29	Jonathan	Mid 143	Ezekiel, Jun.	Mid 452
Obed	Nan 75	Jonathan	Wor 513	Ira	Ham 245
Prentice	Ber 159	Joshua	Mid 272	Jacob	Mid 79
Sanford	Ber 248	Josiah	Ess 418	James	Mid 32
Thaddeus	Mid 358	Josiah	Mid 342	James	Mid 65
Uriah	Ham 321	Josiah	Wor 270	James	Wor 476
Walter	Ham 297	Josiah	Wor 350	Joel	Wor 233
William	Brs 401	Levi	Wor 178	John	Ber 196
Zachh., Capt.	Mid 451	Levi	Wor 432	John	Mid 57
see Coye, Crosby, Wade		Nathaniel	Wor 178	Jona.	Mid 395
Fith, Isaac	Wor 238	Nathaniel	Wor 388	Jona., Capt.	Mid 468
Robert	Wor 235	Rebeca	Wor 350	Jona., 2d.	Mid 396
Robert	Wor 238	Rebeckah	Wor 378	Jonas	Mid 65
Fitton, John	Brs 322	Robartus	Wor 198	Jos.	Mid 395
Fitts, Andrew	Wor 162	Rufus	Wor 378	Joseph	Mid 373
Benja.	Wor 162	Saml.	Wor 498	Joseph	Mid 438
Benja., Junr.	Wor 159	Samuel	Ham 77	Joseph	Mid 468
Caleb	Wor 330	Samuel	Wor 175	Joseph	Wor 216
Daniel	Wor 162	Samuel	Wor 204	Joshua	Wor 350
David	Brs 313	Silas	Wor 513	Josiah	Mid 373
David	Wor 162	Solomon	Mid 261	Josiah	Wor 460
Jeremiah	Ess 577	Solomon	Nor 316	Josiah, 2d.	Mid 373
John	Wor 330	Stephen	Wor 378	Levi	Mid 373

Name	Loc	Name	Loc	Name	Loc
Lyman	Mid 452	Jonathan	Wor 432	Levi	Ess 73
Mercy	Mid 79	Josiah	Mid 442	Libeus	Brs 390
Nathan	Wor 330	Kindel	Mid 297	Nathan	Ham 146
Nathaniel	Ess 319	Levy	Mid 297	Perez	Brs 373
Nathll., Capt.	Mid 469	Mary	Mid 17	Robert	Ply 50
Nehem.	Mid 373	Miles	Ess 290	Solomon	Ply 50
Oliver	Mid 395	Nathan	Wor 225	Timothy	Ply 49
Oliver	Mid 452	Nehemiah	Mid 86	Walter, Capt.	Ham 152
Ozias	Ham 353	Phebe	Ess 451	William	Ply 49
Peletiah	Mid 395	Samuel	Ess 4	William, Dean.	Ham 154
Peletiah	Mid 452	Samuel	Ess 183	see Forbs	
Peter	Mid 29	Susanna	Ess 407	Foble, Samuel	Bar 58
Peter	Mid 442	Thomas	Wor 225	Fobler, Willm.	Ess 384
Peter	Wor 277	Tilly	Wor 510	Fogg, Joseph	Ess 421
Phinehas	Mid 469	Willard	Mid 442	Nathl.	Ess 452
Rebeckah	Wor 436	William	Ess 6	Folbass, William	Wor 216
Rufus	Wor 347	William	Mid 296	Folensbee, ---	Ess 263
Sadoc	Mid 452	William, jur.	Mid 296	Foley, John	Mid 261
Saml.	Mid 373	see Farnsworth		Folger, Aaron	Nan 61
Saml.	Mid 395	Floid, Mary	Ess 399	Albert	Nan 71
Saml.	Mid 469	Flood, Aaron	Ess 220	Alexander	Nan 65
Sampson	Mid 396	Enoch	Ess 205	Anna	Nan 47
Samuel	Mid 442	James	Ess 220	Barzillia	Nan 68
Seth	Mid 395	John	Ess 223	Catharine	Nan 48
Simeon	Mid 396	Jonath.	Ess 228	Charles	Nan 47
Solomon	Mid 373	Joseph	Ess 206	Christopher	Nan 72
Susan.	Mid 373	Moses	Ess 223	Clement	Nan 56
Thaddeus	Ham 168	William	Ess 181	David	Nan 51
Tho.	Mid 395	William	Ess 221	David, Junr.	Nan 56
Tho., 2d.	Mid 395	William	Wor 350	Elihu	Nan 56
Thomas	Mid 468	Florence, Charles	Ess 469	Elisha	Nan 56
Timothy	Wor 350	John	Ess 471	Elisha, Junr.	Nan 56
Uriah	Ess 319	Thos.	Ess 445	George	Nan 75
Uryling	Mid 452	Florey, Nicholas	Ess 509	George, Junr.	Nan 73
Willard	Mid 395	Flory, John	Ess 486	Gibert	Nan 75
William	Ber 187	Flours, Barthy.	Ess 95	Henry	Nan 47
William	Ess 515	John	Ess 95	Isaac	Nan 63
William	Mid 79	Wm.	Ess 95	Isaiah	Nan 75
William	Wor 233	Flower, Horace	Ham 353	John	Nan 60
Wm.	Mid 373	George	Ham 340	Jonathan	Nan 46
Flinn, Thomas	Ply 57	Joseph	Ham 327	Joseph	Nan 45
Flint, Abishai	Mid 7	Lamrock	Ham 340	Mary	Nan 58
Adam	Mid 296	Ozias	Ham 353	Mary, 2nd.	Nan 47
Amos	Ess 6	Samuel	Ham 353	Miriam	Nan 47
Amos	Mid 40	Timothy	Ham 353	Obed	Brs 424
Austin	Wor 490	Willm.	Ham 340	Obediah	Nan 68
Benjamen	Mid 297	Willm., Junr.	Ham 340	Owen	Nan 68
Benjamin	Wor 432	Flowers, John	Ber 208	Paul	Nan 47
Charles	Mid 79	Joseph	Ham 161	Peregrine	Nan 46
Daniel	Mid 297	Floyd, Benja.	Mid 195	Peter	Nan 69
Daniel, jur.	Mid 297	Benja., 2d.	Mid 195	Reuben	Nan 61
Ebenezer	Mid 296	Isaac	Mid 195	Richard	Nan 59
Ebenr.	Mid 97	James	Mid 195	Robert	Nan 71
Edmund	Mid 65	Jos.	Mid 183	Seth	Nan 64
Edward	Mid 11	Phillip	Mid 195	Seth, Junr.	Nan 73
Edward, Doctr.	Wor 365	Stephen	Ess 17	Seth, 3rd.	Nan 64
Eleazer	Mid 296	Thos.	Ess 421	Shubael	Nan 47
Eleazer, jur.	Mid 297	see Hoyd		Silvanus	Nan 54
Eli	Mid 451	Fluker, Mima	Mid 482	Silvanus, 2nd.	Nan 51
Elijah	Ess 4	Flynt, Jonathan	Ham 238	Simeon	Nan 57
Elizabeth	Ess 495	Fobes, Abner	Ham 205	Solomon	Nan 52
Ephraim	Mid 24	Alpheus	Ply 59	Stephen	Nan 49
Ezekiel	Wor 452	Avery	Ply 50	Susanna	Nan 67
George	Mid 296	Caleb	Ply 59	Thaddeus	Nan 68
George, jur.	Mid 296	Daniel	Ply 50	Timothy	Nan 48
Henry	Mid 37	Ephraim	Ply 59	Timothy, Junr.	Nan 62
Hezekiah	Mid 297	Ephraim, junr.	Ply 59	Tristram	Nan 75
Hezzekiah	Ess 4	Ezra	Ply 59	Tristram, 2nd.	Nan 47
Jeremiah	Ess 30	Jason	Ply 59	Walter	Nan 65
John	Ess 30	Jesse	Ham 219	Walter, Junr.	Nan 58
John	Ess 183	Jno.	Wor 317	William	Nan 61
John	Ess 407	John	Ber 165	William, Junr.	Nan 61
John	Mid 48	Joseph	Ham 219	Follansbee, Amos, Jr.	Ess 318
John	Mid 296	Joseph	Wor 317	John N.	Ess 318
John	Wor 225	Joseph P.	Ham 219	Moody	Ess 181
John	Wor 317	Joshua	Ply 50	Thomas M.	Ess 318
John, jur.	Mid 297	Lemuel	Ham 152	Follensbe, Abl., Wd.	Ess 52

Anna, Wd.	Ess 51	Jotham	Ham 327	Micah		Ply 122
Benja.	Ess 52	Martha, wid.	Wor 403	Noah		Ply 39
Daniel	Ess 51	Susannah, wd.	Wor 387	Prince		Ply 49
David, Capt.	Ess 73	William	Wor 162	Rhoda		Ber 197
Kerzia, Wd.	Ess 73	Forbs, Agnes	Ham 144	Samuel		Ham 191
Joshua	Ess 52	Daniel	Brs 306	Sarah E.		Ess 557
Robert, Capt.	Ess 51	Elenor	Wor 317	Seth		Ham 307
Samuel	Ess 73	Elisha	Wor 191	Simeon		Ber 160
Thos., Capt.	Ess 50	Jonath.	Wor 197	Solomon		Ham 307
Follensbee, Jeremiah	Ess 206	Jonathan	Ham 173	Sybil		Ber 187
John	Ess 206	Moses	Wor 196	Thomas		Ham 307
see Noyce		Phinehas	Wor 192	Thos.		Ply 35
Follet, Jona.	Brs 320	see Fobes		Timothy T.		Ess 319
Robert	Brs 305	Forbush, Abraham	Mid 428	Wait		Ply 35
Thomas	Ess 485	Asa	Wor 198	Waitstill		Nor 125
Walter	Wor 178	Cooledge	Wor 194	Willm.		Ply 35
Follett, Elizabeth	Ess 473	Daniel	Wor 221	Zadock		Ber 128
Elizabeth	Ess 506	Ebenr.	Ham 340	see Bates, Foord		
Elizabeth	Ess 510	Ebenr.	Wor 196	Forde, Asa		Ply 104
Luther	Nor 370	Elizabeth	Wor 203	Elisha		Ply 96
Roger	Ber 192	Enoch	Wor 203	Joshua		Ply 103
Folliensbee, Edward	Wor 436	Isaac	Wor 189	Levi		Ply 104
Francis	Wor 436	John	Wor 221	Fornice, David		Ess 532
Follingbe, Moody	Ess 225	Rufus	Wor 191	David, Jr.		Ess 537
Samuel	Ess 225	Samuel	Wor 196	William		Ess 539
Follit, Isaac	Ham 301	Samuel	Wor 221	Fornter, Nathl.		Mid 482
Saml.	Wor 417	Samuel, Ju.	Wor 196	Forrar, Joseph		Wor 278
Samuel	Ham 298	Sarah	Wor 217	Forrest, Asaph		Ply 15
Folsom, Jeremiah	Ess 318	Silas	Wor 203	George		Ber 229
Foord, Aruanah	Ply 95	Thomas	Ham 340	John		Ber 229
Elisha, Jur.	Ply 96	Force, Amariah	Nor 337	Sylvester		Ber 223
John	Ply 96	Ebenezer	Wor 270	Forrester, ---, Wido		Brs 405
Joseph	Ply 101	Elijah	Nor 360	Simon		Ess 416
Lemuel	Ply 95	Jno.	Wor 309	Forrist, Amos		Nor 83
Malboro	Ply 95	Jno., Jr.	Wor 309	Ebenezer		Nor 83
Olive	Ply 103	Forcraft see Foxcoft		Samuel		Nor 83
Samuel	Ply 96	Ford, Abel	Ber 239	Samuel		Nor 102
Waterman	Ply 95	Absalom	Ber 208	Forrister, Ezra		Nor 337
Foorde, Seth	Ply 95	Adam	Ply 35	Forster, John		Ess 275
Foot, Aaron	Ber 227	Amos	Ber 166	Forsyth, Abigail		Ber 235
Adonijah	Ber 254	Andrew	Ham 307	Fortune, Absalom		Nan 77
Alvin	Ber 261	Benjamin	Ber 166	Francis		Ess 504
Amos	Ber 148	Benjamin, J.	Ber 166	Reuben		Bar 15
Amos	Ber 227	Cadwallordy	Mid 318	Forward, Joseph		Ham 358
Asahel	Ber 261	Charity	Ess 551	Justus, Revd.		Ham 209
Ben	Ber 227	Charles	Ber 186	Reuben		Ham 301
Caleb	Ess 240	Daniel	Ham 307	Fosdick, Benjamin		Nan 65
Charles	Ber 248	David	Nor 180	Benjamin, Junr.		Nan 65
Daniel	Ber 192	David	Ply 39	David		Mid 162
David	Ber 261	Edward	Ess 547	Ezeka.		Ber 261
David	Ess 243	Elijah	Ham 307	John		Nan 68
Elisha	Ber 261	Henry	Ply 35	Peter		Nan 65
Enos	Ham 358	Hezekiah	Ham 303	Philip		Nan 68
Ephm.	Ess 73	Hezh., Jun.	Ham 303	Fosgate, Daniel		Ham 270
Fenner	Ber 261	Ichabod	Ber 210	Joel		Wor 214
Jonathan, Jr.	Ber 261	Ichabod, Jur.	Ber 212	Joshua		Ham 243
Joseph	Ber 149	Jacob	Ply 39	Zenas		Ham 235
Rowel	Ess 242	James	Ber 209	Foshet, Ebenezer		Ber 243
Theophilus	Ess 73	James	Ess 417	Fosket, Ebenezer		Ber 232
William	Ber 261	James	Nor 125	Ephraim		Ber 232
William	Ham 144	James	Ply 35	Joel		Ham 105
Foote, Aaron	Ber 127	Jessaniah	Nor 125	Samuel		Ham 185
John	Ber 127	Joel	Ber 239	see Fosgate		
Forbes, ---, Widow	Ber 118	John	Ber 248	Foskett, Daniel		Wor 446
Aaron	Wor 270	John	Ess 105	Ebenezer		Ham 42
Alexander	Ber 197	John	Ham 340	Samuel		Wor 330
Cha.	Mid 183	John	Mid 79	Thomas		Wor 330
Charles	Wor 403	John	Mid 373	Foss, John		Ess 319
Daniel	Ham 73	John	Ply 35	Foster, Aaron		Ess 590
Daniel	Ham 333	Jonathan	Ber 106	Abel		Wor 344
Daniel	Wor 263	Jonathan	Ply 39	Abigail		Mid 296
Daniel	Ham 327	Joseph	Brs 390	Abner		Wor 277
Edward	Ham 327	Josiah	Ham 98	Abraham		Mid 297
Eli, Rev.	Ess 111	Lot	Ply 35	Abram		Ess 381
Elisha	Ber 187	Luke	Ham 303	Abram		Wor 460
Elisha	Nor 231	Lydia	Ply 39	Abrm.		Mid 65
James	Wor 236	Mark	Ply 57	Allen		Ess 583
John	Wor 506					

Name	Ref	Name	Ref	Name	Ref
Amos	Ess 37	Israel	Ess 261	Mary	Ess 547
Amos	Ess 363	Israel	Ess 472	Mary	Ess 577
Amos	Ham 98	Jacob	Ess 180	Mary	Mid 297
Amos	Ham 191	Jacob	Mid 163	Mary	Mid 373
Amos	Mid 97	Jacob	Mid 372	Mary	Wor 344
Andrew	Ess 182	Jacob	Nor 143	Mary, Wido.	Ess 320
Annis	Ess 484	James	Bar 6	Mehitable	Ess 583
Asa	Ham 199	James	Duk 452	Melancton	Ber 104
Asa, 2d.	Ham 199	James	Ess 12	Micah	Ply 35
Bassender	Mid 482	James	Ess 575	Micah, Jun.	Ply 35
Benja.	Ess 95	James	Ham 42	Moses	Ess 590
Benja.	Ess 556	James	Mid 97	Nath	Ess 366
Benjamin	Mid 39	James	Mid 517	Nathan	Bar 92
Benjn.	Bar 7	James	Nan 76	Nathan	Ess 182
Betha., Wo.	Ess 95	James	Ply 111	Nathan	Ham 185
Betsey	Wor 309	James	Wor 460	Nathan	Ham 199
Betty, Wo.	Ess 137	James, Junr.	Ply 111	Nathan	Mid 422
Bryant	Ham 260	Jane	Mid 38	Nathan	Wor 258
Cato	Ess 361	Jedediah	Ber 209	Nathaniel	Bar 5
Charles	Ess 180	Jereh.	Ess 261	Nathaniel	Ess 38
Charles	Ply 29	Jereh., Capt.	Ess 121	Nathaniel	Ply 28
Chilleingworth	Bar 5	Jeremiah	Ess 541	Nathanll.	Wor 460
Chillingswth.	Ber 139	Jeremiah	Ham 321	Nathl.	Ham 321
Chillingworth, jur.	Bar 5	Jeremiah, Jr.	Ess 541	Nathl.	Wor 309
Daniel	Ess 180	Jno.	Mid 195	Nathll., Jr.	Wor 460
Daniel	Ess 253	Joel	Ham 98	Nathu.	Ess 151
Daniel	Ess 542	John	Bar 5	Noah	Mid 481
Daniel	Ham 98	John	Ber 160	Obadiah	Mid 373
Daniel	Ply 19	John	Brs 367	Peter	Brs 424
Daniel, jur.	Ess 182	John	Ess 182	Peter	Ess 182
Daniel, 3rd.	Ess 180	John	Ess 253	Peter	Ply 84
Danul	Ham 220	John	Ess 264	Philemon, Jur.	Ess 583
David	Bar 9	John	Ess 393	Phillemon	Ess 583
David	Ber 129	John	Ess 409	Phineas	Ess 263
David	Ess 25	John	Ham 248	Pompey	Ess 461
David	Ess 180	John	Mid 37	Priscilla	Ess 37
David	Mid 65	John	Mid 65	Rebecca	Duk 453
David	Ply 35	John	Mid 318	Richard	Ess 263
David	Wor 452	John	Mid 433	Robert	Ess 73
Davis	Ess 180	John	Mid 482	Robert	Ess 375
Dwight	Wor 247	John	Ply 127	Rufus	Nor 240
Ebenezer	Ess 583	John	Wor 233	Runnels	Ess 245
Ebenezer	Mid 318	John, Jur.	Ess 183	Saml.	Mid 396
Ebenr.	Wor 317	John, 3rd.	Ess 181	Samll.	Wor 317
Ebenzr.	Wor 344	Jona.	Ham 226	Samuel	Bar 5
Edmond	Mid 437	Jona.	Mid 48	Samuel	Ess 318
Edward	Ber 126	Jona.	Mid 65	Samuel	Ess 547
Edward	Ess 524	Jona.	Mid 97	Samuel	Ham 98
Edward	Nor 143	Jonathan	Ber 209	Samuel	Mid 318
Elexander	Brs 319	Jonathan	Ess 261	Samuel	Ply 67
Elexander, Junr.	Brs 319	Jonathan	Ess 583	Samuel	Ply 123
Eli	Mid 534	Jonathan	Ham 98	Samuel, Jr.	Ess 318
Elias	Nor 350	Jonathan	Mid 296	Samuel, 2d.	Ham 98
Elijah	Ess 121	Jonathn.	Ess 261	Samuel, 3d.	Ess 318
Elijah, Jun.	Ess 132	Jos.	Mid 396	Sarah	Ess 537
Elisha	Ply 119	Joseph	Brs 319	Sarah	Mid 96
Elizabeth	Bar 40	Joseph	Brs 381	Seth	Bar 7
Elizabeth	Ply 30	Joseph	Ess 26	Seth, jur.	Bar 8
Elnathn.	Ber 139	Joseph	Ess 180	Simeon	Ess 182
Ephm.	Ess 261	Joseph	Ess 542	Smith	Mid 39
Ezekiel	Ber 240	Joseph	Mid 97	Solomon	Mid 24
Ezekiel	Ham 77	Joseph, Colo.	Ess 121	Standish	Ham 199
Ezekiel	Ham 82	Joseph, Jun., Cap.	Ess 121	Stephen	Ess 243
Fletcher	Wor 338	Joshua	Ber 160	Susanna	Wor 460
Freeman	Ply 122	Joshua	Ess 458	Tammy	Wor 241
Gershom	Ply 84	Joshua	Ess 541	Tho.	Mid 162
Gideon	Ess 23	Josiah	Brs 381	Thomas	Ess 583
Gideon	Ess 183	Josiah	Ess 541	Thomas	Ess 589
Hannah	Ess 583	Josiah, 2nd.	Ess 551	Thomas	Ply 84
Isaac	Bar 5	Leml.	Wor 403	Tilly	Ham 219
Isaac	Ham 72	Leml., Capt.	Wor 403	Timo.	Mid 385
Isaac	Mid 97	Lemuel	Ham 82	Timothy	Brs 367
Isaac	Mid 509	Lemuel	Ply 35	Timothy	Nor 143
Isaac	Wor 423	Leonard	Mid 48	Timothy	Wor 344
Isaac, jun.	Wor 423	Lewis	Ham 340	William	Ber 128
Isaac, jur.	Bar 7	Lois	Nor 91	William	Ess 180
Isaiah	Mid 372	Mary	Ess 209	William	Ess 597

William	Ham 260	John	Ham 169	Foxcrafts, John	Mid 481
William	Mid 297	John	Ham 258	Foy, Abigail	Wor 365
William	Ply 83	John	Ham 353	William	Ess 408
William	Wor 257	John	Wor 476	see Fay	
William, jur.	Ess 182	Jonathan	Wor 476	Foye, Obed	Nan 51
Willm.	Ham 340	Joseph	Ess 571	Frail, David	Mid 528
Willson	Ham 260	Joseph, Jur.	Ess 571	Joseph	Mid 517
Wm.	Ess 420	Josiah	Ham 138	Saml.	Mid 517
Wm.	Mid 97	Justus	Ham 119	Sarah	Mid 509
Zach	Ess 385	Lowel	Mid 297	Fran, John	Ham 137
Zebulun	Ess 590	Luther	Ham 118	Franch, Sarah	Ess 546
see Cornwell, Lilly, McFar-		Medad	Ham 180	Francies, Charles	Ess 35
land, Swift		Michael	Ber 128	Frank	Ess 35
Foulton, John	Ber 197	Morris	Ber 129	Snow	Ess 35
Fowl, Edmund	Mid 500	Noble	Ham 358	Francis, Aaron	Ess 532
Henry	Mid 195	Oliver	Ham 168	Abraham	Ess 463
Jeremiah	Mid 499	Peter	Bar 51	Apollas	Brs 385
John	Mid 195	Robert	Ess 51	Caleb	Wor 356
John	Mid 500	Robt.	Ess 398	Charles	Ess 462
Martha	Mid 481	Robt., jr.	Ess 415	Christopher	Ess 464
Fowle, Benja.	Mid 333	Roger	Ham 353	Convers	Mid 195
Bill	Mid 333	Samel., Esqr.	Ham 121	Eliza.	Mid 195
Bridgett	Mid 333	Saml.	Nor 143	Hannah	Ess 216
Jacob	Nor 114	Saml., Capt.	Ess 51	Hannah	Wor 423
Jane	Mid 333	Samuel	Ess 17	Hannah, Wido.	Ess 320
John	Mid 333	Samuel	Ess 51	Hosea	Ber 178
Jonathan	Nor 230	Samuel	Ess 318	Isaac	Ber 140
Joseph	Mid 333	Samuel	Ess 379	James	Ess 320
Josiah	Mid 333	Samuel	Ess 383	Jane	Mid 195
Mary	Ess 460	Samuel	Wor 476	John	Ber 197
Nathaniel	Ham 4	Samuel, Junr.	Ess 17	John	Ber 231
Saml.	Mid 333	Saul	Ham 358	John	Brs 300
Samuel	Mid 342	Silas	Ham 358	John	Ess 359
Susannah	Ham 53	Stephen	Ber 197	John, Esq.	Ess 558
Fowler, Abiather	Ber 117	Thomas	Brs 344	Josiah	Ber 197
Amos	Ber 248	Thomas	Ess 51	Josiah, Junr.	Ber 197
Amos	Ham 118	Thomas	Ess 492	Levi	Brs 381
Anna	Ess 17	Thomas	Ham 185	Levi, Jur.	Brs 385
Asa	Ber 114	Titus	Ham 169	Luke	Ber 197
Ashbel	Ham 126	Walter	Ham 353	Nathan	Brs 344
Barnard	Wor 476	see Fuller		Peleg	Brs 414
Benja.	Ham 247	Fowles, Benja.	Ess 552	Peleg, Jr.	Brs 415
Bildad	Ham 358	Fowls, Nathaniel	Ess 561	Peter	Ess 368
Blackleach	Ham 118	Fox, Abiah	Ber 192	Richard	Ess 518
Caleb	Ber 161	Abijah	Mid 88	Robert	Ber 197
Daniel	Ber 182	Abraham	Ham 286	Ruben	Brs 401
Daniel	Ess 51	Andrew	Ber 127	Thos.	Ess 362
Daniel	Ham 119	Ann	Mid 162	Tisdale	Brs 381
Daniel	Ham 168	Bethiah	Ber 213	William	Ber 197
Daniel	Ham 358	Daniel	Ber 254	William	Ess 320
David	Ham 358	Daniel	Mid 91	Francour, John	Nor 360
Dolly, Wido.	Ess 180	David	Ham 168	Frane, Bethiah	Ply 125
Ebenezer	Ham 119	David	Mid 91	Franklin, Daniel	Brs 305
Ebenezer, Jur.	Ham 126	Ebenezer	Nor 238	Dean	Ber 216
Eli	Ham 125	Eliphelet	Mid 90	Elisha	Brs 298
Elijah	Ber 115	Eliphelet, jur.	Mid 87	John	Nor 370
Elijah	Ess 51	Elisha	Ham 171	Lemuel	Brs 403
Elijah, junr.	Ess 51	Isaac	Ham 208	Nathan	Ham 293
Ezekiel	Ess 51	Jeremiah	Ber 226	Oliver	Ber 156
Ezekiel	Ess 379	Joel	Mid 88	Record	Brs 381
Ezekiel	Wor 178	John	Mid 162	Shubal	Brs 403
Ezekiel, junr.	Ess 51	Jonth.	Ber 232	Solomon	Nor 370
Ezekl., jr.	Ess 381	Jonathan D.	Ham 126	see ...nklin	
Frederick	Ham 122	Joseph	Ham 180	Franks, Joseph	Ess 404
Gideon	Ber 114	Joseph	Ham 182	Joseph, Jr.	Ess 404
Isaac	Brs 306	Joseph	Wor 381	Frarey, Eleazer	Ber 266
Isaac	Ham 123	Joseph	Wor 432	John	Ber 266
Isaac	Ham 358	Josiah	Mid 90	Joseph	Ber 266
Jacob	Ess 51	Noah	Ham 77	Joseph, Jr.	Ber 266
Jacob	Ess 95	Peter	Mid 90	Obediah	Ham 134
James	Ber 128	Peter	Mid 433	Frary, Eleanor	Ham 53
Jared	Ham 118	Thomas	Ham 168	Eleazer	Ham 66
John	Ber 214	Thomas	Ham 185	Elisha	Ham 285
John	Ess 8	Thomas	Mid 333	Isaac	Ham 66
John	Ess 494	William	Ham 77	Jonathan	Ham 177
John	Ess 583	William	Mid 333	Julius	Ham 284
John	Ham 118	Foxcoft, Francis	Wor 270	Moses	Ham 340

Nathan	Ham 52	John, black man	Ham 208	Hannah	Ess 533
Nathaniel	Ham 14	Jonathan O.	Bar 34	Hannah	Ess 563
Nathaniel	Ham 133	Joseph	Brs 315	Israel	Ess 563
Phinehas	Ham 66	Joseph	Ply 104	James	Ess 563
Seth	Ham 66	Joseph	Wor 225	Joseph	Ess 565
Frazer, Samuel A.	Ply 93	Joshua	Bar 35	Nathl.	Ess 556
Frazier, Charles	Brs 373	Lemuel	Bar 36	William	Ess 556
Elizabeth, Wido.	Ess 320	Lemuel, Negro	Ply 126	Frelove, George	Brs 331
Henry	Ham 14	Lewis	Mid 534	John	Brs 344
Hugh	Brs 381	Lippes	Ess 563	Freman, Benjan.	Ply 84
Jared	Ham 358	Nathan	Nor 342	Casar	Ess 200
John	Ber 137	Nathan	Wor 298	Dors	Mid 297
Frazzier, Jabez	Ham 73	Nathaniel	Bar 34	Edmond	Ply 99
Freat see Treat		Nathl.	Bar 39	Elisha	Ply 84
Freborn, Cuffe	Brs 344	Obed	Brs 424	Elisha, 2d.	Ply 84
Fredric, George	Mid 79	Otis	Nor 357	Josiah	Mid 297
Fredricks, Jabez	Ess 111	Paul	Ber 236	Martin	Ply 84
Freebon, Thomas	Nan 76	Phillip	Nor 234	Nathan	Ply 84
Freeborn, George	Nan 45	Pomp	Ber 202	Peter	Mid 297
Freeland, Abrm.	Mid 518	Prince	Bar 58	Sharper	Mid 297
James	Wor 158	Prince	Wor 387	French, ---, Widow	Wor 242
John	Mid 373	Prince, Negro	Ply 130	...hace W.	Ess 493
Joseph	Ham 179	Ralph	Wor 381	Aaron	Ham 358
Joseph	Mid 517	Rebeccah, Wd.	Bar 67	Aaron	Mid 96
Thos.	Mid 518	Robn.	Ess 166	Abel	Brs 307
William	Ham 179	Rufus	Ham 185	Abiather	Ham 17
Wm.	Mid 518	Ruth	Mid 482	Adonijah	Nor 273
Freelove, Samuel	Wor 506	Saml.	Wor 335	Ahaz	Nor 167
Thomas	Brs 288	Samuel	Bar 41	Amos	Ess 50
Wilber	Ham 28	Samuel	Bar 77	Andrew	Ess 50
Freeman, Asher, Negro	Ply 128	Samuel	Nor 229	Asa	Ham 62
Benj.	Wor 338	Samuel, 2d.	Bar 35	Asa	Nor 166
Benjamin	Bar 36	Seth	Bar 39	Asa	Nor 179
Benjamin	Bar 73	Seth, Jur.	Bar 38	Asa	Ply 59
Benjn.	Ber 266	Silas (2)	Ber 232	Asa	Wor 317
Benjn.	Ply 100	Silas	Ham 146	Asahel	Ham 146
Bethiah	Brs 381	Silas, Junr.	Ham 146	Barnabas	Ply 39
Betty	Ber 258	Simeon	Bar 6	Benja.	Ess 50
Brewster	Ham 146	Simeon	Ham 210	Benjamin	Nor 312
Brister	Mid 18	Simon	Ess 261	Benjamin, Junr.	Nor 312
Casar	Ber 224	Tabitha	Bar 35	Caleb	Nor 166
Cato	Ess 180	Thoms.	Brs 318	Christopher	Ber 248
Cato, Negro	Ess 559	Thos., Jur.	Bar 45	Content, Wid.	Brs 277
Ceasar	Ber 105	Walter	Ber 248	Daniel	Ham 358
Cesar	Ess 464	William	Ber 261	Daniel	Nor 125
Charles B.	Brs 424	William	Brs 317	Daniel	Ply 67
Chester	Wor 335	William	Ham 169	David	Ply 67
Comfort	Wor 338	William	Wor 381	Dependence	Ply 57
Dan	Ham 28	Wm.	Ply 95	Ebenezer	Brs 277
Daniel	Brs 317	see Atwood, Daggett, Doane,		Ebenezer	Ham 16
David	Wor 344	Freman, Gray, Lewis,		Ebenezer, Jr.	Ham 16
Ebenezer	Ber 187	Perry, Pope		Ebenr.	Wor 235
Edmund	Bar 73	Freemon, Abner	Bar 21	Ebenr., Jr.	Wor 235
Edward	Bar 41	Desire, wd.	Bar 6	Ebenzr.	Mid 469
Edward	Nan 65	Eleazor	Bar 25	Edward	Nor 102
Eli	Wor 298	Elkanah	Bar 7	Elijah	Brs 277
Elijah	Wor 317	Gideon	Bar 25	Elisha	Nor 167
Elisha	Bar 60	Isaac	Bar 6	Elisha, junr.	Nor 167
Elisha	Ber 261	Isaac	Bar 23	Elisa., Wd.	Ess 50
Enoch	Ply 95	John	Bar 4	Elkana, jr.	Brs 310
Ezra	Brs 320	John	Bar 21	Elkanah	Brs 298
Fortune	Bar 40	John, jur.	Bar 4	Elkanah	Brs 307
Fortune	Ess 361	Josiah	Bar 25	Enos	Ber 117
Haskell, Capt.	Wor 403	Lemuel	Bar 5	Ephraim	Brs 275
Isaac	Bar 73	Nathaniel	Bar 7	Esther	Nor 273
Isaac	Nan 77	Phebee, wd.	Bar 25	Eunice	Nor 179
Isaac, Jur.	Bar 73	Seth	Bar 6	Ezra	Brs 320
Israel	Ess 370	Seth, jur.	Bar 5	George	Suf 141
Jacob	Mid 442	Solomon	Bar 5	Isaac	Mid 385
James	Bar 41	Solomon, jur.	Bar 5	Isaac, 2d.	Mid 385
James	Ber 232	Thankful, wid.	Bar 21	Isaac, 3d.	Mid 385
James	Ham 177	Thomas	Bar 25	Israel	Brs 277
James	Nor 83	see Higgins		Israel, Jur.	Brs 277
James P.	Bar 85	Freese, John	Ber 248	Jacob	Ess 183
Jared	Ber 167	John	Ber 261	Jacob	Ham 62
John	Bar 41	Freeto, Francis	Ess 470	Jacob	Nor 187
John	Brs 381	Freind, Caleb	Ess 556	James	Brs 276

James	Brs 307	Solomon	Mid 96	Isaac	Ham 91
James	Brs 381	Solomon, jr.	Mid 96	Isaac	Ply 102
James	Nor 167	Stephen	Ham 303	James	Mid 481
James, jr.	Brs 313	Stephen	Nor 179	James	Mid 482
James, Jur.	Brs 381	Theodore	Suf 138	Joel	Ham 246
Jared	Ham 16	Thomas	Ham 126	John	Ess 22
Jason	Nor 287	Thomas	Nor 273	John	Ham 178
Jesse	Mid 385	Thomas	Nor 286	John	Mid 96
Joel	Mid 96	Thomas	Wor 432	John (2)	Mid 481
John	Brs 307	Thoms.	Brs 320	John	Mid 534
John	Mid 95	Thos.	Mid 96	Jonath., jur.	Mid 96
John	Nor 263	Timothy	Nor 317	Jonathan	Mid 96
John	Wor 317	William	Brs 373	Jonathan	Nor 367
John, Jur.	Nor 263	William	Nor 263	Jonathan	Wor 502
John, 2d.	Nor 263	William	Nor 273	Joseph	Ham 58
John Owen	Ham 62	William	Ply 57	Joseph	Mid 96
Jona.	Brs 356	William	Wor 381	Joseph, jur.	Mid 96
Jonas	Mid 385	Zenas	Nor 272	Joshua	Ess 478
Jonas	Mid 469	Frent, Abel, Jr.	Nor 333	Joshua, Dr.	Ham 94
Jonathan	Ham 99	Friend, Elizabeth, Wido.	Ess 319	Josiah	Ham 62
Jonathan	Suf 140	Henry	Ess 319	Margt.	Mid 163
Jonathan, Revd.	Ess 180	Isaac	Mid 87	Mary	Mid 163
Jonathn.	Ham 17	John	Ess 319	Moses	Nor 367
Joseph	Ber 174	Reuben	Mid 385	Nathl.	Nan 48
Joseph	Mid 96	Richard	Ess 121	Nehemiah	Ber 192
Joseph, jur.	Mid 96	see Freind		Nepton	Mid 482
Joshua	Ess 364	Frink, Amos	Ham 300	Noah	Ham 246
Joshua	Nor 272	Elizabeth	Ess 275	Noah	Ham 255
Joshua, Capt.	Ess 50	Gillis	Ham 245	Peter	Nor 102
Joshua B.	Ham 15	Israel	Ber 186	Reuben	Ham 246
Josiah	Ess 50	John	Ham 245	Richard	Ess 483
Josiah	Ham 9	John	Wor 506	Rufus	Mid 195
Josiah	Nor 167	Luther	Ham 356	Ruth	Wor 506
Jotham	Nor 272	Miner	Ham 52	Samuel	Ham 255
Keziah	Brs 277	Minor	Ber 153	Samuel	Mid 138
Leml.	Wor 403	Samuel	Ess 275	Samuel	Nor 376
Lemuel	Nor 179	Samuel	Ham 58	Sarah (2)	Mid 481
Lemuel	Nor 286	Thomas	Ham 245	Seripter	Mid 463
Levi	Brs 277	Frisbie, Ezra	Ber 226	Seth	Mid 481
Levi	Ply 57	Levie	Ess 577	Seth	Wor 309
Lucy, Wid.	Nor 114	Frisby, Amos	Ham 161	Solomon	Mid 451
Luther	Nor 273	Chandler	Ham 175	Stephen	Wor 417
Lypha	Wor 242	Edward	Ber 196	Stephen	Mid 481
Martha	Ham 17	Nathan	Ham 161	Timothy	Ham 234
Mary, Wd.	Ess 50	Frissel, Amasa	Ber 186	Walter	Mid 482
Moses	Nor 114	William	Ber 187	William	Ess 180
Moses	Nor 166	William, Jr.	Ber 187	William	Ess 499
Nathan	Ber 248	Frizel, John	Nor 92	Willm.	Mid 482
Nathan	Brs 277	Frizzel, James	Ham 279	Wm.	Mid 385
Nathan	Ham 16	Frizzell, Michael	Ham 77	Zephani	Mid 96
Nathaniel	Brs 366	Michael	Ham 82	see Rockwood	
Nathaniel	Mid 9	Reuben	Ham 82	Frothingham, Andrew	Ess 319
Nathaniel	Suf 146	Reuben, Junr.	Ham 82	Andrew, Jr.	Ess 319
Nathl.	Nor 287	Zenus	Ham 82	Benja.	Mid 163
Nehemi	Mid 96	Frizzle, Earl	Ham 45	Benja., 2d.	Mid 163
Nehemiah	Nor 273	Martha	Ham 28	Benjamin	Ess 319
Nicholus	Ess 50	Froathingham, Ruth	Ess 545	Charles	Mid 482
Ozias, Capt.	Ham 146	Frost, Abiel	Mid 96	Debor.	Mid 163
Peter	Ess 183	Amasa	Ber 192	Gilman	Ess 319
Phillip	Brs 277	Amos	Mid 481	Jabez	Mid 163
Reuben	Suf 137	Apollas	Ber 215	James	Mid 163
Royal	Wor 381	Asa	Ham 241	James, jur.	Mid 163
Saml., 2d.	Nor 167	Asa	Mid 373	Jonathn.	Ess 378
Sampson	Ham 10	Benja.	Ess 552	Nath	Ess 389
Samuel	Brs 277	Benja.	Mid 96	Richd.	Mid 163
Samuel	Brs 313	Cooper	Mid 481	Stephen	Ess 319
Samuel	Ham 16	Daniel	Ham 270	Tho.	Mid 163
Samuel	Ham 146	David	Ham 166	Willm.	Mid 482
Samuel	Nor 167	David	Mid 482	see Froathingham	
Samuel	Nor 312	Ebenr.	Mid 373	Frothinham, James	Ess 378
Samuel, jr.	Brs 313	Elisha	Mid 138	Fry, Benjamin	Brs 362
Samuel, Jr.	Ess 319	Ephm.	Mid 96	David	Wor 238
Sarah, Wido.	Brs 366	Ephm.	Mid 481	Ebenr.	Wor 241
Seth	Mid 385	Gideon	Mid 482	James	Wor 237
Silence, Wid.	Nor 167	Gideon	Wor 466	Job	Wor 225
Silas	Ply 67	Grace	Ess 482	John	Wor 213
Silvanus	Nor 166	Henry	Ham 241	John	Wor 241

John, Junr.	Wor 213	Benjamin	Ham 264	John	Brs 424	
John, 2d.	Ham 99	Benjamin, 2nd.	Brs 308	John	Ess 31	
Levi	Ham 99	Betty	Ess 30	John	Ess 254	
Mary	Mid 297	Bushman	Ham 356	John	Ham 45	
William	Wor 214	Caleb	Brs 318	John	Ham 191	
Zachariah	Ess 318	Charlotte, Mrs.	Wor 381	John	Ham 266	
see Morse		Consider	Ply 30	John	Nor 202	
Frye, Amos	Ess 183	Daniel	Ber 126	John	Ply 27	
Benja.	Ess 380	Daniel	Brs 320	John	Ply 84	
Danice	Ess 378	Daniel	Ess 30	John	Wor 423	
Daniel	Ess 290	Daniel	Ess 581	John	Wor 479	
Deborah	Ess 358	Daniel	Wor 162	Jona.	Ess 442	
Elizabeth, Wido.	Ess 180	Danu., Revd.	Ess 105	Jonathan	Bar 92	
Enoch	Ess 183	Darius	Brs 318	Jonathan	Ham 333	
James	Ess 182	David	Ess 32	Jonathan	Nor 307	
James	Ess 289	David	Mid 272	Jonathan	Nor 317	
Jeddiah	Mid 91	David	Nor 323	Jonathan, Dr.	Ply 84	
John	Ess 182	David, Junr.	Nor 323	Jonathn.	Wor 330	
John	Ess 395	David, 2nd.	Ess 32	Jos.	Brs 318	
John, jur.	Ess 182	Ebenezar	Brs 318	Joseph	Bar 36	
John, 3rd.	Ess 182	Ebenezer	Nor 102	Joseph	Bar 89	
Joseph	Ess 183	Ebenezer	Nor 231	Joseph	Mid 272	
Joshua	Ess 182	Ebenezer W.	Mid 443	Joseph	Wor 289	
Moses	Ess 379	Ebenezr.	Ber 140	Joseph	Wor 432	
Nathan	Ess 408	Ebenr.	Bar 50	Joseph, Jr.	Ess 442	
Obediah	Wor 350	Ebenr.	Mid 482	Joseph, jr.	Mid 272	
Peter	Ess 182	Edward	Mid 273	Joseph, Senr.	Ess 439	
Peter	Ess 411	Edward	Wor 350	Joseph, 3d.	Ess 425	
Phillip	Ess 180	Edward	Wor 436	Joshua	Ham 257	
Robertson	Ess 290	Eleazer	Ham 264	Joshua	Ham 264	
Samuel	Ess 182	Eleazer	Nor 317	Joshua	Mid 272	
Samuel, jur.	Ess 182	Eli	Ber 140	Joshua, Jr.	Ham 265	
Samuel, 3rd.	Ess 183	Eli	Ham 327	Joshua, Lt.	Ham 265	
Sarah, Wido.	Ess 182	Elijah	Ess 31	Josiah	Ham 340	
Theophilus	Ess 183	Eliphilet	Nor 307	Josiah	Mid 273	
Timothy	Ess 183	Elisha	Ess 31	Josiah	Ply 27	
Timothy	Mid 86	Elisha	Ham 257	Josiah	Wor 502	
William	Ess 22	Elisha	Wor 277	Josiah, Jr.	Bar 88	
William	Ess 380	Elishua	Nor 317	Judah	Ber 172	
see Rea		Elizabeth	Ess 575	Lemuel	Ham 297	
Fulerton, John	Ply 39	Elizabeth	Nor 202	Lemuel	Nor 102	
Fullam, Elisha	Wor 218	Enoch	Nor 316	Lemuel	Nor 287	
Jacob	Wor 432	Ephraim	Ham 234	Lemuel	Wor 159	
Jacob	Wor 436	Ephraim	Ply 16	Levi	Wor 158	
Oliver	Wor 432	Ezekiel	Ham 257	Lidia, Wido.	Nor 299	
Fullar, Isaiah	Ham 45	Francis	Brs 424	Lot	Ber 172	
Joshua	Mid 499	Frederick	Brs 318	Luke	Ham 340	
Fullarton, Asa	Ply 67	George	Ham 327	Lydia	Mid 261	
Fuller, ---	Wor 383	George	Wor 236	Mary	Brs 424	
Aaron	Ber 140	Giberd	Brs 298	Mary	Ess 381	
Aaron	Ber 156	Gomalel	Ply 84	Mary	Ess 579	
Aaron	Ber 165	Hannah, Wido.	Nor 318	Mary, Wo.	Ess 129	
Aaron	Nor 299	Isaac	Brs 385	Matthias	Bar 92	
Abial	Brs 318	Isaac	Brs 390	Matthias	Ber 208	
Abigail	Ess 430	Isaac	Ply 111	Matthias, Jr.	Bar 92	
Abigail, Wido.	Nor 317	Isaiah	Ham 37	Moses	Mid 249	
Abijah	Ess 181	Isaiah	Ply 49	Nathan	Ess 213	
Abraham	Ham 264	Isechar	Ply 7	Nathan	Ham 310	
Abraham	Ham 268	Jabez	Ply 30	Nathan	Mid 272	
Amariah	Mid 273	Jacob	Ply 57	Nathaniel	Brs 302	
Amasa	Nor 143	James	Bar 92	Nathaniel	Ess 580	
Amasa	Wor 377	James	Ess 384	Nathl.	Mid 273	
Amos	Nor 317	James	Ess 423	Nehemiah	Wor 432	
Amos	Wor 158	James	Ess 584	Nehemiah, Jun.	Wor 429	
Amos	Wor 378	James	Ham 279	Noah	Bar 50	
Andrew	Ess 18	James	Ply 27	Noah	Brs 310	
Andrew	Ess 31	James	Wor 350	Noah	Ply 84	
Asa	Ber 196	Jason	Ham 333	Oliver	Ber 197	
Asa	Brs 310	Jeduthan	Brs 320	Peter	Ber 115	
Asa	Ham 45	Jeduthun	Wor 158	Peter	Brs 424	
Asa	Nor 219	Jeremiah	Ber 248	Philamon	Ply 19	
Asahel	Ham 249	Jeremiah	Nor 102	Phinehas	Ham 276	
Augustine	Nor 353	Jerusha	Ess 32	Rachel	Ess 361	
Azariah	Wor 502	Jerusha, Wido.	Nor 317	Robert	Nor 317	
Barzillia	Brs 390	Jesse	Brs 302	Rowley	Bar 50	
Benjamin	Bar 92	Jesse	Brs 308	Samuel	Bar 40	
Benjamin	Brs 310	Jethro	Ber 261	Samuel	Bar 89	

Samuel	Ess 376	Ebenezer	Nor 299	Alpheus	Mid 262

Samuel Ess 376
Samuel Nor 92
Samuel Ply 13
Sarah Ess 32
Sarah Mid 273
Sarah Wor 289
Seth Ply 35
Silas Mid 272
Silas Mid 385
Simeon Ess 34
Solomon Ham 340
Solomon Nor 317
Stephen Ber 127
Stephen Brs 318
Stephen Ham 268
Stephen, the 2nd. Brs 321
Sylvanus Ham 266
Thankful Ham 327
Thomas Ess 462
Thomas Nor 379
Thomas Ply 17
Thos. Ess 384
Timothy Brs 302
Timothy Brs 308
Timothy Ess 11
William Ess 581
William, Esqr. Nor 317
William, Junr. Nor 317
Zadock Ber 150
Zaecheus Bar 88
Zeba Ply 111
Zebulon Ham 154
Zelotes Brs 320
Zepheniah Ply 27
Fullerton, Samuel Wor 178
  see Fulerton
Fulton, James Ham 185
  James, Jur. Ham 185
  Sarah Mid 195
Funch fee French
Fundy, Nicholas Ess 485
Furber, John D. Ess 318
Furbush, Aaron Ham 98
Benja., Jur. Wor 270
Benjamin Wor 270
David Mid 29
David Wor 239
Elijah Wor 387
Elisha Mid 248
Ephraim Mid 29
James Ham 226
Moses Wor 298
Noah Wor 335
Peter Wor 387
Saml. Wor 387
Saml., Jr. Wor 387
Silas Mid 372
Simeon Ess 183
Simeon Mid 29
Solomon Ess 183
Thomas Ham 327
Furgerson, Elizabeth, Wido. Ess 318
Furlong, Laurences Ess 320
Furnald, Benjamin Bar 100
Furnam, Elijah Ham 350
Jesse Ham 350
John Ham 350
Furnass see Fernace
Furney, Anselem Ber 224
Furnice, John Ess 538
Furniss, Alice Ess 469
Anthony Ess 465
Benja. Wor 278
William Ham 98
Furrington, Benjamin Nor 299
David Nor 307

Ebenezer Nor 299
Ebenezer, Junr. Nor 299
Nathaniel Nor 299
Stephen Nor 299
Furrow, Peter Ham 126
Fuy, Benajah Ham 209
Fuzel, John A. Nor 92

--- G ---

Gaba, George Wor 258
Gabey see Gaba
Gabriel, Thomas Ber 266
Gade, Benja. Ess 401
Gaffield, Daniel Ham 37
Gaffney, Michl. Ess 111
Gage, Aaron, Dn. Ham 267
Abijah Ess 238
Abraham Ess 33
Abraham Wor 417
Andrew Ess 555
Anthony Bar 13
Asa Ess 237
Benjamin Brs 313
Daniel Ess 236
Daniel Wor 417
David Wor 395
Ebenezer Bar 95
Ebenezer Ess 275
Ebenr. Mid 164
Henry Ess 555
James Bar 32
Jane Bar 94
Jeremiah Ess 237
John Ess 253
John Ess 290
Jonathan Ess 322
Jonathan Wor 490
Joseph Bar 93
Judith Ess 537
Lydia Mid 25
Mayo Bar 6
Micah Ess 290
Moses Wor 395
Nathan Ham 99
Nathanael Ess 184
Nathl. Bar 93
Nathll. Ess 255
Peter Ess 237
Prince Bar 96
Reuben Bar 16
Richard Wor 417
Thaddeus Ham 276
Thomas Bar 96
Thomas Ess 275
Thomas Ply 57
Thos. (3) Ess 252
Uriah Ess 237
Williams Ess 555
Zachariah Ess 555
Zebulon Bar 13
Zenas Bar 94
Gager, Jeremiah Wor 445
Gaines, Eliza. Ess 418
James Ham 226
Gains, Calvin Ham 136
Daniel Ber 254
David Ham 86
George Ham 86
Jehiel Ham 86
Samuel Ham 173
Thomas Ess 574
Gale, Abijah Wor 159
Abijah Wor 198
Alpheus Ham 37

Alpheus Mid 262
Ambrose Ess 514
Anna Ess 407
Beza Ess 74
Calven Nor 239
Daniel Wor 277
David Ham 37
David, Junr. Ham 37
Edmund Ess 394
Ely, Capt. Ess 74
Emery Ham 37
Ephraim Ess 276
Isaac Wor 240
Isaac Wor 514
Jacob Mid 262
Jesse Ham 37
John Ess 74
John Ham 37
Jonas Ess 548
Jonas Wor 157
Jonas, Junr. Wor 157
Jonathan Ham 37
Jonathan Wor 234
Jonathan Wor 375
Josiah Ham 37
Levi Ham 285
Mary Ess 408
Mary Ess 504
Mary Wor 514
Moses Ess 275
Nahum Wor 198
Nehemiah Wor 157
Nicholas Ess 499
Noah Ply 10
Oliver Wor 514
Saml. Ess 418
Samuel Ess 402
Samuel Ess 515
Galey, William Ess 387
Galland, Jereh. Wor 278
Joseph Wor 278
Gallet, Augustin Nor 93
Gallett, John Mid 145
Peter Mid 144
Gallishan, Abraham Ess 321
Abraham, Jr. Ess 321
Gallison, Henry Ess 517
John Bar 90
Galloope, Richard Nor 239
Gallop, Amos Ess 40
Enos Ess 564
Samuel Ber 181
William Ess 41
William Ess 548
Galloway, Abigail Ess 579
Sarah Ess 572
Gallup, Benja. Ber 192
Olive Ber 192
Uzziel Ber 192
Gallusha, Daniel Ess 444
Simeon Ess 444
Gallushe, Jacob Ess 362
John Ess 379
Galusha, Daniel Ber 130
Nathana. Ber 248
Galway, Samuel Ess 363
Gamage, John Ess 152
John, Jun. Ess 152
Gammage, Wm. Mid 483
Gammands, William Brs 361
Gammons, Benjamin Ply 24
John Ply 83
John, Jur. Ply 83
Leml. Ply 111
Southworth Ply 83
Gamwell, James Ham 157
John Ham 148

Name	Ref	Name	Ref	Name	Ref
John, Jr.	Ham 143	Grindal	Nan 66	Peter	Nan 72
Samuel	Ham 149	Hannah	Ess 357	Prince	Nan 46
Samuel	Ham 291	Henry	Ess 373	Rebecca	Nan 45
Gannet, Benjamin	Nor 102	Hephzibah	Nan 75	Reuben	Ham 299
Benjamin, Jr.	Nor 103	Hepzibeh, 2nd.	Nan 72	Richar	Nan 66
Joseph	Nor 103	Humphrey	Ham 277	Richard	Ber 114
Molly	Ply 132	Isaac	Suf 140	Richard	Ess 404
Gannett, Caleb	Mid 483	Isaac S., Esqr.	Nor 255	Richard	Ham 267
Elkanah	Ply 132	Jacob	Ham 306	Richd.	Mid 483
Joseph	Ply 67	James	Ber 110	Robert	Ber 162
Joseph	Ply 132	James	Brs 303	Robert	Ess 162
Samuel	Ply 131	James	Ess 382	Robert	Ess 321
Seth	Ply 125	James	Nan 66	Robert	Nan 70
Simeon	Ply 67	James, Esr.	Ess 438	Robert	Suf 145
Submit	Ply 132	Jared	Nan 58	Robert, Junr.	Nan 71
Thomas	Ply 26	Jared	Nan 64	Ruth	Nan 63
Ganson, Joseph	Ham 99	Jeremiah	Nan 49	Ruth	Ply 38
Nathan	Ham 99	Jeremiah	Suf 143	Saml.	Brs 321
Gardner, ---	Mid 165	Jethro	Mid 483	Saml.	Mid 165
---, Wido.	Brs 399	Jno.	Ham 270	Saml., 1st.	Brs 399
Aaron	Mid 534	Jno.	Nor 126	Saml., 2d.	Brs 398
Abel	Ess 373	John	Bar 41	Samll.	Mid 89
Abigail	Nan 54	John	Ber 159	Samuel	Brs 363
Abigail, 2nd.	Nan 47	John	Ber 261	Samuel	Ess 5
Abigail, 3rd.	Nan 59	John	Brs 399	Samuel	Ess 238
Abishai	Nan 63	John	Ess 13	Samuel	Ess 424
Albert	Nan 64	John	Ess 19	Samuel	Suf 146
Alexander	Brs 399	John	Ess 406	Samuel, jur.	Suf 146
Alexander	Nan 58	John	Ess 553	Sarah	Nan 49
Amaziah	Nan 74	John	Ess 566	Seth	Ply 127
Ammiel	Nan 48	John	Ham 220	Sherman	Ham 264
Andrew	Brs 425	John	Ham 226	Shubael	Nan 70
Andrew	Ham 115	John	Mid 165	Silas	Nan 67
Anna	Nan 61	John	Nan 68	Silvanus	Nan 57
Anna	Nan 66	John	Ply 67	Simeon	Ham 265
Antipas	Nan 74	John	Suf 146	Solomon	Suf 146
Apphia	Nan 56	John	Wor 436	Stephen	Brs 412
Bela	Mid 440	John, 2d.	Ham 226	Stephen	Nan 66
Benjamin	Ess 321	John, 2d.	Mid 165	Stephen	Suf 143
Benjamin	Ess 490	Jonathan	Ess 184	Stephen, 2d.	Suf 143
Benjamin	Ess 515	Jonathan	Ess 406	Stephen, 3d.	Suf 143
Benjamin	Ham 306	Jonathan	Ham 239	Stephen P.	Wor 212
Benjn.	Mid 500	Jonathan	Ham 283	Steward	Ham 277
Benjn.	Nan 69	Jonathan	Nan 58	Sylvester	Ber 161
Benjn.	Ply 40	Joseph	Brs 399	Thankful	Nan 47
Bethuel	Nan 76	Joseph	Ess 374	Thomas	Nan 68
Caleb	Ber 159	Joseph	Ess 403	Thomas, Majr.	Mid 453
Caleb (2)	Ham 264	Joseph	Mid 500	Thos.	Mid 483
Caleb	Nor 254	Joseph, 2nd.	Nan 64	Thos.	Ply 38
Caleb	Ply 40	Josiah, Lt.	Ham 277	Thos., Junr.	Nan 69
Caty	Nan 70	Laban	Nan 47	Thos., Jur.	Ply 38
Charles, Lt.	Ham 277	Latham	Nan 61	Timothy	Nan 47
Crispus	Nan 57	Libni	Nan 69	Townsend	Ham 299
Cristopher J.	Ess 321	Lodawick	Ber 261	Tristram	Nan 65
Daniel	Ber 162	Lydia	Nan 67	Tristram, Junr.	Nan 58
Daniel	Wor 426	Martha	Mid 164	Varnum	Ber 261
David	Ply 128	Mary	Ham 298	Willet	Ber 161
David	Wor 203	Mary	Nan 46	William	Ber 261
Ebenezer	Nan 63	Mary	Suf 140	William	Brs 402
Ebenr.	Ess 165	Mary Ann, Wido.	Mid 453	William	Ess 552
Edw.	Mid 165	Merez	Suf 145	William	Ham 277
Edward	Brs 314	Micajah	Nan 74	William, 2nd.	Nan 47
Eliakin	Nan 46	Molly	Ess 509	Wm.	Nan 75
Elihu	Nan 67	Nancy	Ess 417	Zenas	Nan 69
Elijah	Ham 301	Nancy	Ess 558	Zephaniah	Nan 67
Elisabeth	Ply 128	Nathan	Nan 48	see Avery, Briggs, Bright-	
Elizabeth	Nan 61	Nathaniel	Ber 162	man, Goddard, Greenleaf,	
Elizabeth	Nan 65	Newberry	Ess 398	Hathaway, Johnson, Kel-	
Enoch	Nan 70	Noah	Ply 40	logg, Maynard, Pool, Pot-	
Francis	Nan 68	Paul	Nan 45	ter, Stevens, Swain	
Francis	Wor 436	Paul, Junr.	Nan 74	Garey, Ichabod	Wor 356
Freeman	Brs 368	Phebe	Nan 65	Jonathan	Wor 356
Freeman	Nan 67	Peleg	Brs 399	Nathan	Wor 356
George	Nan 66	Peleg	Nan 74	Rheuben	Wor 356
Gideon	Nan 45	Peleg, Junr.	Brs 399	Thomas	Wor 356
Gideon, Junr.	Nan 67	Peleg, 2nd.	Nan 66	Garfield, Abijah	Wor 365
Grafton	Nan 71	Peter	Ess 461	Daniel	Ber 113

Elisha	Ber 113	Elijah	Ber 210	Gauld see Gould	
Elisha	Mid 24	Elisabeth	Mid 414	Gault, Matthew	Wor 317
Enoch	Ber 261	Elisha	Mid 430	Gavet, John	Ess 359
Enock	Mid 21	Elisha, Jur.	Mid 431	Jona.	Ess 366
Isaac	Ber 110	Expr., wid.	Wor 406	Jona.	Ess 395
Isaac	Ber 114	Ezekiel	Mid 426	Gavete, James	Ess 401
Jane	Wor 429	Gideon	Ber 113	Gavin, Paul	Brs 277
John	Ber 113	Henery	Wor 460	Gavit, William	Ham 168
Jonathan	Brs 318	Henery, Jr.	Wor 459	Gay, Aaron	Nor 263
Joseph	Wor 498	Henry	Wor 417	Abigail	Mid 534
Joshua	Wor 234	Israel	Ham 58	Abigail	Nor 115
Mary	Wor 365	Israel	Mid 426	Abner	Wor 417
Moses	Nor 317	Israel, Jur.	Mid 425	Amasa	Nor 245
Moses	Wor 515	Jacob	Mid 430	Amos	Wor 237
Reuben	Wor 220	James O.	Ber 206	Asa	Nor 126
Solomon	Ber 112	John	Ham 203	Benjamin	Nor 93
Susannah	Wor 197	John	Mid 425	Calvin	Nor 93
Thaddeus	Mid 20	John	Wor 277	Colburn	Nor 312
Timothy	Wor 429	John	Wor 460	Daniel	Nor 300
Garish, Ruth	Wor 445	Jonah	Wor 298	David	Nor 300
Paul	Wor 356	Jonas	Wor 436	Ebenezer	Ham 99
Garlick, Henry	Ber 152	Jonathan	Wor 177	Ebenezer	Nor 308
Seth	Ber 151	Jonathan	Wor 406	Eliphalet	Ham 99
Seth, Jun.	Ber 151	Jonathan	Wor 417	Hannah, Wido.	Nor 312
Garlow, Danl.	Nan 77	Jonathan	Wor 449	Henry T.	Nor 115
Garner, Grace	Ess 509	Jonathan, 2d.	Wor 177	Hezekiah	Nor 264
Garnet, James, bkman	Brs 403	Joseph	Wor 211	Ichabod	Nor 300
Garney, Margaret	Ess 495	Joseph	Wor 510	Ichabod	Nor 308
Thomas	Ess 493	Josiah	Ham 286	Ichabod, Dn.	Nor 312
see Croney		Laban	Wor 239	Ichabod, Junr.	Nor 308
Garret, Andrew	Bar 87	Levi	Ber 234	Jacob	Nor 93
Garrish, Enoch	Ess 217	Levi	Mid 426	Jason	Nor 202
Jack	Nor 305	Levi	Wor 330	Jesse	Nor 307
Mayhue	Ess 217	Levi	Wor 460	Jno.	Nor 126
Paul	Ess 217	Luke	Ber 211	Joel	Nor 93
William	Ess 217	Makce.	Wor 406	Joel	Nor 235
Garrison, Fanny	Ess 468	Mary	Mid 426	John	Wor 180
Garvin, Patrick	Nor 145	Mary	Mid 429	Jonathan	Ham 186
Gary, Aaron	Wor 238	Mary, Jur.	Mid 430	Jonathan	Nor 317
David	Wor 436	Matthias	Ham 127	Jonathan, Junr.	Nor 317
John	Wor 217	Micah	Ham 260	Joseph	Ess 275
Seth	Brs 368	Nathan	Mid 430	Joseph	Mid 528
Thomas	Wor 436	Nathan	Wor 449	Joseph	Nor 93
Zephaniah	Brs 371	Nathaniel	Wor 180	Joseph	Nor 312
Gaskill, Benja.	Wor 465	Nathl.	Wor 406	Joseph	Nor 375
Ezekiel	Wor 466	Oliver	Mid 425	Josiah	Nor 312
George	Wor 389	Oliver, Jur.	Mid 429	Jotham, Esqr.	Suf 140
Peter	Wor 389	Paul	Mid 69	Lemuel	Nor 264
Gasper, Joseph	Ber 187	Paul	Wor 177	Lemuel	Nor 312
Gass, Thomas	Mid 452	Peter	Ham 58	Levi	Ham 244
Gasset, Henry	Wor 365	Peter	Ham 82	Luther	Nor 312
Loten	Mid 48	Phenihas	Wor 445	Mary, Wido.	Nor 264
Reuben	Mid 48	Reuben	Wor 436	Moses	Nor 312
Vashti	Mid 48	Saml.	Wor 278	Nathaniel	Nor 263
Gassett, John	Mid 412	Samuel	Ber 206	Nathaniel	Nor 308
Seth	Mid 518	Samuel	Mid 426	Oliver	Nor 308
Gaston, Alexander	Ber 206	Samuel	Wor 177	Roben	Nor 307
John	Ber 206	Samuel	Wor 459	Samuel	Nor 247
Naomi	Ber 206	Sarah	Wor 510	Seth	Nor 312
Robert	Ber 206	Selas	Wor 278	Solomon	Brs 390
William	Ber 206	Silas	Ham 106	Solomon	Nor 102
Gatchell, Jeremiah	Ess 509	Silvanus	Wor 498	Stephen	Nor 323
Mary	Ess 510	Simon	Wor 177	Thadues	Nor 312
Samuel	Ess 509	Simon	Wor 449	Thomas	Nor 346
Gates, Aaron	Wor 406	Solomon	Ham 42	Timothy	Nor 264
Abraham	Wor 207	Stephen	Ham 73	Timothy	Nor 300
Abrm.	Mid 66	Submit	Wor 218	Timothy	Nor 346
Amas	Wor 445	Thomas	Ber 210	Wilks	Nor 308
Amos	Wor 356	Thomas	Mid 427	Willard	Nor 312
Asa	Ham 262	Thomas	Wor 177	William	Nor 312
Benj.	Wor 417	Thomas	Wor 350	William	Wor 378
Caleb	Mid 426	Thos. Asa, Lt.	Ham 205	Wm.	Mid 500
Calvin	Wor 211	William	Ham 58	Gaylord, Dorothy	Ham 248
Charles	Mid 426	William	Mid 413	Ebenezer	Ham 350
Ebenezer	Ham 214	William	Wor 177	John	Ham 124
Ebenezer	Mid 427	Zadock	Wor 510	John	Ham 350
Edm. T.	Mid 196	see Mack, Willey		Munson	Ber 239

Nathaniel — Ham 350
Nehemiah — Ham 288
Oliver — Ham 249
Robert — Ham 124
Samuel — Ham 287
Wm. — Ham 124
Gearey, Nathan — Ham 12
Gearin, Edward — Ess 165
Edward, Jun. — Ess 165
Geary, Benjamen — Mid 311
David — Mid 311
Johanna — Mid 311
John — Mid 311
John, jur. — Mid 311
see Garey
Geasham, Ebenr. — Ham 217
Gee, Ebenezer — Ham 15
Willa., Capt. — Ess 137
Geer, Ezra — Ber 167
Hezekiah — Ber 197
John — Ber 187
Joseph — Ham 20
Margaret, Widw. — Ham 152
Nathan — Ham 152
Reuben — Ham 63
Sylsby — Ham 148
see Simons
Geering, Jabez — Ess 321
Gelat, David — Brs 425
George — Ber 140
John — Ber 140
John — Brs 424
Gelston, Rowland — Nan 65
Geningson, John — Wor 278
Genins, Ephraim — Ham 305
Gently, Molly — Ess 562
George, Amos — Ess 275
Austin — Ess 275
Benjamin — Ess 322
Ebenr. — Ess 53
Hannah — Ess 491
Hezekiah — Ess 275
James — Ess 207
James — Ess 322
John — Nor 373
John — Wor 330
Lewis — Ess 275
Nathl. — Ess 53
Richard — Ess 276
Thomas — Nor 373
Thomas, Junr. — Nor 371
Timothy — Ess 276
William — Brs 317
Wm. — Mid 164
Gere, Isaac — Ham 4
Gerfield, Damarus — Mid 249
Esther — Mid 262
Joseph — Mid 249
Gerish, John — Brs 425
Prudence, Wd. — Ess 52
Richd. — Ess 52
Germain, Cesar — Duk 45
Gerralds, Hyder — Ber 120
Gerren, Joseph — Ess 52
Gerrey, John — Mid 500
Gerrish, Moses — Ess 321
Samuel — Ess 368
Stephen — Ess 321
Gerrold, Stephen — Wor 335
Gerry, Cato — Ess 501
Elbridge — Mid 483
Samuel R. — Ess 483
Gervis, Leonard — Mid 483
Nathl. — Mid 483
Getchel, Josiah — Ess 424
Gethchel, Jerh. — Mid 57
Getty, James — Mid 164

Geyer, Henry — Ess 322
John — Ess 385
Gibaut, Edwd. — Ess 413
Gibbens, Eli — Ham 171
Jeddiah — Ham 171
Gibbins, Jno. — Nor 126
Peter — Ber 177
Gibbon, Samuel — Mid 410
Gibbons, Bildad — Ham 171
John — Ham 122
Timothy — Ham 172
Gibbs, ---, Wido. — Brs 400
Abm. — Ply 111
Alfred — Brs 424
Ancel — Brs 424
Anselm — Bar 39
Asahel — Mid 113
Benja. — Bar 39
Benja. (2) — Ham 220
Benjamin — Ham 168
Bethiah, Wd. — Ham 220
Caleb — Bar 40
Caleb, Jur. — Bar 39
Charles — Bar 38
Chloe — Ply 111
Daniel — Nor 255
David — Bar 39
Elijah — Ham 175
Elisebth. — Wor 445
Elisha — Bar 39
Elisha — Ply 83
Emerson — Ham 220
Ephraim — Ham 175
Gill — Mid 114
Henry — Brs 406
Isaac — Ham 178
Isaac — Ham 220
Isaac — Mid 114
Israel — Ham 178
Jabez — Bar 39
Jacob — Mid 518
Jacob — Wor 157
James — Mid 164
James — Nor 219
Jesse — Ham 220
Jesse, Junr. — Ham 220
John — Brs 397
John — Ham 220
John — Ply 111
John — Wor 330
John, Jr. — Ply 111
Jona. — Ber 111
Jonan. — Ply 111
Jonathan — Mid 138
Jonathan — Wor 335
Joseph — Ply 111
Joseph — Wor 330
Joseph — Wor 460
Joseph, Lt. — Wor 395
Joshua — Ply 111
Levi — Ham 178
Mary — Ess 366
Nathan — Ber 111
Nathan — Ham 178
Nathl. — Wor 330
Pelham — Bar 39
Phinehas — Mid 138
Reuben, Jur. — Bar 40
Robert — Brs 406
Robert, 2d. — Brs 406
Rowland — Brs 424
Ruth — Mid 114
Saml., Jur. — Bar 38
Saml., 3d. — Bar 39
Samll. — Mid 518
Samuel — Bar 38
Samuel — Brs 406

Samuel — Ham 175
Silas — Ham 178
Silvanus — Bar 40
Solomon — Ham 99
Solomon, Junr. — Ham 99
Thankful — Ply 111
Thomas — Bar 39
Thomas, Jur. — Bar 39
Warren — Bar 38
William — Wor 356
Wm. — Bar 39
Wm. — Mid 518
Zephr. — Wor 335
Gibs, Jonathan — Wor 378
Sam., Jr. — Ber 266
Sama. — Ber 266
Gibson, Abrm. — Mid 66
Alice — Ess 504
Arrington — Mid 428
Arrington — Wor 429
Asa — Mid 164
Ephm. — Mid 66
Ephraim — Wor 429
Israil — Mid 66
Jacob — Wor 429
James — Mid 518
James — Nor 318
John — Ber 105
John — Ess 322
John — Wor 220
John, 2d. — Ber 108
Lamont — Brs 321
Reuben — Wor 429
Roger — Ham 148
Samel. — Ham 127
Saml. — Nor 144
Samuel — Ess 290
Samuel — Wor 429
Samuel, Jun. — Wor 429
Silas — Mid 67
Solomon — Wor 429
Stephen — Mid 66
Stephen — Mid 428
Thomas — Wor 429
Thomas — Wor 460
Timothy — Wor 426
Giddens, John — Ess 263
Giddings, Aaron — Ess 586
Abigail — Ess 595
Daniel — Ham 253
Isaac — Ess 34
Isaac, Junr. — Ess 35
James — Ham 253
Joshua — Ess 577
Joshua — Ess 596
Mehitable — Wor 426
Samuel — Ess 586
Thomas — Ess 586
Thomas, Jur. — Ess 586
William — Wor 429
Zacheus — Ess 31
Giddins, Solomon — Ess 18
Gidley, Henry — Brs 344
Samuel — Brs 344
Thomas — Brs 344
Gidly, Benjamin — Brs 345
Giffard, Lydia — Ess 11
Giffen, John — Wor 298
Gifford, Abner — Brs 424
Abraham — Brs 331
Abraham — Brs 344
Abraham, Blk. smith — Brs 331
Alden — Bar 37
Alden — Bar 49
Anne — Brs 344
Benjamin — Brs 332
Calvin — Bar 10

Christopher	Bar 45	Warren, Jno. Son	Brs 332	Willa.	Ess 105
Christopher	Brs 331	Warren, Mers. Son	Brs 332	Gilchrist, James	Wor 426
Christopher	Ham 58	Wilbour	Brs 332	Gilcrest, John	Mid 91
Cornels.	Ber 261	William	Brs 344	Gile, Amos	Ess 276
Daniel	Bar 40	William	Brs 424	James	Ess 275
David	Bar 45	William, the Miller	Brs 331	John K.	Ess 276
David	Brs 344	William, Wm. Son	Brs 331	Samuel	Ess 276
David, 2nd.	Brs 344	Wm.	Duk 450	Giles, Daniel	Ham 99
Ebenr.	Bar 45	Zaccheus	Bar 45	David	Nan 71
Eliab	Ber 197	Giffords, Sarah	Ess 499	David U.	Nan 63
Elihew	Brs 344	Giford, Benjamin	Brs 345	Ebenezer	Ess 543
Elijah	Brs 331	Gillbard, Noah	Ham 169	Ebenr., Jr.	Mid 48
Elijah, Junr.	Brs 331	Gilbart, Nathaniel	Suf 146	Edward	Ham 191
Ephm.	Duk 450	Gilbert, Aaron	Wor 247	Edward, Jur.	Ham 191
Ephraigm	Brs 331	Apollas	Brs 390	Eleazer	Ess 542
George	Bar 45	Asabel	Ber 116	Hannah	Ess 542
George	Brs 332	Benjamin	Wor 247	Isaac	Mid 53
George, Chs. Son	Brs 331	Bernard	Wor 247	James	Ham 109
Gidion	Brs 344	Charles	Ham 157	James	Mid 54
Hannah	Bar 50	Cornelius	Ham 28	James	Wor 158
Ichabod	Brs 332	Daniel	Brs 385	James, Jr.	Mid 48
Isaac	Brs 344	Daniel	Wor 257	John	Ham 99
James	Ber 261	David	Brs 385	John	Mid 48
James	Brs 332	David	Ham 53	John, Junr.	Ham 99
James	Brs 344	David	Wor 247	Jonathan	Ber 132
James	Brs 424	Ebenezer	Ber 105	Joseph	Ham 99
Jeremiah	Brs 345	Edmund	Ham 179	Lydia	Nan 49
Jesse	Bar 45	Eliel	Ham 73	Mary, Wo.	Ess 152
Jesse	Ber 261	Elijah	Ber 187	Paul	Mid 509
John	Bar 40	Elisabeth	Ber 187	Paul	Nan 50
John	Ber 261	Enon	Ham 13	Priscilla	Ess 413
John, Blk. Smith	Brs 332	Estes	Wor 247	Samuel	Ess 321
John, Constable	Brs 331	George	Brs 381	Samuel	Ess 486
Jonathan	Brs 345	Gershom	Wor 247	Sarah	Ess 397
Jonathan, Cto. Son	Brs 332	Hannah	Wor 257	Thomas, Wido.	Ham 205
Jonathan, Mer. Son	Brs 332	Henry	Ber 187	William	Ham 99
Joseph	Bar 34	Henry	Wor 247	Gilford, Aaron	Ess 14
Joseph	Brs 331	Humphey	Wor 257	John	Wor 498
Joseph (2)	Brs 344	James	Brs 385	Jonas	Wor 498
Joseph	Nan 67	James	Ess 391	Paul	Ham 58
Josiah	Brs 344	Joel	Wor 247	Sarah	Ess 11
Lemuel	Bar 34	John	Brs 381	Simeon	Ess 13
Lot	Bar 49	John	Brs 425	see Evens, Hathaway, Pain	
Luis	Brs 344	John	Ess 464	Gill, Amas	Ber 229
Luthern	Nan 57	John	Ess 466	Anna	Bar 77
Luthern, Jno. Son	Brs 332	John	Wor 247	Benjamin	Nor 287
Merium	Brs 332	John, Majr.	Ham 205	Benjamin, Jur.	Nor 287
Mordecai	Bar 45	John, 2d.	Wor 247	Caleb	Suf 140
Nathaniel	Brs 344	Jona.	Ess 105	David	Bar 79
Noah	Brs 425	Jona., Junr.	Ess 105	Elijah	Nor 287
Noah	Ham 53	Jonas	Wor 247	Jacob	Nor 126
Perry	Brs 331	Joseph	Ham 42	John	Bar 70
Prince	Ber 45	Joshua	Ham 77	John	Ham 115
Prince, Jur.	Bar 49	Josiah	Ham 67	John	Nor 287
Prince, 3d.	Bar 49	Josiah	Wor 309	John	Suf 140
Reuben	Bar 45	Jude	Mid 31	John	Wor 515
Richard	Brs 331	Lamll.	Wor 298	Joshua	Mid 184
Ruamy	Brs 425	Lemuel	Wor 247	Michael	Wor 515
Russel	Brs 331	Levi	Wor 247	Moses	Wor 515
Samuel	Bar 45	Lewis	Ham 115	Nathan	Nor 287
Samuel	Brs 344	Mercy	Ham 358	Nathaniel	Suf 140
Seth	Wor 465	Moses	Ess 131	Nathaniel, jur.	Suf 140
Silas	Bar 45	Nathan	Wor 247	Ruth, Wd.	Ess 52
Silas	Brs 344	Nathaniel	Brs 390	Samuel	Ess 52
Silas	Duk 450	Orsemus	Ber 266	Samuel	Ham 356
Silus's Wdo.	Brs 345	Pearley	Wor 247	Searlet	Bar 77
Stephen	Brs 344	Pelatiah	Wor 247	Silas	Mid 7
Stephen	Brs 425	Philip	Wor 247	Thomas	Suf 139
Stiphen	Brs 331	Reuben	Wor 257	William	Bar 77
Sylvanus	Ber 261	Samuel	Nor 103	William	Nor 318
Thomas	Brs 344	Solomon	Nor 102	Gillet, Alpheus	Ham 42
Thomas	Brs 424	Solomon, Jur.	Wor 247	Isaac	Ham 358
Thomas	Brs 425	Thaddeus	Ham 303	Josiah	Ham 14
Timothy	Brs 344	Thomas	Ess 460	Martin	Ber 177
Uma	Bar 46	Thomas	Ham 77	Nathaniel	Ham 127
Warren	Bar 45	Timothy	Ham 205	Peter	Brs 404
Warren	Brs 331	Timothy	Wor 298	Russel	Ham 157

Thomas	Ham 172	James	Ply 96	William	Wor 429
see Gollet		John	Wor 257	Wm.	Mid 385
Gillett, Joseph	Ber 248	Nathl.	Ply 95	Wm.	Mid 463
Gilley, William	Ess 511	Surajah	Ply 95	Wm., 2d.	Mid 385
Gilligan, Thomas	Ham 73	Glazer, Benjamin	Ess 580	Zacheus	Mid 416
Gilligin, John	Ham 256	John	Ess 579	see Gleson	
Gillis, John	Brs 344	Glazier, Benja.	Ham 115	Gleazon, Abner	Ber 134
Gillmor, John	Nor 383	Calvin	Ham 278	Barzeleel	Wor 417
Gillmore, Andrew	Nor 377	Jason	Wor 375	Clark	Wor 417
Andrew, Junr.	Nor 377	John	Ham 114	Jonathan	Mid 142
Daniel	Nor 377	Jonathan	Ham 114	Samuel	Mid 118
David	Nor 348	Jotham	Wor 309	Gleson, Joseph	Wor 277
James	Ham 148	Oliver	Wor 375	Glezen, Amasa	Ber 210
James	Nor 347	Glazor, John	Wor 452	Ezekiel	Ber 266
James	Nor 371	Luis	Wor 452	Jason	Wor 513
James, 2nd.	Nor 348	Smarna	Wor 449	Jason, Junr.	Wor 513
Joseph	Nor 348	Gleason, Aaron	Ham 199	Joel	Wor 513
Lemuel	Nor 377	Amos	Mid 249	Nathanll.	Ber 266
Robert	Nor 348	Ariel	Ber 232	Solomon	Ber 254
Thomas	Ham 181	Benja.	Wor 495	Glezon, John	Wor 515
William	Ham 147	Daniel	Ham 196	Thomas	Wor 515
William	Nor 347	Daniel	Wor 406	Glidden, John	Ess 531
Gillson, Amasa	Mid 452	David	Ess 276	Joseph	Ess 537
Asa	Mid 452	David	Wor 180	Glinn, John	Mid 374
Jonas	Mid 452	David, Jur.	Wor 180	Gload, John	Mid 373
Nathll.	Mid 452	Edward	Mid 130	Wm.	Mid 373
Nehemiah	Mid 452	Elijah	Ber 228	Glode, Samll. L.	Mid 99
Nehh., Jun.	Mid 452	Enoch	Ber 227	Glover, Alex., Ju.	Nor 144
Peter	Mid 453	Hannah	Wor 258	Alex., 3d.	Nor 144
Simeon	Mid 452	Isaac	Ham 156	Alexand.	Nor 144
Simon	Mid 452	Isaac	Ham 220	Alexander	Ham 58
Gilman, Arthur	Ess 321	Isaac	Mid 127	Benjamin	Ess 528
Jona.	Mid 164	Isaac	Wor 180	Benj. W.	Nor 115
Lucy	Nor 256	Isaac	Wor 258	Benjamin	Nan 63
Gilmore, Adam	Wor 490	Jacob	Mid 196	David	Nor 312
Elisha	Brs 372	James	Mid 413	Ebene.	Nor 115
James	Ham 226	James	Nor 144	Ebene.	Nor 144
John	Brs 376	James	Wor 159	Edmund	Ess 459
John	Ham 226	James, Junr.	Wor 159	Edw., Jr., including the	
John, Junior	Brs 375	Jas.	Wor 159	Poor of the Town	Nor 144
Joshua	Brs 390	Jason	Ham 274	Edward	Nor 144
Mary	Nor 347	Jesse	Wor 159	Edward L.	Ham 333
Silas	Ber 214	Joel	Ham 168	Elisha	Nor 115
Tobey	Brs 374	John	Ham 169	Enoch	Nor 145
William	Brs 318	John	Mid 146	Enoch, Ju.	Nor 145
Gilson, Jehab.	Mid 374	John	Mid 418	Gamaliel, Deceased	Ham 340
Jeremiah	Mid 80	John	Wor 247	Hannah	Ess 390
John	Mid 518	John, Jur.	Mid 418	Hannah	Ess 469
Joseph	Mid 57	Jonah	Ham 199	Henry	Nor 312
Levi	Mid 80	Jonas	Mid 358	Henry	Nor 318
Peter	Mid 80	Jonathan	Ess 184	Ichabod	Ess 358
Simon	Mid 57	Jonathan	Wor 180	James	Ply 38
Solomon	Mid 80	Jonathan	Wor 258	James	Ply 101
Gimbe, Lucy	Wor 197	Jonathan, Jur.	Wor 180	John	Ess 385
Ginn, John	Bar 60	Jonathan, 2d.	Wor 180	John	Ess 553
Samuel	Bar 58	Jos.	Mid 385	John	Ham 235
Gipson, Mary	Ess 441	Joseph	Ber 111	John	Wor 436
Robert	Bar 13	Joseph	Mid 413	Jona.	Ess 409
Girder, Samuel	Ham 179	Joshua	Mid 196	Jonathan	Ess 518
Girdler, Benjamin	Ess 476	Josiah	Wor 159	Joshu.	Nor 144
Hannah	Ess 479	Josiah	Wor 200	Josiah	Nor 115
Joseph	Ess 499	Luther	Mid 127	Lydia	Nan 61
Lewis	Ess 476	Nathan	Mid 127	Nathl.	Nor 114
Richard	Ess 457	Nathaniel	Wor 298	Nathl.	Nor 126
Robert	Ess 499	Phinehas	Wor 180	Peter	Ess 535
Gisbee, Deborah, Wo.	Ply 83	Phinehas	Wor 193	Peter, Jr.	Ess 549
Gitchel, William	Ham 173	Reuben	Mid 127	Priscilla	Ess 400
Gitto see Guiteau		Rufus	Ber 228	Reuben	Nan 71
Givens, Lydia	Ess 542	Silas	Wor 177	Sam K.	Nor 126
Gladden, Azariah	Ham 134	Simeon	Ham 220	Saml.	Nor 144
Wm.	Ham 134	Simon	Ham 235	Saml., Ju.	Nor 144
Gladder, Azariah, Jur.	Ham 134	Solomon	Ham 196	Samuel	Nor 103
Glading, James	Brs 306	Stephen	Ham 199	Samuel	Nor 264
William	Brs 306	Thomas	Mid 343	Sarah	Ess 511
Glasco, Jacob	Wor 476	Uriel	Ber 228	Thomas	Ham 58
Glasgow, Prudence	Wor 180	Varnum	Ham 196	Thomas	Nor 126
Glass, Ezekiel	Ply 98	William	Ham 179	Thomas	Nor 264

Wm.	Nor 115	Cesar	Nan 77	John	Mid 534
see Street		David	Bar 16	Golding, Ephraim	Wor 193
Gloyad, Hannah	Ess 15	Elisha	Bar 96	Goldsbury, James	Ham 37
Gloyd, Asa	Ham 307	Gersham	Brs 381	John	Ham 37
Benjn.	Ham 307	Isaac	Brs 368	see Pond	
Benjn.	Ham 340	James	Brs 381	Goldsmith, Elizabeth	Ess 512
Cloe	Ply 40	Job	Brs 358	Gifford	Ess 96
David	Ply 40	John	Brs 358	Joseph	Ess 435
Ephm.	Ham 307	Joseph	Ber 134	Lucy	Ess 476
Jacob	Ham 307	Joseph	Brs 390	Richard	Wor 221
Jacob	Ham 310	Joseph, Jr.	Brs 390	Samuel	Ess 505
James	Ham 13	Joshua, jur.	Bar 16	Theodore	Wor 221
John	Ham 303	Joshua, jur.	Bar 20	Thos.	Ess 407
Joseph	Ham 307	Lucy	Wor 222	Goldthwait, Anna	Ess 394
Glynn, Isaac	Mid 80	Luie	Bar 16	Benjamin	Ess 23
Gocing, Eliab	Mid 48	Mary	Brs 381	Daniel	Ber 187
Godard, Abigail	Mid 500	Melatiah	Bar 96	Daniel	Ess 27
Asa	Ham 42	Mercy	Bar 41	Elijah	Ham 253
Ebenezer	Ham 42	Rachel, wd.	Bar 16	Erastus	Ham 94
Edward	Mid 518	Richard	Bar 20	Ezekl.	Ess 376
Ebenezer	Ham 46	Richard	Brs 356	Jacob	Nor 264
Hezekiah	Ham 42	Rufus	Brs 360	Jacob	Wor 476
John	Ham 42	Salmon	Wor 349	Jacob, Jr.	Nor 264
Nathan	Ham 41	Samuel	Brs 381	James	Ess 357
Patty	Mid 138	Seth	Ham 58	John	Ess 27
Samll.	Mid 518	Theodorah	Brs 356	Joseph	Ber 187
Thos.	Mid 483	Godfry, Samll.	Mid 518	Joseph	Ham 99
Godbey, Seth	Brs 412	Godkins, Stephen	Ess 276	Lot	Nor 264
Goddard, Benja.	Mid 165	Godshall, William	Ess 391	Nathan	Ber 187
Benja.	Wor 365	Godward, Pearly	Wor 200	Nathaniel	Ess 27
Benjamin	Ply 8	Godwin, Moses	Ber 150	Robert	Ham 99
Benjn.	Wor 193	Gody, John	Mid 518	Stephen	Wor 158
Daniel	Ply 16	Joseph	Mid 518	Stephen	Wor 476
Daniel	Wor 365	Goff, Aaron	Brs 301	Thomas	Wor 476
David	Wor 277	Amos	Brs 300	Timothy	Nor 264
Ebenezer	Nor 240	Amos	Brs 303	William	Ess 26
Ebenezer, Junr.	Nor 242	Asa	Brs 301	William, Jur.	Ess 26
Ebenr.	Wor 290	Caleb	Brs 307	Gollet, Zadock	Ham 174
Eber	Wor 213	Charles	Brs 300	Gomez, Emanuel	Ess 399
Edwd.	Wor 290	Constant	Brs 301	Gooch, Samuel	Nor 287
Elijah	Wor 290	David	Ham 168	Goodah, William	Wor 231
Elisha	Ham 58	Enoch	Brs 412	Goodale, Aaron	Wor 375
Ephm.	Wor 290	Enoch, Junr.	Brs 412	Andrew	Ham 214
Henry	Wor 241	Israle	Brs 302	Benj.	Wor 335
James	Wor 212	John	Brs 279	Daniel	Ess 14
James	Wor 290	Joseph	Brs 301	Daniel, Junr.	Ess 13
James, Junr.	Wor 216	Levi	Brs 306	David	Ham 293
Joel	Wor 278	Levi, junior	Brs 300	Ebenezez	Ham 99
John	Nor 255	Lois	Ham 351	Eleazer	Ess 14
Jonathan	Ham 42	Lovel	Brs 300	Elijah	Ber 162
Joseph	Nor 255	Moses	Ham 170	Elisha	Ham 204
Joseph	Wor 197	Nathan	Brs 299	Enoch	Ess 380
Joseph	Wor 290	Nathaniel	Brs 304	Enoch	Wor 278
Josiah, Esqr.	Wor 290	Paul	Brs 293	Ephm.	Wor 381
Levi	Wor 193	Paul	Ham 53	Ephraim	Ham 37
Luther	Wor 365	Samuel	Brs 300	Ezekiel	Ess 380
Nath.	Mid 165	Shubal	Brs 414	Isaac	Ber 197
Nathaniel	Ham 58	Silas	Ham 350	Isaac	Ham 289
Nathl.	Wor 278	Simeon	Ber 139	James	Ess 5
Robert	Wor 158	Squire	Brs 300	James	Ham 99
Robert	Wor 278	Squire, jr.	Brs 301	James, Jur.	Ess 5
Samel.	Wor 234	Squire, jr.	Brs 306	Jeduthan	Wor 330
Samel.	Wor 241	Sylvester	Brs 305	Job	Ham 86
Samuel	Wor 177	Thomas	Brs 282	Joel	Ham 186
Simeon	Wor 277	see Gooff		John	Ess 399
Solomon	Wor 365	Goffe, Joseph, Revd.	Wor 157	John	Ham 37
Step.	Mid 165	Going, Jonathan	Wor 426	John	Ham 214
Godden, Jona.	Mid 483	see Gocing		Jonathan	Ham 99
Godfray, Daniel	Wor 429	Gold, Asa	Ham 37	Joseph	Ham 37
Samuel	Ham 226	Benjamin	Mid 34	Joseph	Wor 278
Godfrey, Abigail	Brs 390	Ebeneza. B.	Ber 129	Josiah	Wor 257
Abigail, Wido.	Brs 357	Sewall	Ham 109	Levi	Ham 286
Benjm., Capt.	Wor 395	Thomas	Ber 197	Mary	Ess 364
Benjn.	Bar 13	Thomas	Ham 37	Moses	Wor 378
Benjn.	Bar 16	Thomas, Junior	Ham 37	Nathanl.	Ham 205
Bethiah, wd.	Bar 20	Golden, Eleazer	Mid 528	Nathl.	Wor 330
Caleb	Ber 135	John	Mid 518	Nathl., Junr.	Wor 330

Paul	Wor	514
Peter	Wor	375
Phebe	Ess	10
Samuel	Ess	380
Sarah	Ess	11
Solomon	Ham	58
Stephen	Ber	162
Thomas	Ham	289
Zacheriah	Wor	330
Zina	Ham	42
Goodall, John	Wor	445
Goodalle, John	Wor	335
Gooddard, Gardner	Wor	375
Goodell, Abel, Esqr.	Ham	262
Abner	Mid	413
Asa	Wor	157
Eliphalet	Ham	266
Ichabod, Lt.	Ham	278
Jabez	Ham	258
John	Wor	158
John	Wor	510
Relief, Wd.	Wor	157
Gooden, Ameziah	Ply	38
Goodenong, Salmon, jr.	Ber	240
Goodenough, ---	Ham	28
David	Wor	501
Isaac	Mid	21
John	Ham	22
Goodenow, Abel M.	Wor	378
Almer	Ham	99
Asa	Wor	365
Asa	Wor	510
Daniel	Wor	510
Eliab	Mid	429
Elijah	Wor	375
Jesse	Wor	278
Jonas	Wor	375
Jonathan	Mid	417
Lois	Wor	515
Samuel	Mid	429
Stephen	Ber	143
Thaddeus	Mid	429
Gooderidge, Danel.	Wor	226
David	Wor	226
Ebenr.	Wor	233
Eliphalet	Wor	226
Samel. P.	Wor	226
Goodhue, Aaron	Ess	584
Abner	Ess	367
Amos	Wor	226
Benja.	Ess	373
Daniel	Ess	573
Daniel, Jur.	Ess	573
Danl.	Mid	396
Esther	Mid	396
Hezekiah	Ess	321
Imla	Mid	396
Jeremiah	Ess	574
Jeremy	Mid	249
John	Ess	594
John	Mid	396
John	Wor	226
John, Jur.	Ess	594
Joseph	Ess	321
Jude	Ess	584
Lucy	Ess	589
Moses	Ess	576
Moses	Mid	86
Nancy	Ess	587
Phineas	Ess	184
Saml.	Ess	418
Sarah, Wido.	Ess	321
Sarah, Wo.	Ess	122
Stephn.	Ess	378
Zechr.	Mid	86
Gooding, Amos	Ess	220
Ephraim	Brs	412
George	Brs	410
Joseph	Brs	410
Joseph, Jr.	Brs	410
Matthew	Brs	410
Moses	Ess	224
Nathl.	Ess	224
Samuel	Ess	220
Stephen	Ess	220
Goodley, Phillip	Duk	447
Goodman, Calvin	Ham	249
Elihu	Ham	73
Huldah, Wd.	Ham	249
Ithamar	Ham	250
Nathan	Ham	251
Stephen	Ham	288
Titus	Ham	250
William	Ham	109
William	Ham	258
Goodnough, Elisha	Mid	528
Ephraim	Nor	246
Goodnow, Abigail	Mid	118
Abner	Ham	321
Asahel	Mid	128
Asher	Mid	110
Ephraim	Mid	114
Ephraim	Mid	150
John	Mid	116
John, Jur.	Mid	113
Jonathan	Mid	146
Joseph	Mid	110
Jotham	Mid	110
Levi	Mid	110
Luther	Mid	117
Micah	Mid	128
Sarah	Mid	113
Silas	Mid	111
Thomas	Ham	199
Goodrich, Abigail	Ber	197
Amos	Ber	222
Arnel	Ham	6
Asa	Ber	187
Ashbel	Ber	150
Benjamin	Ber	207
Butler	Ber	197
Charles	Ber	197
Charles	Ess	321
Daniel	Ber	158
Daniel	Ber	159
David	Ber	254
Edward	Ess	321
Elijah	Ber	159
Elijah	Ber	187
Elijah	Ham	351
George	Ham	86
Hezekiah	Wor	510
James	Ber	151
Jesse	Ber	197
John	Ber	159
Jonathan	Ber	229
Joseph	Ber	222
Joseph	Ess	131
Justus	Ber	159
Mary, Wo.	Ess	163
Michael	Ber	175
Moses	Ber	197
Moses	Ess	321
Orin	Ber	197
Sela	Ber	192
Seth	Ber	158
Solomon	Ber	159
Thomas	Ber	151
Timothy	Ber	158
Uriah	Ber	159
Willm.	Ess	74
Zaccheus	Ber	227
Zaccheus, jun.	Ber	227
Goodridg, Jonathan	Ess	232
Joseph	Ess	232
Goodridge, Abijah	Wor	429
Asaph	Wor	429
Barnard	Ess	275
Benja.	Wor	426
Edmond	Ess	205
Elize.	Ess	530
Ezekiel	Wor	426
Hannah	Ess	524
James	Ess	241
John	Ess	276
John	Wor	429
Joseph	Ess	224
Lydia	Ess	399
Moses	Ess	437
Oliver	Ess	206
Oliver	Wor	426
Phinehas	Wor	426
Samuel	Ess	532
Simon	Wor	426
William	Ess	530
William	Mid	358
Goodspead, Judah	Ham	199
Goodspeed, Allen	Bar	91
Ann, wid.	Wor	417
Asa	Bar	88
Benjamin	Bar	92
Cornelius	Bar	88
Elijah	Wor	417
Heman	Wor	417
Isaac	Wor	417
Joseph	Bar	37
Joseph	Bar	88
Joseph, Jr.	Bar	92
Luther	Wor	417
Nathl. (2)	Ham	333
Philemon	Bar	89
Seth	Bar	91
Rufus	Bar	88
Thankful	Bar	89
Timo., Jr.	Bar	92
Timothy	Bar	88
Walley	Bar	37
William	Ber	210
see Jones		
Gooduff, Isaac	Brs	313
Goodwill, John	Ham	237
Justin	Ham	238
Nathaniel	Ham	147
William	Ham	264
Goodwin, Amaziah	Ess	431
Benja.	Mid	163
Daniel	Brs	390
David	Mid	164
David, 2d.	Mid	163
Edw.	Mid	163
Edw., 2d.	Mid	164
Edward	Wor	349
Eldad F.	Ham	341
Ephm.	Ess	74
Ezra	Ess	74
Hannah	Ess	481
Henry	Ess	53
Hephsibah	Ess	492
Isaac	Ess	74
Isaac, junr.	Ess	74
James	Wor	349
James, Jun.	Wor	349
Jeremiah	Bar	60
Job	Ply	104
John	Ess	321
John	Ess	490
John	Mid	164
John	Mid	298
John	Wor	349
John, ju.	Mid	298
Joseph	Ber	210

Levi   Ess 74
Mary   Ess 534
Moses   Ess 74
Nathaniel   Ess 547
Nathaniel   Ply 9
Reuel   Mid 343
Ruth   Mid 262
Saml.   Mid 163
Samuel   Ess 484
Samuel   Ess 495
Susanna   Ess 74
Tho.   Mid 386
Thomas   Ess 74
Thomas   Ham 175
Thomas   Mid 343
Thomas   Ply 8
Thomas, junr.   Ess 75
Timothy   Ply 6
Uriah   Ber 212
Uriah   Ham 341
Uriah   Mid 358
William   Ess 482
William   Ess 74
William   Ess 496
William   Ply 6
William   Ply 15
Wm.   Mid 163
Goodyear, Austin   Ham 356
Gooe, Peter   Ber 248
Gooff, Abel   Brs 301
James   Brs 300
Joseph, jr.   Brs 301
Levi   Brs 301
Richard   Brs 301
Googins, Richard   Ess 74
Gookin, Edmund   Mid 483
Esquire   Mid 483
Gooking, Daniel   Nor 323
Gookins, Edmund   Nor 247
Goold, Benjamin   Wor 350
Brisler   Ply 31
Elisha   Suf 147
Mary   Ess 371
Robert, Esq.   Suf 147
William   Wor 350
Gooldsmith, Benja.   Ess 184
Jeremiah   Ess 184
John   Ess 184
William   Ess 184
Zaccheus   Ess 184
Goram, Lot   Bar 28
Gorden, Timothy   Ess 213
Gordin, William   Ham 266
Gordon, Cosmo   Ham 259
Elisha   Ess 321
John   Ess 372
Mirriam, Wd.   Ess 74
Nicholas   Ess 504
William   Brs 424
see Weld
Gore, Abenezer   Wor 388
John   Wor 344
Joseph   Nor 239
Joshua   Nor 237
Paul   Nor 226
Peter   Wor 278
Samuel   Nor 236
Samuel, Junr.   Nor 236
Gorely see Gurley
Gorham, Abigail
David   Wor 406
Deborah   Bar 86
Desire   Bar 84
Edward   Bar 86
Hannah   Bar 83
George   Bar 84
George   Ham 159

Hezekiah   Bar 97
Isaac   Bar 97
Jabez   Ply 111
James   Bar 83
Job   Bar 83
John   Bar 45
John   Bar 100
John   Ham 160
John   Wor 406
Jonathan   Bar 83
Joseph   Ham 159
Joseph   Wor 406
Josiah   Bar 86
Lydia   Bar 100
Nath   Mid 165
Parnell   Nan 74
Prince   Bar 83
Rebecca   Mid 165
Silvanus   Bar 83
Stephan   Wor 298
see Fitch, Goram
Gorthorp, William   Nor 300
Gorton, John   Ber 135
John   Wor 330
William   Wor 158
Goss, Andrew   Ham 353
Calvin   Wor 226
Daniel   Wor 349
Daniel, Jun.   Wor 349
Ezra   Ham 234
Gideon   Ham 353
James, Doct.   Ess 152
John   Wor 349
John A.   Ham 269
Joseph   Wor 356
Joshua   Ess 486
Joshua, Junr.   Ess 479
Katherine   Ess 504
Reuben   Ham 106
Richard   Ess 152
Richard   Ess 423
Stephen   Wor 277
Thos.   Ess 418
William   Ess 152
William   Ess 485
William   Ess 505
Zebulon   Wor 381
Gosset, Winslow   Wor 365
see Gasset
Gostrich, John   Brs 424
Gotham, Edward   Ess 321
Gott, Abner   Ess 144
Betty, Wo.   Ess 145
Charles   Ess 147
James   Ess 147
James, Jun.   Ess 144
John   Ess 152
Joshua   Ess 148
William   Ess 152
Goudey, Levi   Ess 439
Goudy, Alexander   Ham 139
Samuel   Ham 158
Goulbourn, William   Ber 118
Gould, Aaron   Ham 191
Abraha.   Nor 144
Abraham   Mid 312
Amos   Ess 38
Amos   Wor 335
Andrew   Ess 35
Asa   Ess 41
Benja.   Mid 374
Benjamin   Ham 192
Benjamin   Mid 420
Benjamin   Wor 515
Cornilus   Ess 263
Daniel   Ess 262
Daniel   Mid 298

Daniel   Mid 312
Daniel   Nor 367
Daniel   Wor 277
Danl., Deacn.   Ham 226
David   Bar 19
David   Ham 226
David   Mid 80
David   Mid 312
Ebenezer   Wor 180
Ebenezer   Wor 479
Ebenr.   Ham 226
Ebenr.   Mid 374
Ebenr.   Wor 159
Eleazer   Wor 479
Elihu   Ess 74
Elijah   Ess 42
Elijah   Wor 277
Elizabeth   Mid 483
Esther   Nor 212
Ezra   Nor 103
George   Wor 309
George, Majr.   Nor 300
Gideon   Ham 77
Henry   Ham 186
Isaac   Ham 196
Isaac   Mid 249
Jacob (2)   Ess 263
Jacob   Mid 312
Jacob   Nor 228
James   Ess 367
James   Mid 127
James   Mid 298
James   Wor 194
Jedediah   Wor 479
Jeremiah   Ham 191
Jno.   Wor 309
Joanna   Mid 164
John   Bar 9
John   Bar 22
John   Bar 77
John   Ess 41
John   Ess 111
John   Mid 165
John   Mid 298
John   Mid 318
John   Nor 249
John, Docr.   Nor 312
John, jur.   Bar 23
John, Jur.   Ess 41
Jonathan   Wor 157
Jonathan   Wor 330
Joseph   Bar 5
Joseph   Ess 41
Joseph   Ess 230
Joseph   Ham 247
Joseph   Mid 298
Joseph   Wor 219
Joseph, Junr.   Ess 41
Joshua   Bar 22
Joshua   Nor 212
Josiah   Bar 16
Josiah   Bar 22
Josiah   Ess 405
Josiah   Ess 555
Kezia   Nor 103
Lymon   Wor 159
Major   Ess 572
Mary   Mid 396
Nathan   Ham 192
Nathanael   Nor 103
Nathaniel   Bar 16
Nathaniel   Ess 34
Nathaniel   Ess 41
Noah   Ham 115
Noah   Mid 80
Oliver   Ham 77
Otis   Nor 232

Name	Ref
Peter A.	Nor 358
Philip	Ess 74
Reuben	Mid 80
Reuben	Mid 396
Richard	Bar 20
Sampson	Wor 426
Samuel	Ess 263
Samuel	Ham 114
Sarah	Ess 384
Sarah	Nor 126
Silas	Ess 217
Simeon	Nor 93
Simon	Ess 42
Simon	Nor 102
Simon, Junr.	Ess 42
Solomon	Ess 34
Solomon	Ess 414
Solomon	Ham 114
Stephen	Wor 180
Theophilus	Ess 74
Thomas	Ess 572
Thomas	Mid 312
Thomas	Wor 330
Thomas	Wor 426
William	Ham 42
Willm.	Ply 38
Wm.	Ham 138
Zacheus	Ess 42
see Linnell	
Goulding, Abel	Wor 277
Clark	Wor 177
Daniel	Wor 177
Ignatius	Wor 513
John R.	Wor 514
Jonah	Wor 180
Joseph	Wor 258
Lucy	Wor 180
William	Wor 177
Winsor	Wor 514
Gouldsberry, Asa	Ess 538
Joseph	Ess 537
Gove, Nathaniel	Mid 23
Nathaniel, Jr.	Mid 23
William	Ham 297
William, Jun.	Ham 297
Gover, Eliza.	Ess 400
see Stevens	
Goward, Francis	Brs 390
Mary	Brs 390
Gowdy, James	Ess 15
William	Ham 91
Gowen, Charles	Ess 397
Ezra	Ess 453
Gideon	Ess 12
Joseph	Ess 452
Nathl.	Ess 453
Gowin, Ebenzr.	Mid 463
Wm.	Mid 463
Gowing, Daniel	Mid 318
Daniel, ju.	Mid 318
Jabez	Mid 318
John	Mid 318
John, jur.	Mid 318
Joseph	Mid 318
Grace, Joseph	Ham 353
Graeves, Samuel	Brs 372
Graften, Pattee	Ess 561
Grafton, Joseph	Mid 273
Mary	Ess 413
Woodbe.	Ess 410
see Gardner	
Gragg, Jacob	Ham 185
Joseph	Mid 453
Robert	Ham 186
Samuel	Wor 217
Thomas	Mid 453
Graham, Aaron	Ber 109
Benjamin	Ham 284
David	Mid 48
David	Nor 305
Deliverance	Bar 70
James	Ber 174
Lucius	Ham 283
Moses	Ham 280
Michael	Brs 425
Rebeckah	Brs 308
Saml.	Mid 48
Samuel	Ham 58
Talor	Bar 71
William	Ham 158
William	Nor 312
William	Wor 510
Zenas	Ham 327
see Grayham	
Grahum, Reuben	Mid 434
Grainger, Eli	Ham 126
Elijah	Ham 127
Luther	Ham 157
Sarah, Wido.	Ess 183
Gramger, Benjamin	Ham 139
Grandison, Charles	Ber 128
Cuffe, Negro	Ply 133
Grandy, Mary	Ess 505
Remembrance	Ham 53
Granger, Abraham	Ham 168
Asahel	Ham 358
Elihu	Ber 176
George	Ham 358
Holcomb	Ham 358
Holcum	Ham 287
Ithamar	Ham 358
John	Ham 67
John M.	Ham 187
Joseph	Ess 321
Justin	Ham 353
Noah	Wor 309
Phinehas	Ber 239
Thadeus	Ber 174
Thadeus	Ber 180
William	Ber 132
William	Ber 175
see Gramger	
Grant, ---	Ess 263
Aaron	Wor 236
Alexander	Ham 120
Amos	Ess 510
Asa	Ham 310
Benjamin	Brs 313
Benjamin	Nor 363
Beriah	Nor 361
Christopher	Ess 463
Christopher	Mid 500
David	Nor 363
Ebenezer	Nor 379
Elias	Brs 321
Elias	Ess 376
Elisa., Wd.	Ess 52
Elisha	Ber 261
Eliza.	Ess 395
Hannah	Mid 534
Hezekiah	Ber 105
John	Ber 232
John	Ess 389
John	Ham 160
John	Ham 327
Joseph	Ess 534
Joseph	Nor 363
Joshua	Ess 357
Joshua	Mid 500
Joshua	Nor 219
Joshua	Nor 363
Joshua, jr.	Ess 357
Justus	Nor 368
Luther	Nor 363
Moses	Nor 363
Nathaniel	Ess 577
Phillip	Wor 406
Rhodes	Nor 361
Samuel	Wor 514
Sylvester	Ber 105
Thomas	Brs 304
Thomas	Ess 463
Thomas	Ess 505
Titus	Ber 202
William	Ess 505
Grater, Francis	Ess 467
Graton, Thomas	Ber 114
Thomas	Wor 226
Graves, Aaron	Ham 249
Aaron, Majr.	Ham 258
Abner	Wor 290
Amasa	Ham 158
Asa	Ham 46
Asher	Ham 173
Benj.	Ess 437
Benjamin	Ham 282
Benoni	Ham 284
Cotton	Ham 283
Daniel	Ham 115
Daniel	Ham 259
Daniel	Mid 298
David	Ham 67
David	Ham 282
Dorus	Ham 341
Dwight	Ham 205
Ebenezar	Ham 192
Ebenezer	Ham 73
Ebenezer, Junr.	Ham 73
Eleazer	Wor 290
Eli	Ham 73
Elias	Ham 282
Elihu	Ham 63
Elisha	Ber 114
Elisha	Ham 6
Elnathan	Ham 63
Enoch	Ham 173
Enos	Ham 114
Erastus	Ham 157
Gideon	Ham 258
Hannah, Wido.	Mid 453
Horace	Ham 258
Israel	Ham 13
Jesse	Ham 191
Job	Ham 73
Joel	Ham 66
Joel	Ham 196
John	Ess 575
John	Ham 67
John	Ham 73
John	Ham 122
John	Ham 134
John	Mid 453
Jonas	Ham 283
Jonathan	Mid 110
Jonathan	Wor 445
Joseph	Ham 115
Josiah	Ham 333
Levi	Ham 12
Levi	Ham 58
Levi	Wor 445
Lucius	Ham 63
Maria	Ham 282
Mark	Ess 52
Mark	Ess 443
Martin	Ham 66
Moses	Ham 67
Moses	Ham 114
Nathan	Mid 518
Nathl.	Wor 290
Noah	Ham 46
Obediah	Ham 151

Oliver	Ham 66	Joshua	Bar 5	Benja.	Mid 396
Oliver, Jur.	Ham 66	Joshua	Bar 97	Benja.	Wor 495
Perez	Ham 12	Justus	Ham 214	Benjamin	Ber 160
Perez	Ham 63	Lot	Bar 8	Benjamin	Ess 580
Perez, Lt.	Ham 205	Mary	Bar 97	Benjamin	Ham 82
Peter	Mid 452	Mary	Duk 453	Benjamin	Ham 86
Phineas	Ham 13	Matthew	Ham 214	Benjamin	Ham 240
Phinehas	Ham 283	Matthew	Wor 258	Benjamin	Wor 388
Ran	Ess 437	Molly	Ess 552	Benjamin	Wor 466
Randal	Ham 341	Moses	Ham 214	Benjn.	Mid 262
Reuben	Ham 66	Nathanl.	Ham 214	Bristol	Wor 180
Reuben	Ham 173	Patrick	Ham 214	Caleb	Mid 298
Richard	Wor 515	Rebech., Wido	Ess 9	Calvin	Mid 396
Roswell	Ham 173	Reuben	Wor 177	Charlotte	Mid 164
Rufus	Ber 207	Rhoda	Duk 445	Christopher	Bar 45
Rufus	Ham 73	Richard	Bar 99	Christopher	Brs 424
Rufus	Ham 115	Robert	Ham 340	Clark	Ham 294
Salmon	Ham 67	Samuel	Bar 8	Close	Mid 510
Saml.	Ess 437	Samuel	Bar 98	Daniel	Ham 276
Samuel	Ham 63	Samuel	Ess 396	Daniel	Mid 298
Selah	Ham 66	Samuel	Ess 409	Daniel	Mid 311
Seth	Ham 12	Samuel	Ham 158	Danl.	Mid 396
Silas	Ham 12	Samuel	Ply 13	David	Brs 366
Silas	Ham 115	Samuel	Wor 258	David	Mid 453
Simeon	Ham 58	Sarah	Ply 127	David	Wor 465
Simeon	Ham 259	Thomas	Bar 83	Ebenezar	Ham 192
Solomon	Ham 12	Thomas	Ess 184	Ebenr.	Ham 224
Stephen	Ham 63	Thomas	Ham 214	Ebenr., Sarg't.	Ham 209
Thomas	Wor 202	Thomas	Wor 177	Eleanor	Ham 21
Zebediah	Ham 53	Thomas, Revd.	Nor 251	Eleazr.	Mid 453
see Greaves		William	Ess 32	Eli	Ber 154
Gray, Abijah	Duk 453	William	Ess 119	Eli	Ber 157
Adam C.	Ham 214	William	Ess 375	Eliphalet	Ham 237
Albert	Ess 401	William	Ess 406	Eliza.	Mid 183
Alden	Bar 95	William	Ess 416	Elizabeth	Ess 476
Anthony	Bar 8	Willm., 4th.	Ess 386	Ezra	Mid 183
Benja.	Ess 360	Wm.	Mid 196	Fra.	Mid 164
Benja.	Mid 164	Zuruisah, wd.	Bar 8	Henry	Ber 156
Daniel	Ess 184	see Baker, Grey		Hezekiah	Ber 168
Danl., Dean.	Ham 214	Grayham, David	Ham 146	Isaac	Mid 66
David	Ess 184	William	Nor 93	Isaac	Wor 489
Ebenr., Dean.	Ham 214	Gready, Martin	Ply 12	Isaiah	Bar 85
Eliot (2)	Ham 214	Greaton, John	Wor 489	Jabez	Wor 426
Eliphalet	Ham 209	John, jun.	Wor 489	Jabez	Wor 490
Elizebeth	Wor 258	Greaves, Crispus	Ess 519	Jabez, jun.	Wor 489
Francis	Ply 103	Ebenezer	Ess 487	James	Ess 440
Freeman	Duk 453	Ebenezer, junr.	Ess 486	James	Mid 57
Gideon	Bar 95	John	Ess 488	James	Mid 164
Hezekiah	Ber 107	Joseph	Ess 515	James	Mid 183
Honnah, wd.	Bar 4	Mark	Ess 519	James, Jr.	Ess 431
Jacob	Ham 214	Samuel	Ess 476	Jedn.	Wor 406
Jaduthan	Ber 120	Samuel	Ess 477	Jeptha	Ham 350
James	Ess 17	Samuel	Ess 505	Jeremiah	Ber 149
James	Ess 408	William	Ess 460	Jeremiah	Mid 298
James	Ess 556	Greeley, Clement	Ess 275	Jesse	Mid 40
James	Ham 192	Joseph	Ess 275	Joanna, 2d.	Ess 532
James	Ham 327	Greely, David	Ess 52	Job	Wor 389
James	Ply 128	Jona.	Ess 52	Joel	Ham 277
Jemima	Ham 186	Judith, Wd.	Ess 53	John	Bar 85
Jeremiah	Ham 214	Philip	Ess 53	John	Ber 261
John	Bar 95	Philip	Ess 392	John	Ess 275
John	Brs 398	Samuel	Ess 53	John	Ess 393
John	Duk 445	Stephen	Ess 322	John	Ess 475
John	Duk 453	Green, Aaron	Mid 183	John	Ess 488
John	Ess 413	Aaron	Mid 298	John	Ess 498
John	Ess 423	Aaron	Wor 211	John	Mid 40
John	Ham 214	Abel	Wor 490	John	Mid 57
John	Mid 97	Alexander	Ess 476	John	Mid 116
John	Ply 27	Amos	Ham 275	John	Mid 164
John	Wor 510	Amos	Mid 40	John	Mid 183
John, 2d.	Ham 214	Archibald	Ber 159	John	Mid 312
Jona.	Ham 214	Asa	Mid 40	John	Nor 219
Jonathan	Ham 340	Barnard	Mid 183	John	Nor 230
Jonathan	Mid 97	Barthw.	Wor 406	John	Wor 177
Joseph	Brs 408	Benja.	Ham 220	John	Wor 365
Joseph	Ham 226	Benja.	Mid 164	John	Wor 388
Joseph	Wor 429	Benja.		Jona.	Mid 57

Name	Ref	Name	Ref
Jonas	Mid 183	Solomon	Bar 45
Jonas	Mid 262	Stephen	Ham 14
Jonas	Mid 453	Thomas	Brs 425
Jonathan	Bar 45	Thomas	Ess 497
Jonathan	Mid 312	Thomas	Mid 298
Joseph	Ess 322	Thomas	Mid 312
Joseph	Ham 82	Thomas	Wor 180
Joseph	Wor 417	Thomas	Wor 330
Joshua	Ham 96	Timothy	Ham 290
Joshua	Ham 105	Timothy	Ham 294
Joshua	Mid 453	Warwick	Nor 202
Josiah	Mid 312	William	Ess 404
Josiah, jur.	Mid 312	Wm.	Mid 66
Keziah, wid.	Wor 406	Wm.	Mid 164
Larken	Wor 298	Wm.	Mid 183
Larkin	Ham 291	Wm.	Mid 196
Lemuel	Bar 45	Woodbridge	Ham 77
Lemuel	Wor 495	Zacheus	Mid 40
Leonard	Mid 39	Zacheus	Wor 365
Luther	Nor 219	Zalmon	Wor 388
Lydia	Ess 545	Zera	Ham 294
Lydia	Wor 498	see Greene, Gren	
Mary	Ess 481	Greene, Bars.	
Mary	Wor 177	Caleb	Brs 425
Mercy	Ess 505	Henry	Ber 133
Meribah	Ess 6	James	Ber 125
Moses	Ess 275	John	Ply 16
Moses	Ess 531	Joseph	Wor 193
Moses	Wor 395	Peter, junr.	Ess 486
Nathan	Ber 151	Richard	Ply 111
Nathan	Mid 40	Robert	Ply 50
Nathan	Mid 298	Samuel	Ess 486
Nathan	Wor 365	William	Ber 127
Nathan	Wor 449	Greenell see Grunell	
Nathaniel	Wor 365	Greenfield, Nathll.	
Nehh.	Ess 441	see Chace	
Newport	Mid 528	Greenflit, Joseph	Ham 161
Noah	Ber 168	Greenleaf, Abel	Ess 320
Oliver	Ber 154	Abner	Ess 210
Oliver	Mid 427	Abner	Ess 320
Paul	Ham 82	Benj.	Nor 144
Peleg	Ber 154	Bethsheba	Suf 147
Peter	Ess 471	Caleb	Ess 276
Peter	Ham 190	Calvin	Wor 213
Phins.	Mid 183	Danel.	Wor 234
Phins., 2d.	Mid 184	Daniel	Wor 180
Rachel	Ply 40	Danl.	Nor 114
Reuben	Ham 268	Dorothy, Wido.	Ess 320
Reuben	Mid 16	Ebenezer	Ess 216
Reuben	Mid 298	Edmund C.	Ess 320
Robert	Ham 277	Elizabeth	Ess 320
Robert	Ply 55	Enoch	Mid 249
Robert	Wor 406	Gardner	Mid 195
Robert	Wor 417	Gardner, 2d.	Mid 196
Roland	Brs 386	Isaac	Mid 196
Roland, Jur.	Brs 386	Jacob	Ess 320
Russel	Ber 162	John	Ess 320
Salmon	Ham 268	John	Wor 234
Saml.	Mid 184	John, Jr.	Ess 320
Samuel	Ber 112	Jona.	Mid 196
Samuel	Ess 6	Jonathan	Ess 320
Samuel	Ham 77	Joshua	Ess 320
Samuel	Ham 109	Lucy, Wido.	Ess 320
Samuel	Mid 38	Nathaniel	Ess 210
Samuel	Mid 249	Richard	Ess 320
Samuel	Wor 237	Samuel	Ess 214
Samuel	Wor 489	Sarah	Ess 276
Samuel, jun.	Wor 489	Stephen	Suf 147
Sarah	Ess 475	William	Ess 112
Sarah	Ham 191	William	Ess 275
Sarah	Mid 298	William	Wor 251
Sarah	Mid 312	Woodbridge	Ess 320
Sarah, Wd.	Ess 53	see Clark	
Sarah, Wido.	Ham 277	Greenleeff, Abner	Ess 229
Semion	Mid 57	Greenlieff, Thomas	Ess 218
Simeon	Mid 54	Greenliff, Josiah	Ess 229
Solo.	Mid 48	Greenough, Bayley	Ess 241

Name	Ref
David S.	Nor 250
Emanuel	Ess 505
James	Ess 240
John	Ess 241
John	Ess 322
Joseph	Ess 322
Moses	Ess 244
Sally	Ess 275
William	Ess 241
William	Mid 273
Greenslitt, John	Ham 268
Greenstill, Joel	Ham 272
Greenwood, Aaron	Wor 452
Abel	Mid 146
Abijah	Wor 417
Asa	Wor 514
Daniel	Wor 157
Danl., Junr.	Wor 157
Elizabeth	Ess 561
Enoch	Wor 197
Homes	Ham 127
Isaac	Nor 300
James	Mid 146
James	Wor 157
Jas., Junr.	Wor 157
Jonas	Mid 534
Jonas, Jr.	Mid 534
Jonathan	Wor 452
Levi	Wor 417
Mary	Ess 459
Miles	Mid 273
Moses	Mid 518
Moses, Mj.	Wor 417
Nevers	Mid 483
Reuben	Mid 534
Samuel	Ham 105
Samuel	Nor 317
Thos.	Wor 226
William	Mid 142
see Brown	
Greer see Green	
Gregaroy, Daniel	Mid 146
Gregg see Gragg	
Greggs, William	Mid 273
Gregory, Amasa	Wor 238
Elisha	Brs 280
Elnathan	Ber 149
Esbon	Ber 163
Isaac	Mid 66
Isaac	Wor 232
John	Ber 210
Joseph	Ess 475
Josiah	Mid 66
Marshall	Mid 5
Phinehas	Wor 515
Samel.	Wor 237
Seth	Ber 113
Silas	Mid 249
Uriah	Mid 249
see Gregaroy	
Greive, David	Brs 425
Gren, Jonathan	Bar 45
Jonathan, Jur.	Bar 45
Grew, Samuel	Nan 67
Grewe see Greive	
Grey, Edward	Ber 129
John	Brs 381
Gridley, Elijah, Revd.	Ham 252
Griffen, Alice	Ess 475
Andrew	Ess 142
Daniel	Ess 184
Dudly	Ess 141
Ebenezer	Mid 318
Eliphalet	Ess 145
Epes	Ess 143
Gustaves	Ess 142
James	Ess 142

INDEX TO THE 1800 CENSUS OF MASSACHUSETTS

James	Ess 146	Grinfill see Blake		George W.	Nor 308
James	Mid 318	Grinman, Sampson	Ham 160	Hanh.	Mid 183
Joel	Ess 145	Grinnel, Benjamin	Brs 424	Hosea	Ham 286
Jonathan	Ess 184	Cornelius	Brs 425	Jabez	Nor 84
Joseph	Ess 183	Oliver	Brs 282	Jesse	Brs 385
Mary, Wo.	Ess 142	Susanna	Brs 425	John	Ess 445
Nathu.	Ess 141	Grippin, Silas	Ber 160	Jona.	Ber 142
Oliver	Ess 142	Grish see Griste		Joseph	Brs 385
Samu.	Ess 145	Griste, John	Ess 474	Joseph	Ess 275
Silas	Ham 149	Griswold, Ezekiel	Ber 254	Lemuel	Brs 385
William	Ess 111	Frederick	Ber 248	Levi	Brs 385
William	Ess 145	Samuel	Ber 197	Lois	Mid 183
William	Ess 184	Simeon	Ber 197	Martha	Mid 184
William, jur.	Ess 184	Sylvanus	Ham 353	Martin	Ham 46
Griffeth, Barnabas	Bar 4	Griswould, Ashur	Ham 154	Nehemiah	Ess 160
Joseph	Bar 95	John	Ham 154	Nehh., Jun.	Ess 152
Stephen	Bar 4	John, Jr.	Ham 154	Peter	Mid 183
Griffin, Benja., Capt.	Ess 52	Joseph, Lt.	Ham 245	Robert	Ham 260
Banja., junr., Capt.	Ess 52	Solomon	Ham 232	Samuel	Brs 385
Daniel	Mid 133	Theophilus	Ham 73	Seth	Brs 385
Daniel, Capt.	Ess 52	Groat, Philip	Ber 231	Simeon	Brs 386
David	Ham 53	Groce, Danl.	Ess 383	Simon	Mid 164
Ebenezr.	Ess 237	George	Ess 529	Stephen	Ham 260
John	Ess 237	George, Jur.	Ess 529	Stephen	Mid 500
Jonathan	Ess 290	Obadh.	Ess 376	Thomas	Brs 385
Jonathan	Ess 551	Groff, Ezra	Brs 313	William	Brs 386
Jonathan	Ham 214	Grosher, Freeman	Bar 58	Groves, Abigail	Ess 549
Joseph	Ess 290	Gross, Alexander	Bar 58	Ephraim	Ply 57
Joseph, Jur.	Ess 290	David	Suf 141	John	Ess 549
Mathew	Mid 396	Elijah	Ply 128	Joseph	Ham 271
Russe...	Mid 97	Jaazamiah	Bar 63	Nicholas	Ham 268
Samuel	Ber 261	John	Bar 67	Peter	Ham 271
Samuel	Mid 127	Jonah	Ham 358	Samuel	Ham 268
Shemll.	Mid 97	Joshua Dyer	Bar 64	Thos.	Ess 368
Timothy	Ber 208	Micah	Ham 220	Grow, Elizabeth	Ess 497
Watson	Ham 350	Peakes	Ply 123	Jane	Ess 509
William	Ess 518	Thomas	Bar 74	John	Ess 573
Wm., Capt.	Ess 52	Thomas	Wor 278	Grows, Jona., Esqr.	Wor 278
see Barney		Zilpha	Ply 130	Grozher, Caleb	Bar 67
Griffing, Jasper	Ber 209	Grosvenor, Caleb	Ber 154	Grullow, Francis	Ham 86
Russel	Ber 205	Charles	Ham 93	Grunell, Benjamin	Ham 82
Griffith, Ephraim	Ply 8	Daniel	Wor 501	George	Ham 73
James	Mid 164	Elizah.	Wor 177	Richard	Ham 82
Obid	Ply 8	Moses	Ham 235	Willam	Ham 73
Paul	Ber 163	Grout, Belea	Mid 534	Wise	Ham 73
Sarah, Wido.	Ess 322	Elias	Mid 534	Grush, Philip	Ess 538
William	Ess 322	George	Ham 99	Thomas	Ess 515
Griggs, David	Wor 177	Isaac	Wor 226	Guamens see Quamens	
Ichabed	Wor 335	Joel	Ham 214	Gubbins, Humphrey	Ber 223
James	Nor 245	John	Ham 109	Guellow see Grullow	
Joseph	Ber 223	Jona.	Wor 498	Guerney, James	Nan 70
Joseph	Ham 28	Jona., Esq.	Ham 209	Guild, Aaron	Nor 93
Joshua	Nor 257	Jonathan	Wor 177	Aaron, Junr.	Nor 307
Lemuel	Ber 168	Jonathan	Wor 196	Aaron, Majr.	Nor 307
Mary, Wd.	Wor 158	Jonathan, Rev.	Ham 333	Abner	Nor 307
Moses	Mid 483	Joseph, Docto.	Ham 268	Amisa	Nor 300
Nathl.	Mid 483	Micah	Ham 242	Amos	Nor 264
Samuel	Nor 256	Nathan	Nor 212	Benjamin	Nor 375
Thomas	Nor 247	Rhoda	Wor 465	Calvin	Nor 300
William	Nor 93	Samuel	Wor 196	Cyrus	Nor 367
William	Nor 246	Silas	Mid 128	Ebenezer	Nor 348
Grim, Joel, Capt.	Ham 205	Thomas	Wor 498	Ebenezer	Nor 371
Grimes, Bill	Wor 417	Grove, Peter	Wor 335	Ebenr.	Brs 322
Charles	Ham 310	Grover, Abiel	Brs 385	Elias	Nor 84
Ephraim	Wor 417	Amasa	Nor 84	Herman	Nor 93
James	Mid 273	Anna, Wo.	Ess 158	Israel	Ham 58
Joseph	Wor 417	Antipas	Mid 348	Israel	Nor 264
Mark	Ess 134	Asa	Ess 446	Jacob	Nor 93
Samuel	Ham 66	Benjamin	Brs 386	Jacob	Nor 307
William	Ess 122	Benjn.	Wor 204	Joel	Nor 307
William	Mid 437	David	Brs 385	John	Nor 300
William, Jun.	Ess 122	David, Jur.	Brs 385	John	Nor 375
Grinall, Oliver	Duk 452	David S.	Ber 163	Jos.	Brs 321
Remington	Duk 450	Ebenezer	Ham 46	Joseph	Ham 14
Grinds, Robert	Ess 524	Ebenr.	Mid 164	Joseph	Nor 93
Grinell, Samuel	Ham 276	Ebenr., Jun.	Ess 152	Joseph	Nor 375
see Grunell		Eleazer	Ess 122	Joseph, Jr.	Nor 92

Lansen	Nor 375	Benjn.	Ply 111	Peleg	Ply 85
Moses	Nor 307	Daniel	Ply 40	Hackleton, John	Ess 497
Nathanael	Nor 93	David	Ply 49	Hackley, Peter	Ber 205
Oliver	Nor 307	David, Revd.	Ply 83	Hadad, Ben	Ber 258
Rebeckah	Nor 93	Elijah	Ply 38	Hadaway, Benjamin	Bar 90
Richard	Nor 375	Elisha	Ess 321	Haddack, James	Ess 276
Richard, Junr.	Nor 375	George	Ply 111	Haddock, Dileverce.	Ess 277
Ruben	Nor 300	Gideon	Ply 40	Haden, Daniel	Wor 203
Samuel	Brs 390	Giles	Nor 273	Noah	Ham 24
Samuel	Nor 92	Jacob	Ply 40	Hadley, Benjamin	Mid 349
Samuel	Nor 370	Jeramiah	Ply 39	Daniel	Mid 333
Samuel	Nor 348	John	Ham 37	Danl.	Mid 197
Samuel, Jr.	Nor 93	John	Ply 39	David	Mid 333
Samuel, Jur.	Brs 390	Joseph	Ply 40	David, 2d.	Mid 333
Sarah, Wido.	Nor 300	Joseph, Jur.	Ply 40	Ebener.	Mid 333
Whiting	Nor 372	Joseph P.	Ply 39	Ephraim	Wor 373
William	Nor 379	Leml.	Ply 111	Huldah	Mid 197
Wm.	Mid 518	Leml., Jr.	Ply 111	John	Ess 165
Guildford see Williams		Levi	Ply 111	John	Mid 7
Guile, Levi	Ham 177	Mehitabel	Ply 57	John	Wor 448
Martin	Ham 175	Nathan	Ply 40	Moses	Mid 165
Guilford, John	Wor 270	Nathan, Jur.	Ply 40	Nathan	Ess 462
Saml.	Ham 340	Noah	Ply 40	Richd.	Mid 197
Simeon	Ham 63	Noah, Jur.	Ply 40	Saml.	Mid 197
Timothy	Ham 63	Saml.	Ply 40	Saml., 2d.	Mid 197
William	Ham 63	Seth	Ply 67	Sarah	Mid 299
William	Wor 270	Silas	Brs 293	Simon	Mid 358
Guiliker, Jane	Mid 409	Thos.	Ply 40	Simon	Nor 300
Guillo, Francis	Brs 381	Zachary	Ply 40	Tho.	Mid 197
Guiteau, Francis	Ber 150	Zechariah	Ply 57	Hadlock, Hannah, Wo.	Ess 109
Gulever, Peleg	Ply 102	Zechariah, junr.	Ply 57	John	Ham 333
Guliger see Guiliker		Gurrel, John	Nan 61	Josiah	Ham 63
Gulley, William	Wor 330	Gushee, Elijah	Brs 372	Hadly, Anleny	Mid 312
Gulliver, Cornelius	Nor 126	Samuel	Brs 372	Hadsdel, Elijah	Ber 160
Gershom	Brs 359	Seth	Brs 372	Isaac	Ber 160
Jno.	Nor 126	Gustin, Molly, Wido.	Ham 310	Joseph	Ber 160
Leml.	Nor 126	Guthrie, Saml., Docto.	Ham 272	Nathan	Ber 162
Nathl.	Nor 126	Gutridge, Michael	Nan 77	Hagar, Amos	Ber 255
Rufus	Nor 126	Gutterson, James	Ess 290	David	Wor 418
Gunday see Gundery		William	Ess 290	Joel	Mid 166
Gundery, Richard	Ply 44	Guy, Amasa	Ham 209	Joseph	Mid 263
Gunn, Abel	Ham 46	Benjamin	Nor 323	Loas	Mid 263
Alexander	Ber 230	Bethsheba	Nor 322	Lois	Wor 216
Alexander, jun.	Ber 225	Jonathan	Nor 323	Nathan	Mid 250
Asahel	Ham 45	see Fuy, Gay		Phinehas	Mid 250
Calvin	Ber 197	Gwin, James	Nan 45	Hagen, Aaron	Ham 100
Chester	Ham 45	Rachel	Nan 51	Hager, Abigail	Mid 421
Eleanor	Ham 46	Gwineth, Hannah	Brs 390	Benja.	Wor 160
Eli	Ham 46	Gwynn, Thaddeus	Ess 401	David	Mid 500
Elihu	Ham 46	Gyer, Fredk.	Mid 196	Ephraim	Mid 139
Elijah	Ham 46			John	Wor 277
Elisha	Ham 284			Jonathan	Wor 488
Gideon	Ber 197	--- H ---		Joseph	Mid 34
Hannah	Ham 46			Moses	Mid 500
Israel	Ham 46			William	Mid 421
Joseph	Ham 46	H..., Jacob	Wor 496	Haggit, Moses	Ess 236
Lucius	Ham 283	John	Ber 231	Hagson see Huyson	
Martin	Ham 46	H...ard, Amos	Wor 511	Haight, Elijah	Ber 106
Moses	Ham 46	Hach, Esther, Wd.	Ham 220	Hail, Samuel	Ham 220
Nathaniel	Ham 46	Hack, Nathan	Brs 365	Hailey, Danl.	Mid 165
Nathaniel, Jr.	Ham 46	Nathan, Junior	Brs 365	Haily, Charles	Mid 166
Oriel.	Ber 230	Peter	Brs 366	Haines, Tho.	Mid 197
Rufus	Ham 45	Tobey	Brs 365	Hair, John	Wor 182
Salmon	Ham 46	Hacker, Isaac	Ess 379	Mary	Wor 260
Stephen	Ham 283	Isaac, jr.	Ess 367	Robert	Ham 115
William	Ham 46	Hacket, Asahel	Brs 373	Haise, Eli	Ham 138
Gunnells see Grunell		Benja.	Ess 53	Joseph	Ham 138
Gunnison, Ebenezer	Ess 320	Elijah	Ply 85	Haistins, John	Wor 406
Gurley, George	Ess 96	George	Ply 85	Hakes, Jonathan	Ham 266
Jno.	Nor 144	John	Ess 53	Halden, Charles	Ess 393
John	Ess 96	John, junr.	Ess 53	Hale, ---, Wido	Brs 401
Willa.	Ess 100	Joseph	Ess 75	Aaron	Ham 58
Gurnet, Susana	Nor 317	Mehitable, Wd.	Ess 75	Abner	Ham 95
Gurney, Amos	Ham 305	Wm., Capt.	Ess 53	Amos	Ess 227
Asa	Ham 303	Wm., junr., Capt.	Ess 54	Amos	Wor 226
Asa	Ply 39	Zadock	Ply 18	Asa	Wor 226
Benjamin	Ham 303	Hackett, Giddeon, Jr.	Ham 214	Ashbel	Ber 213

Name	Ref	Name	Ref	Name	Ref
Benja.	Ess 152	Stephen	Mid 299	Elisha	Bar 14
Bezaleel	Mid 425	Thomas	Ess 213	Elisha	Ber 138
Bezaleel, Jur.	Mid 425	Thomas	Ham 91	Elisha	Ber 235
Calvin	Wor 435	Thomas	Wor 257	Elisha	Brs 366
Charles	Mid 425	Thomas	Wor 435	Elisha	Ham 358
Chilab	Ham 78	William	Ber 115	Elisha	Ply 27
Daniel	Ess 256	William	Ber 192	Elisha	Wor 448
Daniel	Ham 78	William, Jur.	Ber 110	Elizabeth	Ess 291
David	Brs 400	Hales, Lydia, Wo.	Ess 139	Elizur	Ham 59
David	Wor 509	Hall, Aaron	Ess 112	Elkanah	Brs 386
David, Wido. of	Ess 323	Aaron	Ham 151	Enoch	Bar 26
Dolly	Wor 319	Abel	Ber 110	Epm.	Mid 196
Ebenezer	Ess 323	Abel	Ber 115	Ephraim	Brs 319
Elam	Ham 95	Abigail, Wido.	Brs 374	Ezra	Ber 149
Elijah	Ham 78	Abigal, Wo.	Ess 96	Fitch	Mid 196
Eliphelet	Ess 243	Abijah	Nor 374	Fra.	Mid 196
Elisha	Wor 479	Abijah, Capt.	Wor 388	George	Ber 160
Eliza.	Ess 221	Abner	Ply 26	George	Ply 108
Elizer	Ham 78	Adam	Ply 91	Gershom	Bar 14
Enoch	Ess 218	Amariah	Nor 362	Gorham	Bar 83
Enoch	Ham 16	Amasa	Ham 166	Hannah	Ber 110
Eph.	Mid 396	Ambrose	Ber 148	Hannah, Wido.	Brs 372
Ephraim	Mid 425	Amos	Ber 176	Hannah, Wido.	Brs 375
Ezekiel	Ess 276	Amos	Ber 255	Henary	Wor 459
Ezekiel	Ham 165	Amos	Brs 372	Henry	Bar 27
Ezra	Ess 222	Andr.	Mid 196	Hopestill	Nor 147
Ezra	Wor 435	Anna, Wd.	Bar 27	Isaac	Bar 95
Gideon	Ber 115	Asa	Ber 165	Isaac, Jr.	Bar 96
Hezekiah, Lt.	Ham 94	Asa	Brs 373	Isaiah	Bar 27
Isaac	Ess 228	Asa	Mid 93	Isaiah	Mid 453
Israel	Ham 78	Asa	Nor 341	Jabez	Ply 17
Jacob	Ess 323	Asa	Ply 9	Jacob	Ess 291
Jacob	Wor 226	Bailey	Ply 37	Jacob	Wor 435
Jacob	Wor 241	Barnabas	Bar 27	James	Ham 100
Jacob, Jr.	Ess 323	Benja.	Mid 57	James	Mid 196
James	Ham 53	Benja.	Mid 196	James	Nor 331
Job	Brs 298	Benja.	Wor 228	James	Ply 88
Job	Brs 414	Benja., 2d.	Mid 196	Jane	Mid 197
John	Ber 115	Benjamin	Ber 160	Jane	Ply 102
John	Brs 400	Benjn.	Bar 13	Jeramiah	Ply 37
John	Ess 228	Benjn.	Bar 27	Jesse	Bar 27
John	Ham 78	Brian	Brs 381	Jesse	Ham 170
John	Ham 95	Caleb	Brs 372	Jna.	Nor 147
Jonas	Mid 425	Calvin	Ber 154	Jno.	Mid 196
Jonathan	Ham 353	Charles	Ess 577	Jno.	Nor 115
Jonathan, Esqr.	Ham 94	Chri	Mid 184	Jno.	Nor 147
Jonathn.	Ess 243	Christa. B., Wido.	Ess 186	Job	Ber 255
Joseph	Ess 204	Danforth	Ply 97	Job	Brs 373
Joseph	Ess 262	Daniel	Bar 26	Job	Ply 37
Joseph	Ess 323	Daniel	Ber 207	Joel	Ham 200
Joseph	Wor 298	Daniel	Ply 100	John	Bar 10
Joshua	Ess 227	Daniell	Bar 27	John	Bar 95
Joshua	Ess 277	David	Bar 95	John	Ber 151
Josiah	Ber 113	David	Ber 261	John	Ber 162
Levi	Brs 400	David	Ham 177	John	Ber 167
Lurana	Brs 400	David	Ham 341	John	Ber 208
Mary	Ess 545	David	Mid 528	John	Ber 262
Moses	Ess 217	Deborah	Wor 465	John	Brs 319
Moses	Mid 374	Ebenezer	Ber 232	John	Brs 381
Moses	Wor 226	Ebenezer	Brs 363	John	Ham 161
Moses	Wor 430	Ebenr.	Ber 113	John	Ham 182
Nathaniel	Ess 209	Ebenr.	Ham 333	John	Ham 192
Nathll.	Ber 235	Ebenr.	Mid 166	John	Mid 66
Oliver (2)	Ess 232	Ebenr.	Mid 196	John	Nor 94
Olivr	Wor 237	Ebenr.	Mid 484	John	Nor 381
Paul	Ess 323	Ebenr., 2d.	Mid 196	John	Ply 88
Pemberton	Ess 252	Ebenr., 3d.	Mid 196	John	Ply 110
Reuben	Wor 518	Edmond	Bar 26	John	Wor 160
Robert	Ess 323	Edmund	Brs 373	John, Junr.	Nor 381
Salathiel	Ber 115	Edward	Bar 14	John, 3d.	Brs 381
Saml.	Mid 57	Edward	Bar 95	John C.	Ham 73
Samuel	Ess 323	Edward	Mid 274	Jona.	Mid 167
Samuel	Ham 78	Edward	Nor 115	Jonathan	Bar 14
Samuel, Jun.	Wor 435	Edward	Wor 449	Jonathan	Bar 38
Sarah	Ham 93	Edward, jur.	Bar 13	Jonathan	Ham 177
Silas	Ham 95	Eli	Wor 260	Jonathan	Ply 85
Silas	Wor 277	Elias	Wor 310	Jonathan	Wor 465

Jos. P.	Mid 197	Smith	Ber 231	Joseph	Wor 496
Joseph	Bar 35	Solomon	Mid 275	Theops.	Ess 428
Joseph	Brs 363	Solomon	Ply 110	Halstatt, George	Wor 280
Joseph	Brs 374	Step.	Mid 197	Halstead see Halstatt	
Joseph	Ess 53	Stephen	Bar 27	Halt, Asa	Mid 319
Joseph	Ham 341	Stephen	Bar 35	Halting, George	Brs 322
Joseph	Wor 160	Stephen	Brs 375	Haly, Joseph	Brs 333
Joseph, Junr.	Wor 160	Stephen	Ham 186	Ham, Thomas	Ess 324
Joseph, 2d.	Brs 373	Stephen	Wor 160	Hamant, Asa	Nor 202
Joshua	Bar 27	Stephen, Junr.	Wor 160	Asa, Jun.	Nor 202
Joshua	Bar 35	Thomas	Bar 26	Francis	Nor 202
Joshua	Ply 100	Thomas	Ber 112	Timothy	Nor 202
Josiah	Bar 27	Thomas	Ham 300	Timothy	Nor 213
Josiah	Brs 318	Thomas, Jun.	Ham 300	Hambelton, Nathan,	
Josiah	Mid 464	Thos.	Ess 437	Capt.	Ham 144
Josiah	Nor 94	Thos.	Mid 484	see Hamilton	
Josiah	Wor 160	Timothy	Ham 73	Hamblen, Benja.	Bar 40
Josiah, jun.	Bar 27	Timothy	Mid 89	Cornelius	Bar 70
Josias	Brs 363	Timothy	Ply 102	Dorothy	Bar 40
Lemuel	Ply 104	William	Brs 373	Ellis	Bar 40
Lewis	Brs 372	William	Ham 59	Jonathan	Bar 52
Lot	Ply 100	William	Ply 3	Nathan	Bar 50
Luke	Ber 235	William, Jur.	Ham 59	Nathl.	Bar 40
Luke	Ply 4	Willis	Mid 196	Seth	Bar 46
Luke	Ply 91	Willis	Mid 396	Thomas	Bar 36
Luther	Brs 373	Zilpha, Wido.	Brs 363	see Hamblin, Hamlen, Ham-	
Luther	Ply 109	see Holl		lin	
Lyman	Ber 148	Halladay, Eunice	Ham 280	Hamblet, John	Mid 89
Mary	Ess 423	Hallet, Abigail	Bar 97	Jona	Mid 83
Mary	Wor 459	Abner	Bar 85	Jonathan	Mid 80
Mason	Brs 372	Allen	Wor 430	Hambleton, Adam	Ham 124
Medad	Ham 359	Andrew	Bar 97	see Hambelton	
Moses	Ber 261	Ansel	Bar 96	Hamblin, Cornelius	Ber 261
Moses	Ess 236	Benja.	Bar 91	David	Bar 93
Nath.	Mid 197	Benjamin	Bar 98	David	Ber 261
Nathan	Bar 27	Bethiah	Bar 94	Isaac	Bar 96
Nathan	Ber 192	Charles	Bar 97	Isaac, Jr.	Bar 96
Nathan	Ber 198	Daniel	Bar 93	Job	Ber 261
Nathan	Brs 372	David	Bar 94	John	Bar 89
Nathan	Ham 169	Ebenezer, Jr.	Bar 97	John, Jr.	Bar 89
Nathan	Wor 159	Edward	Bar 93	Joseph	Bar 89
Nathan	Wor 310	Enoch	Bar 97	Joshua	Bar 94
Nathan, Junior	Brs 372	Ezra	Bar 97	Joshua	Bar 96
Nathaniel	Bar 11	Isaac	Bar 83	Lewis	Bar 89
Nathaniel	Bar 27	Isaac	Bar 98	Martha	Bar 93
Nathaniel	Brs 375	James	Bar 98	Seth	Bar 96
Nathaniel	Ham 341	Jeremiah	Bar 94	Wealthy	Brs 425
Nehemiah	Wor 465	John	Bar 96	Hambton, Seth	Bar 38
Nicholas	Ber 156	John	Bar 98	Hamelton, Benjn.	Bar 17
Noah	Ber 158	John, Jr.	Bar 93	David	Ham 143
Parker	Ber 187	Jonathan	Bar 98	Eliphalet	Bar 17
Paul	Mid 411	Jonathan	Bar 93	Elizabeth	Bar 17
Percivil	Wor 319	Jonathan, Jr.	Bar 98	Jeptha	Bar 17
Prince	Ess 482	Jonathan, Jr.	Bar 93	John	Ham 143
Reuben	Brs 372	Joseph	Bar 94	Jonathan	Bar 17
Reuben	Ham 341	Joshua	Bar 98	Meltiah	Bar 17
Richard	Nor 147	Moses	Bar 98	Nathaniel	Bar 17
Richd.	Mid 197	Nathan	Bar 97	Nehemiah	Bar 17
Saml.	Ham 341	Nathaniel	Bar 94	Richard	Bar 17
Saml.	Mid 196	Prince	Bar 97	Samuel	Bar 20
Saml., jun.	Wor 495	Rebecca	Bar 93	Seth	Bar 17
Samll.	Mid 518	Rowland	Bar 94	Hamilton, Amos	Wor 269
Samuel	Brs 375	Rowland, Jr.	Bar 94	Andrew	Ham 109
Samuel	Ham 170	Ruth	Bar 97	Asa	Ham 259
Samuel	Mid 275	Samuel	Bar 91	Asa	Wor 179
Samuel	Ply 98	Sarah	Bar 97	Beemis	Wor 270
Samuel	Wor 495	Stephen	Bar 97	Benj.	Ber 255
Sarah, wd.	Wor 393	Stephen, Jr.	Bar 97	David	Ham 181
Seth	Bar 14	Thomas	Bar 83	Eber	Ham 53
Seth	Brs 375	Thomas	Bar 98	Ephraim	Ham 177
Seth	Ham 333	William	Bar 97	Erastus	Wor 269
Seth	Ply 85	Zenas	Bar 98	Francis	Ham 178
Silas	Brs 373	Hallock, Moses	Ham 308	Gad	Ham 169
Silas	Brs 381	William	Ham 310	Hugh	Ham 175
Silvanus	Ply 62	Hallow, Richard P.	Ham 212	Israel	Wor 260
Simeon	Ber 115	Hallowell, David	Wor 496	James	Ham 170
Simion	Ber 112	Henry	Ess 428	James	Ham 178

James	Ham 261	see Hansmon		Sarah	Brs 425	
James	Wor 405	Hammond, Aaron	Ply 110	Seth	Brs 425	
James, Dean.	Ham 143	Aaron	Wor 332	Seth	Ply 110	
John	Ber 255	Alden	Brs 426	Seth	Wor 335	
John	Ham 78	Barnabas	Bar 46	Shubael	Ply 88	
John	Ham 176	Barnabas	Brs 425	Stafford	Ply 109	
John, Lieut.	Ham 149	Barnabas	Ham 100	Stephen	Ply 111	
John, Lt.	Ham 226	Barzilla	Brs 426	Stephen	Wor 510	
John, Lt.	Ham 260	Benjamin	Ess 23	Sylvanus	Ply 110	
John, 2d.	Ham 261	Benjm.	Mid 274	Thomas	Ber 255	
Jos., Decn.	Ham 214	Benjn., 4.	Ply 109	Thomas	Brs 427	
Joseph	Wor 269	Benjn., jr.	Mid 274	Thomas	Mid 274	
Josiah	Wor 269	Benjn., 2d.	Ply 109	Thomas F.	Ess 499	
Lemuel	Ham 143	Ceasar	Wor 352	Timo.	Ply 109	
Lydia	Wor 269	Christopher	Ply 88	Timothy	Ham 341	
Micah, Lt.	Wor 405	David	Ply 109	William	Ess 493	
Michael	Wor 405	David	Wor 332	William	Mid 274	
Moses	Wor 310	David, Jur.	Wor 332	Hammons see Hannors		
Patrick	Ham 109	Ebr.	Ply 109	Hamond, Joshua	Bar 41	
Polly	Wor 270	Ebr.	Ply 110	Peter	Nor 318	
Rhoda	Wor 269	Edward	Ess 505	Hampson, John	Ess 153	
Robert	Ham 25	Edward	Mid 528	Hampton, Benja.	Bar 49	
Robert	Ham 58	Edward	Ply 111	Hamson, Henry	Ess 505	
Robert	Ham 170	Elijah	Wor 319	Hanchet, Moses	Ham 119	
Robert, Jr.	Ham 22	Elisha	Wor 277	Thomas	Ham 358	
Rufus	Wor 257	Elizabeth	Ess 473	Zaccheus	Ham 298	
Samuel	Ber 119	Enoch	Wor 280	Zaccheus, Jun.	Ham 298	
Samuel	Ham 157	Enoch, Jur.	Wor 280	Hanchit, Simeon	Ber 197	
Seth	Ber 249	Ephraim	Mid 262	Hancock, Abel	Ham 247	
Seth	Wor 269	Experience	Ply 133	Abiel	Ham 92	
Thomas	Ham 170	Gaius	Ber 163	Allen	Wor 343	
William	Ham 58	Gideon	Wor 299	Belcher	Nor 227	
William	Ham 157	Gidn.	Ply 109	Dolly	Nor 368	
William	Wor 269	Heart	Brs 426	Gideon	Ham 236	
see Hambleton, Hamlton		Huldah	Ply 109	Henry	Nor 373	
Hamlen, Lewis	Bar 56	Humphrey	Brs 332	Hezekiah	Wor 236	
Lewis	Bar 57	Hunnewel	Ply 109	James	Duk 448	
Lewis	Bar 61	Jabez	Brs 426	John	Duk 452	
Lewis	Bar 69	Jabez, Jr.	Brs 426	John	Mid 167	
Lewis	Bar 71	Jacob	Mid 262	John	Wor 240	
Lewis	Bar 76	James	Ber 198	Joseph	Wor 396	
Lewis	Bar 80	James	Ham 233	Josiah	Duk 452	
Micah	Bar 89	James	Ply 109	Lewis	Ham 149	
Ruth	Bar 88	Jane	Ess 497	Mary	Duk 452	
Shubael	Bar 88	Jeremh.	Ham 106	Mary	Mid 485	
Hamlin, David	Ber 224	Jesse	Ply 109	Mathew	Nor 373	
Eleazer	Ber 224	Job	Wor 336	Moses	Ham 236	
Eleazr.	Mid 397	Job, jnr.	Wor 336	Nathan	Mid 147	
Harris	Ham 138	John	Bar 17	Russell	Duk 452	
Ichobod	Ber 210	John	Bar 46	Thomas	Ham 243	
Isaac	Ber 213	John	Ess 26	Thos.	Wor 228	
Isaac	Ham 303	John	Ess 469	Timo.	Wor 228	
Jabez	Ber 117	John	Ess 477	Hand, Daniel	Ber 207	
Jehiel	Ham 353	John	Ham 333	Edmond	Ber 161	
John	Ham 232	John	Ply 109	Joseph	Ber 130	
John	Ham 307	Jonathan	Mid 262	Handen, Joshua, ju.	Mid 319	
Lydia	Duk 448	Joseph	Suf 140	Handley, Amos	Mid 32	
Nathaniel	Ber 210	Joshua	Mid 273	Charles	Mid 32	
Phebe	Ply 110	Josiah	Ply 109	John	Mid 34	
Hamlton, Henry	Ham 170	Lettice	Ham 239	Handy, Benja.	Wor 465	
Hammall, Lucy	Ply 9	Lydia	Nan 68	Caleb	Wor 465	
Hammatt, John	Nan 62	Mary	Brs 427	Charles	Ham 186	
Priscilla	Ply 6	Mary	Nor 251	David	Wor 389	
William	Nan 45	Moses	Wor 332	Ebenr.	Wor 277	
Hammet, Abijah	Duk 452	Nathaniel	Ess 43	Edward	Ply 110	
John	Ply 109	Nathaniel	Ham 12	Elnathan	Bar 49	
John, Jr.	Ply 109	Nathl.	Ply 109	Elnathan, Jur.	Bar 46	
Mary	Duk 452	Nathl., Jur.	Ply 109	Ely	Brs 332	
Shubael	Ply 109	Nathl., 2.	Ply 109	Freeman	Ply 109	
Hammon, Abigail	Ess 578	Nathl., 3	Ply 111	Gamaliel	Brs 425	
Elisabeth	Ess 464	Noah	Ply 109	George	Brs 345	
Eliza.	Ess 554	Pollypus	Ply 110	Hannah	Bar 40	
Henry	Mid 12	Prince	Brs 425	Hannah	Bar 50	
John	Brs 313	Richard	Brs 425	Isaac	Brs 425	
Jonathan	Nor 254	Rowland	Ply 9	John	Brs 345	
Philip	Ess 548	Sally	Nan 72	Jonathan	Bar 41	
Thomas	Wor 219	Saml.	Wor 336	Jonn.	Ply 111	

Joseph	Ber 262	Thomas	Nor 254	Prince, jur.	Bar 17		
Levi	Bar 49	Harbert, James	Ess 54	Ralph	Wor 336		
Mary, wd.	Wor 389	Sarah, Wd.	Ess 54	Richard	Bar 8		
Paul	Bar 49	Hard, Abel	Ber 255	Samuel	Bar 46		
Rose	Brs 425	see McHard		Seth	Bar 20		
Russell	Brs 403	Harday, John	Ess 130	Seth, jur.	Bar 17		
Samuel	Brs 402	Harden, Elias	Nor 324	Seth, jur.	Bar 19		
Seth	Ber 262	Ephm.	Duk 454	Silvanus	Bar 17		
Silas	Ply 111	Isaac	Ess 596	Stephen	Nor 213		
Thomas	Brs 400	Jacob	Ply 40	Stephen	Wor 336		
Thomas	Brs 425	Joel	Ham 177	Theodore	Bar 20		
William	Brs 313	John	Ess 186	Theodore	Nor 213		
Wm.	Bar 41	John	Ply 62	Theophilus	Nor 213		
Hanes, Edward	Nor 147	John, junr.	Ply 62	Thomas	Bar 19		
Haney, Martin	Ess 439	John, 2d.	Ply 68	Thomas	Bar 20		
see Honey		Jonathan	Ham 299	Thomas	Bar 25		
Hanington, Wm.	Wor 425	Nathan	Ply 62	Thomas	Ess 277		
Hanker, Cato	Mid 147	Perry	Ply 38	Thomas	Nor 213		
Hanks, Ebenr.	Ham 205	Phebe	Ply 68	Timothy	Nor 213		
James	Ham 205	Relief	Ply 68	Uriah	Nor 213		
John	Ply 104	Rheuben	Ply 38	see Atwood, Dyer			
Hanmer, Alenson	Ber 197	Saml.	Ply 37	Hardman, Tho.	Mid 386		
Hannah, John	Wor 373	Samuel	Ply 62	Hardon, David	Brs 386		
Hannam, Josiah	Ham 63	Seth	Ply 40	Isaac	Brs 386		
Hanning, David	Ham 181	William	Ham 303	Jacob	Brs 386		
Hannors, George	Ess 543	Wm.	Mid 166	John	Brs 386		
Hannum, Asahel	Ham 129	see Haraden		Susannah	Brs 386		
Caleb	Ham 206	Hardin, Amos	Wor 160	Hardwick, Mehitb.	Ess 376		
Daniel	Ham 257	Ebenezer	Ham 169	Hardy, Benja.	Ess 247		
David	Ham 217	John	Ess 325	Constant	Wor 388		
Elezer, Jr.	Ham 136	Harding, Abiel	Ham 14	David	Ess 244		
Elijah	Ham 205	Abigail	Bar 71	Dudley	Ess 325		
Joel	Ham 136	Abijah	Ham 53	Dudly	Mid 485		
Moses, Jr.	Ham 205	Abijah, Capt.	Wor 405	Ebenzer	Mid 4		
Phebe, Wd.	Ham 133	Abraham	Nor 203	Elijah	Ess 244		
Phinehas	Ham 206	Abraham	Nor 213	Elijah	Wor 196		
Rachel, Wd.	Ham 205	Amos	Bar 17	Enoch	Ess 241		
Silas	Ham 14	Asa	Nor 213	Enos	Ess 247		
Solomon	Ham 208	Asa	Nor 347	Ezekiel	Ess 185		
Timothy	Ham 132	Benjamin	Bar 68	Ezekiel, jur.	Ess 186		
Wm.	Ham 205	Chloe	Brs 371	Fairbush	Mid 510		
Hanover, Hannah	Ess 460	Content, wd.	Bar 17	Henry	Ess 243		
Hanscom, James	Ess 421	Elisha	Nor 347	Jacob	Ess 244		
Willm.	Ess 417	Ephraim	Bar 21	James	Ess 186		
Hansmon, Phillip	Ess 578	Ephraim	Bar 65	John	Ess 186		
Hanson, Bitfield	Ess 425	Ephraim	Bar 77	John, jur.	Mid 98		
Hant see Hunt		Gedion	Bar 29	Joseph	Ess 244		
Hapgood, Abraham	Mid 28	Isaiah	Bar 17	Joseph	Wor 193		
Artemas	Wor 405	Jabez	Wor 336	Joshua	Ess 243		
Daniel	Mid 429	James	Nor 180	Joshua	Ess 244		
Ephraim	Mid 29	James	Nor 351	Levi	Wor 182		
Ephraim	Wor 368	Jesse	Ess 276	Moses	Mid 469		
Hutchins	Wor 277	Jesse	Mid 442	Nathan	Wor 396		
Joab	Wor 368	Job	Nor 220	Nathl.	Ber 214		
John	Mid 417	John	Bar 17	Nathll.	Mid 98		
John	Wor 219	John, Jun.	Nor 219	Parker	Ess 242		
Jonathan	Mid 417	John, jur., wd. of	Bar 19	Peter	Mid 97		
Jonathan	Mid 430	Jona.	Brs 322	Phineas	Ess 240		
Joseph	Mid 419	Jonathan	Bar 63	Phinehas	Wor 191		
Mary	Mid 419	Joseph	Nor 350	Rachel	Mid 417		
Samuel	Mid 429	Joseph, Jur.	Bar 70	Reuben	Ess 242		
Shadrack	Wor 219	Joshua	Wor 336	Samuel	Ess 241		
Seth	Wor 280	Kesiah	Bar 24	Samuel	Ess 586		
Thomas	Mid 419	Kezia	Nor 203	Seth	Mid 518		
Thoms., Esqr.	Wor 418	Knowles	Bar 58	Silas	Wor 388		
Winsor	Wor 405	Lot	Bar 64	Silvanus	Ess 242		
Winsor	Wor 408	Lot, Jur.	Bar 64	Simeon	Ess 242		
Haraden, David	Ess 122	Mary	Bar 74	Simon	Ess 244		
James	Ess 142	Meriam	Wor 336	Solomon	Ess 240		
John	Ess 141	Moses B.	Nor 203	Thomas	Wor 257		
Joseph	Ess 141	Mulford	Bar 20	Timothy	Ess 242		
see Harradan		Nathan	Bar 71	William	Ess 122		
Haradon, Isaac	Brs 381	Nathan	Nor 203	Wm.	Mid 98		
Harbach, Daniel	Wor 160	Nathaniel	Bar 74	Hare, Eliza.	Ess 359		
John	Wor 160	Oliver, Lt.	Wor 408	Harey, Elisha	Brs 390		
Thomas	Wor 160	Prince	Bar 17	Harger, David	Ham 167		
Harback, Thomas	Mid 274	Prince	Brs 361	Harington, Daniel	Mid 23		

Haris, John	Ess 252	Jonth.	Ber 236	Jonas	Mid 250
Timothy	Ess 252	Jonathan, jur.	Ber 236	Jonathan	Wor 367
Wm.	Wor 336	Joseph	Ber 238	Jonathn.	Mid 349
Harken, Hannah, Wo.	Ess 118	Josiah	Ber 236	Jonathn., 2d.	Mid 349
Harkness, Adam	Ber 137	Mark	Ber 238	Joseph	Ess 390
Daniel	Ham 214	Michel	Nor 308	Joseph	Mid 349
David	Ham 214	Moses	Ber 238	Joseph	Wor 191
Jno., Capt.	Ham 214	Rufus	Ber 236	Joshua	Wor 179
John	Ham 214	Samll.	Ber 226	Joshua	Wor 197
Samuel	Wor 389	Samll.	Ber 236	Levi	Mid 349
Thomas	Wor 426	Samll., junr.	Ber 226	Levi	Wor 269
Harley, Solomon	Mid 165	Uriah	Ber 236	Loa.	Mid 57
Harling, Thomas	Nor 127	William	Ber 236	Loas	Mid 251
Harlow, Amariah	Ply 3	William	Nor 169	Mary	Wor 193
Anselm	Ply 19	Harnden, Augustus	Mid 319	Micah	Wor 511
Arunah	Wor 367	Benjamen	Mid 319	Morris	Bar 50
Asaph	Mid 484	Benjamen, jur.	Mid 319	Moses	Mid 349
Ebenezer	Nor 104	Ebenr.	Mid 185	Moses	Wor 196
Elizabeth, Wd.	Nor 104	Jno.	Mid 185	Moses	Wor 518
Ellice	Ply 88	John	Mid 318	Nathan	Mid 333
Ellis	Wor 222	John, ju.	Mid 319	Nathan	Wor 511
Ephraim	Ply 16	Joshua	Mid 318	Nathaniel	Ber 137
Ezra	Ply 15	Samuel	Mid 319	Nethl.	Wor 182
Ezra	Ply 20	see Handen		Nicodemus	Ber 137
Ezra, Capt.	Ply 85	Harrad, Noah	Wor 425	Noah	Wor 179
Gedion	Ply 103	Harradan, Jona.	Ess 412	Noah	Wor 510
Hannah	Ply 16	see Haraden		Peter	Mid 349
Isaac	Ply 21	Harras, John	Mid 31	Peter	Mid 500
Isaac	Ply 62	Jonathan	Mid 18	Rufus	Wor 269
Isaac, 2d.	Ply 62	Joseph	Mid 32	Saml.	Mid 262
James	Ply 19	Harrax, Thomas	Nan 53	Samll.	Wor 310
James	Ply 21	Harrick, Anna	Ess 528	Samuel	Mid 349
James	Ply 26	Harridan, Andrew	Ess 367	Samuel	Wor 198
Jesse	Ply 16	Harridon, Joseph	Nor 318	Samuel	Wor 511
Jesse, Jr.	Ply 16	Harriman, Joel	Ess 277	Samuel, jr.	Mid 263
John	Ber 177	Joseph	Ess 277	Seth	Wor 448
John	Ess 588	Moses	Nor 228	Silas	Wor 179
John	Ply 85	Harrington, ---, Dr.	Mid 374	Simeon	Mid 464
Jonathan	Ply 85	Abijah	Mid 349	Solomon	Mid 251
Joseph	Ply 24	Abijah	Wor 515	Solomon	Mid 349
Lazarus	Ply 16	Abraham	Mid 250	Solomon	Wor 200
Levi	Ply 19	Ammi	Wor 269	Stephen	Mid 251
Lewis	Ply 16	Amos	Wor 269	Thaddeus	Mid 464
Lot	Ply 16	Anna	Wor 197	Thomas	Wor 368
Mary	Ply 26	Benja.	Ham 238	Timothy	Ham 186
Mary, Wo.	Ply 85	Benjn.	Mid 263	William	Wor 202
Mathew H.	Nor 103	Benjn.	Mid 484	Wintworth	Wor 197
Nathaniel	Ply 15	Benjn.	Wor 193	see Hanington, Herrington	
Nathaniel	Ply 19	Caleb	Wor 365	Harrinton, Charles	Ess 377
Phebe, Wido.	Brs 360	Charles	Mid 349	Harris, Abial	Ply 37
Reuben	Brs 390	Daniel	Ber 137	Abijah	Wor 160
Reuben	Ply 22	Daniel	Ham 42	Amasiah	Wor 353
Ruth, Wd.	Nor 103	Daniel	Mid 349	Amos	Mid 134
Sarah	Ply 19	Daniel	Wor 368	Arthur	Ply 67
Seth	Ply 15	Ebenezr.	Mid 349	Asa	Wor 160
Seth, Jr.	Ply 15	Edward	Mid 12	Benjamin	Ber 135
Thomas	Ply 24	Elijah	Wor 179	Benjamin	Brs 313
Thomas	Wor 367	Elijah	Wor 368	Benjamin	Brs 359
Thos.	Ham 215	Elisha	Wor 496	Benjamin	Ply 67
William	Wor 219	Enoch	Mid 251	Champlin	Ber 111
Zacheus	Ply 12	Ephraim	Wor 511	Charles T.	Ess 549
Zenas	Ply 88	Ephriam	Wor 201	Daniel	Ber 267
see Crosby, Hallow, Luther		Fortenatus	Wor 368	Daniel	Ham 196
Harman, Isaac	Ber 115	Isaac	Mid 349	Daniel	Wor 376
Harmon, Anan	Ber 235	Isaac	Wor 368	Daniel	Wor 430
Anan, jun.	Ber 235	Jacob	Wor 201	David	Ber 227
Asa	Ber 236	James	Ber 137	David	Ess 579
David	Ber 232	James	Ess 390	David	Nan 50
Ebenr.	Nor 169	Jason	Ham 42	Elijah	Ber 109
Eli	Ber 232	Jason	Ham 58	Eliphalet	Ber 126
Elijah	Ham 334	Jefferson	Ber 142	Elisha	Ber 109
Elijah	Wor 299	Jeremih.	Mid 349	Eliza., Wido.	Nor 264
Elinor, Wd.	Ham 122	Joel	Mid 250	Elizabeth	Nor 253
Elisha	Ber 236	Joel	Mid 262	Enoch	Nor 300
Jehiel	Ber 238	John	Mid 423	Ephriem.	Ess 15
John	Ess 545	John	Wor 191	Ezra	Ham 100
John	Wor 255	Jona.	Mid 197	George	Ber 160

Giles Ess 323
Hannah Ess 549
Heman Ess 291
Humphry Nan 52
Israel Wor 468
Jacob Wor 459
James Ber 267
James Ess 574
Jamima Nor 246
Job Ham 63
John Brs 405
John Ess 212
John Ess 291
John Ess 511
John Ess 514
John Ess 572
John Ess 579
John Ham 53
John Mid 165
John Nor 253
John Ply 37
John Ply 67
John, 2d. Mid 167
Jonathan Ess 541
Jonathan Wor 160
Josiah Mid 165
Josiah Wor 430
Leml. Wor 182
Lydia Mid 501
Lydia Nan 54
Lydia Wor 222
Mary Ess 575
Mason Ess 515
Michel Nor 318
Nancy, Wd. Ham 239
Nathan Ber 267
Nathaniel Ess 572
Nicholas Nor 94
Noah Nor 229
Noah Wor 180
Obed Nan 52
Oliver Ply 37
Peter Mid 88
Phebe Ham 92
Ralph Ess 290
Rezinah Wor 182
Robert Ess 515
Robet Ber 141
Robt. Ess 394
Samuel Ess 291
Samuel Ess 368
Samuel Ess 579
Samuel Ham 106
Samuel Ham 243
Samuel Wor 430
Samuel, Jun. Wor 430
Samuel, Jur. Ess 579
Sarah Ham 328
Sarah Mid 165
Silas Ham 196
Simon Mid 88
Stephen Mid 500
Stephen, Jr. Mid 501
Susanah Ply 37
Thad. M. Nor 145
Tho. Mid 167
Thomas Brs 386
Thomas Wor 160
Tubathy Ess 579
Valentine Ham 196
William Ess 460
William Ess 514
William Ham 239
William Ply 67
William Wor 459
William, Revd. Ess 514
William H. Ber 206

Wm. Wor 425
  see Haris, Harras
Harrison, Abel Ber 208
  Almond Ber 125
  Isaac Ber 237
  John Brs 287
  John Ess 324
  Reuben Ham 121
  Roger, Revrd. Ham 169
  Stephen Ham 121
  Wm. Mid 166
Harriss, Francis Mid 464
  Lemuel Ham 152
  Oliver Ham 220
Harrod, John Ess 324
  John Mid 510
  Joseph Ess 276
Harroun, David Ham 186
  John Ham 186
Harskell, Elias Wor 349
  Henry Wor 349
  Louis Wor 352
  William Wor 352
Harskill, Philip Ham 182
Hart, Aaron Wor 353
  Asa Mid 184
  Cate Brs 333
  Charles Ham 356
  Comfort Ber 255
  Daniel Mid 49
  Daniel Mid 300
  David Wor 445
  Ebenr. Ess 451
  Ebenr. Ham 321
  George Ess 451
  Hannah Brs 345
  Jacob Ess 537
  Jacob Nor 257
  James Brs 361
  James Wor 180
  James, Junior Brs 360
  James, Jur. Wor 177
  Job Ber 255
  John Ber 149
  John Brs 357
  John Ess 451
  John Ham 99
  John Mid 299
  John Wor 177
  Joseph Brs 345
  Joseph Ess 389
  Joseph Ess 440
  Joseph Mid 300
  Josh. Ess 451
  Lois Ess 440
  Martha Wor 180
  Martin Ber 106
  Mary Ess 571
  Peter R. Wor 160
  Ruth, Wo. Ess 94
  Samcon Ber 255
  Samuel Brs 332
  Samuel Ham 53
  Sarah Ess 548
  Simson Brs 426
  Solomon Ber 233
  Swansey Ply 5
  Thomas Wor 177
  Willard Mid 535
  William Brs 345
  Wm. Mid 535
  see Heart, James, Lincoln
Hartford, --- Ber 202
Hartley, Edward Ham 269
Hartly, Samu. Ess 149
Hartshorn, Asa Nor 94
  David Nor 345

Ebenezer Nor 94
  Fisher Nor 94
  James Mid 299
  Jeremiah Mid 299
  Jeremiah Nor 84
  Jessee Nor 84
  John Nor 94
  John Woodman Nan 52
  Lewis Nor 94
  Martha Mid 8
  Moses Nor 203
  Obed Nor 324
  Richard Nor 94
  Samuel Nor 94
  Silas Nor 363
  Thos. Ess 388
  Timothy Mid 299
  Timothy Nor 93
Hartung, Daniel Ham 242
Hartwell, Abigail Ber 249
  Amasa Mid 464
  Asa Mid 39
  Benja. Wor 430
  Benjm., Doctr. Mid 464
  Daniel Mid 437
  Daniel Ply 52
  David Mid 9
  David Mid 39
  David Nor 287
  Ephm. Wor 430
  Francis Ham 59
  Hannah Wor 220
  Isaac Ply 52
  Isaac Wor 518
  Jacob Wor 426
  Jesse Ber 172
  John Mid 22
  John Mid 439
  John Nor 287
  John Wor 425
  John, Jur. Mid 444
  Jonathan Ham 192
  Jonathan Mid 464
  Jonathan Wor 425
  Joseph Mid 358
  Joseph Wor 425
  Josiah Wor 425
  Nathan Ply 27
  Phinehas Wor 430
  Reuben Mid 464
  Samel. Wor 228
  Saml. Mid 49
  Saml. Mid 453
  Saml. Wor 160
  Samuel Ham 59
  Samuel Mid 22
  Samuel Mid 358
  Simon Mid 437
  Solomon Ham 59
  Solomon, Jur. Ham 59
  Stephen Mid 349
  Thomas Mid 438
  Timo. Mid 68
  William Ham 192
  William Mid 358
Hartwick, Adam Nor 115
  Charles Nor 116
  Fred. Nor 115
  Peter Nor 115
Harvey, Amasa Ham 264
  Benj. Ess 134
  Betty Ply 62
  Bezer Ply 62
  David Brs 368
  David Ess 325
  David Ply 52
  Derias Mid 299

Name	Ref		Name	Ref		Name	Ref
Dover	Ess 544		James, 3d.	Ess 277		Josiah, 2d.	Brs 291
Ephraim	Brs 360		John	Ess 277		Levi	Ham 110
Frederick	Ply 11		Ladd	Ess 277		Lot	Ply 110
Henry	Brs 368		Mehetable	Ess 290		Mark	Ess 570
Jacob	Ess 77		Hasey, Zaeeus	Wor 418		Mark	Ply 86
Jacob	Nor 253		Haskal, Silas	Wor 260		Micah	Wor 299
James	Brs 364		Haskall, John	Wor 255		Moses	Ess 106
James	Mid 88		Samuel	Wor 260		Natha., Dea.	Ess 105
Joel	Brs 368		Simeon	Wor 257		Nathan	Ham 106
John	Brs 368		Haskel, Dory.	Ply 110		Nathaniel, Jr.	Ess 540
John	Ess 396		George	Wor 319		Nathl.	Ply 109
John D.	Mid 91		James W.	Ess 540		Nathl.	Wor 299
Jonathan	Brs 363		Jerem.	Mid 166		Nathu., Jun.	Ess 112
Jonathan	Ham 328		Nathaniel	Ess 539		Nathu., 3d.	Ess 112
Jonathan	Ply 13		Robert	Ess 543		Nehemiah	Ess 322
Joseph	Mid 91		Roger	Ham 321		Oliver	Wor 238
Josiah	Ham 165		Roger	Wor 319		Peter	Wor 430
Lydia, Wido.	Brs 366		Sheverieh	Wor 298		Phins.	Wor 198
Mehitabel	Ply 62		William	Ess 540		Roger	Brs 426
Nathan	Ply 52		William	Ess 553		Samuel	Wor 219
Oliver	Ply 52		Zuriel	Brs 386		Sarah, Wo.	Ply 85
Peter	Ham 78		Haskell, Aaron	Ess 106		Silas	Ply 86
Phebe, Wido.	Brs 359		Aaron	Ess 589		Solomon	Ess 216
Rufus	Ham 167		Abigail	Ply 109		Solomon	Mid 439
Thomas	Brs 368		Abraham	Ess 106		Stephen	Ess 106
Thomas	Ess 215		Abraham	Wor 426		Stephen	Ess 542
Thomas	Ess 325		Adonja.	Ess 106		Stephen	Wor 238
William	Brs 277		Alexander	Ess 209		Stephen, Jun.	Ess 106
see Harey			Amoss	Ess 106		Thomas	Ess 122
Harvy, James	Wor 511		Amoss, Jun.	Ess 107		Thomas	Ess 517
Harwod, Ezra	Wor 332		Asa	Wor 198		Timo.	Ply 110
Harwood, Abel	Wor 260		Benja.	Ess 97		William	Brs 289
Andrew	Ham 226		Benjamin	Brs 291		William	Ess 106
Benja.	Ham 220		Caleb	Ess 322		William	Ess 122
Benjamin	Ham 226		Cornelius	Ess 108		William	Ess 322
Daniel	Wor 157		Daniel	Ess 106		Zebon.	Ply 110
Daniel	Wor 332		Daniel	Ess 547		Zebulon	Ess 106
David	Wor 159		Danu., Jun.	Ess 106		Zebulon	Ess 123
David	Wor 482		David	Ham 220		Zebulon	Ply 86
David, Junr.	Wor 159		David	Ply 110		Zebulon, Jun.	Ess 106
Elihu	Wor 159		Ebenezer	Ess 588		see Harskell, Hascall, Haskil	
Ezra, Junr.	Wor 332		Ebenezer	Wor 511		Haskens, Abner	Brs 293
Francis	Ham 67		Ebr.	Ply 109		Anthoney	Brs 292
Gershom	Wor 332		Eli	Ply 86		Elijah	Brs 286
Jacob	Ham 220		Elias	Ess 106		Nathaniel	Brs 294
James	Wor 489		Elias, Lt.	Ham 220		Phillip	Brs 278
Jason	Ber 165		Elisha	Ply 86		Ruth, Wid.	Brs 279
Jerusha	Wor 157		Elizabeth, Wido.	Ess 323		Haskil, James	Wor 343
John	Ber 165		Enoch	Ess 107		John	Wor 343
John	Ham 226		Enoch	Ess 588		John, Junr.	Wor 343
John	Mid 374		Ephraim	Wor 298		Stephen	Wor 343
John	Wor 159		Hubbard	Ess 122		Haskin, Daniel	Ber 215
Jonathan	Wor 332		Hubbard	Ess 322		George	Ber 135
Jos.	Wor 157		Hubbard, Dea.	Ess 122		Haskins, Benjan.	Ply 85
Joseph	Mid 437		Hubbard, Jr.	Ess 322		Bennett	Ess 153
Katey	Wor 259		Isaac	Brs 291		George	Ham 99
Mary	Wor 167		Isaac	Ess 108		Job	Ham 110
Nathaniel	Wor 269		Isaac	Ess 539		John	Ess 152
Nicholas	Wor 332		Israel	Ess 538		John	Ply 83
Peter	Wor 260		Jacob	Wor 219		Jonathan	Brs 426
Peter	Wor 406		James	Wor 221		Joseph	Ham 99
Solomon	Wor 159		James, Junr.	Wor 221		Joseph	Ham 109
Stephen	Wor 159		Jeremiah	Ess 322		Joshua	Ply 85
Hascal, Jeremiah	Ber 187		Jeremiah	Ham 205		Luke	Ham 99
Hascall, Benjamin	Ham 100		Jesse	Ply 110		Nathan	Ber 139
Jacob	Ham 100		John	Brs 291		Paul	Ham 99
John	Ham 100		John	Ess 122		Robt.	Mid 185
Saml., Junr.	Ham 100		John	Ess 322		Samll.	Wor 299
Hascol, Elisha	Ess 407		John	Ham 110		Samll., Jr.	Wor 299
Epes	Ess 367		Jonathan	Wor 221		Schradack	Ber 139
William	Ess 359		Joseph	Wor 238		Seth	Ham 99
Hascoll, Ephm.	Ess 410		Josiah	Brs 291		Shadrach, 2d.	Ham 99
Hasealtine, James	Mid 86		Josiah	Ess 112		Silas	Ham 99
Peter	Mid 86		Josiah	Ess 153		Silas	Ham 215
Haseltine, James	Ess 277		Josiah	Wor 131		Thomas	Ply 110
James, 4th	Ess 276		Josiah, Jun.	Wor 219		Willa.	Ess 150
James, Jur.	Ess 276					William	Brs 426

William	Ham 99	Samuel	Mid 349	Joshua	Wor 495
Williann	Ply 119	Samuel	Wor 518	Josiah	Ber 262
Wm.	Mid 185	Selah	Ham 73	Josiah	Ply 37
see Honkins		Seth, Esq.	Wor 384	Josiah	Ply 103
Haskoll, Mark	Ess 517	Silas	Wor 376	Katharine	Bar 49
William	Ess 516	Simeon	Ess 290	Lu.	Mid 184
Hassall, Roger	Ber 187	Solomon	Ham 327	Lucy	Ply 110
Hassett, James	Ham 277	Stephen	Wor 353	Luther	Ply 67
Hastens, Saml.	Mid 396	Susannah, Wido.	Ess 323	Major	Bar 46
Hasting, Reuben	Mid 485	Thomas	Ham 292	Moses	Bar 46
Hastings, Benjamin	Ham 73	Thomas	Mid 274	Moses	Ham 160
Benjamin	Ham 121	Thomas, jr.	Mid 275	Moses, Jur. (2)	Bar 46
Benjamin	Wor 214	Timothy F.	Wor 376	Nalar	Mid 185
Benjamin	Wor 376	Waitstil	Ham 289	Naler	Ess 464
Benjamin, Jr.	Ham 73	William	Mid 139	Naomi	Ply 102
Benjn.	Mid 501	William	Wor 214	Nathl.	Bar 46
Caleb	Wor 425	Hastins, Theophs.	Wor 407	Noah	Bar 50
Charles	Wor 459	Timy.	Wor 405	Noah	Ply 97
Consider	Ham 99	Timy., Jr.	Wor 408	Obediah	Bar 49
Daniel	Mid 275	Hatch, Abel	Bar 51	Orpha	Ply 130
David	Wor 375	Abner	Ham 95	Prince	Bar 46
David	Wor 425	Amos	Ply 102	Reuben	Bar 49
David, Jur.	Wor 375	Anthony	Ply 102	Reuben	Bar 51
Ebenr.	Wor 179	Baker	Ham 263	Rosel	Bar 50
Edward	Mid 485	Barnabas	Bar 49	Samuel	Bar 46
Eliakim	Wor 375	Barnabas	Bar 50	Samuel	Ply 134
Elijah	Ham 289	Benj.	Ber 255	Seth	Brs 427
Eliphalet, jr. (2)	Mid 262	Benja.	Bar 46	Seth	Ply 37
Ephraim	Ham 73	Benjamin	Ber 107	Shirbael	Bar 49
Ezra	Wor 459	Benjan.	Ply 101	Shirbael, Jur.	Bar 46
Ezra	Wor 514	Benjn.	Ply 109	Solomon	Bar 46
Henry	Wor 280	Briggs	Ply 37	Stephen	Ham 263
Isaac	Ham 38	Charles	Nan 75	Stevens	Wor 495
Isaac	Mid 349	Charles	Ply 103	Susanna	Bar 46
John	Ess 277	Coleman	Bar 46	Thomas	Bar 75
John	Ham 13	Consider	Bar 46	Thomas	Ham 302
John	Ham 181	Crowell	Nor 249	Thomas	Ply 127
John	Mid 275	David	Bar 46	Thomas	Wor 495
John	Mid 333	David	Ply 101	Timothy	Ham 181
John	Mid 426	David, Jur.	Bar 46	Wait	Ber 261
John	Mid 434	Ebenezer	Ber 118	Ward	Bar 46
John	Wor 212	Edward	Bar 46	Zaccheus	Bar 42
John	Wor 298	Elias	Wor 495	Zadock	Bar 46
John	Wor 376	Elijah	Ham 263	Zephaniah	Ham 302
John, Junr.	Ham 11	Eliphlet	Ham 129	Zephaniah	Ply 38
Jonas	Ham 38	Elisha	Bar 73	Zepheniah	Ply 93
Jonas	Mid 431	Elizabeth	Bar 49	Hatfield, Joseph	Ham 240
Jonas	Wor 367	Estus	Brs 357	Joseph	Ham 253
Jonathan	Ham 192	Gamaleal	Ess 539	Hathaway, Aaron	Ber 134
Jonathan	Wor 375	George	Bar 70	Abial	Brs 284
Jonathan	Wor 425	Gorham	Bar 86	Abijah	Brs 276
Joseph	Ham 73	Harris	Ply 37	Abijah, Jur.	Brs 276
Joseph	Wor 367	Henry	Bar 77	Abraham	Brs 372
Josiah	Mid 262	Ichabod	Bar 46	Allice, Wid.	Brs 276
Josiah, jr.	Mid 250	Ichobud	Ply 102	Arthur	Brs 425
Lemuel	Ham 73	Isaac	Ber 117	Arthur	Ply 111
Lydia	Mid 484	Isaac	Ber 118	Barzillia	Brs 276
Moses	Ham 292	Isaac	Ply 37	Benamuel	Brs 276
Moses	Wor 269	Israel	Ply 102	Benja.	Bar 88
Nathan	Ham 38	James	Brs 426	Benjamin	Brs 279
Nathan	Ham 82	James	Wor 255	Benjamin, 2d.	Brs 280
Nathan	Wor 376	James B.	Bar 75	Benjan.	Ply 86
Nathaniel	Wor 212	Joel	Ply 102	Bridget	Brs 425
Nevenson	Wor 269	John	Ess 211	Calven	Brs 282
Oliver	Ham 53	John	Ess 538	Charlotte	Brs 357
Oliver	Ham 73	John	Ply 37	Clark	Brs 425
Perez	Ham 11	John	Ply 67	Cloather	Brs 283
Richard	Ess 277	John	Ply 103	David	Ply 111
Robert	Ess 76	John	Ply 123	Deborah	Brs 427
Robert	Ess 291	John	Ply 128	Deborough, Wid.	Brs 283
Roswell	Ham 259	Jonathan	Ply 102	Dorcas, Wid.	Brs 283
Saml.	Mid 484	Jonathan	Ply 130	Dudlee	Brs 285
Samuel	Ham 78	Jonathan, Junr.	Ply 133	Eleazer	Brs 425
Samuel	Ham 292	Joseph	Bar 49	Elihu	Brs 427
Samuel	Mid 22	Joseph (2)	Bar 51	Elisha	Brs 289
Samuel	Mid 262	Joseph	Bar 74	Elizabeth	Brs 345
Samuel	Mid 275	Joseph, Jur.	Bar 74	Elizabeth	Brs 425

Name	Ref	Name	Ref	Name	Ref
Elkanah	Brs 275	Robert	Brs 287	Jesse	Mid 147
Elnathan	Brs 426	Robert	Brs 425	Jesse, Jur.	Mid 138
Enoch	Brs 279	Rufus, Doctr.	Ply 93	John	Mid 519
Ephraim	Brs 294	Salathiel	Ply 111	John	Wor 157
Ephraim	Brs 414	Sally, Wid.	Brs 294	John	Wor 290
Ephraim, Jr.	Brs 414	Samuel	Brs 284	John	Wor 435
Eunice	Ply 110	Samuel	Brs 425	John	Wor 459
Ezra	Brs 276	Samuel	Brs 426	John, Jur.	Wor 290
George	Brs 425	Savory	Ply 111	John A.	Wor 332
Gilbert	Brs 283	Seth	Brs 427	Jonathan	Wor 459
Gilbert	Ply 88	Silas	Brs 284	Joseph	Nor 324
Gilford	Brs 294	Silus	Ply 18	Jotham	Mid 519
Gilford, 2d.	Brs 294	Silvanus	Brs 427	Luther	Mid 143
Hannah (2)	Brs 427	Simeon	Wor 160	Luther	Mid 510
Henry	Brs 279	Stephen	Brs 275	Moses	Mid 138
Henry	Brs 345	Stephen	Brs 359	Moses	Mid 518
Humphrey	Brs 427	Stephen	Brs 412	Noah	Nor 324
Isaac	Brs 409	Stephen	Brs 425	Richard	Wor 349
Isaac	Brs 427	Thomas	Brs 284	Samuel	Wor 367
Isaac, Jur.	Ply 86	Thomas	Brs 426	Samuel, Esq.	Nor 300
Israel	Brs 290	Thomas	Ham 205	Samuel, Jur.	Wor 367
Jabez	Brs 426	Weltha, Wid.	Brs 283	Sedde	Mid 519
Jail	Brs 284	William	Ber 156	Timothy	Mid 141
Jail	Brs 289	William	Brs 290	William	Ham 100
James	Bar 88	William	Brs 414	see Hoven	
James	Brs 294	William	Brs 427	Havens, Nathan	Ber 170
James	Brs 427	William, Jr.	Brs 427	Simon	Ham 28
James, Jr.	Bar 90	Zaccheus	Ber 134	Havins, Barzilla	Ber 129
Job	Brs 364	Zepheniah	Brs 290	Haw, John	Ham 351
Job	Brs 411	Zepheniah, Jur.	Brs 290	William	Brs 320
Joel	Wor 277	see Briggs, Hatheway, Hathway		Hawden, Alexander	Ber 228
John	Brs 283	Hathern, David	Wor 376	Hawe, Bates	Ber 240
John	Brs 293	Micah	Wor 376	Bowers	Ber 240
John	Brs 414	Hatherty, Thomas	Wor 376	James	Ber 233
John	Brs 426	Hatheway, Abner	Ham 254	Lemll.	Ber 233
John Gardner	Ess 516	Ebenezer	Ply 68	Nathll.	Ber 234
Jonah	Ber 134	Guilford	Ham 9	Uriah	Ber 233
Jonathan	Ham 298	Jereh.	Wor 298	Hawes, Amos	Nor 349
Joseph	Ber 140	John	Ber 187	Benja.	Bar 97
Joseph	Brs 283	Samuel	Ham 86	Benjamin	Nor 93
Joseph	Brs 426	Seth	Ber 187	Benjamin	Nor 229
Joseph	Ply 85	Timothy	Wor 299	Benjamin	Nor 368
Joseph, 2d.	Brs 283	Hathorne, Eliza.	Ess 405	David	Bar 97
Joshua	Brs 414	John	Ess 395	David	Nor 362
Joshua, Jr.	Brs 414	Mary	Ess 364	Ebenezer	Bar 97
Lazarus	Ply 85	Mary	Ess 409	Ebenezer	Nor 375
Lemuel	Ber 141	Rachel	Ess 415	Ebenezer, Jr.	Bar 97
Lemuel, Jur.	Ber 141	William	Ess 362	Edmund	Bar 75
Leonard	Brs 410	William	Ess 371	Edmund	Ham 333
Levi	Ply 85	William	Ess 410	Eli	Brs 319
Lois	Brs 426	Hathuway, Mary	Nan 70	Elijah D.	Ham 307
Malbone	Brs 294	Hathway, Enos	Wor 495	Elisha	Nor 362
Maletiah	Ber 157	James	Wor 495	Esther	Nor 318
Maltiah	Brs 345	Jonathan	Wor 260	George	Nor 375
Mary	Brs 364	Josiah	Ham 203	Hulday	Bar 71
Mary, Wid.	Brs 289	Josiah	Ply 37	Jabez	Bar 27
Merick	Ply 83	Levi	Wor 259	Jacob	Ham 264
Micah	Brs 290	Nathan	Wor 255	James	Nor 381
Micah	Brs 425	Robert	Wor 257	Jeremiah	Bar 69
Nathaniel	Ber 141	Thomas	Wor 260	Jeremiah	Mid 131
Nathaniel	Brs 275	Wilson	Wor 260	Jesse	Nor 147
Nathaniel	Brs 283	Hatstall see Halstatt		Jno.	Nor 146
Nathaniel	Brs 427	Hause, Benjamin	Brs 426	Joel	Nor 220
Nicholas	Brs 283	John	Brs 426	John	Bar 17
Noah	Brs 427	Sheubal	Brs 427	John	Nor 188
Obed	Brs 426	Haven, Abner	Mid 146	John	Nor 374
Paul	Brs 345	Benjm.	Mid 147	John, junior	Nor 188
Peleg	Ber 139	David	Mid 146	Joseph	Bar 97
Peleg	Nor 369	David	Mid 528	Joseph	Nor 147
Peleg	Ply 110	Ebenezer	Wor 349	Joseph	Nor 188
Peter	Brs 276	Elias	Nor 380	Joseph	Nor 318
Phillip	Brs 279	Elkanah	Wor 489	Joseph	Nor 349
Phillip	Brs 283	Gideon	Mid 534	Joseph, Junr.	Nor 350
Phillip, 2d.	Brs 283	Hannah	Wor 489	Joshua	Bar 94
Prince	Brs 427	Isaac	Mid 518	Josiah	Nor 348
Reuben	Brs 425	Jason, Revd.	Nor 300	Levi	Nor 348
Richard	Brs 427	Jessa	Mid 510	Mary	Nor 237

Nathan	Nor 375	William	Ess 186	Thomas	Bar 17
Paul	Wor 309	William	Ess 324	Thomas, jur.	Bar 17
Prince	Bar 95	Zachariah	Ham 291	William	Bar 27
Saml.	Nor 147	Zachariah, Jur.	Ham 291	see Hawes	
Samuel	Nor 318	Zina	Ber 182	Haxton, Andrew	Ber 232
Sheeba, Wido.	Nor 300	Haws, Benjm.	Wor 435	Hay, Ann	Mid 166
Simeon	Bar 97	Dan, Capt.	Wor 405	Daniel	Mid 298
Thomas	Bar 71	Daniel	Mid 535	David	Mid 312
William	Nor 367	James	Wor 196	John	Mid 166
see Hawse, Howes		James, Jun.	Wor 196	John	Mid 185
Hawk, Moses	Ham 321	Jason	Wor 408	John	Mid 299
Solomon	Ham 321	Paletiah M.	Wor 408	Jonathen P.	Mid 299
Hawkes, Benjamin	Ess 485	Robert	Wor 430	Peter	Mid 312
Delliverence	Ess 436	Hawse, Abraham	Bar 27	Peter, jur.	Mid 312
Ebenr.	Ess 447	Absalum	Bar 17	Wm.	Mid 166
Eunice	Ess 447	Barnabas	Bar 26	see Nichols	
John	Ess 451	Benjn.	Bar 17	Haycock, Joseph	Ess 166
John, Jr.	Ess 441	Daniel	Bar 17	Hayden, Abel	Nor 115
Joseph	Ess 441	David	Bar 17	Abishai	Nan 72
Joseph H.	Ess 448	David	Bar 30	Abner	Nor 234
Matthew, Jur.	Ess 449	David, jur.	Bar 17	Aminidab	Nor 169
Mattw.	Ess 441	David, jur.	Bar 28	Asa	Wor 159
Nathan	Ess 447	David, 3d.	Bar 26	Benjamin	Wor 353
Rebekah	Ess 447	Edmond	Bar 28	Benjn., junr.	Nor 168
Hawkins, Amaziah	Ham 82	Elijah	Bar 19	Caleb	Nor 116
Ebenezer	Nan 78	Elijah	Bar 27	Caleb, Jr.	Nor 116
George	Ham 243	Elisha	Bar 27	Caroline	Suf 142
John	Nan 49	Elisha, jur.	Bar 28	Charles	Brs 390
Jourden	Ham 73	Elisha, 3d.	Bar 27	Clement	Nor 169
Nath.	Mid 166	Elkanah	Bar 17	Cotten	Ham 63
Samuel	Ess 402	Enoch	Bar 27	Daniel	Ply 131
Samuel	Ham 248	Ezra	Bar 27	David	Mid 430
Sarah	Nor 347	Gamiel	Bar 28	Ebenezer	Nor 264
Hawks, Adams	Mid 299	Ira	Bar 28	Ebenr.	Nor 170
Asa	Ham 53	Isaiah	Bar 27	Eli	Nor 168
Asa, Jur.	Ham 53	James	Bar 28	Elias	Wor 160
Benja.	Ess 418	Jeremiah	Bar 28	Elisha	Mid 519
Benjm.	Wor 435	Jerusha, wd.	Bar 28	Elisha	Nor 116
Elihu	Ham 192	John	Bar 27	Ephraim	Mid 115
Ephraim	Ham 192	Jonathan	Bar 26	Ezra	Nor 330
Gershom	Ham 192	Jonathan	Nor 287	Hezekiah	Wor 159
Hilkiah	Ham 53	Jonathan, jur.	Bar 28	Isaac	Nor 369
Israel	Ham 192	Joseph	Bar 17	Jerusha	Nor 369
Jared	Ham 192	Joseph	Bar 27	Job	Nor 169
Jared, Jur.	Ham 192	Joseph, jur.	Bar 17	John	Ham 21
John	Wor 349	Joseph, 3d.	Bar 17	John	Mid 166
John, Jun.	Wor 349	Joshua	Bar 17	John	Mid 484
Jonathan	Ham 192	Joshua	Bar 28	John	Mid 519
Joshua	Ham 192	Josiah	Bar 28	John, Jr.	Mid 519
Obed	Ham 53	Judah	Bar 27	Jonathan	Wor 203
Paul	Ham 53	Levi	Bar 26	Jonathan	Wor 514
Rufus	Ham 192	Levi	Nor 264	Josiah	Ham 63
Samuel	Ham 53	Mary, wd.	Bar 20	Josiah	Mid 421
Seth, Jur.	Ham 53	Micah	Bar 27	Lettice	Ply 135
Uriah	Duk 448	Mulford	Bar 17	Levi	Nor 169
Waitstill	Ham 53	Nathaniel, jur.	Bar 28	Moses	Ham 58
William	Ess 479	Nehemiah	Bar 27	Moses	Ham 211
William	Ham 53	Nehemiah	Bar 28	Moses	Ham 212
Zadock	Ham 334	Noah	Bar 28	Moses	Nor 264
Zadok	Ham 53	Obed	Bar 27	Moses	Wor 206
Zeeb	Ham 53	Paul	Bar 27	Nahum	Mid 421
Zun	Ham 53	Phillip	Bar 28	Nathl.	Nor 116
see Hawkes		Rebeccah, wd.	Bar 26	Nathl.	Nor 170
Hawland, Benjamin, jur.	Bar 31	Reuben	Bar 28	Neheh.	Nor 169
Jabez	Ber 229	Richard	Bar 17	Neheh., 2d.	Nor 170
Hawley, Chester	Ham 288	Samuel	Bar 28	Oliver	Nor 169
Elijah	Ber 171	Sarah, Wido.	Nor 287	Peleg	Ply 133
Gideon, Revd.	Bar 51	Seth (2)	Bar 19	Polley	Wor 217
Jesse D.	Ham 169	Seth	Bar 26	Rebecca	Nan 72
John, Jr.	Ber 171	Seth	Bar 27	Robert	Nor 169
John, Sen.	Ber 171	Solomon	Bar 17	Solomon	Wor 202
Mercy	Ham 5	Solomon	Bar 20	Stephen	Nor 170
Moses	Ham 290	Stephen	Bar 17	Stephen	Nor 273
Noah	Mid 197	Stephen	Bar 27	Thomas	Ham 215
Ozias	Ber 177	Sturges	Bar 26	Thomas	Nor 168
Saml.	Ber 249	Thankfull, jur.,wd.	Bar 27	William	Bar 61
Thomas	Ber 178	Thankfull, wd.	Bar 27	William	Ess 505

William | Mid 115
Wm. | Mid 519
Ziba | Nor 273
Zophar | Nan 48
Haydon, David | Ber 130
Hayes, Hannah | Bar 92
James | Ess 112
James, Jun. | Ess 112
Luther | Ham 167
Hayford, Daniel | Ply 37
Hayles, Tabor | Mid 485
Haynes, Ammi | Ess 277
Benjamin | Ham 228
Charles | Mid 117
Daniel | Ham 267
Daniel | Ham 274
Daniel | Mid 528
David | Ham 262
Israel | Mid 121
James | Ess 291
James | Mid 120
James | Wor 459
Jason | Mid 121
John | Mid 121
Jonas | Ham 274
Jonas | Wor 234
Jonathan | Ess 277
Jonathan | Wor 509
Joseph | Ess 277
Joseph | Ham 274
Joseph | Mid 484
Joshua | Mid 121
Luke | Mid 117
Martin | Mid 534
Moses | Mid 121
Nathan | Mid 528
Pardon | Ham 200
Peter | Mid 116
Reuben | Wor 449
Samuel | Ham 274
Samuel | Mid 128
Silas | Wor 210
Thomas | Ess 276
Vinall | Ham 186
Warren | Ess 277
Hayns, Aaron | Nor 324
Samuel | Wor 435
Hays, Jonathan | Ham 358
Moses | Ham 358
Samuel | Ber 119
see Hayes, Hayz, Haze
Hayse, Elisha | Ber 171
Jacob | Ham 180
Joel, Revd. | Ham 250
Hayt, Brael | Ply 26
Elna | Nor 252
Lewes | Nor 231
Hayward, Abner | Brs 390
Adam | Wor 399
Amasa | Wor 473
Amos | Ply 50
Amos | Wor 396
Archelaus | Ess 22
Asaph | Ply 58
Azariah | Ply 59
Azariah, junr. | Ply 59
Benjamin | Mid 30
Benjamin | Ply 59
Beza | Ply 45
Beza | Ply 46
Beza | Ply 59
Cary | Ham 226
Charles | Ply 52
Cornelius | Ply 52
Daniel | Nor 167
Daniel | Ply 49
David | Wor 395

David P. | Nor 168
Debh., Wid. | Nor 168
Ebinezer | Brs 390
Edward | Brs 390
Edward | Ply 49
Edward | Ply 59
Eliab | Ply 59
Elijah | Ply 59
Elijah | Wor 384
Elijah, 2d. | Ply 52
Elijah, 2d. | Ply 52
Elisha | Wor 384
Elisha | Wor 476
Ephm. | Wor 395
Esther | Ply 100
Ezra | Ply 52
Hannah, wd. | Wor 396
Hartwell | Wor 159
Hezekiah | Ply 59
Ichabod | Wor 384
Independence | Ply 62
Jacob | Wor 396
James | Wor 157
James | Wor 179
Joel | Wor 396
John | Ess 384
John | Mid 15
John | Mid 27
John | Nor 167
John | Ply 49
John | Wor 384
John, Jr. | Mid 28
Jonathan | Brs 390
Jonathan | Ply 49
Jonathan | Wor 396
Jonathn. | Wor 332
Jont. | Wor 388
Jont., Lt. | Wor 388
Joseph | Mid 15
Joseph | Ply 58
Joseph | Ply 62
Joseph | Wor 159
Joshua | Brs 390
Lemuel | Ham 42
Levi | Ess 9
Luther | Ply 52
Margaret, wd. | Wor 396
Moses | Ber 210
Nathan | Ply 1
Nathan | Ply 2
Nathan | Ply 3
Nathl. | Nor 167
Oliver | Brs 390
Oliver | Ply 67
Paul | Mid 433
Paul, Jur. | Mid 435
Rachel | Nor 287
Robert | Ply 50
Samel. | Wor 234
Samuel | Mid 30
Samuel | Wor 396
Samuel, Jur. | Wor 332
Sarah | Ply 67
Simeon | Mid 28
Simeon | Wor 159
Solomon | Ply 59
Solomon, 2d. | Ply 52
Stephen | Wor 179
Thomas | Ply 49
Thomas | Ply 59
Timothy | Ply 59
Waldo | Ply 58
Walter | Ply 50
Warfield | Wor 396
William | Ber 130
Ziba | Ply 59
see Haywood, Peirce

Haywood, Abner | Wor 406
Benjn. | Wor 448
Benjn. | Wor 449
Ezekiel | Wor 408
John | Mid 120
John P. | Wor 425
Mather | Mid 358
Michar | Wor 455
Nahum | Nor 220
Nathan | Wor 448
Nehemiah | Ess 185
Peter | Wor 406
Samuel | Ham 58
Seth | Wor 449
Stephen | Mid 30
Timothy | Wor 448
see Hayward, Heywood
Hayword, Jabez | Mid 299
John | Mid 299
William | Mid 299
Hayz, William | Ber 197
Hazard, Henry | Ber 160
James | Ham 138
Thomas | Brs 426
Robert | Ham 138
Rodman | Ber 160
Thomas | Mid 464
Haze, Jonathan | Brs 313
Hazel, Bathsheba | Ber 202
Hazeltine, Benjamin | Ham 377
Betsey | Ess 186
see Hazletine
Hazen, Benjm. | Mid 453
David | Mid 453
Eleazer | Ham 298
Frederick | Ham 353
Nathan | Ham 298
Saml., Capt. | Mid 464
Saml., Jun., Capt. | Mid 464
Thomas | Mid 464
Hazletine see Hasealtine, Hasel-
tine, Hazeltine, Hezzeltine
Hazwell, Robert | Mid 166
Hazy, John | Ham 351
Hazzard, Abigail | Brs 345
Head, Amos | Ess 237
Henry | Brs 345
John | Brs 345
Reuben | Ess 237
Richard | Ess 325
William | Ber 134
see Dier
Headen, Zoaph | Nan 70
Headley, John | Wor 353
Josiah | Wor 353
Josiah, Jun. | Wor 354
Heald, Asa | Mid 49
Ebenzer | Wor 418
Eleazer | Mid 39
Eleazer | Mid 57
Gershum | Mid 39
Israel | Mid 36
John | Mid 33
John | Mid 36
John, Dea. | Mid 463
John, Jun. | Mid 463
Jonathan | Mid 39
Joseph | Mid 45
Joseph | Mid 57
Joseph | Mid 71
Luther | Wor 418
Samuel | Mid 38
Silas | Mid 39
Stephen, Lt. | Wor 418
Thomas | Mid 39
Timothy | Mid 36
Timy., Capt. | Wor 418

Healey, Ebenezer	Ham 24	Abial	Ess 291	Asa	Ham 38
Hesekiah	Wor 344	Abijah	Ber 113	Benjm. S.	Mid 139
Jeddh.	Wor 180	Bartholomew	Ber 119	Daniel	Mid 510
John	Wor 343	Daniel	Nor 336	Daniel	Wor 405
Joseph	Wor 343	Ebenezer	Nor 255	Daniel	Wor 514
Leml.	Wor 343	Edmund	Nan 48	Danl.	Mid 138
Moses	Wor 343	Eleazer	Ber 112	Ebenezer	Mid 139
Nathl.	Wor 344	Elijah	Ber 114	Elipht.	Ham 115
Nathl., Junr.	Wor 343	Elisha	Ber 110	Ezra	Ham 42
Saml.	Wor 343	George	Ber 109	Israel	Mid 184
Sarah	Nor 236	Isaac	Ber 112	Jacob	Mid 139
Wm.	Wor 343	Isaac	Ber 115	John	Mid 138
Healy, Ruth, Wd.	Wor 160	Jacob	Ber 171	Jonathan	Wor 405
Heard, David	Mid 128	James	Mid 343	Joseph	Ham 99
Edmund	Wor 349	John	Ber 115	Joshua, Jr.	Ham 100
John	Ess 577	John	Nor 255	Josiah	Ham 115
Luke	Ess 418	John	Wor 332	Josiah	Mid 139
Mark	Wor 509	Joseph	Ber 114	Rebecka	Mid 138
Nathaniel	Ess 576	Joseph	Nor 228	Saml.	Mid 139
Nathaniel, Jur.	Ess 582	Levi	Ber 172	Saml.	Mid 453
Nathn	Wor 179	Patience	Ber 114	Samuel	Ham 100
Richard	Mid 128	Peleg	Nor 228	Soloman	Wor 405
Samuel	Ess 576	Roswell	Ber 173	Susannah	Mid 143
Thomas	Mid 128	Saml. W.	Nor 116	Willim.	Ham 115
Zeccheriah	Mid 128	Samuel	Ber 173	Heminway, Jacob	Wor 179
Heare, Francis	Ber 120	Samuel	Nor 231	Jeffrey	Wor 182
Nicholas	Ber 120	Samuel	Nor 252	Jonas	Wor 179
Hearick, Jason	Ber 197	Solomon	Ber 111	Joshua	Wor 213
Zebulon	Ber 198	Solomon	Ber 112	Hemmenway, Daniel	Ham 59
Zebulon, Jr.	Ber 198	Stephen	Ber 180	Ichabod	Ham 63
Hearkness, James	Wor 492	William	Ber 112	Jason	Ham 59
Hearsey, Abijah	Suf 142	William	Ber 115	Jason	Ham 63
Abijah, jur.	Suf 140	William, Esqr.,		Hendersass, John G.	Ber 127
Calvin	Wor 489	honble.	Nor 231	Henderson, Benja.	Ess 361
Daniel	Ply 37	William, Junr.	Nor 231	Benja.	Ess 405
David	Ply 37	Heather, Martha	Ess 411	John	Wor 435
David	Wor 180	Heaton, Nathaniel	Nor 375	Joseph	Ber 131
Ebed	Suf 139	Philemon	Ham 235	Joseph	Ess 371
Ezekiel	Suf 141	Samuel	Nor 358	Joseph	Ess 376
Gilbart	Suf 139	Thankful	Nor 348	Mary	Mid 167
Gilbert, jur.	Suf 138	Hector, Francis	Ess 385	Nathan	Wor 365
Isaac	Ply 37	Hedge, Abram	Bar 99	Timothy	Ham 289
Isaiah	Suf 142	Andrews	Bar 95	William	Wor 365
Israel	Suf 145	Asa	Ham 110	William	Wor 496
Israel, jur.	Suf 145	Barnabas	Bar 95	see Hinderson	
Jane	Ply 37	Barnabas	Ply 7	Hendley, Abigail	Ess 491
John	Suf 145	Barnabas, Jr.	Ply 7	John	Ess 463
Jonathan	Suf 139	Daniel	Bar 28	John	Mid 2
Joseph	Ply 37	Dinah	Bar 96	Joseph	Ess 490
Joseph	Ply 68	Edward	Bar 96	Hendrake, David	Nor 229
Joshua	Suf 143	Elisha	Bar 95	Hendrick, Abijah	Ham 237
Joshua, jur.	Suf 143	Josiah	Bar 96	George	Nan 51
Laban	Suf 140	Levi	Mid 485	Jabez	Ham 236
Luther	Ply 40	William	Bar 95	James	Ham 134
Mary	Suf 139	Hedges, Jonathan	Ber 208	James	Ham 220
Nathaniel	Suf 145	Hedley, Wing	Ply 109	James	Ham 289
Noah	Suf 140	Heetor see Hector		Josiah	Ess 353
Obediah	Ply 40	Hefferds, John	Ply 15	Reuben	Ham 59
Peter	Suf 142	Hefford, Ebenezer	Ply 83	Reuben	Ham 236
Rebecca	Suf 141	John	Ply 88	Samuel	Ham 261
Reuben	Suf 142	Heffords, Jonathan	Brs 426	Hendricks, Daniel	Ber 107
Seth	Ply 40	Samuel	Brs 361	Hendy, John	Ess 400
Solomon	Ply 68	Heller, Benjn.	Ply 110	Henenden, Isaiah	Ber 141
Stephen	Ply 68	David	Ply 110	Henery, James	Ham 178
Susannah	Suf 141	Isaac	Ply 110	Samuel	Ham 180
Thomas	Suf 139	John	Ply 110	Henfield, Eliza.	Ess 360
Thos.	Ply 37	Jonn.	Ply 110	John	Ess 408
William	Ply 68	Moses	Ply 110	Joseph	Ess 408
William, junr.	Ply 68	Seth	Ply 111	Peter	Ess 385
Hearsy, Amos	Nor 147	Timoy.	Ply 110	Peter	Ess 409
Bela	Nor 147	Hellon, John	Brs 405	Hening, Samuel	Ber 187
Stephen	Nor 145	Helm, John	Brs 426	Henly, Cath.	Mid 165
Zerub.	Nor 146	Hemanway, Jonas	Wor 368	Wm.	Nor 147
Heart, Eber	Brs 333	Silas	Wor 368	Henman, Luke C.	Ham 9
Sandford	Brs 333	Vashni	Wor 368	Thos.	Ess 399
see Hammond, Hart		Hemenway, Abijah	Mid 139	Henney, Joseph	Wor 222
Heath, Aaron	Ber 172	Amos	Wor 405	Hennit, Saml.	Duk 454

Henry, Adam	Wor 406
Alexander	Brs 412
Andrew	Ham 82
Andrew	Ham 149
Annah	Ham 250
David	Ham 196
David	Wor 509
Elisath., Widow	Wor 232
George	Wor 425
George, Jun.	Wor 425
James	Ham 145
John	Ber 187
John	Ham 149
John	Wor 425
Jonas	Ham 145
Jonas	Ham 271
Joseph	Nor 287
Joseph, Lieut.	Ham 152
Josiah	Ham 58
Luther	Ham 110
Malcom	Ber 192
Michael	Nor 264
Robert	Ham 279
Robert	Wor 408
Robt.	Ber 267
Rufus	Wor 405
Saml.	Wor 408
Samuel	Wor 509
Samuel, Lieut.	Ham 144
Silas	Wor 509
Silas	Wor 518
Simon	Ber 215
William	Ber 198
William	Nor 287
William	Wor 509
Wm., Capt.	Wor 405
see Henery	
Hensey, Elijah	Nor 300
Henshaw, David	Wor 492
Han	Nor 127
John	Nor 247
Joseph	Wor 177
Joshua	Wor 365
Samuel	Ham 9
Sarah	Wor 367
William	Brs 426
William	Wor 486
William	Wor 489
Henshinfield, John	Ess 205
Herbett, Charles	Ess 325
Hercy, Jona.	Mid 485
Herendeen, Asa	Wor 468
Simeon	Wor 482
Herick, Joshua	Ess 557
Herington, David	Wor 408
Elisha	Mid 130
Thomas	Ham 196
Hern, Elizabeth	Nan 61
Hero, Saml.	Nan 77
Herren, Jessee	Nor 253
Herrenden, Daniel	Ber 141
Seth	Ber 141
Herrich, Israel	Mid 89
Herrick, Aaron	Ham 125
Amos	Wor 408
Asa	Ess 523
Asa	Ham 299
Barnaba	Ess 397
Benjamin	Wor 429
Daniel	Ber 176
Daniel	Ess 544
Danu.	Ess 106
Deborah	Ess 524
Ebenezer	Ham 298
Edmond	Ess 263
Elijah	Ham 59
Ezekiel	Ber 115
Francis	Ber 110
Francis	Ber 115
George D.	Ess 290
Hannah, Wido.	Ess 325
Henry	Ber 111
Hezekiah	Ber 115
Isaac	Ham 301
Israel	Ess 262
James	Ess 524
James, Jr.	Ess 538
John	Ess 534
Jona.	Ess 400
Jonathan	Ess 546
Jonathan	Ham 159
Jonathan	Ham 161
Joseph	Ess 106
Joseph, Jun.	Ess 106
Joshua	Ess 561
Josiah	Ess 122
Lemmon	Ess 538
Martin	Mid 299
Mary	Ess 530
Mary	Mid 299
Moses	Ham 152
Nathll.	Ess 262
Peter	Ess 397
Richard	Ess 106
Saml.	Wor 407
Stephen	Ham 161
Thomas	Ess 290
Thomas	Ess 530
Thos.	Ess 106
Willa. H.	Ess 106
William	Ess 531
William, 2d.	Ess 543
see Herick, Herrik	
Herriden, Sarah	Ess 588
Herrik, William	Ess 364
Herriman, Enoch	Ess 244
Enoch	Ess 247
Jereh.	Ess 260
Jonathn.	Ess 249
Nathll.	Ess 243
Samll.	Ess 243
Samll.	Ess 249
Herrin, Samuel	Ham 149
Solomon	Ham 149
Herring, Benjamin	Ham 177
Peletiah	Nor 312
Samuel	Ess 413
Thos.	Ess 145
Wyatt	Ply 14
Herrington, Abraham	Ber 137
Benjn.	Wor 448
Charles	Mid 250
James	Nor 357
John	Ham 100
John	Ham 226
Lemuel	Ham 220
Ruf.	Nor 147
Herrod, Ezra	Ess 12
Jonathan	Ess 27
Hersey, Elijah	Wor 269
John	Ham 303
Zerubable	Nor 242
Hersy, John	Mid 184
Wm.	Mid 166
Hervey, James	Brs 278
John	Mid 138
Josiah	Brs 381
Herwood, Vilet	Mid 438
Hescock, Moses	Mid 510
Heusler, George	Ess 371
Hewes, George R. T.	Nor 367
John	Ess 452
John	Nor 84
Joseph	Nor 84
Joseph, Jr.	Nor 84
Joshua	Wor 239
Rachell, Wd.	Bar 67
Solomon	Nor 356
Tho.	Mid 196
see Hews	
Hewet, Asa	Ply 94
John	Ber 138
Joseph	Ply 93
Joseph	Ply 103
Hewett, Abraham	Brs 358
Achas	Ber 133
Caleb	Ber 133
Rufus	Brs 375
Salmon	Brs 357
Thomas	Brs 369
Hewins, Amasa	Nor 103
Benjamin	Nor 104
David	Nor 104
Ebenezer	Nor 104
Elijah	Nor 103
Enock	Nor 103
Enock, Jr.	Nor 104
Increase	Nor 104
Jacob	Nor 104
Jacob, Jr.	Nor 104
John	Nor 104
Joseph	Ber 248
Joseph, Esr.	Nor 104
Samuel	Nor 103
William	Nor 103
Hewit, Daniel	Wor 159
William	Wor 159
Hewitt, Richard	Brs 375
Hewlet, Mason, Lt.	Ham 205
Thomas	Ham 205
William	Ham 205
Hews, Abraham	Mid 250
Abraham, Jr.	Mid 250
Grace, Wd.	Ham 139
Henery	Ham 139
Stephen	Ham 139
Hewstin see Huyson	
Heyde, Ezra	Wor 228
Heyden, Danl.	Mid 167
Heyward, Caleb	Mid 250
Josiah	Mid 250
Heywood, Abel	Wor 179
Abiel	Mid 8
Alpheus	Wor 511
Amasiah	Wor 202
Amos	Wor 226
Asa	Mid 8
Benj.	Wor 173
Benja.	Wor 179
Benjamin, Esqr.	Wor 169
Calven	Mid 34
Cyrus	Mid 14
Daniel	Wor 179
Daniel	Wor 226
Daniel, 2d.	Wor 179
Edward	Mid 13
Ephraim	Mid 14
Jonas	Mid 3
Jonas, Jr.	Mid 3
Jonathan	Mid 8
Jos.	Mid 374
Josiah	Mid 13
Lemuel	Wor 228
Moses	Ham 196
Nathaniel	Wor 367
Phins.	Wor 179
Reuben	Mid 13
Samuel	Wor 511
Sarah	Mid 374
Silas	Wor 239
Solomon	Ham 196

Name	Ref	Name	Ref	Name	Ref
Thaddeus	Wor 511	Caeser	Ess 353	William	Ess 19
William	Mid 3	Daniel	Bar 23	William	Ess 23
see Kidder		Daniel	Bar 25	Hildreth, Elijah	Wor 280
Hezzeltine, Amos	Ess 237	Easter, wd.	Bar 23	Hezch.	Mid 80
John	Ess 238	Ebenezer	Ham 153	Israel	Mid 91
Hibard, John	Ham 200	Eleazar	Bar 73	James	Mid 57
Hibbard, Alpheus	Ham 274	Elijah	Ham 299	James	Mid 86
Asa	Ham 82	Eliakim	Bar 23	James, Jr.	Mid 57
Eleazer	Wor 335	Elkanah	Bar 77	John	Mid 84
Jacob	Ess 112	Elkanah, Jur.	Bar 77	John	Wor 280
Nathan	Ber 187	Elnathan	Bar 23	John, Jur.	Wor 280
Nathan	Ber 198	Enoch	Bar 58	Jonathan	Mid 2
Hibbart, Thomas	Ess 239	Enoch	Bar 71	Josiah	Mid 86
Hibberd, Daniel	Ess 291	Freemon	Bar 21	Josiah, jr.	Mid 86
Ebenezer	Ess 291	Gideon	Bar 23	Lucy	Mid 397
John	Ess 291	Hannah	Bar 71	Micah	Mid 83
Nathel.	Ess 291	Hannah, Jur.	Bar 71	Ralph	Wor 510
William	Ess 291	Hattel	Bar 22	William	Mid 83
Hibbert, Eliza.	Ess 357	Heman	Ply 109	Zahh.	Mid 49
Hichings, Nancy	Ess 517	Henry	Ham 220	Hildrick, Timothy	Wor 376
Hickey, Volentine	Ess 277	Hezekiah	Bar 23	Hildrith, Amaziah	Mid 397
Hickle, Wm.	Mid 386	Hezekiel	Bar 8	Amos	Mid 397
Hickman, James	Bar 77	Jacob	Bar 8	Benjn.	Mid 397
Hickox, Benjamin	Ham 63	James	Ham 328	Isaiah	Mid 397
Eliphalet	Ham 58	Jedediah	Bar 63	Jerem.	Mid 397
Stephen	Ber 129	Jonathan	Bar 22	John	Mid 397
Hicks, Abraham	Brs 426	Jonathan	Bar 73	John, 2d.	Mid 397
Barney (2)	Brs 332	Jonathan, Jur.	Bar 64	Jona.	Mid 397
Benjamin	Brs 332	Joseph	Bar 13	Jonas	Mid 397
Benjamin	Wor 160	Joseph	Bar 19	Levi	Mid 397
Caleb	Wor 160	Joseph	Bar 68	Mary	Mid 397
Daniel	Brs 345	Joseph	Bar 72	Nath.	Mid 397
Deborah	Brs 345	Joseph, jur.	Bar 20	Oliver	Mid 397
Ebenr.	Wor 160	Joseph, 3d.	Bar 20	Peter	Mid 397
Eliza., Wd.	Wor 160	Joshua	Bar 23	Pheebe	Mid 397
Galen	Brs 425	Josiah	Ess 325	Ruth	Mid 397
Gideon	Brs 359	Lot	Bar 22	Samuel	Ess 291
John	Ply 37	Lot, jur.	Bar 23	Seth	Mid 397
Joseph	Wor 160	Martha, Wd.	Bar 62	Simeon	Mid 397
Joshua	Wor 408	Moses	Bar 22	Tho.	Mid 167
Thomas	Brs 332	Moses	Bar 24	Hiler, Samuel	Ess 517
Thomas	Brs 345	Nathaniel	Ham 175	Hill, Aaron	Mid 139
William	Brs 332	Paine	Bar 74	Aaron	Mid 485
Hickson, Ezra	Ham 241	Phebe	Bar 79	Aaron	Wor 160
Hicock, Aaron	Ber 197	Phillip	Bar 70	Aaron	Wor 479
Asher	Ber 148	Rebecah	Bar 21	Abigail	Wor 449
Darling	Ber 223	Rebecah, wd.	Bar 21	Abner	Ply 130
Ichabod	Ber 197	Reuben	Bar 74	Abrm.	Mid 484
Jeremiah	Ber 222	Richard	Bar 23	Adam	Mid 49
John	Ber 197	Sabra	Nan 55	Alphs.	Mid 386
Hidden, Anny	Ess 218	Samuel	Bar 24	Amos	Ber 133
David	Ess 324	Sarah, Wd.	Bar 64	Arunah	Ber 212
Jacobod	Ess 218	Seth	Bar 22	Asa	Mid 299
John	Ess 324	Silvanus	Bar 24	Ashbel	Ber 210
Hide, Agur	Ber 170	Simeon	Bar 22	Barbary	Brs 315
Enoch	Ham 266	Solomon	Bar 74	Barzelial	Wor 449
Enoch	Mid 500	Solomon	Ham 169	Benja.	Mid 184
Ephraim	Ply 68	Solomon, Jur.	Bar 74	Benjamin	Brs 313
Huldah	Nor 228	Thanfull, wd.	Bar 15	Benjamin	Brs 426
James	Brs 412	Thomas	Bar 74	Benjn.	Mid 485
Rachel	Wor 191	Thomas, 3d.	Bar 74	Benjn., Jr.	Mid 485
Thaddeus	Nor 254	Uriah	Bar 74	Benjo.	Ess 96
William	Wor 496	Zackariah	Bar 21	Betty	Mid 66
Higby, Josiah	Ber 111	Higginson, Mehita.	Ess 373	Caleb	Ess 323
Higgens, Edward	Ess 143	Stephen	Nor 254	Cha.	Mid 184
Lemuel	Ber 131	High, John	Ess 497	Cha., 2d.	Mid 184
Lemuel, 1st	Ber 132	Highland, Ruth	Wor 395	Collins	Ham 235
Timothy	Ess 565	Higley, Benj.	Ber 266	Daniel	Ham 303
Higgins, Aaron	Bar 21	David	Ham 161	Daniel	Wor 389
Absalom	Bar 21	Joseph	Ber 266	Daniel	Wor 496
Aquilla	Bar 25	Levi	Ham 165	Daniel, Jun.	Ham 303
Asa	Bar 24	Ozias	Ber 267	David	Brs 313
Barne	Ham 301	Hiland, Mary	Ply 129	David	Brs 367
Benja.	Ham 220	Rebecca	Ply 136	David	Ham 42
Benjamin	Bar 79	Samuel	Ply 129	David	Mid 483
Benjamin	Ber 165	William	Ply 129	David	Nor 336
Beriah	Bar 70	Hilbert, Nathan	Ess 16	David	Ply 62

David, jr.	Brs 313	Josiah	Ber 112	Thomas	Nan 63
Dorcas	Mid 483	Josiah	Ber 115	Hilliard, George	Bar 89
Ebenezer	Nor 180	Josiah	Ber 128	George	Ess 505
Ebenr.	Ham 206	Josiah	Ess 207	Henry	Ber 154
Ebenr.	Mid 510	Josiah	Mid 358	Margt.	Ess 367
Ebenzr.	Wor 343	Josiah	Nor 94	Hillier, Edward	Ess 323
Edmond	Wor 388	Josiah, junr.	Ply 68	Hillman, Abigail	Duk 449
Edmund	Ess 277	Lemuel	Ber 117	Dinah	Duk 454
Edward	Mid 485	Leonard	Brs 318	Elijah	Duk 447
Elezabeth	Wor 468	Leonard	Ply 37	Ezra	Duk 449
Elijah	Ber 113	Levi	Ber 133	Jethro	Duk 454
Eliza.	Ess 544	Levi	Wor 218	Lot	Ham 59
Elizabeth, wd.	Wor 384	Lydia	Mid 484	Moses	Duk 448
Ephraim	Ham 63	Margt., Wo.	Ess 96	Owen	Duk 454
Ephraim	Ham 200	Mary	Mid 386	Robert	Duk 448
Ephraim	Wor 231	Mary	Nor 203	Saml.	Duk 448
George	Nor 94	Mathew	Mid 484	Silas	Duk 449
George W.	Ess 277	Moses	Mid 510	Silas, Jr.	Duk 449
Hugh	Ess 544	Moses	Nor 213	Uriel	Duk 448
Isaac	Ber 134	Moses	Wor 449	Zachariah	Brs 426
Isaac	Wor 459	Moses	Wor 479	Hillock, Robert	Ber 206
Jabez	Ham 78	Moses, Jun.	Nor 213	Hills, Amos	Ess 224
Jacob	Ply 67	Mosses	Wor 290	Asa	Ham 256
Jacob	Wor 182	Nath.	Mid 386	Asahel	Ham 247
Jacob	Wor 473	Nathaniel	Nor 288	Benja.	Ess 225
James	Ber 136	Nathel.	Ess 277	Benja.	Ess 230
James	Brs 313	Nathll.	Ber 192	Elijah	Ham 259
James	Mid 166	Nathll.	Wor 449	Eliphelet	Ess 207
James	Mid 312	Noah	Ham 109	Jacob	Ham 95
James	Mid 484	Noah	Wor 482	Jason	Nor 347
James	Mid 535	Oliver	Wor 222	John	Wor 435
James	Wor 343	Oliver	Wor 241	Joseph	Nor 347
James, Jr.	Mid 535	Peter	Ess 535	Joseph, Junr.	Nor 347
James, jur.	Mid 312	Peter	Mid 386	Josiah	Ess 230
Jeseph	Mid 299	Prince	Ess 377	Moses	Ham 91
Jesse	Nor 344	Rachel	Mid 510	Nathl.	Ess 224
Jesse	Wor 449	Ralph	Mid 66	Obediah	Ess 232
Job	Mid 386	Reuben	Nor 213	Sarah	Wor 435
Job	Wor 482	Ruth	Brs 405	Silas	Wor 436
Joel	Ham 303	Saml.	Ply 38	Smith	Wor 435
Joel	Wor 384	Saml., Jur.	Ply 38	William	Ess 207
John	Bar 58	Sampson	Ham 63	Hilman, Shubal	Ham 86
John	Ber 255	Samuel	Ham 192	Hilton, Abil., Wo.	Ess 96
John	Ess 96	Samuel	Nor 213	Aphice, Wo.	Ess 96
John	Ess 185	Sarah	Ess 418	Benjamin	Ess 536
John	Ess 411	Sarah	Mid 484	Hale	Ess 552
John	Ham 46	Sarah	Nor 337	Nathl., Junr.	Ess 96
John	Mid 386	Sarah	Wor 217	Nathl., Senr.	Ess 96
John	Mid 534	Sarah, Wo.	Ess 96	Richard	Ess 458
John	Nor 288	Silvenus	Wor 449	Samuel	Wor 425
John	Wor 217	Simon	Nor 213	Stilton	Ess 96
John	Wor 255	Simon, Junr.	Nor 213	Susa., Wo.	Ess 96
John	Wor 269	Solo.	Mid 386	Thomas	Wor 430
John	Wor 290	Solomon	Ham 341	see Kilton	
John	Wor 332	Thads.	Mid 386	Hilyard, Anna, Miss	Ham 249
John	Wor 381	Tho.	Mid 166	Timothy	Ham 249
John	Wor 492	Tho.	Mid 184	Hinch, John	Ham 214
John, Jur.	Bar 60	Thomas	Ber 168	Hincher, Joshua	Wor 269
John, 2d.	Mid 386	Thomas	Ess 208	Josiah	Wor 248
John, 2d.	Wor 389	Thomas.	Wor 257	Thomas	Wor 269
John, 2nd.	Wor 287	Thos.	Ply 38	William	Wor 269
Jona.	Mid 386	Timothy	Mid 534	Hinchley, Benj.	Ber 262
Jonah	Wor 241	Timothy	Nor 213	Edmund	Ber 262
Jonathan	Mid 139	Timothy, Jr.	Mid 534	Heman	Ber 262
Jonathan	Nor 213	Titus	Brs 398	Joseph	Ber 262
Jonathan	Nor 338	Washington	Nor 288	Hinckley, Abner	Bar 91
Jonathan	Ply 37	William	Ess 186	Adino	Bar 85
Joseph	Brs 381	Wm.	Mid 386	Allen	Bar 64
Joseph	Ham 67	Wm.	Mid 483	Asa	Bar 89
Joseph	Ham 175	Wm., Jr.	Mid 483	Barnabas	Bar 46
Joseph	Mid 484	Zachr.	Mid 484	Benjamin	Bar 62
Joseph	Ply 37	Zilea	Wor 335	Ebenezer	Bar 86
Joseph	Wor 473	see Kelsey		Elijah	Bar 14
Joses	Nor 288	Hillard, Gideon	Bar 37	Elijah	Bar 50
Joshua	Ess 323	Hiller, Jabez	Brs 425	Elisha May	Nan 50
Joshua	Ham 42	Joseph	Ess 381	Enoch	Bar 91
Joshua	Wor 496	Thomas	Ess 519	Freeman	Bar 85

Isaac, Esqr.	Bar 87
Jabez	Bar 86
James	Bar 86
John	Bar 86
John, Jr.	Bar 86
John, 3d.	Bar 86
Joseph	Bar 88
Levi	Bar 90
Moses	Bar 41
Nathaniel	Bar 88
Nympha	Bar 91
Phillip	Bar 10
Prince	Bar 88
Robinson T.	Bar 86
Samuel	Bar 86
Samuel	Ham 6
Silvanus	Bar 90
Thomas	Bar 14
Timo., Jr.	Bar 89
Timothy	Bar 88
Warren	Bar 89
William	Bar 86
see Hinkley	
Hincks, Elisha	Bar 61
Jesse	Bar 61
Samuel	Bar 58
Hind, Darius	Ham 279
David	Ber 115
Loviah	Ham 280
Hinderson, Thomas	Ess 578
Hindreck, Joseph, Lt.	Ham 220
Hinds, Abinoam, Capt.	Ply 86
Abner	Wor 408
Abner	Wor 418
Corlis, Jr.	Wor 405
Corlis, Lt.	Wor 405
Cornelius	Wor 405
Ebenezer	Brs 282
Ebenezer, Jur.	Brs 285
Ebenr., Revd.	Ply 88
Eli	Wor 405
Eli	Wor 418
Forbes	Wor 408
Francis	Ham 100
Howard	Wor 418
Jacob	Wor 375
Jesse	Wor 408
John	Mid 501
John	Ply 86
John	Wor 260
Joseph	Ham 224
Leonard	Ply 86
Nehemiah, Doctr.	Ham 214
Oliver	Wor 257
Tabatha	Wor 375
Timothy, Capt.	Ham 220
see Hines	
Hindsdale, Ariel	Ham 73
Samuel	Ham 73
see Hinsdale	
Hine, John	Ess 470
Hines, Alverson	Ber 143
Joel	Ham 200
Nancy	Ess 488
see Hinds	
Hinkley, Barnabas	Wor 298
Ebenr.	Mid 397
Elijah	Ham 53
Joseph	Ess 502
Judeah	Wor 405
Samll.	Wor 299
Seth	Wor 299
Shubal	Bar 17
Solomon	Ham 328
Solomon	Ham 341
see Hinckley	
Hinkson, John	Ess 53
Hinman, Enoch	Ber 249
Hinsdale, Abigail	Nor 203
Jonathan	Ber 210
Theodore	Ber 192
see Hindsdale	
Hint see Flint	
Hipperstall, Frances	Ess 434
Hires, John	Ess 29
Hiscock, Noah	Ham 146
Wm.	Ham 126
Hitch, Elgel	Brs 426
George	Brs 425
George, Jr.	Brs 426
Hardy	Brs 425
Samuel	Brs 425
Hitchborn, Benj.	Nor 145
Hitchborne, Salesbury	Ply 111
Hitchcock, Aaron	Ham 233
Abijah	Ham 274
Abner	Ber 236
Ambrose	Ham 257
Anna	Ham 263
Arthur	Ham 334
Caleb	Wor 248
Charles	Ham 73
Chauncy	Ham 161
Cornish	Ber 237
Danll.	Ham 274
David	Ber 105
David	Ham 235
David	Wor 248
Eli	Ber 198
Elias	Ham 8
Elijah	Ham 274
Enos	Ham 271
Ezra	Ham 270
Gad	Ham 266
Gad	Ham 272
Gad	Ply 37
Heber	Ham 240
Heman	Ham 59
Jesse	Ber 151
Jesse	Ham 271
John	Wor 255
John, Deacn.	Ham 232
Jonathan	Ber 238
Jonathan	Ham 17
Joseph, Dn.	Ham 270
Josiah, Jr.	Ham 241
Josiah, Lt.	Ham 240
Justin	Ham 53
Levi	Ham 241
Luke	Ham 260
Luke	Wor 255
Luther, Capt.	Ham 241
Lydia	Ham 95
Mary, Wido.	Ham 270
Medad, Captn.	Ham 271
Merrick	Ham 73
Moses	Wor 248
Nathaniel	Ham 270
Noah	Ham 271
Othniel	Ham 232
Pelatiah	Wor 248
Perez	Ham 356
Peter	Ham 272
Reuben	Ham 232
Reuben	Ham 298
Ruth, Wd.	Ham 241
Saml.	Ham 334
Saml., Jr.	Ham 334
Samll.	Ber 229
Samuel	Ham 272
Simeon	Ham 232
Thomas	Brs 386
Thos.	Mid 519
Winchester	Ham 260
Hitchings, Eunice	Ess 447
Ezra	Ess 432
Ezra, Jr.	Ess 440
John	Ess 440
Nathan	Ess 447
Thos.	Ess 428
Wm.	Nor 147
Hitchins, Abijah	Ess 420
Abijah	Ess 423
James	Mid 184
Nath	Ess 422
Nath, jr.	Ess 422
Hitt, James	Ber 137
Hivan, Richard	Ess 482
Hix, Amos	Ber 153
Azariah	Brs 299
David	Wor 465
Eliphalet	Ber 153
Ephm.	Wor 236
Hezekiah	Brs 299
Jacob	Brs 304
Jona.	Ham 248
Joshua	Wor 388
Josiah	Wor 236
Jotham	Brs 299
Jotham, 2nd.	Brs 306
Nathan	Brs 304
Nathan	Ham 247
Nathan, 2nd.	Brs 302
Nathan, 2nd.	Brs 306
Robert	Brs 398
Stephen	Brs 303
Thomas	Ber 153
Hixon, Jeremiah	Nor 264
Richard	Nor 103
Hixson, Asa	Nor 220
Isaac	Nor 220
Reuben	Nor 220
Seth	Nor 220
Hoadley, Jacob	Ber 197
Hoag, Abraham	Nan 48
Hoar, Abel	Mid 437
Bradock	Ply 88
Daniel	Mid 4
David	Ham 269
David	Wor 213
Edmund	Ham 267
Gideon	Brs 405
Heber	Mid 437
Job	Ply 86
John	Ham 99
John	Ham 214
John	Wor 448
Jona.	Ham 266
Jonathan	Mid 6
Joseph, Captn.	Ham 269
Leonard	Mid 23
Luther	Ham 110
Mary	Mid 8
Nathan	Ham 264
Nathan, Jr.	Ham 264
Oliver	Mid 437
Paul	Mid 443
Peter	Mid 438
Peter, Majr.	Ply 85
Reuben	Ham 266
Robert	Ham 99
Samuel	Mid 24
Samuel	Wor 260
Samuel, Jur.	Mid 443
Seth	Ply 88
Shadrach	Ham 99
Silas	Mid 374
Solomon	Ham 269
Timothy	Wor 448
Warren	Ham 110
William	Ham 46

William	Ply 86	Humphry	Ess 255	Joseph	Ess 481
Hoard, David	Brs 276	John	Ess 251	Joseph	Ess 581
David	Brs 373	Moses	Ess 251	Mary, Wid.	Ess 148
Enos	Brs 382	Moses	Ess 252	Moses	Ess 145
Prudence, Wido.	Brs 364	Samuel	Ess 252	Patty, Wo.	Ess 163
Hobard, George	Ham 285	Thomas	Ess 253	Samu.	Ess 135
George, Junr.	Ham 285	Hochkin, Ebenezer	Ber 209	Sarah	Ess 576
John	Ham 285	Joseph	Ber 206	Sarah	Ess 580
Hobart, Aaron	Ply 37	Hocsley see Horsley		Thomas	Ess 577
Aaron, Jur.	Ply 37	Hodge, David	Ber 136	Thomas	Ess 579
Abraham	Nor 168	George	Ber 136	Timothy	Ess 140
Adam	Nor 168	James	Ess 325	see Hodskins	
Adam, junr.	Nor 168	John	Ham 287	Hodgman, Abijah	Mid 41
Caleb	Suf 140	Levi	Ham 78	Asa	Mid 374
Deborah	Suf 137	Michael	Ess 325	Benja., Jr.	Mid 66
Edmund	Suf 145	Nicolas	Ess 325	John (2)	Mid 41
Elijah	Ply 37	Otis	Ber 138	John L.	Mid 49
Else	Suf 140	Seth	Ham 86	Josiah	Mid 374
Hawkes	Suf 143	William	Ess 325	Thomas	Mid 41
Isaac	Ply 38	William	Ham 287	Hodgmon, Benja.	Mid 66
Israel	Ham 59	Hodgers, Benjamin	Nor 103	Willard	Mid 66
Japheth	Suf 137	Spencer	Nor 84	Hodgson, Saml.	Ess 396
Jeremiah	Mid 453	Hodges, Abiel	Wor 280	Hodskins, Hezekiah	Wor 430
Jeremiah	Suf 141	Abijah	Brs 367	Hodson, Peter	Ess 459
Joanna	Suf 140	Abijah, Junior	Brs 358	Hogan, Peter	Ess 386
John	Nor 168	Benja.	Ess 417	Hogets, Emanuel	Ber 105
John	Wor 489	Daniel	Wor 258	Hogg, Nehemiah	Ber 136
Josiah	Mid 453	David	Brs 381	Hogins, James	Ham 53
Leavitt	Suf 137	David	Ham 277	Thomas	Ess 548
Lucretia	Suf 143	Elijah	Brs 381	Hoisley see Horsley	
Mary	Ply 128	Elijah	Brs 386	Hoit, Cephas	Ham 53
Nathaniel, junr.	Ply 58	Eliphalet	Ham 276	David	Ham 53
Nathll.	Mid 453	Elisha	Brs 386	David, Junr.	Ham 53
Noah	Ess 413	Gaml.	Ess 417	Ebenezer	Ham 53
Noah	Ply 37	Geo.	Ess 414	Elihu	Ham 53
Pamuel	Suf 137	George	Brs 381	Elisha	Mid 396
Saml.	Nor 116	Henry	Brs 365	Epephras	Ham 53
Seth	Ply 68	Hercules	Bar 90	Jonathan	Ham 53
Shebuel	Wor 459	Isaac	Bar 90	Jonathan, 2d.	Ham 53
Shubael	Suf 137	Isaac	Brs 381	Hoker, Mary	Ess 219
Thomas	Wor 459	Isaac, Jur.	Brs 381	Holaway, David	Wor 204
Thos.	Ply 38	James	Brs 359	Holbrock, Elihu	Wor 269
William	Nor 169	James	Brs 381	George	Wor 269
see Hobert, Smith		Jesse	Brs 386	Isaiah D.	Wor 269
Hobb, Nathaniel	Ham 260	Job	Brs 386	Holbrook, Aaron	Nor 336
Hobbs, Amos	Mid 250	Job	Wor 510	Abel	Nor 169
Benj.	Wor 336	John	Brs 381	Abigail	Nor 336
Benjamin	Ess 38	John	Brs 386	Abigail	Nor 365
Daniel	Ber 114	Jonathan	Brs 381	Abizer	Nor 181
Daniel	Wor 496	Jonathan	Ess 365	Abner	Nor 187
David	Ess 38	Joseph	Brs 381	Amariah	Wor 465
Ebenezer	Mid 247	Joseph, 2d.	Brs 381	Amasa	Nor 339
Ebenezer	Mid 250	Josiah	Brs 381	Amos	Ber 166
Ebenezer	Mid 286	Leonard	Brs 381	Amos	Nor 126
Elisabeth	Ess 32	Nathaniel	Brs 386	Amzi	Nor 336
Elisha	Wor 515	Nathl., Jur.	Ply 100	Anthony	Bar 69
Elisha, Junr.	Wor 515	Priscilla	Ess 401	Benajah	Ber 187
Humphry	Ber 232	Rufus	Brs 381	Benjn.	Nor 187
Isaac	Mid 250	Samuel	Brs 360	Caleb	Nor 169
Isaac, jr.	Mid 250	Seth	Brs 369	Calvin	Wor 396
Jesse	Wor 269	Seth	Brs 381	Daniel	Nor 232
John	Wor 518	Simeon	Ber 139	Daniel	Nor 365
Jonathan	Ess 561	Simeon, Jur.	Ber 139	Daniel	Wor 365
Josiah	Wor 269	Thomas	Brs 369	Daniel	Wor 388
Matthew	Mid 250	Tisdale	Brs 381	Darius	Nor 336
Moses	Wor 269	William	Brs 368	David	Bar 71
Nathan	Mid 250	see Hodgers		David	Nor 169
Nathan	Wor 335	Hodgkin, Joseph	Ham 100	David	Nor 187
Nathan, jr.	Mid 250	Samuel	Ham 100	David	Nor 365
Saml.	Wor 336	Hodgkins, Abigail	Ess 579	David	Wor 514
Silas	Wor 269	Christopher	Ess 586	Ebenr.	Nor 169
see Hoobs		Jacob	Ess 112	Elijah	Wor 435
Hobby, David	Ber 212	Jacob	Ess 323	Eliphalet	Ply 13
Hobert, Benja.	Mid 49	James	Ess 135	Elisha	Nor 168
Joshua	Ham 115	John	Ess 570	Elisha	Nor 180
Hobson, Clark	Ess 582	John, Jur.	Ess 574	Elliot	Mid 534
David	Ess 255	John, 3d.	Ess 572	Esther, Wid.	Nor 170

Gideon	Ply 19	Ira	Ber 225	Thomas	Mid 333
Hannah	Ply 17	Joel	Ber 226	Thos.	Mid 185
Hannah	Wor 336	Martin	Ham 358	William	Mid 312
Henry	Nor 339	Noadiah	Ber 171	Wm.	Nor 146
Henry	Nor 367	Oliver	Ber 171	Holder, Daniel	Ess 489
Henry	Wor 465	Pliny	Ber 224	Richd.	Ess 432
Icabod	Nor 274	Rheuben	Wor 353	Susanna	Ess 489
James	Mid 535	Richard	Ber 206	Thomas	Wor 212
James	Nor 169	Roger	Ham 358	see Slocum, Tucker	
James	Nor 366	Samuel	Ham 358	Holdin, Benjm.	Mid 150
James	Wor 335	see Granger		Jonas	Mid 114
Jason	Nor 264	Holcombs, Michael	Ber 224	Jonas, Jur.	Mid 114
Jerura., Wid.	Nor 187	Holdbrook, Moses	Wor 199	Thos.	Mid 113
Jesse	Nor 338	Moses, Jur.	Wor 193	Holding, Amasa	Wor 368
John	Mid 485	Sarah	Wor 200	Holdridge, Asher	Ham 302
John	Nor 168	Holden, Aaron, Capt.	Wor 406	Israel	Ber 109
John	Nor 181	Abner	Wor 448	Holebrook, Nathu.	Ham 303
John	Nor 187	Abner, Jr.	Wor 448	Holiday see Potter	
John	Wor 335	Amos	Mid 464	Holister, Elisha	Ham 86
John, 2d.	Nor 170	Asa	Mid 333	Holkens, Joseph	Ham 246
John, 2d.	Wor 335	Asa, Capt.	Mid 463	Holl, Ephraim	Mid 89
John, 3d.	Wor 335	Benjamin	Wor 510	Phinehas	Mid 89
Jona.	Mid 535	Benjamin	Wor 518	Richard	Mid 91
Jonathan	Bar 70	Daniel	Mid 15	Holladay, Josiah	Ham 138
Joseph	Bar 70	Daniel (2)	Wor 365	Josiah, Jr.	Ham 138
Joseph	Mid 535	Elias	Wor 448	Holland, Charles	Ess 417
Joseph	Nor 161	Elihu	Ham 327	Daniel	Ess 578
Joseph	Wor 182	Elisabeth, Wido.	Mid 464	Hannah	Ess 580
Joseph, Jur.	Bar 72	Ezekiel	Nor 147	James, Lt.	Wor 408
Joshua	Mid 535	Ezra	Wor 448	Joab	Wor 408
Joshua	Nor 169	Hannah	Mid 13	John	Wor 277
Josiah	Nor 180	Isaac	Ham 115	Jonas	Ham 205
Josiah	Wor 332	Isaac	Wor 205	Joseph	Ber 255
Mary	Nor 365	James	Ham 29	Joseph	Ess 277
Mical	Mid 534	James	Nor 256	Joseph	Wor 159
Molly	Nor 338	James	Wor 408	Luther	Wor 280
Moses	Wor 468	James	Wor 459	Nathan	Wor 408
Nathan	Nor 336	James, Jr.	Wor 408	Oliver	Ham 186
Nathan	Wor 388	Jeduthan	Ham 42	Park, Esqr.	Ham 205
Nathl.	Mid 535	Jno.	Nor 146	Richard	Ess 580
Nathl.	Nor 169	Joel	Nor 288	Richard	Ply 110
Nathl.	Nor 187	John	Ess 241	Samuel	Ess 323
Nathl., junr.	Nor 187	John	Ess 495	Stephen	Ess 323
Neheh.	Nor 169	John	Mid 80	Wilder	Wor 280
Neheh., junr.	Nor 169	John	Mid 165	Wm.	Mid 501
Nicholas	Ham 272	John	Wor 489	see Moor, Weeks	
Partridge	Nor 220	John, Capt.	Wor 381	Hollaway, Asa	Ply 86
Peter	Nor 170	Jonathan	Wor 240	Isaac	Ply 86
Peter	Nor 340	Joshua	Wor 459	Josiah	Ply 86
Peter, Lt.	Wor 384	Justin	Nor 146	Zephanh.	Ply 88
Phins.	Wor 182	Levi	Wor 448	Hollenback, Andrew	Ber 255
Samuel	Nor 366	Moses, Lt.	Wor 405	Hollenbeck, Darius	Ber 120
Seth	Ham 186	Natha.	Mid 463	Derrick	Ber 120
Seth	Nor 336	Nathan	Wor 277	John	Ber 118
Silvanus	Nor 181	Nathan	Wor 418	Michael	Ber 118
Silvanus	Nor 188	Nathel.	Mid 80	William	Ber 118
Simeon	Wor 388	Nathll., jur.	Mid 80	Holley, Joseph	Duk 445
Solomon	Bar 70	Nehm.	Mid 166	Joseph	Wor 159
Stephen	Nor 336	Nehm., jur.	Mid 166	Hollice, Stephen	Ham 307
Stephen	Wor 157	Oliver	Mid 165	Holliday, William	Ess 325
Stephen	Wor 465	Phidelia	Wor 510	see Holiday, Holladay	
Sylvanus	Wor 482	Philemon	Mid 464	Hollis, Adam	Nor 274
Thomas	Bar 71	Phin.	Nor 146	Ambrose	Nor 274
Thomas	Nor 169	Phinehas	Mid 438	Betty, Wid.	Nor 188
Thomas	Nor 274	Phinehas	Mid 464	Daniel	Nor 170
Thos.	Mid 535	Rachel, Wido.	Mid 454	Hosea	Nor 188
William	Nor 264	Rebeckah	Wor 445	James	Nor 168
William	Wor 459	Reufus	Wor 406	Jesse	Nor 187
Willm.	Ply 37	Richd. (2)	Mid 167	John	Nor 168
Zenas	Ham 272	Robert	Wor 240	John	Nor 274
Ziba	Wor 396	Saml.	Nor 146	John, junr.	Nor 168
see Holbrock, Holdbrook,		Samuel	Ber 175	Joseph	Nor 168
Holebrook, Vining		Simon	Mid 463	Nathl.	Nor 168
Holbut, Reuben	Ham 341	Simon, Jun.	Mid 463	Ruel	Brs 400
Holcomb, Alvin	Ham 172	Steph.	Nor 146	Samuel	Ply 26
Enoch	Ham 119	Stephen	Wor 448	Samuel	Ply 27
Enoch, Jur.	Ham 119	Sylvanus	Wor 426	Silas	Nor 168

Name	Ref.
Thomas	Nor 168
Thomas, junr.	Nor 168
Hollister, Benjamin	Ber 234
George	Ber 151
Gurdin	Ber 210
William	Ber 198
Hollon, George	Ham 157
James	Ham 157
James, Doctr.	Ham 152
Simon E., Capt.	Ham 143
William	Ham 145
William, Doctr.	Ham 144
Holloway, Peter	Ham 321
William	Ham 59
Hollowell, Benjamin	Mid 24
Hollyday, Job	Ham 154
Zacheus	Ham 159
Holman, Abel	Wor 180
Abraham	Wor 210
Asa	Wor 213
David	Wor 159
Edwd.	Wor 290
Eliphalet	Wor 177
Francis	Wor 159
Gabriel	Ess 364
Hannah	Wor 177
John	Wor 177
John	Wor 206
John	Wor 287
John	Wor 353
Jona.	Wor 236
Jona.	Wor 280
Jonathan	Wor 159
Nathaniel	Wor 207
Nathaniel, Junr.	Wor 207
Oliver	Wor 216
Peter	Wor 159
Robt.	Ess 399
Rufus	Wor 354
Samuel	Ess 364
Silas	Wor 208
Silas	Wor 209
Silas	Wor 215
Smith	Wor 237
Stephen	Wor 287
Stephen	Wor 353
Thomas, Jr.	Ber 173
William	Ess 370
William, jr.	Ess 371
Holmes, Abm.	Ply 110
Abner	Ply 12
Abner	Ply 27
Abraham	Ply 98
Abraham	Wor 248
Alpheus	Ber 119
Andrew	Ply 19
Anna	Wor 182
Anselm	Ply 12
Anselm	Ply 29
Barnabas	Ply 17
Barnabas	Ply 21
Bartlet	Bar 88
Bartlet	Ply 97
Bartlett	Ply 19
Benjamin	Nor 104
Bethiah	Ply 109
Calvin	Ber 130
Chandler	Ply 15
Charles	Ply 27
Church	Ply 108
Cornelius	Ply 15
Cornelius	Ply 62
David	Ply 15
Ebenezer	Brs 403
Ebenezer	Nor 104
Ebenezer	Nor 301
Ebenezer	Ply 3
Ebenezer	Ply 20
Ebr.	Ply 110
Eleazer	Ply 18
Eliphalet	Brs 321
Elisha	Bar 91
Elisha, Jr.	Bar 91
Elkanah	Ply 22
Ellis	Ply 18
Ellis	Ply 62
Elnathan	Ber 130
Elnathan	Ply 11
Elnathan, Jr.	Ply 11
Ephraim	Ply 11
Ephraim	Ply 27
Ephraim	Ply 29
Ezra	Ber 255
Ezra	Ply 85
Fear, Wo.	Ply 88
Francis	Ply 24
George	Ber 255
George	Ply 8
Gershom	Brs 367
Gilbert	Ply 19
Heman	Ply 28
Ichabod	Ply 11
Ichabod	Ply 18
Isaac	Ber 130
Isaac	Ber 214
Isaac	Ber 216
Isaac	Ham 268
Issach.	Nor 147
James	Brs 427
James	Ham 10
James	Ham 38
James	Ply 21
Jedediah	Ply 27
Jedediah, Jr.	Ply 27
Jeremiah	Ply 19
Jeremiah	Ply 22
John	Brs 374
John	Brs 382
John	Brs 425
John	Duk 454
John	Nor 104
John	Nor 264
John	Nor 312
John	Ply 52
John	Ply 85
John, 2d.	Nor 265
Jonathan	Ply 23
Jonathan (2)	Ply 27
Joseph	Brs 321
Joseph	Brs 426
Joseph	Nor 265
Joseph	Nor 288
Joseph	Ply 6
Joseph	Ply 16
Joseph	Ply 27
Joshua	Ply 27
Kezia	Ply 133
Lazarus	Bar 91
Luther	Nor 104
Luther	Nor 265
Mary	Ply 11
Mather	Nor 264
Melatiah	Ply 27
Nathan	Ply 3
Nathaniel	Ess 587
Nathaniel	Ply 4
Nathaniel	Ply 8
Nathaniel	Ply 12
Nathaniel	Ply 17
Nathaniel	Ply 19
Nathaniel	Ply 27
Nathl.	Ply 95
Nathl.	Ply 97
Nelson	Bar 85
Oliver	Ply 15
Otis	Brs 374
Peleg	Ply 24
Pelham	Ply 28
Philip	Nor 264
Richard	Ply 5
Richard	Ply 10
Robert	Ply 24
Robert	Ply 30
Rowland	Ply 3
Samuel	Bar 91
Samuel	Brs 318
Samuel	Brs 322
Samuel	Ess 247
Samuel	Ham 293
Samuel	Nor 104
Samuel	Nor 265
Samuel	Ply 3
Samuel	Ply 16
Samul, Jr.	Nor 104
Seth (2)	Ply 22
Silvanus	Ply 15
Silvester	Ply 27
Simeon	Ply 9
Solomon	Ply 17
Stephen	Ply 22
Thomas	Brs 369
Thomas	Ply 13
Thomas	Ply 27
Tilden	Ply 27
Unity, Wido.	Nor 288
William	Ber 120
William	Brs 427
William	Ess 587
William	Nan 67
William	Nor 104
William	Ply 10
William	Wor 221
William	Wor 353
Zacheus	Ply 23
Zebulon	Nor 104
Zepheniah	Ply 9
see H..., Homes, Peirce, Sears, Whitmarsh	
Holms, Benjamin F.	Ber 226
James	Wor 310
John	Ham 186
Lothrop	Ber 223
Lothrop	Ber 225
William	Ham 186
Wm.	Wor 310
Holt, Aaron	Wor 514
Abel	Wor 376
Abel, Junr.	Wor 376
Abial	Wor 354
Abiel	Ess 185
Abiel	Wor 426
Abiel, jur.	Ess 185
Abigail, Wido.	Ess 185
Amasa	Wor 214
Amos	Wor 514
Dane	Ess 185
Daniel	Wor 430
David	Ess 185
David, jur.	Ess 186
Ebenezer	Ber 173
Ephraim	Wor 514
Esther	Ess 415
Ezra	Ess 185
George	Ess 185
Henry	Ess 185
Isaac	Ess 186
Isaac, jur.	Ess 185
James	Ess 9
James	Ess 186
James	Wor 353

Name	Ref	Name	Ref	Name	Ref
James, jur.	Ess 185	John, Jr.	Mid 519	John	Ess 492
Jesse	Mid 97	Sarah	Ess 373	John	Ply 68
Job	Ess 19	Sarah	Ess 579	Joseph	Ply 62
John	Ess 186	Sarah	Ply 38	Joshua	Mid 165
Jona.	Mid 54	Willm.	Ess 374	Luther	Ply 47
Jonathan	Ess 185	Zebulon, Jr.	Nor 103	Mary	Ess 357
Jonathan	Ham 100	see Allen		Mary	Ess 466
Jonathan	Wor 425	Honey, John	Ess 418	Nathaniel	Ess 474
Joseph	Ess 185	see Haney		Nathaniel	Ply 47
Joseph	Ess 325	Honnen, John	Ess 109	Nathl.	Ess 97
Joseph	Mid 299	Honners, Robert	Ess 118	Robert	Ess 505
Joseph	Wor 429	Honniwell, David	Ess 324	Robert, junr.	Ess 501
Joseph, jur.	Ess 185	Richard	Ess 324	Samuel	Ess 472
Joshua, Esqr.	Ess 186	Honors see Hannors, Honners		Sarah	Ply 129
Kimball	Ess 186	Hoobs, Abraham	Ess 38	Stephen	Ess 209
Lemuel	Ess 370	Hood, Abner	Ess 443	Tho.	Mid 165
Mary	Mid 49	Benj. Landon	Brs 358	William	Ess 97
Nathanael, jur.	Ess 184	Benjamin	Brs 356	William	Ess 485
Nathel.	Ess 184	Daniel	Wor 492	William	Ply 62
Peter	Ess 185	John	Brs 358	William, Jur.	Ess 97
Phebe, Wido.	Ess 184	John	Brs 404	Winslow	Ply 62
Saml.	Mid 501	John	Ess 400	Zalmanna	Ber 197
Thomas	Mid 434	John	Ess 264	see Bishop, Hooker	
Thos.	Wor 299	John, Junr.	Ess 40	Hope, Timothy	Bar 93
Timothy	Ess 185	Jona.	Ham 214	Hopgood see Hapgood	
Uriah	Ham 353	Joseph	Brs 358	Hoping, John	Ess 30
William	Ham 100	Josiah M.	Ess 564	Hoping, Thomas	Mid 437
Zebadiah	Ess 186	Martha	Ess 432	Hopkin, William	Bar 19
see Halt, Holl		Richard	Ess 564	Hopkins, Archibald	Ber 255
Holten, Asa	Ham 277	Samuel	Ess 37	Benjamin	Bar 71
Benjn.	Mid 485	William	Brs 404	Benjamin	Ham 159
Phinehas	Mid 435	Hoogs, William	Mid 275	Caleb	Bar 65
Samuel	Ess 3	William, jr.	Mid 275	Caleb, Jur.	Bar 65
Holton, Elijah	Ham 29	Hook, Anna, Wd.	Ess 53	Constant	Bar 67
Elisha	Ham 29	Humphry	Ess 16	Constant, Jur.	Bar 69
John	Ham 29	Josiah, Capt.	Ess 53	Curtis	Bar 21
Luther	Ham 28	William	Ess 369	Daniel	Ess 372
Nathaniel	Ham 86	Willm., Capt.	Ham 328	Ebenzr.	Mid 453
Samuel	Ham 29	Hooker, Benja.	Ham 220	Edmond	Bar 9
see Hollon		Henry	Wor 336	Elkanah	Bar 23
Holway, Barnabas	Bar 34	James	Mid 167	Elkonah	Bar 4
James	Bar 35	John	Ess 562	Elkonah	Bar 23
Joseph	Bar 37	John, Esqr.	Ham 239	Esuck	Wor 182
Joseph, Jur.	Bar 37	Joseph, Capt.	Ham 220	Freeman	Bar 4
Prince	Bar 36	Joseph, Jr.	Ham 220	Gid.	Ber 134
Stephen	Bar 58	Nathana.	Ber 266	Giles	Bar 71
Holyoke, Edwd. A.	Ess 409	Oliver	Wor 336	Hannah, wd.	Bar 6
Elizar, Rev'd.	Ess 262	Parker	Wor 332	Icabod	Ber 105
Sarah	Mid 411	Parker	Wor 336	Isaac	Bar 63
Homan, Ambrose	Ess 490	Philip	Ess 467	James	Bar 17
Benjamin	Ess 487	Phillip	Ess 472	Jesse	Mid 343
Edward	Ess 470	Saml.	Wor 336	John	Bar 4
Edward	Ess 514	Samuel	Wor 510	John	Bar 77
Hannah	Ess 470	Silas	Wor 215	Jonathan	Bar 8
John	Ess 513	William	Ham 17	Jonathan	Bar 58
Josh.	Ess 365	William	Nor 203	Joseph	Mid 299
Nathaniel	Ess 460	Wm.	Nor 127	Joshua	Bar 15
Richard	Ess 463	Zibeon	Mid 275	Lydia, wd.	Bar 6
Thomas	Ess 470	see Hoker, Osgood, Sawyer		Mary, wd.	Bar 5
William	Ess 495	Hooper, Abiee	Ess 398	Michael	Nor 250
William, Esquire	Ess 523	Apollos	Ply 47	Moses	Bar 7
Homans, Jonas	Wor 274	Archelaus	Ber 197	Moses (2)	Ber 104
Homer, Benjamin	Bar 95	Asa	Ess 466	Moses	Ber 121
Daniel	Bar 95	Asa	Ply 21	Nathan	Bar 6
George	Ham 63	Betty	Ply 127	Nathan, jur.	Bar 6
John	Bar 95	David	Ply 47	Nathaniel	Bar 8
Jonathan	Mid 274	Elisha	Ber 249	Patiance, wd.	Bar 8
Mitchel	Mid 519	Elisha, Jr.	Ber 249	Perez	Bar 9
Robert	Bar 95	Elizabeth	Ess 459	Prince	Bar 8
Robert	Mid 343	Hezekiah	Ply 62	Prissilla	Bar 21
Stephen	Bar 26	Isaac	Wor 313	Roland	Bar 3
Stevens	Bar 95	Jacob	Ess 97	Saml.	Wor 277
Thomas	Wor 509	James	Ply 62	Samuel	Bar 67
Thomas, Junr.	Wor 509	John	Ess 97	Samuel	Ber 105
Homes, Francis	Mid 519	John	Ess 459	Samuel	Mid 319
John	Mid 519	John	Ess 482	Samuel, ju.	Mid 319
John	Ply 37	John	Ess 490	Samuel, Revd.	Ham 287

Name	Loc	Name	Loc	Name	Loc	Name	Loc
Seammons	Bar 58	Peggy	Ham 241	Hosmore, Timothy	Wor 356		
Seth	Ber 133	Richard	Ess 484	Hossim, Joseph	Ess 96		
Seth	Ham 59	Richard, junr.	Ess 484	Josiah	Ess 97		
Solomon	Bar 67	Ruel	Ham 241	Willa.	Ess 96		
Solomon	Bar 71	Samuel	Ess 324	Hotchkiss, Jotham	Ham 149		
Solomon, Jur.	Bar 70	Samuel	Ess 458	Hoton, John	Mid 139		
Stephen	Bar 8	Samuel	Nor 128	Hott see Holt			
Stephen	Ber 227	Seth	Brs 410	Hotten see Holten			
Theophilus	Bar 71	Shubel	Brs 300	Hough, Benja. K.			
Thomas	Bar 22	Solomon	Brs 415	Simon	Ess 112		
Timothy	Ham 288	Steph.	Nor 127	Thomas	Ber 205		
William	Bar 20	Stephen	Ham 241	Houghton, Abel	Ham 358		
Zoheth	Bar 6	Thomas	Brs 303	Abel	Wor 211		
see Popkins		Timothy	Ham 353	Abiathar	Wor 455		
Hopkinson, Daniel	Ess 245	Wheeler	Brs 314	Abigail	Wor 435		
Ebenezr.	Ess 243	William	Brs 303	Abijah	Mid 431		
Nathll.	Ess 245	William, 3rd.	Brs 303	Asa	Wor 349		
Silas	Ess 243	Willm., 2nd.	Brs 298	Asa, Junr.	Wor 220		
Hoppen, Hannah	Mid 167	Zabina	Bar 26	Asahel	Wor 220		
Nicho.	Mid 166	Horvey see Harvey		Benja.	Wor 425		
Nicho.	Mid 166	Hosford, Dudley	Ham 341	Benja.	Wor 215		
Hopping, John	Wor 210	Stephen	Ham 334	Benjamin	Wor 376		
see Hoping		Hosier, William	Nan 45	Benjan.	Wor 353		
Hor, Jacob	Brs 311	Hoskin, Amos	Ber 214	Cyres	Wor 349		
Jacob, jr.	Brs 311	Hoskins, Abner	Ply 86	Cyrus	Wor 211		
Hording see Harding		Daniel	Ber 108	Ebenezer	Wor 218		
Horn, Martha	Wor 201	Elkanah	Wor 277	Edward	Wor 435		
Hornden see Harnden		George	Brs 345	Eleazer	Ham 29		
Hornes, John	Bar 15	Hannah, Wo.	Ply 88	Elijah	Wor 426		
Horsfield, Timothy	Nan 71	Henry	Brs 364	Elijah	Mid 66		
Horsford, Eri	Ber 155	Jacob	Brs 357	Elijah, Jr.	Wor 220		
Josiah	Ber 125	James	Ply 88	Elijah, Jun.	Mid 66		
Horsley, Benjamin	Ham 86	Job	Ply 88	Elijah, Junr.	Wor 349		
Benjamin, 2d.	Ham 86	John	Brs 306	Elisha	Wor 220		
Benjamin, 3rd.	Ham 86	John	Brs 364	Ephraim	Ber 137		
Isaiah	Ham 86	John	Brs 368	Euclid	Wor 353		
Jonathan	Ham 86	John	Brs 427	Henery	Ess 186		
Rufus	Ham 86	Preserved	Brs 368	Jaazariah	Wor 207		
Thomas	Ham 78	Ruth	Brs 364	Jacob, Junr.	Wor 213		
Horten, Barnard	Brs 306	Seth	Bar 100	James	Wor 216		
Comfort	Brs 304	Stephen	Brs 365	Jason	Wor 207		
Volentine	Brs 304	Susanna, Wo.	Ply 88	Jemima	Nor 127		
Horton, Aaron	Brs 301	William	Brs 364	Jno.	Wor 277		
Abial	Brs 299	Hosley, David	Ham 327	Joel	Nor 127		
Asa	Ber 149	David	Wor 349	John	Wor 353		
Barnabas	Ply 62	John	Mid 57	John	Wor 207		
Benjn.	Mid 534	Joshua	Mid 57	Jona.	Wor 220		
Benjamin	Brs 381	Saml.	Mid 49	Jona. P.	Wor 159		
Constant	Brs 301	Stephen	Mid 57	Jona. P., Junr.	Wor 207		
Conten	Brs 305	Thos.	Mid 64	Jonas	Wor 207		
Cushing	Bar 77	Timo.	Mid 57	Jonas	Wor 356		
Daniel	Brs 301	Hosman, John	Ess 100	Jonas, Junr.	Wor 210		
Daniel	Ess 324	Hosmer, Abigail	Mid 10	Jonathan	Ham 46		
Eliphlet	Brs 303	Amos	Mid 15	Jonathan	Wor 207		
Enoch	Nor 116	Amos	Mid 98	Joseph	Mid 30		
Gad	Ham 241	Asa	Wor 240	Joseph	Wor 215		
Geo	Ess 396	Asahel	Mid 15	Joseph, 3d.	Wor 209		
George	Ess 487	Benjamin	Mid 12	Joshua	Wor 353		
George C.	Ess 325	Bethiah	Mid 13	Josiah R.	Wor 353		
Isaac	Ber 153	Cyrus	Mid 12	Levi	Wor 280		
Isaac	Ply 58	Daniel	Mid 13	Levi	Wor 426		
Jabez	Brs 403	David	Mid 13	Levi, Jun.	Wor 425		
James	Brs 302	Elijah	Mid 4	Martin	Wor 213		
James	Ess 324	Ephraim	Mid 30	Menasseh	Wor 353		
Job	Brs 304	Jesse	Mid 14	Nathanl.	Wor 353		
Job	Brs 401	John	Mid 13	Nathl.	Ham 186		
Jona.	Ess 402	John	Mid 358	Oliver	Mid 29		
Jona.	Wor 238	Jonathan	Mid 30	Oliver	Mid 167		
Jonathan	Brs 290	Joseph	Mid 12	Oliver	Nor 128		
Joseph	Brs 302	Josiah	Wor 240	Peter	Wor 220		
Lemuel	Ess 383	Nathan	Mid 2	Ralph	Nor 127		
Moses	Ber 157	Nathan	Mid 30	Reuben	Ham 186		
Nathan	Brs 300	Samuel	Mid 30	Robert	Wor 228		
Nathan, 2nd.	Brs 302	Silas	Mid 14	Rufus	Wor 207		
Obadiah	Ess 324	Stephen	Mid 14	Saul	Wor 353		
Obadiah, Jr.	Ess 324	Stephen	Mid 30	Silas	Nor 128		
Patience	Nor 127	William	Ham 359	Silas	Wor 210		

Silas	Wor 211	Abraham	Ham 38	Joseph	Mid 418
Simon	Wor 207	Abraham	Mid 413	Joseph	Nor 145
Stephen	Wor 353	Abraham	Nor 145	Joseph	Wor 408
Stephen	Wor 425	Abraham	Wor 514	Joseph, Jur.	Ess 290
Susannah	Wor 207	Adam	Mid 115	Joseph, Jur.	Mid 411
Thankful	Wor 515	Adonijah	Wor 515	Joseph, 3d.	Mid 418
Thomas	Wor 220	Alven	Wor 353	Josiah	Mid 420
Timothy	Wor 215	Antipas	Ham 82	Josiah	Wor 238
Zarah	Wor 277	Antipas	Wor 515	Jotham	Wor 514
see ..., Osgood		Archelaus	Mid 415	Kerly	Wor 496
Houlton, Joseph	Ham 100	Artemas	Mid 417	Levi	Mid 415
Hour see Hoar, Hor		Artemas	Wor 237	Lovewell	Mid 410
House, Abel	Ply 52	Artemas	Wor 405	Lucy	Wor 510
Benajah	Ber 172	Asa	Ess 33	Luther	Mid 411
Coomes	Ply 124	Asa	Ham 106	Margarett	Nor 127
David	Ply 126	Asa	Wor 356	Mary	Mid 414
Deborough	Ply 37	Asa, Jun.	Wor 354	Matthias	Wor 510
John	Ham 24	Benja.	Wor 280	Micah	Wor 418
John	Nan 62	Benjamin	Ess 215	Nancy	Mid 485
John, Junr.	Ham 24	Benjamin	Mid 413	Nathan	Mid 519
Prudence	Wor 356	Benjamin	Wor 366	Nehemiah	Mid 519
Saml.	Ply 37	Cyprian	Ham 106	Noah	Mid 415
Sarah	Ber 240	Daniel	Ess 550	Parley	Wor 449
see Howes, Hows, Howse		Daniel	Wor 448	Peabody	Wor 515
Housten, Robt.	Ham 215	Daniel, Capt.	Wor 418	Pearley	Mid 146
Houston, David	Ham 214	David	Ess 276	Peter	Wor 226
Hovard, Josiah	Wor 336	David	Mid 115	Philemon	Ess 254
Hoven, Philip	Ham 100	David	Wor 510	Phineas	Mid 519
see Haven		David, Jur.	Mid 114	Phinehas	Mid 414
Hovey, Amos	Ess 421	Ebenezer	Wor 388	Relief	Nor 145
Benja.	Mid 91	Ebezar	Wor 449	Reuben	Ess 254
Doms.	Ply 109	Eleazer	Mid 413	Samuel	Mid 412
Ebenezer	Ess 579	Elijah	Wor 495	Samuel	Wor 445
Ebenr.	Mid 486	Elijah, jun.	Wor 495	Selvanus	Wor 280
Elijah	Ham 268	Eliphalet	Wor 405	Silas	Wor 353
Francis	Ess 579	Elisabeth	Mid 113	Simon	Mid 410
George	Mid 273	Elisabeth	Mid 414	Stephen	Wor 445
Gideon	Wor 160	Elizabeth	Nor 145	Sylvanus	Mid 414
Hannah	Ess 260	Ephraim	Ham 106	Thomas	Mid 409
Hannah	Ess 556	Ephraim	Mid 414	Varnum	Ess 213
Henry A.	Mid 83	Ephraim	Wor 216	Willard	Mid 133
Ivery	Ess 40	Eunice	Ess 33	William	Ess 324
Ivory	Ess 203	Ezekiel	Mid 139	William	Mid 418
Ivory	Ess 260	Fisk	Wor 242	Winslow	Mid 415
Ivory	Ess 265	Fortunatus	Mid 415	Wm.	Wor 406
Ivory, Revd.	Ply 22	Francis	Mid 147	Zadack	Nor 88
James	Mid 486	Francis	Mid 409	How..., Rachal, Wo.	Ess 137
John	Ber 192	Francis, Ens.	Wor 408	Howard, ---, Widw.	Ham 154
John	Ess 240	Francis, Jur.	Mid 409	Aaron	Nor 273
John (2)	Ess 259	Fredk.	Wor 496	Abiel	Ply 51
Jonathan	Ber 192	George	Ess 254	Abijah	Ham 341
Joseph	Ess 260	Gilbert	Mid 415	Abisha	Wor 336
Josiah	Mid 484	Hannah	Mid 485	Abner	Brs 425
Josiah	Wor 332	Isaac	Ess 277	Abner	Wor 336
Luke	Ber 192	Isaac	Mid 129	Alexr.	Mid 519
Moses	Mid 484	Isaac	Nor 145	Alfred	Ply 51
Phineas	Mid 484	Isaac	Wor 365	Alfred	Ply 58
Richard	Ess 259	Isaac, Ju.	Nor 145	Andrew	Ham 356
Saml.	Wor 408	Israel	Wor 515	Anna	Ess 594
Samll.	Mid 83	Jacob	Ess 291	Artemas	Ber 187
Solomon	Wor 425	James	Ess 290	Asa	Ham 241
Stephen	Ess 239	Jno., Jun.	Nor 147	Asa	Ham 274
Thomas	Ess 524	Joel	Wor 179	Asa	Nor 273
Thomas	Mid 275	John	Ess 290	Asahel	Wor 160
Thos.	Ess 403	John	Mid 420	Amos	Mid 184
Thos.	Mid 83	John	Wor 280	Amos, 2d.	Mid 184
Thos.	Mid 485	John, Jur.	Mid 415	Barnabas	Brs 390
William	Ess 325	John, 3d.	Mid 421	Barnabas	Ply 58
see Honey		Jonah	Mid 418	Barzela	Wor 248
Hovy, Nathan	Mid 184	Jonas	Wor 506	Barzela, 2d.	Wor 248
How, Aaron	Mid 410	Jonas	Wor 507	Benajah	Wor 335
Aaron	Mid 415	Jonas	Wor 510	Bezaleel, Revd.	Ham 239
Abel	Ham 106	Jonathan	Ess 291	Caleb	Ham 59
Abel	Wor 182	Jonathan	Wor 514	Caleb	Ply 58
Abial	Ess 290	Joseph	Ber 255	Caleb	Ply 68
Abial, Jur.	Ess 290	Joseph	Ess 290	Calvin	Brs 390
Abner	Wor 515	Joseph	Mid 115	Calvin	Ham 38

Name	Location
Charles	Mid 484
Charles	Wor 336
Daniel	Brs 332
Daniel	Ply 38
Daniel	Ply 52
Daniel	Wor 177
Daniel, 2d.	Ply 57
Deane	Brs 390
Ebenezer	Nor 273
Ebenezer	Ply 5
Ebenr.	Mid 343
Edward	Ber 140
Edward	Ply 52
Eleazer	Wor 336
Eliakim	Ply 52
Elijah	Brs 390
Elisha	Nor 336
Eliza., Wido.	Nor 273
Enos	Ply 111
Eunice	Mid 184
Ezekiel	Ess 447
Ezra	Mid 184
Gamaliel	Ply 52
George	Ply 51
George, junr.	Ply 51
Gideon	Nor 331
Gideon	Ply 57
Hannah	Wor 269
Harvey	Ham 234
Henry	Ber 187
Henry	Ham 166
Hezekh.	Ham 115
Ichabod	Ply 58
Isreal	Ham 220
Jabez	Mid 184
Jacob	Mid 374
Jacob	Wor 335
James	Ham 307
James	Nor 116
James	Ply 51
James	Suf 143
James, junr.	Ply 51
Janus	Ham 220
Jason	Mid 519
Jennet	Ply 68
Jesse	Ber 161
Jesse	Ply 51
Jesse	Ply 98
Jesse, junr.	Ply 51
Jno. C.	Nor 146
Job	Wor 210
John	Ess 405
John	Mid 184
John	Nor 362
John	Ply 58
John	Wor 159
John	Wor 277
John	Wor 489
John, Junr.	Wor 160
Jona.	Ham 205
Jona.	Mid 80
Jona...	Ham 294
Jonas	Ply 58
Jonathan	Ply 52
Jonathan, 4th	Ply 51
Jonathan, 2d.	Ply 52
Jonathan, 3d.	Ply 51
Jonathan, 3d.	Ply 62
Jos.	Mid 184
Joseph	Brs 360
Joseph	Brs 390
Joseph	Ham 303
Joseph	Ham 334
Joseph	Ham 356
Joseph	Wor 514
Joshua	Mid 519
Joshua	Nor 273
Joshua	Ply 58
Josiah	Ham 275
Levi	Wor 199
Lloyd	Ply 51
Lydia	Ess 447
Mark	Ham 21
Martin	Ply 52
Mary	Ply 58
Mary, Wido.	Ess 323
Molly, Wido.	Brs 376
Moses	Ess 554
Nath.	Mid 374
Nathan	Ess 217
Nathan	Ply 51
Nathan	Wor 335
Nathan, junr.	Ply 51
Nathan, 3d.	Ply 51
Nathl.	Ess 448
Nehemiah	Brs 390
Nehemiah	Ply 51
Nehemiah	Wor 277
Oliver	Ply 58
Pember	Ham 356
Perez	Ply 123
Peter	Mid 431
Phebe	Ess 358
Phinehas	Ber 167
Rachel	Ess 501
Robert	Ply 58
Robert, junr.	Ply 58
Roland	Brs 390
Rufus	Brs 376
Saml.	Mid 374
Samuel	Ham 274
Samuel	Nor 241
Sarah	Ess 363
Seth	Ply 51
Silas	Ham 209
Silas	Ham 214
Silence	Ply 58
Simeon	Ham 305
Simeon	Nor 273
Simeon	Ply 51
Simeon	Wor 160
Solomon	Ber 166
Solomon	Brs 427
Stephen	Ess 323
Stephen	Wor 160
Stephen	Ham 303
Susanna, Wido.	Brs 368
Thaddeus	Ply 51
Tho. C.	Mid 166
Thomas	Ham 234
Thomas	Ham 356
Thomas	Suf 146
Thomas, Jr.	Ham 356
Thos.	Ply 38
Timothy	Wor 368
Timothy	Wor 373
Timothy	Wor 426
Willard	Mid 374
William	Brs 376
William	Ess 323
William	Wor 501
Wm.	Mid 184
Zebulun, Jr.	Nor 273
Zechariah, Revd.	Nor 288
see Hovard	
Howe, Amasa	Wor 248
Artemas	Wor 317
Azor	Ply 65
Daniel	Wor 367
David	Nor 250
Dennis	Wor 368
Ebenezer	Wor 269
Elener	Ess 583
Eli	Wor 260
Ephraim	Ham 173
Estes, Doctr.	Ham 205
George	Nor 228
Gideon	Wor 368
Hannah, Wd.	Ham 211
Ichabod	Ham 356
Isaac C.	Ber 156
Jacob	Ess 583
James B.	Nor 146
Jno.	Nor 146
John	Nor 256
John	Wor 376
John	Wor 501
John H.	Wor 368
Jonah	Wor 501
Jonah, jun.	Wor 501
Jonah, Majr.	Wor 368
Jonathan	Ber 161
Joseph	Ber 112
Joseph	Ber 139
Joseph	Ess 583
Joseph (2)	Nor 300
Joseph	Wor 269
Joseph, Jur.	Wor 269
Josiah	Wor 260
Levi	Wor 376
Moses	Nor 146
Nathan	Wor 368
Nathaniel	Ess 486
Nathaniel	Ess 583
Nathl.	Ply 37
Silas	Wor 260
Silas	Wor 376
Solomon	Ham 220
Susannah	Nor 238
Sylvanus, Lt.	Ham 205
Thomas	Nor 300
Thomas, Junr.	Nor 300
William	Nor 300
William	Wor 269
see Hawe, How...	
Howell, Barnebus	Wor 479
Philip	Wor 479
Richard	Wor 479
Hower, Isaac	Ess 383
Howes, Andrew	Bar 100
Anthony	Ham 341
Barnabas	Ham 341
Bathsheba	Ham 341
Daniel	Bar 58
David	Bar 58
Ebenr.	Bar 97
Edmond, Capt.	Wor 408
Edward	Bar 96
Ezekiel	Ham 341
Heaman	Ham 341
Jabez	Bar 100
Jacob	Ply 8
Joseph	Ham 341
Joshua	Ham 341
Kimbal	Ham 341
Lot	Bar 60
Mark	Ham 341
Martha	Bar 86
Peter	Bar 87
Prince	Bar 97
Saml.	Ham 341
Selvanus	Ply 17
Theophilus	Bar 58
Zachariah	Ham 341
Zenas	Bar 97
see Taylor	
Howk, Abraham	Ber 261
Isaac	Ber 261
John	Ber 261
John	Ber 261
Martin	Ber 107

Howland, Abner	Wor 496	Mary	Bar 90	Levi	Ess 76
Abraham	Ber 136	Mary	Ply 37	Lydia, Wd.	Ess 75
Abraham	Ply 20	Mathew	Brs 426	Matthias	Ess 77
Allen	Ply 38	Nancy	Brs 332	Moses	Ess 54
Ansel	Bar 87	Nathan	Ber 262	Moses	Ess 75
Ansel, Jr.	Bar 87	Nathaniel	Bar 37	Moses	Ess 76
Arthur	Ply 94	Nathaniel	Brs 345	Moses	Ess 324
Asa	Brs 345	Peleg	Brs 426	Moses, Jr.	Ess 324
Benjamin	Bar 30	Perez	Ply 104	Moses, junr.	Ess 75
Benjamin	Brs 345	Pero	Brs 345	Nathan	Ess 324
Benjamin	Brs 426	Philip	Brs 332	Robert	Ess 77
Beriah	Brs 332	Prince	Brs 332	Robert	Wor 248
Caleb	Brs 345	Prince	Ply 38	Samuel	Ess 220
Calvin	Ply 7	Reserved	Brs 345	Sarah, Wd.	Ess 76
Charles	Brs 333	Reuben	Brs 427	Stephen	Ess 75
Consider	Ply 83	Robart	Ply 38	Thomas, junr.	Ess 77
Consider	Ply 134	Rufus	Ply 86	Timothy	Ess 77
Cornelius	Brs 426	Salmon	Ham 86	William	Ess 77
Cuff	Brs 366	Samuel	Bar 88	William	Ess 324
Daniel	Brs 345	Sarah	Ply 17	Willoughby	Ess 75
Daniel	Ply 37	Seth	Ham 86	Wyman	Wor 310
David	Brs 345	Sibil	Brs 332	see Hayt	
Eady	Brs 345	Southwerth	Wor 247	Hubard, Ebenezer	Mid 5
Ebenezer	Ply 86	Stephen	Brs 345	Wm.	Mid 485
Elisha	Bar 30	Thomas (2)	Brs 345	Hubart, Josh.	Nor 115
George	Brs 283	Thomas	Wor 482	Peter	Nor 115
George	Ham 86	Timothy	Brs 426	Hubbard, Anna	Mid 250
Gideon	Brs 345	Warren	Brs 345	Benja.	Wor 228
Gideon	Brs 426	Weston	Brs 426	Caleb	Ham 284
Gideon, 2d.	Brs 345	William	Bar 35	Daniel	Ber 197
Gilbert	Brs 426	William	Brs 345	Daniel	Ham 283
Henry	Brs 332	William	Ply 88	Daniel	Ham 301
Henry	Brs 345	Wing	Brs 425	Daniel	Wor 489
Henry, Junr.	Brs 332	Zaccheus	Bar 90	Daniel, jun.	Wor 489
Humphrey	Brs 332	see Howard, Slead, Swain		Ebenezer	Ham 170
Humphrey	Brs 426	Hows, Benjamin	Ber 118	Ebenezer, Revd.	Ess 462
Isaac	Bar 88	Enos	Ber 212	Elihu	Ham 293
Isaac	Brs 332	see How..., Swain		Elijah	Ham 214
Isaac	Brs 345	Howse, Reuben	Ham 311	Elijah	Ham 283
Isaac	Brs 426	Hoxce, ---, Mrs.	Ber 255	Elisha	Ham 63
Isaac	Ply 20	Hoxey, Stephen	Ber 135	Elisha	Ham 258
Isaac	Ply 38	Hoxie, Abner	Bar 37	Elisha	Ham 282
Isaac	Ply 83	Barnabas	Bar 35	Elisha	Ham 287
Isaac, Jur.	Brs 426	Cornelius	Bar 36	Elisha	Wor 514
Jabez	Bar 87	Elizabeth	Bar 37	Enoch	Ber 192
Jacob	Ply 20	Hezekiah	Bar 37	Enoch	Nor 274
James	Brs 426	James	Bar 37	Ephraim	Ber 187
Jarusha	Ply 93	Jesse	Bar 36	Ephraim	Ham 73
Jethrow	Brs 332	Joseph	Bar 35	Gideon	Ham 115
Job	Ham 58	Ludwick	Bar 37	Giles	Ham 284
Job, Jur.	Brs 292	Mary	Bar 37	Hezekiah	Ber 109
John	Bar 87	Hoyd, Daniel	Ess 449	Hezekiah	Ham 287
John	Brs 332	Hugh	Ess 431	Hooker	Ber 120
John (2)	Brs 345	Hoyt, Aaron	Ess 75	Isaac	Wor 514
John	Brs 426	Benja., Capt.	Ess 53	Jadimer	Ber 172
John	Ham 58	Daniel	Ess 76	James	Ber 197
John	Ham 86	Daniel	Ess 77	James	Wor 241
John	Wor 269	David	Ess 324	James, Jr.	Ber 197
John, Revd.	Ply 7	David	Wor 518	Jeremiah	Ham 291
John, Thm. Son	Brs 332	David H.	Ber 151	Joel	Wor 509
Jonathan	Bar 35	Dorothy, Wido.	Ess 324	John	Ber 225
Jonathan	Brs 345	Ebenezer	Ess 324	John	Ham 12
Jonathan	Brs 427	Enoch	Ess 75	John	Wor 514
Joseph	Ber 198	Enos	Ess 76	John, & son	Ber 172
Joseph (2)	Brs 345	Hannah, Wd.	Ess 76	John, jr.	Ber 172
Joseph	Brs 426	Humphry	Ess 77	John B.	Ham 269
Joseph	Ply 6	Jacob	Ess 77	Jona.	Wor 501
Joseph	Ply 37	Jacob, junr.	Ess 77	Jonathan	Ber 223
Joseph	Wor 482	John	Ess 77	Jonathan	Ham 269
Joshua	Bar 30	John	Ess 277	Jonathan	Wor 509
Joshua	Brs 283	John, junr.	Ess 77	Joseph	Ess 53
Joshua	Brs 345	Jonathan S.	Ber 152	Joseph	Wor 514
Lemuel	Bar 37	Joseph	Ess 77	Moses	Ber 225
Lucy	Brs 345	Joseph	Ess 324	Nathaniel	Ber 173
Luther	Ply 38	Joseph, Capt.	Ess 75	Nathl.	Nor 274
Luthern	Brs 345	Joseph, junr.	Ess 77	Noah E.	Ber 225
Malica	Ply 88	Judith, Wd.	Ess 76	Peter	Wor 514

Phinehas	Ham 282	Huggs, Daniel	Ber 234	Jonathan	Nor 327
Prosper	Ber 231	Hughes see Hewes		Joseph	Nor 180
Russel	Ham 266	Huit, Timothy	Wor 157	Josiah	Nor 180
Samuel	Ham 341	Timothy, Junr.	Wor 160	Nath.	Nor 127
Samuel	Wor 511	Hulbard, Tabitha	Ess 494	Noah	Suf 137
Sarah	Ess 465	Hulbert, Asa	Ham 92	Noah, jur.	Suf 137
Sarah	Ess 495	Eliphalet	Ber 170	Sally	Nor 331
Sarah, Wo.	Ess 133	John	Ber 192	Saml. (2)	Nor 180
Seth, & sons	Ber 175	John	Ber 198	Silence, Wid.	Nor 180
Simeon	Ham 269	Russell	Ber 107	Sus.	Nor 146
Spencer	Ham 283	Seth	Ham 9	William	Nor 181
Theophilus	Ber 172	Thaddeus	Ber 192	Wm.	Nor 146
Thomas	Ber 213	Timothy	Ber 197	Humphreys, Amos	Ess 469
Thomas	Ham 269	Hulburt, James	Ham 186	Humphries, Hannah	Ess 501
Thomas	Mid 11	John, Jur.	Ham 186	John	Ess 510
Thomas, Jr.	Mid 11	Hulburts, James	Ham 9	Samuel	Ess 501
Timothy	Ber 225	Hulen, Elias	Ess 462	Sarah	Ess 473
Titus	Ham 170	Elias	Ess 464	Humphris, Edward	Ply 124
Titus	Ham 258	John	Ess 463	Humphry, James	Wor 290
W. Moore	Wor 511	Hulet, Josiah	Ber 171	John	Wor 290
William	Ham 115	Nehemiah	Ber 113	Royal	Wor 290
Zadock	Ber 210	Obadiah	Ber 171	Hungerford, Thomas	Ber 152
Zadock, Jr.	Ber 197	Hulett, Asa	Ber 262	Hunkins, David	Ess 276
Zadock S.	Ber 210	John	Ber 262	Jonathan	Ess 276
see H...ard, Hulbard, Russell		Samuel	Ber 262	Hunn, Ephraim	Ham 95
		Sylvenus	Ber 262	Hunnawell, Elizth.	Mid 485
Hubbart, Joshua	Nor 350	Hull, Agrippa	Ber 255	Eunis	Mid 485
William	Wor 260	Arnold	Ber 175	Hunnewell, Walter	Mid 501
Hubbel, Calvin	Ber 148	Cornelius	Ber 105	see Honniwell	
Diah	Ber 150	David	Ber 205	Hunniford, John	Ess 76
Hicock	Ber 150	Eliakim	Ber 175	Hunniwell, Wm.	Mid 167
Hubbell, John	Ber 222	Gideon	Ham 168	Hunt, Aaron	Ham 253
Wolcott	Ber 148	Isaac	Brs 359	Aaron	Wor 501
Hubbert, Caleb	Nor 127	Isaac	Ess 529	Abel	Wor 239
Hubburd, Nathan	Mid 453	James W.	Wor 465	Abijah	Ham 63
Thomas	Mid 453	John	Brs 345	Abijah, Junr.	Ham 63
Thos., Jun.	Mid 453	John	Ham 170	Abner	Ham 9
Hubby, Hardy	Ber 197	Josiah	Ber 233	Abner	Ham 210
Huckins, James	Bar 86	Peter	Ber 248	Abner	Nor 127
Samuel	Bar 86	Phebe	Nan 58	Alden	Ham 106
Snow	Bar 88	Robert	Ham 170	Anna, Wido.	Ess 186
Huddle, William	Ess 388	Solomon	Nor 146	Anthony	Ham 63
Hudson, ---, Wd.	Wor 209	Stephen, Rev'd.	Ess 76	Asa	Nor 180
Aaron	Ber 126	Susannah	Brs 333	Bart.	Ess 219
Benj.	Ess 442	Theophilus	Ess 530	Benjamin	Ber 210
Ebenezer	Nor 331	Thomas	Nan 62	Caleb	Wor 354
Edward	Wor 310	William	Mid 275	Charles	Ham 82
Eli	Ham 226	William	Wor 465	Chris	Brs 314
Eli	Nor 274	see Slocum		Daniel	Wor 160
Elijah	Mid 412	Humaston, Caleb	Ham 356	Daniel	Wor 396
Ezra	Nor 332	James	Ham 356	David	Ham 4
Forost	Nor 332	James, 2d.	Ham 356	David	Ham 99
Francis	Mid 412	Humble, Majr.	Ply 37	David	Ham 300
Hannah	Ess 442	Humes, Amos	Wor 465	David	Wor 228
Henry	Ess 322	David	Ber 160	David, 2d.	Ham 6
Ibroke	Nor 330	David	Wor 479	Deborah	Ess 578
James	Bar 99	Josiah	Wor 479	Eben.	Nor 180
John	Ply 68	Moses	Wor 479	Ebenezer	Ham 4
John	Wor 160	Nahum	Wor 479	Ebenr.	Mid 98
Jona.	Ess 442	Stephen	Ber 166	Ebenr., junr.	Nor 180
Mebar	Wor 459	Humfries, John	Mid 440	Ebenr. K.	Ply 40
Nathan	Ply 68	Richard	Mid 440	Elias	Ess 216
Nathaniel	Ber 118	Humphey, Asa	Wor 269	Elihu	Nor 169
Reuben	Brs 313	Humphrey, Abij.	Nor 147	Elijah	Ham 8
Robert	Wor 349	Benjr.	Wor 336	Elisha	Ham 29
Samuel	Wor 202	Candis	Suf 143	Elisha	Ham 63
Stephen	Mid 416	David	Brs 313	Elizabeth, Wido.	Ess 323
William	Ply 68	Ebenr.	Wor 160	Elsworth	Ham 28
William	Suf 140	Elias	Ber 262	Enoch	Brs 368
William	Wor 160	Enoch	Ber 255	Ephraim	Ham 46
Huestins, William	Ply 13	Enoch, Jr.	Ber 255	Ephraim	Nor 288
Huffen, Cathr., Widw.	Ess 132	James	Nor 146	Ephraim	Nor 371
Huggins, John	Ber 108	James	Nor 180	Ephraim	Ply 37
Joseph	Ber 227	James	Ply 58	Ephraim	Ply 85
Medud	Ber 232	James, 2d.	Nor 180	Ezekiel	Wor 482
Samll.	Ber 230	James, 3d.	Nor 180	Gardner	Ham 110
Zebediah	Ber 230	Jonathan	Brs 311	Gideon	Nor 127

Name	Loc	Name	Loc	Name	Loc
Haman	Mid 111	Quincy	Brs 386	Joseph	Wor 396
Hannah	Mid 12	Rebeca	Wor 240	Joseph, jr.	Wor 396
Hannah, Wido.	Nor 274	Rebecca, Wo.	Ply 85	Moses	Wor 418
Isaac	Nor 127	Reuben	Mid 3	Nathan	Mid 374
Isaac, Junr.	Mid 125	Robert	Nor 187	Samuel	Mid 420
Israel	Mid 84	Ruth	Mid 501	Stephen, Jr.	Wor 418
Jacob	Ham 192	Saml.	Mid 374	Wm.	Wor 418
Jail, Widow	Brs 368	Saml.	Mid 484	Huntington, Amos	Ess 76
James	Brs 386	Saml.	Nor 181	Asahel	Wor 492
Jane	Mid 437	Samuel	Ber 216	Asahel, Revd.	Ess 41
Jared	Ham 17	Samuel	Brs 381	David	Ess 76
Jeremiah	Mid 4	Samuel	Ham 196	Elijah	Ess 76
Jeremiah	Nor 145	Samuel	Mid 20	Isaac	Ess 76
Jeremiah	Wor 365	Samuel	Nor 127	John	Ess 76
Job	Brs 364	Samuel	Suf 137	John	Ham 100
Job	Ess 519	Sarah	Ess 388	Moses	Ess 76
John	Ber 210	Sherebiah	Wor 459	Simon	Ham 298
John	Brs 313	Simeon	Mid 396	Thomas, Dn.	Ham 95
John	Ess 363	Simon	Mid 29	Willm.	Ess 76
John	Ham 82	Simon	Mid 166	Willm., junr.	Ess 76
John	Ham 166	Solomon	Mid 98	Huntley, Amos	Ber 215
John	Ham 205	Stephen	Brs 368	Richard	Ham 256
John	Ham 310	Thadeus	Mid 5	Hurd, Benja.	Mid 166
John	Ham 333	Tho.	Mid 184	Benja., jr.	Mid 166
John	Mid 29	Thomas	Nor 169	Benjn.	Bar 24
John	Mid 146	Thomas	Wor 510	Daniel	Ber 171
John	Nor 288	Thomas, Jur.	Ply 95	Isaac	Mid 6
John	Ply 58	Thos.	Ess 421	Jabez	Ber 175
John	Wor 349	Thos.	Ply 37	John	Bar 22
John	Wor 365	Thos., Jur.	Ply 37	Jos.	Mid 166
John	Wor 389	Timothy	Mid 97	Joseph	Bar 24
John, 2nd.	Brs 313	Uriah	Wor 373	Joseph	Wor 160
Jona.	Mid 98	William	Brs 313	Joshua	Bar 15
Jona.	Mid 166	William	Ham 110	Josiah	Ber 108
Jonas	Mid 113	William	Ham 196	Precilla	Nor 240
Jonathan	Mid 349	William	Ham 242	Robert	Ber 113
Joseph	Brs 381	William	Mid 111	Thomas	Ham 38
Joseph	Ham 175	William	Mid 333	Hurlbart, Ulysses	Ber 248
Joseph	Mid 8	William, Jur.	Mid 120	Hurlburt, Christopher	Ber 262
Joseph	Nor 116	William, 2d.	Ham 110	Douglass	Ham 131
Joseph	Nor 274	William, 3d.	Mid 118	Nathana.	Ber 262
Joseph	Ply 96	Winnefread	Suf 147	Royal	Ber 262
Joseph	Wor 396	Wm.	Mid 501	Stephen	Ham 130
Joseph	Wor 482	Zachariah	Nor 180	William	Ber 261
Joseph W.	Brs 320	Zebedee	Ess 323	Hurlbut, Abijah	Ber 116
Joshua	Mid 37	see Hardy, Hart		Gabriel	Ham 29
Josiah	Brs 313	Hunter, Abm.	Wor 309	Hubbard	Ber 116
Josiah	Brs 381	Andrew	Wor 257	Isaac	Ber 116
Josiah	Ess 220	David	Ham 46	Isaac	Ham 29
Judah	Ply 98	David	Mid 420	John	Ber 117
Lemuel	Bar 17	Elexander	Brs 290	John	Ber 221
Lemuel	Nor 127	Isaac	Ber 181	Philander	Ber 117
Lot	Ply 97	Isaac	Ham 220	Samuel	Ber 118
Luther	Ham 7	Isaac	Wor 309	Simeon	Ber 228
Lydia	Ess 409	Isaac, Jr.	Wor 310	William	Ber 108
Marcy, Wid.	Nor 187	James	Ham 215	Hurly, Abigail	Ess 546
Mary	Ess 388	John	Ber 181	Huron, Benjamin	Brs 374
Mary	Nor 115	John	Ham 160	Gideon	Ham 232
Matthew	Ply 58	John	Nan 47	Huse, Alpheus	Wor 468
Melzar	Ham 282	John	Wor 309	Amos	Ess 229
Mirriam, Wd.	Ess 75	Jona.	Wor 277	Daniel	Ess 291
Nathaniel	Brs 313	Robert	Mid 419	Enoch	Wor 220
Nathl.	Ess 219	Samuel	Ham 176	Enoch, Junr.	Wor 220
Nathl.	Nor 274	Samuel	Ham 270	John	Ess 138
Nehemiah	Mid 17	Solomon	Mid 275	John	Ess 276
Noah	Mid 98	Thomas	Ham 252	John	Ess 291
Obed	Ham 298	William	Wor 257	John D.	Wor 220
Oliver	Wor 240	Hunting, Alexander	Wor 418	Joseph	Ess 322
Oliver	Wor 482	Amos	Ham 205	Nathan, Dr.	Ess 77
Parley	Ham 196	Asa	Nor 236	Nathan, junr.	Ess 77
Paul	Ess 186	Convas	Wor 418	Samuel	Ess 215
Pearley	Wor 396	Daniel	Nor 274	Samuel	Ess 291
Peter	Brs 313	Daniel	Nor 318	Samuel	Ess 322
Peter	Ham 46	Elisha	Ham 205	Stephen	Ess 291
Peter	Ham 196	Hezekiah	Nor 318	Thomas	Ess 210
Peter	Mid 437	Isreal	Nor 318	William	Ess 322
Peter, jr.	Mid 97	Jabez	Nor 251	Hussey, ...	Nan 45

Albert	Nan 50	Matthew	Ber 249	Nathan	Wor 160
Albert	Nan 71	Nathaniel	Mid 36	Nathaniel	Brs 313
Albert, 2nd.	Nan 63	Nathaniel, Jr.	Mid 36	Nathaniel	Brs 317
Batchelor	Nan 70	Nathl.	Mid 57	Nehemiah	Ber 255
Charles	Nan 46	Paul	Ber 197	Oliver	Ber 187
Christopher	Nan 64	Paul	Ber 233	Reuben	Wor 482
Cyrus	Nan 65	Sama.	Ber 249	Timothy	Wor 160
Daniel	Nan 51	Samuel	Ham 226	Willm.	Brs 313
Danl.	Nan 71	Shubel	Ber 116	Ilsley, David	Ess 326
David	Nan 70	Wm.	Mid 57	Isaiah	Ess 223
Eliab	Nan 71	Hutson, Charles	Ham 186	Jonathan	Ess 225
Elizabeth	Nan 71	Ezra	Bar 65	Jonathan	Ess 230
George	Nan 75	John	Ess 400	Joshua	Ess 223
George G.	Nan 70	Huttleston, Henry	Brs 425	Stephen	Ess 223
Isaiah	Brs 426	Peleg	Brs 425	see Islley	
James	Ham 100	Thomas	Brs 426	Ingales, James	Ber 213
James	Nan 71	Huxford, Cornelius	Duk 444	Ingall, Zadoc	Ham 148
Jethro	Nan 74	Henry	Ham 59	Ingalls, Ann, Wido.	Ess 326
John	Nan 68	Joseph	Duk 444	Collins	Ess 384
Judah	Nan 70	Huxley, Asahel	Ber 239	Elkanah	Brs 401
Latham	Nan 71	Dan	Ber 238	Henry	Ess 277
Naomi	Nan 63	Huyson, John	Mid 80	James	Ess 291
Nathl.	Nan 70	Hyde, Aaron	Wor 233	James	Ess 387
Paul	Nan 73	Alvan	Ber 261	James	Ham 4
Peleg	Nan 70	Amos	Mid 273	John	Ess 510
Peter	Nan 70	Andrew	Ber 210	Joseph	Ess 123
Reuben	Nan 58	Andrew, Jur.	Ber 210	Mary	Ess 517
Robert	Nan 65	Benjn.	Mid 274	Susannah, Wido.	Ess 326
Seth Jenkins	Nan 63	Caleb	Ber 210	Thomas	Ess 467
Silvanus	Nan 74	Daniel	Mid 273	Thomas	Ess 472
Simeon	Nan 52	David, Capt.	Ham 263	Thomas	Ess 505
Stephen	Nan 71	Ebenezer	Ber 234	Thos.	Ess 385
Thomas	Nan 68	Elisha	Mid 274	William	Ber 162
Tristram	Nan 70	Enoch	Mid 274	William	Ess 500
Urial	Nan 75	Ephraim	Ham 263	Ingals, Elizabeth, Wido.	Ess 188
William, Junr.	Nan 73	Ephraim	Mid 275	Elkanah	Brs 304
Wm.	Nan 70	Fredr.	Mid 167	Ezra	Ess 188
Zaccheus	Nan 75	Freeman	Ber 234	Henry	Ess 188
Husted, Nathel.	Ber 116	James	Ham 214	Hutchinson	Ess 188
Hustens, Samu.	Ess 152	Job	Wor 228	Isaac	Ess 188
Hutchens, Hezekiah	Ham 6	John	Ber 234	James	Mid 38
Joseph	Ham 6	John	Ham 227	John	Ess 188
Tho.	Mid 397	John	Mid 274	Jonathan	Ess 188
Hutchings, Benja.	Ess 127	John	Wor 219	Joseph	Mid 80
Willa. V., Capt.	Ess 122	John, 2d.	Ber 235	Lydia, Wido.	Ess 188
Hutchins, Pearley	Wor 259	Jonathan	Mid 274	Nathll.	Mid 80
Rachal, Wo.	Ess 128	Joseph	Wor 269	Stephen	Ber 158
Thomas	Ham 351	Joseph	Wor 435	Theodor	Ess 34
Thomas	Mid 36	Joshua	Wor 336	see Jingals	
see Hapgood, Washburn		Mercy	Ber 234	Ingell, Abiather	Brs 357
Hutchinson, Abijah	Ess 11	Othiniel	Ham 226	Benoni	Ham 82
Barthw.	Wor 157	Rufus	Ham 63	John	Brs 357
Benja.	Ess 422	Samuel	Ham 214	Jonathan	Brs 356
Benja.	Mid 358	Samuel	Mid 274	Jonathan, Junr.	Brs 358
Benja.	Wor 241	Thaddeus	Mid 274	Ingersol, Abigal, Wo.	Ess 125
Daniel	Ber 255	William	Mid 273	Andrew	Ess 161
David	Ber 248	William B.	Ham 263	David	Ess 117
Ebenezer	Ess 11	Hyes, Benja.	Bar 40	Lydia, Wo.	Ess 131
Ebenr.	Wor 430	Hyland, John	Ply 99	Robh., Wo.	Ess 132
Eleazer	Ham 271	Hyslop, David	Nor 255	Samuel	Ess 134
Elisha	Ber 143			Samuel	Ess 422
Elisha	Ham 161			Samuel	Ess 553
Israel	Ess 17			William	Ess 112
Israel	Ham 161	--- I ---		Zebulon	Ess 278
Israel, Junr.	Ess 17			Ingersoll, Calvin	Ber 262
James	Mid 358			Charles	Ham 120
Jeremiah	Ess 11	Ide, Abel	Brs 313	David	Ber 262
Job	Ess 11	Amos	Brs 318	Deodat	Ber 117
Joel	Ber 233	Daniel	Nor 220	Elijah	Ber 262
John	Ess 5	David	Ber 187	Horton	Ber 106
John	Ess 376	Ezra	Brs 313	Jared	Ber 198
John	Mid 167	Ichabod	Brs 317	Jared	Ber 262
Joseph	Ess 30	Jacob	Brs 317	John	Ham 119
Joseph	Mid 57	James	Nor 373	Jonathan	Ber 255
Josiah	Ess 30	John	Brs 313	Jonathan	Ess 3
Keziah	Ess 30	Liberty	Wor 160	Jonathan	Ess 577
Mary	Ess 422	Nathan	Brs 412	Moses	Ber 262

Name	Ref
Oliver	Ham 123
William	Ber 262
William, J.	Ber 262
Ingham, Erastus	Ham 157
Inglee, James	Ply 51
Lemuel	Ply 30
Moses	Ply 16
Moses	Ply 30
Rebecca, Wo.	Ply 87
Solomon	Ply 14
Inglish, Andrew	Ess 408
Phillip	Ess 408
Ingolls, Ebenr.	Wor 236
John	Mid 469
Ingols, Daniel	Mid 439
Samuel	Ham 206
Ingraham, Benjamin	Ber 119
Benjn.	Nor 105
Cato	Mid 18
Comfort	Brs 319
David	Ham 182
Duncan	Mid 197
Ebenr.	Ham 249
Elijah	Brs 318
Gamaliel	Ham 359
Jedediah	Ham 144
Jeremiah	Brs 322
John	Ber 139
Jonathan	Ber 162
Margaret	Mid 276
Nathaniel	Ham 249
Obadiah	Ber 135
Paul	Brs 428
Samuel	Ber 135
Thomas	Brs 428
Timothy	Brs 428
William	Ber 139
see Ingham, Ingram	
Ingram, David	Ham 290
Ebenezer	Ham 290
John	Ham 290
Joseph	Ham 204
Nathan	Ham 290
Nathan	Mid 519
Samuel	Ham 290
Solomon	Ham 158
Timothy	Ham 24
Inguls, Abner	Ess 434
Amos	Ess 433
Edmd.	Ess 435
Edmd., Junr.	Ess 443
Eleazr. C.	Ess 443
Henry	Ess 433
Jacob	Ess 434
John	Ess 442
Jona.	Ess 435
Nathl.	Ess 435
Nathl., Junr.	Ess 435
Rebekah	Ess 435
Ireland, Jona.	Ess 371
Jona.	Ess 384
Jona.	Mid 167
Saml.	Mid 167
Samuel	Ess 393
Tho.	Mid 167
Ireson, Benj.	Ess 434
Benjamin	Ess 488
Edwd.	Ess 434
Elizabeth	Ess 492
John, Junr.	Ess 433
Joseph	Ess 505
Robert	Ess 477
Saml.	Ess 434
Irish, Joseph	Brs 333
Thomas	Nan 57
Isaacs, Chloe	Ber 192
Isbell, Garner	Ber 138
Nathan	Ber 210
Perrida	Ber 128
Iselley, Thomas	Ess 251
Isham, Daniel	Ham 232
Heman	Bar 91
Lemuel	Ber 198
Samuel	Bar 91
Islley, Ansel	Ess 227
Paul	Ess 227
Stephen	Ess 227
see Ilsley	
Isop, Sarah	Nan 77
Ives, Abraham	Ham 356
Amasa	Ber 138
David	Ham 359
Eliza.	Ess 555
Jeremiah	Ham 356
Jesse, Revd.	Ham 262
Rebekah	Ham 351
Samuel	Ber 105
Stephen	Ber 138
Thomas	Ber 104
William	Ess 382
William	Mid 125
Iveson see Ireson	

--- J ---

Name	Ref
Jabez see Jaley	
Jack, David	Mid 167
Jacket, Thankfull	Brs 285
Jacklin, Ebenezer	Ber 255
James	Ber 105
Jackman, Anna	Ess 249
Benja.	Ess 221
Benja.	Ess 249
Benjamin	Ess 326
David	Ess 211
Elanor, Wd.	Ess 54
Elias	Ess 211
Hannah	Ess 221
John	Ess 211
Joseph	Wor 428
Levi	Ess 54
Matthias	Ess 211
Nathl.	Ess 54
Richard	Ess 212
Stephen	Ess 211
Timothy	Ess 244
William	Ess 221
Jackson, Abraham	Ess 326
Abraham	Nor 253
Anthony	Ess 353
Antipas	Nor 237
Azur	Ber 233
Barbara, wd.	Bar 17
Bassett	Bar 20
Caleb	Ess 253
Charles	Ess 326
Charles	Ply 10
Daniel	Mid 276
Daniel	Ply 7
Daniel	Wor 234
David	Ber 232
David	Wor 468
Ebenr.	Ber 113
Edward	Mid 276
Edward	Wor 447
Elisha	Wor 450
Elizabeth	Ess 461
Ephraim	Ply 55
Epheram	Nor 318
Ezra	Ham 176
George	Ess 443
George	Ess 461
Giles	Ber 114
Henry	Ply 1
Hezekiah	Brs 382
Isaac	Mid 185
Isaac	Ply 19
J.	Wor 169
Jacob	Ber 180
James	Brs 322
James	Wor 279
James, Jur.	Wor 279
Jeremiah	Ham 115
John	Ess 368
John	Ham 86
John	Ham 149
John	Ham 190
John	Ply 55
John	Wor 447
Jona.	Wor 234
Jonathan	Nor 254
Jonathan	Ply 133
Joseph	Ess 376
Joseph	Mid 277
Joseph	Wor 388
Joseph, jr.	Mid 277
Joshaua	Ess 262
Joshua	Ber 187
Joshua	Mid 276
Joshua, Jr.	Mid 276
Matthew	Wor 492
Michael	Mid 277
Michael, jr.	Mid 277
Nathan	Wor 279
Nathan	Wor 388
Nathaniel	Brs 382
Nathaniel	Ply 1
Nathl.	Wor 299
Oliver (2)	Mid 276
Oliver	Wor 447
Peter	Ham 110
Peter	Nor 274
Phenehas	Nor 318
Phillip	Mid 397
Randsome	Ply 19
Rebecca, Wo.	Ply 87
Reuben	Ber 225
Richard	Bar 86
Saml.	Mid 168
Samuel	Brs 322
Samuel	Ham 353
Samuel	Mid 276
Samuel (2)	Ply 7
Sarah	Ply 10
Sebin	Wor 447
Simon	Mid 276
Thaddeus	Nor 254
Thomas	Ply 9
Thomas	Ply 10
Timo.	Mid 277
Timothy	Nan 63
William	Nor 352
William	Ply 9
William H.	Ply 9
Woodward	Ply 14
see Durant, Field, Wright	
Jackues, Reuben	Duk 453
Jacob, Daniel	Suf 145
John	Suf 145
John, jur.	Suf 145
Jotham	Suf 145
Moses	Ber 156
Peter	Suf 145
Jacobs, Allen	Brs 313
Benj.	Nor 148
Braddock	Mid 439
Calvin	Brs 308
Daniel	Ess 19
David	Brs 427

David	Ply 123	John	Ess 369	Jeffords, Amasa	Ber 198
Deborah	Ply 128	Jonathan	Ham 29	John	Ber 198
Ebenezer	Ess 19	Jonathan	Ham 135	Rufus	Ber 150
Elisabeth	Ess 19	Jonathan, Junr.	Ham 135	Jeffry, James	Ess 395
Elnathan	Ham 186	Mary	Ess 369	Joseph	Mid 300
Henry	Ess 13	Noah	Ham 135	Joseph, jur.	Mid 300
Israel	Ber 226	Obediah	Ham 135	Walter P.	Ess 418
Israel	Wor 177	Obediah, 2d.	Ham 136	Jeffs, Henry	Mid 386
James	Ply 125	Orsamus	Ham 273	John	Nor 181
John	Brs 313	Samuel	Ham 86	Joseph	Ess 164
John	Ess 13	Seth	Ber 198	Mary	Mid 386
John	Mid 40	Seth	Ham 135	Thos.	Ess 139
John	Ply 119	Walter	Nor 305	Jefts, Henry	Mid 49
John	Wor 159	William	Ham 273	John	Ess 577
John	Wor 177	William, Junr.	Ham 273	Jehkins see Jenkins	
John	Wor 287	Xenophon	Ham 29	Jemeson, John	Wor 407
Jonathan	Ber 230	see Jones		Jenerson, Moses	Mid 464
Joseph	Ply 38	Japson, Wm.	Wor 428	Jeneson, Nathl.	Wor 407
Joseph	Wor 235	Jaques, Daniel	Mid 80	Jenings, Nathan	Brs 314
Josha., Junr.	Ply 217	Jos.	Mid 386	Nathl.	Ply 40
Joshua	Ply 128	Jos., 2d.	Mid 386	Squier	Brs 314
Lemuel	Ply 119	Nathan	Ess 10	Jenison, Daniel	Wor 177
Lusanna	Ply 127	Nehemi	Mid 80	Joseph	Wor 177
Mary	Ply 128	Saml.	Mid 167	Joseph B.	Wor 367
Mary, Wido.	Ess 326	Samuel	Mid 319	Nethl.	Wor 177
Nathaniel	Ply 123	Theophilus	Ess 326	Peter	Wor 332
Perez	Ply 123	Timo.	Mid 386	Peter, Jur.	Wor 332
Primas	Ess 29	see Jackues		Samuel	Wor 181
Richard	Ber 226	Jaqueth, Ebenezer	Mid 320	Samuel	Wor 204
Saml.	Ply 40	Jacob	Wor 430	William	Wor 367
Samuel	Wor 177	John	Mid 319	Jenkens, Joel	Mid 320
Simeon	Wor 235	Samuel	Mid 319	Joseph	Mid 320
Walter	Ply 126	Jaquett, Joshua	Mid 320	Jenkins, Abigail	Ess 418
Whitman	Wor 235	Jaquigh, Benjamin	Ham 196	Abigail	Ply 136
William	Ham 359	Jaquins, Peter	Ber 117	Abigl.	Mid 185
William	Wor 468	Jaquish, Benja.	Ess 244	Alvin	Bar 87
Jacocks see Jecocks		Dashier	Ess 206	Asa	Bar 89
Jacquins, John	Ber 249	Eliphelet	Ess 223	Benj., Esq.	Wor 407
Jager, Elias	Ber 267	Enoch	Ess 233	Benja.	Bar 46
Jaley, William	Ess 401	Joseph	Ess 233	Benja.	Ess 187
James, Benja.	Ply 135	Moses	Ess 206	Benja., jur.	Ess 188
Benjamin, 2nd.	Nan 62	Noyce	Ess 244	Braley	Bar 87
Charles	Nor 242	Parker	Ess 223	Caleb	Ply 135
Christopher	Nor 328	Samuel	Ess 207	Calvin	Ply 133
Eleazer, Esr.	Wor 407	Stephen	Ess 225	Charles	Ply 135
Elisha	Ply 119	Stephen	Ess 226	Daniel	Ply 136
Francis	Nan 48	Jaquith, Adford	Mid 67	David	Ply 37
Galen	Nor 327	Andrew	Mid 343	Ebenezer	Ber 262
Hannah	Ply 127	Anna	Mid 320	Ebenr., Junr.	Ber 262
Hart	Nan 48	Benja.	Mid 454	Edw.	Mid 398
John	Ber 255	David	Mid 319	Eli	Bar 46
John	Ham 310	Enos	Ess 222	Eli	Ply 136
John	Ply 127	James	Mid 320	Elijah	Ply 136
John, Capt.	Ham 143	John	Ess 222	George	Ess 326
Jonathan	Ber 150	John	Mid 66	Gera	Ply 135
Joseph	Nor 240	John	Mid 98	Gideon	Ply 135
Malachi	Ham 310	John, ju.	Mid 319	Isaiah	Ply 38
Mary	Ess 487	Jonathan	Mid 320	Isaiah, Jur.	Ply 38
Moses	Ham 310	Rechard	Ess 223	Israel	Mid 168
Peter	Ham 190	Jarvis, Caleb	Mid 276	James	Bar 46
Richard	Ess 478	Francis	Mid 2	James	Ply 133
Sam	Ess 376	James	Mid 168	Jno.	Mid 185
Stephen	Ber 255	John	Ber 198	Joel	Ess 187
Thomas	Ham 24	John	Ess 473	John	Ess 326
William	Brs 428	John	Ess 505	John	Ess 370
William	Ply 119	Joseph	Ber 149	John	Ham 226
Jameson, William	Ply 58	Mansurat	Ess 505	John	Nan 71
Jamison, Mathew	Mid 38	Jarwood, John	Nan 72	Jonathan	Nan 73
Jammons, Peleg	Ber 226	Jason, Deliverance	Ber 255	Joseph	Bar 46
Jams see Jones		Jay, Jona.	Mid 535	Joseph	Bar 87
Janes, Cheny	Ham 273	Jayntor see Tayntor		Joseph	Ply 38
Cyrus	Ham 273	Jecocks, Samuel	Nor 188	Joseph, Jr.	Bar 87
Ebenezer	Ham 29	Jeff, James	Nor 188	Leml.	Mid 49
Ebenezer	Ham 135	Jeffers, Thos.	Duk 450	Lenord	Ess 220
Eliphalet	Ham 279	Jefferds, John	Ess 422	Lot	Bar 87
Enos	Ham 135	Samuel	Ess 358	Lucy	Wor 511
Hannah, Wd.	Ham 135	Jefferson see Jepherson		Lydia	Nan 60

Name	Ref	Name	Ref	Name	Ref
Malichi	Ply 37	Jennens, Daniel	Mid 510	Jonathan	Ess 250
Mary, Wido.	Ess 326	Isaac	Mid 510	Jonathn.	Ess 252
Meltiah	Bar 4	Jenneson, Lott	Mid 528	Joseph	Ess 251
Merit	Ply 38	Timothy L.	Mid 486	Maximillion	Ess 250
Nathl.	Bar 87	Jenney see Tenney		Nehemiah	Ess 256
Oliver	Ply 136	Jennings, Abel	Ham 267	Paul	Ess 255
Perus	Nan 72	Ephraim	Ham 322	William	Ess 250
Prince	Bar 87	Ephraim	Ham 328	Jewett, Aaron	Ess 570
Robert	Ess 220	Ethel	Mid 528	Aaron, Shaker	Wor 221
Ruth, Wido.	Ess 326	Gershom	Wor 270	Abigail	Ess 570
Saml.	Mid 49	Joel	Ham 38	Abraham	Ess 570
Samuel	Bar 46	Joel	Wor 270	Aquilla	Mid 440
Samuel	Ess 187	John	Ess 241	Benja.	Ham 215
Samuel	Ply 135	John	Ham 257	Caleb	Mid 58
Samuel, Jur.	Ply 136	John	Wor 248	David	Mid 57
Sarah	Bar 87	John	Wor 299	Edmd.	Mid 58
Simeon	Bar 87	Jonathan	Wor 270	Edward	Ess 570
Simeon, Jr.	Bar 87	Joseph	Ply 4	Enock	Ham 53
South.	Wor 407	Mary	Wor 181	Epes	Ess 572
Stephen	Ham 334	Moses	Mid 519	Israel H.	Mid 440
Thomas	Ply 133	Moses	Wor 270	Jeah.	Mid 58
Timy.	Wor 407	Peleg	Ham 42	Jedediah	Brs 382
Tristram	Nan 68	Roswell	Wor 270	Jedediah	Ham 211
Weston	Bar 46	Soloman	Ess 291	Jesse	Wor 211
Wm.	Ess 414	Stephen	Mid 444	John	Ess 576
Zaccheus	Bar 87	Sylvester	Ber 136	John	Mid 47
Jenkison, Abraham	Mid 128	Jennins, Ephraim	Ber 215	John	Wor 211
Jenks, Daniel	Ess 395	Jennison, Elias	Mid 276	John C.	Ess 571
David	Ber 140	Josiah	Wor 248	Jona., Bld. man	Ham 203
Edmund	Ber 136	Mary	Wor 248	Joseph	Mid 443
Francis	Wor 270	Phinehas	Mid 276	Joseph	Mid 469
George	Ber 136	Phinehas, Jr.	Mid 277	Joseph	Wor 459
George	Ber 156	Saml.	Wor 159	Joshua A.	Mid 454
Isaac	Wor 496	Saml.	Wor 501	Ketharine	Ess 570
Jacob	Ber 317	Willm.	Wor 384	Lucy	Mid 442
Jesse	Ber 156	Jepherson, Aaron	Wor 482	Martha	Ess 577
John	Ess 395	John	Wor 468	Moses	Ess 571
Levi	Brs 307	Reuben	Wor 482	Mehitable	Ess 570
Lucy	Wor 259	Seth	Wor 482	Nehemiah	Ess 570
Nicholas	Wor 259	William	Wor 482	Nehemiah, Jur.	Ess 570
Peter	Ber 137	Wm., Junr.	Wor 482	Nehh.	Mid 58
Samll.	Mid 486	Jepson, John	Mid 168	Nehh., Jr.	Mid 58
Samuel	Ber 135	John	Nor 324	Purchase	Ess 570
Stephen	Ber 136	see Japson		Reuben	Ham 53
Thomas	Ber 135	Jerauld, Dutee	Bar 99	Richard D.	Ess 576
Wm.	Mid 486	James	Nor 203	Seth	Ess 326
Jenne, Abner	Brs 427	Mary	Nor 371	Solo.	Mid 49
Caleb	Brs 427	Jerills, Thomas	Ham 21	Stephen	Ber 198
Caleb, Jr.	Brs 428	Jernigan, David	Duk 444	Timothy	Ham 9
David	Brs 427	Thomas	Duk 444	Jewit, David	Ess 249
Ebenezer	Brs 427	William	Duk 444	Joseph	Ber 119
Elizabeth	Brs 427	Wm., Jr.	Duk 444	Jewitt, David	Ber 150
Israel	Brs 427	Jervis, Edward	Bar 23	David	Wor 354
Jabez	Brs 427	Jess, Lucy	Ply 61	Ebenezer	Wor 354
Jahaziel	Brs 428	Jessup, Edward	Ber 207	Roger	Wor 343
Jeptha	Brs 427	Nathaniel	Ber 207	Samuel	Wor 354
Jethro	Brs 427	Jester, Anny	Ess 219	Solomon	Wor 354
Job	Brs 428	Jewel, Jesse	Wor 333	Jignith, Timothy	Ham 283
John	Brs 428	Jewell, Eliphalet	Ber 116	Jillson, Daniel	Brs 322
Jonathan	Brs 427	Ephraim	Mid 424	Levi	Brs 317
Joseph	Ply 108	Jacob	Mid 419	William	Brs 317
Josiah	Brs 427	Jonathan	Ber 134	Jilson, Nathaniel	Nor 380
Letles	Ply 108	Joseph	Ess 54	Jingals, Hezekiah	Brs 298
Levi	Brs 427	Marvel	Ham 23	Jinks, David	Ham 203
Marcy	Brs 427	Moses	Wor 343	Job	Nor 361
Nathan	Ply 108	Samuel	Mid 429	Lawrance	Ham 209
Nathaniel	Brs 427	Silas	Mid 419	Luke	Nor 360
Patience	Brs 427	Silas, Jur.	Mid 419	Thomas	Ham 203
Patience	Brs 428	Silas, 3d.	Mid 419	William	Ber 112
Peleg	Brs 428	William	Mid 427	William	Nor 361
Reuben	Brs 427	see Jewett		Jipson, John	Ham 310
Sarah	Brs 427	Jewet, Daniel	Ess 253	Joseph	Ham 310
Sarah	Brs 428	George	Ess 253	Samuel	Ham 310
Seth	Brs 428	Jacob	Ess 251	Johns, Aaron	Ber 116
Weston	Brs 428	Jereh.	Ess 256	Peter	Ber 207
Weston, 2nd.	Brs 428	Jeremiah	Ess 249	Samuel	Ess 326
William	Brs 428	John	Ess 253	Stephen	Ber 249

Stephen, Junr.	Ber 249	Eleazer	Ess 326	John	Wor 206
Johnson, ---, Widow	Wor 198	Eleazer, Jr.	Ess 326	John	Wor 255
Aaron	Ham 220	Eli	Wor 248	John	Wor 407
Aaron	Mid 116	Elias	Ess 278	John, jun.	Ber 228
Aaron	Wor 352	Elias	Ham 73	John, Jur.	Ess 278
Abiathar	Mid 343	Elijah	Ess 379	John B.	Ess 325
Abiathur	Mid 251	Elijah	Wor 204	John L.	Ess 427
Abijah	Mid 343	Elisha	Ham 42	Jona.	Ess 443
Abner	Ham 359	Elisha	Ham 152	Jona.	Mid 398
Adam	Ham 215	Elisha	Wor 206	Jona.	Wor 279
Ahmson	Mid 349	Elizabeth	Wor 214	Jonas	Ham 179
Amos	Ham 359	Elizabeth	Wor 278	Jonas	Wor 354
Amos	Mid 147	Ely	Ham 144	Jonathan	Ber 249
Amos	Wor 181	Enoch	Ess 432	Jonathan	Brs 398
Amos	Wor 216	Enock	Wor 237	Jonathan	Ham 42
Anna	Mid 334	Ephraim	Wor 438	Jos.	Mid 167
Aruna	Ber 112	Esther	Duk 447	Joseph	Ess 326
Asa	Ess 187	Ezekiel	Nor 288	Joseph	Ess 427
Asa	Ham 53	Ezra	Mid 374	Joseph	Ham 78
Asa	Wor 354	Francis	Mid 334	Joseph	Ham 106
Asa	Wor 438	Frederick	Mid 334	Joseph	Nor 203
Baxter	Wor 384	Gardner	Wor 181	Joseph	Nor 228
Benj.	Ess 427	Geo.	Ess 421	Joseph	Ply 21
Benj., Jr.	Ess 427	George	Ber 148	Joseph	Wor 199
Benj. B.	Ess 427	George	Duk 447	Joseph	Wor 393
Benja.	Ess 222	George	Mid 454	Joseph	Wor 438
Benja.	Wor 181	Guy	Ber 221	Joseph, Junr.	Ess 443
Benja.	Wor 428	Hannah	Ess 278	Joshua	Ess 187
Benja.	Wor 438	Hannah	Ess 433	Joshua	Wor 182
Benjamin	Ber 228	Hannah	Mid 197	Joshua	Wor 299
Benjamin	Ess 187	Hannah	Ply 22	Josiah	Ham 328
Benjamin	Ess 488	Hezekiah	Mid 120	Josiah	Mid 334
Benjamin	Ham 145	Hugh	Ham 215	Josiah	Ply 68
Benjn.	Ber 249	Hugh M.	Ham 110	Josiah, junr.	Ply 68
Benoice	Ess 467	Ichabod	Brs 292	Jotham	Mid 343
Benoice	Ess 511	Isaac	Ber 198	Jotham	Wor 438
Bethiah	Ply 54	Isaac	Ess 326	Laban	Wor 216
Billy	Ham 192	Isaac	Ham 148	Lemuel	Ber 206
Bradstreet	Ess 326	Isaac	Ham 186	Levi	Mid 510
Bristo	Ess 200	Isaac	Mid 334	Levi	Wor 279
Caleb	Ess 443	Isaac	Ply 40	Lewis	Ber 206
Caleb	Ham 63	Isaac	Ply 54	Lewis	Nor 265
Calven	Ham 73	Isaac	Wor 206	Luke	Wor 438
Charity	Ess 512	Isaiah	Ply 51	Mary	Ess 188
Charles	Ess 402	Jabez	Ham 167	Mary	Ess 427
Charles	Ham 247	Jacob	Ber 105	Mary	Wor 202
Clark	Wor 181	Jacob	Ess 188	Mason	Ham 38
Comfort	Wor 333	Jacob	Ply 22	Micah	Wor 182
Daniel	Ess 253	James	Brs 363	Micah, Jur.	Wor 182
Daniel (2)	Ess 326	James	Ess 188	Micajah	Ess 357
Daniel	Nan 58	James	Ess 452	Moody	Ber 267
Daniel	Wor 181	James	Mid 386	Moses	Ess 253
Daniel	Wor 199	James	Ply 51	Moses	Ham 186
Daniel	Wor 299	James	Wor 240	Nathan	Mid 535
Daniel	Wor 352	James	Wor 336	Nathan	Ply 68
Daniel	Wor 367	Jared	Ber 228	Nathan	Wor 216
David	Ber 130	Jedeh	Ess 379	Nathel.	Ess 278
David	Brs 390	Jesse	Ber 267	Nathaniel	Brs 362
David	Ess 425	Jesse	Mid 334	Nathaniel	Nor 265
David	Ham 328	Jesse, Dean.	Ham 148	Nathl.	Ham 106
David	Mid 334	Joanna, Wido.	Ess 326	Nathl.	Mid 510
David	Mid 374	Joel	Wor 299	Nathll.	Ess 252
David	Nor 148	John	Ber 192	Nicolas	Ess 325
David	Wor 203	John	Ber 229	Obadiah	Ber 165
David, 2d.	Ber 131	John	Brs 427	Peter	Ess 187
Dillington	Wor 509	John	Ess 31	Peter	Mid 128
Dyer	Ber 267	John	Ess 112	Philip	Ess 325
Ebenezer	Ess 188	John	Ess 216	Philip	Wor 367
Ebenezer	Ham 106	John	Ess 278	Phillip	Ess 188
Ebenezer	Mid 128	John	Ham 110	Polly	Ess 363
Ebenr.	Wor 407	John	Ham 215	Polly	Nan 66
Edmd.	Mid 168	John	Ham 220	Rebekah	Mid 343
Edmund	Ess 187	John	Mid 168	Reuben	Mid 334
Edmund	Ess 366	John	Mid 300	Reuben	Mid 520
Edward	Brs 390	John	Mid 454	Richard	Ess 425
Edward	Ess 357	John	Ply 27	Richard	Ham 73
Edward	Wor 354	John	Wor 181	Richard	Ply 27

Robert — Ber 249
Rufus — Ber 198
Runnels — Ber 267
Ruth — Wor 352
Saml. — Ess 427
Saml. — Mid 168
Samll. — Ber 238
Samll. — Ess 240
Samuel — Ber 176
Samuel — Brs 428
Samuel — Ess 187
Samuel — Ham 359
Samuel — Wor 181
Samuel — Wor 197
Samuel — Wor 428
Samuel, jr. — Ess 187
Samuel, Jr. — Ham 359
Sarah — Mid 398
Seth — Brs 359
Seth — Wor 299
Seth, Jr. — Wor 299
Shubael — Wor 237
Silas — Mid 469
Silas — Wor 299
Smith — Wor 343
Solomon — Ham 42
Solomon — Ham 100
Solomon — Wor 384
Stephen — Ber 112
Stephen — Ess 187
Stephen — Ham 220
Stephen — Ham 224
Stephen — Ham 276
Stephen — Ham 288
Stephen — Wor 367
Stephen — Wor 384
Stephen — Wor 435
Stephen, Jun. — Wor 435
Stephen, Jur. — Ber 112
Susann — Mid 334
Syvanus — Mid 520
Tabitha — Ess 30
Tho. — Mid 168
Tho. — Mid 184
Thomas — Ham 186
Thomas — Nor 116
Thomas — Ply 51
Thomas — Wor 182
Thos. — Ess 242
Timothy — Wor 181
Timothy — Wor 198
Timothy — Wor 333
Timy. — Ess 427
William — Ber 267
William — Brs 356
William — Ess 16
William — Ess 23
William — Ess 188
William — Ess 326
William — Ham 234
William — Mid 128
William — Mid 300
William — Mid 343
William — Mid 442
William — Wor 181
William — Wor 195
William — Wor 270
William, jur. — Mid 300
William P. — Ess 325
Wm. — Ham 215
Wm. — Mid 67
Zebediah — Wor 299
Zedr. — Wor 407
see David, Johson, Lynde,
  Wyman
Johnston, Jonathan — Ess 361
  Thomas — Wor 447

see Johston
Johson, Thomas — Ess 277
Johnston, John — Ess 278
Joiner, Octavus — Ber 120
Jonah, Jacob — Mid 528
  Thomas — Ply 49
Jones, ---, Wido — Brs 413
  Aaron — Mid 29
  Aaron — Mid 320
  Aaron — Wor 352
  Aaron — Wor 438
  Aaron, Junr. — Wor 238
  Abel — Mid 319
  Abel — Wor 228
  Abial — Brs 346
  Abial — Mid 320
  Abigail — Brs 390
  Abigail — Mid 11
  Abigail — Mid 343
  Abijah — Mid 276
  Abner — Bar 89
  Abner — Ess 78
  Abraham — Ess 327
  Abraham — Ess 591
  Abraham — Ham 328
  Abraham — Nor 170
  Abraham — Nor 274
  Adam ["son" of Colo.
    John Jones] — Nor 324
  Adonijah — Ber 181
  Agnes, Wo. — Ess 118
  Alden — Nor 248
  Alfred — Ham 328
  Amasa — Wor 438
  Ambrose — Ess 143
  Amos — Ber 160
  Amos — Ess 581
  Amos — Mid 251
  Amos — Ply 102
  Amos — Wor 287
  Amos, Jur. — Wor 287
  Arba — Ham 156
  Asa — Bar 92
  Asa — Brs 413
  Asa — Ham 234
  Asa — Mid 4
  Asa — Ply 58
  Baker — Ber 137
  Bathseba — Bar 36
  Benajah — Ber 192
  Benajah, Lieut. — Ham 157
  Benja. — Ess 95
  Benja. — Wor 236
  Benjamin — Ber 160
  Benjamin — Brs 366
  Benjamin — Ham 63
  Benjamin — Suf 142
  Benjamin, Junior — Brs 365
  Benjamin, jur. — Suf 141
  Benjn. — Nan 68
  Benoni — Ber 170
  Bethuel — Ham 172
  Bidcar — Ham 328
  Catharine — Nor 330
  Charls — Ply 40
  Consider — Ply 87
  Daniel — Ber 157
  Daniel — Ber 161
  Daniel — Ber 213
  Daniel — Duk 448
  Daniel — Ham 172
  Daniel — Mid 66
  Daniel — Mid 139
  Daniel — Nor 340
  Danl. — Nan 71
  David — Ess 551
  David — Ham 173

David — Mid 88
David — Mid 319
David — Mid 510
David — Nor 340
David — Wor 393
David, jur. — Mid 88
Deborah — Bar 70
Deliverne. — Nor 148
Ebene. — Nor 148
Ebenezer — Brs 313
Ebenezer — Ham 259
Ebenezer — Nan 75
Ebenezer — Ply 87
Ebenezer, 2d. — Ham 356
Ebenezer, 3d. — Ham 356
Ebenr. — Ber 108
Ebenr. — Duk 451
Ebenr. — Mid 167
Edmond — Nan 78
Edmund — Wor 459
Eli — Ber 192
Eli — Mid 20
Eli — Wor 332
Elias — Ber 139
Elijah — Mid 118
Elijah — Nor 148
Eliphalet — Ber 110
Eliphalet, Jur. — Ber 110
Elisha — Mid 7
Elisha — Mid 520
Elisha — Nor 181
Elisha, junior — Nor 181
Elkanah — Ber 192
Elnathan — Wor 159
Enos — Wor 459
Ephraim — Ber 110
Ephraim — Ber 115
Ephraim — Mid 6
Ephraim — Nor 288
Erastus — Ham 328
Eunice — Suf 146
Ezekiel — Ess 78
Ezekiel, junr. — Ess 78
Ezekiel, Lt. — Wor 393
Ezra — Ham 156
Ezra, Capt. — Wor 407
Fairwell — Wor 447
Farwell — Mid 11
Francies — Nor 84
Francis — Wor 496
Gideon, 2d. — Ham 356
Goodspeed — Bar 88
Hannah — Bar 92
Hannah — Ess 409
Hannah — Mid 31
Hannah, Jr. — Bar 89
Hannah, Wido. — Nor 288
Heman — Ber 112
Henry — Brs 410
Henry — Nor 300
Hephzibah — Nan 47
Hezekiah — Ham 356
Horatio — Ber 245
Horatio — Ber 271
Hugh — Mid 86
Isaac — Ber 158
Isaac — Ber 212
Isaac — Brs 413
Isaac — Ham 238
Isaac — Mid 251
Isaac — Mid 519
Isaiah — Brs 427
Israel — Ber 138
Israel — Ber 170
Israel — Ham 186
Ithamar — Ham 356
Jacob — Ess 187

Jacob	Ham 215	Nathl.	Ply 37	Sylvester	Brs 365
Jacob	Mid 25	Nathl., Lt.	Wor 407	Thomas	Bar 46
James	Ess 291	Nathl. A.	Mid 150	Thomas	Ber 231
James	Ess 499	Nathll.	Mid 86	Thomas	Ber 235
James	Ham 63	Nehemiah	Brs 372	Thomas	Ess 581
James	Mid 251	Nye	Bar 89	Thomas	Ham 234
James	Mid 359	Oliver	Mid 29	Thomas	Nor 214
James	Nor 181	Oliver	Mid 86	Thomas	Suf 142
Jason	Ham 175	Pelatiah	Ham 248	Thomas	Suf 147
Jedidiah	Bar 89	Peter	Mid 10	Thomas	Wor 518
Jehiel	Ham 53	Peter	Mid 168	Thomas, jur.	Suf 146
Jehiel, Jur.	Ham 53	Philip	Ess 78	Thos.	Duk 452
Jenken	Brs 308	Phinehas	Ber 177	Timothy	Mid 359
Jeremiah	Brs 413	Phinehas	Wor 182	Timothy	Wor 214
Jesse	Wor 159	Phinehas	Wor 496	Willard	Mid 320
Jethro	Ham 175	Phineus	Ham 73	William	Brs 313
Jethro, Junr.	Ham 175	Presket	Wor 287	William	Ess 25
Jno. C.	Mid 197	Ransel	Nor 274	William	Mid 7
Joanna, Wido.	Brs 369	Redit	Mid 15	Willm.	Ham 328
John	Bar 37	Remember	Bar 37	Wm.	Brs 319
John	Ber 173	Reuben	Ess 327	Wm.	Wor 428
John	Ber 232	Reuben	Nan 71	Wm., Jun.	Wor 428
John	Brs 299	Richd.	Ess 54	Zebadiah	Mid 86
John	Brs 411	Rosanna	Bar 92	Zebedee	Brs 346
John	Ham 106	Rufus	Ham 234	Zepheniah	Brs 277
John	Ham 156	Rufus	Ham 328	Zepheniah	Brs 346
John	Mid 66	Russel	Mid 319	see James, Janes, Nichols
John	Mid 139	Ruth	Ham 307	Jonson, Benjamin	Nor 105
John	Mid 520	Ruth	Mid 168	Caleb	Nor 105
John	Nor 245	Ruth, wd.	Wor 393	Isaac	Nor 105
John	Ply 65	Salathiel	Brs 413	J...	Nor 105
John	Ply 101	Saml.	Mid 464	Joshua	Nor 105
John	Ply 123	Saml.	Nor 116	Laurance	Brs 346
John	Wor 299	Saml.	Wor 407	Obadiah	Nor 105
John	Wor 428	Saml., Esq.	Wor 393	Joplin, Mary	Ess 400
John	Wor 518	Samll.	Mid 486	Jordan, Abraham	Nor 265
John, Colo.	Nor 324	Samuel	Ber 187	Bathsheba	Wor 259
Jona.	Wor 278	Samuel	Ber 262	David	Ply 126
Jonathan	Brs 414	Samuel	Brs 372	Dudley	Wor 248
Jonathan	Ham 42	Samuel	Ess 327	Edmund	Ham 342
Jonathan	Wor 214	Samuel	Ham 115	George	Nor 288
Jonathan, Junr.	Ham 42	Samuel	Mid 12	Jacob	Nor 105
Joseph	Ber 173	Samuel	Mid 29	John	Mid 334
Joseph	Ber 249	Samuel	Mid 118	Joseph	Nor 265
Joseph	Ess 112	Samuel	Wor 216	Mary, Wido.	Nor 288
Joseph	Mid 501	Samuel	Wor 352	Nathl.	Nor 288
Joseph	Nor 128	Samuel	Wor 435	Nathl.	Ply 124
Joseph	Wor 428	Samuel, Jr.	Mid 7	Oliver	Nor 148
Joshua	Mid 5	Samuel P.	Ply 133	Peleg	Nor 170
Josiah	Bar 34	Sarah	Ess 489	Richard	Ess 187
Josiah	Ber 255	Sarah	Mid 251	Jordon, John	Nor 231
Josiah	Brs 308	Sarah, & Daughter	Ber 182	Josiah	Nor 256
Josiah	Ham 110	Sargent	Brs 280	Jorham, Joseph	Bar 95
Josiah	Wor 496	Seth	Ber 158	Joselyn, Charles, Jur.	Ply 40
Lemuel	Bar 89	Seth	Brs 372	Eleazer	Ply 40
Levi	Ham 110	Seth	Wor 332	Elisha	Ply 40
Lewes	Nor 228	Silas	Ber 110	Francis	Ply 40
Lot	Bar 89	Silas	Ham 106	Henry	Ply 40
Marshal	Ber 138	Silas	Mid 21	Henry, Jur.	Ply 40
Mary	Ess 97	Silas	Nan 65	Isaac	Ply 37
Mary	Ess 519	Silas, Junr.	Ham 106	Isaiah	Ply 40
Mary	Mid 3	Silvanus	Bar 37	Jabiz	Ply 40
Mary	Mid 519	Silvanus, Jur.	Bar 37	Jacob	Ply 40
Mary	Nor 274	Simeon	Brs 399	Joseph	Ply 40
Mary, Wdw.	Wor 332	Simeon	Ply 37	Joseph	Ply 40
Merrill	Ess 54	Simeon	Ply 40	Josiah	Ply 40
Mikah	Bar 38	Simon	Bar 92	Saml. W.	Ply 40
Milles	Ber 181	Simson	Nor 214	Sarah	Ply 40
Moses	Wor 352	Solomon	Ber 104	Joseph, Christopher	Brs 428
Nathan	Ess 187	Solomon	Mid 90	Cud., (Negro)	Ber 149
Nathan	Nor 128	Solomon	Suf 141	Dorcas, Wid.	Ess 163
Nathan	Nor 214	Stephen	Bar 89	Imanuel	Duk 453
Nathan	Wor 212	Stephen	Ham 257	Fras.	Ess 386
Nathan	Wor 278	Stephen	Mid 7	John	Ess 397
Nathan	Wor 459	Stephen W.	Ber 255	Mathew	Ess 129
Nathaniel	Ess 575	Stetson	Bar 91	Josleyn, Christiana	Ply 125
Nathl.	Ess 427	Sylvanus	Wor 388	Isaac	Ply 132

Jonathan	Ply 132	Lucy	Ply 98	Keeler, Benjamin	Ber 198
Olive	Ply 132	Nathl.	Ply 99	Elias	Ber 198
Seth	Ply 132	Samuel	Ply 99	Keen, Asa	Ply 39
William	Ham 307	Seth	Ply 40	Asa, Jur.	Ply 39
Joslin, Abijah	Wor 459	Thomas	Nor 181	Benjan.	Ply 98
Abraham	Ham 226	Thomas	Ply 99	Desiah	Ply 39
Abraham	Wor 392	Joye, Amos	Nor 329	Ebenezer	Brs 428
Asa	Ber 113	Olive	Nor 329	Ebenezer	Ply 38
Elias	Wor 438	Susannah	Nor 332	Ebenezer, Jr.	Brs 428
James	Wor 438	Joyner, Edward	Ham 322	Galen	Ply 40
John	Ber 125	John	Ham 186	Isaac	Ply 40
John	Wor 438	Willm.	Ham 322	Isaac	Ply 103
John R.	Wor 255	Joze see Joye		Isaiah	Ply 40
Joseph	Wor 438	Jucket, Daniel	Ham 110	Jabez	Ber 227
Luke	Wor 438	Daniel, Jr.	Ham 110	James	Ply 39
Peter	Wor 438	Ebenezar	Brs 333	Jesse	Brs 428
Saml.	Wor 332	Micah	Brs 292	John	Ply 108
Samuel	Ham 215	Peter	Ply 108	Joseph	Ply 39
Samuel	Wor 438	Stephen	Brs 293	Joseph, Jur.	Ply 39
Thomas	Mid 420	Judd, Allen	Ham 248	Lemuel	Ply 39
Josling, Ebenzer	Wor 418	Asahel	Ham 328	Lot	Ply 103
John	Ess 18	David	Ham 2	Moses	Nan 49
Silas	Wor 418	Elijah	Ham 250	Nathl.	Ply 39
Wm.	Wor 418	Elnathan	Ber 108	Simeon	Ply 91
Joslyn, Abraham	Ham 21	Frederick	Ham 129	William	Ham 22
Benn.	Wor 310	Jona., Revd.	Ham 129	Keene, Mosis	Bar 42
Henry	Wor 310	Keziah	Ber 210	Seth	Ply 87
Jonas	Wor 352	Levi	Ham 248	Keep, Chileas	Ham 115
Matthews	Wor 310	Oliver	Ber 115	John	Ber 262
Samll.	Wor 310	Oliver	Ber 182	Jona.	Mid 49
Samuel	Wor 352	Orange	Ber 170	Jonathan	Ber 128
Josselyn, Joseph	Ply 68	Ozias	Ber 256	Love, Wd.	Ham 262
Mary	Ply 68	Reuben	Ber 130	Mathew	Ham 93
Jotham, Calvin	Ply 49	Reuben, Lt.	Ham 250	Moses	Ham 94
Luther	Ply 49	Samuel	Ber 210	Samuel	Ham 94
Jourdan, Francis	Ber 163	Samuel	Ham 11	Samuel, Junr.	Ham 262
Jourden, Jesse	Nor 318	Selah	Ham 53	Simeon	Ham 94
Richard	Nor 301	Selethiel	Ham 145	Stephen	Ham 94
Saml.	Nan 77	Seymour	Ber 210	Sylvanus	Ham 165
Joy, Anna	Nan 70	Solomon	Ham 15	Keet, Joel	Ham 54
Asa	Ham 307	Sylvester	Ham 15	Jonathan	Ham 115
Benja.	Ess 54	Thomas, Jr.	Ham 249	Reuben	Ham 46
Benja.	Mid 168	Thos. C.	Ber 114	Reuben	Ham 115
Benja., junr.	Ess 54	Timothy, & Son	Ber 182	Keezer, Eleazer	Ess 328
Benjn.	Nor 188	Uriah	Ber 210	Nathaniel	Ess 328
Caleb	Ham 307	William	Ham 88	Kegwin, Amos	Ham 162
Ceasar	Ber 110	Judson, Adoniram	Nor 170	John	Ham 161
Charles	Nor 242	Ephraim	Ber 225	John, 2d.	Ham 161
David	Ess 54	Samuel	Wor 468	Thomas	Ham 162
David	Nan 69	Jumper, Joseph	Ess 147	Keiff, William	Ess 328
David	Nor 188	William	Ess 160	Keith, Abijah	Wor 468
David, junr.	Nor 188	June, Benjamin	Ber 104	Alexander	Brs 391
Ebenezer	Nor 188	Benjamin	Ber 223	Ambrose	Ply 55
Elizabeth	Nor 128	Juro see ---		Amos	Ply 50
Francis	Nan 69			Appelles	Wor 228
Isaac	Ham 307			Asa	Brs 375
Isaac, Jun.	Ham 307	--- K ---		Barnabas	Nor 265
Jacob	Ham 307			Benjamin	Brs 390
Jacob, Jun.	Ham 307			Benjamin	Ply 61
Jesse, Capt.	Ham 154	Kade, Jethro	Nor 321	Benjamin, junr.	Ply 61
Joseph	Ess 407	Kain, Robert	Brs 405	Benjamin, 2d.	Ply 55
Joseph	Ham 307	Robert, Jr.	Brs 405	Bethiah	Brs 391
Nehemiah	Ham 303	Karner, Felix	Ber 119	Calvin	Ply 65
Nehemiah	Nor 188	Jacob	Ber 119	Chapin	Wor 468
Obed	Nan 69	Levi	Ber 119	Comfort	Wor 468
Reuben	Mid 134	Nicholas	Ber 119	Cyrus	Ply 87
Reuben	Nan 60	Stephen	Ber 119	Daniel	Ply 50
Samuel	Ber 119	Karr, Benjn.	Ham 307	Daniel, junr.	Ply 50
Samuel	Brs 346	James	Ess 16	David (2)	Brs 391
Thaddeus	Nan 69	James, Junr.	Ess 16	David	Ply 65
Turner	Nor 188	Kason, Adam	Ber 237	Edward	Ply 50
William	Nan 73	Salmon	Ber 237	Eleazer	Ply 65
William	Nor 188	Katch, Benjamin	Ply 91	Eleazer, junr.	Ply 65
Joyce, Asa	Ply 94	Prince	Ply 95	George	Ply 91
David	Ply 99	Kately, John	Ham 83	George	Ply 94
John	Ply 98	Kean, William	Ply 5	Gershom	Wor 468
Jonathan	Ply 99	Kedington, Jacob	Ber 207	Hartwell	Ply 61

Holman	Ply 65	Micajah	Wor 215	Kelly, Bathsheba	Duk 444	
Howe	Ply 61	Morris	Wor 217	Elisha	Nor 342	
Isaac	Ply 61	Moses	Ess 278	George	Mid 93	
Isaac	Ply 65	Nathan	Mid 437	George, junr.	Mid 92	
James	Ply 65	Robert	Wor 410	John	Ess 472	
James	Wor 468	Seth	Ham 342	John	Ham 301	
James, junr.	Ply 65	Seth	Wor 392	John	Mid 93	
Jeremiah	Ply 50	Stephen	Ess 78	John	Wor 428	
Job	Wor 468	William	Ber 127	Joseph	Duk 444	
John	Ply 65	Willim.	Ess 279	Martin	Ham 171	
John, junr.	Ply 65	Wyllis	Wor 392	Mercy	Wor 482	
Jonathan	Ply 55	Kellis, Thomas	Ber 258	Nathan	Ess 209	
Jonathan	Ply 61	Kellog, Joseph	Brs 405	Richard	Wor 319	
Joseph	Wor 343	Medad	Wor 256	Thomas	Wor 184	
Joseph, Capt.	Ply 87	Seth	Nan 54	William	Duk 444	
Josiah	Brs 390	Kellogg, Abner	Ber 117	Kelsey, Eliab	Ham 334	
Lemuel	Brs 390	Amasa	Ber 228	Hill	Ham 59	
Levi	Ply 55	Amos	Ham 249	John, Capt.	Mid 464	
Levi	Ply 65	Anna	Ham 359	John, Jun.	Mid 464	
Levi, 3d.	Ply 55	Asa	Ber 176	Kelso, James	Ham 149	
Luke	Ham 304	Benjamin	Ham 286	John, Capt.	Ham 149	
Martin	Ply 87	Cotton	Ham 124	Lucretia, Widw.	Ham 148	
Mary	Brs 391	Daniel	Ham 288	Kelton, Aaron	Ham 38	
Matthew	Ham 312	Daniel	Ham 291	Benjamin	Ham 83	
Maxhall	Ply 61	Daniel	Ham 342	Calven	Wor 287	
Nathan	Ply 55	David	Mid 142	Elijah	Ham 63	
Nathan, Lt.	Wor 384	Ebenezar	Ham 192	Enoch	Ham 38	
Nathl.	Wor 380	Ebenezer	Ber 228	George	Ham 38	
Nathl.	Wor 382	Ebenezer	Ham 249	George	Wor 288	
Nehemiah	Brs 391	Eli	Ham 4	James	Ham 38	
Peter	Ham 261	Eliakim	Ham 249	James	Wor 287	
Robert	Ply 61	Elijah	Ham 290	John	Ham 6	
Salmon	Ply 50	Ephraim	Ber 227	Jona.	Wor 287	
Samuel	Ply 50	Ephraim	Ham 290	Jona.	Wor 288	
Scot	Brs 391	Ephraim, jun.	Ber 227	Lemuel	Wor 459	
Seth	Brs 382	Erastus	Ber 227	Lovell	Wor 236	
Seth	Ply 50	Ezekiel, Jr.	Ham 100	Nathan	Ham 38	
Shepherd	Ply 55	Ezra	Ber 104	Rufus	Ham 38	
Simeon	Ply 54	Gad	Ham 121	Thomas	Ham 38	
Solomon	Ply 50	Gardner	Ham 286	Kemball, Phinehas	Ham 100	
Stephen	Wor 162	Gideon	Ber 228	Kemp, Benjamin	Wor 430	
Thankful	Ply 65	Horner	Ber 226	D.B.	Mid 58	
Thos.	Wor 343	Jesse	Ber 228	Daniel	Ham 322	
Timo.	Mid 168	Joel	Ber 234	Ephraim	Mid 454	
William	Ham 22	John	Ber 108	James	Mid 37	
William	Ply 50	John	Ham 291	John	Mid 454	
William	Ply 65	Jonah	Ber 116	John R.	Wor 430	
Zenas	Ply 65	Jonathan	Ham 293	Jonas	Mid 58	
see Kieth		Joseph	Ber 267	Jonas	Mid 398	
Kelcey, Abel	Ber 116	Joseph	Ham 240	Lawrence	Ham 322	
Daniel	Ber 116	Joseph	Ham 249	Levi, Capt.	Mid 454	
Daniel, Junr.	Ber 116	Joseph	Ham 290	Robert	Bar 71	
David	Ber 235	Josiah	Ber 225	Saml.	Mid 454	
Reuben	Ber 116	Josiah	Ham 127	Saml., Jun.	Mid 454	
Keley, Elisha	Ber 225	Josiah	Ham 288	Simeon	Mid 398	
Keller, John	Ham 353	Josiah	Ham 342	Willm.	Ham 322	
Nathaniel	Bar 34	Julia	Ham 322	Kempton, Asa	Brs 428	
Kelley, Abijah	Ess 279	Martin	Ham 294	David	Brs 428	
Abner	Ham 342	Martin, Junr.	Ham 294	Elijah	Brs 428	
Anthony	Ess 78	Mary	Ber 228	Ephraim	Brs 428	
Benjamin	Bar 36	Moses	Ham 286	Ephraim, Jr.	Brs 428	
Benjamin	Ber 162	Moses, Junr.	Ham 286	George	Wor 467	
Darkes	Ess 361	Nathaniel	Ber 128	James	Brs 428	
David, Lt.	Wor 388	Nathll.	Ber 192	John	Ply 11	
George	Wor 393	Nathll., Jr.	Ber 192	Jonathan	Brs 428	
Isaac	Ber 134	Nehemiah	Ber 226	Joseph	Brs 428	
James	Mid 98	Phinehas	Ham 170	Manasseh	Brs 428	
Joel	Wor 410	Pliny	Ber 226	Manasseh, Jr.	Brs 428	
John	Ess 78	Samel.	Ham 121	Obed	Brs 428	
John	Ess 292	Saml.	Ham 342	Oliver	Ply 15	
John	Mid 501	Samuel	Ber 127	Paul	Brs 428	
John	Wor 392	Samuel	Ham 100	Sarah	Brs 428	
John	Wor 410	Samuel	Ham 110	Stephen	Brs 428	
John, Jr.	Wor 410	Samuel	Ham 359	Thomas	Brs 428	
Joseph	Ess 278	Silas	Ber 228	William	Brs 428	
Louis	Ess 78	Stephen	Ham 310	William, Jr.	Brs 428	
Luke	Wor 393	Thomas H.	Ber 227	Zacheus	Ply 8	

Name	Loc
see Kompton	
Kendal, Asaph	Ess 278
Caleb	Wor 373
Isaac	Mid 168
Jemima	Mid 147
John	Mid 140
Jona.	Ess 149
Jos.	Mid 387
Lucy	Wor 259
Nathan	Mid 140
Peter	Wor 270
Reuben	Mid 387
Samuel	Mid 251
Zimn.	Mid 75
see Nichols	
Kendall, Abel	Wor 438
Abel	Wor 450
Asa	Mid 68
Asa	Wor 438
Asa, Jr.	Mid 68
Benja.	Mid 68
Calvin	Wor 287
Chapman	Ham 257
David	Ham 144
David	Ham 356
David	Wor 438
Edward	Mid 469
Enosh	Mid 464
Ephm.	Wor 430
Ephraim	Ess 189
Ethan	Wor 354
Ethan, Jun.	Wor 351
Ezekiel	Wor 184
Ezekiel, Jur.	Wor 354
Ezra	Wor 354
Jabez	Mic 486
Jacob	Mid 469
James	Ham 257
James	Wor 354
James, Jr.	Ham 257
James, Revd.	Ply 7
Jesse	Wor 278
Joel	Wor 288
John	Mid 469
John	Wor 288
John	Wor 438
Jona.	Wor 288
Jonas	Mid 469
Jonas	Wor 438
Jonathan	Wor 418
Joseph	Mid 68
Joseph	Wor 354
Joshua	Mid 486
Josiah	Wor 354
Josiah, Jur.	Wor 354
Luke	Ham 54
Mary	Wor 354
Oliver	Mid 68
Pearpoint	Mid 68
Ruel	Ham 257
Saml.	Wor 410
Samuel	Ham 100
Samuel	Wor 279
Seth	Wor 287
Temple	Mid 469
Temple, Jun.	Mid 469
Thos., Revd.	Wor 159
William	Wor 427
William	Wor 459
Willm.	Wor 278
see Boutell, Kindall	
Kendel, Elizabeth	Mid 320
Enoch	Mid 320
Jonathan	Mid 320
Kendell, Daniel	Mid 343
John	Mid 343
Joshua	Mid 343
Josiah	Mid 469
Obediah	Mid 334
Obediah, 2d.	Mid 334
Oliver	Mid 349
William	Mid 343
Zebedee, Dea.	Mid 469
Kender, William	Ply 94
Kendericks, Easter, wd.	Bar 22
Jonathan	Bar 22
Jonathan, jur.	Bar 22
Kendrick, Abner	Ess 278
John	Ess 278
Oliver	Ham 29
Seth	Ess 78
Kendricks, Huldah	Ply 111
Kenedy, Asa	Ber 165
David	Brs 307
Keney, Jemima	Ham 86
Kenfield, Heman	Ham 200
Kennada, Lemll.	Wor 310
Kennan, Andrew	Wor 509
Kennedy, Andrew	Ber 198
Andrew	Ess 411
James	Ess 393
John	Wor 184
Kenney, Archelaus	Ess 31
Asa	Ess 35
Asa C.	Ess 30
David	Nor 289
Ebenr.	Ess 437
Elijah	Nor 265
Eunice	Ess 30
Isaac	Wor 270
Jethro	Mid 300
John	Bar 65
John	Nor 288
Nathan	Nor 289
Nathel.	Nor 288
Richard	Ber 128
Simeon	Ess 35
William	Wor 240
Kenniston, Moses	Ess 78
Kenny, Adam	Ess 392
Asa	Mid 520
Cesar	Ham 154
Danl.	Ess 422
Ebenr.	Ess 413
Hannah	Ess 399
Jeremiah	Wor 493
Jesse	Ess 421
John	Ess 393
Jonathan	Ess 20
Wm.	Mid 520
Kenrick, Caleb	Mid 278
John	Mid 277
John, jr.	Mid 278
Kent, Abel	Nor 332
Abel, jur.	Suf 148
Abner	Mid 398
Amos	Ham 300
Benjamin	Ber 198
Benjan.	Ess 16
Benjan., Junr.	Ess 16
Daniel	Ess 328
David	Ham 359
Ebenr.	Mid 501
Elisha	Mid 398
Eliz.	Nor 148
David	Ply 124
Ebenezer	Wor 492
Edward	Bar 17
Edward	Bar 20
Elijah, & Son	Brs 313
Elizabath	Brs 313
Ezekel	Brs 302
Ezekiel	Brs 306
Ezekiel	Ham 353
Ezra	Brs 313
Ezra	Ham 359
Ezra, Junr.	Ham 359
Hesekiah	Brs 312
Ichobud	Ply 93
Jabez E.B.	Brs 313
Jacob	Wor 248
James	Brs 314
James	Ham 351
John	Ber 215
John	Brs 314
John	Ess 78
John	Nor 328
Joseph	Brs 306
Joseph	Ess 328
Joshua	Ess 328
Josiah	Brs 313
Josiah	Ess 541
Josiah	Ham 359
Justin	Ess 278
Mary	Mid 168
Moses	Ess 228
Moses	Ess 328
Nathaniel	Ber 163
Nathaniel	Ply 94
Noah	Brs 313
Paul	Ess 226
Peleg	Ply 94
Ruggles	Ham 351
Saml.	Mid 168
Samuel	Ham 253
Samuel	Ply 124
Stephen	Ess 226
William	Ply 91
Zenus	Ham 82
see Frent, Kunt	
Kentfield, David	Ham 211
David, 2d.	Ham 206
Ebenr.	Ham 206
Erastus	Ham 209
Jonathan	Ham 206
Josiah	Ham 209
Noah	Ham 134
Shubal	Ham 206
Kenwrick, Warren A.	Bar 71
Kenyon, Paul	Ham 82
Kerbe, Hannah	Ess 561
Kerby, Abner	Brs 333
Benjamin	Brs 346
David	Brs 333
John	Brs 333
Justice	Brs 333
Luthern	Brs 346
Nathaniel	Brs 333
Nathaniel, Black Smith	Brs 333
Pardon	Brs 333
Peace	Brs 333
Rachel	Brs 333
Rescom	Brs 346
Richard	Brs 333
Robert, lst.	Brs 333
Robert, 2nd.	Brs 333
Silas	Brs 346
Stephen	Brs 333
Wesson	Brs 333
Wesson	Brs 346
Kerr, Wm.	Mid 486
Kesterbauk, John	Ber 249
Ketchum, David	Ber 141
Eleazer	Ber 141
Epenetus	Ber 141
Justus	Wor 287
Roger	Wor 287
Samuel	Ber 141
Ketridge, Elijah	Wor 493
Ingals	Mid 49

Kettell, Andr.	Mid 168	Heywood	Wor 228	Thomas	Ham 127
James	Ess 327	Isaac	Mid 49	Killburn, Samuel	Ham 161
James, Jr.	Ess 327	Isaac	Mid 168	Thomas	Ham 161
John	Ess 3	Jacob	Mid 375	Killey, Abner	Bar 30
John	Mid 3	James	Mid 197	Amos	Bar 31
John	Mid 168	James	Mid 398	Amos	Brs 428
Jona.	Mid 168	Jeremi	Mid 99	Anthony	Bar 13
Jonathan	Ess 327	Jeremi, jur.	Mid 99	Benja.	Bar 97
Kettredge, Jacob	Wor 259	Jesse	Wor 157	Braunen	Bar 32
Keyes, Abel	Mid 49	Joanna	Mid 197	Daniel	Bar 30
Amasa	Wor 373	John	Mid 168	Daniel	Nan 68
Benja., Jun.	Wor 373	John	Mid 387	David	Bar 92
Benjamin	Wor 373	John	Mid 433	David	Bar 100
Calvin	Ham 59	Jonathan	Ham 106	Ebenezor	Bar 6
Danforth	Wor 255	Jonathan	Wor 157	Eleazor	Bar 32
David	Mid 375	Lemuel	Mid 99	Freeman	Bar 91
Ebenzar	Wor 450	Mary	Mid 398	Hattel	Bar 28
Elias	Ber 232	Mary	Mid 486	Hettel, jur.	Bar 29
Ephraim	Ber 112	Saml.	Mid 197	Hiram	Bar 29
Ephraim	Wor 518	Samll.	Mid 75	Jeremiah	Bar 13
Isachar	Mid 398	Samll.	Mid 486	Jeremiah	Bar 30
Israel	Wor 518	Kies, Asa	Wor 351	John	Bar 99
James	Mid 398	Daniel	Wor 352	Joseph	Bar 14
James	Wor 366	Kieth, John	Nor 95	Joseph	Bar 30
John	Wor 518	Joseph	Ham 206	Joseph, jur.	Bar 30
Jona.	Mid 398	Royal	Wor 204	Levi	Bar 90
Jonas	Ham 243	Simeon	Ham 206	Martha	Bar 100
Jonas	Wor 518	Zadock	Ham 206	Meribah	Bar 98
Joseph	Ham 322	see Keith		Oliver	Bar 99
Joseph	Mid 398	Kilbom, Joseph	Ess 255	Partrick	Bar 6
Jotham	Ham 300	Kilborn, Charles	Ber 105	Partrick, jur.	Bar 14
Lemuel	Ham 255	David	Bar 58	Remember	Bar 87
Mary (2)	Mid 398	Ebenezr.	Ess 252	Reuben	Bar 30
Nathanl.	Nor 128	Elijah	Ber 109	Richard	Bar 30
Reuben	Wor 373	Elisha, & son	Ber 177	Samuel	Bar 6
Silas	Wor 366	George	Ess 327	Silvanus	Bar 30
Solomon	Mid 443	Jedediah	Ess 229	Silvanus	Bar 97
Solomon	Wor 518	John	Ber 219	Syrenus	Bar 28
Stephen	Ham 342	John	Wor 351	Venna	Bar 29
Thaddeus	Ber 240	Jonathan	Ber 176	Zeno	Bar 98
Thomas	Wor 373	Joseph	Ess 580	see Rilley	
Thomas	Wor 459	Levi	Wor 351	Killham, Daniel	Ess 565
Thomas, Jun.	Wor 373	Mehitable	Bar 58	Killin, Edwd.	Ess 412
Thos.	Wor 366	Richard	Ber 110	Killon, Nathaniel	Brs 303
Timo., Deacn.	Ham 255	Robbins	Ber 173	Killy, Amos	Ply 108
Walter	Ply 61	Robert	Ber 105	Kilton, Amos	Brs 359
see Kies		Robert	Ess 327	Eben., Ju.	Nor 148
Keys, John	Mid 168	Samuel	Bar 58	Ebene.	Nor 148
Oren	Wor 468	Timothy	Wor 354	Edward	Brs 300
Simon	Wor 428	Kilbourn, Jona.	Ham 235	Edward	Nor 148
Keyzer, Jona.	Mid 454	Luther	Ham 235	James	Nor 148
Kezar, Samuel	Ess 252	Samuel	Ham 235	John	Brs 303
Kezer, Timothy	Ess 278	Kilbum, Thomas	Ess 216	John	Brs 304
Kibbe, Asa	Ham 232	Kilburn, Benjn.	Ber 213	Samuel	Wor 450
Gideon	Ham 95	Benjn., Jur.	Ber 213	Thankfull	Nor 148
Samuel	Ber 161	Calvin	Wor 518	see Killon	
Samuel	Ham 92	Daniel	Mid 464	Kimbal, Aaron	Wor 259
Kibbee, Daniel	Ber 178	David	Wor 428	Benjamin	Ham 291
Ebenezer	Ber 175	Jacob	Ham 342	Benjn.	Mid 535
Ebenezer	Ber 179	Jacob	Wor 438	Demas	Mid 375
Isaac	Nor 220	John	Mid 510	Edmond	Ber 181
John	Ber 178	Jona.	Wor 428	Ezra	Mid 334
William	Ber 179	Joseph	Ham 106	John	Ess 78
Kibbey, Bildad	Ham 156	Joshua	Ham 106	John	Mid 535
Thomas	Ham 110	Josiah	Mid 510	Mary	Ess 420
Kibby, Elizabeth	Mid 17	Saml.	Ham 328	Reuben	Mid 343
Kiblinger, Henery	Wor 459	Wm.	Wor 428	Samll.	Mid 93
Jacob	Wor 459	Wm., Jun.	Wor 428	Thos.	Mid 535
Kidd, Charles	Ham 25	Kilburne, Henry	Nor 338	William	Nor 275
Kidder, Amos	Mid 38	Josiah	Wor 393	see Howes	
Ashbel	Mid 116	Simeon	Nor 340	Kimball, Aaron	Ess 576
Benj.	Wor 343	Stephen	Wor 393	Aaron	Wor 195
Benja.	Wor 228	Kilham, Abraham	Ess 553	Aaron	Wor 354
Benjamin	Nan 74	Joseph	Ess 97	Aaron, Jun.	Wor 195
Eph., 2d.	Mid 387	William	Ess 97	Abel	Ess 239
Ephm.	Mid 387	Killam, Asa	Ess 371	Abraham	Ess 237
Francis	Mid 441	John	Ess 263	Abraham	Ess 578

Amos	Ess 238	Moses	Ess 189	Asaph	Ham 233
Amos	Ess 260	Moses	Ess 239	Barzilla	Brs 374
Amos	Ess 328	Moses	Ess 278	Belah	Ham 130
Asa	Ess 237	Moses	Ess 328	Benja.	Ess 389
Asa	Ess 261	Moses, jur.	Ess 189	Benjamin	Brs 374
Asa	Ham 279	Nathan (2)	Ess 237	Benjamin	Ham 262
Benja. (2)	Ess 237	Nathan	Ess 261	Bohan	Ham 120
Benja.	Wor 190	Nathan	Ess 369	Caleb	Ber 240
Benjamin	Ess 37	Nathaniel	Ess 561	Calvin	Brs 382
Benjamin	Ess 328	Nathaniel	Ess 572	Curtis	Ber 157
Benjamin	Ess 582	Nathaniel	Ess 583	Daniel	Ess 28
Benjamin	Wor 222	Nathaniel	Ham 255	Daniel	Ham 262
Benjamin, Jur.	Ess 578	Nathl.	Ess 239	Daniel	Wor 332
Benjan.	Ess 278	Noah	Ber 138	David	Ham 236
Benjn.	Wor 193	Noah	Wor 198	David, Lt.	Ham 262
Boyce	Ham 110	Obadiah	Ess 238	Douglass	Ham 130
Boyce, Jr.	Ham 110	Phineas	Ess 239	Ebenezer	Ham 110
Caleb	Ess 563	Richard	Ess 25	Ebenezer	Mid 277
Caleb	Ess 582	Richard	Ess 278	Ebr.	Ply 108
Charles	Ber 111	Richard	Mid 277	Eleazer	Ham 23
Coleb	Ess 210	Richard, jr.	Mid 277	Elijah	Ber 120
Cotton	Ess 278	Richd.	Ess 239	Elijah	Brs 361
Daniel	Ess 189	Saml.	Wor 428	Elisha	Ham 181
Daniel	Ess 237	Samuel	Ber 138	Elizabeth	Ham 5
Daniel	Ess 240	Samuel (2)	Ess 261	Enoch	Ham 342
Daniel	Ess 261	Samuel	Ess 279	Esop	Ham 182
Daniel	Ess 485	Sarah	Ess 571	Fenner	Ber 232
Daniel	Mid 441	Soloman	Ess 278	Gamaliel	Ham 160
David	Ber 136	Stephen	Ess 261	Gedney	Ess 407
David	Ess 153	Thomas	Ess 189	Geo.	Ply 108
David	Ess 259	Thomas	Ess 210	George	Brs 373
David	Ess 261	Thomas	Ess 565	Gideon	Ham 262
David	Ess 278	Thomas	Ess 574	Henery	Wor 279
Dinah	Ess 353	Thomas	Wor 428	Henry	Ber 262
Ebenezer	Ess 576	Thomas, Jr.	Ess 563	Henry	Mid 277
Ebenezer	Ess 584	William	Ess 189	Henry	Wor 492
Ebenezer	Ham 110	William	Ess 328	Isaac	Brs 374
Ebenr.	Mid 528	see Kemball, Kinball, Prince,		Isaac	Ham 19
Edmond	Ess 238	Ramsdell		Isaac	Wor 162
Edmund	Ess 328	Kimbell, Isaac	Brs 391	James	Ess 395
Edward	Ess 239	Samuel	Brs 391	James	Ham 215
Elijah	Ess 237	William	Mid 41	James	Ham 258
Enoch	Ess 261	Kimberlin, Jedida	Nan 63	James	Ham 353
Ephm.	Wor 430	Kimble, Asa	Brs 409	James	Mid 68
Esther, Wido.	Ess 189	Kimbol, David	Wor 511	James, Junr.	Ham 353
Francis	Ess 239	Nathaniel	Nor 220	Jesse	Ber 143
Francis	Ess 245	Kimpton, John	Wor 389	Jesse	Ham 261
Henry	Mid 263	Kinatze, George	Ber 249	Jno., Capt.	Ham 262
Huldah	Ess 563	Kindal, Ezra	Mid 99	Joanna	Bar 71
Isaac	Ber 138	Ezra, jur.	Mid 99	Job	Brs 359
Isaac	Ess 571	Jonathan	Nor 94	Job	Brs 401
Isaac	Wor 196	Kindall, Abijah	Wor 242	John	Ber 127
Jacob	Ess 37	Ephraim	Ess 574	John	Brs 374
Jacob	Ess 238	Ephraim, Jur.	Ess 574	John	Brs 382
Jacob	Ess 407	Noah	Wor 231	John	Ess 6
Jacob	Ess 580	Paul	Wor 233	John	Ham 5
James	Ess 238	Pearson	Wor 231	John	Ham 100
James	Ess 563	Kindericks, David	Bar 9	John	Ber 232
James	Ess 573	Edward	Bar 9	John	Ham 259
Jereh.	Ess 237	Henry	Bar 14	John	Ham 261
Jeremiah	Ess 571	Jonathan	Bar 9	John	Ham 310
Jeremiah, Jur.	Ess 570	Jonathan, jur.	Bar 9	John	Ham 342
Jonathn.	Ess 240	Nathan	Bar 9	John (2)	Mid 277
John	Ess 189	Stephen	Bar 15	John	Nor 342
John	Ess 210	Thomas	Bar 9	John	Ply 38
John	Ess 261	Kindrick, John	Ham 192	John	Ply 87
John	Ess 278	John	Ham 196	John	Wor 177
John	Ess 364	Polly	Ber 267	John, Junior	Brs 373
John	Ess 581	Samuel	Ess 78	John, Junr.	Ham 5
Jona.	Ess 143	Samuel	Ess 225	John, Jur.	Ham 100
Jonathan	Ess 278	Thomas	Wor 259	Jona.	Wor 279
Jonathan, Jur.	Ess 278	King, Aaron	Ham 120	Jonas	Ham 334
Jonathn.	Ess 240	Amaziah	Ply 11	Jonathan	Ess 28
Joseph	Ess 240	Amos	Ber 236	Jonathan	Ham 100
Joseph	Ess 584	Amos	Ess 13	Jonathan	Wor 159
Leonard	Wor 162	Amos	Ham 334	Jonn.	Ply 108
Micejah	Ess 259	Asahel	Ber 108	Joseph	Ham 5
Moses	Ess 33				

Joseph	Wor 509	Barza	Ply 65	Nathan	Nor 94		
Josiah	Brs 362	Benjam.	Nor 105	Nathanael	Nor 105		
Josiah	Brs 382	Caleb	Ply 54	Nathaniel	Nor 313		
Lemuel	Mid 486	David	Ply 65	Nathaniel	Nor 325		
Lucius	Ber 105	David	Ply 132	Nathaniel, Junr.	Nor 313		
Medad	Ber 156	Ebenr.	Nor 181	Nathl.	Nor 296		
Medad	Ham 18	Edward	Brs 391	Noah	Nor 301		
Micah	Ham 151	Ezra	Ply 65	Saml.	Wor 157		
Molly	Ply 108	Henry	Ply 55	Samuel	Ham 10		
Nathan	Brs 374	Henry, Capt.	Ham 215	Samuel	Ham 248		
Nathaniel	Bar 8	Isaac	Ham 310	Samuel	Nor 95		
Nathl.	Ess 372	Isaiah	Ham 297	Samuel	Nor 318		
Nathl.	Ply 108	James	Nor 275	Sarah	Nor 318		
Noah	Mid 277	John	Nor 188	Seth	Nor 94		
Noble	Ber 156	John	Suf 137	Seth, Jr.	Nor 94		
Parmenas	Ham 236	John, 2d.	Nor 188	Simeon	Wor 157		
Parmenas, Jr.	Ham 236	Jonathan	Ply 54	Solomon	Nor 94		
Paul	Ber 133	Jonathan, junr.	Ply 54	Stephen	Nor 354		
Paul	Ber 198	Joseph	Nor 289	Timothy	Nor 318		
Peter	Ham 215	Joseph	Ply 54	Timothy	Nor 354		
Pheba, wd.	Bar 7	Matthew	Ply 55	William	Nor 94		
Philip	Brs 372	Saml.	Ber 234	Zibina	Nor 214		
Phineas	Ham 129	Samuel	Ham 298	see Kinsgbury			
Primas	Nor 321	Seth	Ply 55	Kingsley, ---, Wido.	Ber 256		
Reuben	Ber 106	Simeon	Bar 25	Amos	Ber 267		
Reuben	Ber 161	Thomas	Ber 140	Amos	Brs 400		
Reuben	Ber 267	Zachariah	Nor 188	Asa	Brs 402		
Robert	Brs 299	Kingsbery, Benjamin	Ber 177	Asahel	Ham 22		
Robert	Duk 443	Daniel	Ber 177	Barton	Brs 400		
Robt.	Ham 215	Jabez	Ber 181	Benja.	Brs 400		
Robt.	Ham 217	Joseph	Ber 181	Calvin	Ham 221		
Roger	Bar 6	Lemuel	Ber 171	David	Brs 303		
Roger	Mid 398	Kingsbury, Aaron	Ess 12?	Ebenezer	Ham 22		
Rufus, Doctr.	Ham 226	Aaron	Nor 354	Elijah	Ber 116		
Saml.	Ess 413	Amasa	Wor 157	Elisha	Ber 135		
Saml.	Wor 410	Amos	Nor 203	Enos	Ber 267		
Samuel	Ham 4	Asa	Nor 95	Enos	Ham 3		
Samuel	Ham 100	Asa	Nor 319	Ezra	Ham 16		
Samuel	Ham 262	Benjamin	Nor 354	Hezekiah	Brs 402		
Samuel	Ham 268	Daniel	Nor 94	Hezekiah, Jr.	Brs 402		
Samuel	Wor 162	Daniel	Nor 319	Isaiah	Ber 267		
Samuel	Wor 501	Danl.	Wor 157	James	Brs 400		
Samuel	Wor 509	David	Nor 319	Jedidiah	Ber 187		
Samuel, 2d.	Ham 100	Ebenr.	Wor 493	Jona.	Ber 198		
Sarah	Ess 28	Edward	Wor 270	Jonathan	Brs 399		
Setha.	Ess 406	Elijah	Mid 251	Joseph	Ber 267		
Silas	Brs 374	Elipht.	Mid 528	Joseph	Ham 16		
Silas	Ham 25	Elizabeth	Nor 354	Joseph, Jr.	Ham 16		
Silas, Capt.	Ham 120	Enoch	Nor 313	Martin	Ber 267		
Solomon	Ber 267	Ephm.	Wor 157	Mary	Ber 267		
Solomon	Nor 324	Ezekeil	Nor 301	Moses	Ham 23		
Solomon	Wor 162	Fisher	Nor 289	Moses, Junr.	Ham 23		
Stephen	Brs 374	Jacob	Nor 95	Nathanl.	Ber 267		
Stephen	Ham 100	Jacob	Wor 157	Noah	Ham 15		
Stephen	Wor 279	James	Nor 308	Rose	Brs 402		
Thaddeus	Ham 18	James	Nor 354	Samuel	Ham 16		
Thomas	Ess 328	Jer.	Wor 157	Sarah	Ber 267		
Thomas	Ham 334	Jer., Junr.	Wor 157	Seth	Ber 180		
Thomas	Suf 141	John	Wor 160	Seth	Ham 63		
Thomas, Deacn.	Ham 262	John	Wor 259	Silas	Ber 187		
Turner	Brs 362	Jonathan	Nor 318	Simeon	Brs 399		
Uriel	Bar 8	Jonathan, Colo.	Nor 318	Stephen	Ham 169		
Ward	Ber 161	Joseph	Nor 94	Supply	Ham 63		
William	Ber 106	Joseph	Nor 318	Thomas	Brs 399		
William	Ham 63	Joseph	Wor 157	Timothy	Ham 63		
William	Ham 100	Joseph	Wor 181	Zilpah, Wo.	Ply 87		
William	Ham 261	Joseph, Junr.	Nor 318	see Kinsley, Underwood			
William	Nor 148	Joshua	Nor 301	Kingsman, Abner	Ply 87		
William	Nor 256	Josiah	Nor 319	Kingston, Saml.	Wor 181		
William	Wor 162	Josiah	Wor 157	Kinings, John	Wor 213		
Wm.	Wor 410	Keziah, Wid.	Nor 301	Kinman, Nath	Ess 424		
Zacheriah	Ess 28	Leonard	Ham 353	Kinne, Daniel	Ham 301		
Zacheriah, Jur.	Ess 27	Luther	Ham 243	John	Ham 299		
Zadock	Ham 186	Moses	Nor 301	Kinneson, Aphria	Ess 525		
Kingman, Abel	Ply 55	Moses	Nor 318	Kinney, Asa	Wor 162		
Abiah	Ply 54	Moses, Junr.	Nor 318	Daniel	Ber 127		
Adam	Ham 300	Nathan	Nor 84	Israel	Ess 534		

Name	Loc	Pg	Name	Loc	Pg	Name	Loc	Pg
Jacob	Brs	428	Jacob	Ber	119	Asahel	Mid	119
Jesse	Bar	22	John	Ber	231	Asher	Ham	267
Jesse, jur.	Bar	24	Knap, Anthony	Ess	327	Bazaliel	Ess	218
John	Wor	162	Atherton	Brs	372	Benjamin	Ess	479
Reuben	Wor	162	Benjamin F.	Ess	327	Benjamin	Ham	267
Samuel	Brs	428	Benoni E.	Ess	327	Carter	Wor	210
Stephen	Wor	162	Eben	Brs	346	Christham	Mid	501
Stephen, Junr.	Wor	162	Ebenezer	Ess	327	Daniel	Ess	328
Kinsgbury, Joshua	Nor	275	Edward	Brs	367	Daniel	Wor	218
Kinsley, Abiel	Ham	42	Eliab	Brs	372	Daniel	Wor	242
Adam	Nor	289	Elijah	Brs	366	Daniel	Wor	278
Benjamin	Brs	391	Ephraim	Brs	367	Daniel, Jr.	Ess	328
Caleb	Ham	46	Hannah, Wido.	Ess	327	Ebenr.	Wor	278
Danel.	Ham	129	Isaac	Ess	327	Ebenr.	Wor	287
Daniel	Ply	65	Job	Wor	482	Edmund	Ess	226
Elijah	Ham	78	John	Ess	54	Edward	Wor	181
Elisha	Wor	233	John	Ess	327	Elisha	Wor	154
Gamaliel	Ham	78	John	Ess	400	Elizabeth, Wido.	Ess	328
Haspies	Ham	2	Joseph	Ess	422	Elizabeth, Widw.	Ham	151
Nymphas	Ply	61	Mary	Ess	421	George	Ess	465
Peleg	Wor	233	Nathaniel	Ess	327	Hale	Ess	328
Rodulphus	Ply	65	Nathaniel, Jr.	Ess	327	Isaac	Wor	181
Silas	Nor	289	Philip	Brs	372	Isaac	Wor	288
Zebudiah	Brs	391	Philip C.	Ess	327	Joel	Mid	115
see Kingsley			Reuben	Ham	161	John	Brs	333
Kinsman, Aaron	Ess	584	Samuel	Ess	327	John	Ess	212
Aaron	Mid	520	Sarah, Wido.	Brs	372	John	Ess	223
Daniel	Wor	418	Seth	Brs	305	Jona., jun.	Wor	492
Eunice	Ess	576	Tristram	Ess	328	Jonathan	Wor	492
Jeremh.	Wor	430	William	Ess	327	Joseph	Ess	32
Jeremiah	Ess	586	William, Jr.	Ess	327	Joseph	Ess	107
John	Ess	129	Knapp, Abijah	Ham	165	Joseph	Ess	209
Mary	Ess	582	Asael	Brs	346	Joseph	Ess	217
Mary	Ess	596	Daniel	Ber	107	Joseph	Wor	218
Moses	Ess	584	Daniel	Brs	382	Joshua	Wor	493
Nathaniel	Ess	123	David	Ber	232	Josiah	Wor	184
Nathaniel	Ess	578	Enoch	Wor	493	Lemuel	Ess	54
Samuel	Ess	582	Ephraim	Ber	112	Lydia, Wido.	Ber	181
Samuel	Ham	196	Ezra	Ber	238	Mary	Mid	168
William	Ess	123	Hezekiah	Ber	224	Mary	Mid	185
William	Ess	586	Ira	Ber	112	Matthew	Wor	228
William	Ess	596	Jezneah	Wor	279	Nath	Ess	374
Wm.	Mid	168	John	Brs	386	Nath	Ess	407
Kinyard, Benjamin	Bar	58	John	Wor	279	Nathan	Wor	228
Kirbey, John	Ess	440	John	Wor	493	Peter	Bar	65
Kirby, Joseph	Ham	172	John, Jur.	Brs	386	Phineas	Ham	151
Kirkland, Danel.	Ham	138	Jonah	Ham	42	Rebecca	Mid	197
Daniel	Ham	154	Jonn.	Ham	304	Rechard	Ess	227
John, Esqr.	Ham	153	Joseph	Wor	492	Reuben	Wor	184
Samuel	Ham	251	Lemuel	Ham	10	Richard	Ber	138
Samuel, Capt.	Ham	153	Lydia	Mid	277	Robert	Ess	465
Kitchens, Lidia	Ess	482	Mary	Ber	239	Samuel	Ber	108
Samuel	Ess	481	Moses	Nor	357	Samuel	Ham	151
Kitfield, Lydia, Wo.	Ess	97	Peter	Ess	479	Samuel	Mid	115
Kitley, John	Ham	115	Phebe	Ply	54	Samuel	Wor	255
Willm.	Ham	115	Samuel	Ess	479	Silas	Ham	168
Kitterage, Peter	Nor	203	Knealand, John	Ber	198	Stephen	Ess	278
Kitteridge, John	Ess	189	Polly	Ber	198	Sylvester	Ham	151
John B.	Mid	147	Kneeland, Aaron	Ess	38	Thadeus	Wor	278
Nehem.	Mid	387	Aaron, Junr.	Ess	38	Theophilus	Ham	259
Thomas	Ess	189	Daniel	Ess	38	Thomas	Ess	218
Kittle, Samuel	Nor	242	Dudley	Ber	175	Thos.	Ess	418
Kittredge, Benja.	Mid	99	Edward	Ham	286	Unice	Ess	218
Ebenr.	Mid	98	Elizath.	Mid	486	Unice	Ess	227
Francis	Mid	99	Isaac, 2nd.	Ber	182	William	Wor	181
Jacob	Wor	162	Isaac, 3rd.	Ber	182	William	Wor	438
Jeremiah	Mid	98	John	Ess	189	William	Wor	493
Job	Mid	98	Martha	Mid	398	William, jun.	Wor	493
Nathan	Mid	98	Susan	Nor	128	Knights, Abigl., Widow	Ess	112
Simeon	Mid	98	Timothy	Wor	450	David	Ess	136
Thos.	Mid	98	Kniep, Christepin	Ham	11	Enoch	Ess	402
Kittridge, Abel	Ber	192	Knight, ...muel	Ess	493	Francis	Ess	132
John	Ham	24	Aaron	Ess	409	Job	Ess	148
William	Ber	198	Addams	Ess	223	John	Ess	97
Kline, Anthony	Ber	118	Amaziah	Wor	216	Joshua	Ham	19
Coonrod	Ber	107	Amos	Ess	328	Menasseh	Wor	352
Frederick	Ber	118	Ann, Wido.	Ess	328	Sarah	Ess	420

Stephen	Ess 112	Isaiah	Mid 148	John	Ham 145
Thos.	Ess 107	Jesse	Wor 511	Nathel.	Ess 279
Thos.	Ess 153	John	Ess 144	Wm.	Mid 185
Thos. K.	Ess 447	John	Ess 328	Laffan, Robert	Mid 502
Willa.	Ess 153	John	Ess 593	Laffege, Peter	Ess 390
William	Ham 100	Jonathan	Ess 533	Thos.	Ess 390
Knolton, Elias	Mid 510	Jonathan	Ess 565	Laflen, Parley	Wor 331
Joseph	Wor 278	Jonathan	Ham 351	Laflin, Heman	Ham 359
Joshua	Ham 342	Joseph	Ess 550	Matthew	Ham 359
Thomas	Ply 55	Joseph	Wor 178	Matthew, Jr.	Ham 359
Timothy	Ham 200	Joseph	Wor 351	Laha, John	Bar 98
Timothy, Jr.	Ham 200	Joseph	Wor 370	Lahay, James	Ess 131
see Knowlton		Luey	Wor 370	Lucy, Wo.	Ess 131
Knowah, Ann	Mid 185	Lyman	Wor 240	Lain, Eleazer	Wor 428
Jona.	Mid 185	Mark	Ess 532	Laird, Joseph	Ber 108
Knower, Benjamin	Nor 241	Melicah	Ess 593	Robert	Ess 329
John	Wor 181	Moses	Ess 107	Laith, Jedediah	Mid 501
Thomas	Wor 447	Nathan	Mid 150	Wm.	Mid 501
Knowland, Andrew	Ess 476	Nathaniel	Ess 593	Lake, Eleazer	Ess 42
Andrew	Ess 506	Nathll., Capt.	Ham 234	Elethean	Brs 301
James	Ess 506	Nehemiah	Ess 153	Gideon	Ham 187
Knowles, Asa	Brs 382	Nehemiah	Ess 593	John	Ess 329
Benjamin	Bar 77	Paul	Ber 143	John	Ess 361
Caleb	Bar 62	Roswell	Ham 206	Joseph	Ess 279
David	Bar 78	Sarah	Ess 578	Laben	Brs 298
Henry	Bar 77	Stephen	Wor 237	Richard	Bar 46
Jesse	Bar 66	Thomas	Ess 575	Robert	Ess 42
John	Bar 78	Thomas	Wor 370	see Coleman	
Jonathan	Brs 411	William	Ess 593	Lakeman, Ann, Wido.	Ess 329
Joseph	Bar 78	William	Wor 370	Deborah	Ess 578
Joshua	Bar 65	see Knolton, Knowton		James	Ess 452
Mary, Wd.	Bar 65	Knowton, Ezekiel	Wor 237	James	Ess 582
Obadiah	Bar 77	Knox, David (2)	Ham 178	John	Ess 572
Paul	Bar 65	Eli	Ham 178	Jonathan	Ess 580
Paul	Ber 170	Elijah	Ham 187	Martha	Ess 572
Paul, Jur.	Bar 65	Elijah	Ham 180	Nathn., Doctr.	Ess 161
Phebe, Wd.	Bar 58	John	Ham 187	Rachal	Ess 549
Rebeciah	Bar 77	John	Wor 202	Richard	Ess 578
Robert	Bar 77	John, 2nd	Ham 177	Richard	Ess 580
Rufus	Ham 300	Levi	Ham 179	Richard, Jur.	Ess 582
Samuel	Ham 42	Nathan	Ham 182	Samuel	Ess 581
Seth	Bar 78	Oliver	Ham 187	Samuel, Jur.	Ess 580
Seth	Ber 177	Robert	Suf 147	William	Ess 585
Seth	Ham 161	Samuel	Ham 178	William, Jur.	Ess 571
Seth	Ham 328	Seth	Ham 181	William, Jur.	Ess 585
Silas	Bar 65	William (2)	Ham 179	Lakin, David	Mid 455
Simeon	Wor 299	William	Ham 181	James	Mid 58
Theophilus	Bar 78	Knutsford, Stephen	Ess 148	Lemuel	Mid 455
Thomas	Brs 410	Koges see Roges		Levi	Mid 455
Willard, Jr.	Ber 173	Kollock, Cornelius	Nor 368	Nathl.	Mid 58
Willard, Senr.	Ber 175	Thomas	Nor 105	Nathl., Jr.	Mid 58
William	Bar 79	Kompton, Eliza.	Ess 374	Nathl., 3d.	Mid 58
Zacheus	Bar 65	Kooper, William	Bar 22	Robn.	Mid 59
see Adams		Kreckenridge see Breckenridge		Laland, Oliver	Mid 510
Knowls, Hannah, wd.	Bar 17	Kriger, Betsey, Mrs.	Ber 126	Laman, Clement	Ber 120
John	Bar 24	William	Ber 126	Cornelius	Ber 119
Mary, Wd.	Bar 25	Kuhn, Jacob	Ess 328	Jacob	Ber 116
Nathaniel	Bar 25	Kunt, Simeon	Brs 300	William	Ber 116
Ruth, wd.	Bar 24	Kyes, Ephraim	Ber 181	Lamb, Abijah	Wor 158
Thomas	Wor 178	Oliver	Ply 10	Abijah	Wor 331
Thomas, Jur.	Wor 178	see Kies		Abijah, Junr.	Wor 331
Knowlton, Abm.	Wor 299			Bezaleel	Wor 278
Abraham	Ess 565			Charles	Ham 265
Abraham	Wor 370	--- L ---		Chester	Ber 166
Amasa	Ham 264			Daniel	Ham 248
Anna	Ess 562			Daniel, Jr.	Ham 248
Artemas	Wor 370	L..., ...	Mid 69	David	Mid 147
Benja., 2nd.	Ess 536	Lackey, James	Ham 328	David	Wor 331
Benjamin	Ess 536	Judeth	Wor 191	David	Wor 494
Benjamin	Nor 369	Mathew	Wor 162	Dudley	Ber 214
Caleb	Ess 542	Nathan	Wor 385	Ebenzr.	Wor 331
Charles	Wor 259	Samuel	Wor 385	Elijah	Ber 126
Daniel	Wor 211	Lacy, Ephraim	Ess 190	Elijah	Ham 74
Edmund	Ess 593	John	Ess 190	Eliphalet	Ham 152
Ephraim	Ess 597	Ladd, Dudley	Ess 279	Ezekiel	Ham 248
Ezra	Ess 593	Jesse	Ber 215	Isaac	Ham 29
Ezra	Ham 264	John	Ess 292	Isaac	Wor 278

Isaac	Wor	493
Israel	Wor	239
Jabez, Dr.	Ham	260
James	Wor	418
Jarus	Wor	331
John	Wor	278
Jonas	Wor	278
Jonas	Wor	494
Jonathan	Ess	30
Joseph	Ham	256
Joseph	Wor	239
Joshua	Wor	278
Levi	Wor	157
Moses	Nor	128
Nahum	Wor	331
Pendleton	Ham	249
Reuben	Wor	158
Reuben	Wor	331
Richard	Wor	331
Roswell	Ham	249
Saml.	Wor	278
Samuel	Wor	331
Simon	Ess	391
Simon, jr.	Ess	391
Thomas	Wor	501
William	Wor	201
Willm.	Wor	278
Lambart, William	Mid	300
Lambert, Affia	Ess	251
Henry	Nor	327
Jonathan	Ess	388
Jonathn.	Ess	251
Joseph	Ess	422
Mary	Ess	357
Nathan	Ess	250
Nathan	Ess	252
Saml.	Ess	388
Samuel	Ber	116
William	Nor	233
Zaccheus	Ply	123
Lamberton, David	Ham	226
James, Ens.	Ham	226
Seth	Ham	226
Lambord, Caleb	Bar	42
John	Ess	93
Thomas	Bar	41
Lamman, James, Jr.	Ham	227
Lammon, David	Ham	227
James	Ham	227
John	Ham	209
Saml.	Ham	209
Wm.	Ham	227
Lamoin, Benjn.	Ham	334
Lamon, Lydia	Ess	31
Lamond, John	Ham	186
Lamonyan, John	Brs	333
Lamparel, Hannah	Ess	401
Lamphier, Elijah	Ber	167
Phinehas	Ber	148
Lamphin, Simeon	Ham	83
Lampson, Amos	Mid	454
Daniel	Ham	221
David	Wor	256
Ebenzr.	Wor	331
Isaac	Wor	331
John	Ham	304
John	Wor	259
Nathl.	Wor	373
Perez	Wor	249
Lamson, Abigail	Ess	594
Amos	Ess	370
Amos	Mid	252
Anna	Ess	38
Asa	Ess	553
Caleb	Ess	137
Caleb	Mid	169
Daniel	Ess	123
Deborah	Ply	19
Ebenr.	Wor	184
Edward	Ess	594
Elizabeth	Mid	251
Ephm.	Mid	49
Fra.	Mid	169
Francis	Ess	552
Henry	Ess	139
Isaac	Mid	251
James	Ham	172
John	Mid	34
John	Mid	252
Jonathan	Ess	595
Jonathn.	Ess	553
Jos.	Mid	169
Josiah	Ess	38
Nathan	Mid	34
Nathanl.	Ess	542
Samuel	Ess	551
Samuel	Wor	279
Sarah	Ess	595
Thos.	Ess	372
Timothy	Wor	162
William	Wor	158
Lanagrin, Ann, Wido.	Ess	330
Lancaster, David	Wor	333
Henry	Ess	329
Jacob	Ess	79
John	Ess	361
Paul	Ess	254
Thomas	Ess	329
Thos.	Ess	248
Lance, Nathanl.	Ham	221
Lanckton, Israel	Ham	354
Seth	Ham	354
Lancy, Saml.	Mid	398
Landan, Ezekiel	Ber	224
Landel see Lendel		
Lander, Abigail	Ess	363
Charles	Ess	402
John	Ess	329
Peter	Ess	410
Landers, Abigail	Bar	37
Asael	Ber	210
Jane	Brs	428
John	Bar	37
John	Bar	46
Nicholas	Bar	47
Prince	Bar	47
Prince, Jur.	Bar	47
Reuben	Bar	46
Richard	Bar	47
Savory	Bar	46
Thomas	Ber	210
William	Ess	372
see Lunders		
Landman, Edward	Bar	75
Peter	Ply	5
Sarah	Ply	5
Thomas	Wor	161
Landon see Hood		
Landrus, Lemuel	Ber	129
Lane, Aaron	Ess	145
Abiel	Brs	386
Amos	Brs	300
Amos	Ham	186
Andress	Ply	38
Andrew	Ess	160
Benja. T.	Ply	121
Benjamin J.	Ess	329
Benjn.	Wor	459
Caleb	Ess	145
Charles	Ply	38
Cornelius	Ess	141
Daniel	Brs	382
Daniel, Jur.	Ply	38
David	Ess	146
David	Ess	329
David	Mid	359
David, Jun.	Ess	146
Dennison	Ess	161
Ebenezer	Brs	386
Ebenezer	Ham	7
Ebenr.	Mid	486
Elijah	Wor	300
Elile	Nor	330
Elisha	Suf	141
Elizebeth	Mid	359
Ephraim	Brs	382
Francis	Ess	329
Francis	Wor	459
Gedeon	Ess	141
Gedion	Ess	145
Geo.	Mid	169
George	Ess	160
Hannah	Suf	143
Hannah, Wd.	Ess	79
Henry	Ess	483
Isaac	Ber	240
Isaac	Brs	382
Isaac	Suf	137
James	Ess	137
James	Mid	359
John	Ber	126
John	Ber	249
John	Ess	146
John	Ess	585
John	Mid	487
John	Nor	170
Jona.	Brs	322
Jona.	Ess	147
Jonas	Wor	352
Jonathan	Mid	359
Jonathan	Suf	142
Joseph	Brs	386
Joseph	Ess	147
Joseph, Jun.	Ess	145
Josiah	Suf	143
Judith, Wo.	Ess	144
Leavitt	Suf	141
Leavitt	Suf	143
Levi	Brs	322
Luke	Mid	359
Lydia, Wo.	Ess	144
Nathu.	Ess	147
Nicholas	Ess	422
Olis	Wor	333
Robert	Wor	333
Rufus	Suf	141
Salem	Ess	386
Samuel	Mid	359
Samuel, 2d.	Mid	359
Seth	Brs	386
Seth, Junr.	Brs	386
Solomon	Ess	140
Solomon	Mid	359
Stephen	Mid	359
Umphery	Ess	219
William	Ber	153
William	Ess	420
Williams	Brs	382
see Sargent		
Lanfair, Leonard	Ham	54
Roswell	Ham	54
Lang, Edward	Ess	401
James	Ess	132
Nath	Ess	383
Richard	Ess	372
William	Ess	369
William	Ess	409
Langdon, Amos	Ber	114
Christ.	Ber	262
Isaac	Ham.	200
Jesse	Ber	114

Job Ham 359
John Ber 262
John Ham 232
Mary Nor 233
Paul, Capt. Ham 232
Paul, Jur. Ham 232
Roswell Ham 359
Sloman Ham 200
Langley, Esther Nor 229
Langton, Gad Ham 138
Langworthy, John Brs 428
Willard Ber 198
Lankton, John Ber 214
John Ber 216
Lanphear, Aaron Ham 264
Aaron, Jr. Ham 264
Arnold Ham 247
Jehiel Ham 265
Uriel Ham 265
Lansbord, Priscilla Ess 561
Lansford, John Ess 147
Lantman, James Ber 105
Lapham, Abigail Ply 122
Adam Ply 101
Caleb Ply 39
Charles Ply 123
Daniel Ply 101
David Ber 136
Elisha Nor 150
George Ber 136
Humphrey Brs 346
Isaac Ply 104
Jabez Ply 95
Jesse Ply 96
John Ber 134
Joseph Ply 95
King Ess 242
Lemuel Ply 39
Mary Brs 346
Michael Ply 124
Nicholas Brs 346
Rogers Ply 101
Stephen Ply 104
Sylvanus Ply 101
Thomas Ply 124
Thos., Junr. Ply 124
Larabbe, Asa Ham 322
Larabe, Isaac Ess 440
Isaac, Jr. Ess 433
Larabee, Asa Nor 181
Elias Ess 437
Lydia Ess 444
Tiler Ham 122
Willm. Ess 450
Larance, Moses Wor 459
Wm. Johnst. Wor 459
Larcom, Abigail Ess 540
Henry Ess 536
Jonathan Ess 554
Juno, Negro Ess 540
Priscill Ess 536
Larcome, Cornelius Ess 541
Francis W. Ess 536
Larcum, Luke Ess 330
Laribee, Anna Ess 27
Ebenezer Ess 6
Ephriem (2) Ess 6
Hannah Ess 6
Stephen Ess 21
Larkin, Ebenr. Mid 169
Edmond Wor 374
Ephraim Wor 216
Isaac Mid 169
John Mid 169
John Wor 216
Mary Mid 169
Saml. Mid 168

Seth Wor 351
William Wor 352
Larkum, Paul Ber 177
Silas Ber 177
Larnard, David Ess 552
Samuel Ham 235
Samuel Wor 449
Larned, James Wor 300
James Wor 310
Simon Ber 198
Laroc, John Charles Ham 38
Larrabee, Jona. Mid 169
Larrance, Benjamin,
Jur. Brs 292
John Brs 293
Larrebee, Samuel Mid 300
Lary, John, Jur. Bar 58
Lewis Bar 58
Lasall, Jonathan Suf 141
Joshua Wor 383
Samuel Suf 144
Lasell, Elias Ber 132
Joshua Ber 152
Lasheur, Abner Ham 322
Lashure see Lasheur
Laskey, Benjamin Ess 514
James Ess 494
James Ess 525
Mary Ess 506
William Ess 512
Lath..., Asa Ham 221
Latham, Chilton Ply 61
Edward Ham 359
James Ham 215
Levi Ber 166
Seth Ply 66
Winslow Ham 220
Woodward Ply 65
Lathbridge, James Nor 352
Samuel Nor 352
Samuel, Junr. Nor 354
Lathe, Asa Wor 299
Benjn. Wor 199
Jabez Wor 331
Zephaniah Wor 161
Zephaniah Wor 199
Lathorn, David Ham 168
Lathrap, Alden Ham 221
Isaac Ham 215
Lathrop, Ambrose Brs 391
Edmund Brs 391
Isaac Brs 391
Isaac, 2d. Brs 391
Jacob Ply 61
John Brs 391
John, 2d. Brs 391
Joseph Brs 391
Joseph Ham 351
Joseph, Captn. Ham 232
Joseph, 2d. Brs 391
Nathan Wor 300
Samuel Ham 351
Seth Ham 221
Seth Ham 351
Soloman Brs 391
Uriah Ber 198
Zephh. Ham 334
Latimer, Aholiab Ham 181
Jacob Ham 182
Laughton, Daniel Wor 351
Oliver Mid 465
Laurance, David Nor 105
Jeremiah Ber 216
Laurence, Daniel Ply 22
David Bar 40
David Ess 329
Ebenezer Mid 335

George Nan 71
John Bar 46
John Mid 17
Jonathan Bar 40
Joseph Bar 37
Joseph Bar 46
Joseph Mid 335
Nabley Bar 47
Rachel Mid 335
Shirbael Bar 46
Silas Bar 46
Solomon Bar 46
William Mid 24
Lauton, Caleb Brs 314
Sebray Brs 299
Thomas Brs 299
Lavewell, Samuel Mid 252
see Lovewell
Law, Danforth Mid 31
David Mid 10
James Brs 289
Peter Ess 384
Stephen Mid 27
Stephen, Jr. Mid 27
Thomas Mid 28
Lawater, Elias Wor 240
Sarah Wor 231
Lawes, Wm. Mid 375
Lawley, Daniel Nor 238
Lawnsbury, David Ham 359
Lawrance, Abel Mid 455
Asa, Capt. Mid 455
Asa, Jun. Mid 454
Benjm. Mid 455
Ephraim Mid 455
Isaac Mid 455
Isaac Mid 469
Joel Mid 454
John Mid 455
John, Jun. Mid 455
John, 3d. Mid 455
Jona. Mid 454
Lemuel Mid 81
Roland Mid 455
Salmon Mid 455
Saml. Mid 471
Saml., Esqr. Mid 454
Seth Nor 239
Stephen Wor 221
William Ham 106
see Larrance
Lawrence, Aaron Ber 159
Abel Ess 394
Abigail Bar 93
Abijah Mid 440
Abn. Mid 58
Amos Wor 427
Asa Ber 224
Bazaleel Wor 437
Benja. Mid 58
Benja. Mid 69
Benjamin Mid 263
Cephas Nor 351
Charles Mid 69
Daniel Ber 192
Daniel Ber 231
Daniel Nor 353
David Mid 58
David Mid 438
David Nor 220
Ebenr. Ess 450
Ebenr. Wor 300
Elezner Ham 59
Eleazer Ham 38
Elihu Nor 204
Elisabeth Mid 58
Elnan. Mid 69

Ephm. Mid 58
Isaac Mid 69
Isaac Mid 169
Jabez Mid 69
James Mid 398
Jasel Ham 20
Jeremiah Nan 52
Jerh. Mid 58
Jerh. Mid 68
Jesse Mid 58
John Mid 69
Jona. Ber 192
Jona. Mid 69
Jona., Jr. Mid 69
Jonath. Mid 350
Jonathn. Mid 344
Joseph Ber 192
Joseph Mid 58
Joseph M. Ess 470
Josiah Ber 192
Josiah Ber 198
Josiah Mid 252
Love Mid 25
Moses Wor 300
N... Mid 81
Oliver Mid 69
Ozias Nor 347
Peter Mid 59
Phinehas Mid 263
Phinehas Mid 350
Reuben Mid 69
Saml. Mid 49
Saml. Mid 446
Samuel Ham 46
Samuel Wor 240
Sarah Bar 85
Sarah Mid 350
Silas Mid 49
Thad. Mid 69
Thomas Ber 192
Thomas Mid 433
Thos. Mid 58
Thos., Jr. Mid 58
Thos., Mar. Mid 58
Thos., 3d. Mid 58
William Ham 59
William Ham 247
William, jr. Mid 252
see L...
Laws, James Wor 447
James, Jr. Wor 447
Thomas Wor 447
Thomas, Jr. Wor 447
Lawson, David Ham 100
David, Junr. Ham 101
James Wor 352
John Ham 322
Jonathan Ham 101
William Ham 86
Lawton, Abraham Brs 346
Daniel Brs 287
George Brs 288
George Brs 333
Hannah, Wid. Brs 288
James Brs 401
James Wor 300
James, Jr. Brs 402
Job Brs 291
John Wor 343
Jonathan Brs 346
William Brs 407
William Wor 467
see Lauton
Lazeel, Calvin Ham 328
Robert Ham 328
Lazel, Edmond Ham 304
Luther Ply 38

see Lovel
Lazell, Byram Ply 65
Ebenezer Brs 382
Isaac Ply 61
Jacob Ham 226
John Ply 65
John, junr. Ply 65
Nathan Ply 61
Silvanus Ply 65
William Ham 228
Lea, Benj. Wor 343
Leach, Abisha Brs 391
Abraham Ply 47
Alpheus Ply 61
Ammi, Wo. Ess 98
Apollos Ply 61
Asa Brs 375
Asa Wor 333
Benanuel Ham 232
Benja. Ess 98
Benjamin Ess 279
Benjamin Ess 330
Benjamin Ply 61
Bernice Ply 50
Bethh. Ess 97
Bethiah Ply 47
Bezer Ply 47
Cyrel Ham 209
Daniel Ess 98
Ebenezer Ply 50
Eleazer Ess 492
Elijah Ber 198
Eliphalet Brs 375
Ezehl. Ess 98
Geo Ess 362
Hassadiah Ply 61
Henry Ess 496
Ichabod Ply 47
Jedediah Ply 50
John Ess 371
John Ply 18
Jonathan Ham 215
John Ply 89
John, Jur. Ply 89
Joseph Ply 50
Joseph Wor 351
Lemuel Ham 106
Lemuel Ply 17
Lemuel Ply 20
Levi Ply 61
Libeus Ply 61
Lot Nor 265
Luke Ply 50
Mariam, Wo. Ess 98
Mehitabel Ply 47
Nathan Ply 55
Nehemiah Ply 61
Paul Ess 393
Peter Ham 106
Robt. Ess 394
Rufus Brs 391
Samuel Ess 418
Sarah Ess 513
Sarah, Wido. Ess 330
Silvanus Ply 18
Thomas Ply 47
Thomson Ply 18
Timothy Ess 10
Leache, Eliza. Ess 361
see Leeche
Leadbetter, Increase Mid 252
Israel Ber 206
Thomas Ber 205
William S. Ber 206
Leaky, Simeon Mid 520
Lealand, Benjn. Wor 204
Caleb Wor 437

Daniel Wor 204
David Wor 199
Ebenezer Ham 158
Ebenr. Wor 197
Eli Wor 385
Isaac Nor 301
James Ham 342
John Ber 187
John Ess 576
John, Junr. Ber 187
Lemuel Ham 158
Luther Ham 158
Moses Ber 187
Phins. Wor 199
Samuel Wor 200
Simeon Wor 452
Leaming, Jeremiah Ber 110
Lear, Alexander Ess 519
John Mid 185
Peter Mid 185
Learnard, Daniel Nor 257
Jonas Mid 278
Sarah Mid 147
Tho. Mid 185
Thomas Wor 343
Wm. Wor 343
Learned, Aaron Mid 487
Asa Wor 157
Benja. Wor 158
Benja. Wor 481
David Wor 331
Ebenr. Wor 157
Elijah Mid 501
Elijah Wor 157
Erastus Wor 331
Hezekiah Wor 481
Isaac Mid 398
Jacob Wor 157
Jeremiah Wor 158
John Wor 157
John, Junr. Wor 157
Jona. Wor 158
Josiah Mid 487
Moses Ham 100
Nehemiah Ham 101
Paul Mid 502
Rufus Wor 158
Saml. Mid 487
Saml. Mid 501
Samll. Mid 536
Sarah Mid 502
Silvanus Wor 158
Simpson Wor 158
Tho. Mid 197
Thomas Wor 235
Thos. Mid 487
William Ham 101
see David
Leasure, Saml. Ham 115
Leath, Benja. Wor 235
Ebenr. Mid 502
Leathe, Elijah Mid 335
Elijah, 2d. Mid 335
Jacob Mid 335
James Mid 335
Jno. Mid 197
Leatherbee, Thomas Nor 324
Leatherby, Saml. Mid 185
Leatherland, William Ess 578
Leathers, Benja. Mid 169
Leavens, Elijah Wor 331
Leavensworth, Lydia Ham 168
Leavit, Jonathan Ham 196
Joseph Ply 108
Joseph, Jr. Ply 108
Roger Ham 196
Leavitt, Elijah Suf 146

Name	Ref		Name	Ref		Name	Ref
Gad	Ply 122		Joanna	Ess 532		Saml., 3d.	Nor 149
Hart	Ham 74		John	Brs 407		Susan	Nor 149
Jacob	Suf 146		John	Ess 189		Thomas	Nor 149
Jairus	Suf 139		John	Ess 472		Leertourer, Maria W.	Wor 248
Jeorum	Suf 142		John	Ham 294		Leete, Jared	Ber 127
John	Suf 141		John	Wor 481		Lefaugh, John Emory	Ber 231
Jonathan	Ham 73		John, Junr.	Ess 99		Lefavor, Daniel	Ess 415
Joshua	Suf 142		John, Senr.	Ess 99		Lefavour, Eliza.	Ess 420
Joshua, jur.	Suf 141		Jona.	Mid 69		John	Ess 43
Samuel	Suf 146		Jonas	Mid 7		John	Ess 464
see Lane			Jonathan	Ber 198		Philip	Ess 512
Lebaran, Isaac	Ber 225		Joseph	Ess 98		LeFavour, Amos	Ess 422
Joshua	Ber 229		Joseph	Ess 555		Lefeaver, Amos	Ess 528
LeBaron, Bartlett	Ply 8		Joseph	Ham 59		Anna	Ess 528
Isaac	Ply 7		Joseph	Mid 487		Legate, Thomas	Wor 437
James	Ply 4		Joseph	Wor 239		Thomas, Jun.	Wor 437
Japheth	Ply 90		Joshua	Wor 410		Legg, Benjamin	Wor 384
Lazarus	Ply 89		Josiah	Ess 99		David	Ham 42
Levi	Ply 90		Josiah	Ham 59		David	Wor 467
William	Ply 7		Lucy	Mid 12		Hepsibah	Ham 42
Le Barron, Lazarus	Wor 162		Lydia, Wo.	Ess 98		Joel	Wor 383
LeBatur, Mehit.	Ess 416		Mark	Mid 487		John	Wor 384
Lebosquet, Caleb	Ess 279		Mike	Nan 77		Moses	Ham 6
Ebenezr.	Ess 279		Nathan	Ess 98		Nathl.	Wor 393
John	Ess 279		Nathl.	Ess 99		Reuben	Wor 184
LeBosquet, Jno.	Mid 194		Nathl.	Ham 10		Samuel	Wor 392
LeBreton, Peter	Ess 329		Nathl., Junr.	Ess 98		Susannah, wd.	Wor 384
Le Briton, Edwd.	Suf 138		Philip	Wor 319		Legget, Robert	Ham 192
Lecount, William	Ess 279		Richard	Ess 518		Thomas	Ham 192
LeCraw, John	Ess 490		Richard	Wor 481		William	Ham 192
Philip	Ess 506		Saml.	Wor 410		Legroo, Samuel	Mid 300
William	Ess 490		Saml., Jr.	Wor 410		LeGrow, Philip	Ess 491
see Craw, LeGrow			Saml., Jr.	Wor 415		Leigh, Benjamin	Ess 329
Lee, Aaron	Ess 98		Saml., Junr.	Wor 403		Leighton, Fra.	Mid 398
Aaron	Ess 561		Saml., 2d.	Wor 410		Isaiah	Mid 398
Abiather	Brs 365		Samuel	Ber 179		John	Mid 398
Abiather	Brs 415		Samuel	Ess 506		Reuben	Mid 398
Abner	Ber 240		Samuel	Ham 9		Leightor, Esther, Wo.	Ess 165
Amos	Brs 359		Samuel, Jur.	Wor 398		Leland, Aaron	Mid 536
Amoss	Ess 99		Sarah, Wo.	Ess 99		Abner	Mid 511
Andrew	Ess 98		Seth	Wor 409		Adam	Mid 535
Benj.	Wor 409		Sherebiah	Ham 59		Asa	Mid 511
Benjamin	Brs 367		Simeon	Wor 481		Asa	Mid 536
Benjamin	Ham 59		Solo.	Ess 98		Asapher	Mid 511
Benjamin	Wor 352		Solomon	Ham 128		Asapher, Jr.	Mid 511
Betty	Mid 15		Solomon N.	Ber 105		Balak	Mid 536
Campbell	Ham 359		Stephen	Brs 401		Daniel	Mid 511
Charles	Ham 22		Stephen	Ham 122		David	Mid 511
Chatman	Wor 331		Thomas	Brs 366		Ebenezer	Nor 240
Comfort	Wor 481		Thos.	Ess 395		Eli	Mid 536
Cupid	Ess 353		Walter	Ham 9		Henry	Mid 511
Eber	Ham 59		William	Ber 232		Hinry	Mid 535
Eizabh., Wo.	Ess 98		William	Ess 98		Hoptes	Mid 536
Elias	Ber 240		William	Ess 459		Jeremh.	Mid 511
Elisha	Ber 221		William	Nor 233		John	Ber 156
Elisha (2)	Ber 241		William R.	Ess 506		John	Mid 536
Elisha	Ham 125		Winthrop	Ess 97		Jona.	Mid 535
Elizabeth	Ess 480		Zadok	Ham 122		Jonas	Mid 535
Enoch	Ham 147		see Lea			Jonathan	Wor 162
Ephraim	Wor 481		Leech, Asa	Ess 545		Joseph	Mid 536
Ezekiel	Wor 410		Mary	Ess 405		Mical	Mid 535
George	Brs 366		Mary	Ess 411		Moses	Mid 536
Gideon	Ham 115		Nathan	Ess 544		Parley	Mid 511
Henry	Ber 105		Nathan, 2d.	Ess 552		Samll.	Mid 536
Henry	Ess 97		Richard	Ess 556		Solomon	Wor 162
Henry	Ham 294		William	Ess 544		Timothy	Mid 511
Henry	Wor 409		Leeche, Mathew	Ess 409		Timothy	Wor 162
Ichabod	Ham 125		see Leache			Wm.	Mid 536
Isaac	Ber 176		Leeds, Abigail	Nor 149		Leman, Danl.	Mid 169
Isaac	Ess 99		Benj. B.	Nor 149		Eliz.	Mid 169
Isaac	Mid 15		Jno.	Nor 149		LeMasters, Thomas	Ess 459
Isaac	Wor 343		Josiah	Nor 149		LeMercy, Sophia	Mid 169
Isaac, Junr.	Ess 99		Mary	Nor 149		Lemist, Jno.	Nor 150
Israel	Brs 303		Nathan	Nor 149		Lemmon, John	Ess 543
Israel	Ess 97		Nathaniel	Nor 265		Pheele	Suf 141
James	Wor 481		Saml.	Nor 148		Lenard, Solomon	Wor 198
Jane	Mid 487		Saml., Ju.	Nor 148		Lendal, Eunice, Wo.	Ess 99

Name	Loc	Page
John	Ess	98
Lendel, James	Mid	58
Lenley, Levi	Nor	313
Lenox, Cornelius	Mid	278
James	Ess	330
Leonard, Abel	Ham	353
Abiather	Brs	360
Abiather	Brs	364
Abiel	Brs	386
Abigail, Wo.	Ply	89
Abijah	Brs	386
Abraham	Ham	38
Amos	Ham	300
Andrew	Ber	143
Andrew	Wor	319
Arche., Jr.	Ham	110
Archelaus	Ham	110
Archippus	Ply	111
Aribert	Ham	354
Asa	Ham	301
Asaph	Ham	354
Augustus	Ham	59
Austin	Ham	354
Barney	Ply	64
Barnice	Ber	166
Benjamin	Brs	370
Benjamin, Junr.	Brs	368
Benjan., Cap.	Ply	90
Bradford	Brs	359
Calvin	Ham	328
Catherine	Ham	351
Charles	Brs	371
Charles	Ham	354
Comfort	Ham	167
Cuff	Brs	373
Dan	Ham	226
Daniel	Brs	368
Daniel	Ham	153
Daniel	Ham	354
Daniel	Ply	90
David	Brs	391
David	Ply	64
Ebenezer	Ham	298
Editha	Ham	354
Eliakim	Brs	374
Elijah	Ber	213
Elijah	Ber	267
Elijah	Brs	372
Elijah	Ham	59
Elijah, Revd.	Ply	97
Elijah, 3d.	Brs	369
Eliphalet	Brs	391
Eliphalet	Ham	353
Eliphalet	Ply	19
Eliphalet, Jr.	Brs	391
Elisha	Ham	301
Elkanah	Ply	87
Enoch	Nor	289
Enoch	Wor	447
Ephraim	Ber	229
Ephraim	Ply	90
Ephraim, 2d.	Ply	90
Esquire	Nor	149
Ezekiel	Ham	354
Ezenas	Wor	333
Ezra	Ham	110
Ezra	Ham	300
Ezra	Wor	319
Francis	Ham	38
Gamaliel	Brs	373
George	Brs	382
George	Ham	354
George, Dn.	Ply	87
George, 2d.	Ply	90
Gideon	Ham	351
Gideon	Ply	90
Gilbert	Brs	364
Grant	Nor	240
Henrey	Ply	89
Henry	Ham	353
Henry	Ply	19
Ichabod	Brs	359
Ichabod	Ham	328
Isaac	Brs	391
Jacob	Brs	391
Jacob	Nor	84
Jacob	Ply	65
James	Brs	371
James, Junior	Brs	371
Jemima, Wido.	Brs	371
Jesse	Ber	167
Job	Brs	370
John	Ham	301
John	Ham	354
Jonas	Ham	38
Jonas	Ham	192
Jonas	Ham	300
Jonas	Ply	64
Jonathan	Bar	36
Jonathan	Bar	52
Jonathan	Brs	382
Jonathan	Ply	64
Jonathan	Ply	90
Joseph	Brs	368
Joseph	Ply	87
Joseph, 2d.	Ply	87
Joshua	Brs	372
Joshua	Ham	300
Josiah	Ham	145
Josiah	Ply	90
Josiah, 2d.	Ply	89
Juba	Ham	354
Justin	Ham	353
Levi	Ham	297
Linus	Wor	351
Mary	Ham	354
Mary, Wido.	Brs	374
Mehetible, W.	Nor	84
Micah	Ply	89
Molly, Wido.	Brs	371
Moses	Ham	38
Moses	Ham	283
Moses	Ham	354
Moses	Ply	89
Nathan	Ham	38
Nathan, Dn.	Ply	90
Nathan, Jun.	Ham	300
Nathaniel	Brs	370
Nathl.	Nor	105
Nathl.	Ply	90
Nathl., 2d.	Ply	90
Nathll.	Ber	222
Nehemiah	Brs	386
Nehemiah	Ham	63
Nehemiah	Ply	64
Noah	Ham	354
Noadiah	Ham	283
Oliver	Ham	353
Perez	Ply	90
Phillip	Ply	20
Phineas	Ham	354
Pliny	Ham	353
Preserved	Ham	353
Preserved, Jr.	Ham	354
Reuben, Jr.	Ham	354
Rice	Ber	223
Roger	Ham	59
Roswell	Ham	354
Rowland	Ply	111
Rufus	Brs	359
Rufus	Ham	354
Russell	Ham	354
Sama.	Ber	262
Samuel	Ber	213
Samuel	Brs	359
Samuel	Brs	376
Samuel	Brs	391
Samuel	Ham	86
Samuel	Ply	61
Samuel	Ply	89
Samuel, Junr.	Brs	376
Samuel, 2d.	Brs	373
Selden	Ham	354
Seth	Brs	375
Seth	Ham	351
Silas	Brs	370
Silvanus	Ply	64
Simeon	Brs	375
Simeon	Ham	110
Simeon	Ham	299
Simeon, 2d.	Brs	373
Solomon	Ber	167
Solomon	Brs	369
Solomon	Ply	64
Thaddeus	Ham	354
Thomas	Brs	374
Thomas	Brs	382
Thomas	Ply	16
Tilley	Ber	215
Timothy	Ber	239
Uriah	Nor	289
Walley	Nor	105
Warren	Ply	20
William	Brs	368
William	Ham	354
William	Ply	12
William B.	Ess	330
Williams	Brs	371
Zadoc	Brs	364
Zadoch	Ply	90
Zephaniah	Brs	372
Ziba	Ham	328
see Learnard		
Lepear, Wm.	Mid	455
Leprelete, Deborah	Nor	226
Lerock, John	Ess	386
Lerrock, Ebenr.	Ess	385
Leshure, Williard	Ham	186
Lessure, Isaiah	Ber	142
Lester, John	Ber	267
Lemuel	Ber	267
Silas	Ber	105
Steward	Ber	267
Lesure, David	Wor	388
Edward	Wor	201
Gideon	Wor	467
John	Wor	393
Levi	Wor	392
Simeon	Wor	393
Lethbridge, Fisher	Nor	226
Mary	Nor	231
Letown, Doly, Wo.	Ess	165
Levenear, Lewis	Ess	164
Leverett, William	Nor	256
Levett, Joseph	Brs	428
Josiah	Mid	502
Levi see Luce		
Levingstone, John	Ber	127
Levinston, Wm.	Mid	49
Leviston, Asa	Mid	99
Daniel	Mid	99
James	Mid	169
John	Mid	387
Seth	Mid	375
Seth, jur.	Mid	375
Tho.	Mid	387
Wm.	Mid	387
Levit, Kindsman	Ply	39
Levitt, John	Ply	39
Lewes, Charls	Mid	300
James	Nor	230

Name	Loc	Pg	Name	Loc	Pg	Name	Loc	Pg
John	Nor	230	Jabez	Nor	308	Susannah	Nor	331
Timothy	Nor	248	Jabez, Jr.	Bar	100	Thankful	Bar	100
William	Mid	300	Jack	Ess	461	Thatcher	Bar	46
see Fisher			Jacob	Nor	149	Thomas	Bar	91
Lewin, Hale	Brs	399	James	Ber	162	Thomas	Brs	401
John	Brs	398	James	Ess	435	Thomas	Ess	506
John, 2d.	Brs	399	James	Ham	126	Thomas	Wor	184
Nathaniel	Brs	398	James	Mid	169	Thomas	Wor	288
Thomas	Brs	398	James	Nor	150	Thomas, Jr.	Brs	401
Lewis, Aaron	Brs	415	James, Capt.	Mid	454	Thos.	Ess	403
Abel	Ber	205	James, Jun., Capt.	Mid	454	Thos.	Ess	430
Abner	Brs	429	James H.	Nor	289	Timothy	Bar	90
Abner	Nor	301	Jareb	Wor	235	Timothy	Brs	415
Andrew	Nor	313	Jesse	Bar	91	Timothy	Wor	207
Anna	Brs	401	Jesse	Ham	227	Timothy, Jun.	Wor	351
Anthony	Ess	330	Job	Nor	105	Unice	Bar	75
Asenath	Bar	90	John	Bar	14	W. Burk	Ess	436
Bela	.Ply	95	John	Brs	346	William	Bar	86
Benj.	Ess	443	John	Ess	79	Willm.	Ess	435
Benj., Jr.	Ber	249	John	Ess	205	Willm.	Wor	288
Benja.	Brs	410	John	Ess	330	Wm.	Ham	215
Benjamin	Bar	71	John	Ess	435	Wm.	Ply	95
Benjamin	Bar	88	John	Mid	387	see Lobis, Lovis		
Benjamin	Bar	100	John, Junr.	Ess	443	Lewitt, Peter	Nor	220
Benjamin	Nor	289	John, 3d.	Ess	436	LeWorthy, Thomas	Ess	473
Benjn.	Ber	249	Jonathan	Nor	181	Libby, John	Ess	330
Benoni	Ber	112	Joseph	Ber	174	Lichfield, Joab	Nor	329
Bethiah	Bar	90	Joseph	Ber	198	Noah	Nor	329
Bethiah, 2d.	Bar	90	Joseph	Ham	110	Liester, Francis	Ham	322
Caleb	Ess	448	Joseph	Ham	240	Liet, Nathanll.	Ber	249
Calvin	Ply	91	Joseph	Nor	301	Liffingwell, Elisha	Ham	152
Cathorine	Wor	374	Joseph	Nor	308	Lightbody, John	Ber	120
Daniel	Brs	300	Joseph	Wor	351	Lilley, David	Wor	162
Daniel	Ply	94	Joseph, Junr.	Nor	301	David	Wor	288
Darius	Ber	118	Joseph G.	Bar	85	Ebenezer	Wor	157
David	Bar	41	Joshua	Noa	319	John	Wor	162
David	Bar	46	Laban	Nor	289	Lillie, Jno., Maj.	Nor	128
David	Bar	85	Lemuel	Bar	94	Joseph	Ber	213
David	Ber	208	Lot	Bar	93	Lilly, Benjamin	Ber	159
David	Ess	353	Lothrop	Bar	46	Bethuel	Ham	342
David	Nor	95	Lothrop	Bar	90	Eliahim	Ham	342
David	Suf	145	Lothrop	Ply	90	Foster	Ham	342
Debo.	Mid	169	Louis	Bar	34	Jonathan	Ham	342
Dyer	Ber	141	Luther	Ply	91	Silas, Junr.	Ham	334
Ebed	Ess	415	Marsh	Suf	141	Zenas	Ham	334
Ebenezer	Ber	240	Martha	Ess	406	Limas, Prince	Nan	77
Ebenezer	Suf	139	Meletia	Nor	313	Linch, John	Mid	487
Ebenr.	Bar	46	Mercy	Brs	401	Linckhornew, Joseph	Bar	79
Ebenzr.	Mid	455	Molley, Wd.	Ham	270	see Linkhornew		
Edmd.	Ess	435	Mosses	Bar	71	Lincoln, Abel	Suf	139
Edmund	Ess	474	Nathaniel	Nor	308	Abiel	Brs	382
Edmund	Ess	499	Nathaniel	Ply	8	Abiel, Jur.	Brs	382
Edward	Ess	498	Nathl.	Bar	46	Abijah	Brs	370
Edward, Ju.	Bar	90	Nathl.	Bar	85	Abner	Brs	365
Eldad	Ber	210	Nathl.	Ess	435	Abner	Brs	382
Eleazar	Bar	66	Nathl., Jr.	Ess	443	Abner	Suf	139
Eleazer	Ply	64	Oliver	Ber	239	Abraham	Brs	333
Elijah	Suf	145	Patience	Brs	401	Abraham	Nor	328
Elijah, Jur.	Suf	141	Paul	Nor	301	Abrm.	Wor	184
Elisha	Ham	291	Peter	Ply	55	Ambros	Brs	376
Eunice, Wido.	Mid	454	Peter	Wor	409	Apollos	Ber	138
Expeirance, Wido.	Nor	308	Reuben	Brs	299	Asa	Brs	366
Ezra	Suf	145	Reuben	Mid	454	Asa	Brs	382
Francis	Duk	452	Richard	Bar	94	Asa	Mid	511
Freeman	Duk	452	Richard	Ber	136	Barnibas	Suf	137
George	Bar	66	Robert	Ess	435	Benjamin	Brs	359
George	Bar	94	Robert	Wor	467	Benjamin	Brs	429
Gideon	Ber	162	Robinson	Brs	428	Benjamin	Suf	137
Gould	Ham	126	Saml.	Duk	451	Benjamin, 2d.	Brs	366
Hannah	Bar	85	Samll.	Mid	511	Beza	Suf	137
Hannah, Wido.	Nor	308	Samuel	Bar	46	Caleb	Brs	366
Hannible	Ess	440	Samuel	Nor	301	Caleb	Ply	132
Isaac	Bar	90	Sarah	Bar	71	Caleb	Suf	137
Isaac	Ess	425	Sarah	Bar	93	Caleb	Wor	279
Isaac	Mid	49	Seth	Bar	85	Caleb	Wor	352
Isaac	Nor	95	Seth	Mid	49	Calvin	Suf	137
Jabez	Bar	100	Solomon	Bar	71	Charles	Suf	137

Christopher	Nor 328	Luther	Suf 142	Nathaniel, Jr.	Mid 28
Collins	Wor 154	Lydia	Ply 39	Saml.	Nor 275
Daniel	Suf 138	Marcy	Brs 382	see Lindfield	
David	Bar 8	Mary	Suf 140	Ling, Silvanus	Ply 90
David	Brs 358	Mary, Wido.	Brs 369	Linkfield, John	Wor 509
David	Brs 382	Mathew	Suf 139	Linkhornew, Joseph	Bar 78
David	Suf 140	Martin	Suf 143	see Linckhornew	
David, Jur.	Brs 382	Mordicai	Nor 329	Linn, John	Ham 186
David, jur.	Suf 139	Moses	Brs 371	Linnel, Benjn.	Bar 23
Ebenezer	Suf 146	Nathan	Suf 139	David	Bar 90
Ebenr.	Ham 206	Nathaniel	Bar 6	Edmond	Bar 23
Ebenr.	Wor 288	Nathaniel	Brs 365	Elisha	Bar 25
Elijah	Brs 367	Nathaniel	Suf 140	Elkonah	Bar 23
Elijah	Brs 370	Nedebiah	Brs 365	Ezra	Bar 22
Elijah	Suf 138	Nehemiah	Ply 55	Gould	Bar 24
Elisha	Brs 365	Noah	Suf 139	Hemon	Bar 22
Elisha	Nor 327	Obadiah	Nor 329	Isaac	Bar 22
Elizabeth, Wido.	Brs 361	Obed	Ess 123	Josiah	Bar 23
Enoch	Suf 139	Oliver	Ply 54	Samuel	Bar 22
Enos	Ham 206	Paul	Brs 391	Samuel	Bar 23
Enos	Wor 279	Richard	Ess 113	Thomas	Bar 15
Ephraim	Nor 332	Robert	Brs 361	Thomas	Bar 25
Ephraim	Wor 437	Rufus	Brs 382	Uriel	Bar 22
Ezekiel	Brs 369	Rufus	Ply 111	Linnell, Elisha	Bar 96
Ezekiel	Suf 137	Samuel	Brs 369	Heman	Bar 100
Ezra	Suf 139	Samuel	Wor 509	James	Bar 90
Fanny	Nor 330	Sandford	Brs 311	John	Bar 90
Frederick	Nor 181	Sarah	Nor 330	John	Bar 96
George	Suf 138	Sarah	Suf 137	Josiah	Bar 93
Gideon	Brs 365	Seth	Bar 7	Levi	Bar 101
Hannah	Brs 382	Seth	Suf 137	Moses	Bar 96
Hannah	Ply 133	Seth	Wor 256	Linsey, James	Ply 39
Hart	Brs 370	Sherman	Ply 108	Linton, Joseph	Duk 447
Heamon	Wor 447	Silvanus	Bar 7	Lion, Abner	Wor 333
Henry, Revd.	Bar 46	Simeon	Brs 382	Lipit, John	Ber 155
Hezekiah	Nor 330	Solomon	Ply 123	Lippit, Scipio	Bar 52
Hezh.	Mid 169	Solomon	Suf 137	Liscom, Richard	Brs 346
Isaac	Bar 7	Stephan	Wor 319	Liscomb, Gedion	Ess 149
Isaac	Brs 346	Stephen	Brs 369	Richard	Ess 491
Isaac	Brs 365	Stephen	Suf 137	Samuel	Brs 318
Isaac	Mid 116	Susanna, wd.	Bar 7	Lisson, George	Wor 220
Isaac	Wor 161	Thomas	Brs 369	Liste, Henry M.	Suf 137
Israel	Suf 137	Thomas	Wor 437	Liswell, James	Wor 352
Israel, jur.	Suf 138	Urbane	Nor 332	Thomas	Ham 123
Jacob	Wor 352	Uriah	Nor 330	Litch, John	Wor 428
Jairus	Suf 139	Waitstill	Brs 365	Thos.	Wor 228
James	Brs 366	Walker	Ham 240	Litchfield, Abner	Ply 129
James	Nor 330	Welcom	Suf 139	Abner H.	Ply 134
James	Ply 123	William	Nor 353	Amos	Ply 130
James	Suf 140	William	Wor 437	Andrew	Mid 441
Jedediah	Ber 256	Wm., Jun.	Wor 437	Barnas.	Ply 132
Jedediah	Suf 140	Zadock	Ham 29	Comins	Wor 331
Jeocum	Nor 328	Zenas	Nor 330	Daniel	Ply 129
Jeremiah	Wor 427	see Porter		Eleazar	Ply 135
Jesse	Wor 437	Lindfield, Benjamin	Nor 275	Elijah	Ply 132
Job	Suf 139	William	Nor 275	Elisha	Ply 134
John	Brs 367	Wm., 2d.	Nor 275	Ensign	Ham 21
John	Nor 333	Wm., 3d.	Nor 275	Francis	Ply 129
John	Ply 108	Linds, William	Wor 450	Irany	Ply 129
John	Suf 148	Lindsay, Stephen	Ham 186	Israel	Ply 132
Jonathan	Ber 151	Lindsey, Aaron	Ber 225	Jacob	Ham 22
Jonathan	Suf 139	Benjamin	Brs 298	James	Ply 129
Joseph	Ply 38	David	Ham 100	Job	Ply 135
Joseph	Suf 138	Hab	Ham 100	John	Ply 129
Joshua	Brs 366	James	Ber 224	Josiah	Nor 149
Joshua	Suf 138	James	Mid 439	Lawrence	Ply 134
Josiah	Brs 366	James	Ham 215	Lawrence, Junr.	Ply 132
Jotham	Suf 137	John	Brs 300	Lothrop	Ply 132
Levi	Brs 382	Joseph	Ess 468	Lothrop, Junr.	Ply 132
Levi	Ham 83	Nathaniel	Ess 518	Lucinda	Ply 133
Levi	Ply 39	Norris	Ham 220	Nathan	Ply 134
Levi	Suf 140	Sarah	Ess 518	Paul	Mid 37
Levi	Wor 184	Lindsley, Joseph	Ham 179	Penelope	Mid 441
Levi, jur.	Suf 140	Moses	Ham 179	Priscilla	Ply 134
Lott	Brs 411	William	Ham 179	Rhoda	Ply 134
Luther	Brs 369	Linfield, David	Nor 275	Rowland	Ply 135
Luther	Brs 382	Nathaniel	Mid 27	Silas	Ply 129

Simeon	Ply 135	John	Brs 357	Joseph	Mid 32		
Stephen	Ply 135	John	Mid 510	Joseph	Mid 486		
Thomas	Ply 135	John, Jr.	Mid 510	Joshua B.	Ham 186		
Ward	Ply 136	Josiah	Ber 129	Josiah	Mid 335		
Littayce, Noel	Wor 352	Jotham	Mid 511	Mehitebel	Mid 350		
Littelhale, Richard	Ess 123	Nathl.	Nor 265	Moses	Ham 106		
Little, Amos	Ess 226	Nathl., Jr.	Nor 265	Nathan	Mid 113		
Amos	Ess 233	Pelletiah	Mid 520	Nathn.	Mid 486		
Barker	Brs 346	Samuel	Nor 265	Reuben	Mid 350		
Benn.	Wor 310	Sarah	Brs 429	Saml.	Mid 486		
Bezaleel	Ham 157	Seth	Brs 391	Saml., Jr.	Mid 487		
Charles	Brs 333	Simeon	Mid 511	Samuel	Mid 350		
Charles	Ply 39	Littlehale, Abram.	Mid 81	Thomas	Mid 350		
Charlotte, Wd.	Ham 258	James	Mid 83	Wm.	Mid 486		
Coleman	Ess 225	Roger	Mid 81	Locke, David	Mid 68		
David	Ess 223	Littlejohn, James	Ply 89	James	Ess 55		
Edmund	Ess 224	William	Ply 89	John	Ham 328		
Edward	Ham 157	Littlejohns, Sarah	Wor 209	John	Mid 69		
Elisabeth, Wido.	Mid 465	Livemore, Amos	Mid 501	Jona.	Mid 69		
Enoch	Ess 224	Amos, Jr.	Mid 501	Locker, Isaac	Mid 528		
Enoch	Ess 241	David	Mid 502	Lockwood, Gershom	Ber 233		
Ephraim	Ply 97	Jona.	Mid 487	James	Brs 412		
George, Esqr.	Ply 97	Livermore, Abijah	Mid 263	Jeremiah	Ber 151		
Hannah	Ess 555	Abijah	Wor 494	Logan, James	Ham 54		
Hazen	Ess 329	Amos	Wor 494	James	Ham 74		
Isaac	Ham 63	Bradl.	Wor 501	John	Ess 112		
Isaac	Ply 39	Daniel	Mid 464	William	Ber 173		
Jacob	Ess 213	David	Wor 494	Loid, William	Ess 383		
James	Ply 136	Elijah	Ham 110	Loker, Alpheus	Mid 128		
Jedediah	Ply 98	Elisha	Wor 178	Bulah	Mid 128		
John	Ess 79	Elisha	Wor 248	Ebenezer	Mid 128		
John	Ess 221	Ephraim	Mid 252	Ephraim	Mid 133		
John	Ess 224	Isaac	Wor 491	Isaac	Mid 128		
John	Ham 253	James	Wor 493	John	Mid 128		
John	Ply 97	John	Mid 278	Paul	Mid 129		
John	Wor 428	Jonas	Mid 464	Stephen	Mid 133		
Joseph	Ess 224	Jonas	Wor 491	Lombard, Ariel	Ham 252		
Joseph	Wor 263	Joseph	Mid 133	Barzilla, Capt.	Ess 55		
Joshua	Ess 234	Micah	Wor 492	Caleb	Bar 78		
Josiah	Ess 234	Moses	Mid 263	Cornelius	Bar 66		
Luther	Ply 98	Moses	Wor 494	Ebenezar	Bar 62		
Moses	Ess 224	Nathl.	Mid 263	Ephraim	Bar 66		
Moses	Ess 234	Phins.	Wor 493	Harding	Bar 68		
Moses	Ess 413	Reuben	Wor 183	Israel	Bar 66		
Nathaniel	Brs 346	Salem	Wor 491	Israel, Jur.	Bar 68		
Nathel.	Ess 226	Samuel	Mid 252	Jabez	Bar 47		
Nathel.	Ess 233	Solomon	Ham 22	James	Bar 63		
Paul	Ess 223	Wm.	Mid 455	Jedediah	Bar 68		
Penelope	Ply 98	Livingston see Levinston		Jemima, Wido.	Ham 239		
Rachel, Wido.	Nor 308	Lloyd, David	Ber 178	Lewis	Bar 64		
Rechard	Ess 223	James	Ham 178	Lewis, Jur.	Bar 64		
Robert	Ham 63	James, Jun.	Ham 178	Oliver C.	Bar 79		
Silas	Ess 226	John	Ham 177	Peter	Bar 58		
Silas	Ess 233	Robert	Ham 177	Peter	Bar 71		
Stephen	Ess 214	Thomas	Ess 519	Rebeccah	Bar 65		
Stephen	Ess 225	William	Ham 167	Rebeccah, Jur.	Bar 66		
Thomas	Ply 98	William	Ham 176	Sarah	Bar 65		
Thomas, Jur.	Ply 98	William	Ham 242	Simon	Bar 65		
Wallis	Mid 464	Lobb, Ismael	Duk 443	Simon	Bar 66		
William	Ess 245	Lobdall, Ebenezer	Ply 26	William	Bar 65		
William	Ess 279	Lock, Amos	Mid 350	Wm.	Wor 333		
Willm. C.	Ess 79	Asa B.	Mid 350	see Davis			
Woodbridge	Ber 198	Benjamin	Mid 350	Lombart, James	Brs 321		
see Tittle		Benjn.	Mid 486	see Downes			
Littlefeild, Asa	Mid 147	Bezaleel	Ham 106	Lomis, Daniel	Ham 78		
Littlefield, Aaron	Nor 275	Bezeleel	Mid 465	Long, Aaron	Ham 322		
Abiah	Brs 391	Ephraim	Ham 106	Benja.	Mid 169		
Daniel	Brs 391	Francis	Mid 487	David	Ham 322		
Daniel	Ham 22	Increase	Ham 110	Edmond	Bar 11		
Ebenezer	Brs 391	James	Ber 143	Elizabeth	Wor 481		
Edmond	Ham 186	James	Mid 335	John	Bar 9		
Elisha	Ham 186	John	Ham 186	John	Ess 190		
Ephm.	Mid 511	Jona.	Mid 169	John	Wor 319		
Hannah, Wido.	Nor 275	Jonas	Ham 54	John, Esqr.	Ham 322		
Isaac	Wor 393	Jonas	Mid 350	John, jur.	Bar 9		
Jedediah	Ham 186	Josep	Mid 487	John, jur.	Ess 190		
Jeremh.	Mid 520	Joseph	Ess 118	John, 2d.	Ham 322		

Jonathan	Nan 60	Clarke	Ham 351	Thomas	Wor 288
Joshua	Ess 279	Curtis	Ham 118	William	Ham 83
Judith	Ess 329	Daniel	Ber 118	William, Junr.	Ham 42
Levi	Bar 9	Eleazer	Ber 187	Loreing, David	Mid 486
Nathan	Ess 79	Elijah	Ber 151	Freeman	Ply 100
Nathan	Nan 72	Elizur	Ham 359	George	Ply 95
Nathll.	Ess 260	Enoch	Ham 123	John	Mid 454
Peleg	Nan 45	Ezra	Ber 118	Jotham	Ply 99
Reuben	Nan 51	Ham	Ham 359	Levi	Ply 102
Richard	Nan 52	Hezekiah	Ham 241	Perez	Ply 102
Robert	Ess 329	Jacob	Ham 139	Samuel	Ply 102
Samuel	Nan 62	John	Ber 143	William	Ply 104
Simeon	Nan 63	John	Ham 127	Wm., Jur.	Ply 104
Stephen	Ess 190	Jonathan	Ber 198	Lorenet see Lonnet	
Stephen	Ham 322	Jonathan	Ber 267	Loring, Abel	Wor 279
Stephen, Negro	Ply 130	Joshua	Ham 127	Abel	Wor 409
Thomas	Ply 89	Josiah	Ber 119	Abner	Bar 86
William	Bar 9	Josiah	Ham 342	Caleb	Ply 26
William, jur.	Bar 9	Josiah	Ham 351	Daniel	Nor 170
Willm.	Ham 322	Justice	Ham 353	Daniel	Suf 147
Zachariah	Bar 10	Justus	Ham 127	David	Bar 86
Longfellow, John	Ess 205	Justus	Ham 266	Edward	Bar 86
Nathan	Ess 205	Lodawich	Ber 249	Elijah	Nor 251
Stepn.	Ess 249	Louisa, Wd.	Ham 233	Elizabeth	Suf 141
Longley, Abel	Mid 465	Nathaniel	Ham 131	Elpalet	Bar 94
Anna	Mid 437	Nehemiah	Ham 359	Ezekiel	Ply 26
Asa	Mid 465	Noah	Ham 359	Ezekiel H.	Mid 119
Edmund, Esqr.	Ham 334	Noah, Junr.	Ham 359	H. Reuben	Wor 409
Ezekiel	Wor 351	Noadiah	Ham 351	Hannah	Ply 21
Israel	Mid 465	Pliny	Ham 123	Henry	Mid 2
Ivery	Mid 465	Russell	Ham 59	Jacob	Ply 24
James	Wor 373	Shem	Ham 359	Job	Suf 145
Joseph	Ham 334	Shim	Ham 130	John	Mid 413
Joseph	Mid 465	Solomon	Ber 119	John	Suf 147
Joseph, Jr.	Ham 334	Timothy	Ber 208	John	Wor 351
Joshua, Esqr.	Mid 464	Uriah	Ham 353	Jonathan	Mid 350
Nathaniel	Wor 210	William	Ber 118	Jonathan	Suf 146
Nathaniel, Junr.	Wor 210	Lopas, Kathn.	Mid 486	Joseph	Mid 350
Robert	Wor 212	Lord, Aaron	Ess 573	Joseph	Wor 351
Robert, Jur.	Wor 212	Aaron, Jur.	Ess 585	Joshua	Suf 141
Stephen	Mid 465	Abraham	Ess 572	Lydia	Suf 139
William	Wor 351	Asa	Ham 42	Melzer	Ply 21
Wm.	Mid 465	Benjamin	Ess 464	Nat	Suf 146
Zimri	Ham 334	Benjamin	Ess 571	Nathan	Mid 118
Longwy, Mary	Ess 408	Caleb	Ess 573	Nathan	Mid 520
Lonnet, Joseph	Ham 169	Charles	Ess 570	Nathl.	Ply 39
Look, Allice	Ply 108	Daniel	Ber 232	Nathl. I.	Wor 493
Benjamin	Ham 240	Daniel	Ess 571	Peter	Suf 142
Cheney	Ham 59	Daniel	Ess 572	Rachel	Suf 142
Elijah	Duk 453	Daniel	Ess 573	Reuben	Wor 409
Elizath.	Duk 451	Daniel B.	Ess 573	Richard	Ess 329
Henry	Ply 108	David	Ess 571	Ruth	Suf 141
James	Ham 59	David	Ham 119	Samuel	Suf 147
Job	Duk 453	Ebenezer	Ess 573	Simeon	Ply 21
Job, Jr.	Duk 448	Ebenezer	Ess 582	Thomas	Suf 139
John	Ham 59	Ebenezer, Jur.	Ess 573	William	Mid 410
John	Ply 108	Elizabeth	Ess 571	see Bailey, Manson	
Jona.	Duk 451	Elizabeth	Ess 572	Lorvey, Peter	Ess 228
Joseph	Duk 453	Ichabod	Ham 42	Lothe see Lathe	
Joseph	Ply 89	Isaac	Ess 571	Lothridge, Robt.	Ham 215
Lot	Duk 453	Jacob	Ess 372	Lothrop, Ambrose	Suf 139
Noah	Ham 334	John	Ess 571	Anselm	Nor 327
Peter	Ham 59	John	Ess 578	Benja.	Bar 84
Prince	Duk 449	Joseph	Ess 573	Benja., Jr.	Bar 86
Robert	Duk 451	Joseph	Ham 42	Daniel	Ply 54
Samuel	Duk 446	Moses	Ess 570	David	Bar 100
Savory	Ply 108	Moses, Jur.	Ess 576	David	Ply 14
Loomer, Charles	Ber 187	Nathaniel	Ess 573	David	Ply 54
Darius	Ber 187	Phillip	Ess 582	Ebenezer	Bar 86
Frederick	Ham 248	Preston	Ham 42	Ebenezer, Jr.	Bar 85
Loomis, Abigal, Wd.	Ham 123	Prudence	Ber 135	Elijah	Ham 354
Allexander	Ham 128	Robert	Ess 573	Eunice	Bar 86
Amos	Ham 128	Samuel	Ess 572	Isaac	Bar 86
Andrew	Ber 120	Samuel	Ess 574	Isaac	Ply 6
Andrew	Ber 210	Samuel, 4th.	Ess 573	John	Bar 84
Artimas	Ham 133	Samuel, 3d.	Ess 573	John	Bar 85
Caleb	Wor 264	Stephen	Ess 575	John	Nor 332

Jonathan	Ply 54	Frederick	Ham 86	Unis	Ess 220
Josiah	Ply 54	George	Ham 46	Wm.	Mid 511
Josiah, junr.	Ply 54	Isaac	Ber 178	Lovet, Joseph	Ess 541
Lemuel	Ply 54	Jonathan	Ham 54	see Briggs, Tripp	
Mark	Ply 54	Levi	Ber 187	Lovett, Benja., Jr.	
Mary	Bar 84	Malachi	Ham 157	Benja. B.	Ess 553
Nathl.	Bar 84	Paine	Ham 158	Benjamin	Ess 555
Prince	Bar 89	Philip	Ber 188	Ebenezer	Ess 548
Rachel	Bar 85	Thomas	Ham 78	Eliza.	Ess 531
Robert	Bar 85	Timothy	Bar 17	Ezra	Ess 554
Seth	Ply 54	Lovell, Abner W.	Bar 94	Hannah	Ess 554
Thomas	Bar 49	Amos	Wor 511	Hezekiah	Ess 554
Thomas	Wor 197	Andrew	Bar 89	James	Wor 384
Thomas, Esq.	Nor 327	Asa	Bar 91	James, Jr.	Wor 384
Zephaniah	Ply 54	Asa	Wor 511	Jeremiah	Ess 554
Lotrich, James	Ham 54	Christopher	Bar 84	Joanna	Ess 548
Loud, Benjamin	Nor 189	Cornelius	Bar 91	John	Ess 531
Caleb	Ham 17	Daniel	Bar 91	Jonathan	Ess 549
Daniel	Nor 189	David (2)	Nor 182	Jonathan H.	Ess 531
David	Nor 188	David	Nor 203	Joseph	Ess 531
Eliot	Nor 181	David, Jun.	Nor 204	Joseph, 3d.	Ess 535
Eliphalet	Nor 189	Dyer	Nor 204	Josiah	Ess 548
Hulda, Wid.	Nor 189	Ebenr.	Nor 170	Judith	Ess 549
Jacob	Nor 189	Ebenr.	Wor 184	Mary	Ess 539
James	Suf 147	Elizabeth	Bar 91	Phinehas	Wor 334
Joseph	Nor 181	Enoch	Bar 89	Samuel	Ess 549
Silvanus	Nor 181	Enoch	Suf 143	William	Ess 553
Thomas	Suf 139	Ezra	Wor 161	William, 2d.	Ess 535
William	Ess 279	Gorham	Bar 100	Lovewell, Jonathan	Ham 151
William	Nor 189	Jacob	Bar 91	Joseph	Mid 252
Wm., junr.	Nor 189	Jacob	Nor 170	see How, Lavewell, Love...ll	
see Lowd		James	Bar 91	Lovis, Aaron	Ess 491
Louden, Jacob	Ber 166	James	Nor 181	Benja.	Ess 387
John	Ber 166	James, Jr.	Bar 91	Joseph	Suf 142
Micah	Ply 101	John	Nor 189	William	Suf 141
Micah, Jur.	Ply 101	Jona.	Wor 184	see Louis	
Sylvanus	Ply 101	Jona., Jur.	Wor 184	Lovjoy, ---, Wo.	Mid 59
Thomas	Suf 141	Joseph	Nor 214	Jesse	Mid 63
Louis see Lewis, Lovis		Joseph	Ply 90	Low, Aaron	Ess 588
Lovans, Richard	Ess 399	Joshua	Bar 91	Abraham	Wor 459
Love, Susanna	Ham 83	Lemuel	Nor 189	Anthony	Bar 51
Wm.	Mid 387	Lucy, Wo.	Ply 90	Caleb	Ess 22
see Lowe		Moses	Nor 204	Catharine	Nor 149
Love...ll, Shuball	Ess 249	Nathaniel	Nor 214	Daniel	Ess 98
Lovejay, Palmer	Ber 228	Patience, Wo.	Ply 90	Daniel	Ess 390
Lovejoy, Ebenezer	Ess 190	Samuel	Suf 147	Daniel	Ess 587
Isaac	Ess 189	Sarah	Bar 91	David, Cap.	Ess 133
Isaac, jur.	Ess 190	Shubael	Bar 93	Ebenezer	Ess 586
Isaac, 3rd.	Ess 189	Silas	Nor 170	Elias, Junr.	Ess 117
Jeremiah	Ess 190	Simeon	Bar 91	Elizabeth	Ess 587
John	Ess 189	Solomon	Nor 181	Eunice	Ess 590
Joseph	Ess 189	Stephen	Nor 170	Frances	Ess 112
Joshua	Ess 189	Yardly	Nor 182	Hannah	Ess 279
Nathanael, Esqr.	Ess 190	see Love...ll, Lovel		Isaac	Ess 590
Pomp	Ess 200	Loveman, George	Ber 143	Jeneson	Wor 409
Samuel	Mid 33	George	Ber 192	John	Ess 537
Timothy	Ber 229	Loverain, Thaddeus	Nor 220	John, Jun.	Ess 112
Lovel, Caleb	Ply 38	Loveridge, Amasa	Ham 54	Jonathan	Ess 112
David	Brs 386	Edward	Ham 322	Jonathan, Jun.	Wor 427
Isaac	Brs 386	John	Ham 322	Joseph, Jun.	Wor 427
Jemimah	Bar 49	William	Ham 54	Judith, Wo.	Ess 136
Joseph	Nor 319	Lovering, Amos	Mid 147	Lydia, Wo.	Ess 123
Joshua	Ham 304	Craft	Mid 511	Nathan	Ess 262
Obediah	Ply 38	Ebenezer	Ess 595	Nathaniel, Jun.	Wor 351
Samuel	Nor 105	Elias	Mid 511	Nathl.	Wor 437
Silas	Bar 38	Elizth.	Mid 511	Rufus	Ess 590
Silas	Bar 51	Jesse	Wor 511	Samuel	Suf 143
Silas	Ham 206	Jesse, Junr.	Wor 511	Sarah	Ess 571
Susanna	Nor 265	John	Ess 595	Stephen	Ess 22
William	Bar 40	John	Ess 598	Stephen	Ess 590
see Lazel		John	Mid 344	Thomas	Ess 586
Loveland, Abner	Ber 177	Jonas	Mid 119	Thomas	Wor 384
Andrus	Ham 158	Joseph	Ess 595	William	Ess 586
Daniel	Ber 183	Joseph	Nor 249	Lowd, Edward	Mid 502
Elijah	Ber 176	Levi	Wor 288	James	Ham 304
Elisabeth	Ham 172	Richard	Ess 212	Lowden, John	Brs 429
Epaphroditus	Ham 74	Rufus	Wor 278	John	Ply 39

Nathaniel	Ply 66	Jona., Jr.	Duk 451	Thos.	Ess 107
Richard	Ply 39	Joseph	Duk 451	William	Ess 588
Lowder, Henry	Nor 251	Joseph	Ham 86	Luis, Abijah	Wor 447
John	Nor 251	Joseph, Jr.	Duk 451	Luke see Luque	
Samuel	Nor 301	Joshua	Ber 198	Lull, Richard	Ham 266
Lowe, Edward	Wor 437	Lemuel	Duk 452	Thomas	Ess 250
Elias	Ess 136	Lot	Duk 446	Lumbard, Aaron	Ham 273
Jeremiah	Ply 96	Love	Duk 447	Abiel	Ham 257
John	Ess 133	Lucy	Duk 451	Benja.	Ham 110
John	Ess 329	Lucy	Ply 108	Daniel	Ham 239
Samuel	Wor 428	Malachi	Duk 452	David	Ham 257
Thomas	Ply 96	Malatiah	Duk 451	David	Ham 273
Willa.	Ess 153	Margery	Duk 451	Gideon	Ham 271
Wm.	Wor 333	Martin	Duk 453	Jonathan	Ham 257
Wm.	Wor 427	Mary	Duk 450	Jonathan, Jr.	Ham 257
Lowel, Solomon	Ess 255	Mayhew	Wor 409	Joseph	Ham 244
Lowell, Barnard	Ess 79	Obed	Duk 451	Joseph	Ham 273
David	Ess 79	Obed	Nan 51	Joseph, Jn.	Ham 273
Ebenezer	Ess 330	Peter	Duk 452	Justin	Ham 239
Eliphalet	Ess 79	Reina	Duk 452	Marey	Ply 108
Ezra, Capt.	Ess 79	Reuben	Wor 409	Obed	Ham 244
James, Capt.	Ess 79	Rhoda	Duk 452	Thomas	Ham 271
John, Esqr., Honble.	Nor 242	Rowland	Ply 108	Thomas, Jur.	Ham 271
Lewis	Ess 55	Ruth	Duk 453	Lumbart, Abigall	Ess 227
Simeon	Ess 55	Saml. (2)	Duk 452	Lumberd, Hezekiah	Bar 92
Stephen	Ess 55	Saml., Jr.	Duk 454	Ichabod	Bar 93
Lowton, Samll.	Mid 528	Samuel	Ham 86	Joseph	Bar 90
Loyd, John	Ess 132	Seth	Ply 16	Joshua	Bar 90
Lucas, Abijah	Ply 9	Simeon	Ber 267	Joshua	Bar 91
Anselm	Ply 12	Stephen	Duk 453	Lemuel	Bar 90
Anselm	Ply 19	Stephen	Ply 108	Prince	Bar 90
Barnabas	Ply 10	Stephen, Jr.	Duk 453	Sarah	Bar 90
Bela	Ply 19	Sylvanus	Duk 453	Simeon	Bar 91
Beza	Ply 9	Thomas	Duk 454	Solomon	Bar 93
Ephraim	Ply 12	Thos.	Duk 451	Lumbert, Abishai	Duk 448
Isaac S.	Ply 7	Timo.	Duk 453	Hannah	Duk 451
Joanna	Ply 10	Warren	Duk 454	Lemuel	Duk 451
John	Nor 255	William	Duk 451	Moses	Duk 448
John	Ply 9	William	Ham 101	Saml.	Duk 451
Joseph	Ply 12	William, Jr.	Ham 101	Thos.	Duk 448
Lazarus	Ply 54	Zachariah	Ham 63	Timo.	Duk 451
Levi	Ply 12	Zephh.	Duk 453	Lumm, Andrew	Ber 139
Matthew	Wor 385	Luckore, Lemuel	Ham 125	Lummus, Aaron	Ess 429
Nathan	Ply 27	Lemuel	Ham 131	Daniel	Ess 582
Nehemiah	Ply 10	Lucus, Abrm.	Mid 528	Daniel, Jur.	Ess 573
Samuel	Ply 9	Caleb	Ply 89	Isaac	Ess 572
Thomas	Ess 330	Calvin	Bar 17	John	Ess 570
William	Ber 171	Elijah	Brs 292	Joseph	Ess 190
William	Ply 22	Henry	Mid 528	William	Ess 580
Luce, Abijah	Duk 454	James	Wor 288	Lunders, Wm.	Nor 149
Abishai	Duk 453	Ludden, Asa	Ham 63	Lune, Daniel	Brs 320
Abner	Duk 453	Benjamin	Ham 63	Lunn, Samll. F.	Mid 81
Adonijah	Duk 453	Bezer	Ham 24	Lunnon, William	Ham 146
Bars.	Ply 108	Daniel	Ham 299	Lunt, Abel	Ess 329
Benja.	Duk 451	Elisha	Ham 24	Amos	Ess 234
Benjamin	Ber 198	Enoch	Wor 494	Andrew	Ess 218
Benjamin	Duk 447	Hezekiah	Nor 275	Benja.	Ess 216
Cornelius	Ber 199	James	Ham 63	Benjamin	Ess 329
Crosby	Ply 18	Samuel	Nor 275	Benjamin S.	Ess 329
David	Ber 198	Silvanus	Nor 170	Elijah	Ess 219
Dorcas	Duk 451	Ludder, Michael	Ess 384	Enoch	Ess 217
Ebenezer	Ply 10	Luddon, Ezra	Ham 134	Enoch	Ess 233
Elijah	Duk 451	Luden, Enos	Ham 206	Henry	Ess 223
Elijah	Ham 63	Ludington, Daniel	Ham 356	Josiah	Ess 329
Elijah	Nan 76	John	Ham 356	Lydia	Ess 217
Elisha	Duk 446	Jude	Ham 357	Nicolas	Ess 227
Enoch	Duk 451	Lues, Abner, Rev.	Bar 13	Paul	Ess 223
Experiance	Wor 300	Luffkin, Mehetable	Ess 279	Paul	Ess 226
Ezekiel	Duk 452	Lufkin, Aaron	Ess 131	Paul	Ess 233
George	Duk 447	David	Ess 112	Richard	Ess 220
Henry	Duk 452	Jacob	Nor 170	Samuel	Ess 218
Hezekiah	Ber 198	Jonathan	Ess 588	Samuel	Ess 227
Isaac	Duk 452	Mary	Ess 589	Samuel	Ess 329
Jason	Duk 444	Moses	Ess 131	Sarah	Ess 213
Jesse	Duk 446	Moses	Ess 166	Silas	Ess 329
Jesse, Jr.	Duk 446	Nathaniel	Ess 588	Stephen	Ess 206
Jona.	Duk 454	Solomon	Ess 419	Thomas	Ess 219

Trustam	Ess	217
William P.	Ess	329
Woodbridge	Ess	216
Luque, Anthony	Ess	545
Lurvey, Abigal, Wo.	Ess	134
Benja., Capt.	Ess	79
Jacob	Ess	139
Nancy, Wo.	Ess	128
Wm., Capt.	Ess	79
see Lorvey		
Luscomb, Benja.	Ess	384
Henry	Ess	384
Saml.	Ess	392
William	Ess	418
Willim, jr.	Ess	392
Willm.	Ess	392
Luscombe, Abijah	Brs	361
Francis	Brs	363
Otis	Brs	367
Richard	Brs	359
Robert	Brs	361
Lusk, William	Ber	256
Luteasalcare see Lutice		
Luteral, Hughes	Ess	164
Luther, ---, Wido	Brs	402
Aaron	Brs	401
Amos	Brs	407
Barnabas	Brs	400
Barton	Brs	400
Barton	Brs	407
Bathseba	Brs	408
Benja.	Brs	407
Benja.	Brs	413
Benjamin	Brs	288
Betsy	Brs	402
Caleb, Wido	Brs	402
Calvin	Brs	401
Childs	Brs	401
David	Brs	400
David	Brs	407
David, Junr.	Brs	404
Dyer	Brs	404
Eber	Ber	138
Eber	Brs	402
Ellis	Brs	408
Giles	Brs	399
Harlow	Brs	399
Hezekiah	Ber	126
James	Brs	402
James, Jr.	Brs	402
Jane	Brs	399
Jo.	Brs	403
Job	Brs	399
John	Brs	398
Jonathan	Brs	346
Joseph	Brs	399
Manson	Brs	399
Mary	Brs	399
Mathew	Brs	403
Mercy	Brs	402
Nathan	Ess	357
Nathaniel	Ber	168
Obadiah	Brs	399
Peleg	Brs	403
Philip	Brs	398
Richard	Brs	398
Robt.	Wor	494
Samuel	Brs	399
Samuel	Brs	402
Samuel, 2d.	Brs	403
Sarah	Brs	401
Seth	Ber	135
Silas	Brs	399
Simeon	Brs	398
Stephen	Brs	402
Theophilus	Brs	400
Theophilus	Brs	402
Theophilus	Brs	405
Thomas	Wor	494
Upham	Brs	399
William	Brs	406
William	Wor	481
Lutice, Joshua	Ess	242
Lutterel, Hughes	Ess	153
Lycomb see Brigham, Lyscomb		
Lye, Joseph	Ess	430
Lyman, Abigail	Ham	6
Abner	Ham	7
Aron, Dean.	Ham	209
Asahel	Ham	151
Augustus	Ham	54
Azariah	Ham	15
Benjamin	Ham	134
Caleb	Ham	29
Caleb	Ham	288
Coms., Captn., & his Compy.	Ham	247
Crispus	Ham	147
Elias	Ham	9
Elias	Ham	129
Elias, Junr.	Ham	129
Elihu	Ham	73
Erastus	Ham	4
Gaius	Ham	9
Gaius	Ham	131
Giles	Ham	153
Giles	Ham	209
Isaac	Ber	187
Israel	Ham	288
James	Ham	29
Joel	Ber	187
Joel	Ham	9
John	Ham	7
John, Jnr.	Ham	133
Jona.	Ham	209
Joseph	Ham	5
Joseph	Ham	12
Joseph, Jur.	Ham	4
Lemel., Junr. (2)	Ham	136
Levi (2)	Ham	2
Levi	Ham	25
Luke	Ham	7
Miles	Ber	198
Moses	Ber	158
Noah	Ber	208
Noah, Jur.	Ber	208
Rufus	Ham	16
Rufus	Ham	151
Samuel	Ber	187
Samuel, Esqr.	Ham	239
Seth	Ham	29
Seth	Ham	83
Seth	Ham	153
Simeon	Ham	29
Solomon	Ham	134
Solomon	Ham	250
Stephen, Dean.	Ham	147
Stephen, Junr.	Ham	147
Sylvester	Ham	3
Theodore	Mid	263
Thomas	Ham	129
Timothy	Ham	147
Timothy	Ham	310
William	Ham	8
William Swan	Ham	29
Zadock	Ham	288
Lymon, David	Ham	136
Jeremiah	Ber	267
John	Ham	132
Justus	Ham	136
Lymonds, James	Mid	67
Lynch, Dennis	Nor	231
Lawrence	Ber	256
Moses	Ber	256
Nathaniel	Ber	256
Lynde, Benja.	Mid	186
George	Wor	184
Jabez	Mid	185
Jno.	Mid	186
Johnson	Wor	501
Jos.	Mid	186
Jos., 2d.	Mid	186
Mary	Mid	185
Nathn.	Mid	186
Nathn., 2d.	Mid	186
Rachl.	Mid	185
Thomas	Wor	492
Lynds, Jebez	Mid	312
Stephen	Mid	313
Lyndsey, Daniel	Ess	428
John	Ess	444
Mary	Ess	428
Phebe	Ess	444
Lyon, Aaron	Brs	300
Aaron	Brs	308
Aaron	Ham	328
Aaron	Ham	342
Aaron	Wor	352
Abigail	Wor	184
Abner, Junr.	Wor	331
Alfred, Colo.	Ham	278
Asa	Ber	231
Asa	Ham	247
Asa	Wor	418
Asaph	Ham	215
Benj.	Nor	150
Benjamin	Nor	245
Caleb	Ham	74
Cyrus	Ham	310
Daniel	Ham	101
David	Ham	342
David	Wor	232
David, Deacn.	Ham	257
Ebenezer	Ham	278
Eleazer	Ham	101
Ephraim	Wor	370
Ephraim, Jur.	Wor	370
Gad	Ham	257
Jacob	Ham	233
Jacob	Nor	128
Jason	Nor	239
Jedediah	Ply	90
John	Ber	154
John	Brs	320
John	Ham	74
Joiseah	Wor	410
Jonathan	Ham	342
Kimbal	Ham	92
Lemuel	Ham	63
Lemuel	Ham	310
Mary, wid.	Wor	418
Nathan	Ham	328
Obediah	Brs	310
Obediah	Ply	15
Orpheus	Mid	520
Peter	Nor	319
Philip	Ham	233
Ruth	Ber	154
Ruth, Wido.	Nor	289
Saml. B.	Nor	148
Samuel	Brs	300
Samuel	Ham	86
Samuel, jr.	Brs	308
Seth	Ber	151
Seth	Wor	518
Stephen	Ham	257
Thomas	Ber	151
Thomas	Nor	149
Thomas	Nor	245
William	Brs	300
Lyons, David	Ham	186

James	Ess 481	Elijah	Ply 89	William	Nan 45
Jerre	Ham 186	Enoch	Ply 89	Zaccheus	Nan 66
Jesse	Ham 186	Ezra	Brs 382	Madden, David	Wor 394
Lyscom, John	Wor 259	George	Brs 334	John	Nor 289
Lyscomb, Ebenr.	Ham 215	George	Ham 110	John, Jr.	Nor 276
Saml.	Ham 221	Humphrey	Brs 334	Levi	Wor 393
Lyscum, John	Wor 492	Ichabod	Brs 364	Michael	Wor 394
		Isaac	Brs 334	Maddox see Medox	
		Jacob	Ply 54	Maddy, John	Nor 381
--- M ---		James	Brs 277	Madin, Edward	Wor 334
		James	Brs 357	Mael, Daniel	Bar 13
		Job	Ham 106	Magee, James	Nor 232
M..., E...	Wor 504	Joel	Brs 280	Magoon, Aaron	Ply 42
see Mors		John	Brs 311	Abner	Ply 42
Maccarty, Nathl.	Wor 279	John	Ham 111	Abner, Jur.	Ply 42
Maccowen, Daniel	Brs 334	John	Ply 89	Alexr.	Ham 227
Mace, Abraham	Ess 332	Jonathan	Brs 358	Isaac	Ham 227
Abraham	Wor 427	Joshua	Ply 90	Isaac	Ply 42
Benja.	Mid 100	Joshua Wms.	Brs 361	John	Ply 42
Bernard	Ess 332	Levy	Brs 334	Joseph	Ply 42
Isaac	Ess 191	Luther	Ply 89	Joshua	Ply 103
James	Wor 427	Mary	Brs 334	Seth	Ply 42
Jonathan	Ess 191	Nathan	Brs 357	Thos.	Ply 42
Joseph	Ess 221	Nathaniel	Brs 333	Magoun, James	Ply 23
Trustram	Mid 99	Nathl., Lt.	Ply 89	Magridge, Rachel	Ess 388
William	Ess 221	Noah	Brs 334	Mahan, David	Wor 366
Macentire, Aaron	Ess 11	Perry	Brs 346	Mahana, John	Ess 280
Judeth	Ess 12	Peter	Brs 334	Mahee, Seth	Bar 6
Macey see Williams		Rufus	Brs 365	Mahon, John	Wor 282
Macfarlin, Sarah	Ply 95	Samuel	Brs 293	Thomas	Wor 282
Macintire, John	Ess 18	Samuel (2)	Brs 334	William	Wor 186
Samuel	Ess 18	Samuel	Ply 89	Mahuren, Isaac	Ply 42
Solomon	Ess 21	Seth	Brs 361	Maine, William	Ess 470
Mack, Abner	Ham 74	Simeon	Ply 89	William	Ess 479
Daniel Gates	Ham 47	Stephen	Brs 356	Majery, Hannah	Ess 41
David, Colo.	Ham 156	Susa, Wid.	Brs 278	Major, Susanna	Ess 419
Elisha	Ham 46	Thomas	Ply 52	Makepeace, David	Brs 382
Elisha	Ham 54	Thomas	Ply 129	Geo.	Mid 170
Elisha, Capt.	Ham 157	Venus	Brs 278	Isaac	Brs 386
John. P.	Mid 414	Wanton	Brs 333	Lysander	Brs 382
Nathan	Ham 236	Wesson	Brs 334	Masa	Brs 382
Samuel	Ham 47	William, 1st.	Brs 334	Seth	Brs 374
Mackay, Samuel	Ber 129	William, 2d.	Brs 333	William	Brs 376
Mackentosh, Andrew	Nor 106	Zebidee	Mid 264	William	Brs 382
Mackey, James	Mid 487	Macumber, Elijah	Ply 3	William, Junr.	Brs 376
Samuel	Ess 555	John	Wor 319	see Mackpiece, Makpice	
Mackie, Andrew	Ply 112	William	Ply 97	Makepice, Elliot	Wor 256
Mackintire, Archelus	Mid 300	Wm., Jur.	Ply 97	Gershom	Wor 250
Banjamen	Mid 300	Macy, Abigail	Nan 58	Knights	Wor 250
Ebenezer	Mid 301	Abigail	Nan 65	Makepiece, William	Nor 356
Ephraim	Mid 301	Abishai	Nan 65	Maker, Burden	Brs 301
Hezekiah	Mid 300	Barnabas	Nan 46	John	Brs 301
John	Mid 301	Daniel	Wor 334	John, jr.	Brs 301
Solomon	Mid 301	Elijah	Wor 334	Makpice, Jason	Wor 267
Macklin, Mary	Ber 117	Elisha	Nan 59	Maladay, Thomas	Ber 131
William	Ess 404	Francis	Nan 58	Malby, Frederick	Ber 149
Mackoon, Jonathan	Brs 284	George	Nan 58	Malcoy, John	Ess 191
Mackpiece, Jona.	Ess 444	Job	Nan 46	Maldra, Moses	Wor 412
Maclathla, Daniel	Ply 101	Job	Nan 60	Maley, Daniel	Ess 489
Maclish, Thomas	Brs 311	Job, Junr.	Nan 60	Lydia	Ess 402
Macomber, Abiather	Brs 367	Jonathan	Nan 61	Mallard, James	Mid 278
Abiel	Brs 364	Lois	Nan 45	John	Ham 38
Abiel, 2nd.	Brs 333	Lydia	Nan 46	Solomon	Ham 86
Abiel, Senr.	Brs 334	Nathl.	Nan 62	Thomas	Ham 38
Abigail	Brs 334	Obed	Nan 45	Mallens, Henry	Wor 333
Alethea, Wo.	Ply 89	Peleg	Nan 50	Mallery, Eli	Ber 162
Anson	Brs 346	Peter	Nan 60	Simeon	Ham 29
Bathiah	Brs 334	Richard	Nan 60	Truman	Ham 160
Charles	Brs 333	Shubael	Nan 60	Uriah	Ber 163
Constant	Brs 347	Silvanus	Nan 46	Mallet, Ann	Mid 170
Cyrus	Ham 110	Silvanus, Junr.	Nan 46	Isaac	Mid 170
Daniel	Brs 391	Simeon	Nan 46	see Mullet	
David	Ham 22	Solomon	Nan 71	Mallia, Marcello	Ess 421
Elemuel	Brs 311	Stephen	Nan 60	Mallone, William	Mid 92
Elijah	Brs 277	Stephen, Junr.	Nan 64	Malloon, Ruth	Ber 188
Elijah	Brs 346	Theodore	Wor 334	Mallory, Andrew	Ham 137
Elijah	Brs 364	Uriah	Nan 75	Jacob	Ham 137

John A.	Ham	137	Elias	Nor	204	Thomas	Ber	223
Jonah	Ham	137	Elias	Nor	358	Thomas	Ess	190
Mally, Thomas	Ber	165	Elijah	Wor	178	Thomas, jur.	Ess	191
Timothy	Ber	165	Elijah	Wor	409	Thos.	Ess	412
Maloon, Judy	Ess	385	Ensign	Wor	282	Timo.	Mid	375
Maltby, Isaac	Ham	12	Ephrm.	Nor	150	William	Ess	400
Zaccheus	Ber	262	George	Nor	331	Wm.	Mid	50
Man, David	Ply	42	George	Nor	364	Wm.	Mid	170
Ebenezer	Ply	42	Harmon	Nor	301	Wm.	Mid	387
John	Mid	529	Jacob	Nor	376	Wm. H.	Mid	170
Manchester, Archibald	Brs	334	James	Nor	324	Wm. T.	Ess	537
Edward	Brs	334	James	Nor	360	see Menning		
Gilbert	Brs	334	Jason	Nor	372	Manser, Samuel	Ess	333
Isaac	Ber	155	Jeremiah	Nor	376	Mansfeild, Stephen	Nor	235
James, L. Son	Brs	334	John	Mid	170	Mansfield, ---, Wd.	Ess	56
James Point	Brs	334	John	Ply	136	Abigail	Ess	579
Job	Brs	429	Jonathan	Ply	134	Abijah	Ber	105
John	Duk	454	Joseph	Ber	268	Andrew	Ess	7
John	Ham	170	Joseph	Nor	275	Andw.	Ess	451
Joseph	Brs	334	Joseph	Ply	128	Arnold	Mid	171
Philip	Brs	334	Joseph	Wor	186	Benj.	Ess	448
Stephen	Brs	407	Joshua	Ply	127	Danice H.	Ess	360
Thomas	Brs	334	Josiah	Ply	133	Daniel	Ber	105
Thos.	Duk	454	Levi	Ply	127	Daniel	Ber	112
Waterman	Ber	136	Levi	Wor	164	Daniel	Wor	343
Mandeville, John	Ham	252	Moses	Nor	366	David	Ess	333
Manfield, Joseph	Ess	359	Moses, Colo.	Nor	319	Ebenr.	Ess	434
Manfise, Cornelus	Ess	279	Nathan	Ham	147	Eliza.	Ess	438
Hannah	Ess	279	Nathan	Ham	300	Ellis	Ess	395
Simon	Ess	279	Nathan	Nor	358	Epes	Nor	319
Mange, Peter	Ham	87	Nathan	Wor	511	Isaac	Ess	454
Sarah	Ess	546	Nathaniel	Suf	140	Isaac	Ess	506
Maning, Eliphelet	Mid	100	Newton	Brs	317	Isaac	Ess	521
Ephraim	Ham	187	Perez	Ess	538	James	Ess	113
Phineas	Ham	310	Phinehas	Wor	501	James	Ess	411
Manley, Abiah	Brs	391	Ralph	Nor	221	Jane	Ess	450
Daniel	Ber	181	Robert	Nor	301	Job	Suf	140
Daniel	Brs	391	Rufus	Nor	204	John	Ess	7
David	Ber	172	Seth	Nor	96	John	Ess	56
David	Brs	391	Seth	Nor	275	John	Mid	375
David, Jr.	Brs	391	Susanna	Ply	135	John M.	Wor	186
Flavel	Ber	174	Susannah	Nor	348	Jona.	Ess	397
George	Ber	172	Thomas	Nor	358	Jona.	Ess	439
John	Ber	173	Thomas	Nor	376	Joseph	Ess	385
Martin	Ber	181	Timothy	Nor	95	Joseph	Ess	395
Reuben	Ham	206	Wm.	Nor	151	Joseph	Suf	142
Seth	Brs	391	Zipporah	Bar	47	Lydia	Ber	107
Seth, Jur.	Brs	391	Mannen, Saml.	Mid	488	Mary	Ess	391
Shubael	Ber	181	Wm.	Mid	487	Mary	Suf	140
William	Brs	391	Manning, Anstis	Ess	392	Mathew	Ess	395
William, Jr.	Ber	174	George	Nor	151	Moses	Ess	448
Manly, Daniel	Ply	52	Hannah	Mid	99	Nathl.	Ess	448
Daniel, junr.	Ply	52	Isaac	Mid	387	Parson	Ham	343
Josiah	Wor	300	Jacob	Ess	581	Richard	Ess	448
Lewis	Ply	52	Jacob	Mid	375	Robert	Ess	437
Nathaniel	Ply	52	Jacob	Mid	387	Robt., Jr.	Ess	430
Obed	Ham	43	Jacob	Wor	491	Rufus	Ess	439
Mann, Abijah	Ess	518	Jesse	Mid	387	Rufus, Jr.	Ess	439
Amherst	Nor	364	Jesse, 2d.	Mid	387	Ruth	Suf	140
Andrew	Wor	164	Jno., Doctr.	Ess	153	Saml.	Ess	437
Asa	Wor	412	John	Ess	574	Saml.	Ess	448
Bela	Wor	460	John	Mid	69	Saml., 3d.	Ess	446
Benedic	Wor	392	John, Jur.	Ess	585	Shu.	Nor	151
Benja., Junr.	Ply	127	John, 3d.	Ess	585	Thomas	Ber	117
Benjamin	Nor	95	Jona.	Mid	375	Thoms., Jr.	Ess	448
Benjamin	Nor	275	Joseph	Wor	239	Thos.	Ess	447
Benjamin	Ply	127	Peter	Mid	63	Willm.	Ess	438
Charles	Ply	127	Phebe	Mid	170	Willm.	Ess	450
David	Ham	261	Prisa., Wo.	Ess	100	Willm., Jr.	Ess	452
David	Ply	135	Rachl.	Mid	170	Zenas	Nor	171
Deborah	Ply	135	Richard	Ess	415	Mansir, Ebenr.	Mid	170
Deborah	Ply	136	Richard, Jr.	Ess	415	Saml.	Mid	170
Dolly, Wd.	Ess	57	Saml.	Mid	50	Manson, Fradrick	Mid	140
Ebenezer	Wor	369	Samll.	Mid	100	Fredrick	Mid	487
Ebenr.	Ess	380	Samuel	Ham	101	Loring	Mid	418
Ebenzer, Capt.	Wor	417	Sarah	Mid	198	Nehemiah	Ply	136
Elias	Ham	3	Solomon	Wor	460	Manstins, Charles G.	Ess	162

Name	Ref	Name	Ref	Name	Ref
Mansur, Elijah	Ess 293	Nathaniel, Jur.	Ess 573	Ebenezer	Wor 481
J...	Mid 89	Samuel	Ess 55	Ebenezer, Jr.	Ham 46
Saml.	Mid 88	Samuel	Mid 69	Ebenr.	Wor 164
Manter, Benjamin	Nan 52	Stephen	Wor 164	Eli	Wor 334
Catherine	Ham 59	Tappan	Wor 164	Elijah	Ham 335
Francis	Ham 63	Thos.	Ess 416	Eliphalet	Ham 286
George	Nan 52	Marchant, Samuel	Ess 332	Elisha	Ham 187
Joseph	Nan 52	William	Ham 354	Elisha	Wor 334
William	Nan 67	Marchent, Anne	Bar 99	Elles, Wo.	Ess 143
Mantor, George	Duk 451	Barney	Bar 92	Enos, Junr.	Ham 46
James	Ham 334	Desire	Bar 96	Ephraim	Ham 227
Jeremiah	Ham 343	Ensign	Bar 99	Ephraim, Junr.	Ham 46
John L.	Ham 343	Gorham	Bar 99	Esias	Wor 319
Jona.	Duk 454	James	Bar 91	Ezekiel	Ess 13
Jona., Jr.	Duk 454	Josiah	Bar 99	Ezekiel, Junr.	Ess 13
Lois	Duk 452	Silvanus	Bar 98	Ezekl.	Mid 512
Matthew	Duk 452	see Baker		Henry	Ber 193
Prince	Ply 23	Marck see March		Israel	Wor 334
Thomas	Duk 454	Marcy, ---, Wd.	Ham 279	James	Mid 31
Zeruiah	Duk 453	Daniel	Wor 343	Joel	Wor 300
Manuel, Peter	Ess 398	Howland	Ber 179	John	Ess 8
Marbel, Stephen	Brs 303	James	Ham 279	John	Ess 27
Marble, Aaron	Wor 334	Lawton	Ber 179	John	Suf 138
Abijah	Ham 59	Smith	Ber 179	John	Wor 334
Alpheus	Wor 164	Theodore	Wor 343	John	Wor 481
Andrew	Wor 164	Thomas	Ber 179	John, jur.	Suf 138
Benj.	Ess 113	Mardin, David	Ess 242	Johnath.	Wor 331
Benja.	Brs 400	Marean, Samuel	Nor 242	Jona.	Ham 227
Benja.	Brs 407	Timy. P.	Wor 417	Jona.	Nor 116
Cyrus	Ess 190	Wm., Maj.	Wor 417	Jonathan	Ess 330
Daniel	Wor 161	Marey, Jedediah	Wor 333	Jonathan	Ham 46
Daniel	Wor 300	see Marcy		Jonathan	Ham 290
Daniel	Wor 334	Mariam, Amos	Wor 518	Jonathan, Jr.	Ham 200
David	Mid 84	Marion, Isaac	Mid 344	Joseph	Ham 300
Elias	Brs 407	Market see ...arket		Joseph	Ham 334
Enoch	Ess 13	Markham, Aaron	Ber 113	Joseph	Wor 417
Enoch	Wor 164	Ambrose	Ber 182	Joseph, Jr.	Ham 334
Ephraim	Nor 329	Asa	Ber 113	Joshua	Ham 46
George	Brs 405	Benjn.	Ber 114	Joshua	Wor 155
Jabez	Wor 460	Israel	Ham 95	Joshua	Wor 161
James	Brs 411	William	Ber 114	Judah, Jr., Lt.	Ham 227
James	Suf 139	Marlborough see Wood		Lemuel	Ber 188
Jesse	Wor 512	Marlow, Daniel	Ham 359	Lemuel, Jun.	Ber 188
Joel	Ham 239	Marquand, Joseph	Ess 331	Lot	Wor 343
John	Ess 280	Marr, Lydia	Ess 461	Lott	Suf 137
John	Mid 429	William	Wor 256	Lydia	Mid 520
Jonathn.	Mid 85	Marret, Noah	Wor 235	Marcus	Wor 256
Joseph	Brs 404	Simeon	Wor 235	Marey	Ham 287
Joseph	Ess 240	Marrett, Amos	Mid 350	Moses	Ess 280
Joseph	Ham 234	Amos, 2d.	Mid 350	Moses	Wor 282
Lloyd	Brs 404	John, Revd.	Mid 344	Moses, Jur.	Ess 280
Malachi	Wor 164	Marrill, Able	Ess 230	Nahum	Wor 481
Nathan	Wor 161	John	Ess 225	Nathaniel	Ham 209
Nathaniel	Ham 59	Marrit, Thomas	Ess 251	Nathel.	Ess 296
Noah	Nor 331	Marrs, Daniel	Ham 305	Nathl.	Ess 267
Oliver	Wor 460	Marsh, Aaron	Ess 13	Peter	Wor 161
Priscilla	Nor 327	Aaron	Wor 462	Philander	Ham 243
Rufus	Wor 164	Aaron	Wor 472	Reuben	Ber 262
Saml.	Brs 408	Aaron	Wor 481	Rhoda	Ess 8
Samuel	Ess 280	Abigail	Ham 287	Robert	Ess 280
Samuel	Wor 164	Abner	Ham 59	Rufus	Ham 298
Silas	Ham 42	Amos	Ham 38	Samuel	Ber 188
Solomon	Wor 164	Amos	Ham 54	Samuel	Ham 46
Stephen	Wor 161	Andrew	Wor 164	Samuel	Suf 137
Thadeus	Wor 334	Asa	Ham 67	Seth	Ham 264
Thomas	Brs 404	Caleb	Nor 95	Silas	Wor 334
Thomas, 2d.	Brs 405	Caleb	Wor 161	Stephen	Suf 137
Wm.	Brs 400	Cutting	Ess 280	Stephen	Wor 161
March, Angier	Ess 330	Daniel	Ess 13	Stephen, Junr.	Wor 161
Ebenezer	Ess 222	Daniel	Ess 190	Stephen, jur.	Suf 137
Ebenezer	Wor 250	Daniel	Ham 287	Thomas	Ham 227
Ichabod	Ess 80	David	Ess 280	Thomas	Suf 138
Jacob	Wor 164	David, Jur.	Ess 280	Tyler	Wor 161
Jerh. W.	Mid 69	Douglass	Wor 383	Tyler	Wor 491
John	Ess 55	Duty	Wor 334	Wilson	Nor 116
John	Ess 216	Ebenezer	Ess 13	see Bissel, Lewis	
Nathaniel	Ess 578	Ebenezer	Ham 47	Marshal, Abel	Mid 375

Allen	Ply 107	Ebenezr.	Bar 83	Mary	Ess 469
Daniel	Mid 99	Isaiah	Bar 88	Mary	Ess 492
Isaac	Ess 218	John	Bar 83	Mary	Mid 186
Isaac	Ham 290	John	Ess 333	Mary, Wido.	Ess 333
Jacob	Mid 100	John, Jr.	Bar 88	Matthew	Ham 101
James	Mid 375	Mary	Ess 364	Nathan B.	Ess 481
Jno.	Nor 128	Mary	Ess 391	Noah	Ber 113
Joel	Mid 99	Nymphas	Bar 88	Noble	Brs 403
John	Nor 95	Prince	Bar 88	Oliver	Ess 279
Joseph	Nor 151	Sarah	Ess 518	Polly	Ess 481
Peter	Mid 375	William	Ess 387	Prudence	Ess 478
Robert	Ess 22	William	Ess 394	Richard	Ess 468
Robert	Mid 12	Winslow	Bar 88	Samuel	Ham 187
Saml.	Mid 375	Martain, Edward	Ess 578	Sarah, Wo.	Ess 130
Saml., jur.	Mid 375	Jonathn.	Wor 450	Simeon	Ber 159
Marshall, ---, Dix &	Ham 219	Mary	Ess 580	Solomon	Ess 191
Abel	Wor 512	Nathaniel	Ess 586	Stephen	Brs 403
Allen	Ply 66	Marten, Aaron	Ham 224	Stephen	Wor 250
Barshiba	Ply 10	Hail	Brs 305	Sylvenas	Brs 301
Benja.	Ess 152	Hesekiah	Brs 303	Thomas	Ber 214
Benja.	Nor 266	Marther, Elias	Ber 132	Thomas	Ess 513
Benja., Jun.	Ess 153	Martin, ---, Wido.	Brs 400	Thomas	Ham 223
Benjamin	Nor 241	Abel	Wor 161	Thomas, junr.	Ess 513
Benjn.	Wor 427	Abigail	Ply 107	Thos.	Ess 398
Catharine	Mid 279	Ambrose	Ess 483	Ths.	Ess 410
David	Wor 427	Amos	Brs 382	Timothy	Ham 187
Ebenr.	Mid 150	Anna, Wido	Brs 403	Volentine	Brs 301
Ethan	Ham 8	Aquilla	Ess 80	Volentine, jr.	Brs 301
Gains	Ham 168	Arnorlold	Ess 464	William	Ber 179
Gilbert	Mid 147	Asa	Brs 311	William	Brs 382
Green	Nan 52	Asa	Ham 160	William	Ham 83
Hayward	Ply 52	Bartholomew	Ess 514	Martindale, Christian	Ham 74
Isaac	Mid 387	Barzilla	Wor 427	Edward	Ber 210
Isaac, 2d.	Mid 387	Benja.	Brs 400	Joel	Ham 123
Jacob	Ess 191	Benja.	Brs 402	Justin	Ber 127
Jacob	Wor 427	Benjamin	Ber 133	Samel.	Ham 123
James	Mid 536	Calvin	Brs 301	Uriah	Ham 74
James	Nan 50	Comfort	Wor 481	Marval, Stephen	Ham 101
Jeremiah	Ess 200	Daniel	Brs 306	Marvel, Jonathan	Nor 242
John	Ess 113	Ebenezer	Ber 156	Marvell, Paskell	Ham 111
John	Ham 252	Ebenezer	Ess 478	Marvill, Charles	Brs 281
Jonas	Wor 427	Edward	Brs 305	Marvin, Ezra	Ham 172
Jonas, Jun.	Wor 427	Eliphalet	Ess 80	Nathan	Ber 171
Joseph	Ham 83	Enos	Ham 187	Silas	Ber 222
Joseph	Nan 65	Ephraim	Brs 303	Sylvenus	Ber 177
Joshua	Mid 89	Eunice	Wor 427	Marwin, Ebenezer	Ber 212
Josiah	Nan 53	Geo. W.	Ess 367	Maryfield, Ithamer	Wor 334
Mary	Wor 512	George	Ber 133	Mascol, Hannah	Ess 420
Moses	Ess 587	George W.	Brs 301	Stephen	Ess 421
Moses	Nor 150	Gideon	Ber 159	Masden, Hannah	Brs 412
Obed	Nan 45	Hannah	Ess 506	Mash, Martin	Nor 301
Peres	Ham 169	Isaac	Ess 80	Maskell, Joseph	Ess 161
Perez	Ham 168	Isaac	Ham 322	Mason, ---, Wd.	Ham 222
Rufus	Ess 381	Israel	Ess 424	Abel	Wor 333
Saml.	Mid 387	James	Brs 298	Abner	Nor 214
Samuel	Ess 113	James	Brs 397	Alexander	Ber 157
Samuel (2)	Ess 380	Jesse	Ber 108	Alexander	Brs 403
Samuel	Nan 48	Jethro	Ber 223	Alpheus	Nor 204
Samuel	Wor 427	Job	Brs 320	Amos	Brs 409
Samuel, Jun.	Wor 427	Job	Brs 400	Amos	Ham 206
Sarah	Ess 590	John	Brs 308	Amos	Nor 204
Solomon	Ess 113	John	Brs 400	Asa	Ber 227
Thomas	Ess 255	John	Brs 318	Asa	Nor 204
Thomas	Mid 252	John	Ess 80	Asa	Wor 237
Thomas	Nan 64	John	Ess 457	Avis	Brs 303
Timothy	Wor 512	John	Ess 461	Barnabas	Brs 400
William	Ess 118	John	Wor 449	Barnard	Ber 135
William	Nan 60	Jonathan	Brs 403	Barnard	Ber 157
see Spring		Jonathan	Ess 204	Benajah	Brs 400
Marshel, Jacob	Nor 319	Jonathan	Ess 428	Benajah	Brs 429
Timothy	Ess 536	Joseph	Ber 140	Benja.	Brs 401
Martin, Peter	Ess 292	Joseph	Ess 191	Benjamin	Ham 120
Marstins see Manstins		Joseph, Jr.	Ber 140	Bethiah	Brs 367
Marston, Allen	Bar 88	Knott	Ess 490	Brooks	Ber 149
Andrew	Ess 99	Marther	Brs 302	Brooks	Ber 153
Benjamin	Bar 88	Mary	Ess 388	Caleb	Brs 314
Betty, Wo.	Ess 100	Mary	Ess 407	Caleb	Brs 400

Caleb, Junr.	Brs 400	Noble	Brs 403	Matson, Dorothy, Wd.	Ess 81
Chad	Wor 383	Oliver	Ham 273	Matten, Samuel	Ess 549
Charles	Brs 402	Peleg	Brs 400	Matterson, Joshua	Ber 134
Christopher	Brs 400	Philip	Ber 136	Matthews, Abner	Mid 25
Daniel	Ber 154	Philip	Brs 368	Atkins	Bar 95
Daniel	Brs 400	Reuben	Ber 157	Asahel	Wor 205
Daniel	Mid 351	Reuben	Brs 429	Benjamin	Bar 96
Daniel	Mid 488	Richard	Ham 209	David	Bar 96
Daniel	Wor 412	Robert	Ber 227	David	Ber 139
David	Ber 154	Robert	Ess 191	Edmond	Ham 143
David	Brs 314	Rufus	Ber 154	Elisha	Wor 310
David	Brs 398	Rufus	Ber 227	Ezekiel	Bar 96
David	Ham 354	Sadey	Wor 517	Gideon	Ham 143
Dexter	Ber 155	Sampson	Ber 135	Gideon, Dean.	Ham 144
Ebenr.	Wor 491	Samuel	Ber 155	Isaac	Bar 95
Eber	Brs 400	Selah	Ham 200	Jabez	Ber 224
Edward	Brs 403	Silas	Ber 157	Jabez	Ber 225
Elisha	Brs 304	Silas	Wor 517	James	Ber 215
Elliot	Wor 494	Simeon	Brs 400	John	Mid 100
Enoch	Wor 491	Simeon	Wor 333	John	Mid 278
Ezra	Brs 401	Simeon	Wor 334	Jona.	Wor 234
Grigory	Wor 369	Susanna	Ess 369	Joshua	Bar 95
Harding	Nor 214	Thaddeus	Ber 227	Justice	Ber 107
Hezekiah	Ber 157	Thads.	Mid 488	Mercy	Bar 96
Hezekiah	Brs 292	Thadues	Nor 301	Mercy, Jr.	Bar 96
Isaac	Brs 320	Thomas	Wor 517	Phebe	Bar 96
Isaac	Brs 401	Thos.	Ess 413	Phebe, Jr.	Bar 98
Isaac, Jur.	Brs 401	Thos.	Mid 488	Samuel	Bar 95
Jacob	Wor 334	Timothy	Ber 156	Samuel, Dean.	Ham 144
James	Brs 314	William	Ber 154	Silas	Ham 115
James	Brs 404	William	Brs 398	Solomon	Wor 259
Jeremiah	Brs 400	William	Ess 462	Thankful	Bar 95
Jesse	Ber 157	William	Ham 261	William	Ess 482
Jo., Jr.	Brs 402	William	Nor 301	Matthewson, Phillip	Ham 329
Job	Brs 402	William, Junr.	Nor 313	Mattoon, Charles	Ber 210
Job	Brs 408	see Abby, Cobb, Mayson,		Ebenezer	Ham 292
John	Brs 306	Nason		Ebenezer, Jur.	Ham 292
John	Brs 311	Massey, Aaron	Wor 227	Elijah	Ham 29
John	Brs 401	Benj.	Ess 438	Isaac	Ham 29
John	Brs 412	John	Ess 432	John	Ber 211
John	Ess 113	Nathl.	Ess 440	Philip	Ber 214
John	Nor 324	Stephen	Ply 7	Phillip	Ham 29
John	Wor 369	Massor, Jona.	Wor 427	Rufus	Ber 214
John, Elder	Brs 402	Master, Amos	Mid 100	Samuel	Ham 29
John, Junr.	Wor 369	Masters, Daniel	Ham 54	Samuel, Jr.	Ham 29
Johnson	Nor 204	see LeMasters		Mauery see Masury	
Jona.	Ess 412	Mastin, Hannah	Brs 429	Maxcey, Reuben	Nan 52
Jonas	Mid 22	James	Ess 204	Maxcy, Benjn.	Brs 321
Jonathan	Ber 135	Masurey, Thoms.	Ess 372	Isaiah	Nan 51
Jonathan	Brs 314	Masury, Hannah	Ess 375	Maxey, Levi	Ess 369
Jonathan, Esqr.	Nor 255	John	Ess 552	Maxfeld, Isaac	Brs 429
Joseph	Brs 303	Samuel	Ess 411	Joseph	Brs 429
Joseph	Brs 402	Samuel	Ess 424	Warren	Brs 429
Joseph	Ess 162	Mather, Elisha	Ham 6	Zadock	Brs 429
Joseph	Ham 305	Elisha, 2d.	Ham 11	Maxfield, Abraham	Brs 347
Joseph	Mid 351	Henry	Ham 54	David	Brs 347
Joseph	Wor 494	John	Ham 120	Dudley	Ess 56
Joshua	Ber 157	Samel., Esqr.	Ham 120	Edmond	Brs 346
Joshua	Brs 400	Warham	Ham 4	John	Brs 347
Joshua	Wor 333	William	Ham 67	Judith	Ess 80
Josiah	Mid 488	William	Ham 359	Timothy	Brs 347
Josiah, Jr.	Mid 487	Mathew, Timothy	Mid 313	Zadock	Brs 346
Lemuel	Wor 333	Timothy, ju.	Mid 313	Maxham, David	Ply 112
Levi	Ber 157	Mathews, Abigail	Ess 403	Nathan	Ply 107
Lot	Wor 409	Asahel	Wor 491	Reubin	Ply 112
Mary	Brs 400	Gardner	Nor 234	Sylvanus	Ply 112
Mary	Ess 463	Isaiah	Bar 40	Thomas	Ply 108
Mary, Jnn. Wido.	Brs 403	James	Mid 117	Maxon, Thomas	Ber 237
Mehitable	Brs 402	Jeremiah	Ham 43	Maxsom, Caleb	Ply 89
Moses	Wor 333	John	Bar 95	see Muxsom	
Nathan	Ber 153	John	Wor 450	Maxson, Mathew	Ham 237
Nathan	Ber 154	Nathl.	Bar 95	Maxwell, Benjamin	Ham 196
Nathan	Ber 157	Paul	Wor 449	Benjn., Jur.	Ham 196
Nathan	Brs 314	Samuel	Ber 190	George	Mid 427
Nathan	Mid 301	Thomas	Ber 188	Hugh	Ham 196
Nathan, J.	Ber 157	Thomas	Ply 5	Thompson	Nor 290
Newhall	Wor 282	Matoon, Hubartus	Ess 414	William	Mid 359

William	Mid 427	Seth	Duk 450	Simon	Mid 418
Wm.	Mid 170	Simon	Duk 449	Simon	Wor 369
May, Aaron	Wor 437	Simon, Jr.	Duk 450	Solomon	Wor 195
Ammi, Wo.	Ess 100	Theophilus	Duk 450	Stephen	Ham 128
Benjamin	Wor 228	Thomas	Duk 445	Stephen	Wor 195
Daniel	Wor 351	Thomas	Ham 64	Taylor	Wor 366
Eleazer	Wor 334	Thos. W.	Duk 449	Thaddeus	Ham 187
Elijah	Ham 59	Timo.	Duk 449	Timothy	Ham 59
Elisha	Brs 322	William	Duk 445	William	Ham 187
Elisha	Brs 323	Wilmot	Ham 87	William	Mid 143
Ezra	Wor 351	Wm.	Duk 450	William	Wor 256
Jacob	Wor 437	Zachariah	Ham 64	Williams	Ham 322
James	Ess 536	Zechariah	Duk 450	Windsor	Wor 383
James	Wor 437	Zephh.	Duk 448	Winslow	Wor 385
James, Jun.	Wor 437	see Norton		Zachariah	Mid 120
John	Ham 215	Maynard, Aaron	Mid 8	Maynord, Nehemiah	Wor 460
John	Nor 247	Abner	Wor 211	Mayo, Abigail	Bar 71
Jona.	Ess 99	Abner	Wor 275	Abijah	Bar 78
Jona., Junr.	Ess 100	Abraham	Wor 275	Abner	Bar 25
Joseph	Nor 129	Amasa	Wor 193	Asa	Bar 5
Lemuel	Ber 229	Amasa	Wor 319	Benj., Capt.	Wor 412
Lemuel	Nor 252	Amos	Ham 160	Caleb	Ham 38
Levi	Wor 351	Artemas	Wor 371	Calvin	Ham 42
Luther	Nor 289	Asa	Ham 29	Daniel	Bar 71
Moses	Wor 437	Asa	Mid 125	Dorathy	Ham 42
Nehemiah	Ham 279	Barnabas	Wor 213	Edmond	Bar 7
Nehemiah	Ham 311	Benjamin	Mid 418	Elisha	Bar 78
Oliver	Ham 329	Benjamin	Wor 369	Elkanah	Bar 5
Rebecca, Wido.	Nor 289	Calvin	Ham 59	Elnathan	Bar 6
Rufus	Ham 278	Daniel (2)	Ham 334	Hannah	Bar 79
Samuel	Wor 343	Daniel	Mid 129	Henry	Bar 78
Sarah, Wo.	Ess 100	Daniel	Wor 370	Isaac	Bar 9
Solomon	Nor 249	David	Wor 366	James	Bar 7
Theodore	Ham 59	David	Wor 447	James	Bar 78
Thomas	Wor 352	Deborah	Mid 129	James, Jur.	Bar 78
Uriel	Ham 279	Ebenn.	Wor 189	John	Bar 78
William	Ham 156	Eli	Ber 199	John	Nor 245
William	Ham 266	Elihu	Mid 411	John	Wor 158
William	Nor 229	Elriah	Wor 215	John, Junr.	Wor 158
William	Wor 494	Ephraim	Mid 419	Jonathan	Bar 24
see Hinckley		Ezra	Ber 192	Joseph	Bar 9
Maycumber, Lemuel	Ham 83	Francis	Wor 275	Joseph	Ham 38
Samuel	Ham 42	Gardner	Wor 275	Joseph	Ham 46
William	Ham 83	Gideon	Mid 120	Joshua A.	Bar 58
Mayer, Ebenr.	Nor 193	Hervey	Wor 369	Lydia, wd.	Bar 6
Mayham, Philip	Ber 249	Hezekiah	Mid 409	Mary	Bar 71
Mayhew, Abigail	Duk 450	Hollon	Wor 366	Moses	Bar 6
Abner	Duk 449	Jabez	Mid 427	Moses	Ham 110
Allen	Duk 449	John	Mid 118	Nathan	Bar 9
Arnold	Ham 64	John	Mid 423	Nathan	Bar 71
Benja.	Duk 450	John	Wor 215	Nehemiah D.	Bar 68
Elijah	Ess 330	John	Wor 351	Noah	Bar 64
Ephm.	Duk 450	John	Wor 437	Paul	Bar 17
freeburn	Ham 192	John	Wor 450	Peter	Bar 10
Hebron	Duk 450	Jonathan	Mid 140	Rachel	Nan 59
Hilliard	Brs 334	Joseph	Ham 310	Samuel (2)	Bar 79
Jeremiah	Brs 429	Joshua	Mid 125	Sears	Bar 23
Jethro	Duk 450	Jotham	Ber 199	Theofelus	Bar 22
John	Duk 448	Levi	Wor 213	Thomas	Bar 8
John	Mid 147	Levina	Mid 419	Thomas	Bar 58
John	Mid 521	Luther	Wor 189	Thomas	Bar 65
Jonathan	Brs 334	Malachi	Ham 59	Thomas	Nor 244
Joseph	Bar 51	Mary	Mid 411	Thomas, Junr.	Nor 232
Lathrop	Ham 63	Micah	Mid 129	Thomas, 3d.	Nor 226
Lois	Duk 448	Moses	Ham 59	Timothy	Bar 79
Mark	Duk 449	Moses	Ham 159	Uriel	Bar 22
Matthew	Duk 445	Moses	Mid 121	see Nickerson	
Matthew	Duk 449	Moses	Wor 509	Mayson, Jonas	Wor 351
Matthew, Jr.	Duk 443	Moses, Jur.	Mid 120	Samuel	Wor 351
Matthew, Jr.	Duk 449	Nathan	Wor 189	Thaddeus, Lt.	Wor 412
Nathel.	Ess 280	Nathan	Wor 227	Mc...horter, John	Brs 359
Nathl.	Duk 449	Oliver	Ham 111	Mcalester, Benjamin	Ham 187
Oliver	Duk 449	Pierces	Ham 59	McAnnister, John A.	Ess 416
Pheer	Duk 449	Reuben	Ham 160	McBride, Abigail	Wor 209
Rachel	Duk 449	Reuben	Wor 366	James	Wor 211
Ruth	Duk 449	Samuel	Mid 122	Josiah	Wor 216
Sally, wd.	Wor 412	Seth	Wor 369	McCall, Elihu	Ham 54

McCallock, Joseph	Wor 412	Mcfarland, Andrew	Wor 409	Jereh.	Nor 151
McCarney, Mic.	Nor 150	McFarland, Daniel	Ber 136	John	Ham 209
McCarter, Benjamin	Ply 18	Deborah	Ply 42	Royal	Nor 319
Dennis	Ham 29	Ebenr.	Wor 394	Steph.	Nor 151
McCartey, John	Ber 170	Foster	Ply 39	William, Colo.	Nor 319
McCarthy, Anna	Noa 249	James	Ply 90	McIntyer, Anger	Ess 391
Justin	Ess 364	James	Wor 186	Eliza.	Ess 367
Sarah	Nor 229	Moses	Ess 275	Eliza.	Ess 400
William	Nor 229	Rebeckah	Ply 42	Joseph	Ess 391
McCartney, Jas.	Ess 93	Reuben	Wor 319	Nath	Ess 386
McCauley, John	Ply 89	Simeon	Ply 42	Nathl.	Ess 379
McClallen, David	Wor 282	Willm.	Wor 186	Samuel	Ess 393
Hugh	Ham 183	Willm., Jun.	Wor 186	Sarah	Ess 391
Hugh	Ham 187	McFarlen, Elijah	Wor 334	McKean, Joseph	Nor 128
James	Ham 187	Mcfarling, Ephraim	Ham 192	McKee, John	Ham 221
Moses	Wor 282	McFarling, Huit	Ply 12	see M. Kee	
Reuben	Wor 279	Josiah	Wor 158	McKeen, Joseph, Revd.	Ess 523
Robert	Ham 187	Mcfarson, Hugh	Wor 409	McKein, Abel	Ham 139
Willm.	Wor 275	McGaw, John	Ess 321	McKendry, Archibald	Nor 289
see M. Clallen		McGee, Jonas	Ham 187	Ruth, Wido.	Nor 289
McClanathan, John	Wor 416	Jonathan	Ham 187	Mckenzia, Rhodric	Mid 465
Saml., Deacn.	Ham 260	McGeorge, Catharine	Ham 8	McKenzie, Martin	Brs 428
Thomas	Ham 260	Horatio T.	Ham 289	McKinster see M. Kinster	
Thoms.	Wor 416	McGlocklin, Elisha	Ply 27	McKinstry, John, Revd.	Ham 245
McClary, David	Ess 292	John	Ply 27	McKneet, Robert	Ham 187
Hannah	Wor 211	Robert	Ply 27	Mcknight, James	Wor 481
McCleave, Joseph	Nan 68	McGomery, Wm.	Ham 180	McKnight, James	Ber 214
McClellan, James	Wor 164	McGoon, That.	Mid 164	John	Ber 214
Sarah, Wd.	Wor 164	McGregory, Ebenezer	Ham 95	Robert	Ber 214
McClenathan, William	Wor 270	Isaac	Wor 512	McKnights, Sarah, Wo.	Ess 156
McClenche, Robert	Ham 244	McGuay see McQuay		McKowen, Lydia	Ham 187
Samuel	Ply 14	Mcham see McLam		McKoy, Nell	Ham 227
McClentick, John	Ham 59	McHard, William	Ess 325	McLallan, George	Ess 531
McClester, Phillip	Mid 194	William	Ham 74	M. Clallen, Robert L.	Ham 322
McCleur, Nicholas	Wor 270	McInstry, James	Wor 334	McLam, John	Ham 215
McCleve, Thos. Varney	Nan 50	Joseph	Wor 334	McLane see McLam	
Mcclintoch, Thomas	Ham 227	Wm.	Wor 334	McLathland, Joseph	Ply 39
McClintock, Joseph	Wor 383	Mcintier, Joseph	Mid 344	McLauglin, Mary	Ess 190
McCloth, Laurence	Ber 157	McIntier, Abraham	Ham 276	McLean, Agnes	Nor 128
Lewis	Ber 157	Jesse	Ham 354	see McLnn	
Solomon	Ber 154	Jesse, Jr.	Ham 354	McLeoad, Sarah, Wido.	Mid 465
McCloud, Anguish	Bar 5	Samuel	Ham 354	McLeod, William S.	Mid 426
Charles	Ham 187	William	Ham 354	McLnn, Edward	Mid 455
Jno.	Mid 194	McIntire, Alpheus	Wor 333	M. Cluer, Joseph	Ham 335
McCluer, Peter	Mid 159	Amos	Wor 331	McMaster, ---, Wd.	Ham 249
see M. Cluer		Daniel	Wor 427	Clark	Ham 259
Mccolloch, James	Ham 187	Deborah	Wor 333	Hugh	Ham 259
McColloch, David	Wor 412	Ebenzr.	Wor 333	Hugh, Jr.	Ham 258
McColumn, Archd.	Duk 448	Elias	Wor 333	John	Ham 259
Mccomber, George	Ham 215	Elias	Wor 427	John, 2d.	Ham 260
McConoughey, David	Ham 176	Elihu	Wor 334	Joshua	Ham 260
Saml.	Ham 175	Elijah	Wor 331	Joshua	Ham 293
McConten, Dennis	Bar 13	Elijah	Wor 427	Reuben	Ham 260
McCoy, John	Mid 436	Elnathan	Wor 333	Robert	Ber 130
Joseph	Ham 187	Ephragm	Wor 334	Robert	Ham 260
Lemuel	Ham 29	Ezra	Wor 331	McMillan, Archd.	Ess 387
Paul	Ber 199	Gardner	Wor 343	John	Ess 407
McCray, John	Ham 232	Gartrude	Wor 427	Mcmillen, James	Ham 215
McCrobia, William	Ess 179	Isaiah	Wor 333	Jeremh.	Ham 215
McCullen, David	Ber 267	Jacob	Wor 427	John	Ham 215
McCuller, Matthew	Wor 512	Jemima	Nor 319	Jona.	Ham 215
Mcculloch, Robt., Jr.	Ham 215	John	Ess 451	Wm.	Ham 215
Mccullock, Henry	Ham 215	John	Mid 167	McMitchell, Benjamin	Ham 260
John	Ham 216	Joseph	Wor 334	Robert	Ham 260
McDaniel, Ruth, Wido.	Ess 333	Mary	Nor 241	McMullen, John	Ber 256
McDanniel, John	Bar 14	Nathan	Wor 334	McMurphy, James	Nan 66
McDole, John	Ply 90	Nathl.	Wor 333	Mcnamara, Hugh	Wor 473
McDonald, Archd.	Wor 504	Nehemiah	Wor 334	McNeal, Archb.	Mid 171
Benja.	Ess 420	Robert	Wor 334	Daniel	Ham 13
McDonnaugh, Tho.	Mid 161	Robert, Jnr.	Wor 334	Sarah	Suf 140
McDowell, William	Ham 263	Sarah, Wido.	Nor 319	McNelly, Henry	Ham 252
McElroy, Benja.	Ess 398	Stephanus	Wor 333	McNiel, Wm.	Ber 226
McElwain, James	Wor 227	Zebulon	Wor 334	McNitt see M. Nitt	
John A.	Ham 259	McIntosh, Archabold	Wor 351	McPhearson, Lancaster	Ess 353
Roger	Ham 259	Ebenezer	Nor 320	McPherson, Duncan	Ess 383
Timothy, Capt.	Ham 155	Gideon	Nor 319	John	Brs 431
Timothy, Junr.	Ham 155	James	Nor 151	John	Ess 420

McQuay, John	Ess 404	Medcalf, Joseph	Ess 583	Melvill, John	Ess 457
McQuivey, Solomon	Ham 247	Mathew	Mid 521	Melvin, Benja.	Mid 375
McRoy, John	Ess 280	Medclef, Ezekiel S.	Wor 460	Isaac	Mid 9
McWethy, Nathaniel	Ham 357	Medicine, Charlote	Duk 447	Jacob	Mid 9
McWhite see White		Medler, Enoch	Ess 163	James	Ham 150
McWhorter see Mc...horter		Susa., Wo.	Ess 163	Reuben	Ham 304
Meach, Elijah	Ham 158	Medox, James	Ess 123	Reuben	Mid 81
Meacham, Isaac	Ham 265	John	Ess 123	Melzard, Benjamin	Ess 487
James	Ber 125	Medra, Jack	Wor 183	George	Ess 494
Jonathan	Ham 101	Meech, Dennis	Ham 21	John	Ess 500
Paul	Ham 359	Meecham, Ruth	Ess 442	Mary	Ess 480
Meachum, Ambros	Ham 156	Meed, Abijah	Wor 437	Nancy	Ess 418
Andrew	Ham 157	Josiah	Mid 351	Richard	Ess 501
Benja.	Ess 190	Levi	Mid 351	Mendal, Abner	Ply 107
Ebenezer	Ham 152	Stephen	Mid 359	Ellis	Brs 429
Enock	Ham 152	Meeds, Francis	Wor 219	Lemuel	Brs 429
Guy	Ham 160	Meedy, Thomas	Ess 585	Moses	Ply 107
James	Ham 156	Meeggs, Caleb	Ply 107	Moses	Wor 300
John	Ham 156	Epm.	Ply 107	Seth	Ply 107
Philip	Ham 156	Meek, Mary	Ess 396	Thomas	Brs 429
Stephen	Ham 153	Thomas	Ess 474	Timo.	Ply 107
Mead, Benja.	Ess 359	Ths.	Ess 377	Mendall, Church	Ham 54
Benjamin	Wor 512	Timothy	Ess 363	Paul	Wor 285
Ephraim	Ber 199	Meekins, Joseph	Ham 64	Paul	Wor 300
Jacob	Ess 383	Levi	Ham 12	Sylvester	Wor 412
Jacob	Mid 264	Stephen	Ham 63	Mendel, Bars.	Ply 107
Jesse	Ber 232	Thomas	Ham 63	Caleb	Ply 107
Jno.	Mid 198	Meeks, George	Ess 439	Danl.	Ply 107
John	Ess 452	Megan, Susannah	Ess 460	David	Ply 107
John	Wor 222	Megear, John	Ess 482	Ebr.	Ply 107
John	Wor 282	Meggs see Meeggs		Jonn.	Ply 107
Moses	Mid 264	Mehanna, John	Ham 149	Mendon, Wm.	Ham 259
Nath.	Mid 198	Mehurin, Jonathan	Ply 54	Menning, Israel	Wor 351
Oliver	Mid 435	Josiah	Ply 64	Menshen, Robert	Mid 63
Samuel	Wor 221	Josiah, junr.	Ply 64	Menter, Elijah	Ber 249
Samuel, Revd.	Ess 21	Meiggs, Josiah	Bar 37	Meranville, Simeon	Brs 429
Stephen	Ber 151	Lurany	Bar 50	Mercer, William	Mid 11
Stephen	Ber 199	Matthew	Bar 37	Merchant, Abishai	Duk 444
Stephen	Mid 263	Ralph	Bar 37	Benjn.	Nan 48
Stephen, Junr.	Ber 199	Reuben	Bar 89	Cornels., Jr.	Duk 444
Tilly, Lt.	Wor 412	Ruth	Bar 50	Corns.	Duk 444
Willard	Wor 512	Mein, Armer	Ham 119	Daniel, Jun.	Ess 147
Zacheus	Ply 107	Meker, John	Ham 157	Daniel, Sen.	Ess 144
Zadock	Ber 150	Melady, Samuel	Ham 38	Daniel, 3d.	Ess 143
Meader, George	Nan 74	Mellard, John	Ply 107	Elihu	Duk 444
Nathl.	Nan 51	Mellen, Abner	Mid 147	Ephm.	Duk 444
Nicholas	Nan 56	David	Wor 259	George	Duk 445
Meads, Jason	Wor 219	Gilbert	Ham 38	Jabez	Ess 143
Samuel	Wor 222	Jacob	Mid 511	Joseph	Ham 46
Samuel, Junr.	Wor 217	James, Col.	Wor 383	Lydia	Duk 445
Thomas	Wor 427	John	Mid 488	Mary	Mid 186
Wm. P.	Nor 116	John	Mid 511	Mathew	Ham 46
Mears, Aaron	Mid 99	John, Revd.	Bar 85	Miriam	Duk 445
Alexander	Ess 590	John, Revd.	Ply 125	Moses	Ham 335
George	Nor 116	Obediah	Mid 511	Nath	Ess 419
Isaac	Mid 99	Samuel	Ham 38	Peter	Duk 445
James	Nor 241	William	Ber 199	Willa., Jun.	Ess 149
James, Junr.	Nor 233	Mellens, Henry (2)	Mid 520	William	Ess 149
John	Ess 591	James	Mid 512	Merchants, Joseph	Ham 284
John	Nor 290	John	Mid 512	Mercy, Benjamin	Ham 248
Robert	Mid 375	Robert	Mid 512	Lemuel	Wor 262
Russel	Mid 100	Thos.	Mid 520	Meriam, Abel	Nor 253
Samll.	Mid 88	Thos., Jr.	Mid 520	Benja.	Mid 351
Samll.	Mid 99	Wm.	Mid 512	David	Wor 417
Tho.	Mid 387	see Mallens		Ebenr.	Wor 155
Wm.	Mid 399	Meller, Moses	Wor 186	Elisha	Mid 359
Measury see Mersevy		Mellish, Betsey	Nor 237	Ephraim	Mid 11
Medar, William	Brs 429	Jno.	Nor 151	George	Wor 183
Medbury, Abel	Brs 300	Saml.	Nor 151	Isaac	Ham 74
Ebenezer	Brs 300	Melo, Cato	Mid 252	James	Mid 25
Ebenezer	Brs 308	Melody, James	Wor 334	James	Wor 158
Ebenezer, 2nd.	Brs 308	Melone, James	Ess 293	James	Wor 178
John	Brs 310	Kindal	Ess 293	Joel	Wor 155
Nathan	Brs 311	Melven, Amos	Mid 10	John	Ess 40
Nathaniel	Brs 311	Eathon	Mid 34	John	Mid 11
Thomas	Brs 312	Samuel	Mid 9	John	Mid 359
see Abel		Sarah	Mid 15	John	Wor 155

John, Jr.	Mid 11	Royal	Ham 262	Stephen	Ber 117
Jonas	Ess 41	Samuel Fisk	Ham 233	Stephen	Ham 342
Joseph	Mid 17	Tilley	Ham 351	Thomas	Ess 332
Joshua	Wor 158	Tilly	Mid 6	Thomas, Jr.	Ess 332
Josiah	Mid 17	see Merich, Meruck, Rice		Thomas P.	Ess 332
Mary	Ham 101	Merrifield, Abij	Nor 151	Wm., Capt.	Ess 57
Nathaniel	Mid 359	Asaph	Wor 512	see Marrill	
Rufus	Mid 350	Francis	Ess 581	Merrills, Daniel	Ber 199
Samuel	Mid 359	Francis, Jur.	Ess 581	Ezekiel	Ber 199
Sarah	Mid 3	John	Wor 385	Gad	Ber 165
Sarah, Wd.	Wor 158	Penuel	Wor 186	Hosea	Ber 199
Silas	Ess 31	Richard	Ber 268	Seth	Ber 225
Timothy	Mid 148	Sam.	Nor 151	Merrils, Asa	Ber 152
William	Ess 416	Thomas	Ber 268	Calvin	Ham 296
William	Mid 359	Thomas	Ess 582	Merriman, Benja.	Ber 208
Merich, Daniel	Ber 141	Timothy	Wor 186	Daniel	Ber 193
Merifield, John	Ber 215	Merrihew, Peter	Brs 429	Danl., Jr.	Ber 193
Ozem	Ham 158	Merril, Abel	Ess 214	Elijah	Ham 29
Meriman, Abraham	Ber 208	Alander	Ess 213	Jesse	Ber 193
Merion, Lidia, Wido.	Nor 266	David	Mid 100	Levi	Ham 29
Merit, Amos	Wor 334	David, jur.	Mid 100	Nathll.	Ber 193
Aron	Wor 331	Dorcas	Ess 260	Samuel	Ham 29
Benjn.	Wor 334	Doritha	Ess 239	Merrit, Asa	Ham 182
Cornburg	Ber 232	Enoch	Ess 212	Ezekiel S.	Ham 227
Henry	Wor 334	Henry	Ess 212	John	Ber 181
Henry, Jur.	Wor 334	Jacob	Ess 214	Samuel	Ess 357
Jesse	Wor 334	John	Ess 257	Merritt, Amos	Ply 135
Moses	Wor 331	John	Mid 81	Asa	Ply 135
Walter	Wor 331	Jonathan	Ess 215	Asa, Junr.	Ham 59
Merraim, Asa	Wor 450	Joseph	Ess 214	Caleb	Ply 134
Jonas	Wor 450	Moses	Ess 253	Consider	Ply 129
Jonathan	Wor 450	Nathan (2)	Ess 214	Gamaliel	Ply 133
Joseph	Wor 460	Nathan	Ess 215	Daniel	Ply 134
Samuel	Wor 450	Samuel	Ess 254	Elisabeth	Ply 135
Samuel, Jr.	Wor 449	Thaddeus	Ham 200	Ensign	Ply 136
William	Wor 460	Thomas	Ess 250	George	Ply 132
Merrett, Francis	Ess 489	Thos.	Ess 257	Ichabod	Ham 227
John	Ess 489	Merrill, Abijah	Ber 262	Israel	Ply 136
see Brimblecome		Benja.	Ess 55	James	Ess 140
Merriam, Amos	Wor 437	Benja.	Ess 80	James	Ply 132
Ebenezer	Wor 250	Benja.	Ess 190	John	Ply 133
Jesse	Ham 101	Daniel	Ess 56	Malichi	Ply 136
Jonas	Wor 219	Daniel	Ess 332	Nehemiah	Ply 133
Jonathan	Wor 213	Ebenr.	Ess 190	Noah	Ply 136
Jonathan	Wor 437	Enoch	Ess 191	Paul	Ply 132
Joseph	Wor 203	Ezra	Ess 56	Seth	Ply 131
Josiah, Jr.	Mid 17	Ezra	Ess 332	Simeon	Ham 59
Levi	Wor 211	Ezra, Capt.	Ess 57	Wm.	Ham 260
Lott	Mid 170	Giles	Ess 280	Merry, Anthony	Ess 333
Miriam	Ber 235	Hannah, Wd.	Ess 81	Cornelus	Ham 165
Simon	Wor 210	Isaac	Ess 80	Elizath.	Duk 452
Thomas	Wor 450	Jacob	Ess 80	Jona.	Duk 454
Timothy	Wor 203	James	Ess 332	Joseph	Duk 454
Willard	Mid 442	Jesse	Ham 328	Leonard	Duk 446
William	Ham 101	John	Ess 191	Samuel	Ber 199
see Mariam		John	Ess 292	Sarah	Ess 439
Merrick, Aaron	Ham 262	John	Ham 322	Timo.	Duk 453
Abijail	Mid 279	John	Ess 55	William	Duk 453
Benjamin	Ham 270	John, Capt.	Ess 55	Wm.	Ply 107
Bezaleel	Ham 38	John, Capt.	Ess 81	Zechariah	Duk 451
Chileab B.	Ham 233	John, junr.	Ess 55	Merryfield, Oliver	Ber 267
Daniel	Ham 354	John, jur.	Ess 191	Robert	Ham 187
Elizabeth	Ess 516	Jonathan	Ess 292	Mersevy, Mary, Wido.	Ess 331
Gideon	Ber 213	Jonathan	Ess 332	Meruck, Pliny	Wor 270
Isaac	Brs 284	Jonathn.	Ess 280	Mery, Truman	Ber 177
James	Ham 294	Joseph	Ess 80	Meservey, Eliza.	Ess 416
Jona.	Ham 233	Margaret, Wd.	Ess 55	Hannah	Ess 385
Jose	Ham 263	Melatiah	Ess 56	John	Ess 545
Joseph	Ham 20	Moses	Mid 186	Meservy, William	Ess 491
Lewis	Ham 263	Nathl.	Ham 322	Messenger, Aron	Ber 183
Miner	Ham 263	Rhoda, Wd.	Ess 56	Billy	Ber 268
Nathl.	Wor 300	Robert	Ess 332	Cathn.	Mid 512
Noah	Ham 263	Samuel	Ess 55	Daniel	Nor 379
Paul	Wor 417	Samuel	Ess 280	Ebenezer	Nor 360
Phinehas	Ham 263	Samuel	Ess 292	Ebenr. N.	Ber 267
Richd.	Nor 117	Samuel	Ham 54	Elijah	Ber 179
Roswell	Ham 264	Sarah, Wd.	Ess 55	George W.	Nor 374
		Sarah, Wido.	Ess 333		

Hiram	Ber 267	Miat, Henry	Mid 399	Abner		Ber 173
Horace	Ham 359	Michael see Michel		Abner		Ham 357
James	Ham 221	Mical, John	Wor 219	Abner		Wor 158
Jehiel	Ham 359	Michel, Elchanah	Brs 346	Abram.		Ply 90
John	Ber 267	Moses	Ham 179	Alexander		Ham 64
John	Nor 360	Nathan	Brs 346	Alexander		Wor 369
John, Junr.	Nor 360	Middleditch, William	Ham 200	Apollos		Ham 354
Joseph	Mid 512	Middleton, Douglas	Ess 200	Asa		Ham 351
Nathan	Ber 216	Samuel	Ess 280	Asa		Ham 359
Nathl.	Ber 188	William	Ess 330	Asa		Wor 449
Peletiah	Wor 509	Miers, Zebediah	Mid 320	Barnabas		Wor 200
Wigglesworth	Wor 512	Mifflin, Walter	Mid 520	Benjamin		Bar 58
Messer, Alpheus	Ess 292	Miggs see Meeggs		Benjamin		Ber 128
Asa	Ess 292	Mighells, Daniel	Ham 342	Benjamin		Ham 269
Asa Swan	Ess 28	John	Ham 342	Caleb		Wor 366
Cyrus	Ess 292	Lucretia	Ber 256	Calvin		Ham 351
Jacob	Ess 292	Nathl.	Ham 342	Christian		Ham 38
Jacob, Jur.	Ess 292	Mighill, David	Ess 248	Clark		Brs 314
James	Ess 292	Thos.	Ess 255	Clark		Ham 240
Nathel.	Ess 292	Mighlls, Elijah	Ber 256	Cyrus		Ham 64
Phineas	Ess 292	Milbery, William	Ess 330	Daniel		Ham 29
William	Ess 292	Miles, Abigal, Wid.	Brs 286	David		Ber 188
Messinger, Elias	Wor 427	Asa	Wor 450	David		Brs 290
Elisha	Ber 116	Asahel	Wor 460	Eben, Esq.		Nor 116
George	Ber 119	Barzillas	Wor 509	Ebenezer		Ham 269
George, Junr.	Ber 119	Charles	Mid 14	Elias		Ham 359
James	Nor 96	Daniel	Wor 282	Elias		Ply 90
John	Wor 427	Ebenezer	Wor 512	Eliphas		Ham 173
Swicher	Nor 373	Ezekiel	Mid 14	Elisha		Bar 96
Thomas	Wor 427	Isaac	Wor 450	Elizabeth, wd.		Wor 385
Metcalf, Abijah	Nor 347	James	Mid 14	Elkenah		Brs 318
Allen	Ber 210	James	Wor 227	Ellis		Brs 310
Asa	Nor 351	Joab	Wor 282	Ephraim		Wor 449
Billy	Nor 352	John	Wor 201	Ephraim, Junr.		Ham 145
Calvin	Nor 349	John	Wor 449	Ephraim, Lieut.		Ham 145
Cornelius	Nor 85	Jonas	Wor 369	Ezra		Wor 449
David	Nor 377	Jonas	Wor 450	George		Ham 256
Ebenezer	Nor 345	Joseph	Mid 15	H. K.		Nor 150
Eli	Ham 298	Margrett	Wor 450	Henry		Brs 415
Enos	Wor 232	Noah	Wor 447	Isaac		Ber 216
Hanan	Nor 345	Oliver	Mid 15	Isaac		Ess 539
Hannah	Nor 349	Oliver	Wor 450	Isaac		Ham 168
Hepzibah	Nor 344	Polley	Wor 449	Isaac		Ply 89
Jabez	Wor 512	Richard	Wor 427	Isaac		Wor 196
James	Nor 347	Solomon	Wor 256	Isaac		Wor 450
James, Junr.	Nor 354	Stephen	Wor 439	Israel		Ham 351
Jeremiah	Nor 350	Stephen	Wor 445	Jacob		Ham 10
John	Ham 106	Stephen	Wor 450	Jacob		Ply 89
John	Ham 157	Thomas	Wor 370	Jacob		Wor 183
John	Nor 353	Thomas	Wor 427	James		Brs 311
John, Lt.	Wor 409	Thomas	Wor 449	James		Nor 319
Jonathan	Nor 356	Samuel	Nor 236	James		Wor 191
Joseph	Ham 42	Milk, Elkanah	Ber 117	James		Wor 206
Joseph	Nor 301	Job	Ber 116	James, 2nd.		Brs 314
Jubal	Ham 298	Job	Brs 334	Jedediah		Ply 89
Levi	Mid 147	Jonathan	Ber 117	Jeremiah		Ber 205
Lewis	Nor 361	Lemuel	Brs 334	Jesse		Nor 347
Luther	Nor 221	Millakin, William	Ber 216	Jna.		Nor 116
Michael	Wor 232	Millard, Aaron	Brs 302	Job		Brs 290
Nathan	Nor 351	Hesekiah	Brs 302	Job		Mid 335
Pelatiah	Wor 236	Jacob	Brs 305	John		Bar 3
Philip	Ham 21	Jason	Ber 199	John		Brs 305
Phineas	Ham 21	Joshua	Ber 118	John		Brs 347
Ruth, Wido.	Nor 301	Joshua, Junr.	Ber 117	John		Ess 476
Samuel	Nor 356	Josiah	Ber 118	John		Ham 10
Saville	Ham 42	Josiah	Brs 302	John		Ham 63
Seth	Wor 504	Matthew	Ber 199	John		Ham 132
Silas	Ham 42	Oliver	Ber 268	John		Ham 357
Silas	Nor 361	Orrain	Ber 268	John		Mid 387
Silence	Nor 356	Peter	Ber 118	John		Ply 89
Simeon	Wor 412	Spice	Brs 302	John, 2nd.		Brs 311
Stephen	Nor 344	Millekin, Alexander	Ber 215	John, 2d.		Mid 387
Thomas	Nor 361	Millen, Joshua	Wor 192	John, 2d.		Wor 450
Timothy	Nor 345	Moses	Wor 191	John, 2d., Cap.		Ply 89
Timothy	Wor 509	Miller, ---	Wor 383	John, 3d.		Ply 89
Titus	Nor 347	---, Widow	Brs 403	Jonathan		Ber 256
Metson see Crowell		Aaron John	Ham 256	Jonathan		Ham 11

Jonathan	Ham 147	Isaac	Ess 117	John	Mid 14	
Jonathan, Junr.	Ham 147	James	Ess 123	John	Mid 375	
Jos.	Mid 170	Jona.	Ess 140	John	Mid 399	
Joseph	Brs 314	Nathu.	Ess 138	Jonas, Jr.	Mid 11	
Joseph	Ess 370	Sarah, Wo.	Ess 137	Jonathan	Wor 450	
Joseph	Ess 402	Susanh., Wo.	Ess 134	Minott, G.R.	Nor 151	
Joseph	Ess 497	Thos.	Ess 113	George	Mid 11	
Joseph	Ham 240	Zebulun	Ess 506	George	Nor 150	
Joseph	Ham 256	Milliken, Saml.	Ess 441	Jno.	Nor 150	
Joseph	Nor 347	Milliman, Abiram	Ber 111	Jonas	Mid 11	
Joseph	Ply 89	Briant	Ber 111	Stephen	Mid 5	
Joseph	Wor 450	Ezekiel	Ber 111	Timothy	Mid 2	
Joseph, Jr.	Ham 256	Theodosia	Ber 112	see Thayer		
Leonard	Ess 403	Millin, Joshua	Wor 447	Miranville, Robert	Ber 157	
Leonard	Ham 256	Millis, John	Ham 83	Mires, John	Ber 106	
Lewis	Ber 215	Mills, Abijah	Wor 256	Miriam, James	Ham 29	
Lewis	Wor 383	Benjamin	Nor 319	Jona.	Ess 452	
Lucy	Ply 89	Brigham	Wor 275	Mirick, Benja.	Mid 170	
Martha	Ham 187	Cephas	Ham 169	Caleb	Wor 518	
Mary	Brs 310	Collins	Wor 437	Charles	Wor 518	
Mary	Ply 89	Daniel	Ber 158	Coffin	Nan 70	
Nathaniel	Brs 302	David	Nor 319	Ebenezer	Brs 278	
Nathaniel	Ham 167	Drake, Esqr.	Ber 174	Elisha	Wor 511	
Nathaniel	Nor 354	Edmund, Revd.	Wor 161	Ephraim	Wor 518	
Nehemiah	Wor 194	Enoch	Nor 319	Ephraim, Junr.	Wor 518	
Nelson	Nor 85	Ezekiel	Ber 267	Esther	Mid 169	
Newbury	Ber 119	Ezekiel A.	Ber 181	Hannah, wd.	Bar 25	
Patience	Ess 497	Ezra	Nor 319	Hemon	Bar 22	
Peter	Ess 366	Fuller	Nor 129	Isaac	Bar 8	
Peter	Ply 89	James	Ess 25	John	Bar 25	
Philip W.	Wor 467	James	Ham 42	John	Wor 518	
Philop	Brs 298	James	Ham 221	Jonathan, Junr.	Nan 70	
Polly	Wor 256	James	Wor 427	Nathan	Brs 278	
Recompense	Ham 165	James, Junr.	Ham 43	Obed	Brs 364	
Robert	Brs 286	Jedidiah	Ham 168	Samuel	Bar 8	
Robert	Brs 429	John	Wor 256	Silas	Wor 512	
Robert	Ham 187	Joshua	Ham 127	Simeon	Brs 278	
Roger	Ham 130	Josiah	Ham 20	Stephen	Wor 518	
Samuel	Ber 136	Lemuel	Nor 319	Tilly	Wor 511	
Samuel	Ber 140	Levi	Ess 332	Mirriam, Ebenezer	Nor 95	
Samuel	Brs 304	Luke	Mid 279	Mirrick, John	Ess 429	
Samuel	Ham 64	Luke, jr.	Mid 279	Mitcham, John	Mid 502	
Samuel	Ham 145	Oliver	Nor 319	Mitchel, Abiel	Brs 391	
Samuel	Ply 89	Richard, Lt.	Wor 412	Abner	Wor 351	
Samuel	Wor 450	Samll.	Mid 488	Andrew	Nor 128	
Samuel, 2nd.	Brs 304	Samuel	Ber 131	Ann	Mid 170	
Sarah	Mid 170	Sarah, Wido.	Ham 91	Asaph	Ham 192	
Seth	Ber 173	Stone	Ham 168	Calvin	Ply 107	
Seth	Ply 89	Thomas	Wor 183	David	Brs 429	
Shadrach	Wor 193	William	Ham 216	Day	Ess 241	
Silas	Ham 54	William	Ham 240	Eliphalet	Brs 392	
Simeon	Ess 100	William	Nor 319	Hannah	Wor 467	
Stephen	Ham 63	see Millis		James	Ess 280	
Stephen	Ham 351	Milton, Charles W.	Ess 331	James	Ply 102	
Tho.	Mid 169	Robert	Nor 171	John	Ess 287	
Thomas	Mid 264	Mimson, Daniel	Ber 231	John	Wor 467	
Timothy	Ber 199	Minard, Amos	Ham 263	John, Jur.	Ess 287	
Timothy	Ham 168	Mincher, Edw.	Mid 170	Joseph	Ess 241	
Timothy, Jun.	Ham 168	Minclier, Barnabas	Ber 249	Mehitable	Ess 287	
Willard	Wor 192	John	Ber 249	Peter	Ess 241	
William	Bar 58	Miner, Christopher	Ber 183	Reuben	Ham 153	
William	Brs 304	Christopher	Ham 171	Rispah	Ply 101	
William	Ham 187	Clement	Ham 29	Sarah	Ply 101	
William	Ham 359	Ephraim	Ber 166	Seth	Brs 429	
William, Dean.	Ham 153	Isaac	Ber 188	Stephen	Ess 220	
William, Jr.	Ham 359	Joshua	Ber 188	Thomas	Brs 391	
see Meller, Millen		Rufus	Ham 146	Thomas	Ham 221	
Millet, Abran		Samuel	Ber 164	Timothy	Brs 392	
Andrew	Ess 398	Samuel	Ham 232	William	Ham 179	
Benja.	Ess 394	Treat	Ber 188	Willm.	Ham 304	
Eliza.	Ess 415	Mingo, Cloe	Ply 55	Mitchell, ...hn	Ess 485	
John	Ess 366	Minor, Francis	Ess 332	Aaron	Nan 74	
Jona.	Ess 389	Rufus	Ber 116	Andrew	Wor 427	
Sarah	Ess 419	Samuel	Wor 200	Benjn.	Nan 50	
William	Ess 415	Minot, Abel	Mid 20	Bradford	Ply 66	
Millett, Anna, Wo.	Ess 407	Drover	Nor 230	Cary	Ply 64	
Dorca., Wo.	Ess 135	Jesse	Mid 399	Christopher	Nan 50	

Cushing	Ply 66	Eliphelet, Jur.	Nor 266	Moses, Jur.	Ess 280
Daniel	Ply 64	George	Brs 391	Nathel.	Ess 226
David	Nan 73	George	Nor 266	Noah	Ham 251
Ebenezer	Ply 1	Jacob	Nor 266	Oliver	Ham 168
Edward	Mid 279	Josiah	Nor 276	Paul	Ess 205
Edward, junr.	Ply 64	Lemuel	Nor 266	Reuben	Ham 252
Edward, 3d.	Ply 64	William	Nor 266	Rufus	Ham 293
Elijah	Ham 74	Monroe, Benjamin	Ham 46	Saml.	Ham 342
Elizabeth	Nan 59	Monsise see Manfise		Samuel	Ess 209
Jacob	Ply 66	Montague, Daniel	Ham 282	Seth	Ham 251
Jethro	Nan 74	David	Ham 282	Silas	Ham 293
John	Ess 511	Ebenezar	Ham 192	Simeon	Ham 255
John	Ply 27	Elijah	Ham 115	Sylvester	Ham 251
John	Ply 64	Elijah	Ham 251	William	Ess 55
Josiah	Ess 333	Jedediah	Ham 287	see Abbott, Morse	
Laban	Nan 74	John	Ham 253	Mooers, Abigail	Nan 59
Mary	Nan 75	John	Ham 282	Jonathan	Nan 65
Mary, Wd.	Ham 251	John	Ham 285	Lucinda	Nan 64
Moses	Nan 74	Josiah	Ham 252	Moolet, John	Wor 412
Nahum	Ply 66	Luke	Ham 292	Moon, Abram.	Ber 111
Nathan	Ply 64	Luke	Ham 310	Benjamin	Ber 126
Obed	Nan 74	Medad	Ham 46	Moone, Matthew B.	Ber 199
Paul	Nan 74	Peter	Ham 16	Moor, Abigail	Wor 202
Peleg	Nan 65	Seth	Ber 199	Abigal, Wd.	Ham 125
Philip	Ham 249	Seth	Mid 63	Alexander	Ham 263
Rachel, Wido.	Ess 333	Stephen	Ham 287	Alexr., Junr.	Ham 263
Richard	Nan 74	Timothy	Ham 251	Daniel	Wor 270
Seth	Ply 66	William	Ham 285	David	Ham 258
Seth, junr.	Ply 66	William, Revd.	Nor 301	Ebenr.	Wor 242
Theodore	Ply 64	Zebina	Ham 292	Elisha	Wor 206
William	Ham 74	Montegue, Moses, Lt.	Ham 154	Elizebeth	Wor 250
William	Ply 64	Montgomery, Alexander	Ess 190	Ezra	Wor 450
Zenas	Ply 66	Hugh	Ply 90	George	Ham 209
Mitchill, Benjamin	Ply 27	John	Nor 290	Gideon	Ham 263
Mittell, Joseph	Ess 113	Mary, Wido.	Ess 332	Hiram	Ham 150
Mix, Timothy	Ham 127	Moody	Ess 332	Holland	Wor 262
Mixer, Asa	Wor 370	Peter	Ham 268	Isaac	Wor 256
Bayman	Wor 206	Thomas	Ham 214	Isaac	Wor 262
Daniel	Wor 183	Mooar, Isaac	Ess 191	Jacob	Wor 371
Daniel	Wor 369	Martha, Wido.	Ess 191	James	Ham 272
Ezra	Wor 334	Timothy	Ess 191	Joel	Wor 206
John	Mid 140	Moody, Aaron	Ham 255	Joel, 2d.	Ham 160
Joseph	Ham 187	Abigail	Ess 280	John	Ham 271
Phineas	Ham 152	Asahel	Ham 293	John	Mid 359
Timothy	Ham 187	Benjamin	Ess 331	Jonathan	Ham 259
Mixter, Daniel	Ham 266	Cutting	Ess 81	Levi	Wor 227
Josiah	Mid 502	Cutting	Ess 215	Lucretia, Wd.	Ham 125
Phinehas	Ham 235	Daniel	Ess 55	Molly	Wor 374
Saml.	Wor 310	Daniel	Ess 331	Nathan	Wor 262
Mixton, Gideon	Ber 137	Daniel, Capt.	Ham 251	Oliver	Ham 160
M. Kee, Willm.	Ham 322	David	Ess 331	Orrin	Ham 160
M. Kinster, Augustus	Ham 342	Ebenezer	Ham 251	Robert	Mid 351
M. Nitt, Adam	Ham 329	Eldad	Ham 294	Samuel	Ham 149
Moar, John	Ber 174	Elihu	Ham 294	Thomas	Wor 262
Moary, Thomas	Ess 191	Eliphaz	Ham 251	Thomas, Jur.	Wor 259
Moffatt, Daniel	Ham 351	Enoch	Ess 215	Timothy	Ham 257
Joseph, Docto.	Ham 272	Enos	Ham 252	Uriah	Wor 236
Lemuel	Ber 249	Ezra	Ham 101	William	Wor 256
Moffett, Hannah	Wor 427	Gideon, Ensn.	Ham 254	William, Lieut.	Ham 143
Joseph	Wor 427	Isaiah	Ham 29	Moore, ---	Mid 170
Mathew	Ham 255	Jacob	Ham 209	---	Mid 264
Samuel	Ess 330	Joel	Ham 294	Abraham	Wor 215
Moffit, Elihu	Wor 158	John	Ess 331	Alice	Brs 318
Isaac	Wor 158	John, Lt.	Ham 253	Alvin	Ham 115
Jeremiah	Wor 473	Jonathan	Ham 293	Amos	Ham 106
Lemuel	Wor 158	Joseph	Ess 81	Asa	Ham 115
Moger, Reuben	Ber 162	Joseph	Ess 331	Ashen	Ber 268
Molten, John	Mid 520	Joseph, Jr.	Ham 250	Asher	Ham 169
Molton, John	Ess 211	Joshua	Ess 56	Benjamin	Ham 106
Silas	Ess 225	Josiah	Ham 251	Bezaleel	Mid 419
Silas	Ess 230	Judith, Wd.	Ess 56	Boaz	Wor 517
Moneys, Israel	Ess 393	Lemuel	Ham 294	Caleb	Mid 129
William	Ess 41	Medad	Ham 294	Caleb	Wor 210
William, Jur.	Ess 41	Moses	Ess 210	Calvin	Wor 183
Monk, Christopher	Nor 266	Moses	Ess 215	Calvin	Wor 351
Elijah	Nor 266	Moses	Ess 279	Carley	Mid 411
Eliphelet	Nor 266	Moses	Ess 331	Collins	Wor 158

Name	Loc.
Cornelius	Ham 106
David	Ham 139
David	Wor 183
David	Wor 351
Desire	Wor 214
Dominick	Ess 37
Ebenezar	Wor 215
Elab	Nor 319
Elias	Ham 173
Elijah	Wor 481
Eliphelet	Wor 285
Ephraim	Mid 119
Francis	Mid 488
Henery	Wor 210
Henry	Ber 119
Hugh	Wor 374
Isaac	Mid 111
Isaac	Wor 212
Israel	Mid 129
Israel	Wor 351
James	Ham 176
James	Wor 210
Jeduthan	Mid 114
Jesse	Wor 183
Joanna	Brs 318
Joel, 1th.	Ham 160
Joel, 3th.	Ham 162
John	Ham 38
John	Ham 59
John	Ham 83
John	Mid 115
John	Mid 129
John	Mid 170
John	Wor 183
John	Wor 351
John, Jur.	Ham 83
Jona.	Ess 385
Jonathan	Ham 38
Jonathan	Mid 434
Jonathan	Wor 351
Jonathan	Wor 511
Jonathan, Jr.	Ham 38
Jonn.	Ply 107
Jos.	Mid 375
Joseph	Ess 419
Joseph	Ham 158
Joseph	Ham 173
Joshua	Wor 285
Josiah	Mid 488
Josiah	Wor 210
Justus	Ham 243
Levi	Wor 213
Levi	Wor 374
Luther	Mid 263
Luther	Wor 183
Luther	Wor 275
Margaret, Wd.	Wor 158
Mark	Ham 38
Marvin	Wor 158
Mial	Mid 375
Molley	Wor 517
Nethl.	Wor 186
Olive	Mid 116
Oliver	Wor 351
Peter	Wor 275
Phineas	Wor 213
Phinehas	Mid 416
Phins.	Wor 504
Pliny	Wor 504
Reuben	Mid 116
Reuben	Mid 278
Richard	Ham 106
Robert	Brs 315
Saml.	Wor 186
Saml.	Wor 275
Samuel	Ham 38
Samuel	Ham 168

Name	Loc.
Samuel	Ham 177
Seth	Ber 199
Seth H.	Ess 280
Sewell	Wor 186
Thomas	Ess 42
Thomas	Ham 177
Tille	Wor 214
Timothy	Mid 117
Uriah	Wor 517
Willard	Wor 186
William	Ber 216
William	Ham 169
William	Ham 300
William	Mid 118
William	Wor 183
William	Wor 216
Zephh. S.	Wor 491
Zurviah	Wor 186
see Hubbard, Mooar	
Moores, Edmond	Mid 413
Jonathan	Ess 280
Moorey, George	Ham 78
Moors, Aaron	Ham 259
Abel	Mid 465
David	Ham 259
Hugh	Ham 258
Hugh, Jur.	Ham 258
John	Ess 222
Joseph, Esqr.	Mid 455
Lydia, Wido.	Mid 455
Moos, Ashbil	Wor 412
Moranvill, Lewis, Jur.	Ply 90
Moranville, Lewis	Ply 89
Moratty, Deborah	Ess 415
Mordock, William	Wor 450
More, Alexr.	Ess 381
Ishmael	Ber 148
Jonathan	Wor 334
Marshal	Wor 333
Noah	Ham 209
William	Ber 237
Morean see Marean	
Moredoc, Artimas	Mid 502
Jacob W.	Mid 487
Morehead, Samu.	Ess 113
Morehouse, John	Ber 213
Thomas	Ber 213
Morell, Hugh	Ber 163
John	Ply 107
Mores, David	Ess 80
Elisabeth	Ess 249
Joseph	Ess 113
Prince	Wor 204
Susannah	Bar 79
Thomas	Ess 113
Treat	Bar 60
Morey, Abel	Bar 40
Benjn.	Ply 112
Cesar	Brs 382
Cornelius	Ply 21
Edy	Ber 262
Elisha	Bar 40
Ephraim	Wor 333
George, Revd.	Nor 95
Gideon	Ber 161
Jesse	Ber 111
Lemuel	Bar 40
Mary, Wo.	Ply 89
Nathaniel	Ber 164
Ruhamah	Brs 382
Samuel	Brs 382
Silas	Ply 17
Silvanus	Ply 21
Stephen	Ber 171
Thomas	Wor 334
Morfit, Elihu	Wor 331
Morgan, ---, Widow	Ham 101

Name	Loc.
Aaron	Ham 245
Aaron, Majr.	Ham 272
Abigail	Ess 528
Abner	Ham 351
Abner, Esqr.	Ham 272
Alpheus	Ham 29
Andrew	Wor 491
Anna	Ess 498
Anna, Wo.	Ess 100
Benjamin	Ham 83
Daniel	Ham 272
David	Ess 102
Ebenezer	Ham 241
Ebenezer	Ham 351
Edward	Ess 100
Enoch	Ham 272
Erastus	Ham 357
Eunice	Ess 372
Ezekiel	Ham 351
Festus	Ham 9
Frederick	Ham 29
Israel	Ess 99
Israel	Ess 383
Israel	Ess 528
Israel, Junr.	Ess 100
Jabez	Ham 187
Jacob	Ham 272
James	Ham 351
Jesse	Ham 357
Joel	Ham 351
John	Ham 235
Jona	Mid 86
Jona.	Ham 274
Joseph	Ham 269
Joseph	Ham 357
Joseph, Jr.	Ham 269
Josiah	Ess 528
Judah	Ham 9
Julius	Ham 357
Justin	Ham 272
Loes, Wo.	Ess 100
Lucas	Ham 357
Martis	Ham 259
Nathan F.	Ess 147
Nathaniel	Ber 127
Nathaniel	Ham 250
Nicholas	Wor 491
Noah	Ham 29
Noah, Junr.	Ham 29
Paul	Ess 147
Pearly	Ham 272
Philip	Ham 233
Polly, Wo.	Ess 100
Reuben	Ham 29
Robt.	Wor 491
Samuel	Ham 245
Samuel	Ham 351
Simeon	Ham 177
Sylvia	Ber 256
Titus	Ham 209
Titus	Ham 357
Willa.	Ess 113
William	Ess 108
William	Ham 351
William, 2d.	Ess 524
William, 3d.	Ess 528
Zachariah, 2d.	Ess 530
Morgareidge see Mugridge	
Morgun, Zachariah	Ess 532
Moria, Robt.	Ess 404
Moris, Edward	Wor 343
Elijah G.	Wor 343
John	Wor 343
Jonathn.	Wor 334
Jonthn., jur.	Wor 334
Walter	Wor 334
Wm.	Wor 334

Zebulon — Wor 343
Morison, David — Ham 187
Robert — Ply 89
William — Ply 89
Morland, William — Ess 330
Morley, Abner — Ber 181
Asahel — Ham 354
David — Ham 354
Demick — Ham 87
Derick — Ber 173
Gideon — Ham 354
Isaac — Ham 354
Isaac, Junr. — Ham 354
Israel — Ber 173
John — Ham 87
Thomas — Ham 46
Walter — Ham 354
Morn, William — Ber 178
Morong, John (2) — Ess 411
Sus — Ess 410
Morreh, Anthony — Brs 392
Morrel, John — Ber 210
Joseph — Bar 49
Morrell, Elikem — Nor 301
Isaac, Docr. — Nor 319
Morriel, Doratha — Mid 320
Nathaniel — Mid 320
Morril, Phillip — Ess 365
see Merril
Morrill, ---, Wd. — Ess 80
Aaron — Ess 57
Abraham — Ess 56
Adams — Ess 80
Amos — Ess 58
Archelus — Ess 58
Benja. — Ess 58
Benjamin — Ess 332
Bradbury — Ess 58
Daniel, Dr. — Ess 58
David — Ess 57
David, junr. — Ess 57
Elanor, Wd. — Ess 57
Enoch — Ess 56
Ephm. — Ess 57
Ezekiel — Ess 292
Ezekiel — Ess 332
Israel — Ess 280
Israel, Capt. — Ess 56
Israel, junr. — Ess 58
John — Ess 57
John — Ess 80
Jona., Capt. — Ess 80
Jonathn. — Ess 57
Judith — Ess 58
Mary, Wd. — Ess 57
Micajah — Ess 332
Mosses — Ess 56
Moses S. — Ess 57
Philip — Ess 56
Robert — Ess 57
Samuel — Ess 56
Samuel, 3d. — Ess 56
Sarah, Wd. — Ess 56
Sarah, Wd. — Ess 58
Sarah, Wd. — Ess 80
Stephen — Ess 56
Thomas — Ess 57
Timothy — Ess 57
True — Ess 57
Willm. — Ess 57
Wm., junr. — Ess 57
Morris, Ebenr. — Ham 279
Edward — Ham 238
Isaac — Ham 237
Jacob — Nan 60
James — Bar 71
John — Ess 331

John — Nan 71
Jonathan — Nan 60
Lidia — Bar 17
Patience — Duk 448
Rebecca, Wd. — Ham 237
William — Ess 331
William — Wor 351
see Tucker
Morrisey, John — Ply 12
Morrison, Alexander — Ham 182
Allen — Ess 331
Ebenezer — Ess 331
Ebenezer, Jr. — Ess 331
James — Brs 406
John — Ber 256
Michael — Ess 80
Thomas — Ess 331
William — Ess 331
Mors, Abraham — Ess 222
Ebenezer — Ess 541
Joseph — Ply 107
Mark — Ess 550
Sally — Ess 558
William — Ess 536
Morse, Aaron — Ham 38
Aaron — Nor 95
Aaron — Wor 504
Abel — Ham 111
Abel — Mid 34
Abel — Mid 455
Abel — Wor 481
Abner — Nor 221
Abner — Wor 504
Abner W. — Wor 195
Abraham — Ess 458
Abraham — Ess 510
Adam — Mid 528
Adam — Nor 84
Agnus, Wd. — Nor 95
Alphans — Wor 333
Amasa — Ham 111
Amasa — Ham 115
Amos — Ess 292
Amos — Nor 84
Amos — Nor 319
Anna — Mid 431
Arnold — Mid 488
Asa — Ess 292
Asa — Ham 209
Asa — Mid 140
Asa — Nor 85
Asa — Nor 290
Asa — Wor 334
Asa, Junr. — Wor 334
Asahel — Ber 172
Asarelah — Mid 127
Avander — Ham 14
Benjamin — Mid 435
Beniah — Mid 252
Benja. — Ess 240
Benja. — Wor 161
Benjm., Doctr. — Mid 455
Benoni — Nor 221
Benoni, Jun. — Nor 214
Caleb — Wor 491
Calven — Ham 74
Calvin — Wor 334
Charles — Brs 322
Chester — Ham 160
Daniel — Ber 168
Daniel — Ess 208
Daniel — Ess 292
Daniel — Mid 150
Daniel — Mid 529
Daniel — Nor 84
Daniel — Wor 250
Daniel — Wor 333

Darius — Nor 346
David — Ess 100
David — Ess 210
David — Ess 279
David — Ess 280
David — Ess 292
David — Mid 529
David — Nor 308
David — Wor 333
David, 2d. — Wor 343
Ebenezer — Wor 374
Ebenr. — Ham 280
Edmund — Ess 331
Eliakim — Nor 204
Eliakim, Jun. — Nor 204
Elijah — Brs 319
Elijah — Ham 301
Elijah — Nor 106
Elijah — Wor 504
Eliphalet — Nor 106
Elisha — Mid 521
Elisha — Mid 529
Elisha — Nor 84
Elisha — Wor 509
Elisha, Jr. — Nor 85
Elizabeth — Ess 517
Enos — Ber 165
Ephraim — Brs 391
Ephraim — Ply 64
Ezekiel — Nor 95
Ezekiel — Wor 161
Ezra — Nor 105
Francis — Mid 414
Fry — Wor 161
George — Nor 308
Gershom — Mid 529
Gideon — Wor 467
Gillead — Nor 106
Hannah — Wor 491
Henry — Ess 279
Henry — Mid 529
Henry — Nor 221
Henry — Nor 290
Henry — Wor 473
Hezekh. (2) — Mid 536
Humphery — Ess 119
Humphry — Ess 211
Isaac — Mid 512
Isaac — Ply 90
Isaac — Wor 200
Isaac — Wor 509
Isaac, Jur. — Ply 90
Israel — Nor 85
Jacob — Ham 120
Jacob — Nor 84
Jacob — Wor 481
James — Ber 127
James — Mid 140
James — Mid 279
James — Nor 204
James — Nor 340
James — Wor 473
Jarvis — Nor 85
Jason — Mid 536
Jason — Nor 358
Jason — Wor 333
Jedediah — Nor 84
Jedh. — Mid 170
Jeremiah — Wor 333
Jeremiah — Wor 371
Jesse — Wor 343
Jesse — Wor 467
Jesse, Jun. — Wor 467
Jno. — Nor 151
Joel — Mid 520
Joel — Nor 88
John — Ess 81

John	Ess 211	Samuel	Ham 301	Elijah	Ham 13
John	Ess 225	Samuel	Nor 85	Elisha	Ham 63
John	Ham 284	Samuel	Wor 366	Elisha	Ply 11
John	Nor 85	Samuel, Jur.	Nor 290	Enos	Ham 115
John	Nor 106	Samuel N.	Ess 331	Ezekiel	Ply 20
John	Nor 290	Sarah	Nor 355	Ezra	Ply 29
John	Nor 308	Sarah, Wido.	Ess 331	George	Ply 12
John	Ply 107	Seth	Bar 7	George	Ply 90
John, Junr.	Nor 308	Seth	Ber 107	Gideon	Ham 14
Jona.	Mid 536	Seth	Nor 308	Ichabod	Ply 17
Jonathan	Ess 331	Seth	Wor 192	Ichabod, Dn.	Ply 89
Joseph	Brs 408	Shephard	Ham 311	Ichabod, Jr.	Ply 17
Joseph	Ess 80	Simeon	Wor 161	Isaac	Nor 266
Joseph	Ess 292	Simon	Nor 84	Isaac	Ply 89
Joseph	Mid 521	Solomon	Nor 84	James	Ham 153
Joseph	Nor 105	Solomon	Wor 467	Jethro	Brs 429
Joseph, Jr.	Nor 106	Stephen	Ess 245	Job	Brs 285
Joseph	Nor 266	Stephen	Ess 514	Job	Ply 9
Joseph	Ply 90	Stephen	Mid 422	Joel	Wor 288
Joseph	Wor 186	Stephen P.	Brs 322	John	Ham 179
Joseph	Wor 374	Sunn.	Ply 108	John	Ham 292
Joseph	Wor 467	Susanna	Mid 488	John	Ply 136
Joseph	Wor 491	Thaddeus	Nor 204	John, Capt.	Ply 89
Joseph	Wor 511	Thomas	Ess 493	John, 2d.	Ply 90
Joshua	Nor 95	Thomas	Ess 494	Joseph	Ham 291
Joshua	Ply 107	Thomas	Nor 214	Joshua	Ham 322
Joshua	Wor 158	Thomas	Wor 192	Joshua	Wor 285
Josiah	Ham 298	Thos.	Ess 240	Josiah	Ham 14
Jotham	Nor 95	Timothy	Nor 84	Josiah	Ham 153
Keturah	Nor 362	Timothy	Wor 334	Josiah	Ply 20
Lemuel	Ber 222	Uriah	Duk 445	Justin	Ham 54
Levi	Mid 263	Willard	Wor 183	Lemuel	Ply 17
Levi	Mid 536	William	Brs 322	Levi	Ham 67
Levi	Nor 106	William	Ess 103	Lois	Ham 12
Levi	Ply 90	William	Ess 331	Michael	Ham 83
Levi	Wor 481	William	Ham 284	Nathaniel	Brs 285
Lydia	Bar 39	William	Mid 423	Nathaniel	Ply 18
Margarett	Nor 84	William	Mid 488	Nathaniel, Jur.	Brs 285
Martha	Bar 47	William	Ply 90	Nathl.	Nor 266
Martha, Wd.	Ess 56	William	Wor 213	Oliver	Ham 67
Mary	Wor 374	Windsor	Mid 410	Osborne	Ply 4
Mary, Widw.	Ess 98	Wm.	Mid 529	Perez	Ham 13
Mehetible	Nor 308	Wm., Junr.	Brs 322	Perez	Nor 150
Melatiah	Ply 107	Zebn.	Ply 112	Phinehas	Wor 285
Monasser	Wor 334	see Morss		Rebecca	Ply 20
Moody	Wor 161	Morslander, Cornelius	Nan 53	Reuben	Wor 285
Moses	Ber 114	Cornelius, Junr.	Nan 53	Ruth	Nan 63
Moses	Ess 209	Linzey	Nan 53	Samuel	Wor 285
Moses	Ess 280	Morss, Greenlif	Ess 231	Samuel G.	Ham 67
Moses	Mid 536	John	Ber 215	Seth	Brs 429
Nanna	Mid 423	John	Wor 385	Seth	Ham 11
Nathanael	Nor 105	John, Jur.	Ber 215	Seth	Nor 266
Obadiah	Nor 95	Katharine, wid.	Wor 417	Seth	Ply 1
Obadiah	Wor 481	Samuel	Wor 417	Seth, Jur.	Ply 90
Oliver	Ess 279	Timothy	Wor 412	Silas	Ply 132
Oliver	Nor 85	Wm.	Wor 417	Simeon	Ham 67
Oliver	Nor 308	Mortar, Henry	Nor 151	Solomon	Ham 14
Oliver	Wor 333	Morting, Jame	Mid 521	Thad.	Nor 128
Oliver, 2d.	Wor 333	Nathan	Mid 521	Thomas	Ham 227
Otis	Nor 365	Morton, Abigail, Wido.	Nor 266	Thomas	Ply 18
Paine	Ess 292	Abraham	Brs 293	Thomas	Ply 20
Parrias	Mid 520	Ambrose	Nor 266	William	Ham 12
Phille	Ham 227	Bartlet	Ply 107	William	Nan 63
Peter	Ber 110	Benja., 2d.	Ham 12	William, Jr.	Ply 19
Reuben	Ess 57	Benjamin	Ply 11	Wm.	Ham 221
Reuben, Revd.	Ham 227	Caleb	Ply 20	Zaccheus	Ham 187
Richard	Nor 95	Caleb	Ply 89	Zephaniah	Ply 89
Ruggles	Wor 334	Cary	Ply 11	Mory, Nathl.	Wor 334
Saml.	Mid 455	Consider	Ham 67	Moseley, Chester	Ber 199
Saml.	Nor 290	Daniel	Ham 67	Josiah	Ber 199
Saml.	Wor 333	Daniel	Wor 288	Mosely, David	Ber 188
Samll.	Mid 529	David	Ham 187	Eliza.	Ess 415
Samll.	Mid 536	Ebenezer	Ham 11	P.H.	Nor 150
Samu.	Ess 100	Edward	Ply 4	Thom.	Nor 150
Samuel	Bar 42	Eleazar	Nor 266	Moseman, Jesse	Ham 187
Samuel	Ess 292	Eleazar	Ply 18	Moses, Ashbel	Ham 171
Samuel	Ham 38	Elihu	Ham 12	Ben	Ess 396

Benja., jr.	Ess 397	Caleb	Mid 129	Robert	Mid 344
Jonathan	Ess 212	Caleb	Mid 140	Mulley, Susannah	Ess 500
Martin	Ham 171	Calvin	Ham 276	Mulliken, Amos	Mid 50
Samuel	Ham 38	Chase	Brs 305	Isaac	Mid 50
Mosher, Abigail	Brs 334	Daniel	Ess 564	Joseph	Mid 7
Abner	Brs 429	Daniel	Ham 101	Samuel	Ess 330
Barney	Brs 347	Daniel	Ham 267	Mullikin, Benja.	Wor 427
Barney, Junr.	Brs 347	Daniel	Mid 134	John	Mid 351
Benjamin	Brs 429	Daniel	Wor 494	Mumford, John	Ess 424
Brice	Brs 334	Daniel, Jr.	Ham 101	Wm.	Ham 121
Daniel	Brs 334	David	Ess 81	Muncreif, Joseph	Nor 234
Ebenezar	Brs 346	Ebenezer (2)	Ham 275	Munday, William	Ess 391
Edmond (2)	Brs 334	Eliza.	Ess 450	Willm.	Ess 391
Elihu	Brs 429	Ezekl.	Ess 440	Mundell, Daniel	Wor 417
Elijah	Brs 347	Ezra	Ess 440	Munger, Amasa	Ham 275
Elizabeth	Brs 346	Freeborn	Ham 267	Cyrus	Ham 275
Ephraim	Brs 334	Freeborn, Jr.	Ham 267	Daniel	Ham 354
George	Brs 347	Jacob	Ess 437	Darius, Esqr.	Ham 275
Hannah	Brs 347	Jeremiah	Ham 267	John	Ham 275
Isaac	Brs 347	Jesse	Ham 267	John, Deacn.	Ham 276
Jesse	Brs 347	John	Ess 564	Joseph	Ham 256
Jethrow	Brs 346	Jonathan	Ess 81	Joseph	Ham 267
John	Brs 334	Jonathan	Ess 331	Samuel	Ham 275
John	Brs 347	Jonathan	Ess 564	Simeon	Ham 279
John, Junr.	Brs 347	Joseph	Ess 331	Solomon	Ham 277
Joshua (2)	Brs 334	Joseph	Ess 438	Munjoy, Daniel	Wor 449
Lemuel	Brs 347	Joseph	Ham 267	Munk, Elias	Ham 160
Maxim [Maxon?]	Brs 346	Joseph, Jr.	Ess 331	Munn, Benjamin	Ham 266
Phillip	Brs 429	Joshua	Ess 444	Calven	Ham 74
Ruben	Brs 346	Robert	Ham 277	David	Ham 74
Ruth	Brs 429	Samuel	Ham 101	Elijah	Ham 268
Samuel	Brs 429	Stephen	Brs 306	Elisha	Ham 87
Stephen	Brs 346	Tarbox	Ess 546	Francis	Ham 54
Wesson	Brs 334	William	Brs 304	Jason	Ham 266
Moshier, Samuel	Wor 154	William	Mid 129	Jeremy, Capt.	Ham 268
Mosier, Freeman	Ber 262	Windsor	Mid 129	John	Ber 249
Mosley, Azariah	Ham 119	Mowat, James	Ham 124	John	Ham 87
Hannah, Wd.	Ham 120	Mowatt, Hugh	Ess 519	John	Ham 242
Israel	Ham 120	Mower, Ebenr.	Wor 183	John, Junr.	Ber 249
Jeremiah	Ham 120	Enoch	Ess 433	Marsena	Ham 266
Noah	Ham 118	Ephraim	Wor 183	Noah	Ham 87
Pliny	Ham 120	John	Ess 432	Phinehas	Ham 54
Wm.	Ham 121	John	Wor 186	Reuben, Colo.	Ham 268
Mosman, Abel	Wor 449	John, Junr.	Ess 425	Samuel	Ham 240
Ezra	Wor 449	Samuel	Wor 491	Seth	Ham 86
Mark	Wor 437	Thomas	Wor 183	Simeon	Ham 74
Matthias	Mid 70	Mowrey, Isreal	Wor 383	Southwick	Ber 130
Micah	Mid 252	Mowry, David	Wor 481	Wm.	Nor 150
Moses	Mid 120	Henry	Wor 383	Munnings see Sawin	
Samuel	Wor 450	James	Brs 321	Munro, Abigail	Mid 351
Silas	Mid 120	Richard	Wor 467	Allen	Brs 312
Moss, Amos	Ham 253	Wanton	Wor 467	Andrew	Ess 13
Darby	Ber 227	Mozier see Mosier		Benjamin	Brs 306
Luther	Ham 253	Much, Cyprain	Ham 297	Ebener.	Mid 351
Pero	Brs 314	Timothy	Ham 297	Henry	Ply 42
Samuel	Wor 282	Muchmore, Jeffrey	Ess 330	Henry	Ply 66
Samuel	Wor 285	John	Ess 330	Ishmael	Mid 344
Timothy	Ess 583	Mudge, Enoch	Ess 429	John	Mid 351
Willm.	Wor 285	Jervis	Ber 237	Jonas	Mid 335
Willm., Jur.	Wor 285	John	Ess 429	Joseph	Mid 351
Motey, John	Ess 406	Joseph	Ess 365	Nathan	Mid 351
Mott, Atwood	Ply 134	Joseph	Wor 450	Nathaniel	Brs 382
Lyman	Ber 199	Nathan	Ess 434	Philn.	Mid 351
Samuel	Ham 311	Nathn., Jr.	Ess 435	Phips	Ess 378
Stephen	Ply 131	Simon	Ess 11	Saml.	Nor 150
Stephen	Suf 147	Stephen	Ber 163	Stephen	Brs 402
Thomas	Brs 347	Mugford, Lidia	Ess 483	Stephen, 2d.	Brs 399
Mottey, Joseph	Ess 452	William	Ess 385	Thaddeus	Mid 350
Moulten, Benjamin	Ess 6	Muggs see Meeggs		Thom.	Nor 150
Benjamin, Jr.	Ess 6	Mugridge, John	Ess 215	Timothy	Wor 509
Ebenezer	Ess 6	Muley, Rebecca	Ess 392	William	Mid 351
Ebenezer, Jur.	Ess 6	Mulford, Joshua	Bar 21	William, 2d.	Mid 351
Elisabeth	Ess 20	Muliken, Susanna	Ess 280	Wm.	Nor 150
Moulton, Aaron	Mid 129	Mullen, Robert	Ess 280'	see Muro	
Abner	Ham 267	Mullet, Abigail	Ess 484	Munroe, Aaron	Wor 370
Ariel	Ham 267	Abm.	Wor 319	Abraham	Wor 366
Billy	Ess 537	Epm.	Mid 170	Abraham	Wor 370

Amos	Wor 494	Mary	Ess 423	Ebenezer	Ham 307
Benjamin	Mid 23	Mary	Mid 170	Ebenezer	Nor 182
Benjamin	Mid 430	Peter	Ess 420	Eber	Ham 74
Bennet	Ply 16	Samuel	Wor 512	Eleazer	Ham 252
Daniel	Nor 249	Murrey, Eliza.	Ess 539	Elijah	Ham 12
David	Mid 421	Murry, Betsy	Bar 74	Elijah	Ham 60
David, Jur.	Mid 410	Conn	Ber 107	Elijah	Ham 307
Ebenez.	Wor 460	Elizabeth, Wido.	Ess 332	Elisha	Ham 64
Jedediah	Nor 237	John	Ess 332	Elisha	Ham 250
John	Ham 239	John	Ham 255	Elisha	Nor 182
Jona.	Wor 494	Murwin, Moses	Ber 210	Elizabeth	Nor 189
Lemuel	Wor 333	Mutnam, Matthew	Ess 9	Enos	Ham 13
Lois	Mid 422	Muxham, Abigal	Ham 187	Ephm.	Mid 456
Mary	Ply 125	John	Ham 187	Eunic	Ham 292
Nathan	Mid 278	John	Ply 12	Ezra	Nor 182
Nathaniel	Wor 370	Kingman	Ham 187	Jacob	Ham 305
Nehemiah	Nor 237	Rebeckah	Ham 187	Jacob	Ham 307
Oliver	Mid 278	Zebede	Ham 187	James	Ply 38
Oliver	Wor 366	Muxsom, Abigail, Wo.	Ply 89	James	Ply 134
Saml.	Mid 170	Thomas	Ply 90	Job	Nor 182
Samuel	Wor 252	see Maxsom, Muxson		Joel	Ham 255
Shubael	Ply 125	Muxson, Samuel	Ply 89	John	Ber 166
Stephen	Mid 455	Muze, Benoi	Nor 321	John	Ham 64
Stephen	Wor 161	Muzzey, Edmund	Wor 491	John	Ham 287
Timothy	Ess 426	Isaac	Wor 491	John	Nor 189
Timy.	Ess 451	John	Wor 491	John	Ply 38
William	Ply 17	Jonas	Wor 491	John	Ply 121
William	Wor 212	Muzzy, Amos	Mid 351	Jonathan	Ber 118
MunRoe, Jonas	Mid 39	Amos, 2d.	Mid 351	Jonathan	Brs 300
Munsell, Elish	Ham 215	Ebenezer	Mid 351	Jonathan	Ply 38
Munson, Moses	Ham 67	John	Mid 351	Jonathan, Revd.	Ham 156
Moses, Jur.	Ham 67	John	Wor 270	Joseph	Ham 67
Reuben	Ham 67	Jonathan	Wor 178	Joseph	Ham 192
Salmon	Ham 334	Nathan	Wor 178	Joseph	Nor 182
Samuel	Bar 65	Wm., Lt.	Wor 417	Joseph	Ply 133
Stephen	Ham 127	Myers, James	Ess 332	Joseph, junr.	Nor 182
Munyan, Gabriel	Ess 399	Mylor, Mary	Ess 410	Joseph, Junr.	Ply 135
Jonathn.	Ham 10	Myrick, Abigail	Nan 48	Joshua	Nor 189
Murdock, Aaron	Mid 134	Andrew	Nan 48	Josiah	Ham 288
Abial	Wor 417	Andrew	Nan 64	Judah, Jr.	Ham 47
Ebenezer	Nor 248	George	Nan 48	Judah, Revd.	Ham 47
Elisha	Mid 278	Hannah	Nan 64	Luke	Ply 35
Elisha	Ply 12	Isaac	Bar 78	Lydia	Ham 323
Elisha	Wor 467	Jacob	Ess 33	Lydia	Ply 38
Ephm.	Wor 227	James	Nan 64	Marey, Wid.	Nor 171
Ephraim	Nor 248	Jemima	Nan 65	Matthew	Ply 35
Esther	Mid 278	Jonathan	Nan 64	Miriam, Wid.	Nor 171
James	Wor 227	Mathew	Brs 429	Morish	Ess 534
James, Jr.	Wor 227	Sarah	Nan 54	Moses	Ham 64
John	Ply 12	William	Bar 78	Moses	Ham 291
John	Ply 90			Moses	Nor 182
John, Jur.	Ply 90			Nathl.	Ply 38
Jonathan	Mid 278	--- N ---		Noah	Ham 307
Joshua	Wor 417			Peter	Ply 35
Levi	Ply 90			Phebe, Wd.	Ham 252
Luther	Ply 90	Naman, Nathan	Brs 310	Rebecca, Wd.	Ham 239
Nathaniel	Nor 253	Nantz, Henry	Ess 506	Reuben	Ham 292
Robert	Mid 279	Mary	Ess 473	Revere	Ham 196
Robert, Lt.	Wor 417	Nicholas	Ess 509	Revere	Ham 343
Saml.	Mid 278	Nap, Jonathan	Ber 154	Samuel	Ham 64
William	Ply 12	Narboth, John	Nan 70	Samuel	Wor 512
Muro, Joseph	Ply 42	Narramore, Alpheus	Ham 311	Shubael	Ber 131
Nathan	Brs 311	Joseph	Ham 311	Silvester	Ham 200
Murphey, Martin	Ham 168	Thaddeus	Ham 311	Simeon	Brs 429
Murphy, Daniel	Ham 238	Nash, Abigail	Ber 105	Solon	Ply 133
Daniel	Ham 244	Anna	Ber 256	Stephen	Ber 256
David	Ess 408	Asa	Ham 251	Sylvanus	Ham 74
Margt.	Ess 412	Asa	Nor 171	Sylvester, Doctr.	Ham 257
Milon	Ess 29	Asa	Ply 38	Thomas	Ham 64
Timothy	Ham 243	Benjn.	Nor 171	Timothy	Ham 255
William	Ess 113	Charles	Nor 182	Timothy	Nor 182
Murray, Alexander	Wor 512	Daniel	Ham 74	Tubal	Ham 74
Eliza.	Ess 418	Daniel	Ham 305	Zadoc	Nor 182
Hannah	Ham 4	Daniel	Ply 35	Zichri	Nor 182
Jack	Ber 108	Daniel, Jun.	Ham 305	Nason, Elias	Nor 85
Jno.	Nor 129	David	Ham 252	Jacob	Mid 488
Lydia	Ess 419	Ebenezer	Ham 240	Jessee	Nor 96

Name	Ref
Micah	Mid 171
Nathanael	Nor 96
Willaby	Nor 96
Nation, London	Nan 77
Navens, William	Ess 143
Nayson, Oliver	Wor 198
Nazro, John	Wor 185
Neagles, Ann	Mid 186
Micah	Mid 186
Neal, George	Brs 371
Joseph	Ply 128
William	Mid 279
Neale, Benja.	Ess 365
David	Ess 374
Jona.	Ess 374
Jona.	Ess 394
Neat see Neet	
Neck, Elizabeth	Ess 484
Needham, Anthony	Ham 268
Asa	Mid 388
Catherine, Wd.	Ham 275
Daniel	Ess 403
Daniel	Ess 451
Daniel	Wor 504
David, Capt.	Ham 275
Edmund	Ess 403
Hannah, Wd.	Ham 276
Humphrey	Ham 277
Isaac	Ess 390
Jasper	Ham 276
Jeremiah	Ham 276
John	Ess 9
John	Ess 27
John	Mid 100
John	Nor 96
John, Junr.	Ess 13
Joshua	Ham 106
Lydia	Ess 13
Nath	Ess 362
Stephen	Ess 13
Stephen	Ham 277
Thomas	Wor 333
Wm.	Wor 333
Needom, Isaac	Wor 275
Neel see Neet	
Neet, John	Ess 489
Negro, Thos.	Ply 106
Negus, Joel	Wor 282
John	Wor 282
Paul	Wor 282
Samuel	Ber 143
Nellage, Duncan	Ess 334
Nellson, Hezh.	Ham 277
Solomon	Ham 277
Nelson, Aaron	Ess 248
Aaron	Ham 127
Aaron	Ham 256
Abijah	Wor 185
Amos	Ess 248
Anna, wd.	Wor 394
Asa	Ess 248
Benja.	Ham 294
Benjamin (2)	Ham 274
Daniel	Ber 143
David (2)	Ess 256
David	Wor 369
Ebenezer (2)	Ply 3
Ebenr., Mr.	Ply 87
Edward	Ham 83
Eli	Ham 276
Ezra	Wor 394
Garshom	Wor 394
George	Ham 277
Hezekiah	Ply 4
Hiram	Ply 87
Isaac	Ply 87
Isaac	Wor 385
James	Ber 141
James	Ber 170
James Y.	Ham 359
John	Mid 302
John	Wor 185
John, Col.	Ply 87
Jonathan	Wor 372
Joseph	Wor 164
Joseph	Wor 385
Joseph W.	Ply 3
Josiah	Mid 22
Josiah	Wor 394
Lemuel	Ham 357
Lemuel	Ply 3
Luther	Ham 359
Michul	Wor 352
Moses	Ber 256
Moses	Ess 248
Nathll.	Ess 248
Oliver	Ber 256
Paul	Ess 247
Paul, Capt.	Wor 385
Ruth	Ham 351
Saml., Majr.	Wor 394
Saml., Revd.	Ply 87
Samuel	Ess 334
Samuel	Ham 277
Seth, Deac.	Wor 394
Simeon, Lt.	Wor 394
Solomon	Ess 247
Solomon	Ess 257
Stephen	Ess 255
Stephen	Ham 329
Thomas	Mid 22
Thomas	Ply 5
Thomas	Ply 87
Thomas	Wor 385
Thomas, Jr.	Wor 385
Thos., Jr., Dr.	Ply 87
Timothy	Ham 275
William	Ber 256
William	Ham 59
William	Ham 188
William	Ply 14
William, Mr.	Ply 87
see Miller	
Nesbett, Hannah	Ber 137
Robert	Ber 136
Nesbitt, Robert	Ber 268
Neton, Sylvanus	Ham 101
Nettleton, Edward	Ham 30
Neuton, Barnabas	Wor 194
Nevers, Hannah, Widw.	Ham 242
Samuel	Mid 344
Nevins, Sarah	Wor 256
New, James	Wor 199
Newall, Theodore	Ber 230
Newbegin, George	Nan 62
James	Nan 47
Newberry, Lemuel	Ply 53
Newbree, Elias	Ber 128
Newbury, Tryphena	Ess 530
Newcomb, Abraham	Nor 171
Annis	Wor 300
Asa	Brs 382
Bradford	Ham 221
Bryant	Nor 171
Charles	Nor 117
Daniel	Ham 83
David	Bar 59
David	Ham 221
Eben., Ju.	Nor 117
Ebenezer	Ham 54
Ebenr.	Nor 171
Elisha	Bar 65
Elisha	Bar 71
Elisha	Ham 221
Hezakiah	Bar 71
Hezekiah	Ham 78
Hezekiah, Junr.	Ham 83
James	Bar 71
Jemima	Bar 74
Jeremiah	Bar 59
Jeremiah	Bar 72
Jno.	Nor 117
Jno. R.	Nor 117
John	Brs 382
John Young	Bar 74
Jonan.	Nor 171
Jonathan	Brs 386
Joseph	Bar 65
Joseph	Brs 382
Joshua	Bar 72
Josiah	Brs 382
Lemuel	Bar 71
Lemuel, Jur.	Bar 71
Mary, Wo.	Ess 163
Micah	Nor 171
Nehemh.	Ham 221
Oliver	Suf 147
Remember	Nor 171
Richard	Brs 382
Richard E.	Ham 74
Richd.	Nor 117
Sally	Bar 71
Sally	Duk 454
Saml.	Nor 171
Samuel	Brs 382
Seth	Bar 71
Silvester	Brs 382
Simon	Bar 74
Simon, Jur.	Bar 71
Simon, 3d.	Bar 75
Theophilus	Bar 65
William	Ham 78
William, 2d.	Ham 78
Willm.	Ham 323
Wm.	Bar 39
Newel, ...	Wor 331
Aaron	Wor 512
Jonas	Wor 310
Joseph	Ess 207
Rufus	Wor 512
Samuel	Brs 322
Samuel, Junr.	Brs 322
Stephen	Wor 331
Timothy	Wor 334
Newell, Aaron	Ber 199
Abigail	Nor 226
Abijah	Ham 265
Abijah, Jr.	Ham 265
Andr.	Mid 171
Asa	Ham 237
Asa	Wor 333
Daniel	Ham 200
Daniel	Ham 235
Daniel	Ply 132
Ebenezer	Ber 152
Edw.	Mid 186
Elipht.	Mid 171
Elisha	Ber 137
Eliz.	Mid 171
Eliz.	Mid 186
Elizabeth, Wido.	Nor 320
Ephraim	Ber 193
George	Nor 320
Hannah	Mid 171
Hart	Ber 249
Jesse	Ham 83
Jesse	Nor 324
John	Ber 250
John	Ham 247
John	Ham 298
John	Wor 267

John, Jr.	Ber 250	Lois	Ess 426	Samuel	Ess 574		
Jonathan	Mid 431	Mary	Ess 428	Seth	Ber 119		
Jonathan	Nor 324	Mary	Wor 491	Thos.	Ess 442		
Jonathan A.	Mid 438	Matthew	Ess 450	Timothy	Ess 335		
Joseph	Suf 137	Micajah	Ess 429	William	Ess 574		
Joseph	Wor 250	Michael	Wor 437	Newmarch, Hannah	Ess 580		
Joseph	Wor 333	Napt.	Mid 171	John	Ess 580		
Josiah	Ber 210	Nathan	Ess 430	Newmarsh, Joseph	Ess 334		
Josiah	Nor 320	Nathan	Ham 206	Newport, Betty	Ber 258		
Levi	Ply 132	Nathaniel	Ess 7	Dan	Wor 252		
Mary	Mid 186	Nathaniel, Jur.	Ess 7	John	Ess 361		
Phebe	Ham 101	Nehemiah	Brs 276	Peter	Ham 64		
Ruben, Majr.	Nor 301	Nehemiah, Jur.	Brs 276	Prince	Brs 429		
Samuel	Brs 323	Noah	Ess 450	Newton, Aaron	Wor 200		
Sary	Ber 249	Olive	Mid 302	Abel	Wor 203		
Silas	Nor 370	Oliver	Mid 59	Adonijah	Mid 423		
Solomon	Ham 187	Peter	Ess 487	Alven	Wor 204		
Stephen	Ham 265	Pharaoh	Ess 432	Amos	Wor 203		
Susan.	Mid 171	Phebe	Ess 450	Asa	Ham 343		
Thomas	Wor 427	Philip	Ess 492	Asa	Wor 369		
see Nowell		Phinehas	Wor 491	Asa	Wor 419		
Newhall, Aaron	Ess 429	Polly	Ess 438	Asa	Wor 512		
Aaron	Ess 450	Rebecca	Ess 396	Asahel	Ham 83		
Abijah	Ess 434	Reuben	Mid 301	Asher	Ham 74		
Allen	Ess 426	Reuben	Wor 492	Barzellel	Wor 200		
Amos	Ess 438	Richard	Ess 426	Benjamin	Wor 185		
Amos	Ess 450	Rufus	Ess 435	Caleb	Wor 201		
Artemas	Mid 502	Rufus, Jr.	Ess 426	Charles	Wor 517		
Asa	Ess 444	Saml.	Ess 432	Cyprian	Ham 187		
Benj.	Ess 440	Saml.	Mid 198	David	Wor 203		
Benj., Jr.	Ess 437	Samuel	Ess 388	David	Wor 492		
Charles	Ess 441	Samuel	Ess 462	Ebenez.	Wor 419		
Daniel	Ess 438	Samuel	Ham 59	Ebenezer	Wor 199		
Daniel	Ham 59	Sarah	Ess 438	Ebenr., Ju.	Wor 206		
Daniel	Wor 437	Sarah	Ess 485	Edmond	Wor 275		
Daniel, Jur.	Ham 59	Theodore	Ham 208	Edmund	Wor 491		
Daniel A. B.	Ess 438	Theodore	Mid 512	Elias	Ham 138		
Darius	Brs 276	Thomas	Ess 359	Elijah	Wor 201		
David	Ess 7	Thomas	Ess 409	Elisabeth	Ham 287		
David	Ess 450	Thomas	Wor 491	Ephraim	Mid 146		
David	Ham 217	Thomas, 2d.	Wor 491	Ezekiel, jun.	Wor 492		
Ebenr.	Ess 437	Thos.	Ess 441	Ezra	Wor 201		
Ebenr.	Mid 529	Thos.	Mid 536	George	Ham 343		
Eliza.	Ess 432	Timy.	Ess 433	Gershom	Ber 152		
Else	Ess 406	Willm.	Ess 440	Grace	Wor 372		
Estes	Ess 433	Willm.	Ess 450	Haven	Wor 209		
Ezekl.	Ess 450	Willm., 5th.	Ess 445	Hezekiah	Wor 512		
Gilbert	Ess 360	Willm., Jr.	Ess 441	Isaac	Ber 126		
Hanson	Ess 426	Willm., 3d.	Ess 440	Isaac	Ham 74		
Hiram, Esqr.	Wor 285	Winthrop	Ess 426	Isaac	Wor 205		
Increas	Ess 439	Wm.	Mid 171	Iva	Wor 275		
Israel	Ess 439	Wright	Ess 450	Jason	Ber 162		
Jabez	Ham 59	see Breed, Mason, Neuhall		Jeremiah	Ham 54		
Jacob	Ess 445	Newhouse, William	Ham 188	Jeremiah	Wor 199		
Jacob	Ess 450	Newhull, David	Wor 352	Jerushah	Mid 416		
Jacob, Jur.	Ess 445	Moses	Wor 352	Jesse	Ham 139		
Jacob, 3d.	Ess 445	Newland, David	Brs 383	Joab	Wor 419		
James	Mid 301	Enos	Brs 383	Joel	Wor 417		
James, Esqr.	Ess 441	Jacob	Brs 386	John	Ber 230		
James, Jr.	Ess 428	Jeremiah	Brs 383	John	Ham 74		
James, 3d.	Ess 441	Jonathan	Brs 383	John	Ham 111		
James, 3d.	Ess 448	Newman, Andrew	Nor 241	John	Ham 156		
Jedh.	Ess 440	Benjamin	Ess 335	John	Wor 164		
Joel	Ess 438	Elisha	Ess 573	John	Wor 203		
John	Ess 432	Elizabeth, Wido.	Ess 334	John	Wor 235		
John, 3d.	Ess 430	Gawen B.	Wor 351	John	Wor 250		
John B.	Ess 430	Henry	Nor 152	John, Junr.	Ham 74		
Jona.	Ess 448	John	Ess 124	Jonah	Wor 504		
Jona.	Wor 285	John	Ess 335	Jonas	Mid 148		
Joseph	Ess 7	Joseph	Ess 335	Jonathan	Wor 372		
Joseph	Ess 394	Joseph	Wor 351	Joseph	Mid 410		
Joseph	Ess 429	Mark	Ess 191	Josiah	Wor 205		
Joseph	Ess 496	Michiel	Ess 576	Josiah	Wor 417		
Joseph	Wor 504	Nathaniel	Ess 335	Jotham	Ham 232		
Joseph, Jur.	Ess 7	Nathaniel, Jr.	Ess 335	Jotham	Wor 331		
Joshua	Wor 285	Samuel	Ber 119	Lemll.	Wor 300		
Levi	Ham 216	Samuel	Ess 335	Levi	Ham 54		

Levi	Wor 164	Andrew	Ess 4	Mary	Nor 327
Lucy	Wor 185	Andrew	Ess 429	Mich.	Mid 399
Martin	Wor 361	Asa	Ham 329	Miriam	Ply 133
Martin	Wor 372	Asa	Ply 106	Moses	Ess 81
Mary	Wor 201	Asher	Ham 270	Moses	Wor 240
Merriam	Wor 504	Benjamin	Wor 449	Nathan	Ham 78
Micah	Mid 420	Caleb	Nor 328	Nathaniel	Nor 332
Moses	Ham 47	Caleb	Wor 331	Nathaniel, jur.	Nor 332
Moses	Wor 361	Daniel	Ess 81	Noah	Nor 330
Nahum	Wor 366	Daniel	Ham 270	Noah	Ply 130
Nahum	Wor 504	Daniel	Nor 332	Peter	Nor 331
Nathan	Wor 419	Daniel	Wor 155	Rachel	Ber 268
Nathan B.	Wor 238	David	Ber 149	Rebeckah	Wor 450
Nathaniel	Ham 335	David	Nor 332	Richard	Mid 301
Obediah	Wor 206	David	Wor 155	Robert	Wor 238
Oliver	Ham 244	David	Wor 240	Robert, Capt.	Wor 412
Oliver, Jr.	Ham 244	David	Wor 311	Samll.	Ber 228
Ozias	Ham 74	David	Wor 343	Samll.	Mid 512
Paul	Ham 115	David	Wor 450	Samuel, Captn.	Ham 271
Peter	Wor 235	David, Jur.	Wor 343	Simon	Mid 301
Peter	Wor 512	David Jones	Nor 331	Simon, jur.	Mid 302
Philo	Ber 152	Edmind	Wor 331	Solomon	Wor 238
Reuben	Wor 204	Edmund, Jn.	Wor 331	Steph.	Mid 399
Rhoda	Wor 200	Elijah	Ham 209	Stephen	Ber 268
Richard	Brs 371	Elijah	Wor 239	Stephen	Ess 33
Roger	Ham 74	Enoch	Ess 81	Stephen	Ess 81
Roswel	Ham 126	Fortunalus	Wor 189	Stephen	Ess 357
Samuel	Ham 74	Hay	Mid 302	Stephen	Ham 270
Samuel	Wor 512	Henry	Wor 242	Thomas	Nor 331
Seth	Wor 205	Henry, Junr.	Wor 242	Thomas	Wor 185
Silas	Wor 199	Hezekiah	Ess 82	William	Mid 335
Silas	Wor 300	Horatio	Nan 72	William	Nan 74
Silas	Wor 352	Isaac	Wor 450	William	Wor 238
Silas	Wor 504	Israel	Wor 437	William	Wor 437
Simeon	Mid 512	Israel, Doct.	Nor 332	William, Junr.	Wor 238
Solomon	Wor 200	Israel, Jun.	Wor 437	Wm.	Mid 399
Solomon	Wor 372	Jabez	Wor 331	Wm.	Wor 333
Stephen	Ham 266	Jabez, Captn.	Ham 270	Zachariah	Wor 450
Stephen	Wor 203	James	Ber 228	Zadok	Ham 271
Timothy	Wor 300	James	Mid 301	see Nichos, Stoddard, Wood	
Timothy	Wor 419	James, jur.	Mid 301	Nicholson, Hannah	Ply 6
Timothy, Jr.	Wor 419	Jeremiah	Mid 301	Jno.	Nor 152
Tyrus	Wor 385	Jeremiah	Wor 333	John	Nor 372
Uriah	Wor 517	Jerusha	Ess 33	Nathan	Ber 188
Willard	Wor 200	Jesse	Mid 301	Seth	Ply 12
William	Mid 423	John	Ber 109	Thomas	Ess 493
William	Wor 216	John	Ber 268	Thomas	Ess 513
see Neuton		John	Ess 35	William	Ess 513
Ney, Jonathan	Ham 111	John	Ess 418	Nichos, Edmund	Mid 302
Nice, George	Ham 177	John	Ess 429	Nick, Jona.	Ess 403
see Nie		John	Ess 552	Nickels, Asa	Ham 192
Nichels, Thomas	Ham 192	John	Ham 270	James	Ham 192
Thomas, Jur.	Ham 192	John	Mid 301	Nickerson, Allen	Bar 59
Nicholas, Aaron	Brs 280	John	Nor 327	Asa	Bar 12
Edward	Brs 280	John	Wor 155	Azubah	Bar 96
Eleazer	Brs 282	John	Wor 204	Barzilla	Bar 9
Hannah, Wid.	Brs 280	John	Wor 241	Bassett	Bar 12
James	Brs 280	John	Wor 333	Benjn.	Bar 10
Joseph	Brs 279	John, Jr.	Ber 268	Betsy, wd.	Bar 31
Mary, wd.	Wor 383	John, Junr.	Wor 155	Betsy, Wd.	Bar 59
Nicholes, James	Bar 61	John, jur.	Mid 301	Caleb	Bar 18
Nicholl, Josiah	Ber 129	Jonathan	Ber 228	Caleb, jur.	Bar 18
Nicholles, Thos.	Ess 378	Jonathan	Mid 320	Christian	Bar 13
Nicholls, Asa	Wor 250	Jonathan	Ber 161	Constant	Bar 18
David	Ess 379	Jonathan	Wor 235	Covel	Ham 78
Ichabod	Ess 394	Jonathan	Wor 419	Daniel	Bar 31
Isaac (2)	Wor 250	Jonathn.	Wor 333	David	Bar 7
James	Ess 388	Joseph	Ber 256	David	Bar 18
Jno.	Ess 398	Joseph	Ess 33	David	Bar 20
Nichols, Aaron	Nor 332	Joseph	Nan 70	David	Bar 29
Aaron	Wor 343	Joseph	Wor 189	David	Ham 74
Abner	Ham 271	Joseph	Wor 351	Ebenezar	Bar 58
Adna	Mid 351	Kendal	Wor 450	Ebenezor	Bar 14
Alexander	Wor 333	Levi	Wor 437	Edward	Bar 9
Alpheus	Mid 138	Lois, Wido.	Ham 270	Edward	Ham 78
Amasa	Wor 343	Lott	Nor 332	Eleanor	Bar 29
Ambrose	Nor 332	Malachi	Ham 276	Elijah	Bar 47

Enoch	Bar 12	William	Bar 59	Nimmocks, Mary	Ham 180
Enock	Ham 74	Yates	Bar 25	Nimox, Noble	Ham 122
Enos	Bar 12	Zaheth	Bar 18	Richard	Ham 122
Enos	Bar 58	Nicklas, Job	Mid 38	Nims, Amasa	Ham 59
Ensign	Bar 18	John	Mid 38	Ariel	Ham 54
Ezrael	Bar 31	John, Jr.	Mid 38	Asa	Ham 323
Ezra	Bar 18	see Nickles		Calvin	Ham 197
Ezra	Bar 20	Nickles, Isaac	Mid 42	Daniel	Ham 323
Hannah, wd.	Bar 10	James	Mid 38	Daniel, Jr.	Ham 323
Hannah, wd.	Bar 11	Joseph	Mid 41	Ebenezar	Ham 200
Hatsael	Bar 74	see Nicklas		Elijah	Ham 323
Heman	Bar 29	Nickoles, John, Jur.	Ber 207	Elisha	Ham 54
Henry	Bar 14	Nickols, Amos	Ber 193	Hull	Ham 74
Isaiah	Bar 31	Benjamin	Ess 281	Israel	Ham 60
James	Bar 14	David	Mid 186	John	Ham 329
James	Bar 29	Dolley	Ess 281	Jonathan	Ham 197
James	Bar 58	Ebenr.	Mid 186	Moses	Ham 54
James, jur.	Bar 29	Ichabod	Ess 378	Polly	Ham 59
Jeptha	Bar 29	Israel	Brs 304	Reuben	Ham 323
Jeremiah	Bar 18	Israel, jr.	Brs 304	Saml.	Ham 335
Jesse	Ber 174	Jno.	Mid 186	Samuel	Ham 200
John	Bar 12	John	Ber 206	Seth	Ham 54
John	Bar 29	John	Ess 192	Nipton, ---	Wor 411
John	Bar 31	John, jur.	Ess 192	Nisbit, Elisabeth	Bar 73
John	Bar 96	Jona.	Mid 171	Nixon, John	Mid 114
John, jur.	Bar 29	Jonathan	Wor 512	Joseph	Mid 264
Jonathan	Bar 18	Joseph	Brs 304	Thomas	Mid 140
Jonathan	Bar 31	Joseph	Ham 23	Thomas	Wor 204
Jonathan	Bar 58	Joseph	Ham 329	Nobbs see Nobles	
Joseph	Bar 59	Joshua	Ham 10	Noble, Aaron	Ber 199
Joseph, Negro	Ply 128	Lemuel	Ber 193	Amos	Ham 359
Joshua	Bar 22	Nathn.	Mid 186	Asa	Ham 118
Josiah	Bar 29	Phillip	Ess 192	Bartholomew	Ham 123
Josiah	Bar 59	Phineas	Ess 281	Benj.	Ess 163
Leonard	Bar 18	Saml.	Ham 329	Benjamin	Ham 119
Lumberd	Bar 18	Thaddeus	Wor 512	Calven	Ham 122
Mao	Bar 60	Thomas	Ess 281	Daniel	Ess 165
Martha, Wd.	Bar 59	Wm.	Mid 186	Daniel	Ham 124
Mirick	Bar 18	Nickolson, Francis	Ess 192	David	Ber 108
Moses	Bar 18	Saml.	Mid 171	David	Ber 132
Moses, jur.	Bar 18	Nicolls, Ebenezer	Ham 354	David	Ber 199
Nathan	Wor 275	John	Ess 334	Deodaties	Ber 124
Nathaniel	Bar 24	Mary, Wido.	Ess 334	Deodatus	Ber 132
Nehemiah	Bar 58	Nicols, Moses	Ply 18	Deodatus (2)	Ber 144
Nehemiah, Jur.	Bar 59	Nie, Davis	Ber 107	Eager	Ham 127
Olden	Bar 12	Francis	Ber 107	Eli	Ber 231
Phebe	Bar 47	Niel, James	Brs 404	Ezekiel	Ber 228
Phillip	Bar 11	Niell see Neet		Francis	Ess 153
Phinehas	Bar 12	Nigh, James	Ber 263	Heman	Ham 122
Phinehas	Bar 59	Nightingale, Dan.	Nor 117	Hezekiah	Ber 226
Phinehas, Jur.	Bar 59	Eben.	Nor 117	Horris	Ham 124
Richard	Bar 20	Ebenezer	Ham 78	Jacob	Ham 119
Saml.	Duk 448	Elisha	Nor 171	Jared	Ham 118
Samuel	Bar 12	Jno.	Nor 117	Jeremiah	Ber 222
Seth	Bar 10	Jos.	Nor 117	Joseph	Ess 134
Seth	Bar 59	Rug.	Nor 117	Mark	Ham 127
Seth, Jur.	Bar 58	Sam., Ju.	Nor 117	Mary, Wo.	Ess 138
Silus	Bar 14	Saml.	Nor 117	Matthew	Ber 231
Silus, jur.	Bar 14	Wm., Capt.	Wor 417	Matthew	Ham 118
Silvanus	Bar 29	Niles, David	Ply 87	Nathll.	Ber 223
Simeon	Bar 18	Ebene.	Nor 152	Nathll., jun.	Ber 223
Simeon	Bar 20	Ebenezer	Ham 298	Noah	Ham 121
Simeon	Bar 32	Ebenezer	Nor 276	Oliver	Ber 223
Sluthiel	Bar 18	Elijah	Brs 392	Reuben	Ham 359
Solomon	Bar 14	Isaac	Nor 276	Royal	Ber 193
Stephen	Bar 9	Jacob	Nor 276	Samel.	Ham 122
Stephen	Bar 14	John	Ber 160	Seth, Mr.	Ham 124
Stephen	Bar 58	Jonathan	Ber 249	Silas	Ber 223
Tabitha, wd.	Bar 18	Joshua	Nor 276	Silas	Ham 139
Thankfull, wd.	Bar 29	Nathaniel	Nor 276	Solomon	Ham 180
Thomas	Bar 14	Peter	Ham 301	Tehan	Ham 359
Timothy	Bar 60	Saml.	Ply 35	Thomas	Ham 122
Tulley	Bar 14	Samuel	Ply 87	Timothy	Ber 149
Uriah	Bar 78	Silas	Mid 171	Timothy	Ham 359
Uriel	Bar 14	Silas, jur.	Mid 171	Warham	Ham 145
Vincent	Bar 12	Stephen	Ham 297	William	Ber 232
William	Bar 15	Nimblet, Robert	Ess 471	Winthrop	Ber 149

Wm.	Ham 119	Benja.	Brs 412	Shubael	Ply 107
Zeccharh.	Ber 229	Benja.	Duk 442	Shubail	Duk 448
Zenas	Ber 216	Benjamin	Ess 334	Solo.	Mid 171
see Fowler, Nobles		Benjn.	Ply 38	Thomas	Ham 244
Nobles, Elihu	Ham 182	Beriah	Duk 441	Thoms.	Brs 319
Eunice, wd.	Wor 385	Bishop	Ess 334	Tristram	Duk 442
John	Ham 181	Burrows	Wor 310	William	Brs 383
John	Mid 313	Charles	Ber 152	William	Duk 444
Nogard, Isaac	Ber 199	Constant	Brs 429	Wm.	Duk 448
Noice see Norie		Constantine	Ess 334	Wm.	Ess 545
Nokes, Isaac	Ber 108	Cornelius	Duk 451	Wm., Jr.	Duk 444
Nolen, George	Nor 232	Darius	Duk 447	see Bassett	
Thomas	Nor 237	David	Ber 236	Norwell, Henry	Ess 58
Nolten see Draper		David	Duk 444	Norwood, Caleb	Ess 153
Nolton, Nathan	Ham 200	Dorcas	Duk 441	Davd., Doctr.	Ess 100
Wm.	Mid 535	Eldad	Ham 359	Elizh., Wo.	Ess 144
Noney, James	Ham 143	Eliakim	Duk 452	Francis	Ess 153
Norcrose, Asa	Nor 356	Elijah	Brs 407	Francis, Jur.	Ess 153
Norcross, Asa	Mid 512	Elijah	Ham 15	Gustaves	Ess 144
Benja.	Mid 521	Elijah	Wor 310	James	Ess 147
Danel.	Wor 231	Elijah, Junr.	Ham 15	John	Ess 453
Daniel	Mid 521	Elizth.	Mid 488	Judith, Wido.	Ess 334
Elijah	Mid 502	Francis	Duk 453	Mary, Wo.	Ess 144
Isaac	Wor 240	Freeman	Ham 64	Nathan	Ess 145
Jacob	Wor 517	George	Ess 334	Solo.	Ess 153
Joel	Ham 262	George	Ess 589	Solomon	Ess 131
Joel	Mid 521	Hannah	Brs 429	Solomon, Jun.	Ess 124
John	Mid 488	Hannah	Ham 359	William	Ess 149
Joseph	Mid 502	Henry C.	Duk 445	Notewere, George	Ber 108
Moses	Wor 366	Ichabod	Duk 445	Notton, Jeremiah	Mid 502
Nathaniel	Mid 279	Isaac	Ber 240	Nours, Rufus	Ess 545
William	Ham 263	Isaac	Duk 445	Nourse, James	Ess 437
Norcut, Elijah	Ply 87	Jacob, Rvd.	Nor 182	John	Mid 434
Elizabeth, Wo.	Ply 87	James	Ber 239	Samuel	Ess 368
Ephraim	Ply 87	James	Duk 448	Nowell, George	Ess 335
John	Ply 87	Jerusha	Nor 376	Joseph	Ess 335
John, Jur.	Ply 87	Joel	Ber 249	Joseph, Jr.	Ess 335
William	Ply 87	John	Brs 308	Moses	Mid 87
Norcutt, Silvenus	Ham 158	John	Duk 442	Richard	Ess 335
Norfolk, John	Ess 410	John	Ess 214	Samuel	Ess 335
Norie, Samuel	Ber 166	John	Ess 334	Silas	Ess 335
Norman, John	Ham 354	John	Nor 189	Noyce, Cyrus	Ham 305
Norris, Charles	Nan 71	John	Wor 235	Enoch	Ess 206
Edward	Ess 395	Jonathan, & Son	Ber 177	Ephriam	Ess 206
John	Ess 395	Jonathan, Jr.	Ber 177	Follensbee	Ess 206
Oliver	Ply 112	Joseph	Duk 442	Isaac	Wor 227
Peter	Bar 93	Joseph	Ham 15	James	Wor 227
Peter, Jr.	Bar 93	Lot	Duk 442	John	Ess 205
Samuel	Duk 442	Lydia	Duk 444	John	Ess 206
Samuel	Ply 24	Martin	Duk 445	Jonathan	Ham 307
Norten, George	Ess 100	Mayhew	Duk 453	Joseph	Ess 206
North, Daniel	Mid 521	Melatiah	Duk 451	Lemuel	Ess 204
Edmond	Ess 208	Michael	Ess 334	Moses	Ess 208
Seth	Ber 108	Nicholas	Duk 445	Samel.	Wor 227
Northam, David	Ham 60	Noah	Duk 442	Stephen	Ess 207
Joseph	Brs 398	Obed	Duk 447	Thomas	Ess 208
Northerly see Fairfield		Oliver	Ess 591	William	Ess 207
Northern, Samuel	Ess 204	Peter	Duk 452	see Jaquish	
Northey, Abijah	Ess 395	Phebe	Ham 64	Noyes, Aaron	Ess 192
Bettey	Ply 134	Philo	Ham 354	Adam	Mid 14
Elisabeth	Ply 134	Phinehas	Ber 237	Amos	Ess 227
John	Ess 495	Presbury	Duk 453	Amos	Ess 333
Mary	Ply 127	Prince	Duk 445	Amos	Mid 34
Robert	Ply 127	Robert	Ham 359	Anna	Mid 130
Willm.	Ess 436	Ruth	Duk 448	Asa	Mid 120
Northrop, Amos	Ber 112	Saml.	Duk 448	Benjn.	Ply 35
Amos, Jur.	Ber 111	Saml.	Ply 38	Daniel	Ess 575
Barzillai	Ber 111	Saml.	Suf 147	Daniel	Ply 35
John	Ber 112	Samuel	Ber 237	Daniel	Wor 369
Joseph	Ber 149	Samuel	Ber 239	David	Nor 276
Stephen	Ber 158	Samuel	Duk 447	Dorcas, Wido.	Ess 334
Northrup, Elijah	Ber 210	Samuel	Suf 138	Ebenezer	Ess 334
Northum, Timothy	Ber 125	Samuel	Suf 139	Ebenezer	Ply 66
Norton, Aaron	Ess 221	Selah	Ham 30	Edmund, Esqr.	Ess 58
Abel	Ber 199	Selah	Ham 343	Eliab	Ply 35
Baize	Duk 447	Seth	Ber 236	Eliphalet	Ess 81
Bela	Ham 305	Shubael	Duk 445	Eliphalet	Ess 281

Eliphalet — Ess 334
Enoch — Ess 334
Ephraim — Ply 35
Ichabod — Ply 35
Isaac — Ess 333
Jacob — Ess 334
James — Nor 302
John — Ess 223
John — Ess 226
John — Ess 233
John — Mid 129
John — Ply 52
John M. — Ess 334
Joseph — Ess 333
Joseph, 4th. — Ess 333
Joseph, Jr. — Ess 333
Joseph, 3d. — Ess 333
Josiah — Mid 31
Judith, Wd. — Ess 58
Luther — Wor 372
Mary — Ess 226
Mary — Ess 233
Matthew — Ply 38
Nathan — Ess 334
Nathaniel — Ess 333
Nathaniel — Nor 302
Nicholas — Ess 191
Nicolas — Ess 226
Noah — Ess 227
Oliver — Ham 83
Oliver — Mid 120
Parker — Ess 281
Paul — Ess 334
Peter — Mid 118
Richard S. — Ess 333
Samuel — Brs 373
Samuel (2) — Ess 233
Samuel — Ess 333
Samuel — Wor 369
Samuel, Jr. — Ess 333
Sarah — Ess 223
Simeon — Ess 403
Simeon — Ply 52
Stephen — Ess 233
Tabitha — Mid 129
Thomas — Mid 31
Thomas, Revd. — Nor 320
Timothy — Ess 191
Timothy — Ess 333
Ward — Ess 191
William — Ess 333
see Noyce
Noys, Joseph — Ess 224
Nucumb, Samuel — Nor 276
Numan, Daniel — Brs 305
David — Brs 305
David, 2nd. — Brs 308
Jesse — Brs 314
Samuel — Brs 305
Nurse, Abigail — Wor 216
Asa — Mid 148
Asa — Wor 227
Barnard — Wor 216
Benjn. — Wor 193
Daniel — Ess 570
Daniel — Wor 193
David — Wor 210
David — Wor 215
Francis — Mid 416
Joel — Wor 232
John — Mid 148
Jonathan — Ess 7
Jonathan — Wor 210
Joseph — Wor 369
Lawson — Mid 148
Lydia — Wor 196
Nathaniel — Ess 7

Oliver — Wor 209
Reuben — Ham 115
Samuel — Wor 222
Sibella — Wor 214
Stephen — Wor 209
William — Ham 39
see Nourse
Nurss, Caleb — Wor 411
Daniel — Mid 301
Daniel — Wor 411
Francis — Wor 411
Jane, wid. — Wor 412
Jonathan, Capt. — Wor 411
Timothy — Wor 411
Nuting, Charles — Mid 502
Nutt, Abraham — Ham 221
Nutten, Nathan — Mid 4
Nutting, Abijah — Mid 455
Amos — Mid 38
Benja. — Mid 59
Benja. — Wor 227
Daniel — Mid 456
Danl. — Mid 399
David — Ham 277
David — Mid 81
Eben. — Ess 423
Ebenr. — Ham 277
Ebenr. — Mid 59
Elizabeth — Mid 488
Ephm. — Mid 456
Ezekiel — Mid 456
Isaac — Mid 456
James — Ham 270
John — Ess 378
John — Ess 498
John — Mid 59
John — Mid 171
John, Jr. — Mid 59
Jona. — Mid 171
Jona. — Mid 456
Jonathan — Ham 270
Joseph — Ess 386
Levi — Mid 59
Phinehas — Mid 456
Samuel — Mid 264
Samuel — Mid 279
Simeon — Mid 59
Tho. — Mid 399
William — Ess 334
Wm. — Mid 456
Nuttings, Joseph — Ham 74
Nye, Abigail — Bar 37
Allen — Bar 39
Asa — Bar 90
Barnabas — Bar 34
Barnabas — Brs 429
Bars. — Ply 106
Benj., Jr. — Wor 412
Benj., Maj. — Wor 412
Benjamin — Bar 88
Caleb — Wor 300
Crocker — Wor 319
Daniel — Brs 429
David — Bar 47
David — Ply 112
Ebenezer — Bar 36
Ebenezer — Wor 262
Elias — Ply 23
Elihu — Bar 47
Elnathan — Bar 47
Geo. B. — Ply 106
Hannah — Bar 47
Heman — Bar 36
Henry — Suf 141
Jabez — Bar 35
Jabez — Ply 112
Jno. — Wor 311

John — Bar 36
John — Bar 47
John — Ber 262
John — Duk 450
John — Ply 106
John — Wor 412
John, Jur. — Bar 47
John R. — Wor 300
Jonathan — Bar 87
Jonathan — Brs 429
Jonathan — Ply 22
Joseph — Bar 36
Joseph — Wor 300
Katharine — Bar 38
Lemuel — Bar 36
Lemuel — Bar 87
Lemuel, Jr. — Bar 87
Levi — Bar 35
Levi, Junr. — Ber 262
Maltiah — Nan 69
Mary — Bar 35
Mary — Brs 429
Moses — Bar 35
Moses — Bar 40
Nathan — Bar 36
Nathan — Bar 47
Nathan — Brs 429
Nathan — Nan 61
Nathan — Ply 106
Nathan, Jur. — Bar 38
Nathaniel — Bar 36
Nathaniel — Ham 101
Obed — Brs 429
Peleg — Bar 34
Peter — Bar 36
Philip — Wor 311
Prince — Wor 300
Samuel — Bar 42
Samuel — Bar 47
Samuel — Ess 58
Samuel — Ess 90
Samuel — Ham 227
Samuel, Jur. — Bar 47
Seth — Ber 262
Silvanus — Bar 35
Simeon — Wor 411
Solomon, Jur. — Bar 47
Stephen — Bar 39
Stephen — Brs 429
Stephen — Ply 106
Thomas — Brs 429
Thomas, Jur. — Brs 429
Thos. — Bar 41
Timothy — Bar 68
Timothy — Wor 319
William, Jur. — Bar 36
Wm. — Bar 38
Wm., Jr. — Ply 106
Zenas — Bar 39
see Jones, Nie

--- O ---

Oak, Abraham — Wor 212
James — Wor 212
Tabitha — Wor 212
Oakes, Daniel — Wor 286
Ebenr. — Ess 154
Edw. — Mid 171
Edw. — Mid 186
Elijah — Ham 101
Esther — Mid 186
Hannah — Ess 506
Hannah — Ess 510
Haugh — Nor 330

Jacob	Ess 476	Ogleby, Martha	Ess 506	see Olliver	
John	Ess 124	OLarrie, Edmund	Ply 6	Olivers, Stephen	Wor 372
John	Ess 154	Olcott, Jared	Ber 119	Olliver, Peter	Ply 112
John	Ham 101	Olden, Gideon	Ber 162	Susanna	Ply 106
Jona.	Mid 186	Oldham, David	Ply 42	Olmstead, Jonathan	Ham 83
Nehem.	Mid 186	David, Jur.	Ply 42	Nathl.	Ber 107
Rebecca	Mid 171	John	Ply 42	Nehemiah	Ber 107
Stephen	Ham 101	John	Ply 103	Samuel	Ber 256
Thos.	Ess 153	Jonathan	Ply 124	Olney, Benjamin	Brs 311
William	Ess 124	Thomas	Wor 427	Olover, Ja... James	Bar 14
Oakham, Allis	Ply 42	Olds, Aaron	Ber 105	Oman, John	Brs 429
Oakinton see Ockinton		Daniel	Ber 188	Joshua	Brs 430
Oakman, Amos	Ply 97	David	Ham 211	Simeon	Brs 430
Constant F.	Ply 102	Dorothy	Wor 267	Omen, Job	Ply 88
Ebenr.	Ess 441	Ebenezer	Ber 120	Omes see Ornes	
Louisa	Ply 104	Enoch	Ham 259	O'Neill, Mercy, Wido.	Ess 335
Samuel	Ess 386	Ezekiel	Wor 262	Onion, Anna, Wido.	Nor 302
Tobias	Ply 102	Isaac	Ber 118	David	Nor 204
Oaks, Abijah	Wor 333	Isaac	Ber 215	Elihu	Nor 313
Amos	Wor 333	Jesse	Ham 253	Onkamer, Chloe	Ham 354
Caleb	Ess 16	Jonathan	Wor 267	Onthank, James	Wor 203
Calvin	Ham 335	Joseph	Wor 267	Joseph	Wor 204
John	Ham 335	Justice	Ham 359	William	Wor 203
John	Mid 427	Justin	Ham 209	William, Jun.	Wor 203
Josiah, widow	Nor 328	Leman	Ber 117	Orcott, David	Ham 308
see Arnold		Levi	Ham 304	James	Ham 311
Oaland, John	Ess 389	Levi	Ham 359	Jona.	Wor 236
Oatis, James	Mid 171	Luke	Wor 267	Nathan	Ham 305
O. Baine, Mott	Bar 38	Moses	Ham 359	Origen	Ham 311
Obar, Oliver	Ess 538	Nathan	Wor 267	Peter	Ber 107
Obbin, Joseph	Ess 218	Reuben	Wor 267	Thomas	Ham 311
Obear, Abigail	Ess 423	Samuel	Ham 256	Orcut, Sylvanus	Wor 250
Eliza.	Ess 538	Samuel	Ham 311	Orcutt, Andrew	Nor 189
Isaac	Ess 536	Samuel	Ham 359	Bele	Ham 101
Joseph	Ess 542	Seth	Ber 117	David	Ham 357
Peter	Ess 540	Seth	Ber 118	Deborah	Ply 64
Samuel	Ess 564	Silas	Wor 267	Ephraim	Nor 330
Samuel, 2d.	Ess 540	Simeon	Wor 267	Ephraim	Ply 53
William	Ess 387	William	Wor 267	John	Ham 107
Zebulon	Ess 532	Oliver, Aaron	Wor 285	Joseph	Ham 351
Obens, John	Wor 512	Ana, wid.	Wor 411	Josiah	Ham 101
Ober, Andrew	Ess 548	Andrew, Revd.	Ham 216	Leonard	Ply 55
Asa	Ess 539	Anna	Ess 539	Moses	Ber 109
Benja.	Ess 101	Crumwell	Wor 411	Moses	Nor 189
Issacher	Ess 551	Daniel, Rvd.	Ess 523	Nathan	Ply 53
Jerusha	Ess 540	David	Wor 512	Nathaniel	Ply 55
Jona.	Ess 113	Edw.	Mid 187	Reuben	Bar 59
Jonathn. P.	Ess 549	Elizabeth	Ess 503	Samuel	Ham 101
Josiah	Ess 531	George	Ham 216	Stephen	Ham 67
Lydia	Ess 549	George	Wor 285	Ordway, Amos	Wor 428
Mary	Ess 540	Henry	Ess 425	Benjamin	Ess 211
Richard	Ess 536	Henry	Ess 433	Benjamin	Ess 281
Richard, 2nd.	Ess 548	Henry (2)	Ess 453	Benjamin, Jur.	Ess 281
Richard, 3d.	Ess 536	Henry, Jr.	Ess 427	Edward	Ess 281
Samuel	Ess 547	Hubbard	Ess 373	Eliphelet	Ess 210
see Obar, Obear		James	Ess 468	Enoch	Ess 232
Obrian, John	Ess 216	John	Mid 35	James	Ess 211
John	Ess 572	John	Mid 133	James	Ess 281
O. Brian, John	Ber 107	John	Mid 171	James	Ess 293
O Brian, John	Brs 398	John	Wor 285	Joseph	Ess 213
Obriant, Edward	Bar 8	John, Jur.	Wor 285	Peter	Ess 211
O. Brien, Joseph	Ply 12	Mary	Ess 361	Saml., Dr.	Ess 82
OBrien, James	Ply 6	Mary	Ess 410	Stephen	Ess 225
O Brien, John	Ess 335	Nathan	Ply 88	Orent, Elijah	Ply 35
Joseph	Ess 335	Peggy	Ham 60	Organ, Isaac	Ess 438
Obrine, Richard	Nor 320	Phebee, Wo.	Ply 88	Ormes, James	Wor 492
O. Cain see Cain		Robt.	Mid 186	James, jur.	Wor 492
Ockinton, David	Nor 320	Saml.	Ess 445	Ormsbee, Abraham	Brs 301
Ocum, Lydia	Ess 399	Sarah	Ess 389	Abraham	Brs 308
Odberry, John	Ess 418	Sarah	Ess 477	Bejamin	Brs 301
Odel, James	Ess 358	Sarah	Ess 478	Daniel	Brs 305
Odell, Ichabod, Negro	Ham 305	Simon	Wor 411	Luis	Brs 305
Samuel	Ess 403	Thoms.	Wor 411	Ormsbury, John	Ham 39
Odin, Saml.	Mid 171	William	Ess 424	Nathan	Ham 152
Odlin, Samuel	Ess 538	William	Mid 302	Ormsby, Brownell	Brs 430
Odway, Nathan	Ess 232	Willm.	Ess 428	Elijah	Ber 268
Oglebee, John	Ess 503	Wm.	Wor 411	Levi	Ber 104

see Ornsby
Ormstern, Robert — Ham 216
Orne, Eliza. — Ess 389
Hannah — Mid 388
James, Junr. — Brs 321
John — Ess 335
John — Ess 452
John — Ess 462
John — Ess 468
Jonathan — Ess 462
Jonathan, junr. — Ess 498
Joshua — Ess 506
Joshua — Ess 563
Josiah — Ess 397
Mary — Ess 381
William — Ess 335
William — Ess 370
William — Ess 397
see Bowden
Ornes, Michael — Ham 357
Ornsby, Rachel, Wd. — Bar 62
Orpin, Isaac — Nan 62
John Barnard — Nan 57
Orr, Hector — Ply 66
Hugh — Ply 66
James — Ham 311
Mary — Nor 234
Mary — Ply 66
Robert — Ham 243
Robert B. — Ham 242
Orsborn, Hezekiah — Ber 159
James — Ber 159
John — Ber 151
Orsborne, Mary, Wido. — Ess 335
Orter see Arter
Orton, Azariah — Ber 114
Darius — Ber 114
Roger — Ber 263
Orvis, William — Ham 83
Osbern, Luke — Ham 174
Osbon, John — Ham 227
Zebeedee — Ham 221
Osborn, Aaron — Ess 21
Abraham — Ess 21
Alexander — Ham 176
Amos — Ess 29
Anna — Ess 20
Benjamin — Ess 29
Betsy — Ess 396
Caleb — Ess 27
Daniel — Ess 21
Daniel — Mid 118
Daniel — Wor 352
Daniel, Junr. — Ess 26
David — Ham 176
Ebenr. — Ply 126
Ephm. — Wor 428
Ephraim — Wor 212
Jacob — Wor 428
James — Ess 21
James, 3rd. — Ess 26
John — Ber 199
John — Ess 21
John — Ham 179
John — Wor 428
John, Junr. — Ess 25
John, Jur. — Ess 21
Jonathan — Ess 29
Jonathan — Ham 175
Joseph — Ess 29
Joseph, Junr. — Ess 25
Josiah — Ber 210
Luke — Ham 180
Lydia — Ess 25
Mary — Wor 275
Obediah — Mid 118
Patience — Ess 21

Paul — Ess 21
Richard — Ber 199
Richard — Ess 21
Saml. — Nan 73
Samuel — Ess 21
Susanna — Ess 20
Sylvester — Ess 24
Thomas — Wor 212
William — Ess 363
see Osbern
Osborne, Eliza. — Ess 357
Eliza. — Ess 378
Geo — Ess 374
Henry — Ess 381
Robr. — Ess 379
Stephen — Ess 364
Thomas — Ply 66
Osbourn, David — Mid 428
George — Ply 42
George, Jur. — Ply 42
Isaac — Ber 232
Isaac, jun. — Ber 232
James — Mid 430
John — Ply 42
Levi — Ply 42
Samuel — Mid 428
Osbourne, Henry — Duk 444
Joseph — Ber 232
Osburn, Daniel — Ham 266
Richard — Ham 285
William — Ham 188
Osgood, Aaron — Ess 192
Abel — Ess 82
Abel — Wor 374
Abel, Jun. — Wor 374
Abigail — Ess 281
Abigail, Wd. — Ess 59
Alfred — Ess 335
Asahel — Wor 411
Asahel, Jr. — Wor 411
Benja. — Ess 396
Benja. — Mid 399
Benja., Jr. — Ess 396
Benjamin — Ess 58
Benjamin — Ess 293
Chris — Ess 383
David — Ham 107
David — Mid 198
Elihu — Ham 106
Elijah — Ess 58
Eph. — Mid 376
Ephraim — Wor 351
Ephraim — Wor 517
George — Ess 192
Henry — Ess 281
Henry C. — Mid 84
Hooker — Ess 474
Houghton — Wor 517
Huldah, Wido. — Ess 192
Isaac — Ess 389
Jacob — Ess 192
Jacob, Capt. — Ess 59
James — Ess 59
Joel — Wor 351
Joel, Jun. — Wor 351
John — Brs 386
John — Ess 59
John — Ess 207
John — Ess 401
John — Ham 107
Jonathan — Ess 18
Jonathan — Ham 106
Jonathn., Revd. — Wor 450
Joseph — Ess 59
Joseph — Ess 293
Joseph — Ess 367
Joseph — Ess 370

Joseph — Ham 47
Joseph — Wor 237
Joseph — Wor 428
Joseph, Capt. — Ess 59
Joseph, Jr. — Wor 237
Joshua — Mid 302
Josiah — Ham 106
Josiah, Junr. — Ham 106
Luke — Ham 106
Manas. — Wor 411
Moses — Ess 59
Oliver, Capt. — Ess 59
Peter — Ess 59
Peter — Ess 192
Peter — Ess 281
Peter, jur. — Ess 192
Phins. — Mid 388
Ruth, Wd. — Ess 58
Samuel — Ess 82
Samuel — Ess 192
Samuel — Ham 47
Samuel — Ham 106
Samuel — Nor 266
Samuel — Wor 352
Solomon — Mid 84
Stephen — Ess 59
Thomas — Ess 59
Thomas — Ess 192
Timothy — Ess 82
Timothy — Ess 192
Timothy, jur. — Ess 192
Willm. — Ess 58
Willm., junr. — Ess 59
Winthrop, Dr. — Ess 59
see Brown, Eaton
Osier, Martha — Nor 330
Osland, Jona. — Wor 504
Osman see Cox
Osmand, Jane — Ess 537
see Osmon
Osmon, Asa — Ess 537
see Osmand
O. Strander, Abraham — Ber 161
Ostronder, James — Ber 118
Otis, Abijah — Ply 133
Amos — Bar 84
Barnabas — Ply 14
Christopher — Ham 188
David — Ply 133
Ensign — Ply 136
Ephraim — Ply 123
Ignatius — Ply 130
Jaboz — Ham 125
James — Ham 125
James — Ply 127
John — Ham 188
John — Ply 134
John, Junr. — Ply 136
Joseph, Esqr. — Bar 87
Joshua — Ply 136
Joshua, Junr. — Ply 136
Josiah — Ply 66
Mercy — Ply 133
Paul — Ply 131
Phebe — Ply 136
Prince — Ply 133
Prince — Ply 136
Samuel — Ham 149
Samuel A. — Ess 335
Solomon — Bar 85
Ottis, William — Ham 305
Over, Rhoda, Wido. — Ess 335
Owen, Abijah — Ham 124
Asahel — Ham 124
Carmi — Ham 124
Elijah, Jr. — Ber 178
Elijah, Senr. — Ber 178

Elisha	Ham 188	Noah	Ham 307	Daniel	Ess 339
Erastus	Ber 178	Noah	Ply 56	David	Mid 8
Minor	Ber 224	Oliver	Ply 54	David	Mid 360
Rhoda	Ber 163	Parmenas	Ply 53	Dorothy, Wd.	Ess 60
Samuel	Ham 359	Perez	Ham 307	Ebenezar	Brs 347
Samuel, Junr.	Ham 359	Phillip	Ham 307	Isaac	Ham 102
Sarah	Brs 370	Ransom	Ply 53	Jeremiah	Ess 8
Owens, Eleazr.	Ham 209	Robert	Ply 56	Jeremiah, Junr.	Ess 18
Owles, Sarah	Ber 182	Salmon	Ham 216	Jocob	Mid 489
		Samuel	Ham 282	John	Ess 371
		Samuel	Nor 276	John	Ham 102
--- P ---		Seth	Nor 241	John	Mid 172
		Silas	Ply 56	John	Mid 360
		Simeon	Ply 53	John C.	Ess 281
P..., David	Wor 227	Simeon	Ply 56	Jona.	Mid 66
Oliver	Wor 227	Solomon	Ham 206	Jona.	Mid 172
Pace, Thomas	Ess 293	Theophilus, Rev.	Ham 323	Jonas	Mid 465
Packard, Abel, Jun.	Ham 305	Thomas	Ply 53	Jonathan	Ess 281
Abiah	Ply 56	Thomas, junr.	Ply 56	Jonathan	Wor 428
Abiah, junr.	Ply 53	Timothy	Ham 102	Joseph	Nor 96
Abiezer	Nor 267	Timothy	Ham 307	Joshua	Ess 281
Abijah	Brs 430	William	Ply 55	Joshua, Jur.	Ess 281
Abram	Ham 206	Zadock	Ply 14	Lewis	Ham 30
Adam	Ham 305	Zebulon	Ber 167	Nathaniel	Mid 359
Adin	Ply 53	Zenas	Ply 56	Oliver	Mid 465
Ames	Ply 56	Zion	Ply 54	Oliver	Nor 96
Asa	Mid 410	Packer, Thomas	Ess 339	Phinehas	Mid 465
Barnabas	Brs 392	see Parker		Samuel	Ess 9
Barnabas	Ham 305	Paddack, Abishai	Nan 46	Samuel	Ess 281
Barns.	Ham 307	Barnabas	Nan 59	Samuel	Ham 102
Benja.	Nor 267	Benjamin	Nan 46	Simon	Mid 456
Benjamin	Ply 53	Benjn.	Nan 49	Stephen W.	Ess 281
Caleb	Ham 343	Eliphalet	Nan 67	Theophilus	Ham 60
Caleb	Wor 320	Francis	Nan 48	Thomas	Ham 30
Calvin	Brs 392	Hephzibah	Nan 48	Thomas	Mid 360
Charles	Ham 84	Jonathan	Nan 61	Timothy	Ham 101
Content	Ply 53	Joseph	Nan 67	William	Ber 134
Cyrus	Ply 53	Nathaniel	Nan 68	William	Ham 102
Daniel	Ply 53	Peter	Nan 59	William	Mid 360
Ebenezer	Ply 56	William	Nan 46	Wm., Deacn.	Ham 227
Eliab	Ham 216	Paddleford, Zachariah	Ber 140	Pagget, George	Brs 294
Eliab, Jr.	Ham 216	Paddock, Anna	Nan 72	Paige, Benn.	Wor 301
Elijah (2)	Ply 53	Benjan.	Ply 88	Charles	Wor 301
Eliphalet	Ply 56	James	Ham 279	David	Wor 301
Elizabeth	Ham 60	John	Ham 279	James	Wor 301
Ephn.	Wor 197	John	Ply 86	Jesse	Wor 301
Ephraim	Ham 240	Joseph	Ber 256	John	Wor 301
Hez.	Mid 377	Josiah	Brs 282	Luther	Wor 301
Howard	Ply 53	Judah	Bar 26	Moses	Wor 301
Ichabod	Ham 335	Oliver	Wor 267	Nathl.	Wor 301
Ichabod	Wor 320	Reuben	Wor 512	Paul	Wor 301
Isaiah	Ply 56	Reuben, Jr.	Wor 512	Timy.	Wor 301
Jacob	Ham 39	Samuel	Bar 26	Pain, Daniel	Mid 313
Jacob	Ham 216	Zachariah	Ply 83	David	Brs 366
James	Brs 392	see Richmond		Dinah	Ess 398
James	Wor 320	Padelford, David	Brs 357	Ebenezer, 2d.	Brs 293
Jared	Ham 22	Edward	Brs 361	Ebenezor	Bar 13
Jedediah	Brs 392	James	Brs 361	Ebenr.	Mid 187
Jedediah, 2d.	Brs 392	John	Brs 359	Eleazor	Bar 5
Joel	Brs 347	Jonathan	Brs 361	Gilford	Brs 291
John	Ham 307	Joseph	Brs 362	Ichabod	Brs 291
Jona.	Ham 216	Joshua	Brs 361	Isaac	Bar 13
Jonas	Ply 53	Peleg	Brs 361	James	Bar 5
Jonathan	Ply 53	Philip	Brs 361	James, jur.	Bar 5
Jonathan, 2d.	Ply 54	Samuel	Brs 358	Jno.	Mid 187
Joseph	Brs 392	Seth	Brs 360	Job	Brs 294
Joseph	Ply 56	Solomon	Brs 362	Joel	Brs 387
Joshua, Jur.	Ham 311	Zachariah	Brs 362	John	Bar 14
Josiah	Ply 56	Page, ...ahel	Ess 493	John	Brs 290
Kezia	Ply 56	Abel	Wor 430	John	Brs 386
Lemuel	Ply 53	Amos	Wor 430	John, 2d.	Brs 290
Levi	Ply 56	Asa	Nor 96	Jonathan	Brs 312
Lot	Ply 46	Benjm.	Mid 456	Joseph	Brs 291
Luke	Ham 136	Caleb	Ess 281	Mary, Wid.	Brs 291
Luther, heirs	Ham 307	Charles	Nor 267	Nathaniel	Bar 12
Nathan	Ply 53	Christophr.	Mid 360	Nathaniel	Brs 312
Nehemh.	Wor 320	Daniel	Ess 194	Nathaniel, jr.	Brs 312

Name	Loc	Name	Loc	Name	Loc
Pelig	Brs 312	Thomas, 3d.		Panon see Parson	
Phenihas	Mid 6	William	Bar 74	Parady, Emanuel	Duk 443
Samuel	Bar 6	William	Bar 75	Parbridge, Henery	Nor 96
Silvanus	Bar 5	William	Ber 154	Henery, Jr.	Nor 96
Step.	Mid 187	William	Mid 264	Otis	Nor 96
Step., 2d.	Mid 187	William	Nor 85	Parce, Clothier	Brs 347
Susannah	Duk 451	William	Wor 188	Parchard, Samuel	Ess 339
Thanfull, wd.	Bar 13	William	Wor 494	Pardee, Aaron	Ess 337
Thankffull, wd.	Bar 5	Zeba	Nor 276	Paris, Daniel	Ply 15
Warden	Brs 294	see Morse, Wingate		Martin	Ply 28
Zebulon	Ply 36	Paint, Mary	Duk 442	Peter	Ess 337
Zebulon, Jur.	Ply 36	Painter, Joseph	Nan 77	Parish, Benjamin	Ber 178
see Pew, Tillton		Palfray, Deborah	Ess 416	Cyprain	Ham 301
Paine, Abial	Nor 86	Hunlock	Ess 416	Elijah, Rev'd.	Ess 204
Anna, Wd.	Nor 85	Jona.	Ess 423	Ephm.	Ham 301
Asa	Bar 68	Richard	Ess 422	John	Ham 300
Asa	Ham 200	Thos.	Ess 416	Oliver	Ham 300
Asa	Nor 85	Palfrey, Jno.	Nor 153	Park, Amasa	Mid 279
Barnabas	Bar 62	Richard	Ess 407	Amaziah	Ber 116
Barnabas	Wor 286	Pall, James	Ber 134	Amaziah, Junr.	Ber 116
Benjamin	Bar 68	Palmer, ---, Wido	Brs 404	Bethiah	Wor 267
Benjamin	Nor 276	Abigail	Brs 347	Caleb	Wor 168
Charles	Ham 54	Abner	Wor 385	Cornelius	Mid 280
Dan	Nor 342	Ammi	Ber 107	James R.	Wor 216
Daniel	Bar 62	Andrus	Ess 337	John	Mid 148
David	Ham 256	Anna	Nor 309	John	Mid 456
Ebenezar	Bar 62	Asa	Ess 293	Joseph	Wor 168
Ebenezar	Bar 78	Asahel	Ber 160	Joshua	Ber 110
Ebenezer	Brs 282	Benjamin	Ply 122	Joshua	Mid 280
Ebenezer	Ham 64	David	Ess 243	Matthias	Ber 112
Elijah	Ham 64	David, Revd.	Mid 52	Moses	Wor 168
Elijah	Ham 344	Edmund	Ham 351	Nathan	Ber 112
Elisha	Bar 66	Frederick	Ham 354	Nathan	Mid 280
Elizabeth, Wd.	Bar 66	Gad	Ham 120	Nathan	Wor 473
Elkanah	Bar 66	Henry	Brs 335	Nathan, Jun.	Wor 473
Enoch	Nor 86	Isaac	Ham 137	Nehemiah	Ber 112
Epheriam	Nor 320	Israel	Ber 117	Samuel	Wor 168
Epm.	Ply 106	James	Ess 282	Stewart T.	Ham 216
Gideon	Nor 340	Jane	Ply 122	Thomas	Mid 415
Hannah	Bar 63	Jeremiah	Ess 22	Thomas	Wor 221
Henry	Bar 59	John	Brs 301	William	Wor 222
Hezekiah	Bar 68	John	Brs 335	William	Wor 262
Isaac	Bar 78	John	Ess 257	Parked, William	Nor 320
Jabez	Wor 491	John	Ess 260	Parker, ---	Ber 263
Jacob	Nor 86	John	Ess 293	...	Mid 59
James	Ess 506	John	Mid 489	Aaron	Ess 240
Jesse	Bar 66	John	Wor 352	Aaron	Mid 303
John	Ess 507	Jona.	Ess 378	Aaron	Mid 399
John	Ham 64	Joseph	Bar 47	Aaron	Wor 156
Joseph	Ber 176	Joseph	Brs 383	Aaron	Wor 336
Joseph	Wor 286	Joseph	Wor 343	Aaron	Wor 512
Joseph, Junr.	Ham 344	Joseph	Wor 352	Abel	Ber 188
Joseph R.	Ham 344	Joseph, Jur.	Bar 47	Abel, Junr.	Ber 188
Lebbeus	Ber 132	Joshua	Mid 173	Abigail	Wor 201
Licester	Wor 470	Joshua	Ply 17	Abigail	Wor 361
Martha	Ess 506	Levi	Ham 359	Abigail, Wido.	Mid 457
Mary	Bar 75	Lydia	Ber 199	Abigl.	Mid 187
Mary	Wor 331	Lydia	Ply 122	Abijah	Mid 59
Moses	Bar 59	Mary	Brs 334	Abijah, Jr.	Mid 59
Nathan	Ber 175	Mary	Brs 412	Abner	Wor 199
Nathl.	Nor 276	Moses	Ess 255	Abraham	Ber 256
Nehtl.	Wor 188	Nathan	Ber 109	Abraham	Ham 335
Paul	Ham 221	Nehemiah	Ply 121	Amos	Mid 187
Reliance	Bar 66	Saml.	Ess 376	Amos	Mid 303
Rufas	Wor 188	Samuel	Ess 244	Amos	Wor 419
Samuel	Bar 68	Samuel	Ham 354	Archelaus	Wor 481
Sarah	Wor 188	Sarah	Bar 47	Asa	Ess 192
Sarah, Wd.	Bar 63	Sarah	Ber 232	Asa	Ham 284
Seth	Ham 64	Stephen	Ber 176	Asa	Mid 59
Silas	Nor 276	Stephen	Ess 255	Asa	Mid 302
Stephen	Nor 86	Stephen	Mid 489	Asa	Wor 371
Thatcher	Bar 65	Stephen, Revd.	Nor 320	Asa, jur.	Mid 302
Thomas	Bar 72	Timothy	Ess 337	Avery J.	Brs 335
Thomas	Bar 79	Thomas	Mid 280	Benja.	Bar 47
Thomas	Ess 338	William	Ess 238	Benja.	Ess 194
Thomas	Nor 340	William	Ham 359	Benja.	Mid 376
Thomas, Jur.	Bar 72	William	Wor 352	Benja.	Mid 399
		Pane, Samuel	Nor 244		

Benja., Jur.	Bar 47	Isaac	Mid 399	Kendall		Ess 194
Benjamen	Mid 304	Isaiah	Bar 87	Leml.		Mid 56
Benjamin	Bar 100	Isaiah	Bar 100	Levi		Mid 63
Benjamin	Ber 257	Jabez M.	Wor 361	Levi		Mid 470
Benjamin	Ham 67	Jacob	Bar 100	Linas		Ber 199
Benjamin	Mid 335	Jacob	Ess 260	Lois		Wor 206
Benjm.	Mid 457	Jacob	Ham 354	Lucy		Ess 41
Benjn.	Wor 201	Jacob	Mid 187	Marcy		Ber 210
Betsey	Ply 24	Jacob	Nor 320	Margen		Wor 192
Betty	Mid 457	Jacob, Jr.	Bar 100	Mary		Ess 580
Broadft.	Ess 244	Jacob L.	Mid 456	Mary		Mid 187
Caleb	Mid 59	James	Bar 91	Mary		Mid 352
Caleb	Nor 254	James	Ess 194	Micah		Ply 83
Carlton	Ess 194	James	Ess 541	Michael		Ess 192
Daniel	Bar 89	James	Ham 193	Moly		Mid 304
Daniel	Brs 383	James	Ham 273	Moses		Ess 241
Daniel	Mid 87	James	Mid 59	Moses		Ess 243
Daniel	Mid 302	James	Mid 465	Moses		Mid 376
Daniel, Jr.	Bar 89	James	Wor 199	Moses		Wor 275
Daniel, jur.	Mid 302	Jeduth.	Mid 376	Natha.		Mid 456
Danl.	Ess 410	Jehiel	Bar 90	Nathan		Brs 431
Danl.	Mid 172	Jereboim	Wor 201	Nathan		Mid 303
David	Bar 90	Jesse	Wor 267	Nathan		Mid 335
David	Ess 445	Jidediah	Wor 199	Nathan		Nan 76
David	Ham 335	Jno.	Mid 187	Nathan, Junr.		Nan 47
David	Mid 38	Job	Bar 47	Nathaniel		Ham 274
David	Mid 303	Joel	Wor 194	Nathaniel		Mid 41
David	Mid 376	Joel	Wor 336	Nathaniel		Nor 320
David	Mid 399	Joel	Wor 419	Nathl.		Ham 335
David	Mid 489	John	Ber 119	Nathl.		Mid 60
David	Wor 481	John	Ess 293	Nathll.		Ess 240
David	Wor 494	John	Mid 59	Nehemiah		Wor 517
Desire	Bar 87	John	Mid 92	Nehh., Revd.		Wor 419
Ebenezer	Wor 517	John	Mid 148	Obediah		Mid 352
Ebenr.	Ess 451	John	Mid 352	Olis		Wor 192
Ebenr.	Mid 376	John	Mid 388	Olive, Wido.		Nor 320
Ebenzr.	Mid 457	John	Mid 418	Oliver		Ber 137
Ebr.	Ply 106	John	Mid 466	Oliver		Mid 352
Edmund	Ess 40	John	Nor 225	Oliver		Mid 457
Edmund	Mid 59	John	Nor 249	Oliver		Ply 22
Edmund	Mid 335	John	Nor 257	Paul		Ess 241
Eleazr.	Mid 456	John	Wor 188	Peter		Mid 87
Eli	Ham 291	John	Wor 494	Peter		Mid 148
Eli	Ham 300	John	Wor 517	Phil		Ess 373
Eli, Junr.	Ham 291	John, jr.	Mid 87	Philemon		Wor 517
Eliab	Mid 303	John, 2d.	Mid 388	Phinehas		Mid 15
Elihu	Ber 136	Jona.	Mid 60	Phinehas		Mid 303
Elijah	Brs 293	Jona.	Mid 87	Phinehas		Mid 457
Elijah	Mid 81	Jona.	Mid 376	Phinehas		Wor 156
Eliph.	Ess 420	Jonas	Mid 59	Polacarpus		Ply 23
Elisha	Ess 293	Jonas	Mid 303	Polly		Ply 106
Elisha	Ham 343	Jonas	Mid 465	Richard		Ess 457
Elisha	Ham 359	Jonathan	Bar 49	Robert		Mid 352
Elisha	Wor 276	Jonathan	Ber 211	Ruben		Nor 236
Elisha	Wor 427	Jonathan	Brs 430	Russell		Ham 243
Elisha, Jun.	Wor 427	Jonathan	Ess 194	S..., Jr.		Mid 60
Elizabeth	Nan 58	Jonathan	Mid 280	Sally		Nor 153
Elventon	Brs 430	Jonathan	Nan 76	Saml.		Ess 391
Enos	Ham 243	Jonathan	Nor 305	Saml.		Wor 336
Ephraim	Mid 92	Jonathan	Ply 23	Saml., Junr.		Wor 336
Ephraim	Mid 304	Jos.	Mid 172	Saml. S.		Mid 399
Ephraim, jr.	Mid 304	Jos.	Mid 376	Samuel		Ess 241
Ezekiel	Mid 456	Joseph	Bar 47	Samuel		Ham 193
Ezra	Ham 305	Joseph	Bar 90	Samuel		Mid 280
Farwell	Mid 198	Joseph	Mid 253	Samuel		Mid 304
Frederick	Ess 281	Joseph	Mid 279	Samuel		Mid 321
Free Grove	Ess 242	Joseph	Mid 303	Samuel		Nor 320
Gardner	Wor 194	Joseph	Mid 321	Samuel		Wor 481
George	Ber 263	Joseph	Wor 481	Samuel, Revt.		Bar 60
George	Ess 339	Joseph U.	Ess 293	Sarah		Ess 241
Hannah	Wor 372	Joshua	Mid 399	Sarah		Mid 37
Henry S.	Mid 376	Joshua	Mid 457	Seth		Bar 44
Hollis	Wor 372	Josiah	Ham 64	Seth		Bar 47
Ichabod	Mid 335	Josiah	Mid 335	Seth		Bar 90
Imla	Mid 457	Josiah	Wor 262	Silas		Ess 339
Isaac	Ess 194	Katharine	Bar 40	Silas		Mid 457
Isaac	Mid 302	Kendal, jur.	Mid 90	Silas		Nan 61

Name	Location	Name	Location	Name	Location
Simeon	Mid 302	Abijah	Ber 193	John	Wor 281
Simeon	Mid 344	Amos	Ham 128	John	Wor 509
Simon	Mid 376	Asa	Ber 188	John N., Dean.	Ham 147
Solomn.	Nor 129	Charles	Mid 20	Jona.	Mid 130
Solomon P.	Wor 517	Daniel	Mid 21	Jonas	Wor 512
Steph.	Mid 388	Eleazer	Wor 227	Joshua	Mid 140
Stephen	Ess 241	Elias	Ham 138	Josiah	Ham 87
Sylvenus	Ham 344	Hannah	Wor 262	Levi	Mid 115
Thomas	Mid 303	Henery	Ham 137	Luther	Wor 517
Thomas	Mid 321	Isaac	Mid 21	Micah	Mid 115
Thomas	Wor 156	Jacob	Wor 227	Peter	Mid 143
Thomas	Wor 163	John	Ber 224	Phinehas	Mid 143
Thomas	Wor 494	Jonathan	Ham 78	Reuben	Ham 84
Timothy	Bar 47	Joseph	Ham 153	Reuben	Wor 517
Timothy	Wor 235	Joseph	Mid 521	Rufus	Wor 320
Timothy	Wor 512	Joseph, Junr.	Ham 153	Solomon	Wor 512
Timy.	Ess 448	Josiah	Mid 21	Susannah	Mid 134
Titus	Ber 211	Leonard	Mid 488	Uriah	Mid 115
Titus, Jur.	Ber 210	Levi	Ham 153	William	Mid 125
Warren	Mid 92	Miner	Ham 153	Wm.	Wor 320
Willard	Mid 376	Nathan	Ham 137	Parmeter, Asa	Wor 212
Willard	Wor 438	Phins.	Wor 227	Daniel	Ber 226
William	Brs 431	Pliny	Ham 131	David	Wor 438
William	Ess 240	Reuben	Ham 78	Elijah	Ham 264
William	Ess 242	Reuben	Ham 138	Silas	Wor 437
William	Ess 259	Roger	Ham 179	Parminter, Asa	Wor 361
William	Mid 37	Roland	Ham 123	Eliab	Mid 421
William	Mid 302	Samll.	Mid 512	Joel	Wor 361
William	Nor 230	Samll., Jr.	Mid 512	Parmore see Pasmore	
William	Wor 185	Samuel	Mid 21	Parnel, Benjamin	Nor 215
William	Wor 494	Solomon	Mid 512	James	Ess 392
William, ju.	Mid 303	Uriah	Ham 153	Parnell, Jonas	Ess 390
William, Jur.	Wor 185	Warham, Esqr.	Ham 121	Parr, Sarah	Nan 48
Willm.	Ess 448	Willard	Mid 20	Stephen	Nan 72
Willm.	Ham 335	see Perks		Parris, Abigail	Mid 134
Willm. B.	Ess 415	Parkurst, John	Mid 352	Benjamin	Ply 41
Winslow	Mid 457	Parkust, Ephraim	Mid 148	Benjamin	Ply 63
Wm.	Mid 187	Josiah	Mid 140	Desire	Brs 285
Wm.	Mid 376	Moses	Nor 349	Isaac	Ply 86
Wm.	Mid 457	Parley, Allen	Wor 447	Moses	Ply 86
Zalmona	Brs 430	Parlin, Aaron	Mid 81	Olive	Brs 278
Zebul.	Mid 376	Asa	Mid 36	Samuel	Ply 86
see Bugbee, Dole, Hardy,		David	Mid 39	Parrott, Benj.	Ess 435
Hooker, Parked, Pecker,		David, Jr.	Mid 39	Benj., Junr.	Ess 435
Tylor, Varnum, Wetherbee		Josiah	Mid 39	Danl.	Ess 436
Parkerst, Jonathan	Wor 301	Samuel	Mid 31	Eleazr.	Ess 436
Parkes, James	Wor 249	Parling, Daniel	Wor 411	James	Ess 435
Wm.	Mid 50	Parlins, Nathan	Mid 36	Joseph	Ess 436
Parkhurst, Amasa	Wor 391	Parlow, David	Ply 106	Rufus	Ess 443
Elisha	Wor 391	Jesse	Ply 106	Parry, Samuel H.	Ess 339
Epm.	Mid 377	Thomas	Ply 106	William	Ess 231
Ithiel	Wor 391	Wm.	Ply 106	Parsavil, Oren	Ham 335
James	Wor 428	Parmele, Asa	Ber 199	see Parsival	
Jonas	Wor 391	Charles	Ber 250	Parsival, James	Ham 335
Josiah	Mid 377	Eli	Ber 221	Parson, Eldad	Ham 208
Nathan	Wor 391	Joel	Ber 107	Obadiah	Ess 204
Nathl., Capt.	Wor 391	Joel	Ber 250	Silas	Ess 226
Phillip	Mid 377	Moses	Ber 250	Parsons, Aaron, Capt.	Ess 114
Saml.	Mid 377	Parmenter, Abel	Mid 115	Abiel	Ess 194
Sarah	Mid 264	Abel	Wor 512	Abner	Ham 165
Silas	Wor 222	Abiel	Wor 281	Abner, Jun.	Ham 165
Willa.	Ess 155	Amos	Mid 140	Amos	Ber 117
Wm.	Ham 259	Asahel	Ham 87	Amos	Ham 74
Parkhust, Ebenzr.	Mid 469	Caleb	Brs 319	Andrew	Ess 114
Joel, Esqr.	Mid 469	Daniel	Wor 320	Asahel	Ham 9
Joseph	Mid 469	Deliverance	Mid 119	Ashbel	Ber 174
Joseph, Jun.	Mid 469	Ebenezer	Mid 118	Azariah	Ham 193
Leonard	Mid 469	Elias	Ham 78	Azariah	Ham 302
Nathaniel	Mid 23	Ephm.	Wor 227	Bartholomew	Ber 228
Parkis, Daniel, Maj.	Wor 419	Ezra	Mid 142	Bela	Ham 17
Danl.	Mid 377	Hepzibah	Mid 125	Benja.	Ham 20
Parkman, Brick	Wor 189	Israel	Mid 115	Benjamin	Ber 173
Daniel	Ply 36	Jacob	Wor 460	Beulah	Ham 7
Ebenr.	Wor 261	James	Mid 118	Charles	Ber 138
Elias, Dr.	Wor 394	Jason	Ham 78	Daniel	Ess 160
William	Mid 6	Jason	Mid 133	Daniel	Ham 95
Parks, Aaron, Lieut.	Ham 160	Jedediah	Mid 114	David	Ber 116

David	Ess 161	Samuel	Ess 124	Reuben	Wor 447
David	Ham 18	Samuel	Ess 459	Samuel	Ber 256
David	Ham 167	Samuel	Ham 4	Samuel	Ham 12
David, Revnd.	Ham 296	Samuel	Ham 167	Samuel	Nor 214
Eben., Jun.	Ess 154	Samuel	Ham 167	Samuel	Wor 503
Ebenezer	Ham 248	Sarah	Ham 239	Samuel, 2d.	Ham 12
Ebenr.	Ess 452	Sarah, Wd.	Ham 5	Seth	Nor 215
Ebenr.	Ham 311	Seth	Ham 165	Simeon	Nor 221
Eli	Ber 172	Seth	Ham 311	Thaddeus	Nor 241
Elias	Ham 24	Silas	Ham 6	Thaddeus	Wor 411
Elihu	Ber 173	Simeon	Ham 6	Timothy	Nor 372
Elihu	Ham 311	Simeon, Jur.	Ess 113	William	Ber 199
Elisha	Ham 5	Solomon	Wor 494	Ziba	Nor 215
Elizh., Wo.	Ess 147	Solomon	Ham 311	see Patridge, Pertridge	
Enoch	Ess 118	Stephen	Ham 238	Partrige, Calvin	Ply 96
Enos	Ber 170	Stephen, Jr.	Ham 238	Pascue, Joseph	Ess 424
Esther, Wo.	Ess 148	Sylvanus	Ham 299	Pasho, John A.	Mid 344
Ezekiel	Ess 119	Thadeus	Ham 135	Pasmore, Martin	Ham 217
Gideon	Ber 165	Theophilus	Ess 338	Patch, Abigail	Ess 556
Gideon	Ham 147	Thomas	Ess 338	Abigail	Ess 582
Gideon	Ham 296	Thomas, Cap.	Ess 124	Abraham	Ess 597
Hannah	Ham 2	Thos.	Ess 154	Abraham	Mid 443
Harry	Ess 338	Timothy	Ham 2	Abrm.	Mid 64
Isaac	Ber 116	Timothy, 1st	Ber 175	Barzilla	Ham 301
Isaac	Ber 117	Timothy, 2nd.	Ber 176	Benja.	Wor 234
Isaac	Ham 129	Tyler	Ess 101	Benja.	Wor 239
Israel	Ham 12	Vinery	Ess 155	Benjamin	Ess 594
Israel	Ham 18	Warham	Ham 7	Benjamin (2)	Ess 596
Israel	Ham 171	William	Bar 99	David	Mid 399
James	Ess 124	William	Ber 117	Edmund	Ess 594
James	Ess 154	William	Ply 23	Ellio	Mid 502
Jeffery	Ess 155	Zenas	Ham 239	Ephraim	Ham 21
Jereh.	Ess 124	see Clapp, Smith		Hannah	Mid 444
Jocklan	Ham 242	Part, Richd.	Ess 101	Henry	Wor 185
Joel	Ham 60	Samu.	Ess 101	Isaac	Ess 597
Joel	Ham 135	Partredge, John, 2d.	Wor 411	Isaac	Mid 399
Joel, Junr.	Ham 135	Partrick, Asa	Wor 253	Isaac	Mid 444
John	Ess 162	Deborah, Wido.	Nor 290	Isaac, 2d.	Mid 399
John, Jr.	Ber 175	Isaac	Wor 253	Jacob	Mid 457
John, Sen.	Ber 175	Jacob	Wor 262	James	Ess 529
Jona.	Ess 113	John	Ham 343	James (2)	Ess 593
Jona. P.	Ess 154	John	Wor 253	John	Ess 584
Jonathan	Ess 338	Matthew	Wor 253	John	Ess 597
Jonathan	Ham 9	Phinehas	Nor 242	John	Mid 428
Jonathan	Ham 351	Silas	Ham 343	John	Mid 443
Joseph	Ber 116	Partridge, Asa	Ham 311	John, Jur.	Ess 597
Joseph	Ham 2	Asel	Wor 371	Jonathan	Wor 234
Joseph, Junr.	Ham 2	Cotton	Ham 12	Jonathan	Wor 239
Joshua	Ess 117	Darius	Nor 215	Joseph	Ess 339
Joshua	Ham 260	Deuty	Ham 236	Joseph	Ess 529
Josiah	Ess 141	Ebenezer	Ham 301	Joseph	Ess 593
Josiah	Ess 410	Eleazer	Nor 352	Joseph	Wor 185
Josiah	Ham 7	Eleazer	Wor 411	Mahue	Ess 4
Justin	Ham 16	Elijah	Nor 221	Moses	Mid 443
Justus	Ham 311	Ezekiel	Nor 221	Nathan	Wor 185
Lemuel	Ham 243	Frederick	Ham 272	Nehemiah	Ess 597
Luke	Ham 357	George, Esquire	Ply 97	Nicholas	Ess 525
Medad	Ham 17	Isaac	Ham 278	Oliver	Ham 335
Michael	Ess 114	Jabez	Wor 447	Paul	Ess 594
Moses	Ess 160	Jairus	Wor 227	Robert	Ess 529
Moses	Ham 5	James	Wor 374	Samuel	Ess 585
Moses	Ham 167	Jesse	Wor 512	Sarah	Ess 529
Moses, Jr.	Ham 5	Joel	Nor 221	Stephen	Mid 69
Nathan	Ham 167	John	Ber 193	Thomas	Ham 21
Nathaniel	Ham 7	John	Ham 301	William	Ess 529
Nehemiah	Ess 114	John	Wor 281	Patengal, Daniel	Ply 96
Noah	Ham 2	John	Wor 411	Paterson, John	Ess 424
Noah	Ham 18	John, Jun.	Ham 301	Patey, Mary	Ess 493
Noah	Ham 193	Joseph	Ham 273	Patrick, Agnes, Wd.	Ham 251
Obeda., Esq.	Ess 117	Joseph	Nor 336	Isaac	Ham 227
Oliver	Ber 107	Joshua	Nor 214	John	Ham 252
Oliver	Ham 2	Liberty	Wor 419	Reuben, Capt.	Ham 270
Oliver	Ham 238	Nathan	Nor 205	Thomas	Ham 227
Oliver	Ham 253	Nathaniel	Nor 221	Wm.	Ham 227
Philip	Ham 169	Oliver	Ber 256	see Partrick, Pattrick	
Phinehas	Ham 8	Oliver	Nor 205	Patridge, Benjn.	Wor 336
Ruth	Mid 173	Ozias	Wor 374	Edward	Wor 320

Job	Nor 336	Samuel	Ham 247	Nathaniel	Ess 32
Malicha	Wor 331	Paull, Benjamin	Brs 279	Oliver	Ess 359
Silas	Wor 320	Ebenezer	Brs 278	Peleg	Brs 347
Patten, Asa	Mid 388	Ebenezer, 2d.	Brs 278	Phinehas	Ham 102
Christopher	Ham 216	Isaac	Brs 279	Phinehas	Wor 430
Daniel	Ham 221	Israel	Brs 279	Richard	Ess 262
David	Nor 86	Jacob	Brs 277	Samll.	Ess 262
Elijah	Ess 194	James	Brs 279	Samuel	Ess 410
Elizabeth	Ess 466	John, 1st.	Brs 277	Samuil	Ess 377
Isaac	Mid 399	John, 2d.	Brs 277	Stephen	Ess 262
John	Brs 383	Joseph	Brs 278	Thomas	Ess 26
John	Ess 83	Roger	Brs 277	Thomas	Mid 466
John	Mid 388	Samuel	Brs 279	Willm.	Ess 451
John, 2d.	Mid 388	Pauls, Phebe	Nan 58	Peach, Abraham F.	Ess 463
Jona.	Ess 82	Paxton, John	Ber 226	Elizabeth	Ess 517
Jonathan	Ber 256	Payn, Abel	Ber 202	John	Ess 383
Mary	Mid 198	Allen	Ber 188	John	Ess 475
Mary, Wd.	Ess 83	Ebenezer	Ber 188	Joseph	Ess 477
Nathal.	Ber 110	Stephen	Ber 188	Thomas	Ess 477
Nathaniel	Nor 238	Payne, Ebenezer	Ham 17	William	Ess 514
Thomas	Ess 338	Edward	Ham 47	Peackes, Eleazar	Ply 135
Thoms.	Wor 331	James	Ham 47	Peak, John	Mid 352
Thos.	Mid 502	Payson, Abigail	Nor 237	Peakes, Joseph	Nor 183
William	Nor 238	Elliot	Ess 240	see Gross	
Willis, Dr.	Ess 83	Elliot	Wor 227	Peal, Robr.	Ess 419
Willis, junr.	Ess 83	George	Nor 152	Pearce, Abraham	Ham 102
Wm.	Mid 388	James	Wor 227	Amos	Ham 102
see Russell		John	Wor 428	Benjamin	Ess 497
Patterson, Abigail	Wor 219	Joseph	Ber 166	Caleb	Ham 102
Andrew	Wor 281	Joseph	Mid 131	Cesar	Brs 430
Charles	Ber 231	Joseph	Wor 447	Daniel	Ham 101
David	Ber 109	Kezia, Wd.	Nor 96	David	Brs 403
David	Ham 221	Moses	Ess 255	David, Junr.	Brs 403
David	Mid 140	Phillip	Nor 85	Ephraim	Mid 313
Eb.	Ber 268	Phillips	Mid 172	Ezekiel	Brs 318
Hezekiah	Mid 465	Saml.	Mid 172	George	Ess 490
Isaac	Ess 361	Saml. (2)	Nor 152	Hannah	Ess 470
James	Wor 361	Sarah	Wor 437	Isaac	Ber 263
John	Ber 232	Stephen	Nor 251	Jeremiah	Brs 322
John	Wor 430	Swift	Nor 85	Jesse	Ham 101
Joseph	Ber 205	Tho.	Mid 172	Jesse	Ply 23
Joseph	Mid 488	Peabody, Amasa	Mid 91	Job	Brs 401
Lemuel	Wor 217	Amos	Ess 35	John	Ham 101
Levi	Ber 232	Amos	Ham 30	John	Nor 348
Robt.	Ess 401	Andrew	Ess 32	John, 2d.	Ham 102
Robt.	Ham 221	Andrew	Ess 240	Jonathan	Ham 101
Saml.	Ess 400	Asa	Ess 262	Joseph	Brs 431
Theron	Ham 30	Benjamin	Ess 32	Joshua	Wor 385
Thos.	Ess 400	Bimsley	Ess 263	Josiah	Ham 102
William	Ess 401	Daniel	Brs 347	Martin	Brs 403
William	Ham 221	Daniel	Ess 259	Philip	Brs 400
Willm.	Ess 387	David	Ess 32	Richard	Ply 23
Pattison, Adam	Ham 188	Deborah, Wido.	Ess 193	Richard, Jr.	Ply 23
Jonathan	Ham 196	Ebenezr.	Ess 259	Robert	Ess 477
Josiah	Ham 188	Ephraim	Ess 294	Robert	Ess 517
Sarah	Ham 188	Ezra	Ess 297	Samuel	Ham 101
Pattrick, John, Lt.	Wor 411	Francies	Ess 32	Samuel, 2d.	Ham 102
Patty, Moody	Ess 83	Francies, Jur.	Ess 35	Samuel, 3d.	Ham 102
Paty, John	Ply 15	Jacob	Ess 39	Stephen	Ham 102
Silvanus	Ply 18	Jacob, Junr.	Ess 39	Varney	Ham 102
Thomas	Ply 15	John	Ess 36	William	Ess 473
Paul, Clement	Ess 353	John	Ess 239	William	Ess 500
Clerk	Mid 173	John	Ess 340	see Parce, Pirce	
Ebenezer	Nor 302	John	Wor 430	Pearks, Samuel	Ham 107
Edward	Brs 364	John, Junr.	Ess 36	Pearl, James	Ham 24
Edward	Wor 250	Jona.	Ess 400	John (2)	Ess 259
James	Ham 107	Joseph	Ess 32	Richard	Ber 181
John	Mid 187	Joseph	Ess 282	Pearley, Humphrey	Ess 293
Lemuel	Brs 410	Joseph	Ess 406	Nathan	Ess 282
Peter	Brs 415	Joseph	Mid 321	Pearly, Ebenr., Capt.	Ess 60
Richard	Brs 410	Joseph, 2nd.	Ess 32	Samuel	Ess 60
Samuel	Nor 267	Joseph, 3rd.	Ess 34	see Perly	
Seth	Brs 364	Josiah	Ess 282	Pears, Comfort	Brs 305
William	Brs 410	Josiah G.	Ess 282	Ebenezer	Brs 302
Wm.	Nor 153	Mary	Ess 193	Eliza.	Ess 221
Zebedee	Brs 410	Moses	Ess 263	Henry	Brs 303
Paulk, John	Ham 241	Nath...	Mid 91	Isaac	Brs 298

Israel	Brs 303	Dan	Ham 157	Charles	Brs 310		
James	Brs 301	David	Nan 67	Comfort	Brs 312		
John	Brs 305	Elam	Ber 173	Comfort, jr.	Brs 312		
John	Ess 221	Elijah	Duk 443	Cyrrel	Brs 312		
Joseph	Brs 303	Elijah	Nan 73	Danel., Junr.	Wor 234		
Joseph, 2nd.	Brs 304	Elisha	Ber 173	Daniel	Wor 233		
Nathan	Brs 301	Fortunatus	Duk 448	Darius	Brs 312		
Nathaniel	Brs 301	Fortunatus, Jr.	Duk 448	Darius	Ham 60		
Nathaniel, 2nd.	Brs 303	Francis	Duk 443	Ebenezer	Brs 310		
Pelig	Brs 298	Gad	Ham 156	Ebenezer, 2nd.	Brs 302		
Preserved	Brs 303	Gideon	Ham 265	Ebenzer, 2nd.	Brs 314		
Richard	Brs 305	Heman	Ham 95	Edmond	Brs 311		
Robert	Brs 305	Henry	Ber 174	Eleazer	Ber 239		
Samuel	Brs 302	Henry C.	Ber 175	Elemuel	Brs 299		
Stephen	Brs 299	Israel	Ham 157	Elijah	Nor 172		
Pearse, Alden	Ham 116	James	Ber 188	Elisha	Ber 210		
Barnard	Brs 303	James	Ham 146	Elisha	Ber 256		
Joshua	Brs 303	Jno.	Ham 276	Elizabeth	Brs 319		
Leonard	Brs 303	Job	Ham 257	Ezra	Wor 419		
Noah	Brs 305	John	Duk 444	George	Brs 301		
Squeir	Brs 305	John	Duk 448	Gideon	Brs 299		
William	Ber 188	John	Ham 60	Gideon, 2nd.	Brs 298		
William	Ber 193	Jona.	Duk 445	Henery	Brs 307		
Peirce		Jona.	Ess 393	Israel	Ber 193		
Pearson, Aaron	Mid 321	Joseph	Ham 246	James	Ber 229		
Adin	Ham 257	Josiah	Wor 385	James	Brs 306		
Amos	Ess 336	Levi	Mid 412	James	Brs 312		
Benjamin	Ess 336	Levi	Wor 371	James	Brs 335		
David	Ess 336	Lois	Duk 445	Jeremiah	Brs 322		
Ebenezer	Ess 60	Lore	Wor 371	Jesse	Nor 370		
Eliph	Ess 387	Marshall	Duk 444	Jethnial	Brs 306		
Enoch	Ess 576	Martin	Duk 444	John	Brs 310		
Ezra	Ham 257	Melatiah	Duk 443	John	Wor 168		
Hannah, Wido.	Ess 336	Minor	Ess 393	John	Wor 233		
Isaac	Mid 321	Nathan	Ham 237	Jonathan	Brs 298		
Isaac G.	Ess 336	Nathan, Jur.	Ham 237	Jonathan	Brs 319		
Jethro	Ess 336	Nathl.	Duk 448	Jonathan, Jr.	Brs 298		
John	Ess 336	Noadiah	Ber 176	Joseph	Brs 301		
John, Jr.	Ess 336	Noah	Duk 444	Joseph	Ham 287		
Jonathan	Ess 336	Obed	Duk 444	Joseph R.	Ham 292		
Lemuel	Ess 576	Peter	Duk 445	Josiah	Brs 304		
Lucretia	Ess 458	Peter	Ham 95	Josiah, jr.	Brs 304		
Moses	Ess 336	Peter, Jr.	Duk 445	Marry	Brs 308		
Moses	Mid 321	Phineas	Ber 256	Mary	Brs 299		
Nathan	Ess 231	Richard	Ess 393	Niller	Ber 112		
Nathan	Ess 570	Salathiel	Duk 444	Nicholas	Brs 304		
Samuel	Ess 124	Samuel	Ess 393	Oliver	Brs 306		
Samuel	Ham 357	Sarah	Duk 443	Otis	Brs 309		
Sarah	Ess 570	Simeon	Ham 95	Peleg	Brs 403		
Silas	Ess 233	Solomon	Ham 14	Peleg, Junr.	Brs 403		
Simeon	Ess 336	Theos.	Ply 106	Phillip	Brs 298		
Stephen	Ess 570	Theos., Jr.	Ply 106	Robert M.	Wor 185		
Theodore	Ess 336	Timothy	Duk 443	Salmon	Ber 256		
Thomas	Ess 336	Titus	Ham 123	Samuel	Brs 301		
William, Cap.	Ess 124	Valentine	Nan 68	Solmomon	Brs 312		
see Eaton		William	Ham 235	Solomon	Nor 370		
Pearsons, Eliphalet	Mid 489	Zechariah	Duk 442	Solomon	Wor 234		
Gorom	Mid 489	Peasley, Ruben	Ess 15	Squire	Wor 233		
Saml.	Ess 451	Peaso see Peeso		Stephen	Brs 311		
Thos.	Mid 489	Peasoe, Francis	Wor 250	Thomas	Brs 310		
Peas, Allen	Ber 231	William	Wor 250	Thomas	Brs 312		
James	Ess 450	Pebbles, Franis	Ham 292	Thomas	Brs 403		
William	Mid 81	John	Ham 216	Zebulon	Ber 228		
Pease, Aaron	Wor 385	Willm. F.	Ham 102	Peckam, Aaron	Brs 302		
Abiel	Ham 95	Pebody, Phinehas	Wor 281	Isaac	Ham 83		
Abishai	Duk 448	Peck, Abiah	Brs 314	Peckard, Jonathan	Wor 262		
Abner	Brs 430	Abner	Ham 323	Samuel	Wor 262		
Abner	Ham 176	Abraham	Ham 188	Peckens, David	Ham 111		
Amos	Ham 265	Allen	Brs 301	Pecker, Chevus	Ess 241		
Argulus	Duk 447	Ambrose	Brs 299	Daniel	Ess 282		
Asa	Ham 257	Ambrose	Brs 403	James	Ess 60		
Asa	Ply 106	Benjamin	Ber 193	John	Ess 293		
Bartlet	Duk 451	Benjamin	Ess 518	Ruth	Ess 282		
Barzillai	Bar 51	Benjamin	Ess 596	Willm., Dr.	Ess 83		
Benja.	Duk 443	Bristol	Brs 347	Peckham, Caleb	Brs 347		
Benja., Jr.	Duk 443	Caleb	Ham 151	David	Ply 106		
Cors.	Ply 112	Charles	Ber 137	Elis	Wor 281		

Name	Ref	Name	Ref	Name	Ref
Elizabeth	Brs 335	Benja.	Ber 188	John	Mid 419
Isaiah	Brs 347	Benja.	Ess 551	John	Wor 167
Isaiah	Brs 430	Benja., Junr.	Ham 24	John	Wor 188
James	Brs 347	Benjamin	Ess 337	John	Wor 240
John	Brs 431	Benjamin	Ham 24	John	Wor 447
John	Wor 281	Benjamin	Mid 253	John	Wor 452
John, Jur.	Brs 430	Benjn.	Mid 252	John	Wor 492
Jonathan	Brs 335	Benjn.	Wor 194	John, Jr.	Ess 535
Lucy	Brs 430	Bethuel	Brs 283	John, Junr.	Wor 163
Mary	Brs 431	Betsey, Wo.	Ply 86	John, Revd.	Nor 253
Mordica	Wor 275	Byfield	Wor 188	Jona.	Ess 408
Peleg	Brs 430	Caleb	Brs 409	Jona.	Ess 424
Robert	Wor 282	Calvin	Ply 131	Jona.	Mid 50
William	Brs 431	Danice	Ess 365	Jona.	Mid 399
Willm.	Wor 282	David	Bar 60	Jona.	Wor 241
Peckings, Wm.	Duk 450	David	Brs 406	Jonas	Mid 24
Peckins, Benjn.	Ply 106	David	Wor 503	Jonas	Mid 521
Peckum, Barber	Brs 288	David, Capt.	Ess 113	Jonas, Jr.	Mid 521
Pedder, James	Nor 234	David, Jun.	Brs 406	Jonathan	Ber 199
Pedrick, James	Ess 462	David, Junr.	Wor 512	Jonathan	Brs 406
John	Ess 463	E...	Mid 60	Jonathan	Ham 111
John	Ess 465	Ebenezer	Ber 188	Jonathan, Junr.	Brs 406
Joseph	Ess 509	Ebenezer	Brs 280	Jonathan, 3d.	Brs 406
Knott	Ess 507	Ebenezer	Brs 283	Jonothan	Wor 201
Mary	Ess 470	Ebenezer	Brs 406	Jos.	Mid 187
Richard	Ess 483	Ebenezer, Jur.	Brs 280	Jos.	Mid 198
Richard	Ess 540	Ebenr.	Mid 521	Joseph	Mid 502
Thomas	Ess 462	Ebenr.	Wor 168	Joseph	Ply 104
Thomas	Ess 491	Edmund	Ply 83	Joseph	Wor 352
Thomas, junr.	Ess 467	Eleazer	Ply 85	Joseph, Jur.	Bar 72
William	Ess 457	Eli	Nor 228	Joshua	Bar 59
William	Ess 493	Elijah	Mid 456	Joshua	Bar 75
Peebles, Francis	Ham 166	Elikem	Nor 320	Joshua	Ess 358
Harvey	Ham 166	Eliphalet	Ply 88	Joshua	Ply 105
John	Ham 166	Elisha	Brs 281	Josiah	Wor 188
John, Junr.	Ham 166	Elisha	Ply 86	Josiah	Wor 374
Peek, Nathan	Ber 232	Elkanah	Ply 83	Lemuel	Nor 234
Nathan, jun.	Ber 232	Enoch	Ess 337	Levi	Ber 188
Peeks, William	Bar 78	Ephm.	Mid 59	Levi	Ply 85
Peele, Geo.	Ess 414	Ephraim	Mid 264	Levi	Wor 371
Jona.	Ess 410	Ephraim	Ply 86	Levi, 2d.	Ply 85
Josh.	Ess 419	Fanny	Brs 403	Lydia	Ess 419
Robert	Ess 358	Francis	Mid 522	Lydia, Wid.	Brs 286
Willard	Ess 389	Gad	Wor 241	Martha	Brs 401
William	Ess 423	Gad, Junr.	Wor 240	Martin	Nor 237
Peeso, John	Ham 206	George	Ber 188	Mary	Mid 172
Peet, Arnold	Ber 222	George	Ess 586	Mathew	Ply 131
Elijah	Ber 263	George	Ply 85	Mial	Brs 401
Selah	Ber 256	Hannah	Mid 376	Mial	Brs 404
Peiffer, Reubin, Revd.	Wor 214	Hannah, Wido	Brs 406	Molly	Ess 564
see Puffer		Hayward, Esqr.	Ply 135	Nathan	Brs 402
Peirce, Aaron	Mid 522	Henry	Ess 337	Nathan	Ess 337
Aaron	Wor 168	Hermon	Ply 85	Nathan	Ess 412
Aaron	Wor 503	Holmes	Brs 412	Nathan	Ham 111
Aaron, Jr.	Mid 522	Icabud	Mid 522	Nathan, for the work	
Abial, Wo.	Ess 101	Isaac	Bar 72	House	Ess 337
Abiel, Capt.	Ply 88	Isaac	Mid 265	Nathan	Mid 522
Abiel, Jur.	Ply 88	Jabez	Brs 412	Nathaniel	Wor 222
Abijah	Mid 23	Jacob	Mid 253	Nathanl.	Ess 556
Abijah	Wor 188	James	Brs 406	Nathll.	Brs 414
Abijah	Wor 199	James	Ham 22	Nicolas	Ess 337
Abner	Mid 198	James	Mid 172	Obadiah	Brs 406
Abner	Mid 456	James	Mid 376	Oliver	Mid 376
Abner	Ply 86	James	Nor 227	Oliver	Wor 374
Abraham	Mid 264	James, Capt.	Ply 86	Peleg	Ham 111
Abrm.	Ply 86	Jarvis	Wor 449	Penelope	Ham 23
Alpheus	Ham 308	Jerath	Ess 358	Rebecca	Mid 376
Amos	Mid 253	Jesse	Wor 168	Richard	Ply 83
Amos	Wor 168	Job, Capt.	Ply 85	Richard, Jur.	Ply 85
Amos	Wor 460	Joel	Wor 512	Robert	Mid 376
Amos, Junr.	Wor 168	John	Bar 74	Saml.	Mid 172
Andrew	Ess 142	John	Ber 188	Saml.	Mid 456
Arodia	Ply 85	John	Brs 414	Saml.	Ply 106
Asa	Brs 404	John	Ess 146	Samuel	Ess 554
Asa	Ess 412	John	Ess 391	Samuel	Ham 75
Asa	Ply 105	John	Ess 422	Samuel	Mid 264
Asa	Wor 460	John	Ham 111	Samuel, Jur.	Bar 72

Seth	Ply 131	Penfield, Isaac	Ber 158	Joseph	Mid 81
Seth	Wor 188	Peniman, Jacob	Nor 308	Lemuel	Wor 206
Seth	Wor 301	Pennamon, Ezra	Wor 447	Peter	Mid 81
Shadrach	Wor 492	William	Wor 449	Sarah, wd.	Wor 386
Shadrach, jun.	Wor 492	Pennel, John	Ess 557	Willm.	Mid 81
Silas	Mid 376	Penney, David	Mid 352	Perkham see Peckham	
Silas	Ply 85	Pennil, Abraham	Ham 188	Perkins, ---	Ber 130
Silas, 2d.	Ply 85	John	Ham 188	Aaron	Ess 574
Simeon	Ply 86	Penniman, Andrew	Wor 383	Aaron, Jur.	Ess 575
Solo.	Mid 50	Asa	Nor 172	Abiezer	Ham 344
Solomon	Bar 72	Barzillai	Nor 172	Abigail	Ply 56
Steph.	Mid 376	Baruch	Wor 383	Abraham	Ess 337
Thomas	Bar 74	Bethuel	Ply 36	Abraham	Ess 579
Thomas	Brs 412	Chiron	Wor 301	Abraham	Ess 590
Thomas	Mid 132	Christopher	Ber 138	Abraham	Ply 63
Thomas	Ply 132	Daniel	Nor 337	Abraham, Jur.	Ess 590
Treman	Ply 83	Ebenr.	Nor 172	Amos	Ess 40
Willa., Colo.	Ess 114	Ebenr., junr.	Nor 172	Andrew	Ess 34
William	Bar 61	Enoch	Nor 276	Asa	Ess 42
William	Ess 535	Ezra	Nor 172	Bemsley	Ess 580
William	Mid 264	Henry	Wor 311	Benjamin	Brs 347
William	Ply 88	James	Nor 215	Benjamin	Ess 337
William	Wor 237	John	Wor 383	Bennet	Ply 21
Wm.	Mid 522	Joseph	Wor 222	Bimsley	Ess 228
Wm.	Ply 106	Joseph	Wor 503	Calvin	Ply 96
see Pearce, Perce, Pierce,		Josiah	Wor 383	Charlotte	Ess 580
Pirce, Puirce, Rea		Josiah, Jr.	Wor 383	Daniel	Ess 36
Peirkins, Azel	Ply 83	Mesheck	Mid 359	Daniel	Ess 38
Barnabas	Ply 86	Nathan	Nor 337	Daniel	Ply 29
Isaac	Ply 88	Peter, Esq.	Wor 383	David	Brs 294
Isaac, 2d.	Ply 86	Saml.	Wor 394	David	Ess 43
Jacob	Ply 86	Saml., jr.	Wor 394	David	Ess 398
Joshua	Ply 88	Samuel	Nor 172	David, Junior	Brs 362
Nathan	Ply 83	Sarrel	Wor 503	David, Junr.	Ess 43
Peirks, John	Wor 372	Simeon	Wor 503	Deborah	Ess 40
John, Jun.	Wor 372	Stephen	Nor 171	Ebenezer	Ply 63
Peirpont, Robert	Nor 228	Stephen, junior	Nor 171	Edmund	Ham 329
Peirson, Henry	Ber 205	William	Nor 171	Edward	Ess 561
Nathan	Ber 208	Pennison, John	Ess 445	Eliab	Ham 344
Nathan, Jur.	Ber 207	Penno, Peter	Brs 383	Elijah (2)	Ess 43
Zachariah	Ber 207	Penny, John	Brs 387	Elisha	Ess 293
Peleg, Laurence	Bar 37	Saml.	Ess 401	Elisha	Ham 351
Pell, Tamer	Ber 222	Pennyman, Bunyan	Ham 39	Elizah	Ess 397
Pellel, Jonathan	Wor 262	Penson see Pencen		Elizabeth	Ess 573
Pelsue, Benja.	Mid 377	Peper, Benjn.	Bar 24	Elizabeth	Ess 577
John	Mid 321	Pheba, wd.	Bar 25	Enoch	Ply 64
Pelton, Cale	Ham 329	Simeon	Bar 25	Ephraim	Ber 268
David	Ham 11	Pepoon, Daniel	Ber 256	Eunice	Ess 358
Ephraim	Ber 178	Silas, Jr.	Ber 256	George	Ham 308
Ezra	Ham 156	Pepper, Ezra	Wor 311	George	Ply 16
Ithamer	Ham 155	Gaius	Ham 351	Gideon	Ply 7
Ithamer, Junr.	Ham 155	Isaac	Ham 227	Gilbert	Nan 53
Reuben	Ham 10	Jacob	Wor 311	Henry	Brs 431
Samuel	Ber 178	John	Ham 221	Isaac	Ess 424
Seth	Ham 178	Joseph	Bar 78	Isaac, jr.	Ess 424
Stephen	Ber 178	Joseph	Ham 227	Israel	Ham 351
Tabor	Ham 143	Stephen	Ham 227	Israel	Ham 359
Thomas	Ham 182	Thomas	Ham 227	Jacob	Ess 217
Peltro see Pettro		Pepperl, John	Ess 7	Jacob	Ess 337
Pemberton, Abel	Ess 240	Per..., Ephraim	Brs 320	Jacob	Mid 187
Ebenr.	Mid 388	Perce, Isaac	Mid 321	Jacob	Ply 64
see Hale		Percival, Benjamin	Bar 37	James	Ess 422
Penayer, James	Ber 263	Elisha	Ber 211	James	Ess 574
Pencen, John	Ess 60	James	Bar 37	James	Ply 63
Penchen see Pencin		John	Bar 37	James	Wor 301
Penchin see Pincin		Thomas	Bar 37	Jenny	Ess 446
Pencin, Simeon	Ply 133	Percivel see Parsavil		Jesse	Ply 55
Pender, John	Ess 552	Perham, Aaron	Wor 385	John	Ber 151
Moses	Ess 577	Benjamin	Wor 385	John	Ess 414
Pendergrass, John	Nor 267	Benjm., Jr.	Wor 385	John	Ess 423
Pendleton, Caleb, Jr.	Ham 245	Elijah	Mid 81	John	Ess 565
Ephm.	Wor 267	Ezekiel	Mid 59	John	Nan 53
Gideon	Brs 415	Jacob	Wor 492	John	Ply 26
Henry	Ham 245	John	Mid 59	John, Esqr.	Ess 451
Jesse	Ham 245	John	Mid 81	John T.	Ham 102
Nathan	Ham 245	Jona.	Mid 377	Jona.	Ess 434
see Lamb		Jonathan	Mid 81	Jonathan	Ply 53

Jonathan, junr.	Ply 56	Phineas	Ess 262	Ezra	Brs 311
Jonn.	Ham 308	Samuel	Ess 253	Ezra	Wor 276
Joseph	Ber 152	Stephen	Ess 41	Ezra, jr.	Brs 306
Joseph	Ess 219	William	Ess 253	Freeman	Brs 430
Joseph	Ess 587	William	Ess 264	George	Ess 478
Joseph	Ham 354	Perlin, Isaac	Mid 431	Hannah	Ess 478
Josiah	Ply 21	Perly, Etiph	Wor 425	Hannah, Wo.	Ess 136
Josiah	Ply 56	Peron see Perow		Ichabod	Brs 383
Luke	Ply 7	Perow, William	Brs 335	Ichabod	Wor 438
Luke	Ply 19	Perren, Daniel	Brs 308	Isaac	Brs 320
Luke	Ply 23	Jesse	Ber 140	Isaac	Ham 277
Luke	Ply 56	Zepheniah, & Son	Brs 308	Jacob	Brs 323
Mark	Ply 53	Perrey, Abner	Mid 512	James	Brs 392
Mary	Ess 534	Abner, Jr.	Mid 512	James	Mid 488
Mathew	Ess 337	Adam	Ply 130	James	Wor 394
Moses	Ess 36	Barnabas	Ply 41	James, Jur.	Brs 392
Nathan	Ess 414	Burden	Ber 136	Jesse	Brs 302
Nathaniel	Ess 580	Elijah	Mid 529	John	Ber 188
Nathaniel	Ply 53	Henry	Ply 41	John	Brs 310
Nathaniel, junr.	Ply 53	Isaac	Ply 126	John	Ess 9
Nathl.	Ham 102	Israel	Ply 128	John	Ess 452
Nehemiah	Ess 565	James	Mid 512	John	Ham 344
Oliver	Ess 34	James	Ply 41	John	Mid 119
Oliver, Junr.	Ess 34	John	Ber 120	John	Ply 19
Phineas, Capt.	Ham 158	John	Ess 293	John	Ply 88
Priscilla	Ply 63	Lewes	Mid 529	John	Wor 512
Reubin	Mid 522	Saml.	Ply 41	John, 1st.	Bar 42
Richard	Ply 53	Samll.	Mid 529	John, 4th.	Bar 42
Robert	Ess 40	Seth	Ply 41	John, 2d.	Bar 42
Robert, Junr.	Ess 40	Perrigo, James	Nor 364	John, 3d.	Bar 42
Robr.	Ess 423	James, Junr.	Nor 354	Jonathan	Ham 289
Rufus	Ham 329	John	Mid 421	Jonathan	Mid 41
Rufus	Ham 343	Perrin, Charles	Wor 430	Jonathan	Nan 66
Rufus	Ply 63	Edward	Ber 263	Jonathan	Ply 11
Samson	Ply 7	Eliza., Wo.	Ess 109	Jonathan, Junr.	Nan 72
Samuel	Ess 43	Hollowell, Lt.	Ham 278	Jonathn.	Wor 336
Samuel	Ham 209	Syrelt	Ham 278	Jonothan	Wor 331
Samuel, Jr.	Ham 209	Thomas	Brs 312	Jos.	Mid 172
Sarah	Ess 574	Perritt, Mary	Ber 263	Joseph	Ber 188
Seth	Ply 24	Perry, ---, Widow	Mid 352	Joseph	Brs 301
Shepard	Ply 56	Aaron	Wor 517	Joseph	Brs 323
Thomas	Ess 41	Abel	Ham 83	Joseph	Brs 365
Thomas, Junr.	Ess 37	Abiel	Ham 64	Joseph	Brs 415
Timothy	Ess 31	Abiel	Mid 529	Joseph	Ess 339
Timothy	Ham 343	Abiel, Jr.	Mid 529	Joseph	Ham 102
William	Ber 140	Abner	Ham 277	Joseph	Ham 277
William	Ham 357	Abner	Wor 512	Joseph	Wor 425
William	Nan 55	Abraham	Ber 263	Joseph H.	Ber 178
William	Ply 53	Andrew	Ply 88	Joshua	Ply 88
Willm.	Ess 424	Asa	Ham 39	Josiah	Ber 161
Wm.	Ham 127	Asa	Wor 428	Josiah	Ham 23
York	Ham 154	Benjamin	Nor 249	Josiah	Wor 185
Zadoc	Ply 55	Caleb	Bar 42	Josial	Brs 306
Zebulon	Ess 43	Calven	Wor 411	Judah	Ply 11
Zepheniah	Ply 23	Calvin	Wor 332	Lemuel	Brs 430
see Peckins, Peirkins, Pir-		Constant	Brs 312	Lot	Nor 343
kens, Pirkins, Purkins		Cushman	Mid 172	Luther	Brs 410
Perks, Jonathan	Wor 492	Daniel	Bar 42	Luther	Wor 411
Perley, Aaron	Ess 262	Daniel	Mid 537	Mary	Ess 536
Allen	Ess 583	Daniel	Nor 205	Micah	Ham 277
Allen, Jur.	Ess 583	David	Ber 208	Moses	Mid 521
Amos	Ess 262	David	Ess 239	Moses	Mid 537
Asa	Ess 262	David	Ham 39	Moses	Wor 185
Dudley	Wor 227	David	Ply 112	Moses, Jr.	Mid 537
Eliphelet	Ess 262	David, jr.	Brs 311	Moses, 3d.	Mid 537
Francis	Ess 256	Ebenezer	Brs 430	Nathan	Brs 383
Henry	Ess 264	Edward	Brs 413	Nathan	Mid 521
Jacob	Ess 204	Eleazer	Nor 205	Nathan	Wor 185
Jacob	Ess 583	Eli	Ham 102	Nathan	Wor 301
Jesse	Ess 262	Eliaphas	Wor 343	Nehemh.	Nor 129
John	Ess 251	Elihu	Wor 391	Noah	Brs 300
John	Ess 253	Elijah, Dn.	Ply 88	Noah	Ham 30
John	Ess 583	Elijah, Capt.	Ham 268	Obadiah	Mid 399
John	Wor 227	Elisha	Ber 42	Peter	Ber 256
Moody	Ess 262	Elizh., Wo.	Ess 101	Prince	Bar 69
Nathan	Ess 248	Ellis	Bar 42	Reuben	Nan 47
Nathll.	Ess 262	Ezra	Brs 306	Richard	Bar 59

Robert	Ess 536	Mary	Ess 572	Joshua	Ess 337
Rowland	Wor 343	Pero	Duk 450	Mathew	Ess 337
Saml.	Nan 66	Phillip	Mid 344	Pettingell, Moses	Ess 220
Samll., Jr.	Mid 529	Prince, Negro	Ham 301	Thomas	Ess 219
Samuel	Brs 392	Richard	Ess 339	Pettingill, Akerman	Ply 53
Samuel	Brs 431	Robert	Ber 212	Amos	Ess 60
Samuel	Nor 324	Saml.	Duk 447	Daniel	Ply 53
Samuel, Jur.	Brs 431	Samuel	Ess 369	Elkanah	Nor 290
Samuel B.	Ply 129	Samuel	Mid 304	Hugh	Ply 53
Seth	Bar 42	Sarah	Ess 403	Jonn.	Ham 305
Seth	Wor 411	Simeon	Duk 450	Joseph	Ess 59
Silas	Ham 47	Sipio	Wor 411	Sarah	Ess 233
Silvanus	Bar 42	Thomas	Ber 258	Pettis, ---, Widow	Brs 405
Simeon	Brs 414	William	Ber 135	Ezekiel	Brs 301
Simeon	Nor 353	William	Ham 173	Ezekiel	Brs 306
Simeon	Wor 512	William	Nor 205	Henry	Brs 405
Simo., Junr.	Brs 412	Peterson, Elijah	Ply 104	James	Mid 521
Solomon	Bar 42	Hanse	Ess 394	Peleg	Ber 138
Susanna	Bar 42	Jebez	Ply 103	Pettiss, Abial	Ham 161
Sylvester	Brs 413	Jonathan	Ham 188	Petton see Pelton	
Thankful	Bar 42	Jonathan	Ply 94	Pettro, Hannah	Ess 515
Thaddeus	Ess 453	Joshua	Ply 99	Petts, John	Mid 50
Thaddeus	Wor 235	Judah	Ply 104	John	Wor 227
Thom	Nor 153	Luther	Ply 104	Leml.	Mid 50
Thomas	Wor 239	Lydia	Ply 91	Leml., Jr.	Mid 50
Tiler	Mid 537	Mary	Ply 125	Petty, Abigail	Ess 282
Timothy	Brs 306	Nathaniel	Ham 232	David	Brs 347
Timothy	Wor 199	Nehemiah	Ply 102	Ebenezer	Ham 39
West	Mid 537	Perez	Ply 83	Isaac	Brs 335
William	Ber 263	Reuben	Ply 94	James (2)	Brs 335
William	Brs 303	Samuel	Ply 94	John	Brs 335
William	Ess 555	Thadeus	Ply 96	Joshua	Brs 335
William	Nan 54	Thomas	Ply 104	Rebeccah	Brs 335
Wm.	Bar 41	William	Ply 104	Sarah	Brs 335
see ..., Parry, Per...		see Petterson		Simpson	Brs 347
Person, Benjamin	Ess 205	Petingall, Mathew	Ess 282	Thomas	Ham 354
David	Ess 205	Pettebone, David	Ber 179	William	Brs 335
David	Ess 211	Pettee, Benjamin	Nor 85	Pew, Richard	Ess 119
Ebenezer	Ess 205	Benjamin	Nor 96	Richard G.	Ess 124
Isaac	Ess 249	Bial	Nor 308	William	Ess 114
Jacob	Ess 249	David	Nor 85	Peyton, Mary	Ess 486
Jeremiah	Ess 206	Hezekiah	Nor 85	Pharaoh, Jepthah, Black	
John	Ess 215	Oliver	Nor 86	Man	Ham 224
John	Ess 256	Samuel	Nor 313	Pheland, John	Ham 181
Joseph	Ess 205	Simon	Nor 85	Phelps, Aaron	Ber 104
Joseph	Wor 352	Simon	Nor 321	Aaron	Wor 354
Reuben	Ess 256	William	Nor 85	Abel	Wor 438
Solomon	Ess 256	Pettefaw, Hosea	Wor 481	Abijah	Wor 354
Persons, Boston	Bar 40	Pettengall, Stepn.	Ess 226	Abisha	Wor 352
Eli	Nor 302	Pettengill, Benja.	Ess 217	Andrew	Ham 3
George	Wor 473	David	Ess 217	Azor	Wor 168
James	Wor 470	John	Nor 305	Benjamin	Ber 199
John	Wor 470	Petterlow, Eve	Nor 324	Benjamin	Ham 157
Kendall	Wor 419	Petterson, Charles	Ham 228	Benjamin	Ham 209
Thadeus	Ham 147	see Peterson		Calvin	Wor 351
William	Wor 470	Pettes, Joseph	Ham 293	Charles	Ham 288
Wm.	Mid 100	Pettet see Pellet		Charles	Ham 296
Pertridge, Lucresia	Ply 101	Pettey, Edward	Ess 293	Daniel	Ber 130
Peters, Adam	Nor 205	Pettibone, Amos	Ber 149	David	Ham 119
Andrew	Ess 193	Elisha	Ber 150	David	Ham 156
Andrew	Ham 354	Jonathan	Ber 149	Dudley	Ham 211
Andrew	Wor 195	Philo	Ber 149	Ebenr.	Ham 8
Benja.	Ess 377	Roger	Ber 150	Ebenr.	Wor 163
Benjamen	Mid 303	Pettingail, Nathl.	Mid 376	Edward	Ply 106
Eleazer	Ber 137	Pettingale, Margaret	Ham 216	Eliakem, Capt.	Ham 209
Elinor, Mrs.	Wor 383	Nathan	Ham 206	Elihu	Ham 30
Eliza.	Ess 358	Paul	Ham 206	Elijah	Ber 151
Ezra	Mid 304	Stephen	Ham 206	Elijah	Ham 136
George	Duk 446	Pettingall, Anny	Ess 219	Elijah	Ham 234
James	Ber 137	Asa	Ess 294	Eliphalet	Ber 236
Jethro	Nor 205	Jedediah	Ess 282	Eliphalet	Ham 3
John	Ess 339	John	Ess 293	Elisha	Ess 193
John	Ess 407	Nicoh.	Ess 222	Elisha	Wor 354
John	Nan 48	Pettingel, Edmund	Ess 337	Ely	Ber 256
Jona.	Ess 377	John	Ess 337	Ezra	Ham 127
Joseph	Ess 193	Joseph	Ess 373	Gardner	Wor 354
Lovet	Wor 195	Joseph	Ess 405	George	Ber 214

Henry	Ess 194	Samll., jun.	Ber 232	Jonathan	Bar 9
Henry	Wor 163	Samuel	Ber 235	Joseph	Bar 10
Henry, Doctr.	Ess 114	Seth	Wor 275	Joshua	Ber 167
Isaac	Ber 178	William	Ber 126	Joshua	Nor 343
Isaac	Ess 194	Zebulon	Ber 131	Joshua	Wor 512
Jacob	Mid 465	Phillemore, Samuel	Ess 339	Leml.	Ham 343
Jacob	Wor 354	Phillips, ---, Doctor	Ham 344	Lemuel	Mid 4
Jared	Ber 268	Abiel	Ply 54	Lewis	Ply 54
John	Ham 120	Abiezer	Brs 410	Lucy, Wido.	Brs 356
John	Ham 136	Abiezer, Jr.	Brs 413	Mark	Ply 66
John	Ham 137	Abigal, Wid.	Brs 281	Mark, junr.	Ply 66
John	Ham 167	Abizer	Ber 157	Mary, Wid.	Brs 276
John	Mid 465	Abner	Ham 343	Micah	Wor 354
John	Wor 437	Alice	Ess 442	Nathan	Ess 254
John, 2d.	Ham 136	Anne	Ess 436	Nathan	Mid 489
Jonathan	Ess 415	Anthony	Bar 12	Nathaniel	Brs 277
Jonathan	Ham 9	Asa	Ber 164	Nathaniel	Ess 512
Joseph	Ess 193	Asa	Brs 392	Nathaniel	Mid 410
Joseph	Wor 425	Asa	Ess 398	Oker, jur.	Bar 10
Joseph, jur.	Ess 194	Augustus	Wor 253	Oliver	Ham 30
Joshua	Ess 194	Baylies	Brs 410	Peirce	Brs 284
Josiah	Ber 106	Benj.	Ess 439	Peter	Brs 430
Josiah	Wor 371	Benj. H.	Ess 432	Phebe	Brs 275
Levi C.	Ber 176	Benjamin	Ham 236	Phillip	Ham 343
Lucy	Ham 354	Benjan.	Ply 102	Pitts	Ham 84
Luther	Ber 199	Benjn.	Bar 13	Ralph	Brs 276
Martin, Doct.	Ham 209	Blany	Wor 428	Ralph, Jur.	Brs 279
Mary, Wd.	Ham 119	Caleb	Ham 343	Richard	Ess 507
Mary, Wido.	Ess 194	Charles	Brs 360	Richd.	Ess 360
Mary, Widw.	Ham 152	Content	Ess 436	Rufas	Wor 188
Moses	Ham 127	Daniel	Brs 383	Rufus	Ber 138
Moses	Ham 139	Daniel	Ham 344	Ruth	Brs 401
Moses, Dr.	Wor 419	Daniel	Ply 91	Saml.	Brs 410
Nathan	Ber 180	Daniel	Wor 512	Saml.	Ham 344
Nathaniel	Ham 3	David	Ess 254	Samuel	Brs 276
Noah	Ham 127	David	Ham 344	Samuel	Brs 356
Noah	Ham 210	Ebenezer	Brs 281	Samuel	Ess 236
Obediah	Ham 157	Ebenezer	Mid 433	Samuel, Esqr., Honble.	Ess 194
Oliver	Ham 124	Ebenezer	Ply 56	Sarah	Wor 205
Philip	Ham 178	Ebenezer, Jur.	Brs 294	Seth	Ber 109
Robert	Wor 354	Ebenr.	Wor 200	Seth	Wor 428
Roger	Mid 410	Ebnzr. H.	Wor 336	Silas	Brs 392
Rufus	Ham 3	Edward	Brs 367	Simeon	Ham 343
Ruth	Wor 351	Edward	Wor 336	Simeon	Ham 354
Samuel	Ham 9	Eleazer	Brs 361	Simon	Wor 178
Samuel	Wor 425	Elijah	Ham 343	Small	Bar 12
Seaward	Ham 8	Eliphalet	Ham 175	Smith	Ber 188
Seth, Lieut.	Ham 144	Elisha, Esqr.	Ply 91	Spencer	Ham 344
Simeon	Wor 492	Eliza., Wido.	Brs 409	Stephen	Ess 412
Solomon	Ham 120	Ephraim	Brs 410	Stephen	Ess 474
Spencer	Ham 21	Ezra	Ham 22	Thomas	Ham 344
Stephen	Mid 416	Ezra	Ham 153	Thomas	Ply 66
Sylvaster	Wor 354	Fra.	Mid 187	Thomas	Ply 101
Sylvester	Ham 161	Gideon	Ham 354	Thompson	Ham 354
Timothey	Mid 465	Hannah	Ber 138	Timo.	Ess 236
Timothy	Ham 18	Isaac	Ply 54	Turner	Ply 66
Travis	Ham 299	Israel	Ham 75	Vespasian	Ham 343
Wm.	Ess 414	Israel	Ham 344	Walter	Ess 383
Wm.	Ham 136	Jacob	Brs 358	Walter	Ess 442
Zacheus	Ber 120	Jacob	Brs 392	William	Ess 221
Pheney, Noah	Ham 102	Jacob	Ess 509	William	Ess 509
Phenix, George	Nan 77	James	Ham 84	William	Nor 183
Philemon, Pegg	Mid 253	Jason	Ham 107	William, junr.	Nor 183
Philips, Abizer, 2d.	Ber 158	Jeremiah	Ham 299	Willis	Ham 87
Blany	Ply 41	John	Bar 20	Willm.	Ess 442
Christopher	Ply 41	John	Brs 281	Zaccheus	Ess 425
Daniel	Ber 137	John	Brs 387	see Payson	
Edward	Brs 335	John	Ess 193	Phillis, Pompy	Mid 64
Ira	Brs 347	John	Ess 436	Phinney, Abishai	Bar 50
Isreal	Wor 392	John	Ess 515	Benjamin	Mid 352
Jedidiah	Nor 215	John	Ham 248	David	Ham 323
Jonathan	Wor 449	John	Ply 66	Edward	Bar 85
Lot	Ply 41	John	Wor 331	Ephraim	Ham 21
Mary	Suf 147	John	Wor 489	Gershom	Bar 4
Nathl.	Wor 286	John, jur.	Ess 193	Isaac	Ham 64
Peltiah	Ber 213	Jona.	Ess 432	Isaac, Junr.	Ham 64
Saml.	Wor 275	Jonas	Mid 457		

James	Bar 4	William	Ess 362	Joseph	Nor 152
John	Bar 42	William	Ham 39	Joseph	Wor 286
Jonathan	Bar 47	Willm.	Wor 392	Joshua	Mid 253
Jonathan	Ply 86	Picket, Joseph, Jr.	Ess 523	Joshua	Wor 428
Joseph	Bar 90	Moses A.	Ess 510	Joshua	Wor 437
Lazarus	Bar 4	Nicholas	Ess 467	Josiah	Ham 193
Levi	Bar 90	Sally	Ess 468	Josiah	Ham 286
Nathan	Ham 64	Pickett, Daniel	Ham 74	Judah	Ham 188
Paul	Bar 90	Eli	Ber 114	Langarthe	Ber 112
Peletiah	Ply 54	James	Ber 117	Lawrence	Ber 112
Peter	Bar 47	John	Ber 171	Lettuce	Nor 129
Phillip	Bar 47	John	Ess 524	Lydia, Wido.	Brs 364
Prince	Bar 52	Joseph	Ess 523	Martha	Ply 134
Solomon	Bar 90	Samuel	Ham 74	Moses H.	Wor 419
Timothy	Bar 85	Thomas	Ess 552	Nathan	Mid 335
William	Bar 90	William	Ess 339	Nicholas	Ess 535
Zenas	Ham 64	Pickhens, John	Brs 430	Oliver	Wor 427
Zenas	Wor 301	Thaddeus	Brs 430	Orange	Ber 232
Phippen, Anna	Ess 414	Picking, John	Mid 377	Peter	Ply 55
Anstis	Ess 412	Pickins see Peckins		Reuben	Mid 352
Atwater	Ess 411	Pickle, Benja.	Ess 257	Reuben	Wor 437
David	Ess 403	Pickman, Benja., jr.	Ess 409	Richd.	Nor 118
Joshua	Ess 421	Benjam.	Ess 366	Robert	Nor 152
Joshua, jr.	Ess 421	William	Ess 405	Rufus	Nor 129
Mary	Ess 414	Pidge, Benjamin	Brs 300	Saml.	Nor 152
Nath	Ess 413	David	Brs 318	Samll.	Mid 522
Nath	Ess 421	Pidgeon, Benjamin	Ess 338	Samuel	Ber 143
Thos.	Ess 413	Pierce, Abel	Mid 253	Samuel	Brs 360
Phipps, Aaron	Mid 512	Abel	Mid 335	Samuel	Ham 188
Abigail, Wd.	Wor 156	Abigail	Ess 10	Samuel	Mid 336
David	Mid 521	Abigail	Mid 335	Samuel, 2d.	Ham 188
Eliza.	Ess 384	Abijah	Mid 352	Sanford	Ber 160
Jedeh.	Mid 537	Abraham	Wor 430	Seth	Ham 272
John	Mid 537	Abrahm.	Nor 153	Seth	Nor 267
Jos.	Mid 172	Abram	Ply 41	Simeon	Brs 364
Moses	Wor 491	Adam	Ber 179	Solomon	Mid 488
Saml.	Mid 172	Amas	Ber 120	Steph.	Nor 153
Samll.	Mid 521	America	Ply 65	Subbiness	Ham 271
Solo.	Mid 172	Amos	Wor 428	Thaddeus	Mid 253
Thom.	Nor 118	Benj.	Nor 152	Thom.	Nor 152
William	Nor 309	Benja.	Wor 430	Thomas	Wor 438
Phips, Amoss	Ess 147	Caleb	Ber 160	Thoms.	Wor 419
George	Ham 193	Calvin	Wor 216	Timothy	Wor 470
John	Ess 146	Charles	Nor 129	William	Ham 286
John	Ess 155	Christopher	Ply 41	William	Nor 277
John	Ess 374	Constant	Ber 140	Willm.	Wor 281
Samuel	Bar 19	Cuff	Wor 470	Wm.	Nor 129
Samuel	Wor 250	Ebenezer	Ber 160	Zebulon	Ham 188
Willa.	Ess 143	Ebenezer	Ham 39	see Peirce	
Pickard, David	Ess 251	Eber	Ber 165	Pierpoint, Hezekiah	Ham 200
Ephraim	Ess 531	Edward	Nor 152	Pierpont, Ebenezer	Nor 242
Francis	Ess 252	Eliphalet	Ham 188	William	Ham 111
Jacob	Ess 252	Elisha	Brs 358	Pierson, David	Ber 199
John	Ess 251	Elizabeth	Ply 41	see Richardson	
John	Ess 254	Ephraim	Ber 159	Piex Ammie, Casar	Ber 229
Joseph	Ess 252	Ephraim	Wor 430	Pigeon, Elizabeth	Mid 279
Joshua	Ess 251	Ezekiel	Ham 21	Jane	Mid 279
Pickens, Esther, Wo.	Ply 83	Isaac	Mid 352	John	Mid 280
George	Ply 85	Jacob	Mid 335	Pigesley, Joseph	Brs 292
Isaac	Ply 86	Jacob	Ply 63	Robert	Brs 291
John	Ply 85	James	Ber 133	Pike, Aaron	Ham 111
Samuel	Brs 282	Jesse	Nor 290	Aaron	Mid 521
Samuel	Ply 85	Jna.	Nor 153	Abl., Wd.	Ess 60
Silas	Ply 85	Jno.	Nor 130	Barnabas	Ber 193
Thomas	Ply 86	Jno.	Nor 153	Benjamin	Ess 36
Zatto	Ply 85	Job, 2d.	Ply 83	Caleb	Ess 60
Pickering, Asa	Wor 392	John	Ber 112	Caleb, junr.	Ess 59
Benjm.	Wor 392	John	Ber 140	Daniel	Ess 338
Benjm., Jr.	Wor 392	John	Ess 24	Daniel, Jr.	Ess 338
David	Wor 392	John	Wor 220	David	Ham 250
Ichabod	Wor 394	John	Wor 281	David	Wor 276
James	Ess 27	Jonas	Mid 489	David	Wor 352
John	Ess 374	Jonas	Nor 118	Eben	Ess 21
Jont.	Wor 392	Jonathan	Ber 232	Elias	Ess 60
Joseph	Ess 363	Jonathan	Ham 14	Elias, junr.	Ess 59
Samuel	Nor 342	Jonathan	Wor 430	Elijah	Nor 221
Simon	Nor 341	Jonathan	Wor 437	Elisha	Ham 193

Enoch	Ess 338	Samuel	Ess 18	Jonathan	Bar 93
Ephraim	Wor 437	Simon	Ess 18	Jonathan	Ham 153
Ephram	Wor 331	Pine, Henry	Ess 217	Keziah	Brs 322
Francis	Ess 60	William	Wor 236	Nathan	Ham 153
Francis	Wor 503	Pinergrass, Peter	Ham 250	Reuben	Ham 125
George	Bar 63	Pingery, Stephen	Mid 440	Robert	Ess 433
Hannah	Mid 280	Pingree, Asa	Ess 253	Theos.	Ply 106
Henry	Ess 60	Asa (2)	Ess 254	Pitman, Benj.	Wor 331
Isaac	Mid 81	Clement	Ess 253	Benjamin	Ess 488
Jacob	Ess 60	Daniel	Ess 253	Charles	Nan 69
James	Ess 281	Daniel R.	Ess 339	Saml.	Nan 69
James	Wor 332	Francis	Ess 253	Thomas	Ess 471
Jeorge	Wor 336	Pingrey, Job	Ess 293	Thomas	Ess 507
John	Bar 63	John	Ess 293	Pitnam, Hannah	Ess 363
John	Ess 60	Moses	Ess 293	John	Ess 384
John	Mid 359	Pinkham, Andrew	Brs 430	Mark	Ess 373
John	Wor 503	Andrew	Nan 48	Polly	Ess 373
Jona.	Mid 522	Bethiah	Nan 49	Sarah	Ess 415
Jona., Jr.	Mid 522	Charles	Nan 73	William	Ess 401
Jonas N.	Wor 261	Henry	Nan 72	Pitnum, Michael	Ess 380
Joseph	Ess 256	Hezekiah	Nan 75	Pitsinger, John	Ham 17
Joseph	Ess 338	Jemima	Nan 62	Pitt, John	Ham 75
Joshua	Ess 60	Jethro	Nan 57	see Clark, Stevens	
Josiah	Ess 338	John	Nan 74	Pittee, Nathaniel	Suf 141
Martha, Junr., Wido.	Ess 338	Matthew	Nan 67	Nathl.	Nor 290
Martha, Wido.	Ess 338	Obed	Nan 73	Pitts, Bishop	Ham 43
Mary	Ess 365	Peleg	Nan 61	Ebenr.	Wor 178
Mary, Wd.	Ess 60	Peter	Nan 72	George	Brs 413
Mary, wid.	Wor 411	Shubael	Nan 69	Jeremiah	Ham 268
Mathew	Ess 234	Shubael	Nan 74	Job	Wor 470
Michal	Wor 276	Tristram	Nan 68	John	Ham 268
Moses	Brs 319	Uriah	Nan 61	John	Mid 81
Moses	Ess 59	Wm.	Nan 72	Obed	Nan 58
Nathan	Mid 522	Pinks, John	Ham 78	Philip	Brs 410
Nicolas	Ess 338	Pinney, Aaron	Ber 268	Rhoba, Wido.	Brs 358
Oliver	Ham 284	Benj.	Ber 268	Saml.	Mid 376
Ozias	Ber 237	Fuller	Ham 235	Samuel	Ber 193
Richard	Ess 216	Joel	Ham 238	Samuel	Ham 43
Sally	Ess 544	John	Ham 157	Silvanus	Nan 71
Saml.	Wor 281	John, Junr.	Ham 157	Thankful	Duk 449
Saml.	Wor 336	Joseph	Ham 257	William	Nan 66
Saml., Jur.	Wor 336	Silas	Ber 268	Wm.	Bar 48
Samll.	Wor 301	Piper, Abel	Wor 276	see Barker	
Samuel	Ham 143	Amos	Wor 276	Pixley, ---	Ham 335
Sarah	Wor 192	Asa	Wor 276	Alexander	Ber 106
Thomas	Ess 204	Ebenr. H.	Ber 250	Daniel	Ber 106
Thomas	Ess 250	Isaac	Wor 237	Hall	Ber 105
Thomas	Ess 293	James	Wor 320	Hall, Jur.	Ber 105
Timothy	Mid 522	Jona.	Mid 69	Jonathan	Ber 106
William	Ess 338	Joshua	Mid 4	Lot	Wor 492
William	Wor 236	Josiah	Wor 240	Moses	Ber 207
Pillsbury, Samuel	Ess 83	Josiah, Junr.	Wor 242	Nathll.	Ber 227
Pilsbury, Amos	Ess 231	Lucy	Mid 13	Nathll.	Ber 229
Amos	Ess 247	Martha, Wo.	Ess 114	Olive	Ber 106
Amos	Ess 257	Samll.	Mid 90	Silas	Ber 106
Benjamin	Ess 339	Silas	Mid 28	Squire	Ber 119
Chase	Ess 208	Tilly M.	Mid 264	William	Ber 106
David	Ess 215	Walter	Ess 337	Pizer see Sizer	
Dole	Ess 247	Walter, Jr.	Ess 337	Place, James	Brs 404
John	Ess 339	William	Ess 337	Plaisted, Lucy	Ess 469
Michael	Ess 339	Pirce, Daniel	Ess 243	Plato, James	Nan 77
Moses	Ess 207	Elisabeth	Ess 218	Platt, Abiel	Ber 151
Moses	Ess 224	John	Ess 215	Ebenezer	Ber 115
Saml.	Mid 173	John	Ess 535	Joseph	Ber 199
Samuel	Ess 216	Wm.	Ply 112	Thomas	Ess 339
Samuel	Ess 255	Pirkens, Nathan	Ham 217	Platts, Abigal	Ess 245
Samuel	Ess 339	Richard	Ess 162	Isaac	Wor 437
Samuel, Jr.	Ess 339	Benja.	Wor 438	John	Ess 257
Semion	Ess 231	Francis	Wor 427	Plimpton, Abigail	Nor 205
Silas	Ess 207	Jonathan	Wor 430	Amos	Nor 205
Timo.	Ess 215	Pelmadus	Wor 425	Asa	Nor 85
William	Ess 207	Pitcher, ---, Mrs.	Ess 194	Augustus	Nor 205
Pinchbeck, Wm. F.	Nor 129	Abigail	Bar 47	David	Nor 205
Pincin, Benjamin	Ply 63	Abijah	Nor 290	David, Jun.	Nor 205
Benjamin, junr.	Ply 63	Danel.	Ham 125	Elias	Wor 331
William	Ply 63	Eliakim	Nor 290	Elijah	Nor 85
Pinder, Benjamin	Ess 580	Elijah	Ham 125	Elijah	Wor 331

Elijha	Wor 331	Jacob	Ess 387	Lemuel	Ber 199
Ezekiel	Nor 215	John	Ess 535	Luther, Capt.	Ham 146
Fredric	Wor 331	John	Mid 313	Medad	Ber 163
Gershom, Jur.	Wor 332	Joseph	Ess 544	Medad	Ham 10
Gershon	Wor 331	Joseph	Ess 594	Medad	Ham 30
James	Wor 331	Joseph	Wor 262	Oliver	Ham 4
Job	Nor 221	Josiah	Ess 586	Phoebus	Ham 10
Joel	Wor 331	Nathan	Ess 596	Pliny	Ham 18
John	Wor 331	Nehemiah	Ess 598	Quantus	Ham 3
Joseph	Nor 205	Samuel	Ess 594	Shammah	Ham 30
Raynolds	Wor 331	William	Wor 227	Simeon	Ham 5
Ruth	Nor 205	Polden, George	Ply 8	Simeon	Ham 248
Sarah	Nor 205	James	Ply 11	Simeon	Ham 292
Silas	Nor 205	Jonathan	Ply 13	Stephen	Ham 15
Ziba	Nor 106	Thomas	Ply 4	Sylvenus	Ham 9
Plimton, Elzaphan	Wor 371	Pollard, ---	Mid 173	Titus, Dean.	Ham 153
Jonathan	Wor 372	Aaron	Wor 214	William	Ber 199
Oliver	Wor 331	Abijah	Wor 214	William	Ham 8
Plum, Charles	Ham 147	Abner	Wor 354	Pompey, Cato	Ham 263
Comfort	Ham 147	Amory	Wor 211	Dinah	Nan 78
Jacob	Ham 149	David	Wor 220	Pompy, George	Nan 77
Urial	Nan 74	Edw.	Mid 388	Pomroy, Aaron	Ham 132
Plumb, Ebenezer	Ber 206	George	Nan 76	Aaron, Junr.	Ham 132
Ebenezer	Ber 256	Jno.	Wor 311	Anne, Wd.	Ham 133
Ebenezr.	Ber 257	Joel	Wor 419	Asahel	Ham 133
Joel	Ham 47	John	Brs 369	Calib	Ham 132
Joshua	Brs 430	John	Mid 116	Ebenezer	Ham 132
Samuel	Wor 394	John	Mid 336	Ebenr.	Ham 335
Plumber, Joseph	Nor 183	John	Wor 354	Elehue	Ham 133
Plumer, Alpheus	Wor 411	John, Junior	Brs 376	Enos	Ham 136
Daniel	Ess 133	Jona.	Mid 388	Enos	Ham 329
David	Ess 124	Jona. P.	Mid 388	Enos, Jr.	Ham 137
Mary, Wo.	Ess 161	Jonathan	Wor 217	Gad	Ham 129
Moses	Ess 136	Luke	Wor 222	Gideon	Ham 133
Nathaniel	Ess 204	Matthew	Mid 360	Ichabod	Ham 129
Seth	Ess 228	Oliver	Mid 360	Ira	Ham 132
Plumley, Isaac	Ham 262	Oliver	Wor 214	Isaac	Ham 133
John	Ham 235	Oliver, Junr.	Wor 214	Jacob	Ham 132
John, Jur.	Ham 235	Peter	Nan 57	Joel	Ham 129
Plummer, Asa	Ess 282	Solo.	Mid 388	Justus	Ham 136
Benja. (2)	Ess 228	Stepney	Bar 52	Lemuel	Ham 133
Daniel	Ess 336	Thaddeus	Wor 209	Phinehas	Ber 239
David	Ess 229	Thaddeus	Wor 220	Samel.	Ham 132
Edward	Ber 199	Thaddeus, Junr.	Wor 217	Samll.	Mid 489
Enoch	Ess 336	Thomas	Wor 216	Solomon	Ham 136
Francis	Ber 208	William	Wor 212	Pond, Abijah	Nor 376
Hannah	Ess 228	William	Wor 460	Abner	Nor 368
John	Ess 83	Wm.	Mid 388	Abner	Wor 391
John	Ess 229	Polley, Elnathan	Wor 218	Adam	Wor 361
Jonath.	Ess 227	John	Ham 278	Aplos	Mid 537
Joseph	Ess 228	Joseph	Wor 428	Asa	Wor 282
Joseph	Ess 336	Nathanael	Nor 96	Barnard	Nor 377
Joshua	Ess 83	Peter	Wor 460	Barzillai	Nor 358
Josiah	Ess 227	Pollock, Susan	Nor 130	Benajah	Nor 352
Josiah	Ess 336	Polly, Eleazer	Ber 263	Benjamin	Nor 352
Mark	Ess 229	Geo.	Mid 172	Benjn.	Mid 522
Moses	Ess 83	Josiah	Mid 198	Cutl...r	Nor 383
Nathan	Ess 336	Pliny	Ham 102	Cutlor	Nor 358
Olive	Ess 375	Robt.	Mid 172	Daniel	Nor 365
Paul (2)	Ess 228	Saml.	Mid 187	Darius	Wor 503
Rechard	Ess 228	Sampson	Mid 198	Eli	Nor 96
Samuel (2)	Ess 248	Thomas	Ham 24	Eli	Nor 350
Samuel	Ess 252	Pomeroy, Amasa	Ham 147	Eli, Junr.	Nor 350
Samuel	Ess 336	Asahel	Ham 4	Elihu	Nor 352
Semion	Ess 227	Benjamin	Ham 64	Elijah	Nor 376
Seth	Ess 336	Daniel	Ber 188	Eliphalet, Capt.	Nor 302
Silas	Ess 282	Daniel	Ham 8	Ezra, Ens.	Wor 419
Thomas	Ess 282	David	Ham 292	Goldsbury	Nor 351
Tristram	Ess 336	Ebenezer	Ham 288	Hezekiah	Nor 352
Plunket, Patrick	Ber 212	Elihu	Ham 165	Ichabod	Nor 352
Plympton, Ebenr.	Mid 117	Gaius	Ham 8	Increase	Nor 377
Sylvanus	Mid 335	Grove	Ber 250	Jabez	Nor 374
Pognet see Pugnant		Jonathan	Ham 298	Jacob	Nor 376
Poignard, David	Nor 233	Joseph	Ham 146	Jamotis	Nor 345
Poland, Abner	Ess 590	Josiah	Ham 39	Jeremiah	Nor 377
Abner, Jur.	Ess 590	Josiah	Ham 64	John	Nor 247
Francis	Ess 594	Josiah, Junr.	Ham 39	Jona.	Mid 512

Name	Loc
Jonas	Nor 302
Joseph	Ham 39
Joseph	Nor 377
Joseph	Wor 419
Levi	Wor 419
Malkiah	Nor 355
Moses	Nor 215
Moses	Nor 302
Nathan	Nor 96
Nathan, Jr.	Nor 96
Oliver	Nor 351
Oliver	Nor 377
Oliver, Junr.	Nor 351
Oliver N.	Nor 345
Pellue	Nor 365
Reuben	Nor 363
Robert	Nor 355
Robert, Junr.	Nor 355
Samuel	Nor 302
Samuel	Nor 355
Solomon P.	Nor 353
Theodore	Mid 537
Timothy	Nor 352
Timothy	Nor 374
William	Nor 355
William	Nor 373
William	Nor 374
Zadoc	Mid 522
Pool, ...	Ess 155
Aaron	Ess 155
Abijah	Ham 307
Abraham	Ess 155
Acish	Ply 35
Akish	Ber 165
Asa	Ply 63
Benjn.	Ply 35
Caleb	Ess 154
Caleb, Jun.	Ess 154
Ebenezer	Suf 147
Ebenr.	Ess 154
Ebenr., Jun.	Ess 155
Elisabeth	Ess 23
Elizabeth	Mid 303
Francis	Ess 154
Gardner	Nor 190
Hannah	Mid 130
Isaac	Brs 410
Isaac	Ess 154
Jacob	Ham 308
Jacob	Ply 35
James	Ply 35
James	Wor 425
Jeptha	Ham 307
Jeptha, Jun.	Ham 307
John	Brs 392
John	Ess 154
John	Ply 18
John, Jun.	Ess 154
Jona.	Brs 410
Jona.	Ess 154
Jonathan	Mid 304
Joseph	Ess 155
Joseph	Ply 36
Joseph, Jur.	Ply 36
Joshua	Ply 35
Mark	Ess 155
Mark, Majr.	Ess 155
Mary	Duk 450
Micah	Ply 35
Milo	Ess 29
Moses	Ess 155
Oliver	Ber 213
Rachel, Wo.	Ess 160
Sabinas	Brs 347
Samuel	Brs 392
Sarh., Widow	Ess 154
Stephen	Ess 154
Stephen, Jun.	Ess 155
Susanna	Ess 448
Thomas	Ham 259
Thomas	Mid 303
Thomas	Nor 172
Thomas	Nor 190
Thomas, Junr.	Ham 259
Thos.	Ess 447
Timothy	Mid 304
Ward	Ess 26
William	Ply 63
William	Wor 391
Wm.	Duk 449
Poole, Jacob	Ham 343
John	Ber 188
Thomas	Mid 336
Pooler, Penuel	Ham 247
Poop, Jesse	Mid 304
Poor, Abraham	Ess 193
Amos	Ess 231
Benja.	Ess 232
Benja.	Ess 250
Daniel	Ess 194
Daniel	Ess 208
Daniel	Ess 249
Daniel	Ess 257
Daniel	Nor 302
Daniel	Wor 227
David	Ess 257
Ebenr.	Ess 193
Eliphelet	Ess 249
Eunice	Wor 351
Isaac	Ess 193
James	Ess 21
Jeremiah	Ess 249
John	Ess 232
John	Ess 282
John	Ess 459
John	Mid 304
John, jur.	Ess 193
Jonathan	Ess 228
Joseph (2)	Ess 28
Joseph	Ess 249
Lemuel	Ess 193
Micajah	Ess 232
Moses	Ess 232
Moses	Ess 249
Nancy	Ess 200
Nathan	Ess 338
Paul	Ess 256
Peter	Ess 193
Samuel	Ess 232
Stephen	Ess 193
Stephen	Ess 228
Susanna	Ess 193
Theodore	Ess 193
Thomas	Ess 293
Timothy	Ess 281
William	Ess 338
see P...	
Poorhouse, Keeper of	Ess 467
Pope, Asa	Nor 118
Asa	Wor 311
Benjamin	Ply 63
Ebenezer	Ber 117
Ebenezer	Brs 430
Ebenezer	Wor 349
Ebenr.	Ess 365
Edmund	Brs 430
Edward	Brs 431
Eleazer	Ess 378
Elijah	Ess 13
Elijah	Nor 152
Elisha	Bar 39
Enos	Ess 378
Ephraim	Brs 430
Folger	Ess 359
Fred	Nor 152
Frederick	Nor 267
Freeman	Brs 430
Freeman	Ham 224
Gertrude	Ess 378
James	Ess 398
Jno.	Nor 118
John	Bar 39
John	Ess 357
John	Nor 152
Jonathan	Brs 430
Joseph	Ess 491
Joseph	Ess 498
Joseph	Ham 221
Joseph	Nor 129
Joseph	Wor 352
Joseph	Wor 492
Joshua	Ess 357
Lazarus	Nor 267
Lemuel	Bar 39
Lemuel	Brs 430
Marcy	Brs 430
Nathaniel	Brs 430
Ralph	Nor 267
Rhoda	Ber 222
Samuel	Brs 430
Sarah, Wido.	Nor 267
Seth	Brs 430
Seth	Ply 105
Seth, Junr.	Ply 106
Thomas	Brs 430
Thomas	Ply 1
Thos.	Brs 39
William	Brs 430
Wm.	Nor 152
Worth	Brs 431
Yet Seth	Brs 430
Popkins, Benjamin	Ham 243
Jno.	Mid 187
Stephen	Ham 247
see Hopkins	
Pord, Calo	Duk 450
Porridge, Simon	Duk 447
Porter, Aaron	Ess 383
Abigail	Ess 16
Abigail	Ess 400
Abigail	Ess 480
Abigail, Wido.	Nor 267
Abijah	Ess 16
Abijah	Nor 277
Abner	Nor 183
Abraham	Ber 193
Adam	Ham 305
Amasa	Mid 280
Amos	Ber 228
Asa	Ess 39
Asa	Ham 305
Asa	Ham 344
Belly, Esq.	Ess 533
Benjamin	Brs 282
Benjamin	Ess 9
Benjamin	Ham 43
Benjamin, 2d.	Brs 282
Cyrus	Nor 267
Daniel	Ber 130
Daniel	Ess 17
Daniel	Ess 36
Daniel	Ham 107
Daniel	Ham 210
David	Ber 263
David	Ham 64
David	Nor 118
Dudley	Ess 282
Dudley	Ess 596
Dudly	Ess 412
Ebenezer	Ber 263
Ebenr.	Ber 213

Ebenr., Jur.	Ply 35	Rachel	Ess 543	John	Brs 335
Edward	Ham 335	Robert	Brs 282	John	Ess 571
Eleazer	Ham 287	Robert	Ess 544	John	Wor 188
Elijah	Ham 123	Robert	Nor 267	John	Wor 261
Elijah	Ham 354	Rufus	Mid 198	John, Jur.	Ess 570
Ester, Wido.	Brs 367	Ruth, Widow	Ess 15	Jonas	Mid 6
Hannah	Ess 8	Ruth.	Ess 409	Jonathan	Brs 431
Hannah	Ess 523	Saml.	Ham 343	Jonathan	Ess 585
Hannah	Ess 564	Saml.	Wor 185	Joseph	Ham 329
Hezekiah	Ham 3	Samuel	Ber 112	Joshua	Brs 347
Hitte	Ess 8	Samuel	Ber 130	Luke	Wor 262
Isaac	Ess 561	Samuel	Ber 263	Nathaniel	Brs 334
Isaac	Ham 123	Samuel	Ess 597	Nathaniel	Ess 583
Isaac	Ply 53	Samuel	Ham 151	Nathaniel	Ess 597
Isaac	Ply 91	Samuel	Ham 287	Olney	Nor 337
Isaac, Widw. of	Nor 189	Samuel	Ply 63	Pardon	Brs 430
Israel	Ess 16	Seth	Ply 35	Peleg	Ber 152
Israel	Mid 489	Silas	Ham 13	Peleg	Brs 334
Israel, Junr.	Ess 15	Simeon	Ham 343	Philip	Brs 335
Jacob	Ham 116	Thomas	Ess 482	Prince	Brs 347
Jacob	Ham 302	Thos.	Ess 435	Prince	Ply 83
James	Ply 56	Tisdale	Brs 275	Rebeccah	Brs 335
Jehiel	Ham 132	Tyler, Esquire	Ess 561	Robert	Ham 288
Job	Ham 107	William	Ess 543	Samuel	Mid 6
John	Brs 360	William	Ham 287	Scipio	Brs 365
John	Ess 524	William	Mid 352	Silas	Wor 262
John	Ess 561	William	Mid 359	Simeon	Ber 136
John	Ham 343	William	Nor 183	Simeon	Brs 360
John	Ham 354	William, Capt.	Ply 85	Simeon	Brs 398
John	Mid 440	Willm.	Ply 36	Southworth	Brs 430
John	Nor 372	Zachariah	Ply 85	Stephen	Brs 335
John	Ply 35	Zorubbable	Ess 9	Stephen	Brs 430
John	Ply 55	see Potter		Stephen	Mid 421
John	Ply 63	Portuges, Louis	Bar 51	Stokes	Brs 335
John	Ply 101	Portugue, Benanuel	Brs 401	Thurston	Brs 430
John	Wor 352	Post, Cornelias	Ham 75	Weaver	Brs 347
John, 2d.	Ham 343	Gideon	Ber 223	Wesson	Brs 335
Jona.	Mid 198	Ichabod	Ber 188	William	Ber 160
Jonathan	Ham 12	Levi	Ham 16	William	Ess 339
Jonathan	Nor 183	Levi, Junr.	Ham 16	William	Ess 597
Jonathan	Ply 16	Oliver	Ham 16	Wm.	Ham 258
Jonathan, Junr.	Ess 15	Poster see Porter		Wm. Holiday	Brs 347
Jonathan, 3rd.	Ess 15	Posthill, Robert	Nor 247	see Porter	
Jonathan E.	Ham 287	Potter, Abel	Ber 141	Pottiss, Joseph	Ber 238
Joseph	Ess 15	Abijah	Ham 277	Pottle, Simon	Wor 467
Joseph	Ham 343	Abner	Brs 335	Potts, Wm.	Mid 502
Joseph	Mid 489	Abner	Brs 347	Pousland, William	Ess 461
Joseph	Nor 190	Ambrose E.	Ham 200	Pouslin, John	Ess 558
Joseph	Nor 267	Asa	Wor 481	John, Jur.	Ess 558
Joseph	Nor 277	Asahel	Ber 154	Thomas	Ess 546
Joseph, Junr.	Ess 14	Baldwin	Ham 200	Pousling, Edward	Ess 539
Joseph, junr.	Nor 183	Barney	Brs 335	Powars, Battery	Mid 173
Joshua	Ber 105	Benja.	Ess 564	Ephraim	Ber 199
Joshua	Ham 344	Daniel, Jur.	Ess 585	Stephen	Ham 102
Leonard	Brs 367	David	Ham 83	William	Ber 193
Libbeus	Nor 376	Edward	Brs 335	Powel, William	Ham 285
Lincoln	Brs 367	Edward	Ham 47	Powell, Abigail	Ess 399
Marcy	Ess 23	Elias	Brs 335	David	Ber 149
Mary	Ess 260	Elijah	Brs 335	Elizabeth	Ber 108
Mary, Wido.	Brs 367	Ephraim	Mid 5	Ephraim	Ber 150
Mercy	Ham 107	Ephraim	Mid 421	Jacob	Ber 250
Miles	Ber 143	Ephraim, Jr.	Mid 6	John	Ber 152
Moses	Ess 238	Ezekiel	Ess 583	Mary	Ber 149
Moses	Ess 260	Ezekiel, Jur.	Ess 584	Miles	Ber 148
Moses	Ham 287	Gardner	Brs 347	Robert	Ber 150
Nathan	Ess 556	Hannah	Ess 365	Samuel	Ber 151
Nathan	Wor 267	Holliman	Brs 320	Solomon	Ber 151
Nathan, Jur.	Wor 267	Humphrey	Brs 347	Stephen	Ber 234
Nathaniel	Ber 109	Ichabod	Ham 87	Thomas	Ber 150
Nathaniel	Ess 564	Ichabod, 2d.	Brs 335	William	Ber 151
Nehemiah	Ham 343	Ichabod, Sts. Son	Brs 335	Powers, Aaron	Ham 221
Noah	Ham 107	Isaac	Ess 583	Abijah, Capt.	Ham 221
Oliver	Ber 228	Jacob	Wor 437	Asa	Ham 102
Oliver	Ply 83	James	Ess 339	Asa	Ham 111
Oliver	Ply 104	James	Wor 512	Clark	Ham 221
Paul	Ess 561	Jesse	Ber 152	Edward	Brs 383
Pierpont	Ham 287	Job	Ber 107	Edwd.	Wor 275

Eli	Ham 270	David	Ham 111	John	Ham 182
Hannah	Mid 60	David	Mid 304	John	Mid 148
Henery	Wor 216	David	Ply 66	John (2)	Mid 187
Isaac	Ham 269	David	Wor 428	John	Nor 329
Isaac, Esqr.	Ham 221	David, Capt.	Ham 206	John	Ply 41
Jacob	Wor 281	Deer	Brs 357	John	Wor 156
Jeremiah, 2d.	Ham 221	Ebeneza.	Ber 142	John	Wor 204
John	Ber 263	Ebenezer	Ber 127	John	Wor 425
John	Ess 472	Ebenezer	Ham 276	John, Jur.	Brs 386
John	Ess 475	Ebenezer	Ham 291	John, Jur.	Mid 150
John	Ham 111	Ebenezer	Ply 86	Jona.	Brs 414
John	Ham 311	Ebenezr.	Ber 135	Jona.	Mid 457
John	Wor 320	Ebenr.	Mid 537	Jonan., junior	Nor 182
John	Wor 517	Ebenzr.	Mid 465	Jonathan	Ber 154
Jonas	Wor 276	Eleazer	Wor 430	Jonathan	Brs 392
Levi	Wor 437	Elias	Ber 163	Jonathan	Mid 150
Nathan	Ham 221	Elias	Wor 155	Jonathan	Mid 304
Polly, Wd.	Ham 221	Elijah	Wor 155	Jonathan	Nor 182
Robert	Mid 437	Elisha	Wor 343	Jonathan	Ply 126
Sarah	Ess 507	Elizabeth	Brs 366	Jonathan	Wor 155
Stephen	Ham 111	Elnathan	Ber 115	Jos.	Mid 198
Stephen	Ham 269	Elnathan	Wor 372	Joseph	Brs 383
Thomas	Ess 507	Enoch	Ply 53	Joseph	Ess 439
Thos., Majr.	Ham 221	Enos	Brs 366	Joseph	Ham 60
Wm.	Mid 60	Ephraim	Ham 107	Joseph	Nor 190
Poynton, Nelly	Ess 398	Ephraim	Ham 116	Joseph	Nor 329
Prang, Mary	Ess 255	Ephraim	Mid 150	Joseph	Nor 341
Prat, Jacob	Mid 529	Ephraim	Mid 303	Joseph	Ply 86
Pratt, Aaron	Ber 174	Ephraim	Ply 9	Joseph	Wor 155
Aaron	Brs 367	Ephraim	Wor 447	Joseph	Wor 333
Aaron	Mid 148	Ezra	Nor 189	Joseph	Wor 372
Aaron	Nor 330	Freeman	Wor 332	Joshua	Nor 183
Aaron	Wor 447	Hannah	Mid 465	Joshua	Ply 22
Aaron, jur.	Nor 329	Hannah	Ply 10	Joshua	Ply 41
Aberdean	Ply 85	Hannah, Wido.	Brs 366	Joshua	Ply 66
Abner	Ply 86	Henry	Mid 537	Josiah	Brs 387
Abiah	Nor 183	Henry	Wor 331	Josiah	Brs 392
Abiel, Wo.	Ply 88	Holman	Ply 88	Josiah	Ham 305
Abigail	Wor 281	Iaac	Mid 302	Josiah	Ply 47
Abijah	Nor 86	Ichabod	Nor 182	Josiah, 2d.	Brs 387
Abijah	Wor 374	Isaac	Ber 126	Justin	Ham 169
Abijah, Jun.	Wor 371	Isaac	Mid 172	Kimbell	Ply 83
Abner	Nor 183	Isaac	Mid 198	Laban	Nor 183
Abraham	Ham 111	Isaac	Mid 400	Levi	Nor 86
Alderton	Ham 172	Isaac	Nor 85	Lewis	Brs 430
Amasa	Brs 386	Isaac	Nor 190	Lucy	Brs 387
Amasa	Ham 3	Isaac	Nor 380	Lydia, Wo.	Ply 83
Amos	Brs 431	Isaac	Wor 489	Martin	Wor 191
Amos	Ess 449	Isaiah	Ply 10	Mary	Mid 420
Amos	Mid 304	Jabez	Brs 414	Mary, Wid.	Nor 190
Ann	Duk 444	Jabez	Ham 206	Matthew	Ham 291
Artemas	Ham 111	Jabez	Wor 235	Matthew	Nor 190
Asa	Nor 183	Jacob	Ber 268	Matthew, junr.	Nor 190
Asa	Ply 63	Jacob	Ham 91	Micah	Ham 111
Banjamen	Mid 302	Jacob	Mid 187	Micah	Ham 206
Barnabas, & son	Ber 174	Jacob	Mid 537	Micah, Jr.	Ham 111
Benja.	Mid 198	Jacob, 2d.	Mid 188	Moses	Mid 521
Benja.	Wor 156	James	Nor 118	Nahum	Wor 155
Benja.	Wor 168	James	Nor 182	Nath.	Mid 187
Benjamin	Ply 88	James	Wor 354	Nathan	Ply 83
Benjamin, Junr.	Nor 183	Jane	Ply 36	Nathan	Wor 333
Benjamin, 2d.	Nor 182	Jas.	Ess 384	Nathan	Wor 372
Benjn.	Nor 183	Jerard	Ham 174	Nathaniel	Ply 83
Benl.	Mid 50	Jerathmul C.	Mid 470	Nathl.	Mid 150
Benoni	Ham 305	Jesse	Nor 172	Nathl.	Ply 35
Benoni	Mid 140	Jesse	Wor 333	Nathn. G.	Ess 439
Caleb	Brs 392	Jessee	Nor 86	Nehemiah	Brs 366
Caleb	Nor 328	Job	Ply 88	Noah	Ber 128
Calvain	Ply 86	Joel	Ber 142	Noah	Ply 10
Casar	Ess 377	Joel	Nor 130	Noah	Ply 35
Consider	Ply 13	Joel	Wor 352	Oliver	Ply 66
Cornelius	Ply 63	Johathan	Wor 333	Othniel	Wor 492
Dan	Nor 206	John	Ber 151	Paul	Ber 157
Daniel	Ham 308	John	Brs 386	Paul	Mid 253
Daniel	Mid 303	John	Ess 386	Peter	Nor 182
David	Brs 292	John	Ess 425	Phebe	Nor 153
David	Brs 386	John	Ham 39	Philip	Ply 36

Philip, Jur.	Ply 35	Ebenr.	Mid 489	Jonas	Mid 400
Phineas	Ply 86	Elisha	Ham 305	Jonas	Mid 457
Phineas, 2d.	Ply 86	Geo.	Mid 173	Jonathan, Jun.	Wor 352
Phinehas	Ham 111	George	Mid 489	Joseph	Mid 400
Phinehas	Ham 172	Hannah	Mid 502	Josiah	Ham 47
Richd.	Ess 439	Henry (2)	Mid 489	Levi	Wor 213
Richd., Jr.	Ess 427	Ira	Ham 301	Oliver, Esqr.	Mid 457
Robert	Mid 59	Jana	Ess 93	Oliver, Jun., Esq.	Mid 456
Robert	Nor 183	John	Ham 107	Rebecka	Mid 8
Rufus	Brs 366	John	Mid 489	Ruthey	Wor 234
Saml.	Nor 172	John	Wor 178	Samson	Mid 457
Samuel	Brs 359	Jonn.	Ham 301	Samuel	Mid 11
Samuel	Nor 183	Joseph	Brs 367	Susanna, Wido.	Mid 457
Samuel	Nor 320	Joseph	Ham 145	Timo.	Mid 400
Samuel	Nor 330	Mary	Mid 173	William	Ess 373
Samuel	Wor 349	Moses	Ham 206	Willoughby	Mid 3
Samuel, Junr.	Nor 183	Nath.	Mid 172	Presho, Asa	Ber 212
Sarah, Wd.	Nor 85	Peleg	Ham 18	Isaac	Wor 320
Seth	Brs 392	Phineas	Ham 301	James	Brs 374
Seth	Wor 372	Robert	Mid 280	James	Wor 320
Silas	Mid 529	Saml.	Wor 392	Joseph	Brs 376
Silvanus	Nor 182	Samll.	Mid 521	Sampson	Brs 375
Silvanus	Ply 63	Samuel	Ham 30	Zadoc	Brs 374
Simeon	Mid 130	Solomon	Mid 489	Presse, Willa.	Ess 155
Simeon	Nor 233	Stephen	Mid 537	Pressey, Chalace	Ess 83
Simeon	Ply 63	Thaddeus	Wor 430	Hezekiah	Ess 82
Solomon	Ham 308	Thos.	Mid 502	John	Ess 82
Solomon	Wor 349	Wm.	Mid 489	Jona.	Ess 82
Spencer	Brs 387	see Printice		Joseph	Ess 82
Stephen	Ham 74	Prentis, Nathaniel	Ham 124	Presson, Allice	Ess 535
Stephen	Nor 182	Prentiss, Calvin	Wor 168	Benjamin	Ess 535
Stephen	Nor 183	Henry	Ess 474	Isaac	Ess 101
Tho.	Mid 187	Henry	Wor 517	Mary	Ess 417
Tho., 2d.	Mid 187	James	Wor 168	Pereicles	Wor 286
Tho. W.	Mid 172	John	Wor 354	Sarah	Ess 423
Thomas	Brs 347	Joshua	Ess 481	William	Ess 113
Thomas	Ham 17	Joshua	Ess 514	see Preston	
Thomas	Mid 279	Luke	Wor 227	Preston, Amariah	Mid 360
Thomas	Nor 328	Nathan	Wor 281	Amariah	Wor 473
Thomas	Ply 53	Nathaniel S.	Mid 409	Benoni	Ham 250
Thomas	Ply 85	Samel.	Wor 227	Edwd.	Nor 152
Thos.	Ply 36	Samel., Jr.	Wor 227	Elizabeth	Ess 535
Timo.	Mid 198	Samuel	Wor 163	Ezekiel	Wor 481
Tyrus	Ham 255	Thomas	Ber 188	Gardner, Lt.	Ham 249
Whitcom	Ham 308	Thomas, Rev.	Nor 206	Hannah	Ess 388
William	Brs 282	William	Wor 163	Ira	Ber 120
William	Brs 392	Presbrey, John	Brs 358	Isaac	Ber 104
William	Ess 424	Seth	Brs 361	Jabez	Ham 252
William	Ham 54	Simeon	Brs 383	Jacob	Ham 210
William	Mid 303	William	Brs 361	James	Ham 252
William	Nor 234	William, Junior	Brs 357	Jno.	Nor 153
William	Nor 302	Presbury see Norton		Job	Ham 249
William	Wor 241	Prescot, Jonathan	Wor 450	Joel	Ham 252
William, 2d.	Brs 392	see Varnum		John	Ess 3
William, 3d.	Brs 392	Prescott, Abel	Mid 3	John	Ham 252
Wm.	Mid 172	Abel	Mid 457	John, Jur.	Ham 252
Wm., Capt.	Ply 73	Abel, Jr.	Mid 11	Justus	Ham 204
Zenas	Nor 190	Abigail	Mid 59	Lemuel	Ham 30
see Rath		Abra.	Mid 400	Levi	Ess 5
Pray, Benj.	Nor 118	Amos	Mid 400	Moses	Ess 10
Ebenr.	Wor 156	Benjamin	Ham 5	Moses	Ham 252
Jeremiah	Ply 53	Benjamin	Mid 4	Richard	Ess 535
Jno.	Nor 118	Benjamin	Mid 27	Samuel	Ham 250
Jonathan	Wor 155	Benjamin, at the Locks &		Sarah	Nor 153
Samuel	Nor 118	Canal	Ham 47	Thankfull	Ess 535
Preart see Priett		Benjamin, Jr.	Mid 4	see Presson, Priston	
Preast, Elear.	Mid 70	Charles	Mid 14	Price, Benjamin	Ply 63
Prebble, Nathaniel	Ess 473	David	Mid 457	Edward	Brs 319
Nathaniel	Ess 491	Ebenr.	Mid 400	Hurd	Ber 239
Nehemiah	Ess 480	Ebenr., 2d.	Mid 400	James	Ham 351
Partrick	Ham 323	Elijah	Mid 69	James	Mid 14
Prendergast see Pindergrass		Isaac	Mid 457	Jerusha	Ber 173
Prentess, Caleb, Red.	Mid 303	Isaiah	Mid 400	Joanna	Ess 534
Prentice, Aaron	Ham 5	James	Mid 400	John	Brs 430
Asahel	Ham 145	John	Mid 11	Lot	Bar 47
Benjn.	Mid 502	John	Mid 400	Matthew	Bar 47
Daniel	Mid 456	John	Wor 354	Noah	Ply 134

Oliver	Brs 430	Printice, Daniel	Wor 200	Mary	Ess 477
Paul	Bar 47	John	Wor 205	Mary	Wor 430
Simeon	Brs 430	Joseph	Wor 203	Nathan	Mid 470
Tabitha	Bar 47	Stanton	Ess 216	Nathaniel	Mid 438
William	Ess 390	Prior, Benjan.	Ply 100	Nathaniel, Jur.	Mid 438
see Pirce		Eliphaz	Ply 100	Oliver	Mid 50
Prichard, Benjn.	Ber 109	Hepzebah	Brs 383	Peter	Ham 39
Pride, Peter	Ess 540	Jabez	Ply 100	Peter	Mid 470
Prier, Simeon	Ham 152	John	Ham 265	Peter, Junr.	Ham 39
Priest, Abel	Wor 220	Joseph	Ply 97	Robert	Ess 357
Abraham	Mid 417	Joseph	Ply 99	Simeon	Mid 441
Benjamin	Mid 417	Mathew	Ply 100	Simeon, Jur.	Mid 441
Calvin	Ham 30	Susanna	Brs 430	Thomas	Ess 519
Holman	Wor 211	Sylvanus	Ply 100	William	Ess 357
Jacob	Mid 437	Prisby, Joseph	Ber 212	William	Ess 488
Jacob	Wor 218	Prisept, John	Ham 311	William	Mid 441
Jeremiah	Wor 218	Prismis, Ezra	Ham 54	Willm.	Ess 443
J₀hn	Wor 214	Priston, Thomas	Ess 536	Willm., Jr.	Ess 443
John	Wor 217	Pritchard, Benjamin	Ess 458	Wm.	Mid 465
Joseph	Wor 211	Burly	Mid 388	see Protor
Joseph	Wor 437	Elizabeth	Ess 466	Protor, Ebenzr.	Mid 457
Luthar	Wor 214	Hugh	Ess 337	Proud, John	Brs 430
Lydia	Wor 437	John	Ess 466	Prout, William	Ber 263
Nathan	Wor 517	Lucy	Mid 198	William W.	Ess 339
Phillimon	Wor 215	Pritchit, Theadore	Nor 328	Prouty, Anna	Wor 489
Sally	Mid 265	Procter, Abel	Mid 34	Asa	Wor 489
Shadrick	Mid 413	Amos	Mid 377	Caleb	Ply 136
Timothey	Mid 456	Cha.	Mid 399	David	Ply 128
see Preast		Daniel	Ess 19	David	Wor 489
Priestly, James	Ess 139	Daniel, Junr.	Ess 25	David, jun.	Wor 489
Priett, Joseph	Wor 447	Daniel Epes	Ess 114	Dolly	Wor 489
Prince, ---	Nor 247	Danl.	Mid 377	Eli	Wor 489
Abigail	Ess 541	Eldad	Mid 377	Elijah	Wor 371
Alpheus	Ber 164	Elijah	Mid 377	Elisha	Wor 489
Anna	Ess 507	Esther	Ess 29	Isaac	Wor 489
Brackbry.	Ess 541	Ezekiel	Mid 41	Isaac, junr.	Wor 489
Caleb	Ess 14	Francies	Ess 13	James	Wor 489
Cato	Ess 460	Francis	Ess 101	Jesse	Wor 489
Cyrus	Ber 222	Isaac	Ess 113	Johnson	Wor 489
Daniel	Ham 240	James	Ess 17	Joseph	Wor 489
Darbee	Nor 230	John	Mid 9	Joshua	Wor 489
David	Wor 155	Johnson	Ess 13	Nathan	Wor 492
David, Jun.	Ber 164	Jonathan	Ess 13	Samuel	Suf 141
Elizabeth	Brs 347	Jonathan, Junr.	Ess 19	Seth	Wor 227
Eunice	Ply 4	Joseph	Ess 113	Thomas	Wor 492
Ezekiel	Ess 338	Josiah	Brs 430	William	Ply 128
Henry	Ess 416	Josiah	Ham 149	William	Wor 489
James	Ess 11	Keziah	Ess 13	Prowty, Francis	Ber 125
James	Ess 338	Levi	Mid 377	Puffer, Asa	Mid 122
James	Mid 198	Mary	Mid 400	Benjamin	Brs 383
Job	Brs 347	Mehitable	Ess 25	Daniel	Mid 119
John	Ess 338	Mingo	Ham 190	Ezra	Ham 188
John	Ess 371	Nathl.	Ess 83	Isaac	Mid 122
John	Ess 507	Pheeb.	Mid 400	Jacob	Mid 69
John	Ess 525	Phins.	Mid 400	James	Mid 122
John	Ply 27	Ruth	Mid 344	James, Jur.	Mid 121
Jonathan	Wor 155	Samuel	Brs 430	Job	Nor 215
Joseph	Ess 14	Samuel	Ess 588	John	Nor 290
Kimball	Ply 27	Sarah	Ess 19	John	Ply 35
Libbeus	Wor 188	Stephen	Ess 19	Jonas	Wor 452
Mary	Ess 530	Susanna	Brs 430	Jonathan	Mid 429
Melvin, Negro	Ply 125	Sylvester	Ess 25	Josiah	Wor 452
Phebe	Ber 153	Willa.	Ess 107	Mattathias	Nor 106
Richard	Ess 399	Proctor, ...es	Ess 485	Mercy	Mid 428
Richard	Ess 474	Aaron	Nor 129	Nathan	Wor 351
Saml.	Ham 329	Daniel	Ess 415	Phinehas	Mid 121
Saml.	Ham 344	Ebenr.	Ess 379	Samuel	Mid 120
Samu.	Ess 101	Gurshom	Mid 470	Samuel, Jur.	Mid 121
Samuel	Ber 164	Isaac	Ess 443	Silas	Mid 120
Stephen	Wor 155	James, Jun.	Mid 457	Tisdale	Ham 265
Stephen, Junr.	Wor 155	John	Ess 516	William	Nor 215
William	Ber 164	John	Mid 440	Puffor, Abraham	Ham 284
see Peirce		John	Wor 517	Samuel	Ham 284
Prindle, Eldad	Ess 124	Jona.	Mid 470	Pugnant, John	Ham 260
Eliakim	Ess 124	Jonathan	Ess 462	Puirce, Bristo, Negro	Ham 305
Nathan	Ham 30	Joseph	Ess 443	Pukham see Peckham
Solomon	Ber 129	Joseph	Ess 484	Pulcifer, Daniel	Ess 107

Edmund	Ess 109	Asa	Wor 163	Peter	Wor 163
Jabez	Ess 107	Barthl.	Ess 401	Phinehas	Ess 4
Jacob	Ess 107	Barthw.	Wor 163	Porter	Ess 14
Nathu.	Ess 107	Benajah	Wor 163	Rachel	Ess 17
Nathu., Jun.	Ess 109	Benjamin	Ess 14	Rebecca	Ess 14
Taba., Wo.	Ess 107	Benjamin	Wor 512	Rebekah	Ber 263
William	Ess 136	Billings	Ess 338	Ruth	Ess 14
Pulcipher, Anna	Ess 579	Calvin	Wor 155	Saml.	Ess 453
Bickford	Ess 579	Charles	Wor 163	Samuel	Ess 369
Pullen, John	Brs 398	Danel.	Wor 227	Samuel	Ham 102
Pulling, Mary	Ess 396	Daniel	Ess 3	Sarah	Ess 15
Pulsifer, Ebenezer	Ess 337	Daniel	Ham 102	Stephen	Ess 15
Fras.	Ess 401	Daniel	Wor 168	Susan	Mid 172
Pulsipher, Benjamin	Ham 60	Daniel	Wor 428	Tamar, Wd.	Wor 163
David	Ess 575	Daniel, Jun.	Wor 428	Thomas	Ess 16
Joseph	Ham 60	Daniel, Junr.	Ess 8	Timothy	Ess 8
Lovel	Wor 481	Danl.	Mid 377	William	Ess 14
Lucey	Ess 579	David	Ber 268	William	Ess 379
see Pulcipher		David	Ess 15	William	Wor 352
Punchard, Benja.	Ess 370	David	Wor 168	Willm.	Ham 329
James	Ess 372	Eben	Ess 14	Zadock	Wor 198
John	Ess 364	Ebenr.	Ess 397	see Mutnam, Randall
Samuel	Ess 401	Edmund, Junr.	Ess 9	Putney, Aron	Ham 311
William	Ess 371	Eleazer	Ess 1	Ebenezer	Ham 311
Pupper, Timothy	Ham 268	Eleazer	Ess 5	Ebenr.	Ham 343
Purbeck, Aaron	Ess 405	Eleazer (3)	Ess 44	Eleazer	Wor 343
Purchase, Charles	Ham 354	Eleazer	Mid 198	Eleazer, Jur.	Wor 343
Jonathan	Ham 354	Eli	Ham 255	Elisha	Ham 343
Purdee, Anthony	Ber 258	Elisha	Ess 11	Ezra	Wor 336
Purington, Abijah	Ess 22	Eliza, Wd.	Wor 163	Isaiah	Wor 336
Amos	Ess 22	Ezra	Ess 10	Isaiah, Jur.	Wor 336
Daniel	Bar 34	Francis	Wor 163	Jedediah	Ham 343
Joseph	Ham 188	Fred	Ess 369	Jedediah	Ham 344
Patience, Wo.	Ply 88	Gideon	Ess 8	Jonathn.	Wor 333
Samuel	Ess 22	Gideon	Wor 336	Joseph	Ham 312
Purinton, Daniel	Ess 377	Hannah	Ess 14	Joseph	Mid 53
Mathew	Ess 357	Henry	Ess 8	Saml.	Wor 336
Purintun, Jedh.	Ess 425	Henry	Mid 198	Stephen	Ess 7
Purkins, Nathan	Ham 291	Henry	Mid 303	Putnum, Rufus	Ess 556
Purnam, Scipeo	Ess 353	Isaac	Ber 268	Pynchon, Abigail, Wido.	Ham 239
Purple, Ezra	Ham 78	Isaac	Wor 188	Edward	Ham 91
Purrington, ---, Wd.	Ess 60	Israel	Ess 8	Edward	Ham 280
Joshua	Ham 188	Israel	Ess 384	Elisabeth	Ham 23
Seth	Ham 188	Israel	Wor 168	John	Ham 23
Sylvanus	Ber 129	Israel, Jur.	Ess 4	John	Ham 239
Purrinton, ---, Widow	Brs 406	Israel, 3rd.	Ess 10	Rebecca, Wd.	Ham 239
Clark	Brs 406	Jacob	Ham 101	Stephen, Esqr.	Ham 272
Edward	Brs 406	James	Ess 4	Theophilus	Ber 104
Pushey, John	Mid 457	James	Ess 452	Walter	Ber 104
John, Jun.	Mid 456	Jeremiah	Ess 17	William, Esqr.	Ham 239
Jonas	Mid 456	Jethro	Ess 8		
Putman, Amos	Wor 428	Jethro	Ess 44	--- Q ---	
Asa	Mid 431	John	Ber 193		
Elijah	Wor 253	John	Ham 101		
Jacob	Ess 462	John	Mid 84	Quacko see Baley	
John	Ham 167	John	Wor 163	Quady, Abram	Nan 77
John	Wor 428	John	Wor 198	Quaedko, James	Ply 65
John	Wor 447	John, Dr.	Wor 385	Quags see Quamens	
Josiah	Wor 253	John, Junr.	Wor 163	Quales, Francis	Ess 597
Nathan	Mid 431	Jona., F.	Wor 168	Hipsabah	Ess 597
Oliver	Ess 281	Jonaa.	Ber 250	Jerusha	Ess 562
Simeon	Wor 336	Jose	Ber 268	Qualls, William	Ess 125
Stephen	Ess 474	Joseph	Ess 8	Quamens, Nimrd.	Wor 411
Putnam, Aaron	Ess 9	Joseph	Ess 32	Quamino, Nimrod	Nan 78
Aaron	Ham 101	Joseph	Ham 101	Quan, Derorah	Brs 348
Aaron	Mid 172	Joseph, 3rd.	Ess 4	James	Brs 348
Aaron	Wor 163	Joshua, Jr.	Ham 101	Joseph	Brs 348
Abner	Ham 255	Luke	Wor 168	Martha	Brs 348
Abner	Wor 163	Mary	Ess 14	Quanomy, John	Bar 50
Amos	Ess 9	Moses	Wor 163	Quarles, Charles	Mid 458
Amos	Wor 185	Nathan	Ber 268	William	Ess 412
Andrew	Mid 50	Nathan	Wor 163	Quary, Joseph	Nan 77
Andrew	Wor 352	Nathaniel	Ess 17	Quash see Anthony	
Andrew	Wor 512	Nathaniel, Jur.	Ess 17	Quemin, Peter	Ess 142
Archelaus	Wor 168	Nathl.	Wor 163	Quigley, Adam	Ham 143
Archelaus	Wor 512	Perley	Ber 129	Hugh	Ham 149
Asa	Ess 11	Peter	Ess 14		

James	Ham 143	Ramsdale, Jehu	Ber 263	Richd.	Mid 173
William	Ham 143	John	Ess 583	Silas	Wor 221
Quill, Robert	Ess 471	Saul	Wor 386	Silas, Junr.	Wor 221
Quimby, Henry	Ess 211	Ramsdel, Abijah	Ess 436	Solomon	Wor 371
Henry	Ess 340	Abijah, Jr.	Ess 437	Tho. (2)	Mid 173
Moses	Ess 210	Eliza.	Ess 431	Tho.	Mid 174
Phillip	Ess 209	Eliza.	Ess 434	Tho., 2d.	Mid 174
Robert	Ess 83	Giddeon	Ess 444	Thomas	Ess 125
Samuel	Ess 588	Joseph	Ess 437	Thomas	Mid 253
Sarah, Wd.	Ess 83	Joseph	Wor 252	Thomas	Wor 455
Quimley, James	Brs 392	Nathl.	Ess 440	Zachriah	Wor 452
Quin, Hugh	Ham 60	Nehh.	Ess 441	Randal, Benjn., Esqr.	Nor 106
Mary	Nan 53	Rebeckah, Wido.	Mid 458	Charles	Ply 41
Quincey, Samuel	Ber 211	Sylvanus	Wor 302	Constant	Nan 48
Quincy, Josiah, Esq.	Nor 118	Timy.	Ess 453	David	Ply 105
Norton, Esq.	Nor 118	Willm.	Ess 437	Ebr.	Ply 105
see Hunt		Ramsdell, Abigail	Mid 30	Gideon	Nan 48
Quiner, Abraham, Jr.	Ess 545	James	Ham 297	Jacob	Ham 188
Abrahm.	Ess 552	James	Nan 45	Jethro	Ply 105
Henry	Ess 459	Jesse	Ham 4	Job	Ply 105
John	Ess 439	Joseph	Ham 222	John	Ply 44
Mary	Ess 547	Joseph	Ply 63	John	Ply 105
Nicholas	Ess 516	Joseph	Ply 130	Joseph	Nor 106
Quinin see Quemin		Kimbal	Ess 429	Leml.	Ply 105
Quinner, Peter	Ess 499	Matthew	Ham 297	Lewis	Ply 105
Quinton, Robert	Ham 227	Mercy	Ply 125	Mercy	Ply 44
Thomas	Ham 227	Mesheck	Nor 237	Saml.	Nor 154
Quinzey, Marquis	Nor 106	Nehemiah	Wor 221	Saml.	Ply 105
		Phillip	Ess 495	Seth	Ply 105
		Priscilla	Nan 52	Thomas	Ply 103
--- R ---		Seth	Ply 81	Thomas	Ply 105
		Seth	Wor 430	Randall, Abraham	Nor 250
		Silvia	Nan 45	Avery	Ham 323
Rabers, Nathaniel	Bar 10	Sylvanus	Ham 222	Benj.	Wor 412
Nathaniel, jur.	Bar 10	Thomas	Ham 303	Benja.	Wor 281
Thomas	Bar 22	William	Ess 413	Benjn.	Ham 323
William, jur.	Bar 13	William	Nan 59	Elijah	Ply 126
see Robins		Ramsden, Anthony	Ess 399	Ephraim	Ham 300
Raboteau, Charles C.	Ess 340	Ramsdill, James	Ess 507	Ephraim	Wor 457
Racklyeft, Benjamin	Ess 340	Ramsey, Charles	Ess 84	Gershom	Ham 298
Radford, Benjamin	Ess 581	William	Ess 220	Hannah	Wor 511
John	Wor 154	Ran, William	Ply 102	Isaac, Capt.	Ess 84
Rae, Ebenr.	Ess 547	Rand, Aaron	Ham 54	Joel	Ham 300
Gideon	Ess 547	Aaron	Ham 107	Joshua	Wor 167
John	Ess 539	Abra.	Mid 173	Joshua	Wor 511
Mehitable	Ess 547	Anna	Mid 173	Josiah	Wor 409
see Rea		Benjamin	Mid 253	Onesamus	Ply 24
Ragen, Daniel	Ham 228	Caleb	Mid 173	Phenihas	Wor 457
Raimand, Francies	Bar 63	Daniel	Ham 107	Putnam	Brs 431
Raimond, Daniel	Mid 36	Daniel	Mid 253	Robt.	Nor 153
John	Wor 301	Daniel	Wor 187	Russell	Ham 323
Rainger, Amos, Lt.	Wor 412	David	Mid 425	Samuel	Ply 125
Ephraim	Ham 204	David	Nan 73	Sarah	Ply 121
Joshua	Wor 261	Ebenezer	Nan 71	Stephen	Ply 128
Moses	Ham 188	Ebenr.	Ess 195	Stephen	Wor 457
Thomas	Wor 249	Edmd.	Mid 188	Stephen, Jr.	Wor 457
William	Wor 261	Edmd., 2d.	Mid 188	Zebedee	Ham 304
Rainsford, Archa	Ber 226	Edward	Ess 340	Zipporah	Ply 124
Solomon	Ber 226	Ephraim	Mid 430	Randel, Abel	Ham 193
Thomas	Ber 226	Esther	Mid 174	Jesse	Ber 211
Rall, Seth	Brs 369	Eunice	Mid 175	Randell, Abiah	Brs 392
Ralph, Moses	Ess 227	Ezekiel	Ess 441	Abner	Brs 392
Ramdale, Joseph	Ham 206	Ezra	Ess 441	Abraham	Mid 429
see Randell		Hannah	Ham 107	Absolom	Brs 392
Ramdell see Ransdell		Hepz.	Mid 173	Apollos	Brs 393
Ramick see Remmik		Jasper	Wor 371	Barnabas	Brs 392
Ramsdal, Anna	Ply 44	Jona.	Mid 522	Caleb	Brs 392
Charles	Ply 41	Jonathan	Wor 430	Daniel	Brs 392
Edmond	Ply 33	Jos.	Mid 199	Daniel	Brs 393
Garsham	Ply 41	Lucy	Mid 430	Ebenezer	Brs 393
John	Mid 188	Mary	Ess 388	Ephraim	Brs 392
John	Ply 44	Mary	Mid 173	Finny	Brs 393
John, 2d.	Mid 188	Mary	Mid 199	Hannah	Ply 124
Lazerus	Ply 41	Miriam	Nan 47	Hopestill	Brs 393
Noah	Ply 36	Nath.	Mid 173	Ichabod	Ham 222
Saml.	Ply 41	Oliver	Mid 430	Isaiah	Ham 224
Simeon	Ply 44	Prince	Mid 175	Israel	Ham 207

Job	Brs 392	Deborah	Nan 73	Ebenezer	Nan 63
John	Brs 392	Dyar	Nor 130	Edward	Ply 81
John, 2d.	Brs 393	Ebenr.	Wor 167	Edward	Wor 349
Jonathan	Brs 392	Edmund	Ham 47	Edwd.	Wor 286
Josiah	Mid 428	Edward	Wor 383	Elisha	Nan 62
Jotham	Ham 210	Edward	Wor 494	Ephraim	Brs 383
Luther	Brs 393	Grindale	Wor 470	Ezekiel	Ply 26
Nehemiah	Brs 393	Joel	Ber 235	Freeborn	Wor 286
Nehemiah	Ham 206	John	Ess 383	Freeborn, Jur.	Wor 286
Phinehas	Brs 393	John	Wor 470	George	Ess 558
Robert	Brs 392	Jona.	Nor 118	Hannah	Ess 558
Ruth	Ply 8	Jonathan	Ber 250	James	Wor 228
Silas	Mid 430	Joseph	Ham 47	Jessu	Wor 228
Solomon	Brs 392	Joseph	Wor 156	John	Ess 558
Thomas (2)	Brs 393	Joseph	Wor 175	John	Mid 400
Timothy	Brs 392	Joshua	Wor 386	John	Wor 261
Timothy	Brs 393	Josiah, & Junr.	Ham 39	John	Wor 452
Titus	Ham 222	Lemuel	Ham 102	Jonathan	Wor 452
Titus	Ham 227	Levi	Wor 386	Joseph	Ber 208
Ziba	Brs 393	Moses	Ham 329	Joseph	Ess 558
see Ramdale		Nathan	Wor 470	Joseph	Mid 433
Rando, John G.	Ber 200	Nathl., Deac.	Wor 391	Joseph	Mid 439
Randolph, Benjamin	Ber 119	Parn	Wor 386	Joseph	Ply 81
Randsome, Benjamin	Ply 10	Paul	Ber 235	Joshua	Ply 84
David	Ply 10	Samuel	Ham 47	Lemuel	Ply 23
Joseph	Ply 10	Secretary	Ham 102	Mary	Ess 525
Rebecca	Ply 7	Secretary	Wor 386	Molly	Mid 433
see Jackson		Seth	Wor 470	Nathan	Ess 555
Ranks, Christopher	Wor 187	Silas	Wor 470	Nathaniel	Ply 20
Ranney, Abijah	Ber 229	Stephen	Nan 66	Nathaniel, Jr.	Ply 20
Abner	Ham 176	Thomas	Wor 391	Paul	Ber 208
Francis	Ham 344	Thompson S.	Ber 234	Paul	Wor 228
George	Ham 344	Thomson	Wor 261	Samuel	Ply 84
Saml.	Ham 344	Wilson	Nan 73	Samuel, 2d.	Ply 84
Thomas	Ham 344	Wilson	Wor 386	Saria	Brs 413
Ransdell, Lott	Ply 126	Ray, Abraham	Mid 426	Stephen	Ply 105
Ransford, Solomon	Ber 119	Abner	Mid 427	Stephen	Wor 236
see Rainsford		Alexander	Nan 49	Thaddeus	Ham 111
Ransom, Calvin	Ham 323	Benjamin	Ham 111	Thomas	Ess 538
Elias	Ber 105	Caleb	Ply 136	William	Ber 142
Jabez	Ham 323	David	Nan 63	William	Ess 539
Job	Ham 188	David, Junr.	Nan 62	William	Nan 50
Joshua	Ham 323	Enoch	Nan 56	William	Wor 350
Lemuel	Ply 81	Enos	Nor 362	Wm.	Nan 69
see Randsome		George	Nan 62	Wm.	Wor 241
Ranson, Cato	Ess 420	Heamon	Wor 452	see Raimond	
Rantam, Mary	Mid 188	Isaiah	Nan 48	Raymore, Edward	Wor 517
Ranville, John Demi	Brs 357	James	Ber 108	Thomas	Wor 517
Rapakee, John C.	Nor 106	John	Nan 62	Thomas, jr.	Wor 517
Rappal, George	Ess 341	Mary	Nor 362	Timson	Wor 517
Rararo, John	Bar 79	Nathl.	Nan 59	Raynard, James	Mid 199
Rase, Abraham	Ber 119	Paul	Nan 66	Rayner, Ann	Mid 173
Andrew	Ber 118	Reuben	Nan 75	Ann	Mid 174
Darius	Ber 118	Sarah	Bar 93	John	Mid 305
Isaac	Ber 118	Thomas	Nan 46	Raynes, John	Ess 340
Nicholas	Ber 118	William	Ber 108	Raynolds, Michael	Brs 431
Phillip	Ber 120	William	Nan 62	Samuel	Ham 93
Rash, Jacob	Ber 211	William, Junr.	Nan 51	William	Brs 432
Rath, Elizabeth	Ess 488	Raymond, Amos	Ber 188	Rea, Archelaus	Ess 10
Rathbon, Daniel	Ber 207	Amos	Ply 84	Daniel	Ess 195
Mary	Ber 111	Asa	Ham 112	Gideon	Wor 429
Perry	Ber 111	Asa	Ply 24	Henry	Ess 461
Rathbun, Benjamin	Ber 200	Barnabas	Wor 261	Isaac	Ess 547
John	Ber 263	Bartho.	Mid 174	Israel	Ess 36
Jona.	Ber 111	Bartho., 2d.	Mid 174	John	Ess 36
Philander	Ber 250	Benjamin	Brs 362	Jonathan Frye	Ess 33
Reuben	Ber 200	Benjamin	Ess 538	Joshua	Ess 264
Samuel	Ber 110	Benjn.	Nan 76	Mary	Ess 19
Volentine W.	Ply 56	Caleb	Ply 23	Mary	Ess 395
Ravel, Thos.	Ess 419	Clarke	Ply 4	Peirce R.	Mid 100
Raven, James	Nor 130	Dan	Ber 221	see Rae	
Rawley, Hiel	Ber 226	Daniel	Mid 70	Reab, George	Ber 131
Rawson, Abel	Nan 73	Danl.	Mid 174	Read, ---, Wido	Brs 405
Betsey	Duk 445	Danl.	Mid 400	Abel	Brs 312
Charles	Wor 470	David	Ess 558	Abel	Brs 319
Daniel	Wor 156	David	Wor 350	Abijah	Brs 392
Darcas, Mrs.	Wor 386	Ebenezer	Bar 41	Abijah	Wor 220

Amelia	Duk 444	William	Ber 164	Daniel, Jur.	Ply 36
Amos	Brs 311	William	Brs 281	Daniel, 2d.	Mid 336
Arnon	Brs 317	William	Brs 317	Danl.	Mid 174
Azael	Brs 317	William	Brs 392	Danl., 2d.	Mid 174
Barney	Brs 278	William	Ess 221	David	Ham 305
Bashabee	Brs 312	Zachariah	Nor 373	David	Mid 360
Benjamin	Ber 113	Reading, Ebenr.	Wor 156	David	Wor 447
Benjamin	Ber 155	Reaker see Beaker		Deborah	Ply 63
Benjamin	Brs 282	Rebour, Peter L.	Ess 393	Desiah	Ess 28
Benjamin	Brs 293	Rece, Thos.	Ess 418	Ebenezer	Mid 336
Braton	Brs 289	see Rue		Edmund	Wor 511
Daniel	Brs 284	Rechord, Isaac	Brs 286	Eleaz.	Mid 401
Daniel	Brs 318	Verdy	Brs 278	Eleazr.	Mid 470
Daniel	Wor 511	Reckey see Rickey		Elijah	Ply 81
David	Brs 405	Record, Amasa	Brs 392	Elijah A.	Brs 298
Dolly	Brs 284	Records, William	Brs 335	Elijah Warren	Brs 348
Ebenezar	Brs 322	Redding, Benj.	Ess 447	Elizabeth	Ess 458
Ebenezer	Brs 415	John	Ess 447	Elizebeth	Mid 353
Ebenezer	Wor 187	Luther	Ply 84	Ephm.	Mid 522
Ebenezer	Wor 470	Thankfull	Ply 82	Ezekiel	Ham 309
Elisabeth, Wid.	Brs 287	Thos.	Ess 445	Ezekiel	Ply 53
Ephraim	Brs 318	Zachh.	Wor 321	Ezra	Nor 190
George	Brs 284	Reddington, Daniel	Ber 200	Frederick	Nor 190
George	Brs 368	James	Ess 385	Frederick	Nor 277
George, 2d.	Brs 289	see Redington		George	Ham 360
George, 2d.	Brs 358	Redeway, Joel	Ber 150	George	Mid 344
Gideon	Brs 289	Martha	Ber 148	Hammond	Mid 352
Isaiah	Brs 368	Redfield, Beriah	Ber 206	Hammond, 2d.	Mid 353
Israel	Wor 219	Ebenezer	Ham 60	Hannah	Mid 305
James	Brs 293	James	Ess 399	Hannah	Mid 401
James	Nor 130	Edmund	Ber 206	Huldah	Brs 307
Jason	Wor 512	Reding, Jacob	Ess 387	Ichabud	Ply 105
Jeremiah	Ber 164	Joseph	Ply 82	Isaac	Ess 451
Jesse	Nor 372	William	Ess 125	Isaac	Ham 102
Joel	Brs 318	Zebede	Wor 196	Isaac	Mid 111
John	Brs 366	Zebede, Jun.	Wor 196	Isaac	Mid 337
John	Brs 407	Redington, Adams	Ess 564	Isaac	Ply 33
John	Wor 215	Eliphelet	Ber 208	Isaac	Wor 460
John	Wor 509	Nathaniel	Ber 207	Isarel	Wor 286
John, Esqr.	Nor 232	Redway, Comfort	Ham 247	Jacob	Ess 381
John, Junr.	Nor 232	Reece, David	Ber 116	Jacob	Mid 337
Jona.	Brs 323	Reed, Abel	Mid 111	Jacob	Ply 84
Jonathan	Brs 284	Abel	Mid 401	Jacob, Jur.	Ply 33
Jonathan	Nor 377	Abijah	Mid 401	James	Mid 91
Jonathan	Wor 220	Aerzellai	Mid 305	James	Mid 188
Jonathan, Jr.	Brs 287	Amos	Ham 102	James	Mid 344
Joseph	Brs 289	Amos	Ham 179	James	Mid 491
Joseph	Brs 365	Amos	Mid 401	James	Nor 290
Joseph	Ham 206	Anna	Ply 84	James	Ply 18
Joseph, 2d.	Brs 366	Annis	Ess 458	James	Ply 33
Levi	Brs 317	Asa	Nor 277	James	Ply 36
Martha	Ess 415	Bailey	Ply 81	James	Wor 425
Mary	Wor 473	Bela	Ply 36	James, 2d.	Mid 344
Mary, Wid.	Brs 287	Bela	Ply 41	Jemima	Brs 409
Moses	Brs 318	Benja.	Mid 198	Jeremiah	Wor 311
Nathal.	Ber 115	Benja.	Wor 233	Jesse	Ber 163
Nathan	Ber 166	Benja., Jr.	Ham 111	Jesse	Nor 277
Nathan	Brs 289	Benjamin	Brs 348	Jesse	Wor 265
Nathan	Brs 318	Benjamin	Ess 26	Joanna, Wo.	Ply 82
Nathan	Brs 407	Benjamin	Ham 111	Joel	Ply 36
Oliver	Brs 289	Benjamin	Wor 517	John	Brs 348
Oliver	Brs 310	Benjm., Esq.	Wor 386	John	Ess 458
Oliver	Brs 368	Bezer	Ply 36	John	Ham 111
Oliver, jr.	Brs 310	Caleb	Mid 470	John	Ham 303
Perres	Brs 312	Charles	Ply 81	John	Mid 34
Peter	Brs 314	Cheney	Wor 246	John	Mid 360
Peter	Wor 481	Cheney	Wor 249	John	Mid 458
Saml.	Brs 317	Cheney	Wor 268	John	Nor 324
Samuel	Brs 406	Christopher	Ham 158	John	Ply 36
Samuel	Suf 147	Cylence	Ham 308	John	Ply 53
Samuel	Wor 470	Danford	Wor 350	John	Wor 490
Simeon	Ber 165	Daniel	Ber 156	John, 2d.	Mid 360
Simeon	Brs 311	Daniel	Ess 24	Jonas	Mid 344
Thomas	Bar 6	Daniel	Mid 336	Jonas	Wor 511
Thomas	Wor 512	Daniel	Mid 438	Jonathan	Ply 63
Thoms.	Brs 317	Daniel	Ply 33	Jonathn.	Mid 344
Uriah	Brs 359	Daniel, Junr.	Ess 24	Jos.	Mid 174

Name	Ref
Joseph	Ber 231
Joseph	Ess 340
Joseph	Mid 490
Joseph	Wor 268
Joseph, Jur.	Mid 116
Joshua	Brs 413
Joshua	Mid 336
Joshua	Mid 353
Joshua	Mid 401
Joshua	Ply 81
Joshua	Wor 253
Joshua	Wor 350
Joshua, 2d.	Mid 336
Josiah	Mid 281
Josiah	Mid 490
Josiah	Nor 130
Lemuel	Brs 348
Leon.	Mid 401
Levi	Ply 41
Levi	Wor 350
Loved	Brs 413
Luke	Ply 84
Lydia	Ply 84
Mary	Ess 472
Mary	Ply 105
Micah	Ply 36
Micah	Wor 311
Nancy	Ess 495
Nathan	Brs 308
Nathan	Ess 18
Nathan	Mid 352
Nathan	Ply 9
Nathan	Ply 81
Nathan	Wor 241
Nathan	Wor 349
Nathaniel	Brs 308
Noah	Ham 303
Noah	Nor 130
Obediah	Ply 36
Obediah, Jur.	Ply 36
Oliver	Mid 360
Oliver, 2d.	Mid 360
Paul	Ply 33
Peter	Mid 441
Philip	Ply 41
Phillip	Ess 213
Polter	Mid 437
Prudence	Mid 344
Rachel	Brs 308
Reuben	Mid 360
Reuben	Wor 253
Reuben, Jur.	Wor 253
Salmon, Revd.	Wor 281
Saml.	Mid 401
Saml.	Mid 458
Saml.	Ply 36
Saml., 2d.	Mid 401
Samuel	Brs 409
Samuel	Ham 22
Samuel	Ham 39
Samuel	Ham 107
Samuel	Mid 344
Samuel	Mid 441
Samuel	Nor 183
Samuel	Ply 81
Sarrah	Brs 307
Seth	Brs 409
Silas	Mid 401
Silas	Wor 320
Simeon	Brs 412
Simeon, Junr.	Brs 412
Simon	Wor 494
Sith	Ham 305
Stephen	Ply 33
Sweethen	Mid 353
Thaddeus	Wor 204
Thaddus	Mid 353
Tho.	Mid 401
Tho.	Ply 33
Thomas	Ber 151
Thomas	Ber 250
Thomas	Brs 310
Thomas	Brs 348
Thomas	Ham 177
Thomas	Mid 441
Thomas	Nor 184
Thomas, Junr.	Brs 348
Thomas, Jur.	Mid 438
Thommas	Ess 426
Thos.	Ess 364
Thos., Jur.	Ply 36
Timothy	Ply 53
Titus	Ham 168
Willard	Mid 401
Willard, 2	Mid 401
William	Brs 348
William	Ess 26
William	Ham 7
William	Mid 28
William	Mid 353
William	Nor 172
William	Nor 290
William	Wor 349
William, junr.	Nor 172
Willim B.	Bar 59
Willm.	Ply 44
Wm.	Ber 231
Wm.	Mid 401
Wm.	Ply 105
Wm., jun.	Ber 2ำ1
Zach.	Mid 401
Zadock	Ply 41
see ...eed, Rich	
Reede see Rude	
Reef, John	Ess 380
Rees, Isaac	Ber 250
John	Ber 250
Reese see Rece	
Reest see Rust	
Reeves, Asa	Ess 375
Benja.	Ham 279
Ezra, Revd.	Ham 279
Jacob	Mid 131
John	Ess 378
Nath	Ess 411
Nathaniel	Mid 130
Samuel	Ess 20
Remele, Jacob	Ber 109
John	Ber 263
William	Ber 106
Remick, Freemon	Bar 3
William	Ess 340
Remington, Allen	Ber 161
Amos	Ham 301
Anthony	Ham 170
Benjamin	Ham 303
Elisha	Suf 140
Holden	Ham 170
Jason	Ham 13
John	Ber 156
John (2)	Ber 200
John	Mid 503
Joshua	Ham 303
Seneca	Ham 355
Thos.	Ply 36
Thos., Jur.	Ply 36
Remmik, Samuel	Ess 215
Remmington, Benedic	Wor 392
Remmonds, Robert	Ess 546
Remson, Arnold	Nan 75
Reniff, Abisha	Ham 216
George	Ham 329
Renkins, James	Ham 216
John, Lt.	Ham 216
Renuff, Philip	Brs 312
Revis, William	Mid 128
Rew, Eliathath	Ber 171
Rewee, John	Ber 257
Rewey, Ebenezer	Ber 113
John	Ber 113
John	Ber 114
Thomas	Ber 114
Rexford, Danison	Ham 360
Jordan	Ess 479
Reynold, Stephen	Wor 344
Reynolds, Albro	Wor 343
Andrew	Ess 484
Benja.	Duk 454
Benjamin	Brs 349
David	Duk 446
Ebenezer	Ham 111
Elizabeth	Ply 54
Enos	Ham 102
Enos, Jr.	Ham 102
Ezra	Ham 112
Hannah	Mid 174
Isaac	Ply 105
Jairus	Ham 111
James	Ber 162
James	Ham 111
Jno.	Mid 188
Jona.	Mid 174
Jonas	Ply 54
Joseph	Ply 54
Joseph, junr.	Ply 54
Josiah	Ham 112
Nathaniel	Ess 501
Philip	Nor 267
Polly	Ply 54
William	Ess 507
see Ronalds, Ronnolds	
Rhoades, Aaron	Ham 211
Joseph	Ham 19
Saml.	Ham 216
Samuel	Ham 18
Samuel	Ham 19
Solomon	Ham 216
Thaddeus	Ham 210
Rhoads, ---, Wido.	Nor 308
Daniel	Nor 106
Eleazer	Nor 97
Eleazer	Nor 308
Eliphalet	Nor 96
James T.	Ber 238
John	Ber 109
Rhoda	Ham 154
Simeon	Nor 106
William	Ber 116
Rhodes, Amos	Ess 439
Asa	Ess 449
Cynthia	Ber 268
David	Ber 233
Ezra	Ess 438
Jesse	Ess 438
John	Ess 430
Jona.	Ess 436
Jona., Jr.	Ess 439
Joseph	Ess 444
Josiah	Ess 441
Simeon	Nor 371
Thos.	Ess 431
Timothy	Nor 368
Zebulon	Wor 386
see Grant	
Rhods, Stephen	Nor 86
Rice, Aaaron	Ham 193
Aaron, Jur.	Ham 193
Abel	Ham 116
Abel	Wor 281
Abel, Capt.	Wor 412
Abigal, wid.	Wor 420

Name	Ref
Abraham	Ber 257
Adonijah	Ber 149
Alvin	Ham 20
Amos	Ber 111
Amos	Wor 228
Amos	Wor 361
Amos	Wor 268
Antipass	Wor 301
Artemas	Ham 193
Asa	Mid 70
Asa	Wor 517
Asa, Colo.	Wor 371
Asahel	Ber 149
Asaph	Wor 361
Asaph, Revd.	Wor 452
Asariah	Wor 332
Asel	Wor 167
Ashbel	Wor 302
Ashur	Wor 490
Baxter	Wor 361
Benj.	Wor 412
Benja.	Wor 228
Benjamin	Ham 60
Benjamin	Ham 87
Benjamin	Mid 110
Benjamin	Mid 410
Buckminster	Mid 431
Caleb	Ham 60
Caleb	Wor 332
Calvin	Ham 193
Catherine	Ham 193
Cheney	Wor 261
Chester	Ber 172
Comfort	Wor 178
Cyrus	Ham 60
Daniel	Ham 60
Daniel	Mid 133
Daniel	Mid 438
Daniel	Wor 167
Daniel	Wor 412
David	Ham 193
David	Mid 149
David	Mid 529
David	Nor 183
David	Wor 228
David	Wor 509
David	Wor 511
David	Wor 517
David, junr.	Nor 184
Ebenr., Esqr.	Wor 412
Edmund	Mid 130
Edward	Wor 175
Eli	Mid 412
Elijah	Wor 268
Elijah	Wor 371
Elijah	Wor 455
Elisabeth	Mid 131
Elisha	Mid 130
Elisha	Mid 418
Elisha	Wor 193
Elisha	Wor 268
Elizabeth	Mid 422
Elizabeth, wido.	Ber 172
Elizth., Wid.	Wor 412
Elnathan	Wor 265
Enos	Ham 87
Ephraim	Ham 47
Ephraim	Wor 268
Ephraim, Jur.	Wor 268
Ephraim B.	Mid 411
Eunice	Wor 187
Ezekiel	Mid 131
Ezekiel	Wor 361
Ezekiel	Wor 409
Ezekil	Mid 148
Ezra	Ham 193
Ezra	Mid 149
Ezra	Wor 350
Ezra	Wor 509
Francis	Ber 182
Gershom	Ham 47
Gershom	Mid 412
Gershom	Wor 175
Henry	Ham 60
Henry	Wor 409
Isaac	Ham 60
Isaac	Mid 522
Israel	Ham 60
Ithemer	Mid 122
J. W. William	Mid 109
Jabez	Mid 411
Jabez, Jur.	Mid 422
James	Mid 529
James	Wor 268
James	Wor 412
James, Jr.	Wor 409
Jason	Mid 522
Jason	Wor 509
Jeduthan	Ham 47
Jehiel	Ber 152
Jeorge R.	Wor 335
Joel	Ham 60
Joel	Ham 193
Joel	Ham 253
Joel	Mid 16
Joel	Mid 412
John	Ham 54
John	Ham 193
John	Ham 222
John	Mid 70
John	Mid 529
John	Nor 183
John	Wor 261
John	Wor 265
John	Wor 371
John	Wor 412
John	Wor 438
John	Wor 509
John	Wor 511
Jona.	Mid 529
Jonah	Mid 413
Jonah	Wor 457
Jonas	Ham 60
Jonas	Ham 323
Jonas	Ham 335
Jonas	Mid 529
Jonas	Wor 187
Jonas	Wor 460
Jonathan	Ham 102
Jonathan	Mid 119
Jonathan	Wor 175
Jonathan	Wor 509
Joseph	Ham 60
Joseph	Ham 123
Joseph	Ham 193
Joseph	Wor 353
Joseph	Wor 361
Joseph	Wor 409
Josiah	Ham 47
Josiah	Ham 116
Josiah	Mid 149
Josiah	Nor 183
Josiah	Wor 511
Jotham	Wor 412
Judith	Wor 187
Leml.	Wor 187
Levi	Ham 87
Lot	Wor 205
Luke	Ham 193
Luke	Wor 187
Luther	Wor 188
Luther	Wor 371
Manly	Ber 110
Martin	Ham 193
Martin	Wor 281
Mary	Wor 268
Mattethias	Mid 428
Matthias	Wor 253
Merrick	Wor 354
Mezekiah	Mid 522
Micah	Wor 409
Moses	Ber 250
Moses	Ber 257
Moses	Mid 522
Moses	Wor 193
Moses	Wor 265
Nahum	Ham 284
Nahum	Mid 113
Nathan	Ham 210
Nathan	Mid 413
Nathan	Wor 362
Nathan, Esqr.	Suf 139
Nathaniel	Ham 283
Nathaniel	Mid 126
Noah	Mid 410
Noah	Wor 167
Oliver	Wor 268
Peter	Mid 149
Peter	Mid 412
Peter	Wor 175
Peter	Wor 268
Phebe	Nan 62
Phenias	Wor 457
Phineas	Ber 250
Phineas	Wor 409
Phinehas	Mid 149
Phinehas	Wor 268
Randal	Nan 73
Rebekah	Wor 371
Reuben	Mid 117
Reuben	Wor 276
Reuben	Wor 457
Rufus	Wor 268
Ruth	Ham 193
Ruth	Wor 167
Saml.	Mid 69
Saml., Jr.	Mid 70
Samuel	Ham 47
Samuel	Ham 84
Samuel	Ham 87
Samuel	Ham 193
Samuel	Mid 148
Samuel	Wor 187
Samuel	Wor 286
Samuel	Wor 362
Samuel R.	Ham 107
Semion	Wor 268
Seth	Mid 412
Seth	Wor 361
Silas	Ham 30
Silas	Wor 188
Silas	Wor 254
Silvanus	Ham 193
Silvanus, Jur.	Ham 193
Simeon	Wor 332
Solomon	Mid 430
Stephan	Wor 301
Stephen	Ber 110
Stephen	Ham 60
Stephen	Wor 198
Stephen, Jun.	Wor 198
Tho.	Mid 175
Thomas	Mid 149
Thomas	Mid 412
Thomas	Wor 187
Thomas, 2d.	Wor 249
Thoms., Jr.	Wor 412
Thoms., Lt.	Wor 412
Tilley	Wor 249
Tilley, Jur.	Wor 265
Timothy	Ham 60

Timothy	Ham 210	Richard	Bar 64	Joseph	Ess 442
Watson	Ber 172	Richard, Jur.	Bar 69	Joseph	Ham 303
William	Ber 154	Richard, 3d.	Bar 64	Joseph	Mid 522
William	Ber 162	Richard S.	Bar 64	Joseph	Nor 245
William	Ham 294	Robert	Bar 72	Joseph	Nor 267
William	Mid 117	Robert	Ess 433	Joseph	Nor 302
William	Mid 151	Salmon	Wor 265	Joseph	Nor 324
William	Mid 152	Samuel	Wor 167	Joseph A.	Brs 322
William	Mid 409	Silvanus	Bar 65	Joshua	Nor 245
William	Wor 233	Thacher	Wor 276	Josiah	Nor 324
William	Wor 265	Thatcher	Bar 65	Josiah	Ply 53
William	Wor 353	Thomas	Bar 65	Lemuel	Nor 324
William	Wor 361	Thomas	Wor 253	Levi	Nor 246
Willis	Wor 412	Thos.	Ess 433	Luther	Brs 321
Willm.	Wor 281	Uriah	Bar 66	Luther	Nor 302
see Riece		Zacheus	Wor 276	Lydia	Brs 322
Rich, Amos	Wor 167	Zacheus, Jur.	Wor 276	Mitchell	Wor 430
Apollas	Ham 227	see Rist		Mitchell, Jun.	Wor 430
Barnabas	Ham 222	Richard, Daniel	Nor 106	Moses	Ess 251
Benj., Jur.	Wor 336	Ebenezer	Wor 205	Moses	Ham 87
Benja.	Wor 276	Louis	Mid 3	Nathan	Brs 321
Benjn.	Wor 336	William	Nor 106	Nathl.	Nor 190
Caleb	Ham 39	see Rickard, Ricket		Nathl., junr.	Nor 183
Cyrus	Wor 253	Richardn., Stephen, jr.	Mid 89	Nehemiah	Ham 303
David	Bar 59	Richards, Aaron	Mid 280	Peaton	Mid 174
David	Bar 68	Abel	Nor 313	Perin	Ham 87
David	Wor 286	Abiather	Nor 302	Phebe, Wid.	Nor 190
David	Wor 336	Abiather, Junr.	Nor 302	Prince	Ply 61
Ebenr.	Wor 167	Abigail	Nor 245	Rebecca	Nor 246
Ebenr., Deacn.	Ham 221	Abigail, Wido.	Nor 302	Richard	Ess 373
Ebenr., Jr., Lt.	Ham 222	Avery	Brs 321	Richard	Ess 377
Elijah	Ber 130	Benja.	Ess 387	Richard	Nor 324
Elijah	Wor 156	Benjam., Jr.	Nor 106	Richd.	Ess 442
Elisha	Bar 73	Benjamin	Nor 106	Robert	Nor 190
Elkanah	Ham 227	Benjamin	Ply 63	Ruben	Nor 302
Ephraim	Bar 62	Charles	Ham 87	Saml.	Mid 175
Ezra	Wor 254	Crispus	Ess 426	Saml.	Nor 154
Heman Smith	Bar 63	Daniel	Ess 341	Samuel	Nor 302
Henry	Bar 63	Daniel	Ham 30	Seth	Ply 53
Hezekiah	Bar 72	Daniel	Mid 281	Solomon	Mid 281
Isaac	Bar 73	David	Brs 321	Solomon	Nor 324
Isaiah	Bar 63	David	Ess 390	Thaddeus	Mid 281
Jacob	Ham 39	David	Ham 303	Thomas	Mid 148
Jacob	Wor 336	David	Wor 175	Thomas	Nor 190
James	Bar 63	David	Wor 302	Timothy	Nor 302
James	Ess 425	Ebenezer	Nor 106	William	Ber 188
James, Jur.	Bar 68	Ebenezer	Nor 254	William	Ess 426
Jesse	Bar 64	Edward	Ham 87	William	Nor 324
Joanna, Wd.	Bar 64	Edward	Nor 245	Wm.	Nor 154
Joel	Ham 64	Edwd.	Brs 321	see Richardn.	
John	Bar 63	Edwd., Junr.	Brs 321	Richardson, Abel	Mid 70
John	Wor 249	Elizabeth	Nor 245	Abel	Mid 336
John, Capt.	Ham 218	Ezra	Ham 304	Abel	Wor 349
John, Jur.	Bar 63	Fradrick	Nor 313	Abel, 2d.	Mid 337
John, 3d.	Bar 63	Giles	Mid 490	Abel, 3d.	Mid 336
Jonathan	Bar 63	Henry	Ess 442	Abiathar	Brs 318
Jonathan	Wor 336	Jabez	Nor 302	Abiathar, Junr.	Brs 318
Joseph	Bar 63	Jacob	Nor 190	Abigail	Ess 195
Joseph	Ber 257	James	Ess 341	Abigail	Nor 221
Joseph	Wor 276	James	Ham 221	Abigail	Nor 355
Joshua	Bar 64	James	Ham 308	Abigal	Wor 409
Joshua	Wor 276	James	Mid 281	Abijah	Nor 197
Josiah	Bar 74	James	Nor 190	Abijah	Nor 215
Lucy, Wd.	Bar 64	James	Ply 63	Abijah	Nor 223
Moses	Ber 130	James, 2d.	Nor 190	Abijan	Mid 400
Mulford	Bar 68	Jeremiah	Nor 106	Acquilla	Mid 92
Nathaniel	Bar 64	Jesse	Brs 321	Addison	Ess 374
Obadiah	Bar 68	Jesse	Nor 302	Addison, Senr.	Ess 375
Obadiah, Jur.	Bar 64	John	Ess 92	Allen	Ess 200
Paul	Wor 336	John	Nor 96	Alpheus	Mid 458
Peter	Wor 187	John	Nor 313	Amasa	Ham 116
Philip	Ber 130	John	Ply 53	Amasa	Nor 345
Polly	Bar 68	John	Wor 205	Amos	Ham 200
Rebeccah, Wd.	Bar 64	John	Wor 430	Amos	Nor 221
Reed	Wor 321	Jona.	Ess 399	Amos	Nor 378
Reuben	Bar 74	Jonathan	Nor 302	Amos	Wor 239
Reuben	Wor 178	Joseph	Ess 358	Amos	Wor 276

Amos	Wor 286	James	Ess 21	Moses	Mid 87
Ann, Wido.	Ess 341	James	Ess 380	Moses	Nor 215
Asa	Mid 174	James	Ham 258	Moses, Jun.	Nor 215
Asa	Mid 305	James	Mid 336	Nathan	Mid 337
Asa	Mid 389	James	Nor 221	Nathan	Wor 268
Asa	Nor 216	James	Wor 349	Nathaniel	Wor 249
Asa, 2d.	Mid 174	Jason	Nor 366	Obadiah	Mid 87
Asa P.	Nor 216	Jedediah	Ess 10	Obadiah, jr.	Mid 93
Barnabas	Mid 336	Jedun.	Mid 199	Oliver	Mid 313
Barnabas, 2d.	Mid 336	Jeduthun	Mid 337	Oliver	Mid 377
Barthow.	Mid 336	Jephh., Capt.	Mid 458	Oliver	Mid 388
Barthow., 2d.	Mid 336	Jereh.	Ham 116	Oliver	Nor 215
Bartow., 3d.	Mid 336	Jeremiah	Mid 280	Oliver, ju.	Mid 313
Benja.	Ham 222	Jeremiah	Mid 466	Peter	Mid 338
Benja.	Wor 167	Jerusha	Mid 337	Peter	Wor 175
Benjamen	Mid 313	Jesse	Ess 401	Philip	Ess 554
Benjamin	Wor 349	Jesse (2)	Mid 337	Phin	Ess 366
Benjn.	Brs 319	Jesse, 4th	Mid 337	Raham	Mid 490
Benjn.	Mid 281	Jethro	Mid 305	Ralph	Wor 249
Bradbury	Mid 188	Jethro	Mid 338	Rebekah	Mid 337
Caleb	Brs 319	Jno. P.	Nor 118	Reuben	Mid 87
Caleb	Ess 195	Job	Wor 420	Reuben	Mid 338
Caleb	Mid 313	John	Bar 90	Richard	Mid 338
Calvin	Mid 337	John	Brs 321	Richd.	Mid 490
Charles	Mid 313	John	Ess 30	Robert	Ham 248
Charles	Wor 175	John	Ess 294	Robert	Mid 87
Daniel	Brs 319	John	Ess 474	Robr.	Ess 421
Daniel	Ess 245	John	Ham 116	Saml.	Mid 389
Daniel	Nor 346	John	Ham 244	Saml.	Mid 400
Daniel	Nor 373	John	Mid 5	Saml.	Wor 332
Daniel, Jr.	Brs 319	John	Mid 389	Saml., jr.	Mid 389
David	Mid 281	John	Nor 357	Saml. T.	Mid 338
David (2)	Wor 409	John	Wor 238	Samll.	Mid 85
Dorithy	Ess 245	John	Wor 239	Samuel	Ess 20
Ebenezer	Brs 387	John	Wor 371	Samuel	Ess 294
Ebenezer	Nor 320	John	Wor 438	Samuel	Ess 341
Ebenr.	Ess 444	John, Junr.	Wor 238	Samuel	Ham 112
Ebenr.	Mid 281	John W.	Nor 357	Samuel	Mid 281
Ebenr.	Mid 389	Jona.	Mid 174	Samuel	Mid 337
Ebenr.	Wor 228	Jona.	Mid 377	Samuel	Nor 366
Ebenr., j.	Mid 389	Jona.	Mid 400	Samuel	Wor 494
Edward	Ess 294	Jona.	Wor 167	Samuel	Wor 517
Edward	Mid 305	Jonas	Wor 447	Sceva	Nor 346
Edward	Mid 336	Jonathan	Ber 156	Seth	Brs 319
Eleazer	Mid 337	Jonathan	Ham 84	Seth	Ess 18
Eleazer	Mid 377	Jonathan	Mid 87	Silas	Mid 389
Eleazr.	Ess 437	Jonathan	Wor 249	Silas	Mid 400
Eli	Nor 346	Joseph	Ess 206	Silas	Wor 302
Elias	Ess 452	Joseph	Ham 111	Silas	Wor 438
Elias	Mid 490	Joseph	Mid 336	Simeon	Ess 156
Elijah	Mid 313	Joseph	Nor 215	Simeon	Mid 50
Elijah	Mid 377	Joseph	Wor 268	Simeon	Nor 215
Eliphalit	Wor 235	Joseph	Wor 425	Steph.	Mid 389
Elisha	Ess 294	Joseph	Wor 470	Stephen	Brs 387
Elisha	Nor 216	Joseph, 2d.	Mid 336	Stephen	Ess 30
Ephm.	Mid 92	Joshua, Jr.	Mid 513	Stephen	Ham 92
Ephraim	Wor 261	Josiah	Ess 412	Stephen	Mid 92
Ethan	Mid 337	Josiah	Mid 50	Stephen	Mid 337
Eunice	Ess 405	Josiah	Mid 113	Thadeous	Mid 313
Ezekiel	Nor 346	Josiah	Mid 337	Tho.	Mid 174
Ezekiel	Wor 268	Josiah	Mid 377	Tho.	Mid 388
Ezra	Nor 216	Josiah	Mid 389	Tho.	Mid 400
Fisher	Mid 503	Josiah, j.	Mid 389	Thomas	Brs 387
Francis	Brs 319	Josiah, jr.	Ess 413	Thomas	Ess 294
Francis	Ess 294	Josiah, Ju.	Mid 377	Thomas	Ess 341
Francis	Ham 116	Josiah, 2d.	Mid 338	Thomas	Mid 337
George	Brs 383	Jude	Mid 321	Thomas	Wor 350
George	Wor 320	Junius	Mid 336	Thomas	Wor 509
Gideon	Mid 117	Lowamme	Mid 321	Thos.	Wor 241
Harburt	Mid 304	Luke	Wor 438	Thos.	Wor 265
Harmon	Wor 249	Luke, Jun.	Wor 438	Timo.	Wor 242
Heman	Wor 509	Lydia	Mid 400	Timothy	Nor 320
Hezh.	Mid 50	Mallechy	Mid 313	Vinton	Brs 319
Hezh., Jr.	Mid 50	Mary	Ess 30	William	Ess 195
Isaac	Ham 357	Mary	Mid 337	William	Ess 406
Jacob	Mid 338	Menasseh	Wor 350	William	Mid 88
Jacob	Mid 389	Moses	Mid 31	William	Wor 494

Name	Ref	Name	Ref	Name	Ref
William	Wor 517	Thoms. B.	Brs 397	Joseph	Bar 61
Winslow	Ham 303	Walker	Brs 365	Joseph	Ess 364
Wm.	Brs 318	William	Brs 412	Joseph	Mid 512
Wm.	Mid 188	Zebulon	Ber 188	Joseph	Ply 3
Wm.	Wor 332	Zephh.	Ham 344	Joshua	Bar 61
Wm. M.	Mid 458	Rickard, Calvin	Ham 344	Joshua	Ply 20
Wyat	Wor 301	Jacob	Ply 54	Josiah	Bar 18
Zach.	Mid 50	Salmon	Ply 63	Kimbal	Bar 18
Zacheriah	Mid 470	Seth	Ply 63	Mary, Wdw.	Wor 336
Zacheus	Ham 111	Rickards, Calvin	Ham 111	Mathias, Jur.	Bar 72
Zachriah	Wor 335	Samuel	Ham 111	Matthias	Bar 72
Zadock	Mid 337	Ricket, Anselm	Ply 5	Moses	Bar 18
Zadock, 2d.	Mid 337	Eleazer	Ply 20	Nathaniel	Bar 11
Zchariah, 2d.	Mid 337	Isaac	Ply 19	Paul	Bar 14
Zechariah	Mid 337	Samuel	Ply 18	Reuben	Bar 96
see Richardn., Richerdson		Samuel	Ply 19	Rewben	Bar 18
Richerdson, Pierson	Wor 276	Simeon	Ply 20	Robert	Ply 84
Richmond, Abiel	Brs 362	Ricketson, Abraham	Brs 431	Rowland	Bar 95
Abigail	Brs 412	Charles	Brs 431	Rowland	Brs 348
Abner	Ber 188	Clark	Brs 348	Sally, Wd.	Bar 64
Abner	Brs 365	Cook	Brs 349	Saml.	Ply 105
Abraham	Brs 362	Daniel	Brs 431	Samuel	Bar 65
Alexander	Brs 363	Henry	Brs 348	Samuel	Bar 74
Andrew	Ply 33	John	Brs 348	Samuel	Brs 348
Apollus	Ply 81	Joseph	Brs 431	Samuel	Ply 20
Asa	Brs 362	Peleg	Brs 349	Samuel	Ply 84
Benjamin	Brs 367	Sarah	Brs 348	Samuel	Wor 196
Desire	Wor 311	Rickey, Robert	Wor 261	Seth	Bar 74
Edward	Brs 362	Rickland, Elias	Ham 175	Seth	Ply 5
Edward	Ply 81	Riddan, John	Ess 459	Seth	Ply 15
Edward, Revd.	Noa 267	Rachel	Ess 466	Silas	Bar 75
Eleazer	Ply 84	Riddell, Henry	Nan 65	Simeon	Bar 18
Elihu	Ber 188	Linzey	Nan 75	Stephen	Bar 18
Elijah	Brs 362	Saml.	Nan 61	Stephen	Ham 286
Elijah	Ply 84	William	Nan 74	Tempe	Bar 95
Elkanah	Ber 213	Riddle, Gawn	Ham 188	Thacker	Bar 18
Ezra	Brs 374	Hugh	Ham 188	Thacker	Bar 20
Ezra	Brs 409	Robert	Ham 323	Thankful	Bar 96
Ezra	Wor 261	Samuel	Ham 193	Thomas	Bar 59
Gamiel	Brs 413	Thomas	Ham 266	William	Bar 10
George	Brs 383	Rider, Abigail	Bar 72	William	Bar 20
Gideon	Ber 213	Abigale	Brs 348	William	Bar 29
Isaac	Ply 53	Asa	Mid 513	William	Brs 348
Israel	Ply 82	Benjamin	Brs 290	William	Ply 10
Jemima	Ber 200	Benjamin	Brs 348	William	Wor 425
Jim	Brs 412	Benjamin	Ham 221	Wm. P.	Wor 336
Job	Ply 81	Benjamin	Ham 265	Zenus	Bar 18
John	Brs 413	Benjan.	Ply 84	Zenus	Bar 20
John	Ply 81	Chapman	Ply 81	Ridge, John	Ess 573
John R.	Brs 312	Daniel	Ham 60	Ridgeway, Joseph	Ess 213
Jonathan	Brs 294	Daniel	Ham 206	Ridington see Redington	
Jonathan	Brs 358	David	Bar 59	Ridley, John	Bar 66
Jonathan C.	Ham 276	David	Ply 105	Ridly, Nathaniel	Bar 59
Joseph	Brs 362	Doane	Bar 19	Thomas	Bar 59
Joseph, Capt.	Ply 81	Ebenezar	Bar 59	Riece, Jonathan	Wor 215
Josiah	Brs 409	Ebenezor	Bar 3	Ried, Benjamin	Ber 126
London	Brs 335	Ebnezar, Jur.	Bar 59	Riedel, Polly	Wor 481
Micah	Ply 84	Edward	Bar 95	Rigbee, Ruth	Ber 231
Noah	Brs 362	Edward, Jr.	Bar 95	Riggs, Aaron	Ess 107
Paddock	Brs 282	Eliezer	Wor 336	Aaron	Ess 134
Perez	Ham 43	Elisha	Ply 84	Asa	Ess 125
Periz	Brs 335	Elizabeth	Bar 95	Mary, Wo.	Ess 134
Reuben	Brs 364	Enos	Ham 258	Pela, Widow	Ess 134
Rufus	Ply 81	Giles	Ply 10	Samu., Capt.	Ess 134
Salome	Ply 8	Harding	Bar 18	Sarah	Ess 140
Samuel	Brs 285	Harding	Bar 21	Sarah, Widw.	Ess 136
Sarah, Wido.	Brs 364	Hwnry	Brs 348	Right, John	Brs 357
Selah	Ber 157	Isaac	Ply 84	Joseph	Brs 306
Seth	Brs 362	Isaiah	Bar 60	Thomas	Brs 431
Seth	Brs 373	James	Bar 18	Riley, Joseph	Ham 173
Seth	Ply 81	James	Bar 20	Julias	Ham 146
Silvester	Wor 311	Job	Ply 3	Samuel	Ber 104
Stephen	Brs 362	John	Bar 19	Rilley, John	Ess 230
Stephen	Ply 81	John	Bar 96	Rindge, Mary	Ess 573
Sylvanus	Ham 102	John	Brs 348	Rine, Dennis	Nor 154
Thomas B.	Brs 413	Jonas	Mid 149	Ring, Abner	Ess 61
Thomas B.	Brs 417	Joseph	Bar 18	Daniel	Ess 61

David Ess 84
Eleazer Ham 301
Elizabeth Ply 28
Franis Ply 28
James Ham 180
Jonn. Ham 301
Nathl. Ess 61
Page Ess 61
Reuben F. Ess 61
Robert Ham 180
Seth Ess 415
Ringe, William Ham 235
Rinner, Spencer Suf 147
Ripley, Abraham Ham 355
Calvin Ply 29
Cornelius Duk 443
Cornelius, Jr. Duk 444
Daniel Ply 53
Daniel Ply 101
Eli Ham 87
Eliphalet Nor 190
Ezekiel Ply 21
Ezra Mid 7
Hezekiah Ply 27
Hezekiah Ply 84
Isaiah Ply 23
Jepthah Wor 320
Jerom Ham 75
Joseph Ber 166
Joseph Duk 443
Josiah Ply 21
Kimball Ess 572
Laban Ham 87
Marlbry Ply 53
Nathaniel Bar 7
Nathaniel Ply 11
Nehemiah Suf 146
Perez Ber 200
Peter Ham 39
Samuel Brs 392
Solomon Ply 53
Spencer Nor 118
Thadeus Ply 19
Timothy Ply 21
William Nor 184
William Ply 19
Willm. Ply 33
Zenas Wor 320
see Rypley
Riply, Abiel Brs 392
Rising, Abel Ham 172
Abraham Ham 360
Alexander Ham 360
Amos Ham 360
Asahel Ham 360
Benjamin, Jr. Ham 360
Heman Ham 360
Ranah Ham 360
Rist, Caleb Wor 167
Joseph Wor 470
Ritter, David Wor 429
Ezra Wor 425
John Ham 78
Moses Mid 466
Rix see Wizell
Rixford, Elijah Wor 156
Henry Wor 311
Roach, William Ber 227
Road, Jonas Ham 227
Roads, Henry Ess 473
Henry Ess 507
Moses Nor 233
Samuel Ess 460
Roap, John M. Ply 8
Robadau see Raboteau
Robarts, John Wor 200
Robartson, John Wor 194

Zaccheus Wor 206
Robberts, John Ber 108
Joseph Mid 253
Robbins, Aaron Mid 174
Abel Wor 481
Ameriah Ham 303
Anna Mid 491
Anna Wor 218
Anselm Ply 12
Asa Ham 30
Benja. Mid 401
Benja. Wor 481
Benjamin Mid 37
Benjamin Mid 442
Benjamin Ply 4
Cesar Mid 18
Charles Ply 4
Comfort Nor 372
Daniel Mid 434
Daniel Wor 189
Daniel Wor 217
Daniel Wor 350
Ebenezer Ber 188
Ebenr. Mid 174
Edd. H. Nor 130
Eleazer Ply 12
Eleazer Wor 354
Eli Ber 168
Elias Ber 165
Elihu Ham 13
Elijah Mid 470
Eliphalet Mid 280
Elisabeth Ber 200
Elisha Mid 434
Elisha Mid 490
Ephraim Ham 39
Ephraim Mid 37
Ephraim Wor 220
Experience Ber 200
Experience Nor 372
Ezekiel Brs 317
George Mid 29
Isaac Ham 39
Isaac Ham 293
Israel Mid 432
J... Mid 31
Jacob Mid 401
James Bar 101
James Ham 107
James Mid 503
James Ply 14
Jane Ply 10
Jeremiah Nor 320
Jesse Ham 20
Job, Dean. Ham 155
Joel Ham 134
John Ham 54
John Mid 32
John Mid 36
John Mid 174
John Mid 458
John Mid 466
John Wor 349
John Wor 354
John, 4th Mid 37
John, Jr. Mid 31
John, Jr. Mid 36
John, Jun. Mid 458
Jona. Mid 174
Jonathan Ess 18
Jos. Mid 174
Joseph Ham 293
Joseph Mid 442
Joseph Ply 9
Joseph Wor 386
Joshua Ber 176
Jude Wor 349

Lemll. Ber 250
Lemuel Ply 3
Levi Wor 350
Lucas Ber 200
Luke Wor 286
Marcus Ber 200
Martha Mid 428
Mercy Ply 11
Nathan Ham 54
Nathan Mid 490
Nathaniel Nor 324
Nathaniel Ply 4
Nathl. Wor 503
Nathu. Ess 109
Peter Ber 141
Philamon Mid 490
Phillip Mid 27
Phinehas Ham 43
Rebekah Mid 34
Ruth Mid 33
Samuel Ham 206
Samuel Ply 1
Samuel Wor 254
Seth Ply 3
Silas Mid 280
Silvester Ber 200
Solomon Ber 176
Stephen Mid 353
Tho. Mid 173
Thomas Mid 352
Thomas Wor 438
Thos. B. Ber 250
Tily Mid 29
Timothy Ply 125
Willard Ham 289
Willard Mid 458
William Ber 128
William Ber 200
William Ham 303
William Nor 96
William Ply 4
William Wor 228
see Kilborn, Thomas
Robbinson, Andrew Ber 107
Jacob Mid 352
Jesse Mid 360
John Mid 400
Jonathan Mid 353
Joseph Mid 353
Keen Mid 16
Robens, Ephraim Wor 452
Roberson, Asa Wor 344
Eliakim Wor 344
James Bar 29
Saml. Wor 336
Saml. Wor 344
William Wor 344
Roberts, Aaron Ber 193
Abner Ber 200
Amasa Wor 167
Amaziah Ham 87
Amos Ber 263
Andrew Ess 536
Ard Ber 127
Benjn. Nan 78
David Ess 597
David Wor 228
David P. Ess 529
Easter Ess 577
Ebenezer Ham 87
Edward Ber 193
Edward, Jr. Ber 193
Eli Ham 357
Eliphalet Ess 108
Ephm. Ess 107
Est., Wo. Ess 109
Francis Ess 593

George	Ham 67	David	Ham 165	Levi	Ber 263
Isaac	Ber 133	Deneson	Wor 412	Love	Bar 47
Jacob	Ess 107	Deneson, Jr.	Wor 412	Luther	Wor 494
Jeruh., Wo.	Ess 109	Denison	Ber 168	Margt.	Ess 399
John	Ess 107	Dyer	Ply 63	Moses	Ham 261
Joseph	Ber 175	Ebenezar	Brs 319	Nathan	Brs 374
Joseph	Ess 598	Ebenezer	Brs 362	Nathan	Ham 276
Levi	Ess 107	Edmund	Ber 127	Nathaniel	Brs 318
Marcy, Wo.	Ess 95	Edward	Ber 208	Noah	Ber 250
Mary	Ess 529	Edwd.	Nor 154	Noah	Brs 300
Mary, Wo.	Ess 109	Eliab	Brs 375	Noah	Brs 310
Nathaniel	Ess 529	Elihu	Duk 450	Obed	Brs 323
Nathaniel	Ham 259	Elijah	Wor 412	Oliver	Ham 308
Reuben	Ham 4	Elisabeth	Ess 464	Patty	Ess 397
Robert	Ply 9	Elisha	Ham 284	Paul	Duk 450
Sally	Ham 264	Elizabeth	Ess 494	Paul	Mid 110
Samuel	Ess 597	Ezekiel	Bar 48	Peter	Ber 149
Thomas	Ess 155	Ezekiel	Brs 322	Phebe	Wor 302
Thos., Junr.	Ess 155	Geo.	Ber 139	Rachel	Brs 308
Warren	Ber 130	George	Brs 317	Robert	Ham 303
William	Ess 578	George W.	Brs 321	Sally	Wor 302
William	Ham 357	Gideon	Brs 404	Saml.	Brs 318
William, & son	Ber 175	Godfrey	Brs 374	Saml.	Nan 76
Robertson, George	Wor 219	Hannah	Ham 167	Saml. H., Lt.	Wor 409
Jno.	Nor 154	Hannah, wid.	Wor 409	Samll.	Wor 301
John	Ess 525	Hendrick	Brs 374	Samuel	Ess 114
Joseph	Ess 282	Hezekiah	Ham 167	Samuel	Ess 396
Joseph	Ham 244	Hulda	Ham 79	Samuel	Wor 511
Joseph	Wor 311	Increase	Brs 363	Seth	Bar 48
Rowling	Ess 548	Isaac	Bar 48	Seth	Brs 375
William	Brs 335	Isaac	Ess 219	Seth	Nor 86
Robey, Thos.	Ess 366	Israel	Ham 206	Shadh.	Duk 450
Robie, Joseph	Ess 449	Jacob	Ham 248	Stephen	Bar 48
Robins, Abigal, Wo.	Ess 135	James	Bar 48	Stephen	Ess 162
Abner	Bar 4	James	Ber 106	Sukey	Nor 154
Asa	Wor 332	James	Brs 358	Thom.	Nor 154
Benjan.	Ply 84	James	Nor 154	Thomas T.	Nor 240
Eleazer	Nor 86	James, Esr.	Ess 438	Thos.	Duk 450
Eli	Bar 29	Jas., Maj.	Nor 153	Timothy	Ham 165
Eunice	Mid 121	Jereh.	Wor 272	Walley	Bar 47
Ezekiel	Wor 332	Jereh.	Wor 284	William	Brs 431
Henry	Bar 29	Jereh.	Wor 291	William	Ply 63
Ichabed	Wor 332	Jeremiah	Ham 308	Zebulon	Ham 20
Jacob	Wor 218	Jeremiah	Mid 8	Zebulon, Jr.	Ham 21
John	Nan 76	Jerusa.	Nor 154	Zenas	Bar 48
John	Wor 332	Joel	Brs 318	Zephaniah	Brs 323
Manasseh	Ply 84	Joel	Ham 166	Zepheniah	Bar 48
Moses	Ply 84	Joel	Ham 254	Zephh.	Duk 450
Nathu.	Ess 156	John	Bar 50	see Roginson	
Richard	Bar 11	John	Brs 375	Roby, Joseph W.	Mid 470
Saml.	Wor 332	John	Brs 402	William	Mid 130
Samuel	Ply 81	John	Ess 194	Rocket, Benjn.	Wor 204
Seth	Ply 82	John	Ess 260	Josiah	Mid 522
William	Bar 4	John	Ess 341	Moses	Wor 204
William	Nor 236	John	Ess 410	Nathan	Mid 522
see Rabers		John	Ess 413	Rockwell, Amasa	Ber 188
Robinson, Aaron	Ess 260	John	Ess 518	Amasa	Ham 176
Abigal, Wo.	Ess 129	John	Ham 166	Elijah	Ber 199
Abishai	Brs 375	John	Nor 256	Ephraim	Ber 182
Abraham	Ess 147	John	Wor 320	John	Ham 273
Amariah	Ham 275	John, jur.	Ess 195	John	Ham 351
Andrew	Ess 125	Joice	Brs 318	John	Ham 360
Bartlett	Bar 48	Jona.	Ess 119	Josiah	Ber 148
Bartlett	Ham 216	Jona.	Ess 146	Seth	Ham 227
Benj.	Wor 412	Jona.	Mid 116	Rockwood, Abigail	Ham 60
Benja.	Ess 260	Jona., Jun.	Ess 146	Amos	Nor 216
Benjamin	Ess 481	Jona., Junr.	Ess 114	Asa	Mid 513
Benjamin	Nor 371	Jona., 3d.	Ess 165	Benjamin	Nor 355
Benjamin	Ply 63	Joseph	Bar 48	Daniel	Ber 188
Charles	Bar 47	Joseph	Ber 250	Elisha	Mid 529
Charles	Ham 166	Joseph	Brs 404	Elisha	Nor 378
Clerk	Ham 303	Joseph	Wor 302	Frost	Wor 187
Cornelius	Bar 47	Joseph	Wor 412	Hezekiah	Wor 386
Dan	Ham 166	Josiah	Brs 374	Isaac	Ham 247
Dan, Junr.	Ham 166	Josiah, Jr.	Ham 210	Joseph	Ham 102
Daniel	Ess 341	Josiah D.	Ber 135	Joseph	Mid 458
Danl.	Wor 302	Leml.	Wor 412	Joseph	Wor 156

Joseph, Jun.	Mid 458	Enos	Bar 9	Nathaniel	Ham 276
Levi	Nor 340	Ezra	Ber 200	Nathl.	Ess 96
Moses, Jun.	Nor 222	George	Ham 2	Nathl.	Ply 100
Naham	Mid 513	George	Ham 67	Nathl., Jur.	Ply 100
Nehemiah	Ham 107	George	Ham 284	Nathll.	Ess 257
Reuben	Ber 115	George	Ply 15	Oliver	Ham 275
Saml.	Wor 391	George W.	Ess 340	Oren	Ham 193
Saml., Dea.	Mid 458	Gideon	Bar 2	Peleg	Ply 91
Samuel	Nor 351	Gideon	Ber 160	Peleg	Ply 100
Seth	Nor 345	Gidion	Brs 348	Peter	Ess 212
Simeon	Wor 268	Hannah	Ess 282	Peter	Ess 230
Thomas	Ham 30	Henry	Bar 41	Philip P.	Mid 100
Timothy	Mid 513	Henry	Ham 188	Prince	Bar 22
Timothy	Nor 351	Henry	Ham 351	Prince	Bar 23
Timothy, Jr.	Mid 513	Hezekiah	Bar 22	Prince	Ply 104
Rodes, Edmund	Ess 27	Hezekiah	Bar 23	Rachel, Wo.	Ess 114
Joseph	Ess 27	Isaac	Ham 107	Rewben	Bar 9
Samuel	Ess 27	Isaac	Ply 104	Richard	Bar 14
Rodliaf, Frederic	Brs 312	Isaiah	Bar 40	Richard	Bar 24
Rodman, Samuel	Brs 431	Israel	Mid 175	Robert	Ess 340
Roe, Elisha	Ber 131	Israel	Ply 99	Robert, Jr.	Ess 340
James	Nor 237	Jabez	Ham 169	Roland	Duk 453
Seth	Ham 355	Jacob	Ess 250	Ruth, Wd.	Bar 23
Thomas	Ber 127	James	Bar 23	Samuel	Bar 5
Rofee, Solomon	Wor 332	James	Ham 24	Samuel	Bar 22
Roff, Jona.	Mid 70	James	Ply 100	Samuel	Ess 213
Rogers, Aaron	Ess 231	James, jur.	Bar 23	Samuel	Ply 13
Aaron	Wor 509	Jasper	Ham 268	Samuel	Ply 63
Abel	Wor 284	Jeremiah	Brs 288	Samuel	Ply 101
Abel, Jur.	Wor 284	Jesse	Ham 351	Sarah	Ham 169
Abigail	Mid 4	Joel	Duk 450	Sarah	Ham 351
Abigail	Ply 13	Joel, Dn.	Ham 278	Sarah, Wd.	Ess 84
Abijah	Ham 112	John	Brs 349	Silas	Duk 451
Abijah	Ham 275	John	Ess 125	Silvanus	Ply 4
Abisha	Ham 335	John	Ess 205	Simeon	Ply 97
Abner	Ham 351	John	Ham 133	Smith	Bar 29
Abraham F.	Mid 425	John	Ham 222	Smith, jur.	Bar 29
Adam	Ply 100	John	Ham 261	Solomon	Bar 98
Amos	Ess 229	John	Ham 278	Stephen	Duk 453
Amos	Ess 340	John	Ham 311	Stephen	Ham 222
Amos	Ply 100	John	Mid 281	Stephen	Ham 277
Asa	Bar 22	John	Mid 389	Stephen	Ply 100
Asa	Ply 100	John	Nor 190	Stephen	Wor 490
Aurunah	Ply 99	John	Ply 15	Tho.	Mid 389
Benja.	Wor 438	John, jr.	Mid 281	Thomas	Bar 14
Benjamin	Ber 106	John G., Maj.	Ess 114	Thomas	Bar 24
Benjamin	Brs 387	Jonathan	Bar 23	Thomas	Ham 23
Benjamin	Ess 340	Jonathan	Ber 232	Thomas	Ply 12
Benjamin	Ham 60	Jonathan	Ham 125	Thomas	Ply 14
Benjamin, Jr.	Ess 340	Jonathan	Wor 509	Thomas	Ply 99
Benjan.	Ply 99	Joseph	Ber 212	Thomas, Jur.	Ply 97
Benjn.	Ham 344	Joseph	Ess 422	Thomas, Tersius	Ply 100
Caleb	Bar 8	Joseph	Ham 275	Timo.	Mid 100
Caleb	Mid 281	Joseph	Ply 100	Timothy	Ply 98
Caleb	Ply 132	Joseph	Wor 353	Walter	Ply 128
Charles, Capt.	Ess 114	Joshua	Bar 22	William	Ber 193
Clark	Ber 160	Joshua	Bar 23	William	Ber 222
Crisp	Bar 4	Joshua	Bar 24	William	Ess 133
Daniel	Brs 387	Joshua	Ham 344	William	Ess 484
Daniel	Ess 114	Joshua, jur.	Bar 23	William	Ess 507
Daniel	Ess 575	Josiah	Bar 21	William	Ply 7
Daniel	Mid 437	Josiah	Bar 23	Wm.	Mid 175
Darius	Ham 278	Josiah	Ham 357	Wm.	Mid 389
David	Ham 222	Josiah	Mid 389	Zackeus	Ply 99
David	Ham 351	Josiah	Wor 284	Zackeus, Jur.	Ply 99
David	Mid 100	Josiah, 2d.	Ham 357	Zadock	Mid 100
Dinah, Wd.	Bar 14	Judah	Bar 22	Zebd.	Mid 389
Ebr.	Ply 105	Lot	Duk 453	Zebd., jr.	Mid 389
Eli	Ham 125	Mary	Ess 405	Zenus	Bar 21
Eli	Ham 357	Mary, Wido.	Ess 340	Zenus	Bar 23
Elijah	Ham 351	Micaijah	Mid 389	see Lapham, Roges	
Eliphalet	Wor 234	Mooses	Ply 105	Rogerson, John	Brs 301
Elisha	Bar 15	Moses	Ham 335	Roges, Abner	Ess 231
Elisha	Ham 133	Moses, Jr., Wido. of	Ess 340	Esekiel	Ess 231
Elisha	Ham 232	Moses, Wido. of	Ess 340	Gedion	Ess 231
Elizabeth	Bar 23	Nathan	Ham 79	Jacub	Ess 230
Enoch	Ess 84	Nathan	Wor 509	John	Ess 234

Ludley	Ess 219	Joshua	Ber 108	Sharen	Ham 174		
Mary	Ess 223	Josiah	Ber 200	Thomas	Brs 415		
Nathan	Ess 230	Martin	Ham 47	Thomas	Ham 123		
Nathel.	Ess 230	Martin	Ham 161	Thomas, Jr.	Brs 410		
Paul	Ess 230	Mary	Wor 254	Timothy	Ham 173		
Samuel	Ess 231	Moses	Ham 47	Timothy	Ply 128		
Silas	Ess 229	Noah	Ham 360	Timothy, Junr.	Ply 129		
Silas	Ess 230	Noadiah	Ham 124	Willm.	Ess 428		
Thomas	Ess 229	Oliver	Ber 200	see ...			
Thomas	Ess 232	Oliver	Ham 60	Rosebrook, Gershom	Ham 278		
Roggers, Benja.	Ess 551	Orlando	Ham 210	Jona.	Ham 279		
Ebenezer	Ess 551	Phillip	Ham 47	Rosevelt, Jacob	Ham 11		
Elkenah	Wor 302	Remembrance, Lt.	Ham 210	Ross, Amasa	Ham 299		
James	Wor 302	Reubin	Ber 211	Daniel	Ess 577		
Samuel	Ham 75	Rossel	Ber 200	Ebenezer	Wor 350		
Roginson, Robert	Brs 323	Samel.	Ham 119	Ephraim	Ham 107		
Rois, Benja.	Ess 417	Samuel	Ber 200	Hannah	Ess 401		
Roles, Jeremiah	Ess 512	Samuel	Ham 79	Jabez	Ess 583		
Rebecca	Ess 23	Selah	Ber 157	James	Ber 108		
Rolf, Daniel	Mid 304	Silas	Ham 118	James	Ham 300		
Samuel	Ess 341	Simeon	Ham 10	James	Mid 2		
Samuel	Ess 471	Solomon	Ham 157	Jeremiah	Ess 575		
Stephen	Mid 305	Stephen	Ham 125	John	Ber 142		
see Rofee		Stephen	Ham 173	John	Ham 107		
Rollings, Eliphelet	Ess 241	Thaddeus	Ber 225	John	Mid 360		
Joseph	Ess 242	Thomas	Ham 158	John	Wor 249		
Rollins, John	Ess 282	Timothy	Ham 257	Josep	Ess 368		
John	Ess 156	William	Ber 200	Lemuel	Wor 249		
Joseph	Ess 232	Zalmon	Ham 360	Love	Nan 69		
Rolls, Alden	Ess 463	Zenas	Ber 200	Matthew	Nan 78		
Rolph, Solomon	Wor 517	Zur	Ham 360	Micah	Ham 266		
Romny, James	Mid 173	Rootenburgh, Jenks	Ber 142	Moses	Wor 349		
Ronalds, Benjamin	Nor 106	Rooth, Joseph	Wor 386	Peleg	Ber 114		
Ronnolds, Micah	Brs 292	Roper, Asa	Wor 349	Rebecca	Ess 492		
Rood, Abigal	Ham 290	Benjamin	Wor 517	Roger	Wor 350		
Levi	Ham 60	Daniel	Wor 511	Samuel	Ess 575		
Sarah	Wor 252	Daniel, Junr.	Wor 511	Samuel	Ham 54		
Thaddeus	Ham 329	Enoch	Wor 349	Samuel	Ham 188		
Roop, Oliver	Mid 304	John	Wor 517	Sarah	Ess 498		
Root, Aaron	Ber 200	Monasseh	Wor 349	Sarah	Ess 575		
Aaron	Ber 222	Silas	Wor 349	Seth	Wor 281		
Aaron	Ham 129	Sylvaster	Wor 349	Shelah	Ham 300		
Abner	Ber 200	Ropes, Benja.	Ess 375	Silas	Mid 281		
Amos	Ham 172	Dan	Ess 406	Simon	Wor 276		
Azariah	Ber 200	Danl.	Ess 417	Thomas	Ber 110		
Azariah	Ber 222	David	Ess 395	Thomas	Ess 573		
Chauncey	Ber 250	Geo	Ess 414	Thomas	Ham 54		
Daniel	Ber 200	John	Ess 394	Thomas	Wor 349		
Daniel	Ham 92	Jonathn.	Ess 384	Timothy	Ess 589		
Daniel	Ham 158	Joseph	Ess 397	William	Ber 109		
Daniel, Junr.	Ham 92	Nathl.	Ess 366	William	Brs 431		
Darius	Ham 210	Priscilla	Ess 403	William	Ess 247		
David	Ber 108	Ruth.	Ess 405	William	Wor 214		
Eli	Ber 200	Samuel	Ess 422	William	Wor 349		
Elias	Ham 64	Susanna	Ess 393	Zephaniah	Ham 266		
Eliazer	Ham 5	Timothy	Ess 373	Rosseter, Abraham	Ber 205		
Elisha	Ham 47	William	Ess 407	Benjamin	Ber 207		
Elisha	Ham 210	Rorepaugh, Thomas	Ber 119	David	Ber 208		
Eliza.	Ess 445	Rose, Abner	Ham 167	Nathan	Ber 131		
Enoch	Ham 125	Benjamin	Ess 535	Nathan	Ber 205		
Ezekiel	Ber 200	Brackly	Ess 397	Noah	Ber 205		
Gad	Ham 121	David	Ham 167	Rotch, George	Ess 469		
Gideon	Ham 360	Eber.	Ess 341	Joseph	Brs 431		
Gideon, Junr.	Ham 360	Elisha	Ham 174	Thomas	Brs 431		
Isaac	Ber 250	Gamaliel	Ham 172	William	Brs 431		
Israel	Ber 108	Hiram	Ham 173	William	Duk 451		
James	Ber 106	Isaac	Nan 74	William, Jr.	Duk 442		
James	Ber 120	Justus	Ham 173	William, Jur.	Brs 431		
Jeremiah	Ber 214	Laban	Ply 126	see Roach			
John	Ber 108	Lemuel	Ham 173	Roth, ---, Widow	Ham 289		
John	Ber 199	Levi (2)	Ham 173	Rothbon, Jonathan	Nan 72		
Jonathan	Ham 47	Nathl.	Brs 415	Roulston, Andr.	Mid 174		
Joseph	Ber 178	Noadiah	Ham 172	James	Mid 174		
Joseph	Ham 5	Reuben	Ply 123	Round, Abner	Brs 307		
Joseph	Ham 47	Samuel	Nor 222	Amos	Brs 303		
Joseph	Ham 119	Seth	Ham 165	Amos, 2	Brs 308		
Joseph, Junr.	Ham 5	Seth	Ply 128	Chase	Brs 303		

Name	Loc	Pg	Name	Loc	Pg	Name	Loc	Pg
Enos	Brs	309	Rowell, Adam	Ess	375	Joseph	Ham	222
Georg	Brs	303	Eliza.	Ess	389	Joseph	Mid	388
Hezekiah	Brs	319	Jacob	Ess	61	Joseph, Esqr.	Nor	233
Jabez	Brs	307	Mark	Ess	61	Joseph, Junr.	Nor	233
James	Brs	302	Olive, Wido.	Ess	340	Josiah	Nor	206
John	Brs	303	Philip	Ess	61	Lemll.	Wor	302
Lane	Brs	307	Rowland, Nehmh.	Ber	129	Lucy	Wor	311
Marten	Brs	303	Willm.	Wor	187	Martha	Nor	233
Nathaniel	Brs	303	Rowley, Benja.	Bar	47	Mary, Wd.	Ham	206
Nathaniel	Brs	305	Erastus	Ber	205	Nathaniel, Esqr.	Nor	232
Philip	Brs	398	Israel	Ham	30	Nathl.	Ply	105
Simeon	Brs	307	John	Ber	250	Polly	Ply	105
Sylvester	Brs	307	Martin	Ham	138	Robert	Wor	215
Roundey, John	Ess	483	Matthew	Bar	47	Samuel	Ham	43
John	Ess	508	Nathan	Ham	354	Seth	Wor	302
Jonathan	Ess	483	Reuben	Ber	205	Thomas	Ply	122
Joseph	Ess	460	Richmond	Ber	205	Thos.	Wor	321
Joseph	Ess	507	Roswell	Ham	173	Timoth	Wor	511
Samuel	Ess	507	Thomas	Ber	205	Welthy ~	Wor	302
Thomas	Ess	512	Rowson, Wm.	Mid	199	see Kent, Morse, Spooner		
Rounds, Chase	Brs	404	Roxan, Maria	Ess	419	Rugles, Isaac	Wor	194
Esther	Brs	299	Royall, Prince	Nor	216	Rumerell, ---, Widow	Mid	50
Hezekiah	Ham	84	Royce, Abner	Ber	223	Joseph	Mid	50
Jabez	Ber	157	Ezra	Ber	224	Rumrill, Aaron	Nor	239
Joseph	Ber	161	Isaac	Ber	223	Alexander	Ham	239
Roundy, Benja.	Ess	530	John	Ber	237	Asa	Ham	251
Elizabeth	Ess	487	Rubelow, Thomas	Ber	224	Ebenezer	Ham	94
Francis	Ess	483	Rublee, William	Ber	153	Levi	Ham	93
Jonathan, junr.	Ess	482	Ruck, Mary	Ess	391	Nehemiah	Ham	93
Nehemiah	Ess	554	Rudd, Andrew	Ham	193	Thomas	Nor	238
Nehemiah, 2d.	Ess	551	Elisha	Ber	268	see Rumerell		
Robert	Ess	530	James	Ber	268	Rund see Rand		
Stephen	Ess	537	Jesse	Ber	268	Runey, Hannah	Mid	173
Rounswell, William	Ply	82	Lebbeus	Ham	193	John	Mid	173
Rounswill, Abner	Brs	292	Nathanael	Ham	193	Runnells, Peter	Ber	135
Gabriel, Wid.	Brs	293	Ruddock, Edward	Ham	329	Runnels, Enos	Ess	259
Levi	Brs	285	Rude, Elias	Ham	240	Hannah	Ess	282
Phillip	Brs	285	John	Ham	151	John	Ess	236
Thomas	Brs	285	John, Junr.	Ham	151	Jonathan	Ess	259
William	Brs	285	Lebeus	Ham	344	Samuel	Ess	259
Rouse, John	Brs	431	Moses	Ham	256	Thomas	Ess	282
Samuel	Ber	163	William	Brs	312	William	Ess	294
Row, Isaac	Mid	491	Zephaniah	Ham	256	see Foster		
James	Ess	164	Rue, Anna	Ess	408	Runnolds, John	Brs	286
James	Mid	491	Thos.	Ess	421	Rusel, Stephen	Ply	101
Seth	Ess	543	see Rece			see Wheeler		
William A.	Mid	313	Rugg, Aaron	Wor	438	Rusell, Lucy	Ply	102
see Bray			Abel	Wor	354	Rush, Samuel	Ber	156
Rowe, Abel	Ham	290	Abijah	Wor	353	Russ, Ebenezer	Ber	188
Abra., 3d.	Ess	165	Asa	Wor	350	Hezekiah	Ham	155
Abraham	Ess	125	Daniel	Wor	354	John	Ess	294
Abraham	Ess	130	Elisha	Wor	354	William	Ess	294
Abraham, Jun.	Ess	130	Isaac	Wor	353	Russel, Abel	Ham	156
Benja.	Ess	156	Jacob	Wor	438	Abigail	Ply	63
Daniel	Ess	156	Jonathan	Mid	148	Abigail, Wido.	Ess	195
Daniel	Ham	47	Joseph	Wor	354	Alpheus	Ham	156
David	Ess	125	Joshua	Ham	75	Amos	Mid	36
David	Ess	164	Luther	Wor	349	Asa	Ber	167
Ebenr.	Ess	156	Reuben	Ham	197	Barney	Brs	349
Elijah	Ham	283	Samuel	Wor	354	Benja.	Ess	414
Isaac	Ess	156	Seth	Ber	234	Ceaser	Ess	540
Jabez, Dea.	Ess	156	see Rudd			Clark	Brs	349
Jabez, Jun.	Ess	156	Ruggles, ---, wid.	Wor	420	David	Brs	335
John	Ham	283	Benn.	Wor	302	David	Brs	349
John, Esqr.	Ess	133	Benn., Jr.	Wor	302	Edward	Ess	409
John, Junr.	Ham	282	Constant	Wor	302	Elihu	Brs	348
John, Majr.	Ess	149	Daniel	Wor	302	Elijah	Brs	348
Joseph	Ess	125	Edward	Ham	47	Elizabeth	Brs	348
Joseph	Ham	124	Edward	Wor	302	Eunice	Wor	517
Robert	Ess	165	Elisha	Ply	105	Gideon	Ham	156
Samuel	Wor	509	Ephm.	Wor	302	Humphrey	Brs	348
Solomon	Ess	161	Jeremiah	Wor	386	Isaac	Brs	349
Thomas	Ess	156	Jno.	Nor	130	James	Mid	38
Thos., Junr.	Ess	156	Joel	Nor	377	James, Jr.	Mid	39
Willa.	Ess	155	John	Nor	324	Jno.	Nor	153
William	Ess	125	John	Ply	122	John	Ess	195
Zebulon	Ess	156	John	Wor	412	John	Ess	472

INDEX TO THE 1800 CENSUS OF MASSACHUSETTS

Name	Loc	Name	Loc	Name	Loc
John	Wor 335	Fanna		Peter	Ham 222
John, jur.	Ess 195	George	Nan 60	Peter	Wor 228
Jonathan	Brs 348	George	Nan 61	Phillip	Brs 431
Joseph	Brs 348	George	Ply 28	Phillip	Ham 283
Joseph	Brs 349	George, Junr.	Nan 72	Philm.	Mid 175
Joseph	Wor 517	Gilbert	Brs 431	Reuben	Nan 54
Justus	Ham 39	Hephzibah	Nan 56	Reuben, 2nd.	Nan 64
Luthern	Brs 349	Hery	Ess 571	Richard	Ess 494
Michael	Brs 348	Hery, Jur.	Ess 571	Robert	Ham 237
Nathaniel	Ply 63	Hezekiah	Ham 6	Roswell	Ham 54
Otes	Brs 348	Hezekiah, Jr.	Ham 6	Saml.	Nan 68
Paul	Brs 349	Hezkiah	Nan 54	Saml.	Nan 69
Perry	Brs 348	Hubbard	Mid 503	Samll.	Mid 490
Philip	Brs 348	Ichabud	Mid 490	Samuel	Ess 487
Prudence, Wido.	Ess 195	Isaac	Ess 101	Samuel	Mid 253
Richard	Ham 139	Isaac	Ess 294	Seth	Brs 431
Saml.	Ham 335	Israel	Ham 282	Seth	Ham 7
Sarah, Wido.	Ess 195	Jacob	Ber 110	Seth	Nan 56
Seviah	Brs 335	James	Ber 112	Seth, Jur.	Brs 431
Stephen (2)	Brs 349	James	Ess 263	Silvanus	Nan 54
Stephen	Mid 305	James	Mid 175	Silvanus, Junr.	Nan 60
Thomas	Wor 457	Jethro	Ess 11	Simeon	Nan 58
Timothy	Mid 305	Joanna	Ham 22	Solomon	Ham 24
Uriah	Ess 195	Joel	Mid 529	Solomon	Mid 466
William	Brs 349	John	Ber 110	Stephen	Ply 105
William	Ess 410	John	Brs 431	Thaddeus	Ham 7
Wm.	Wor 332	John	Ess 12	Thaddeus	Wor 214
see Shearman, Shilden		John	Ess 233	Thadeus	Mid 131
Russell, Abigail, Wd.	Ham 243	John	Ess 282	Thomas	Ess 491
Abigail, Wd.	Ham 272	John	Ess 341	Thomas	Mid 439
Abigail, wd.	Wor 386	John	Ess 365	Thomas	Nor 320
Abner	Ham 244	John	Ess 461	Thomas	Wor 156
Abner	Mid 253	John	Ess 507	Thos.	Mid 490
Abraham	Brs 431	John	Ham 24	Titus	Ham 273
Amos	Mid 344	John	Ham 75	Walter	Mid 175
Asa	Wor 265	John	Ham 234	William	Brs 431
Barnabas	Brs 431	John	Ham 285	William	Ess 101
Benja.	Mid 388	John	Mid 389	William	Ess 341
Benjamin	Ess 11	John	Mid 439	William	Ess 507
Benjamin	Ess 494	John	Nan 73	William	Ham 54
Benjamin	Ham 237	John	Ply 10	William, Jr.	Brs 431
Benjamin, Junr.	Ess 11	John	Ply 133	William, 2nd.	Brs 431
Bill	Mid 337	John, Jr.	Brs 431	Wilson H.	Ess 475
Caleb	Brs 431	John, Junr.	Ess 12	Wing	Brs 431
Caleb	Wor 353	Jona.	Mid 537	Wolcott	Ham 93
Caleb, Jur.	Brs 431	Jonathan	Bar 88	Zebina	Ham 284
Charles	Brs 431	Jonathan	Brs 431	see Cushing	
Charles	Nan 55	Jonathan	Ham 102	Rust, Anna, Wo.	Ess 107
Daniel	Ess 578	Jonathan	Ham 107	Benja.	Ess 107
Daniel	Ham 221	Jonathan	Ham 283	Chester	Ham 4
Daniel	Ham 285	Joseph	Brs 431	Daniel	Ess 597
Daniel	Mid 490	Joseph	Ess 30	Daniel	Ham 8
Darius	Wor 167	Joseph	Ess 226	Danl.	Ess 398
David	Ess 30	Joseph	Ess 282	Ebenezer	Ham 129
David	Mid 490	Joseph	Ess 508	Ebenezer	Ham 266
David	Wor 457	Joseph	Ham 107	Elijah	Ham 18
Ebenezer	Ham 243	Joseph	Mid 253	Elisha	Ham 266
Edward	Mid 490	Joseph	Mid 353	Gershom	Ham 146
Eleazer	Wor 353	Joshua	Nan 59	Gershom	Ham 153
Eli	Ham 102	Josiah	Mid 352	Henry	Ess 395
Elias	Ham 354	Luther	Mid 490	Henry	Ess 397
Elihu	Ham 60	Martha	Ham 248	Israel	Ess 107
Elihu	Nan 50	Mary	Ess 477	Israel	Ham 3
Elijah	Ham 54	Melzer	Mid 173	Jacob	Ess 388
Elijah	Ham 248	Molly	Ply 29	Joel	Ham 17
Elizabeth	Ess 467	Mongo	Mid 344	John	Ess 114
Elizabeth	Ess 472	Nathan	Mid 491	John	Ess 397
Elizabeth	Ess 507	Nathaniel	Mid 352	Joseph Ashley	Ham 147
Elizth.	Mid 490	Nathaniel P.	Nan 60	Justin	Ham 148
Ellis	Ham 93	Nathanl.	Mid 421	Lemuel	Ham 132
Emery	Ham 93	Noah	Mid 490	Mary	Ham 8
Enoch	Ess 12	Oliver	Mid 490	Moses	Ess 114
Ephraim	Mid 431	Oliver	Ham 93	Nathaniel	Ess 581
Ephraim	Wor 156	Oliver	Mid 412	Nathu.	Ess 135
Ephraim	Wor 430	Patten	Mid 490	Parker	Ess 587
Eunice	Ply 131	Peletiah	Mid 458	Robert	Ess 589
Ezekiel	Ham 237	Pero	Brs 431	Seth	Ham 4
		Peter	Ess 242		

Wallis	Mid 490	Warham	Ham 144	David	Wor 219
Zebulon	Ham 153	Wm.	Ham 119	Edward	Brs 432
Ruth see Rooth		Wm., Junr.	Ham 122	Ephraim	Wor 457
Rutherford, Alexander	Ess 341	Zavan, Lieut.	Ham 152	George	Ham 103
John	Ess 341	Sackett, Daniel	Ber 201	Gideon	Ply 43
Joseph	Ess 341	David	Ham 179	Ichabud	Ply 112
Rutley, Henry	Ess 341	Erastus	Ber 201	Isaiah	Ply 43
Rutlidge, Winslow	Ess 419	Lemuel	Ber 201	Issachar	Brs 432
Rutter, Jesse	Wor 386	Solomon	Ber 183	Issachar	Ham 302
Joseph	Mid 130	Richard	Ber 201	Jacob	Ham 103
Micah M.	Mid 133	Solomon	Ber 200	John	Wor 457
Thomas	Mid 130	Walter	Ber 189	Jonathan	Ply 44
Ruynd, Freegrace, Red.	Mid 321	Saddler, John	Brs 320	Jonathan	Wor 371
Ryan, Anna	Ess 390	Sadler, Abiel	Ham 43	Jonathan	Wor 457
Augustus	Ess 340	Bial	Wor 386	Joseph	Brs 432
James	Ess 358	Ebenr.	Wor 199	Joshua	Nor 172
Rebecca	Mid 175	John	Ham 345	Joshua, junior	Nor 172
Samuel	Wor 490	John	Wor 386	Knellum	Ham 151
see Ruynd		Joseph	Wor 386	Mary	Brs 432
Ryder, Gideon	Wor 371	Joshua	Ham 345	Micah	Ply 56
Samuel	Ply 63	Noah	Ham 345	Miles	Ply 43
Ryman, Hannah	Nor 256	Stephen, Capt.	Wor 386	Nathl., Decn.	Ham 216
Rynders, Evert	Ber 120	Saeket see Sacket		Oliver	Wor 458
Ryne, Dennis	Nor 267	Saffard, Elias	Ham 298	Peter	Ham 103
Rypley, Noah	Wor 409	Safford, Ebenezer	Ess 571	Peter	Ham 112
Ryther, David	Ham 78	John	Ess 217	Philemon	Ham 247
David, Junr.	Ham 79	John	Ess 557	Robert	Wor 426
Peter	Ham 79	Nath	Ess 410	Silvenus	Ham 151
		Samuel	Ess 594	Stephen	Ply 43
		Simeon	Ess 577	Stephen	Ply 56
--- S ---		Thomas	Wor 353	Sylvenus	Ham 21
		Thos.	Ess 415	Willis	Wor 215
		Ward	Wor 220	Samson, Abisha	Ply 13
S..., ...	Nor 291	William	Ess 409	Abner	Ply 98
...	Wor 493	Sage, Abel	Ber 173	Andrew	Ply 99
Jonathan	Ham 210	Danl.	Ess 417	Anna, Wo.	Ply 78
Rufus	Ham 344	Elisha	Ber 105	Anthony	Ply 101
S...rin, Andrew	Ham 11	Jedediah	Ber 176	Aron	Ply 101
Saben, John	Wor 264	Lewis	Ham 6	Bartlet	Ply 98
Samuel	Brs 287	Samuel, Jr.	Ber 174	Bradford	Ply 103
Sabens, Jedediah	Ham 84	Samuel, Senr.	Ber 174	Chandler	Ply 96
Sabin, ---, Widow)	Ber 131	Stephen	Ber 176	Colson	Ply 101
Abijah	Wor 330	Willm.	Ess 417	Constant	Ply 99
Charles	Ber 130	St. Antone see Antone		Croade	Ply 29
Daniel	Wor 344	Sairl, Curtis	Ess 25	Crocker	Ply 29
Darius	Ham 264	Margaret	Ess 29	Desire	Ply 29
Dolly	Brs 307	Sales, Royal	Wor 344	Ebenezer	Brs 290
Edmund	Wor 335	Salisbury, Ambrose	Nor 172	Ebenezer	Ply 15
Erastus	Ber 133	Benjamin	Ham 269	Elias	Ply 80
Jesse	Ber 132	Daniel	Brs 402	Elijah	Ply 95
Joseph	Wor 344	Seth	Ham 61	Elijah, Jur.	Ply 98
Noah	Ham 266	Stephen	Ham 61	George	Ply 11
Oliver	Ham 265	Stephen	Wor 188	George	Ply 21
Origins	Ber 212	William	Ham 60	Gideon	Ply 19
Royal	Wor 344	Salkins, Thomas F.	Ess 501	Ichobud	Ply 101
Timothy	Ber 131	Salle, ---	Ber 143	Isaac	Ply 80
Versel	Brs 318	Sallintine, Mary, Wid.	Brs 284	Isaac	Ply 98
William	Brs 308	Sally, Nelly	Brs 322	Jeremiah	Ply 28
Sachet, Jesse	Ber 251	Salmon, George	Ham 312	Job	Ply 98
Sacker, Enoch	Mid 307	John	Ham 311	John	Brs 290
Sacket, Adnah	Ham 120	Peter	Ply 44	John	Ply 79
Asher	Ham 121	Robert	Ply 129	John	Ply 100
Eliakim	Ham 122	Salsbury, David	Wor 469	John, Dr.	Ply 80
Ezra	Ham 127	Hezekiah	Brs 311	Jonathan	Ply 80
Gad	Ham 122	Samuel	Brs 312	Jonathan	Ply 13
Joel	Ham 122	William	Brs 299	Joseph	Ply 11
John	Ham 121	Salter, Ebenezer	Ess 344	Joseph	Ply 23
Jona.	Ham 122	Francis	Ess 344	Joseph	Ply 30
Manarda	Ham 121	Joseph	Ess 470	Josiah	Bar 89
Moses	Ham 121	Joseph	Ess 471	Lazarus	Ply 78
Moses, 2d.	Ham 127	Mary	Ess 478	Mary	Ply 23
Noble	Ham 122	William	Ham 39	Mary	Ply 104
Ozem	Ham 121	Saltmrsh, Seth	Ess 19	Meribah, Wo.	Ply 78
Pliny	Ham 360	Saltonstall, Nathel.	Ess 284	Miles	Ply 101
Royal	Ham 119	Sampson, Abraham	Wor 451	Nathan	Ply 79
Stephen	Ham 127	Amos	Mid 176	Nathan	Ply 93
Stephen, Jur.	Ham 127	Araunah	Ply 124	Nathl.	Ply 104

Noah	Ply 101	Jonas, jr.	Mid 254	Samll.	Mid 538
Obadiah	Ply 79	Jonathan	Mid 265	William	Wor 242
Oliver	Ply 28	Joseph	Ham 79	Zedekiah	Ply 63
Paul	Ply 104	Josiah	Mid 265	Santee, Dana.	Ber 263
Peleg	Ply 21	Josiah	Mid 503	Sarderson, John	Mid 265
Philamon	Ply 21	Marcena	Ham 345	Sargant, Wm. B.	Nor 267
Priscilla	Ply 29	Mary	Mid 265	Sargeant, Amos	Mid 188
Rebecca	Ply 23	Moses	Wor 283	Amos	Wor 517
Ruth	Ply 80	Moses	Wor 448	Benja.	Mid 188
Samuel	Ply 27	Moses	Wor 458	Daniel	Wor 510
Samuel	Ply 79	Nathan	Mid 265	David	Mid 188
Sarah	Ply 93	Nathl.	Wor 283	David, 2d.	Mid 188
Southworth	Bar 85	Oliver	Wor 220	David, 3d.	Mid 188
Spaulding, Jr.	Ham 197	Samuel	Mid 440	Debor.	Mid 188
Stephen	Nor 239	Samuel	Wor 356	Ebenezer	Ham 355
Stephen	Ply 3	Silvenus, Lt.	Ham 145	Ezra	Mid 188
Studley	Ply 98	Thomas	Ham 67	Francis	Ess 475
Sylvanus	Ply 100	Trial	Ham 178	James	Ham 355
Thankfull	Ply 78	see Carter, Sarderson		Jesse	Mid 177
Thomas	Ply 24	Sandford, Daniel	Ham 147	John	Wor 493
Thomas	Ply 79	David	Brs 336	Jos.	Mid 188
Thomas	Ply 96	David	Brs 350	Joseph	Wor 493
Uriah	Ply 80	Elias	Ham 159	Joseph	Wor 517
William	Bar 85	Elisha	Brs 350	Mary	Mid 188
Wm.	Ply 101	George	Brs 350	Mary	Wor 496
Samuel, Shiverick	Bar 48	Holsa	Ham 151	Nath.	Mid 188
Sanborn, Enoch	Ess 345	Isaac	Brs 350	Nathan	Wor 311
Sanburn, Peter, Red.	Mid 307	John	Brs 350	Ruth	Mid 188
Sandburn, John	Wor 194	John	Ham 134	Saml.	Mid 338
Sanden, William	Ess 508	Paul	Brs 350	Saml. G.	Mid 175
Sandeon, Samuel	Wor 447	Peleg	Brs 350	Saml. S.	Mid 175
Sanders, Aaron	Ham 324	Philip	Brs 336	Samuel	Wor 496
Daniel	Wor 511	Rescom	Brs 336	Stephen	Wor 493
David	Ess 252	Richard	Brs 351	Thomas	Ham 242
Hannah	Ham 116	Ruth, Widw.	Ham 151	Winslow	Mid 188
Jacob	Mid 52	Samuel	Nan 56	Sargent, Aaron	Ess 156
James	Ess 374	Thomas	Brs 336	Abimh.	Ess 116
James	Mid 51	William	Brs 350	Amasa	Ess 85
John	Ess 546	Sands, Isaac	Ess 565	Amos	Ess 85
Jonas	Mid 52	Susanna	Ess 596	Amos	Ess 283
Joseph	Bar 11	William	Bar 93	Amos	Ess 344
Moses	Ess 245	Sanford, Benja.	Bar 48	Andrew	Ess 146
Nathan	Ham 103	David	Ber 105	Benja.	Ess 146
Nathan	Ham 112	David, Rev.	Nor 222	Christopher, Esqr.	Ess 85
Nathan	Ham 172	George	Brs 278	Christopher, junr.	Ess 86
Oliver	Ham 103	George, Jur.	Brs 278	David	Ess 127
Perly	Mid 52	Giles	Nan 69	David	Ess 143
Rebecca	Ess 546	Ichabod	Ham 208	David, Jun.	Ess 146
Robert	Mid 503	Joseph	Brs 278	Dorothy, Wd.	Ess 86
Solo.	Mid 51	Josiah	Wor 252	Dudley	Ess 108
William	Wor 237	Paul	Brs 320	Ebenezer	Ess 344
Wm.	Mid 52	Philo	Nor 222	Elias	Ess 282
see Sarnders		Robert	Brs 275	Epes	Ess 146
Sanderson, Abijah	Mid 254	Saml.	Brs 320	Ezekiel	Ess 85
Abner	Mid 265	Stephen	Brs 288	Fit... W., Capt.	Ess 126
Abraham	Mid 255	Thomas	Wor 249	Gustaves	Ess 142
Abraham, jr.	Mid 255	Willm.	Ham 336	Hezekiah	Ess 86
Asa	Ham 68	Wm.	Bar 48	Ichabod	Ess 84
Cyrus	Ham 60	see Taber		Jacob	Ess 86
David	Ess 381	Saniford, Ebenezer	Ess 578	Jacob	Ess 295
David	Ham 68	Sanger, Abigail	Mid 504	James	Ess 294
David	Mid 466	Abraham	Mid 503	James, Jur.	Ess 294
David	Wor 249	Asa	Mid 537	John	Ess 294
David	Wor 283	Calven	Mid 538	John Lane	Ess 144
Elijah	Ess 371	Daniel	Mid 149	Jona.	Ess 86
Elisha	Wor 356	Daniel	Mid 503	Jona.	Ess 146
Elnathan	Ham 149	Daniel, Jur.	Mid 148	Jona., junr.	Ess 86
Elnathan	Ham 161	David	Mid 439	Jonan.	Ess 126
Elnathan	Ham 345	David	Mid 504	Jonathan	Ess 283
Isaac	Ham 68	David	Mid 538	Joseph	Ess 86
Jacob	Ess 371	Jedidiah	Ham 248	Joshua	Ess 85
Jacob	Mid 255	John	Mid 504	Joshua, junr.	Ess 86
James	Ham 61	John	Mid 537	Josiah	Ess 85
James	Mid 131	Jonathan	Bar 167	Judith, Wd.	Ess 85
Jeduthan	Ham 239	Joseph	Mid 149	Mary	Ess 284
Jona.	Wor 283	Nathan	Mid 282	Michael	Ess 142
Jonas	Mid 254	Richard	Mid 504	Moses	Ess 85

Moses	Ess 284	Reuben	Ham 236	Jesse	Wor 517
Moses, junr.	Ess 85	Robert, Jr.	Wor 392	John	Mid 409
Nathel.	Ess 294	Samll.	Mid 101	Jonathan	Wor 451
Nathu.	Ess 115	Thankful	Wor 332	Joseph	Wor 451
Nehemiah	Ess 85	Timo.	Mid 101	Munnings	Mid 409
Nehemiah, junr.	Ess 85	Wm.	Nor 119	Samuel	Wor 451
Orlando, Esqr.	Ess 85	see Sarnders		Stephen	Wor 426
Orlando, junr.	Ess 85	Saunderson, Daniel	Nor 231	William	Wor 452
Peter	Ess 146	Isaac	Wor 429	Sawing, Daniel	Mid 503
Robert, Capt.	Ess 85	Jacob	Wor 429	Ezekiel	Mid 530
Samu.	Ess 146	John	Ham 55	Fraes	Mid 530
Sarah	Ess 283	Jonan.	Wor 429	John	Mid 530
Sarah, Wd.	Ess 85	Joseph	Ham 55	Joseph	Mid 491
Seth	Ess 86	William	Ham 283	Levi	Nor 321
Solo.	Ess 146	Wm.	Mid 401	Moses	Mid 530
Solo., Jun.	Ess 146	Savage, Abraham	Ham 222	Thos.	Mid 530
Stephen	Ess 84	Abraham	Ham 329	Sawtell, Abel	Mid 459
Thomas	Ess 85	Abraham	Ham 345	Elnathan	Mid 459
Thos., Doctr.	Ess 108	Charlotte	Wor 514	Joseph	Mid 459
William	Ply 16	Dinah	Bar 67	Joseph, Jun.	Mid 458
Winthrop	Ess 146	Ezekiel	Ess 395	Joseph, 3d.	Mid 459
Zebulon	Ess 85	John	Bar 59	Mercy	Mid 439
see Clack		John	Bar 84	Natha.	Mid 459
Sargents, Ignatious,		John	Ess 480	Richard	Mid 458
Majr.	Ess 125	John	Ess 501	Richard, Jun.	Mid 458
Sarle, Nehitabel	Ess 250	John	Ham 179	Zechariah	Wor 372
Richard	Ess 25	Mary	Ham 188	Sawtwell, John	Ham 75
Sarles, Andrew	Mid 51	Saml., Esq.	Bar 86	Sawyer, Aaron	Ess 294
Azubah	Mid 54	Seth	Wor 517	Aaron	Wor 371
James	Mid 51	Thankful	Wor 514	Aaron, Dr.	Ess 86
Saml.	Mid 51	William	Nor 107	Abner	Ham 30
Uriah	Mid 54	Savel, Edward	Nor 119	Abraham	Ess 114
Sarnders, Samuel	Ess 283	Tho.	Mid 199	Abraham, Jun.	Ess 114
Subtle	Ess 283	Tho., jur.	Mid 199	Alvin	Wor 212
Timothy	Ess 283	William	Nor 309	Amariah	Wor 371
Sartell, Ephm.	Mid 51	Savell, James	Ess 144	Amos	Ess 283
Nathl.	Mid 62	Jese	Ess 144	Amos	Ess 537
Simeon	Mid 51	Thos.	Ess 141	Amos	Wor 213
Sartle, Henery	Wor 273	William	Ess 157	Amos	Wor 353
Richard	Wor 273	Savels, Benjamin	Nor 106	Amos	Wor 451
Sash, Moses, Negro	Ham 299	John	Nor 107	Amos, 2d.	Wor 356
Sasson, Jedediah	Ber 232	Mary, Wd.	Nor 107	Bazaleel	Wor 335
Saswell, Abiel	Brs 363	Savery, Betsy	Ply 3	Benjamin	Ess 294
Satterlee, Samuel	Ber 132	Hiram	Ber 216	Benjamin	Wor 211
Saul, Joseph	Ess 411	Nathan	Ply 82	Caleb	Ess 294
see Shvol		Nehemiah	Ply 4	Caleb	Mid 92
Saunders, Abraham	Ham 283	Peleg	Ply 12	Caleb	Mid 427
Amos	Mid 101	Thomas	Ply 7	Caleb	Wor 218
Benja.	Brs 403	Thomas	Ply 27	Calvin	Wor 356
Benja.	Ess 257	Savil, Jno.	Nor 155	Calvin	Wor 420
Benja.	Mid 101	Nathl.	Nor 119	Calvin	Wor 451
Billa	Ply 19	Saml.	Nor 119	Cooper	Wor 236
Bradbury	Ess 118	Saml., Ju.	Nor 119	Cornelius	Ber 165
Danice	Ess 360	Savor, John	Ham 263	Cornelius	Wor 347
Daniel	Brs 403	Savory, Benja.	Ess 243	David	Mid 82
Daniel	Ess 380	Daniel	Ess 86	Ebenr.	Mid 88
Daniel	Ess 395	Daniel, junr.	Ess 86	Eli	Wor 451
Edward	Ess 252	Ebenzr.	Ess 234	Elias	Wor 234
George	Ess 149	Eliphelet	Ess 243	Elias	Wor 356
Hannah	Mid 390	Isaac	Ply 113	Elijah	Ess 213
Jacob	Brs 403	John	Ess 243	Elijah	Ess 214
Jno.	Nor 119	Saml., Jr.	Ply 112	Elijah	Wor 211
John	Ess 25	Samuel	Ply 112	Elisha	Wor 347
John	Ess 149	Thomas (2)	Ess 244	Elizabeth	Wor 218
John	Ess 252	Thomas	Ply 113	Enoch	Ess 208
John	Mid 177	see Clifton, Hathaway, Look		Enoch	Ess 213
John	Mid 390	Sawen, John	Nor 241	Ephah	Wor 209
John	Wor 392	Sawin, Abner	Wor 452	Ephraim	Ham 107
John, Capt.	Ess 126	Asa	Wor 458	Ezra	Wor 350
Joseph	Ply 112	Benjm.	Mid 113	George	Ess 62
Joseph, Capt.	Ess 115	Benjm.	Mid 132	George	Ess 162
Joseph, Jun.	Ess 126	Daniel	Wor 452	George	Ess 216
Nath	Ess 117	David	Wor 451	George W.	Ess 574
Nathl.	Ply 112	Eliphelet	Nor 277	Hannah	Ess 211
Nathl.	Wor 392	Eunice, Wido.	Nor 277	Hannah	Ess 213
Nathu., Jun.	Ess 116	Ezekiel	Wor 517	Henry	Mid 87
Noah	Wor 330	James	Wor 451	Hooker	Wor 371

Israel	Wor 356	Sayles, Daniel	Nor 357	Nathl.		Wor 391
Jabez	Ham 107	Elisha	Nor 366	Peter		Ham 299
Jabez	Wor 426	Oziel	Ber 135	Phinehas		Ham 336
James	Ess 115	Sayward, Daniel	Ess 126	Primus		Ply 112
James, Jun.	Ess 116	Henry	Ess 125	Reuben		Wor 188
Jeremiah	Ess 345	James, Jun.	Ess 126	Reuben, Jr.		Ham 47
John	Ess 61	James S., Capt.	Ess 126	Robt.		Mid 176
John	Ess 86	John	Ess 127	Rufus		Ham 47
John	Wor 216	Josh., Capt.	Ess 159	Rufus		Ham 79
John	Wor 231	Samuel	Ess 130	Samuel		Ber 209
John, Capt.	Ess 86	Stover	Ess 132	Samuel		Ess 255
Jonathan	Wor 216	William	Ess 126	Samuel		Nor 341
Jonathan	Wor 218	Saywer, Anna, Wo.	Ess 162	Saul		Nor 341
Jonathan	Wor 451	Bootfield	Ess 232	Selah		Ham 68
Joseph	Ess 208	Scales, Nathan	Mid 51	Silvanus		Ber 155
Joseph	Ess 212	Nathl.	Mid 52	Sylvenus		Nor 343
Joseph	Ham 107	Scammel, Alexander	Wor 392	Thomas		Ber 206
Joseph	Wor 212	Scarlet, Molly	Mid 101	Thomas		Wor 176
Joseph	Wor 425	Scearles, Curtis	Wor 165	Thomas, Jur.		Wor 176
Joshua	Ess 283	Schalenger, Gideon	Ber 227	William		Ham 148
Joshua	Wor 212	Schamels, John	Nor 336	William		Ham 175
Joshua	Wor 347	Schoal, Abraham	Wor 283	see Clark, Scutt		
Josiah	Wor 212	Scischo, Joseph	Ham 144	Scotto see Scotlo		
Josiah	Wor 214	Scobie, James	Ess 467	Scovel, John		Ham 351
Josiah, Junr.	Wor 212	Scoffield, James	Ess 283	Jonas		Ber 189
Jotham	Wor 231	Scolley, Grover	Wor 457	Jonas, Junr.		Ber 189
Jude	Wor 447	John	Wor 458	Scovil, Bela		Ham 165
Keziah	Wor 216	Scores, Edward	Ess 496	Scranton, Gershom		Ham 48
Lemuel	Mid 435	Scot, Moses	Ess 255	John		Ham 256
Luke	Wor 426	Samuel	Brs 403	Samuel		Ham 210
Luthar	Wor 218	Scotchlo see Scotlo		Scribner, Nathan		Ber 120
Luther	Wor 353	Scotlo, John	Mid 338	Scripture, Jeremiah		Ber 117
Luther	Wor 420	Scott, Aaron	Mid 61	Simson L.		Ber 107
Lydia	Ess 249	Abel	Ham 68	Scrivner, Matthew		Mid 82
Lydia	Wor 216	Abijah	Ber 208	Scudder, Asa		Bar 90
Manassah	Wor 218	Abraham	Ham 67	Benjamin		Ess 257
Manassah, Junr.	Wor 217	Andrew	Wor 496	David		Bar 93
Mary	Ess 209	Benjamin	Ess 582	Ebenezer		Bar 90
Menasseh	Wor 347	Benjamin	Ham 67	Ebenezer, Jr.		Bar 88
Micajah	Ess 232	Benjamin	Ham 182	Eleazer		Bar 93
Micajah	Ess 345	Calvin, Doctr.	Ham 258	Eleazer, Jr.		Bar 93
Moses	Wor 238	Consider	Ham 194	Isaiah		Bar 90
Moses	Wor 356	David	Ber 178	Josiah		Bar 91
Moses, Jun.	Wor 356	David	Ham 64	Lot		Bar 93
Nathan	Mid 87	David	Nor 357	Samuel		Bar 93
Nathaniel	Mid 435	David, Lieut.	Ham 152	Sarah		Bar 85
Nathaniel	Wor 514	Ebenezer	Ham 14	William		Bar 93
Oliver	Wor 371	Ebenezer	Nor 252	Scutt, Abraham		Ber 119
Peter	Wor 212	Edward	Wor 425	Seaberry, Thomas		Bar 8
Phineas	Wor 218	Eleazer	Ham 47	Seabry, Elijah		Nor 206
Phinehas	Mid 416	Elihu	Ham 79	Seabuary, David		Bar 27
Polly	Wor 356	Elijah	Ham 4	Seaburry, Joseph		Bar 24
Reuben	Mid 88	Ephraim	Ham 228	Seabury, John W.		Brs 360
Richd.	Ess 86	Eunice	Mid 62	Seager, Ephraim		Wor 490
Ruth	Ess 283	Ichabod	Nor 357	Oliver		Wor 487
Samuel	Ess 579	Ira	Ham 47	Seagers, John		Ber 215
Samuel	Wor 347	Isaac	Ham 336	Seales see Scales		
Silas	Wor 214	Israel	Ham 290	Seamore, Thomas		Ply 34
Silas	Wor 273	Jacob	Mid 117	Seargeant, Ebenzer		Wor 420
Solomon	Wor 347	James	Ham 11	John		Wor 420
Stephen	Ess 86	James	Ham 148	John, Jr.		Wor 420
Thomas	Ham 30	Joel	Ess 342	Seargent, Salley		Ess 441
Thomas	Mid 305	John	Ber 268	Saml.		Ess 446
Thomas	Wor 347	John	Ess 464	Searjants, Samuel		Mid 433
William	Ber 139	John	Ess 494	Searjents, Nathaniel		Mid 428
William	Ess 284	John	Ham 273	Searl, Aaron		Ham 131
William	Ham 43	John	Mid 176	Abijah		Ham 132
William	Mid 305	John	Nor 343	Asahel		Ham 153
William	Wor 214	John	Wor 426	Bildad		Ham 124
William	Wor 362	Jonathan	Nor 342	Bildad		Ham 130
Willm.	Ess 86	Judith	Nor 244	Clark		Ham 128
see Sawyer		Mary	Ham 68	Elisha		Ham 134
Saxby, James	Ess 525	Mary	Wor 220	Elisha		Ham 293
Saxe, John	Ham 10	Mary, Wd.	Ham 92	Elizabeth, Wd.		Ham 131
Saxton, Jesse	Ber 200	Moses	Ham 79	Gaius		Ham 132
Michal	Ber 207	Moses	Ham 88	Gideon		Ham 132
Sayer, Thomas	Brs 365	Nathan	Ber 205	Gideon, Junr.		Ham 132

Ira	Ham 131	Leonard	Ply 79	Seegur, Charles L.	Ham 10
Israel	Ham 129	Levi	Bar 5	Seekels, John	Brs 278
Jesse, Doctr.	Ham 160	Lewis	Bar 98	Seeley, Seth	Ber 226
Job	Ham 130	Luther	Ber 213	Seely, Abrm.	Ber 106
Joel	Ham 153	Micajah	Bar 26	Isaac	Ber 106
John	Ess 295	Nathan	Ply 105	John	Ber 106
Joshua	Ham 47	Nathaniel	Bar 26	John	Ber 269
Justus	Ham 131	Nathaniel, jur.	Bar 26	Jonas	Ber 257
Levi	Ham 132	Nathl.	Ply 105	Joseph	Ber 257
Moses	Ham 131	Noah	Bar 3	Seelye, Ephraim	Ber 127
Nathan	Ham 131	Paul	Ham 344	Reuben	Ber 128
Nathaniel	Ham 131	Paul, Jr.	Ber 174	Seers, Charles	Ber 165
Samuel	Ess 92	Paul, Sen., & son	Ber 174	Seever, Heman	Mid 458
Stephen	Ham 124	Peter	Ham 345	Segar, Caleb	Wor 362
Zopher	Ham 128	Peter	Ply 130	Charles	Ber 268
Zopher, Junr.	Ham 130	Philip	Ber 211	Seger, Ebenr.	Mid 503
Searle, Ambrose	Wor 493	Prince	Bar 3	Segraves, Bezaleel	Wor 469
Elisha	Ham 11	Prince	Bar 98	John	Wor 469
Jereh.	Ess 257	Rebecca	Ber 229	Josiah	Wor 469
John	Ess 422	Reuben	Bar 5	Segur, Ezekiel	Ber 230
John	Ess 423	Richard	Bar 18	Segurs, John	Ess 166
Joseph	Ess 256	Roland	Ham 336	Seirles, Eleanor	Ess 561
Mary R., Wido.	Ess 343	Roland	Ham 344	Sekel, Caleb	Brs 350
Searles, Andrew	Wor 335	Rolland	Ham 222	Sekell see Seckell	
Comfort	Wor 330	Rufus	Ham 336	Sela, James	Ber 214
James	Wor 386	Sarah, Wido.	Brs 368	Selah, Mathew	Ess 118
Nathanl.	Wor 330	Seth	Bar 26	Selby, Brainard	Ber 176
Plinney	Ham 152	Seth	Ham 345	Selden, Asa	Ham 344
Zenas	Ham 147	Stephen	Bar 5	Ebenezer	Ham 158
see Scearles		Stephen	Bar 26	Joseph	Ham 355
Searls, Elisha	Ham 216	Stephen, jur.	Bar 4	Seldon, Caleb	Ham 24
Lemuel	Ham 357	Stephen, jur.	Bar 26	Elisabeth	Ess 9
Mary	Wor 429	Thomas	Ber 229	Seleck, Frederick	Ham 88
Nathaniel, Junr.	Ham 132	Thomas	Ply 18	Selee, Nathan	Brs 393
Simeon	Ham 357	Willard	Bar 6	Selew, John	Bar 67
Sears, Abner	Ply 47	Willard	Ply 17	Selfredge, Edward	Wor 420
Barnabas	Ham 222	Winthrop	Bar 100	Selfridge, Rebekhah	Ham 216
Barns.	Wor 410	see Atwood, Cook, Mayo		Sellen, John	Wor 303
Bartlett	Ply 1	Seaver, Benjamin	Nor 233	Selman, Archa.	Ess 481
Calvin	Ber 211	Ebenezer, Esqr.	Nor 230	Jacob	Ess 546
Christopher	Bar 26	Edward	Wor 187	John	Ess 481
Christopher	Ham 345	Elijah	Ham 323	John	Ess 494
Daniel	Ber 182	Elijah, Jun.	Ham 324	Joseph	Ess 457
David	Ber 211	Ichabod	Nor 356	Joseph	Ess 492
Define, wd.	Bar 3	John	Nor 235	Mary	Ess 497
Earl	Ply 80	Joseph	Nor 234	Selsbee, Sarah	Ess 421
Ebenezer	Bar 97	Joseph	Wor 273	Selvey, Thomas	Ber 200
Edmond	Bar 26	Joshua	Nor 206	Seming, Jeremiah	Ham 3
Edward	Bar 3	Mary	Wor 187	Semour, Jacob	Ber 239
Edward	Bar 98	Nathan	Wor 187	Senethurst, Thos.	Ess 386
Edward	Ply 18	Nathaniel	Nor 234	see Smithurst	
Eleazer	Bar 98	Richard	Mid 282	Sennet, James	Ham 178
Eleazer, Jr.	Bar 98	Susannah	Nor 228	John	Ham 175
Elisha	Bar 26	Tabatha	Nor 230	Sensapauh, John S.	Nor 379
Elisha	Wor 410	W. Josiah	Ham 60	Serbrin see S...rin	
Eliza.	Bar 98	William	Nor 229	Sergant, John	Ess 550
Elkanah	Bar 26	William	Nor 238	Sergeant, Aaron	Wor 353
Enoch	Bar 98	Seaverns, Abijah	Mid 282	Benja.	Ess 195
Enos	Ham 344	Elisha	Mid 282	Ebenezer	Wor 356
Freeman	Ham 224	Joseph	Mid 254	Erastus	Ber 257
Hannah, wd.	Bar 26	Josiah	Mid 254	Erastus	Ber 264
Holmes	Ply 18	Seaward, Joel	Ham 148	Richard	Wor 356
Isaac	Bar 26	Joel, Junr.	Ham 149	Richard, Jun.	Wor 353
Isaac	Ber 211	John	Ham 165	Samel	Wor 228
Jacob	Bar 26	Nathan	Ham 149	Seth	Wor 353
James	Bar 98	Seckell, James	Brs 361	Sergeants, Solomon	Mid 32
John	Bar 26	Job	Brs 364	Serridge, Isaac	Mid 523
John	Ham 118	Moses, Junior	Brs 364	Servent, James	Ber 173
John, jur.	Bar 26	Silas	Brs 363	Sessions, Alexr., Colo.	Ham 274
Jonathan	Ham 344	Silas, Junior	Brs 363	Nathll.	Ess 259
Joseph	Bar 3	Secomb see Seecomb		Robert	Ham 232
Joseph	Bar 26	Sedgwick, Asher	Ber 211	Saml., Capt.	Ham 272
Joseph (2)	Ham 216	Chancey	Ber 171	Sesson see Lisson	
Joshua	Bar 26	Gordon	Ham 260	Setchell, Mary	Ess 387
Josiah	Bar 98	Theode.	Ber 257	Seteson, Susa	Ply 44
Judah	Bar 26	Seecomb, Jno.	Ess 366	Sevens, Joel	Nor 235
Learned	Bar 26	Seegar, Willm.	Ess 442	Sever, Christopher	Ply 64

Eathan   Wor 448
Ebenezer   Brs 365
Ephraim   Wor 373
James   Ply 30
John   Brs 358
John   Ply 30
Joseph   Wor 350
Joseph   Wor 362
Moses   Wor 374
Persis   Wor 372
Thos.   Mid 51
Thos., Jr.   Mid 51
William   Brs 358
William   Ply 30
William, Junior   Brs 357
Severance, Benn.   Wor 311
   Jesse   Ham 61
   Jonathan   Ham 324
   Joseph   Ham 323
   Martin, Jr.   Ham 324
   Moses   Ham 48
   Saml.   Ham 324
   Selah   Ham 197
   Solomon   Ham 323
Severence, Abner   Ham 87
   David   Ham 79
   John   Ham 79
   Jonathan   Ham 75
   Joseph   Brs 432
   Joseph   Ham 75
   Matthew   Ham 84
   Thomas   Brs 433
Severs, Benjn.   Wor 451
Severy, Clement   Ess 477
   Daniel   Ply 79
   Jacob   Wor 166
   John   Wor 165
   John, Junr.   Wor 165
   Jonathan   Ham 39
   Joseph   Ess 499
   Joseph   Wor 153
   Joseph   Wor 176
   Mary   Ess 480
   Moody   Wor 166
   Nicholas   Ess 497
   Reuben   Wor 469
Sevier, Joseph   Ess 345
Sewall, Hezekiah   Ham 14
   Samuel   Ess 516
   see Tarbell
Seward, Abraham   Ess 581
   Emanuel, Wido. of   Ess 342
   Henry   Ess 550
   John   Ess 578
   John   Ess 580
Sewel see Fales
Sewell see Brooks
Sexton, Daniel   Ham 254
   David   Ham 55
   David   Ham 103
   Ebenezer   Ham 55
   Elizabeth, Wd.   Ham 123
   Joel   Ham 55
   Joseph   Ham 233
   Judah   Ham 103
   Noah   Ham 238
   Noah   Ham 298
   Oliver   Ham 238
   Rufus   Ham 55
   Samuel   Ham 238
   Stephen   Ham 360
   see Burton
Seylon, James   Ess 432
Seylor see S...
Seymour, Asa   Ham 171
   Benjamin   Ply 14
   John   Ber 264

Josiah   Ber 221
Levi   Ber 148
Natha.   Ber 257
Nathan   Ham 288
Seyton see Seylon
Shackelford, Willa.   Ess 116
Shackford, Levi   Ess 344
Shaddock, Samuel   Ham 20
Shale, Andrew   Ess 554
Shales, Elizabeth, Wido.   Nor 291
Shaller, Ebenezer   Nor 291
   Isaac   Nor 291
   John   Ham 8
   Michael   Nor 291
Shaman, Timothy   Wor 197
Shanks, Benjamin   Ess 343
Shannan, Ephraim   Wor 193
Shannon, Robart   Ess 222
Shapley, David   Ber 158
Share, James   Bar 19
Sharman, David   Wor 202
   Ephr.   Wor 202
   Ephr., Jur.   Wor 202
   Moses   Wor 202
Sharp, Gibbins   Ply 80
   Gibbins, Jur.   Ply 80
   Peter   Ber 258
   Sarah   Nor 256
   Stephen   Nor 256
Sharper, Fortune   Duk 446
   Hezekiah   Brs 432
   Pero   Duk 450
Shathick see Shattuck
Shatock, Stephen   Wor 451
Shatswell, Martha   Ess 575
   Moses   Ess 571
   Nathaniel   Ess 571
   Richard   Ess 571
Shattalar, Hannah   Ply 105
Shatten, John   Ess 563
Shattock, Abraham   Wor 420
   Ezra   Ham 84
   Reuben   Ham 87
   Walter   Wor 350
Shattuck, ---   Mid 176
   Abel   Ham 189
   Abijah   Mid 60
   Amaziah   Mid 63
   Asa   Mid 62
   Caleb   Wor 503
   Daniel   Mid 459
   David   Mid 61
   Ebnr. L.   Mid 62
   Elear.   Mid 70
   Elijah   Mid 61
   Emerson   Mid 61
   Ephm.   Wor 273
   Ezekiel   Mid 459
   Isaac   Ess 197
   Isaac, jur.   Ess 196
   Israel   Mid 62
   James   Mid 60
   James, Jr.   Mid 61
   Jeremiah   Mid 459
   Jerh.   Mid 61
   Jesse   Mid 60
   Job, Capt.   Mid 459
   Job, Jun.   Mid 459
   John   Mid 60
   John   Mid 459
   Jona.   Mid 60
   Jona., Jr.   Mid 60
   Jona., 3d.   Mid 61
   Jeseah   Mid 60
   Joseph   Ess 197
   Joseph   Mid 60
   Junia   Mid 62

Moses   Mid 60
Natha.   Mid 459
Nathl.   Mid 61
Nathn.   Mid 60
Noah   Mid 52
Noah   Mid 459
Oliver   Mid 61
Peter   Ess 197
Philip   Mid 60
Reuben, Jr.   Mid 61
Reuben   Mid 60
Saml.   Mid 60
Simon   Wor 425
Solo.   Mid 51
Thos.   Mid 60
Timothy   Ber 163
William   Suf 138
Zach.   Mid 52
Zebadiah   Ess 197
   see Blood
Shaver, Abram   Ber 251
Shaw, Abraham   Brs 410
   Abraham   Ply 77
   Abram   Ply 34
   Abram, Jur.   Ply 34
   Absolome   Ham 265
   Ambrose   Ply 106
   Ammi   Ber 233
   Amos   Ham 103
   Amous   Ply 44
   Andrew   Ess 345
   Asa   Ham 19
   Asa   Nor 87
   Asa   Ply 34
   Asahel   Ply 47
   Benjamin   Brs 383
   Benjamin   Ply 7
   Benjn.   Ham 330
   Beriah   Ham 304
   Brackley   Ply 34
   Brackley, Jur.   Ply 34
   Calven   Ply 33
   Chipman   Ply 82
   Crispus   Ply 11
   Daniel   Ham 102
   Daniel   Ham 210
   Daniel   Ham 248
   Daniel   Ham 274
   Daniel   Ply 33
   Darling   Ham 112
   David   Ham 228
   David   Nor 190
   David   Ply 11
   David   Ply 78
   Duncan   Ber 269
   Ebenezer   Ham 304
   Ebenezer   Ply 34
   Eli   Ply 80
   Elias   Ham 207
   Elias   Ply 12
   Eliasha   Ham 211
   Elijah   Ply 34
   Elijah   Ply 77
   Eliphalet   Brs 393
   Eliphalet   Brs 404
   Elkanah   Ply 79
   Erwin   Ham 260
   Esther   Ess 28
   Ezra   Ham 216
   Ezra   Ply 33
   G...   Wor 330
   Gaius   Ply 78
   George   Ham 274
   George   Nor 87
   George, Dn.   Ply 82
   George, Jur., Capt.   Ply 82
   Gideon   Ham 200

Name	Loc	Name	Loc	Name	Loc
Hosea	Ham 335	Nathaniel, & Son	Brs 309	Caleb	Brs 407
Ichabod	Ply 8	Nicholas	Brs 393	Charles	Brs 351
Ichabod	Ply 18	Noah	Ham 260	Daniel	Ber 136
Isaac	Brs 358	Noah	Nor 380	Daniel	Brs 350
Isaac	Ply 80	Oakes, Revd.	Bar 87	David	Brs 350
Isaac, 2d.	Ply 79	Obed	Ham 304	Deavenport	Brs 351
Jabez	Brs 413	Oliver	Brs 405	Ebenezer	Ply 99
Jacob	Ham 216	Patience, Wo.	Ply 79	Edward	Ply 82
Jacob	Ply 34	Peter	Ess 558	Elihu	Ber 125
Jacob	Ply 82	Philander, Revt.	Bar 79	Elihu	Brs 350
Jahaziah	Brs 413	Phillip	Ham 304	Elisabeth	Ply 91
James	Ham 103	Prudence	Ber 257	Elisha	Ply 44
James	Ham 234	Richard	Brs 434	George	Brs 350
James	Ham 260	Samuel	Brs 373	Gidion	Brs 336
James	Ham 263	Samuel	Ess 345	Gido.	Brs 407
James	Ham 305	Samuel	Ham 270	Henrey	Ply 77
James	Ply 8	Samuel	Ham 276	Ichabod	Bar 99
James	Ply 43	Samuel	Ply 63	Ichabod	Brs 433
James, Dn.	Ply 78	Samuel	Ply 79	Ichobud	Ply 99
James, Jur.	Ply 78	Sarah	Brs 383	Ignatius	Ply 91
Jeremiah	Nor 190	Seth	Wor 330	Ira	Brs 350
Jesse	Nor 190	Silas	Brs 373	Isaac	Brs 432
John	Brs 357	Silas	Ply 33	Jabez	Brs 432
John	Brs 405	Silvanus	Ply 5	Jacob	Ber 140
John	Ess 396	Silvanus	Ply 21	James	Ber 140
John	Ham 228	Simeon	Ham 329	James	Brs 350
John	Ham 262	Solomon	Ham 261	Jerih	Brs 350
John	Ham 263	Solomon	Ham 305	Joanna	Brs 432
John	Ham 276	Solomon	Ham 308	Job	Brs 336
John	Ham 308	Southworth	Ply 8	Job	Brs 433
John	Nan 58	Stephen	Ham 304	Job	Nor 86
John	Nor 190	Sullivan	Ply 79	Job	Ply 79
John	Ply 9	Sylvanus	Ham 268	John	Brs 433
John	Wor 458	Sylvanus	Ham 303	John	Nor 87
John, 1st.	Ham 268	Thomas	Ham 246	John, Jr.	Brs 433
John, Jr.	Ply 9	Thomas	Ham 308	John, 2nd.	Brs 432
John, Lt.	Ham 265	Thomas	Nor 87	Jonathan	Brs 350
John, 2d., Lt.	Ham 228	Thos.	Ply 106	Joseph	Ply 99
John, 2d., Lt.	Ply 79	William	Brs 432	Josiah	Brs 350
John, 3d.	Ply 79	William	Ess 27	Josiah	Brs 351
Jonathan	Brs 375	William	Ham 207	Kelley	Ber 133
Jonathan	Ply 8	William	Mid 12	Lucy	Ply 91
Jonathan	Ply 79	William	Ply 54	Maltiah	Brs 433
Joseph	Brs 373	William	Wor 252	Mary	Brs 350
Joseph	Ess 28	William, Capt.	Ply 79	Mary	Brs 383
Joseph	Mid 8	William, junr.	Ply 54	Micah	Bar 24
Joseph	Ply 8	William, Revd.	Ply 94	Nathan	Nor 343
Joseph	Ply 33	William, 2d.	Ply 79	Nehemh.	Ply 77
Joseph	Ply 78	Wm., Esq.	Nor 119	Nehemiah	Nor 343
Joseph	Wor 311	Zachariah	Ham 23	Obed	Nor 87
Joseph	Wor 330	Zechuriah	Ply 63	Otis	Ply 134
Joseph, Jr.	Mid 5	Zephaniah	Ply 79	Paul	Brs 350
Joseph, Junior	Brs 373	She..., ...	Wor 332	Peleg	Brs 350
Joshua	Ber 180	Shead, Samuel	Ber 233	Peleg	Brs 408
Joshua	Brs 393	Shearer, David	Ham 259	Peleg, 2nd.	Brs 350
Joshua	Ham 270	John	Ham 258	Philip	Brs 350
Joshua	Ham 308	Jonathan, Dn.	Ham 258	Preserved	Brs 336
Joshua, Capt.	Ply 77	Joseph	Ber 201	Prince	Brs 350
Joshua, Dn.	Ham 261	Noah	Ham 259	Richard	Brs 433
Joshua, Jun.	Ham 308	Reuben	Ham 222	Ruben	Brs 350
Josiah	Ham 308	Thomas	Ham 188	Russel	Brs 350
Julius	Ham 276	William	Ham 189	Seth	Ber 140
Lavina	Brs 410	Shearman, ---, Wido	Brs 402	Seth	Nor 343
Levi	Ply 7	Abiah	Brs 434	Shadrach	Brs 350
Levi	Ply 34	Abiel	Ply 99	Simeon	Ply 82
Luther	Ham 266	Abisha	Brs 433	Timothy	Brs 351
Mark	Ply 79	Abraham	Bar 28	Weston	Brs 432
Mary	Ham 308	Abraham	Brs 349	William	Brs 350
Mary, Wo.	Ply 79	Abraham	Brs 433	Wm. B.	Ber 132
Mason	Brs 372	Alice	Brs 336	Zoath	Brs 351
Mason	Nor 360	Aron	Ply 99	Shears, Amas	Ber 226
Micah	Ply 54	Barney	Brs 349	Jeremiah	Ber 226
Moses	Ham 261	Benjm.	Brs 349	Samll.	Ber 226
Mylo	Ber 234	Benjm., Junr.	Brs 349	Zechariah	Ber 223
Nathan	Ber 200	Butler	Brs 350	Shebvock see Sheloock	
Nathaniel	Brs 374	Butler, 2nd.	Brs 351	Shed, Cathn.	Ess 416
Nathaniel	Nor 191	Caleb	Brs 350	Daniel	Mid 61

David, Mid 60
David, Jr. Mid 60
Ebenr. Mid 176
Ebenr. Mid 379
Eliza. Mid 379
Esther Mid 62
Frances Mid 491
Grace Nor 236
Henry Ess 372
Jacob Mid 101
Joel Mid 101
John Mid 491
John Wor 429
Jona., jur. Mid 101
Jonathan Ham 265
Jos. Mid 390
Joseph Mid 459
Josiah Mid 101
Mary Nor 228
Nathan Mid 492
Oliver Mid 458
Saml. Mid 176
Saml., 2d. Mid 177
Samuel Mid 345
Tho. Mid 390
Willard Mid 60
Zacheus Mid 266
Zachh. Mid 199
Zachh. Mid 390
see Shead, Shid
Sheehane, Danl. Ess 420
Sheepee, Hoppin Nor 342
Sheffield, Isaac Wor 386
Josiah Nan 76
Shelbeck, --- Mid 199
Shelden, Amasa Ham 79
Amos Ess 5
Amos, 2nd. Ess 9
Arad Ham 79
Elisabeth Ess 5
Elisha Ham 79
Ephm. Ess 398
Jerh. Ess 451
John Brs 351
John Ham 55
Jonathan Ess 15
Jonathan Ham 79
Plinney Ham 154
Reuben Ham 84
Samuel Ham 286
Timothy Ham 79
Sheldon, Abner Ham 60
Abner Ham 128
Amos Wor 426
Anthony Ber 137
Aretas Ham 130
Asa Ber 234
Benja. Wor 425
Benjamin Ber 223
Benjamin Ham 7
Charles Ham 239
Diets Ber 221
Ebenezer Ham 130
Eber Ber 232
Eleazer Ber 236
Elijah Ber 235
Elisha Ber 236
Eph. Ess 382
Ephraim Ber 263
Francis Ess 517
Isaac Ham 18
Israel Ham 130
James Ham 257
James, Jr. Ham 257
Jemima, Wd. Ham 130
John Ber 137
John Ber 156

John Ess 559
John, Jr. Ber 137
Jonathan Ham 168
Joseph Ham 130
Nathan Ber 142
Noah Ham 130
Remr. Ber 132
Saml. Ham 330
Samll., jun. Ber 234
Samuel, sen. Ber 234
Seth Ber 236
Silas Ham 128
Stephen Ham 130
Whiting Ber 224
William Ham 239
Zachh. Wor 425
see Shatten
Shelhousen, Conrad Ber 223
Shelley, Abner Nor 107
Jonathan Nor 87
Jonathan, Jr. Nor 87
Joseph Brs 383
Shelly, Eliab Brs 376
Job Ham 103
John Ber 157
Joshua Ham 247
Joshua Ham 336
Sheloock, Abije. Ess 360
Shelpon, Ceaser Ber 171
Shelty, James Ess 414
Shennway see Shumway
Shepard, Basheba, Wido. Nor 291
Benjamin Nor 374
Benjamin, Jur. Nor 374
Charles Ham 145
David Ham 144
David Ham 162
Elijah Ham 178
Elisha Ham 234
Elisha, Jur. Ham 235
Ezekiel Ham 122
Francis Mid 60
Isaac Ham 232
Jacob Brs 383
Jared Ham 122
Jerre Ber 201
Jesse Nor 291
John Wor 187
Jonathan Nor 373
Josiah Ham 237
Mather Ham 144
Nathaniel Nor 291
Noah Ham 128
Oliver Ham 182
Oliver Nor 291
Ralph Nor 154
Samuel Ber 211
Samuel Brs 393
Samuel Nor 268
Sarah Ham 180
Seth Brs 387
Silence, Wd. Ham 121
Simeon Ham 119
Solomon Ham 126
Thomas Nor 291
Thomas Wor 188
William E. Nor 291
Wm., Esqr. Ham 122
see Perkins, She...., Shupard
Shepardson, Isaac Nor 370
Joseph Ber 136
Nathaniel Nor 370
Sheperd, Isaac Nor 321
Sheperdson, Alford Ham 189
Zebadiah Brs 312
Zepheniah Brs 312
Sheperson, Benager Brs 312

Joseph Ham 84
Shephard, Isaac Ham 345
Isaac, Junr. Ham 345
John Nor 309
Joseph Ham 330
see S...
Shephardson, Amos Ham 30
Isaac Wor 232
Jonathan Ham 39
Jonathan Wor 232
Shepherd, Abner Brs 350
Abner Brs 433
Amos Wor 254
Barney Brs 351
Daniel Ber 237
Elizabeth Brs 433
Ephraim Nor 86
Isaac Ber 239
Jacob Nor 86
James Nor 235
John Brs 351
John Nor 86
John Wor 252
Jona. Ham 178
Jonathan Ber 176
Joseph Nor 86
Joseph, Jr. Nor 86
Levi Ham 6
Mariam Ham 178
Moses Wor 252
Nathaniel Ber 181
Nathll. Ber 236
Paul Wor 510
Samll. Ber 237
Samuel Ess 84
Simeon Wor 344
Solomon Ber 237
Thomas Ber 237
Timothy Mid 523
William Nor 249
William Wor 254
see Keith, Snell
Sheple, James Mid 459
John Mid 459
Jona. Mid 459
Wilder Mid 458
Wm. Mid 459
Wm., Jun. Mid 459
Shepley, John Mid 61
Jona. Mid 61
Sarah Mid 61
Sheppard, Chr. Mid 401
David Ess 402
David Ham 143
Jeremiah Ess 405
Jona. Ess 410
Leml. Mid 177
Saml. Mid 177
Sherburn, Hannah Brs 360
James Mid 83
Saml. Mid 379
Sherburne, Samll. Mid 82
Sherdon, John Brs 404
William Brs 404
Sherlock, Ichabod Ber 152
Sherman, Abigail Ply 105
Asa Ham 300
Asa Ply 22
Barzilla Ham 273
Benjamin Ham 272
Betsey, Wido. Ham 272
Caleb Ham 60
Christopher Ham 323
Cornelius Ply 105
Daniel Brs 408
Ebenr. Ham 228
Edmond Ber 160

Edward	Mid 131	William	Ess 380	Nathll.	Brs 406
Ephraim	Mid 131	Shilling see Skillings		Samuel	Brs 280
Hannah	Ess 451	Shimmway, Elijah	Wor 330	Squiers	Ess 23
Isaac	Mid 409	Shimuway, Jeremiah	Wor 332	Theophelus	Brs 280
James	Ber 174	Saml.	Wor 332	Theophilus	Brs 404
Jason	Wor 409	Shimway, Parley	Wor 330	Thomas B.	Wor 469
Jeremiah	Ham 279	Shipen, Sarah	Ess 408	William	Brs 280
Jno.	Nor 131	Shipman, William	Ham 285	Showry, Sarah	Brs 312
Jno., Capt.	Ham 272	Shippey, Henry	Ber 134	see Shory	
Job	Ber 151	Joseph	Ber 137	Shreve, Caleb	Ber 135
Joel	Ber 151	Silas	Ber 141	Shuff, John	Ess 242
John	Nan 50	Timothy	Ber 133	Shumway, Abijah	Wor 332
John	Ply 10	Shippy, Christopher	Ham 193	Shumway, Abishua	Wor 452
John	Ply 106	Israel	Ham 189	Amos	Wor 156
John, Jn.	Ham 270	Peter	Ham 189	Amos, Junr.	Wor 156
Jona.	Mid 131	Peter	Ham 193	Asa	Ham 210
Joseph	Ham 263	Shirland, James	Mid 27	Benjan.	Ham 200
Joshua	Ply 105	Shirtlif, Jedediah	Wor 304	Cyril	Ham 207
Joshua, 2d.	Ply 105	Shirtliff, Asa	Ham 159	David	Ham 207
Micah	Mid 422	Elisha	Ham 159	David	Wor 153
Moses	Mid 422	Jonathan	Ham 159	Ebenr.	Wor 153
Nathaniel	Nan 67	Joseph	Mid 125	Elijah	Ham 116
Nathaniel	Ply 8	Noah	Ham 160	Jabez	Nor 222
Nathl.	Ess 451	Shirwin, Daniel	Mid 51	Jacob, Junr.	Wor 156
Preserved	Brs 407	Levi	Mid 51	John	Wor 153
Reuben	Mid 131	Shissel, John	Ess 540	Josiah	Wor 153
Richard	Ply 105	Shiverick, David	Bar 48	Levins	Ham 264
Robert	Brs 408	David	Bar 49	Nathan	Ham 207
Rufus	Ply 8	Joseph	Bar 48	Noah	Wor 156
Samuel	Ply 11	Thomas	Bar 100	Penuell	Ham 207
Samuel	Ply 14	Thos.	Bar 49	Peter	Wor 156
Silas	Brs 288	see Samuel		Solomon	Ham 207
Thomas	Ham 272	Shivley, William	Ham 152	Stephen	Ham 208
Thos.	Ply 105	Shoals, Joseph	Ess 84	Whitney	Ham 211
Thos., 2d.	Ply 106	Shockley, Joseph	Brs 433	see Sheumway, Shimmway,	
Timothy	Ber 151	Shockly, Susanna	Brs 433	Shimuway, Shumuway	
Timothy	Ham 277	Shoot, Prince	Suf 143	Shupard, Stephen	Wor 273
Timothy	Mid 131	Shores, Abraham	Brs 367	Shurbrooks, Ephraim	Ham 210
Wm.	Bar 48	Benjamin	Brs 366	Shurtleaf, James	Ham 194
Wm.	Ply 105	John	Brs 358	Silas	Ham 193
Zephh.	Ply 105	Jonathan	Brs 361	Shurtliff, Barnabas	Ply 8
see Lincoln		Zepheniah	Brs 312	Benjamin	Ply 9
Shermon, Jonas	Mid 20	Shorey, Miles	Ess 427	David	Ply 8
John	Ham 189	Short, Daniel	Ber 151	Ebenezer	Ply 9
Nathan	Ham 189	Daniel	Brs 309	Elkanah	Ply 21
Sherril, Henry	Ber 207	David	Ess 86	Francis	Ply 8
Samuel	Ber 206	Ebenezer	Brs 311	Gideon	Ply 9
Sherwin, Azeriah	Mid 51	Ebenzer	Brs 305	Isaac	Ply 18
Ebenr.	Wor 230	Elizabeth, Wid.	Ess 345	Lothrop	Ply 12
Ebenr., Jr.	Wor 230	James	Ess 413	Lydia	Ply 11
John	Ham 345	John	Brs 400	Timothy	Ply 82
John	Mid 52	Joseph	Ess 345	William	Ply 9
Nathl.	Ham 345	Luther	Brs 368	Shute, Daniel,jur.,Docr.	Suf 145
Salome	Mid 53	Manassah	Ham 266	Daniel, Revd.	Suf 145
Zimry	Mid 54	Moses	Ess 223	Ebenr.	Mid 189
see Shirwin		Philip	Brs 309	Geo.	Mid 189
Sherwood, Benjamin	Ber 162	Rechard	Ess 226	Han.	Mid 189
Isaac	Ber 132	Sarah, Wido.	Ess 345	Isaac	Mid 189
Jona.	Ber 131	Silas	Ess 226	Jacob	Mid 189
Samuel	Ber 130	Simeon	Brs 403	Pheebe	Mid 189
Stephen	Ber 132	William	Ess 345	Richd.	Ess 449
Timothy	Ber 250	Shorum see ---		Richd.	Mid 189
Shettleworth, Ebenezer	Nor 309	Shory, Abel	Brs 311	Saml.	Mid 189
Sheumway, Perez	Wor 284	Abel, 2nd.	Brs 308	Solo.	Mid 189
Shid, Betty	Mid 67	Jacob	Brs 311	Tho.	Mid 189
see Shed		John	Brs 311	Wm.	Mid 189
Shields, David L.	Ham 263	Zepheniah	Brs 311	Shuttleworth, Jeremiah	Nor 303
Shierer, William	Mid 440	see Showry		Shvol, Priscilla	Ess 400
Shiffield, Daniel	Mid 523	Shove, Asa	Brs 280	Sibbey, Samuel	Ham 222
Shilden, Nathaniel	Mid 305	Azrah	Brs 281	Sibby, Jeremiah	Ham 222
Russel	Mid 305	Edward	Brs 280	Siblee, Benja.	Ber 189
Shillaber, Benja.	Ess 362	George	Brs 280	Elisha	Ber 189
Ebenr.	Ess 371	Hannah, Wid.	Brs 280	Sibley, Aaron	Wor 153
John	Ess 379	Joseph	Brs 282	Aaron	Wor 176
Robert	Ess 22	Josiah	Wor 391	Abel	Wor 166
Walter	Ess 362	Mary, Wid.	Brs 293	Abel	Wor 482
William	Ess 22			Abijah	Wor 303

Name	Ref	Name	Ref	Name	Ref
Abner	Wor 166	James	Ess 377	Nehemiah, Jur.	Ess 284
Archelaus	Wor 165	John	Ess 284	Noah	Ply 28
Arthur	Wor 166	John	Nan 56	Noah	Ply 77
Benjn.	Ber 137	John, Jur.	Ess 284	Peleg	Ply 125
Caleb	Wor 487	Samuel	Ess 382	Ruth, Wo.	Ess 101
Daniel	Wor 167	Sarah	Ess 397	Samuel	Ply 127
David	Ham 324	Susanna	Ess 284	Seth	Brs 412
David	Wor 391	William	Ess 377	Silvanus	Bar 93
Ebenr.	Wor 165	Silvester, Amasa	Ply 100	Silvester	Brs 286
Elijah	Wor 167	Benj.	Nor 131	Thomas	Ber 158
Elisha	Wor 166	Benjamin	Nor 291	Thomas	Brs 303
Elisha	Wor 283	Edmund	Ply 126	Thomas	Brs 376
Ezra	Ber 215	Elijah	Ply 129	Thomas	Ply 78
Gibbs	Wor 166	Elisha	Ply 124	Thomas, J.	Ber 158
Gideon	Wor 156	Fruitful, Negro	Ply 124	Toby	Nan 78
James	Wor 167	Hatch	Ply 97	William	Ber 230
Jeremiah	Wor 303	Israel	Ply 127	Zephaniah	Brs 405
Job	Wor 409	Jacob	Ply 128	Simon, Isaac	Brs 433
Joel	Wor 469	Jacob	Ply 129	Simond, Abner	Ham 242
John	Wor 166	Joel	Ply 125	Simonds, Aaron	Mid 361
Jona.	Wor 490	John	Ply 15	Benjamin	Ber 128
Jonas	Wor 165	John	Ply 119	Benjan.	Mid 338
Jonathan	Wor 152	Jonathan	Ply 102	Caleb	Mid 345
Joseph	Wor 167	Joseph	Ply 54	Calvin	Mid 345
Molley, Wd.	Wor 167	Joseph	Ply 99	Catherine, Wd.	Ham 92
Nathan	Wor 165	Joseph, junr.	Ply 54	Daniel	Wor 429
Nathl.	Wor 166	Margarett	Ply 128	David	Mid 353
Oliver	Wor 165	Matthew	Ply 43	Elijah	Wor 447
Paul	Wor 490	Michael	Ply 126	Enoch	Ber 130
Paul, Junr.	Wor 487	Nathaniel	Ply 15	Gideon	Mid 345
Perley	Wor 283	Philip	Nor 277	Grace, Wd.	Ham 92
Peter	Wor 166	Robert	Ply 126	James	Ber 152
Peter, Junr.	Wor 165	Sally	Ply 17	James	Mid 504
Reuben	Wor 166	Sarah	Ply 125	John	Mid 353
Reuben, Junr.	Wor 166	Seth	Ply 51	John	Mid 389
Saml.	Wor 410	Thomas	Ply 126	John	Mid 458
Samll.	Wor 303	Thos., Junr.	Ply 121	John	Wor 438
Simeon	Wor 165	Simmes, Tho.	Mid 402	Jonathan	Ham 228
Solomon	Ham 103	Simmonds, Amos	Brs 432	Jonathan	Mid 345
Solomon	Wor 175	Ephraim	Brs 432	Joseph	Mid 353
Stephen	Ber 105	Job	Wor 264	Joseph	Wor 426
Stephen	Wor 167	Peter	Brs 433	Joseph	Wor 447
Stephen	Wor 362	Simmons, Aaron	Ber 157	Joshua	Mid 353
Stephen	Wor 469	Abigail	Brs 401	Joshua, 2d.	Mid 353
Tarrant	Wor 167	Abraham	Brs 284	Josiah	Mid 379
Timothy	Wor 167	Abraham	Ply 82	Judah	Ham 228
William	Wor 204	Abraham, Jur.	Brs 286	Lemuel	Mid 353
see Barton		Allen	Suf 143	Mehitable	Wor 435
Siders, Martin	Brs 360	Andrew	Ess 101	Nathan	Mid 338
Sigler, George	Ber 113	Benj.	Nor 154	Thomas	Ess 532
Signal, Patience	Brs 433	Benja.	Wor 283	William	Mid 353
Sigourney, Andrew	Wor 156	Bennet	Ply 11	Simons, Benjamin	Ply 93
Sikes, Benjamin	Ham 257	Brown	Brs 404	Charles	Ply 94
Benjamin, Jr.	Ham 257	Charles	Ply 127	Consider	Ply 104
Elijah	Ber 211	Comfort	Brs 303	Cyrus	Ply 93
Increase	Ham 257	Constant	Brs 410	Daniel	Ess 487
John, Lt.	Ham 257	Constant, 2d.	Brs 409	Edward	Nor 321
Jonathan	Ham 257	Edward	Brs 304	Eli	Ber 182
Mercy, Wido.	Ham 257	Edward	Brs 414	Ephraim	Nan 78
Pleny	Ham 257	Eliphalet	Brs 414	Hannah, Wido	Brs 409
Rufus	Ham 245	Elisha	Ply 126	James	Mid 52
Samuel, Junr.	Ham 79	Hervey	Brs 284	James, Jr.	Mid 53
Stephen	Ber 213	Jereh.	Brs 409	Jeffry	Nan 77
Silcocks, Robert	Ham 93	Job	Brs 286	Jesse	Ply 103
Sillaway, Daniel	Ess 346	John	Brs 291	Jesse	Ply 104
John	Ess 346	John	Ess 390	Jonathan	Bar 39
Silleway, Reuben	Ess 282	John	Ply 105	Jonathan	Wor 222
Silsbe, Henry	Ess 434	John, 2d.	Ply 105	Levi	Ply 103
Nehemiah	Ess 425	Joshua	Brs 409	Lydia	Ply 103
Saml.	Ess 425	Joshua	Ply 126	Nathl.	Ply 103
Sarah	Ess 425	Leah	Ply 127	Noah	Ply 96
Silsbee, Enoch	Ess 394	Lemuel	Ply 7	Paul Geer	Ham 255
Saml.	Ess 417	Margott	Ply 77	Pearley	Ber 257
Saml., Jr.	Ess 417	Mercy	Brs 284	Seth	Ply 93
Silvary, Emanuel	Duk 450	Micah	Mid 12	Thomas	Ply 98
Silver, Benjamin	Ess 377	Moses	Mid 459	Timothy	Ham 181
Daniel	Ess 284	Nehemiah	Ess 284	Wm.	Ply 93

Wm., Jur. Ply 93
Simpkins, John, Rev. Bar 8
Simpson, Casar Ess 200
  Charles Wor 252
  David Ess 344
  Edward Ham 276
  James Ess 283
  Jonathan Ber 269
  Jos. Duk 447
  Lot Wor 166
  William Wor 166
  Wm. Wor 332
  see Bell, Learned, Spooner
Simson, Benjm. Mid 459
  see Jones
Sinclair, Abigail Nan 63
  Francis Ham 112
Singletarry, Amos Wor 165
Singletary, Amos, Jur. Wor 176
Singletery, Ebenr. Mid 523
Sinkler, John Ham 55
Sinnett, Willa. Ess 101
Sip, Stephen Brs 315
  see Brayton
Sipple, Peter Ham 305
Sisk, Edward Nor 303
Sisson, Augustus Ham 233
  Benjamin Brs 432
  Content Brs 336
  Eseck Brs 402
  Gardner Brs 402
  George Brs 432
  George, 2nd. Brs 433
  Gideon Brs 402
  Gilbert Brs 408
  Hannah Brs 336
  Isaac Brs 402
  Isaac Nan 69
  John Brs 402
  Jonathan Brs 336
  Jonathan Brs 432
  Mary Brs 432
  Nathan Ham 237
  Peleg Brs 336
  Philip Brs 336
  Richard Brs 399
  Richmond Brs 336
  Stephen Brs 350
  William Brs 336
  Wilson Brs 336
Sizer, Anthony Ham 181
  John Ham 147
  William, Capt. Ham 147
  William, Ensn. Ham 147
Skeels, David Ber 152
Skerry, Ephm. Ess 382
  Franis Ess 375
  Henry Ess 410
  John Ess 382
  Samuel (2) Ess 403
Skidmore, Richard Ess 16
  Richard, Jur. Ess 8
Skiff, Abraham Brs 370
  Benjamin Brs 433
  Ebenr. Duk 450
  Isaac Brs 278
  James Brs 432
  John Brs 432
  John Brs 433
  Nathan Duk 448
  Obadiah Ham 64
  Vinal Duk 448
Skilling..., Mary Nor 226
Skillings, Pollidore Nor 230
Skilton, Dayz Mid 345
  Dayz Mid 361
  John Mid 389

Matthew Mid 345
Matthw., 2d. Mid 345
Saml. Mid 177
Thomas Mid 345
Skimmer, John Mid 177
  Richd. Mid 177
Skiner, Job Nor 321
Skinner, Aaron Ham 188
  Aaron Ham 323
  Abigail Ess 440
  Abraham Mid 32
  Asa Ham 188
  Augustus Ham 145
  Benagah Ham 75
  Benja. Ham 218
  Benjamin Ber 128
  David Brs 387
  David, Jr. Brs 387
  Ezra Brs 387
  Hewit Brs 387
  Isaac Brs 387
  Israel Wor 514
  Jacob Brs 387
  James Brs 387
  Jno. Nor 154
  John Ess 488
  Joseph Wor 347
  Luther Wor 239
  Mary Mid 338
  Mary Nan 62
  Molly, Widw. Ham 155
  Otis Brs 387
  Richard Ess 489
  Robert Brs 387
  Rufus Brs 387
  Thomas Brs 387
  Thomas Ham 267
  Thomas, Jur. Brs 387
  Tompson Ber 129
  William Brs 387
  William Ess 474
  William Ham 155
  Willm. Ess 440
  Zophir Brs 383
Skippy see Shippy
Slack, Benjamin Nor 321
  Christopher Ham 10
  David Ham 11
  Eliphalet Brs 307
  Elizabeth Nor 321
  Joel Nor 372
  John Mid 254
  John Mid 306
  Lewis Brs 387
  Samuel Brs 322
  Samuel Nor 256
  Willard Ham 11
Slade, Benjn. Nan 55
  Henry Wor 503
  James Ham 179
  Phillis Nor 292
  William Ber 154
  William Ber 163
  see Slaid, Slead
Slafter, Anthony Ham 241
  Samuel Ham 241
Slaid, Edward Brs 336
  Edward Brs 350
  Jack Wor 185
  Samuel Brs 336
  Samuel Wor 188
Slanwood, William Ess 220
Slarter, Thomas Ess 219
Slate, Daniel Ham 79
  Ebenezer Ham 88
  Israel Ham 79
  Jonathan Ham 79

Joseph Ham 79
Joseph, Junr. Ham 79
Solomon Ber 177
Zebediah Ham 79
Slater, Giles Ber 110
  Isaac Ham 200
  John Ber 230
  Peter Wor 187
  Samuel Ber 236
Slaton, Isaac Wor 265
Slator, Benja. Mid 101
Slaughter, Elijah Ber 251
  Ephraim Ber 250
  Patrick Ber 269
Slayter see Slayton
Slayton, Asa, Lieut. Ham 146
  Ebenezer Ham 144
  Phinehas Wor 265
  Thomas Wor 265
Slead, Baker Brs 405
  Benja. Brs 397
  Caleb Brs 405
  Charles Brs 407
  Charles, Jr. Brs 407
  Cuff Brs 408
  Edward Brs 407
  Elisha Brs 397
  Eliz., Wido Brs 407
  Ezra Brs 397
  Howland Brs 397
  Job Brs 405
  Job, Junr. Brs 405
  John Brs 397
  John Brs 404
  Jonathan Brs 407
  Peleg Brs 402
  Philip Brs 398
  Stephen Brs 406
  William Brs 399
  William Brs 407
Sleaver, Ebenr. Mid 492
Slening, Asa Ess 264
Slevens, Francis Ess 500
  see Stevens
Slever, John Mid 492
Slewman, Margt. Ess 394
  Simon Ess 385
Slitts see Stills
Sloan, Daniel Ham 222
  David Ham 216
  David Nor 232
  James Ham 224
  James Mid 52
  James W. Ham 103
  John Mid 401
  Norman Ber 215
  Saml. Ham 216
  Samuel Ber 132
Sloane, Ezekiel Wor 304
  Peter Nor 130
Slocomb, George Wor 374
  James Wor 420
  Peleg Wor 420
  Saml., Capt. Wor 420
  William Wor 166
  see Sloconb, Slocumb
Sloconb, John Nor 383
Slocum, Amasa Ber 133
  Benjamin Ber 133
  Caleb Brs 349
  Ceasar Brs 349
  Charles Ber 177
  Christopher Brs 351
  Christopher Duk 454
  Christr. Duk 450
  Cornelus Ham 169
  David Ham 168

Ebenezer	Ber 137	Daniel	Bar 59	Amos	Ber 193
Ebenr.	Ess 419	Smaly, Talor	Bar 59	Amos	Mid 265
Edward	Ber 181	Smead, Daniel	Ham 75	Amos	Nor 207
Eleazer	Ham 168	David	Ham 75	Amos	Nor 238
Elihu, 2nd.	Brs 350	David, Junr.	Ham 75	Amos	Wor 509
Elihue	Brs 349	Elihu	Ham 323	Andrew	Ham 193
Giles	Brs 349	Hannah	Ham 75	Andrew	Wor 511
Holder	Brs 350	Jonathan	Ham 75	Ann	Duk 442
Hull	Ham 170	Julia	Ham 75	Ann	Mid 175
John	Duk 450	Lemuel	Ham 75	Anna	Brs 383
Jona.	Duk 450	Saml.	Ham 324	Anthony	Ess 250
Jonas	Brs 349	Thomas	Ham 75	Arad	Ham 294
Jonathan	Brs 349	Smedley, Elijah	Ber 127	Armstrong	Nan 56
Jonathan, Junr.	Brs 349	Levi	Ber 127	Aron	Brs 309
Joshua	Wor 473	Smethurst, Alice	Ess 504	Arunah	Brs 383
Peleg	Duk 450	John	Ess 458	Asa	Ber 250
Peleg, 1st.	Brs 349	John	Ess 480	Asa	Brs 409
Peleg, 2nd.	Brs 351	Smiley, James	Ess 284	Asa	Brs 433
Prime.	Brs 315	John	Ess 238	Asa	Ess 524
Sambo	Brs 350	Mary	Ess 284	Asa	Ess 584
Simon	Nor 340	William	Ess 283	Asa	Ham 67
Wm.	Duk 450	Smith, ...llen	Ber 257	Asa	Ham 294
Slocumb, John	Nor 358	Aaron	Ess 294	Asa	Nor 97
Slone, John	Nor 229	Aaron	Ess 361	Asa	Nor 324
Timothy	Nor 277	Aaron	Ess 576	Asa	Wor 283
Sloper, Samuel	Ham 177	Aaron	Ess 581	Asa	Wor 391
Slosson, Daniel	Ber 206	Aaron	Ham 60	Asahel	Ber 148
Eliphalet	Ber 158	Aaron	Ham 197	Asahel	Mid 122
Joseph	Ber 206	Aaron	Mid 82	Asahel, Lt.	Ham 252
Nathaniel	Ber 206	Aaron	Mid 523	Asher	Wor 373
Sloter, Adam	Ham 30	Aaron	Nor 207	Asoph (2)	Bar 19
Slownan, Josiah	Ess 157	Aaron	Nor 321	Austin	Ber 183
Sly, Nathan	Wor 344	Aaron	Wor 283	Azariah	Bar 72
Slye, William	Ber 134	Aaron	Wor 374	Barach	Nor 303
Smaley, Samuel	Bar 60	Abel	Ham 270	Barly	Ess 101
Small, Alexander	Bar 67	Abel	Ham 329	Barnabas	Brs 433
Benjamin	Bar 9	Abel	Mid 121	Barzilla	Bar 67
Benoni	Bar 50	Abel	Mid 354	Bathsheba	Bar 78
Betheah, wd.	Bar 12	Abel	Wor 420	Benj.	Ber 264
Daniel	Bar 10	Abial	Brs 312	Benj.	Wor 330
Edward	Bar 10	Abiel	Ham 360	Benja.	Ess 252
Edward, jur.	Bar 10	Abiel	Mid 523	Benja.	Mid 338
Eli	Bar 9	Abiel	Ply 78	Benja.	Wor 254
Elisha	Ess 343	Abigail	Ess 451	Benja.	Wor 426
Francies	Bar 67	Abigail	Nan 52	Benja., Jr.	Duk 444
George	Ess 5	Abigail	Nor 310	Benja., Junr.	Ess 126
Hix	Bar 66	Abigail, Wd.	Nor 97	Benjamin	Bar 88
Isaac	Bar 10	Abijah	Ber 250	Benjamin	Ber 136
Isaac	Bar 67	Abijah	Wor 330	Benjamin	Ber 174
Isaiah	Bar 10	Abisha	Brs 383	Benjamin	Ber 239
James	Bar 14	Abner	Ber 193	Benjamin (2)	Brs 349
James	Bar 50	Abner	Brs 285	Benjamin	Brs 350
Jesse	Bar 66	Abner	Ham 39	Benjamin	Duk 445
John	Bar 48	Abner	Ham 55	Benjamin	Ess 374
John	Bar 66	Abner	Ham 345	Benjamin	Ess 458
John, Jur.	Bar 50	Abner	Nor 303	Benjamin	Ess 538
Jonathan	Bar 10	Abner, Lieut.	Ham 144	Benjamin	Ham 12
Joseph	Bar 63	Abraham	Brs 370	Benjamin	Ham 253
Joseph, Jur.	Bar 50	Abraham	Brs 433	Benjamin	Ham 268
Olive, wd.	Bar 10	Abrahm.	Mid 354	Benjamin	Ham 293
Philis	Ess 353	Abrm.	Ess 447	Benjamin	Mid 429
Reuben	Bar 10	Adam	Ess 584	Benjamin	Nor 321
Samuel	Bar 10	Adna	Ham 13	Benjamin, Jr.	Bar 87
Samuel	Bar 67	Albert, Esqr.	Ply 129	Benjamin, Junr.	Brs 350
Samuel	Ess 33	Alexander	Ham 355	Benjamin, Junr.	Ham 285
Samuel	Ess 377	Alexander	Mid 132	Benjamin H.	Brs 349
Samuel	Wor 165	Allen	Bar 13	Benjan.	Ply 98
Thomas	Bar 6	Allen	Brs 360	Benjn.	Bar 18
William	Bar 10	Allen	Ham 336	Benjn.	Ber 174
William	Wor 426	Amasa	Ber 174	Benjn.	Mid 523
Zebadee	Bar 9	Amasa	Ham 12	Benjn. Parsons	Ham 47
Smalledge, Jno.	Ham 279	Amasa	Ham 43	Benoni	Wor 511
Joseph	Ham 112	Amasa	Ham 55	Betty	Ber 200
Smalley, John	Bar 49	Amasa, Majr.	Ham 207	Bezaliel	Ham 67
Joseph	Bar 48	Ammi	Ess 573	Braddyl	Ham 103
Thomas	Bar 59	Amos	Ber 109	Caleb	Ess 359
Smally, Abraham	Bar 59	Amos	Ber 182	Caleb	Ham 285

Caleb	Wor 283	Deborah	Bar 36	Eliza.	Mid 175
Calvin	Ham 67	Deborah	Brs 433	Elizabeth	Ber 171
Calvin	Ham 157	Deliverence	Brs 349	Elizabeth	Ber 174
Calvin	Ham 189	Desire	Bar 86	Elizabeth	Ess 584
Calvin, Col.	Wor 386	Drucilla	Nor 206	Elizabeth	Wor 188
Cathn.	Mid 491	Dudley	Mid 92	Elizabeth, Wido.	Ess 342
Cesar	Brs 433	Eben	Mid 29	Elkanah	Bar 78
Charles	Ess 163	Ebenezer	Ber 118	Emmons	Ess 367
Charles	Wor 452	Ebenezer	Ber 189	Emmons	Ess 424
Charles, Jun.	Ess 115	Ebenezer	Ber 238	Enoch	Bar 59
Chester	Ham 55	Ebenezer	Brs 376	Enoch	Ess 224
Chester	Ham 293	Ebenezer	Ham 254	Enoch	Mid 282
Chileab	Ham 287	Ebenezer	Nor 235	Enoch	Wor 511
Chiliab, Junr.	Ham 345	Ebenezer	Nor 324	Enos	Bar 59
Chiliab, 3d.	Ham 345	Ebenezer	Wor 429	Enos	Ber 257
Chipman	Ham 345	Ebenezer	Wor 482	Enos	Ham 286
Chloe	Ply 112	Ebenezer, Jr.	Ess 555	Enos	Ham 330
Christopher	Nor 366	Ebenr.	Duk 447	Enos	Nor 207
Clement	Ham 75	Ebenr.	Ess 368	Enos, Dn.	Ham 254
Collins	Brs 349	Ebenr.	Ess 530	Ephm.	Ess 438
Constant	Brs 403	Ebenr.	Ham 345	Ephraim	Ham 249
Cristopher	Nor 320	Ebenr.	Mid 175	Ephraim	Mid 131
Cristopher, Junr.	Nor 321	Ebenr., Capt.	Ply 77	Ephraim	Nor 206
Cyrel	Brs 319	Ebezer	Ham 169	Ephraim	Nor 291
Daniel	Bar 60	Edmund	Bar 59	Ephraim	Wor 205
Daniel	Ber 113	Edward	Bar 72	Ephraim, Jr.	Nor 291
Daniel	Ber 127	Edward	Brs 293	Erastus	Ham 285
Daniel	Ber 155	Edward	Ess 361	Ethan	Ham 293
Daniel	Ber 160	Edward	Ham 103	Eunice	Duk 445
Daniel	Ber 180	Edward	Ham 324	Eunice	Duk 448
Daniel	Brs 409	Ehriem	Ess 16	Experience, Ensn.	Ham 255
Daniel	Duk 447	Eleazer	Ber 174	Ezeikiel	Brs 308
Daniel	Ess 131	Eleazer	Ham 294	Ezekiel	Wor 187
Daniel	Ham 336	Eleazer	Nor 97	Ezra	Brs 433
Daniel	Ham 351	Eli	Ham 249	Ezra	Ess 532
Daniel	Nor 321	Eliakim	Ess 196	Ezra	Ply 78
Daniel	Ply 78	Eliakim	Ham 287	Ezra	Wor 254
Daniel	Wor 188	Elias	Ess 550	Frances	Ess 447
Daniel	Wor 374	Elias	Ham 289	Francis	Ess 523
Daniel, 1th.	Ham 148	Elias, Revd.	Mid 338	Francis	Wor 410
Daniel, Jun.	Wor 374	Elihew	Brs 350	Francis, Jur.	Ess 530
Daniel, Jur.	Ply 78	Elihu	Ham 285	Frederick	Duk 452
Daniel, Lt.	Ham 207	Elihu	Wor 283	Frelove, wido.	Ber 176
Daniel, 2d.	Ham 144	Elihu, 2nd.	Ham 288	Freman	Ber 176
Daniel B.	Ess 573	Elijah	Bar 86	Friend	Ham 290
Daniel N.	Mid 122	Elijah	Ber 181	Gad	Ham 67
Daniel T.	Ess 546	Elijah	Ber 222	Gaius	Nor 353
Darias	Ham 124	Elijah	Ber 237	Geo	Ess 362
Darius	Ham 249	Elijah	Duk 445	Geo	Ess 397
David	Bar 75	Elijah	Duk 449	Geo.	Ess 393
David	Ber 224	Elijah	Ham 12	George	Bar 72
David	Brs 321	Elijah	Ham 67	George	Ber 148
David	Brs 383	Elijah	Ham 75	George	Ber 189
David	Duk 445	Elijah	Ham 290	George	Ber 215
David	Ess 359	Elijah	Ham 345	George	Brs 349
David	Ham 5	Elijah	Mid 265	George	Brs 369
David	Ham 103	Elijah	Nor 268	George	Ham 244
David	Ham 188	Elijah	Ply 80	George	Nor 320
David	Ham 290	Elijah	Ply 105	George	Wor 392
David	Ham 345	Elijah	Wor 481	George, 2nd.	Brs 349
David	Ham 351	Elijah, jr.	Mid 266	George G.	Ess 4
David	Mid 63	Eliphalet	Wor 199	George G., Cap.	Ess 133
David	Mid 131	Elipht.	Ber 250	George H.	Ber 193
David	Mid 266	Elisabeth	Ess 27	Gideon	Ber 257
David	Mid 306	Elisabeth	Ham 352	Gideon, Jr.	Ber 257
David	Nor 321	Elisha	Bar 25	Gilbert	Ber 240
David	Wor 211	Elisha	Ber 173	Gilbert	Brs 293
David	Wor 228	Elisha	Ber 222	Gorge	Bar 18
David	Wor 332	Elisha	Ber 232	Gorge, jur.	Bar 18
David	Wor 410	Elisha	Ber 240	Hannah	Bar 92
David	Wor 503	Elisha	Ham 282	Hannah	Ess 360
David	Wor 509	Elisha	Ham 285	Hannah	Ess 374
David	Wor 511	Elisha	Ham 293	Hannah	Ess 408
David, Junr.	Nor 321	Elisha	Ham 329	Hannah	Ess 414
David, Majr.	Ham 252	Elisha	Mid 16	Hannah	Ply 103
David, Rev'd.	Ess 86	Elisha, Jur.	Wor 188	Hannah, Wido.	Brs 356
Dean	Bar 18	Eliz., 2d.	Mid 177	Hannah, Wido.	Ham 253

Hasadiah	Ess 523	Jacob	Wor 473	John	Bar 75
Heman	Bar 79	James	Bar 59	John	Bar 78
Heman	Ber 212	James	Bar 86	John	Ber 127
Heman, Jr.	Ber 257	James	Ber 250	John	Ber 152
Heman, Jur.	Bar 78	James	Ber 268	John	Ber 159
Henery	Nor 97	James	Brs 369	John	Ber 189
Henry	Ber 183	James	Brs 413	John	Ber 201
Henry	Brs 350	James	Ess 159	John	Brs 299
Henry	Brs 432	James	Ess 163	John	Brs 307
Henry	Mid 125	James	Ess 224	John	Brs 350
Henry	Mid 530	James	Ess 250	John	Brs 409
Henry	Nor 130	James	Ess 342	John	Duk 443
Henry	Nor 303	James	Ess 508	John	Duk 445
Henry	Ply 105	James	Ess 524	John	Ess 126
Henry, Cap.	Ess 126	James	Ess 578	John	Ess 219
Henry T.	Ply 63	James	Ess 583	John	Ess 221
Hepzibeth	Nan 70	James	Ham 10	John	Ess 222
Hezekiah	Ess 283	James	Ham 64	John	Ess 226
Hezekiah	Ham 207	James	Ham 210	John (2)	Ess 233
Hezekiah	Ham 251	James	Ham 252	John	Ess 243
Hobart	Suf 137	James	Ham 275	John	Ess 257
Hugh	Ber 189	James	Mid 255	John	Ess 264
Huldah	Brs 311	James	Mid 307	John	Ess 284
Increas	Brs 349	James	Mid 354	John	Ess 363
Ira	Ber 175	James	Nor 291	John	Ess 430
Ira	Ham 9	James	Nor 321	John	Ess 489
Isaac	Bar 11	James	Nor 360	John	Ess 499
Isaac	Bar 18	James	Ply 33	John	Ess 501
Isaac	Bar 20	James	Wor 514	John	Ess 584
Isaac	Bar 21	James, Jur.	Ply 77	John	Ess 587
Isaac	Bar 72	James, Lt.	Ham 260	John	Ess 591
Isaac	Bar 78	James, Lt.	Ply 77	John	Ess 595
Isaac (2)	Ber 152	James, 2d.	Brs 367	John	Ham 68
Isaac	Ber 189	Jane, wd.	Bar 18	John	Ham 103
Isaac	Brs 369	Jared	Ham 252	John	Ham 119
Isaac	Brs 376	Jared	Ham 351	John	Ham 123
Isaac	Ess 250	Jason	Nor 321	John	Ham 158
Isaac	Ess 254	Jeddiah	Ham 177	John	Ham 174
Isaac	Ess 403	Jedediah	Ham 286	John	Ham 178
Isaac	Ess 540	Jedediah	Mid 117	John	Ham 252
Isaac	Ess 570	Jeduthan	Ham 345	John	Ham 286
Isaac	Ham 67	Jeduthun	Mid 411	John	Ham 311
Isaac	Ham 144	Jeremiah	Ber 130	John	Mid 254
Isaac	Ham 360	Jeremiah	Ess 500	John	Mid 307
Isaac	Mid 175	Jeremiah	Ess 579	John	Mid 417
Isaac	Mid 361	Jeremiah	Nor 97	John	Nor 97
Isaac	Mid 513	Jeremiah	Nor 206	John	Nor 107
Isaac	Nor 97	Jesse	Bar 72	John	Nor 206
Isaac	Nor 130	Jesse	Ber 108	John	Nor 303
Isaac	Wor 228	Jesse	Ber 212	John	Ply 105
Isaac	Nor 278	Jesse	Ess 362	John	Wor 372
Isaac	Wor 371	Jesse	Ham 146	John	Wor 409
Isaac W.	Ess 536	Jesse	Nor 268	John, Capt.	Ply 77
Isaiah	Ber 183	Jesse	Wor 335	John, Dean.	Ham 144
Isaiah	Nor 206	Jesse, Jur.	Nor 268	John, 1th.	Ham 147
Israel	Bar 75	Jiles	Brs 359	John, Jun.	Nor 206
Israel	Ess 9	Joab	Ham 144	John, Junr.	Ham 144
Israel	Ess 15	Joanna	Ess 220	John, 2nd.	Brs 308
Israel	Ham 84	Job	Ess 531	John, 2d.	Ham 148
Israel	Mid 117	Job	Ess 597	John, 2nd.	Ham 286
Israel	Mid 513	Job	Ham 112	John, 2nd.	Ham 174
Israel	Nor 106	Job, Junr.	Nan 51	John, 3d.	Ply 80
Israel	Ply 79	Job, Junr.	Nan 56	John A.	Ham 260
Israel, Jr.	Nor 107	Joel	Ber 181	John W.	Brs 358
Ithamar	Ham 294	Joel	Ber 232	Jona.	Duk 451
Ithamar	Wor 185	Joel	Ber 240	Jona.	Ess 413
Jabez	Ber 117	Joel	Ham 75	Jona., Colo.	Ess 61
Jabez	Ber 170	Joel	Ham 116	Jonas	Mid 265
Jabez	Ply 77	Joel	Mid 254	Jonas	Mid 354
Jaboz	Ess 23	Joel	Mid 354	Jonas	Mid 417
Jacob	Ber 148	Joel	Nor 320	Jonas	Wor 511
Jacob	Brs 383	Joel	Wor 503	Jonas	Wor 517
Jacob	Ess 115	Joel, Junr.	Ham 116	Jonathan	Ber 148
Jacob	Ham 288	John	Bar 14	Jonathan	Ber 235
Jacob	Nor 309	John	Bar 18	Jonathan	Brs 383
Jacob	Ply 33	John	Bar 20	Jonathan	Duk 449
Jacob	Wor 188	John	Bar 36	Jonathan	Ess 284

Jonathan	Ess 537	Joshua	Wor 283	Meribah		Brs 349
Jonathan	Ham 39	Joshua	Wor 335	Merit		Ber 232
Jonathan	Ham 43	Joshua	Wor 458	Michael		Ess 342
Jonathan	Ham 60	Joshua, jr.	Brs 314	Michael		Ham 240
Jonathan	Ham 68	Josiah	Bar 25	Midad		Ber 233
Jonathan	Ham 116	Josiah	Ess 342	Morriss		Ber 117
Jonathan	Ham 188	Josiah	Ess 583	Moses		Ess 372
Jonathan	Ham 210	Josiah	Ham 39	Moses		Ess 472
Jonathan	Ham 248	Josiah	Ham 286	Moses		Ess 580
Jonathan	Ham 290	Josiah	Mid 354	Moses		Ham 39
Jonathan	Ham 351	Josiah	Ply 43	Moses		Ham 79
Jonathan	Mid 24	Josiah	Ply 113	Moses		Ham 116
Jonathan	Mid 122	Josiah	Ply 129	Moses		Ham 289
Jonathan	Mid 307	Jubel	Mid 503	Moses		Mid 523
Jonathan	Mid 345	Judith, Wd.	Ess 84	Moses		Nor 97
Jonathan	Nor 206	Justin	Ham 8	Moses		Wor 350
Jonathan	Nor 320	Justus	Ber 181	Moses		Wor 353
Jonathan	Suf 141	Knowls	Bar 19	Moses		Wor 509
Jonathan	Wor 451	Laban	Ber 137	Moses, Lt.		Wor 409
Jonathan, 1st.	Ber 176	Lebbeus	Nor 206	Moses, 2d.		Wor 509
Jonathan, Junr.	Ham 345	Lemuel	Ber 175	Nabbe		Ess 536
Jonathan, Junr.	Nor 320	Lemuel	Ham 228	Naham		Nor 303
Jonathan, Jur.	Ham 68	Lemuel	Ham 329	Nahum		Mid 430
Jonathan, 2d.	Ham 60	Lemuel	Nor 191	Nathan		Bar 24
Jonathan, 2d.	Mid 353	Lemuel	Nor 268	Nathan		Bar 92
Jonathan, 2nd.	Ber 174	Lemuel	Nor 291	Nathan		Ber 127
Jos.	Mid 199	Lemuel	Nor 303	Nathan		Ber 129
Josepeh, 2d.	Wor 410	Lemuel, Jr.	Ham 228	Nathan		Duk 452
Joseph	Bar 24	Leonard	Ess 341	Nathan		Ham 263
Joseph	Bar 72	Levi	Bar 87	Nathan		Mid 253
Joseph	Bar 78	Levi	Ham 16	Nathan		Mid 265
Joseph	Bar 92	Levi	Ham 252	Nathan		Mid 354
Joseph	Ber 158	Levi	Wor 192	Nathan		Wor 273
Joseph	Ber 183	Levi	Wor 252	Nathan		Wor 284
Joseph	Brs 305	Levi, 1st	Ber 173	Nathan		Wor 332
Joseph	Ess 17	Levi, 2nd.	Ber 174	Nathan		Wor 510
Joseph	Ess 115	Lewis	Ham 9	Nathan		Wor 517
Joseph	Ess 156	Lewis	Wor 374	Nathan, Capt.		Mid 466
Joseph	Ess 251	Liffee	Nor 97	Nathan, Dn.		Ham 252
Joseph	Ess 263	Lockert	Wor 511	Nathan, Junr.		Ham 253
Joseph	Ess 401	Lot	Ber 171	Nathanael		Ham 189
Joseph	Ess 531	Lowrey	Brs 350	Nathaniel		Bar 18
Joseph	Ham 13	Lucias	Ber 180	Nathaniel		Bar 78
Joseph	Ham 39	Lucy	Bar 50	Nathaniel		Bar 92
Joseph	Ham 47	Lues	Bar 24	Nathaniel		Brs 309
Joseph	Ham 60	Luis	Wor 469	Nathaniel		Ess 341
Joseph	Ham 79	Luther	Ham 248	Nathaniel		Ess 574
Joseph	Ham 116	Luther	Nor 320	Nathaniel		Ham 283
Joseph	Ham 260	Lydia	Ess 222	Nathaniel		Nor 303
Joseph	Ham 288	Lydia	Mid 189	Nathl.		Ham 112
Joseph	Ham 345	Lydia	Wor 435	Nathl.		Nor 268
Joseph	Ham 355	Margaret	Ham 352	Nathl.		Ply 43
Joseph	Mid 131	Martin	Ham 68	Nathl.		Wor 273
Joseph	Mid 307	Martin	Ham 345	Nathl.		Wor 303
Joseph	Mid 354	Martin	Wor 373	Nathl., Lt.		Wor 409
Joseph	Mid 523	Martin, Lieut.	Ham 152	Nathll.		Ess 263
Joseph	Nor 233	Mary	Brs 349	Nathll. Alexander		Ham 293
Joseph	Nor 268	Mary	Ess 11	Nathu.		Ess 130
Joseph	Ply 44	Mary	Ess 488	Nehemiah		Bar 78
Joseph	Ply 63	Mary	Ess 524	Nehemiah		Ess 532
Joseph	Ply 77	Mary (2)	Ess 589	Nehemiah		Ply 33
Joseph	Wor 283	Mary	Ham 11	Nicholas		Brs 387
Joseph	Wor 451	Mary	Ham 250	Nicholas		Brs 433
Joseph, Capt.	Wor 409	Mary	Mid 306	Noah		Brs 370
Joseph, junr.	Ply 63	Mary	Wor 332	Noah		Ham 290
Joseph, Lieut.	Ham 158	Mary	Wor 435	Noah		Mid 306
Joseph, 2d.	Ham 13	Mary	Wor 438	Noadiah		Ham 352
Josha	Bar 60	Mary, Wido.	Mid 466	Obadiah		Ber 238
Joshua	Bar 21	Mary, Wo.	Ess 127	Obadiah		Ham 64
Joshua	Bar 72	Mary, Wo.	Ess 165	Obediah		Bar 18
Joshua	Bar 78	Mary, Wo.	Ply 78	Obedulum		Bar 13
Joshua	Ber 193	Mathias	Bar 92	Oliver		Brs 308
Joshua	Ber 237	Matthew	Ber 182	Oliver		Ham 216
Joshua	Brs 297	Matthew	Duk 452	Oliver		Ham 288
Joshua	Ess 524	Matthew	Ham 128	Oliver		Ham 360
Joshua	Ess 574	Matthew, Capt.	Ham 155	Oliver		Nor 346
Joshua	Ply 77	Matthius	Bar 37	Oliver		Wor 335

Oren	Ham 189	Saml.	Wor 392	Simeon		Ham 351
Orson	Ber 233	Saml.	Wor 410	Simeon		Mid 132
Parker	Ess 224	Saml., Dea.	Wor 410	Simon		Ess 571
Patrick	Bar 87	Saml., Jr.	Wor 391	Simon		Ham 119
Pelatiah	Nor 337	Saml., Jr.	Wor 410	Simon		Wor 347
Peleg	Brs 349	Samll.	Ber 233	Soloman		Ham 351
Peletiah	Nor 321	Samuel	Bar 13	Solomon		Bar 86
Perez	Ham 249	Samuel	Bar 35	Solomon		Ber 138
Perez	Ham 286	Samuel	Bar 60	Solomon		Mid 34
Perigreen	Ber 173	Samuel	Bar 72	Solomon		Nan 55
Perry	Brs 349	Samuel	Bar 78	Solomon, Jr.		Ber 176
Persla.	Ber 174	Samuel	Bar 85	Solomon, Senr.		Ber 176
Peter	Nor 97	Samuel	Ber 108	Spencer		Brs 387
Peter	Ply 112	Samuel	Ber 113	Stephen		Bar 18
Philip	Ham 55	Samuel	Ber 181	Stephen		Ber 129
Philip	Ham 245	Samuel	Ber 200	Stephen		Ber 135
Philip	Nor 268	Samuel	Ber 232	Stephen		Ber 176
Phillip	Bar 78	Samuel	Brs 297	Stephen		Ber 235
Phillip	Ham 68	Samuel	Brs 349	Stephen		Brs 387
Phineas	Ham 197	Samuel	Duk 442	Stephen		Brs 409
Phinehas	Ber 225	Samuel	Ess 342	Stephen		Ess 452
Phinehas	Ham 252	Samuel	Ess 372	Stephen		Ham 292
Phinehas	Nor 321	Samuel	Ess 376	Stephen		Ham 336
Polly, Wo.	Ess 157	Samuel	Ess 378	Stephen		Wor 273
Preserved	Ham 200	Samuel	Ess 486	Stephen		Wor 410
Rachel	Nor 206	Samuel	Ess 496	Stephen, Jr.		Brs 410
Rainsford	Duk 452	Samuel	Ess 574	Stepn.		Ess 101
Ralf	Bar 24	Samuel	Ess 585	Stepn.		Ess 427
Ralph	Nor 235	Samuel	Ham 14	Susa., Wo.		Ess 162
Rebecca (2)	Brs 433	Samuel	Ham 47	Susanna		Ess 5
Rebecca	Duk 445	Samuel	Ham 55	Sylvanus		Ham 13
Rebekah, Wido.	Nor 268	Samuel	Ham 112	Sylvenus		Ham 336
Rechard	Ess 222	Samuel	Ham 178	Sylvia		Brs 433
Reuben	Bar 60	Samuel	Ham 197	Thaddeus		Nor 230
Reuben	Ber 138	Samuel	Ham 252	Thankful, wd.		Bar 18
Reuben	Ham 30	Samuel	Ham 294	Tho.		Mid 401
Reuben	Ham 228	Samuel	Ham 351	Thomas		Bar 42
Reuben	Wor 335	Samuel	Ham 355	Thomas		Ber 167
Reuben	Wor 426	Samuel	Mid 255	Thomas		Ber 239
Reuben	Wor 503	Samuel	Nor 97	Thomas		Brs 400
Reuben, 1st.	Ber 176	Samuel	Nor 357	Thomas		Duk 443
Reuben, 2nd.	Ber 175	Samuel	Wor 374	Thomas		Duk 452
Richard	Bar 18	Samuel	Wor 435	Thomas		Ess 204
Richard	Ber 207	Samuel, & Junr.	Ham 39	Thomas		Ess 341
Richard	Ess 24	Samuel, Jr.	Nor 97	Thomas		Ess 471
Richard	Ess 341	Samuel, Jur.	Bar 72	Thomas		Ess 538
Richard	Mid 513	Samuel, 3d.	Bar 75	Thomas		Ham 208
Richard	Mid 523	Sarah	Ber 222	Thomas		Ham 287
Richard	Wor 350	Sarah	Ber 257	Thomas		Ham 355
Robert	Ess 362	Sarah	Ham 294	Thomas		Mid 29
Robert	Ess 404	Sarah	Ham 324	Thomas		Mid 266
Robert	Ham 146	Sarah	Mid 177	Thomas		Nor 247
Robert	Ham 178	Sarah	Nor 303	Thomas		Nor 303
Robert	Ham 260	Sarah	Ply 13	Thomas		Ply 78
Robert	Nor 321	Sarah, Jur., Wd.	Bar 66	Thomas		Ply 80
Robert	Wor 188	Sarah, Wido.	Brs 356	Thomas		Wor 166
Robert	Wor 284	Sarah Doane	Bar 67	Thomas G.		Ess 469
Robert	Wor 407	Sarry, wid.	Wor 410	Thos.		Bar 49
Robert	Wor 481	Selah	Ham 251	Thos.		Ess 140
Rominer	Ham 189	Selvanus	Ham 124	Thos.		Nan 70
Roswell	Ham 138	Seth	Bar 59	Thos. R.		Wor 303
Royal	Ham 270	Seth	Bar 78	Timothy		Bar 21
Royal	Nor 97	Seth	Brs 383	Timothy		Bar 79
Ruben	Brs 350	Seth	Ham 253	Timothy		Brs 383
Ruben	Ess 595	Seth	Ham 288	Timothy		Ham 102
Rufus	Ess 61	Seth	Nor 97	Timothy		Ham 293
Rufus	Ham 12	Seth	Nor 131	Timothy		Mid 530
Rufus	Ham 55	Seth	Wor 410	Timothy		Nor 97
Rufus	Ham 156	Seth, Docto.	Ham 278	Timothy		Nor 321
Russel	Ber 257	Seth, Jur.	Bar 59	Timothy		Wor 165
Salvenas, Capt.	Mid 466	Shubel	Ber 161	Timothy		Wor 330
Salvenas, Jun.	Mid 466	Silas	Ber 183	Timothy, Jr.		Mid 530
Saml.	Brs 409	Silas	Wor 452	Titus		Nor 206
Saml.	Ess 431	Silas, Dn.	Ham 249	Uriel		Ber 175
Saml.	Ham 324	Silvanus	Bar 78	Usial		Wor 410
Saml.	Ham 329	Silvanus	Nan 51	Walker		Ess 284
Saml.	Nor 155	Simeon	Ham 285	Walter		Ess 451

Name	Ref.
Warhum	Ham 287
Warren	Wor 420
Willa.	Ess 156
Willa., Junr.	Ess 157
Willard	Ham 18
William	Bar 11
William	Ber 113
William	Ber 125
William	Ber 161
William	Ber 166
William	Ber 201
William	Ber 215
William	Ber 216
William	Brs 376
William	Brs 412
William	Duk 454
William	Ess 283
William	Ess 530
William	Ham 222
William	Mid 122
William	Mid 354
William	Mid 417
William	Nor 191
William	Nor 303
William	Nor 321
William	Wor 335
William	Wor 374
William	Wor 511
William, lth.	Ham 147
William, Colo.	Ham 239
William, Junior	Brs 376
William, 2d.	Ham 144
William, 2d.	Mid 354
William C.	Ham 67
Windsor	Ham 287
Wm.	Ply 105
Wm.	Wor 303
Wm.	Wor 410
Wm., Jur.	Wor 344
Zacariah	Mid 25
Zachariah	Ham 39
Zaheth	Bar 25
Zechariah	Duk 452
Zenas	Ber 212
Zenas	Ply 77
Zenus	Ply 33
Zoeth	Bar 65
see Adams, Foster, Hills, Rich, Thayer, White	
Smithers, Tobias	Ess 393
Smitherst, Peter	Ess 391
Smithurst, John	Ess 399
Mich	Ess 372
see Senethurst, Smethurst	
Smothers, Sarah	Ess 23
Snell, ---, Wd.	Ham 278
Alvin	Ply 51
Amos	Brs 289
Amos, Jur.	Brs 289
Anthony	Brs 414
Benjamin	Brs 336
Benjamin	Ply 63
Caleb	Ply 56
Ebenezer	Ham 304
Ebenezer, Jun.	Ham 304
Elijah	Ply 56
Elijah, junr.	Ply 56
Ephraim	Ply 56
George	Brs 289
Isaiah	Ham 278
Issachar	Ply 51
Issachar, junr.	Ply 51
James	Brs 336
Job	Brs 336
John	Brs 414
John	Mid 513
John	Mid 523
Joseph	Ply 54
Josiah	Ham 247
Josiah	Ply 56
Lewis	Ham 228
Lorana	Brs 320
Nahum P.	Ham 120
Nathan	Ply 56
Nathan, junr.	Ply 56
Nathaniel	Ply 51
Oliver	Ply 51
Peter	Brs 336
Pilycarpus	Ply 64
Samll.	Mid 523
Shepherd	Ply 54
Stephen	Ply 64
Thomas	Ham 228
William	Ply 63
Zebedee	Ply 51
Zechariah	Ply 51
Snelling, Abigail	Ess 476
John	Ess 405
Snider see Scudder	
Snow, Aaron	Bar 18
Aaron	Bar 23
Aaron	Ply 80
Abijah	Ham 308
Abner	Wor 493
Amaziah	Ber 269
Ambros	Bar 62
Amos	Ham 275
Anthony	Bar 62
Apollos	Wor 303
Asa	Ber 268
Asa	Ess 26
Avington	Bar 18
Barnabas	Ham 217
Bowman	Ply 106
Calvin	Brs 393
Calvin	Ham 308
Daniel	Ply 56
David	Bar 25
David	Bar 62
David	Wor 249
Ebenezer	Brs 375
Ebenezer	Ham 250
Ebenezer, Junior	Brs 375
Ebenezor	Bar 13
Ebr.	Ply 106
Edmon	Bar 23
Edmund	Ber 269
Edward	Bar 13
Edward, jur.	Bar 4
Eli	Ber 269
Elis	Ham 224
Elisha	Bar 11
Elisha	Bar 62
Elisha, jur.	Bar 11
Elisha, 3d.	Bar 11
Elnathan	Bar 23
Elnathan, jur.	Bar 23
Enos	Bar 5
Ephraim	Bar 68
Ephraim	Ham 169
Ezekiel	Bar 50
Ezra	Ber 201
Freeman	Ber 175
Hannah	Ply 105
Hannah, Jur.	Bar 63
Hannah, Wd.	Bar 63
Hemon	Bar 25
Hemon, jur.	Bar 24
Hemon, 3d.	Bar 24
Honnah, wd.	Bar 4
Isaac	Bar 25
Isaac	Ham 167
Jacob	Ber 166
James	Bar 78
James	Ber 174
James	Ber 268
James	Ess 384
James	Ham 276
James	Ham 304
James	Mid 401
James	Nan 54
James	Ply 106
James	Wor 490
James	Wor 493
Jeremiah	Ham 240
Jeremiah	Ham 256
Jerusha, wd.	Bar 24
Jesse	Ham 43
Jesse	Wor 303
Joanna	Bar 48
John	Bar 6
John	Bar 63
John	Ber 125
John	Ber 200
John	Ham 312
John	Mid 390
John	Ply 56
John	Wor 503
John, Jur.	Bar 63
Jona.	Mid 379
Jonathan	Bar 5
Jonathan	Bar 63
Jonathan	Ply 51
Jonathan, Jur.	Wor 249
Jonn.	Ply 105
Joseph	Bar 7
Joseph	Bar 48
Joseph	Bar 72
Joseph	Bar 78
Joseph	Ham 197
Joseph	Ply 106
Joseph	Wor 249
Joseph	Wor 261
Joseph, Jur.	Wor 252
Joshua	Bar 63
Joshua	Ply 106
Josiah	Ham 250
Josiah, Jr.	Ham 251
Knowls	Bar 10
Lemuel	Bar 90
Levi	Ber 268
Levi	Mid 401
Lucy, wd.	Bar 4
Lydia, Wd.	Bar 63
Mary	Ess 475
Mary	Mid 176
Moses	Bar 6
Moses	Bar 21
Moses	Wor 435
Nathan	Ber 268
Nathan	Ham 308
Nathan	Wor 493
Nathan	Wor 503
Nathan, Jun.	Ham 304
Nathaniel	Bar 8
Nathaniel	Bar 18
Nathaniel	Bar 20
Nathaniel	Bar 93
Nathl.	Wor 261
Nathll., Capt.	Ham 256
Oliver	Ber 268
Oliver, Jr.	Ber 268
Oren	Ber 189
Osbond	Bar 11
Peter	Wor 426
Pito	Wor 187
Prince	Bar 25
Prince	Ham 79
Prince	Ply 106
Prisscilla, wid.	Bar 7
Prissilla	Bar 21

Rebecca	Ply 106	Benja., Capt.	Ess 125	Southwell, David	Ham 125
Reliance	Ber 170	John, Capt.	Ess 115	Phineas	Ham 360
Reuben	Bar 6	John, 4th, Capt.	Ess 116	Southwich, Benjamin	Ham 17
Reuben	Brs. 387	John, Jun.	Ess 116	George	Wor 469
Reuben	Ham 222	John, Jur.	Ess 129	Jacob	Wor 474
Richard	Bar 64	John, 3d.	Ess 126	Joseph	Wor 469
Ruth	Bar 67	Rebh., Wo.	Ess 161	Royal	Wor 469
Ruth	Mid 338	Sonnet see Lonnet, Sennet		Southwick, Asa	Ber 136
Ryal	Bar 60	Soper, Alexr.	Ply 105	Ebenr.	Ess 27
Saml.	Ply 106	Anna	Ply 119	Edward	Ess 24
Samuel	Bar 75	Edmund	Nor 173	Edward	Wor 391
Samuel	Bar 93	Elexander	Ply 44	Eliza.	Ess 378
Samuel	Ess 475	Hezekiah	Ber 171	George	Ess 12
Samuel	Wor 438	Isaac	Ply 44	George, Junr.	Ess 12
Sarah	Bar 41	Jacob	Mid 432	George, 3rd.	Ess 27
Sarah, Wd.	Bar 61	Joseph	Ply 126	Hannah	Ess 12
Selah	Ber 178	Levi	Ber 171	Henry	Ess 29
Seth	Ply 54	Nathl.	Ply 44	Jacob	Wor 391
Seth	Wor 490	Oliver	Brs 361	James	Ess 28
Seth	Wor 503	Samuel	Suf 147	James, Junr.	Ess 27
Silas	Ply 51	Sortridge, William	Ess 283	John	Ess 378
Silas	Wor 429	Sott, David	Nor 321	John	Ess 407
Silas, Jun.	Wor 429	Souldier, John T.	Mid 504	John	Wor 391
Silvanus	Bar 4	Soule, Aaron	Ply 24	John, 2d.	Wor 391
Silvanus	Bar 65	Abigal	Ply 99	John, 3d.	Wor 391
Slephen	Ham 222	Asaph	Ply 19	Joseph	Ess 24
Solomon	Bar 72	Benjamin	Ply 13	Joseph	Wor 391
Solomon	Ber 181	Daniel	Ply 22	Joshue	Brs 284
Solomon	Brs 372	Ebenezer	Ply 19	Nathan	Ess 12
Solomon	Ham 14	Ephraim	Ply 24	Sarah	Ess 23
Sparrow	Ber 174	Ezekiel	Ply 97	Seth	Wor 391
Stephen	Bar 14	Isaac	Ply 77	Simeon	Ess 25
Stephen	Bar 21	Jabez	Ply 18	Stephen	Ess 28
Stephen	Bar 65	Jacob	Ply 16	Theophilus	Wor 391
Susanna	Ply 105	Jacob	Ply 77	Warren	Ber 149
Susannah	Wor 198	James, 2d.	Ply 77	William	Ess 28
Sylvenus	Ber 268	John, Capt.	Ply 80	Southworth, Consider	Nor 268
Thankfull	Bar 5	Joseph	Ply 102	Edward	Ply 97
Thomas	Bar 3	Josiah	Ply 96	Edward, Jur.	Ply 97
Thomas	Wor 493	Mercy	Ply 97	George	Ber 160
Thomas, Jur.	Bar 4	Nathl.	Ply 96	Gideon	Ply 80
Thomas, 3d.	Bar 3	Nathl.	Ply 104	Ichabod	Ham 304
Timothy	Ber 268	Simeon	Ply 94	James	Ply 93
Timoy.	Ply 105	Wm.	Ply 97	James, Jur.	Ply 97
Uriah	Nor 268	Zacheus	Ply 24	Jedidiah	Nor 268
Warren	Wor 165	Souter, Sally	Ess 24	Jedidiah, Jur.	Nor 268
Willard	Wor 503	Samuel	Ess 84	Joseph	Ham 129
William	Brs 393	Southard, William	Suf 139	Lemuel	Ply 51
Zaheth	Bar 7	Southeck, Nathl.	Wor 362	Mary	Ply 51
see Baker, Curtis, Stetson,		Souther, Daniel	Suf 142	Nathl.	Ply 80
Trafton		John	Suf 140	Nathl.	Ply 100
Soal, David	Ham 16	Jonathan	Ess 284	Nethl.	Wor 176
Soames see Somes		Joseph	Nor 329	Perez	Ply 54
Socker see Sacker		Joseph, jur.	Nor 327	Seth	Ply 78
Soden, Samll.	Mid 503	Judith	Suf 147	Simeon	Wor 185
Solendine, Isaac	Wor 353	Laban	Ply 124	Stephen	Wor 482
John	Wor 356	Lucy	Mid 410	Thomas	Ber 193
Soley, John	Mid 390	Nathan	Nor 327	Thos.	Ply 119
Nathel.	Ess 283	Samuel	Ess 284	Wilber	Ply 106
Saml.	Mid 176	Sarah	Nor 328	see Ellis, Gammons, Potter,
Solomons, Albert	Ber 130	Timothy	Ess 581	Shaw
Somerbe, Nathan	Ess 215	Southgate, Isaac	Wor 493	Soverein, Joseph	Wor 239
see Somersbe		John	Wor 493	Soward, Henry	Ess 345
Somerby, Abraham	Ess 344	Susannah	Wor 493	Jack	Ess 361
Benjamin	Ess 344	Southick, Benjamin	Ham 103	Sowl, John	Ham 234
Daniel	Ess 344	David	Wor 213	Sowle, Benjamin, 2d.	Brs 336
Enoch	Ess 344	Enoch	Wor 213	Benjamin, Senr.	Brs 336
John	Ess 344	Jonathan	Ham 103	David	Brs 335
John F.	Ess 344	Simeon	Ham 103	Elizabeth	Ham 148
Margaret, Wido.	Ess 345	William	Ham 103	Henry	Brs 335
Moses	Ess 344	Southland, David	Wor 386	Hiram	Brs 336
Sarah, Wido.	Ess 344	Joel	Wor 386	Jacob	Brs 335
Thomas	Ess 344	Willm.	Wor 386	Jona	Brs 335
Thomas, Jr.	Ess 344	Southward, Geo	Ess 415	Joseph	Brs 336
see Chase		Geo.	Ess 419	Lemuel	Brs 335
Somersbe, Henry	Ess 217	Lydia	Ess 414	Nathaniel	Brs 335
Somes, Abigail, Widw.	Ess 126	Southwarth, Abia, Doctr.	Ham 216	Oliver	Brs 336

Sarah	Brs 336	Ephm.	Mid 378	Seth	Nor 119
Wesson	Brs 335	Esther	Mid 379	Silas	Ham 222
William	Brs 350	Henry	Mid 379	Simeon	Nor 268
Sp...r, Leml.	Ham 345	Henry, jr.	Mid 378	Steph., Ju.	Nor 119
Spafard, Amos	Ber 193	Hez.	Mid 378	Stephen	Ham 112
Spafford, Amos	Ess 295	Ira	Mid 379	Stephen	Nor 172
Daniel	Ess 345	James	Wor 458	William	Ham 259
Isaac	Ess 196	Jesse	Mid 52	Wm.	Nor 119
Job	Wor 216	Jesse	Mid 378	see Sp...r	
Jonathan	Ham 336	Job	Mid 378	Spears, Benjamin	Nor 337
Moody	Ess 196	Job, jur.	Mid 378	Speer, Olive, Wido.	Nor 291
Samuel	Wor 216	Joel	Mid 52	Spelman, Aaron	Ham 171
Spalding, Aaron	Ber 229	Joel	Mid 378	Charles	Ham 171
Asa	Ham 299	John	Mid 378	Elijh.	Ham 171
David	Mid 439	John, jur.	Mid 378	Jesse	Ham 171
Isaac	Mid 439	Jona.	Mid 51	John	Ham 165
Jabez	Ber 165	Jona.	Mid 378	Levi	Ber 177
Jeptha	Ess 345	Joseph	Ham 197	Nathan, Jr.	Ber 174
Joel	Mid 81	Joseph	Mid 378	Nathan, Senr.	Ber 174
John	Mid 101	Joseph	Mid 470	Oliver	Ham 165
Joshua	Ess 393	Joseph	Wor 451	Reuben	Ham 165
Josiah	Mid 82	Josiah	Mid 61	Stephen	Ham 171
Josiah, Rev.	Ham 330	Leml.	Mid 61	Timothy	Ham 171
Sparhawk, Ebenr.	Wor 231	Merari	Wor 451	Spence, Frederick	Wor 517
Ezra	Wor 153	Micah	Mid 378	Spencer, Amas	Ber 251
John	Ess 461	Moses	Ber 232	Ashbel	Ham 299
Joseph	Wor 153	Noah	Mid 378	Daniel	Ber 251
Timo.	Wor 153	Peter	Mid 379	Daniel	Ham 299
Spark, William	Ber 226	Peter	Wor 156	Eliphalet	Ber 105
Sparkhawk, ---, wid.	Wor 409	Peter, 2d.	Mid 378	Fredrick	Ham 299
Sparks, Asa	Ber 224	Phillip	Mid 402	Israel	Ham 95
James	Bar 59	Phinehas	Ber 229	James	Ber 250
Lemuel	Ber 224	Robert	Mid 378	Jesse	Ber 126
Lemuel	Ham 243	Rufus	Duk 454	John	Ber 107
Sparowhawk, Saml.	Mid 51	Saml.	Mid 378	John	Ber 129
Sparrell, James	Ply 127	Samson	Ham 197	John	Ham 158
Sparrow, Edward, Col.	Ply 82	Sarah	Mid 54	John, Junr.	Ham 155
Edward, Jur.	Ply 82	Simeon	Mid 378	John, Junr.	Ham 159
Isaac	Bar 23	Solo.	Mid 402	Judith	Nan 45
Jabez	Bar 23	Steph.	Mid 378	Martin	Wor 330
John	Bar 24	Thad.	Mid 52	Rhoda	Ber 140
Josiah	Bar 22	Theophilus	Ber 230	William	Ess 555
Richard	Bar 23	Tho.	Mid 390	see Phillips	
Seth	Bar 22	Thos.	Mid 61	Spendler, John Saml.	Ham 239
Seth, jur. (2)	Bar 24	Timothy	Mid 459	Sperrey, Enoch	Ber 116
Solomon	Bar 24	Uriah	Ber 232	Isaac	Ham 139
see Crosby, Snow		Zaecharh.	Ber 230	Sperry, Elihu	Ham 182
Sparrowhawk, Beriah	Mid 530	Zebina	Wor 451	Elihu, Jur.	Ham 182
Blake	Mid 503	Zebul.	Mid 378	Elijah	Ber 182
David	Mid 492	Zebul., ju.	Mid 378	Obed	Ham 47
Hannah	Mid 492	Zebulon	Ber 229	Spicewood, Sylvester	Ham 154
Jacob	Mid 537	Spear, Aaron	Nor 154	Spillar, Josiah	Ess 212
Mary	Mid 492	Chrisehina	Ply 44	Spiller, Henry	Ess 342
Saml.	Mid 492	Daniel	Nor 119	Henry	Ess 581
Timth.	Mid 538	Daniel	Wor 490	Jeremiah	Ess 577
Spaulden, William	Mid 40	David	Ham 262	John	Ess 580
Zebulon	Mid 37	Deering	Nor 172	Mary	Ess 579
Spauldin, Ithamar	Mid 7	Eli	Ham 112	Moses	Ess 576
Jonas	Mid 37	Elijah	Nor 119	Samll.	Ess 256
Spaulding, Aaron	Ber 241	Eliza.	Nor 291	Thomas	Ess 586
Abel	Mid 61	Francis	Mid 504	William	Ess 572
Abel	Mid 470	Jedh.	Nor 119	Spink, Shibrah	Ber 163
Abijah	Mid 378	Jno.	Nor 119	Shibriah	Ber 162
Andrew	Mid 379	John	Ber 181	Spinney, Benjamin	Brs 360
Asa	Mid 390	John	Nor 277	Thos.	Ess 428
Azr.	Mid 378	John	Nor 303	Spires, John	Ber 158
Benja.	Mid 50	Jonathan	Nor 277	Spofford, Amos	Ess 248
Benja.	Mid 379	Joseph	Nor 277	Amos	Ess 261
Benja., Jr.	Mid 51	Joshua	Ham 355	Benja.	Ess 262
Benjamin	Ber 233	Joshua	Nor 277	Daniel	Ess 248
Benoni	Mid 390	Luther	Ham 112	Jacob	Ess 248
Daniel	Ber 239	Luther	Ham 259	John	Wor 350
David	Nor 107	Mary, Wido.	Nor 277	Joseph	Ess 247
Ebn.	Mid 378	Moses	Ham 112	Moody	Ess 248
Eleazer	Mid 52	Moses, Jr.	Ham 112	Moses	Ess 247
Eleazer	Mid 67	Nathaniel	Nor 277	Moses Dole	Ess 248
Eli	Mid 379	Richard	Wor 235	Parker	Ess 262

Samuel	Ess 261	Hezekiah	Mid 440	Isaac B.	Ham 222
Stephen	Ess 261	Hosea	Ham 271	John	Wor 509
Thos.	Ess 261	Huldah	Ply 103	Marshall	Mid 503
William	Ess 247	Isarel	Wor 273	Samuel, Revd.	Ess 341
Zach.	Ess 247	Jacob	Suf 145	Silvester	Ber 215
Spollet, Henry	Ess 283	James	Ber 232	Thadeus	Mid 523
Spooner, Alden	Brs 432	James	Ply 95	Springe, Saml.	Wor 420
Andrew	Mid 491	James	Wor 490	Sproat, James	Brs 367
Barnabas	Brs 433	James, Jur.	Ply 98	Sprout, Ebenr.	Ham 224
Barnabas, Jr.	Brs 433	Jesse	Suf 146	James	Wor 303
Bartholemew L.	Ess 345	Jesse, jur.	Suf 141	Leml.	Wor 410
Benjamin	Brs 432	John	Brs 321	Nathan	Wor 303
Benjamin	Ply 78	John	Duk 444	Robert	Wor 303
Benn.	Wor 321	John	Mid 188	Thomas, Lt.	Ply 80
Caleb	Brs 432	John	Mid 361	Spur, Lemuel	Ham 55
Clap	Wor 284	John	Wor 356	Samuel	Ham 189
David	Brs 433	John, 2d.	Mid 189	Spurr, Eliphalet	Nor 254
Dinah	Nan 64	Jona.	Mid 189	James	Nor 155
Eleazer	Wor 321	Jonathan	Ham 87	John	Wor 335
Elnathan	Brs 432	Jonathan	Ham 329	Leml.	Nor 155
Ephraim	Ply 1	Jonathan	Ply 102	Leml., Ju.	Nor 155
James	Brs 414	Jonathan	Wor 482	Squier, Ebenr.	Ber 263
Jeduthan	Brs 433	Jonathan, Jr.	Ham 329	Jonan.	Ber 257
Jeduthan	Wor 303	Jos.	Mid 175	Squire, Abial	Ham 161
Jeremiah	Brs 432	Joseph	Ess 374	Amos	Ber 152
John	Brs 432	Joseph	Ham 88	Andrew	Ber 150
Joshua	Wor 264	Joseph	Wor 283	Andrew	Ber 152
Levi	Ham 88	Joshua	Wor 283	Bostwick	Ber 150
Micah	Brs 434	Josiah	Suf 141	Daniel	Ham 210
Moses	Wor 321	Knight	Wor 493	David	Ham 263
Nathaniel	Brs 434	Levi	Mid 390	Ezekiel	Ham 145
Nathaniel	Ply 11	Luther	Ply 95	Ezekiel, Junr.	Ham 146
Philip	Wor 283	Mary	Mid 390	John	Ham 268
Phillip	Brs 434	Mathew	Mid 314	Solomon	Ham 268
Rounsevel	Brs 433	Melzer	Ply 95	Sylvester, Capt.	Ham 161
Ruggles	Wor 283	Mercy	Wor 482	Squires, David	Ham 88
Sally	Nor 231	Miles	Wor 185	Elijah	Ber 214
Samll.	Wor 303	Moses	Suf 146	Josiah	Ber 214
Samuel	Ply 78	Nathan	Wor 215	Medad	Ham 79
Seth	Brs 432	Noah	Suf 141	St..., ...	Wor 332
Seth	Wor 303	Oliver	Ham 134	John	Ham 173
Simpson	Brs 433	Peter	Ber 151	Stacey, Amos	Brs 360
Susanna	Brs 432	Peter	Suf 144	Benjamin	Ham 103
Thomas	Ham 222	Peter	Suf 146	Caleb	Ham 60
Walter	Brs 432	Phins.	Mid 188	Edward	Ess 480
William	Brs 432	Phins., 2d.	Mid 189	Edward	Ess 577
William	Nor 278	Preserved	Ham 336	Elizabeth	Ess 476
Wing	Wor 284	Priscilla	Ply 126	Elizabeth	Ess 490
Zepheniah	Wor 303	Rachel	Suf 145	James	Brs 368
see Crapo		Rebeca, Wido.	Nor 303	Job	Brs 369
Spoor, Dirck	Ber 226	Reuben	Suf 146	Job, Junior	Brs 368
Isaac	Ber 226	Saml.	Mid 175	John	Ess 475
Sprague, Alice	Suf 145	Samuel	Ber 200	John	Ess 480
Amos	Nor 370	Samuel	Brs 299	John	Ess 483
Amos	Suf 146	Samuel	Brs 432	John	Ess 490
Amos, jur.	Suf 140	Samuel	Mid 313	Lemuel	Brs 365
Anna	Ber 133	Samuel	Wor 217	Mark	Ham 64
Asa	Ham 79	Seth	Ber 229	Mary	Ess 465
Asher	Ply 121	Seth	Ply 95	Mary	Ess 508
Barnabas	Ber 107	Seth	Suf 145	Nymphas	Ham 103
Benjamin	Ber 117	Step.	Mid 189	Rebecca	Ess 511
Benja.	Ham 329	Susanah	Ham 189	Rufus	Ham 103
Benjn.	Ham 336	Thomas	Wor 490	Rufus, Jr.	Ham 103
Betsy	Ess 25	Timothy	Wor 494	Samuel	Ess 510
Caleb	Wor 490	Uriah	Ply 98	William	Ess 465
Calvin	Ber 193	William	Wor 493	Stacy, Benja.	Ess 115
Cotton	Mid 189	Willm.	Ply 33	Caleb	Ham 210
Daniel	Ham 299	Wm.	Wor 238	Ebenr.	Ham 238
David	Ham 284	Spring, Adolpheus	Wor 473	Gilbert	Ham 87
David	Suf 146	Amasa	Mid 255	Isaac, Capt.	Ham 210
Dyer	Ber 216	Amos	Ber 115	Joel	Ham 228
Ebenezer	Ess 24	Amos	Ber 182	John	Ham 210
Ebenezer, Jr.	Ess 24	Artemas	Ber 171	John	Wor 215
Elisabeth	Suf 147	Ciril	Ber 215	John, Cap.	Ess 127
Ephraim	Ply 66	Ebenr.	Ber 110	Lemuel	Ham 228
Esther, Wido.	Nor 303	Ephraim	Wor 469	Lucy, Wo.	Ess 115
Hannah	Suf 146	Henry, Junr.	Ber 171	Mark	Ham 278

Name	Place	Page
Moses	Ham	210
Nymphas, Dean.	Ess	115
Persons	Nor	305
Rufus	Ham	67
Simon	Ham	265
William	Ham	265
Stafford, Job	Ham	200
Lilly	Brs	350
Richard	Ber	155
Samuel	Ber	137
Studely	Ham	189
Thomas	Ber	161
see Hammond		
Stall, Samuel	Brs	433
William	Brs	358
Stancliff, Wm.	Ham	138
Standish, Amos	Ply	44
Asa	Ber	130
David	Brs	410
Ebenezer	Ply	24
Hannah	Ply	132
Isaiah	Ply	106
Israel	Ham	345
Jonas	Ber	189
Jonas, Jr.	Ber	189
Jonathan	Ply	77
Joshua	Ply	78
Miles	Ply	43
Moses	Ber	130
Moses	Ply	80
Nathaniel	Ply	12
Sadrich (2)	Ply	24
Willm.	Ply	43
Willm.	Ply	44
Willm., Jur.	Ply	43
Standley, Edward A.	Ham	291
Mary	Ply	130
Peter	Ess	467
Thomas	Ess	514
William	Ess	467
Standly, Amos	Ber	211
Andrew	Ess	550
Benja.	Ess	531
Betsy	Ess	553
David	Ess	529
David, Jr.	Ess	541
George	Ess	535
John	Ess	529
Jonathan	Ess	536
Nehemiah	Ess	536
Peter	Ess	553
Robert	Ess	525
Robert, 2nd.	Ess	535
Sands	Ess	529
Thomas	Ess	532
Timothy	Ess	529
Wells	Ess	559
William	Ess	529
William, Jur.	Ess	529
Standring, Benja.	Ess	84
Stanford, Jemime, Mrs.	Wor	386
Joseph	Wor	251
Lyman	Ham	43
Moses	Ham	194
Oliver	Ber	200
Polly	Wor	303
Stanhope, Jonas	Ham	87
Peter	Wor	273
Samuel	Ham	55
Staniford, Aaron	Ess	574
James	Ess	574
Jeremiah	Ess	578
Jeremiah, Jur.	Ess	575
Thomas	Ess	574
Stanley, Abisha	Ber	111
Amos	Brs	323
Benjamin	Brs	383
Catharine	Brs	321
George	Brs	323
Jesse	Brs	323
Jona.	Brs	323
Stephen	Brs	323
Thomas	Ess	464
Thos.	Ess	436
Wm.	Brs	322
Stanly, Abraham	Mid	321
Elijah	Mid	321
George	Ber	106
Jeduthen	Mid	321
Job	Bar	59
Stannard, Jehiel	Ber	230
Joseph	Ham	355
Oliver	Ham	355
Seth	Ham	355
Stannards, John	Ber	240
Stanton, Abel	Ham	152
Abel, Junr.	Ham	153
Augustus	Ber	158
Daniel	Ham	152
Elisha	Ham	153
Henry	Ber	159
John	Mid	176
Latham	Ber	213
Oliver	Ber	158
Peter	Ham	299
Robert	Ber	200
Rufus	Ber	263
Sarah	Wor	187
Stanwood, Aaron	Ess	115
Abel	Ess	342
David	Ess	137
Goss	Ess	135
Isaac	Ess	577
John	Ess	139
John	Ess	342
John	Ess	579
Joseph	Ess	209
Joseph	Ess	342
Lemuel	Ess	118
Mary	Ess	103
Nathaniel	Ess	342
Nathaniel	Ess	579
Nehemiah	Ess	139
Peter	Ess	209
Philip	Ess	342
Susa., Wo.	Ess	138
Theod.	Ess	116
Thomas	Ess	342
Zebulon	Ess	115
see Slanwood		
Staples, ---	Ber	139
David	Ber	136
Ebenezer	Brs	363
Ebenezer	Mid	131
Elias	Wor	265
Elias, Jur.	Wor	265
George	Brs	363
George	Wor	386
George, Junior	Brs	362
Jacob	Ber	155
Job	Brs	361
Joseph	Brs	278
Joshua	Brs	363
Nahor	Wor	386
Nathaniel	Brs	364
Noah	Brs	363
Samuel	Ber	135
Samuel	Brs	363
Seth	Brs	364
Simeon	Wor	386
Thomas	Wor	386
Star, Samuel	Ber	149
Thomas, Junr.	Ham	135
see Buttolph		
Starbuck, Benjamin	Nan	48
Christopher	Nan	46
David	Nan	65
Deborah	Nan	61
Jethro	Nan	51
Joseph	Nan	49
Kimbal	Nan	48
Levi	Nan	59
Nathl.	Nan	73
Reuben	Nan	48
Reuben	Nan	72
Silvanus	Nan	65
Simeon	Nan	76
Thomas	Nan	48
Tristram	Nan	46
Uriah	Wor	321
William	Nan	48
Stares, Philip	Ess	102
Starke, Abraham	Ber	128
Starkey, Amos	Brs	319
Sarah	Brs	318
Sibil	Brs	319
Thoms.	Brs	319
Thoms., Junr.	Brs	319
Starks, John	Ham	64
Nathan	Ham	64
Silas	Ham	75
Starkwather, Charles	Ham	302
Ezra	Ham	313
Lemuel	Ber	160
William	Ber	131
Starkweather, Charles	Ham	2
Cyrus	Ham	355
Elisha	Ham	87
Ephriam	Brs	307
Ezra (2)	Ham	297
Oliver	Brs	307
Prince	Ham	154
Robert	Ham	22
Robert, Jr.	Ham	20
Starling, Danel.	Ham	137
Starnes, Abel	Mid	70
James	Wor	458
Starr, Abijail	Mid	254
Daniel	Nor	249
Ebenezer	Mid	282
Elizabeth	Nor	313
James	Ply	66
James, junr.	Ply	66
Jonathan	Nor	303
Josiah	Mid	254
Martin	Ham	156
Richard	Ber	189
Thomas	Ham	135
William	Ham	75
Starrs, Nathan	Ham	5
Staten, Henry	Ess	115
Stawe, William	Ber	230
Steadman, Ebenezer	Nor	321
Joseph	Ham	168
Joseph	Nor	320
Phebe	Ham	170
Samuel	Ham	170
Thomas	Ber	111
Thomas	Ham	170
William	Ber	110
William	Ber	112
Stearnes, John	Ber	263
Stearns, Asa	Ber	189
Asahel	Mid	353
Benj.	Wor	410
Benjamin	Ess	283
Benjamin	Mid	354
Bezaliel	Wor	188
Charles	Ham	84
Charles	Mid	25
Charles	Mid	254

Charles	Wor 188	Reuben	Ber 127	John	Ham 242		
Cyrus	Ham 312	Saml.	Mid 361	John	Ham 238		
Daniel	Ber 211	Saml.	Mid 390	John	Wor 490		
Daniel	Mid 265	Saml.	Wor 283	Joseph	Ham 54		
Daniel	Wor 188	Samuel	Mid 266	Joseph	Ham 240		
Daniel	Wor 356	Samuel	Wor 435	Justin	Ham 236		
Daniel M.	Wor 426	Samuel, jr.	Mid 266	Lemuel	Ham 240		
Darius	Ham 60	Samuel, Jun.	Wor 435	Levi	Ham 24		
David	Mid 265	Silas	Mid 254	Levi	Ham 269		
David	Mid 503	Silas	Mid 266	Luther	Ham 252		
David	Wor 392	Simeon	Brs 393	Luther	Ham 263		
Ebenezer	Ber 152	Simeon	Ham 39	Mary, Wd.	Ham 232		
Ebenezer	Ham 17	Stephen	Mid 492	Medad	Ham 92		
Ebenezer	Ham 39	Thomas	Mid 266	Moses	Ham 55		
Ebenezer	Wor 386	Thomas	Wor 435	Moses	Ham 60		
Ebenezer, Jr.	Ham 39	Thos.	Mid 70	Moses	Ham 237		
Eleaner	Ham 84	Timo.	Mid 390	Moses	Ham 240		
Eli	Wor 353	Timothy	Ham 194	Moses, Junr.	Ham 237		
Elias	Ber 189	Timothy	Mid 140	Noah	Ham 233		
Elijah	Mid 361	Timothy, Jur.	Mid 140	Noah, Jun.	Ham 233		
Elijah	Mid 390	Timothy, 3d.	Mid 141	Peter	Wor 503		
Elijah	Wor 514	William	Ess 360	Phinehas, Esqr.	Ham 237		
Elizabeth	Wor 187	William	Ham 43	Phinehas, Jr.	Ham 236		
Elizabeth	Wor 304	William	Wor 458	Rachel, Wd.	Ham 240		
Ephm.	Wor 283	Willm.	Wor 188	Samel.	Ham 138		
George	Ham 60	Willm. J.	Wor 187	Sarah, Wd.	Ham 232		
George	Mid 504	see Starnes, Sterns		Simeon	Ham 60		
Habakkuk	Mid 255	Steavens, Betsy	Bar 67	Solomon	Ham 351		
Increase	Wor 386	Levi	Bar 67	Sylvester	Ham 60		
Increase	Wor 510	Stebbens, Elisha	Ham 87	Thaddeus	Ham 268		
Isaac	Ber 143	Gad, Doctr.	Ham 152	Thos., Capt.	Ham 240		
Isaac	Ber 153	Lewis	Ber 131	Timothy	Ham 238		
Isaac	Brs 387	Samuel	Ham 75	Uriah	Ham 270		
Isaac	Mid 354	Stebbins, Aaron	Ham 243	Walter	Ham 236		
Isaac	Mid 390	Abijah	Ham 269	Walter	Ham 240		
Isaac	Wor 458	Abner	Ham 270	Warham	Ham 240		
Isachar	Mid 390	Abner, Jr.	Ham 270	William	Ham 94		
Ishmael	Mid 265	Abraham	Ham 329	Zadock, Jr.	Ham 238		
Jepthah	Mid 254	Asa	Ham 54	Zadok	Ham 92		
Jno.	Wor 304	Asahel	Ham 30	Zadok	Ham 238		
Joel	Ham 61	Asahel	Ham 263	Zeberia	Ham 239		
John	Ham 311	Asaph	Ham 254	Zerah	Ham 269		
John	Mid 143	Augustus	Ham 236	Stebins, John	Mid 8		
John	Mid 266	Benja., Captn.	Ham 270	Stedman, Abigail	Ham 232		
John	Mid 379	Bethuel	Ham 263	Ebenr.	Mid 492		
John	Mid 390	Bethuel, Jr.	Ham 263	Hannah	Mid 254		
John	Wor 204	Calvin	Ham 238	John	Mid 513		
John	Wor 410	Calvin	Ham 240	Phinehas	Ham 241		
John, Jur.	Wor 188	Chloe, Wd.	Ham 232	William	Wor 353		
Jona.	Mid 390	Dan	Ber 189	see Williams			
Jona.	Mid 523	Danel.	Ham 137	Stedmon, Philemon	Ham 84		
Jonas	Wor 517	Daniel, Dr.	Ham 250	Steel, Danu.	Ess 108		
Jonathan	Mid 266	Darius	Ber 113	Elijah	Ham 194		
Jonathan	Wor 514	David	Ham 232	James	Ess 115		
Joseph	Ber 166	David, Jur.	Ham 61	James	Mid 338		
Joseph	Mid 265	Ebenezer	Ham 55	John	Ess 108		
Joseph	Mid 390	Edward	Ham 241	John	Ham 103		
Joshua	Mid 266	Elam	Ham 241	John	Ham 207		
Joshua	Nor 86	Eldad	Ham 232	John D.	Ham 228		
Josiah	Wor 422	Ezra	Ham 92	Joseph	Wor 458		
Josiah	Wor 424	Festus	Ham 240	Levi	Ham 324		
Josiah	Wor 429	Francis	Ham 167	Mary	Wor 494		
Josiah	Wor 435	Frederick	Ham 235	Moses	Ham 9		
Juda	Mid 265	Giddeon, Capt.	Ham 207	Pitt	Ber 214		
Levi	Ham 193	Gilbert	Ham 233	Saml.	Ham 213		
Levi	Wor 429	Hazadiah	Ham 268	Saml.	Ham 216		
Luther	Mid 282	Hazadiah, Jr.	Ham 268	Samuel	Ham 103		
Martha	Wor 283	Heman	Ham 254	Sarah, Wo.	Ess 108		
Mary	Wor 187	Ithamer	Ham 240	Seth	Ham 92		
Merriam	Mid 435	James	Ham 232	Thomas	Ber 211		
Nathan	Mid 255	James	Ham 266	Thomas, Jur.	Ber 211		
Nathaniel	Ham 39	Jere	Ham 351	Steele, Ebenezer	Ess 344		
Nathaniel	Ham 43	Jesse	Ham 263	Robert	Ess 402		
Nathaniel	Mid 37	Jno.	Ham 254	Stenness, Samuel	Ess 487		
Nathaniel	Nor 207	John	Ham 9	Stephans, Thos. (2)	Wor 303		
Noah	Mid 442	John	Ham 61	Stephens, Abel	Wor 213		
Peter	Mid 5	John	Ham 137	Amos	Wor 230		

Anna	Ess 523	Ephraim	Ply 33	Edward	Ber 177
Asa	Brs 361	Ephraim	Ply 119	Edward	Ess 196
Barzilla	Brs 357	Gideon	Nor 278	Elijah	Ber 222
Benja.	Brs 411	Gideon	Ply 125	Eliphalet	Ber 159
Benja., Jr.	Brs 415	Isaac	Nor 291	Elisha	Ber 206
Benjamin	Ess 20	Isaac	Ply 125	Eliza.	Mid 175
Cyprean	Wor 332	Jacob	Ply 33	Eliza., Wo.	Ess 115
Ebenezer	Brs 357	James	Ply 133	Epheriam	Nor 321
Edward	Ply 10	Jeramiah	Ply 44	Epheriam, Junr.	Nor 321
Edwards	Ply 43	Jeramiah, Jur.	Ply 44	Eunice	Brs 432
Ephraim	Ess 284	John (2)	Bar 19	Ezra	Ber 231
George	Ess 547	John	Ply 43	Francis	Mid 409
Henry	Ham 260	John	Ply 63	Gardner	Wor 283
Ira	Ham 125	John	Ply 128	Hubbel	Ber 251
Jacob	Wor 304	Jonathan	Nor 278	Isaac	Ber 164
Jacob	Wor 362	Jonathan	Ply 11	Jacob	Ess 62
James	Wor 249	Joseph	Brs 432	James	Ber 263
Jeremiah	Ess 295	Laban	Wor 493	James	Ess 195
John	Brs 411	Levi	Ply 34	Jane	Nor 304
John	Ess 523	Lot	Ply 43	Jared	Ber 251
John	Ham 23	Lydia	Ply 119	Jedidiah	Mid 345
John	Ham 145	Martha	Ply 132	Jeduthan	Wor 261
John	Ply 15	Mathew	Ply 122	Jeremiah	Ber 159
John	Wor 335	Micah	Ply 119	Jeremiah	Ess 62
John, Jr.	Ham 23	Nathaniel	Brs 432	Jesse	Mid 470
John, Junr.	Wor 335	Nathaniel	Ply 125	Job	Brs 432
John H., Rd.	Mid 313	Nathl.	Ply 130	Joel	Ber 201
Jonas	Ess 29	Oliver	Ply 33	John	Ber 176
Judith	Ess 283	Peleg	Ply 33	John	Ber 216
Levi	Ham 260	Peter	Nor 278	John	Ber 251
Luther	Wor 407	Ruth	Ply 63	John	Ess 61
Moses	Wor 335	Saml.	Ply 43	John	Ess 473
Nathan	Ply 44	Saml.	Ply 125	John	Ham 75
Noah	Ess 294	Samuel	Ply 29	John	Ham 222
Peter	Wor 335	Seth	Ply 125	John	Mid 52
Phinehas	Ham 290	Silas	Ply 119	John	Mid 175
Roger	Wor 264	Snow	Ply 121	John	Ply 95
Rufus	Ham 125	Stephen	Ply 122	John	Ply 105
Saml.	Brs 411	Thaddeus	Ply 105	John, junr.	Ess 62
Saml.	Wor 335	Thomas	Bar 85	John W.	Ber 250
Samuel	Ber 150	Thos.	Ply 44	Jona.	Ess 61
Samuel	Brs 312	Turner	Ply 128	Jona.	Mid 52
Silas	Wor 261	Whitcom	Ply 33	Jona.	Mid 379
William	Ply 15	William	Brs 432	Jona.	Mid 459
Stephenson, Abiather	Ham 244	William	Nor 278	Jonathan	Ess 196
Abiather, Jr.	Ham 244	see Bradford, Crowell, Setet-		Jonathan	Ess 242
Benajah	Ham 244	son		Jonathan, jur.	Ess 196
Calven	Ham 92	Steuart, James	Bar 93	Joseph	Ber 164
Eli	Ham 146	Solomon	Bar 93	Joseph	Ess 61
James	Suf 141	Stevens, ---, Wido.	Nor 278	Joseph	Ess 162
John	Ham 20	Aaron	Ber 231	Joseph	Ess 196
John	Ham 355	Abel	Mid 379	Joseph	Ess 478
John, Jun.	Ham 20	Abiel	Ham 75	Joseph	Ess 518
Luther	Nor 331	Abigail	Ess 196	Joseph	Mid 60
Martin	Nor 330	Abijamin	Nor 321	Joseph, jur.	Ess 196
Reuben	Nor 328	Abraham	Ham 39	Joshua	Ess 197
Sterley, Saml. M.	Mid 491	Amos	Ess 196	Josiah	Mid 470
Sterling, Ruth	Ply 125	Anna	Ber 234	Jude	Wor 261
Sterns, Barthw.	Wor 228	Benja.	Ess 61	Justus	Wor 264
Stetson, Abel	Ply 44	Benja.	Mid 91	Lydia, Wido.	Ess 195
Abisha	Ply 63	Benja.	Wor 273	Marey	Ply 112
Abner	Ply 43	Benjamin	Ess 482	Mary	Ess 418
Abner	Ply 122	Benjamin	Mid 434	Mary	Ess 457
Amos	Nor 119	Benjm.	Mid 116	Mary, Wido.	Ess 195
Amos	Nor 173	Benjn.	Ber 263	Moses	Ess 101
Barzillai	Nan 49	Bethh., Wo.	Ess 162	Nath	Ess 367
Benja.	Nor 278	Bill. W.	Mid 402	Nathan	Ham 357
Benja., Junr.	Ply 130	Christopher	Ess 489	Nathan, Junr.	Ham 357
Benja., Junr.	Ply 133	Cyrus	Ess 116	Nathaniel	Ply 95
Benjamin	Ply 121	Daniel	Ber 263	Nathaniel Gove	Ham 39
Benjamin	Ply 132	Daniel	Mid 415	Noah	Ply 106
Caleb	Ply 23	Daniel, Jur.	Mid 413	Oliver	Ess 157
Charles	Brs 433	David	Ber 206	Parker	Ber 206
Ebenr.	Brs 409	David	Ess 196	Parker	Ber 206
Edward	Ply 132	Ebenezer	Ber 233	Pelet.	Mid 175
Elisabeth	Ply 119	Ebenr.	Ess 108	Peter	Ber 232
Elisha	Ply 30	Ebenr.	Ess 196	Peter	Ess 195

INDEX TO THE 1800 CENSUS OF MASSACHUSETTS

Phebe	Ber 237	John	Ham 188	Thos.	Ess 243
Phebe	Ess 195	John	Ham 236	William	Ess 222
Phillip	Ess 196	John	Ham 324	William	Ess 343
Phins.	Wor 176	John	Wor 435	William, Jr.	Ess 343
Richard	Bar 88	Lemuel	Ber 130	Stickny, Abram.	Mid 101
Richard	Ber 233	Lucy	Ham 47	Amos	Mid 101
Richard, jun.	Ber 233	Mary	Ess 538	Eleazer	Mid 101
Robert	Ess 157	Moses	Ham 175	Samuel	Ess 557
Robt.	Ham 222	Nathan	Ham 179	Silus	Ess 532
Ruth, Wd.	Ess 62	Paul	Ham 275	Stiles, Ashbel	Ham 149
Saml.	Mid 379	Peter	Ham 167	Benjamin	Ham 107
Saml., Capt.	Mid 470	Philip	Ber 221	Caleb	Wor 429
Sampson	Mid 379	Richard	Wor 435	Daniel	Ess 34
Samuel	Ess 61	Robert	Ham 324	Dareas	Ham 126
Samuel	Ess 345	Robert	Mid 82	Desire	Ess 489
Samuel	Wor 356	Samuel	Ber 129	Dinah	Ham 355
Samuel, junr.	Ess 61	Samuel	Wor 350	Doras	Ham 360
Samuel, jur.	Ess 197	Solomon	Ham 176	Edmund	Ham 107
Sarah	Ess 473	Solomon	Wor 347	Elijah	Ber 178
Seth	Brs 432	Thomas	Duk 443	Enoch	Ham 138
Silas	Ber 206	William	Bar 18	Ephraim	Ham 128
Silvester	Ess 473	William	Ham 178	Foster	Ham 103
Simeon	Ber 200	William	Ham 188	Gideon	Ham 360
Simeon	Ess 196	Wm.	Duk 449	Henry	Ham 67
Simeon	Mid 379	Wm., Jr.	Duk 449	Horace	Ham 355
Simon	Mid 60	Stickland, Daniel	Ber 177	Jeremiah	Wor 188
Solo.	Mid 51	Peter	Ber 171	John	Ber 161
Solo., Jr.	Mid 51	Stickman, Frederick	Ham 357	John	Ess 31
Solomon	Ham 360	Stickney, Abraham	Ess 197	John	Ess 262
Stephen	Ber 230	Alice, Wido.	Ess 343	John	Ham 119
Thomas	Ber 227	Amos	Ess 222	Jonathan	Wor 429
Thomas	Ber 269	Amos	Ess 250	Joshua	Wor 371
Thomas	Ess 196	Aniel	Ess 261	Josiah	Wor 165
Thomas	Ess 490	Asa	Ess 8	Levi	Ham 75
Timothy	Ess 195	Benja.	Ess 222	Levi	Wor 429
Titus	Ham 360	Benja.	Ess 256	Martin	Ham 126
Wilder	Ham 39	Daniel	Ess 244	Martin, Junr.	Ham 126
William	Ber 229	David	Ess 215	Mary	Ess 34
William	Brs 432	Dudley	Ess 256	Meriam	Ess 34
William	Ply 95	Ebenezer	Ess 343	Nahum	Wor 429
William Pitt	Ber 234	Ebenezr.	Ess 244	Phinehas	Ham 107
Wm.	Ber 189	Enoch	Ess 427	Samll.	Ess 239
Zacha.	Ess 115	Gideon W.	Ess 343	Samuel, Lieut.	Ham 149
see Slevens, Stephens, Stone		Hannah	Ess 219	Shubael	Ham 360
Stevenson, David	Ess 511	Hannah	Ess 255	Simeon	Ess 263
Erastus	Ham 355	Jacob	Ess 343	Simeon	Ham 119
Isaac	Ham 222	Jacob, Jr.	Ess 343	Simeon, Junr.	Ham 119
John	Wor 330	Jedidiah	Ess 256	Thenias	Ess 102
Nathl.	Ham 23	Jedidiah	Ess 261	Zebediah	Ber 201
Obadiah	Ham 304	Jeremiah	Ess 283	Still, Freeman	Wor 165
Robert	Ess 344	John	Ess 196	Mary	Ess 400
Saml.	Ham 216	John	Ess 343	Stillman, David	Ber 228
Steverson, Tylor	Wor 330	John	Ham 250	Stills, John	Ber 163
Stevins, Paul	Ber 257	John	Wor 493	Stillwell, Nicholas	Brs 433
Stew, Benjamin	Ham 174	John, Jr.	Ess 343	Stilman, Danu.	Ess 157
see Stow		Jona.	Mid 389	Peter	Ess 157
Steward, Benja.	Wor 429	Jonathan	Ess 343	Stimer, John	Nor 229
Daniel	Wor 426	Jonathan, Jr.	Ess 343	Stimpson, Andr.	Mid 175
Lemuel	Ham 127	Joseph	Ess 61	Ebenr.	Mid 523
Stewart, Alexander	Ham 170	Joseph	Ess 551	Elias	Ham 103
Alpheus	Wor 435	Joseph	Mid 52	Jeremh.	Mid 523
Andrew	Ham 138	Joshua	Wor 426	John	Mid 503
Benjamin	Duk 442	Josiah	Ess 255	John	Mid 504
Benjamin	Ham 156	Judith	Ess 409	Josph.	Nor 131
Benjamin	Wor 347	Moses	Ess 256	Samll.	Mid 523
David	Ham 188	Moses	Ess 343	Samll., Jr.	Mid 523
Elijah	Duk 443	Oliver	Wor 426	Samuel	Mid 282
Enos	Ham 188	Paul	Ess 249	Stephen	Mid 466
George	Ber 269	Rebecca	Ess 218	Thadeus	Ess 357
Hugh	Ham 188	Rechard	Ess 222	Thomas	Mid 306
Huldah	Wor 438	Samuel, Jr.	Ess 553	Thomas, Ju.	Mid 306
James	Ess 345	Sarah, Jr., Wido.	Ess 343	Thos.	Wor 303
James	Ess 415	Sarah, Wido.	Ess 343	William	Mid 306
James	Ham 47	Stephen	Wor 429	William, ju.	Mid 306
James	Ham 275	Susanna, Wido.	Nor 291	Wm.	Mid 175
John	Ber 104	Theoder	Ess 222	Stimson, Anthony	Ber 109
John	Ham 64	Thomas	Ess 343	Charles	Nor 252

Charles	Wor 386	Walter	Ham 10	Abraham	Ess 102
Isaac	Wor 228	William	Ham 10	Abraham	Ham 107
James	Mid 254	William, Jr.	Ham 10	Abraham, Jr.	Ham 107
John	Ess 22	Ziba	Wor 273	Adams	Wor 457
John	Mid 254	Stodard, Jeremiah	Wor 391	Alpheus	Wor 321
Joseph	Ham 266	Lemuel	Ber 152	Ambrose	Ham 311
Lemuel	Wor 458	Sarah, wd.	Wor 391	Ambrose	Wor 153
Luther	Wor 228	see Williams		Amos	Mid 458
Phenihas	Wor 457	Stoddar, Stephen	Suf 138	Amos	Wor 283
Stirtevant, Arch.	Ham 112	Stoddard, Ann	Mid 402	Benj.	Wor 344
James	Ham 112	Avery	Ham 125	Benj.	Wor 407
see Sturtevant		Bela C.	Wor 264	Benjamin	Ess 342
Stock, John	Ply 51	David	Wor 230	Benjamin	Ess 377
Stockbridge, Charles	Ply 134	Ebed.	Ess 421	Benjamin	Ham 200
David	Ham 68	Elijah	Brs 356	Benjamin	Mid 141
David	Ham 285	Elizabeth	Brs 432	Benjamin	Wor 371
David	Ply 132	Georg A.	Ham 125	Caleb	Ess 435
James	Ply 130	Hezekiah	Nor 191	Clark	Ham 107
Saml., Junr.	Ply 129	James	Wor 230	Daniel	Ess 342
Samuel	Ply 129	Jesse	Nor 191	Daniel	Ham 224
Stephen	Ply 122	John	Ham 5	Daniel	Mid 141
William	Ply 128	Joshua	Wor 230	Daniel	Wor 166
Stocker, Amos	Ess 445	Levitt	Wor 230	Daniel	Wor 317
Amos, Junr.	Ess 445	Mercy, Wido.	Nor 291	Daniel	Wor 350
Ebenezer	Ess 216	Miles	Brs 356	Daniel	Wor 374
Ebenr.	Ess 446	Nathan	Ber 150	Daniel, Jur.	Mid 141
John	Ess 445	Nathan	Ply 33	David	Mid 282
Marshal	Ess 86	Nichols	Brs 432	David	Mid 503
Martha	Ess 438	Noah	Brs 432	David	Wor 153
Robert	Ess 572	Ralph	Ham 125	David	Wor 283
Ruth	Ess 445	Richard	Ess 384	David, Jur.	Wor 284
Samuel	Ess 217	Saml.	Ham 335	Ebenezer	Ess 342
Susanna	Ess 446	Samuel	Brs 432	Ebenr.	Mid 51
Stockin, Amasa	Ham 127	Samul	Wor 265	Ebenzr.	Wor 335
Stocking, Abraham	Ham 345	Solomon	Ham 5	Edmund	Ess 24
Amos	Ham 345	Solomon, Jr.	Ham 5	Edmund	Wor 229
Joseph	Ham 345	Stodder, Asahel	Suf 141	Eliab, jur.	Mid 305
Leml.	Ham 345	Caleb	Suf 146	Eliab, Red.	Mid 305
Lemuel	Ber 212	Canterbury	Ply 134	Elias	Ham 189
Moses	Ber 223	Daniel	Ess 220	Elijah	Mid 149
Thomas	Ber 201	Daniel	Suf 140	Elijah	Wor 165
Stockman, John	Ess 346	Demrick	Suf 141	Elijah	Wor 410
Joseph	Ess 61	Edward	Ply 123	Elijah	Wor 511
Joseph, junr.	Ess 61	Enoch	Suf 144	Eliphalet	Wor 420
Stockwell, Abel	Wor 239	Ezekiel	Wor 386	Enos	Ber 211
Amos	Wor 166	George	Suf 140	Ephraim	Brs 393
Aron	Wor 330	Hezekiah	Ply 128	Ephraim	Wor 219
Asahel	Wor 241	Hezekiah, Junr.	Ply 128	Ethan	Ber 212
Eli	Wor 481	Ichabod	Suf 144	Ezekiel	Ber 251
Elisha	Ham 112	Isaiah	Suf 143	Francis	Wor 264
Enoch	Wor 165	Isaiah, jur.	Suf 146	Frederick	Wor 321
Enos	Ham 160	Jacob	Suf 137	Frederick	Wor 410
Ephm.	Wor 273	James	Nor 328	George	Ess 25
James	Ham 39	John	Suf 142	George	Nor 291
Jeremiah	Ham 308	John, jur.	Suf 138	Gregory	Mid 23
John	Ham 116	Laban	Suf 143	Hannah	Ess 518
John	Wor 175	Lydia	Nor 329	Henry	Wor 344
John	Wor 231	Mathew	Nor 331	Hosea	Wor 458
Jdhn	Wor 231	Melzar	Ply 119	Isaac	Ess 342
Joseph	Bar 59	Nathaniel	Suf 137	Isaac	Mid 149
Joseph	Wor 240	Obadiah	Ply 128	Isaac	Wor 176
Joshua	Wor 156	Othniel	Suf 140	Isaac	Wor 321
Josiah	Wor 273	Rebecca	Suf 144	Isaac	Wor 482
Judah	Wor 240	Reuben	Suf 143	Isarael	Wor 175
Levi	Ham 153	Reuben, jur.	Suf 140	Israel	Mid 132
Nathl.	Wor 165	Richard	Suf 144	Jacob	Ess 342
Nathl., Junr.	Wor 165	Samuel	Suf 143	Jacob	Wor 353
Noah	Wor 283	Sarah	Suf 142	James	Ess 510
Peter	Wor 283	Seth	Ply 130	James	Mid 282
Samuel	Ham 355	Thomas	Suf 137	James	Mid 513
Simeon	Wor 166	Stokes, Isaac	Brs 393	James	Nor 268
Simeon	Wor 237	Ston, Benjamin	Ess 23	James	Wor 254
Simon	Wor 284	Stone, Aaron	Mid 132	James, Lt.	Ham 221
Solomon	Ber 165	Abigail	Ess 545	Jasper	Wor 371
Solomon	Wor 166	Abijah	Mid 503	Jed.	Ber 129
Stephen	Wor 166	Abner	Mid 141	Jeduthan	Wor 511
Stephen, Junr.	Wor 166	Abner C.	Ess 532	Jemima	Wor 353
Timothy	Ham 287				

Jerh.	Mid 70	Moses	Wor 482	Elijah	Brs 383
Jerusha	Wor 514	Nahum	Wor 198	Elisha	Ess 591
Jesse	Wor 176	Nancy	Wor 457	Elizabeth (2)	Ess 590
Jesse	Wor 283	Natha., Wido.	Mid 459	Henry, Majr.	Ess 101
Jno.	Nor 119	Nathan, jur.	Bar 27	Jacob	Ess 589
Joanna	Ess 532	Nathan, Lt.	Wor 420	James	Ess 148
Joel	Mid 111	Nathan, Rev.	Bar 27	Jesse	Ess 590
John	Ber 149	Nathaniel	Brs 383	Jethro	Ham 263
John	Ess 342	Nathl.	Mid 503	John	Ess 130
John	Ess 392	Nehemiah	Ess 509	Jonathan	Ess 589
John	Ess 430	Nehemiah	Wor 335	Jonathan	Ess 591
John	Ess 555	Nethl.	Wor 175	Nathan	Ess 590
John	Ess 593	Oliver	Wor 458	Nathn.	Ess 101
John	Ham 22	Parley	Wor 344	Nehemiah	Ess 590
John	Ham 75	Peggy	Mid 141	Stephen	Ess 590
John	Ham 222	Peter	Mid 51	Thomas	Brs 383
John	Mid 132	Phineas	Wor 222	Thomas	Brs 393
John	Mid 176	Purchas	Mid 132	William	Brs 383
John	Mid 282	Rachel	Ess 537	see Storecy	
John	Mid 513	Rebeckah	Mid 150	Storm see Stone	
John	Mid 523	Reuben	Wor 344	Storrer, Charles	Mid 492
John	Wor 166	Robert	Ess 27	Storrs, Chester	Ham 275
John	Wor 175	Robert	Ess 572	Eleazer, Rev.	Ber 175
John	Wor 283	Robr.	Ess 419	Elijah	Ply 63
John	Wor 372	Saml.	Mid 52	Richard S., Revd.	Ham 93
John	Wor 511	Saml.	Mid 70	Story, Elisha, Dr.	Ess 469
John, Jr.	Mid 513	Saml.	Wor 284	Isaac, Revd.	Ess 467
John, Jur.	Mid 132	Sampson	Wor 335	William	Ess 346
John, 2d.	Ham 21	Samuel	Ess 102	William	Ess 462
John E.	Mid 70	Samuel	Ess 377	Storys, Abiel	Ess 474
John L.	Mid 70	Samuel	Ess 578	Stott, Leven	Brs 432
Jona.	Mid 458	Samuel	Ham 103	Stoughton, Samuel	Ham 87
Jona.	Mid 503	Samuel	Ham 222	Stover, Sarah, Wido.	Ess 345
Jona.	Wor 283	Samuel	Mid 353	William	Ess 345
Jona., Jur.	Wor 175	Samuel	Wor 153	Stoves, David	Ess 345
Jonas	Mid 282	Samuel	Wor 371	Stow, Abigail	Wor 202
Jonas	Mid 353	Samuel	Wor 447	Abraham	Mid 422
Jonas	Mid 458	Samuel, Jur.	Ess 580	Anna	Wor 196
Jonas	Wor 371	Sarah, Wido.	Ess 342	Benjamin	Wor 215
Jonas	Wor 496	Sary	Wor 420	Daniel	Ham 60
Jonas	Wor 514	Seth	Ham 103	Ebenezer	Ham 179
Jonas, jr.	Mid 282	Seth	Wor 410	Ebenezer	Wor 420
Jonas, Jun.	Wor 374	Silas	Mid 434	Elihu	Ham 173
Jonathan	Wor 175	Silas	Mid 537	Eliza.	Wor 201
Jonathan	Wor 374	Silas	Wor 249	Hannah	Mid 418
Joseph	Mid 254	Silas	Wor 311	Heman	Mid 421
Joseph	Mid 459	Simeon, Deacn.	Ham 222	Ichabod	Mid 426
Joseph	Wor 175	Simon	Ber 165	Ithimer	Wor 197
Joseph	Wor 219	Simon	Wor 240	Jabez	Mid 422
Joseph	Wor 252	Simon	Wor 447	Joab	Mid 417
Joseph	Wor 374	Solomon	Brs 393	John	Mid 420
Joseph	Wor 457	Squier	Ber 263	John	Wor 188
Joshua	Mid 5	Stephen	Mid 426	Jnothan	Wor 203
Josiah	Ess 528	Stevens	Wor 511	Joseph	Ham 60
Josiah	Mid 141	Sylvanus	Ham 312	Joseph	Ham 165
Josiah	Wor 347	Thomas	Ham 197	Joseph	Mid 3
Josiah	Wor 374	Thomas	Ham 274	Josiah	Mid 422
Josiah, Jun.	Ess 528	Thomas	Wor 386	Lucy	Wor 197
Leonard	Wor 231	Thomas, Jur.	Mid 141	Lydia	Wor 283
Levi	Ham 107	Timothy	Mid 282	Milley	Wor 229
Levi	Mid 458	Willa., Senr.	Ess 102	Nathan	Mid 4
Levi	Wor 165	William	Ess 579	Samll.	Mid 523
Limuel	Wor 222	William, Adjt.	Ham 148	Samll.	Mid 530
Luke	Ham 222	William, Doct.	Ham 222	Samuel	Mid 422
Luther	Wor 153	Wm.	Mid 503	Silas	Wor 273
Luther	Wor 204	Wm.	Mid 530	Stephen	Ham 167
Marg.	Mid 491	see Mills		Thomas	Ham 39
Martha	Mid 2	Stones, Thomas	Mid 141	Timothy	Nor 303
Mary	Ess 552	Stoors see Storrs		William	Wor 202
Mary, 2d.	Ess 532	Stopham, Solomon, Jr.	Ham 360	see Stew, Stone	
Mary, wd.	Bar 8	Storecy, Hannah	Ess 591	Stowe, Benjn.	Wor 335
Matthew	Ham 107	Storer, Ebenezer, Esqr.	Brs 325	Comfort	Ber 230
Micah	Mid 141	Solomon	Wor 425	Josiah	Wor 335
Micah	Wor 220	Storey, Amoss	Ess 130	see Stawe	
Moses	Mid 114	Anna	Ess 591	Stowel, Adam	Nor 328
Moses	Mid 282	Deborah	Ess 591	David	Ham 308
Moses	Mid 503	Ebenezer	Ess 591	Elieher	Mid 306

Elizabeth	Suf	138	Israel	Wor	509	Elias	Ham 131
Israel	Suf	138	Jabez	Wor	283	Eliazer	Ham 3
Joshua	Suf	139	James	Nor	86	Elihue	Ham 129
Warren	Ham	304	James	Wor	185	Elijah	Ham 8
Stowell, Abel	Wor	187	John	Mid	255	Ezra	Ham 64
Abel	Wor	284	Jona.	Wor	273	Gelston	Ham 64
Adam	Suf	138	Joseph	Nor	87	Huit	Ham 11
Anna	Wor	187	Joseph	Wor	283	Ithamer	Ham 4
Asahel	Wor	284	Josiah	Wor	509	Job	Ham 131
Benja.	Wor	187	Lemuel	Brs	323	Joel	Ham 11
Caleb	Ham	345	Levi	Wor	283	Joel	Ham 172
Cornelius	Wor	187	Nathan	Mid	537	John	Ham 2
Cyrus	Ber	189	Nathl.	Ham	112	John	Ham 16
David	Ham	345	Oder	Brs	350	John	Ham 130
David	Wor	187	Richard	Ber	224	John, Jun.	Ham 2
David	Wor	284	Robert	Nor	87	John, Junr.	Ham 130
Elias	Wor	187	Rufus	Ham	30	Jonathan	Ber 200
Fisher	Nor	303	Samuel	Wor	517	Jonathan	Ham 3
Harvey	Ber	189	Sarah	Wor	265	Jonathan, Jr.	Ber 200
Isaac	Nor	303	Shubael C.	Ham	102	Jonathan, Jun.	Ham 3
Jesse	Mid	438	Stephen	Wor	283	Jonathan, Revd.	Nor 278
Jesse	Nor	303	Thomas	Wor	509	Joseph	Ham 64
Joab	Wor	284	Willm.	Wor	283	Joseph	Ham 128
Joel	Nor	303	Zebulon	Ham	103	Joseph	Ham 197
John	Wor	284	Straw, Abigail	Ess	283	King	Ber 201
Lemuel	Nor	303	Sherbum	Ess	283	Medad	Ham 11
Lemuel	Wor	284	Street, Caleb M.	Ham	357	Nathan	Ham 2
Luther	Wor	330	Glover	Ham	357	Noah	Ham 9
Nehtl.	Wor	187	Joshua	Ham	357	Noah	Ham 16
Noah	Suf	140	Streeter, Adam	Ham	43	Noble	Ber 201
Oliver	Ham	222	Alpheus	Ber	268	Olive	Ham 4
Peter	Wor	187	Asa	Ham	308	Oliver	Ham 5
Stowers, Amos	Ber	158	Asa	Wor	482	Peter	Ham 23
Elijah	Suf	146	Daniel	Wor	335	Phinehas, Capt.	Ham 210
Mary	Suf	145	Eunice	Wor	264	Roswel	Ham 132
Straffens, George	Ply	10	Isaac H.	Ham	156	Selah	Ham 351
William	Ply	9	J hn	Wor	344	Silas	Ham 5
Straight, William	Ber	161	Levi	Ham	122	Simeon	Ham 6
Strander see O. Strander			Mary	Wor	335	Simeon	Ham 60
Strange, Charles	Brs	281	Moses	Ham	200	Simeon, Esqr.	Ham 289
David	Brs	433	Nathan	Wor	330	Solomon	Ber 148
John	Brs	281	Pearly	Ham	79	Solomon	Ham 64
John	Brs	402	Saml.	Wor	330	Stephen	Ham 132
Joseph	Brs	279	Samuel	Ham	308	Timothy	Ham 2
Lot	Brs	285	Stephen	Wor	482	Waitstill	Ham 132
Sarah	Brs	433	Stretton, Abigail	Nan	49	William	Ess 468
William	Brs	291	Naomi	Nan	55	see Stroy	
Straten, Moses	Mid	424	Obed	Nan	54	Stroud, John	Ber 142
Straton, Jona.	Nor	155	Strickland, Allin	Ess	542	William	Ber 142
Nathan	Mid	491	David	Ham	75	Strout, Joseph	Ess 416
Peleg	Wor	286	Elijah	Ham	174	Strowbridge, James	Ham 30
Stratten, Abijah	Mid	530	James	Ham	260	Samuel	Nor 291
Daniel	Mid	530	John (2)	Ham	75	Seth	Nor 291
Elijah	Mid	530	Jona.	Ham	172	see Strobridg	
James	Mid	530	Jona., Junr.	Ham	172	Stroy, Jams.	Ess 413
Nathan, Jr.	Mid	537	Joseph	Ham	172	Stuart, Paul	Wor 228
Samll.	Mid	530	Nehemiah	Ham	255	Thankful	Ply 105
Windsor	Wor	362	see St...			Stubbs, Dorcas, Wd.	Bar 60
Stratton, Abijah	Mid	537	Striker, Samuel	Ess	484	James	Nan 75
Alpheus	Wor	514	Strobridg, Henrey	Ply	78	John	Bar 72
Asa	Ham	30	Jane, Wo.	Ply	77	Richard	Bar 75
Caleb	Ham	30	Sarah, Wo.	Ply	77	Saml.	Nan 69
Calvin	Ham	30	William	Ply	77	Stubs, Wm.	Nan 70
Daniel	Mid	255	Strong, Aaron	Ham	131	Studley, Abner	Bar 29
David	Ber	173	Amasa	Ham	16	Abraham	Bar 50
David	Wor	215	Asael	Ber	206	Amasa	Ply 134
Ebenezer	Ber	126	Asahel	Ham	133	Anthony	Bar 29
Ebenr.	Wor	283	Ashbel	Ber	200	Anthony	Bar 96
Elias	Wor	283	Belah	Ham	4	Benjn.	Ply 44
Elias, Jur.	Wor	283	Benajah	Ham	16	Benoni	Bar 48
Elijah	Ham	30	Benjamin	Ham	134	Consider	Wor 353
Eliphalet	Ham	323	Bohan	Ham	132	David	Ham 23
Elisha	Mid	254	Caleb	Ham	7	Edward	Bar 29
Elizabeth	Mid	5	Daniel	Ham	7	Elihab	Ply 130
George	Nor	87	David	Ham	4	Gideon	Ply 125
Hezekiah	Ham	30	Ebenezer	Ham	3	Jabez	Ply 126
Isaac	Mid	254	Eleazer	Ham	172	Japheth	Ply 130

John	Ply	134	Parnell	Brs	433	Gardner	Nan	75
Josiah	Bar	96	Summons, Cesar	Nan	77	George	Nan	64
Lamuel	Bar	29	Sumner, Abner	Ber	141	George	Nan	76
Lewis	Ply	131	Benja. C.	Ess	542	Gilbert	Nan	71
Olive	Ply	130	Clement	Nor	226	Grafton	Nan	57
Saml.	Bar	38	Clemmons	Ber	180	Hannah	Mid	307
Sarah	Ply	132	Daniel	Ber	181	Hannah	Nan	49
Silvanus	Bar	31	Darius	Wor	392	Hannah	Nan	60
Silvanus	Bar	98	David	Nor	131	Hezekiah	Nan	75
William	Ply	125	Ebenezer	Brs	357	Howland	Nan	71
Studly, Benja.	Wor	493	Ebenezer	Ess	345	Hows	Nan	62
Zenas	Wor	493	Ebenezer	Nor	309	James	Nan	57
Studson, Ebenr.	Mid	504	Ebenr.	Wor	392	Job	Nan	56
Ezra	Wor	303	Ebenr., Junr.	Wor	392	John	Mid	305
Joshua	Nor	97	Edward	Nor	237	John	Nan	71
Robert	Wor	302	Elizabeth	Nor	233	John, ju.	Mid	307
Thomas	Wor	215	Hezekiah, Jr.	Ber	180	Jonathan	Nan	45
Studufant, James	Ham	228	Hezekiah, Senr.	Ber	180	Jonathan, Junr.	Nan	75
Sturdevant, Czar	Ber	232	Jabez	Nor	131	Jonathan, 2nd.	Nan	55
Ira	Ber	239	James	Ess	542	Joseph	Nan	46
James	Ber	239	Jesse	Nor	130	Lewis	Nan	72
Levi	Ber	239	Jezaniah	Brs	366	Mercy	Nan	57
see Studufant, Sturtevant			John	Nor	86	Moses	Nan	61
Sturges, Jonathan	Bar	34	John	Wor	490	Noah	Nan	66
William	Ber	263	John, Jr.	Nor	86	Oliver	Mid	305
Sturgis, Ebenezer	Bar	84	John D.	Ham	112	Paltiah	Nan	53
Hannah	Bar	86	Joseph	Wor	392	Paul	Nan	76
John	Bar	90	Joseph, Jun.	Wor	374	Peter	Nan	66
Lucretia	Bar	92	Joseph, Revd.	Wor	374	Rebecca	Nan	48
Thomas	Bar	85	Joshua	Ham	122	Rebecca	Nan	60
Sturtevant, Amasa	Ply	17	Lydia	Nor	131	Reuben	Nan	76
Barzillai	Ply	17	Margrett, Wido.	Nor	309	Richard	Nan	75
David	Ply	113	Mercy	Nor	131	Roger	Ess	61
Dependent	Ply	17	Nathaniel	Nor	309	Saml.	Nan	73
Elijah	Ply	27	Nathaniel, Junr.	Nor	309	Silas	Nan	60
Ephraim	Ply	51	Roger	Nor	86	Simeon	Nan	52
Francis	Ham	285	Roger	Nor	268	Solomon	Nan	66
Friend	Ber	200	Salem	Ham	43	Susanna	Nan	59
Heman	Ply	113	Samuel	Nor	226	Thaddeus	Nan	73
Jonn.	Ply	113	Samuel	Wor	199	Thankful	Nan	76
Joseph	Ply	113	Sarah	Nor	131	Thomas	Mid	307
Leml.	Ply	112	Seth	Nor	131	Thomas	Nan	73
Nehemiah	Ply	24	William	Nor	86	Thomas, jur.	Mid	306
Paul	Ply	17	William	Nor	309	Timothy	Nan	54
Robert	Ply	78	William	Wor	490	Timothy, Junr.	Nan	54
Robert, Jur.	Ply	78	Wm.	Nor	155	Tristram	Nan	60
Rowland	Ply	112	see Willis			Uriah	Nan	65
Saml.	Wor	188	Sunderland, James	Ber	148	Valentine	Nan	46
Selvanus	Ply	14	Sushe, John	Brs	402	Valentine	Nan	65
Silas	Ply	54	Sutton, Abner	Ply	134	Walter	Mid	101
Simeon	Ply	16	Burral	Ber	129	Wyer	Nan	63
Simeon	Ply	17	Ebenezer	Ess	586	Zacheus	Brs	433
Stafford	Ply	17	Hannah	Ply	131	Swallow, Abraham	Mid	470
Thomas, Dr.	Ply	79	John	Nor	328	Ameziah	Mid	470
William	Ply	7	Ray	Ply	131	Asa	Mid	470
William	Ply	8	Rebecca	Ess	37	Benjm.	Mid	470
Winslow	Ply	18	Richards	Ess	578	Jona.	Mid	470
Zuba	Ply	16	Rogers	Bar	40	Peter	Mid	470
Sturtivant, Levi	Ply	44	Swain, Abigail	Nan	51	Rachel, Wido.	Mid	459
see Stirtevant, Sturdevant			Abishai	Nan	52	Swan, Aaron	Ess	519
Sturtovant, Charles	Ply	105	Andrew	Brs	433	Asa	Ber	129
Stutivant, Isaac	Nor	249	Barnabas	Nan	71	Asa	Mid	81
Stutson, Abiel	Ham	24	Batchelor	Nan	76	Benja.	Mid	81
David	Mid	176	Benjamen	Mid	306	Benja. B.	Mid	176
Deborah	Wor	335	Benjn.	Nan	76	Benjamin	Ham	75
Gideon	Ham	291	Benjn., Junr.	Nan	76	Caleb	Mid	338
Jos.	Mid	176	Charles	Nan	54	Dorcas	Ess	294
Seth	Ess	19	Charles	Suf	147	Dutey	Brs	322
Thad.	Nor	154	Christopher	Nan	58	Ebenr.	Mid	491
Stutt, Thomas	Bar	72	David	Nan	51	Francis	Ess	283
Sugden, Lucy	Ess	554	Desire	Bar	30	George	Mid	491
Sullings, John	Brs	433	Ebenezer	Nan	54	Gershom	Mid	491
Sullivan, Daniel	Ber	158	Edward, Wid. of	Ess	345	James	Nor	268
Jno.	Nor	130	Elizabeth, 3	Nan	57	John	Ess	294
John L.	Nor	255	Eunice	Nan	70	John	Mid	176
Michael	Ess	125	Francis	Nan	72	John	Wor	273
Summerton, Daniel	Brs	433	Franklin	Nan	55	John P.	Ess	508
						Joseph	Ham	55

Joseph	Nor 303	John	Brs 383	Abraham	Bar 50
Joseph, Junr.	Nor 303	John	Ess 580	Abraham	Wor 391
Joshua	Ess 294	Joseph	Ham 55	Asa	Brs 432
Joshua	Mid 354	Joshua	Ham 55	Asa	Ply 112
Josiah	Ham 194	Michael	Brs 319	Asahel	Ber 224
Luther	Nor 268	Michael	Brs 383	Benjn.	Nan 71
Nathan	Wor 503	Nathaniel	Brs 319	Betsey	Bar 49
Reuben	Wor 496	Nathaniel	Ess 514	Charles	Bar 48
Reuben B.	Wor 496	Thoms.	Brs 320	Clark	Bar 39
Robert	Brs 322	Zebadiah	Brs 318	David	Bar 48
Robert	Ess 196	Sweeting, Job	Wor 386	Ebenezer	Bar 85
Robert	Ess 508	John	Brs 322	Elijah	Bar 51
Robert	Nor 268	Sweetland, Rebec.	Nor 154	Elisha	Bar 48
Robert, Jur.	Nor 268	Sweets, Phinahas	Mid 306	Elisha	Ply 113
Robt.	Ess 382	Sweetser, Asa	Ess 447	Enoch	Ply 112
Saml.	Mid 176	Benj.	Ess 448	Ephraim	Bar 48
Saml.	Mid 199	Cornelieus	Mid 307	Ephraim, Jur.	Bar 48
Saml., 2d.	Mid 176	Daniel	Mid 306	Ezra	Bar 50
Samuel	Mid 153	Ephm.	Ess 447	Foster	Brs 367
Samuel	Mid 203	Ezra	Mid 307	Heman	Bar 41
Samuel	Mid 364	Henry	Ham 107	Isaac	Ply 66
Samuel	Mid 404	Henry	Wor 254	Isaac, junr.	Ply 66
Sarah	Ess 376	Henry, Ju.	Wor 254	Jabez	Bar 48
Sarah	Mid 491	Jacob	Wor 353	Jacob	Ply 24
Tho.	Mid 176	James	Ess 394	James	Ber 257
Timy.	Mid 491	John	Mid 306	James	Ply 106
William	Ess 294	Joseph	Ess 447	Jesse	Ply 113
see Lyman, Messer		Mary	Mid 306	Jetho	Bar 48
Swaney, Willm.	Mid 491	Moses	Mid 307	Jirch	Brs 433
Swasey, ...sannah	Ess 485	Paul	Mid 306	Jireh	Ply 66
Edward	Ess 343	Saml.	Ess 447	Jno.	Nor 130
Jerathmeel	Brs 404	Saml., Jur.	Ess 447	Job	Brs 432
Joseph	Brs 405	Samuel	Ess 400	Job	Nor 107
Joseph	Ess 343	Samuel	Wor 286	John	Bar 48
Joseph	Ess 570	Seth	Ess 345	John	Bar 49
Joseph	Ess 582	Thomas	Mid 307	John	Ply 20
Joseph	Ess 592	Timothy	Mid 307	John, Jr.	Ply 20
Joseph (2)	Ess 600	Willm.	Ess 446	Jonah	Ply 113
Joseph, Jr.	Ess 343	Willm.	Ess 447	Jonathan	Brs 434
Polly, Wido.	Brs 404	Sweetsir, Benja.	Mid 176	Jonathan	Ess 196
Rachel	Ess 387	Caleb	Mid 176	Joseph	Bar 39
Richd.	Ess 388	James	Mid 189	Joseph	Wor 391
Samuel	Ess 416	Jos.	Mid 176	Lemuel	Ham 228
Stephen	Ess 343	Pheebe	Mid 176	Lemuel	Ply 112
Swasy, Anthony	Duk 443	Richd.	Mid 176	Lot	Ber 250
Joseph	Duk 444	Sweetzer, Benja.	Wor 503	Luther	Mid 430
Zephh.	Duk 450	Jacob	Wor 503	Manassa	Bar 50
Swaysey, Samuel	Ess 481	Jacob F.	Wor 503	Micah	Ply 113
Swazey, Manual	Nor 321	Sweezer, Benja., jun.	Wor 503	Moses	Bar 41
Sweat, Aaron	Ess 62	Swelt, Joseph	Ess 472	Moses	Bar 48
Benja.	Ess 84	see Swett		Nathan	Ber 159
Willm.	Ess 84	Swena, Benjamin	Ham 172	Nathaniel	Bar 39
Enoch	Ess 84	Sweny, John	Ham 269	Nathl.	Nor 155
Jerusha	Bar 72	Swetland, Benjamin	Ess 478	Owen	Ber 257
John	Bar 72	Bowen	Brs 321	Paul	Bar 48
John, Jur.	Bar 75	Clerk	Brs 321	Paul	Brs 433
Mercy	Bar 74	Daniel	Ham 244	Phineas	Ply 24
Saml., junr.	Ess 62	George	Brs 322	Reuben	Brs 433
Samuel	Ess 62	Jacob	Ham 244	Robeca	Bar 50
Thankfull	Bar 74	John	Brs 322	Saml.	Nor 131
Willm.	Ess 62	Jonah	Ber 167	Saml.	Ply 106
Sweatland, David	Ham 222	Oliver	Brs 322	Samuel	Nor 107
Sweatman, Reuben	Ham 170	Theophilus	Ham 91	Seth, Revvd.	Ber 125
Sweesy, Appleton	Ess 284	William	Brs 321	Silas	Bar 36
Sweet, ---	Wor 242	William, the 2nd.	Brs 321	Silas	Ber 157
Aaron	Ess 580	Swett, Abraham	Ess 284	Silvanus	Bar 48
Benjamin	Brs 387	Daniel	Ess 284	Solomon	Bar 48
George	Ber 162	Edmund	Ess 344	Stephen	Bar 42
Gideon	Brs 320	Jacob	Ess 344	Stephen	Bar 48
Gideon, Junr.	Brs 320	Martha	Ess 474	Temperance	Bar 49
Henry	Brs 318	Nathan	Ess 283	Thomas	Bar 39
Henry	Ham 324	Samuel	Ess 344	Thos., Jur.	Bar 39
Jabez	Ess 571	Samuel	Ess 479	Ward	Bar 41
James	Ber 112	Stephen	Ess 478	Ward, Jur.	Bar 41
Jeremiah	Ber 161	see Swelt		William	Ply 66
John	Ber 130	Swetzer, John	Wor 311	Wm.	Bar 48
John	Ber 161	Swift, Abiel	Bar 48	Wm.	Ply 113

Wm., Jur.		Silas	Mid 176	Josiah		Nor 107	
see Payson		Stephen	Ess 263	Taby see Toby			
Swinerton, Ede	Ess 14	Thomas	Mid 306	Tacher, Lucy, wd.		Bar 7	
James	Ess 14	Thorndike	Ess 375	Taft, Aaron		Wor 471	
John	Ess 5	Thos.	Ess 376	Abner		Wor 472	
John, Junr.	Ess 14	William	Ess 375	Amasa		Wor 385	
Ruth	Ess 14	William	Ess 376	Amasa		Wor 469	
Timothy	Bar 84	William	Ham 39	Asa		Wor 454	
Swinerton, Lucy	Ess 451	Willm.	Ess 387	Bezaleel		Wor 472	
Swinnington, Michael	Ham 210	Wm.	Mid 101	Calvin		Wor 472	
Sylvester, Adam	Ess 345	Wm.	Mid 176	Cheny		Ham 312	
Caleb	Mid 51	Zebedee	Wor 237	Cummings		Wor 471	
Eliakim, Doctr.	Ham 154	see Lymonds		Darias		Wor 472	
George H.	Ham 20			David		Wor 232	
Gersham	Ham 21			Easmon		Wor 471	
Ichabod	Wor 490	--- T ---		Ebenezer		Wor 394	
James	Ham 107			Eli		Wor 383	
John	Wor 494			Elijah		Wor 385	
Joshua	Wor 494	Taber, Admiral	Ply 113	Elisha, Lt.		Wor 383	
Lot	Wor 429	Antipas	Nan 64	Enos		Wor 385	
Luke	Ham 20	Amaziah	Brs 435	Enos, 2d.		Wor 394	
Nathaniel	Ham 21	Amos	Brs 351	Ephraim		Wor 472	
Nathl.	Wor 228	Amos	Brs 435	Frederic		Wor 471	
Nehemiah	Ham 21	Archelaus	Brs 435	Genera		Wor 474	
Peter, jun.	Wor 494	Barnabas	Brs 435	George		Wor 385	
Seth	Ham 24	Bartholomew	Brs 434	Gershom		Wor 472	
Symes, Peleg D.	Ess 424	Benjamin	Brs 351	Israel		Wor 474	
Symmes, Danl.	Mid 199	Benjamin	Brs 434	Isreal		Wor 386	
Isaac	Ply 7	Benjamin	Brs 435	Jacob		Wor 471	
Jno.	Mid 199	Daniel	Brs 435	Jacob, Jun.		Wor 471	
Joanna	Ply 8	Edward	Brs 435	James		Wor 471	
John	Ess 510	Elnathan	Brs 435	Japheth		Wor 394	
Josiah	Mid 199	Eseck	Brs 337	Jesse		Wor 186	
Saml.	Mid 338	Francis	Brs 435	Joel		Wor 241	
Steph.	Mid 390	George	Brs 434	John		Wor 186	
Timo.	Mid 199	Humphrey	Brs 435	John		Wor 383	
William	Mid 338	Jabez	Brs 435	Joseph		Wor 386	
William, Revd.	Ess 196	Jacob	Brs 435	Joseph, Junr.		Wor 472	
Zecharh.	Mid 338	James	Brs 435	Josiah		Wor 186	
Symms, Caleb	Mid 458	Jeduthan	Brs 434	Josiah		Wor 474	
George	Nor 235	Jemima	Brs 435	Jotham		Wor 385	
Samuel	Nor 240	John	Brs 434	Keith		Wor 474	
Stephen	Nor 234	Jonathan	Brs 434	Leonard		Wor 471	
Symond, James	Wor 237	Joseph	Brs 337	Lovet		Ber 237	
Symonds, Abigail	Ess 375	Joseph (2)	Brs 434	Lyman		Ham 48	
Benjamin	Ess 382	Joshua	Brs 434	Marvel		Wor 474	
Benjamin	Ham 39	Lewis	Brs 434	Matthew		Wor 383	
Danl.	Mid 199	Loring	Brs 434	Micajah		Wor 472	
Eben	Ess 375	Luke	Brs 434	Mijaman		Wor 471	
Ebenr.	Mid 199	Mary	Brs 434	Moses		Wor 472	
Eliza.	Ess 375	Mary, Wdo.	Brs 337	Nahum		Wor 394	
Eliza.	Ess 403	Nathaniel	Brs 434	Nathan		Wor 472	
Hannah	Ess 375	Nicholas	Brs 434	Nathan		Wor 474	
Isaac	Wor 517	Pardon	Brs 434	Nathan, Junr.		Wor 472	
Jacob	Ess 39	Patience	Brs 434	Nathaniel		Wor 385	
Jacob	Ess 383	Patience	Brs 435	Noah		Wor 471	
James	Ess 376	Philip	Brs 336	Paul		Wor 471	
James	Wor 233	Phillip	Brs 434	Robert		Wor 407	
John	Ess 376	Prince	Brs 434	Robert, Capt.		Wor 383	
John (3)	Ess 382	Richard	Brs 434	Samuel		Wor 472	
John	Mid 116	Robert	Brs 434	Seth		Wor 385	
John	Wor 509	Ruth	Brs 435	Solomon		Wor 383	
Jonathan	Ess 382	Samuel	Brs 435	Stephen		Wor 386	
Jos.	Mid 177	Sanford	Brs 435	Stephen		Wor 474	
Joseph	Ess 32	Silvanus	Brs 435	Sweeting		Wor 469	
Joseph	Ess 263	Thomas	Brs 337	Thadeus		Wor 472	
Joseph	Ess 363	Thomas	Brs 435	Thomas		Wor 385	
Joshua	Mid 199	Thomas, 2nd.	Brs 435	Timothy		Wor 185	
Jude	Mid 199	William	Brs 434	Webb		Wor 472	
Lydia	Ess 375	William	Brs 435	Willis		Wor 471	
Mary (2)	Ess 382	William, 4th.	Brs 435	Zacheus		Wor 385	
Mehitl.	Ess 382	William, 2nd.	Ess 419	Taggard, Benjamin		Ham 175	
Nath.	Ess 376	Tabor, David	Nor 240	Taggart, James		Ham 153	
Samel.	Wor 237	Elnathan	Brs 292	James		Ham 189	
Samuel	Ess 25	George	Wor 420	Samuel		Ham 189	
Samuel	Ess 375	Tabour, Joseph	Brs 435	Taggert, John		Ham 159	
Samuel	Wor 233	Tabot, Isaac		Tagget, John		Ber 215	

Tailer, Archepus	Ply 43	Jonathan	Wor 458	Tarbut, Jacob	Ply 49
Caleb	Ply 43	Joseph	Wor 449	Tobey	Ply 49
Joseph	Ply 43	Tame, Joseph	Wor 286	Targill, Benja., Capt.	Ham 259
Joshua	Ply 43	Tamplin, Thomas	Ham 223	Tarr, ...	Ess 157
Tailor, Barnabas	Bar 19	Thomas, Jr.	Ham 224	Abraham	Ess 127
Benjn.	Bar 24	Tanner, Clark	Ham 146	Andrew	Ess 157
Cato	Suf 144	Francis	Ber 134	Anna, Wo.	Ess 159
David	Bar 24	George	Ham 302	Benja.	Ess 157
Gorge	Bar 19	John	Ham 153	Benja., Jun.	Ess 157
James	Bar 19	Nathan	Ham 6	Benja., 3d.	Ess 158
John	Bar 19	Oliver	Ham 189	Betty, Wo.	Ess 160
John	Bar 23	Silas	Ham 148	Charles	Ess 160
John	Bar 29	William	Ber 111	Danl. B.	Ess 157
Mathew	Bar 19	Tant, John	Nor 292	David	Ess 116
Mathew, jur.	Bar 19	John, Jr.	Nor 292	David	Ess 157
Reuben	Bar 19	Jona.	Ess 377	Ebenr.	Ess 157
Reuben	Bar 27	Levi	Nor 292	Epes	Ess 158
Seth	Bar 19	Samuel	Nor 292	Eunice	Ess 160
Seth	Wor 304	Seth	Nor 175	Francis	Ess 157
Simeon (2)	Bar 28	Tapley, Amos	Ess 4	Jabez	Ess 157
Solomon	Bar 75	Asa	Ess 4	James	Ess 159
Thom.	Nor 132	Betsy	Ess 26	Job	Ess 158
Thomas	Bar 19	David	Ess 9	John	Ess 158
Wm.	Nor 132	Gilbert	Ess 5	Jona.	Ess 158
Wm.	Bar 304	Isaac	Mid 492	Nathu.	Ess 158
Zenas	Bar 19	William	Ess 285	Oliver	Ess 158
Tainter, Abijah	Wor 165	Taply, John	Mid 178	Samu.	Ess 158
Abijah, Junr.	Wor 165	Tappan, Benjamin	Ham 4	Solomon	Ess 131
Ayers	Wor 435	David	Mid 492	Tarrant, Susanna	Ess 362
Benjn.	Mid 504	Ebenr.	Ess 102	Tate, Sally	Brs 317
Catherine	Wor 436	Enoch	Ess 212	Thos.	Ess 358
Joel	Wor 165	James	Ess 116	Tatman see Totman	
Nahum	Wor 496	Samuel	Ess 216	Tattingham, Elisha	Mid 339
Stephen	Wor 165	Stephen	Ess 212	Tatum, Jas.	Ess 410
Talbert, Ebenezer	Nor 309	see March, Toppan		Tay, Benja.	Ess 392
Enoch	Nor 309	Tappen, Anny	Ess 219	Comfort	Mid 339
Talbot, Benj.	Nor 156	Moses	Ess 220	Ebenr.	Ess 385
David	Nor 292	Tappin, Daniel	Ess 229	Isaiah	Mid 345
Elka.	Brs 414	Joseph	Ess 223	John	Mid 339
George	Nor 132	Tarbel, Jona.	Ess 450	Joshua	Mid 339
Hannah	Brs 413	Jona., Junr.	Ess 450	Nathaniel	Mid 308
Hannah	Nor 156	Tarbell, Benjm.	Mid 460	Saml.	Mid 339
Isaac	Nor 269	David	Mid 61	William	Mid 339
Isaac, Jur.	Nor 269	David, Jr.	Mid 61	Tayler, Asa	Ess 524
Jabez	Nor 269	Eben	Mid 460	Daniel	Ess 6
Jedediah	Brs 412	James	Mid 61	Daniel, Junr.	Ess 6
Joseph	Brs 414	John	Mid 61	David, Jr.	Ham 61
Joseph, 2d.	Brs 413	Mary, Wido.	Mid 460	Edmond	Ham 64
Josiah	Brs 411	Nehh.	Mid 460	James	Mid 308
Nathaniel	Ess 348	Sewall	Mid 61	John	Ham 55
Richard	Nor 269	Solomon	Mid 459	John	Mid 110
Saml.	Brs 413	Thomas	Mid 459	Obed	Ham 55
Samuel	Nor 269	Wm.	Mid 61	Samuel	Ess 6
Silas	Brs 413	Wm.	Mid 460	Samuel	Ess 402
Zepha.	Brs 412	see Willard		Thomas	Ess 116
Talburt, Nathaniel	Nor 245	Tarbil, Elijah, Junr.	Ham 273	William	Ess 163
Talcott, Aaron	Ham 93	John	Wor 330	Taylor, Aaron	Ham 48
Israel	Ber 158	Tarbill, Elijah	Ham 272	Abel	Mid 40
John	Ber 158	Tarble, Abijah	Mid 402	Abel	Mid 67
Joseph	Ber 193	Saml.	Mid 402	Abel	Mid 428
Nehemiah	Ber 151	Wm.	Mid 391	Abigail	Ber 201
White	Ham 247	Wm., jur.	Mid 391	Abigail	Mid 429
Talcutt, Eleazer	Ham 154	Tarbox, Adriel	Ham 254	Abner	Bar 100
Tallman, Elkanah	Brs 435	Benja.	Ess 127	Abraham	Mid 39
Ezkiel	Brs 337	Daniel	Ess 551	Abrm.	Mid 70
Gidion	Brs 337	Daniel	Mid 54	Alvin	Ber 114
James	Brs 337	David	Ess 436	Amos	Ham 145
Jonathan	Brs 337	Dorcas, Wo.	Ess 138	Ansel	Bar 95
Weston	Brs 435	Ebenr.	Ess 444	Archibald, Capt.	Ess 87
William	Brs 435	Ebenr. C.	Ess 437	Asa	Wor 454
William, Jr.	Brs 435	Esther, Wo.	Ess 138	Barnabas	Ham 330
Talmadge, John	Ham 360	Nathl.	Ess 439	Benjamin	Bar 95
Talmage, Joseph	Ber 128	Solomon	Ham 256	Benjn.	Nor 174
Joseph	Ber 148	Thos.	Ess 399	Benn.	Wor 304
Nathaniel	Ham 258	William	Ess 348	Caleb	Wor 432
Talman see Tallman, Tolman		Willm.	Ess 439	Charles	Wor 219
Talor, Ezra	Wor 454	see Moulton		Chauncey	Ham 352

Name	Ref		Name	Ref		Name	Ref
Comfort, Wd.	Ham 249		Jonathan	Ber 211		Trowbridge	Wor 201
Dan	Ham 352		Jonathan	Ess 256		Uel	Wor 304
Daniel	Ham 48		Joseph	Ham 48		William	Bar 84
Daniel	Wor 482		Joseph	Wor 454		William	Bar 95
Daniel, Esq.	Bar 97		Joseph, Jr.	Wor 454		William	Ber 264
Daniel, Esq.	Ber 234		Joshua	Bar 97		William	Ham 145
Daniel, Jr.	Bar 97		Jotham	Wor 304		William	Ham 158
David	Brs 393		Leml.	Ham 330		William	Ham 201
David	Ham 48		Levi	Ham 253		William	Ham 248
David	Ham 254		Lewis	Ham 156		William	Mid 426
David	Mid 420		Lothrop	Bar 95		William	Wor 186
David	Mid 470		Mary	Bar 86		William	Wor 201
David	Wor 458		Mary	Ham 104		William, Jr.	Bar 96
Ebenezer	Bar 97		Mary	Mid 434		Willm.	Ham 330
Ebenezer	Ham 253		Mary	Ply 1		Witt	Ham 208
Ebenr.	Ham 345		Mary, Wd.	Wor 165		Wm.	Mid 178
Edward	Bar 95		Micah	Ber 233		Wm., Jur.	Ham 248
Edward	Ham 145		Mical	Mid 493		see ..., Maynard, Tailor,	
Edward, Esqr.	Ham 160		Moses	Ham 248		Talor, Tayor	
Eleazer	Ber 236		Nathan	Ber 201		Tayntor, John	Mid 417
Eliab	Ham 94		Nathan	Wor 432		Jonathan	Mid 418
Elias	Ber 236		Nathaniel	Ham 91		Joseph	Mid 418
Eliphalet	Wor 154		Nathaniel	Ham 352		Tayor, Elizebth	Wor 454
Elisha	Ber 110		Nathaniel	Wor 347		Teague, Nath	Ess 398
Elisha	Ber 114		Noah	Ham 250		Wm.	Ess 398
Elisha	Ham 248		Oliver	Ham 248		Teal, Benja.	Mid 199
Elizabeth	Mid 444		Oliver	Ham 312		Blany	Mid 178
Elizabeth	Nor 362		Oliver	Mid 434		Gershom	Mid 199
Elnathan	Wor 347		Oliver	Mid 471		Jona.	Mid 178
Enos	Ham 330		Oliver, Jur.	Ham 250		Saml.	Mid 199
Ephraim	Ber 257		Othniel	Wor 186		Teed, Isaac	Ber 118
Ephraim	Mid 434		Patten	Ham 48		Joseph	Ber 117
Err	Ham 91		Paul	Ham 352		Nathaniel	Ess 348
Ezekiel	Ham 345		Paul	Mid 426		Teel, John, Wido. of	Ess 348
Ezra	Wor 204		Phenihas	Wor 455		Joseph	Ess 348
Freeman	Ham 352		Rachel	Ham 9		Temple, Aaron	Wor 372
Geo.	Ess 372		Rebeckah	Wor 454		Aaron	Wor 510
George	Ham 174		Reuben	Ham 250		Abner	Mid 524
Hezekiah	Mid 434		Reuben, Jr.	Ham 250		Abner	Wor 195
Howes	Bar 95		Richard	Bar 96		Ahio	Wor 448
Humphry	Ham 200		Richard	Ply 122		Benja.	Wor 372
Isaac	Mid 91		Richd.	Mid 391		Benjamin	Mid 10
Isaac	Mid 471		Robert	Mid 52		Daniel	Mid 308
Isaac	Wor 230		Rufus	Ham 194		David	Mid 409
Isaiah	Ham 345		Saml., Dea.	Mid 471		Emary	Wor 372
Israel	Mid 433		Saml., Esqr.	Ham 330		Ephraim	Wor 448
Isreal	Wor 432		Saml., Junr.	Ham 330		Hananiah	Ham 43
Ithamar	Ham 254		Samll.	Wor 304		Henry	Wor 362
Jacob	Ham 254		Samuel	Bar 96		Isaac	Mid 421
James	Ber 201		Samuel	Ham 48		Jabez	Mid 308
James	Ham 118		Samuel	Ham 118		John	Mid 307
James	Ham 141		Samuel	Ham 155		John	Mid 423
James	Ham 360		Samuel	Ham 221		John	Wor 372
James	Mid 471		Samuel	Wor 423		John, Jur.	Mid 423
James	Wor 165		Samuel	Wor 454		John, ju.	Mid 307
Jasher	Ber 212		Samuel, Jr.	Bar 95		Jonas	Mid 423
Jashur, Jr.	Ham 330		Samuel, Lt.	Ham 254		Jonas	Wor 372
Jedidiah	Ham 118		Sarah	Ham 194		Jonathan	Mid 307
Jethro	Ply 93		Seth	Ham 22		Joseph S.	Wor 373
John	Ber 257		Seth, Junr.	Ham 22		Joshua	Wor 372
John	Ham 146		Shubael	Ham 254		Josiah	Mid 149
John	Ham 217		Silas	Ber 207		Moses	Mid 423
John	Ham 263		Silas	Ham 254		Peter	Mid 10
John	Ham 324		Silas	Mid 433		Richard	Mid 308
John	Ham 336		Solomon	Wor 222		Salman	Ham 197
John	Ham 345		Stephen	Ber 227		Saml.	Ply 106
John	Ham 352		Stephen	Ham 151		Samuel	Mid 33
John	Mid 91		Stephen	Ham 324		Samuel	Nor 280
John	Mid 345		Stephen	Ham 345		Seth	Ham 197
John	Mid 415		Stephen	Ham 352		Silas	Ham 116
John	Ply 94		Stephen	Wor 185		Silas	Ham 255
John	Wor 436		Sylvanus	Wor 304		Silas	Mid 423
John, 2d.	Ber 257		Teahan	Ber 251		Solomon	Ham 197
John D.	Ber 236		Tertius	Ham 194		Thomas	Ham 255
Joice	Bar 95		Thomas	Ber 134		Timothy	Wor 200
Jonas	Mid 470		Thomas	Ber 201		Timothy	Wor 372
Jonas, Jun.	Mid 471		Thomas	Ham 352		William	Mid 307

see Kendall			
Tenison, Joshua	Wor 237	Joseph	Bar 97	Asa	Wor 472
Tenly, Thomas	Ess 493	Josiah	Bar 96	Barnabas	Nor 192
Tennant, Saml.	Ham 324	Josiah, Jr.	Bar 95	Baruch	Ber 130
Tenney, Abel	Wor 420	Laban	Bar 97	Benj.	Nor 156
Amasa	Wor 254	Lot	Ply 107	Benja.	Ess 373
Cheney	Mid 443	Martha	Bar 85	Benja.	Nor 279
Eliphelet	Mid 427	Obediah	Wor 517	Benjamin	Wor 385
James	Ber 143	Peleg	Bar 83	Benjamin, 2d.	Wor 391
John	Mid 441	Peter	Bar 97	Benjn.	Nor 174
Joshua	Wor 383	Susanna	Bar 96	Betty, Widw.	Nor 174
Stephen	Mid 442	Susanna, Jr.	Bar 97	Beza	Nor 132
William	Mid 442	Thomas	Bar 97	Caleb	Ham 48
Tennison, Twiss	Ham 276	Thomas, Revd.	Nor 313	Caleb	Nor 173
Tenny, David	Ess 247	William	Bar 97	Caleb	Nor 269
David	Ess 250	see Rich, Thatcher		Caleb	Wor 394
Elijah	Ess 583	Thair, Artemas	Ham 197	Calvin	Ham 116
John	Ess 237	Asil	Ham 197	Calvin	Nor 174
Joseph	Wor 436	Asil, Jur.	Ham 197	Christopher	Brs 387
Nathll.	Ess 256	Caleb, Jur.	Ham 197	Daniel	Ber 117
Oliver	Ess 249	Elir.	Mid 513	Daniel	Ham 61
Oliver	Ess 250	Jonah	Ham 197	Demetrius	Nor 174
Richard	Ess 257	Jonathan	Ham 197	Denis	Wor 474
Richard	Ess 348	Silas	Ham 197	Ebenezer	Nor 343
Samuel	Ess 243	Thatcher, Ceaser	Nor 157	Ebenr.	Nor 163
Samuel	Ess 348	Ebenezr.	Ber 140	Ebenr.	Nor 173
Shubal	Ess 238	Ebenezer	Ham 61	Edward	Ham 61
Silas	Ess 244	Gamaliel	Ber 148	Eleazer	Mid 283
Solomon	Ess 243	Gamaliel	Ber 149	Elias	Ham 18
William (2)	Ess 244	Gamaliel	Ber 153	Elias	Nor 340
Terbell, William	Ess 535	John	Ber 264	Elias, Junr.	Nor 340
Terrey, Geer	Wor 186	Mary	Mid 492	Elijah	Ham 204
Reuben	Ber 126	Peter	Brs 320	Elijah	Ham 330
Terril, Thomas	Ham 304	Rowland	Ber 264	Elijah	Nor 174
Terrry, Hiram	Ber 152	Thos. C.	Ess 429	Elijah	Wor 392
Terry, Benjamin	Brs 286	Thaxter, Abigail	Suf 141	Elijah, Jr.	Ham 330
Benjamin	Brs 434	Benja.	Wor 186	Elijah, 2d.	Nor 174
Ebenezer	Brs 290	Benjamin	Suf 142	Eliphalet	Ham 65
Elias	Brs 434	Daniel	Suf 139	Eliphaz	Nor 173
James	Brs 398	Duncan	Suf 140	Elisha	Ham 61
Job	Brs 284	Francis	Suf 139	Elisha	Wor 482
John	Wor 304	Gridley	Ply 34	Elkanah	Ham 64
Joseph	Brs 434	Henry	Suf 142	Enoch	Ham 228
Peter	Ham 246	Jacob	Suf 142	Enoch	Ply 52
Robert	Brs 288	John, Esqr.	Suf 139	Enoch W.	Ber 221
Robert, Jur.	Brs 288	Jonathan	Suf 139	Enos	Ply 51
Susannah, Wid.	Brs 286	Joseph	Duk 441	Ephraim	Wor 304
Thomas	Brs 434	Joseph	Suf 137	Ezra	Nor 279
Zepheniah	Brs 291	Quincy	Suf 139	Gaius	Nor 120
Tetes, John	Nor 254	Seth	Suf 139	Gideon	Nor 174
Tew, Abigal, Wid.	Brs 281	Thomas, Dr.	Suf 142	Gideon	Wor 482
Dan	Brs 281	Thomas, jur.	Suf 142	Gideon, junr.	Nor 174
Henry	Brs 281	Thay..., George	Brs 356	Grindale	Wor 472
Henry, Jur.	Brs 281	Thayer, Aaron, Capt.	Wor 385	Hannah	Ply 51
Margret, Wid.	Brs 281	Abel	Ham 64	Ichabod	Wor 394
Tewell see Jewell		Abiather	Brs 368	Ichabod, Col.	Wor 392
Tewksbury, Henry	Ess 26	Abijah	Ply 56	Increase, Lt.	Wor 385
James	Ess 470	Abijah	Wor 482	Isaac	Ess 508
Jonan.	Ess 225	Abijah, 2d.	Ply 56	Isaac	Nor 173
Mary	Ess 377	Abraham	Nor 173	Isaiah	Wor 347
see Tukesbury		Abraham	Nor 239	Israel	Wor 479
Tewxbury, Jacob, Dean.	Ess 102	Adonijah	Ham 61	Jacob	Brs 393
Jacob, Junr.	Ess 102	Ahaz	Ham 104	James	Wor 304
Thacher, Anthony	Bar 83	Alexander	Nor 279	Jedediah	Ham 228
Barnabas	Bar 97	Alexander	Wor 385	Jeremiah	Nor 278
Betsey	Ply 27	Alpheus	Nor 338	Jeremiah	Ply 52
David, Esqr.	Bar 97	Ambrose	Ham 247	Jesse	Ham 112
David, Jr.	Bar 97	Amos	Nor 173	Job	Nor 174
Ebenr.	Bar 95	Amos	Wor 385	Joel	Ham 21
Edmund	Bar 95	Amos	Wor 471	Joel	Ham 43
Hannah	Bar 97	Ann	Nor 227	John	Brs 368
James	Bar 96	Araba	Mid 523	John	Ham 207
James	Ply 1	Arodi	Nor 155	John	Nor 174
Jethro	Bar 84	Artemas	Wor 394	John	Ply 64
John	Bar 84	Asa	Ham 18	John	Wor 304
John	Bar 97	Asa	Ham 40	John	Wor 482
John O.	Wor 518	Asa	Ham 336	John, Jr.	Wor 306
		Asa	Nor 292	John, Junior	Brs 368

John, Junr.	Ham 223	Silas	Ham 228	Eleazer, Jur.	Ply 75
Jona.	Ber 131	Silas	Nor 339	Eli	Ply 5
Jonathan	Ber 189	Silvanus	Nor 174	Elihue	Brs 288
Jonathan	Brs 365	Simeon	Nor 279	Elijah	Ber 126
Jonathan	Nor 173	Smith	Wor 385	Elijah	Ber 264
Jonathan	Nor 279	Solomon	Nor 174	Elijah	Ply 75
Jonathan, Junr.	Brs 365	Solomon, 2d.	Nor 173	Elisha	Ply 74
Jonathan, junr.	Nor 173	Stephen	Brs 393	Eliza.	Bar 88
Joseph	Nor 269	Stephen	Ess 373	Eliza.	Ess 414
Joseph	Wor 391	Stephen	Ham 21	Elizabeth, Wo.	Ply 76
Joseph	Wor 482	Stephen	Ham 112	Elkanah	Ply 76
Joshua	Ham 64	Stephen	Nor 173	Enoch	Ply 75
Joshua	Ham 116	Susannah	Bar 65	Enoch, 2d.	Ply 74
Josiah	Ham 292	Thadeus	Wor 479	Ephraim	Ply 76
Josiah	Nor 173	Thomas	Wor 391	Ezra	Brs 435
Jossaniah	Ess 516	Timothy	Nor 174	Ezra	Ply 76
Leavitt	Ply 56	Timothy	Nor 279	Fear	Ply 74
Levi	Nor 174	Timothy	Suf 140	Foxwell	Ham 107
Levi	Nor 279	Uriah	Nor 173	Hannah	Ply 30
Levi, Jur.	Nor 279	William	Ber 165	Henrey	Ply 75
Luke	Ham 304	William	Nor 173	Hushar	Ply 74
Luther	Nor 191	Zachah. Tyr.	Nor 174	Hushar, 2d., Capt.	Ply 74
Luther	Nor 279	Zacheus	Nor 279	Ichabod	Ply 43
Luther	Nor 339	Zachr.	Nor 156	Isaac	Ess 461
Meshech	Nor 278	Zechariah	Nor 174	Isaac	Ply 13
Micah	Nor 279	Zenas	Mid 178	Isaac	Ply 43
Micah, 2d.	Nor 279	Zenas	Nor 191	Isaac	Ply 73
Micah, 3d.	Nor 279	Zephion	Nor 255	Isaac	Ply 94
Minott	Nor 174	see Thay...		Isaac, Jur.	Ply 43
Moses	Wor 479	Thayers, Smith	Bar 13	Isaac, 2d.	Ply 73
Nahum	Nor 216	Thayre, Ephm.	Wor 286	Isaac, 3d.	Ply 73
Nahum	Wor 391	Jacob	Ham 304	Isaiah	Ply 28
Nathaniel	Brs 393	Theboult, John	Nor 207	Isaiah	Ply 76
Nathaniel	Nor 356	Therston, Gilman	Wor 454	Isaiah	Wor 185
Nathaniel	Wor 356	Moses	Wor 454	Isaiah, Jur.	Wor 185
Nathanl.	Ber 264	Thing, Josiah	Ess 348	Israel	Ess 30
Nathl.	Nor 173	Thips, Abigl., Wo.	Ess 139	Israel	Ham 223
Nathl., 2d.	Nor 174	Thissel, Ebenezer	Ess 528	Israel	Ply 74
Nathu.	Ham 309	Hannah	Ess 550	Jabez	Ply 24
Nehemh.	Nor 173	James	Ess 540	Jacob	Ply 75
Nicholas	Wor 391	James, Jur.	Ess 540	James	Ply 64
Noah	Nor 278	Jeffery	Ess 525	James	Ply 75
Noah	Nor 368	Lucy	Ess 540	Jedediah	Brs 293
Obadiah A.	Nor 368	Lydia	Ess 547	Jedediah	Ply 75
Obed	Nor 250	Mary	Ess 525	Jedediah, 2d.	Ply 74
Obediah	Nor 191	Paul	Ess 525	Jeremiah	Ply 76
Oliver	Ham 64	Sarah	Ess 525	Jethro	Ess 377
Oliver	Ham 312	Sarah, 2d.	Ess 525	John	Bar 67
Oliver	Wor 330	Thissell, Joshua	Mid 92	John	Nan 77
Oliver, Junr.	Ham 65	Thoma..., Abel	Ply 91	John	Nor 97
Paul	Nor 278	Nathan	Ply 91	John	Nor 191
Peter	Nor 279	Thomas, Abijah	Ply 96	John	Ply 27
Philip	Nor 173	Abner	Ply 73	John	Ply 43
Philo	Nor 341	Abraham	Ply 75	John	Ply 94
Phinehas	Nor 279	Amos	Ham 103	Jonathan	Ply 74
Randal	Nor 192	Anna, Wo.	Ess 129	Joseph	Bar 92
Randal	Suf 143	Ansel	Bar 88	Joseph	Brs 435
Remember	Brs 387	Archabald	Ham 200	Joseph	Ess 222
Reuben	Ham 207	Asa	Ply 98	Joseph	Ply 73
Richard	Mid 492	Azuel	Ply 73	Joshua	Ply 6
Richard	Nor 173	Barzilla	Ply 75	Joshua	Wor 356
Richard	Nor 191	Benjamin	Suf 146	Josiah	Mid 132
Richard	Nor 278	Benjan.	Ply 75	Josiah	Ply 97
Richard	Ply 56	Briggs	Ply 103	Josiah	Ply 99
Robert	Nor 279	Caleb	Nor 229	Judah	Ply 93
Robert	Wor 394	Calvain	Ply 73	Lemuel	Bar 91
Rufus	Nor 278	Charles	Ply 94	Lemuel	Ply 76
Saml.	Ply 34	Charles	Ply 96	Levi	Ply 75
Saml. W.	Nor 173	Churchill	Ply 75	Lovwell	Ham 138
Samuel	Brs 393	Daniel	Ply 73	Luther	Ply 94
Samuel	Nor 278	Daniel	Wor 304	Martha	Ess 516
Seth	Brs 357	David	Ess 551	Mary	Ess 380
Seth	Ply 51	David	Ply 74	Moses	Ess 402
Seth	Wor 392	Ebenezar	Ham 200	Moses	Ply 75
Seth, Junr.	Wor 392	Ebenezer	Ply 76	Moses	Wor 347
Shadrach	Ham 264	Edward	Ply 74	Moses, Jur.	Ply 75
Shadrach	Nor 278	Eleazer	Ply 75	Naaman	Wor 252

Name	Ref
Nat. Robbins	Nor 174
Nathaniel	'ly 6
Nathaniel	I ly 94
Nathl.	Ply 43
Nehemiah	Ess 110
Nehemiah	Ham 228
Nehemiah, Revd.	Ply 136
Nelson, Capt.	Ply 73
Noah	Ham 304
Noah	Ply 22
Peleg	Ply 76
Peleg	Ply 93
Peleg	Ply 99
Perez	Ply 75
Rebecca	Ess 30
Rebeciah	Bar 67
Richard	Brs 362
Richard	Ess 31
Robert	Wor 407
Salmon	Ham 152
Samuel	Ber 179
Samuel	Ber 189
Samuel	Ess 165
Samuel	Ham 23
Samuel	Ply 76
Sara., Wo.	Ess 166
Sarah	Mid 27
Seth	Ply 75
Silas	Ply 76
Silvanus, Lt.	Ply 75
Simeon	Ply 75
Solomon	Ply 76
Thomas	Ess 348
Thompson	Wor 355
Willard	Ham 189
William	Ber 232
William	Ess 32
William	Ess 127
William	Ess 348
William	Ham 223
William	Ply 6
William	Ply 96
William	Wor 252
William	Wor 347
Winslow	Ply 64
Winslow	Ply 93
Zadock	Ply 43
Zebedee	Ply 75
Zenas	Ply 73
Zenus	Ply 94
Zephaniah	Ply 73
see Thoma...	
Thompson, Aaron	Wor 335
Abel	Mid 127
Abigail	Ess 483
Abigail	Nor 222
Abijah	Mid 339
Abijah, 2d.	Mid 339
Abner	Wor 496
Amherst	Ber 189
Amos	Nor 339
Andrew	Wor 407
Arlemas	Ber 189
Asa	Ham 280
Asa	Mid 82
Benja.	Ess 102
Benja.	Wor 436
Benja., Jr.	Ham 228
Benja., 3rd.	Ess 470
Benjamen	Mid 321
Benjamen, jur.	Mid 322
Benjamin	Ess 497
Benjamin	Wor 347
Benjamin	Wor 471
Caleb	Ham 103
Charles	Brs 403
Charles	Ess 347
Charles	Ham 95
Charles, Jr.	Ham 92
Cornelius	Ess 498
Daniel	Ber 189
David	Brs 393
David, Jr.	Brs 393
Ebenezer	Ham 40
Ebenezer	Mid 322
Ebenezer	Nor 222
Ebenr.	Mid 492
Edde	Ber 215
Edward	Ham 65
Edward	Wor 496
Elias	Ber 189
Elias, 2d.	Ber 189
Elijah	Nor 97
Elijah, 1st	Wor 338
Elijah, 2d.	Wor 338
Elisha	Wor 338
Elisha	Wor 482
Ezra	Mid 82
George	Ess 471
George	Nan 78
Grace	Ber 114
Hesther	Ply 122
Hiram	Mid 339
Hugh	Mid 178
Hugh	Wor 312
Isaac	Ber 182
Isaac	Ber 201
Jabez	Mid 339
Jacob	Ham 279
Jacob	Ply 52
James	Ber 112
James	Ess 127
James	Ham 103
James	Ham 210
James	Ply 51
James	Ham 216
James	Mid 113
James	Wor 420
James	Wor 503
Jared	Ber 114
Jason	Nor 366
Jeremiah	Wor 165
Jno., Capt.	Ham 216
Joel	Wor 471
John	Ess 197
John	Ess 513
John	Nor 207
John	Wor 312
John	Wor 391
John	Wor 391
John, Jr.	Wor 312
Jonathan, Lt.	Ham 274
Jonathn.	Mid 339
Joseph	Ber 162
Joseph	Ess 392
Joseph	Nor 336
Levi	Ber 189
Leonard	Mid 85
Leonard	Mid 339
Lodowick	Ber 158
Mary	Ess 409
Nathan	Ber 189
Nathan	Ham 259
Nathan	Mid 82
Nathan	Wor 312
Peter	Ber 189
Peter	Ess 542
Peter	Ham 48
Richard	Ess 486
Richard	Wor 407
Rufus	Ham 94
Rufus	Ham 259
Saml.	Ham 330
Saml.	Mid 201
Saml.	Mid 330
Saml.	Mid 362
Saml.	Nor 132
Saml.	Wor 420
Samll.	Mid 102
Samuel	Ber 114
Samuel	Ber 201
Samuel	Brs 364
Samuel	Ess 481
Samuel	Ham 55
Samuel	Ham 95
Samuel	Ham 222
Samuel	Mid 339
Samuel W.	Ess 347
Sanford	Ham 176
Sarah, Wido.	Nor 292
Silas	Wor 252
Simeon	Ber 189
Sylvanus	Ham 274
Thaddeus	Ber 211
Thomas	Ber 150
Thomas	Ess 347
Thomas	Ess 508
Thomas	Ham 25
Thomas	Ham 216
Thomas	Ham 223
Thomas	Ply 51
Thomas, Jr.	Ham 223
Thomas, junr.	Ply 51
Timo.	Mid 178
Timo., 2d.	Mid 178
Timothy	Ber 229
William	Ber 189
William	Ess 486
William	Ess 498
William	Ham 95
William	Ham 182
William	Nor 292
William	Wor 503
Wm.	Mid 391
Wm.	Mid 504
Wm.	Wor 313
see Bacon, Baxter, Maxwell, Thomas	
Thomson, Abel	Ply 18
Abel	Wor 233
Adam	Ply 16
Amasa	Ply 16
Asa	Ply 16
Benjan.	Ply 74
Caleb	Ply 73
Daniel	Ply 56
David	Ham 189
Ebenezer (3)	Ply 13
Eliab	Ply 13
Ephraim	Ply 73
Ezekiel	Ply 13
Ezra	Ply 13
Hugh	Ham 189
Ichabod	Ply 16
Isaac	Ply 16
Isaac	Wor 518
Isaac, Esqr., Hone.	Ply 73
Jacob	Ess 552
Jacob	Ply 13
Jacob, Capt.	Ply 73
James	Ess 552
John	Ply 73
John	Wor 518
Jonas	Wor 238
Joseph	Ply 18
Joseph	Ply 34
Joseph, Jur.	Ham 189
Josiah	Ply 18
Josiah	Ply 31
Levi	Ply 13
Luther	Ham 308
Margaret	Wor 238

Molley, Wo.	Ply 73	Daniel	Brs 298	James	Mid 201
Moses	Ply 13	Daniel, Dr.	Wor 385	John	Ham 22
Nathan	Ply 16	David	Brs 304	John	Ham 232
Nathan	Ply 73	James, 2nd.	Brs 304	Samuel	Ham 241
Nathaniel	Ply 13	Laban	Wor 266	Timothy	Ham 61
Nathl.	Ply 76	Leonard	Brs 304	Tibbals, John	Ham 165
Nathl., 2d.	Ply 74	Nathaniel	Brs 305	Moses	Ham 166
Nehemiah	Ply 16	Ores	Ham 201	Tibbet, Henry	Ess 401
Reuben	Ply 15	Ozias	Nor 361	Tibbets, Henry	Brs 337
Ruth, Wo.	Ply 74	Reuben	Brs 304	John	Brs 337
Solomon	Ply 73	Thurdike, Hezek.	Mid 102	Timothy	Ess 576
Stephen	Ham 197	Paul	Mid 102	Tibbetts, Caleb	Ber 135
Thomas	Ply 13	Thurlo, Enoch	Ess 233	Tibbits, Solomon	Ber 119
Thomas	Ply 73	John	Ess 219	Tickner, Daniel	Ber 117
Timothy	Ply 28	Paul	Ess 219	Daniel, Junr.	Ber 117
William	Wor 518	Rhoda	Wor 423	Tictcomb, Joseph	Ess 226
William, Capt.	Ply 74	Samuel	Ess 224	Tictcum, Caleb	Ess 205
Zacheus	Ply 16	Thurlow, Eliphelet	Ess 249	Simeon	Ess 205
Zebediah	Ply 13	John	Ess 250	Tidd, Adam	Nor 132
see Burrill, Leach		Joseph	Ess 217	Benn.	Wor 312
Thoreau, John	Mid 2	Lydia	Ess 217	Daniel	Mid 524
Thorington, Joseph	Ham 249	Mark	Ess 249	Ebenr.	Wor 312
Thorn, Henry	Ham 84	Simeon	Ess 206	John	Mid 354
William	Ess 413	Stephen	Ess 204	John	Mid 402
Thorndike, Eleanor	Ess 552	Thurstin, Ebenezer	Ess 16	John	Mid 524
Elizabeth	Ess 547	Nathan	Wor 165	Jonathan	Mid 339
Henry	Ess 531	Thursting, Enock	Ess 558	Samuel	Mid 339
Israel, Esq.	Ess 523	Thurston, Abijah	Nor 351	Samuel	Mid 361
Jeremiah	Ess 547	Ambross	Ess 159	William	Mid 354
Mary	Ess 575	Benjamen	Ess 229	Wm.	Wor 312
Nicholas	Ess 552	Daniel	Ess 239	see Teed	
Thorner, Reddin	Ess 504	Daniel	Ess 240	Tidder, John	Ess 457
Redding	Ess 476	Daniel	Ess 577	Volentine	Ess 472
Sarah (2)	Ess 518	Daniel	Nor 346	Tiffany, Betsey	Brs 318
Thorning, John	Mid 133	Daniel	Wor 203	Cyrus	Brs 371
William	Mid 354	Daniel	Wor 385	Daniel	Brs 319
Thornton, Elisha	Ham 352	Danl.	Ess 158	Ebenezar	Brs 318
Henry	Ess 374	Danl., Jun.	Ess 158	Ebenezar, Junr.	Brs 322
John	Ess 6	Ebenr.	Wor 423	Edward	Ham 31
John	Ham 88	Elizabeth	Nor 351	Eleazer	Ber 148
Lydia	Ess 573	Enoch	Ess 348	Elizabeth, Widw.	Ham 160
Medad	Ham 352	Gates	Wor 356	Isaac	Nor 87
Thos.	Ess 388	Henry	Ess 361	James	Ham 276
Thorp, Aron	Ber 182	Job	Nan 60	Joseph	Nor 87
Bishop	Ham 336	John	Ess 229	Lemuel	Wor 479
David	Ham 132	John	Wor 193	Noah	Brs 319
Eli	Ham 357	John	Wor 355	William	Brs 387
Eliphalet	Nor 309	John	Wor 423	Wm.	Ham 124
Moses	Ham 357	John, Jun.	Wor 423	Tiffeny, Samel.	Ham 126
Peter	Ber 182	Joseph	Ess 159	Tilden, Abigail	Ply 136
Sarah, Wo.	Ess 166	Joseph	Wor 264	Amos	Ply 136
Thomas	Ham 336	Joseph, Jun.	Ess 159	Benjamin	Ham 197
Thomas	Mid 33	Mehitable	Wor 436	David	Brs 393
Timothy	Ham 9	Nathll.	Ess 239	Elisha	Ham 48
Thrall, Samuel	Ham 173	Pardius	Wor 383	Elisha	Ply 104
Thrasher, Charles	Ber 156	Peter	Wor 355	Ezra	Nor 292
Daniel	Ply 74	Peter, Jun.	Wor 356	Fotham	Ply 101
Elkanah	Brs 358	Saml.	Ess 159	Job	Ply 129
George	Ham 228	Samuel	Nor 375	Job, Junr.	Ply 129
George	Ply 23	Samuel	Wor 191	John	Ply 52
Job	Ply 74	Samuel	Wor 356	John	Ply 136
John	Brs 357	Silas	Wor 356	Joseph	Ply 97
John	Ply 73	Stephen	Ess 148	Joshua	Ply 97
Jonathan	Ply 24	Stephen	Ess 198	Josiah	Nor 292
Rebecca	Brs 435	Stephen	Wor 423	Mary	Ply 97
Samll.	Wor 312	Thomas	Wor 423	Nathl.	Nor 292
Samuel	Ply 73	Timothy	Wor 203	Nathl., Jur.	Nor 292
Savish	Ess 464	Varnum	Brs 399	Niles	Ess 241
Stephan	Wor 312	see Therston		Samuel	Ply 102
Wm.	Wor 312	Thustin, Lewis	Wor 232	Samuel, Jur.	Ply 102
Threeshear, Aaron	Brs 304	Thuston, Edward	Brs 290	Sarah	Nor 269
Asa	Brs 311	Eliza	Ham 216	Sarah	Ply 131
Barnabas	Brs 304	Nathaniel	Brs 289	Stephen	Nor 207
Thresher, Seth	Ply 56	Peleg	Brs 286	Thatcher	Ply 127
Simeon	Ham 299	Samuel	Brs 286	Thomas	Ber 170
Throop, Amos	Brs 317	Thomas	Brs 286	Wales	Ply 101
Thurber, Benjamin	Brs 304	Thwing, Benja.	Wor 471	William	Ham 237

Tileston, Cornelius	Ham 64	Josiah	Ham 304	Abraham	Ham 189
Eben.	Nor 156	Martin	Ham 171	Billings	Nor 324
Elisha	Nor 156	Martin, Capt.	Ham 126	Deborah, Wido.	Brs 359
Euclid	Nor 157	Nehemiah	Ham 302	Edward	Nor 107
Ezekiel	Nor 157	Rufus	Ham 148	Ephraim	Brs 358
Josiah	Mid 493	Silas	Ham 148	Hannah, Wido.	Brs 367
Nathaniel	Nor 229	Sylvester	Ham 148	Henry	Nor 324
Thom.	Nor 156	Sylvester	Ham 172	James	Brs 367
Timy.	Nor 156	Tinkham, Abigael	Ply 73	James	Nor 97
Tileton, Salatiel	Ham 312	Abisha, Capt.	Ply 73	John	Brs 393
Till, Jemexo	Ham 273	Abm.	Ply 106	John, Junr.	Ham 228
Tilley, James	Wor 482	Charles	Ply 106	Joseph	Brs 359
Ludderick	Ham 254	Cornelius	Ply 76	Polly	Brs 383
Tillinghast, Allen	Nor 362	Deborah, Wo.	Ply 73	Rachel	Wor 165
Daniel	Wor 472	Ebener., 2d.	Ply 73	Simeon	Brs 360
Nicholas	Brs 360	Ebenezer	Ply 73	Tabatha, Wido.	Brs 367
Pardon	Nan 45	Elisha	Ply 76	Th...	Brs 393
Sylvanus	Wor 471	Eliza	Ply 106	Thomas	Brs 277
see Tripp		Ephraim	Ply 15	Tisdell, Abraham	Ply 47
Tillotson, Benjamin	Ber 152	Hazuel	Ply 73	Tishoe, John	Ess 476
Elizur	Ham 236	Isaac	Ply 73	Peter	Ess 487
Elizur, Junr.	Ham 236	James	Ply 73	Tisser, Abigail	Ess 552
Jona.	Ham 172	Jesse	Ply 73	Titas, Comfort	Brs 312
Samuel	Ber 113	Joanna	Ply 73	see Tittas	
Tillson, Stephen	Ham 223	John	Brs 434	Titcomb, Ann, Wido.	Ess 347
Tillton, Abigail	Duk 447	John, Lt.	Ply 76	Anna, Wd.	Ess 87
Beriah	Duk 449	Joseph	Ham 216	Benaiah	Ess 347
Daniel	Duk 449	Joseph	Ply 16	Enoch	Ess 347
Ezra	Duk 449	Levi	Ply 76	Henry	Ess 347
Isaac	Duk 449	Marmaduke	Brs 434	Ichabod	Ess 87
Joseph	Duk 449	Patience, Wo.	Ply 73	John B.	Ess 347
Matthew	Duk 449	Peter	Ham 234	John S.	Ess 347
Nathan	Duk 449	Peter	Ply 74	Jonathan	Ess 347
Oliver	Duk 449	Peter	Ply 106	Jonathan, Jr.	Ess 347
Pain	Duk 450	Seth	Ply 73	Joseph	Ess 233
Reuben	Duk 449	Silas	Ply 73	Joshua	Ess 347
Stephen	Duk 448	Squire	Ply 76	Mary, Wido.	Ess 347
Ward	Duk 450	Zebedee	Ply 73	Michael	Ess 347
Wm.	Duk 449	Tinney, Daniel	Ham 228	Michael, Jr.	Ess 347
Wm., Jr.	Duk 449	Daniel	Wor 165	Nicolas	Ess 347
Zilpah	Duk 449	Danl., Junr.	Wor 165	Richard	Ess 347
Tilson, Calvain	Ply 76	Isaac	Ber 189	Richard, Jr.	Ess 347
Elisha	Ply 52	Jonathan	Wor 355	Samuel	Ess 347
Ephraim	Ply 15	Josiah	Ham 61	Sarah, Wido.	Ess 347
Ephraim	Ply 18	Josiah	Ham 194	William	Ess 347
Holmes	Ply 52	Oliver	Ber 189	William, Jr.	Ess 347
Isaiah	Ply 10	Oliver	Wor 355	see Tictcum	
Jacob	Brs 337	Peter	Mid 28	Tittas, Comfort	Brs 308
John	Ply 15	Saml.	Ham 324	Titterton, Gabriel	Nor 248
Jonathan	Ply 11	Simon	Wor 165	Tittle, John	Ess 553
Joseph	Ply 18	Stephen	Ham 189	see Little	
Nehemiah	Nor 378	Thomas	Ess 36	Titus, David	Ber 269
Silus., Lt.	Ply 76	Tinny, Gideon	Wor 362	Ebenezer	Brs 383
Tilton, Abrm.	Mid 524	Moses	Ess 231	Ebenezer	Ham 228
Anna	Ess 582	Samuel	Ess 225	John	Brs 317
John	Mid 132	Tiplady, Elizabeth	Ess 408	John	Wor 165
John, Jur.	Mid 133	Tippet, John	Ess 295	Jonah	Wor 165
Joseph	Wor 372	Tirrel, John	Ply 64	Joseph	Brs 387
Samuel	Ess 87	John, junr.	Ply 64	Peter	Brs 317
Samuel	Mid 132	Lemuel	Ply 51	Primas	Mid 524
Timberlake, James	Brs 375	Tirrell, Benjn.	Nor 191	Rbecca	Brs 318
Timey, George	Ess 218	Gideon	Suf 147	Ruben	Nor 87
Timpson, Robert	Ham 40	Jacob, 2d.	Nor 191	Samuel	Brs 317
Tincomb, Hezekiah	Ply 4	James, 2d.	Nor 191	Samuel	Ham 65
Tingley, Lucy	Brs 322	John	Nor 191	Silvester	Brs 383
Samuel	Brs 322	Joseph	Nor 191	Simeon	Brs 317
Thomas, Junr.	Brs 322	Levi	Nor 184	Simeon	Ham 223
Thoms.	Brs 322	Noah	Nor 184	Timothy	Brs 320
Timothy	Brs 322	Noah, junr.	Nor 184	see Titas	
Tink, John	Ess 388	Vinson	Nor 191	Tmanning see Manning	
Thos.	Ess 390	Tirril, Isaac	Ply 34	Tobey, Abram.	Ber 251
Tinkam, Arther	Brs 285	John	Ply 34	Apollos	Brs 274
Tinker, Charity	Ham 172	Lemuel	Ply 34	Apollos	Brs 295
Elihu	Ham 301	Nathl.	Ply 34	Avery	Brs 434
Elisha	Ham 153	Thos.	Ply 34	Benja.	Bar 38
John	Ham 172	Tisdael, Isaac	Ply 74	Bethiah	Bar 50
John	Ham 298	Tisdale, Abigal, Wid.	Brs 282	Hannah	Brs 435

Heman	Bar 35	Chas.	Ply 121	James	Nor 191
James	Bar 91	Daniel	Ply 66	James	Ply 130
John	Bar 36	Desire	Wor 230	James Gorshom	Nor 191
John	Brs 435	Ebene.	Nor 155	John	Ber 130
John, Jur.	Bar 36	Ebenezr.	Ber 257	John	Ber 138
Jonathan	Brs 435	Ezekl.	Nor 155	John	Ply 14
Lemuel	Brs 435	James	Nor 157	John, Junr.	Ber 129
Lewis	Brs 435	John	Nor 155	Jonathan	Ham 266
Lot	Brs 434	John	Nor 321	Joseph	Ham 266
Luke	Brs 434	John	Ply 122	Joseph	Ply 43
Maria	Bar 35	Jonas	Nor 155	Joseph	Wor 185
Mariah, Jur.	Bar 41	Joseph	Ply 119	Joseph, Capt.	Wor 385
Martha	Ber 269	Leml.	Nor 156	Joshua	Ply 6
Mellatiah	Bar 35	Sam, Ju.	Nor 156	Josiah	Ply 34
Nathan	Bar 35	Saml.	Nor 156	Keziah, Wd.	Wor 165
Nathana.	Ber 264	Saml.	Nor 269	Levi	Brs 368
Nathaniel	Brs 274	Samuel	Ply 121	Miriam	Ply 129
Prince	Bar 35	Stephen	Ply 43	Nathan	Ber 189
Samuel	Brs 435	Thomas	Mid 283	Nathaniel	Ber 201
Silas	Bar 39	Thomas	Nor 269	Philip	Ply 64
Silvanus	Bar 35	William	Nor 107	Phillip	Nor 184
Stephen	Ber 264	Willm.	Wor 286	Samuel	Ham 232
Thos.	Ply 107	Willm., Jr.	Nor 107	Samuel	Nor 191
Timothy	Bar 35	Wm.	Nor 157	Samuel	Wor 165
William	Bar 35	Tomb, Samuel, Rev'd.	Ess 209	Sarah	Nor 184
William	Brs 435	Tombs, Lydia	Wor 372	Stephen	Ham 22
William, 2nd.	Brs 435	Nathan	Mid 419	Stephen	Wor 385
Wm., Jur.	Bar 41	Tomkins, Gilbert	Brs 337	Thomas	Ply 6
Zimri	Bar 50	Isaac	Ess 284	Thomas	Ply 64
Toby, Amaziah	Ham 61	Tomlinson, Daniel	Wor 321	William	Ber 130
Cornelius	Brs 351	Tompkin, Sarah	Brs 434	Willm.	Ply 34
Dinah	Ess 200	Tompkins, Benjamin	Brs 284	Willm.	Ply 43
Elijah	Ham 345	Toms, Robert	Ber 120	Willm., Capt.	Wor 385
Isaac	Ham 330	Toney, Ceasar	Wor 284	Torry, Abner	Ham 308
Jemima	Nan 77	Abram.	Wor 284	Barne	Ham 308
Prince	Ham 61	Toogood, William, Capt.	Ham 144	Ebenezer	Ham 104
Samuel	Brs 274	Tooley, Isaac	Ber 109	Ezra	Ham 210
Seth	Bar 28	Topham, James	Ess 471	John	Nor 353
Seth, jur.	Bar 28	Topliff, Abigail, Wido.	Nor 292	John, Junr.	Nor 358
Stephen	Bar 28	John	Ham 126	Jonn.	Ham 304
Timothy	Ham 61	Saml.	Nor 157	Jonn.	Ham 308
Tockquenett, Martha	Duk 450	Saml., Ju.	Nor 156	Joseph	Ess 23
Tod, Titus	Ham 201	Toplouf, Gurdon	Ham 223	Josiah	Ham 308
Todd, Archibald	Brs 387	Luther	Ham 223	Luther	Ham 304
Asa	Ham 68	Toppan, Abner	Ess 346	Reuben	Mid 149
Benja.	Ess 251	Amos	Ess 346	Samuel	Ham 223
Benjamin	Ham 139	Benjamin	Ess 346	Tory, John	Ess 223
Daniel	Ess 255	Benjamin H.	Ess 346	Totman, Ebenezer	Wor 407
David	Ess 252	Edward	Ess 346	Jaebz	Wor 186
George	Ess 251	Elizabeth, Wido.	Ess 346	John	Ply 34
James	Ess 256	Enoch C.	Ess 346	John	Wor 186
James	Suf 137	John	Ess 346	Joshua	Ham 189
Jeremy	Ess 346	John, Wido. of	Ess 348	Joshua, Jur.	Ham 189
Jesse	Ham 355	Joseph	Ess 346	Mart., Wd.	Wor 407
Joanna, Wido.	Ess 346	Joshua	Ess 346	Nathl.	Wor 407
Jonathn.	Ess 251	Samuel	Ess 346	Saml.	Wor 284
Joshua	Mid 190	Sewell	Ess 346	Samuel	Ham 252
Nathan	Ess 252	William	Ess 346	Sarah	Ply 125
Nelson	Ess 253	Torey, Joseph	Ham 22	Stephen	Ply 127
Sarah, Wo.	Ess 158	Joseph	Ply 106	Stodard	Ham 189
Solomon	Ham 352	Torrance, Jeduthan	Ham 211	Thomas	Ham 189
William	Ess 253	Wm.	Ham 207	Tottingham, Moses	Wor 455
William	Ess 346	Torrence, Thomas	Ply 7	Nathll.	Wor 454
William	Suf 137	Torrey, Benjn.	Nor 184	Toune, Saml.	Ess 398
William, Wid. of	Ess 346	Calvin	Ham 133	Tounsend, Samuel	Ess 417
Tolbert, George	Wor 284	Caleb	Ply 121	Thos.	Ess 391
Tole, Mary	Brs 307	Caleb	Wor 165	Tourtellotte, Asahel	Wor 394
Toleman, Benjamin	Ply 98	Daniel	Nor 184	Jesse	Wor 394
Elisha	Mid 20	David	Ber 201	Stephen	Wor 394
John	Nor 107	David	Ham 23	Toutam, Ruth	Ess 531
Jonas	Nor 256	David	Nor 191	Towensand, Abraham	Wor 458
Nath.	Mid 201	David	Ply 34	Joshua	Wor 455
Tolls, Jared	Ham 48	Ebenezer	Wor 356	Reuben	Wor 458
Jared, Junr.	Ham 48	George	Ply 124	Tower, Abel	Mid 117
Tolman, Ann	Nor 156	Isaac	Ply 121	Abner	Ham 299
Benj. D.	Nor 157	Jacob	Ham 116	Asa	Ham 304
Benjn.	Ply 43	James	Nor 184	Asahel	Wor 355

Augustus	Mid 431	Josiah	Wor 338	Silas	Ply 73
Bela	Suf 145	Josiah, Junr.	Wor 338	Thomas	Nan 63
Bethiah	Nor 328	Levi	Ham 223	Thomas	Wor 284
Daniel	Mid 24	Mary	Ess 198	Thos. H.	Mid 255
Elizabeth	Mid 18	Moses	Wor 153	Timothy	Mid 524
Elkanah	Ham 7	Nathan	Ess 197	Townshend, Daniel	Ess 452
Gideon	Nor 279	Peter	Ess 197	George	Wor 264
Gideon, Jur.	Nor 279	Phinehas	Wor 176	Job	Brs 365
Isaac	Ham 216	Reuben	Ham 223	Job, Junr.	Brs 365
Isaac	Ham 312	Richard R.	Wor 338	John	Brs 359
Isaac	Nor 280	Salem	Wor 326	Townsley, Dan	Ham 330
Isaiah	Suf 145	Salem	Wor 327	Towser, Ebenr.	Ess 414
Isaiah, jur.	Suf 145	Salem	Wor 338	Towsey, Calvin	Wor 284
James	Nor 174	Silvanus	Wor 153	Towsley, Reuben	Ham 273
Jesse	Nor 327	Simeon	Ess 197	Tozer, Josiah	Wor 203
John	Nor 174	Simon	Wor 344	Tracey, David.	Ber 233
John	Nor 332	Solomon	Ham 207	John	Ber 142
John	Wor 514	Solomon	Wor 330	Simeon	Ber 209
Jonas	Wor 286	Tabitha	Ham 40	Tracy, Appos.	Ess 353
Jonathan	Mid 24	Thomas	Ham 197	Elam	Ber 201
Jonathan	Mid 283	Thomas	Wor 338	Erastus	Ber 205
Jonathan	Wor 514	William	Wor 241	Ezra	Ber 201
Joseph	Ham 299	see Toune		George	Ham 55
Joseph	Mid 149	Towne, Amos	Ess 374	Jabez	Wor 330
Joseph	Nor 280	Benjn.	Ham 308	Jacob	Ply 43
Joshua	Suf 145	Daniel	Ess 42	James	Ber 189
Laban	Suf 145	David	Ess 36	John	Ess 348
Levi	Nor 331	Eli	Ber 143	Mary, Wido.	Ess 348
Malachi	Suf 143	Elijah	Ess 37	Meriam, Wido.	Ess 348
Mary	Nor 331	Ephriem	Ess 36	Nathll.	Ber 189
Mary	Wor 186	Jacob	Ess 43	Nicolas	Ess 348
Mathew	Ply 121	Jacob, Junr.	Ess 37	Sarah	Ber 193
Matthew	Ham 304	Joseph	Ess 36	Seth	Ber 201
Nathaniel	Ham 304	Joshua	Ess 37	Solomon	Ber 154
Peter	Ham 304	Samuel	Ess 9	Stephen, Revd.	Ham 154
Richard	Ham 312	Thomas	Ess 15	Thomas	Wor 185
Samuel	Ham 299	William	Ess 3	Tradwell, Nathl.	Ess 545
Samuel, Jun.	Ham 299	William	Ess 22	Trafford, Joseph	Brs 351
Sarah	Mid 37	Towner, William	Ber 125	Trafton, Benja.	Brs 409
Shubel	Ham 301	Townsand, Gilbert	Brs 278	Elias D.	Brs 398
Silas	Mid 117	Robert	Wor 356	Seth	Brs 409
Stephen	Ham 304	Townsen, Anny	Ess 221	Snow	Brs 409
Thomas	Ham 345	Martin	Ber 162	Trail, John	Ess 460
Webb	Ham 5	Martin, Jun.	Ber 162	Train, Arthur	Mid 255
Towlong, Leander	Brs 415	Nathan	Ber 162	Enoch	Mid 255
Town, Aaron	Ess 198	Obadiah	Bar 79	Isaac	Ham 220
Aaron	Wor 273	Townsend, Abner	Ply 74	Jonathan	Ham 223
Aaron, jur.	Ess 198	David	Mid 266	Nahum	Mid 255
Amasa	Ham 210	David	Nor 156	Oliver	Ham 68
Amos	Wor 286	Dennis	Ess 198	Samuel, jr.	Mid 255
Asa	Ess 197	Ebenr.	Mid 190	Trainer, James	Ess 348
Asa	Wor 165	Esther	Mid 190	see Trayner	
Benjamin	Ess 295	Eunice	Ply 34	Trane, Elisha	Wor 454
Daniel	Wor 338	Ezekiel	Ply 34	Trasher, John	Ess 500
David D.	Ber 132	Ezekiel, Jur.	Ply 34	Trask, Abigal, Wid.	Ess 116
Elijah	Ess 198	Horatio, Esq.	Nor 304	Abigal, Wo.	Ess 118
Elijah	Ham 223	Jacob	Wor 510	Barnabus	Ess 534
Elijah	Wor 330	James	Wor 214	Bartholomew	Ess 533
Eliphalet	Ham 104	Jethro	Mid 201	Ben	Ess 384
Elisha	Wor 251	Job	Ply 76	Benja.	Duk 447
Elisha	Wor 338	John	Mid 190	Benja.	Ess 380
Elisha	Wor 496	John	Ply 76	Benja.	Ess 530
Ephraim	Ham 40	Jonan.	Ber 113	Daniel	Ess 22
Ezra	Mid 178	Jonathan	Ham 104	Daniel	Ham 267
Gideon	Brs 323	Joseph	Mid 423	David	Wor 496
Israel	Ham 253	Joshua	Wor 214	Doborah	Ess 534
Jedadiah	Wor 286	Joshua, Junr.	Wor 214	Eben	Ess 108
Joel	Ham 104	Lemuel	Ber 113	Ebenezer	Ess 557
Joel	Wor 344	Martha	Ess 422	Ebenezer, Jr.	Ess 557
John	Ess 263	Moses	Ess 421	Edward	Nor 370
John	Ess 264	Moses	Ham 22	Eliza.	Ess 554
John	Ham 223	Pen	Ess 403	Elizabeth	Ham 122
John	Wor 273	Rufus	Ber 113	Ezra	Ess 12
John	Wor 344	Saml.	Mid 177	Ezzra	Ess 238
John, Jr.	Ham 223	Saml.	Mid 493	Frederic	Wor 469
John, Jun.	Ham 223	Samuel	Ber 113	Henry	Ess 22
Jona., Capt.	Ham 210	Sarah	Nor 207	Isaac	Mid 178

Israel, Cap.	Ess 127	William	Ess 498	William	Brs 351
Israel, Doctr.	Ham 223	Tremain, Justis	Ber 116	Wisson	Brs 337
Jeremiah	Ess 531	Nathaniel	Ber 117	Triscott see Truscott	
Jesse	Ber 257	Trescot, Ebenezer	Ber 230	Trivett, Samuel R.	Ess 561
John	Ess 25	Trescott, Eben	Nor 157	Trivis, Joshua	Nor 155
John	Ess 555	Jona.	Nor 157	Trobridge, Joseph	Mid 418
John	Ham 103	see Truscott		Thos.	Mid 61
John	Mid 429	Tresscott, Samll.	Ber 230	Troop, Lucy	Ess 585
John, 2d.	Ham 103	Trevitt, Richd.	Ess 435	Trosater, Samuel	Ess 378
Jonathan	Ess 24	Trewboday, John	Ess 116	Trott, John	Brs 398
Jonathan	Wor 165	Tribble, Joseph	Ply 6	Jona.	Brs 400
Jonathan	Wor 394	Joseph	Ply 10	Luke	Nor 157
Joseph	Ess 24	Tribow, Amasa	Ply 52	Thom.	Nor 120
Joseph	Ess 421	Melzer	Ply 73	Trout, Abraham	Ess 536
Joseph	Mid 357	William	Ply 56	Trow, Benjn.	Ham 330
Lydia	Ess 22	Trim, Benjamin	Ham 260	Dudley	Ess 198
Mary	Ess 377	Trimon, Josiah	Ham 137	Israel	Wor 304
Mary	Ess 391	Simeon	Ham 128	Israel	Wor 312
Mehitable	Ess 23	Trip, Godfrey	Bar 11	John	Ess 198
Molly	Ess 536	Jeptha	Bar 19	John, jur.	Ess 198
Nath.	Mid 178	Jesse	Ply 106	Josiah	Ess 533
Nehemiah	Ess 544	Jesse, Jr.	Ply 106	Nath	Ess 421
Osman	Ess 525	Jonathan	Bar 29	Richard	Nor 157
Osman, 2d.	Ess 531	Mehitable, Wd.	Bar 11	Trowbridge, Abijail,	
Peter	Ham 267	Mial	Brs 407	Wido.	Mid 460
Peter	Wor 165	Peleg	Ply 107	Daniel	Ham 330
Retire	Ess 530	Robert	Ham 30	Edmund	Mid 283
Saml.	Nor 120	Tripp, Abner	Brs 351	James	Wor 185
Saml., junr.	Wor 496	Anthony	Brs 337	John	Mid 141
Samuel (2)	Ess 238	Benja.	Bar 99	John, Jur.	Mid 141
Samuel	Nor 238	Benjamin	Brs 337	Joshua	Mid 141
Samuel	Wor 496	Benjamin	Brs 434	Saml.	Mid 283
William	Ess 17	Caleb	Brs 337	Tabitha	Ber 107
William	Ess 23	Charles	Brs 337	Thomas	Mid 460
William	Ess 556	Constant	Brs 337	Willm.	Wor 185
William	Ham 197	Culbert	Brs 337	see Trobridge, Ward	
William	Ply 56	Daniel	Brs 336	Truant, John	Ply 97
William	Wor 238	Daniel, Mason	Brs 337	Samuel	Ply 97
William, Jr.	Wor 238	David	Brs 336	True, Corier	Ess 17
William, 2d.	Ess 539	Ebenezar	Brs 337	David	Ess 63
Traske, Joseph	Ply 11	Ebenezar, 2d.	Brs 337	Dudley	Ess 63
Traveller, Henry	Ply 55	Edmond	Brs 337	Jabez	Ess 62
Travis, Daniel	Mid 530	Elihew	Brs 337	Moses	Ess 63
David	Mid 530	Elizabeth	Brs 337	Saml., junr.	Ess 62
Elijah	Mid 256	Ephraim	Brs 351	Samuel, Dr.	Ess 62
Joel	Mid 134	Ephraim	Brs 387	Truesdale, Pearly	Ham 265
Tray, Giles	Ham 175	Ephraim	Brs 434	Richard	Ess 348
Trayner, Francis	Ham 285	Ezekiel	Brs 337	Samuel	Ess 348
Treadwell, Aaron	Ess 580	George	Brs 337	Truesdall, Daniel	Ham 65
Aaron, Jur.	Ess 580	Gilbert	Brs 434	Truesdel, Leml.	Ham 330
Ager	Ber 129	Ichabod, Junr.	Brs 337	Saml.	Ham 330
Cesar	Bar 35	Isaac	Brs 337	Truesdell, Darius	Ham 189
Jabez	Ess 581	Jacob	Brs 337	Trufant, David	Nor 191
Jacob	Ess 575	James	Brs 337	Jonathan	Nor 191
Jane	Mid 439	Job	Brs 434	Joseph	Wor 219
John	Ess 363	Joh	Brs 337	Joshua	Nor 191
John	Ess 373	John	Brs 336	Trull, David	Mid 88
Lidia	Ess 576	John	Brs 351	David	Mid 116
Mary	Wor 186	John	Brs 434	David	Mid 391
Moses	Ess 575	Jonathan	Brs 337	Elijah	Mid 391
Nathaniel	Ess 574	Jonathan	Brs 434	Jesse	Mid 102
Nathaniel, Jur.	Ess 574	Joshua	Brs 336	Joel	Mid 178
Nathl.	Ess 584	Lot	Brs 337	Jonathan	Nor 251
Priscilla	Ess 576	Lovet	Brs 434	Levi	Ess 198
William	Ess 576	Luthern	Brs 336	Saml.	Mid 391
Treat, Ebenezer	Ber 201	Nathan	Brs 337	Solomon	Mid 345
Nathaniel	Bar 64	Nathaniel	Brs 351	Trumbal, Fra.	Mid 178
Samuel	Bar 65	Othnial	Brs 337	Richd.	Mid 177
Treddle, Syer	Nor 358	Patience	Brs 337	Trumbul, Nath	Ess 365
Treefant see Trufant		Perry	Brs 337	Trumbull, Ebenr.	Wor 153
Treetoe, John	Ess 496	Philip	Brs 337	Elijah	Ham 263
Treevalley, John	Mid 190	Preserved	Brs 336	James	Wor 153
Trefry, ...ames	Ess 485	Samuel	Brs 434	John	Ham 263
Edward	Ess 477	Stephen	Brs 434	Joseph	Wor 286
Elizabeth	Ess 477	Thomas	Brs 337	Peter	Wor 496
John	Ess 465	Thomas	Brs 434	Truscott, Abigail, Wido.	Brs 359
William	Ess 492	Tillinghast	Brs 337	Trussell, Henry	Ess 87

Moses	Ess 87	James	Nor 132
Truswell see Trussell		James	Nor 292
Tryon, Josiah	Ham 330	Jaret	Nor 132
Timothy	Ham 330	Jedediah	Brs 383
William	Ham 55	Jedediah	Wor 372
William, Jur.	Ham 55	Jedediah	Wor 373
Tubbs, Isaac	Brs 360	Jedediah, Jur.	Wor 372
Joseph	Ply 43	Jedidah	Ply 66
Joseph	Ply 129	Jereh.	Nor 132
Morris	Ply 43	Jeremiah	Nor 371
Nehemiah	Ply 43	John	Ber 105
Samuel	Brs 279	John	Ber 112
Samuel	Brs 405	John	Ber 257
Tubs, ---, Wido.	Ham 302	John	Brs 351
Seth	Ber 160	John	Brs 387
Tuck, Henry	Ess 529	John	Ess 347
John	Ess 102	John	Mid 504
John, Junr.	Ess 102	John	Nor 292
Samu.	Ess 102	John, Majr.	Ess 127
Samuel	Ess 535	Jonathan	Brs 351
Samuel, 2d.	Ess 552	Jonathan	Wor 338
William, Esq.	Ess 102	Jos.	Ham 271
Tucker, ---	Wor 420	Joseph	Brs 351
Abel	Mid 149	Joseph	Brs 371
Abraham	Brs 351	Joseph	Brs 383
Amah.	Nor 132	Joseph	Ess 139
Andrew	Ess 378	Joseph	Ess 158
Andrew	Ess 486	Joseph	Wor 496
Asahel	Brs 383	Joseph, 2d.	Brs 370
Athecln.	Nor 156	Joshua	Brs 298
Barnard	Ess 563	Joshua	Ham 43
Barzilla	Brs 351	Joshua	Wor 237
Benja.	Mid 61	Lemuel	Nor 292
Benja.	Nor 292	Lewis	Ess 389
Benja.	Wor 186	Loas	Wor 338
Benja.	Wor 471	Lucy	Wor 338
Benjamin	Brs 351	Martha, Wido.	Ess 197
Benjamin	Ply 66	Mary	Ess 388
Cyrus	Ber 231	Mary, Wo.	Ess 136
Daniel	Nor 292	Morris	Ham 355
Daniel	Ply 74	Natha.	Ess 116
Daniel	Wor 373	Nathl.	Nor 131
David	Ess 577	Nathu.	Ess 137
David	Mid 102	Newman	Ber 110
David	Nor 131	Nicholas	Ess 459
Deborah	Ess 479	Nicholas, junr.	Ess 458
Desire	Ess 380	Pegy, Wo.	Ess 135
Dick, Negro	Ham 122	Phinehas	Nor 157
Eben.	Nor 132	Pomp	Ber 225
Ebenezar	Ham 197	Rebeccah	Brs 351
Ebenezer	Ham 239	Robt.	Ess 385
Ebenezer	Nor 364	Sambo	Brs 351
Ebenezer, Junr.	Nor 364	Saml.	Ess 386
Ebenr.	Ess 63	Saml.	Nor 132
Edward	Brs 351	Samuel	Ess 62
Edward	Ess 380	Samuel	Nor 292
Elijah	Nor 157	Samuel	Ply 74
Elisha	Ess 87	Sarah	Ess 22
Elisha	Wor 230	Sarah	Ess 222
Elizabeth	Ess 500	Seth	Ber 132
Enos	Wor 186	Seth	Ham 223
Ephraim	Ber 165	Seth	Wor 230
Ephraim	Ham 223	Seth	Wor 304
Ezekiel	Wor 487	Silas	Ber 105
Ezra	Wor 264	Simeon	Nor 292
Geo	Ess 379	Susanna	Ess 368
George	Ess 347	Tamerson	Wor 338
George	Ess 473	Tim, Ju.	Nor 132
George	Nor 132	Timy.	Nor 132
George, junr.	Ess 473	Willa.	Ess 158
Henry	Brs 351	William	Ess 135
Henry	Ess 284	William	Ess 347
Hezekiah	Brs 383	Wm.	Mid 538
Holder	Brs 351	Wm.	Wor 338
Ikabod	Ess 285	Wm., Junr.	Wor 338
Isaac	Nor 131	Tuckerman, Stephen	Nan 66
Jacob	Ess 214		

William	Brs 435		
Tudger, John G.	Ess 122		
Tudor, Willm.	Ess 446		
Tuel, Benjamin	Ham 40		
Benjamin, Junr.	Ham 40		
Gilbert	Wor 165		
Tuexbury, Jonathan	Ess 283		
see Tukesbury			
Tufford, William	Ess 376		
Tuffs, John	Wor 252		
John	Wor 266		
Tufts, Ammi	Ess 425		
David	Ess 431		
Grimes	Ess 385		
Grimes	Ess 432		
Ivory	Ess 400		
Mary	Ess 432		
Tufts, Aaron	Wor 344		
Abigail, Wido.	Ess 348		
Ammi	Mid 177		
Amos	Mid 178		
Andrew	Wor 186		
Ann	Mid 177		
Asa	Mid 459		
Benja.	Mid 200		
Benja., 2d.	Mid 200		
Benjamin	Wor 229		
Cha.	Mid 200		
Cotton	Nor 184		
Cotton, junr.	Nor 184		
Danl.	Mid 178		
David	Mid 189		
Ebenr.	Mid 200		
Eliakim	Mid 460		
Eliza	Mid 200		
Geo.	Mid 391		
Gershm.	Mid 200		
Hutchn.	Mid 200		
Hutchn., 2d.	Mid 200		
Isaac	Mid 178		
Isaac	Mid 200		
Jacob	Mid 200		
James	Mid 200		
John	Ess 348		
John	Mid 177		
John	Mid 492		
John	Wor 312		
Jona.	Mid 200		
Jonathan	Ply 9		
Jos.	Mid 177		
Jos.	Mid 178		
Jos. (2)	Mid 200		
Jos., 2d.	Mid 178		
Josiah	Mid 189		
Martha	Wor 266		
Mary	Mid 189		
Mary	Mid 200		
Nath	Mid 200		
Nath.	Mid 178		
Peter	Ber 193		
Peter	Mid 200		
Peter, 2d.	Mid 178		
Richd.	Ess 369		
Saml.	Mid 178		
Saml.	Mid 190		
Saml.	Mid 200		
Saml., 2d.	Mid 178		
Saml., 2d.	Mid 200		
Saml., 3d.	Mid 200		
Simon	Mid 177		
Step.	Mid 189		
Stephen	Mid 492		
Tabitha	Mid 200		
Thomas	Mid 354		
Timo., Esqr.	Mid 178		
Timo., jur.	Mid 177		
Walter	Wor 185		

Wm.	Wor 312	George	Ply 0	Seth, Jur.	Nor 279
Tukesberry, John	Ess 87	George	Ply 43	Shion	Ham 301
Tukesbury, Daniel	Ess 63	Gurdan	Ham 352	Simeon	Wor 218
Daniel	Ess 87	Harris	Ply 126	Simon	Mid 50
David, Dr.	Ess 63	Henry	Mid 24	Stephen	Bar 14
Isaac	Ess 87	Hezekiah	Nor 309	Stephen	Ham 61
Moses	Ess 87	Isaac	Ber 238	Thomas	Ber 182
see Tewksbury, Tuexbury		Isaac	Ply 127	Thomas	Mid 6
Tulip, Peter	Wor 436	Isaiah	Nor 365	Thomas	Ply 0
Tullar, Joel	Ber 108	Israel	Ess 231	Thomas	Ply 43
John, jun.	Ber 231	Israel	Ply 121	Walter	Bar 50
Seneca	Ber 120	Israel	Wor 426	Watts	Mid 201
Tuller, John	Ber 119	Jabez	Ber 106	Willa.	Ess 163
Tumbs, Joseph	Mid 523	Jacob	Nor 98	William	Brs 302
Tupper, Abigail	Bar 85	Jacob	Nor 184	William	Ess 231
Esther	Bar 39	James	Mid 179	William, Esqr.	Ply 125
Ezra	Ham 267	James	Nor 304	Willm.	Ply 43
Ichabod	Ham 267	James	Ply 135	Zadok	Ham 104
James	Duk 445	Japhet	Ply 0	Zebedee	Ber 131
Lothrop	Bar 85	Japhet	Ply 43	see Durner, Fish, Joy, King,	
Mahitabel	Bar 36	Japheth	Bar 51	Phillips, Stetson	
Peleg	Ply 28	Job	Nor 331	Turrel, Joseph	Ess 401
Prince	Bar 38	Job	Ply 0	Turrell, John	Ber 150
Remember	Bar 38	Job	Ply 43	Samuel	Ber 149
Samuel	Brs 434	John	Brs 285	Trueman	Ber 150
Thomas	Ham 267	John	Ess 158	Turril, Amos	Ham 308
William	Ham 261	John	Mid 177	Oliver	Ham 308
William	Ham 267	John	Ply 0	Turrill, Benj.	Nor 131
Turkin, Abigail	Ess 532	John	Ply 43	Josep.	Nor 120
Turner, Abner	Brs 370	John	Ply 126	Nath.	Nor 120
Abner	Nor 97	John, Jun.	Ess 158	Thom	Nor 120
Abner	Ply 121	John, 2d.	Mid 177	Tuthill, Nathan	Ber 189
Amos	Brs 300	Jonathan	Ply 129	Tutler, James	Ess 423
Amos	Nor 216	Joseph	Mid 8	Tuttle, Abel	Ham 139
Amos	Ply 130	Joseph	Nor 98	Daniel	Mid 443
Anna	Ber 238	Joseph	Nor 309	David	Ham 201
Asa	Ham 24	Joseph	Ply 119	David	Ham 300
Asa	Wor 195	Joseph	Wor 429	Ebenezer	Ham 55
Asa	Wor 240	Joseph A.	Ber 118	Edward	Ess 402
Baker	Nan 68	Joshua	Ply 0	Electa	Ham 357
Barnab.	Mid 177	Joshua	Ply 43	Eliza.	Ess 366
Benj.	Nor 132	Joshua	Wor 153	Ezra	Ham 201
Benja.	Mid 177	Joshua	Wor 355	Huldah	Ber 223
Bethuel	Brs 393	Joshua, 2d.	Ply 0	Ichabod	Ham 124
Bezaleel	Wor 510	Joshua, 2d.	Ply 43	Isaac	Ber 116
Bezaleel, Junr.	Wor 510	Joshua, 3d.	Ply 0	James	Ber 264
Caleb	Ply 0	Joshua, 3d.	Ply 43	James C.	Ess 379
Caleb	Ply 43	Judah	Brs 307	Jedidiah	Wor 230
Caleb, Revd.	Ply 73	Leah	Ply 128	Jeremiah	Mid 443
Calven	Ply 43	Lewis	Ham 216	John	Ess 596
Calvin	Nor 207	Lothrop	Ply 10	John	Ham 284
Calvin	Nor 354	Luthar	Wor 215	John	Mid 437
Calvin	Ply 0	Luther	Mid 53	Jonathan	Ber 111
Charles	Ply 0	Marlbry	Ply 128	Joseph	Wor 510
Charles	Ply 43	Micah	Ham 104	Mary	Mid 201
Charles, Junr.	Ply 120	Micah	Ham 116	Michael	Ham 357
Charles, Junr.	Ply 123	Nath.	Mid 177	Nathan	Ham 48
Charles, Junr., Esqr.	Ply 119	Nathan	Brs 300	Nathan	Ham 252
Consider	Wor 423	Nathan	Nor 97	Nathan, Junr.	Ham 48
David	Ham 3	Nathaniel	Ply 124	Samson	Mid 441
David	Ply 1	Nathl.	Wor 435	Samuel	Mid 34
Edward	Nor 237	Nathl., Junr.	Ply 135	Samuel	Mid 438
Edward	Wor 330	Peregreen	Ber 151	Sarah	Ber 149
Elijah	Ber 105	Peter	Ber 251	Sarah	Mid 379
Elijah	Brs 393	Plato	Nor 176	Simon	Ber 107
Elijah, Esqr.	Ply 123	Rebeckah	Wor 215	Simon	Mid 31
Elisha	Nor 131	Rowland	Ply 130	Simon	Wor 230
Elisha	Nor 156	Samel.	Wor 231	Simon, Jr.	Mid 31
Elisha	Ply 0	Samll.	Ber 238	Stephen	Ham 168
Elisha	Ply 43	Samuel	Ess 508	Stephen	Mid 504
Elisha	Ply 127	Samuel	Ham 210	Thaddeus	Mid 28
Ellis	Ham 214	Samuel	Nor 371	Thomas	Ess 445
Ellis	Ham 217	Samuel	Ply 51	Titus	Ham 357
Ephraim	Brs 302	Samuel	Ply 56	William	Mid 438
Ephram	Brs 308	Seth	Nor 279	Willm.	Ess 448
Ezra	Wor 273	Seth	Ply 124	Twaddle, Daniel	Ham 178
George	Nor 207	Seth	Wor 330	Tweed, James	Mid 322

Name	Ref	Name	Ref	Name	Ref
Twess, Robert	Ess 525	Jos.	Mid 379	Joseph	Wor 408
Twhichell, Benjn.	Wor 338	Joseph	Ess 285	Joshua	Mid 513
Twichel, Thomas	Wor 197	Joseph	Ess 346	Kingsley	Ham 223
Thomas, Jun.	Wor 197	Joseph	Mid 308	Mary	Wor 423
Twichell, Abner	Wor 284	Joshua	Ess 259	Moses	Mid 24
Bailey	Wor 284	Mary	Mid 379	Nathan	Mid 141
Benonah	Wor 284	Moses	Wor 251	Nathan, Rev.	Bar 14
Enos	Wor 284	Moses	Wor 252	Nehemiah	Ham 267
Jereh.	Wor 284	Nathan	Ham 269	Nicholas	Brs 338
Josiah	Wor 284	Nathan	Mid 379	Peter	Mid 21
Morris	Nor 339	Othneil	Mid 130	Peter, Jr.	Mid 21
Seth	Wor 284	Phinehas	Wor 264	Reuben	Ham 267
Twing, Amos	Mid 492	Royal	Wor 264	Reuben	Wor 487
James	Mid 283	Ruth	Ber 264	Roswell	Ber 175
John	Mid 283	Samuel	Ber 128	Rufus	Nor 157
John, jr.	Mid 283	Samuel	Ber 162	Samuel	Ber 181
Nathl.	Mid 493	Samuel	Ess 242	Sarah	Ess 417
Nicholas	Mid 283	Solomon	Ber 116	Silas	Ber 176
Thos.	Mid 492	Solomon	Wor 469	Simon	Ber 171
Twining, Barnabas	Bar 23	Stephen	Ess 264	Timothy	Wor 286
Barnabas, jur.	Bar 23	Thomas	Ber 135	Timothy	Wor 362
Eleazer	Ham 168	Urana, wd.	Wor 385	Timothy	Wor 419
Elijah	Ham 169	Walter	Brs 318	Upham, Abijah	Brs 414
Jonathan	Bar 24	William	Ber 168	Abijah	Nor 292
Prince	Bar 25	Zelotes	Brs 318	Amos	Mid 190
Thomas	Ham 169	see Burrough, Curtis, Marsh		Amos	Nor 292
William	Ham 170	Tylor, Jacob	Ess 295	Amos, 2d.	Mid 190
Twisden, Samuel	Ess 488	Jacob, Jur.	Ess 295	Benj.	Wor 344
Sarah	Ess 488	James	Ham 79	Benja.	Wor 274
Twiss, Benjamin, 2d.	Ess 556	Jesse	Ess 295	Benjamin	Ham 262
Dimon C.	Ess 534	John	Ham 79	Burnet	Brs 414
Edward.	Mid 345	Jonathan	Mid 339	Calven	Wor 419
James	Wor 338	Joshua	Wor 435	Daniel	Wor 242
Joseph	Ess 7	Moses	Wor 432	Daniel	Wor 266
Mehitable	Ess 525	Nathan	Wor 432	Ebenr.	Wor 496
Moses	Wor 338	Parker	Wor 435	Ebenr., jun.	Wor 495
Peter	Ess 7	Peter	Ham 84	Edward	Ham 104
Samuel	Nor 222	Phinehas	Wor 435	Ephraim	Wor 341
Stephen	Wor 338	Phinehas, Jun.	Wor 435	Eunice	Wor 341
Timothy	Mid 345	Simeon	Wor 435	Isaac	Wor 329
Twist, Ebenzr.	Wor 335	see Steverson		Isaac, Jur.	Wor 329
Elias	Mid 504	Tyng, Danl.	Mid 178	Jabez	Wor 252
John	Ess 424	Dudley	Ess 212	James	Brs 351
Timothy	Mid 266	Tyrar, Wm.	Brs 321	James	Ham 355
Twitchel, John	Mid 538	Tyrrell, Jacob	Ham 104	Jesse	Mid 190
Jonas	Mid 524	Tysick, Jos.	Mid 201	Jesse	Wor 487
Peter	Mid 538	Tytler see Tutler		John	Wor 487
Timy.	Wor 407			Jona.	Ham 279
see Twhichell				Jonathan	Nan 51
Twitchell, Benoni	Ham 103	--- U ---		Jonathan	Nor 293
David	Ham 104			Jonathan	Wor 329
Enos	Ham 103			Leonard	Ham 355
Ephm.	Wor 392	Ufford, John	Ham 234	Leonard	Wor 329
Garshom	Wor 392	Ulion see Youlen		Lois	Mid 190
John	Ham 103	Umberfield, Samuel	Ber 150	Lydia	Mid 190
Tyler, Abner	Wor 251	Umfred, Thoms.	Wor 408	Lydia	Mid 256
Abraham	Ess 261	Umphrey, Hugh	Ber 109	Martha	Mid 256
Amasa	Ber 106	Umphry, Chauncy	Ber 151	Moses	Ber 114
Baseliel	Ber 162	Underhill, Jeremiah	Ess 585	Nathan	Ber 114
Broadst.	Ess 259	Underwood, Alpheus	Ber 233	Nathan	Mid 267
Daniel	Ham 216	Alpheus	Ham 275	Nathan	Nor 293
David	Nor 376	Asa	Mid 82	Nathan	Wor 266
Ebenezar	Brs 318	Benjm.	Mid 133	Nathan	Wor 341
Ebenezar, the 2nd.	Brs 320	Daniel	Mid 524	Nathan	Wor 329
Gideon	Wor 252	David	Wor 408	Nathl.	Wor 419
Gurdon	Ham 253	Eben	Nor 120	Phenihas	Wor 266
Henry	Wor 479	Edmund	Ber 232	Saml. S.	Mid 190
Isaac	Wor 251	Elisha	Ham 275	Samuel	Ham 262
Isaac, 2d.	Wor 251	Israel	Wor 419	Samuel	Wor 479
James	Ess 127	Ithamar	Wor 408	Samuel	Wor 495
Job	Ess 284	Jona.	Mid 132	Sarah	Mid 190
John	Ber 211	Jona., Jur.	Mid 132	Simeon	Wor 341
John	Ess 119	Jonas	Mid 141	Tammey	Mid 308
John	Ess 260	Jonas	Wor 408	Thaddeus	Wor 496
John	Ham 235	Jos.	Mid 179	Thomas	Wor 329
John	Wor 264	Joseph	Mid 6	Thomas	Wor 344
Jonathan	Ess 197	Joseph	Mid 355	Willard	Wor 239

Wm.	Mid 190	Van Deusen, Abram.	Ber 106	Mich	Ess 401
see Luther		Abram., 2d.	Ber 106	Vealnough, Peter	Bar 4
Upson, Simeon	Ham 126	Coonrod	Ber 106	Veats see Veits	
Upton, Abiathar	Ham 194	Isaac	Ber 106	Veazie, Benjn.	Nor 175
Abiel	Ess 198	Isaac, Jr.	Ber 104	Joseph	Nor 175
Adonijah	Brs 275	Jacob	Ber 106	Leml., junr.	Nor 175
Amos	Mid 308	John	Ber 106	Lemuel	Nor 175
Asa	Ess 12	John, Jr.	Ber 107	Silas	Nor 175
Benjamen	Mid 308	Mathew	Ber 109	see Vezee	
Benjamen, ju.	Mid 308	Vanhorn, Azariah	Ham 246	Vebber, Abner	Ham 330
Benjamin	Ham 112	Derrick	Ham 123	John	Ham 330
Daniel	Mid 308	Vanhorne, Abraham	Ham 247	Veber, David	Ham 61
David	Mid 308	Calvin	Ham 246	Veckery, David	Ess 379
David, ju.	Mid 308	Gad	Ham 246	Veesey, Elijah	Nor 120
Edmund	Ess 363	Gaius	Ham 247	Molran	Nor 120
Eli	Ess 12	John	Ham 352	Wm.	Nor 120
Elias	Ham 194	Ruel	Ham 246	Veits, John	Ham 124
Elijah	Mid 308	Vanicar, Henry	Nor 158	Seth	Ham 121
Elisabeth	Ess 29	Van Loven, Zaechariah	Ber 230	Seth, Junr.	Ham 124
Flora	Ess 398	Vanschaack, Henry	Ber 201	Vendcome, ---, Wido	Brs 408
George	Ess 4	Varney, Derius	Wor 408	Venderburgh, John	Ham 145
Hezekiah	Mid 308	John, Jr.	Wor 408	Venduzer, Jacob	Ber 202
Isaac	Ber 136	Sirus	Wor 408	see V Duzen	
Isaac, Junr.	Ber 136	see McCleve		Venning, ...ry	Ess 485
Jabez	Mid 308	Varnum, Daniel	Mid 84	Mary	Ess 458
Jacob	Wor 423	James	Mid 85	Venton, John	Mid 308
Jed.	Ess 412	John	Mid 62	John, jur.	Mid 309
Jeremiah	Ess 34	Jona.	Mid 84	Verde, George	Mid 53
Jesse	Ess 12	Jona., junr.	Mid 84	Verily, Desire	Bar 49
Jethro	Mid 322	Jonas	Mid 62	Veron, Stepn.	Mid 179
John	Ber 135	Jonas	Mid 89	Verry, Amos	Ess 27
John	Ess 24	Joseph	Mid 85	Ephriem	Ess 24
John	Ess 452	Joseph B.	Mid 84	Joseph	Ess 10
John	Wor 423	Joseph Butt	Mid 86	Joseph	Ess 24
John, Junr.	Ess 24	Lucy	Mid 380	Mary	Ess 525
Joseph	Ham 194	Parker	Mid 75	Nathan	Wor 394
Joseph	Mid 82	Parker	Mid 83	Nathan, Jr.	Wor 394
Josiah	Ham 194	Parker	Mid 103	William	Brs 384
Nathanael	Ham 194	Prescot	Mid 88	William	Ess 7
Nathaniel	Mid 308	Spaulding	Mid 62	Very, Eliza.	Ess 373
Paul	Ess 383	Thomas	Mid 84	Isaac	Ess 402
Paul	Mid 322	Vassal, Benjn.	Wor 338	Isaac	Wor 495
Stephen	Ham 104	Vaughan, Daniel, 2d.	Ply 74	James	Ess 400
Thomas	Ess 477	Danl.	Ply 107	Jona.	Ess 396
Thomas R.	Mid 322	David, Capt.	Ply 74	Mary	Ess 417
Timothy	Ham 104	David, Jur.	Ply 74	Samuel	Ess 381
Usher, Daniel	Ess 16	Ebenezer	Ham 112	Samuel	Ess 407
Edward	Brs 402	Ebenezer	Ply 74	Vesper, Thomas	Ess 63
James	Ham 345	Elkanah	Ply 74	Vezee, John	Ber 138
Susan.	Mid 201	Ephraim W.	Ply 74	Vezie, Lydia	Ess 348
Utley, Azel	Ham 263	George, Capt.	Ply 73	Vial, Allen	Brs 312
Ebenr.	Ber 213	Jabez	Ply 74	Benjamin	Brs 312
James	Wor 304	James	Ply 10	Caleb	Wor 383
Oliver	Ham 360	Jesse	Ply 74	Constant	Brs 312
Samuel	Ham 24	John	Ply 9	Hezekiah	Brs 314
Stephen	Ham 233	Joanna, Wo.	Ply 74	James	Wor 383
		John	Ber 257	John	Brs 312
		Joseph	Ham 55	Nathaniel	Brs 312
--- V ---		Josiah	Ply 73	Rachel	Brs 312
		Nathan	Ham 104	Viccory, Ruth	Brs 320
		Nathan	Ply 73	Vickeree, John	Ess 543
Vaderkin, Henry	Ham 156	Nathaniel	Ply 7	Knot	Ess 543
Vaile, Edward	Wor 383	Peter	Ply 73	Richard	Ess 543
Vale, Jacob	Ply 9	Samuel	Ply 9	William	Ess 543
Valentine, Andrew	Ess 483	Silvanus	Ply 74	Vickery, Alice	Ess 458
Valler, Silas	Brs 292	Thomas	Ham 112	Benja.	Wor 495
Vallett, Jeremiah	Ber 264	Zebulon	Ply 74	Content, Wido.	Brs 360
Jeremiah, Jr.	Ber 257	Vaughn, David	Ber 159	David	Brs 357
Vallier, Simeon	Ply 21	David, Jun.	Ber 159	Eli	Ess 472
Vallintine, David	Brs 284	Jabez	Ber 160	Elijah	Brs 366
Thomas	Brs 281	Jno.	Nor 158	Elisabeth	Ess 469
William	Brs 284	John	Ber 131	Samuel	Ess 508
Valpey, Abram	Ess 396	Joseph	Ber 131	William	Ber 155
Joseph	Ess 396	Mary	Nor 158	William	Ess 466
Vanderburg see Venderburgh		Vauham, Charles	Mid 493	Vicory, Robert	Brs 301
Vanderford, John	Ess 379	V Duzen, Matthew	Ber 264	Viecory see Viccory	
Vanderwariker, James	Ber 131	Veal, Charles	Ess 496	Viets, Henry	Ber 269

Henry, Junr.	Ber 269	Pardon	Ber 129	William	Nor 158
Simeon	Ham 355	Reuben	Duk 445	Wm.	Nor 133
Vilas, Samuel	Wor 474	Samuel	Duk 442	see Vorce	
Viles, Irena	Mid 267	Seth	Duk 443	Voter, Gload	Brs 293
Joel	Mid 355	Thomas	Nor 192	John	Brs 292
John	Mid 267	William	Duk 443		
Villey, Daniel	Mid 504	William, Jr.	Duk 445		
Vinal, Asa	Ply 136	Vinton, ---, Mrs.	Ham 302	--- W ---	
Christiana	Mid 441	Abiathar	Ham 253		
Ignatius	Ply 135	Abiather	Ham 23		
Israel	Ply 131	Abiather	Ham 251	W..., ...	Wor 329
Job	Ply 135	Caleb	Ham 265	J...	Ply 107
John	Mid 504	Calvin	Ham 265	W...er, ...	Wor 329
Jonathan	Ply 135	Ezra	Mid 314	Waddams, Caleb	Ber 202
Judith	Ply 135	Jemima, Wid.	Nor 175	Wadden, Hannah	Ess 555
Lemuel	Ply 135	John	Nor 175	Isaac	Ess 550
Levi	Ply 135	John	Wor 338	Jacob	Ess 470
Lucy	Ply 97	John, junr.	Nor 175	John B.	Ess 487
Lustanus	Mid 441	Joseph	Wor 341	Wade, Amasa	Ham 65
Lydia	Ply 131	Joshua	Wor 338	Amasa	Nor 192
Melzer	Mid 441	Josiah	Nor 175	Amos	Ham 330
Mercy	Ply 131	Levi	Ham 312	Amos, Capt.	Ham 330
Nathl.	Ply 131	Lyman	Wor 338	Amos, Capt.	Ham 331
Nathl., Junr.	Ply 134	Mary	Mid 190	Amos, Junr.	Ham 331
Seth	Ply 102	Oliver	Nor 280	Betty	Ply 61
Simeon	Ply 132	Ralph	Wor 341	Charlotte	Ply 134
Stephen	Ply 135	Samuel, Doct.	Ham 251	David	Brs 394
William	Ply 135	Thomas	Mid 314	Ebener.	Mid 339
William, Junr.	Ply 136	Timothy	Mid 314	Ebenr.	Mid 179
Vince, Moses	Nor 366	William	Ply 64	Edw.	Mid 191
Vincen, Joshua	Ham 197	Wm.	Wor 341	Fitch	Mid 192
Vincent, Abner	Brs 435	see Venton		Ichabod	Brs 314
David	Bar 27	Virgin, John	Ply 9	Isaac	Ply 44
David	Ham 346	Virgison, Daniel	Ber 163	James	Ham 355
Isaac	Bar 27	Virts see Veits		James	Ply 61
Joseph (2)	Ess 404	Vokes, Robert	Wor 408	John	Brs 352
Joseph	Ham 346	Volentine, Lydia	Brs 351	John	Ess 581
Joshua	Brs 435	Vollentine, Joseph	Mid 524	John	Mid 202
Mathew	Ess 417	Samll.	Mid 524	Jotham	Ply 131
Vineka, Andrew	Ham 276	Wm.	Mid 524	Levi	Ply 44
Viner, John	Wor 510	Wm., Jr.	Mid 524	Lot	Nor 176
Vining, Asa	Ply 31	Vollum, Leonard	Brs 367	Luis	Brs 309
Bela	Nor 192	Voluntine, John	Ply 74	Mary	Brs 394
Benja.	Ply 31	Vorce, Amariah	Nor 342	Mary	Ply 131
David	Nor 192	Asa	Ham 104	Mercy	Ply 133
David	Ply 31	Reuben	Mid 117	Molly	Ply 61
Deboh., Wid.	Nor 192	Vorse, Olive	Wor 341	Nathan L.	Ham 357
Ebenezer	Ham 20	Vosburgh, Eliakim	Ber 227	Nathaniel	Ess 581
Ebid	Ply 31	Henry	Ber 226	Nathaniel	Mid 339
Elan	Ham 158	Isaac	Ber 226	Nathl.	Ply 133
Elisha	Ply 31	Isaac	Ber 227	Nathl., Junr.	Ply 133
Elkanah	Ham 158	Mark	Ber 227	Robert	Ply 61
George	Ham 308	Vose, Alexd.	Nor 133	Ruth	Ess 581
Israel	Ber 166	Benj.	Nor 133	Silvanus	Ber 149
James	Nor 192	Daniel	Nor 133	Thomas	Brs 394
John	Ham 84	Danl.	Mid 179	Thomas	Ess 581
Joseph	Nor 192	Ebenr.	Mid 504	see Wady	
Joseph, junr.	Nor 192	Elijah	Nor 133	Wadleigh, Adams	Ess 63
Livet	Wor 281	Hannh.	Nor 133	Anna, Wd.	Ess 64
Richard	Ply 31	Jeremiah	Nor 269	Benja.	Ess 64
Saml. Holbk.	Nor 192	John	Brs 399	Ephm.	Ess 64
see Venning		John	Mid 5	Joseph, Capt.	Ess 63
Vinning, Saml.	Ess 446	Joseph	Nor 133	Philip	Ess 64
Vinson, Barnabas	Duk 443	Lewis	Nor 133	Wadsworth, Abigail,	
Benj.	Nor 158	Lydia	Nor 133	Wido.	Nor 269
Benjamin	Duk 443	Mark	Nor 175	Ahira, Jur.	Ply 98
Daniel	Duk 442	Mary	Nor 133	Asa	Ber 113
Daniel, Jr.	Duk 442	Moses	Nor 133	Barnabas	Ber 115
Elizabeth	Duk 442	Nathan	Nor 133	Benj.	Ber 269
Jane	Duk 442	Oliver	Nor 248	Benj.	Nor 134
John	Duk 442	Reuben	Brs 393	Benj., Jr.	Ber 269
John	Nor 192	Robert	Mid 493	Benja.	Nor 269
John, junr.	Nor 192	Saml.	Nor 133	Benjn., Revd.	Ess 3
Jonathan	Duk 443	Saml., Ju.	Nor 133	Cephas	Ply 30
Joseph	Duk 442	Sarah	Nor 133	Christopher	Ply 24
Lovisa	Duk 443	Solomon	Ham 31	David	Nor 293
Nathaniel	Duk 443	Stephen	Nor 133	David	Wor 202

Dura	Ply 99	Jeremiah, Jur.		Ham 68	Edmund	Ess 362
Ebenezer	Ham 261	Jno., 2d.		Mid 190	Jabez	Ess 436
Ebenr.	Wor 195	Jno., 3d.		Mid 190	Jacob	Ess 458
Eden	Ply 97	Joel (2)		Ham 68	John	Ess 475
Elisha	Nor 293	Joel, Junr.		Ham 68	John	Ess 513
Ezekiel	Ber 114	John		Brs 338	Jonathan	Ess 8
George	Nor 269	John		Ess 88	Peter	Ess 508
Ira	Ply 99	John		Ham 65	Sarah	Ess 517
Jabez	Ber 269	John		Ham 130	William	Ess 474
James	Ber 212	John		Mid 190	Wakefield, Aaron	Wor 153
Jno.	Nor 134	John		Mid 531	Amasa	Wor 166
Jonath.	Wor 202	John		Wor 263	Amos	Wor 340
Jonathan	Ber 269	John, Jur.		Wor 263	Beza.	Wor 154
Joseph	Ply 97	Jonathan		Ham 68	Isaiah	Wor 166
Joseph, Jur.	Ply 97	Jonathan		Ham 147	Isaiah, Junr.	Wor 167
Josh.	Nor 134	Joseah		Wor 281	Joel	Wor 341
Luke	Ply 104	Joseph		Ham 65	John	Ess 399
Reuben	Ber 108	Joseph		Wor 263	Joseph	Wor 167
Robert	Ply 98	Joseph		Wor 419	Luther	Wor 337
Samuel	Wor 202	Josiah		Ham 144	Mary	Mid 430
Seth	Ber 269	Lemuel		Ham 68	Nathl.	Ess 545
Stephen	Ber 269	Lucius		Ham 11	Nathll.	Ber 193
Wm.	Nor 134	Martin		Ham 250	Simeon	Wor 341
Zenoth	Ply 98	Martin, Jr.		Ham 250	Solomon	Wor 341
see Crocker		Mary		Mid 191	Timo.	Wor 154
Wadworth, Senaca	Ply 100	Micah		Mid 191	Timothy	Mid 309
Wait	Ply 95	Nathan		Ham 68	William	Ess 350
see Chandler		Nathan		Mid 201	Wakfield, George	Nor 305
Wady, Humphrey	Brs 352	Nathaniel		Wor 263	Walbridge, Joshua	Ham 235
see Wade		Nathaniel, 2d.		Wor 263	Peter	Ham 236
Waekoff, Peter	Ham 256	Nathl.		Wor 419	William	Ham 267
Waggonner, Samuel	Brs 436	Nathl., Jr.		Wor 416	William	Ham 275
Wagner, Elizabeth	Ham 84	Nathn.		Mid 191	Walcot, James	Wor 340
Francis	Ham 84	Nehemiah		Ham 13	Walcott, Benjn.	Brs 320
Waid, George	Nor 329	Nehemiah		Ham 68	Ebenezer	Nor 368
Josiah	Ham 9	Pheebe		Mid 191	Edward K.	Mid 267
Wainer, Michael	Brs 339	Phinehas		Ham 104	Elijah	Ham 65
Thomas	Brs 339	Phinehas		Mid 460	Moses	Brs 321
Wainright, Thomas	Ess 160	Rebecca		Nor 236	Moses, Junr.	Brs 321
Wainwright, David	Ber 104	Rebecca		Brs 339	Pentecost	Brs 321
Wait, Aaron	Mid 190	Reuben		Ham 61	Walcut, John	Ess 13
Abel	Ham 198	Richard		Wor 348	Walcutt, Benjamin	Nan 73
Abijah	Ham 9	Ruth		Mid 191	Ephraim	Mid 417
Amos	Wor 518	Salmon		Ham 65	Fraderick	Mid 425
Andr.	Mid 190	Saml.		Mid 190	John	Mid 425
Benja.	Mid 179	Saml., 2d.		Mid 190	Jonathan	Mid 426
Benja.	Mid 191	Samuel		Nor 236	Mary	Wor 211
Benjamin	Ham 11	Samuel		Wor 263	Rebeckah	Wor 211
Benjamin	Ham 68	Sarah		Mid 191	Silas	Mid 425
Benjamin	Nor 236	Seth		Ham 150	William	Mid 425
Consider	Ham 68	Seth, Junr.		Ham 346	Walden, Benjamin	Ply 47
Daniel	Ess 88	Simon		Wor 195	Ebenr.	Ber 269
Danl.	Mid 191	Step.		Mid 191	Elisha	Ham 234
David	Ham 11	Step., 2d.		Mid 191	Jonathan	Ham 234
David	Ham 217	Sylvanus		Ess 88	Joseph	Ess 404
David	Mid 190	Tho.		Mid 191	Nathan	Wor 341
David	Wor 313	Thomas		Wor 266	Nathl.	Ess 431
Ebenr	Mid 191	William		Ham 76	Silus	Ess 557
Elias	Ess 495	Wm.		Mid 190	Waldo, Calvin	Ber 193
Elihu	Ham 68	Wm.		Wor 313	Daniel	Wor 184
Elijah	Ham 61	Wm., 2d.		Mid 190	Jona., Jur.	Ess 369
Elijah	Ham 65	see Broughton			Jonathan	Ess 357
Elijah	Ham 346	Waite, Aaron		Ess 584	Joseph	Ess 360
Elisha	Ham 14	Asa		Wor 498	Waldren, Edward	Wor 348
Elisha	Ham 130	Ebenezer		Wor 504	Waldron, Abraham	Brs 412
Elisha, Jun.	Ham 14	James		Ply 65	Abraham, Jr.	Brs 412
Ezra	Mid 191	James, junr.		Ply 65	Benja.	Brs 412
Ezra, 2d.	Mid 191	John		Wor 327	Benja., 2d.	Brs 411
Fra.	Mid 201	Joshua		Wor 167	George	Brs 411
Gad	Ham 14	Judith		Ess 576	George, Jr.	Brs 411
Gad	Ham 346	Nathan		Wor 498	Jabez	Ber 193
Henry	Brs 352	Phinehas		Wor 498	Joseph	Brs 414
Isaac	Mid 191	Samuel		Wor 495	Michal	Ber 202
Jacob	Mid 201	Samuel		Wor 504	Nathan	Nan 54
Jacob	Wor 419	William, Junr.		Wor 167	Robert	Brs 412
James	Mid 191	see Chace			Wales, Atherton	Nor 280
Jeremiah	Ham 68	Waitt, Aaron		Ess 373	Atherton	Ply 132

279

INDEX TO THE 1800 CENSUS OF MASSACHUSETTS

Atherton, Jur.	Nor 280	David	Mid 380	Josiah	Wor 329
Benj.	Nor 175	Dudly	Mid 391	Josiah, 2d.	Mid 346
David	Ess 538	Ebenezer	Ber 269	Jotham	Wor 285
Eben, Jun.	Nor 159	Ebenezer	Brs 412	Levi	Ply 93
Eben., Esqr.	Nor 158	Ebenezer	Wor 384	Limus	Bar 12
Elisha	Nor 280	Ebenezer, Jr.	Wor 384	Luis	Brs 308
Ephraim	Nor 280	Edward	Ber 212	Luther	Ham 264
Henry	Ham 176	Edward	Mid 346	Marshal	Ham 275
Jacob	Wor 229	Eleazer	Brs 388	Mary	Ber 149
James	Nor 350	Elijah	Brs 411	Mary	Ess 508
John	Ess 548	Elijah	Wor 231	Matthias	Mid 142
John	Nor 280	Eliakim	Brs 367	Moses	Brs 308
John	Ply 52	Eliakim	Brs 411	Moses	Ess 459
John	Wor 389	Elias	Ber 152	Moses	Wor 231
Jonathan	Ham 17	Elisha	Ham 178	Moses	Wor 263
Jonathan	Nor 280	Enos	Ham 267	Moses, 2nd.	Brs 308
Jonathan	Nor 350	Ephraim	Brs 308	Nathan	Wor 266
Jonathan, Jur.	Nor 280	Ephraim, 2nd.	Brs 308	Nathel.	Ess 285
Joseph	Wor 345	Ethel	Ber 139	Nathl.	Wor 329
Joseph	Wor 346	Ezek.	Mid 380	Nathll.	Brs 411
Joseph	Wor 355	Ezekiel	Wor 266	Nehemiah	Brs 411
Joshua	Nor 269	Ezra	Wor 327	Obadiah	Wor 236
Mary	Ess 541	George	Brs 414	Obed	Wor 329
Nathl.	Nor 175	George W.	Brs 314	Oliver	Wor 263
Nathl.	Nor 269	Gilbert	Brs 404	Oliver, Jur.	Wor 263
Oliver	Ham 275	Hezekiah	Ham 211	Otis	Ber 212
Royal	Ham 275	Hezekiah	Wor 115	Paul	Mid 115
Samuel	Nor 269	Isaac	Ber 115	Paul	Wor 455
Samuel	Ply 61	Isaac	Ber 170	Perez	Brs 411
Shubael	Ham 275	Isaac	Mid 68	Perez	Wor 329
Silence, Wido.	Nor 280	Isaac	Ply 44	Perez, Junr.	Brs 414
Stephen	Nor 159	Israel	Mid 525	Peter	Bar 79
Thomas	Ply 52	Jacob	Ber 104	Peter	Brs 366
William	Ham 65	James	Bar 13	Peter, Junior	Brs 366
Willm.	Ply 31	James	Ber 131	Phillip	Brs 300
see Tilden		James	Ber 269	Prince	Ess 200
Walken, Henry	Mid 524	James	Brs 365	Prince (2)	Wor 406
Walkens, Elijah	Mid 513	James	Ess 285	Reuben	Wor 231
Walker, Abbot	Ess 199	James	Ham 223	Reuben	Wor 288
Abel	Ham 223	James	Ham 276	Richard	Brs 312
Abel	Wor 305	James	Mid 346	Richard	Ess 239
Abel, Jr.	Ham 217	James	Wor 456	Richard, 2nd.	Brs 308
Abell	Mid 340	James, Jr., Lt.	Ham 211	Robert	Ber 165
Abiathar	Ham 104	James, 2d.	Brs 367	Samel.	Wor 230
Abiel	Mid 355	Jas., Capt.	Ham 211	Saml.	Mid 495
Abner	Mid 115	Jason	Wor 263	Samuel	Ess 285
Adoniram	Wor 263	Jason, Lt.	Ham 211	Samuel	Mid 141
Amasa	Ber 269	Jeremiah	Bar 10	Samuel	Mid 346
Andrew	Bar 79	Jeremiah, jur.	Bar 11	Samuel	Ply 97
Asa	Ham 232	Jesse	Ham 104	Samuel	Wor 433
Asa	Mid 68	Jno.	Mid 201	Sarah	Mid 524
Asa	Ply 96	Job	Ham 331	Seth	Bar 13
Asa	Wor 166	Joel	Ply 96	Silas	Ham 211
Asa	Wor 338	John	Brs 314	Silas	Mid 52
Asa, Jr.	Mid 68	John	Brs 411	Silvanus	Ham 261
Augustus	Mid 433	John	Ess 287	Solomon	Mid 514
Azariah	Nor 321	John	Mid 346	Solomon	Wor 154
Barzellel	Wor 200	John	Mid 466	Spencer	Nor 159
Benja.	Ham 276	John	Ply 44	Sylvester	Brs 410
Benja.	Wor 480	John	Suf 143	Thomas	Ham 197
Benja., Jr.	Ham 276	John	Wor 183	Thomas	Mid 115
Benjamin	Ess 239	John	Wor 433	Timo.	Mid 180
Benjamin	Ply 94	John, Jur.	Ply 44	Timothy	Brs 312
Benjamin	Wor 266	Jonathan	Brs 411	Timothy	Mid 322
Benjn.	Bar 4	Jonathan, Jr.	Brs 411	Timothy	Wor 166
Betty	Ply 94	Joseph	Brs 314	Timy.	Mid 525
Cato	Wor 184	Joseph	Ham 276	Walter	Ber 193
Charles	Ber 133	Joseph	Mid 53	Walter	Wor 263
Comfort	Nor 216	Joseph	Mid 524	Wilkes	Ber 140
Daniel	Ply 96	Joseph	Mid 525	William	Bar 79
Daniel	Wor 200	Joseph	Wor 184	William	Ber 211
Daniel	Wor 266	Joseph	Wor 266	William	Brs 410
Daniel	Wor 281	Joseph, Jur.	Wor 263	William	Ham 88
Daniel	Wor 514	Josiah	Ham 211	William	Wor 263
David	Bar 79	Josiah	Mid 346	William, Jr.	Brs 410
David	Ber 236	Josiah	Mid 530	Willm.	Wor 285
David	Ess 432	Josiah	Wor 288	Wm.	Nor 159

280

Zacc. — Mid 68
see Lincoln, Richmond, Watker, Watkins, Whitmarsh
Walkers, Nathaniel — Ham 211
Walkins, Saml. — Ess 423
Walkup, Francis — Ham 108
George — Ham 189
Henderson — Wor 394
William — Mid 142
Wall, Phebe — Wor 473
William S. — Brs 436
Wallace, Abel — Wor 237
Daniel — Ham 286
David — Ess 128
James — Ham 190
John — Ber 165
John — Ess 138
Joseph — Ess 108
Robert — Ess 351
Samu. — Ess 138
Samuel — Ess 351
Seth — Ham 189
Susan. — Mid 179
Wallcott, Samuel — Ham 65
Wallice, Aaron — Ess 584
David — Ess 594
Robert — Ess 584
Walling, David — Ber 137
Margaret — Ber 104
Wallingford, Benja. — Ess 247
James — Ess 245
Nathll. — Ess 245
Wallis, Aaron — Wor 479
Alanson — Ham 279
Alfred — Ham 278
Bartholomew, Jr. — Ess 542
Barthw. — Ess 539
Benja. — Ess 543
Benja. — Mid 54
Benja. — Mid 68
Benja. — Wor 479
Benja., Junr. — Wor 480
Daniel — Ess 555
David — Ham 278
David — Wor 479
Dennison — Ess 24
Ebenezer — Ess 538
Ebenezer — Wor 432
Eleazer — Ess 546
Hannah — Ess 538
Hezekiah — Ess 537
Isaac — Mid 53
Isaac, Jr. — Mid 53
James — Ber 258
James — Ess 532
James — Wor 479
John — Ess 538
John — Wor 405
Jona. — Mid 54
Jona., Jr. — Mid 54
Joseph — Mid 54
Lidia — Ess 594
Margaret, wid. — Wor 406
Mary — Ess 534
Mary — Ham 8
Mary — Mid 54
Moses — Ess 365
Nathl. — Ess 546
Rinaldo — Ham 279
Robt. — Ess 375
Samuel — Wor 479
Thomas, Docto. — Ham 278
Wm. — Mid 53
see Brown, W...
Walls, James — Bar 100
Nathaniel — Ess 551
Thomas — Ess 551

Wally, Thomas — Nor 254
Walpey, John — Ess 470
Walrond, Jemima — Duk 452
Noah — Duk 453
Robert — Duk 451
Thos. — Duk 453
Walsh, Michael — Ess 349
Walsworth, Amos — Ham 84
William — Ham 300
Walter, Heman — Ber 239
Wm. — Ham 211
Walters see Watters
Walton, Amos — Nor 364
Andrew — Ham 145
Benjamen — Mid 309
John — Mid 62
Josiah — Ess 450
Nathan — Ess 450
Oliver — Mid 310
Saml., Capt. — Ess 63
Silas — Ber 194
Silas — Ber 202
Timothy — Mid 310
Willm. — Ess 441
Wamsley, Benjn. — Nan 77
Wansey, Henry — Ber 264
Ward, Abner — Wor 203
Alexander — Ham 346
Alpheus — Wor 281
Amasa — Ham 271
Amos — Ham 43
Amos — Ham 138
Andrew — Ess 386
Andrew — Ess 408
Andrew — Ess 423
Artemas — Mid 256
Artemas — Wor 337
Asa — Ham 261
Asa — Wor 183
Ashbel — Ham 43
Benj. — Wor 337
Benj., Jur. — Wor 337
Benja. — Ess 400
Benja. — Ess 407
Benjamin — Bar 73
Benjamin — Ham 277
Benjamin — Ply 9
Caleb — Ham 346
Caleb — Wor 456
Calvin — Ber 238
Calvin — Wor 503
Christopher — Ham 269
Comfort — Ham 266
Daniel — Ham 43
Daniel — Mid 530
David — Ham 298
David — Wor 337
Drusilla — Ply 9
Eben. B. — Ess 404
Ebenezr. — Ham 207
Edmund — Ber 237
Edward — Ham 43
Elihu — Ber 237
Elijah — Ham 346
Elijah — Wor 337
Elisha — Bar 73
Elisha — Ber 182
Elisha — Wor 183
Ephm., Revd. — Wor 252
Erasmus — Wor 200
Geo. — Ess 410
Hannah — Duk 445
Hezekiah — Wor 503
Isaac — Ber 201
Jacob — Ber 201
Jacob — Ham 232
James — Ess 389

Jedediah — Ber 237
Jeremiah — Ham 331
John — Bar 60
John — Ber 171
John — Ber 202
John — Ham 137
John — Ham 157
John — Ham 207
John — Ham 330
John — Mid 284
John — Nor 227
John — Wor 453
John, 2d. — Ham 331
John O. — Mid 460
Jonas — Wor 337
Jonathan — Wor 384
Joseph — Mid 283
Joseph — Mid 524
Joshua — Ess 394
Joshua — Nor 134
Joshua, jun. — Ess 394
Josiah — Ber 201
Josiah — Brs 394
Josiah — Ham 352
Josiah — Wor 205
Levi — Wor 337
Lucy — Mid 256
Luke — Ham 331
Luther — Wor 495
Moses — Ham 346
Nahum, Capt. — Wor 384
Nath — Ess 409
Nathl. — Ess 381
Nehemiah — Ham 43
Nehemiah — Ham 233
Nicholas — Ber 258
Obadiah, Esq. — Ber 238
Peter — Mid 525
Phinehas — Ham 346
Phinehas — Wor 183
Ralph — Ber 238
Reuben — Ham 228
Richd. — Ess 366
Saml. C. — Ess 366
Samuel — Ess 400
Samuel — Ham 167
Samuel — Ham 207
Samuel — Ham 352
Samuel — Mid 283
Samuel — Nor 227
Samuel — Wor 358
Samuel, Jr. — Ham 352
Samuel Dexter — Ham 269
Seth — Ber 181
Simon — Wor 337
Solomon — Wor 199
Stephen — Ham 270
Sylvanus — Ham 43
Tho. W. — Wor 363
Thomas — Ber 182
Thomas — Ham 157
Thomas W. — Wor 359
Thos. W. — Wor 373
Trowbridge — Ham 304
Uriah — Ham 263
Urijah, Lt. — Ham 260
William — Ess 359
William — Ess 542
William — Ham 112
William — Ham 263
William — Wor 455
see Baker, Bates, Word
Warden, John — Ess 362
Martha, Wido. — Ess 351
Saml. — Wor 184
Samuel, Jur. — Wor 184
see Ashley

Wardsworth, David,		Bariah	Wor 189	Mark		Ham 65
Capt.	Wor 405	Elias	Ham 156	Matthew		Ham 301
John	Wor 405	Moses	Wor 219	Meriba		Wor 313
Wardwell, ---, Wido	Brs 403	Warfield, Abijah	Wor 389	Moses		Ham 12
Abiel	Ess 380	Elisabeth	Ham 181	Moses		Ham 152
Benjamin	Ham 244	Job	Ham 198	Moses		Ham 304
Daniel	Ess 199	John	Wor 388	Nathan		Ber 193
Dennis	Ham 156	Joshua	Ham 197	Nathan		Ham 65
Eliakim	Ham 156	Samuel, Lt.	Wor 394	Nathan		Ham 264
Ezekiel	Ess 199	Warham see Weld		Noah		Ham 357
Jeremiah	Ess 199	Warker, Charles	Ess 349	Noadiah		Ham 286
John	Ess 199	Warland, John	Mid 495	Nodiah		Ham 201
Joshua	Ess 199	Thos.	Mid 494	Oringe		Ham 288
Josiah	Brs 414	Warn, Jacob	Ber 228	Paul		Ham 65
Nathan	Ess 198	Samll.	Ber 229	Phinehas		Ham 207
Nathan	Ham 76	William	Ber 229	Phineas		Wor 218
Ruth	Ess 199	Warner, Aaron	Ham 65	Phinehas		Wor 313
Samuel	Ham 244	Abel	Ham 308	Pliney		Ham 79
Simon	Ess 198	Abra.	Ess 102	Rachel, Wido.		Ham 253
Ware, Abiel	Nor 368	Asa	Wor 358	Richard		Mid 54
Alpha	Mid 538	Azriel	Ham 233	Roswell		Ham 70
Amariah	Nor 351	Calvin	Wor 218	Saml.		Mid 54
Amos	Wor 504	Consider	Ber 172	Samll.		Ber 234
Archabald	Wor 321	Daniel	Ber 179	Samuel		Ham 234
Ariel	Ham 331	Daniel	Ber 258	Samuel, Jr.		Ham 234
Asa	Nor 367	Daniel	Ham 201	Samuel, Lieut.		Ham 154
Azariah	Mid 285	Daniel	Ham 233	Seth		Ham 65
Benjamin	Nor 363	Daniel	Ham 360	Seth		Ham 207
Benjn.	Mid 538	Daniel	Wor 304	Stephen		Ham 304
Billy	Nor 357	Daniel	Wor 305	Thomas W.		Wor 514
Daniel	Nor 321	Daniel, Jur.	Ham 4	Thos., Capt.		Ham 346
Daniel	Nor 376	Danl., Colo.	Ess 128	Timothy		Ber 173
David	Nor 363	David	Ham 296	Titus		Ham 207
Eli	Nor 357	Ebenezer	Ber 202	Warham		Wor 313
Elias	Nor 379	Ebenezer	Wor 357	Willa., Capt.		Ess 127
Elijah	Nor 321	Ebenr.	Ham 207	William		Ess 578
Epherim	Nor 321	Eleazer	Ham 284	William		Ess 584
Ezra	Nor 378	Eleazer, Capt.	Ham 253	Wm.		Mid 68
George	Brs 412	Eli	Ham 254	Zacha.		Ham 240
George	Ham 61	Elias	Wor 218	see W...er, Warren		
Henry, Revd.	Suf 142	Elihu	Ham 288	Warren, ---		Ber 251
Hezekiah	Nor 375	Elijah	Ham 23	Aaron		Mid 53
Ichabod	Nor 371	Elijah	Ham 308	Aaron		Wor 192
Jabez	Nor 348	Elijah	Wor 305	Abijah		Mid 431
James	Mid 524	Elisha	Ham 296	Abner		Wor 197
James, Jr.	Mid 525	Elizabeth	Ess 511	Amos		Mid 179
Jason	Wor 376	Ephraim	Wor 218	Asahel		Wor 406
Jesse	Nor 351	George	Ess 349	Benjamin		Ber 113
Joel	Nor 366	Gerald	Ham 241	Benjamin		Ply 11
John	Mid 285	Gideon	Ham 284	Benjamin, Jr.		Ber 113
Jonathan	Ham 61	Gillard	Bar 29	Benjamin, Jr.		Ply 16
Jonathan	Nor 321	Ichabod	Ham 79	Benjn.		Wor 189
Jonathan	Wor 424	Jacob	Ham 293	Bevil		Ham 14
Joseph	Mid 538	Jason	Ber 234	Bosworth		Wor 406
Joseph	Nor 222	Jesse	Ham 233	Charles		Mid 505
Joseph	Nor 321	Jno.	Wor 305	Cotten M.		Ham 65
Joseph	Nor 368	Jno., Jr.	Wor 306	Daniel		Ber 150
Josiah	Nor 367	Joel	Ham 20	Daniel		Mid 20
Luther	Nor 321	Joel	Ham 79	Daniel		Mid 524
Michael	Ham 330	John	Ham 241	Daniel, Ens.		Wor 384
Michael, Jr.	Ham 331	John	Wor 218	David		Ply 8
Molly	Nor 381	John, (Cooper)	Ham 243	David		Wor 192
Nathan	Nor 366	John, Jun.	Ham 241	Ebenezer		Nor 87
Nathaniel	Nor 321	Jonathan	Ham 65	Ebenezer		Ply 52
Nathaniel	Nor 363	Jonathan	Ham 287	Ebenr.		Wor 419
Nathaniel, Junr.	Nor 321	Jonathan	Ham 293	Elijah		Ber 114
Oliver	Nor 365	Jonathan	Nor 226	Elijah		Wor 495
Oliver, 2d.	Nor 383	Joseph	Ham 10	Elipalet		Wor 363
Paul	Nor 373	Joseph	Ham 304	Eliphalet		Mid 505
Pelatiah	Wor 313	Joseph	Mid 53	Elisha		Ham 170
Phinehas	Nor 349	Joseph	Mid 63	Elisha		Wor 313
Samuel	Ham 61	Joshua	Ham 65	Elisha		Wor 383
Samuel	Nor 367	Josiah	Ham 291	Elizabeth		Mid 438
Timothy	Nor 368	Lemuel	Ham 286	Ephm.		Mid 53
Walter	Mid 285	Levi	Wor 436	Ephraim		Mid 466
Wareing, ---, Mrs.	Ber 129	Lucy	Ess 215	Ezra		Ber 164
Wares, Abijah	Ham 201	Luther	Ham 241	Ezra		Ber 214

Ezra, Jur.	Ber 214	Silas	Mid 202	Jacob	Ber 211	
Henry	Ply 1	Silas	Wor 383	Jacob	Ply 61	
Hepzibah, wd.	Wor 383	Silvanus, Lt.	Ply 72	Jacob	Wor 495	
Huldy	Mid 431	Stephen	Ham 346	James	Ply 72	
Isaac	Ham 261	Thaddeus	Mid 422	Jehial	Ply 28	
Isaac	Ham 325	Thomas	Brs 373	Jeremiah	Ply 66	
Isaac	Mid 144	Timothy	Ham 346	John	Ply 28	
Isaac	Mid 202	Timothy	Wor 198	Jonathan	Ply 72	
Isaac	Mid 380	William	Bar 60	Joseph	Wor 495	
Isaac	Wor 305	William	Ham 61	Joshua	Ply 66	
Isaac, jur.	Mid 380	William	Wor 167	Judah	Ply 28	
Jacob	Wor 341	William	Wor 433	Judith, Wo.	Ply 71	
Jacob, 2d.	Wor 342	William	Wor 504	Lettis	Brs 436	
James	Ham 61	Wm.	Mid 466	Levi	Ply 64	
James	Mid 438	Wm.	Mid 495	Libee	Ham 108	
James	Ply 1	see Reed, Warner		Lois	Ply 66	
Jedediah	Mid 256	Warrin, Hezekiah, Jr.	Ham 336	Luther	Ham 285	
Jeduthan	Wor 453	Stephen	Ber 212	Malatiah	Brs 384	
Jerem.	Mid 380	Warriner, Abner	Ham 233	Meltiah	Brs 398	
John	Ess 509	Daniel	Ham 244	Moses	Brs 437	
John	Mid 256	David	Ham 234	Nathaniel	Ply 12	
John	Mid 466	Ebenezer	Ham 244	Nehemiah	Brs 372	
John	Wor 184	Ebenezer, Jr.	Ham 244	Nehemiah	Ham 10	
John	Wor 198	Ethan	Ham 233	Nehemiah	Ham 84	
John	Wor 201	Gad	Ham 355	Oliver	Brs 372	
John	Wor 341	Isaac	Ham 240	Oliver	Ply 66	
John	Wor 504	Lewis	Ham 355	Perez	Ply 74	
Jona.	Mid 256	Martin	Ham 244	Peter	Wor 264	
Jonas	Ber 158	Mary, Wd.	Ham 233	Phillip	Ply 29	
Jonas	Ess 247	Moses	Ham 233	Prince	Ply 12	
Jonas	Wor 384	Samuel	Ham 232	Rebecca	Ply 66	
Jonathan	Wor 206	Solomon	Ham 233	Rufus	Ply 29	
Jonathan	Wor 383	Stephen	Ham 263	Salmon	Ham 285	
Jonathan	Wor 495	William	Ham 261	Salmon	Ply 65	
Jos.	Mid 380	Warring, Shubael	Ber 223	Samuel	Ber 161	
Jos., 2d.	Mid 380	Warwick, Hezekiah	Nor 327	Seth	Brs 374	
Joseph	Ham 80	Jesse	Ham 40	Seth	Ply 20	
Joseph	Ham 346	Laban	Nor 328	Seth	Ply 29	
Joseph	Mid 63	see Green		Silvia	Ply 29	
Joseph	Mid 433	Washbern, Ira	Brs 352	Simeon	Ply 28	
Joseph	Mid 495	Peter	Brs 352	Sirus	Wor 306	
Joseph	Ply 79	Washborn, Bazaleal	Brs 352	Solmon	Ply 71	
Joseph	Wor 201	Jonathan	Ham 153	Solomon	Ply 61	
Joseph, Junr.	Ham 346	Josiah	Ham 153	Stephen	Ham 65	
Joshua	Ber 113	Washburn, Abiel, Col.	Ply 72	Thomas	Ply 14	
Josiah	Mid 142	Abiel, 2d.	Ply 71	Thomas	Ply 66	
Josiah	Mid 495	Abraham	Ber 190	Thomas	Ply 71	
Leml.	Wor 405	Abram	Ham 217	William	Ham 108	
Levi	Ber 148	Asahel	Wor 498	William	Ply 5	
Luke	Wor 416	Benjamin	Ply 66	Zenas	Ply 61	
Mansir	Wor 341	Benjan.	Ply 71	Washman, Saml.	Mid 530	
Mather	Ham 65	Bezaleel	Brs 436	Waste, Nathan	Brs 352	
Micah	Mid 256	Bildad	Ply 28	Waterhouse, Benjn.	Mid 494	
Moses	Mid 53	Calvin	Ply 66	Nathan	Ham 84	
Moses	Mid 505	Cornelius	Ham 223	Thomas	Ber 177	
Moses, Revd.	Ham 238	Daniel	Ply 66	Waterman, Asa, Esqr.	Ply 103	
Naham	Mid 524	Desire	Ply 66	Asael	Ham 180	
Nathan	Mid 256	Ebenezer	Ply 28	Benjamin	Ply 28	
Nathan	Ply 52	Ebenr.	Ham 277	Calvin	Ber 166	
Nathan	Ply 72	Eleazer	Ply 64	Calvin	Wor 322	
Neverson	Ham 55	Eliab	Ham 190	David	Nor 185	
Noah	Brs 370	Eliab	Ham 207	Deborah	Ply 104	
Noah	Ham 176	Elijah	Ham 256	Deborah	Ply 122	
Oliver	Wor 433	Eliphalet	Wor 305	Ebenezer	Ham 177	
Orange H.	Ham 65	Elisha	Ham 108	Eleazer	Ply 17	
Paul	Nan 77	Elisha	Ply 30	Eliphalet	Ply 95	
Peter	Mid 267	Elisha, Jr.	Ham 108	Elisha	Ply 17	
Philemon	Ham 271	Elkanah	Ply 28	Ephraim	Ply 104	
Phillip	Wor 340	Experience	Ham 190	Glading	Ber 193	
Phinehas	Wor 436	Ezekiel	Ply 28	Isaac	Ply 18	
Samson	Mid 439	Francis	Wor 495	Jabez	Ply 17	
Samuel	Ber 150	Hezekiah	Ham 241	James	Ber 166	
Samuel	Nor 232	Hugh	Brs 394	John	Ber 156	
Samuel	Wor 201	Hutchins	Brs 366	John	Ply 18	
Sarah	Ess 412	Isaac	Brs 359	Jonathan	Wor 251	
Seth	Ber 150	Israel	Brs 372	Joshua	Ply 69	
Seth	Ham 238	Israel	Brs 437	Josiah	Ply 29	

Luther	Ess 350	
Lydia	Suf 138	
Mary	Brs 387	
Mary	Nan 64	
Moses	Ply 16	
Nathl.	Ply 104	
Oliver	Ber 140	
Perez	Wor 322	
Prince	Nan 77	
Resolved	Ber 137	
Roger	Ham 7	
Samuel	Bar 72	
Samuel	Ply 122	
Sarah	Nan 64	
Thaddeus	Nan 49	
Thankful, Wid.	Nor 185	
Theophilus	Wor 251	
Thomas	Ply 21	
William	Ply 16	
see ... terman, Cady		
Waters, Abra.	Mid 179	
Amos	Wor 166	
Asa	Nor 269	
Asa	Wor 167	
Asa, Junr.	Wor 168	
Bettern	Mid 496	
Cors., Revd.	Mid 68	
Danl.	Mid 191	
Ebenezer	Wor 150	
Ebenezer	Wor 151	
Ebenr.	Wor 167	
Elijah	Wor 167	
Esther	Ess 404	
Isaac	Suf 140	
Isaiah	Ham 23	
John	Ess 405	
John	Ham 324	
John	Mid 36	
John	Wor 167	
John, Junr.	Wor 166	
Jonathan	Wor 167	
Joseph	Ess 401	
Joseph	Wor 167	
Josiah	Ber 202	
Judah	Wor 176	
Kezia	Wor 183	
Lydia	Ess 18	
Mary	Ess 412	
Mehitable	Suf 140	
Nathaniel	Ham 95	
Philemon	Ber 202	
Reuben	Wor 166	
Robert	Ess 364	
Salmon	Wor 167	
Saml., Junr.	Wor 167	
Samuel	Wor 166	
Samuel	Wor 436	
Sarah	Ess 399	
Simeon	Wor 166	
Simeon, Junr.	Wor 168	
Stephen	Wor 166	
Thomas	Wor 495	
Thos.	Ess 420	
Zebulun	Nor 269	
Watker, Asa, Dr.	Wor 405	
Watkins, Abner	Ham 261	
Amasa	Ber 190	
Andrew	Ber 189	
Andrew	Mid 514	
Benja.	Ess 389	
David	Nor 321	
Deliverance	Wor 329	
Elisha	Ber 190	
Hannah	Wor 329	
Gilbert	Ber 189	
James	Ber 189	
Jason	Ber 190	
John	Ber 189	
Jona.	Mid 524	
Moses	Mid 524	
Oliver	Ber 190	
Rufus	Ber 190	
Samll., Jr.	Ber 190	
Samuel	Ber 190	
Simpson	Ber 190	
Stephen	Ham 108	
Thomas	Ham 223	
Willard	Ham 24	
William	Brs 338	
William	Ess 351	
Zechh., Junr.	Ber 190	
see Walkens, Walkins		
Wators, Stephen	Ess 544	
Watriss, Oliver	Ham 31	
Watrous, Benjamin	Ham 171	
Watrus, Smith	Ham 352	
Watson, Benjamin	Wor 498	
Daniel	Mid 494	
David	Ham 292	
David	Wor 263	
Elizabeth	Nan 62	
Elkanah	Brs 284	
George	Ply 1	
Hazard	Ber 214	
Jacob	Mid 494	
Jacob	Wor 488	
Jacob, Jr.	Mid 494	
James	Ham 325	
James	Wor 488	
John	Ber 190	
John	Ber 230	
John	Brs 298	
John	Ess 415	
John	Ham 177	
John	Ham 189	
John	Ham 262	
John	Mid 495	
John	Ply 26	
John	Ply 100	
John	Wor 514	
John	Wor 518	
Joseph	Ham 292	
Lois, Mrs.	Ber 126	
Matthew	Wor 498	
Moses	Mid 179	
Nath	Ess 359	
Nathan	Mid 494	
Nathan	Nor 241	
Nathl. P.	Mid 494	
Oliver	Wor 487	
Oliver, junr.	Wor 488	
Patrick, Capt.	Ham 259	
Robert	Ber 107	
Robert	Ess 128	
Robert	Ham 190	
Robert	Wor 487	
Robert, Jur.	Ham 190	
Saml.	Mid 494	
Samuel	Ham 116	
Samuel	Wor 495	
Samuel S.	Wor 514	
Thomas	Wor 216	
William	Ham 104	
William	Ply 9	
William	Wor 487	
William	Wor 498	
Wm.	Mid 493	
Watt, John	Ham 299	
Watters, Israel	Wor 337	
Simeon	Wor 337	
Watton, John	Ham 31	
Watts, Daniel	Ess 433	
Hannah	Ess 367	
Isaac	Mid 192	
Jacob	Ess 434	
John	Ess 442	
John, Junr.	Ess 434	
Mary	Ess 35	
Nath.	Mid 201	
Nath., 2d.	Mid 201	
Nicholas	Ham 40	
Samuel	Bar 72	
see Turner		
Waugh, John	Mid 52	
John, Jr.	Mid 53	
Way, Azariah	Ber 163	
Ebenezer	Ham 261	
Lydia	Nan 60	
Moses	Ber 212	
Ralph	Ham 286	
Timothy	Ber 211	
Waycoff see Waekoff		
Wayman, John	Mid 17	
Weaks, Nathl.	Wor 321	
Wealer, Ann	Mid 191	
Isaac	Mid 192	
John	Mid 202	
Saml.	Mid 192	
Simon	Mid 179	
Weastcoat, Richard	Ham 40	
Richard, Jr.	Ham 40	
Weaten, Levi	Mid 524	
Weatherbee, Benjamin	Nor 304	
Benjamin	Nor 309	
Comfort	Nor 305	
Daniel	Wor 424	
David	Nor 309	
David	Wor 432	
Ephm.	Wor 432	
Isaac	Mid 67	
Israel	Mid 68	
Jacob	Mid 54	
Joseph	Nor 305	
Paul	Wor 424	
Weatherby, Ebenezer	Brs 388	
Ebenezer	Ham 278	
John	Mid 391	
Nathaniel	Brs 394	
Thomas	Brs 359	
Thomas	Ham 153	
Wm.	Ham 275	
Weatheril, Joshua	Wor 341	
Weatherley, Charles	Ham 126	
Weatherly, Hannah	Wor 342	
Joseph	Wor 342	
Weaton, Peter	Brs 314	
Weaver, Benjamin	Brs 282	
Benjamin	Ham 258	
James	Brs 406	
Joseph	Ber 166	
Joseph	Brs 338	
Nathll.	Brs 406	
Peter	Brs 402	
Samuel	Ham 283	
Sheffield	Brs 284	
William	Wor 342	
Webb, Adran	Wor 181	
Barnabas	Ply 133	
Barnabas	Wor 510	
Ben	Ess 406	
Benja.	Ess 399	
Benja.	Ess 406	
Benoni	Ber 181	
Bethiah, Wd.	Bar 67	
Daniel	Ber 182	
Daniel	Ess 285	
Daniel	Nor 305	
Daniel	Wor 473	
Ebenezer	Nor 254	
George	Wor 510	
Hannah	Ess 405	

Heny.	Ess 407	William	Bar 96	Naum		Ham 217
James	Ber 120	William	Ess 558	Thomas		Ham 116
Joanna	Ess 376	William	Mid 361	Wedger, Abel		Ber 264
John	Ber 120	William, Jr.	Ess 555	Ebenezer		Ham 355
John	Ess 421	Weber, Nathaniel	Brs 305	Weed, Charles		Ess 88
John	Wor 305	Richard	Brs 305	David		Ess 88
Jona.	Nor 120	Webester, Simeon P.	Brs 283	Elijah		Ess 88
Jonah	Ber 182	Webster, ---	Ham 182	Ephm.		Ess 88
Joseph	Bar 49	Abigail	Brs 352	Ephm., Capt.		Ess 88
Joseph	Ess 420	Abner	Ber 176	Isaac		Ess 88
Joshua	Ess 422	Adonijah	Ber 155	James		Ber 231
Josiah	Ber 118	Caleb	Ess 286	Jonathan		Ber 148
Lebbeus	Ber 193	Clark	Ber 150	Joshua		Ess 285
Michael	Ess 397	Coburn	Wor 342	William		Ess 351
Naphtali	Ber 193	Constant	Ham 299	Weeden, Charles		Nan 78
Nathan	Ber 214	Daniel	Ber 111	Weedon, John		Brs 339
Nathan, Jur.	Ber 214	Daniel	Ess 64	Weeks, Amiel		Bar 10
Nathl.	Ess 8	Daniel, junr.	Ess 64	Amiel		Ham 223
Paul	Ply 133	David	Ber 116	Barzillai		Bar 92
Reuben	Ber 181	David	Ber 181	Barzillai, Jr.		Bar 92
Saml.	Ply 44	David	Ess 88	Benja.		Duk 444
Saml., junr.	Nor 185	David	Ess 286	Caleb		Ham 40
Samuel	Ber 182	Ebenezer	Ber 176	David		Ham 346
Samuel	Ess 88	Elezer	Ham 138	David		Wor 306
Samuel	Ess 417	Elihu	Ber 258	Ebenezor		Bar 10
Seth	Ply 136	Elijah	Ham 236	Ebenr.		Bar 49
Stephen	Ess 401	Enoch	Ess 64	Elijah		Ham 331
Stephen	Ess 417	Ezekiel	Ham 31	Elisha		Bar 49
Thomas	Ber 120	Hannah	Ham 88	Francis		Bar 49
Thomas	Nor 184	Isaac	Ess 286	Hezekiah		Ham 151
Thomas	Nor 185	Jacob	Ber 175	Holland		Ham 207
Thos.	Ess 417	Jacob	Ham 61	Isaac		Bar 49
Wm.	Ess 418	James	Mid 412	James		Bar 36
Zebulon	Ber 193	Joel	Ham 243	James		Duk 452
Webber, Amasa	Ham 269	John	Ber 110	John		Ham 40
Ambrose	Ess 511	John	Ber 111	John		Mid 421
Andrew	Ham 279	John	Ber 112	John		Wor 288
Benja.	Ess 117	John	Ber 178	Jonathan		Mid 421
Benja.	Ham 280	John	Ber 182	Joseph		Bar 34
Benjamin	Ess 295	John	Ess 64	Joseph		Nan 54
Bradley	Ham 279	John	Wor 342	Joseph		Wor 305
Daniel	Ess 295	Jona.	Ess 63	Joshua		Brs 352
Ebenezer	Ham 300	Jonathan	Ber 183	Lemuel		Ham 151
Ebenezer, Colo.	Ham 261	Jonathan	Ber 251	Levi		Bar 49
Edward	Ham 91	Jonathan	Ess 286	Mercy		Bar 50
Edward, Lt.	Ham 279	Joseph	Ham 243	Nathan		Bar 87
Elizabeth	Ess 564	Joshua	Ess 159	Nathan		Duk 452
Ezra	Ham 278	Joshua	Ess 286	Paul		Bar 49
Francis	Ham 267	Josiah	Ess 590	Pheba		Bar 11
George	Ess 516	Moses	Ess 64	Richard		Bar 49
Henry	Ham 279	Moses	Ess 237	Richard		Ham 40
Ignatious	Ess 117	Moses	Ess 286	Roland		Wor 288
James	Brs 301	Moses, Jur.	Ess 286	Saml.		Duk 452
Job	Mid 441	Samuel	Ess 64	Samuel		Ham 151
John	Brs 301	Samuel	Ess 238	Shubael		Duk 452
John	Ham 301	Sarah	Ess 554	Shubael		Ply 108
John	Mid 361	Seth	Ber 178	Silas		Bar 50
John, 2d.	Mid 361	Simeon	Ber 181	Solomon		Duk 446
Jonathan H.	Ham 147	Stephen	Ber 112	Thankfull, wd.		Bar 11
Joseph	Mid 361	Stephen	Ess 286	Thomas		Ham 312
Joseph, Capt.	Ess 64	Stephen	Ham 80	Uriah		Ham 31
Kimbal	Ham 262	Stephen, Capt.	Ess 88	William		Duk 452
Leonard	Mid 391	Stephen, 4th.	Ess 286	William		Ham 151
Nathl.	Ess 524	Stephen, Junr.	Ham 80	William		Mid 412
Prince	Bar 96	Stephen, Jur.	Ess 286	Wm., Jur.		Bar 49
Reuben	Ham 280	Stephen, 3d.	Ess 286	Wm., Senr.		Bar 49
Rinaldo, Capt.	Ham 279	Thom	Nor 120	Zenas		Bar 37
Saml.	Mid 494	Thomas	Ess 238	see Wicks		
Saml., Jr., Deacn.	Ham 279	Thomas	Wor 383	Weighton, John		Mid 121
Samuel	Bar 96	Thomas	Ham 88	Weithington, Samuel		Mid 427
Samuel	Ess 544	William	Mid 89	Wejot see Wyot		
Samuel	Ham 262	Wm.	Wor 342	Welch, Betty		Ess 17
Samuel	Ham 279	Weden, John	Brs 436	Elijah		Ber 128
Samuel, Jr.	Ham 262	Wedge, Abijah	Ham 117	John		Bar 14
Sewal	Ham 278	Daniel	Wor 389	Solomon		Ham 203
Thomas	Mid 38	Eli	Wor 389	Thomas		Wor 327
Trenance	Ham 279	Jepthah	Wor 389	Thos.		Ess 366

Vine	Ber 230	David, Esqr.	Ham 324	Thomas	Wor 209
Wm.	Nor 160	David, Junr.	Ham 324	William	Mid 267
Welcox, Joel	Ber 170	Ebenr.	Mid 495	Wendal, Jacob	Mid 403
Weld, Aaron	Wor 329	Eleazer	Ham 76	Wendall, Cathn.	Mid 495
Able	Wor 340	Elijah	Ham 61	Wendel, Abm.	Ess 358
Asa	Wor 338	Elisha	Ber 156	Wentworth, Abel	Nor 293
Benjamin	Nor 238	Elisha	Ham 65	Benjamin	Nor 293
Caleb	Wor 327	Elisha	Ham 76	Daniel	Ber 194
Daniel	Ess 221	Elisha	Ham 336	Ebenezer	Nor 293
Daniel	Wor 340	Elizabeth	Ess 572	Elijah	Mid 257
David	Nor 244	Enos	Ber 127	Isaac	Mid 284
Ebenezer	Nor 250	Ephraim	Ham 76	Jerusha, Wido.	Nor 293
Elias, Dr.	Ess 89	Henry	Ham 48	John, 2d.	Nor 293
Elijah	Nor 250	Joel	Ham 75	Joseph	Ber 172
Esquire	Wor 340	John	Ber 148	Joseph	Nor 293
Esra	Nor 176	John	Ber 155	Judith, Wido.	Nor 293
Jacob	Nor 250	John	Ess 349	Moses	Nor 159
John	Nor 250	John	Ess 582	Nathel.	Nor 293
Josiah	Wor 485	John	Ham 65	Oliver	Nor 293
Mary	Nor 251	John	Ham 201	Paul	Nor 293
Mary	Wor 340	John, Jr.	Ess 349	Rachel	Nor 293
Nathaniel	Nor 250	Jonathan	Ess 578	Seth	Nor 293
Nathl.	Mid 506	Joseph	Ess 64	Simeon	Nor 293
Payson	Ess 463	Joseph	Ham 76	Susanna, Wido.	Nor 293
Penual	Wor 329	Joshua	Ham 84	Sylvanus	Ber 165
Samuel	Nor 232	Lemuel	Ham 336	Theophilus	Nor 281
Sarah	Nor 251	Levi	Ham 55	see Wintworth	
Thomas	Nor 250	Melankton W.	Ber 148	Wescoat, Cornelius	Brs 415
Timothy	Wor 329	Moses	Ess 349	John	Brs 415
Warham	Wor 329	Moses	Ham 13	Richard	Brs 415
William	Wor 340	Nathaniel	Ess 584	Wescott, Stuteley	Ber 140
William Gordon	Nor 251	Ner	Ham 84	Weson, Olive	Ham 190
Welds, David	Ham 223	Obed	Ham 76	Wessells, James,	
Wellar, Aaron	Ham 121	Patience	Ham 13	Wido. of	Ess 350
Ebenezer	Ham 130	Perez	Ham 68	Wesson, Aaron	Mid 525
John	Ham 121	Peter	Bar 67	Abel	Wor 193
Wellcut, Lot	Ham 6	Peter	Ber 137	Abiel	Mid 525
Weller, Daniel	Ber 202	Peter	Ham 346	Charles	Mid 439
Daniel, Jr.	Ber 202	Peter	Ham 55	George	Ess 428
David	Ham 177	Quarters	Ham 61	James	Mid 346
Enoch	Ber 202	Richard	Ham 61	James	Mid 419
Jarel	Ham 119	Robert	Ply 104	James	Wor 236
Justus	Ber 202	Rufus	Ber 137	Joel	Wor 168
Moses	Ham 152	Rufus	Ham 68	Joel	Wor 193
Oliver	Ham 119	Ruth	Ham 61	John	Mid 525
Paul	Ber 211	Samuel	Ber 137	John	Wor 242
Sarah, Wd.	Ham 119	Samuel	Ham 13	Prissilla	Mid 494
William	Ber 201	Samuel	Ham 55	Thos.	Mid 52
Welley, Andrew	Mid 380	Samuel	Ham 76	Willm.	Wor 281
Wellington, Abraham	Mid 267	Samuel, Junr.	Ham 76	Wm.	Mid 53
Josiah	Mid 179	Seth	Ber 127	see Weston	
Roger	Mid 66	Silas	Ham 76	West, Abel	Ber 216
William	Mid 267	Simeon	Ham 84	Abner	Ber 206
see Willington		Simon	Ber 125	Abner, Junr.	Ber 206
Wellman, Ezekl.	Ess 368	Solomon	Ham 31	Amost	Brs 305
Lot	Brs 322	Stephen	Ber 211	Anna	Brs 436
Mary	Ess 374	Thomas	Ber 154	Anna	Ess 529
Mary	Ess 408	Thomas	Ess 64	Asa	Ham 336
Mary	Ess 420	Thomas	Ham 55	Bartholomew	Brs 436
Rhoda	Brs 322	Thomas	Ham 84	Bejamin	Brs 305
Timothy	Ess 410	Willebie	Ess 16	Benja.	Ess 117
Timothy, jr.	Ess 421	William	Ber 127	Benja.	Ess 412
Timy.	Ess 421	William	Ber 212	Billy	Ham 336
Wells, Abner	Ham 76	see Dickinson		Charles	Nan 72
Agrippa	Ham 76	Welman, Caleb	Ess 439	Charles	Wor 288
Amasa	Ham 12	Jacob	Ham 93	Daniel	Ber 211
Amos	Ber 138	John	Mid 180	Daniel	Ham 104
Asa	Ham 84	Jona.	Ess 450	Ebenr.	Ber 264
Benjamin	Ham 13	Mehetable	Ess 453	Edward	Brs 435
Benjamin	Ham 61	Oliver	Nor 88	Edward	Ess 395
Benjn. D.	Ber 114	Welsh, Deborah	Ess 508	Elijah	Ber 264
Charles	Ber 155	Eunice	Mid 179	Elnathan	Brs 436
Cornelius	Ham 48	Ezra	Mid 179	Ephraim	Brs 401
Daniel	Ess 218	John	Wor 211	Frederik	Ber 202
Daniel	Ham 76	Jonas	Wor 214	George	Duk 450
David	Ess 349	Jonathan	Ess 88	Henery	Brs 305
David	Ham 55	Michael	Mid 285	Henry	Ess 285
		Richard	Ess 349		

Ichabod	Ber 202	Eliphad	Brs 437	Abijah	Brs 394		
Isaac	Ess 238	Epharim	Mid 310	Abijah, Jr.	Brs 394		
James	Bar 51	Esther	Mid 202	Benjamin	Brs 388		
James	Duk 454	George	Brs 437	Darius	Brs 394		
Jeruel	Duk 454	George, Jr.	Brs 437	Elisha	Brs 384		
John	Brs 401	Ichobud	Ply 103	George	Brs 384		
John	Ess 103	Isaac	Brs 437	James	Brs 384		
John	Ham 104	Isaiah	Brs 435	John	Brs 384		
John	Nor 281	Jabez	Mid 309	Prince	Ply 65		
Jonathan	Ham 48	Jabez	Ply 26	Samuel	Brs 384		
Joseph	Brs 311	Jacob	Ply 93	Solomon	Brs 388		
Joseph	Ham 174	James	Mid 309	William	Brs 384		
Joseph	Nan 47	James	Ply 104	William, Jur.	Brs 384		
Josiah	Ber 224	James, 4th.	Mid 309	Wetherill, Jno.	Wor 312		
Josiah	Ply 28	James, ju.	Mid 309	Mehitable	Wor 313		
Levi	Ber 264	James, 3d.	Mid 309	Wetherly, Charles	Ply 91		
Mary	Ess 285	John	Brs 437	Wethrell, Josiah	Ply 127		
Mason	Ber 202	John	Mid 309	Thomas (2)	Ply 9		
Nath	Ess 396	John, jur.	Mid 309	Wever, Caleb	Bar 30		
Nathan	Brs 410	John, Lt.	Ply 69	Wexsom, Barnabas	Bar 30		
Nathan	Ham 336	Jonathan	Ber 201	Daniel	Bar 28		
Oliver	Ber 264	Jonathan	Mid 309	Dorcus, wd.	Bar 31		
Oliver	Brs 311	Joseph	Ply 93	Elijah	Bar 6		
Paul	Wor 313	Joshua	Wor 313	Job	Bar 12		
Peleg	Brs 394	Levi	Ply 103	Joshua	Bar 28		
Peleg	Nan 71	Lewis	Ply 7	Solomon	Bar 30		
Peter	Duk 454	Michel	Ply 95	Whalen, Michael	Ess 147		
Richard	Ess 286	Nath	Ess 366	Whaley, John P.	Ber 111		
Robert	Brs 384	Nathan	Mid 23	Whalock, Lymon	Brs 394		
Roger, Lt.	Ham 223	Noah	Ply 22	Whalon, Clark	Brs 398		
Russel	Ham 159	Peleg	Ply 93	Daniel	Brs 352		
Saml.	Mid 180	Rufus	Ply 71	Joseph	Brs 352		
Samuel	Ber 202	Saml.	Mid 391	Joseph	Brs 398		
Samuel	Brs 436	Samuel	Mid 309	Wharf, George	Bar 60		
Samuel, 2nd.	Brs 436	Seth	Ply 47	Isaac	Bar 63		
Stephen	Bar 51	Seth	Ply 72	John	Bar 60		
Stephen	Ber 257	Stephen	Wor 229	Joseph	Bar 68		
Stephen	Brs 436	Thomas	Ply 72	Samuel	Bar 60		
Stephen	Ham 237	William (2)	Ply 7	Wharfe, Abraham	Ess 139		
Stephen	Nan 54	William	Ply 93	Abraham, Jun.	Ess 162		
Thomas	Ber 212	Wymond	Mid 202	Arther	Ess 139		
Thomas	Ess 286	Zacharh.	Ply 71	David	Ess 138		
Thomas	Nor 281	Zachariah	Mid 268	Isaac	Ess 117		
Thos.	Duk 449	Zadock	Ply 22	John	Ess 163		
William	Brs 436	Zebdiel	Ply 97	Naby, Wo.	Ess 163		
William	Ess 395	Zecariah	Mid 25	Samu.	Ess 135		
William, 2nd.	Brs 436	see Jenne, Shearman, Tallman		Sarah, Widw.	Ess 111		
Westbury, Edward	Mid 538	Westover, Job	Ber 230	Sarah, Wo.	Ess 162		
Westcoat, Benjamin	Brs 292	Jonah	Ber 120	Wharfield, Reuben	Ham 146		
Benjamin	Ply 3	Oliver	Ber 226	Wheat, Benjamin	Ham 61		
Joseph	Ply 26	Westwood see Wright		Daniel	Mid 40		
Thomas	Brs 292	Weswall, Henry	Wor 184	Joseph	Wor 488		
William	Brs 291	Weswell, Jona.	Mid 513	Wheaton, Abigail	Wor 495		
Westcot, Dickins	Ber 157	Wetherbee, Abel	Wor 220	Calvin	Brs 387		
Reuben	Ber 154	Amos	Wor 456	Daniel	Brs 394		
Rufus	Ber 167	Caleb (2)	Wor 453	George	Brs 384		
Stephen	Ber 154	Calvin	Wor 263	Jona.	Brs 401		
Stukely	Ber 167	Charles	Wor 264	Jonathan	Brs 298		
Westcott, Reuben	Wor 388	Edward	Mid 33	Joseph	Brs 302		
Western, James	Wor 263	Ephraim	Wor 453	Joseph, 2nd.	Brs 300		
Westgate, Jonathan	Ply 69	Ezra	Wor 222	Laban	Brs 379		
Wanton	Ply 107	Jonathan	Wor 263	Laban	Brs 384		
Weston, Abigal	Ply 102	Joseph	Wor 203	Lucas	Brs 311		
Abijah	Mid 309	Joseph	Wor 220	Lucus	Ber 162		
Abner	Wor 406	Joseph, Junr.	Wor 220	Luis	Brs 299		
Asa	Ply 93	Parker	Mid 461	Marshal	Ham 120		
Azra	Ply 94	Reuben	Wor 212	Mial	Brs 401		
Azra, Jur.	Ply 94	Sarah	Wor 205	Wheelar, James	Ham 312		
Chandler	Ply 103	Thomas	Wor 453	Samuel	Ham 304		
Daniel	Mid 25	Thomas	Wor 456	William	Ham 300		
Daniel	Ply 74	Wetherby, Lewis	Wor 376	Wheeler, Aaron	Brs 298		
Daniel, 2d.	Ply 74	Thomas	Wor 376	Aaron	Ess 146		
David	Ply 72	Wetherel, Edward	Ber 201	Aaron	Wor 373		
David, Jur.	Ply 72	Ephraim	Wor 406	Aaron	Wor 424		
Deboh., Wd.	Nor 184	George	Wor 406	Abel	Mid 13		
Edmund	Ply 72	Jacob	Wor 405	Abel	Mid 118		
Eleoner	Ply 93	Wetherell, Abijah	Brs 384	Abel	Wor 340		

Abial	Wor 405	John	Ham 175	Samuel	Mid 30
Abigal	Wor 406	John	Ham 228	Samuel	Nor 293
Abner	Mid 26	John	Mid 30	Samuel	Wor 209
Abner	Mid 142	John	Mid 70	Sarah	Nor 250
Abner	Mid 361	John	Wor 369	Shubel	Brs 304
Abraham	Wor 213	John	Wor 405	Silas	Wor 419
Abraham	Wor 514	John, Jur.	Wor 369	Simeon	Ber 150
Adam, Capt.	Wor 419	John B.	Wor 448	Simeon, J.	Ber 150
Amos	Ham 223	John D.	Ess 148	Simon	Mid 36
Amos	Wor 183	Jonatha.	Ess 250	Solo.	Mid 53
Amos	Wor 424	Jonathan	Ber 148	Stephen	Wor 212
Amos, Jur.	Wor 184	Jonathan	Wor 195	Thankful	Wor 209
Artemas	Wor 373	Jonothan, Ju.	Wor 202	Theophilus	Wor 183
Asa	Mid 413	Jonus	Wor 285	Thomas	Ham 161
Asa	Mid 460	Joseph	Ess 377	Thomas	Mid 12
Asa	Wor 213	Joseph	Ham 61	Thomas	Mid 25
Asa	Wor 507	Joseph	Wor 424	Thomas	Mid 443
Asa, Lt.	Wor 419	Joseph	Wor 518	Thomas	Wor 274
Asahel	Mid 118	Joseph P.	Mid 36	Thomas	Wor 510
Barnard	Brs 309	Joshua	Ber 109	Thos.	Ess 376
Benja.	Ess 148	Joshua	Ham 104	Thos.	Wor 305
Benja.	Mid 54	Joshua	Wor 215	Thos., Jr.	Wor 305
Benja.	Mid 63	Josiah	Wor 448	Timothy B.	Mid 27
Benjamin	Ber 234	Josiah	Wor 455	Truman	Ber 105
Benjamin	Brs 369	Josiah G.	Wor 432	William	Ber 148
Benjamin	Ham 104	Jotham	Mid 18	William	Brs 305
Benjan.	Mid 340	Judah	Mid 40	William	Mid 125
Caleb	Mid 121	Kiah	Mid 30	William	Nor 293
Calven	Brs 352	Lemll.	Wor 306	Willm. W.	Ply 122
Charles	Ber 258	Levi	Mid 427	Zenas	Ber 235
Comfort	Brs 302	Levi	Wor 212	see Horton, Wheler, Whelor	
Cyrel	Brs 304	Lewis	Nor 216	Wheellock, David	Wor 305
Daniel	Brs 403	Loring	Mid 122	Wheelock, ---	Ber 127
Daniel	Ess 148	Margaret	Wor 183	Aaron	Wor 337
Daniel	Wor 213	Margaret	Wor 285	Abel	Nor 159
Daniel	Wor 305	Mary	Mid 15	Abijah	Ham 194
Danl. G.	Wor 183	Mason	Brs 302	Abner	Wor 337
David	Ber 148	Moses	Ess 148	Addam	Wor 340
David	Mid 18	Moses	Ess 349	Alexander	Ham 43
David	Wor 288	Moses	Wor 213	Amariah	Ber 113
David, Jr.	Mid 18	Moses	Wor 510	Amos	Wor 337
Deborah	Nor 250	Nathan	Brs 302	Benj.	Wor 337
Ebenezer	Wor 203	Nathan	Mid 30	Benjamin	Wor 358
Edmund	Mid 25	Nathan	Mid 38	Calvin	Wor 388
Ephraim	Ber 190	Nathan	Wor 285	Cyrus	Wor 392
Ephraim	Ham 112	Nathan	Wor 306	Deborah	Wor 474
Ephraim	Mid 431	Nathll.	Wor 456	Denison	Wor 329
Ephraim, Jr.	Mid 11	Noah	Mid 15	Ebenr.	Wor 392
Fradrick	Ham 159	Obadiah	Wor 213	Eleazer	Ham 40
Gideon	Ber 149	Obadiah	Wor 363	Eleazer	Nor 207
Hamon	Wor 453	Oliver	Mid 36	Eleazer	Wor 329
Hannah	Nor 293	Oliver	Wor 416	Eliab	Wor 363
Hezekiah	Ham 189	Oliver	Wor 417	Ephraim	Nor 207
Huldah	Brs 301	Paul	Wor 281	Ephraim	Wor 329
Isaac	Wor 514	Payton R.	Ber 108	Gershom	Wor 373
Israel	Mid 118	Perigrine	Wor 213	Henry	Ham 272
Israel, Jur.	Mid 115	Peter	Mid 5	James	Wor 327
Jacob	Wor 513	Peter	Mid 435	John	Ham 43
James	Ham 104	Peter	Mid 443	John	Ham 116
James	Ham 160	Philip	Brs 308	John	Wor 168
James	Ham 275	Phinehas	Mid 15	John	Wor 337
James	Ham 277	Phinehas	Mid 33	Jonathan	Ham 40
James	Wor 203	Rebekah	Mid 28	Jonathan	Mid 6
James	Wor 514	Reuben	Mid 36	Joseph	Wor 184
James, 1st	Ber 143	Rice	Wor 251	Joshua	Wor 373
Jarvis	Brs 305	Richard	Ess 509	Josiah	Wor 166
Jeremiah	Brs 305	Roger	Mid 30	Lucretia, Mrs.	Wor 383
Jeremiah, jr.	Brs 299	Ruben	Ess 561	Luther	Wor 389
Jesse	Ham 227	Rusel	Brs 304	Moses	Wor 194
Job (2)	Brs 309	Saml.	Mid 525	Moses B.	Wor 408
Joel	Ham 104	Sampson	Mid 36	Nahum	Wor 388
Joel	Wor 285	Samu.	Ess 149	Noah	Ham 43
Joel	Wor 448	Samuel	Ber 148	Obadiah	Wor 389
Joel, Ens.	Wor 419	Samuel	Brs 301	Oliver	Nor 207
John	Ber 143	Samuel	Ess 349	Paul	Wor 167
John	Brs 411	Samuel	Ham 223	Paul	Wor 474
John	Ham 157	Samuel	Mid 15	Paul	Wor 485

Paul, Junr.	Wor 168	Jenckes	Brs 322	Job	Wor 237
Peter	Wor 388	John (2)	Ess 596	Joel	Wor 212
Ralph	Ber 190	John	Wor 166	John	Mid 437
Ralph	Wor 329	John	Wor 369	John	Nor 281
Samuel	Ber 113	Jona.	Wor 473	John	Ply 129
Seth	Nor 208	Jonathan	Ess 596	John	Wor 214
Seth	Wor 337	Joseph	Mid 495	Jona., Jr.	Wor 231
Seth, Lt.	Wor 388	Joshua	Ham 122	Jonas	Wor 212
Silas	Wor 373	Joshua, Junr.	Ham 125	Jonathan	Ham 48
Timothy	Nor 305	Marcy	Ess 10	Jonathan	Mid 440
Timothy	Wor 373	Marhew	Ess 596	Jorge W.	Wor 453
Vashti	Wor 373	Nathan	Ber 138	Joseph	Nor 329
Wheelor, Benjamin	Brs 412	Nathaniel	Ess 596	Joseph	Wor 215
Phebe	Brs 412	Samll.	Wor 305	Jotham	Mid 435
Wheelright, Ebenezer	Ess 216	Samuel	Ber 153	Leonard	Wor 357
Wheelwright, Abraham	Ess 349	Samuel	Ber 194	Lott	Nor 329
Gershom	Nor 329	Samuel	Ess 596	Molley	Wor 211
John	Nor 329	Sarah	Ess 596	Moses	Mid 434
Jos.	Mid 201	Simon	Wor 306	Moses	Nor 281
Micah	Nor 329	Solomon	Wor 167	Nathan	Wor 433
Wheeton, Jesse	Nor 305	Stephen	Ber 153	Nathaniel	Ham 223
Whelden, David	Bar 95	Thomas	Ess 594	Oliver	Mid 425
Ebenr.	Bar 87	Thos.	Wor 312	Oliver	Mid 437
Elisha	Bar 99	William	Brs 436	Oliver	Wor 453
John	Brs 436	William	Ess 593	Paul	Wor 210
Jonathan	Bar 95	see Annable, Cook		Phebe	Nor 281
Joseph	Brs 436	Whippy, Benjamin	Nan 60	Phineas	Wor 218
Peter	Bar 87	Benjn., Junr.	Nan 69	Reubin	Wor 220
Seth	Bar 95	Coffin	Nan 69	Richard	Wor 212
Thomas	Bar 87	David	Nan 72	Robert	Nor 281
Thos.	Duk 454	Davis	Nan 55	Saml.	Ply 130
Whelding, Abagail, Wid.	Bar 28	George	Nan 73	Samuel	Mid 433
Wheldon, Jonathan	Ham 251	James	Nan 51	Sarah	Ply 129
Samuel	Ply 108	Nathaniel	Nan 53	Silas	Mid 425
Wheler, Ephraim	Mid 11	Reuben	Nan 63	Silas	Wor 210
Mary	Mid 14	Whiston, Ezra	Nor 222	Simeon	Mid 425
Whellen, Saml.	Duk 444	Whitacer, William	Nor 344	Timothy	Mid 420
Whelor, Abel	Wor 236	Whitacker, David	Ham 107	William	Mid 426
Abraham	Wor 236	Whitaker, Abel	Ber 167	William	Mid 435
Beulah	Wor 237	Daniel	Brs 298	Zelotes	Mid 420
Russell	Wor 231	Ezra	Ber 138	White, Aaron	Ber 126
Thos.	Wor 236	Jonathan, Revd.	Nor 107	Aaron	Ham 249
Whelpley, Anson	Ess 351	Noah	Brs 305	Aaron	Ham 324
Samuel	Ber 258	Peter	Brs 308	Aaron	Ham 352
Thomas	Ber 258	Peter	Ess 286	Aaron	Mid 403
Whelply, William	Ber 211	Richd.	Brs 320	Aaron	Nor 232
Whetcomb, Asa	Wor 518	William	Bar 70	Aaron	Wor 369
John	Wor 518	William	Ber 155	Abel	Mid 403
Whetherel, Sampson	Wor 405	William	Ber 167	Abel	Wor 274
Whetlemore, James	Wor 266	William	Ess 286	Abiel	Nor 185
Whiaker, Margret	Brs 298	Wm.	Wor 321	Abigail	Ber 201
Whight, Edward	Nor 371	see Whiaker, Whilaker,		Abigail, Wd.	Ham 250
William	Nor 371	Whiteker, Whiticar		Abijah	Brs 365
Whilaker, Richard	Brs 312	Whitcher, Elizabeth,		Abijah	Nor 159
Whilden, Joshua	Ham 346	Wido.	Ess 350	Abijah	Wor 358
Whiling, Charles	Ber 190	Whitcom, Jonah	Mid 70	Abisha	Wor 474
Ebenezer	Ber 190	Whitcomb, Abel	Mid 434	Abraham	Brs 370
Rufus	Ber 190	Abel	Wor 209	Abraham	Brs 384
Whiple, James	Wor 202	Abraham	Mid 426	Adonijah	Brs 394
James, Jun.	Wor 203	Asa	Wor 210	Alexander	Nor 175
John	Wor 202	Azubah	Wor 212	Alpheus	Wor 473
John	Wor 285	Chapman	Wor 358	Amariah	Wor 474
John, Jun.	Wor 202	Daniel	Mid 444	Amos	Brs 387
Joseph	Wor 202	Dille	Ham 108	Andrew	Mid 505
Pearly	Wor 198	Ebenezr.	Ham 223	Andrew, Jr.	Mid 505
Richard	Wor 285	Enoch	Wor 212	Anna	Ess 251
Thads.	Wor 201	Ephraim	Mid 433	Anna, Wo.	Ess 139
Welcom	Wor 285	Ephraim	Wor 209	Apollos	Brs 372
Whippey, George	Brs 436	Ephraim, Jur.	Mid 433	Arnon	Nor 193
John	Ber 129	Hezekiah	Mid 427	Asa	Brs 375
Whipple, Daniel	Ham 75	Israel	Nor 329	Asa	Ham 65
David	Ess 128	Israel	Wor 229	Asa	Ham 265
David	Wor 305	Israel, Junr.	Wor 229	Asa	Nor 88
Ephraim	Brs 322	Jacob	Nor 281	Asa	Nor 185
Francis	Wor 312	James	Ham 65	Asa	Nor 193
Jacob	Wor 306	James	Ham 223	Asa	Wor 252
James	Wor 305	Job	Nor 329	Asaph	Ham 198

Bailey	Nor 281	Elihu	Nor 356	John	Ham 113
Bartholomew	Nor 229	Elijah	Ber 165	John	Ham 181
Benjamin	Brs 369	Eltjah	Brs 360	John	Ham 262
Benjamin	Brs 437	Elijah	Brs 376	John	Ham 266
Benjamin	Ham 197	Elijah	Ham 14	John	Mid 2
Benjamin	Nor 254	Elijah	Ham 145	John	Mid 391
Benjamin	Ply 11	Elijah	Ham 157	John	Mid 440
Benjamin	Ply 61	Elijah	Ham 286	John	Nor 159
Benjamin	Ply 93	Elijah	Mid 495	John	Nor 184
Benjamin	Ply 129	Elijah	Nor 222	John	Ply 31
Benjn.	Nor 176	Eliphalet	Ham 336	John	Wor 199
Benjn.	Nor 192	Eliphalett	Nor 377	John	Wor 338
Benjn.	Wor 200	Elisabeth	Ply 91	John	Wor 355
Bethuael	Ply 72	Elisha	Wor 229	John	Wor 363
Caleb	Ham 308	Elisha	Wor 231	John	Wor 389
Caleb	Nor 280	Elisha	Wor 456	John	Wor 453
Calvin	Ham 268	Eliz.	Nor 134	John	Wor 474
Charles	Mid 496	Elizabeth	Ess 295	John	Wor 488
Chloe	Wor 480	Enoch, Dn.	Ham 248	John, Jun.	Wor 358
Chrisr.	Ess 408	Ezekiel	Ham 65	John, Junior	Brs 369
Consider	Ham 20	Ezekiel	Ham 312	Jonah	Wor 312
Cornelius	Brs 338	Ezra	Wor 474	Jonas	Mid 505
Cornelius	Brs 366	George	Brs 338	Jonas	Wor 453
Cornelius	Nor 280	George	Nor 309	Jonathan	Brs 338
Cornelius	Ply 125	Gideon T.	Ply 44	Jonathan	Brs 388
Cotton	Ham 12	Gilman	Ess 351	Jonathan	Ham 194
Danford	Ber 166	Han.	Nor 120	Jonathan	Nor 193
Daniel	Bar 98	Hannah, Wido.	Brs 375	Jonathan	Nor 356
Daniel	Ber 167	Henry	Ess 149	Jonathan	Wor 474
Daniel	Brs 375	Henry	Ess 545	Jonathan	Wor 488
Daniel	Brs 388	Hezekiah	Nor 192	Jonathan, Jr.	Brs 388
Daniel	Ham 13	Holder	Brs 338	Jonathan, Junr.	Brs 338
Daniel	Ham 286	Horace	Ham 352	Jos. H., Doctr.	Ess 129
Daniel	Ham 352	Howard	Brs 394	Joseph	Bar 98
Daniel	Mid 33	Isaac	Bar 98	Joseph	Ess 15
Daniel	Nor 192	Isaac	Brs 374	Joseph	Ess 406
Daniel	Ply 72	Israel	Brs 375	Joseph	Ham 152
Daniel	Ply 91	Jabez	Ham 152	Joseph	Ham 250
Daniel	Wor 383	Jacob	Brs 363	Joseph	Ham 352
Daniel	Wor 389	Jacob	Ham 40	Joseph	Mid 441
Daniel, Junr.	Ham 355	Jacob	Nor 313	Joseph	Mid 496
Daniel A.	Mid 496	Jacob	Ply 44	Joseph	Nor 107
David	Brs 388	James	Ess 138	Joseph	Nor 280
David	Brs 394	James	Ham 189	Joseph	Ply 102
David	Ham 93	James	Ham 198	Joseph	Wor 306
David	Ham 198	James	Mid 513	Joseph	Wor 358
David	Mid 63	James	Nor 192	Joseph, Jr.	Bar 98
David	Nor 107	James	Nor 229	Joseph, Junr.	Ham 152
David	Nor 193	James	Nor 309	Joshua, Esqr.	Ply 72
David	Nor 251	James	Ply 102	Josiah	Brs 394
David	Wor 329	James	Wor 406	Josiah	Ham 194
David	Wor 479	James	Wor 454	Josiah	Ham 251
Dix	Wor 199	Jareed	Nor 184	Josiah	Ham 312
Easter	Mid 496	Jarel	Ham 294	Josiah	Wor 348
Ebenezer	Brs 293	Jason	Ber 134	Josiah	Wor 408
Ebenezer	Brs 388	Jeremiah	Nor 193	Josiah	Wor 488
Ebenezer	Ham 12	Jerh.	Mid 63	Josiah, Jr.	Ham 251
Ebenezer	Ham 31	Jerothmael	Brs 338	Justes	Ply 107
Ebenezer	Ham 250	Jesse	Wor 474	Lansford	Ham 262
Ebenezer	Ham 287	Jno.	Nor 134	Lemuel	Brs 387
Ebenezer	Ham 312	Jno., Jun.	Nor 159	Leonard	Brs 388
Ebenezer	Mid 283	Joanna	Ply 1	Leonard	Ess 285
Ebenezer	Nor 309	Joanna	Ply 102	Leonard	Ham 190
Ebenezer	Wor 388	Job	Ham 6	Levi	Ham 331
Ebenzr., 1st.	Wor 337	Joel	Ham 178	Levi, Rev.	Ber 177
Ebnzr., 2d.	Wor 337	Joel	Ham 250	Lewis, Dr.	Ham 92
Ebr.	Ply 113	Joel	Ply 18	Loas	Mid 284
Edward	Brs 322	Joel	Wor 474	Lot	Nor 281
Edward	Brs 394	John	Ber 129	Louis	Ham 312
Edward	Ply 113	John	Ber 211	Lucreece	Ess 23
Eldad	Ham 251	John	Brs 369	Lucy	Ply 61
Eleazer	Ham 152	John	Brs 384	Lucy	Wor 274
Elenor	Mid 440	John	Brs 387	Luke	Ham 198
Eliab	Brs 388	John	Brs 394	Lurania	Nor 185
Elias	Wor 305	John	Ess 5	Luther	Ham 242
Elihu	Ham 12	John	Ham 31	Luther	Nor 246
Elihu	Nor 175	John	Ham 68	Luther	Nor 376

Luther	Ply 93	Seth	Wor 480	Archelaus	Ply 128
Margt.	Ess 419	Silas	Nor 192	Asa	Nor 345
Mark	Mid 82	Silas	Ply 71	Asa	Ply 127
Martin	Ham 242	Silvenus	Brs 338	Barzilla	Ply 31
Mary	Mid 391	Simeon	Brs 388	Benja.	Ply 128
Mary	Nor 159	Simeon	Ham 249	Benjamin	Ply 20
Mathew	Brs 388	Simeon	Nor 88	Caleb	Ply 127
Matthew	Ham 117	Simeon	Nor 281	Caleb	Wor 479
Mehetable	Brs 387	Simion	Wor 274	Calvin	Nor 305
Merchant	Brs 292	Smith	Wor 394	Daniel, Colo.	Nor 313
Micah	Nor 281	Solomon	Ber 212	David	Nor 373
Micah	Ply 31	Stephen	Wor 286	David	Wor 480
Micah	Ply 55	Stephen	Wor 495	Ebenezer	Nor 246
Moses	Ham 286	Thomas	Brs 293	Edward	Nor 305
Moses	Mid 505	Thomas	Ham 152	Eldad	Mid 322
Moses	Wor 514	Thomas	Ham 250	Elias	Nor 222
Nahum	Ham 201	Thomas	Ham 346	Elijah	Wor 405
Nathan	Brs 388	Thomas	Nor 309	Elijah	Wor 408
Nathan	Nor 356	Thomas	Wor 240	Elizabeth	Nor 358
Nathan	Wor 183	Thomas	Wor 274	Elkanah	Nor 370
Nathan	Wor 473	Thomas	Wor 473	Ellis	Nor 325
Nathan	Wor 488	Thomas	Wor 488	Ephraim	Ply 17
Nathan, Capt.	Ham 275	Thomas Mc.	Ess 286	Esek	Wor 432
Nathaniel	Ham 286	Timothy	Brs 369	Ezekiel	Ply 128
Nathaniel	Wor 357	Timothy	Ply 136	Galen	Ply 128
Nathel.	Ham 134	Tobias	Ply 103	Gamaliel B.	Ber 211
Nathl.	Nor 184	Vassal	Ber 269	Hannah, Wido.	Nor 304
Natho.	Ply 113	Walter	Ham 94	Hezekiah	Nor 304
Noah	Ham 23	William	Ber 136	Hosea	Mid 21
Noah	Wor 408	William	Brs 338	Jabez	Ham 31
Obed	Brs 338	William	Brs 437	Jacob	Ham 331
Oliver	Brs 388	William	Ess 163	James	Ply 130
Orphen	Ply 101	William	Ess 597	Jason	Wor 408
Paul	Wor 480	William	Ham 150	Jerusha	Nor 370
Peleg	Brs 338	William	Ham 312	Joel	Nor 236
Perez	Brs 372	William (2)	Ply 91	John	Ber 104
Perregrin	Brs 291	William	Ply 92	John	Brs 321
Peter	Bar 41	William	Ply 103	John	Ess 286
Peter	Wor 369	William	Wor 474	John	Ham 40
Peter	Wor 406	William	Wor 488	John	Nor 335
Peter	Wor 473	William, Jr.	Brs 436	John	Nor 345
Peter	Wor 479	William, Jur.	Wor 251	John	Nor 364
Pliny	Ham 352	William, 2nd.	Brs 339	John	Nor 384
Preserved, Jr.	Ham 242	Willm.	Ply 44	John	Wor 355
Rand	Wor 487	Wm.	Ham 247	John	Wor 480
Reuben	Ber 208	Zebulon	Brs 384	John, 3d.	Nor 369
Reuben	Ham 251	Zebulon	Ham 330	John L.	Nor 369
Reuben	Ham 325	Zenas	Ham 240	Joseph	Ess 351
Rhoda, Wido.	Nor 280	Zibee	Ham 308	Joseph	Nor 304
Robert	Ham 88	Zuba, wd.	Wor 383	Joseph	Nor 354
Robert	Wor 251	see Talcott, Wight		Joseph	Ply 17
Roger	Brs 338	Whitefoot, Sarah	Ess 388	Joseph, Dn.	Nor 304
Royal	Brs 394	Whitehead, Gad	Wor 274	Joseph, 2nd.	Nor 358
Rufus	Brs 372	George	Wor 274	Joshua	Nor 304
Salmon	Ham 68	Whitehouse, James	Nan 52	Josiah	Ber 238
Salmon, Jur.	Ham 68	Stephen	Ess 351	Josiah	Wor 408
Saml.	Mid 505	Whiteing, Ebenr.	Wor 306	Jotham	Ply 31
Samll., Jr.	Mid 505	Samson	Mid 322	Leml.	Mid 70
Samuel	Brs 293	Whiteker, William	Wor 518	Lemuel	Wor 432
Samuel	Brs 374	Whitemore, Isaac	Wor 416	Levi	Ply 17
Samuel	Brs 388	Joseph	Wor 274	Lewis	Nor 364
Samuel	Ess 11	Nathaniel	Wor 355	Lucy	Wor 219
Samuel	Ess 285	see Whittemore		Luther	Wor 432
Samuel	Ham 152	Whiteus, James	Nan 57	Lydia	Ply 127
Samuel	Ham 250	Whitfield, Parnel	Brs 436	Marjury	Nor 370
Samuel	Mid 33	Whitford, John	Ess 419	Mary, Wido.	Nor 321
Samuel	Mid 440	Samuel	Ess 360	Mason	Ber 104
Samuel	Nor 255	Silas	Bar 41	Moses	Nor 304
Samuel	Ply 72	William	Ess 35	Nathan	Ber 129
Samuel	Wor 274	Whiticar, Joseph	Wor 347	Nathan	Ply 20
Samuel, Jur.	Ess 285	Whitin, Paul	Wor 474	Nathaniel	Nor 313
Sarah	Brs 388	Whiting, Aaron	Nor 325	Nathaniel	Wor 432
Sarah	Nor 252	Abel	Ply 127	Oliver	Ply 44
Sarah	Ply 136	Abner	Nor 304	Otis	Nor 370
Sarah, Wd.	Wor 327	Abner	Wor 479	Ozias	Ply 127
Saul	Brs 360	Abraham	Ply 3	Paul	Nor 304
Seth	Ham 310	Abram. K.	Ber 104	Paul	Wor 355

Pelatiah	Nor 350	Simeon	Ply 64	Daniel	Mid 504
Peter	Nor 349	Thomas	Mid 430	Daniel	Mid 538
Philip	Ply 52	Zachr.	Wor 453	Daniel	Nan 47
Phins.	Mid 380	Zechariah	Ply 65	David	Ham 61
Rufes	Nor 304	Whitmarsh, Asa	Brs 293	David	Mid 514
Ruth, Wo.	Ply 69	Hannah	Nor 231	David	Wor 222
Saml.	Mid 391	Hannah	Ply 61	David	Wor 456
Samuel	Ber 104	Holmes, Wido of	Brs 412	Dorathy	Mid 428
Samuel	Mid 506	Jacob	Ham 304	Dorothy	Ham 212
Samuel	Nor 304	Jacob	Ply 61	Ebenezer	Ham 48
Seth	Nor 246	John	Brs 412	Ebenezer	Ham 285
Solomon	Nor 305	Jonathan	Brs 412	Ebenr.	Ham 211
Stephen	Nor 304	Lot	Ply 61	Ebenr.	Wor 184
Thaddeus	Nor 379	Matthew	Brs 413	Ebenr.	Wor 306
Thomas	Mid 7	Noah	Ham 308	Eli	Wor 191
Thomas	Ply 127	Peter	Nor 185	Elias	Mid 427
Thomas, Junr.	Ply 130	Robert	Brs 412	Elias	Wor 389
Thos.	Ply 31	Rufus	Brs 412	Elias, Jr.	Wor 389
Timothy	Nor 222	Saml.	Nor 176	Elijah	Nor 257
Timothy	Nor 305	Saml.	Nor 185	Elijah	Wor 213
Timothy	Wor 479	Sarah	Brs 412	Elisabeth	Mid 132
William	Ber 104	Walker	Brs 412	Elisha	Ber 258
William	Ber 211	Zakariah	Ess 597	Elisha	Ess 350
William	Brs 302	Whitmash, Levi	Ply 31	Elisha	Nor 236
William	Nor 281	Whitmon, Richard	Ply 107	Elisha	Wor 193
William	Nor 304	Whitmore, Amos	Ess 215	Elisha	Wor 456
William	Nor 325	Asa	Ham 48	Elisha, Esq.	Ess 554
William	Ply 127	Daniel	Ess 211	Enoch	Wor 222
William	Wor 454	Daniel	Ham 284	Ephm.	Mid 531
Willm.	Ham 331	Daniel	Wor 424	Ephm.	Wor 235
Wm.	Mid 403	David	Wor 424	Ephm.	Wor 241
see Cushing, Guild, Whiling,		Ebenezer	Ess 213	Ephm.	Wor 384
Whitting		Ebenr.	Wor 322	Ezekl. (2)	Mid 505
Whitley, William	Nor 341	Eber	Wor 514	Ezra	Wor 384
Whitlock, John	Ber 211	Edward	Wor 456	Francis	Mid 505
Whitman, Abiah	Nor 184	Enock	Wor 240	Hachaliah	Wor 389
Benjamin	Ply 64	Isaac	Wor 237	Hananiah	Wor 230
Benjamin, Esqr.	Ply 132	Isaac	Wor 456	Hezekiah	Ber 177
Benjamin, junr.	Ply 64	John	Ber 190	Hezekiah	Mid 427
Caleb	Ber 134	John	Wor 237	Hezekiah	Wor 242
Charles	Mid 430	Jona. W.	Mid 284	Hezikiah	Wor 222
Charles, Jur.	Mid 430	Jonathan	Ess 349	Ira	Ham 61
Daniel	Ham 305	Joseph	Ess 349	Isaac	Mid 67
David	Nor 192	Joseph	Wor 456	Isaac	Wor 221
Ebenezer	Ber 166	Nathl.	Wor 154	Isaiah	Ess 445
Eleazer	Ply 64	Nathl.	Wor 166	Isaiah	Wor 218
Elijah	Ply 44	Oliver	Ber 190	Isaiah	Wor 221
Ephraim	Ply 31	Wm.	Wor 329	Israel	Wor 218
Ezra	Bar 73	see Whitemore, Whittimore		Isreal	Nor 321
Ezra	Ply 64	Whitney, Aaron	Mid 538	Jabez	Ber 190
Frederic	Brs 314	Aaron	Wor 217	Jabez	Ham 43
Isaac	Ply 64	Abel	Ham 120	Jacob	Mid 428
Isaiah	Ber 166	Abigail	Wor 432	Jacob	Nor 246
Israel	Brs 314	Abijah	Ber 201	Jacob	Wor 230
James	Ham 211	Abijah	Mid 257	Jacob	Wor 384
Jeptha	Ber 166	Abner	Wor 455	James	Mid 82
John	Ber 162	Abner	Wor 456	James	Wor 222
John	Ply 64	Abraham	Mid 426	Jason	Mid 530
John	Wor 455	Abraham	Wor 218	Jesse	Wor 389
John P.	Ber 132	Abraham, Jur.	Mid 426	Joel	Wor 456
Jonas	Bar 92	Abrm.	Mid 505	John	Ber 190
Joseph	Ess 448	Alpohus	Wor 456	John	Ham 16
Joseph	Mid 430	Amasa	Mid 285	John	Ham 40
Joseph	Ply 64	Amazh.	Mid 180	John	Mid 538
Kilborn	Ply 44	Amos	Mid 380	John	Wor 209
Levi, Revt.	Bar 75	Amos	Wor 184	John	Wor 376
Nathan	Ply 64	Amos	Wor 384	John	Wor 432
Nehh.	Mid 460	Andrew	Wor 518	John	Wor 456
Nicholas	Ply 64	Asa	Mid 53	Jona.	Mid 504
Nicholas	Wor 455	Benja.	Mid 62	Jona., Jr.	Mid 505
Noah	Ply 65	Benja.	Wor 286	Jonah	Wor 192
Peter	Ply 64	Benja., Jur.	Wor 184	Jonas	Ber 178
Samu.	Ham 304	Caleb	Wor 348	Jonas	Wor 222
Samu.	Ham 312	Charlotte, Wd.	Ham 120	Jonas	Wor 456
Samuel	Brs 314	Cyrus	Wor 222	Jonathan	Ham 360
Samuel, jr.	Brs 314	Daniel	Ham 40	Jonathan	Wor 355
Seth A.	Ply 64	Daniel	Mid 428	Joseph	Ham 40

Joseph	Ham 232	Daniel	Suf 143	Joseph	Ess 285
Joseph	Ham 324	Daniel, jur.	Suf 143	Maurice	Ess 89
Joseph	Mid 538	Davis	Suf 146	Nathel.	Ess 295
Joseph	Wor 229	Elijah	Suf 145	Thomas	Ess 285
Joshua	Ber 201	Elijah, jur.	Suf 146	Thomas, Jur.	Ess 286
Joshua	Mid 433	Elisha	Suf 146	William	Ess 286
Joshua	Nor 216	Enoch	Suf 146	William	Ess 295
Joshua	Wor 183	Ezra	Suf 142	William, Jur.	Ess 295
Joshua	Wor 448	Isaiah	Suf 146	William, 3d.	Ess 295
Joshua, Jr.	Ber 201	Israel	Suf 145	Wm., Capt.	Ess 64
Josiah	Mid 67	Israel	Wor 229	Whittimore, Michael	Nor 244
Josiah	Mid 268	Jacob	Suf 145	Saml.	Mid 493
Josiah, Jr.	Mid 67	James	Ber 264	Wm.	Mid 493
Judah	Mid 68	John	Ber 258	Whitting, Abraham	Ply 15
Lemuel	Mid 428	Joseph	Ber 264	Whittleton, William	Ess 350
Levi	Mid 53	Joshua	Suf 146	Whittling, Eliphalet	Ber 258
Levi	Wor 232	Moses	Suf 145	Whittmore, James	Ess 423
Mellen	Wor 348	Sarah	Suf 146	Whittridge, Livemore,	
Moses	Ham 325	Solomon	Suf 144	Jr.	Ess 544
Moses	Mid 284	Stephen	Suf 146	see Witteridg	
Moses	Mid 505	Theophilus	Suf 146	Whyer, Joseph	Ess 542
Moses	Nor 160	Zechariah	Suf 143	Whyett, Stephen	Ess 578
Moses	Wor 217	Whitredge, Joseph	Ply 107	Whyton, Comfort	Nor 293
Moses	Wor 239	Peleg	Ply 107	Lemuel	Nor 281
Moses	Wor 473	Thos.	Ply 107	Nathaniel	Nor 293
Moses, 2d.	Wor 239	Wm.	Ply 107	Wiatt, George	Ess 4
Nathan	Wor 456	Whitridge, William	Mid 309	see Whyett	
Nathan, Jr.	Wor 454	William, Ju.	Mid 309	Wibourn, James	Ham 301
Nathl. R.	Mid 505	Whittam, Rhoda, Wd.	Ess 88	Wicker, David	Wor 504
Noah	Ber 201	Whittamore, Saml.	Ess 394	Jacob	Ham 6
Oliver	Wor 220	Whittemore, Aaron	Mid 256	Samuel	Wor 504
Oliver	Wor 384	Aaron	Wor 488	Wm.	Wor 305
Palmer	Ham 40	Amos	Mid 494	Wickliff see Chadwick	
Peter	Ham 154	Asa	Wor 498	Wicks, Uziah	Brs 436
Peter, Rev.	Nor 120	Asa, jun.	Wor 498	Wm.	Duk 450
Peter, Revd.	Wor 363	Clark	Wor 186	see Weeks	
Phenias	Wor 455	Daniel	Ess 20	Wickson, Robert	Bar 60
Phins.	Wor 229	Edmund	Ess 35	Wickum, Prince	Ham 154
Reuben	Wor 222	Edward	Nor 107	Wickwire, Jonas	Ber 108
Richard	Ber 135	Hannah	Ess 19	Wiclen see Wider	
Richard	Wor 221	Isaac	Mid 102	Wider, Charles	Ess 405
Salmon	Wor 217	Israel	Mid 256	Widger, Thomas	Ess 469
Saml.	Mid 504	Jacob	Ess 63	William	Ess 475
Samll.	Mid 513	Jacob	Nor 250	William	Ess 500
Samuel	Wor 239	James	Wor 495	Widgers, Joseph	Ess 103
Samuel	Wor 455	Jereh., jun.	Wor 487	Wiederhold, John	Nan 65
Sarah	Wor 455	Jeremiah	Wor 488	Wier, George	Mid 514
Selas	Mid 67	Jona.	Mid 493	Isaac	Mid 116
Silas	Ber 258	Jona.	Wor 423	William	Ham 113
Simon	Wor 285	Jos.	Mid 191	Wiett, Lemuel	Brs 314
Stephen	Ham 55	Joseph	Ess 20	Wiggers see Widgers	
Stephen	Wor 432	Joseph	Ess 349	Wiggins, Joseph	Ess 393
Susanna	Mid 538	Joshua	Nor 107	Wigglesworth, Michael	Ess 349
Susanna	Wor 456	Joshua G.	Ess 117	Wight, Aaron	Nor 222
Thaddeus	Mid 284	Josiah	Mid 496	Abiram	Nor 338
Tho. L.	Wor 363	Mary	Ess 419	Abner	Wor 392
Thomas	Mid 416	Nancy	Nor 241	Alpheus	Wor 329
Thomas	Wor 189	Nathan	Mid 180	Amos	Nor 324
Thomas, Esqr.	Mid 466	Phillip	Mid 180	Asa	Nor 208
Timo.	Mid 284	Reuben	Wor 485	Caleb	Nor 325
Timothy	Ber 148	Samu., Esq.	Ess 116	David	Ham 224
Timothy	Wor 355	Thos.	Mid 493	David, Jur.	Wor 327
Timothy	Wor 369	Willm.	Ess 437	Ebenezer, Esqr.	Nor 305
Timothy, Esqr.	Ber 177	Wm.	Mid 179	Eliab	Nor 338
Uriah	Ham 172	Wm.	Mid 494	Henry	Nor 304
William	Ber 264	see Whitmore, Whitmore		Jacob	Ham 264
William	Wor 448	Whitten, Abel	Wor 184	James	Nor 222
Wm.	Wor 229	David	Ham 308	John	Ess 199
Zachariah	Ham 48	Joseph	Ply 52	John	Ham 224
Zachariah	Wor 432	Marlborough	Ply 61	Jonathan	Nor 87
Whitomore, Edward	Bar 28	Peter	Ham 308	Jonathan	Nor 207
Edward, jur.	Bar 28	Whitteredge, Oliver	Ess 141	Jonathan, Jun.	Nor 207
Whiton, Abijuh	Ham 22	Richd.	Ess 141	Joseph	Bar 41
Amasa	Suf 146	William	Ess 11	Joseph	Nor 305
Benjamin	Suf 143	Whittier, Daniel	Ess 286	Lemuel	Nor 87
Benjamin, jur.	Suf 143	Isaac, Major	Ess 89	Lemuel, Jr.	Nor 88
Charles	Suf 143	John	Ess 295	Mary, Wido.	Nor 325

Moses	Nor 208	Stephen	Brs 352	Benaiah	Ply 71
Nathan	Nor 208	William	Ber 140	Benja.	Wor 230
Oliver	Wor 186	Wilbur, John	Ham 84	Bezaleel	Ham 108
Oliver	Wor 329	Uriah	Ham 84	Bulah	Wor 455
Polly, Wd.	Ham 275	Wilcocks, Zaccheus	Ber 235	Caleb	Wor 456
Thomas	Nor 370	Wilcomb, Hepzibah, Wd.	Ess 89	Caleb, 2d.	Wor 455
see White		Wilcot, Oliver	Wor 321	Calvin	Wor 358
Wightman, Jesse	Ham 355	Wilcox, Abel, Jr.	Ber 175	Cornelius	Wor 285
Wil..., David	Brs 394	Abel, Sen.	Ber 175	Crocker	Suf 145
Wilber, Baruch	Ply 47	Abner	Ber 151	Daniel	Suf 146
Benjamin	Ply 72	Abner	Brs 338	David	Wor 436
David	Ham 303	Barjonas	Brs 437	David, Jun.	Wor 436
Elias	Ham 113	Benjamin	Brs 338	Ebenezer	Ply 71
George	Ply 47	Benjamin	Brs 352	Edward	Wor 436
Gideon	Ply 47	Culbert	Brs 339	Edward, Capt.	Suf 145
Hezekiah	Ber 157	Daniel	Brs 338	Elihu	Wor 348
Isaac	Ply 47	Daniel	Ham 190	Elijah	Ham 104
Jacob	Ham 104	David	Ham 360	Elisha	Wor 436
Jeddediah	Ham 302	David	Wor 313	Ephraim	Wor 313
John	Ham 112	Ezekiel	Ber 239	Ephraim	Wor 348
John	Nan 68	George	Ber 174	Eunice	Mid 416
John, Jr.	Ham 113	Hannah	Nan 67	Gardner	Ham 331
Lemuel	Ply 47	Heman	Ber 126	Gardner	Wor 229
Lemuel, junr.	Ply 47	Henry	Brs 352	Gardner	Wor 358
Owen	Ply 107	James	Ber 142	Hannah	Suf 145
see W..., Willer		Job	Brs 437	Isaac	Mid 53
Wilbor, Daniel	Nor 87	John	Ber 177	Isaac	Suf 143
Elisha	Nor 87	John	Brs 338	Isaiah	Suf 143
Wilbore, Abishar	Brs 369	Josiah	Ber 151	Jabez	Ham 19
Adam	Brs 375	Josiah	Ham 336	James	Wor 347
Apollos	Brs 376	Levi	Brs 436	James	Wor 433
Benjamin	Brs 388	Oliver	Ber 239	Jemima	Wor 433
Ebenezer	Brs 376	Rhoda	Ber 176	Joanna	Ply 124
Ebenezer	Brs 394	Samuel	Ber 189	Joel	Wor 453
Elkanah	Brs 376	Samuel	Brs 338	John	Brs 317
Elkanah, Junr.	Brs 376	Silvenus	Brs 339	John	Ham 228
Ephraim	Brs 384	Stephan	Wor 313	John	Wor 229
George	Brs 394	Stephen	Ber 149	John	Wor 285
Henry	Brs 370	Thomas	Ber 237	John	Wor 358
Isaiah	Brs 369	Thomas	Brs 352	John, 3d.	Wor 355
Isaiah	Brs 372	Timothy	Ham 80	Jonathan	Wor 355
Jacob	Brs 375	William	Brs 339	Joseph	Suf 145
Jedediah	Brs 364	William	Brs 351	Joseph	Wor 229
Jedediah, Junr.	Brs 359	see Willcox		Joseph	Wor 436
Joel	Brs 384	Wilcutt, Thomas	Nor 330	Joseph	Wor 498
John	Brs 364	Wild, Benjamin	Brs 384	Josiah	Wor 233
Joseph	Brs 369	Elijah	Nor 175	Josiah	Wor 448
Joseph, Junior	Brs 376	Jesse	Ham 65	Josiah, Junr.	Wor 233
Joshua	Brs 359	John	Brs 394	Lot	Ham 24
Josiah	Brs 375	John	Ham 84	Manasah	Wor 285
Libius	Brs 375	John	Nor 281	Menasseh	Wor 358
Meshach	Brs 372	Jonathan	Nor 98	Moses	Wor 358
Samuel	Brs 375	Jonathan	Nor 175	Moses, Lt.	Ham 256
Simeon	Brs 376	Joseph	Nor 134	Nahum	Wor 455
Simeon, Junr.	Brs 375	Joseph	Nor 160	Nathan	Wor 347
Stephen	Brs 364	Joshua	Nor 281	Nathaniel	Ham 107
Zephaniah	Brs 376	Levi	Nor 176	Nathaniel	Suf 137
Zibean	Brs 376	Michael	Ess 420	Nathl., Capt.	Ply 72
Wilbour, Benjamin	Ber 133	Paul	Nor 175	Nathl., Jur.	Ply 79
Daniel	Bar 41	Person	Nor 176	Nathl., 2d.	Ham 108
Daniel	Brs 407	Rachel	Brs 365	Oliver	Wor 227
Daniel, Jr.	Brs 407	Richard	Nor 293	Phinehas	Wor 348
David	Brs 352	Samuel	Brs 365	Phinehas, Jun.	Wor 348
Elisabath, Wid.	Brs 290	Samuel, Junior	Brs 358	Rheuben	Wor 347
Elisha	Brs 407	Silas	Nor 175	Rufus	Mid 67
Gid.	Ber 134	Silas, junior	Nor 175	Samuel	Ham 61
Henry	Brs 352	Thomas	Nor 176	Samuel	Suf 146
Isaac	Brs 287	William, junr.	Nor 175	Samuel	Wor 358
Isaac	Brs 352	Wildair, Abel	Ham 304	Samuel, jur.	Suf 146
James	Brs 405	Seth	Ham 304	Samuel, 2d.	Wor 355
Jeremiah	Ber 134	Wilder, ---, wid.	Wor 406	Sarah	Wor 436
John	Brs 407	Abel	Ham 20	Shubal	Ham 7
Jonathan	Brs 352	Abel	Ham 194	Silas	Ham 108
Joshua	Brs 398	Abel	Wor 229	Silas	Wor 348
Josiah	Brs 411	Abel	Wor 285	Stephen	Wor 355
Mary, Wido	Brs 405	Anna	Wor 227	Thomas	Wor 436
Stephen	Ber 133	Bela	Suf 143	Thomas, jur.	Suf 143

Timothy	Wor 348	Pelatiah	Ess 31	Mary	Mid 495
Titus	Wor 358	Reuben	Ess 376	Nathan	Mid 466
William	Wor 358	Robert	Mid 403	Nathan	Wor 341
Willis	Ham 198	Samuel	Ess 33	Paul	Wor 355
Zachariah	Ham 24	Solomon	Ess 31	Peter	Mid 110
Wildes, Daniel	Ess 40	Sylvester	Ess 533	Phineas	Wor 218
Dolling	Ham 116	Timothy	Mid 40	Reuel	Ham 75
Dudley	Ess 38	William	Ess 459	Salmon	Wor 358
Ephriem	Ess 39	Wm.	Mid 391	Samuel	Ham 277
Mary	Ess 42	Zadock	Ess 15	Samuel	Wor 473
Moses	Ess 40	Wilkinson, Ebenr.	Wor 238	Silas	Wor 357
Samuel	Ham 116	John	Brs 281	Silas	Wor 455
Sylvanus	Ess 42	John	Brs 319	Simon	Nor 240
Wildman, Nirum	Ber 148	Joseph	Nor 309	Simon	Wor 358
Wilds, Elkanah	Ham 10	Wilks, John	Ham 61	Simon	Wor 456
Ivery	Mid 466	John	Ply 31	Solomon	Wor 184
Jesse	Ham 6	Willace, Joshua	Ply 69	Tarbell	Mid 70
Thomas	Ham 10	Willard, Abel	Wor 219	Thankfull, Wido.	Brs 366
William	Nor 184	Abigail, Wd.	Wor 167	Thomas	Ess 471
Wiles, Michael	Ess 544	Abraham	Wor 423	Thomas	Wor 510
Oliver	Ham 298	Artimas	Wor 347	William	Wor 217
Susanna	Ess 359	Ashbel	Wor 510	William	Wor 357
Wiley, Bethuel	Bar 73	Barzilla	Wor 219	Willm.	Wor 285
David	Bar 73	Benjamin W.	Wor 355	Willm., Jur.	Wor 285
Ebenezar	Bar 73	Benjn.	Wor 195	Willars see Willace	
Ebenezer	Ham 284	Beriah	Ham 76	Willcomb, William	Ess 574
Edmund	Mid 310	Caleb	Wor 218	see Wiltcomb	
Eli	Mid 310	Charles	Wor 423	Willcott, Jesse	Ham 312
Elisha	Bar 73	Clark	Wor 183	Zebulon	Ham 312
Hannah	Bar 73	Daniel	Ber 106	Willcox, Amaziah	Bar 36
Henry	Bar 75	Daniel	Wor 218	Amos	Ham 61
James	Mid 309	Daniel	Wor 423	Billy	Ham 167
John	Bar 75	David	Wor 348	Daniel	Ber 264
John	Ber 193	David, Jun.	Wor 348	Edw.	Ber 264
John	Mid 202	Elijah	Ber 119	Eleazer	Ham 172
Levi	Bar 72	Elijah	Wor 342	Elisha, Capt.	Ham 144
Levi, Jur.	Bar 72	Enoch	Ber 257	Hiel	Ham 190
Moses	Bar 79	Ephraim	Wor 340	Israel	Ber 117
Nathaniel	Bar 74	Ephraim	Wor 348	James	Ham 149
Nathaniel	Mid 310	Ephraim, Jun.	Wor 348	John	Ham 61
Nathaniel, ju.	Mid 310	Ezra	Wor 358	Matthew	Ber 111
Phinehas	Mid 314	Hannah	Wor 196	Peter	Ber 264
Robert	Ber 159	Hannah	Wor 357	Reuben	Ber 117
Samuel	Ber 193	Henery	Wor 456	Rufus	Ber 116
Samuel	Mid 310	Henry	Wor 341	Samuel D.	Ham 167
Wm.	Mid 179	Hepzebah	Wor 432	Seth	Ber 258
Wilford, George	Ess 508	Hezekiah	Wor 341	Silas	Ham 61
Wilke, Henry	Ham 13	Humphrey	Ham 154	Solomon	Ber 258
Wilkenson, Ebenezer	Ham 55	Isaac	Wor 183	Stillman	Ham 174
Wilker, G.	Wor 455	Isaac	Wor 229	Sylvanus	Ber 117
Jacob	Wor 455	Isaac, Jur.	Wor 183	Willcutt, Hannah	Nor 330
Wilkes see Wood		Israel	Mid 466	Jesse	Nor 329
Wilkey, Cornal	Brs 436	Jacob	Wor 455	Joel	Nor 331
George	Brs 351	Jacob	Wor 510	John	Nor 329
Peter	Brs 351	James	Wor 355	John	Nor 330
Rebecca	Brs 436	Jeremiah, Shaker	Wor 221	Willer, Benjamin	Ber 163
Wilkie, John	Ham 331	Joel	Wor 218	see Wilber	
John, Junr.	Ham 331	John	Ber 211	Willet, Andrew	Nor 98
Wilkin, Timothy, Jr.	Mid 40	John	Wor 357	John	Ply 31
Wilkins, Abijah	Ess 597	John	Wor 456	Willett, Anna	Ply 31
Abraham	Ess 579	Jonathn.	Wor 341	John	Ess 585
Benjamin	Ess 30	Jonathn., Junr.	Wor 341	Willey, Benj.	Ess 452
David	Mid 419	Joseph	Ham 116	Charles	Ham 235
Edward	Mid 419	Joseph	Mid 434	Ephm.	Ess 453
Elias	Ess 32	Joseph	Mid 495	Gates	Ham 255
Elijah	Ess 34	Joseph	Wor 221	John	Ber 139
Enos	Ess 31	Joseph	Wor 510	William, Alpheus	Wor 337
Iccabad	Ess 33	Joseph, Junr.	Wor 221	John	Ess 479
Isaac	Mid 40	Josephus	Wor 196	Prince	Ham 158
James	Mid 40	Joshua	Wor 348	Williams	Ham 48
John	Mid 505	Joshua	Wor 416	Williams, ---	Ber 195
Jonas	Mid 419	Josiah	Ess 349	---	Wor 251
Jonathan	Ess 30	Josiah	Wor 219	Aaron	Mid 460
Jonathan	Ess 33	Josiah	Wor 285	Abiel	Brs 373
Levi	Mid 419	Julias	Ber 143	Abigail	Bar 39
Moses	Ess 199	Lemuel	Wor 220	Abigail	Ess 415
Nehemiah	Ess 33	Levi, Dr.	Wor 388	Abigail	Ess 460

Abigail	Nor 354	Eliphelet	Ess 214	John	Ham 61
Abner	Ham 65	Elisha	Ber 126	John	Ham 65
Abraham	Ber 214	Elisha	Ber 251	John	Ham 68
Abraham	Ess 164	Elizebeth	Mid 355	John	Ham 147
Abraham, Jun.	Ess 129	Ephm., Esqr.	Ham 346	John	Ham 197
Abram	Ber 258	Ephraim	Ber 264	John	Ham 279
Absolem	Ber 201	Ephraim	Ham 122	John	Ham 292
Amasa	Brs 388	Eunice	Ber 148	John	Ham 312
Amasa	Mid 494	Ezra	Brs 394	John	Mid 11
Ambrose	Ham 266	Francis	Brs 394	John	Nor 237
Amos	Ham 128	George	Brs 359	John	Nor 325
Andrew	Bar 60	George	Brs 374	John	Ply 135
Andrew	Ess 386	George	Brs 411	John	Wor 416
Anna	Brs 394	George	Ess 350	John, Capt.	Mid 460
Anna	Ess 399	George	Mid 414	John, Junr.	Ess 431
Anna	Nan 54	George	Ply 55	John, 2nd.	Ham 312
Apollos	Ham 346	George	Ply 72	John C.	Ber 201
Asa	Ber 258	George, Jr.	Brs 411	John D.	Nor 226
Asa	Nor 321	George, Junr.	Brs 374	John M.	Ess 285
Azariah	Ber 258	George, junr.	Ply 55	John P.	Nor 236
B.C.V.	Brs 377	George, 2d.	Brs 363	Jona.	Mid 380
Bates	Brs 387	Gershom	Mid 201	Jonah	Ham 312
Benja.	Brs 356	Gershom	Mid 493	Jonah	Mid 62
Benja.	Mid 63	Gideon	Brs 364	Jonathan	Brs 373
Benja.	Mid 380	Gilbert T., Rev'd.	Ess 253	Jonathan	Brs 411
Benjamin	Brs 355	Groce	Ham 65	Joseph	Ber 140
Benjamin	Brs 388	Guildford	Brs 369	Joseph	Ess 350
Benjamin	Brs 394	Hannah	Ess 492	Joseph	Ess 383
Benjamin, Jr.	Brs 388	Hannah	Nor 233	Joseph	Ess 444
Benjamin, senr.	Brs 370	Henry	Ess 7	Joseph	Ham 40
Betty	Mid 414	Henry	Ess 402	Joseph	Ham 48
Caleb	Ham 336	Henry	Ham 116	Joseph	Ham 65
Caleb	Nor 160	Henry	Wor 342	Joseph	Mid 422
Catharine	Ham 291	Henry H.	Nor 231	Joseph	Nor 226
Charles	Ham 31	Isaac	Ber 157	Joseph, Esqr.	Ham 242
Charles	Ham 153	Isaac	Ber 213	Joseph H.	Wor 231
Chester	Wor 474	Isaac	Brs 362	Joshua	Brs 355
Cornelius	Ber 117	Isaac	Ess 389	Joshua	Brs 394
Cutting	Wor 199	Isaac	Ham 168	Joshua	Brs 411
Cyrus	Brs 360	Isaac	Mid 62	Joshua	Ess 574
Daniel	Ber 201	Isaac	Mid 380	Josiah	Brs 394
Daniel	Ber 212	Isaac	Wor 456	Joud	Wor 416
Daniel	Ber 258	Isaac, Ensn.	Ham 154	Justus	Ham 292
Daniel	Brs 388	Isaac, 1th.	Ham 151	Jutus	Ham 207
Daniel	Mid 460	Isaac, Jr.	Mid 62	Laban	Nan 46
Daniel	Wor 337	Isaac F.	Ess 286	Larkin	Ber 216
Daniel, 1th	Ham 152	Israel	Ess 373	Lemuel	Brs 363
Daniel, Junr.	Wor 340	Jacob	Ber 213	Lemuel	Brs 373
Daniel, Maj.	Wor 340	Jacob	Brs 388	Lemuel	Brs 435
Daniel, 2d.	Ham 154	Jacob	Ham 65	Levi	Nor 216
David	Ber 208	Jacob	Mid 460	Louis, wido.	Ber 174
David	Brs 411	James	Ber 163	Lucy, Wido.	Ess 350
David	Ham 268	James	Brs 355	Lydia	Ess 406
David	Ham 346	James	Ess 436	Macey	Brs 373
David	Ham 357	James	Ess 544	Marlboro	Brs 394
Dorothy, Wd.	Ess 89	James	Wor 154	Mary	Ess 468
Dudley	Ham 40	James	Wor 184	Mary, Wido.	Brs 355
Dudley	Ham 325	Jane	Mid 191	Mehitable	Ess 358
Eben.	Nor 160	Jared	Brs 411	Meriam	Mid 438
Ebenezer	Ber 211	Jarus	Wor 286	Moses	Ham 203
Ebenezer	Brs 358	Jason	Mid 460	Moses	Wor 206
Ebenezer	Brs 387	Jedediah	Ber 149	Naboth	Ham 122
Ebenezer	Ham 40	Jerusha	Ess 427	Nathan	Brs 373
Ebenezer	Ham 125	Jno.	Nor 159	Nathaniel	Ber 157
Ebenezer	Ham 301	John	Ber 208	Nathaniel	Brs 358
Ebenezer, Junr.	Brs 362	John	Ber 213	Nathaniel	Brs 363
Ebenr.	Mid 201	John	Brs 373	Nathaniel W.	Ham 40
Ebenr.	Wor 184	John	Brs 387	Nathl.	Wor 485
Ebenr. H.	Ham 55	John	Brs 394	Nathu.	Ess 128
Edward	Brs 394	John	Ess 9	Nehemiah	Ber 206
Eleazer	Ham 239	John	Ess 388	Noah	Brs 374
Eleazer	Ham 250	John	Ess 393	Oliver	Ber 171
Elezer	Ber 213	John	Ess 420	Oliver	Brs 394
Elijah	Ber 251	John	Ess 501	Oliver	Ham 284
Elijah	Brs 358	John	Ham 48	Oliver	Mid 8
Elijah	Brs 388	John	Ham 50	Oswald	Ber 202
Elijah	Ham 357	John	Ham 55	Perez	Ply 55

Persis, Wd.	Ham 269	see Allen, Cushing, Dean,		Nathan	Ply 114
Philip	Ham 127	Field, Lane, Leonard,		Nathan	Wor 406
Philip	Ham 128	Macomber, Maynard,		Nehemiah	Brs 368
Reuben	Ham 120	William		Noah	Brs 370
Richard	Brs 358	Williamson, Abner	Ply 96	Phillip (2)	Brs 394
Richard	Ess 350	George	Ham 291	Samuel	Ham 116
Richard, 2d.	Brs 368	John	Wor 389	Sarah	Mid 119
Robert	Ber 128	Nathan	Ply 103	Seth	Wor 406
Robert	Mid 431	Samuel	Ply 101	Solomon	Ham 210
Roger	Ham 357	Sarh.	Ess 365	Solomon	Nor 107
Roswel	Ham 124	Timothy	Ply 94	Sumner	Brs 369
Sam.	Nor 134	Timothy, Jur.	Ply 94	Thomas	Brs 394
Samel.	Ham 139	Willington, Amos	Mid 67	Thomas, Jr.	Brs 394
Samuel	Ess 381	Benja.	Mid 67	Zebulon	Ply 55
Samuel	Ham 93	Benjan.	Mid 355	Zepheniah	Ply 29
Samuel	Ham 172	Daniel	Wor 183	see W..., Willace	
Samuel	Wor 251	Ebenezer	Wor 507	Williss, Ebenezer	Ham 55
Samuel	Wor 479	Ebenr., Jur.	Wor 183	John	Ess 437
Samuel	Wor 514	Ebenr., 3d.	Wor 183	Williston, Consider	Ham 144
Sarah	Brs 394	Edmund	Mid 505	Gad	Wor 266
Saxton	Ham 129	Elias	Mid 68	Godfrey	Ham 241
Seth	Mid 380	Elias, Jr.	Mid 67	Israel	Ham 352
Seth	Wor 288	Elijah	Mid 23	John	Ham 352
Silas	Brs 374	Jedun.	Mid 493	Nathaniel	Ham 352
Silas	Ham 217	Joel	Mid 506	Pason	Ham 134
Simeon	Brs 411	John	Wor 507	Thomas	Ess 483
Simeon	Mid 90	Josiah	Wor 498	Thomas	Ham 239
Simeon, Capt.	Mid 460	Lucy	Mid 13	Thomas, jun.	Ess 494
Simeon, Revd.	Nor 192	Oliver	Mid 68	Willman, Ebenezer	Brs 387
Solomon	Brs 435	Saml.	Mid 506	Isaac	Brs 388
Solomon	Ham 5	Thaddeus	Ess 21	John	Brs 388
Solomon	Ham 55	Thos.	Mid 505	Willmart, Mary	Brs 314
Stalham	Ham 61	William, jr.	Mid 267	Thomas	Brs 314
Stedman	Nor 226	see Wellington		Willmarth, Daniel	Brs 300
Stephen	Ber 128	Willis, Abel	Mid 119	Jona.	Brs 320
Stephen	Ber 258	Abisha	Ham 211	Joseph	Brs 311
Stephen	Brs 373	Asa	Mid 119	Willmoth, Jotham	Ham 43
Stephen	Ham 55	Azariah	Wor 251	Nathaniel	Ham 43
Stephen	Ham 267	Azariah	Wor 321	Willmouth, David	Wor 281
Stephen	Mid 421	Bariah	Brs 384	Willougbee, Salmon	Ber 224
Stephen	Nor 233	Benjamin	Ess 285	Willoughby, Josiah	Ber 264
Stephen	Wor 363	Benjamin	Ply 65	Wills, David	Ess 285
Stephen	Wor 473	Benjan., Jur.	Ess 285	Elizabeth	Ess 490
Stephen, Junr.	Nor 250	Caleb	Wor 288	Jabez	Wor 337
Stephen, 3d.	Nor 232	Daniel	Ham 189	Polly	Ess 513
Stoddard	Ber 148	Daniel	Ply 65	Sampson	Ber 202
Tho.	Mid 62	David	Mid 202	Willson, Andrew	Ham 176
Thom	Nor 160	Ebenezer	Brs 436	Benj.	Ess 447
Thomas	Brs 371	Ebenr.	Wor 305	Benjamin	Ess 21
Thomas	Brs 394	Eliakim	Nan 50	Benjamin	Ess 295
Thomas	Ess 210	Eliakm.	Mid 191	Benjamin	Wor 504
Thomas	Ess 545	Elisabeth	Mid 119	Clark	Ess 20
Thomas	Ham 119	Elisha	Brs 370	David	Ham 190
Thomas	Ham 271	Ephraim	Ply 52	David, 2d.	Ham 189
Thomas	Mid 409	Ezekiel	Ham 276	Ebenezer	Ham 31
Thomas, Docr.	Nor 242	Ezra	Ham 190	Edward	Wor 348
Thomas, Junr., Esqr.	Nor 238	Hopestill	Mid 119	Elijah	Ham 153
Thomas, 2d.	Ess 532	Isaac	Ply 55	Elisha	Ess 20
Thos	Mid 494	Isaac, junr.	Ply 55	Fairing	Ber 251
Thos.	Ess 415	Jedediah	Mid 119	Henry	Ham 201
Tryphena	Ham 40	Jedediah	Ply 55	Henry, Jur.	Ham 201
William	Ber 194	Jesse	Mid 120	Isaac	Ess 19
William	Brs 411	Jesse, Jur.	Mid 120	Isaac	Ess 21
William	Ess 89	Jirch	Brs 436	Isaac	Wor 488
William	Ess 256	Joab	Ply 65	James	Ber 115
William	Ham 194	Job	Nor 87	James	Ess 295
William	Mid 310	John	Brs 369	James	Ess 544
William	Nor 250	John	Ess 405	James	Ham 189
William	Wor 206	John	Ply 52	John	Ess 285
William, ju.	Mid 310	John	Ply 55	John	Ess 295
Williams	Nor 362	Jonah	Ply 55	John	Ess 392
Willm. P.	Ber 201	Josiah	Ham 190	John	Ham 40
Wm.	Ber 203	Josiah	Ham 324	John	Ham 176
Wm.	Mid 466	Lemll.	Wor 305	John	Ham 189
Wm. Stodard	Ham 55	Lemuel	Brs 394	John	Ham 257
Zabin	Ber 128	Mehitable, Wido.	Brs 357	John	Wor 285
Zebh.	Nor 134	Nathan	Ply 108	John	Wor 497

John, Junr.	Ham 40	
Jonathan	Ess 19	
Jonathan	Ham 40	
Jonathan	Ham 189	
Jonathan, 2d.	Ham 190	
Joseph	Ber 111	
Joseph	Ber 115	
Joshua	Ess 198	
Lydia	Wor 485	
Nathan	Wor 488	
Nathana.	Ber 251	
Nathl.	Wor 485	
Newhall	Ess 20	
Robert	Ess 20	
Robt.	Ess 391	
Saml.	Wor 406	
Samuel	Ham 55	
Samuel	Wor 488	
Sarah	Ess 20	
Sarah, Junr.	Ess 20	
Shubal	Ber 251	
Solomon	Ber 107	
Stephen	Mid 471	
Warren	Ham 201	
William	Ess 23	
William	Ham 217	
see Foster		
Willy, James	Mid 314	
John	Mid 309	
Nathan	Mid 314	
Willys, Mace	Ham 301	
Wilmarth, Amos	Brs 320	
Benoni	Wor 167	
Dan	Brs 320	
Eliphalet	Brs 318	
Eliphalet, Junr.	Brs 318	
Elkanah	Brs 320	
John	Brs 320	
Larned	Brs 320	
Martha	Brs 319	
Nathan	Brs 320	
Nathan, Junr.	Brs 320	
Preston	Brs 320	
Shubael	Ber 126	
Shubael	Ber 136	
Stephen	Brs 319	
Stephen, 2d.	Brs 320	
Wilner, Hendrick	Ham 239	
Wilpenny, Robert	Duk 444	
Wilredge, John	Ess 594	
Wilshire, Mabal	Ply 109	
Wilson, Aaron	Nor 247	
Abiathar	Nor 159	
Abigail	Nan 54	
Abigail	Ply 122	
Alexander	Wor 394	
Andrew	Ess 351	
Asa	Ham 207	
Benja.	Wor 423	
Benjn.	Ham 299	
Caleb	Ham 198	
Caleb	Wor 394	
Chester	Ham 210	
David	Brs 290	
David	Ham 94	
David	Ham 324	
David	Mid 85	
Elihu	Nan 66	
Epheraim	Nor 325	
Ephraim	Nor 246	
Ephraim	Wor 518	
Francis	Wor 510	
Henry	Mid 438	
Isaac	Mid 403	
James	Ess 376	
James	Ham 324	
James	Mid 53	
James	Mid 142	
James	Mid 361	
James	Wor 184	
James	Wor 312	
Jared	Nor 365	
Jeddediah	Wor 394	
Jno.	Nor 120	
John	Ham 352	
John	Mid 82	
John	Mid 391	
John	Nor 305	
John	Wor 394	
John O.	Mid 525	
Jos.	Mid 391	
Joseph	Ess 472	
Joseph	Mid 90	
Josiah	Mid 493	
Justus	Ber 170	
Lucy	Nor 333	
Lucy	Suf 148	
Luther	Brs 436	
Martin	Ham 355	
Miles	Mid 201	
Moses	Mid 284	
Nathan	Ham 207	
Nathaniel	Nor 321	
Nathaniel	Wor 229	
Nathaniel, Junr.	Nor 321	
Rebekah	Mid 346	
Reuben	Ham 207	
Robert	Brs 360	
Robert	Ham 324	
Robert	Wor 321	
Robert, Junr.	Brs 367	
Saml.	Mid 191	
Saml.	Mid 380	
Saml.	Wor 383	
Samll.	Wor 321	
Samuel	Mid 37	
Samuel	Nor 325	
Samuel	Wor 474	
Sancho	Bar 52	
Seth	Mid 391	
Simeon	Ham 298	
Simeon	Mid 380	
Solomon	Wor 518	
Thomas	Ber 156	
Thomas	Ham 324	
Thomas, Lt.	Ham 207	
William	Brs 360	
Wm.	Nor 159	
see Barstow, Hathway, Marsh		
Rawson, Sisson, Wilton		
Wiltcomb, Sarah	Ess 574	
see Willcomb		
Wilton, Robert	Wor 312	
Simon	Wor 322	
see Wilson		
Win, Hezh.	Mid 54	
Winans, Isaac	Ber 232	
Winch, Aaron	Wor 405	
David	Wor 230	
Ebenezer	Mid 284	
Francis	Wor 510	
Jesse	Mid 142	
John	Ham 113	
John	Wor 510	
Jonathan	Wor 405	
Joseph	Mid 142	
Josiah	Mid 142	
Nathan	Mid 142	
Rebeckah	Mid 143	
Reuben	Mid 140	
Silas	Mid 142	
Winchel, Absalom	Ber 118	
Amas	Ber 120	
Andrew	Ber 118	
Dan	Ham 173	
Eliakim	Ber 232	
Ephm., 1st	Ber 119	
Ephraim, 2nd.	Ber 118	
Grove	Ham 148	
Jacob	Ber 119	
Josiah	Ber 229	
Martin	Ber 120	
Winchell, David	Ham 355	
Jacob	Ham 355	
John	Ham 355	
Martin	Ham 171	
Winchester, Aaron	Ham 275	
Amasa	Ham 31	
Amos	Mid 284	
Ann	Wor 455	
Benjamin	Ham 277	
Benn.	Wor 306	
Caleb	Mid 418	
Gulliver	Nor 250	
Ichabod	Mid 285	
Jacob	Ess 380	
John	Ess 117	
Jonathan	Wor 456	
Lemuel	Ess 199	
Moses	Wor 305	
Nathaniel	Nor 253	
Ruth, Wd.	Ham 276	
Stephen	Ber 107	
Thos.	Wor 306	
Willim.	Wor 202	
Willm.	Ham 116	
Wm.	Mid 505	
Winchip, Cyrus	Wor 456	
Jonas	Wor 453	
Jonas, Jr.	Wor 456	
Windship, Benjamin	Ham 104	
Windslow, John	Ham 224	
Thomas	Ham 228	
Windsor, Ira	Brs 312	
Lydia	Brs 339	
Mary	Brs 314	
William	Wor 342	
see Maynard		
Winegar, Elizabeth	Ber 264	
Jacob	Ber 264	
Sama.	Ber 264	
Wines, Thomas	Ess 63	
Wing, Aaron	Brs 436	
Barnabas	Brs 436	
Batchelor	Ply 129	
Benj.	Wor 337	
Bennett	Bar 37	
Born	Bar 7	
Butler	Ply 107	
Cornelius	Ess 395	
Daniel	Brs 436	
David	Bar 4	
David	Bar 26	
David	Bar 41	
David	Brs 338	
Ebenezer	Bar 34	
Edward	Bar 37	
Edward	Brs 338	
Edward	Brs 436	
Edward	Ham 312	
Elijah	Ber 214	
Elisha	Ber 190	
Elisha	Ply 107	
Hannah	Ply 129	
Isaiah	Ham 61	
Isaiah	Ply 130	
Jabez	Brs 436	
Jabez	Wor 474	
James	Bar 49	
James	Ber 194	
James	Wor 306	

Jashiel	Bar 37	Abrahom	Bar 4	Thomas	Brs 352
Jashub	Brs 436	Amasa	Ham 291	Thomas	Ply 98
John	Brs 352	Asa	Ply 72	Thomas	Ply 130
John	Ham 61	Avery	Brs 279	Wesson	Brs 352
John, 1st.	Bar 35	Avery, Jur.	Brs 279	William	Brs 286
John, Jr.	Ply 107	Benjamin	Brs 283	Worcester	Wor 186
John, 2d.	Bar 37	Benjamin	Brs 352	Zens., Col.	Wor 405
Jonathan	Ply 23	Benjamin	Ply 69	see Clift, Maynard, Sargeant,
Joseph	Bar 19	Benjm., Junr.	Brs 352	Thomas
Joseph	Bar 35	Benjn.	Nan 71	Winsor, James	Ply 98
Joseph	Brs 338	Benjn.	Ply 107	John	Ply 95
Joseph	Ply 107	David	Brs 286	Joshua	Ply 95
Joseph, Jur.	Bar 34	Dorcas	Ply 107	Nathl.	Ply 99
Judah	Bar 41	Ebenezer	Brs 279	Peter	Ply 27
Lemuel	Bar 41	Ebenezer	Wor 264	Samuel	Ply 98
Levi	Bar 19	Ebenezer	Wor 473	Wm.	Ply 96
Mary	Bar 34	Ebenezr.	Brs 408	Winston, Daniel	Ber 208
Nathaniel	Bar 41	Edward	Ply 93	Winter, Alpheus	Ber 178
Paul	Bar 39	Edward	Ply 94	Asa	Wor 327
Paul	Brs 436	Edward	Wor 406	Benja.	Ham 112
Philip	Ply 107	Edward, Jur.	Ply 96	David	Ham 216
Presbury	Bar 49	Ephraim	Brs 282	David	Wor 474
Primus	Brs 352	Ezra	Brs 288	Isaac	Ham 324
Prince	Brs 338	George	Brs 286	Jesse	Ham 112
Rebeckah	Wor 305	George, 2d.	Brs 290	John	Ber 251
Roger	Ber 138	Humphry	Brs 401	John	Wor 455
Samuel	Bar 7	Isaac	Bar 4	John	Wor 474
Samuel	Bar 39	Isaac	Brs 287	William	Ess 129
Savory	Brs 436	Isaac	Duk 454	William	Wor 474
Seth	Ber 190	Isaac, Doctr.	Ply 91	Winthrop, James	Mid 493
Stephen	Bar 35	James	Brs 283	Wm.	Mid 494
Stephen	Ply 109	James	Duk 454	Wintworth, Daniel	Wor 405
William	Brs 436	James	Ham 48	John	Ber 115
William	Ess 422	James, 2d.	Brs 290	Stephen	Nor 107
see Russell		Job	Brs 364	Winzell, John	Mid 142
Wingate, Edmund	Ess 351	Job	Brs 411	Wipping, George	Ess 468
Moses	Ess 286	John	Bar 3	Wire, John	Ham 5
Paine	Ess 286	John	Brs 286	Robert	Wor 473
William	Ess 285	John	Brs 352	Wise, David	Ess 211
Winn, Abel	Mid 346	John	Brs 398	Elizabeth	Ess 572
David	Ess 285	John	Brs 436	Jonathan	Ess 215
David	Mid 346	John, 2d.	Brs 294	Joseph	Ess 572
Jeremiah	Mid 310	Jona.	Wor 251	Joseph	Ham 55
Jeremiah	Mid 346	Jonathn.	Wor 340	William	Ess 217
John	Ess 394	Joseph	Bar 4	William	Ess 351
John	Wor 369	Joseph	Brs 282	William	Ham 48
Joseph	Ess 405	Joseph	Ply 44	Wiswall, Amasa	Brs 384
Joseph	Mid 346	Joshua	Ply 96	Ebenr., Jur.	Wor 186
Joshua	Ess 20	Josiah	Bar 4	Elijah	Brs 384
Peter	Mid 41	Josiah	Ham 48	Noah	Brs 384
Rheuben	Wor 348	Josiah	Ham 108	Noah	Wor 389
Timothy	Mid 346	Josiah	Ply 55	Oliver	Mid 421
William	Wor 369	Kenelam	Bar 4	Timothy	Wor 389
Winsent, John	Ess 484	Leml.	Ply 107	see Weswall
Winship, Abel	Mid 68	Luther	Brs 284	Wiswarm, Betsey	Brs 322
Benjamin	Mid 22	Luther, Jr.	Brs 286	Wiswell, ---	Mid 264
Edmund	Mid 495	Mary, wid.	Bar 4	Daniel	Nor 160
Henry	Mid 179	Micah	Ply 107	David	Nor 336
Isaac	Mid 355	Nathan	Bar 4	Elizabeth	Mid 284
Jacob	Mid 513	Nathan	Brs 286	Ichabod	Nor 160
Joel	Mid 340	Nathan	Ply 107	Jeremiah	Mid 284
John	Mid 493	Nathan, jur.	Bar 4	Jeremiah, jr.	Mid 284
Jona.	Mid 179	Nathaniel	Bar 4	Jna.	Nor 159
Jona.	Mid 495	Nathaniel	Ham 48	Jno.	Nor 160
Jonathan	Mid 355	Nathaniel	Ply 121	John	Wor 453
Joseph	Nor 254	Nathl., Junr.	Ply 121	Noah	Wor 456
Moses	Mid 201	Oliver	Brs 282	Wit, John	Wor 455
Saml.	Ess 438	Oliver	Ply 126	WitBeck, Ephraim	Ber 224
Saml.	Mid 495	Philip	Nan 78	Witbor see Wilbor
Simon	Mid 355	Rhoda, wid.	Wor 405	Witham, Abraham	Ess 129
Stephen	Mid 355	Richard	Brs 352	Benja.	Ess 128
Thos.	Mid 505	Rozamond	Wor 306	Benja., 4.	Ess 136
Wm.	Mid 494	Seth	Ham 48	Benja., 3d.	Ess 128
Wm., Jr.	Mid 494	Shadrack	Nor 87	Danu.	Ess 128
Winslow, Abigail	Brs 437	Shubael, Dn.	Ham 269	Dorcas, Wo.	Ess 128
Abigale	Brs 352	Sith	Wor 405	Ebenr.	Ess 155
Abner	Brs 284	Snow	Ply 94	Edward	Ess 127

Name	Ref	Name	Ref	Name	Ref
Henry	Ess 159	Benn.	Wor 322	Ancil, Lt.	Ply 71
Henry, Jun.	Ess 159	Danl. R.	Ess 430	Andrew	Ham 336
Joshua	Ess 159	Ebenezer	Mid 417	Anna	Ess 424
Josiah	Ess 148	Eunas, wid.	Wor 416	Ansel	Bar 87
Mark	Ess 160	Ivory	Ham 211	Arnold	Brs 338
Susanna	Ess 457	John	Ham 253	Artemas	Ham 155
Thomas	Ess 351	Joseph	Ham 253	Asa	Wor 384
Thos.	Ess 129	Josiah	Mid 420	Barney	Brs 403
Thos.	Ess 159	Josiah	Wor 264	Barzillai	Ham 31
Zebulon	Ess 159	Oliver, Capt.	Wor 416	Benja.	Mid 54
Witherbee, Ephraim	Mid 425	Samuel	Mid 421	Benjamen	Ham 223
Jonas	Mid 425	Stephan	Wor 322	Benjamin	Wor 384
Judah	Mid 432	Thomas	Wor 251	Benjm., Revd.	Wor 384
Levi	Mid 434	Wittaker, Eddy, Doctr.	Ham 266	Bridget, Wd.	Nor 87
Paul	Ham 43	Wittemore, Joseph	Ess 545	Buckmeister	Wor 263
Phinehas	Mid 434	Witter, Amos	Ber 214	Caleb	Brs 400
Phinehas, Jur.	Mid 434	Ebenezer	Ber 190	Caleb	Brs 436
Reuben	Mid 434	Ezra, Revd.	Ham 233	Caleb	Wor 433
Samuel	Mid 435	Joseph, Junr.	Ber 190	Carver	Wor 288
Samuel, Jur.	Mid 435	Septimus	Ber 190	Ceaser	Ham 61
Silas	Mid 434	Witteridge, Livemore	Ess 543	Charles	Ess 164
Simeon	Mid 435	see Whittridge		Comfort	Ber 207
Witherel, Amos	Ply 44	Wittridge, Ths.	Ess 379	Daniel	Ber 158
Amos, Jur.	Ply 44	Witty, John	Ber 106	Daniel	Mid 9
Joshua	Ply 44	Wixom see Wexsom		Daniel	Mid 92
Witherell, Abel	Nor 364	Wizell, George Rix	Bar 61	Daniel	Mid 432
Allen	Brs 369	Wo..., Levi	Ham 264	Daniel	Ply 71
David	Brs 360	Woart, William	Ess 350	David	Bar 49
Elijah	Ham 40	Wodwell, Pardon	Brs 288	David	Brs 314
Elisha	Ham 23	Wolcot, William	Ber 216	David	Brs 400
Elisha, Jr.	Ham 23	Wolcott, Abiather	Ber 173	David	Ess 350
John	Ham 23	Apaphras	Ham 245	David	Ham 18
Solomon	Brs 369	Benjamin	Ham 93	David	Mid 67
Solomon, Junr.	Brs 376	David	Ham 357	David	Mid 179
Thomas	Brs 369	James	Ham 245	David	Ply 12
see Witherll		Jesse	Ham 357	David	Wor 432
Witherill, Seth	Ber 251	Joseph, & Son	Ber 175	David	Wor 474
Witherley, Joseph	Ply 44	Joshua	Wor 154	David, Jun.	Wor 432
Josiah	Ply 44	Moses	Ber 154	Dexter	Wor 473
Witherll, Tisdale	Brs 319	Naomi, Wd.	Wor 154	Ebenezer	Ham 265
Witherton, Henry	Mid 201	Noah	Ham 357	Ebenezer	Ply 13
William	Nor 107	Samuel, Jr.	Ber 173	Ebenezer	Ply 72
Withington, Benja.	Wor 234	Samuel, Sen.	Ber 173	Ebenezer	Wor 389
Danl.	Nor 158	Solomon	Ber 128	Ebenr.	Mid 102
Ebe., 3d.	Nor 158	Solomon	Ham 357	Ebenr.	Wor 416
Eben.	Nor 159	Solomon, Jur.	Ber 131	Edmond	Ham 190
Ebenezer	Ply 55	William	Ber 173	Edward	Ber 153
Edward	Nor 293	Wolf, Ezekiel D.	Ber 179	Edward	Ham 92
Edwd.	Nor 158	James D.	Ber 179	Edward	Mid 102
Eliz.	Nor 158	Matthew D.	Ber 179	Edward	Mid 346
Enos	Nor 256	Peter D.	Ber 111	Edward	Wor 416
Henry B.	Nor 293	Womsley see Wamsley		Eli	Ham 108
J.W.	Nor 158	Wonson, Charles	Ess 128	Elie	Wor 266
Jno.	Nor 158	John	Ess 130	Elihu	Brs 436
John	Nor 293	Patienc, Wo.	Ess 159	Elijah	Wor 281
John	Ply 128	Samu.	Ess 130	Elisha	Ber 159
Joseph	Ham 261	Samu., Junr.	Ess 128	Eliza.	Ess 555
Leme.	Nor 158	Wood, Aaron	Brs 400	Elizabeth	Ess 474
Lewes	Nor 226	Aaron	Mid 62	Elkanah	Brs 384
Mather	Nor 293	Aaron	Wor 448	Elnathan	Ply 71
Noah	Nor 158	Abel	Wor 456	Enos	Brs 400
Phil.	Nor 158	Abiel	Wor 233	Ephraim	Mid 12
Phinehas	Nor 231	Abigail	Mid 15	Ephraim	Ply 79
Sam.	Nor 158	Abijah	Mid 87	Ezekiel	Wor 474
Samuel	Nor 293	Abner	Ess 350	Ezra	Ply 69
Thom	Nor 158	Abner, Jur.	Ply 74	Ezra, Col.	Wor 383
Thomas	Brs 318	Abner, Lt.	Ply 74	Ezra, Esq.	Wor 384
Withrell, John	Bar 72	Abraham	Wor 362	Francis	Bar 92
Ruth	Bar 73	Ahijah	Wor 456	Francis	Ply 13
Simeon	Ply 134	Amariah	Ber 190	Francis	Ply 69
Whitfield	Bar 72	Amery	Wor 473	George	Brs 338
see Witherll		Amos	Ham 331	George	Wor 424
Witmarth, Susanna	Ber 251	Amos	Mid 12	Gideon	Ber 207
Witmore, Thomas	Ham 76	Amos	Mid 92	Gideon	Brs 436
Witt, Abner	Ham 146	Amos	Nan 69	Gorham	Ply 72
Asa	Wor 214	Amos	Ply 71	Grindal	Wor 388
Benj.	Ess 429	Amos, Jr.	Mid 12	Hannah	Ess 387

Name	Ref	Name	Ref	Name	Ref	Name	Ref
Henry	Bar 36	Kimball	Wor 281	Seth	Brs 402		
Henry	Wor 474	Lemuel	Ess 260	Seth	Mid 339		
Hezekiah	Wor 384	Lemuel	Nor 244	Seth	Wor 195		
Hiram	Ber 181	Levi	Ham 217	Seth	Wor 383		
Hiram	Mid 87	Lucreisa	Wor 202	Seth.	Ham 116		
Holland	Nor 358	Luis	Brs 314	Silus	Ply 71		
Ichabod	Ham 207	Lurana	Brs 436	Silvanus	Ply 71		
Ichabod, Lt.	Ply 72	Luthern	Brs 352	Simeon	Ber 153		
Isaac	Ply 69	Margaret	Ess 262	Simeon	Brs 399		
Isabel	Wor 448	Mark	Wor 473	Simeon	Ham 158		
Israel	Brs 338	Marlborough	Brs 352	Simeon	Ply 47		
Israel	Ess 19	Martin	Mid 437	Simeon	Wor 341		
Israel	Ply 71	Mary	Ber 213	Solomon	Ess 262		
Jacob	Ham 238	Mary	Brs 322	Solomon	Ham 207		
Jacob	Ply 71	Mary	Brs 339	Solomon	Mid 92		
James	Brs 320	Mary	Brs 394	Solomon, Lt.	Wor 388		
James	Ham 146	Mary	Ess 408	Stephen	Ham 135		
Jane	Mid 440	Mary	Ham 304	Stephen	Ham 157		
Jeptha	Ber 119	Mary, Wido.	Mid 460	Stephen	Ham 265		
Jesse	Wor 341	Matthew	Bar 84	Stephen	Mid 2		
Jethro	Nor 107	Matthew	Wor 251	Stephen	Wor 388		
John	Brs 314	Maynard	Wor 383	Submit	Ham 92		
John	Brs 338	Michal	Wor 433	Susanna	Wor 456		
John	Brs 352	Moses	Ess 245	Sylvanus	Ham 207		
John	Brs 400	Moses	Ess 261	Sylvanus	Mid 339		
John	Ess 199	Moses	Ham 189	Thankful, Wd.	Ham 236		
John	Ess 249	Moses	Ham 256	Thomas	Brs 338		
John	Ham 104	Moses	Mid 16	Thomas	Ess 245		
John	Ham 331	Nahum	Wor 448	Thomas	Ess 350		
John	Mid 179	Nathan	Ber 158	Thomas	Ham 108		
John	Mid 346	Nathan	Ess 261	Thomas	Ham 157		
John	Mid 444	Nathan	Ess 385	Thomas	Ply 71		
John	Mid 461	Nathan	Ham 147	Thomas	Wor 263		
John	Wor 198	Nathan	Mid 6	Thomas	Ply 71		
John	Wor 221	Nathan	Wor 341	Thos.	Mid 102		
John	Wor 436	Nathan	Wor 389	Tilson	Bar 92		
John, Jr.	Ess 350	Nathan	Wor 453	Timothy	Ply 16		
John, 2nd.	Brs 304	Nathaniel	Brs 398	Timothy	Ply 71		
John, 2d.	Mid 346	Nathaniel G.	Wor 507	Timothy	Wor 221		
Jona.	Mid 179	Nelson, Lt.	Ply 69	Timothy	Wor 473		
Jonathan	Brs 311	Nichols	Ply 72	Titus	Ber 152		
Jonathan	Brs 352	Obadiah	Ess 199	Wilkes	Ply 72		
Jonathan	Brs 400	Obadiah	Wor 388	William	Ber 251		
Jonathan	Ess 254	Obadiah	Wor 389	William	Brs 338		
Jonathan	Ham 211	Obadiah, Doctr.	Ham 257	William	Brs 400		
Jonathan	Ham 228	Oliver	Brs 311	William	Ess 350		
Jonathan	Ham 265	Oliver	Mid 433	William	Ham 224		
Jonathan	Mid 429	Otis	Brs 408	William	Ham 238		
Jonathan	Wor 423	Peleg	Brs 338	William	Mid 93		
Jonathan	Wor 448	Peleg	Wor 394	William	Ply 16		
Jonathan, jr.	Brs 311	Peter	Mid 409	William	Wor 376		
Jonathn.	Ess 254	Peter, Capt.	Ply 71	Wm.	Mid 180		
Joseph	Ber 194	Phabe	Ess 423	Wm.	Mid 525		
Joseph (2)	Ess 259	Rachael	Brs 436	Wm.	Wor 340		
Joseph	Ess 350	Rebeckah	Nor 159	Zeanos	Ham 207		
Joseph	Ess 522	Rebekah	Wor 514	Zebedee	Ham 336		
Joseph	Ess 523	Reuben	Wor 384	Zenas	Bar 92		
Joseph	Ess 560	Richard	Brs 435	Zenas, Capt.	Ply 74		
Joseph	Ess 566	Richard	Ess 511	Zephaniah	Wor 432		
Joseph	Ess 567	Robert	Brs 338	Zepheniah	Ham 211		
Joseph	Mid 102	Robert	Wor 389	Zeruiah	Brs 436		
Joseph	Mid 429	Ruth	Ess 137	Zeruiah, Jur.	Brs 436		
Joseph	Nor 107	Ryal	Mid 284	Wood...d, Ephraim	Brs 357	Benja.	Mid 62
Joseph	Wor 201	Saml.	Mid 403	Woodard, Abigail	Nor 251	Daniel	Ham 331
Joseph	Wor 432	Saml., Jur.	Wor 252			Henry	Ham 331
Joseph, Jun.	Wor 206	Samuel	Ess 243			James	Ham 330
Joseph, Junr.	Ber 194	Samuel	Ham 31			John	Nor 226
Joshua	Ply 13	Samuel	Ham 112			Jonathan	Ham 43
Joshua	Ply 72	Samuel	Mid 440			Jonathan	Ham 155
Joshua	Wor 433	Samuel	Wor 201			Joshua	Wor 337
Josiah	Brs 352	Samuel	Wor 251			Josiah	Nor 249
Josiah	Brs 436	Samuel	Wor 362			Pomp	Wor 348
Josiah	Mid 93	Samuel	Wor 384			Sarah	Wor 337
Josiah	Mid 440	Samuel	Wor 474			Seth	Ber 165
Josiah	Wor 167	Sarah	Ess 413			Woodbee, Rebecca	Duk 445
Judah	Ply 16	Sarah	Wor 488				
Judith	Ess 523	Sarah, Wo.	Ply 71				

Woodberry, Anna	Ess 539	Barnet	Ess 593	Richard	Ess 245
Asa	Ess 531	Barthw.	Wor 166	Samuel	Ess 225
Benja., 3d.	Ess 524	Benja.	Wor 166	Sewel	Ess 205
Daniel	Ess 559	Benja., Junr.	Wor 166	William	Ess 205
Elisha	Ess 548	Benjamin	Ess 593	William	Ess 349
Eliza.	Ess 541	Benjm.	Mid 466	see Hartshorn	
Esther	Ess 531	Caleb	Ess 63	Woodmancy, Gideon	Brs 352
Freeborn	Ess 548	Caleb	Wor 340	John	Brs 402
Hannah	Ess 534	Daniel	Wor 242	Woodmansie, Eleazer	Brs 299
Hiphzibah	Ess 540	Eliot	Ess 593	Squire	Brs 299
Isaac	Ess 558	Ezekiel	Wor 405	Woodruff, Isaiah	Ber 171
James	Ess 536	Hannah	Ess 285	Joseph	Ham 165
John	Ess 117	Hubbard	Wor 405	Lambert	Ber 237
John	Ess 557	Isaac	Ess 593	Ruswell	Ber 171
Joseph	Ess 532	Isiah	Ess 593	Woodruffe, Amos	Ber 251
Joseph, 3d.	Ess 539	Israel	Wor 209	Asaph	Ber 251
Lucy	Ess 531	Jacob B.	Wor 229	Elisha	Ber 251
Malachi	Ess 536	James	Ess 593	James	Ber 264
Mark	Ess 547	John	Ess 442	Noadiah	Ber 258
Martha	Ess 531	John ·	Ess 593	Woods, Aaron	Ham 223
Nathl.	Ess 550	John	Ham 116	Abel	Mid 460
Obed	Ess 539	John	Wor 166	Amos	Mid 471
Peter	Ess 557	John	Wor 405	Asa	Wor 313
Priscilla	Ess 541	John, Junr.	Wor 166	Asa	Wor 436
Richard	Ess 548	John, Jur.	Ess 593	Asa	Wor 518
Robert	Ess 536	Jona.	Wor 166	Benjamin	Ham 43
Thomas, Jur.	Ess 523	Joseph	Wor 166	Caleb	Mid 461
Wm.	Ess 199	Josiah	Ess 361	Caleb	Mid 471
Zebulon	Ess 532	Josiah	Ess 370	Coolidge	Mid 495
Woodbery, Andrew	Ess 102	Knowlton	Ham 116	Daniel	Mid 460
Andrew	Ess 159	Lot	Wor 166	Daniel	Wor 313
Asa	Ess 140	Major	Ess 582	David	Ess 199
Benja., 2d.	Ess 559	Nath	Ess 357	David	Ham 301
Benjamin	Ess 539	Nathan	Wor 166	David	Nor 350
Cornolus	Ess 548	Nickolas	Ess 598	Eber	Mid 460
Curtice	Ess 525	Peter	Wor 242	Eliphlet	Wor 217
David	Ess 102	Samuel	Wor 209	Firman	Ham 48
Epes	Ess 147	Samuel	Wor 217	George	Nor 249
Gideon	Ess 549	Sarah, Wido.	Mid 471	Henry	Mid 63
Hannah	Ess 536	Simeon	Wor 166	Isaac	Mid 63
Jeremiah	Ess 535	William	Wor 209	Isaac	Mid 471
Joseph, 4th.	Ess 537	Woodcock, Bartholomew	Ber 131	Isaac, Jr.	Mid 63
Joseph, 2d.	Ess 545	Bela	Wor 514	Jabez	Wor 217
Joshua	Ess 129	Daniel	Wor 513	James	Mid 63
Josiah	Ess 549	Jeremiah	Wor 237	James	Wor 312
Martha	Ess 549	John	Wor 513	Jeorge	Wor 313
Martha, 2d.	Ess 535	Jona.	Brs 319	Jno.	Wor 312
Mary	Ess 528	Martha	Brs 394	John	Ess 198
Mary, Widow	Ess 103	Nathan	Mid 285	John	Mid 460
Myhill	Ess 549	Nathaniel	Ham 43	John	Wor 241
Nicholas	Ess 525	Nehemiah	Ber 130	John	Wor 424
Peter	Ess 148	Samuel	Nor 321	John	Wor 436
Peter	Ess 552	Wooden, Solomon	Ber 232	John, Capt.	Wor 419
Samuel	Ess 551	Woodfine, Richard L.	Ess 466	John, Jun.	Wor 433
Sarah	Ess 528	Woodford, James	Ber 258	Jona.	Mid 461
Seth	Ess 108	Woodin, John	Ber 232	Jonas	Mid 506
Susannah, Wo.	Ess 147	Woodis, Dorothy	Wor 322	Jotham	Mid 461
Thomas	Ess 523	Ebenr.	Wor 322	Leml.	Mid 63
Walter	Ess 147	Edward	Wor 322	Lenord, Rev'd.	Ess 207
William	Ess 528	Nathan	Wor 408	Levi	Mid 63
Willm. C.	Ess 537	Reuben	Wor 322	Moses	Mid 33
Winthrop	Ess 108	Woodle, Barden	Brs 338	Moses	Mid 409
Woodbridge, Benja.	Ess 198	George	Brs 339	Nahum	Mid 460
Darkis	Ess 412	Gersham, Jur.	Brs 339	Nathl.	Wor 306
Dudley	Ess 199	Phinehas	Brs 338	Nehemiah	Mid 21
Jahleel	Ham 250	Richard	Brs 339	Oliver	Mid 461
John	Ham 153	Thomas	Brs 339	Phillips	Mid 439
Jonathan	Ham 297	Woodman, Abner	Ess 205	Samson, Majr.	Mid 460
Joseph	Ber 257	Edward	Ess 207	Samuel	Nor 281
Ruggles, Esqr.	Ham 250	Hannah	Ess 534	Samuel	Wor 436
Selvester	Ham 130	Jonathan	Ess 349	Samuel	Wor 518
William	Ham 181	Joseph	Ess 228	Samuel, Jur.	Nor 281
see Grafton, Green		Joseph H.	Ess 349	Sarah	Mid 409
Woodburn, Saml., Jur.	Wor 183	Mark	Ess 208	Stephen	Mid 62
Woodbury, Aaron	Mid 466	Merriam	Ess 212	Tamer	Wor 433
Aaron	Wor 498	Nathl.	Ess 64	Thos.	Mid 63
Andrew	Ess 594	Phineas	Ess 239	Timothey	Mid 460

Wm.	Wor 306	James	Ham 250	John	Duk 443
Woodsom, John	Ber 151	John	Ply 125	Jonah	Nan 67
Woodson, ---, wd.	Bar 20	John	Ply 126	Jonathan	Duk 443
Woodward, Abel	Wor 453	Jonathan	Ber 179	Judith	Nan 45
Abijah	Brs 370	Stephen	Ber 105	Matthew	Nan 67
Ambros	Brs 368	William	Ber 226	Miriam	Nan 58
Amos	Ham 43	Woolcot, John	Ber 119	Obed	Nan 45
Amos	Wor 154	John	Wor 263	Paul	Nan 65
Anna	Brs 384	John	Wor 266	Richard	Nan 55
Artemas	Nor 208	John, Jur.	Wor 263	Saml.	Mid 494
Asa	Nor 321	Wooldridge, Benjamin	Ess 498	Shubael	Nan 55
Benja.	Wor 497	John	Ess 459	Silvanus	Nan 75
Caleb	Brs 369	Margaret	Ess 461	Uriah	Nan 75
Caleb	Wor 154	Mary	Ess 464	William	Duk 454
Caleb	Wor 498	Robert	Ess 465	see Pope	
Daniel	Brs 371	Thomas	Ess 508	Worthen, Amos	Ess 63
Daniel	Ham 301	William	Ess 515	Ezekiel	Ess 63
Daniel	Wor 416	Wooley see Wortey		Ezekiel, Capt.	Ess 88
David	Brs 364	Woolson, Ebenezer	Mid 32	Ezra	Ess 88
David	Mid 361	Elizabeth	Wor 432	George	Ess 89
Deborough	Nor 305	Percis	Mid 143	Hannah, Wd.	Ess 88
Ebenezer	Ham 61	Woolworth, Azariah	Ham 93	Thomas	Ess 89
Ebenezer	Mid 285	Phineas	Ham 173	Willm.	Ess 88
Elisha	Ham 211	Richard	Ham 92	Worthington, Amos	Ham 355
Elisha	Ham 233	Richard, Jr.	Ham 92	David	Ham 211
Elisha	Wor 286	Wooster, Eldad	Mid 102	David	Ham 355
Elisha, Esqr.	Wor 419	Francis	Mid 82	Heman	Ham 355
Elkanah	Brs 384	Jonath.	Mid 82	John	Ham 355
Elkanah, Jr.	Brs 384	Samll.	Mid 82	Jonathan	Ham 355
Ephraim	Ham 211	Samll.	Mid 102	Mary, Wd.	Ham 239
George	Brs 368	Worcester, John	Wor 498	Stephen	Ham 244
Isaac	Brs 384	Osgood	Mid 380	Timothy	Ham 336
Isaac	Ham 61	Samuel	Wor 358	Wm.	Ham 211
James	Nor 348	Samuel	Wor 423	Worthy, Benjamin	Ber 105
Job	Ham 88	Word, Daniel	Wor 285	Valentine	Ham 352
John	Brs 311	Elisha	Wor 285	see LeWorthy	
John	Ham 31	Jabez	Wor 274	Worts, Robert	Nor 239
John	Ham 76	Nahum	Wor 285	Woster, Joseph, Jr.	Mid 68
John	Mid 82	Thomas	Wor 274	Wotten, Henry	Ess 118
John	Mid 285	Worden, John	Ham 190	Joseph	Ess 118
John	Wor 498	Peter	Ber 155	Wotton, William	Nan 57
Jona.	Mid 82	Peter, Jun.	Ber 155	Wright, ---, Wido	Brs 412
Jonas	Ham 108	Thomas	Ham 190	Aaron	Ber 126
Jonas	Wor 167	Wordin, Thomas	Wor 288	Aaron	Ham 5
Joseph	Mid 102	Wordsworth see Wardsworth		Aaron, Junr.	Ham 5
Joseph	Wor 286	Work, Jacob	Wor 154	Abel	Ham 256
Josiah	Brs 384	John	Ess 350	Abel	Mid 62
Josiah	Wor 167	William	Ess 350	Abel	Mid 67
Levi	Brs 384	Worker see Warker		Abel	Mid 402
Moses	Mid 410	Workman, Daniel	Ham 189	Abel, Jr.	Ham 256
Nathan	Nor 348	Works, Daniel	Ham 113	Abijah	Mid 402
Nathl.	Wor 286	James	Mid 525	Abijail	Wor 264
Nathll.	Wor 454	Jane	Mid 525	Abner	Ham 48
Noah	Wor 487	John	Ham 232	Abner	Ham 80
Paul	Brs 369	Worldly, William	Ess 399	Abner	Ham 284
Peter	Brs 370	Worley, Susanh., Wo.	Ess 162	Abrm. B.	Mid 67
Philemon	Wor 416	Wormer, Aaron	Ber 264	Amos	Mid 402
Philemon	Wor 418	Jeremiah	Ber 264	Asa	Ham 6
Rebeckah	Wor 453	Wormstead, Benjamin	Ess 486	Asa	Mid 402
Samuel	Brs 311	Worsley, Joseph	Nor 226	Asahel	Ber 164
Samuel	Ham 288	Worsly, James	Ess 545	Asahel	Ham 7
Samuel, jr.	Brs 306	Worster, Benjamin	Mid 443	Asahel, Jur.	Ham 55
Seth	Ham 223	Bridges	Mid 443	B., Wo.	Mid 63
Solomon	Ham 221	Joseph	Mid 70	Benja.	Brs 409
Solomon	Wor 168	Levi	Mid 67	Benja.	Mid 180
Willm.	Wor 286	Samson	Wor 518	Benjamin	Bar 89
Wright	Wor 488	see Woster		Benjamin	Ham 256
see Abraham, Jackson,		Wortey, Elizabeth	Ess 486	Bezaleel	Ham 150
Wood...d		Worth, Benjamin	Duk 441	Billa	Ply 19
Woodwell, Gideon	Ess 218	Benjn.	Nan 68	Caleb	Ber 236
Jacob	Ess 350	Christopher	Nan 75	Caleb	Ply 11
John	Ess 218	David	Nan 55	Calvin	Ber 235
Woodword, John A.	Mid 310	Elihu	Nan 63	Calvin	Ham 246
Woodworth, Arad	Wor 251	Francis	Nan 54	Calvin, 2d.	Ham 241
Benja.	Ply 136	George	Nan 55	Carmi	Ham 55
Chester	Ham 360	Henry	Nan 67	Chandler	Ply 19
Dudley	Ber 105	Jethro	Duk 444	Charles	Ber 175

Charles	Ham 160	John C.	Mid 461	Samuel		Wor 184
Charles	Ham 248	John T.	Mid 402	Samuel, Junr.		Ham 160
Danice	Ess 364	Jonas	Mid 14	Sarah		Ham 2
Daniel	Ham 4	Jonathan	Ber 202	Sarah		Ply 21
Daniel	Ham 244	Jonathan	Ham 169	Silas		Ham 108
Daniel	Ply 94	Jonathan	Mid 7	Solomon		Ber 126
Danl.	Mid 391	Jos.	Mid 179	Solomon		Ham 7
Darius	Ham 240	Jos.	Mid 402	Solomon		Ham 236
David	Ess 383	Joseph	Ber 202	Stephen		Ham 134
David	Ham 31	Joseph	Ess 32	Stephen		Ham 241
David	Ham 161	Joseph	Mid 14	Stephen		Mid 67
David	Ham 169	Joseph	Ply 19	Stephen, Junr.		Ham 134
David	Ham 239	Joseph	Wor 419	Tabitha		Wor 507
David	Mid 62	Joseph	Wor 448	Thaddeus		Ham 256
David	Wor 347	Joshua	Brs 413	Thomas		Wor 348
Donaldus	Ham 31	Joshua	Ham 148	Thomas Jackson		Nan 50
Ebenezer	Ham 7	Joshua	Ply 23	Timothy		Ber 129
Ebenezer	Ply 21	Joshua	Wor 231	Timothy		Ham 5
Ebenezer	Ply 26	Josiah	Ber 128	Timothy		Ham 256
Ebenr.	Ham 217	Josiah	Ber 148	Timothy		Mid 314
Ebenr.	Wor 235	Josiah	Ber 202	Timothy, ju.		Mid 314
Edmund	Mid 62	Josiah	Ham 6	Titus		Ber 202
Elam	Ham 255	Josiah	Mid 62	Ursula		Ham 7
Eldad	Ham 31	Josiah	Mid 339	Washn.		Mid 53
Eleazer	Ham 245	Josiah	Mid 441	Westwood Cook		Ham 55
Eleazer	Mid 403	Jotham	Ham 55	William		Brs 436
Eli	Ber 152	Judah	Ham 156	Zach.		Mid 380
Elijah	Ham 7	Jude	Ham 250	Zach.		Mid 402
Elijah	Ham 136	Justus	Mid 403	Zach., 2d.		Mid 402
Elijah	Mid 67	Levi	Ply 21	Zebulon		Ham 235
Elijah, Junr.	Ham 136	Levi	Ham 150	see Bridgeman, Childs,		
Eliphaz	Ham 31	Lewis	Ham 134	Wight, Woodward		
Elisha	Ham 48	Luther	Ham 134			
Enos	Ham 7	Luther, Rev.	Nor 216	Wrightington, James		Brs 287
Ephraim	Ham 15	Lydia	Ply 126	John		Brs 436
Ephraim	Mid 440	Martin	Bar 89	Paul		Brs 436
Ezekiel	Ham 235	Mary	Brs 436	Richard		Brs 435
Ezekiel	Mid 438	Mary	Ess 405	Thomas		Ply 11
Gad	Ber 212	Miles	Ber 128	Wrisley, Asahel		Ham 88
Gad	Ham 217	Moses	Ham 7	Caleb		Ham 88
George	Ham 240	Moses	Ham 55	David		Ham 88
Gideon	Ber 176	Moses	Ply 11	David, Jur.		Ham 88
Gideon	Ham 154	Nabby	Ber 127	Eleazer		Ham 88
Goss	Ham 256	Nathan	Mid 402	Eleazer, Jur.		Ham 88
Hannah	Mid 495	Nathan, Capt.	Ham 157	Elijah		Ham 88
Henry	Ham 233	Nathaniel	Wor 347	Jonathan		Ham 88
Henry	Mid 70	Nathl.	Mid 63	Joseph		Ham 88
Henry, Jr.	Mid 67	Nehemiah	Ham 80	Obed		Ham 88
Isaac	Mid 471	Noah	Ber 175	Samuel		Ham 48
Isaac	Ply 22	Noah	Mid 62	Sylvanus		Ham 88
Israel	Ham 7	Oliver	Ham 15	Write, Nehemiah		Wor 274
Ithamar	Wor 263	Oliver	Ham 31	Wyart, Joshua		Ham 104
Jabez	Ham 169	Oliver	Mid 461	Wyat, Abraham		Ess 565
Jabez	Ply 95	Orange	Ham 6	George		Ess 535
Jacob	Ply 22	Paul	Ham 285	Jane		Ess 565
James	Ber 229	Peleg	Ply 22	Jonathan		Ess 565
James	Ess 402	Peter	Mid 439	Nero		Mid 256
James	Ham 55	Philemon	Mid 340	Simon		Ess 565
James	Ham 160	Phineas	Ham 18	Thankfull		Ess 565
James	Mid 340	Phineas, Revd.	Wor 207	William		Ess 565
James	Mid 361	Reuben	Ham 18	Wyatt, Benjamin		Ess 349
James	Mid 402	Reuben	Ham 31	Josiah		Ess 349
James	Ply 26	Reuben	Mid 402	Wyer, Abigail		Mid 340
James	Ply 130	Robert	Ham 246	Danl.		Mid 202
James	Wor 363	Rodrick	Ham 119	David		Mid 180
James, jun.	Ber 229	Rufus	Wor 231	David		Mid 202
James, 2d.	Mid 361	Saml.	Ham 325	David		Nan 55
Jesse	Ply 121	Saml.	Mid 62	Edward		Nan 53
Job	Ham 80	Saml.	Mid 403	Elias		Ess 363
John	Ber 202	Samuel	Ber 191	Hephzibah		Nan 53
John	Brs 436	Samuel	Ber 194	Hugh		Nan 75
John	Mid 201	Samuel	Ber 211	John		Nan 65
John	Mid 314	Samuel	Ham 7	Joseph		Nan 73
John	Mid 391	Samuel	Ham 18	Lydia		Mid 180
John	Mid 402	Samuel	Ham 160	Martha		Mid 391
John	Mid 471	Samuel	Mid 27	Nathaniel		Ess 351
John	Ply 26	Samuel	Ply 22	Nathaniel		Nan 50
John		Samuel	Ply 23	Obed		Nan 55

Obed, Junr.	Nan 64	Zebadiah	Mid 340	Job		Ply 123
Owen	Nan 63	Zebn.	Mid 54	Joel		Wor 281
Richard	Mid 53	Wymon, David	Wor 454	John		Bar 10
Robert	Nan 63	Oliver	Mid 2	John		Bar 19
Timothy	Nan 64	Wymond, Joseph	Mid 202	John		Bar 75
William	Ess 351	see Weston		John		Ess 353
William	Ess 554	Wyot, Stephen	Ham 223	John		Mid 525
William	Nan 55	Wythe, Jonathan	Mid 461	John		Ply 113
William, Jr.	Ess 351	Joseph	Mid 460	John, Jur.		Bar 73
Zacchariah	Nan 54	Wytherell, Daniel	Brs 411	Jonath		Bar 25
Wyeth, Gad	Ham 108			Jonathan		Ess 351
Ebenr.	Mid 495			Joseph		Bar 20
Jacob	Mid 495	--- Y ---		Joseph		Ess 351
John	Mid 355			Joseph		Ess 409
Jonas	Mid 494			Joseph		Ply 136
Noah	Mid 493	Yale, Elijah	Ham 294	Joshua		Ply 135
Tapley	Mid 538	John	Ber 264	Levi		Wor 474
Wyley, Moses	Wor 235	Josiah	Ber 264	Lewis		Bar 24
Wyman, Abel	Mid 346	Justus	Ber 211	Margt.		Ess 417
Abijah	Mid 67	Thomas	Ber 211	Mary		Brs 322
Ahira	Mid 346	Yates, Abler	Wor 480	Mary		Wor 181
Benja.	Mid 340	John	Wor 480	Mercy		Ham 113
Benjamin	Wor 355	Yaw, John	Ham 190	Molly		Bar 73
Catharine	Mid 322	Yeamans, Moses	Ber 190	Moses		Bar 24
Daniel	Ess 238	Yell, John	Ess 441	Moses		Bar 73
Daniel	Mid 340	Mehitl.	Ess 397	Moses		Bar 84
David	Mid 340	see Yew		Moses		Ber 131
Daniel	Wor 337	Yendal, Samuel	Ply 98	Naby		Bar 73
David, 2d.	Wor 456	Yeoman, Elijah	Ham 124	Philip		Bar 24
Ebenr.	Ess 439	Yeomans, Jonathan	Ham 346	Prince		Bar 10
Eunice	Mid 340	Yew, Eliza.	Ess 396	Prince		Bar 19
Ezra	Mid 346	Mosis	Ess 396	Reuben		Ess 351
Francies	Ess 24	see Yell		Robert		Bar 73
Frederick	Ber 155	Yong, Benjamen	Mid 310	Robert		Ham 40
Frederick	Ham 331	York, Nathan	Bar 99	Robert		Ham 194
Hezekiah	Mid 256	Tammy, Widw.	Ess 149	Robert		Ply 61
Isaac	Ess 508	Thos.	Ess 159	Saml.		Wor 281
Jacob	Ess 285	Youlen, John	Ess 161	Samuel		Bar 19
James	Mid 202	Young, Andrew	Bar 49	Simeon		Bar 19
James	Mid 340	Andrew	Ber 127	Solomon		Ply 113
James	Mid 355	Bangs	Bar 84	Stephen		Bar 73
James, 2d.	Mid 355	Barnabus	Bar 73	Stephen		Ply 136
Jess	Mid 340	Benja., Major	Ess 64	Tho.		Mid 192
John	Nor 233	Daniel	Bar 75	Thomas		Bar 84
John	Wor 340	Daniel	Ess 147	Thomas		Ply 61
John	Wor 363	David	Bar 25	Thomas D.		Bar 85
Jonathan	Mid 340	David	Bar 49	William		Ber 131
Joshua	Ess 533	David	Bar 60	William		Ess 541
Joshua	Mid 340	David	Wor 281	William		Mid 340
Joshua, 2d.	Mid 340	David, Doct.	Ham 275	William		Mid 439
Levi	Wor 337	Ebenezor	Bar 23	William		Wor 176
Nathan	Mid 340	Edmond	Bar 12	Willm.		Wor 281
Nathan, 2d.	Mid 340	Edmond	Bar 23	Zacheus		Ply 113
Nathaniel	Mid 340	Eleazar	Bar 60	see Newcomb		
Nathaniel	Mid 361	Elisha	Bar 60	Younger, Willard		Ess 162
Nehm.	Mid 180	Elisha	Mid 461	William		Ber 128
Oliver	Mid 433	Ezekel	Bar 20	Younglove, Daniel		Ber 106
Paul	Mid 340	Ezekiel	Ply 135	John		Ber 107
Reuben	Ess 286	Gideon	Ply 135	Jonathan		Ber 108
Ross	Wor 376	Hemon	Bar 20	Oliver B.		Ber 108
S. Johnson	Ber 202	Henry	Bar 73	Youngs, George		Ber 162
Saml.	Mid 493	Henry	Ham 194	John		Ber 149
Saml. E.	Mid 339	Henry	Ham 198	John S.		Ber 149
Seth	Ham 331	Henry	Ply 113	Mercy		Ham 291
Seth	Mid 179	Heta., Wo.	Ess 147	Nathana.		Ber 251
Seth, Col.	Wor 376	Hyat	Bar 19	Stephen		Ess 460
Solomon	Ess 25	Isaiah	Bar 41			
Stephen	Mid 68	Israel	Ess 351	--- Z ---		
Thomas	Nor 231	James	Bar 22			
Thomas	Wor 518	James	Bar 24			
Thomas, Jr.	Wor 229	James	Nor 241			
Thomas, Junr.	Nor 231	James	Wor 181	Zeigler, George		Nor 241
Thos.	Wor 229	Jediah	Bar 22	Zware, Jacob		Wor 357
William	Mid 132	Jediah	Bar 23	Reuben		Wor 357
William	Nor 227	Jno.	Nor 134